中国职业教育年鉴

(2016)

陈工孟 主编

CHINA VOCATIONAL EDUCATION YEARBOOK 2016

图书在版编目（CIP）数据

中国职业教育年鉴（2016）/陈工孟主编. —北京：经济管理出版社，2016. 5
ISBN 978-7-5096-4249-8

Ⅰ. ①中… Ⅱ. ①陈… Ⅲ. ①职业教育—中国—2016—年鉴 Ⅳ. ①G719. 2-54

中国版本图书馆 CIP 数据核字(2016)第 027095 号

组稿编辑：魏晨红
责任编辑：魏晨红
责任印制：黄章平
责任校对：超　凡

出版发行：经济管理出版社
（北京市海淀区北蜂窝 8 号中雅大厦 A 座 11 层　100038）
网　　址：www. E-mp. com. cn
电　　话：（010）51915602
印　　刷：北京市海淀区唐家岭福利印刷厂
经　　销：新华书店
开　　本：880mm×1230mm/16
印　　张：42
字　　数：1097 千字
版　　次：2016 年 5 月第 1 版　　2016 年 5 月第 1 次印刷
书　　号：ISBN 978-7-5096-4249-8
定　　价：980. 00 元

《中国职业教育年鉴（2016）》专家顾问委员会

陈广庆　中华职教社原总干事、中国职业教育创新联盟常务副理事长

毕结礼　中国职工教育和职业培训协会常务副会长、
　　　　人力资源和社会保障部职业技能鉴定中心副主任

杨　进　教育部职业技术教育中心研究所所长

李家华　中国青年政治学院副院长、KAB 创业教育（中国）研究所所长

陈　宗　共青团中央青年创业就业基金会秘书长、中国职业教育创新联盟副理事长

陈　宇　国家教育咨询委员会委员、中国就业促进会执行副会长、
　　　　北京大学中国职业研究所所长、中国职业教育创新联盟副理事长

吕新荣　香港理工大学前副校长、香港生产力促进局前副总裁

罗崇敏　国家督学、云南省人民政府参事、原云南省教育厅厅长

裴夏生　中国技术创业协会秘书长

沈剑光　浙江省宁波市教育局局长

陈振远　台湾高雄第一科技大学校长

何国杰　广东省政府政策咨询顾问委员会企业家委员、高级经济师

文振华　教育部高职高专工商管理类专业教学指导委员会委员

吴明其　福建省政研室主任

窦瑞华　第九届、第十届全国政协常委，重庆市人民政府原副市长，
　　　　重庆职教学会会长

叶　庆　中国成人教育协会理事、中国职业教育学会装备委员会常务理事、
　　　　天津商务职业学院副书记

张乐天　聊城职业技术学院党委书记

魏荣庆　山东德州交通职业中等专业学校校长

李梦卿　湖北职业教育发展研究院院长、湖北工业大学高等职业教育研究中心副主任

薛茂云　江苏经贸职业技术学院院长、教授

庄西真　江苏职教研究院院长、江苏省职业技术教育学会学术工作委员会秘书长、
　　　　江苏省教育评估院职业教育评估专家

王　斌　江苏省高等职业教育教师培训中心主任

《中国职业教育年鉴（2016）》编撰委员会

主　　编

陈工孟　国泰安职业教育与产业发展研究院院长、

上海交通大学金融学教授、博士生导师

副 主 编

俞仲文　中国职业技术教育学会副会长、全国民办职业教育分会会长、

深圳职业技术学院创校校长

丁　艳　国泰安职业教育与产业发展研究院常务副院长

《中国职业教育年鉴（2016）》组织机构

理事长单位

国泰安职业教育与产业发展研究院

中国技术创业协会天使投资联盟

中国教育创新研究院

中国职业教育创新联盟

深圳工业总会

理 事 单 位（按行政区域代码排序，排名不分先后）

上海海事大学附属职业技术学校

上海市群星职业技术学校

江苏经贸职业技术学院

常州科教城（常州高等职业教育园区）

浙江机电职业技术学院

宁波大红鹰学院

温州职业技术学院

山西省晋中市教育局

江西省鹰潭市教育局

江西省电子工程技师学院

江西省机械高级技工学校

江西理工大学

南昌职业学院

华东交通大学

井冈山应用科技学校

德州交通职业中等专业学校

聊城职业技术学院

河南省地质高级技工学校

河南信息工程学校

河南交通职业技术学院

河南机电高等专科学校

郑州财经技师学院

郑州城市职业学院

开封市文化旅游学校

安阳职业技术学院

鹤壁市机电信息工程学校

新乡幼儿师范学校

许昌电气职业学院

湖北十堰职业技术集团学校

湖北三峡技师学院

秭归县职业教育中心

宜都职业教育中心

鄂州职业大学

黄梅职教中心

广州市信息工程职业学校

深圳市第二职业技术学校

深圳市第二高级技工学校

深圳市龙岗区第二职业技术学校

广西华侨学校

百色市财经职业技术学校

重庆文化艺术职业学院

重庆建筑工程职业学院

重庆电讯职业学院

曲靖市师宗县职业技术学校

江川县职业高级中学

普洱市职业教育中心

姚安县职业高级中学

陕西交通职业技术学院

陕西工商职业技术学院

陕西财经职业技术学院

陕西省电子工业学校

陕西理工学院

西安技师学院

西安航空职业技术学院

宝鸡文理学院

渭南师范学院

延安大学

汉中职业技术学院

李时珍中医药职业技术学校

广东省江门中医院学校

深圳华强职业技术学校

深圳市第一职业技术学校

深圳信息职业技术学院

深圳职业技术学院

河池市职业教育中心学校

重庆房地产学院

重庆电子工程职业学院

重庆工业职业技术学院

重庆电信职业学院

玉溪农业职业技术学院

丽江师范高等专科学校

楚雄技师学院

陕西职业技术学院

陕西电子科技职业技术学院

陕西工业职业技术学院

陕西邮电职业技术学院

陕西省机电技工学校

西安铁路职业技术学院

西安职业技术学院

铜川职业技术学院

宝鸡职业技术学院

渭南职业技术学院

延安职业技术学院

榆林职业技术学院

2016年是国家实施“十三五”规划的承前启后之年，更是全面建成小康社会决胜阶段的开局之年。面对国际国内复杂的经济环境和紧迫的产业结构转型，国家先后颁布《中国制造2025》、《关于大力推进大众创业万众创新的若干政策》等，并强调要着力加强供给侧结构性改革，增强经济持续增长动力。这些重大战略的部署，对于推动经济结构调整、打造发展新引擎、助推“中国制造”向“中国智造”转型具有重要意义。人才资源作为第一资源，是重要的创新供给要素。如何再造中国人才红利，增加人才的有效供给，形成支撑我国经济转型再平衡的人才结构，是“十三五”时期亟待解决的难题。

回顾过去的2015年，这是我国加快和深化职业教育改革发展的重要一年。在《国务院关于加快发展现代职业教育的决定》引领下，职业教育的发展得到了国家和社会更广泛的关注和支持。自2015年起，每年5月的第二周被国务院确定为“职业教育活动周”，旨在全社会营造弘扬劳动光荣、技能宝贵、创造伟大的时代风尚，形成“崇尚一技之长、不唯学历凭能力”的良好氛围。2015年“五一”期间，央视推出特别节目《大国工匠》，讲述了8个工匠“8双劳动的手”所缔造的神话。节目播出后，“大国工匠”成为热词，大国工匠的传奇故事也引发社会热议。作为一个制造业大国，工匠精神到底要怎样才能注入到学校的人才培养中，这给中国的职业院校、企业乃至全社会都提出了严肃的命题。

职业教育急需前瞻性布局，与产业发展紧密结合。无论是发达国家还是新兴工业化国家，都把发展职业教育作为振兴经济、增强国力的战略选择。国家核心竞争力的增强，需要拥有大量素质高、适应性强的技术技能型人才。国际经济竞争的核心，是技术和人才的竞争。我国“一带一路”战略的实施、《中国制造2025》的实现、新型城镇化的建设等，都需要大批量、多层次职业人才的培训培养，大力推进全社会职业教育的发展任重而道远。

党和国家领导人对我国职业教育寄予厚望，习近平总书记在全国职业教育大会上特别强调，要求各级党委和政府要把加快发展现代职业教育摆在更加突出的位置，更好支持和帮助职业教育发展，努力建设中国特色职业教育体系。要加大对农村地区、民族地区、贫困地区职业教育支持力度，努力让每个人都有人生出彩的机会，为实现“两个一百年”奋斗目标和“中华民族伟大复兴的中国梦”提供坚实人才保障。

每一代人都有自己的使命感和紧迫感，我们希望更多的有识之士共同携手，真正为中国现代职业教育的发展贡献这一代人的努力和奋斗——“中国梦 · 教育梦，实现小康社会，成就每个人的出彩人生”。

国泰安职业教育与产业发展研究院院长

《中国职业教育年鉴（2016）》主编

上海交通大学安泰管理学院教授、博士生导师

2016 年 5 月

前言

《中国职业教育年鉴》（以下简称《年鉴》）是反映中国职业教育改革发展状况的大型资料性工具书。本《年鉴》的编撰、出版对我国职业教育学界和产业界都具有重要的参考价值和借鉴作用，即可为政府有关部门提供决策参考，为专家学者研究中国职业教育的改革发展提供依据，也可为有关职业院校、行业协会、企业、教育培训机构等提供系统、准确、广泛的参考信息。

《年鉴》的编撰是一项牵扯面广、头绪繁多且庞杂的文化工程。对编撰人员分工如下：主编陈工孟确定编撰原则、大纲和总体思路，并在总体上进行质量把关；编委会及专家顾问对大纲和总体思路提出修改意见与建议，并对重要稿件进行质量把关；副主编丁艳负责具体规划、组织与实施；编委会委员则从专业角度提出意见与建议并提供部分稿源；编辑人员全面参与具体的工作，包括收集整理资料、编写与修改文稿、联系约稿等。

在确定了编撰原则、思路和大纲后，2015 年 7 月，编撰工作组正式成立，由陈工孟担任组长，成员包括 20 余位专业背景丰富、研究能力突出的研究人员。编撰工作组的成员制订工作计划、工作指引，并按照工作计划、工作指引全力投入编撰工作，以及向职业教育领域的知名专家学者约稿。为了提高编撰质量，工作组每周召开 1 ~ 2 次会议进行沟通协调，对撰写过程中的有关问题进行探讨，并提出解决对策；同时，工作组还邀请相关专家学者对文稿进行审阅，获得了极具价值的意见和建议。

在中国职业教育及相关领域的学术界、实务界和政府管理部门的大力支持和积极参与下，《年鉴》的编撰工作已顺利完成。在此，向所有参与编辑工作的人员表示感谢！在编撰过程中，得到了有关政府部门、行业企业协会、媒体机构、众多院校、百余位学者的大力支持和配合，在此一并表示感谢！

为尊重知识产权，我们严格要求所有文稿必须注明参考资料和引用文献的来源。由于编撰工作的复杂性，在资料搜集和编撰过程中依然存在一些疏漏和错误，敬请读者给予批评指正，以便在今后加以改进，进一步提高编撰质量。

《中国职业教育年鉴（2016）》编委会

2016 年 5 月

目　　录

政策篇

统计篇

国际篇

产业发展与职业教育篇

研究篇

案例篇

附录篇

政策篇

统计篇

国际篇

产业发展与职业教育篇

研究篇

案例篇

附录篇

政策篇

第一章　职业教育重大政策法规综述

在世界经济全球化、一体化和信息技术革新的新时期，在“大众创业、万众创新”的新常态下，我国要实现“中国制造”向“优质制造”、“精品制造”升级，迫切需要一支数量充足、结构合理的高素质技术技能型人才队伍支撑。作为现代国民教育体系的重要组成部分，职业教育应抓住历史发展机遇，充分发挥技术技能人才培养的优势，全面提升人力资源的综合素质，为产业结构优化升级提供智力支撑，让更多人享有人生出彩的机会。

2015 年，我国职业教育改革发展进入新的黄金期。3 月，全国人大常委会启动职业教育法执法检查。随后国务院决定自 2015 年起，每年 5 月的第二周为“职业教育活动周”，这是我国加快发展现代职业教育的又一重大举措。下半年，教育部又相继出台了一系列围绕职业教育发展的文件，涵盖集团化办学、完善产教融合、创新人才培养模式等诸多内容，推动职业教育进入全面深化改革阶段。本章将系统梳理 2015 年国家和地方出台的有关职业教育的政策法规，以便全面地把握职业教育发展新环境和新形势。

一、政策法规综述

2015 年是我国全面深化综合改革的关键之年，也是职业教育发展的重要一年。当前，我国经济发展已进入新常态，面临转方式、调结构、惠民生的繁重任务与严峻挑战。面对新常态，职业教育以新的广度、深度和力度在依法治教、体系建设、办学活力、人才培养等方面推出新举措，瞄准建设“中国特色、世界水平”的现代职业教育体系的方向，服务建设创新型国家的重大战略。

为开创职业教育发展新局面，加快建设现代职业教育体系，国务院对职业教育工作作出全面战略部署，教育部亦出台一系列政策予以规范和指导，包括职业教育改革创新、服务能力和管理水平提升、人才培养质量提高等。这些政策围绕服务经济社会发展和职业教育内涵建设引入新思维、新目标、新模式，为现代职业教育的发展注入市场新活力，提升服务新能力，增强全面发展新动力。2015 年国家出台的部分政策文件名如表 1－1 所示。

表 1－1　2015 年国家出台的部分职业教育相关文件

发布时间	文件名	发布机构
2015 年 3 月 27 日	职业教育与继续教育 2015 年工作要点	教育部职业教育与成人教育司
2015 年 3 月 27 日	关于公布 2015 年职业教育与产业对话活动计划的通知	教育部职业教育与成人教育司
2015 年 4 月 29 日	关于做好首届职业教育活动周相关工作的通知	教育部、人力资源和社会保障部
2015 年 5 月 4 日	关于深化高等学校创新创业教育改革的实施意见	国务院办公厅

续表

发布时间	文件名	发布机构
2015 年 6 月 2 日	关于加强雨露计划　支持农村贫困家庭新成长劳动力接受职业教育的意见	国务院扶贫办、教育部、人力资源和社会保障部
2015 年 6 月 18 日	关于推进职业院校服务经济转型升级　面向行业企业开展职工继续教育的意见	教育部、人力资源和社会保障部
2015 年 6 月 29 日	全国人民代表大会常务委员会执法检查组关于检查《中华人民共和国职业教育法》实施情况的报告	第十二届全国人民代表大会常务委员会第十五次会议
2015 年 6 月 30 日	教育部关于深入推进职业教育集团化办学的意见	教育部
2015 年 7 月 27 日	教育部关于深化职业教育教学改革全面提高人才培养质量的若干意见	教育部
2015 年 8 月 26 日	职业院校管理水平提升行动计划（2015～2018 年）	教育部
2015 年 10 月 19 日	高等职业教育创新发展行动计划（2015～2018 年）	教育部
2015 年 10 月 26 日	教育部关于印发《普通高等学校高等职业教育（专科）专业设置管理办法》、《普通高等学校高等职业教育（专科）专业目录（2015 年）》的通知	教育部

资料来源：根据中央政府门户网及中国教育部门户网整理。

通过梳理和分析 2015 年职业教育相关文件，可以看出国家高度重视职业教育发展，密集出台多项政策给予指导和支持，为职业教育的改革发展指明了方向。总体来看，这些政策主要呈现以下几大特点：

（一）深化改革创新发展

大众创业、万众创新是社会发展的动力之源，对推动经济结构调整、打造发展新引擎、增强发展新动力、走创新驱动发展道路具有重要意义。高校作为人才培养的重要基地，在创新创业文化建设、创新创业平台搭建和创新创业人才培养方面发挥着关键作用。深化高等学校创新创业改革，不仅是推动高等教育综合改革、促进高校毕业生更高质量创业就业的重要举措，更为推进大众创业、万众创新提供人才支撑。

2015 年 5 月，国务院办公厅出台《关于深化高等学校创新创业教育改革的实施意见》（以下简称《实施意见》），把深化高校创新创业教育改革作为推进高等教育综合改革的突破口，对推动高等教育教学改革创新、创新人才培养机制具有重大意义。《实施意见》提出自 2015 年起全面深化高校创新创业教育改革，2017 年形成科学先进、广泛认同、具有中国特色的创新创业教育理念，形成一批可复制可推广的制度成果，普及创新创业教育，实现新一轮大学生创业引领计划预期目标。为了实现这一目标，《实施意见》要求各高校要设置合理的创新创业学分，建立创新创业学分积累和转换制度，探索建立跨院系、跨学科、跨专业交叉培养人才的新机制，同时建立教育部门牵头的创新创业教育工作机制。此政策的出台，将极大地推动创新创业人才培养，对于建设创新型国家具有重要意义。

高等职业教育为服务国家经济转型升级培养了大量高层次技术技能人才，已成为加快推进现代职业教育体系建设的中坚。但是，在新的形势下，高等职业教育的发展和管理面临新的挑战。为应对发展挑战，提升高等职业教育发展质量，教育部于2015年10月出台《高等职业教育创新发展行动计划（2015～2018年）》。该文件提出，通过三年建设，高等职业教育整体实力将显著增强，人才培养结构更加合理、质量持续提高，服务《中国制造2025》的能力和服务经济社会发展的水平显著提升，促使高等教育结构优化成效更加明显，重点将从扩大优质教育资源、增强院校办学活力、加强技术技能积累、完善质量保障机制、提升思想政治教育质量等方面进行重点建设。此行动计划为高等职业教育在“十三五”期间的发展指明了方向，是促进高职教育创新发展、推动现代职业教育体系日臻完善的重要举措。

（二）增强职教服务能力

推动职业教育适应经济发展方式转变和产业结构调整要求，大力培养高素质劳动者和技能型人才，为国家和社会不断创造人才红利。2015年，为提升职业教育服务经济社会的能力，加强职业教育与产业的联系，教育部及相关部门举办了多项活动，并颁布了若干项相关政策。

2015年3月，教育部职业教育与成人教育司发布《关于公布2015年职业教育与产业对话活动计划的通知》，遴选确定了2015年重点指导和支持的职业教育与产业对话活动计划。2015年4月，教育部、人力资源和社会保障部发布《关于做好首届职业教育活动周相关工作的通知》，指出国务院决定自2015年起，每年5月的第二周为“职业教育活动周”（以下简称“活动周”），主要包括各类职业院校开放校园；组织有条件的行业、企业开展相关活动；为民服务。产教对话活动、活动周从实践上与社会相对接，加强与产业界的合作，提升了职业教育服务社会经济能力。

2015年6月，教育部、人力资源和社会保障部发布《关于推进职业院校服务经济转型升级面向行业企业开展职工继续教育的意见》指出，推进职业院校面向行业企业开展多种类型的职工继续教育，稳步发展学历继续教育，广泛开展立足岗位的技术技能培训，积极开展面向前沿的高端研修培训，主动为企业提供技术服务，积极参与学习型企业建设。到2020年，全国职业院校开展职工继续教育人次绝对数达全日制在校生数的1.2倍以上，承担职工继续教育总规模不低于1.5亿人次，全面提升服务经济社会发展的能力。该文件的出台，对于职业院校主动适应经济发展新常态、激发办学活力、提高产业服务能力、帮助企业创造更大价值具有重要意义。

（三）提升院校治理水平

深化职业教育办学体制机制改革，提高职业院校办学与管理水平，是促进职业院校内涵发展的现实要求，亦是提高人才培养质量的重要保障。2015年，国家发布了多项关于职业院校办学、管理的专项文件，对职业教育的整体发展和职业院校的治理能力起到了积极的推动作用。

2015年6月，教育部发布《关于深入推进职业教育集团化办学的意见》，鼓励国内外职业院校、行业、企业、科研院所和其他社会组织等各方面力量加入职业教育集团，探索多种形式的集团化办学模式，创新集团治理结构和运行机制，全面增强职业教育集团化办学的活力和服务能力。实践证明，开展集团化办学是提升治理能力、完善职业院校治理结构、健全政府职业教育科学决策机制的有效途径。

2015年8月，教育部印发《职业院校管理水平提升行动计划（2015～2018年）》，提出经过三年努力，职业院校以人为本的管理理念更加巩固，现代学校制度逐步完善，办学行为更加规范，办学活力显著增强，办学质量不断提高，依法治校、自主办学、民主管理的运行机制基本建立，多元参与的职业院校质量评价与保障体系不断完善，职业院校自身吸引力、核心竞争力和社会美誉度明显提高。为了实现这一目标，职业院校要采取突出问题专项治理、管理制度标准建设、管理队伍能力建设、管理信息化水平提升、校园文化育人创新、质量保证体系完善等行动。这些行动的实施将为基本实现职业院校治理能力现代化奠定坚实基础。

（四）提高人才培养质量

提高职业院校人才培养质量是实施科教兴国战略的必然要求，也是职业教育自身发展的客观要求。把提高人才培养质量作为发展现代职业教育的核心任务，对于加快构建现代职业教育体系具有重要意义。2015 年，国家就提高职业教育质量出台了多项政策，为职业院校建立完善的人才培养质量保障体系指明了方向。

2015 年 7 月，教育部出台《教育部关于深化职业教育教学改革全面提高人才培养质量的若干意见》指出，要坚持走内涵式发展道路，适应经济发展新常态和技术技能人才成长成才需要，深化职业教育教学改革，全面提高人才培养质量。该文件提出要从落实立德树人根本任务、改善专业结构和布局、提升系统化培养水平、推进产教深度融合、强化教学规范管理、完善教学保障机制等方面增强学生就业创业能力，加强人文素养教育和技术技能培养，进而提高人才培养质量。

2015 年 10 月，教育部印发《普通高等学校高等职业教育（专科）专业设置管理办法》和《普通高等学校高等职业教育（专科）专业目录（2015 年）》，这是关系我国加快发展现代职业教育的一项全局性的重要举措，对改革人才培养模式、提高人才培养质量、增强高等职业教育人才培养针对性和适用性具有十分重要的意义。

二、重大政策法规意义评述

为推动职业教育更加健康、持续地发展，国家陆续出台了多项政策、法律法规，这些政策举措发挥了指导与引领作用，为职业教育改革创新发展指明了方向。以下内容将对 2015 年部分职业教育重要政策法规进行较为详细的评述，以便更深入地理解和掌握政策的内涵和意义。

（一）《教育部关于深入推进职业教育集团化办学的意见》

2015 年 6 月，教育部出台《教育部关于深入推进职业教育集团化办学的意见》（以下简称《意见》），从职业教育集团化办学的重要意义、实现形式、服务能力、保障机制四个方面给予了宏观的指导和政策支持，多元主体组建职教集团开展职业教育集团化办学、探索职业教育体制机制改革与创新，必将成为今后加快发展我国现代职业教育的重要方向，也将成为职业教育创新发展的新常态。

1. 明确集团化办学的发展方向

《意见》高屋建瓴，充分肯定了集团化办学取得的成就和经验，坚定了集团化办学的发展方向。到 2020 年，我国初步建成 300 个具有示范引领作用的骨干职业教育集团；探索集团内部产权制度改革和利益共享机制建设，开展股份制、混合所有制试点；大力发展面向现代农业、先进制造业、现代服务业、战略性新兴产业的职业教育集团；完善职业教育集团化办学支持政策，在校企合作、招生就业、对口支援、经费投入、国际合作等方面予以倾斜。《意见》从国家战略高度深入推进集团化办学政策的落地生根，是促进我国职业教育发展、加快现代职业教育体系建设的重要途径。

2. 完善集团化办学的实现形式

《意见》提出，要加快完善集团化办学的实现形式。一是提倡主体多元化，支持行业部门、中央企业和行业龙头企业、职业院校组建职业教育集团。职业教育集团的类型根据服务面向的不同，可组建行业型、区域型、复合型的职教集团；根据主导关系不同，可组建行业主导型、企业主导型、院校主导型、政府主导型职教集团。二是要注重多方联动，规范治理结构，不断地完善规范集团内部的决策机制、执行机制、监督考评机制、利益协调与共享机制。三是建立健全办学运行机制，不断健全民主决策和成员动态调整机制，深化产教融合、校企合作，强化区域合作、城乡一体，使职教集团建立职责明确、有机衔接、高效运作的运行机制。这些战略举措为职业教育集团化办学提供了路径指引和机制保障，是深入推进校企合作的重要途径。①

3. 提升集团化办学的服务能力

《意见》高度重视职业教育集团综合服务能力的提升。一是服务发展方式转变，协调推进人力资源开发与技术进步，推动教育教学改革与产业转型升级衔接配套。二是服务国家区域发展战略和主体功能区域战略，统筹成员学校的专业布局和培养结构，为各地区域经济提供人才支撑。三是服务就业创业，职业教育集团成员要共享招生、就业信息，提高学生就业率、创业能力和就业质量；面向内部企业员工开展培训等提升技能水平和岗位适应能力；面向失业人员、残疾人等特殊人群开展职业教育和培训，提高其就业、再就业和创业能力。四是服务现代职教体系建设，探索适合产业发展的人才培养途径，拓宽中职、专科、本科到研究生的上升通道等。提升职业教育集团的综合服务能力，对推进经济社会发展将具有重要的意义。

4. 建立集团化办学的保障机制

《意见》提出，支持建设一批示范性骨干职业教育集团。集团化办学不仅是一种形式，更是一种国家政策要求，为了让集团化办学政策得以落实，需要强化职业教育集团化办学的保障机制，《意见》提出加强对职业教育集团化办学的领导，将集团化办学情况纳入职业教育工作目标考核体系；完善职业教育集团化办学支持政策；加大对职业教育集团化办学的投入，通过政府购买服务等形式支持职业教育集团发展。政策支持、制度规范和经费投入将会为集团化办学提供有力保障。

实践证明，没有企业的参与，单纯依靠职业学校一方提高职业教育教学质量是无源之水、无本之木。职业教育集团化办学经过20多年的探索，组织规模不断扩大，内涵建设不断推进，办学成效日益显现，已成为国家激发职业教育办学活力的重要举措。在全国加快发展现代职业教育之际，《意见》正确认识职业教育集团化办学的功能，指导职业教育集团化办学实践，将更有利于全面把握职业教育集团化办学的发展规律，更好地提升职业教育人才培养质量和服务经济社会发展的能力。

---

①根据中国职业技术教育网整理，http：//www.chinazy.org/models/adefault/news_ detail.aspx？artid = 60902&cateid = 1539，2015 - 07 - 16。

（二）《教育部关于深化职业教育教学改革全面提高人才培养质量的若干意见》

2015年7月，教育部出台《教育部关于深化职业教育教学改革全面提高人才培养质量的若干意见》（以下简称《若干意见》），对深化以质量为中心的职业教育教学改革作出系统设计，推动职业教育在实施策略、培养目标、专业建设、育人体系、教学管理等方面的重要转变，有效促进职业教育的内涵式发展，打造职教品牌。

1. 实施策略：系统部署整体推进

我国职业教育正进入以强化内涵、提高质量为重点，加快建设现代职业教育体系的新时期。全局性的系统部署和整体性的推进举措显得尤为重要。《若干意见》对学生全面发展、产教融合的协同育人机制、人才培养体系、人才培养模式、专业结构优化调整、教学标准体系、国际合作、质量管理和保障制度等方面，都进行了关联性系统化设计，这对全面提高人才培养质量、提升职业教育服务我国经济社会发展的能力必将产生深远的影响。

2. 培养目标：立德树人全面发展

《若干意见》把立德树人、全面发展作为基本原则，努力构建全员、全过程、全方位育人格局；注重学生文化素质、科学素养、综合职业能力和可持续发展能力培养，在相关课程中增加中华优秀传统文化内容比重。这种从以往注重专业技能向促进学生全面发展的培养目标转变，将职业素养与职业技能高度融合，更好地适应了经济新常态和技术技能人才成长成才的根本要求，为国家建设提供强有力的人力支撑。

3. 专业建设：改善专业结构和布局

《若干意见》提出，要围绕“互联网+”行动、《中国制造2025》等的要求，适应新技术、新模式、新业态发展实际，积极发展相关专业；紧密对接“一带一路”、京津冀协同发展、长江经济带等国家战略，建设适应需求、特色鲜明、效益显著的专业群。《若干意见》强调发挥集团化办学优势，以产业或专业（群）为纽带，推动专业人才培养与岗位需求衔接，人才培养链和产业链相融合。从专业建设方面实现产教深度融合，把产教融合、协同育人贯穿人才培养的全过程，对于推进职业院校的专业建设有着重要的意义。

4. 育人体系：中高职人才培养衔接

《若干意见》要求各地、各职业院校要积极稳妥推进中高职人才培养衔接，科学确定适合衔接培养的专业；统筹安排开展中高职衔接专业的公共基础课、专业课和顶岗实习；支持职业院校毕业生在职接受继续教育，根据职业发展需要，自主选择课程，自主安排学习进度；强调建立学分累积与转换制度，促进工作实践、在职培训、学历教育互通互转。这些推动职教自身体系形成的举措对构建现代职业教育体系具有重要作用。

5. 教学管理：标准化规范化管理

《若干意见》明确指出，要完善教学标准体系，积极开发与国际先进标准对接的专业教学标准和课程标准；坚持和完善巡课和听课制度，严格教学纪律和课堂纪律管理；提高教学质量管理水平，健全教材建设管理制度。《若干意见》对管理机制、质量监控保障体系、教材建设、“双师型”教师培养、信息化技术、实训设备、研发服务体系建设等方面做了规范化要求，推动常规性的教学管理向标准化规范化管理转变，从制度层面保障人才培养质量。

全面提升人才培养质量，既是全体职教人努力的目标，也是全社会的期盼。《国务院关于加快发展现代职业教育的决定》中就“提高人才培养质量”进行专门部署。《若干意见》作为

《国务院关于加快发展现代职业教育的决定》的配套文件，是第一个对中等和高等职业教育教学改革进行统一部署的文件，为打造升级版的现代职业教育进行了路径设计，为培养社会欢迎、家长放心、学生满意的高素质、高质量劳动者和技能型人才提供了具体指导。

（三）《职业院校管理水平提升行动计划（2015～2018年）》

2015年8月，教育部印发《职业院校管理水平提升行动计划（2015～2018年）》（以下简称《计划》），聚焦中观层面的职业院校管理，倡导“改变从今天开始”，计划用三年时间组织动员全国各级教育行政部门和职业院校开展以“六个行动”为载体的集中行动，以进一步提升职业院校管理的规范化、精细化和科学化水平。

1. 突出问题专项治理行动

突出问题专项治理行动，体现常规性和针对性。摆在职业院校面前，有六个现实问题亟待规范和改善：一是诚信招生，加强招生政策和工作纪律的宣传教育，面向社会公开承诺诚信招生、阳光招生等；二是学籍核查，全面落实学籍电子注册和管理制度；三是教学标准落实，完善人才培养方案，强化教学过程管理，组织开展教学计划执行情况检查，注重教学效果的反馈与改进；四是实习管理，严格执行学生实习管理相关规定；五是平安校园创建，建立健全安全应急处置机制和安全防范体系；六是财务管理规范。所有中高职院校，都要在相关教育行政部门的督导下，根据实际情况针对这六个问题开展自诊自治，落实专项治理行动的各项要求，并建立长效机制。

2. 管理制度标准建设行动

管理制度标准建设行动，体现紧迫性和重要性。职业院校要加快学校章程建设步伐，建立健全体现职业院校办学特点的内部管理制度、标准和运行机制，不断完善现代职业学校制度。在学校章程建设方面，中职和高职院校要依法制定和完善具有各自特色的学校章程；在管理制度建设方面，学校要理顺和完善教学、学生、后勤、安全、科研和人事等管理制度、标准；在制度标准落实方面，学校要明确落实管理制度、标准的奖惩机制，强化管理制度、标准执行情况的监督、检查。这些举措有助于形成一校一章程的格局，是完善职业院校治理结构的重要抓手。

3. 管理队伍能力建设行动

管理队伍能力建设行动，体现主体性和能动性。人是管理中最关键要素，《计划》遵循管理人员成长规律，以提升岗位胜任力为重点，明确对管理者的能力要求，加强培养培训、强化激励保障等。此外，《计划》要求将职业院校管理骨干培养培训纳入国家和省级校长能力提升、教师素质提高等培训计划统筹实施，组织开展管理经验交流活动，搭建管理专题网络学习平台，为职业院校管理队伍水平提升创造条件。

4. 管理信息化水平提升行动

管理信息化水平提升行动，体现先进性和科学性。当前，职业院校数字校园建设正在推进，职业院校要提升管理信息化水平需要在以下三个方面多下工夫：一是加强管理信息化整体设计；二是健全管理信息化运行机制，建立基于信息化管理制度，成立专门机构，确定专职人员，建立信息系统应用和技术支持服务体系；三是提升管理信息化应用能力。同时，《计划》指出要加强统筹协调，加大政策支持和经费投入力度，这从制度上、经济上为职业院校的管理信息化顺利建设提供了保障。

5. 学校文化育人创新行动

学校文化育人创新行动，体现职教独特性和开放性。《计划》要求职业院校至少在三个方面落地开花：学校核心文化的凝练、产业文化和优秀企业文化进校园、创新德育和自我教育的形式。此外，《计划》提出要联合社会各方力量，因地制宜组织开展校训和校风、教风、学风及文化标识、优秀学生社团等遴选展示活动，持续组织“文明风采”竞赛等德育活动。这些要求和举措对推动职业院校文化育人工作创新，不断提高职业院校文化软实力有着实践指导意义。

6. 质量保证体系完善行动

质量保证体系完善行动，体现系统性和有效性。各院校的教育教学质量监控系统与全国职业院校质量年度报告制度，目前在高职、中职中各有探索和成绩。《计划》着力推动已有政策的“落地”，积极促进教育教学质量监控评价、反馈与改进等长效机制的形成。

《计划》顺应职业教育发展规律，不仅紧扣职业院校管理的关键环节，推动解决常规管理领域存在的突出问题，而且着力推进职业院校依法制定章程，强化管理制度标准建设，质量保证体系建设等。总体而言，《计划》是推动职业院校办学水平提升的重要举措，是提高职业教育管理能力的行动指南。

（四）《高等职业教育创新发展行动计划（2015～2018年）》

2015年10月，教育部印发《高等职业教育创新发展行动计划（2015～2018年）》（以下简称《行动计划》），强化内涵发展、特色发展和创新发展，明确提出“扩大优质教育资源、增强院校办学活力、加强技术技能积累、完善质量保障机制、提升思想政治教育质量”五大行动，开启高等职业教育发展新时代。

1. 发展动力：由政府主导向院校自主转变

《行动计划》指出，落实高等职业院校办学自主权，支持学校自主确定教学科研行政等内部组织机构的设置和人员配备；放管结合，健全以章程为统领规范行使办学自主权的制度体系；优化服务，履行好政府保基本的兜底责任和监管职责。《行动计划》出台诸多政策举措保障院校自主权，旨在加快形成“教育部规划管理、省级统筹保障、院校自主实施”的高等职业教育管理新模式，发挥改革创新的主体作用，实现发展动力由政府主导向院校自主的转变。

2. 发展模式：从注重扩张向内涵建设转变

《行动计划》支持部分普通本科高等学校转型发展、优质专科高等职业院校创新发展、职业院校骨干专业特色发展，并以提高质量为核心，深化专业内涵建设，推进课程体系、教学模式改革。质量是各项任务和各个项目围绕的核心，在稳定规模的基础上，向内挖潜，整合资源，优化结构，夯实基础，练好内功，实现发展模式从规模扩张向内涵建设转变。

3. 办学状态：从相对封闭向全面开放转变

《行动计划》要求高职教育继续坚持开放办学的理念，面向社会构建开放的办学体系，面向行业企业建立开放合作的机制，面向多元化生源实行开放性的教学，面向终身学习需求建立开放性的学分积累与转换机制，通过开放办学及时应对区域产业发展需求，增强服务地方经济发展能力，实现可持续发展。①

4. 评价体系：从硬件指标为主向内涵指标为主转变

《行动计划》强调巩固学校、省和国家三级高等职业教育质量年度报告制度，以高等职业院

①“教育部职业教育与成人教育司负责人就《高等职业教育创新发展行动计划（2015～2018年）》答记者问”，教育部门户网，http：//www.moe.edu.cn/jyb_xwfb/s271/201511/t20151103_217258.html，2015－11－03。

校人才培养工作状态数据为基础，开展教学诊断和改进工作。教育部牵头研制高等职业院校教学工作诊改指导方案，针对高等职业院校不同发展阶段特点确定诊改重点；省级教育行政部门负责统筹推进行政区域内高等职业院校诊改工作；院校举办方协同高等职业院校自主诊断、切实改进。《行动计划》从关注硬指标的显性增长转向关注软实力的内在提升，引导高职院校办出特色、办出水平。

5. 教师队伍：从注重高学历高职称向注重双师结构转变

《行动计划》提出，围绕提升专业教学能力和实践动手能力，健全专科高等职业院校专任教师的培养和继续教育制度；推进高水平大学和大中型企业共建“双师型”教师培养培训基地，探索“学历教育＋企业实训”的培养办法；完善以老带新的青年教师培养机制；建立教师轮训制度；专业教师每五年企业实践时间累计不少于6个月。此外，《行动计划》要求增强职业技术师范院校的职业教育教师培养能力。

6. 社会服务：从由教学培训为主向教学培训与应用研发并重转变

《行动计划》鼓励校企共建以现代学徒制培养为主的特色学院；以市场为导向多方共建应用技术协同创新中心；支持学校与技艺大师、非物质文化遗产传承人等合作建立技能大师工作室；重视对师生拥有自主知识产权的或与企业合作转化的技术开发、产品设计、发明创造等成果的政策支持。这些成为师生在应用研发方面进行社会服务的重要窗口。

《国务院关于加快发展现代职业教育的决定》强调“创新发展高等职业教育”；教育部等六部委发布的《现代职业教育体系建设规划（2014～2020年）》指出“优化高等职业教育结构”；全国人大常委会职业教育法执法检查对加快发展现代职业教育提出新要求。为应对新形势新要求，《行动计划》继而正式出炉，规划设计了一系列政策制度和任务项目，使地方和高等职业教育战线固化改革成果、面向“十三五”布局改革发展有章可循，切实提高高等职业教育服务国家发展战略能力。

三、地方性政策法规

紧随党中央、国务院对发展现代职业教育做出的战略新部署，地方政府积极贯彻落实国家职业教育各项政策，结合自身区域特点，推出一系列政策法规，鼓励、引导职业教育快速发展，推动职业教育改革发展不断迈上新台阶。2015年，地方出台的职业教育有关文件名如表1－2所示。

表1－2　2015年地方出台的部分政策性文件

发布时间	文件名	发布机构
2015年1月15日	贵州省职业教育条例	贵州省十二届人大常委会第十三次会议
2015年3月17日	陕西省现代职业教育体系建设规划（2015～2020年）	陕西省教育厅、陕西省发展和改革委员会等六部门
2015年3月19日	上海市人民政府关于加快发展现代职业教育的决定	上海市人民政府
2015年3月25日	重庆市人民政府关于加快发展现代职业教育的实施意见	重庆市人民政府

续表

发布时间	文件名	发布机构
2015年4月1日	浙江省教育厅关于开展四年制高等职业教育人才培养试点工作的通知	浙江省教育厅
2015年4月30日	四川省教育厅印发《关于进一步加强职业院校规范管理的意见》的通知	四川省教育厅
2015年5月26日	安徽省教育厅关于印发《安徽省高等职业院校“双师型”教师认定办法（试行）》、《安徽省高等职业院校“双师型”教师认定标准（试行）》的通知	安徽省教育厅
2015年5月29日	广西壮族自治区人民政府办公厅关于印发《广西职业教育校企合作促进办法（试行）》的通知	广西壮族自治区人民政府办公厅
2015年6月1日	浙江省人民政府关于加快发展现代职业教育的实施意见	浙江省人民政府
2015年6月15日	中共陕西省办公厅、陕西省人民政府办公厅印发《关于进一步加强和规范职业学校管理的意见》的通知	中共陕西省委办公厅、陕西省人民政府办公厅
2015年7月27日	山西省人民政府办公厅关于《山西省职业教育校企合作促进办法（试行）》的通知	山西省人民政府办公厅
2015年8月13日	山东省人民政府关于贯彻国发［2014］19号文件进一步完善现代职业教育政策体系的意见	山东省人民政府办公厅
2015年9月15日	甘肃省人民政府办公厅关于印发《甘肃省县级人民政府职业教育工作督导评估方案（试行）》的通知	甘肃省人民政府办公厅
2015年9月15日	重庆市人民政府办公厅关于促进职业教育校企合作的通知	重庆市人民政府办公厅
2015年9月16日	福建省人民政府办公厅关于印发《加快发展现代职业教育若干意见实施细则》的通知	福建省人民政府办公厅
2015年11月6日	广东省教育体制改革领导小组办公室关于印发《广东省现代职业教育体系建设规划（2015~2020年）》的通知	广东省教育体制改革领导小组办公室
2015年11月4日	关于印发《江西省职业教育校企合作促进办法》的通知	江西省十二个部门联合印发

资料来源：根据各省（市、自治区）政府网及教育厅网资料整理。

（一）加快发展现代职业教育

2014年，党和国家领导人习近平主席、李克强总理分别发表重要讲话，提出要把加快发展现代职业教育摆在更加突出的位置，更好支持和帮助职业教育发展，为实现“两个一百年”奋斗目标和中华民族伟大复兴的中国梦提供坚实人才保障。在国家大力推动职业教育发展的背景下，各地方政府亦相继出台支持职业教育法的政策，加快构建现代职业教育体系。

2015年3月，陕西省教育厅等六部门印发《陕西省现代职业教育体系建设规划（2015~2020年）》，勾勒出陕西省职业教育发展的规划蓝图。2017年前，陕西将初步构建起具有特色的现代职业教育人才培养立交桥，形成以中职、高职、本科和专业学位研究生为主线纵向贯通的学历教育人才培养体系，以与普教、职业培训和人力资源市场横向衔接、进出灵活、开放立交的终身教育体系；到2020年，基本建成具有陕西特色的现代职业教育体系。

2015年3月，《上海市人民政府关于加快发展现代职业教育的决定》出台，指出到2020年，形成政府引导、依托企业和园区、充分发挥行业作用、社会力量积极参与的多元化办学格局；构建与上海现代产业体系相匹配、产教深度融合、纵向衔接、横向贯通，学校教育与职业培训并举、公办民办协调发展，体现终身教育理念、覆盖城乡学龄青年和全体劳动者、贯穿从学习到工作各阶段、满足多样化和差异化需求，具有上海特点、中国特色、世界水平的现代职业教育体系。

2015年3月，《重庆市人民政府关于加快发展现代职业教育的实施意见》提出，到2017年，中等职业学校调整到160所左右，在校生规模保持在45万人左右；高职院校增加到40所左右，在校生规模达到30万人左右；支持一批市属本科院校向应用技术型高校转型。到2020年，基本建成适应发展需求、产教深度融合、中职与高职衔接、普教与职教沟通、体现终身教育理念、具有重庆特点的现代职业教育体系。

2015年11月，广东省教育体制改革领导小组办公室印发《广东省现代职业教育体系建设规划（2015~2020年)》提出，到2017年，基本形成现代职业教育体系框架；2020年，建成适应经济发展方式转变和产业结构调整要求、体现终身教育理念、中高等职业教育纵向衔接、职业学历教育与职业技能培训横向贯通、学校企业社会相互融合的现代职业教育体系；全面建成我国南方重要职业教育基地和职业教育强省。

（二）深化职业教育校企合作

职业教育已进入新的发展时期，校企合作作为职业教育良性发展的强力支撑，也需要获得新的发展，需要充分发挥战略引擎作用。目前，各地方政府不仅规范和加强对校企合作的管理，而且制定相关激励政策深化校企合作，加快推进职业教育校企合作。

2015年5月，广西壮族自治区人民政府办公厅出台《广西职业教育校企合作促进办法（试行)》(以下简称《办法》)，强调县级以上人民政府应当建立政府引导、行业指导、企业与职业院校共同参与的校企合作运行机制。职业院校应主动与企业、行业组织在实习实训、专业设置与课程开发、订单式培养与就业推荐、师资交流与培训、职工培训与继续教育、技术研发等方面开展合作。《办法》鼓励行业和企业通过独资、参股、入股等多种形式举办或参与举办职业教育，发挥企业重要的办学主体作用；定期联合开展对职业院校、行业企业的校企合作情况进行检查评估；要把企业开展职业教育的情况纳入企业社会责任报告。

2015年7月，山西省人民政府办公厅发布《山西省职业教育校企合作促进办法（试行)》，指出促进职业教育校企合作是政府、职业院校、行业协会、企业的共同责任。职业教育校企合作实行“政府主导、行业指导、企业与职业院校共同参与”的多元化合作机制。该促进办法从政府、行业、企业、职业院校四个主体出发，分别规定了各个主体的相关职责与权益。

2015年9月，《重庆市人民政府办公厅关于促进职业教育校企合作的通知》提出，以推进职业教育集团化办学、建设职业教育园区、孵化“产学研”联合体、建设骨干实训基地、运用“互联网+”推动校企合作为重点项目推进产教融合，深化校企合作，增强职业教育适应需求、服务发展的能力。

2015年11月，江西省十二个部门联合印发《江西省职业教育校企合作促进办法》，明确提出校企合作的范围主要是人才培养与职工培训、科技创新与技术服务、资源共享与共同发展。要求各级政府发挥搭建平台、优化配置、强化保障、加强督导等作用；职业院校则要主动与行业、企业在专业设置、课程体系建设、教学改革、学生实习实训、师资交流与培训、订单培养、就业推荐、职工培训与继续教育、技术研发等方面开展合作；鼓励组建职业教育集团，鼓励行业组织和企业通过独资、参股、入股等多种形式举办或参与举办职业教育。

（三）加强规范职业院校管理

当前，部分职业院校存在办学水平偏低、管理规范化水平不高等问题。坚持依法治校，实现规范管理，加快提升职业院校管理水平，是当前及今后一段时期职业教育改革与发展的重要内容。各地方政府相继出台相关政策规范职业学校办学行为，以促进管理水平提升，推动职业教育的健康发展。

2015 年 4 月，四川省教育厅印发《关于进一步加强职业院校规范管理的意见》，主要从学校办学行为、师资队伍、人才培养评估、基本设施建设、资产管理等方面加强内部管理，建立健全监管制度。文件指出到 2017 年，一所中职学校的校外教学点不超过两个、在校生不得超过校本部规模；严格实行招生资格审查制度、建立学历教育招生广告审核备案制度、严格招生纪律等；规范学生学籍管理。文件强调加强高职院校人才培养评估管理，完善资格审核制度，现场评估前，对院校人才培养工作状态数据和自评报告中有关数据进行审核，并进校调查核实；健全回访整改制度，评估专家组负责对学校整改情况进行现场回访；进一步规范专家与被评院校的评估程序，现场评估工作采取开放、透明的方式，确保评估工作公开、公平、公正。

2015 年 6 月，中共陕西省委办公厅、陕西省人民政府办公厅印发《关于进一步加强和规范职业学校管理的意见》，提出全面落实职业院校归口管理，职业学校（含技工学校）统一归口教育部门管理，人力资源和社会保障部门负责技工学校业务指导；职业学校的设置、变更与撤销统一由教育部门负责；强调加强对职业学校专业设置的引导与调控，严格执行新增专业备案制度，开展专业建设的指导与评估，加大特色专业支持力度，严格按照审批专业和招生计划招生，逐步减少直至取消同质化倾向严重专业的招生计划，并且从严查处无专业、无计划、超计划的招生行为并追究责任。

2015 年 8 月，山东省人民政府办公厅出台《关于进一步完善现代职业教育政策体系的意见》，明确提出进一步提升职业教育办学水平，完善职业院校治理结构；进一步扩大学校在人事管理、教师评聘、收入分配、专业设置等方面的办学自主权；实施规范管理行动计划，从 2015 年起，推动职业院校以规范化为基本要求，依法治教、依法治校，更新管理理念、完善制度标准、创新运行机制、改进方法手段，全面提升招生、学籍、课程、教学、教师等方面的管理水平，建立规范办学行为长效工作机制。

第二章　职业教育重要观点引述

党中央、国务院高度重视职业教育发展，把加快发展现代职业教育作为经济社会发展的重要基础和教育工作的战略重点，为职业教育服务经济转型、结构调整、产业升级、提升人力资本素质指明了方向。职业教育发展问题牵动社会各界，一大批职业教育专家学者把脉职业教育现状，探讨职业教育改革与发展之策。本章将梳理出2015年对职业教育发展具有重要影响的高层领导讲话与专家观点，进一步洞察、了解职业教育建设发展的战略规划和建设举措。

一、高层领导讲话

当前，我国经济发展进入新常态，加快发展现代职业教育是促进转方式、调结构和民生改善的战略举措，是化"人口红利"为"人才红利"的必然要求。国家主席习近平、国务院总理李克强、国务院副总理刘延东等党和国家领导人以及教育部副部长鲁昕分别就加快职业教育发展发表讲话，为职业教育发展提供强有力支撑。

（一）习近平：上下共同努力，进一步办好职业教育①

2015年6月，中共中央总书记、国家主席、中央军委主席习近平在贵州调研时指出，职业教育是我国教育体系中的重要组成部分，是培养高素质技能型人才的基础工程，要上下共同努力进一步办好。在贵州省机械工业学校实训基地，习近平对同学们表示，学生时代是美好的，同学们在这里积蓄奋发力量，每一寸光阴都很宝贵。各行各业需要大批科技人才，也需要大批技能型人才，大家要对自己的前途充满信心。习近平希望同学们立志追求人无我有、人有我优、技高一筹的境界，学到真本领，用勤劳和智慧创造美好人生。

（二）李克强：部署加快发展现代职业教育

1. 培养形成高素质劳动大军，提高中国制造和服务水平②

2015年5月10日，首届"职业教育活动周"在北京举行全国启动仪式。中共中央政治局常委、国务院总理李克强作出重要批示，指出加快发展现代职业教育，是发挥我国巨大人力优势，促进大众创业、万众创新的战略之举。"职业教育活动周"的设立，目的是要在全社会弘扬劳动光荣、技能宝贵、创造伟大的时代风尚，形成"崇尚一技之长、不唯学历凭能力"的良好氛围。要坚持以提高质量、促进就业、服务发展为导向，注重改革创新，深化产教融合，推动职业教育发展实现新跨越，进一步培养形成高素质的劳动大军，进一步提高中国制造和服务的水平，进一

①根据教育部门户网整理，http：//www. moe. edu. cn/jyb_ xwfb/s6052/moe_ 838/201506/t20150625_ 191095. html，2015－06－25。

②根据中央政府门户网整理，http：//www. gov. cn/guowuyuan/2015－05/10/content_ 2859801. htm，2015－05－10。

步增强产业国际竞争力，促进经济保持中高速增长、迈向中高端水平。

2. 加强职业教育和技能培训，落实完善扶持政策，帮助每一个有条件的残疾人圆就业创业梦①

2015 年 7 月 11 日，第五届全国残疾人职业技能竞赛暨第二届全国残疾人展能节在武汉开幕。中共中央政治局常委、国务院总理李克强作出重要批示：提升残疾人职业技能、促进他们就业和增收，既是保障基本民生、加快残疾人小康进程的要求，也是践行大众创业、万众创新的生动体现。各地区、各部门要进一步加强残疾人职业教育和技能培训，让他们掌握更多实用技术，进一步落实和完善残疾人就业创业的各项扶持政策，督促用人单位依法安排残疾人就业，进一步加大农村残疾人扶贫开发力度，兜住和筑牢底线，帮助每一个有条件的残疾人实现就业创业梦想，通过劳动创造更加幸福美好的生活。

（三）刘延东：让尊重职业教育在全社会蔚然成风②

2015 年 5 月 10 日，国务院副总理刘延东在首届“职业教育活动周”启动仪式上的致辞中表示，当前，我国经济发展进入新常态，中央提出了协调推进“四个全面”的战略布局。新的发展形势对职业教育发展提出了新的更高要求：实现经济提质增效升级，有效应对激烈国际竞争，需要建设宏大的知识型、技术型、创新型劳动者大军；促进大众创业、万众创新，增加公共产品和公共服务，需要完善就业创业服务体系；实施“一带一路”战略，推动中国装备“走出去”，需要用技术技能打造中国品牌。因此，职业教育要主动肩负起历史责任，面向经济社会发展和国际竞争大局，深化改革创新，提升服务能力，为推动“发展调速不减势、量增质更优”提供有力支撑。

一要进一步把职业教育摆在经济社会发展和教育综合改革更加突出的位置。政府要依法履责，把中央关于加快发展现代职业教育的决策部署落到实处，推动职业教育与经济社会同步规划、同步发展，与经济新常态下产业结构升级、技术更新换代和创新创业的时代需求更加契合。要把职业教育作为深化教育综合改革、构建科学合理人才结构、实现教育现代化的重要突破口和切入点，优先予以支持，确保到 2020 年建成中国特色、世界水平的现代职业教育体系。

二要进一步形成职业教育可持续发展的制度标准体系。要以全国人民代表大会常务委员会开展《职业教育法》执法检查为契机，抓紧推动《职业教育法》修订工作。要协调好教育、经济、劳动、就业等领域的关系，推进教育政策、产业政策、用人政策衔接配套，着力破解行业企业参与、“双师型”教师队伍建设、技术技能人才待遇、打通职业教育与高等教育之间的通道等重点、难点问题，健全体现职教规律和特色的各类办学标准，打好制度和标准建设的“组合拳”。

三要进一步把工作重点和资源配置聚焦到以教育质量为核心的内涵建设上来。要坚持立德树人，把社会主义核心价值观融入教育各环节，重视培育学生的职业素养和人文素养，促进学生德智体美全面发展。要创新培养模式，推进“五个对接”，打造办学品牌，主动“走出去”。要提升学校治理水平，构建学校和企业多元参与的治理结构，形成有利于技术技能人才成长的管理模式和管理文化。

四要进一步营造全社会关心和支持职业教育的良好氛围。要统筹用好政府和市场“两只手”，积极调动社会各方面力量，发挥行业指导和企业重要办学主体作用，促进职业教育按规律

①根据中央政府门户网整理，http：//www. gov. cn/guowuyuan/2015 - 07/11/content_ 2895489. htm，2015 - 07 - 11。

②根据中国教育新闻网整理，http：//www. jyb. cn/zyjy/zyjyxw/201505/t20150516_ 622466. html，2015 - 05 - 16。

办学。要加强政策引导和舆论宣传，大力弘扬劳动光荣、技能宝贵、创造伟大的时代风尚，形成“崇尚一技之长、不唯学历凭能力”的良好环境。

（四）鲁昕：全面推进现代职业教育体系建设，为协调推进“四个全面”提供人才保障①

2015 年 4 月 24 日，教育部副部长鲁昕在 2015 年度职业教育与继续教育工作会议上讲话部署 2015 年职成教年度重点工作。

1. 积极推动职业教育关键制度建设

一是配合做好《职业教育法》修订工作。积极配合全国人大常委会做好执法检查，主动为修法提出合理化建议。要把检查工作作为新的发展机遇，推动完善职业教育法律法规体系。二是抓紧推进校企合作促进办法等相关法规的制订工作，形成更加有利于职业教育发展的制度体系。三是完善配套政策和工作机制。推动职业院校教师专业技术职务（职称）评聘办法制订和教职工编制核定工作。推动各地中等职业教育全部免学费，落实好高职生均拨款制度，抓紧建立中职生均拨款制度。四是完善督查落实机制。开展全国职教会精神落实情况专项督导。做好教育规划纲要中期检查和“十二五”教育发展规划总结工作。实施职业院校强化管理行动计划，提升管理规范化水平。五是设计好、举办好 2015 年“全国职业教育活动周”。六是加强对职业教育国家改革试验区的指导，为国家制度建设提供经验与案例。

2. 全面推进现代职业教育体系建设

一是坚持职普比例大体相当，努力稳定中等职业教育招生规模。制定中等职业学校布局结构调整指导意见，推动中职资源整合与结构优化。二是发布中等和高等职业教育人才培养衔接行动计划，深入推进中高职衔接。三是发布高等职业教育改革创新行动计划，指导专科层次高职院校科学定位、特色发展。四是推进高等教育分类考试改革，配合制定职业院校学生进入高层次学校学习的办法，适度提高本科高等学校招收职业院校毕业生比例，完善人才多样化成长渠道。五是做好本科高校转型工作，探索开展本科层次职业教育，推动教育结构战略性调整。六是结合编制教育“十三五”规划，细化职业教育与继续教育今后五年发展目标任务，明确任务书、时间表、路线图。

3. 激发行业企业参与职教内生动力

一是完成职业教育校企合作促进办法送审工作，研究制订行业企业办学指导意见，推动教育型企业发展。二是深入实施《教育部关于开展现代学徒制试点工作的意见》，指导各地加快推进试点工作。三是统筹开展职业教育与行业对话活动，推进分行业制订职业教育指导意见。四是印发职业教育集团化办学指导意见，指导建设一批具有行业影响力的职业教育集团。五是推进全国职业院校技能大赛改革创新，做好新一轮大赛规划，完善大赛制度，提高赛事质量。

4. 系统谋划实施技术技能人才培养

一是落实新修订的《中等职业学校德育大纲》，颁布《中等职业学校学生公约》。继续办好“文明风采”竞赛、“劳模进职校”等活动，强化学生职业精神培养。二是印发《教育部关于深化职业教育教学改革全面提高人才培养质量的若干意见》，引导职业院校聚焦内涵和质量建设。三是实施新修订的高等职业学校专业目录和专业设置管理办法。调整和补充中等职业学校专业目

①根据公开资料整理。

录。遴选和建设一批国家产业发展急需的示范专业点。启动高等职业学校专业教学标准修（制）订工作。四是印发《职业院校实习管理规定》，颁布并推行部分专业（类）顶岗实习标准。2014年，教育部发布了五个专业的仪器设备装备规范并将继续完善，各地要认真学习贯彻。五是加强课程和教材建设，研制中等职业学校语文、体育与健康、公共艺术、历史等课程标准，组织修订（编写）相关教材。继续公布“十二五”国家规划教材。六是开展职业院校人才培养工作诊断与改进，引导职业院校提升办学水平。

5. 深入推动职业教育信息化发展

一是完善标准和工作平台。推进实施《职业教育数字校园建设规范》。研究制订职业教育信息化教学能力标准。推进职业教育数字资源管理和学习平台建设。二是不断扩大优质资源。继续实施国家示范性职业学校数字化资源共建共享计划。建设专业教学资源库项目管理与监测平台，建立持续监测与定期通报机制。三是加强管理信息化。推动全国中等职业学校学生管理信息系统的应用，实现学历教育学生学籍全员入库。持续完善和推进高职人才培养数据管理平台应用。四是推进信息化教学。继续举办职业院校信息化教学大赛，推动教师信息化教学能力提升。

6. 实现国际化与国家战略融合发展

一是加强对重点合作项目的指导与规划，深化与德国、英国、荷兰等职业教育政策对话和项目合作，扩大职业教育专业教学标准开发国际合作试点范围。二是积极开辟新的合作领域，积极推动与瑞士、美国、澳大利亚、新西兰以及东盟、非洲等交流与合作。三是注重与国际组织的合作，继续开展与联合国儿基会等合作项目。四是服务“一带一路”战略，与行业企业合作推进职业教育“走出去”，探索构建“一带一路”职教联盟，共同培养沿线国家技术技能人才。

7. 继续加强职业教育基础能力建设

一是实施现代职业教育质量提升计划，全面提升职业院校办学水平，为服务经济社会发展和人的全面发展提供有力保障。配合做好“十三五”重大项目规划和立项工作。二是完善绩效评价体系，引导各地用好中央财政资金、加大地方财政投入，突出中央财政资金的导向作用。三是继续实施重大专项，高质量完成第三批国家中职示范校和高职骨干校验收，继续实施中等职业教育基础能力建设项目。

8. 促进区域间职业教育协调发展

一是加强省级统筹，落实好地方特别是省级政府发展职业教育的责任，加强统筹、规划、领导、督查，积极探索适合省情的职业教育发展模式。二是加快发展面向农村的职业教育。推动实施农民继续教育工程，推动建立公益性农民培养培训制度，培养新型职业农民。继续推进国家级农村职成教示范县创建工作。印发指导县级职教中心改革发展的文件。三是加强民族地区职业教育。继续做好东部地区职教集团对口帮扶滇西和藏区工作。指导民族地区分区制订规划，发展职业教育。继续办好内地民族中职班。推广“9+3”模式。四是加强西部地区职业教育。完善东中西部合作机制，推动东部地区职业院校特别是示范性职业院校扩大与中西部地区的合作。

9. 推动继续教育取得进一步突破

一是印发办好开放大学的意见及相关配套文件，推进开放大学建设，推动广播电视大学系统整体转型升级。二是印发推进普通高校、高职院校、成人高校学习成果积累与转换工作的意见。继续推动学分积累和转换试点工作。推动在线继续教育课程认证、学分互认试点工作。三是印发普通高校继续教育改革发展的意见及配套文件，推进试点工作。四是深入推进大学与企业继续教育联盟、高校继续教育数字化学习资源开放和在线教育联盟建设，推动数字化学习资源向全社会开放。五是推进管理体制改革，完善高等教育自学考试制度。六是成立全国继续教育专家委员会，加强继续教育理论与实践研究，建立继续教育智库。

10. 推进学习型社会建设迈上新台阶

一是研究制定《全国老年教育发展规划（2015～2020年）》，建好终身教育“立交桥”。二是印发《关于推进职业院校服务经济转型升级面向行业企业开展职工继续教育的意见》，启动职业院校职工继续教育品牌创建计划。依托行业指导委员会全面启动行业职工教育培训统计工作、撰写发展报告。三是做好我国参加第二届全球学习型城市大会的有关工作，启动研究学习型城市建设指标体系，组织撰写《中国学习型城市建设发展报告》。四是印发《关于进一步推进社区教育改革发展的意见》，开展社区教育实验区、示范区遴选工作。五是继续举办好全民终身学习活动周，继续推出百姓学习之星，进一步打造终身学习品牌。

二、专家观点

传播先进职业教育理念，探索职业教育发展之路。本节节选了部分教育界和企业界的知名专家、学者具有代表性的重要职业教育观点，共同分享职业教育领域的真知灼见与前沿思想，凝聚各方力量提升现代职业教育的发展质量和水平。

（一）杨进：职业教育若干观念的转变①

第一，教育与学习的关系。《国际教育标准分类法》对教育活动的界定是：“引发学习的有组织的及持续的交流。”关键是为了引发学习，不能引发学习的教育那就是伪教育，是在浪费社会的资源。而学习是个人通过经历、实践、探究、听讲而在信息、知识、理解力、态度、价值观、技能、胜任力或者行为方面的获取或者改变。一是通过经历、实践、探究、听讲，经历和实践在前面，而不是听讲在前面；二是在信息、知识、理解力、态度、价值观、技能、胜任力或者行为这些方面；三是获取或者改变，获取是增加，改变是调整已有的东西，世界观就变了，原来事情也可以这样做，这也是学习，不仅仅是简单地增加知识。

第二，职业教育的产品观。按照传统的教育定义，教育是按照一定的目的要求，对受教育者的德育、智育、体育诸方面施加影响的一种有计划的活动，也就是说，教育是改变受教育者行为方式的过程。人们往往把接受过教育的毕业生自然而然地当成教育的产品，而把学生当成了可以进行加工的东西。其实这个概念早就过时了，我们的产品是什么？是服务。高等学校、职业学校的产品，就是学校根据社会需求所能开设的专业、课程以及针对整个教育教学的环节提供的服务。学习者是教育服务的产品直接服务的对象。

第三，职业教育的顾客观。任何一种产品出现和存在的理由在于有需求、有顾客。职业教育这种服务产品存在和发展的理由同样在于有需求、有顾客，问题是我们必须明白谁是顾客。一是受纳税人的信任和委托，政府要向教育投资或提供经费，政府所代表的纳税人是广泛意义上的顾客；二是企业向学校投资或提供经费，企业就是顾客；三是家长和学生向学校交学费，家长和学生就是顾客。政府、企业、家长和学生向学校购买的正是学校所能提供的学习机会的服务。这些不同群体购买教育服务的原因是：政府所代表的纳税人之所以要购买教育服务，是期望未来的社

①根据“2015（首届）中国职业教育国际合作峰会”嘉宾观点集萃整理。

会成员获得成为有贡献的社会成员应有的知识、能力和态度；企业之所以购买教育服务，是期望员工获得应有的生产能力，成为高效率的员工；家长和学生之所以购买教育服务，是期望学生能够获得生活能力和就业能力。对一个组织来说顾客是最重要的人，那些直接为顾客服务的人位居其次，而管理部门包括教育部、教育局，则是为那些为顾客服务的人服务的。使公益服务提供者对他们顾客的需求做出最灵敏反应的最好办法，就是要把资源放在顾客的手里让他们来决策与挑选，这就是后面要讲的治理问题。

第四，职业教育的质量观。什么是质量，我比较推崇的定义是国际质量管理大师Crosby对质量的定义：满足需要。能满足顾客的需要就是有质量，不能满足就是没有质量。市场经济中产品或服务质量的出发点是什么？以顾客为关注焦点，以实现顾客满意为根本目标，确保顾客合理合法的要求得到满足。这就需要建立一个质量体系，持续地改进、不断让顾客满意。这个体系包括：通过有效制定发展战略确定目的和方向，以顾客需求为驱动来提供教育服务；建立适应顾客需要和实现学校目的的人力资源；建立有效的行政管理、信息管理和资金管理程序来保障教育服务的提供；有效利用设施、设备并保障这些资源的可利用性；及时按照企业、社会和学生的要求进行课程开发、磋商和评价。

如何提高教育质量？必须要从过去的上学改变成终身学习，必须从过去的以教师为中心过渡到以学生为中心，必须由过去的传播学习转变成建构认知能力，要从过去关注知识转变到关注发展技能和能力。由重视数量的扩张变成更加重视质量的提升，从过去重视功绩转变成重视需求，从过去机会可获得性转变到公平性和适应性，从教育经费投入转变为更加关注系统效益。

第五，职业教育的治理。职业教育的办学主体是单独或联合举办、管理的公民或者法人。治理是各种公共或者私营的个人或者机构，管理其共同事务的诸多方式的总和，它是使相互冲突的或不同的利益得到调和并且采取联合行动的持续过程。职业教育发展需要治理，要联系组织以及外部各利益相关方的正式和非正式关系的制度安排，使各利害关系人在权利、责任和利益上相互制衡，从而在组织内部实现效率和公平的合理统一。这样做才能达到职业教育的治理现代化。职业教育治理现代化的基本特征：一是从一元主体到多元主体，二是从集权到分权，三是从人治到法治，四是从管制型政府向服务型政府改变。建立现代化的职业教育，必须有行业、政府、组织、学生等一起努力才能办好。

第六，教育与生产劳动相结合是马克思教育观的核心内容。马克思认为，要改变一般人的本性，使他获得一定劳动部门的技能和技巧，成为发达和专门的劳动力，就要有一定的教育或训练。马克思在《资本论》中写道："从工厂制度中萌发出来未来教育的幼芽，未来教育对于所有已满一定年龄的儿童来说，就是生产劳动同智育和体育相结合，它不仅是提高社会生产的一种方法，而且是造就全面发展的人的唯一方法。"产校融合、校企合作是马克思教育观在职业教育领域的重要体现。

（二）俞仲文：高职院校要主动应对三大冲击、三大挑战①

职业教育正面临着新变革、新发展的重大机遇期，但是也面临着重大的挑战。第一，习主席关于职业教育的重要批示，特别提出要着重提高人才培养质量的要求，突破口在哪里？第二，2014年国务院召开的全国职教工作会议，宣布到2020年建成中国特色、世界水平的现代职教体

①根据“2015（首届）中国职业教育国际合作峰会”嘉宾观点集萃整理。

系，时间紧、任务重，抓手在哪里？第三，李克强总理提出大众创业、万众创新，倒逼着高职教育改革的创新，落实举措在哪里？第四，“互联网+”研究报告发表标志着互联网新时代的正式来临。从“互联网+”的产业变化必然会导致“互联网+×专业”的重大变化。新一轮专业建设的创新点在哪里？

要回答好这四个问题，就要贯彻落实2014年《国务院关于加快发展现代职业教育的决定》里面提到要发展适应技术进步、适应生产方式改革、适应服务方式变革需要的职业教育，就是要大力发展适应技术进步的职业教育。具体来说，职业教育要主动应对三大冲击、三大挑战。

1. 培养规格的重新界定所带来的冲击和挑战

国家已正式提出职业教育要培养技术技能人才。职业教育也叫职业技术教育，联合国教科文组织称之为技术与职业教育。因此，这类教育既是职业教育，又是技术教育。中职和高职的培养目标应划分开，中职是培养操作技能型人才，高职是培养技术技能型人才，高素质技能型人才和高素质技术技能型人才不是提法不同，而是有关联的。高职院校是新型技术人才的摇篮，属于高级技术人才高级工范畴，还有生产管理一线的工程师、技术师、工艺师、品管师、销售师、设备保障师等，这些人才都是技术技能型人才的范畴。

如何培养技术技能型人才，这是当前高职院校面临的第一大挑战。第一，理论适用为度和适当强化技术基础；第二，以工作过程为导向和以技术活动全过程为导向，后者是让学生从选题、发现技术问题、制定技术路线、使用技术手段、进行技术工程到技术评价，这一套技术训练非常有必要；第三，面向现实的实务教育和面向未来的创新教育，这是重新调整或设计各专业课程体系的重要思路。

一是将“双需求”（岗位需求和技术活动全过程需求）原则作为设计课程体系的逻辑起点，也就是说学生要具有一定的技术消化、吸收、改良、反求和创新能力。

二是将“双训练”要求（技术训练和技能训练）作为重构和更新实践教学的重要内容，既要重视以考证为目标的技能训练，更重视从确定技术问题到制定技术路线和技术方案，进行技术转移、技术攻关、技术集成、技术改良或革新、技术评价和测定的技术训练，以增强学生技术应用能力和创新能力。

三是将“双并举”方针（实务教育和创新教育）作为充实高职院校教学内容的主要抓手。在实务教育中引入创新教育模式，不仅能够深化实务教育内涵，还能够提高学生的素质。

四是将“双考核”（技能考核和技术应用考核）作为完善评价标准的重要尺度。评价标准要从过去单纯重视取证率，提升为不仅要评价学生取证情况，而且要评价学生技术应用能力的情况。

五是将建设“双基地”（既是技能训练基地，又是技研训练基地）作为实践教学基地的新思路。不仅要根据工位、流程、工艺等的需求来选配设备、布置场地，而且要同时从如何有利于提升学生举一反三的技术应用能力出发来建设基地。

六是以“双大赛”（技能大赛和创新创意大赛）来重构学生的能力架构。

七是将“双功能”目标（学校既是技术技能型的人才源，又同时是应用技术源和创新源）作为高职院校提升社会服务能力的功能定位。

2. “互联网+”时代对高职专业建设带来的冲击和挑战

当前，基于互联网时代的特点，我们有三大判断：知识、技术、技能离开基于大数据、云计算的电商技术、物联网技术和移动互联网技术（简称三大新技术）没有未来；专业建设离开与三大新技术的跨界没有未来；课程离开提高学生的创新能力没有未来。

一是电子商务的大规模发展将重构生产过程、流通过程和消费过程。电子商务将成为所有技术工作者和经济管理工作者必备的、共有的知识和技术，成为一张通用的执业资格证书。因此，高职院校必须将电子商务作为公共必修课纳入课程体系，不分文理，让学生掌握开设网店和管理网店的基本业务。从现在起，职业院校就要培养大批既懂自身专业又懂电子商务的技术技能型人才。

二是物联网技术日益成熟，将使所有看似孤立的、分散的物体、过程等，通过信息的实时采集、监控、连接、互动，与互联网结合成一个巨大的网络，成为可控的聪明系统。大批聪明鞋、聪明拐杖、聪明制服、聪明保安系统、聪明车管系统、聪明的食品溯源系统等将应运而生。从应用层面而言，物联网技术将是一种公共的和必备的素养，成为一张通用的技术等级证书。因此，高职院校要将物联网技术作为公共技术训练课纳入实践教学体系，不分文理，让学生熟悉各种传感器的功能和接口，熟悉射频技术的运用，如同当年非计算机专业也可拆装计算机一样，也可以熟练拆装一个成熟可靠的物联网系统。

移动互联网诞生使得互联网可掌上、可随处、可鉴权、可识别，产生了活力无限的新的商业模式和巨大的商业机会。智能手机将成为社会与个人连接的全面的个人信息中心和最终的客户端。今后五年，智能手机的功能发展将对高职的专业建设提出新的挑战。例如，用手机建立个人移动的保健中心和体检中心，这就需要培养大量既懂得传感器使用，又懂得生命指标的测试和评价，还懂利用智能手机制作专家系统的技术技能型人才；用手机建立个人的实时营养中心，这就需要既懂得医学营养设计，又熟悉智能手机实现手段的技术技能型人才。未来将出现互联网+商务英语专业、互联网+物流专业、互联网+营销专业、互联网+酒店餐饮专业等。

3. 大众创业、万众创新的新引擎带来的冲击和挑战

创新教育是高职院校必备的生存方式和发展方式，而不只是一门课。在互联网、大数据时代，高职院校如何提升、如何将创新教育全面引入每个专业、每门课程和每个项目中，这是面临的第三大挑战。

首先，高职院校必须克服认识误区，一是认为创新教育是本科院校的事，高职院校不用搞创新；二是认为高职院校学生基础差，不会搞创新。培养千千万万技术革新能手是各高职院校的新任务。高职院校要在转型升级和全面推行创新教育的背景下讨论专业、课程、项目，通过这一活动将创新教育的理念、问题、案例、项目等引入课程，这是新形势下高职院校全面推行创新教育的逻辑起点。

其次，高职院校必须大力建设浓厚的创新文化，形成宽松的创新环境，让每个学生充满求新、求变、求异、求突破、求发展的创新驱动感，使他们生活在浓厚的创新文化和创新环境中。

最后，高职院校必须通过开展诸如“创新达人”、“创新秀”、“创新之星”、“金点子大赛”等喜闻乐见的形式，鼓励学生跨专业、跨区域、跨单位组织创新团队。

（三）郑永进：职业教育高移势在必然①

近来，关于“高职高烧”的讨论热度不减，关于“高职升本”的呼声也是此起彼伏。有学者指出，“高职升本”就是“傍大款”，是虚荣心作祟；也有学者指出，“高职升本”是示范校

①《中国教育报》2015年11月12日第9版。

发展“瓶颈”的突破，是迫于生计而为。笔者认为，“高职升本”是职业教育高移的重要表现，而职业教育高移势在必然。

职业教育是将劳动力资源配置到不同产业中的重要手段。与这种功能相适应，职业教育的结构及发展必然受到产业间的均衡关系和演变规律制约。当前，全球产业结构出现的高级化和融合趋势，对于世界各国人力资源结构提出新的要求，促使职业教育层次结构、体系结构、专业结构等都必须进行相应调整。在经济高速发展和产业结构调整的今天，劳动密集型、资金密集型的企业迅速向技术密集型、知识密集型的产业转化，大批劳动力向第三产业转移，迫切需要一大批有较高水平的技术技能型人才，从而引起职业教育层次的多样性和人才规格的高移。这是经济社会发展对职业教育提出的时代要求。

资料显示，当今世界发达国家技能劳动力队伍呈现“钻石型”结构，初级工一般仅占15%，中级工占50%，高级工占到35%甚至更高。而我国仍然是“金字塔型”结构，初级工比例最高。据统计，目前我国技术工人总数约为7000万，其中高级工、技师和高级技师仅占4%左右。另据《中国人口和就业统计年鉴》数据显示，2012年我国制造业就业人员中，具有专科学历的为8.6%，本科学历的为3.8%，研究生学历的只有0.4%，受教育程度主要分布在初中和高中。因此，产业结构调整急需大量高规格的技术技能人才。

从职业教育现状来看，职业教育作为一种类型的教育，目前的最高层次就是大专学历教育。问题是，职业教育是否仅定位为培养初、中级技能人才？职业教育中是否也该有一部分是精英教育？教育部等六部门印发的《现代职业教育体系建设规划（2014～2020年）》明确要求“系统构建从中职、专科、本科到专业学位研究生的培养体系，满足各层次技术技能人才的教育需求，服务一线劳动者的职业成长”。与此同时，《国务院关于加快发展现代职业教育的决定》要求，原则上专科高等职业院校不升格为或并入本科高等学校。按此教育设计，本科及以上层次的职业教育只能由目前的本科院校承担。也因此提出了本科转型发展之说，即“引导一批普通本科高等学校向应用技术类型高等学校转型，重点举办本科职业教育”。问题又来了，现有的普通本科院校主观上是否愿意转型发展？即使愿意转型，转型后所谓的“应用技术类型”高校是否就是本科层次职业教育？再有，一般的本科院校转型后是否有实力办好本科层次的职业教育，或者说是否能比现有的专科高职升格后办得更好？这些都是业界担忧的问题。

目前，我国有高职院校1300余所，其中国家示范（骨干）高职院校200所。通过对建设发展情况的分析，现有国家示范（骨干）高职院校总体开展高等职业教育年限较长，办学定位准确、产学结合紧密、创新意识突出，改革成绩明显。在招生分数、学生发展和社会服务等方面的实力和社会影响力绝不亚于一般的二本院校。因此，考虑这样的高职升本，既有其内在需求，也有一定的办学实力，更有多年的职教办学积淀。

随着经济社会的转型发展和产业升级，对需求人才的规格也相应提高，职业教育高移势在必然。所谓职业教育高移，既包括职业教育层次的升格，即实现人才培养规格高移，也包括职业教育人才培养质量的升级，即要培养符合工业4.0时代要求的复合型创新人才。因此，对于“高职升本”问题，既是职业教育发展的内在必然需要，也是经济社会发展对其的必然要求。当然，我们既不支持“高职升本”一概否定一刀切的态度，也不支持一窝蜂全部放开的做法，而是要设定一定的标准，支持达到办学条件的高职院校或二本院校举办本科及以上层次的职业教育，切实打通职业教育从中职、专科、本科到专业学位研究生的培养体系。

（四）张力跃："一带一路"逼迫人才培养变局①

制造业是"一带一路"发展规划得以推行的重要产业支撑。"一带一路"给我国的制造业带来了前所未有的机遇和挑战，一方面要求"中国制造"能够得到沿线国家和地区的认可，满足其消费需求；另一方面要求制造业技术能够满足当地制造企业的生产需求，服务区域建设与发展。如何满足这些要求，人才是最关键的因素。

我国拥有一支庞大的制造业队伍，但令人担忧的是，制造业从业人员中生产加工人员多、研发设计人员少，初级技术工人占比过重、中高级技工短缺，由于从业者普遍受教育程度较低，人力资本存量不足，使得制造业发展过程中存在的诸如核心技术欠缺、产品附加值低、人均创造产值偏低等问题长期得不到真正解决。为了助推"一带一路"的进程，充分发挥制造业的产业支撑作用，我们需要在"一带一路"的框架下，树立全新的思路来设计和实施制造业人才的培养，有效提升制造业人才供给的匹配性和适用性，为"一带一路"上流动的"人"和"产品"的升级奠定可靠基础。

1. 如何看待制造业人才培养

从时间维度看，"一带一路"的近期目标是加强沿线国家和地区的基础设施建设，实现交通道路的互联互通。我国在基础设施建设领域的技术和经验相对成熟，相关制造行业完全可以承接沿线国家和地区的基建工作，既可以有效化解部分产能过剩问题，也能为相关从业人员创造海外就业的机会。因此，就现阶段而言，要围绕基础设施建设涉及的制造行业，加强对从业人员的教育和培训，提高其适应不同工作环境的劳动素质和工作能力。交通道路实现互联互通以后，经济贸易往来将成为"一带一路"的工作重点，中国制造的产品将会更顺畅地流通到沿线国家和地区的消费市场中。为了更好地满足不同人群的消费需求，需要对出口产品进行有针对性的设计和生产，需要具备灵活性和变通性的产业工人参与其中，因此需要我们具备前瞻性的眼光来培养支撑经贸往来的制造业人才，做好人力资源储备工作。

从空间维度看，一方面要加强对国内制造业人才的培养，另一方面也要做好沿线国家和地区制造业人才的教育和培训工作。"一带一路"为我国制造业的海外转移提供了广阔的空间和市场，为了拓展我国制造业劳动者的海外就业市场，需要培养一批可以"走出去"的制造业人才，重点增强其对海外工作环境的适应力，培养其在新的工作环境中参与生产制造的工作能力和职业素养。从长远来看，我们还应注意到"一带一路"沿线腹地存在着大量的潜在劳动力人口，通过对他们的教育和培训，促使其转化为现实的劳动力，参与到本地区的制造业生产过程中，既可以为我国转移到海外的制造企业节约劳务成本，又可以开发当地制造业的人力资源，为当地民众提供就业机会。如此，我国制造业的转移就不仅仅是为了自身的发展，也可以很好地促进承接国制造业人才的成长和发展，为其本土制造业的发展培育人才，更好地贯彻"一带一路"所倡导的互惠共赢原则。

2. 构建制造业人才培养体系

制造业从业人员中高级人才短缺、初级生产加工人员占比过重的不合理人才结构，是制约我国制造业优化升级的瓶颈，这与我国单一的人才培养体系息息相关。为了适应当前国内制造业转型升级以及"一带一路"发展规划的需要，必须突破囿于学校教育的单一的人才培养机制，充

①《中国教育报》2015 年 8 月 24 日第 3 版。

分发挥企业、行业在人才培训方面的积极作用，动员更多的社会力量参与其中，构建多层次的人才培养体系。

一直以来，职业教育是培养制造业人才的主要阵地，为制造业输送了大批技术技能人才，并且基于其以工作过程为导向、以职业能力为目标的教学模式，职业院校毕业生具备更强的实操能力，满足了制造业生产加工环节的用人需求。但在当前形势下，仅仅依靠职业院校为制造业培养人才是远远不够的。与职业院校相比，应用技术型大学应该为制造业培养出具备更高水平专业知识和专业技能的人才，以此来弥补我国制造业人才队伍在该方面的不足，推动人才结构分布逐步趋于合理化。至于更高阶段的研究生教育，可将培养目标定位于研发设计人员和管理人员，为制造业发展提供更多的智力支撑。

除了学校教育之外，还应当发挥制造业企业、行业协会以及其他社会力量在人才培养中的积极作用。作为生产经营活动的直接参与者，企业的用工需求决定了学校输出人才的就业状况，并且作为接收吸纳就业人员的场所，企业对其工作技能和职业素养的评价最有发言权，所以企业在人才培养中应该承担重要角色。政府可以通过购买服务、税收优惠等政策鼓励制造业企业参与其中，引导有条件的企业参与人才培养的全过程，在制订人才培养方案、提供实习机会、派遣技术人员教授实训课程等环节发挥重要作用。此外，还应当发挥各行业协会在组织和协调行业人才培养活动中的作用，培养急需的专业人才。通过企业、行业的参与，可以提高人才培养的针对性和匹配性，也能更好地满足企业自身的用工需求。

3. 创新制造业人才培养模式

“一带一路”对制造业提出两大要求，即对内实现东中西部地区的协调发展、对外实现向沿线国家的有序转移，这就需要我们积极构建本土化与国际化相结合的人才培养模式，提升制造业人才的从业能力和水平。

本土化是要立足于我国的发展情况，坚守自身的定位和特色。在过去的发展中，我国制造业依靠大量资源、资金和劳动力的投入，取得了较快发展。但随着经济发展深化调整期的到来，作为国民经济的支柱产业，制造业也进入了全面转型升级阶段。加快传统制造业的转移和改造，优先发展新兴产业，鼓励发展低能耗、低排放的绿色行业，已经成为加速制造业转型发展的重要路径。所以，对制造业人才的培养要立足于我国当前的经济发展态势，紧密结合我国制造业正在调整、改革的实际，针对不同子行业所产生的变化及用人需求，及时调整人才培养的方向和重点，使人才培养能够更好地满足制造业的实际用人需求，更好地服务于制造业的转型升级。

国际化是要符合国际环境的变化趋势，以跨国界、跨文化的视角来分析和解决问题。“一带一路”加速了我国制造业向海外拓展的进程，为制造业从业人员提供了更多的海外就业机会。为了增强制造业人员海外就业的能力和优势，需要从国际化的视角出发，坚持通用性、开放性和交流性的原则，开展人才培养工作，提升我国制造业从业人员在国际和多国背景下的职业能力。一方面，要加强与制造业发达国家的交流与合作，通过派遣留学生、选派教师和访问学者、加强国际开发项目合作及研究等形式，积极学习、借鉴其先进技术和管理经验，根据前沿科技发展变化及时更新培训内容、调整培养方案；另一方面，要着眼于海外就业市场的需求，明确不同国家的制造业发展水平，将人才培养的方向与当地人才需求的缺口相对接，服务当地制造业发展。

统 计 篇

第一章　中国职业教育统计分析

2014 年全国职业教育工作会议召开，开启了我国职业教育改革的新纪元。2015 年，在“互联网 +”行动计划和《中国制造 2025》等国家战略逐步实施的背景下，职业教育迎来了巨大的发展机遇。为助力我国从“制造大国”向“制造强国”转变，国家出台了一系列职业教育改革创新的政策和措施，加快培育产业转型升级所需的高素质技术技能型人才。总体来看，2015 年我国职业教育改革发展进入实践探索阶段，取得了重要进展和积极成效，亦涌现出许多崭新的亮点，如职教活动周设立、集团化办学、现代学徒制试点、本科高校转型等。本章将先回顾 2015 年职业教育发展状况，阐述其发展特征，并重点展望职业教育发展趋势，同时还从职业院校数量、学生规模、师资情况、教育经费、热门专业等方面对职业院校发展数据进行统计分析，进一步了解和把握我国职业教育的发展现状。

一、2015 年中国职业教育发展概况

2015 年，既是“十二五”规划收官之年，也是《现代职业教育体系建设规划（2014 ~ 2020 年）》实施承前启后之年。这一年，我国职业教育改革发展进入黄金时期。加快发展现代职业教育的理念和蓝图已经形成，现代职业教育体系建设正在加快推进，科学合理的人才结构逐步成型，技术技能人力资本素质不断提升，中国特色现代职业教育的发展道路基本确立。

（一）发展概述

2015 年 3 月，全国人民代表大会常委会启动首次职业教育法执法检查。这是《职业教育法》施行 19 年来常委会第一次就此开展执法检查。此次执法检查报告数据显示，目前我国已经建成世界上规模最大的职业教育体系，共有职业院校 13300 多所，在校生近 3000 万人，每年毕业生近 1000 万人，累计培训各类从业人员 2 亿多人次。职业教育为国家和地方支柱产业、新兴产业和现代服务业发展提供有力的技术技能人才支撑和保障的同时，其地位也在日益提升。为进一步让社会了解职业教育，扩大职业教育影响力，提升职业教育人才的地位，国务院规定自 2015 年起，每年 5 月的第二周为“职业教育活动周”，让整个社会形成“崇尚一技之长、不唯学历凭能力”的良好氛围。

在日益良好的发展环境中，职业教育发展取得不俗成绩。首先，现代职业教育体系建设取得重要进展。截至 2015 年 8 月底，全国高等职业院校 1333 所，在校生 1006.6 万人，高等职业教育已成为高等教育的半壁江山。同时，国家正在积极探索构建中高职衔接、职普互通的职业教育体系，搭建人才成长“立交桥”，在高职分类考试招生、中高职贯通培养、课程学分管理等方面已进行了一系列改革。其次，为进一步提高职业教育人才培养质量，教育部印发相关文件，明确提出要全面提升人才培养质量，并对职业院校内部教学质量建设提出指导意见，提升院校管理水平，推动职业院校整体改革。积极鼓励行业、企业参与职业院校办学，进一步增加职业教育经费

投入，全方位地推动职业教育良好快速地发展。

与此同时，随着我国经济进入新常态，我国职业教育也面临着新的机遇与挑战。“互联网+”行动、“中国制造2025”、“一带一路”、京津冀协同发展、长江经济带等围绕各类经济带、产业带和产业集群的国家战略相继出台，对职业教育人才培养提出新要求。教育部8月发布的《关于深化职业教育教学改革全面提高人才培养质量的若干意见》，明确提出要围绕“互联网+”行动、“中国制造2025”目标开设新兴产业相关专业，改善现有专业结构和布局；《高等职业教育创新发展行动计划（2015～2018年）》则提出全面提高我国高职教育整体质量，由此拉开了职业教育新一轮以质量为核心的内涵发展大幕。我国职业教育发展迎来新的发展时期。

（二）发展特征

职业教育是国民经济和社会发展的重要基础，职业教育的目标是为企业培养各类技术技能型人才。2015年是我国职业教育发展掀开新篇章的一年，职业教育在诸多方面都取得不错的成绩，呈现出崭新的发展态势。

1. 社会环境日益优化

近年来，我国对发展职业教育认识不断提高，舆论氛围不断浓厚，尤其是支持和促进职业教育发展的各种政策逐渐配套，构建现代职业教育体系的目标也日渐清晰。但当今社会上重学历轻能力、重知识轻技能的现象依然普遍存在，很多人认为，上技工院校实际上是一种无奈的选择。为进一步创造更有利于职业教育发展的社会环境，2015年2月召开的国务院常务会议上李克强总理就提出，要使职业教育为全面建成小康社会产生源源不断的人才红利，要促进形成“崇尚一技之长、不唯学历凭能力”的社会氛围。因此，从2015年起，每年5月的第二周被设为“职业教育活动周”，旨在让社会了解职业教育，提高职业教育人才的地位；2015年3月相继启动《职业教育法》实施19年来第一次职业教育执法检查和全国职业教育工作专项督导检查。这些活动不仅会积极推动职业教育相关法律法规的落地实施与完善，还能进一步提高政府和社会对职业教育的重视，加强对职业教育和技能人才作用的宣传力度，完善职业教育保障机制，大力营造关心、支持发展职业教育及尊重、重视技能人才的良好社会氛围。

2. 人才培养质量不断提升

当前我国经济发展进入新常态，发展动力从以要素驱动和投资驱动转换到依靠科技进步、劳动者素质提高和创新驱动；“中国制造2025”目标的实现也需要大批的高素质技术技能人才作为支撑，经济社会发展的新形势对职业教育以人才培养质量提升为核心的内涵式发展提出更高要求。为此，教育部印发《关于深化职业教育教学改革全面提高人才培养质量的若干意见》，提出走内涵式发展道路，要适应经济发展新常态和技术技能人才成长成才需要，完善产教融合、协同育人机制，创新人才培养模式，构建教学标准体系，健全教学质量管理和保障制度，全面提高人才培养质量。2015年9月《职业院校管理水平提升行动计划（2015～2018年）》的颁布开创了我国职业院校管理的新局面，提升院校管理水平是提高人才培养质量的重要保障。全国各地职业院校积极推进各项措施，大力探索教学模式、师资队伍建设、校企合作等多方面改革。同时，各地积极开展职业教育教学评估，在评价标准、制度建设等方面进行了许多有益探索和实践。教育部办公厅印发《关于建立职业院校教学工作诊断与改进制度的通知》，对职业院校内部教学质量建设提出指导意见。提升职业教育办学质量，加强内涵建设，是未来职业教育提高人才培养质量的必然要求。

3. 行业、企业参与度逐渐提高

行业企业是加快发展现代职业教育必可不少的主体力量。2014 年出台的《关于加快发展现代职业教育的决定》提出，鼓励行业和企业举办或参与举办职业教育，发挥企业办学作用。为加强行业企业参与职业教育办学的积极性和主动性，教育部 2015 年 6 月下发《关于深入推进职业教育集团化办学的意见》，鼓励多元主体组建职业教育集团，提出到 2020 年，初步建成 300 个具有示范引领作用的骨干职业教育集团。各地区积极推进集团化办学，探索行企参与办学机制。根据《中国职业教育集团化办学发展报告（2015）》显示，截至 2014 年底，全国已成立职业教育集团 1048 个，共有成员单位 46400 家，平均每个集团有 44 家单位。其中参与职业院校 8330 多所（本科院校 180 多所），参与集团企业 23500 多家，政府部门 1630 个，行业组织 1680 多个，其他组织机构 1450 多个。集团化办学已逐渐成为职业教育创新发展的新常态。

4. 现代职业教育体系逐步构建

据了解，目前欧洲发达国家应用技术型人才与学术型人才培养的比例一般在 8∶2，然而在我国，这一比例已完全失衡。美国大学以社区型大学为主，研究型综合大学很少，英国、德国两国以职业教育大学为主，相比之下，我国职业教育和应用型大学都偏少，综合研究型大学偏多，这导致我国技术专家和高技能人才严重匮乏，发展培养高端的高技能人才的本科层次职业教育已经势在必行。建立现代职业教育体系，必须完善职业教育的内部层次，真正使职业教育成为一个完整的教育类型，本科层次职业教育则是现代职业教育体系的亮点。

对于本科职业教育的发展而言，2015 年注定是有历史意义的一年。全国人大常委会在《职业教育法》执法检查报告中明确提出要发展应用技术型大学，探索本科职业教育。这是国家立法机关在发展本科职业教育问题上首次正式发声。实际上，2014 年召开的全国职业教育工作会议早已做出引导一批普通本科高校向应用技术型高校转型发展的战略部署，《中国制造 2025》也明确要求引导、推动部分地方普通本科高校向应用型高校转型发展。2015 年 10 月，教育部、国家发展和改革委员会、财政部印发《关于引导部分地方普通本科高校向应用型转变的指导意见》，从明确类型定位和转型路径、推动结构性改革、深化人才培养机制改革、推动试点高校全面融入区域、行业技术创新体系等提出转型发展改革的 14 项主要任务。2015 年 11 月经教育部批准，天津中德应用技术大学成为第一个由高等职业院校成功升格的应用技术类型本科大学，从而将本科职业教育从文件中的概念变为现实，成为重点探索中职、高职、本科职业教育的人才培养通道，构建完善现代职业教育体系的样板示范。

5. 职教发展保障体系更加完善

2015 年职业教育发展保障体系进一步完善。首先，在法律层面，3 月首次启动的职业教育执法检查旨在确保《职业教育法》有效实施，让法律保障体系得以有效运转。《高等职业教育创新发展行动计划（2015 ~ 2018 年）》则全方位地设计高职教育创新发展的保障机制，涉及经费保障、高职学校建设标准、高职专业目录和专业教学标准、质量年报制度等六个方面，为高职院校发展保驾护航。其次，在经费保障方面，政府对职业教育经费的投入基本保持增长态势。根据 2014 年全国教育经费执行情况统计公告数据显示，2014 年全国中等职业学校生均公共财政预算公用经费支出为 3680. 83 元，比 2013 年的 3578. 25 元增长 2. 87%；全国普通高等学校生均公共财政预算公用经费支出为 7637. 97 元。2015 年 12 月，财政部、教育部、人力资源和社会保障部发布《关于建立完善中等职业学校生均拨款制度的指导意见》，指出生均拨款制度覆盖全部所属独立设置的公办中职学校（包括普通中专、成人中专、职业高中、技工学校），以及高等职业学院附属中专班，逐步建立生均拨款标准动态调整机制。据统计，截至2015年12月底，全国31个省（市、区）已经全部建立高职院校生均拨款制度，已有19个省份、4个计划单列市及新疆生产建设兵团制定中等职业教育生均经费标准。职业教育经费保障水平进一步提升。

（三）未来展望

在新的经济发展形势下，我国职业教育改革发展面临着新的挑战与机遇。作为“十三五”开局之年，2016年的职业教育发展走向，对于推进职业教育迈上发展新台阶具有十分重要的意义。

1. 体系开放互通

现代职业教育体系的基本内容包括实现中高职衔接、职普互通，体现终身教育理念等。构建现代职业教育体系，首先必须从学制变革入手，因为学制是教育改革与发展的成果体现，也是制度保障。在新时代背景下，有必要构建更为科学和开放多元的现代职业教育学制，为现代职业教育体系发展提供制度保障。《高等职业教育创新发展行动计划（2015～2018年）》明确提出健全职业教育接续培养制度和探索以学分转换和学力补充为核心的职普互通机制，推进毕业证书与职业资格证书对接。同时，各地方政府也相继出台地方现代职业教育体系建设规划，纷纷提出要打破职业教育“天花板”，设计多样化的学制路径，实现职业教育各学段“纵向”贯通，建立“中职—高职—应本—专业学位研究生”的衔接体系。这些制度的建立，将使我国职业教育学制未来更加合理，人才培养的层次、规模与经济社会发展的目标更加匹配。

职业教育是终身教育的载体，因此现代职业教育体系必须体现终身教育理念。法国教育家保罗·朗格朗在1965年首次明确提出终身教育观点，1972年联合国教科文组织《学会生存》一书提出学习化社会概念，此后，世界各国陆续开展终身教育实践。“只有终身学习、终身受教育，才能终身就业”，早已经成为现代人才和劳动力市场的基础规律。教育部部长袁贵仁在2015年的全国教育工作会议上，曾提出要努力发展全民教育、终身教育，建设学习型社会。国务院已决定从2015年起，将每年5月的第二周设为“职业教育活动周”；10月左右全国上下开展全民终身学习活动周活动，举办全国职业院校技能大赛，社会学习氛围浓厚，学习型社会正在逐步建立。同时，各地区也在积极探索建立终身教育体系，构建“办学主体多元化、办学模式多样化、办学形式开放化”的职业教育办学体制，以适应区域内各类人员终身学习的多样化需求。具有中国特色的现代职业教育体系正在逐步建立。

2. 培养层次高移

伴随着工业4.0时代的到来，我国经济发展步入由效率驱动向创新驱动转变的新发展阶段。一方面，制造技术日趋自动化、数字化和智能化，对一线工作人员的技术应用能力提出了更高要求；另一方面，创新驱动发展，不仅需要创新人才，更需要一大批服务一线的中、高端技术技能人才，将创新成果转化为现实生产力，从而引起职业教育层次的多样性和人才规格的高移。

众所周知，高等职业教育的发展为发达国家的工业化腾飞提供了高素质、高技能的劳动力保障。资料显示，当今世界发达国家技能劳动力队伍呈现出“钻石型”结构，初级工一般仅占15%，中级工占50%，高级工占到35%甚至更高。而我国仍然是“金字塔型”结构，初级工比例最高。据统计，目前我国技术工人总数约为7000万，其中高级工、技师和高级技师仅占4%左右。我国本科教育现阶段培养目标多为学术型和工程型人才，满足不了我国科技创新和技术研发对高层次工程型人才的能力需求，也适应不了第一线岗位对高端技术技能型人才的需求[①]。因此，调整我国本科教育培养目标，促进部分本科院校（或专业）转型，发展本科层次的高等职业教育势在必行。2015 年 11 月天津中德职业技术学院升格为天津中德应用技术大学，它不仅是我国第一所应用技术教育本科层次大学，也是我国探索本科职业教育的先行者。《职业教育法》执法检查报告已明确提出要发展应用技术型大学，探索本科职业教育，国家也已出台相关政策引导地方本科院校转型发展，未来本科职业教育将大有所为。

3. 推进“双创”教育

近年来，大众创业、万众创新在社会上掀起一股热潮，成为推动经济发展的新动力、新引擎。2015 年国务院办公厅发布《关于深化高等学校创新创业教育改革的实施意见》，提出到 2020 年建立健全课堂教学、自主学习、结合实践、指导帮扶、文化引领融为一体的高校创新创业教育体系。但根据麦克思研究院的报告，我国 2014 届大学毕业生自主创业比例为 2.9%，远低于发达国家的 20% ~30%[②]。西方发达国家的创业率远高于我国，原因之一在于其发达的职业教育。职业教育在培养创新创业人才方面有先天优势，其优势主要体现在四个方面：一是职业教育注重应用技术人才的培养；二是职业院校校企合作频繁密切；三是职业院校教师有企业工作实际经验；四是职业院校学生创业意愿强烈。数据显示，98% 的创新创业都是应用式技术的改良和更新，平均每年有 1000 万技术技能人才产生于职业院校，职业院校的学生即将成为创新创业的潜在力量。创业教育应结合职业教育的优势。未来职业院校创新教育应充分利用原有的优势，坚持与产业、企业紧密结合，合作共建创研工坊、创新基地，开展创新创业教育，激发创新创业活力。

4. 职业教育信息化

随着工业 4.0 的兴起及我国工业化和信息化的深度融合，我国亟待构建中国特色的现代职业教育体系，培养高素质劳动者和技术技能人才，促进大众创业、万众创新，以推动“中国制造”向“中国智造”转变。与此同时，云计算、大数据、移动互联网等新一代信息通信技术的广泛应用，也对我国信息化建设产生了深刻影响。职业教育作为培养高素质、技能型人才以推动“中国制造 2025”目标实现，促进我国大众创业、万众创新的重要之举，在移动互联网的发展契机下，其信息化建设从 PC 到移动再到智慧互联转变也已是可预见的未来[③]。加速职业教育信息化建设，利用先进的互联网技术建设数字校园、智慧校园，推动教育现代化进程，已成为各大职业院校的发展方向。《国家中长期教育改革和发展规划纲要（2010 ~2020 年）》就明确将教育信息化纳入国家信息化发展的整体战略，超前部署教育信息网络，加快推进数字化校园建设，实现多种方式接入互联网。

2015 年教育部颁布《关于“十三五”期间全面深入推进教育信息化工作的指导意见》，进一步提出职业教育要充分利用信息技术手段提升实训教学水平，建设一批职业教育信息化实训基地，开发职业教育信息化课程等。职业教育信息化已然成为我国教育教学改革与发展的必然要求

---

①吴晓川：《建立和完善中国职业教育体系需要解决三个问题》，中国职业技术教育网，http：//www. zjchina. org/mms/shtml/278/news/2086. shtml，2015 -06 -30。

②《职业教育如何瞄准大众创业》，中国共产党新闻网，http：//theory. people. com. cn/n/2015/1001/c40531 -27654975. html，2015 -10 -01。

③《职教云平台助力互联网 + 职业教育信息化》，新浪网，http：//news. sina. com. cn/o/2015 -09 -06/doc - ifxhqhun8433346. shtml，2015 -09 -06。

和推动力。加强职业教育信息化建设，是提高职业院校教学、科研和行政管理水平，实现职业教育现代化、自动化、国际化的必由之路①。

5. 职业教育国际化

近年来，我国职业教育改革迈入崭新的发展时期，新时期职业教育改革要有国际视野。“中国制造”走向“中国智造”的关键，是适应经济方式转变和产业结构调整，瞄准发达国家、瞄准世界先进水平的产业。职业教育改革要通过借鉴国际先进教育理念与经验，推进建设具有中国特色、世界水准的现代职业教育体系，提高人才培养质量。为此，各地区都在积极探索国际化教学改革，包括课程体系、专业设置、师资队伍等多方面，如截至2015年上海市已完成52个体现国际先进水平的职业教育专业教学标准开发设计，涉及财经商贸、医药卫生等14个专业大类，其中12个专业教学标准已开始进行试点实施；柳州市政府颁布《柳州市职业教育国际化发展行动计划（2014～2020）》，开展职业教育国际化发展“七大行动”，让职业教育迈向国际化。

未来经济全球化必然带来企业生产技术、技能及人才的全球化。全球化进程加快迫切需要提高职业教育国际化水平。近年来，我国实施“走出去”战略取得重大成果，在越来越多的跨国公司来华投资的同时，随着“一带一路”战略的实施，也会有越来越多的中国企业走出国门。职业教育必须跟上这一新趋势，用开放的眼光、国际化的视野，在办学理念、教育标准、课程资源、学生交流、教师培训等领域积极开展对外交流与合作，抓紧做好职业教育国际化的顶层设计和制度安排，有效满足全球经济一体化对职业教育发展的新需求②。

二、职业教育发展统计分析

本书采用2000年我国对东部、中部和西部三大地区行政区域划分标准，其中，西部地区包括12个地区，分别是四川、重庆、贵州、云南、西藏、陕西、甘肃、青海、宁夏、新疆、广西、内蒙古；中部地区包括8个地区，分别是山西、吉林、黑龙江、安徽、江西、河南、湖北、湖南；东部地区包括11个地区，分别是北京、天津、河北、辽宁、上海、江苏、浙江、福建、山东、广东和海南。

（一）高职篇

1. 院校现状

（1）院校数量。职业院校数量的变化最能直观地反映我国职业教育的规模。根据教育部的统计数据，2005～2015年全国高职院校数量如表1－1、图1－1所示。

表1－1　　2005～2015年全国高职院校数量　　单位：所

年份	2005	2006	2007	2008	2009	2010	2011	2012	2013	2014	2015
数量	1091	1147	1168	1184	1215	1246	1280	1297	1321	1327	1333

资料来源：国家统计局、教育部网站。

①《新常态下职业教育信息化建设之道》，搜狐，http：//mt. sohu. com/20150522/n413580536. shtml，2015－05－22。

②杨进：《加快发展现代职业教育，岁末年初的回顾与展望》，《中国教育报》2015年12月31日。

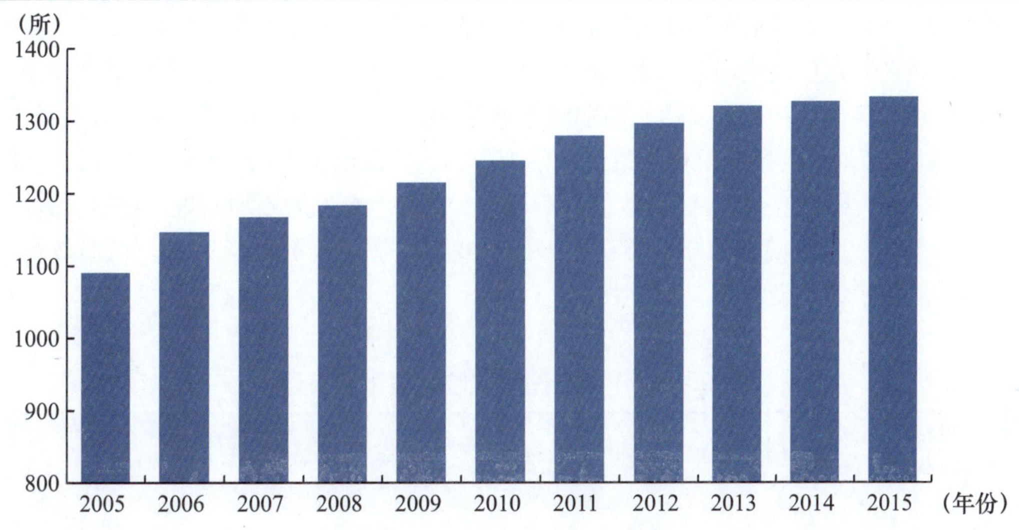

图 1－1　全国高职院校数

分析以上数据可以看出：

2005～2015 年，高职院校数量呈现逐年上升的趋势，2015 年我国已有高职院校 1333 所，相比 2005 年增长了 22.2%。

（2）地区分布①。职业院校的地区分布态势可以反映我国职业教育的区域性差异。2015 年，我国高职院校的地区分布情况如表 1－2、图 1－2 所示。

表 1－2　　2014～2015 年我国高职院校的地区分布情况

地区		东部	中部	西部
2015 年	数量（所）	543	448	342
	比例（%）	40.73	33.61	25.66
2014 年比例（%）		41.41	33.76	24.83

资料来源：根据教育部官网相关数据整理。

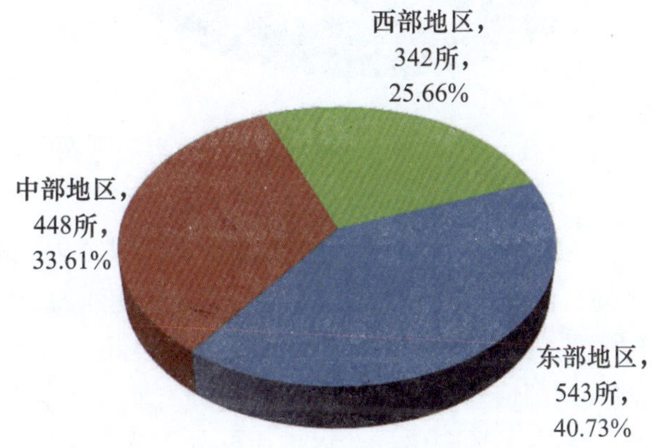

图 1－2　高职院校地区分布

①本报告中，全国区域划分均以 2000 年国家对东部、中部和西部三大区域划分标准（下同）。

如表1-2和图1-2所示，2015年东部地区高职院校数量占比最高，为40.73%，其次为中部地区、西部地区，这反映我国东、中、西部地区高职教育的发展存在一定程度的不均衡。东部地区依托区位和经济优势，教育发达，高职院校数最多，为543所；中部地区高职院校448所，占比33.61%；西部地区的高职院校数量最少，为342所，占比仅为25.66%。不过，总体来看，与2014年相比，中西部地区高职院校数量有所提升，高职教育发展不均衡现象逐渐缓解。

（3）办学类型。职业院校的办学类型可以反映我国职业院校的办学力量。根据教育部统计数据，全国职业院校的类型如表1-3、图1-3所示。

表1-3　　2009~2014年全国高职院校类型及数量

类型		高职	
		公办	民办
2014年	院校数	1027所	306所
	比例	77.04%	22.96%
2013年比例		75.40%	24.60%
2012年比例		75.87%	24.13%
2011年比例		75.47%	24.53%
2010年比例		76.24%	23.76%
2009年比例		77.04%	22.96%

资料来源：根据教育部网站相关数据整理。

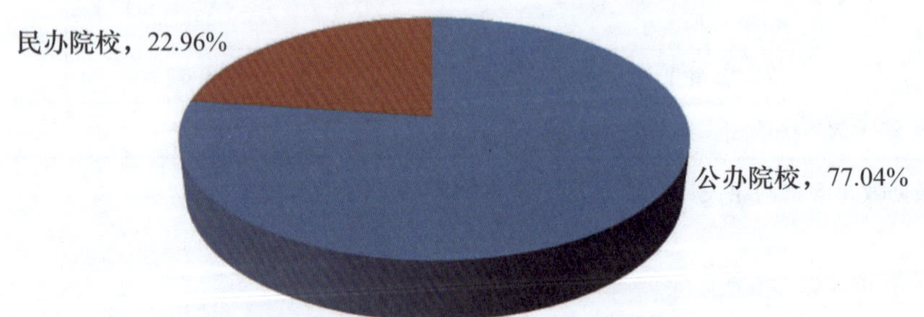

图1-3　2014年全国高职院校的类型分布

首先，就办学性质而言，公办院校占数量上的绝对优势。从全国高职院校办学类型分布来看，2014年我国公办高职院校有1027所，占77.04%，比2013年增加1.64%，可见办学的主要力量还是政府，如图1-3所示；民办高职院校所占比例虽然很低，却是我国职业教育不可或缺的重要组成部分。我国应该立足国情与现实需要，通过对现有职业教育办学体制进行改革，合理配置教育资源，充分调动社会各方面的积极性，以形成办学主体多样化的办学模式。

其次，从两类高职院校的占比来看，2009~2014年公办高职院校占比略微下降，民办高职院校占比略微上升，如图1-4所示。

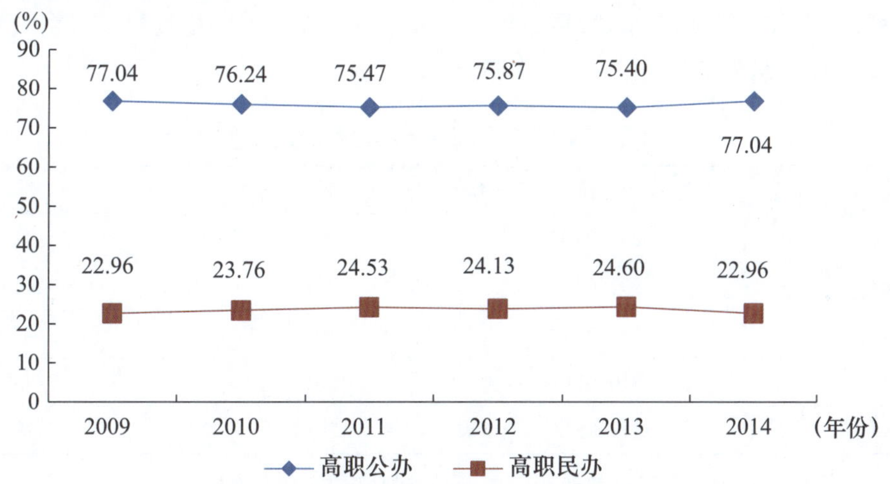

图1－4　2009～2014年高职院校公办、民办所占比例

2. 学生分析

（1）学生数量。

1）在校生数量。2005～2014年，我国高职院校在校生人数具有一定程度的增长，但增幅较小，年均增长率为8.07%，2014年高职院校在校生人数为10066000人，如表1－4和图1－5所示。

表1－4　2005～2014年高职院校在校生数量　单位：人

年份	在校生数	年份	在校生数
2005	7129579	2010	9661797
2006	7955046	2011	9588501
2007	8605924	2012	9642267
2008	9168042	2013	9736373
2009	9648059	2014	10066000

资料来源：国家统计局官网，2014年数据来源于《全国职业教育工作专项督导报告》。

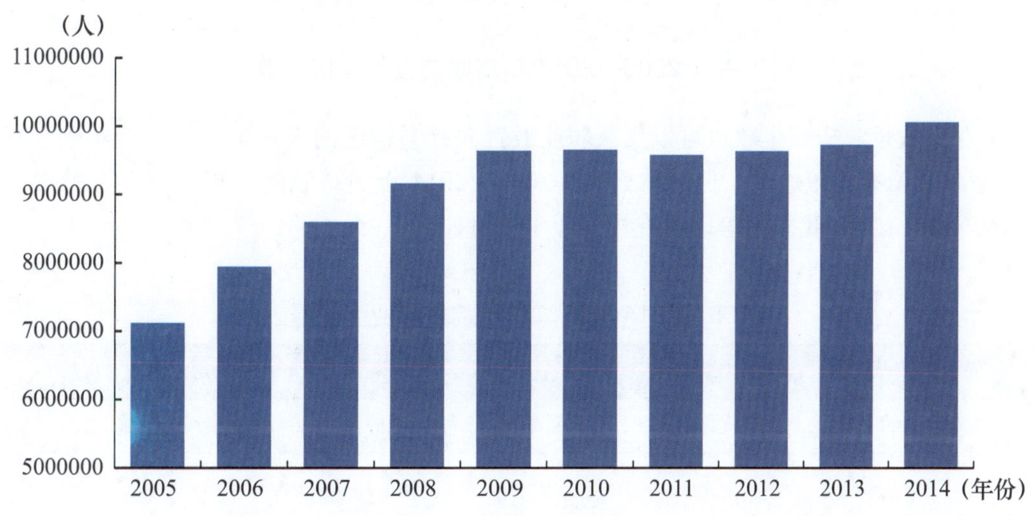

图1－5　2005～2014年我国高职院校在校生数量

2）年度招生人数。年度招生人数可以反映职业教育人才培养的增加量。根据教育部统计数据，2005～2014 年高职院校年度招生数量如表 1－5 所示。

表 1－5　2005～2014 年职业院校年度招生数量　单位：人

年份	高职	年份	高职
2005	2680934	2010	3104988
2006	2929676	2011	3248598
2007	2838223	2012	3147762
2008	3106011	2013	3183999
2009	3133851	2014	3379800

资料来源：国家统计局官网，2014 年数据来源于《全国职业教育工作专项督导报告》。

通过对以上数据分析可以看出，2005～2009 年高职院校招生人数平稳增长，其年均增长率[①]为 4.2%；2010 年之后高职院校招生人数则出现小幅波动，2014 年招生数达到近年来最高值，为 3379800 人，如图 1－6 所示。

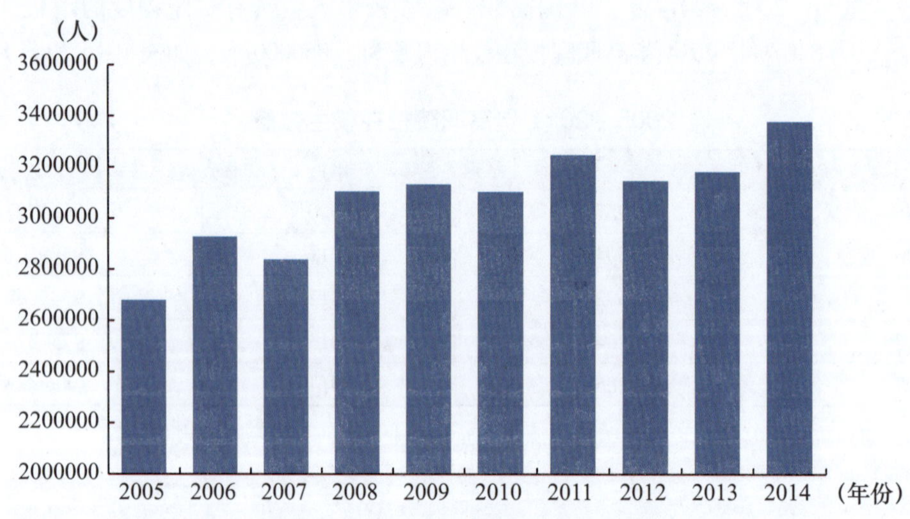

图 1－6　2005～2014 年高职院校年度招生数

3）毕业生数量。毕业生数量可以反映职业教育向社会输送的人才量。尽管近年来，高职院校年度毕业生数量有小幅波动，但总体而言，2005～2014 年的高职院校年度毕业生数量呈增长趋势。2005～2014 年，我国高等职业院校毕业生数量如表 1－6、图 1－7 所示。

表 1－6　2005～2014 年高等职业院校毕业生数量　单位：人

年份	高职	年份	高职
2005	1602170	2006	2048034

①本报告所涉及年均增长率均采用算术平均值，下同。

续表

年份	高职	年份	高职
2007	2481963	2011	3285336
2008	2862715	2012	3208865
2009	2855664	2013	3187494
2010	3163710	2014	3179884

资料来源：教育部网站。

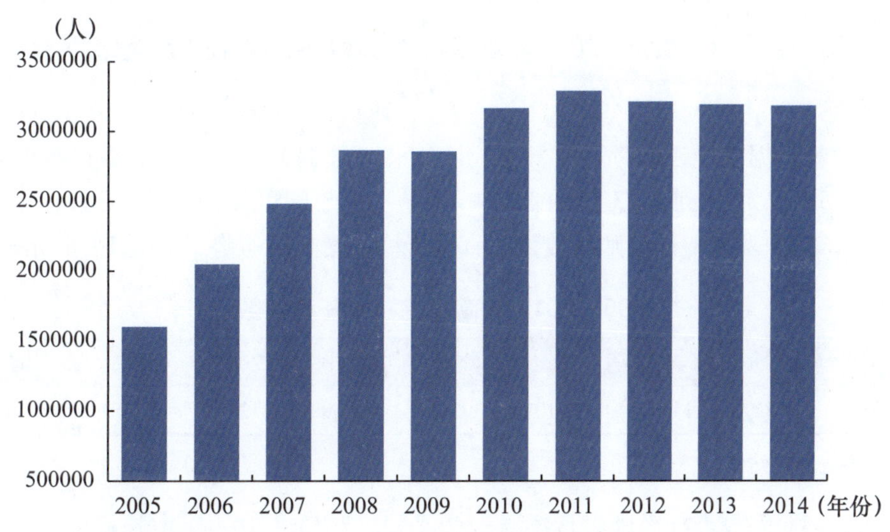

图1－7　2005～2014年高职院校年度毕业生数

（2）结构分析。通过对比高职院校在校生数量和本科院校在校生数可以从一定程度上反映目前高等教育的结构。2005～2014年高职院校与本科院校在校生规模比例如表1－7所示。

表1－7　　2005～2014年高职院校在校生规模与本科院校在校生规模比

年份	2005	2006	2007	2008	2009	2010	2011	2012	2013	2014
比例	0.84	0.84	0.84	0.83	0.82	0.76	0.71	0.68	0.65	0.69

资料来源：根据国家统计局网站统计数据整理。

通过对图1－8分析可以看出，2005～2014年高职院校与本科院校的在校生规模之比维持在0.65～0.84，并且总体上呈现出下降态势。这表明高等职业教育规模并未占到高等教育规模的一半以上，教育结构有待优化。

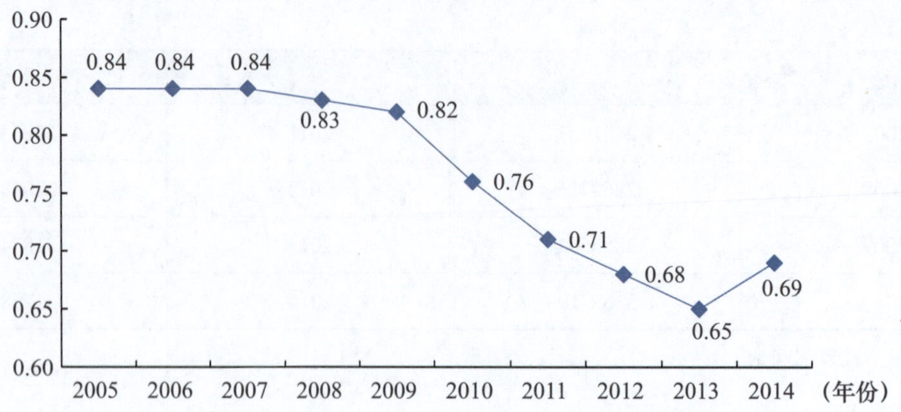

图 1-8　2005～2014 年高职院校与本科院校在校生数量比

3. 师资规模

（1）师资数量。据《全国教育事业发展统计公报》数据显示，我国职业院校专任教师总数从 2004 年的 94.5 万人增加到 2013 年的 130.4 万人，10 年间增加了约 36 万人，年均增长率为 3.80%。[①] 其中，高职院校专任教师的数量一直保持稳定增长的态势，如表 1-8 所示。

表 1-8　2005～2014 年高职院校专任教师数　单位：人

年份	2005	2006	2007	2008	2009	2010	2011	2012	2013	2014
教师数量	267855	316299	354817	377137	395016	404098	412624	423381	436561	572908

资料来源：教育部网站。

2013 年前，高职院校专任教师数量增长较为平稳，2013～2014 年增长幅度最大，专任教师数量增长 136347 人，增长率达到 31%。结合前面的分析可知，高职院校专任教师数的增长与高职院校学生数的增长密切相关，如图 1-9 所示。

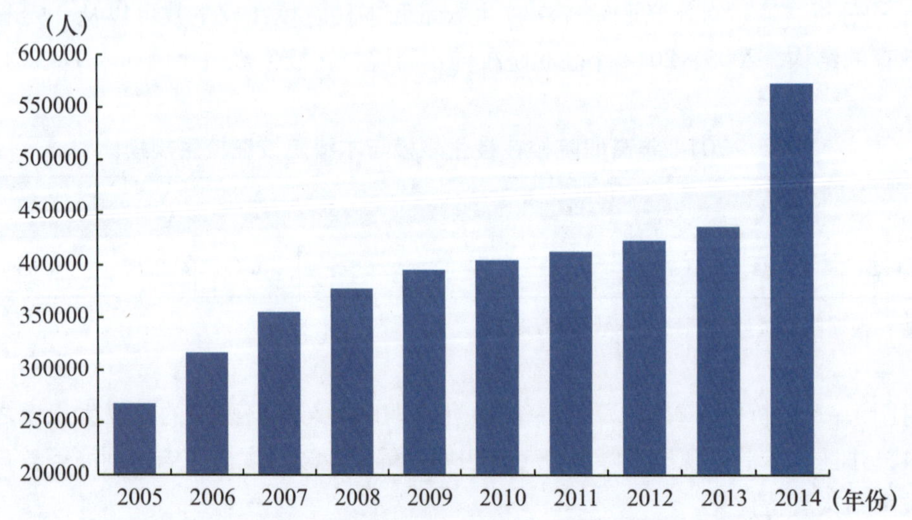

图 1-9　全国高职院校专任教师统计

①陈工孟：《中国职业教育年鉴》（2015），经济管理出版社，2015 年版。

（2）生师比。生师比在一定程度上体现了我国高职教育规模的大小、高职院校人力资源利用效率，也从侧面反映了高职院校的办学质量。据《全国教育事业发展统计公报》、《全国职业教育工作专项督导报告》以及教育部网站发布的教育统计数据显示，2005～2014 年我国高职院校生师比具体情况如表 1－9 所示。

表 1－9　　2005～2014 年高职院校生师比

年份	2005	2006	2007	2008	2009	2010	2011	2012	2013	2014
生师比	26.62	25.15	24.25	24.31	24.42	23.91	23.24	22.77	22.31	17.57

资料来源：教育部官网，2014 年数据来源于《全国职业教育工作专项督导报告》。

分析 2005～2014 年高职院校生师比数据，可以发现高职院校生师比呈现下降趋势。由图1－10 可以看出，2005 年生师比高达 26.62；2006 年至今，高等职业教育生师比总体上呈下降趋势，2014 年高职院校生师比下降为 17.57，与普通本科院校的 17.73 相当，这说明在教师资源配置上，高等职业教育的师资配置已经越来越趋向合理有效。

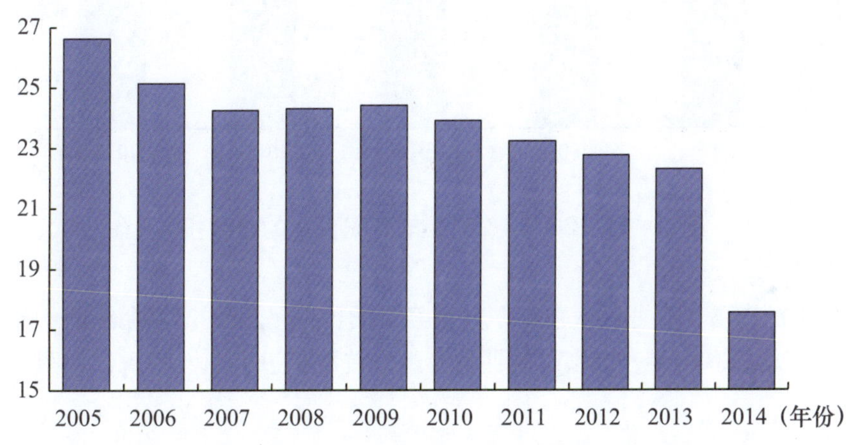

图 1－10　2005～2014 年全国高职院校生师比统计

4. 教育经费

（1）全国高职教育经费投入。经费投入是职业教育得以开展的重要资金保障。根据《中国教育经费统计年鉴》的数据，2008～2013 年我国高等职业教育的经费投入情况如表 1－10 所示。

表 1－10　　2008～2013 年全国高职院校经费投入情况　　单位：亿元

年份	总额	国家财政性教育经费	民办学校中举办者投入	社会捐赠经费	事业收入	其他收入
2008	802.8	335.0	12.5	2.7	413.4	39.1
2009	921.1	397.0	17.7	2.9	464.0	39.6
2010	1051.5	491.6	14.6	2.9	499.3	43.0

续表

年份	总额	国家财政性教育经费	民办学校中举办者投入	社会捐赠经费	事业收入	其他收入
2011	1250.8	674.8	14.1	2.5	507.3	51.9
2013	1452.4	823.7	19.8	4.0	538.6	66.3

资料来源：各年《中国教育经费统计年鉴》，2012 年数据缺失。

从投入总量来看，高职教育的经费投入均在稳步增长。2008～2013 年，高职教育经费投入的年均增长率约为 16.1%，如图 1－11 所示。

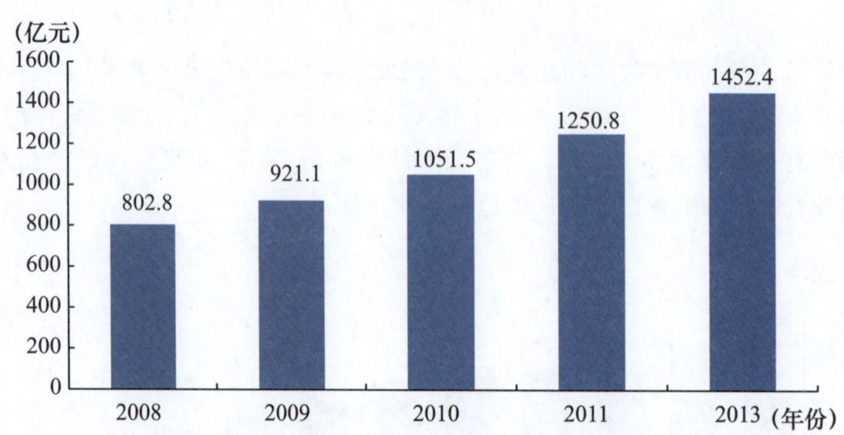

图 1－11　2008～2013 年高职教育的经费投入

从教育经费来源来看，事业收入占高职教育经费的比例呈逐年下降的态势，国家财政性教育经费占比则逐年上升，2011 年，国家财政性教育经费首次超过事业性收入，如图 1－12 所示。

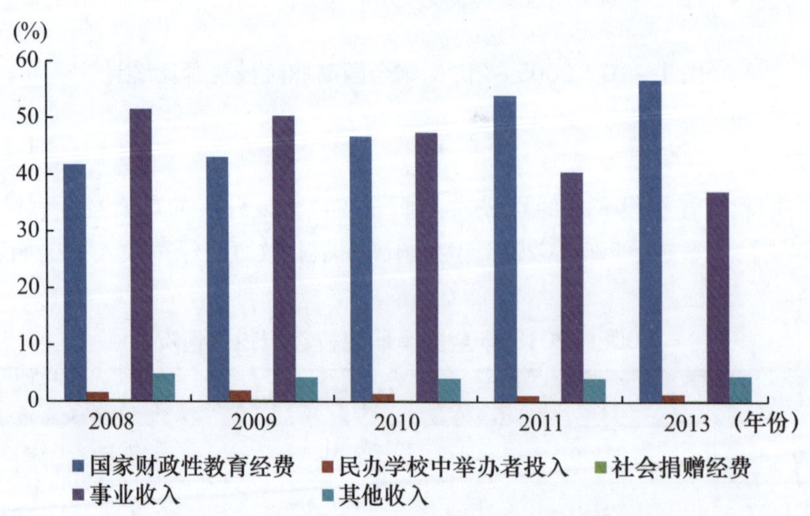

图 1－12　2008～2013 年高职教育经费来源构成

（2）各省（市、自治区）高职教育经费分析。考虑到各省、自治区、直辖市之间职业教育的学生数量存在差距，为了更好地反映高等职业教育财政经费预算与实际经费总量的差距，下面分析各省教育经费及其占全国经费的比例以及在校生生均教育经费情况，如表1－11所示。

表1－11　2013年各省（市、自治区）高职教育经费投入情况

地区	教育经费总量（亿元）	比例（%）	在校生生均教育经费（元）	地区	教育经费总量（亿元）	比例（%）	在校生生均教育经费（元）
全国	1452.4	100	14428.22	河南	83.4	5.74	11507.21
北京	42.5	2.93	40399.75	湖北	66.8	4.60	12031.76
天津	31.1	2.14	17629.89	湖南	81.0	5.58	17195.11
河北	58.4	4.02	11715.39	广东	125.6	8.65	15780.96
山西	49.6	3.41	17019.98	广西	38.3	2.64	11066.98
内蒙古	34.1	2.35	19898.83	海南	9.9	0.68	13053.12
辽宁	46.2	3.18	15767.72	重庆	43.0	2.96	16662.06
吉林	20.8	1.43	13438.86	四川	67.8	4.67	11714.04
黑龙江	34.8	2.40	16199.13	贵州	25.0	1.72	13393.62
上海	28.1	1.93	19764.59	云南	35.7	2.46	18041.90
江苏	122.4	8.43	17848.63	西藏	2.9	0.20	25991.87
浙江	74.9	5.15	19792.56	陕西	46.8	3.22	11885.19
安徽	51.6	3.55	10858.25	甘肃	19.9	1.37	12124.92
福建	41.8	2.88	15445.93	青海	3.0	0.21	18355.52
江西	47.9	3.30	11446.68	宁夏	7.9	0.54	19787.20
山东	92.2	6.35	11036.72	新疆	18.7	1.29	13805.25

资料来源：根据《中国教育经费统计年鉴》（2014）、《中国统计年鉴》（2015）相关数据整理。

1）2013年，高职教育经费占比最高的是广东省，如图1－13所示。

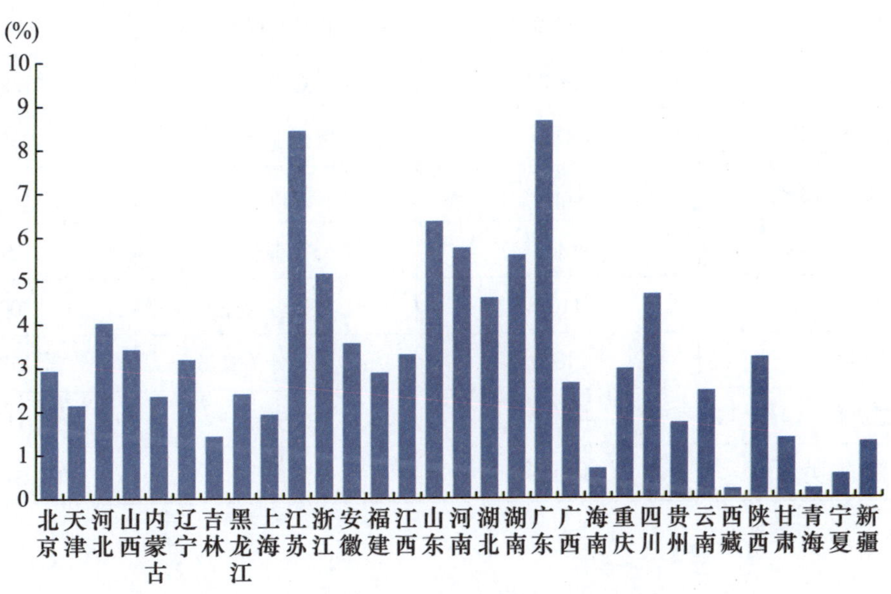

图1－13　2013年各省（市、自治区）高职教育经费比例

2）2013 年，高职教育生均教育经费最高的是北京，如图 1－14 所示。

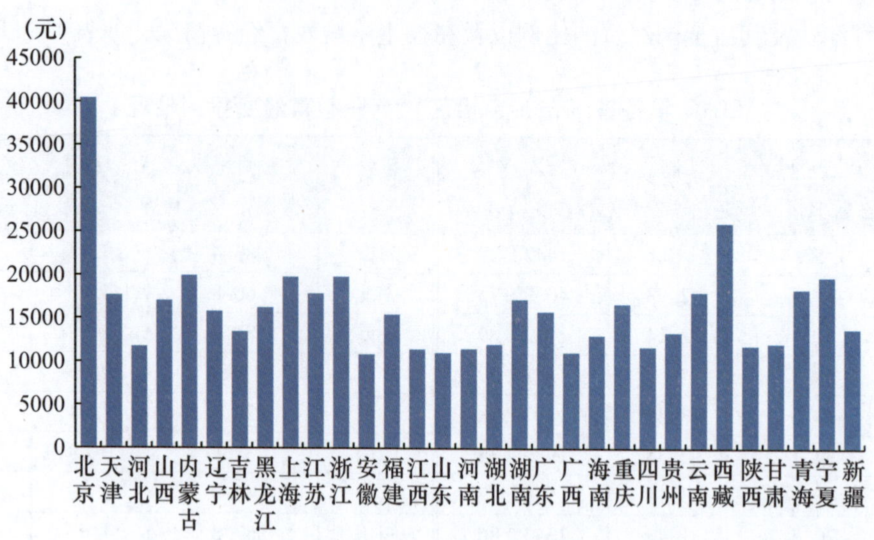

图 1－14　2013 年各省（市、自治区）高职教育在校生生均教育经费

5. 热门专业

我国高等职业教育所开设的专业共分属 19 个学科大类（见表 1－12），较为齐全，涵盖了社会生产、生活的各个方面，能够为学生提供较多的选择。

表 1－12　　2014 年全国高职院校分学科招生数　　单位：人

专业	招生数	专业	招生数
总计	3379835	环保、气象与安全类	15096
农林牧渔类	55299	轻纺食品类	51546
交通运输类	178228	财经类	729039
生化与药品类	68220	医药卫生类	365417
资源开发与测绘类	41343	旅游类	111067
材料与能源类	40111	公共事业类	35748
土建类	411078	文化教育类	300436
水利类	14870	艺术设计传媒类	158993
制造类	445265	公安类	11423
电子信息类	312589	法律类	34067

资料来源：教育部网站。

如表 1－12 和图 1－15 所示，高职院校招生人数前五的热门专业是财经大类专业、制造大类、土建大类、医药卫生大类和电子信息大类。

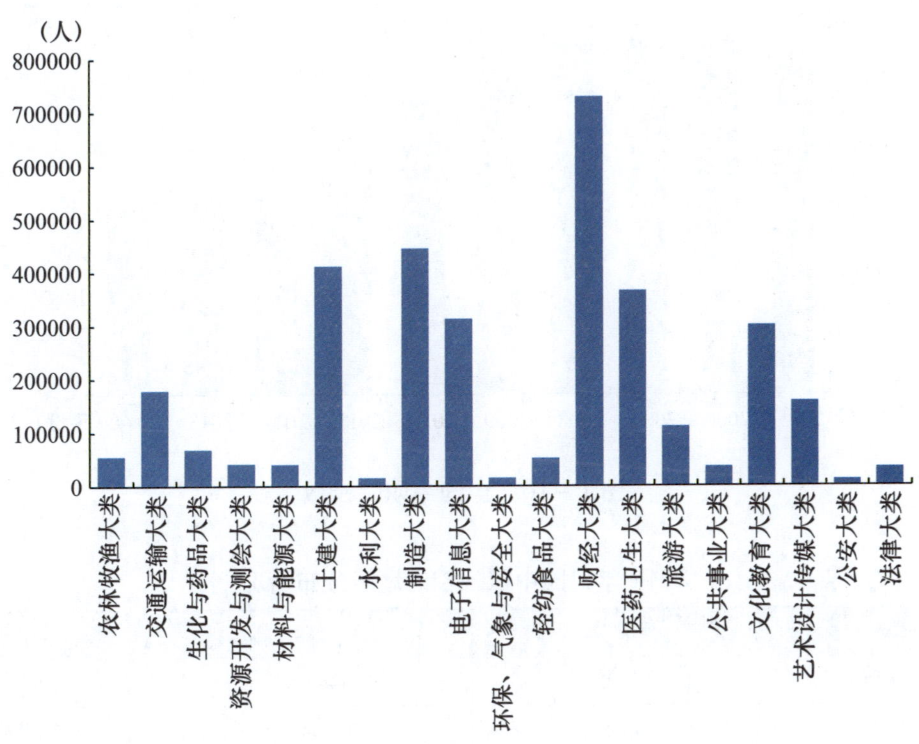

图 1－15　2014 年我国高职院校分学科招生数

（二）中职篇①

1. 院校现状

（1）院校数量。院校数量的变化最能直观地反映我国中职教育的规模。根据教育部的统计数据，2005～2014 年全国中职院校数量如表 1－13、图 1－16 所示。

表 1－13　2005～2014 年全国中职院校数量　单位：所

年份	2005	2006	2007	2008	2009	2010	2011	2012	2013	2014
院校数量	11611	11813	11837	11772	11324	10864	10169	9762	9380	9060

资料来源：根据教育部官网和国家统计局相关数据整理。

分析以上数据可以看出：2007 年前中职院校数量稳步增长，之后逐年下降，且下降幅度较大，年均减少约 283 所，2014 年中职院校数量已经下降至 9060 所。

（2）地区分布。2014 年，我国中职院校的地区分布情况如表 1－14 所示。

①本报告中，中职院校的统计中均不包括技校的相关数据（下同）。

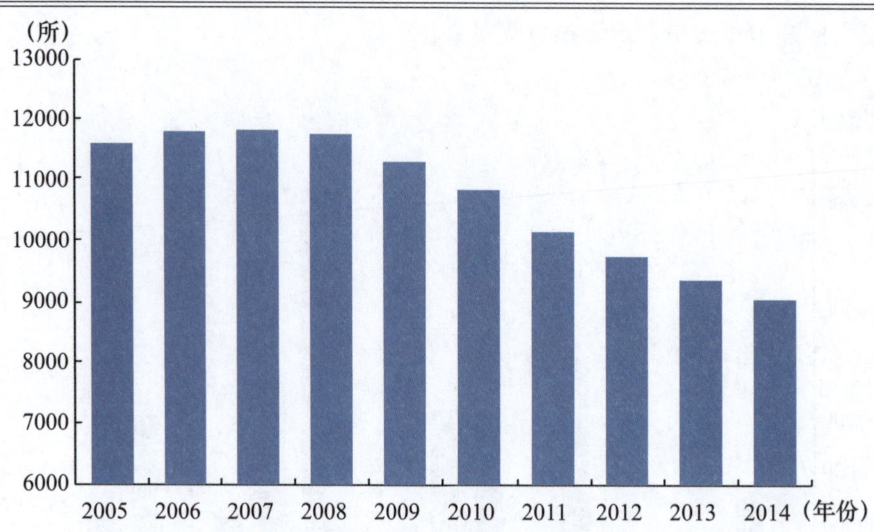

图1－16 全国中职院校数

表1－14 2014年我国中职院校的地区分布情况

地区	东部	中部	西部
数量（所）	3038	3446	2576
比例（%）	33.53	38.04	28.43

资料来源：根据教育部官网相关数据整理。

就地区分布来看，中部地区中职院校数量占比最高。由图1－17可以看出，中部地区拥有中职院校3446所，占比为38.04%，位居第一；东部、西部地区分别有3038所、2576所，占比为33.53%、28.43%。我国的中职学校教育总体规模比较大，但是中职办学整体水平较低，政府应加强对职业教育资源的整合力度，提升中职教育水平。

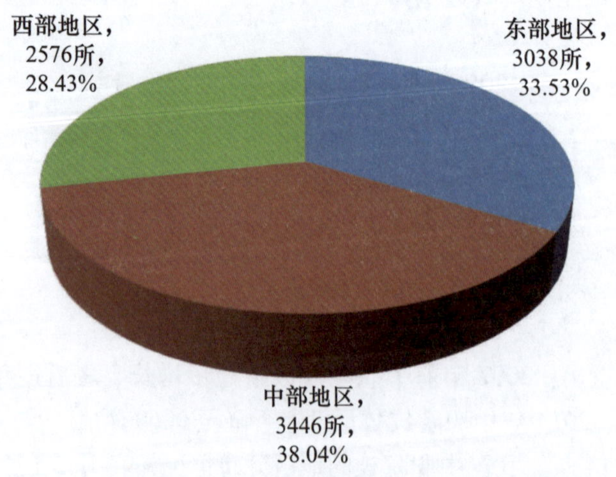

图1－17 中职院校地区分布

（3）办学类型。根据教育部统计数据，全国中职院校的类型如表 1－15 所示。

表 1－15　2009～2014 年全国中职院校类型及数量

类型		公办	民办
2014 年	院校数	6717 所	2343 所
	比例	73.58%	26.42%
2013 年比例		73.54%	26.46%
2012 年比例		72.86%	27.14%
2011 年比例		71.91%	28.09%
2010 年比例		71.25%	28.75%
2009 年比例		71.76%	28.24%

资料来源：根据教育部网站相关数据整理。

从两类中职学校的占比来看，2010 年以来公办中职院校一直呈现微弱上升趋势，相应的是民办中职学校出现略微下降，如图 1－18 所示，公办和民办中职院校的数量差距依旧很大。

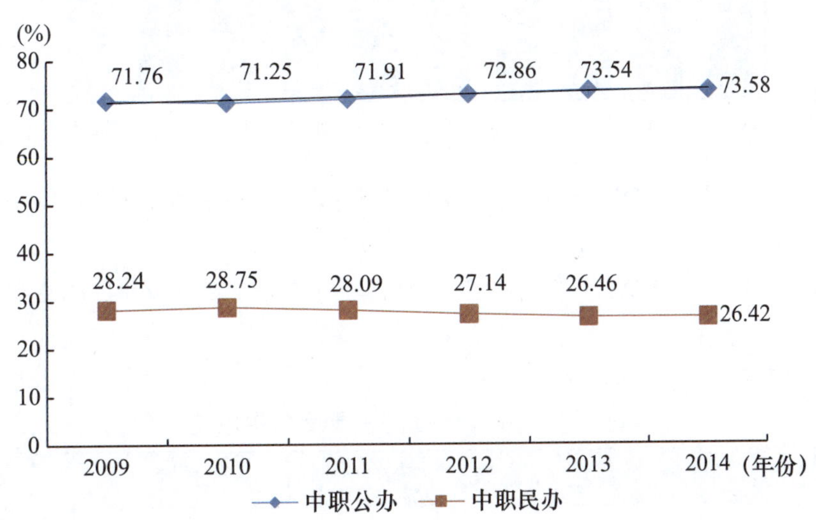

图 1－18　2009～2014 年中职院校公办、民办所占比例

2. 学生分析

（1）学生数量。

1）在校生数量。如表 1－16 和图 1－19 所示，2005～2010 年，我国中职在校生的人数出现一定程度的增长，但增幅较小。2010 年之后，在校生人数开始逐年下降。2014 年中职院校在校生已经下降至 1800 多万人，人数减少了 420 多万人。

表1－16 2005～2014年中职院校在校生数量

单位：人

年份	人数	年份	人数
2005	16000500	2010	22317637
2006	18000500	2011	22053300
2007	19870100	2012	21136871
2008	20870900	2013	19229706
2009	21951600	2014	18028991

资料来源：国家统计局官网，2014年数据来源于《全国职业教育工作专项督导报告》。

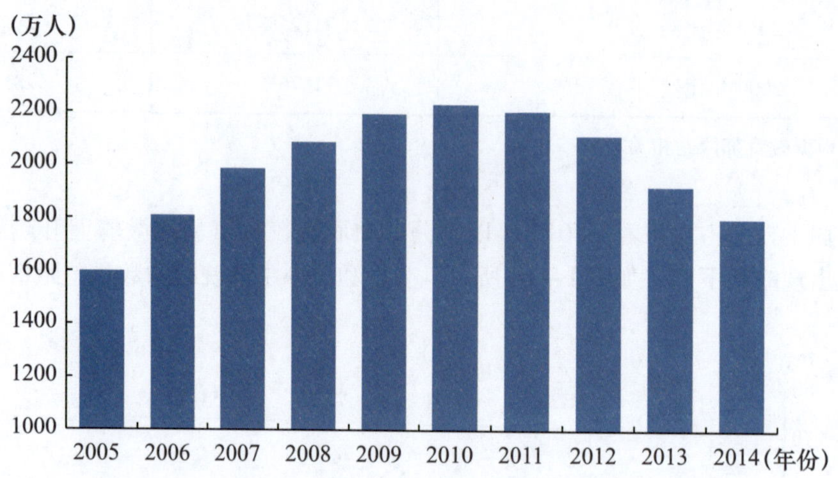

图1－19 2005～2014年我国中职院校在校生数量

2）年度招生人数。根据教育部统计数据，2005～2014年中职院校年度招生数量如表1－17、图1－20所示。

表1－17 2005～2014年中职院校年度招生数量

单位：人

年份	人数	年份	人数
2005	6556600	2010	8681428
2006	7478200	2011	8138664
2007	8100200	2012	7541349
2008	8121100	2013	6747581
2009	8685200	2014	6289000

资料来源：国家统计局官网，2014年数据来源于《全国职业教育工作专项督导报告》。

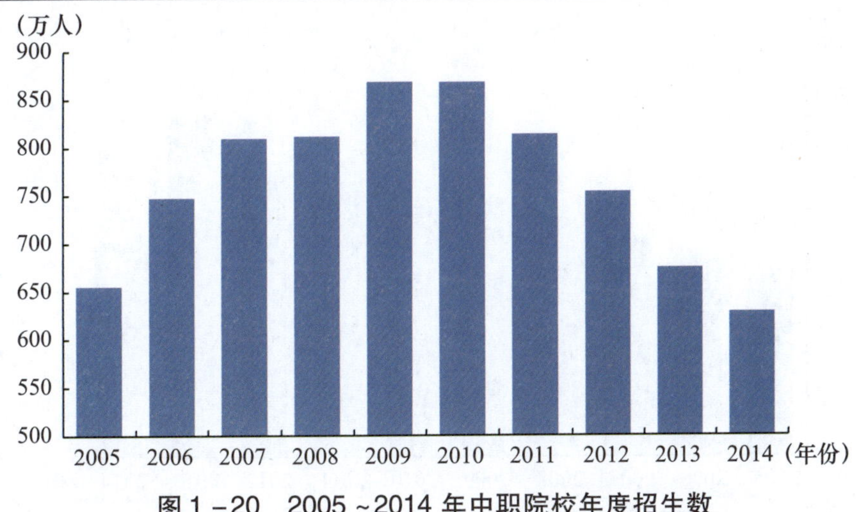

图 1－20　2005～2014 年中职院校年度招生数

通过对以上数据进行分析可以看出，2005～2009 年中职院校招生人数平稳增长，其年均增长率达到 3.24%；而 2009 年之后中职院校招生数呈现下降趋势，2014 年招生数已低于 2005 年的水平，为近十年来最低。

3）毕业生数量。2005～2014 年，我国中职院校毕业生数量如表 1－18 所示。

表 1－18　2005～2014 年中职院校毕业生数量　单位：人

年份	人数	年份	人数
2005	3491921	2010	5436524
2006	3926271	2011	5411252
2007	4312433	2012	5543840
2008	4710924	2013	6744396
2009	5096654	2014	6330328

资料来源：教育部网站，2014 年数据来源于《全国职业教育工作专项督导报告》。

如图 1－21 所示，2005～2010 年中职年度毕业生数量一直呈增长趋势，2011 年毕业生数量略有下降，之后呈现先升后降的发展态势。2013 年为近十年来中职院校毕业生数量最多的一年，达到 670 多万人。

（2）结构分析。由于中职院校招生途径单一，普通初中毕业生是中职院校的最大生源，因此通过中职院校招生规模与普通高中招生规模的对比来分析中职院校的社会吸引力。2005～2014 年中职院校与普通高中招生数量比如表 1－19、图 1－22 所示。

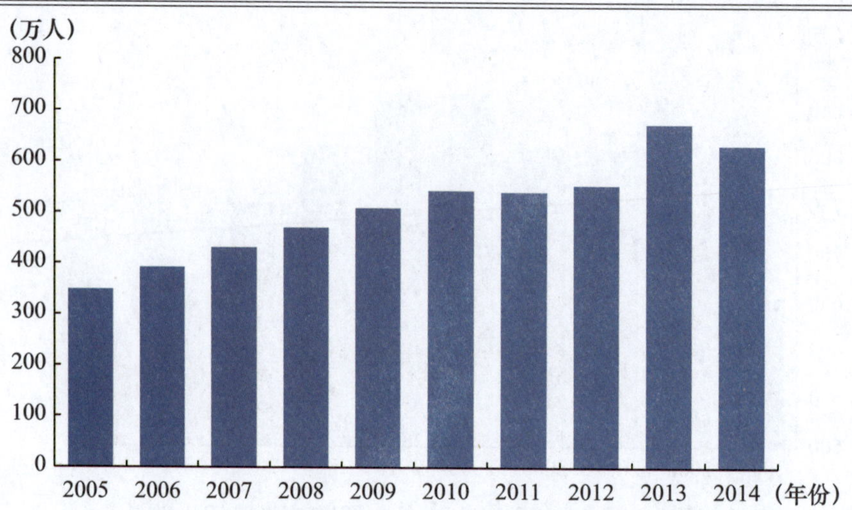

图 1-21　2005 ~2014 年中职院校年度毕业生数

表 1-19　2005 ~2014 年中职院校与普通高中招生数量比

年份	2005	2006	2007	2008	2009	2010	2011	2012	2013	2014
比例	0.75	0.86	0.96	0.97	1.05	1.04	0.96	0.89	0.82	0.79

资料来源：根据国家统计局网站统计数据整理。

从表 1-19 中可以发现，2005 ~2010 年，中职院校的招生数量逐步增大，并逐渐超过普通高中的招生数量，不过 2011 年后，中职院校与普通高中的招生规模之比逐渐变小，中职院校的社会吸引力有所减弱。

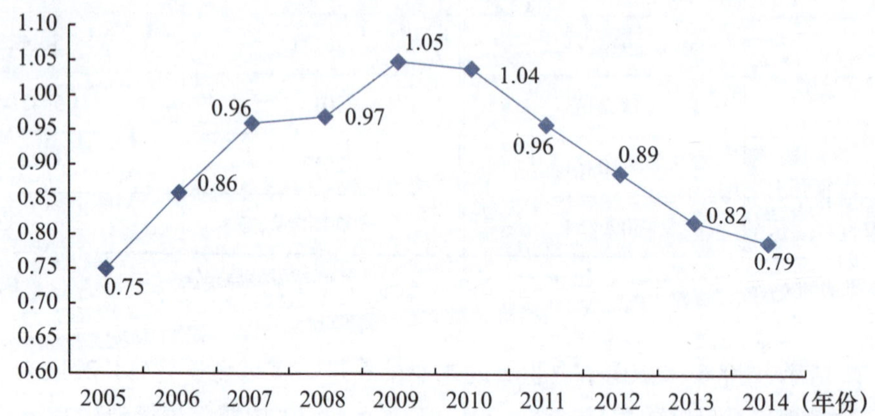

图 1-22　2005 ~2014 年中职院校与普通高中招生数量比

3. 师资规模

（1）师资数量。2005 ~2014 年中职院校专任教师的数量整体变化为先升后降，前期上升幅度较大，后期下降幅度波动较小，如图 1-23 所示。其中，2005 ~2009 年是中职院校专任教师数增长阶段，2009 年相较 2005 年增长率达到 20.4%；2009 年后，中职院校教师数出现小幅度的下降，2014 年相对 2009 年下降 6.4%。结合前文分析，专任教师数量的下降和中职院校招生数下降有一定关联。

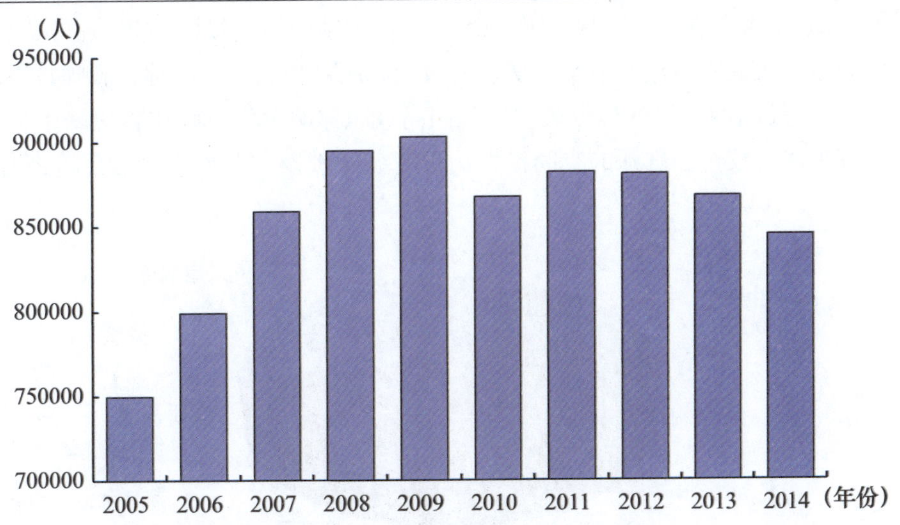

图1-23　全国中职院校专任教师统计

（2）学历、职称。学历结构是体现教师队伍素质的一个重要指标。近年来，我国中等职业教育师资中，拥有本科学历教师数量占大多数，并且呈逐年增多趋势。这表明我国中职教育师资队伍质量得到了一定程度的改善，但是具有研究生学历的教师数量仍然增长缓慢。如表1-20所示。

表1-20　2014年中职院校专任教师学历、职称情况

类型	学历					职称				
	博士研究生	硕士研究生	本科	专科	高中及以下	正高级	副高级	中级	初级	未定职称
数量（人）	736	40666	551305	67982	3093	3179	158175	266321	176856	59251
比例（%）	0.11	6.13	83.06	10.24	0.47	0.48	23.83	40.12	26.64	8.93

资料来源：教育部网站。

1）2014年中职院校专任教师中，本科学历占比最大。教师学历层次的提高，无论是从市场供求还是从教育发展的需求来看，都是必然现象。此外，随着国内研究生数量迅速增长，中职院校选择教师的空间也随之扩大。如图1-24所示。

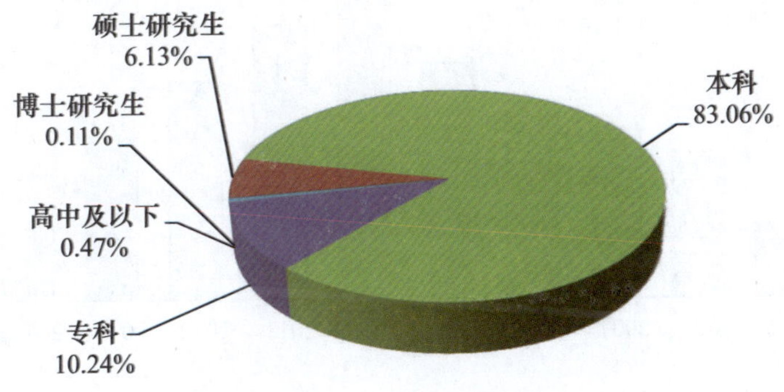

图1-24　中职院校专任教师学历层次分布

2）从图 1－25 中可以看出，2014 年中职院校专任教师中，中级职称教师占比最大，具有正高级职称的中职教师人数所占比例最小；从正高级到副高级再到中级职称，教师数逐渐递增，初级职称教师占比已超过 1/4。这些数据表明，我国高级职称的中职教师比较短缺，骨干教师数量较少。不过随着中职院校选择教师的空间扩大，正高级（教授）职称数量也会随之增长。

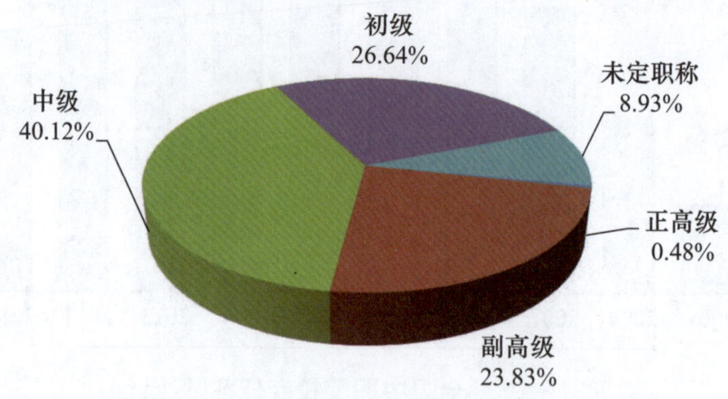

图 1－25　中等职业学校专任教师职称分布

（3）生师比。2005～2014 年我国中职院校生师比如表 1－21 所示。

表 1－21　　2005～2014 年中职院校生师比

年份	2005	2006	2007	2008	2009	2010	2011	2012	2013	2014
生师比	21. 34	22. 65	23. 13	23. 32	24. 31	25. 73	25. 01	23. 99	22. 97	21. 34

资料来源：教育部官网，2014 年数据来源于《全国职业教育工作专项督导报告》。

通过对 2005～2014 年中职院校生师比数据的分析，可以发现中职院校生师比呈先升而后下降趋势。由图 1－26 可以看出，2005～2010 年，我国中职院校生师比逐年上升，其中 2010 年达到 25. 73。此后，生师比开始下降，但仍然较高。这说明中职院校师资数量难以有效满足中职教育的需求，亟须加快师资队伍建设。

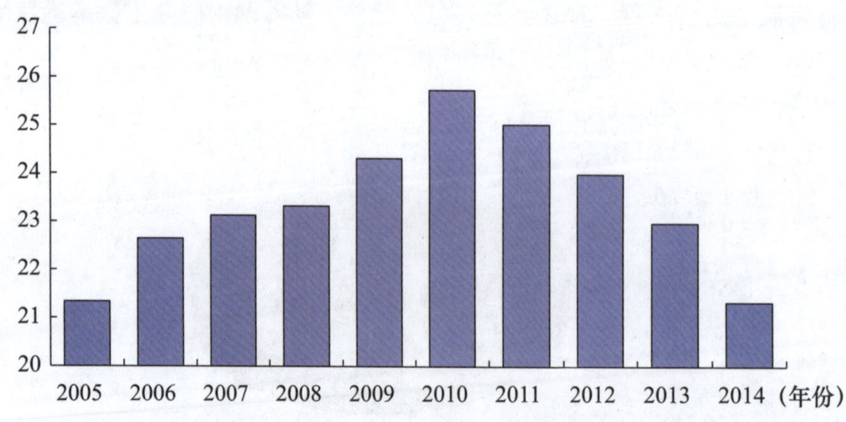

图 1－26　2005～2014 年全国中职院校生师比统计

4. **教育经费**

(1) 全国中职教育经费投入。根据《中国教育经费统计年鉴》的数据，2008～2013 年我国中职教育的经费投入情况如表 1－22 所示。

表 1－22 2008～2013 年全国中职院校经费投入情况 单位：亿元

年份	总额	国家财政性教育经费	民办学校中举办者投入	社会捐赠经费	事业收入	其他收入
2008	934.4	618.2	9.1	3	275.9	28.2
2009	1187.7	861.2	11.9	2.5	278.2	33.9
2010	1187.7	861.2	11.9	2.5	278.2	34.0
2011	1453.0	1135.4	12.2	2.3	270.3	32.8
2013	1782.0	1550.2	8.5	3.9	173.6	45.8

资料来源：各年《中国教育经费统计年鉴》，2012 年数据缺失。

1）从投入总量来看，中职教育的经费投入在稳步增长。2008～2013 年，中职教育经费投入的年均增长率为 13.9%。如图 1－27 所示。

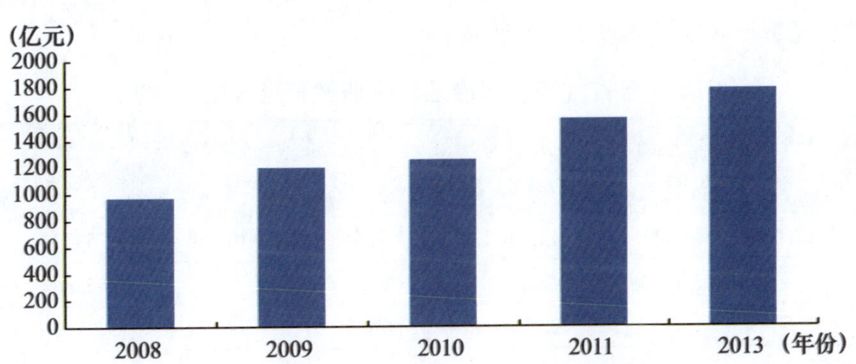

图 1－27 2008～2013 年中职教育的经费投入

2）从中职教育经费占教育总经费的比重来看，其占比呈现下降趋势。如图 1－28 所示。

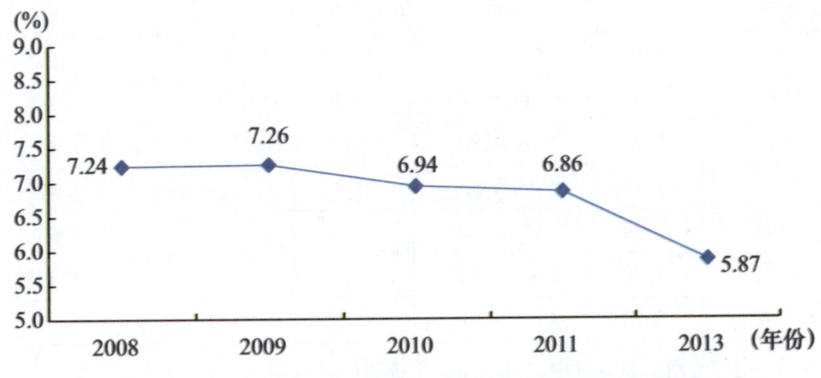

图 1－28 2008～2013 年中职教育经费占总教育经费比例

3）从教育经费的来源来看，2008～2013 年中职教育经费来源中，国家财政性教育经费占比最大且逐年增加，事业收入占比呈逐年下降趋势，民办学校中举办者投入、社会捐赠经费和其他收入等占比无较大幅度变动。如图 1－29 所示。

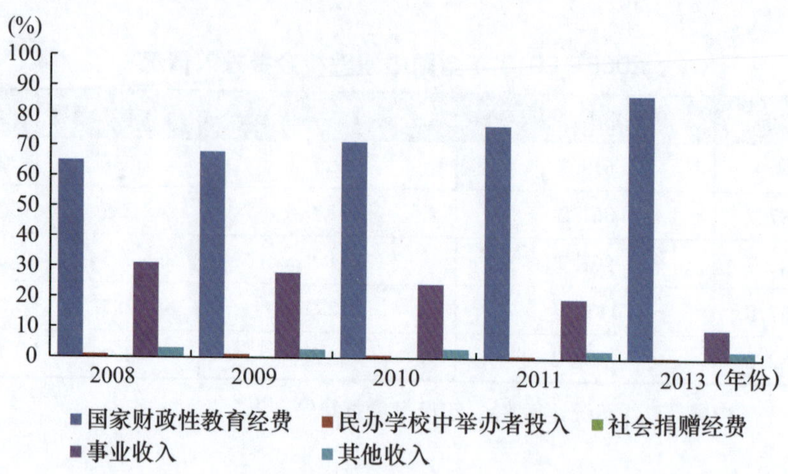

图 1－29　2008～2013 年中职教育经费来源构成

（2）各省（市、自治区）中等职业教育经费分析。从各省（市、自治区）来看，2013 年我国各地中职教育经费投入情况如表 1－23 所示。

表 1－23　2013 年各省（市、自治区）中职教育经费投入情况

地区	教育经费总量（亿元）	比例（%）	在校生生均教育经费（元）	地区	教育经费总量（亿元）	比例（%）	在校生生均教育经费（元）
全国	1782.0	100	14106.13	河南	107.3	5.37	9718.55
北京	60.8	3.04	48239.91	湖北	47.2	2.36	12658.72
天津	31.5	1.57	33524.55	湖南	66.2	3.31	10259.20
河北	73.2	3.67	11175.13	广东	194.7	9.74	15181.68
山西	50.8	2.54	12726.16	广西	49.6	2.48	6335.56
内蒙古	52.5	2.63	22660.19	海南	17.2	0.86	13277.36
辽宁	71.8	3.59	21540.50	重庆	56.9	2.85	16793.47
吉林	34.3	1.72	22885.73	四川	106.8	5.35	9897.40
黑龙江	37.7	1.89	15509.14	贵州	46.8	2.34	8597.46
上海	72.6	3.63	55442.81	云南	67.3	3.37	13713.43
江苏	165.9	8.31	22929.47	西藏	5.6	0.28	32925.37
浙江	118.7	5.94	22243.64	陕西	37.0	1.85	9820.38
安徽	77.6	3.89	8486.80	甘肃	29.4	1.47	11186.59
福建	55.8	2.79	12741.14	青海	11.9	0.59	15403.02
江西	35.5	1.78	8119.10	宁夏	9.7	0.49	11875.72
山东	162.4	8.13	17129.86	新疆	43.1	2.16	19645.33

注：2013 年各省分地区经费总量统计中，包括技工学校的经费数据。

资料来源：根据《中国教育经费统计年鉴》（2014）、《中国统计年鉴》（2015）等相关数据整理。

1）2013 年，中职教育经费占比最高的是广东省，如图 1－30 所示。

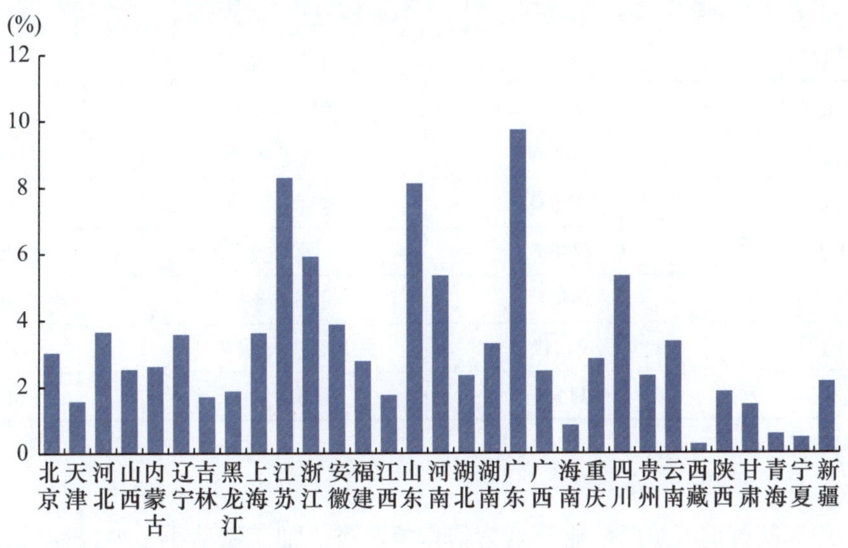

图 1－30 2013 年各省（市、自治区）中职教育经费比例

2）2013 年，中职教育生均教育经费最高的是上海市，如图 1－31 所示。

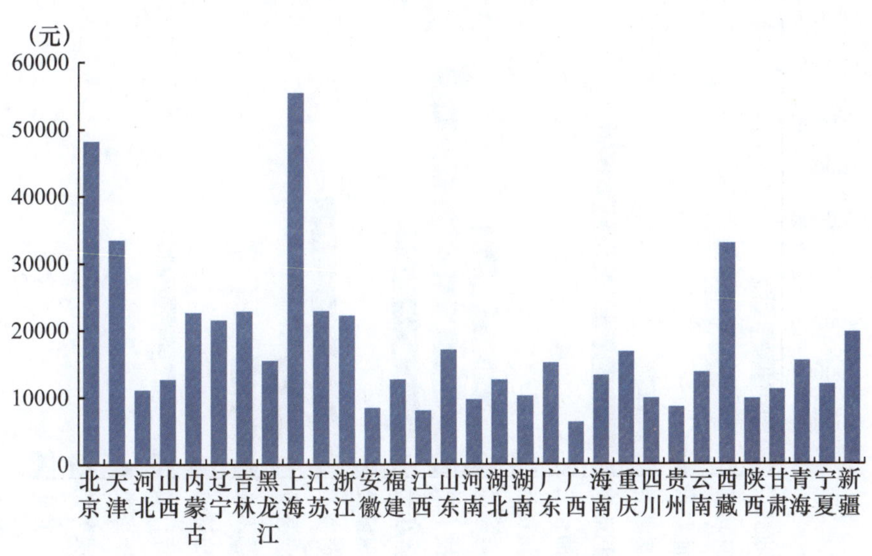

图 1－31 2013 年各省（市、自治区）中职教育生均教育经费

5. 热门专业

目前，我国中等职业教育所开设专业的学科门类较为齐全，如表 1－24 所示。

表 1－24 2014 年全国中职院校分学科招生数 单位：人

学科类型	招生数	学科类型	招生数
总计	4953553	医药卫生类	488066
农林牧渔类	394930	休闲保健类	30829

续表

学科类型	招生数	学科类型	招生数
资源环境类	21188	财经商贸类	555208
能源与新能源类	18613	旅游服务类	243852
土木水利类	228806	文化艺术类	236955
加工制造类	701260	体育与健身	43591
石油化工	27465	教育类	476544
轻纺食品	48461	司法服务类	19886
交通运输类	494849	公共管理与服务类	55703
信息技术类	811143	其他	56204

资料来源：教育部网站。

2014 年，中职院校前五热门专业分别为信息技术类、加工制造类、财经商贸类、交通运输类和医药卫生类，如图 1－32 所示。

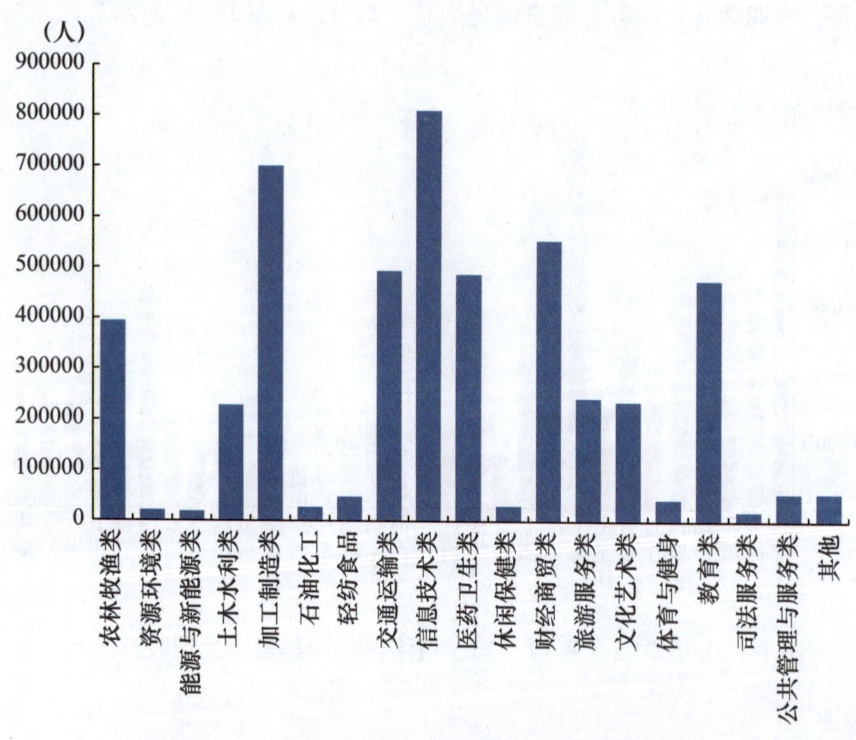

图 1－32　2014 年我国中职院校分学科招生数

第二章　中国职业培训与技能鉴定统计分析

技工学校归属人力资源和社会保障部主管，属于中等教育层次，旨在培养各类实用型的技术技能人才；职业培训与技能鉴定则旨在为社会各层次人才提供职业技能培训与鉴定考核，它们都是我国现代职业教育体系的重要组成部分，对技术技能人才培养和培训发挥了重要作用。本章重点统计分析我国技工学校、就业训练中心、民办培训机构发展概况以及我国职业技能鉴定工作开展情况，以期为读者展现职业教育体系发展的全貌。

一、技工学校

1. 学校数量

院校数量的变化最能直观地反映我国技工学校教育的规模。根据国家统计局的统计数据，2005～2014年全国职业院校数量如表2－1、图2－1所示。

表2－1　　2005～2014年全国技工学校数量　　单位：所

年份	2005	2006	2007	2008	2009	2010	2011	2012	2013	2014
学校数量	2855	2880	2995	3075	3077	3008	2924	2901	2882	2818

资料来源：国家统计局。

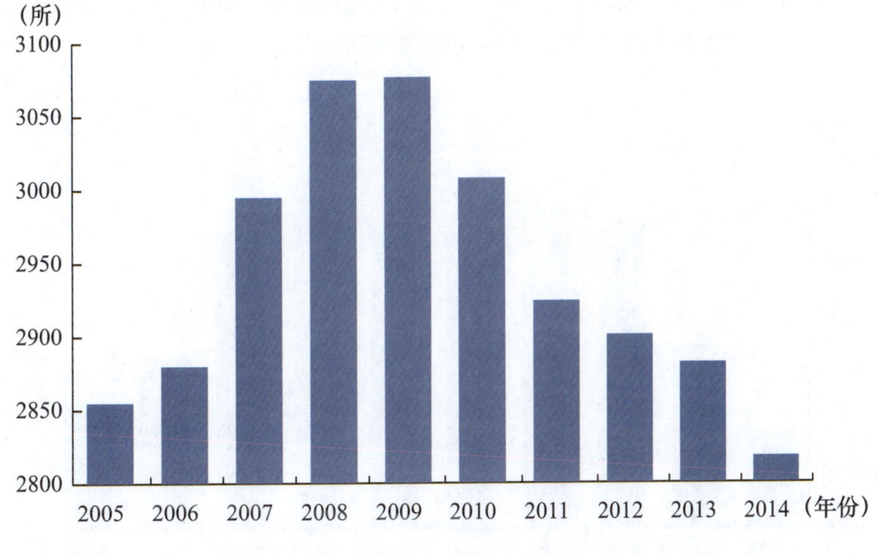

图2－1　全国技工学校数

分析以上数据可以看出：

2005 年以来，技工学校总数呈现出一定程度的浮动，2005～2009 年为增长阶段，2009 年技工学校数量达到峰值 3077 所，之后技工学校数量逐年下降，2014 年仅为 2818 所。

2. 学生情况

2005～2014 年，我国技工学校招生数、在校生数及毕业生数如表 2－2 所示。

表 2－2　　2005～2014 年技工学校学生情况　　单位：人

年份	招生数	在校生数	毕业生数
2005	1184000	2753000	690000
2006	1348000	3208000	864000
2007	1585000	3671000	997000
2008	1614000	3975000	1090000
2009	1563781	4142578	1151633
2010	1586055	4209752	1213353
2011	1635282	4293723	1189161
2012	1567530	4228216	1202123
2013	1334957	3865864	1168809
2014	1244100	3389700	1067900

资料来源：《中国劳动统计年鉴》(2014)、《2014 年全国教育事业发展统计公报》。

（1）招生数。招生数量在一定程度上能反映教育的发展水平与规模。如图 2－2 所示，我国技工院校招生数 2005～2008 年持续增长，2009 年开始出现波动。2011 年招生数达到最高值，共计有 1635282 人。此后招生数逐年下降，2014 年降至最低，仅有 124.41 万人。

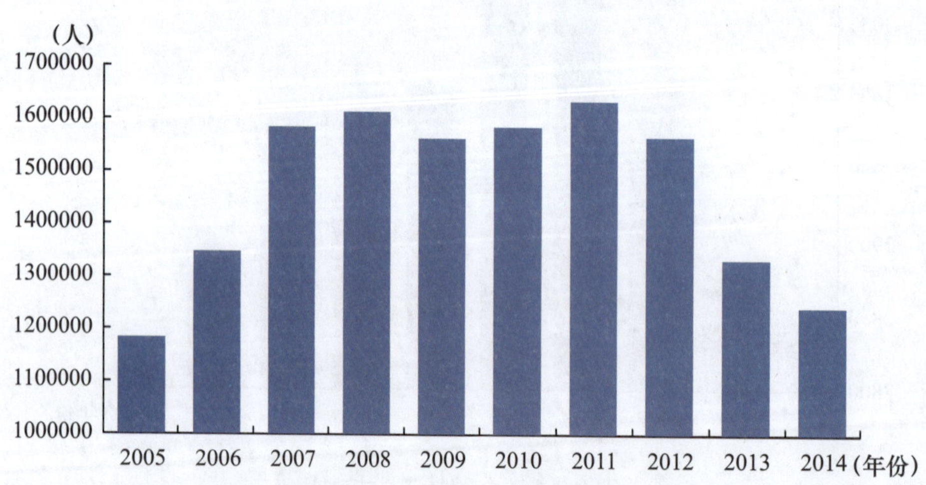

图 2－2　全国技工学校招生数

（2）在校生数。如图2－3所示，在校生数2005～2011年稳步增长，2011年达到最高，有429.37万人。2011年以后，随着招生数下降，在校生人数也开始下降，2013～2014年下降幅度最大，2014年降至338.97万人。

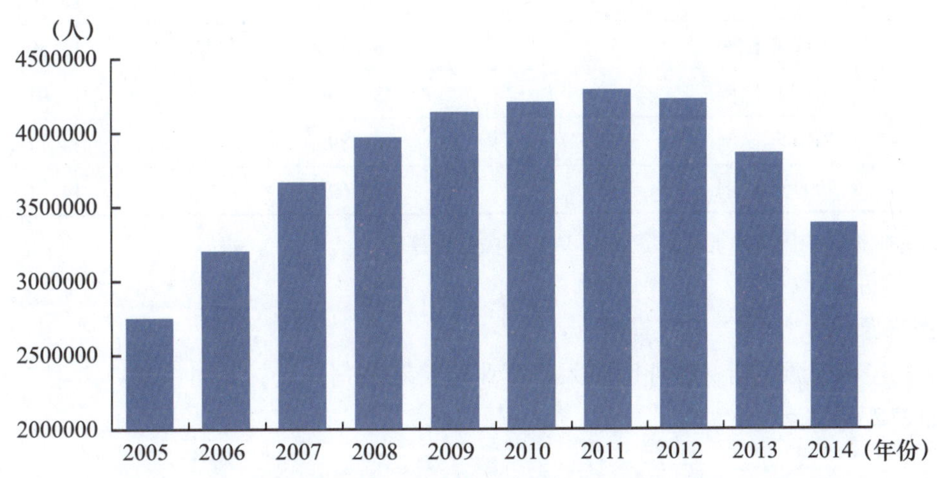

图2－3　全国技工学校在校生数

（3）毕业生数。2010年技工学校全国共有1213353人毕业，毕业生人数最多。从图2－4中可以看出，2005～2010年毕业生人数稳步增长，之后呈现下降态势。2014年，因招生人数和在校生人数下降幅度较大，毕业生数量下降较多。

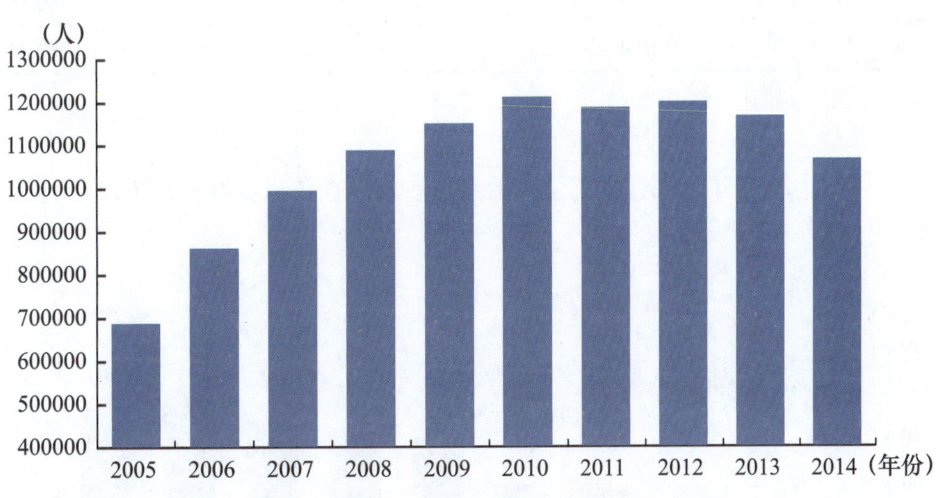

图2－4　全国技工学校毕业生数

3. 师资情况

技工学校师资由在职教师和兼职教师组成，2009～2013年技工学校师资规模如表2－3所示。2009年以来，技工学校在职教师数量占比呈微弱上升趋势，兼职教师占比略微下降，这说明技工学校师资在数量增长的同时，其结构也慢慢趋于合理。

表 2-3　　　　2009~2013 年技工学校师资规模

类型		在职教师	兼职教师
2013 年	教师数	269443 人	40612 人
	所占比例	86.90%	13.10%
2012 年比例		86.11%	13.89%
2011 年比例		86.09%	13.91%
2010 年比例		85.89%	14.11%
2009 年比例		85.69%	14.31%

资料来源：根据《中国劳动统计年鉴》(2014) 相关数据整理。

4. 经费来源

技工学校经费来源包括财政补助收入、事业经费和公司经费，2004~2013 年技工学校经费收入规模如表 2-4 所示。

表 2-4　　　　2004~2013 年技工学校经费收入规模　　　　单位：亿元

年份	经费收入	年份	经费收入
2004	112.50	2009	237.30
2005	123.40	2010	260.42
2006	143.10	2011	271.53
2007	198.20	2012	306.05
2008	204.43	2013	289.69

资料来源：《中国劳动统计年鉴》(2014)。

由图 2-5 可知，2004 年以来，技工学校的经费收入一直在稳步增长，2012 年达到最高，为 306.05 亿元。

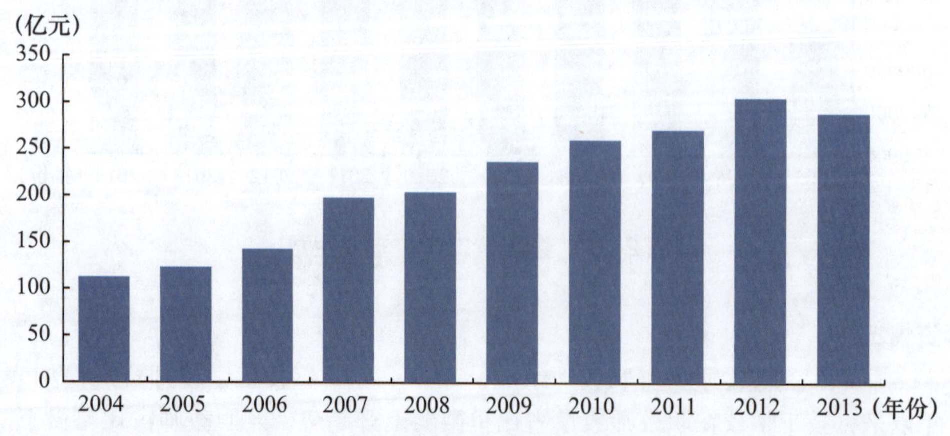

图 2-5　全国技工学校经费收入

5. **社会培训**

（1）培训规模。2007 ~2013 年我国技工学校开展的社会培训情况如表 2 -5 所示。

表 2 -5　2007 ~2013 年技工学校社会培训规模、结业人数及就业人数　单位：人

年份	培训规模	结业人数	就业人数
2007	3807000	3698000	951246
2008	4000000	3898000	1044703
2009	4840846	3829483	1107031
2010	4684099	3712771	1166988
2011	5274538	4161035	1151830
2012	5512989	4415681	1169717
2013	5253073	3970809	1130011

资料来源：《中国劳动统计年鉴》（2014）。

2007 ~2013 年我国技工学校开展的社会培训规模基本呈现稳步上升趋势。结业人数和就业人数整体变化趋势和培训规模基本保持一致，但相对培训规模来说，就业人数占培训人数比例较小，2007 年占比约 25%，2013 年下降到 21.5%。如图 2 -6 所示。

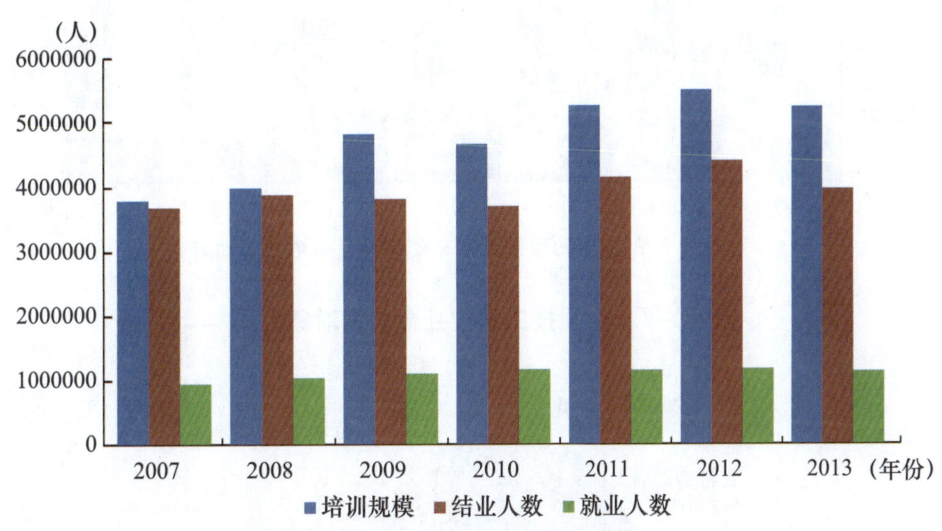

图 2 -6　全国技工学校社会培训规模统计

（2）培训对象。2007 ~2013 年，技工学校所开展培训的人员类型如表 2 -6 所示。

在技工学校开展的社会培训中，在职职工占比最大，2013 年达到 59.36%。2012 年社会培训中的在职职工数量最多，达到 275.1 万人。此外，农村劳动者也是最主要的培训对象之一，失业人员和劳动预备人员的培训人数相对较少。如图 2 -7、图 2 -8 所示。

表2-6　　2007~2013年技工学校社会培训对象及人数　　单位：人

年份	失业人员		劳动预备人员		在职职工		农村劳动者	
	数量（人）	所占比例（%）	数量（人）	所占比例（%）	数量（人）	所占比例（%）	数量（人）	所占比例（%）
2007	428559	11.59	357480	9.67	1726309	46.68	1185611	32.06
2008	510869	13.80	285896	7.73	1737565	46.95	1166359	31.52
2009	513700	11.89	390134	9.03	2092023	48.44	1323319	30.64
2010	469435	10.99	398943	9.34	2125779	49.74	1279196	29.93
2011	578359	12.18	324349	6.83	2485983	52.36	1359526	28.63
2012	467857	9.56	329995	6.74	2751436	56.23	1343955	27.47
2013	401200	8.87	350568	7.75	2685924	59.36	1087300	24.03

资料来源：《中国劳动统计年鉴》（2014）。

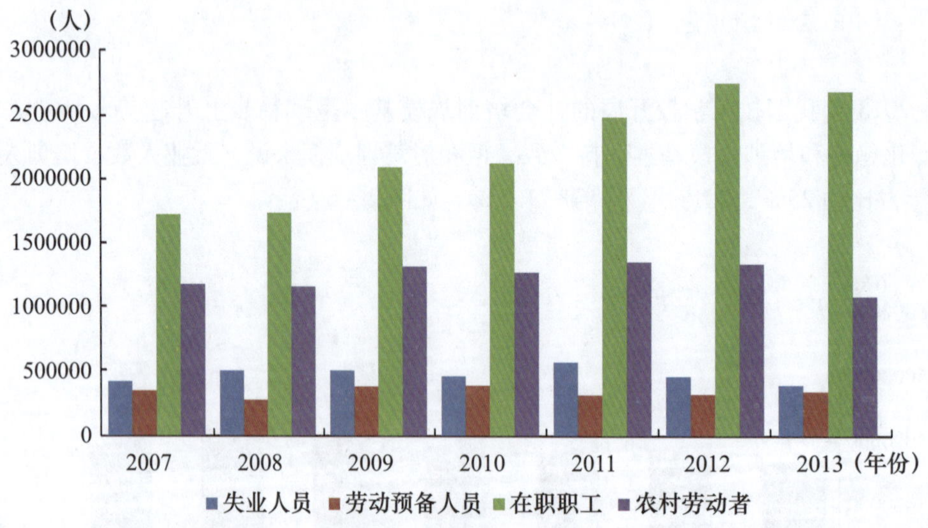

图2-7　全国技工学校社会培训对象分类

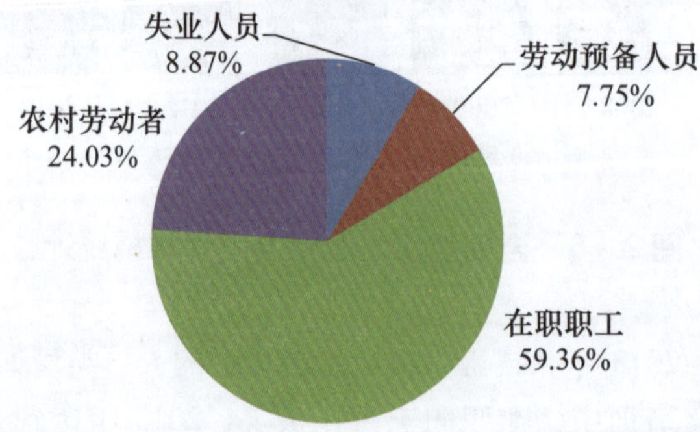

图2-8　2013年技工学校社会培训对象分类

二、就业训练中心

就业训练中心是指人社部门为城镇失业人员、农村进城务工人员和其他求职人员培训职业能力、准备就业条件而成立的独立的教学实体，是我国职业技术教育的组成部分。

1. 中心规模

2007～2013 年我国就业训练中心规模如表 2－7 所示。

表 2－7　2007～2013 年就业训练中心规模　单位：所

年份	2007	2008	2009	2010	2011	2012	2013
数量	3173	3019	3332	3192	4083	3913	3001

资料来源：《中国劳动统计年鉴》（2014）。

从图 2－9 可以看出，全国就业训练中心规模在 2011 年之前呈现出波动增长态势，之后逐步下降，2013 年降至最低，仅有 3001 所，相比 2011 年就业训练中心数量减少了 1082 所。

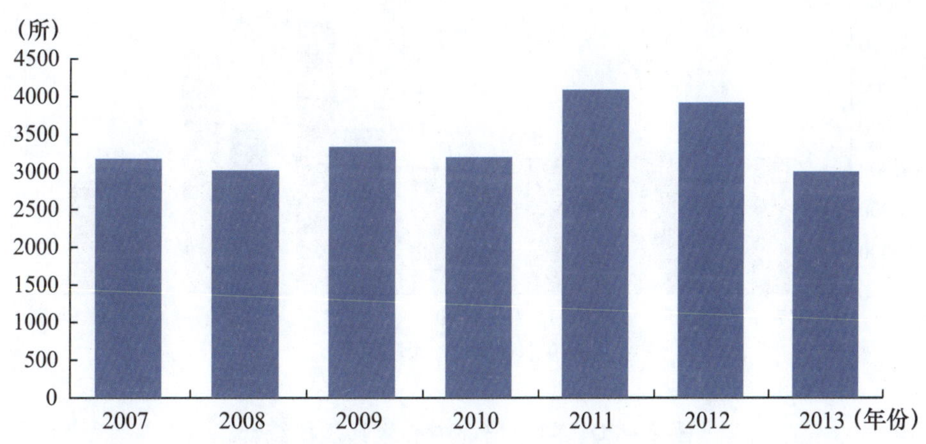

图 2－9　全国就业训练中心规模统计

2. 师资数量

就业训练中心的师资由在职教师和兼职教师两部分构成。2007～2013 年我国就业训练中心的师资情况如表 2－8 所示。

表 2－8　2007～2013 年师资数量统计　单位：人

年份	在职教师	兼职教师
2007	25790	33055
2008	27903	34823
2009	29803	32866

续表

年份	在职教师	兼职教师
2010	30674	31191
2011	40133	66203
2012	40118	58611
2013	30284	27559

资料来源：《中国劳动统计年鉴》(2014)。

如图2-10所示，在职教师数量变化波动不是很大，2007~2011年持续增加，2011年达到最大值后开始逐年下降。相比而言，兼职教师数量2010~2011年和2012~2013年前后两次变化最为明显，前期数量急剧增加35012人，后期急剧减少31052人，其他时期变化波动不大，同时2011年也是兼职教师数量的巅峰时期，人数高达66203人。另外，2007~2012年在职教师规模明显小于兼职教师，2013年首次超越兼职教师，双方差距总体来看呈现日益缩小趋势。

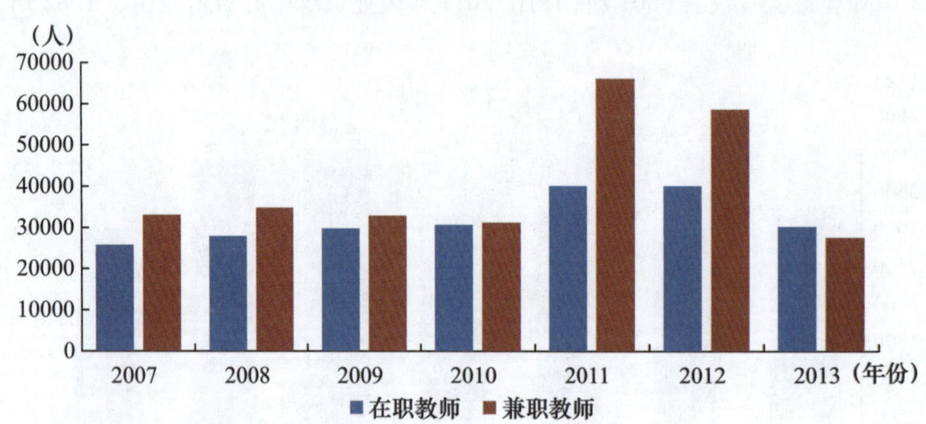

图2-10　就业培训中心教师规模统计

3. 经费来源

就业训练中心经费来源分为三个部分：财政补贴、职业培训补贴及其他。2008~2013年我国就业训练中心经费情况如表2-9所示。

表2-9　2008~2013年就业训练中心经费统计　单位：亿元

年份	经费总规模	财政补贴	职业培训补贴	其他
2008	23.0	6.1	13.3	3.6
2009	22.3	5.7	13.9	2.6
2010	19.1	5.2	12.0	1.9
2011	22.8	4.6	16.2	2.0

续表

年份	经费总规模	财政补贴	职业培训补贴	其他
2012	26.8	7.4	17.3	2.1
2013	29.1	4.2	21.5	3.4

资料来源：《中国劳动统计年鉴》（2014）。

从经费来源构成来看，职业培训补贴是最主要部分，其次为财政补贴，最后为其他经费。从规模来看，经费规模在2010年后持续增长，2013年规模最大，高达29.1亿元，如图2－11所示。其中职业培训补贴占比74%。

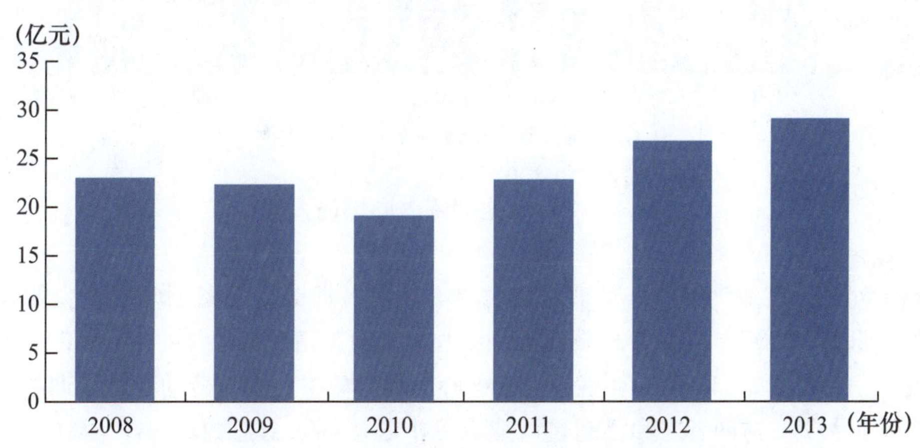

图2－11 就业训练中心经费规模

4. 培训分析

（1）培训人数。2007～2013年我国就业训练中心开展培训情况如表2－10所示。

表2－10 2007～2013年就业训练中心培训人数 单位：人

年份	训练人数	结业人数	就业人数
2007	9581041	9184327	7166297
2008	9489569	8632205	7044980
2009	9833527	7710226	6607821
2010	8179266	7257643	5995558
2011	8328494	7441632	5942559
2012	8505094	7558849	6925624
2013	6450222	5840449	4534446

资料来源：《中国劳动统计年鉴》（2014）。

如图2－12所示，就业训练中心训练人数、结业人数和就业人数从2007年开始显示出波动下降趋势，到2013年，各项数据均降到了近年来的低点。

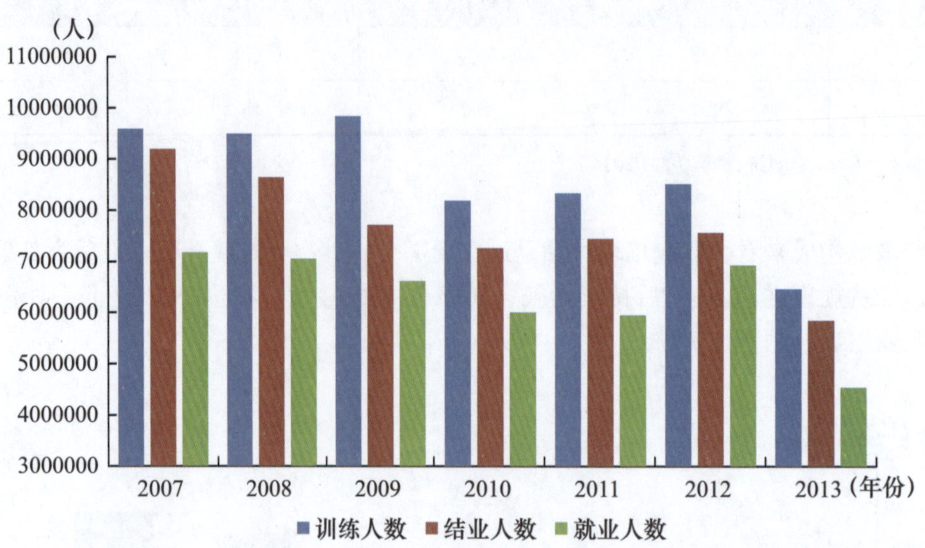

图2-12　就业训练中心培训人数

（2）培训对象。就业训练中心培训对象主要有四类，即劳动预备制学员、失业人员、农村劳动者、在职职工。2007~2013年，就业训练中心培训对象情况如表2-11、图2-13所示。

观察表2-11和图2-13可知，就业训练中心培训对象中，农村劳动者是培训主体，占比最大，其次为失业人员，这两者之和已超过就业训练中心培训人数总数的一半。2013年农村劳动者占比为40.95%，失业人员为28.07%，如图2-14所示。

表2-11　　2007~2013年就业训练中心培训对象及人数

年份	劳动预备制学员		失业人员		农村劳动者		在职职工		其他（人）
	数量（人）	所占比例（%）	数量（人）	所占比例（%）	数量（人）	所占比例（%）	数量（人）	所占比例（%）	
2007	728873	8.61	3032841	35.82	4308813	50.89	—	—	395631
2008	652107	7.48	3164755	36.31	4306801	49.41	—	—	592125
2009	1192002	13.76	2926939	33.78	3645721	42.08	—	—	898847
2010	514968	6.39	2532846	31.45	3351752	41.62	1028749	12.77	624911
2011	501947	6.14	2405454	29.45	3216972	39.38	1242473	15.21	801601
2012	407221	4.92	2868924	34.67	2894812	34.98	1109981	13.41	995059
2013	269369	4.26	1773395	28.07	2586998	40.95	948779	15.02	738804

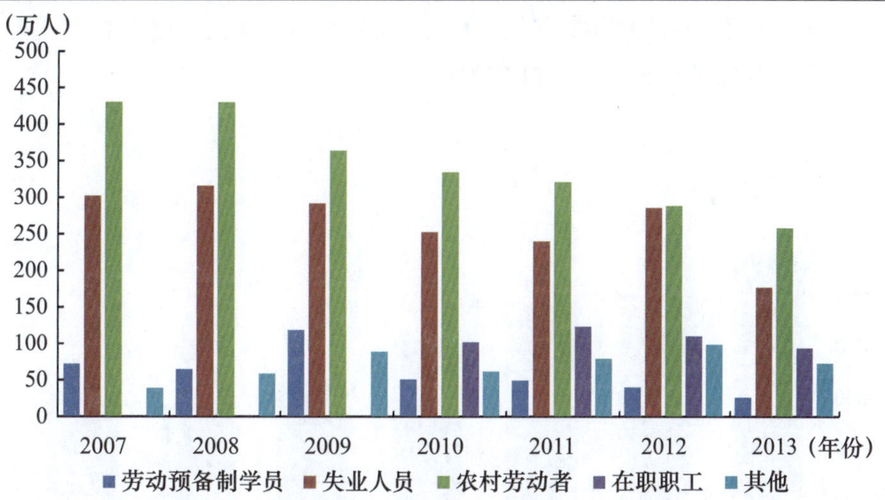

图2-13　2007~2013年就业训练中心培训对象及人数

资料来源：《中国劳动统计年鉴》(2014)。

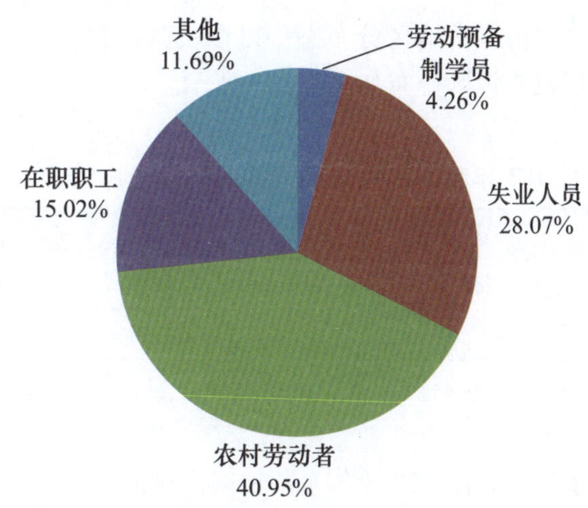

图2-14　2013年就业训练中心培训对象及类别

三、民办培训机构

1. 规模分析

(1) 数量统计。2007~2013年我国民办培训机构规模如表2-12所示。

表2-12　2007~2013年民办培训机构规模　单位：所

年份	2007	2008	2009	2010	2011	2012	2013
数量	21811	20988	20854	20144	19287	18897	19008

资料来源：《中国劳动统计年鉴》(2014)。

如图 2 - 15 所示，民办培训机构数量自 2007 年以来逐年下降，2012 年降到近年最低点，仅有 18897 所。2013 年数量略有回升，达到 19008 所。

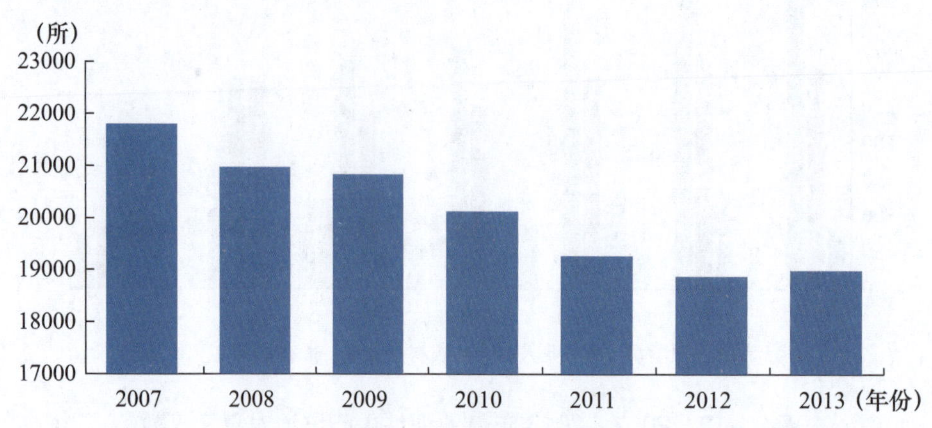

图 2 - 15　民办培训机构数量

（2）地区分布。民办培训机构的地区分布态势可以反映出我国民办培训事业发展的区域性差异。2013 年我国民办培训机构地区分布如表 2 - 13 所示。

表 2 - 13　2013 年我国民办培训机构的地区分布情况

地区	东部	中部	西部
数量（所）	8114	5306	5588
比例（%）	42.69	27.91	29.40

资料来源：《中国劳动统计年鉴》（2014）。

就民办培训机构的地区分布来看，2013 年东部地区占比最高，达到 42.69%，这与东部地区经济发达、教育水平高密切相关；西部地区次之，中部地区最低。如图 2 - 16 所示。

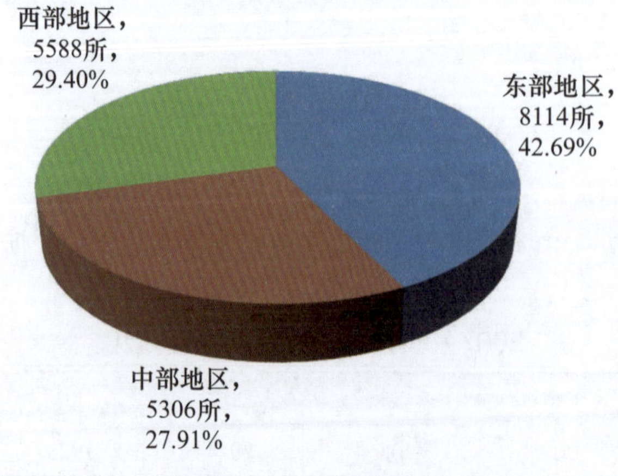

图 2 - 16　民办培训机构地区分布

2. 师资分析

民办培训机构师资由在职教师和兼职教师构成。2007～2013 年我国民办培训机构的师资情况如表 2－14 所示。

表 2－14　　2007～2013 年师资数量统计　　单位：人

年份	在职教师	兼职教师
2007	162666	84638
2008	163979	83437
2009	177711	87462
2010	174785	89396
2011	176262	97074
2012	189564	98413
2013	179645	101140

资料来源：《中国劳动统计年鉴》(2014)。

从数量来看，在职教师的规模远超过兼职教师，在职教师数量 2012 年达到最高，有 189564 人。从构成来看，民办培训机构师资还是以在职教师为主，不过两者差距正日渐缩小，师资结构逐步优化，如图 2－17 所示。

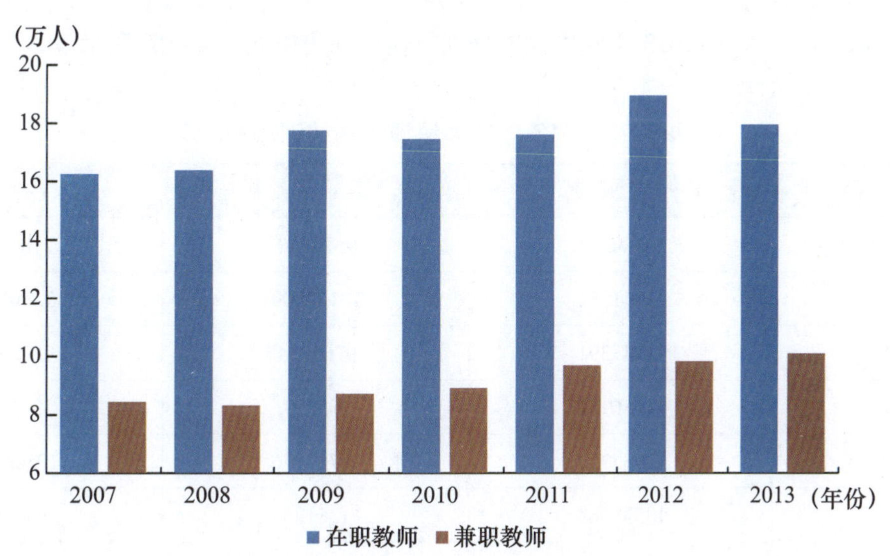

图 2－17　民办培训机构教师规模统计

3. 经费来源

民办培训机构经费来源分为财政补贴、职业培训补贴和有偿培训三部分。2007～2013 年民办培训机构经费规模及来源如表 2－15 所示。

表 2 – 15　　2007 ~2013 年民办培训机构经费规模及来源　　单位：亿元

年份	经费规模	财政补贴	职业培训补贴	有偿培训
2007	66.6	—	—	46.8
2008	213.3	—	—	118.3
2009	89.26	—	—	46.01
2010	92.0	6.0	42.7	43.3
2011	72.3	4.6	20.8	46.9
2012	81.8	10.9	23.9	47.0
2013	86.7	4.0	32.6	50.1

资料来源：《中国劳动统计年鉴》（2014）。

从经费规模来看，除 2008 年外，民办培训机构的经费规模整体上呈现出平稳上升趋势。从构成来看，有偿培训获得的收入是民办培训机构经费来源的主要部分，其次为职业培训补贴、财政补贴。2007 ~2013 年，有偿培训获得的收入规模一直最多，2013 年为 50.1 亿元，占比约 58%。而职业培训补贴仅 2010 年和有偿培训不相上下，2011 年下降至 20.8 亿元，之后略有回升，但与有偿培训差距依然存在。2012 年民办培训机构获得的财政补贴最多，高达 10.9 亿元，但 2013 年急剧下降至 4.0 亿元，明显看出财政对民办培训机构支持力度不大。

4. 培训分析

（1）培训规模。2007 ~2013 年我国民办培训机构培训规模如表 2 – 16 所示。

表 2 – 16　　2007 ~2013 年民办培训机构培训规模　　单位：人

年份	训练人数	结业人数	就业人数
2007	10380217	9674440	7184380
2008	11041554	10159509	7510151
2009	11047391	9765334	7820818
2010	11556951	10052775	7291335
2011	12537757	10762156	10523200
2012	13538584	11381265	8861012
2013	12443451	10513223	7763259

资料来源：《中国劳动统计年鉴》（2014）。

民办培训机构训练人数、结业人数、就业人数从 2007 年以来整体较为平稳，呈现上涨趋势，2012 年达到最大值。但就业人数与结业人数差距较大，2013 年就业人数占结业人数比例仅为 73.8%，这说明培训的效果还有待提升。如图 2 – 18 所示。

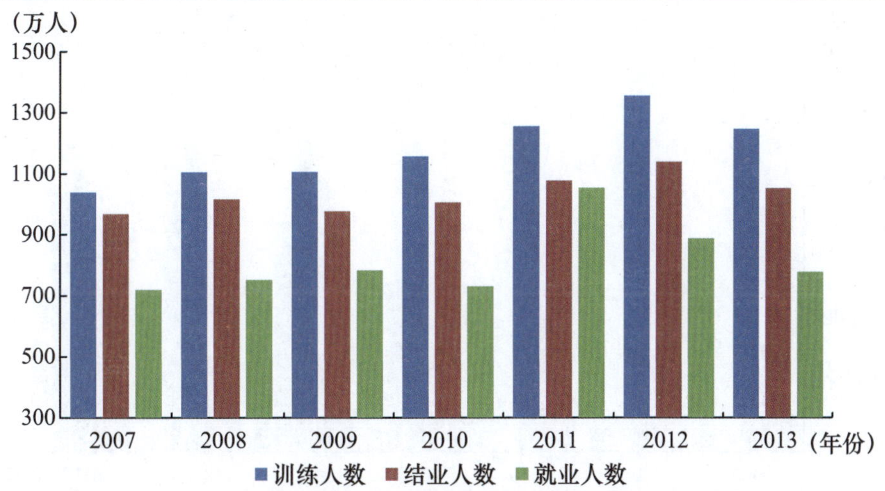

图 2 – 18 民办培训机构培训规模

（2）培训对象。民办培训机构的培训对象主要有劳动预备制学员、失业人员、农村劳动者、在职职工及其他，其中，农村劳动者是最主要的培训对象。2007 ~ 2013 年民办培训机构培训对象如表 2 – 17 所示。

表 2 – 17 2007 ~ 2013 年民办培训机构培训对象及分类

年份	劳动预备制学员		失业人员		农村劳动者		在职职工		其他（人）
	数量（人）	所占比例（%）	数量（人）	所占比例（%）	数量（人）	所占比例（%）	数量（人）	所占比例（%）	
2007	841118	10. 10	1588486	19. 08	4136569	49. 69	—	—	1758133
2008	740677	8. 74	1562666	18. 44	4519187	53. 33	—	—	1650972
2009	759061	8. 89	1444038	16. 91	4767814	55. 83	—	—	1568377
2010	641062	5. 67	1577428	13. 95	4709193	41. 66	2565979	22. 70	1810069
2011	633727	5. 16	1486570	12. 11	4667553	38. 01	3434215	27. 97	2057453
2012	572700	4. 31	1422911	10. 71	4636587	34. 89	4301481	32. 37	2356337
2013	523390	4. 28	1331893	10. 89	4227064	34. 55	3876920	31. 69	2276447

资料来源：《中国劳动统计年鉴》（2014）。

从数量规模来看，劳动预备制学员、失业人员、农村劳动者三类培训对象的培训人次从 2010 年开始逐年减少，在职职工的培训人次呈上升趋势，略有波动，如图 2 – 19 所示。

从各类培训对象所占比例来看，2013 年农村劳动者和在职职工占比分别为 34. 55%、31. 69%，两者之和超过 66%，成为培训的主体，如图 2 – 20 所示。

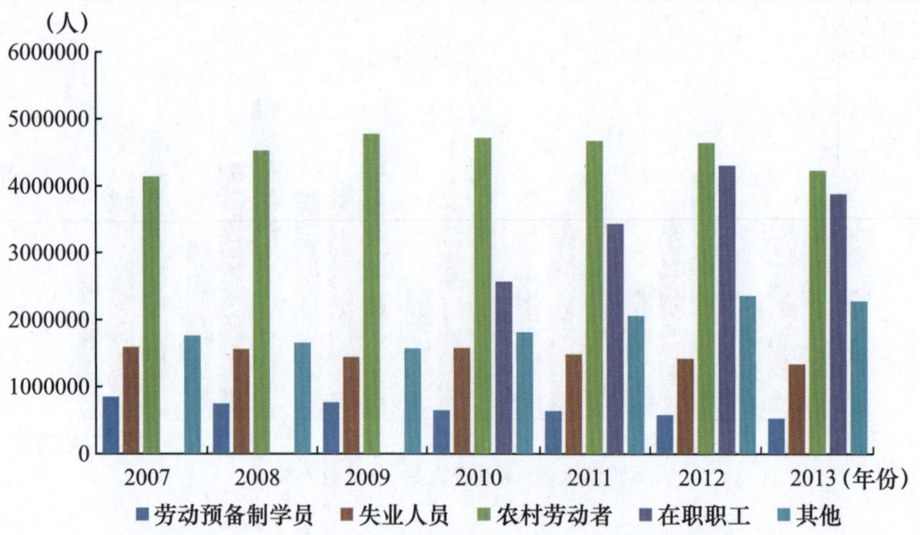

图 2－19　2007～2013 年民办培训机构培训规模

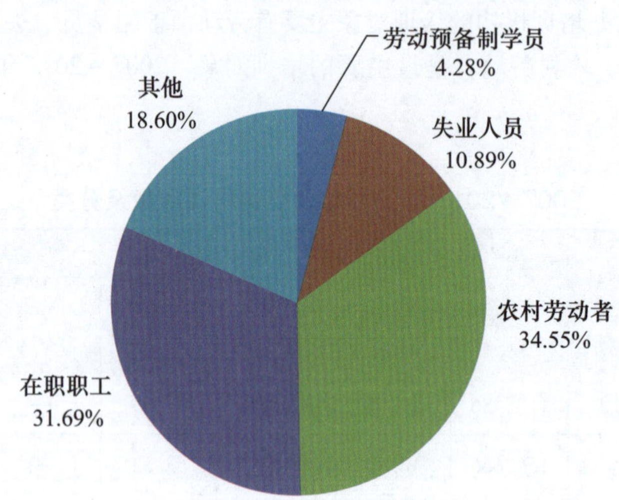

图 2－20　2013 年民办培训机构培训对象及类别

四、职业技能鉴定

1. 鉴定机构规模分析

职业技能鉴定机构有鉴定所、鉴定站和工考委和中央企业试点单位三类。其中，鉴定所和鉴定站是我国最主要的职业技能鉴定机构，工考委和中央企业试点单位数量占比最低。2007～2013 年职业技能鉴定机构情况如表 2－18 所示。

表 2－18　2007～2013 年职业技能鉴定机构规模　单位：所

年份	2007	2008	2009	2010	2011	2012	2013
鉴定所	4251	4096	4825	4612	5533	5321	5067
鉴定站	3378	4662	4486	5058	4977	5441	4664

续表

年份	2007	2008	2009	2010	2011	2012	2013
工考委和中央企业试点单位	165	1175	227	133	167	201	134
合计	7794	9933	9538	9803	10677	10963	9865

资料来源：《中国劳动统计年鉴》（2014）。

2. 鉴定考核分析

职业技能鉴定机构鉴定考核的等级分为五类：初级、中级、高级、技师及高级技师。2007～2013年我国职业技能鉴定各个等级参加考核人员及通过考核情况如表2－19所示。从表2－19可以看出，2007年以来，参加初级、中级、高级职业技能鉴定考核人数稳步增长，参加技师和高级技师鉴定考核的人数稍有波动。

表2－19　2007～2013年我国职业技能鉴定考核人员情况　单位：人

鉴定考核级别		2007年	2008年	2009年	2010年	2011年	2012年	2013年
初级	参加考核人数	4389064	5104213	6029998	6768836	7254275	7538797	7752500
	通过考核人数	3687419	4492273	5251357	5899097	6533022	6655352	6766044
中级	参加考核人数	5422375	5758542	6110523	6531792	6579593	6611139	6355360
	通过考核人数	4518674	4891989	5134383	5544598	5464700	5604790	5372332
高级	参加考核人数	1907654	2029246	2126028	2722092	3098462	3476563	3514734
	通过考核人数	1429235	1606473	1516357	2097432	2464290	2760639	2728517
技师	参加考核人数	442715	403738	544210	453762	428247	503134	577770
	通过考核人数	274176	318047	336623	316663	286769	336187	376144
高级技师	参加考核人数	69605	78968	110002	98975	98750	175837	185365
	通过考核人数	46575	63323	81331	71587	71723	130866	123627
总计	参加考核人数	12231413	13374707	14920761	16575457	17459327	18305470	18385729
	通过考核人数	9956079	11372105	12320051	13929377	14820504	15487834	15366664

资料来源：《中国劳动统计年鉴》（2014）。

从各等级技能鉴定考核通过率（见图2－21）来看，历年来初级通过率在五个等级鉴定考核中一直是最高，呈现上升态势，其次是中级技能鉴定考核通过率，技师鉴定考核通过率最低，并且波动幅度最大，而初级和中级技能鉴定通过率变化较为平稳。

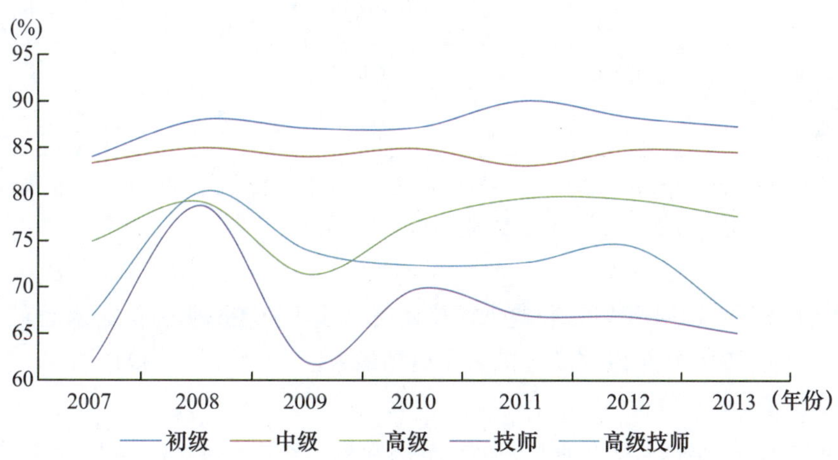

图2－21　2007～2013年各等级技能鉴定考核通过率

第三章　中国职业供求统计分析

现代职业教育的实质是“面向职场需求”的专业教育，掌握职场需求，才能培养出与市场岗位相匹配的人才，才能打破人才供需错配的尴尬局面。本章着重分析当前国内职业供求状况，包括整体规模、区域分布、行业分布、技术等级等方面，并选取部分省市人才供求数据进行分析，以便更加全面地了解我国职业供求现状，从而为职业教育人才培养提供方向指引。①

一、全国职业供求概况

（一）供求总体情况

自2014年以来，我国职业供求总体情况如表3-1所示，整体来看供需双方呈现出同步变化趋势。

表3-1　　2014~2015年分季度供求总体情况统计　　单位：万人

时间	需求人数	求职人数	岗位空缺与求职人数的比率
2014年第一季度	629.2	565.3	1.11
2014年第二季度	570.5	515.6	1.11
2014年第三季度	554.0	509.0	1.09
2014年第四季度	494.0	430.0	1.15
2015年第一季度	525.0	469.0	1.12
2015年第二季度	560.0	528.0	1.06
2015年第三季度	505.0	462.0	1.09
2015年第四季度	439.0	400.0	1.10

注：岗位空缺与求职人数的比率=需求人数÷求职人数，表明市场中每个求职者所对应的岗位空缺数。

资料来源：根据人力资源和社会保障部就业数据整理。

如图3-1所示，自2014年以来职业供求比始终大于1，这说明岗位需求超过求职人数的现象一直存在。尤其是2014年第四季度，供求比达到最大值1.15，岗位缺口达64万人。

---

①本报告所涉及人力资源供需数据均采用中国人力资源市场信息监测中心发布的季度数据。其中，需求人数表示当季度人力资源市场提供的所有岗位总和；求职人数，表示入场求职登记人数总和。岗位空缺与求职人数的比率（报告下文也称“供求比”）=需求人数÷求职人数，表明市场中每个求职者所对应的岗位空缺数。

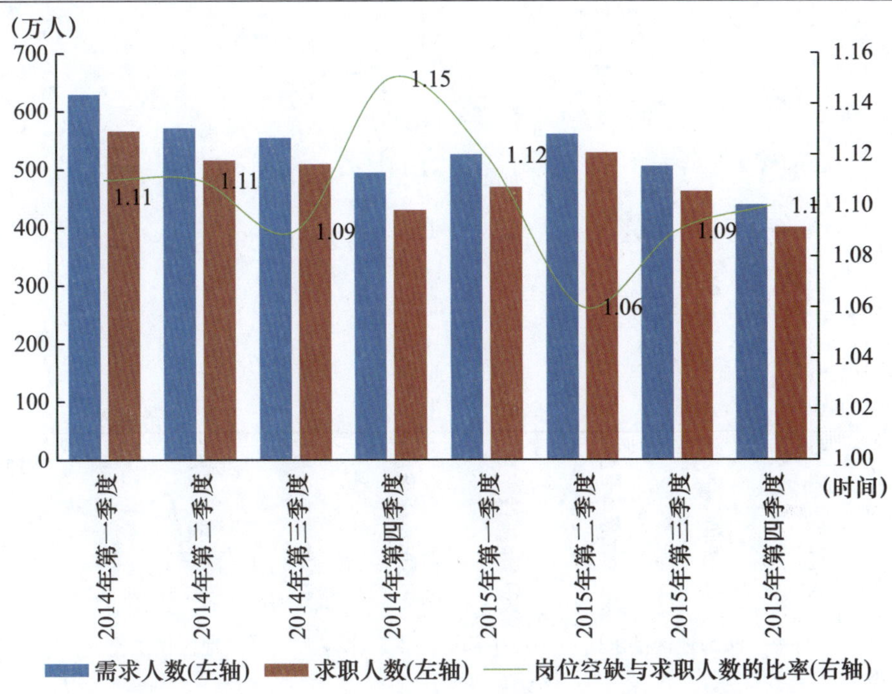

图 3－1　2014～2015 年分季度供求总体情况统计

（二）区域分布分析

由于统计数据的缺乏，本报告只采用供求比一项指标数据来分析职业供需区域性差异情况。2014 年第一季度到 2015 年第四季度东部、中部、西部地区职业供需情况如表 3－2 所示。

表 3－2　2014～2015 年分区域岗位空缺与求职人数的比率统计　单位:%

地区 时间	东部地区供求比	中部地区供求比	西部地区供求比
2014 年第一季度	1.08	1.14	1.17
2014 年第二季度	1.12	1.08	1.11
2014 年第三季度	1.06	1.06	1.20
2014 年第四季度	1.14	1.15	1.17
2015 年第一季度	1.09	1.14	1.16
2015 年第二季度	1.03	1.11	1.08
2015 年第三季度	1.08	1.11	1.12
2015 年第四季度	1.08	1.13	1.13

资料来源：根据人力资源和社会保障部就业数据整理。

从表 3－2 和图 3－2 可以看出，除 2014 年第二季度外，中西部地区供求比都要稍高于东部地区。虽然中西部相对容易找到工作，但由于东部地区较高的薪资水平和发展空间使得求职者更愿意到东部地区求职。

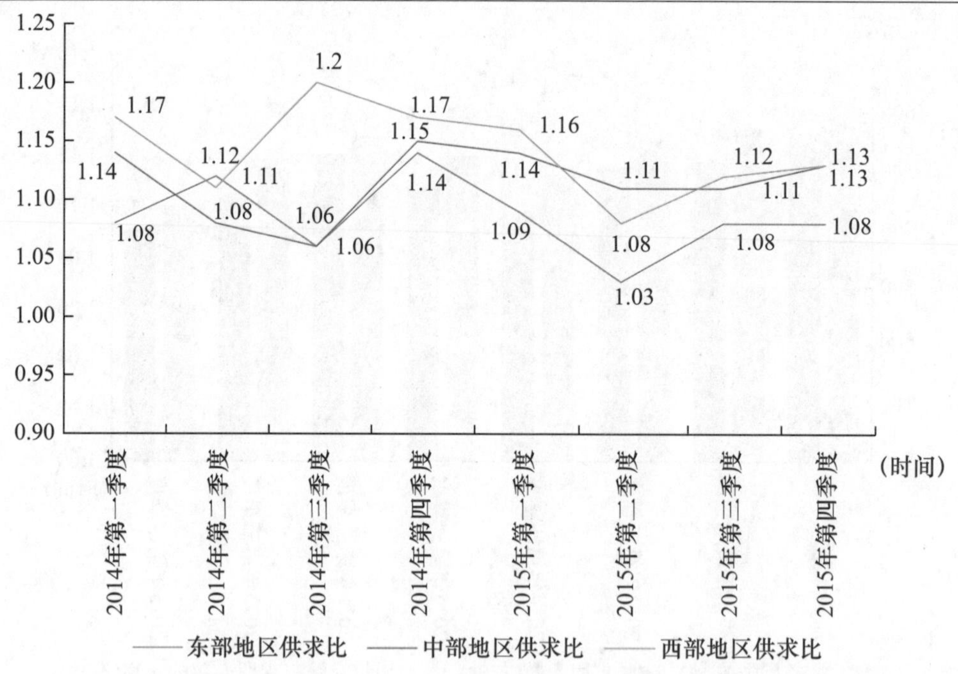

图 3－2　2014～2015 年分区域供求总体情况统计

（三）等级与职称分析

根据人力资源检测中心数据分析，人力资源市场岗位供给方对部分岗位设有技术等级要求。尽管人力资源市场整体需求略大于供给，岗位供给方仍然秉持“宁缺毋滥”的原则，对相关岗位提出了一定的技术等级或专业技术职称要求；与此对应，越来越多的求职者也拥有技术等级或专业技术职称。

表 3－3　2014～2015 年专业技术职称供求比例统计　单位：%

时间	2014 年第一季度	2014 年第二季度	2014 年第三季度	2014 年第四季度	2015 年第一季度	2015 年第二季度	2015 年第三季度	2015 年第四季度
需求	17.8	19.1	19.6	25.6	26.5	21.3	21.3	22.0
供给	18.2	19.3	19.8	23.8	19.3	20.4	20.4	21.0

资料来源：根据人力资源和社会保障部就业数据整理。

表 3－4　2014～2015 年技术等级供求比例统计　单位：%

时间	2014 年第一季度	2014 年第二季度	2014 年第三季度	2014 年第四季度	2015 年第一季度	2015 年第二季度	2015 年第三季度	2015 年第四季度
需求	35.0	36.6	38.6	34.3	33.3	34.7	35.2	35.8
供给	36.5	38.8	39.2	35.9	32.6	34.3	35.0	36.5

资料来源：根据人力资源和社会保障部就业数据整理。

如表3-3和表3-4所示，从需求方来看，以2015年第四季度为例，市场中分别有22%和35.8%的职位对技术职称和技术等级有明确要求。从求职方来看，2015年第四季度市场中具有技术职称的求职者占比21%，具有技术等级的求职者占比36.5%。

具体来看，以专业技术职称来分析，人力资源市场需求的专业技术职称通常分为三类：初级专业技术职务（技术员）、中级专业技术职务（工程师）和高级专业技术职务（高级工程师），如表3-5和图3-3所示。对专业技术职称有要求的岗位中，技术员的需求量始终最大，其次为工程师、高级工程师。不过从整体趋势来看，随着国家制造业转型升级，高级工程师的需求比例呈现出上升的态势。

表3-5　2014~2015年专业技术职称需求人数统计　单位：人

职务等级	初级专业技术职务（技术员）	中级专业技术职务（工程师）	高级专业技术职务（高级工程师）
2014年第一季度	699011	348291	73524
2014年第二季度	674546	356650	87494
2014年第三季度	622606	312782	92743
2014年第四季度	794445	290575	85880
2015年第一季度	586300	294061	71281
2015年第二季度	670727	324350	80547
2015年第三季度	623777	304240	81707
2015年第四季度	574499	271382	80563

资料来源：根据人社部就业数据整理。

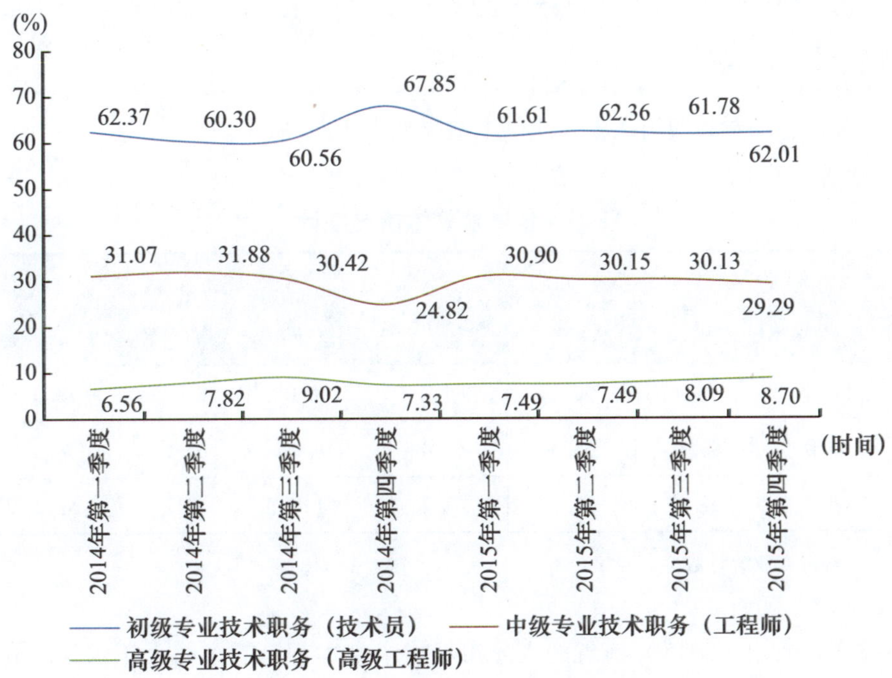

图3-3　2014~2015年专业技术职称需求比例统计

（四）行业需求分析

根据人力资源监测中心数据统计，2015 年分行业的人才需求比例情况如表 3－6 所示。

表 3－6　2015 年分季度主要行业需求人才比例　单位:%

行业	制造业	批发和零售业	住宿和餐饮业	居民服务和其他服务业	租赁和商务服务业	建筑业
2015 年第一季度	37.4	14.7	11.5	9.3	5.8	4.3
2015 年第二季度	34.7	14.5	11.2	9.8	6.2	4.2
2015 年第三季度	35	14.5	11.4	9.8	6.3	4.2
2015 年第四季度	33.9	14.2	10.6	10.2	7.2	3.7

资料来源：根据人力资源和社保障部就业数据整理。

由表 3－6 可以看出，人才需求最多的为制造业，其次为批发和零售业、住宿和餐饮业。以 2015 年第四季度为例，从行业需求看，79.8% 的企业用人需求集中在制造业、批发和零售业、住宿和餐饮业、居民服务和其他服务业、租赁和商务服务业、建筑业。

二、部分省市人才供求分析

本部分从东部、中部和西部三大地区分别选取一个省份作为对象，重点分析其人才供求情况及差异性。结合数据可获得性，以下对福建、江西和四川三省进行深入分析。

（一）供求总体情况

2015 年，福建、江西和四川三省人才供求情况如表 3－7 所示。

表 3－7　2015 年供求总体情况统计　单位：万人

省份	第一季度		第二季度		第三季度		第四季度	
	需求人数	求职人数	需求人数	求职人数	需求人数	求职人数	需求人数	求职人数
福建	120.3	101.1	90.1	84.2	100.0	87.6	78.0	69.7
江西	93.0	83.8	68.3	62.4	78.9	65.6	68.6	65.3
四川	64.8	61.6	56.1	52.7	51.0	49.2	53.2	51.6

资料来源：三省份就业统计数据。

从表 3－7 可以看出，2015 年三省的人才市场供求基本都是需求略大于供给。分季度来看，三省都是第一季度人才需求最旺盛，求职人数最多。这主要是因为第一季度一般是企业招聘的旺季，也是员工跳槽寻求更好工作机会的高峰期。

（二）产业人才分析

福建、江西和四川三省2015年第四季度三大产业及代表行业人才需求比例如表3-8所示。

表3-8　2015年第四季度产业人才需求比例　单位:%

省份	第一产业	第二产业	第三产业	需求比例位列前五的行业及比例
福建	1.65	57.20	41.15	制造业（48.08）、居民和其他服务业（34.87）、建筑业（4.31）
江西	4.10	39.8	56.10	制造业（33.79），零售、批发业（18.93），科教文卫等业（11.63），餐饮、住宿业（9.59），建筑业（6.15）
四川	4.00	35.80	60.20	制造业（25.8）、批发和零售业（14.3）、住宿和餐饮业（10.5）、居民服务和其他服务业（7.3）、建筑业（6.2）

资料来源：三省份就业统计数据。

从整体来看，江西和四川的第三产业人才需求比例最高，分别达到56.10%和60.20%，福建是第二产业人才需求比例最高，达57.20%。从细分行业来看，制造业是大部分地区人才需求最多的行业，尤其是福建省，人才需求高达48.08%，其他人才需求较多的行业有居民和其他服务业、批发和零售业、住宿和餐饮业等。随着《中国制造2025》战略的实施，各地对制造业的高端人才需求将进一步增加。

（三）职业类别分析

在人才需求大于供给和供给大于需求两种情况下，我们选择位列前五的职业类别数据进行分析。2015年第四季度福建、江西和四川职业类别供求比统计数据如表3-9所示。

表3-9　2015年第四季度职业类别（小类）及供求比统计

省份	福建		江西		四川	
需求大于供给	裁剪缝纫工	1.80	客服	2.9	市场、销售管理人员	5
	推销展销人员	1.63	销售人员	2.82	饭店服务人员	4
	鞋帽制作工	1.62	技工	2.8	财会人员	4
	生产运输简单体力工	1.43	销售管理	2.44	普通操作工	4
	电子器件制造工	1.35	操作工	2.34	机械热加工工	3
供给大于需求	办公人员	0.48	仓储管理	0.14	机动车驾驶员	0.16
	机动车驾驶员	0.50	机械设计	0.27	保洁员	0.16
	财会人员	0.51	财务/审计/税务	0.3	保安	0.20
	收银员	0.53	计算机管理应用	0.36	家政服务	0.20
	治安保卫人员	0.53	人力资源	0.36	行政办公人员	0.20

资料来源：三省份就业统计数据。

从表 3 – 9 可以看出，2015 年第四季度三省人才市场上需求大于供给的职业类别稍有差异，不过主要是一线技术岗位，如制作工、操作工等流水线工作人员，销售员、销售主管等营销人才等。如前文分析，福建省人才需求最大的是制造业，因此其人才供不应求的职业类别都集中在制造业一线技术人才。同时，三省人才市场上供过于求的职业类别基本类似，主要为行政文员、保安、保洁等技术含量较低的岗位。

（四）求职人员构成

从求职人员构成来看，所选三个省份中，仅有福建、江西统计了相关数据，具体如表 3 – 10 所示。

表 3 – 10　　2015 年第四季度按求职人员构成分类统计（部分省份）

求职人员类别	福建		江西	
	数量（人）	比例（%）	数量（人）	比例（%）
新成长失业青年	53839	7.73	298087	36.50
其中：应届高校毕业生	31283	58.10	130302	43.71
就业转失业人员	56566	8.12	63592	7.79
其他失业人员	20189	2.90	47314	5.79
在业人员	9591	1.38	55051	6.74
下岗职工	23596	3.39	116501	14.27
退休人员	637	0.09	16132	1.92
在学人员	6587	0.95	39217	4.8
本辖区农村人员	87645	12.58	301335	36.9
外埠人员	438262	62.89	—①	—
合计	696912	100	816691	100

资料来源：两省就业统计数据。

从表 3 – 10 可以看出，江西省的求职大军主要为失业人员（新成长失业青年、就业转失业人员、其他失业人员），且失业人员中应届高校毕业生占大多数，这是由于每年第四季度都是高校毕业生求职的高峰期。

（五）招聘要求分析

综合所选取的三省数据，将招聘要求（需求）分为年龄、文化程度和职业技能三大类，具体数据如表 3 – 11 所示。

---

①江西省未统计此指标数据，仅统计港澳台 2015 年第四季度求职人员 8425 人。

表 3－11　　2015 年第四季度招聘要求比例统计

省份	年龄要求（%）		文化程度要求（%）		技能等级、专业技术职称要求（%）
福建	16～24 岁	50.34	初中及以下	46.40	有 7.1% 的用人需求对求职者的技能有要求，其中最高的是初级专业技术职务等级，占总需求的 1.99%
	25～34 岁	37.43	高中	40.82	
	35～44 岁	5.19	大专	6.08	
	45 岁以上	1.24	大学及以上	1.85	
江西	16～24 岁	33.76	高中	47.99	对技术等级需求比例为 5.41%，对专业技术职称需求比例为 2.22%
	25～34 岁	40.31	大专	29.58	
	35～44 岁	21.41	大学	17.99	
	45 岁以上	4.51	硕士以上	4.44	
四川	16～34 岁	45.40	初中及以下	28.2	—
	35～44 岁	13.70	高中	30.4	
			大专	13.8	
	45 岁以上	4.70	大学及以上	7.1	

注：高中包括中专、职高、技校等。

资料来源：三省就业统计数据。

从表 3－11 可以看出，三省人才市场对人才的年龄、学历、技术技能都有一定要求。其中，福建对人才的学历要求不高，高中及以下的占比达到 87.22%。

国际篇

第一章　国外职业教育评价体系研究

职业教育的质量直接影响到劳动者的整体素质，也影响到职业教育的声誉和吸引力。建立完整、科学、规范的职业教育质量评价体系，已成为职业教育保持健康持续发展的重要保障。美国、英国、德国等发达国家早已建立起适合本国国情的职业教育评价体系，确保了职业教育的质量和吸引力。然而，我国职业教育虽已进入以提升质量、增强吸引力为重心的内涵发展阶段，但职业教育的质量评估基本上是以教育行政部门组织为主的评估，行政色彩浓厚，缺乏社会力量参与，其科学性、适应性有待进一步提高。要全面提高职业教育质量，建立完善的职业教育评价体系已是当务之急。本章在论述全球职业教育评价体系发展概况的基础上，分析美国、德国等发达国家的职业教育质量评价体系，以期为国内职业教育评价体系的发展及完善提供借鉴。

一、国外职业教育评价发展概述

随着经济社会发展对技能人才需求的增加，职业教育已逐渐成为世界各国增强竞争力、促进社会融合、减轻贫困和实现可持续发展的关键因素。对职业教育体系的运行效率进行评估受到国际社会和各国政府的高度重视，亦成为发达国家和地区职业教育政策制定的重要依据。职业教育评价是按照一定的价值标准，对受教育者的发展变化及促成其变化的诸要素所进行的价值判断。作为一种社会活动，职业教育评价已逐渐成为现代职业教育和现代社会进步不可缺少的杠杆之一。

世界主要发达国家和一些重要国际组织开始加强对职业教育质量指标的研究和制定工作，如联合国教科文组织（UNESCO）在 2012 年召开的第三届国际职业技术教育和培训大会上提出要发展高质量的职业技术教育，提升各种类型及多种背景下的职业技术教育质量。目前，世界主要发达国家已经建立了比较完善的职业教育评价体系，基本上可以分为三种模式：

一是以政府为主体的职业教育评价模式，主要以澳大利亚和法国为代表。例如，澳大利亚建立了一个全国性的职业技能认证体系——澳大利亚认证框架、国家资格认可标准——培训模块，这是一套在政府主导下以能力评估为主体的职业教育评价体系。这一国家资格认证体系是澳大利亚 TAFE 办学的法规性文件。

二是以社会为主体的职业教育评价模式，主要以英国和美国为代表。例如，美国的职业教育评价机构为政府及教育部提供评价结果。美国各州教育协调机构与评价组织密切合作，评价组织在一项评价工作开始之前通知州高等职业教育机构，之后才开展评价工作。评价结果是各州进行教育规划的重要依据，评价组织向教育部提供有关学校和专业的质量保证。

三是以企业为主体的职业教育评价模式，主要以德国为代表。德国职业教育明确提出应遵循企业的评价标准的基本策略，“双元制”职业教育考试由与培训无直接关系的行业协会承担，从而更客观地评价职业教育的培训质量。

二、发达国家职业教育评价体系分析

发达国家在职业教育评价体系的建设方面积累了大量的经验，总结分析其职业教育评价的成功经验，有助于深刻把握职业教育评价活动的本质和内涵，促使职业教育评价更好地为职业教育的改革发展服务。这对提高我国职业教育质量具有重要意义。以下对美国、英国、德国和日本四个国家的职业教育评价发展概述、评价模式及特色做详细的分析。

（一）美国职业教育评价体系

1. 美国职业教育评价发展概述

自美国 1976 年《教育修正案》（*Education Amendments of* 1976）中正式提出“问责”（Accountability）以来，对“绩效”的强调成为推动美国职业教育评价发展的最直接动力。目前，美国职业教育评价主要以目标为导向，各级政府充分发挥引导、管理、实施和监督功能，在制定标准、组建评价委员会和评价职业教育结果时，工商、企业界人士和协会组织积极参与，并形成了多元参与、相互协调的外部评价机制，共同促进了美国职业教育评价体系的健康发展，保障美国职业教育输出高水平、高质量的人才。此外，社区学院的学生参与度调查（CCSSE）吸引力不断增强，CCSSE 以学生为主体，学生学业质量为核心的院校评价方式，反映了学生学习经历中的重要信息，为高等职业教育质量评价提供了一个崭新的视角。

2006 年的《卡尔 · D. 帕金斯生涯与技术教育改革法案》（*Carl D. Perkins Career and Technical Education Improvement Act of* 2006）（以下简称《帕金斯法案》）对“职业与技术教育”核心绩效指标进行重新修订，美国职业教育法律和政策中对“绩效”、“职业教育评价”的强调，特别是对联邦政府资助的职业教育项目的绩效要求和问责，直接推动了美国职业教育评价不断走向科学化、规范化和专业化。

2. 美国职业教育评价体系分析

与美国教育管理体制相对应，美国的职业教育评价体系可以分为国家、州和地方、院校三个层面。其中，国家职业教育评估由联邦教育部组织实施，州和地方层面的职业教育评估由各州政府分别组织实施，且国家和州层面的教育评价属于外部评价的范畴，院校层面的职业教育评估属内部自我评估的范畴，由各校自行开展。美国职业教育评价的层次体系比较健全，评价内容具有显著的侧重点和区分度，使得美国职业教育的评价工作具有较强的针对性、系统性、侧重性和互补性。以下主要从国家、州和地方、院校三个层面分析美国职业教育评价体系。

（1）国家层面。美国职业教育国家层面的评估主要由联邦教育部进行整体把握，以了解联邦政府对职业教育的支持情况及《帕金斯法案》颁布以来职业教育的进展，对职业教育的发展现状、未来趋势等做出客观评判，为合理设定宏观发展目标提供依据。在具体的实施方式上，依据《帕金斯法案》的法律条款，在联邦教育部的统一指导下，由相对独立的评估机构完成，是典型的社会职业教育质量评价模式。

1）评估指标。国家层面的职业教育评估指标分为中等职业教育评估、中学后职业教育评估和技术预备教育评估三个类别，评估内容涉及职业教育的组织结构、学生入学与群体特征、学习效果与产出、质量改进措施、雇主评价及参与等。评估指标主要围绕三个问题：其一，职业教育如何改进才能帮助受教育者获得更好的发展；其二，如何正确认识中等职业教育的性质与影响，与劳动力提升战略存在何种关系；其三，教育政策的制定是否合理有效，教育质量是否不断改进，教育问责是否切实执行等。

2）评估流程。国家层面的评估工作主要由评估独立顾问小组和评估执行小组进行，评估独立顾问小组由联邦教育部组建，主要人员包括雇主代表、州政府人员、职业教育院校代表等，其工作职责包括三个方面：第一，确定评估的政策方针和拟解决的关键问题；第二，设计评估框架与方案；第三，协助解读和分析评估结果等。具体的评估实施工作由评估执行小组进行，它根据评估独立顾问小组审定的评估标准和方案开展工作，形成不受官方政策倾向和相关政策导向影响的评估报告和结论。此外，评估独立顾问小组需要依据评估执行小组的评估结果撰写评估报告，分别向国会和联邦教育部长提供关于评估结果的独立见解和建议。

（2）州和地方层面。自 1917 年《史密斯—休斯法》颁布以来，美国主要的职业教育立法都将质量问责作为不可缺少的部分。在美国国会于 2006 年颁布的《帕金斯法案》中，质量问责再次成为职业教育改革的焦点问题。然而，美国职业教育质量问责主要在州和地方两个层面开展。

1）评价内容和指标。美国职业教育质量评价体系分为中等职业教育和中学后职业教育两个层次，包括核心指标、附加指标和已有指标三种类型。如华盛顿州在《帕金斯法案》给定的核心指标之外，增加了毕业生收入、雇主满意度和学生满意度三个附加指标。核心指标是各州构建职业教育问题体系时都需要包含的部分，同时被允许自定附加指标，是否继续使用已有指标，从而保证了“问责”的灵活性，如表 1－1 所示。

表 1－1　美国职业教育质量评价核心指标定义及测量方式分析

<table>
<tr><th>教育层次</th><th>核心指标</th><th>定义及测量方式</th></tr>
<tr><td rowspan="6">中等职业教育</td><td>学术成就</td><td>主要检测学生完成学业内容和达到学术成就标准的情况，可分为：①阅读与语言艺术成就；②数学成就</td></tr>
<tr><td>技术技能成就</td><td>主要检测学生所达到的技术技能熟练程度，即学生在州政府举办或产业认可的技术评估中的通过率</td></tr>
<tr><td>中学教育完成率</td><td>主要检测接受中等职业教育的学生获得中等教育文凭、普通教育发展证书或是其他州政府认可的、效力等同于中等教育文凭的技能证明、证书的比例</td></tr>
<tr><td>学生毕业率</td><td>检测接受职业教育的学生在规定年限内获得文凭的比例</td></tr>
<tr><td>毕业生安置率</td><td>检测学生继续接受中学后职业教育、高级培训、服兵役或就业的比例</td></tr>
<tr><td>非传统领域的就业率</td><td>主要检测学生在参加或完成中等职业教育项目后，在非传统领域的就业情况</td></tr>
<tr><td rowspan="5">中学后职业教育</td><td>技术技能成就</td><td>同中等职业教育“技术技能成就”定义</td></tr>
<tr><td>证明、证书或文凭的获得率</td><td>主要检测学生中获得产业认可的证明、证书或文凭的比例</td></tr>
<tr><td>学生保留或转移率</td><td>主要检测接受中学后职业教育的学生中，继续留在原来的中等后职业教育机构就读或转读学士学位的学生比例</td></tr>
<tr><td>毕业生安置率</td><td>同中等职业教育“毕业生安置率”定义</td></tr>
<tr><td>非传统领域的就业率</td><td>同中等职业教育“非传统领域的就业率”定义</td></tr>
</table>

2）评价方法。美国职业教育质量问责评价体系采用量化调查与实证分析等多种评估方法，通过一系列相互关联而又各自独立的研究，使得评价结果更加客观有效。另外，在质量问责的过程中使用多样化的数据收集和分析方法，保证资料的准确性和完整性。采用的评价方法主要包括实证案例研究、国家层面的各州和地区教育机构的调查、国家纵向和横向跨地区的数据库分析、州和地方行政管理机构数据库的分析等。例如，使用数据分析法可以研究中等与中学后职业教育阶段学生参与职业教育的变化情况。

3）评价流程。美国州和地方层面在质量问责的实施程序和方法基本一致，需经计划制订、评价报告和结果反馈三个阶段，如图1-1所示。

计划制订阶段	评价报告阶段	结果反馈阶段
•首先，拟订展示州计划的质量问责指标体系，说明各项指标的具体测量方式 •其次，明确本州未来两年内在每一个核心指标上计划达到的绩效标准 •最后，描述本州将采取的措施以保证所获得数据的精确性、可靠性和兼容性 •此外，州政府将计划提交到教育部后，部会同州商议签署“调整后的州绩效水平”	•州政府有权自行在全州范围内开展职业教育质量问责，收集相关数据，联邦教育部可通过派遣专家、提供评价工具等方式进行协助，但无权强行干涉州的行为 •此外，评价报告应该识别不同类学生之间存在的差异，并对每一类学生在达成各项质量问责指标的绩效标准上所取得的进步进行量化描述	•联邦教育部对各州上交的评价报告进行深入分析，并形成总报告向国会说明。报告显示若州在任何一个核心指标上未达到“调整后州的绩效水平”的90%，则该州政府须在下一年度实施“改善计划”，改进本州在发展职业教育上的不足。若州政府未实施“改善计划”，或在统一核心指标上连续三年未能达到“调整后州的绩效水平”，教育部有权部分或完全收回该州所获资助

图1-1　美国职业教育质量问责制实施程序

（3）院校层面。美国社区学院协会（AACC，2012）统计报告显示，全美现有1132所社区学院，其中公立学院986所，均采用“社区学院参与度调查”（CCSSE）的评价体系。CCSSE的调查开发、数据分析和结构报告的技术指导均由高等教育领域的专家负责，使得院校的吸引力不断增强，提升社区学院的竞争力。另外，CCSSE评价体系接受由社区学院领导者、高等教育研究者、基金会合作伙伴和其他重要代表组成的“国家咨询委员会”的战略和政策指导，使得院校层面的质量评价也具有较高的参考价值。

1）评价内容和指标。CCSSE是一种典型的以学生为主体的新的评价范式，既是一种结果性评价，更是一种过程性评价，是监控学生的学业成功过程。其核心目的是采集和提供关于社区学院教育教学实践的相关信息或资料，帮助学院及其决策者使用这些信息或资料改善学生学业结果，提升学生学业成功率。CCSSE评价有效教育教学实践的五项基准如表1-2所示。

表1-2　CCSSE五项基准评价指标分析

基准类型	主要评价内容
主动与合作学习	①同学之间课堂内外合作的频次 ②辅导其他学生的频次 ③学生在课堂提问、展示的频次 ④学生参与作为课程内容的基于社区知识的频次 ⑤学生与家人、朋友或同事讨论想法的频次
师生互动	①学生使用电子邮箱与教师沟通交流的频次 ②学生与教师谈职业生涯规划的频次 ③学生与教师讨论课堂阅读的频次 ④除课程作业外学生多久与教师共同完成一项活动
学业挑战	①他们比想象中要努力多久才能满足教师的期望 ②考试对学生努力学习的挑战程度如何 ③他们的课程是否强调分析一个理论的基本要素 ④是否会用一种新方法合成信息 ⑤是否会对所学理论做主价值判断 ⑥是否会应用所学理论去解决实践问题 ⑦是否会应用所学知识完成一项新的技能 ⑧在当前学年他们阅读了多少指定的教科书和其他阅读材料 ⑨学生完成论文或报告的数量 ⑩有多少学院鼓励学生花费大量的时间在学习上
学生努力	①每学年中，学生为丰富自我而阅读过的书籍数量 ②一周通常有多少时间花费在学习上 ③准备一批论文或报告的两个或以上草案需要多长时间 ④做一个需要整合各类观点的项目需要多长时间 ⑤多久会有一次准备不足的上课 ⑥多久会有一次家教服务 ⑦多久去一次技能实验室、计算机实验室
支持学习者	①学院是否鼓励来自不同经济、社会、种族或民族背景的学生之间的交流与联系 ②学院是否会对学生的成功提供必要的支持 ③学院能得到多少来自社会各界的支持 ④学院会为学生提供多少助学金 ⑤学生多久进行一次学业咨询和职业资讯互动 ⑥学院是否帮助学生应对来自非学习方面的问题，如工作、家庭等方面

2）评价工具。CCSSE的效度研究主要集中于CCSSE五项基准与学生学业结果之间的相关性

分析，主要以社区学院学生报告（CCSR）作为CCSSE的测量工具，按年度获取社区学院学生参与教育教学活动的信息，记录学生如何分配时间，以何种方式、频率与教师、其他专业人员和同学进行交流，然后对学生在学院中有哪些收获等调查结果进行评价。CCSR的目的是通过评级改进教学质量并促使学生参与到良好的教育教学实践与学习中。

3. 美国职业教育评价体系的特色

美国职业教育规模庞大，穿插在整个教育系统的各个层面。遍布全国各地的综合性高中、中等职业学校及相关的技术教育机构，美国的职业教育对整个国家劳动力素质的提升起到了举足轻重的作用。针对规模巨大、层次多样的职业教育体系，美国非常重视职业教育的质量，经过长期的实践探索，美国将教育评价作为职业教育质量保障的重要手段，在职业教育评价方面形成了自己的特色。

（1）坚实的法律依据。虽然美国职业教育评价体系相对健全，但其有效运行依赖于具体的法律法规，国家的政策法规为职业教育评价工作的顺利开展提供坚实的保障。《帕金斯法案》是美国对职业教育国家层面的法律保障，从1984年颁布至今历经多次修订和完善，成为各级各类职业教育发展与评价的重要法律依据。此外，美国各州拥有对本辖区内教育事务的独立立法权，且分别制定了与职业教育评价相关的教育法规，保证了评估结论不受官方政治倾向和相关政策的影响，使得评估过程和结论独立、客观。相关法规和政策一方面促进了职业教育政策的落地实施，另一方面确保了职业教育评价的合法性与权威性。

（2）明确的考察方向。在职业教育人才培养规格上，美国职业教育评价注重考察学生的实践能力和学习成效，关注学生的就业能力及其在工作岗位中的实践表现，将学生的毕业率、就业率、职业资格证书通过率、职位分布、薪资收入、雇主满意度等列为考察要点。此外，美国职业教育评价在突出学生专业技能培养的同时，强调有助于学生长远发展和全面发展的综合素质的培养，具体表现为：把学术教育与职业教育视为高质量职业教育人才培养所不可或缺的两个方面，并将二者的融合情况、发展性教育项目和学生的发展性成就列为考核要点。同时，美国国家层面的职业教育评价关注目标群体的入学机会，在评估指标中将学生的“入学与参与”情况列为重要指标，要求弱势群体学生所占比例须达到规定的最低标准并持续提高，保障弱势群体学生享有各种接受援助和服务的权利。

（3）多元的评价主体。美国职业教育评价体系主动吸收政府、院校和社会团体等利益相关者参与教育目标和计划的制订，同时兼顾弱势群体的呼声和诉求，充分体现职业教育的民主、平等和参与的特点，确保发挥美国职业教育评价多元主体的优势。总体来说，美国职业教育评价以社会机构为主体，由各州生涯与技术教育联盟（CTECS）、生涯与技术教育协会（ACTE）、全国评价治理委员会（NAGB）、全国职业能力测验中心（NOCTI）、美国高校测验（ACT）等机构组成。职业教育项目评价运作时会成立独立顾问小组和评估执行小组，独立顾问小组的成员由来自企业、高校、研究团体等机构的人员组成，评估执行小组的成员由来自政府、研究团体、高校以及职业教育院校的代表等组成。因此，美国职业教育质量评估具有多元化的特征。

（4）严谨的评价指标。职业教育评价的成效一方面取决于评价方案和评价标准自身的科学性，另一方面取决于评价实施过程的质量把控。美国在国家、州和地方、院校三个层面施行不同的评价指标，国家职业教育评价主要关注全国职业教育发展的整体状况，州和地方职业教育评估主要关注区域职业教育发展的质量和绩效，院校内部评估则关注学校教育教学的具体事务，几乎涵盖了职业教育从宏观、中观到微观的各个层面，评估指标内容呈现出立体化、全方位、多角度的特征。同时还有专业的职业教育机构开发的评价指标作为补充，进一步丰富了美国职业教育评价体系的覆盖范围。

（二）英国职业教育评价体系

1. 英国职业教育评价发展概述

伴随着英国职业教育的蓬勃发展，职业教育评价体系应运而生。早在1993年，英国便成立了独立的评估中介机构——教育标准办公室（OFSTED），依据国家质量标准对英国职业学校的教育质量实施评估，该类第三方评价机构延续至今，并不断发展变革。除了以第三方评价机构为代表的外部评价方式，英国职业教育评价体系开始突出自我评价的地位，职业学校开始构建“高于外部评估标准，过程与结果并重”的内部质量保障体系。

英国职业教育评价现已逐步形成了内外评价相结合的机制，内部评价由学校自主实施，外部评价着重在于检查学校内部质量保障机制的运行效率，这种以外促内的职业教育评价模式既尊重院校自由、学术自治，又实现了内、外质量保障的完美结合与优势互补，共同提升职业教育质量，进一步推动英国职业教育的发展。

2. 英国职业教育评价体系分析

英国职业教育质量评价体系由自我评价和外部评价构成，自我评价是内部质量保障机制的重要组成部分，而外部评价是确保学校自我评价的有效性和自我改进能力的提高，两者相互结合，互为补充，共同提升职业教育质量。

（1）外部评价。外部评价体系主要由教育标准办公室（OFSTED）、行业技能委员会（SSC）和资金委员会（FA）构成。其中，OFSTED是受政府委托的第三方评估机构，负责对职业院校进行综合评价；SSC是独立的社会法人机构，由19个行业技能委员分会构成，主要负责开发各自行业的国家职业标准，也可从事相关的培训工作，受政府资助；FA是政府的教育审核、拨款机构，它根据学校的规模、专业和OFSTED对院校的评估等级结果进行拨款。

1）外部评价标准。英国职业教育评价标准主要包括四个方面：总体效能（Overall Effectiveness）、学生的学习成果（Outcomes for Learners）、教学质量评估（Quality of Teaching, Learning and Assessment）以及领导与管理效能（Effectiveness of Leadership and Management）[①]，具体细分如表1-3所示。

表1-3　英国职业教育评价标准及具体表现

评价标准	考查方式	具体表现
学生的学习成果	通过考查学生学习目标的实现情况、所取得的进步、经济和福利改善状况以及对社区的贡献等方面做出相应评判	①所有学员在原来起点上都有所提高并达到学习目标 ②不同群体学员间的差距正在缩小 ③学员的个人技能、社会技能和就业技能得到发展 ④学员学习的课程有助于取得更高级别的资格证书，并满足国家和地方需求职业的要求

①金晶、吴雪萍：《英国职业教育质量评价体系的特点及其启示》，《教育与职业》2013年第26期，第21-22页。

续表

评价标准	考查方式	具体表现
教学质量评估	通过教与学的实施状况及效果、教学手段的运用、为学生提供指导的有效性、学生需求的满足程度等方面体现	①学员从教学人员的投入、关心、帮助和激励中受益 ②教学人员利用自身的技能和专业知识规划并实施教学，为学员提供学习支持以满足每个学员的需求 ③教学人员对每个学员的起点水平进行评价，监控学员的学习进程，为学员设定具有挑战性的任务并且巩固和拓展学员的学习 ④教学人员不断评价学员的学习并给出经常性、具体且准确的反馈意见，学员由此懂得如何改进 ⑤教学能够发展学员的英语、数学和功能性技能，为学员学习目标和职业目标的实现提供支持 ⑥适当适时地提供信息、咨询和指导以有效支持学习 ⑦教学能够促进平等与多样性
领导与管理效能	通过教与学的实施状况及效果、教学手段的运用、为学生提供指导的有效性、学生需求的满足程度等方面体现	①展示学校宏伟蓝图，对所有学员寄予高期望，达到质量与绩效的高标准 ②通过严格的绩效管理与合适的专业发展改进教学 ③通过严格的自我评价、参考用户的观点评估教育质量，并运用评估结果提升可持续改进能力 ④制定、实施并管理课程和学习项目，满足学员、雇主、地方和国家的需求 ⑤积极促进平等与多样化，解决恃强欺弱和歧视问题，缩小成绩差距；保障所有学员的安全

每一方面评价标准都由三部分构成，即指导性问题、评价性陈述和评定的等级特征描述。评价的结果分为“优秀”、“良好”、“需要改进” 和 “不合格” 四个等级。如果被评院校获得“优秀”或“良好”，则每 6 年接受一次评估，除非有关于绩效或教学其他方面的问题出现；如果评估结果为“需要改进”，则被评院校每 4 年接受一次评估，这些被评机构在两次评估期间可能会接受一次监控回访，以便对被评机构改进进展情况实行核查；如果评估结果为“不合格”，则评估后会继续接受监控访问，然后接受全部/部分再评估，时间一般在上一次评估结束后 12 ~ 15 个月。

2）外部评价证据。英国职业教育评价证据主要包括书面证据、人工制品、资格证书及旁证资料四个方面，尽可能地保证评价的准确性。

①书面证据。包括项目调查报告、来往信函、口头和书面汇报资料、纸做的图片和表格、各项活动的筹备计划、最终计划和实施进度、财务记录、可行性研究报告、团队活动工作资料等。

②人工制品。包括现场或实验操作照片、两维或三维的艺术作品或设计作品、生产的产品、录音带或录像带等。

③资格证书。学生在校期间所取得的资格证书、能力证书或业务证书。

④旁证资料。包括由雇主或提供工作岗位的人员所出示的书面现场观察证据、用于调查学生服务满意度的客户调查问卷、其他人员所出示的辅助性能力证明材料。

3）外部评价流程。

①评价前准备。在外部评价之前，被评院校和评价小组都需要做好评价前的准备工作，其中被评院校所做的主要准备工作有：准备自我评价报告、行动改进方案、教学日常安排等评价材料。评价小组的主要准备工作：评价前情况通报会和准备会议的召开以及评价通知的下达。另外，被评院校一般在评价正式开始前2～3周收到评价通知。

②实地考察评价。职业教育评价的核心阶段是现场考察，这一阶段有两个主要任务：第一，搜集相关第一手资料，获取评价指标所要求的信息；第二，在收集和分析信息的基础上，对学校的效能和整体质量做出判断，并与学校的自评结果进行比较。

③评价后续工作。为了解评估后学校的改革情况和取得的进展，外部评价机构还需要进行评价后续工作，以此督促被评院校能够切实按照评估的建议和要求改进，推动职业院校质量提升。评估后续工作主要包括三个方面：第一，评价报告的撰写与公布；第二，跟踪回访；第三，建立评估档案。评价报告的草评是由评价小组撰写，然后将评价报告的初稿提交给督导评价服务机构，由该机构进行编辑，最后需要将编辑后的评价报告初稿返回给被评院校进行核查。

（2）自我评价。自我评价主要由学校自己的教学质量保证部门来执行，一般由学院的教学质量管理专职人员和系主任组成，主要关注于教学质量的提高与改进，负责具体的听课及反馈、组织教师研讨等。此外，自我评价的过程还有社区、同行、雇主的参与，使得评估更加客观、充分和真实，评估的结果也更易被评估客体理解和接受。

1）自我评价标准。教育评价标准是开展教育评价活动的前提和依据，英国教育标准局（Office for Standards in Education）制定的评价标准“共同评价框架”（the Common Inspection Framework）是督导评价（外部评价）的依据，也是职业院校开展自我评价的依据，主要由两部分内容构成：评价原则和统一的评价工作安排，具体的自我评价标准可以参考外部评价的标准，内外部职业教育评价的标准相同。

2）自我评估流程。20世纪90年代以来，英国教育评价体系就开始非常重视自我评价，使其成为英国职业教育机构自我监控和自我改进的重要手段。自我评价流程主要包括：相关证据/数据的收集与分析、评价等级的确定、评价后的信息反馈工作、自我评价报告的撰写、改进行动方案的制定和评价后改进工作等，如图1－2所示。

在自我评价流程中，学校非常看重证据的收集，收集的过程需要紧紧围绕五个关键问题进行：其一，学习者学业成就如何；其二，教学和培训效果如何；其三，教学项目和教学活动是否符合学习者的利益和需求；其四，学习者获得指导和帮助状况如何；其五，在提升学业成就和帮助学习者方面的领导和管理效度如何。与此同时，自评报告的内容也必须涉及这五个关键问题，并对每一个关键问题做出评价判断。

3. 英国职业教育评价体系的特色

（1）评价标准的统一性。虽然英国职业教育评价体系由内部评价和外部评价组成，但两种评价体系所使用的评价标准统一，均由英国教育质量标准局制定，即“共同评价框架”，框架对被评院校的每一方面都设计了指导性问题，并划分出不同等级的具体特征性描述。同时，职业教育评价标准除了单独的分项评价指标以外，还有总体性的评价指标，能够系统全面地反映被评院校的基本教学资源、教学质量、管理状态等。由于外部评价与内部评价采用统一的标准，评价的内容与评定等级都具有统一性，有利于指导评价人员开展评价工作，使内部评价与外部评价的结果具有可比性，同时有利于判断院校自我评价结论的准确性，使得职业教育实施机构找到改进的方向。

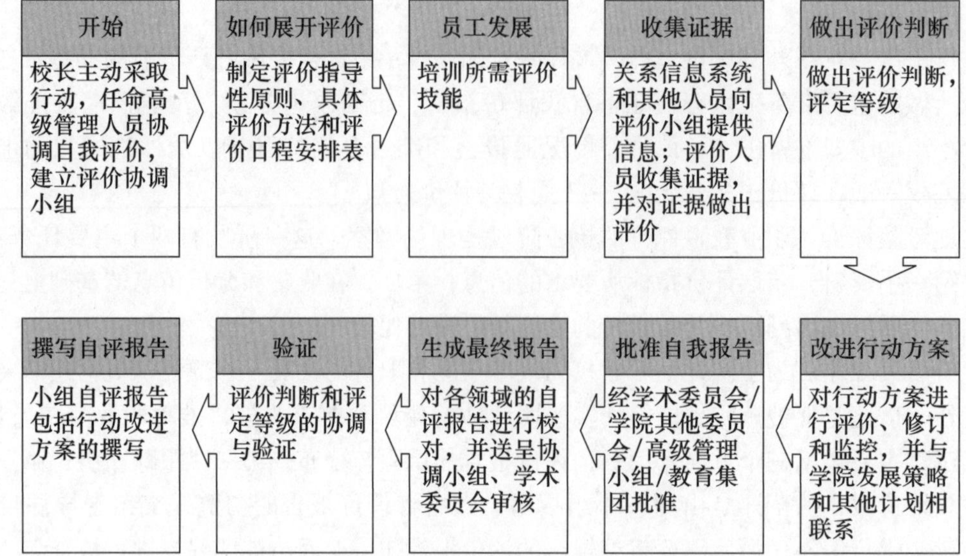

图1-2　英国职业院校自我评价流程①

（2）评价机构的独立性。英国政府通过立法将教育标准局从教育部独立出来，成为中央政府对全国教育质量进行监测的权威机构，该机构主要负责评价框架的制定和修改、评价政策的修订以及对评价机构和评价人员质量的监控。英国教育质量标准局所需的经费由相关部门直接向其拨付，既保证了教育评价结果的独立性和公正性，又维护了评价结果的权威性，确保了评价活动的高质量。此外，英国的外部评价由注册督学及其领导的督导小组进行，人员包括注册督学、督导小组成员和外行督学组成，为了增强评价的有效性，教育标准局制定了一套严格的督学招聘和选任程序及制度。职业教育质量评价任务明确以后便在全国范围内招聘注册督学，注册督学成功竞标后与标准局签订合同，全面负责组织和管理评价督导活动，从而使得职业教育评价活动具有较高的独立性和权威性。

（3）评价过程的透明性。英国职业教育质量的所有评价标准、评价内容、方法和程序都向学校、行业和社会公开。无论是自我评价还是外部评价，评价报告都在评价结束后按照规定的期限公开发布在网上，所有对教育质量感兴趣的组织和个人都可以从国家教育标准局的官方网站上获得关于某一学校的评价报告，有效保证评价结果的公开性。若采用外部评价的方式，职业教育评价的通知一开始就会下达给全体教职工、学生和相关雇主，采取“全纳的方法”（Inclusive Approach）进行，评价人员可以通过电子邮件、个别访问和现场实地考察的形式使学生、雇主等参与到评价活动中，保证评价过程的透明性。若采用内部评价方式，则通过设立“员工发展日”（A Staff Development Day）对员工开展培训，增强其评价意识，使他们主动融入自我评价活动中。

（三）德国职业教育评价体系

1. 德国职业教育评价发展概述

20世纪90年代以前，德国各学校及教育机构还并未将质量保障作为学校发展的一项核心任

①吴雪萍、金晶：《英国职业教育质量评价探究》，《比较教育研究》2013年第2期，第88页。

务加以重视，但随着德国在国际化比较研究中的地位下滑，“学校质量”逐渐成为关注的议题。为了确保职业教育保持高质量常态，各州政府开始高度重视教育质量，很多学校开始采用外部评价的方法，通过专业的第三方机构的评价来保障高水平的教学质量，由此外部质量评价逐步发展成为各州质量保障与开发的重要手段。

由于外部质量评价的诸多信息均来源于职业学校内部，如果没有一个全面的外部咨询与支持系统，外部评价将无法解决学校的困境，外部评价的作用也仅能发挥一半。此外，由于职业教育发展的多样性与不确定性，外部评价效果的局限性日益显现。基于以上原因，越来越多的联邦州政府开始重视以内部质量评价为核心的质量保障体系，内部质量评价的结果可以直接被用于外部评价，包括学校对学生、教师、企业等利益相关者所做的调查结果。随后，德国职业学校质量保障体系引入国际标准化组织的质量标准，使其内部质量保障模式逐渐系统化和全面化。

2. 德国职业教育评价体系分析

德国普遍采用内部评价与外部评价相结合的方法对职业教育的质量进行评价。参与职业教育评价的机构主要由四部分组成：其一，联邦和州政府的相关部门；其二，第三方中介认证机构，它根据政府和行业政策制定的认证标准进行质量评估；其三，各类行业协会，它与官方机构共同制定职业教育机构的设立标准；其四，各职业院校，这是自我评价的主体，属于内部评价。一般而言，各职业院校每年进行一次自我评价，每5年接受一次州组织的教育质量评价考核。

（1）外部质量评价。德国各个联邦州职业教育外部质量评价从大类上可分为外部评价、质量分析和学校审查三种。德国联邦16个州中有10个州均采用了外部评价的方法，质量分析是在外部评价的基础上强调学校质量现状的方法，学校审查则是在外部评价的基础上进行学校现场巡查，两者的本质与外部评价相同。

1）外部评价目的。外部质量评价的目的是帮助职业院校更好地完成工作成效评价，明确院校的优势与不足，确定完善的方向，并在评价报告中给出具体的建议，在此基础上促使学校与学校督导之间达成目标协议。因此，外部质量评价不是质量控制手段，而是帮助学校更好地评价其工作成效，认清自身优势、劣势、机会与威胁，明确质量改进的方向并给予具体建议，帮助学校提升教学质量。

2）外部评价标准。德国联邦政府没有统一细化的职业教育外部质量评价指标，通常各联邦州在质量指标框架的基础上进行个性化设计，均以质量管理系统为基础，主要包含输入质量、过程质量、输出质量和绩效质量四个环节。另外，质量指标体系框架的每个环节都涉及宏观、中观及微观三个层次，如表1-4所示。

3）外部评价流程。德国各州职业教育的外部质量评价流程除了时间节点不同外，具体的流程环节大体相同，其外部质量评价流程如下：

第一步：外部质量评价正式实施前，利用8周的时间由学校督导组织召开筹备会议（参与人员包括评价团队、学校领导、教师及非教学人员、学生代表、学生家长代表、培训企业代表等），学校督导介绍接受评价的职业学校的信息、评价团队、评价的理念、工具、标准和流程，确定外部质量评价的具体时间节点。

第二步：对教师和学生进行网上调查，对家长和培训企业等发放纸质调查问卷，利用5周的时间收集学校基础数据、学生成绩数据、学校的组织情况以及教育目标等信息，并对调查数据及学校数据进行分析，准备访谈。

表 1-4　　德国职业教育质量指标框架

<table>
<tr><th>质量指标</th><th colspan="2">质量层级</th></tr>
<tr><td rowspan="3">输入质量</td><td>宏观层</td><td>职业教育体制机制层面的保障条件，如“双元制”结构、职业教育法律法规体系等</td></tr>
<tr><td>中观层</td><td>①培训企业及职业学校办学质量的内涵和质量标准
②培训企业及职业学校的组织架构
③培训企业及职业学校的基础设施建设状况
④培训企业及职业学校培养计划、培养方案及师资配备
⑤培训企业及职业学校办学质量的其他保障条件</td></tr>
<tr><td>微观层</td><td>①教师职业能力与资质
②学生基础能力（生源质量）</td></tr>
<tr><td rowspan="3">过程质量</td><td>宏观层</td><td>职业教育政策制度实施过程的条件</td></tr>
<tr><td>中观层</td><td>①职业教育相关机构间的合作
②培训企业与职业学校协同育人
③其他方面的合作与交流
④教学条件的创设与使用：教学质量标准，教学机构的组织条件，教学设施设备的使用及优化，培养方案的实施和教学活动组织</td></tr>
<tr><td>微观层</td><td>①教学活动计划
②教学过程设计与实施（基于行动导向、设计导向等先进教学理念）：教学氛围营造，明确教师和学生在教学活动中的角色及任务，师生间积极互动，教学方法选择，教学内容实施；教学活动的评价和反馈</td></tr>
<tr><td rowspan="3">输出质量</td><td>宏观层</td><td>职业教育政策制度健全，体系运行良好</td></tr>
<tr><td>中观层</td><td>职业教育满足企业人才需求，有效提升其经济效益</td></tr>
<tr><td>微观层</td><td>①学生对企业培训的满意度
②职业教育促进学生职业能力发展
③毕业生适应企业环境，独立完成工作任务
④拥有积极阳光的生活态度，有效解决生活难题</td></tr>
<tr><td rowspan="3">绩效质量</td><td>宏观层</td><td>职业教育人才培养成果的社会效益</td></tr>
<tr><td>中观层</td><td>职业教育为企业长远发展提供优质人才资源</td></tr>
<tr><td>微观层</td><td>①可持续发展的职业能力和终身学习能力
②对企业文化的认同和归属感
③毕业后的职业生涯发展
④拥有完美的生活和较高的社会地位</td></tr>
</table>

第三步：利用两周时间由评价团队、控制小组及学校领导共同制订评价组织计划，包括确定评价的流程、确定听课的学时及课程等。

第四步：利用三天时间进行学校现场巡查，内容包括对学校周边环境的考查、课堂教学的观察及访谈等。

第五步：评价团队利用1周的时间形成初步的评价报告，包括评价的要求、理论依据、佐证材料、评价标准（优势/劣势）、行动建议等。

第六步：学校领导、教师及非教学人员、学生代表、学生家长代表、培训企业代表等与评价团队反复磋商，提出报告修改建议，双方达成一致后形成最终评价报告。

第七步：最后由学校督导和学校领导共同协商学校今后的发展目标以及行动方案，订立目标和行动协议。

（2）自我评价。职业院校是自我评价体系的主体，在保障教育质量中发挥重要作用，无论是自我评价机制还是外部评价机制，学校的自我评价都处于基础地位。各职业学校均设有质量管理部门，由内部评价专员负责学校自我评价，并根据质量评价标准收集数据资料，如教学报告和对教职工、学生采访收集的资料等，构建以数据为基础的内部评价，最终形成以职业学校自我目标达成程度为基础的自评报告。

1）自我评价目标。自我评价的目标不仅是为专家的外部评价做准备，更是为了提高职业院校管理过程的透明度，及时发现学校存在的问题和缺陷，引发职业学校从主观和客观范畴探寻原因，促进学生、教师等参与者的交流与沟通，进而提出改进措施。因此，德国职业教育自我评价的根本目标在于提高学校教育质量，引导学校不断改进提高。

2）自我评价内容。依据一系列标准和准则，德国职业学校的自我评价主要包括两方面内容：其一，对某个主题或学校关注的重点进行评价；其二，对学校的总体情况进行评价。为了保证自我评价的准确性与有效性，学校内部都设置有质量管理部门，并配有专业的评价专员进行自我评价工作。

3）自我评价流程。各职业院校都需要定期进行以数据为基础的自我评价，评价的具体流程如下：

第一步：正式调查前需要向所有相关人员公布相应实施过程，评价过程以项目形式来实施，即有明确的目标、职责、实施步骤以及过程文档和反馈。

第二步：确定调查对象，收集数据资料，包括教学报告和对教职工、学生采访收集的资料等。

第三步：撰写自评报告，并根据指标分析学校发展状况。

第四步：自评报告修正审核，并提出学校发展的具体改进方案和措施。

3. 德国职业教育评价体系的特色

（1）评价标准的全面性。职业教育质量标准与经济社会需求紧密相关，职业能力评价区别于普通教育质量标准，其评价标准不仅要体现科学性，更要体现全面性。德国职业教育评价标准的全面性主要体现在两个结合上：其一，评价标准既注重结果也注重过程，是过程与结果的结合。德国职业教育非常重视课程的开发和专业教学法，因此在评价过程中会考查课程开发的科学性与合理性，深入评价教学理念、教学运行过程以及教学方法等。同时，注重对职业教育结果的评价，设置“学校工作绩效”评价标准，将企业满意度、学生能力水平作为评价指标。其二，“软”与“硬”相结合。不仅注重客观物质条件，如教学条件等硬环境，而且还重视学校质量开发战略以及学校的领导力、校园文化和学习氛围等软环境水平。

（2）评价方法的科学性。针对职业教育所涉及的不同群体，采用观察法、文本分析法、问卷调查法、访谈法、现场巡查等多种方法来收集数据，例如针对学生采用线上调查法、针对家长采用纸质问卷调查法等，尽可能多地采集有效信息。另外，为了增强评价的客观性，所有访谈和课堂观察等必须由两个评价团队成员共同执行、分析和评价，并且最终评价报告要建立在两个团队的共识之上。为了尽可能准确地收集数据，问卷设计充分考虑到调查对象的多样性，不仅针对教师、学生、家长、企业等不同群体的特点设计分类问卷，而且考虑到学生家长文化背景的多样性，提供多语种的调查问卷，如英语、德语、俄语、波兰语等。整体而言，德国职业教育评价方法具有较高的科学性。

（3）评价报告的专业性。德国各州政府部门并不直接对职业院校进行评价和干预，而是委托专门独立的第三方专业机构对学校进行监控。第三方评价机构是在州政府和职业学校的控制和反控制矛盾运动过程中形成的，通过对职业学校教育质量的客观价值判断和信息传递实现外部评价结果的专业性，主要体现在三个方面：其一，提供外部观点，从学校旁观者的角度发掘学校的质量缺陷，增强评价的可信度和有效性，外部评价专家的改进建议帮助职业学校克服盲目性。其二，评价报告理据充分、佐证材料充实、评价方法清晰，能与全州其他职业学校评价结果相比，有利于借鉴其他职业学校的有益经验和做法。其三，促进与地方教育管理部门、学校质量管理部门、学校领导、老师和研究机构的经验交流。

（四）日本职业教育评价体系

1. 日本职业教育评价发展概述

日本的职业教育非常发达，包括短期大学、高等专门学校、专修学校及企业内的职业训练等不同层次，其为第二次世界大战后日本经济的恢复发挥了积极的作用。日本的职业教育取得成功，离不开其完善的职业教育评价体系。日本是职业教育评价体系最发达的国家之一，已拥有80多年的职业教育评价历史。20世纪30年代，日本从美国引进教育评估理论。受美国教育鉴定理论及其实践的影响，日本职业教育评价将设置认可与质量评估分离，其中质量评估由“大学基准协会”来组织实施。

从20世纪90年代开始，受“少子化”以及四年制大学竞争的影响，日本职业学校尤其是高等专门学校的发展遭遇严重危机，职业学校的数量逐渐减少、入学人数开始下滑，加上由于全盘照搬美国的鉴定制度，部分鉴定内容并不适合日本国情。面临如此严峻的形势，日本职业学校围绕职业教育质量，对职业教育进行了一系列的调整与改革，建立适合自身的职业教育质量评价体系，以保证和提升职业教育的质量，应对激烈的竞争。在这个过程中，日本的职业教育在教育质量评价基准、评价体制及具体实施等方面逐渐形成自己的特色。

2. 日本职业教育评价体系分析

尽管日本的教育评估受到美国教育鉴定理论和实践的影响，但经过多年发展，日本已形成自身独特的职业教育评价体系。日本的职业教育质量评价立足实际，在相关法律政策的引导下，已形成设置认可、内部评价、外部评价三种评价形式，其评价主体、评价基准、评价流程各不相同。具体而言，设置认可、内部评价、外部评价的评价主体分别是文部科学省、职业学校自身、独立于政府和学校之外的第三方评价机构。

（1）设置认可体系。顾名思义，设置认可是指职业学校的设立需要得到政府机构的认可。在日本职业教育领域，设置认可的评价主体是文部科学省。文部科学省是日本主管全国教育的最高行政机构，负责制定各类学校的设置标准，并对学校的设立进行鉴定评价。针对高等专门学校、短期大学、专修学校等多种形式，文部科学省先后于1961年、1975年、1976年颁布《高等专门学校设置基准》、《短期大学设置基准》、《专修学校设置标准》。这些基准内容广泛、细致、严格，不仅包括学校教育组织的规模标准、学校教育编制标准、学校行政编制标准、学校设施设备标准等，并且对各项标准进行量化，部分设立标准如表1－5所示。从设置标准的相关规定看，日本职业教育机构设置标准高、办学条件严格。

表1－5　　三类学校部分设立标准

	高等专门学校	短期大学	专修学校
学科	学科是教授专业领域的组织，其规模和内容在符合相关要求之后才能成为学科	教育组织在具备适当规模之后成立学科；可以实行同一学科的昼夜同时授课制	学科可以是1个或2个，根据需要，可以实行同一学科的昼夜同时授课制
学生定员	根据教师构成、学校面积、学校建筑以及其他条件等制定学生定员标准，一个班级的学生定员标准为40人	每门学科的学生定员要与学校的教育条件相适应，但是并未做出具体的数量规定	学生定员为4人，但是可以根据实际情况调整
师资	要求根据学科种类以及班级数量配备必要的教师，一般科目学生入学定员为1个班级配备10个教师、两个班级配备12个、3个班级配备14个、4～6个班级时每增加1个班级多配备4人、7个以上班级时每增加1个班级多配备3人；工程学科教师与一般科目教师区别对待，1个学科配备8个教师，之后每多1个学科多配备7个教师，学生入学定员为2个以上班级时，每增加1个班级多配备5个教师；担任专业科目教授以及副教授的数量不能低于一般科目教师和专业科目教师综合的1/2	教授可以是具有博士学位且有研究业绩的人员、研究业绩相当于博士学位人员研究业绩的人员、具有专职学位且具有实务业绩的人员、具有优秀实际技术的人员、具有大学以及高等专门学校等教学经历的人员、在研究所（试验所或医院）工作且有研究业绩的人员、在特定领域具有优秀知识和经验的人员	专门课程的教师可以是具有2年以上学士学位的人员、具有短期大学学士学位或准学士称号4年以上的人员、在学校或研究所等从事教育研究以及实际业务的人员；一般课程的教师要求更低，高中毕业4年以上、具有在学校或研究所等从事教育研究以及实际业务的人员即符合要求
教学	教育科目分为学科共通的一般科目和学科特有的专业科目，按学年划分教育科目，每门课程的学分数为30课时1学分，实验、实习等课程可以根据实际情况做出相应调整，学生课程所修的学分数要达到167学分，商船类除去实习科目可达到147学分	教育科目可以实行学分互换，可以在学校以及附属设施以外的场所进行教学	教育科目可以实行学分互换，可以设置通信制学科，采用远程教育的形式进行教学

续表

	高等专门学校	短期大学	专修学校
校舍校地	要有适合教育的环境、有适合学生休息活动的空地，校舍包括校长室、教员室、会议室、事务室、教室、图书馆、保健室、学生休息室等，学校的校地以及校舍面积要达到每人10平方米	要有适合教育的环境、有适合学生休息活动的空地，校舍要包括校长室、教员室、会议室、事务室、教室、图书馆、保健室等，但并未对具体面积做出要求	校地和校舍要适合教育要求以及保健卫生，校舍要包括教室、教员室、事务室以及其他必要的附带设施等

这些严格的设置法令的颁布，为日本职业学校的设置认可提供统一的鉴定标准，并从源头上保障新设立职业学校的质量，使它们能在一个较高的质量起点上有效运作。

（2）内部评价。1991年，日本明确提出职业学校必须进行内部评价，在此之前日本职业学校仅开展宽泛意义上的内部评价。文部科学省曾两次修改学校设置基准，明确内部评价是各个职业学校必须履行的义务，要求学校制定相应的自我评价项目并建立自我评价体制，向本校教师、职员及相关政府部门公布评价结果，根据评价结果中的不足之处进行改善、改革，以便通过内部评价来自我监督教育质量①。可以看出，与设置认可评价不同，内部评价的评价主体为职业学校自身。

内部评价是保障职业学校教育质量的重要方式。大多数学校内部都有比较完备的监控体系，设有校长领导的校评议会，下设专门委员会、各种委员会，还有学生评价等，再制定相应的自我评价项目与完善的自我评价体制。日本职业教育的内部评价即学校的自我评价体制，包括进行自我评价的校外组织、公开发表教育研究活动、公布教育研究业绩一览表和报告书等、反映评价的体制等。调研数据显示，日本职业学校自我评价的主要项目有本校的理念与目标、招生方法、教育课程、教育方法、研究活动、与区域社会的联系等多个方面；日本广岛大学教育研究中心对大学评估进行调查，调查结果表明日本有90%以上的大学已建立本校的检查与评估委员会，内部评价体系较为完善。

（3）外部评价。外部评价是日本当代职业教育质量评价的主要形式，其评价主体是独立于政府和学校之外的第三方评价机构。为保障第三方评价机构对职业学校的教育质量进行有效评价，日本文部科学省制定一系列严格的标准来对第三方评价机构进行质量认证。所有第三方评价机构必须在通过文部科学省的认证之后，才可以参与职业学校教育质量评价的外部评价。因此，第三方评价机构通过严格的评价机制、渐进的评价基准等策略，在对职业学校实施外部评价的同时，真正地推动日本职业教育质量的提高。

1）评价主体。日本职业教育质量外部评价的评价主体虽然为独立于政府和学校之外的第三方评价机构，但种类繁多，目前主要有大学基准协会、大学评价与学位授予机构、日本高等教育评价机构、短期大学基准协会等（见表1-6）。职业学校可根据本校的实际情况和需要自主选择一家第三方评价机构开展外部评价。

①孙颖、刘红、杨英英、王世斌：《日本职业教育质量外部评价的经验与启示——以短期大学为例》，《比较教育研究》2013年第12期，第48-54页。

表1-6 日本第三方评价机构及其评价对象①

评价机构	评价对象
大学基准协会	短期大学
大学评价与学位授予机构	短期大学、高等专门学校
日本高等教育评价机构	短期大学、高等专门学校
短期大学基准协会	短期大学
私立专门学校等评价机构	私立专门学校
日本技术者教育认定机构	公立高等专门学校

2）评价分析。各类第三方评价机构因评价对象不同，因此各自设立不同的质量评估标准，但质量标准都非常严格、具体和系统。这里仅选取大学评价与学位授予机构对高等专门学校的评价标准及过程进行分析。大学评价与学位授予机构严格规范高等专门学校的外部评价的实施方针、体制、基准及流程，保证评价工作时时处于可控状态和外部评价结果的可信度。

第一，评价基准。大学评价与学位授予机构对高等专门学校外部评价共设置11项评价基准，每条基准下设有二级基准，详细地规定从哪些角度对高等专门学校进行外部评价（见表1-7）。这些评价基准明确规定对高等专门学校教育质量进行评价的维度，它们的实施与变更都必须经过日本文部科学省审查批准。不过在实际运作过程中，评价机构并不会局限于这些基准，而是借用“最近发展区”理念，即评价基准作为评价的方向和内容是不变的，但是所要求达到的水平与评价的严格程度在每一轮的评价中渐进提升。这能保证大学评价与学位授予机构在完成每轮评估之后从整体上分析和把握该所高等专门学校的评价结果，并有效促进高等专门学校教育质量的提升。

表1-7 高等专门学校评价基准②

一级基准	二级基准
学校的目标	①学校教育法明确规定的高等专门学校的目标 ②学校目标既要让学校人员知晓，也要向社会公示
教育机制	①教育机制的基本组织构成与高等专门学校的教育目标相符 ②建立教育活动正常运转所需的运营体制
教师及教学辅助者	①合理地安排教师 ②学校定期对全体教师的教学活动进行评价，评价结果直观地体现在教师的组织改编上。教师的任用、提升等都有严格的规定 ③开展必要的教育支持和辅助活动

①孙颖、刘红、杨英英、王世斌：《日本职业教育质量外部评价的经验与启示——以短期大学为例》，《比较教育研究》2013年第12期，第48-54页。

②孙颖、刘红、杨英英：《日本职业教育质量外部评价的经验与启示——以高等专门学校为例》，《外国教育研究》2014年第5期，第33-39页。

续表

一级基准	二级基准
招生	①制定选拔学生的基本方针及入学者的接收方针，并向社会公示 ②严格按照接收方针（准入政策）选拔入学者 ③实际的入学人数与入学名额的比例适中
教育内容及方法	①合理制定教育课程的内容，确保教育的水平 ②授课形式、学习指导方法要与课程特点相符 ③合理地安排教养教育课程 ④恰当地展开成绩评价、学分认定、升学、毕业认定等工作
教育成果	教育的真正目的是让学生具备一定的学力、素质、能力等，以达成和改善教育的成果和效果
学生的援助	①建立健全学生自主学习、学习指导、开展课外活动等援助制度 ②建立健全学生的生活、经济以及就业等相关援助制度
教育设施、设备	①提供学校教育研究组织以及教育课程所需的设施、设备 ②提供图书、学术杂志、视听材料等其他教育研究必要的资料
提升和改善教育质量	①对高等专门学校教育的现状进行检查、评价，根据结果进行改善、提升，整备现有的体制，进行组织的优化，有效发挥其职能 ②建立健全教师以及教学辅助者的研修制度
财务状况	①具备能使未来的教育研究活动合理且平稳进行的财务基础 ②编制恰当的收支预算 ③对学校财务进行适当监察
管理运营	①建立健全必要的管理运营体制以及事务组织 ②学校自我检查、评价的执行情况、评价结果的公示情况以及能否依据评价结果来进一步完善其组织体系 ③活用外部教育资源，能够将有识之士的意见反映在管理运营中 ④向社会公示高等专门学校相关信息

第二，评价流程。大学评价与学位授予机构对高等专门学校实施的外部评价是以该校的内部评价为基础的，流程如图 1 - 3 所示。首先，高等专门学校提交外部评价申请，并根据大学评价与学位授予机构制定的《自我评价实施要项》开展内部评价，提交自我评价报告书。评价机构制定评价标准机制，组建评价小组，实施书面调查和访问调查两个环节①。其次，评价小组根据书面调查和访问调查的结果制成评价结果草案，并经评价委员会审议后形成评价结果正式稿。再次，评价结果正式公布前，评价委员会先将正式稿通知被评学校，倘若学校对评价结果存有异议，可以提出申诉，由审查委员会对异议进行审查，但最终的评价结果由评价委员会决定。最

①孙颖、刘红、杨英英：《日本职业教育质量外部评价的经验与启示——以高等专门学校为例》，《外国教育研究》2014 年第 5 期，第 33 - 39 页。

后，大学评价与学位授予机构根据评价结果编制评价报告书，在向受评学校公布结果的同时向社会公示①。

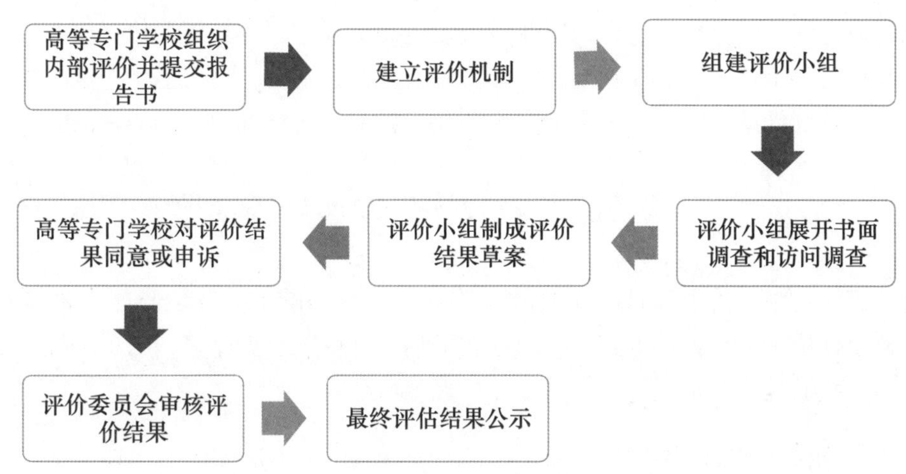

图1－3　大学评价与学位授予机构对高等专门学校外部评价流程

3. 日本职业教育评价体系的特色

（1）评价基准严密且可操作性强。制定合理的评价基准是开展职业教育质量评价工作的首要前提。任何评价机构制定的评价基准都应该具备合理科学、严格、可操作性强等特点。日本的职业教育评价体系尽管有三种不同的评价形式，但这三种评价形式的评价主体都非常重视评价基准的制定。它们所制定的各类评价基准不仅严密，而且可操作性强。日本职业教育质量的评价基准均包含从宏观的一级指标到具体的二级指标，层次鲜明，内容严密，详细地列明了影响教育质量的各类因素。政府、学校或者第三方评价机构根据规定的评价标准以及自选评价标准对职业学校的各个方面进行评价，能准确考察和衡量职业学校教育质量。科学、系统、缜密的评价基准使得职业教育质量评价工作有据可依，保证了职业教育评价在实践中的可操作性。正是这种可操作性强的评价基准，为日本职业教育评价提供了切实的实施路径，保证了评价的顺利开展。

（2）评价流程明确清晰且详细。日本每一种具体的职业教育评价形式都制定了非常明晰的评价流程。流程从最初的学校提交评价申请到最后评价结果公示，每一个阶段，评价主体和学校应负责哪些工作，提交何种资料及数据，相关责任与义务，都有详细的规范说明。以大学评价与学位授予机构对高等专门学校外部评价为例，评价机构在实施评价之前会先制定严格完整的评价机制，包括制定用以指引和监督实际的评价工作的评价基本方针、体制及流程，并且会对参加评价小组的成员资格予以严格把控。所有受评学校均需要提交自我评价报告书，并按照要求提供相关资料与数据，也可以对评价结果提出异议。评价小组对受评学校的自评结果有所质疑时，亦可提出质询。明晰详细的评价流程为职业教育评价的顺利实施提供坚实保障，从而实现职业教育质量评价对职业教育质量整体的监控，确保职业学校的教育质量有质的提高。

（3）引入市场导向的多元化评价体系。日本职业教育质量评价体系呈现多元化特点，评价

①孙颖、刘红、杨英英：《日本职业教育质量外部评价的经验与启示——以高等专门学校为例》，《外国教育研究》2014年第5期，第33－39页。

主体有政府机构、学校、第三方机构等多种选择，并创新性地引入市场机制，允许职业学校根据自身的实际情况，自主选择由哪家第三方评价机构对学校评价，这不仅赋予了职业学校评价的自主权，并且有助于提升第三方评价机构自身评价水平和质量。市场导向的评价机制进一步提高职业学校对教育质量评价的意识。这样，职业学校才能真正通过职业教育评价工作，通过向外公示评价结果，来增进整个社会对职业学校的了解，并引导社会主动、自愿地将职业学校置身于真实的需求中，最终达到借助职业教育的质量评价活动，将职业教育推向市场的目的。

三、国外职业教育评价发展经验借鉴

在分析美国、英国、德国和日本职业教育评价体系的基础上，发现我国评价体系在评价模式、评价主体、评价标准和评价方式等方面存在不足，有待进一步完善，为了更好地发挥职业教育评价的作用，我们应该借鉴国外先进质量评价理念与经验。

（一）内外相结合的评价模式

虽然内部评价与外部评价各有优劣，不过二者缺一不可、互相补充。因此，美国、英国、德国等均建立有完善的内外部评价机制，全方位对教育活动过程与质量实施进行动态监控，提高质量保障与评价信息的全面性、客观性与连续性。在内部评价过程中，内部评价人员更熟悉学校发展情况，更容易抓住学校的问题与需求，但受个人情感因素的影响，评价结果有可能有失公允。在外部评价中，评价人员通常为教育专家或评估专家，具有较强的专业评价能力，评价的结果也更具有公信力，从而使得内外结合的评价模式成为教育评估发展的一种新形式与新趋势。然而，我国职业院校基本处于“被动评价”状态，主动评价意识薄弱，内部评价机制落后。因此，国内职业院校应该加强内部评价机制建设，定期和不定期开展自我评价活动，将自我评价内化为院校提高教育质量的管理机制。积极听取外部评价人员的专业指导意见，不断提高职业院校教育水平，充分发挥评价的问责功能与改进功能，实现内外评价机制的相互补充、共同联动，为学校教育质量提升与发展服务。

（二）引入多元化的评价主体

国外高等职业教育评价主体呈现出多元化态势，评价机构既有学校性质的学术团体，如美国的地区性教育鉴定机构等，也有中介评价机构，如英国独立于政府和高校的高等教育质量保证署（QAA）等。多元化的质量评价制度既可以保障职业教育评价制度的公平性与权威性，也可以从不同层面保障职业教育的质量。虽然我国已建立以政府评价为主体，多方参与评价的职业教育评价制度，但关于第三方职业教育评价机构的相关内容还有待完善，可以在政府宏观引导和监督下成立第三方中介组织，组织机构的成员可以多样化，但要保持其参与的公平性与积极性，促使评价结果更加客观与规范。

（三）完善可操作的评价标准

我国可以借鉴国外不同国家职业教育评价标准，完善国内职业教育评价标准。英国职业教育评价体系实行统一的国家职业资格评定标准，即共同评估框架（NVQ），根据不同职业岗位或岗位群分级别制定详细具体的评估标准，为教育标准局的督导评价工作提供指导。德国职业教育评价注重专业或某项职业的工作能力，遵循企业评价标准，职业院校学生结业标准包括阶段考试和结业考试两类，阶段考试的考核标准要按照《职业教育法》的标准执行，结业考试标准依据企业在实际工作中的需求而定，保证学生的实际工作能力。由此可见，无论哪种评价标准，其关键在于使学校与社会之间存在一个好的合作桥梁，使得学校所教内容与企业需求相匹配。因此，我国可以利用国外的经验弥补该项欠缺，建立一定的保障机制，让社会和行业参与到职业教育评价标准的制定当中，使得学生在校所学到的标准与行业所需标准保持大体一致，同时让学生和评估人员在准备评估和进行评估时有“法”可依，让传统抽象知识考试变成看得见、摸得着、易操作的互动过程。

（四）丰富多样性的评价方式

在职业教育评价方式方面，英国职业教育评价体系以外部评估为主，采用实际工作中的任务操作、结构测试、案例分析等形式进行评价，其特色方式为国家职业资格证书评价。德国采用分项评价方式，分别对企业教育、学校教育、校企合作中的职业教育进行评价。各国职业教育评价的目的均是考查学生实际操作技能，缓解国内学校所教与市场所需之间的矛盾。另外，职业能力包括多个维度，必须利用多种途径和方法，在不同时段对学员或学生进行多次观察、评估与测试分析，找出足够的证据，才可能对职业能力进行多维度的准确评价。然而，目前我国职业教育评价方式还集中在纸笔测试，部分学校以及学科虽尝试现场实际操作考试及口试的方式，也存在着重形式、走过场、不重视评估的实际效果等问题。因此，我国应积极吸收国外先进经验，更加关注市场和现场评价方式，采用多种方式相结合的评价形式，获得更多改善现状的反馈信息，进而提高职业教育评价方式的可行性，保障职业教育质量评价的有效性。

（五）建立实用性的评价报告

国外的职业教育质量评估报告非常实用，无论评价结果如何，评审机构都会向所有参评机构提供反馈报告，如德国的评价报告不仅细致分析每项评价标准，还指出院校的优势、待优化领域和存在的问题、进一步发展建议等；不仅提供评价结果，还提供评价的理论依据和佐证材料。因此，评价报告不以揭示评价结果为目的，而是旨在提升学校质量，为学校发展指明方向。但我国职业教育外部质量评价报告重在结论及评价意见，报告本身非常简洁。因此，我国应在立足本国国情的基础上，充实职业教育评价报告的内容，使得评价结果不仅有理有据，还要对职业院校发展提出具体的实施建议，提高职业学校参与评价的积极性与主动性。另外，评价结果应通过合适方式向社会公开，这既是对国家、学校、受教育者、家庭、政府及其他组织负责，也为社会各界提供信息，同时有利于全社会对高等职业教育院校的教育教学进行监督，推动职业院校进一步发展。

参考文献

［1］孙颖、刘红、杨英英、王世斌：《日本职业教育质量外部评价的经验与启示——以短期大学为例》，《比较教育研究》2013 年第 12 期，第 48 – 54 页。

［2］孙颖、刘红、杨英英：《日本职业教育质量外部评价的经验与启示——以高等专门学校为例》，《外国教育研究》2014 年第 5 期，第 33 – 39 页。

［3］黄立志：《高职高专教育教学评价体系的比较研究》，《职业技术教育》2002 年第 10 期，第 16 – 19 页。

[4] 陈静漪、宗晓华:《职业技术教育的质量评估: 国际经验与趋势》,《职业技术教育》2011年第10期, 第89-93页。

[5] 张妍:《日本大学评估指标体系的改进及对我国的启示》,《中国高等教育评估》2012年第3期, 第61-65页。

[6] 汪长明:《职业教育评价体系构建的研究》,《中国职业技术教育》2013年第15期, 第41-43页。

[7] 杨丽、宋天枭:《国外职业教育评价制度的比较及启示》,《厦门城市职业学院学报》2013年第15卷第4期, 第6-11页。

[8] 王玄培、王梅、王英利:《德国职业教育外部质量评价及其对我国职教评价体系的启示》,《教育与职业》2013年第32期, 第22-24页。

[9] 王东、张慧霞:《中、英职业教育质量评估体系的比较及启示》,《中国职业技术教育》2012年第21期, 第87-92页。

[10] 李文静、周志刚:《德国职业学校教育质量保障: 经验与借鉴》,《中国职业技术教育》2014年第24期, 第61-66页。

[11] 孔凡成:《简述国外职业教育评价模式及特点》,《教育研究》2007年第6期, 第15-17页。

[12] 申文缙、周志刚:《德国职业教育质量指标体系及启示》,《外国教育研究》2015年第6期, 第109-117页。

[13] 吴雪萍:《构建职业教育质量保障体系的国际经验及其启示》,《教育发展研究》2014年第7期, 第49-54页。

[14] 李玉静、岳金凤:《国际职业教育评估指标体系比较分析》,《职业技术教育》2014年第19期, 第84-88页。

[15] 马君:《美国高等职业教育质量评价框架研究》,《职业技术教育》2013年第22期, 第84-89页。

[16] 郄海霞、王世斌、董芳芳:《美国中等职业教育外部质量评价机制及启示》,《比较教育研究》2013年第12期, 第40-47页。

[17] 丁文利:《英国职业教育质量保障体系及其对我国的启示》,《教育与职业》2014年第20期, 第21-23页。

[18] 金晶、吴雪萍:《英国职业教育质量评价体系的特点及其启示》,《教育与职业》2013年第26期, 第21-23页。

[19] 吴雪萍、金晶:《英国职业教育质量评价探究》,《比较教育研究》2013年第2期, 第87-91页。

第二章　国外中高职教育衔接模式分析

中高职衔接是有效整合教育资源，加快教育发展步伐的重要举措。国外发达国家或地区以终身教育为指导推动和发展职业教育，保持职业教育可持续性发展，建立和完善了中等职业教育和高等职业教育相互衔接的机制。当前，全球已形成以英国和澳大利亚为代表的文凭等值衔接模式、以德国和法国为代表的预备教育衔接模式、以美国和俄罗斯为代表的教学大纲衔接模式及以日本为代表的学制一体化衔接模式四种极具特色的衔接模式。学习和借鉴国外中高职衔接的成功经验、探索适合我国的中高职衔接模式是现代职业教育体系建设的重要内容之一，亦是实现高等教育由"精英教育"向"大众教育"转变的有效途径。

一、国外中高职教育衔接发展概况

职业教育曾被誉为发达国家经济腾飞、民族振兴的"秘密武器"。世界各国大都把发展职业教育看作是推动社会经济发展及促进就业增长的重要保障，通过改革职业教育，建立和完善中等职业教育与高等职业教育相互衔接的机制。但是，由于国情的不同，各个国家的中高职衔接模式也不尽相同，而具体的教育模式则主要取决于国家之间不同的教育起点①。

（一）中高职衔接发展概述

德国的职业教育发展，在全球处于领先地位。目前，德国以"双元制"为基础，实施的是螺旋式循环上升的学制体系衔接和阶梯式课程衔接模式。英国现代职业教育起步于20世纪70年代，80年代中期便已确立了职业教育职业资格与普教文凭等值的中高职衔接制度，并统一制定了完备的教学单元式中高职衔接的模式。美国在20世纪90年代将传统的中职课程引入综合课程教学中，将中等职业教育与高中后职业准备教育紧密衔接在一起，并统一制定出中高职衔接的教学大纲，采用以应用为导向的综合课程中高职衔接模式。澳大利亚则是一个善于学习的国家，其"培训包"式中高职衔接模式主要脱胎于英国的与普教文凭等值模式。不过，澳大利亚在文凭等值模式的基础上取精去糟，适当本土化，形成了通过开发与资格框架体系相对应的培训包来衔接的中高职衔接模式。相较以上各国，日本的中高职教育对口衔接由来已久，然而打破同一教育机构内的对口衔接模式则起始于20世纪70年代后期。对口衔接模式通过推荐与选拔优秀职业高中毕业生进入国立高等职业专门院校继续学习，同时，日本还开发出了职业高中教学内容与高等专门院校教学内容的教学计划。

虽然各国的中高职衔接模式各异，但是其共同的目的都是希望通过具体的教育政策和教改措施给中职毕业生继续接受高等职业教育的机会，提供符合终身教育理念的职业教育。

---

①Powell，Justin J. W.，Solga，Heike. Analyzing the Nexus of Higher Education and Vocational Training in Europe：A Comparative - Institutional Framework. Studies in Higher Education，2010（12）：705 - 721.

（二）中高职衔接模式分类

总体来看，国外中高职衔接模式主要分为文凭等值衔接模式、预备教育衔接模式、教学大纲衔接模式、学制一体化衔接模式四类①。

1. 文凭等值衔接模式

文凭等值衔接模式的特点是国家出台职业资格制度，认可不同层次职业资格与相应学校教育文凭的等值关系，并使二者具有升学与就业的同等效力，职业资格的获得者由此取得接受高等教育的权利。该模式最早于20世纪90年代出现在英国，90年代中期被澳大利亚引入国内。

2. 预备教育衔接模式

预备教育衔接模式要求中职学生升入高职之前，除须具备高中毕业的文化程度外，还要经过专业补习或一定时间的从业经验等才能获得高职教育的入学资格。以德国为例，专科高中和职业高中的学生毕业后并非直升高职院校，而须先在企业担任一段时间的中级雇员，再升入高职教育的学校继续深造。目前德国、法国等采用此种教育模式。

3. 教学大纲衔接模式

中高职教育的教学内容和课程结构具有延续性和连续性，因此，二者之间可通过系统衔接的方式相互衔接。此外，中职与专科层次职教大纲或课程呈现系统性，所以，通过大纲与课程的对接，可保障这两层次职业教育的顺利衔接。美国、俄罗斯等国采用此种模式。

4. 学制一体化衔接模式

“五年一贯制”是最典型的一体化衔接方式。如日本中职与高职教育学制衔接采用的是五年一贯制模式，规定至少修满220学分，学生在前两年公共课学习结业后允许进行一次专业选择，在具体教学中采用模块的教学方式。

以上四类中高职衔接模式大致涵盖了全球主要发达国家，然而在具体的实施过程中，各个国家以此四类衔接模式为基础，又开发出了各具特色的衔接方式，如表2－1所示。为了增强职业教育发展的动力和吸引力，发达国家大都采取了打通中职教育通向普通高等教育的路径，变终结性中等职业教育为阶段性教育，为职教学生提供继续接受高等职业教育或普通高等教育的机会，解决了等值承认职教普教学历资格的问题。发达国家各自都制定了一系列措施，给予职业教育和普通教育同等地位。

表2－1　　全球典型中高职衔接模式介绍

分类	中高职衔接模式	代表国家或地区	模式介绍
文凭等值衔接类	单元衔接模式	英国	英国按各行业十一大类5个等级标准设置职业资格，与普通文凭等值认同，确保中高职衔接的顺利推进
	培训包模式	澳大利亚	澳大利亚资格框架共包含学校教育、职业教育和培训以及高等教育三类12级资格，框架内资格相互承认，学分互换。中高职课程衔接通过国家层面开发的“培训包”实现

①李柏青、张伟：《中高职紧密衔接人才培养模式研究》，《广东教育·职教版》2013年第2期，第18－19页。

续表

分类	中高职衔接模式	代表国家或地区	模式介绍
预备教育衔接类	核心阶梯衔接模式	德国	德国以双元制为基础，学制体系衔接呈螺旋式上升，课程体系采取阶梯式综合性职业教育课程衔接模式，各层次普通教育与职业教育相互交叉，形成纵横交错的教育网络
	课程分类衔接模式	法国	法国规定，凡是拥有普通高中、技术高中、职业高中等毕业会考文凭的学生，通过专门的补习达到升高职的学历标准即可申请高职院校
教学大纲衔接类	课程或大纲衔接模式	美国	美国将中职教育与高中后技术准备教育连为一体，统一制定教学大纲，采用以应用为导向的综合课程模式。中职和高职校际间通过合作或签订合同的方式统一实施各层次教学大纲
	一体化职教大纲衔接	俄罗斯	《俄罗斯联邦教育法》规定，初、中、高三个层次职教大纲为互相衔接的，即较低层次职教大纲的完成者可直接进入更高一层次，并按精简的大纲提前完成学业
学制一体化衔接类	五年一贯制衔接模式	日本	对于五年一贯制的准学士来说，课程设置基本一致，中职教育课程主要集中在前三年，高职的专业科目多集中在后两年
	多段一贯制衔接模式	中国台湾	高级职业学校的中职教育与二专的专科职业教育的衔接；综合高中与二专的专科职业教育和技术学院、技术大学的本科教育衔接；二专、五专的专科职业教育与技术学院和技术大学的本科教育的衔接；技术学院、技术大学的本科教育与技术学院、技术大学研究生教育的衔接

资料来源：根据网络公开资料整理。

二、发达国家中高职教育衔接模式分析

职业教育发达的国家和地区已基本形成了中高职课程衔接模式，如英国的教学单元衔接法、美国的综合课程教学大纲衔接法、德国的核心阶梯式综合课程衔接法、澳大利亚的教学内容培训包衔接法等。上述国家和地区在“现代学制”方面处于世界领先水平，对职业教育的相关研究也备受世界关注。下面以德国、美国、英国、澳大利亚、日本为例，详细介绍其中高职教育衔接模式。

（一）德国中高职教育衔接模式

德国被公认为职业教育强国，其职业教育体系成为许多国家效仿的标杆。“双元制”是德国实施职业教育中最独到、最有特色的内容，也是德国职业教育获得成功的关键。近年来，为适应

知识社会和信息社会对高素质职业人才的需求，提高职业教育的吸引力，德国进一步深化职业院校与企业的合作，特别注重职业教育之间的衔接以及普职教育的衔接，为接受过职业教育的青年人提供进入高等学校继续深造的机会，主要衔接模式包括以下三种：

1. “螺旋式上升”的学制衔接模式

德国的职业教育是以“双元制”为基础，实施螺旋式循环上升的学制体系衔接模式，如图 2－1 所示。德国的职业教育体系呈“螺旋式上升”的结构，主要表现在以下三个方面：

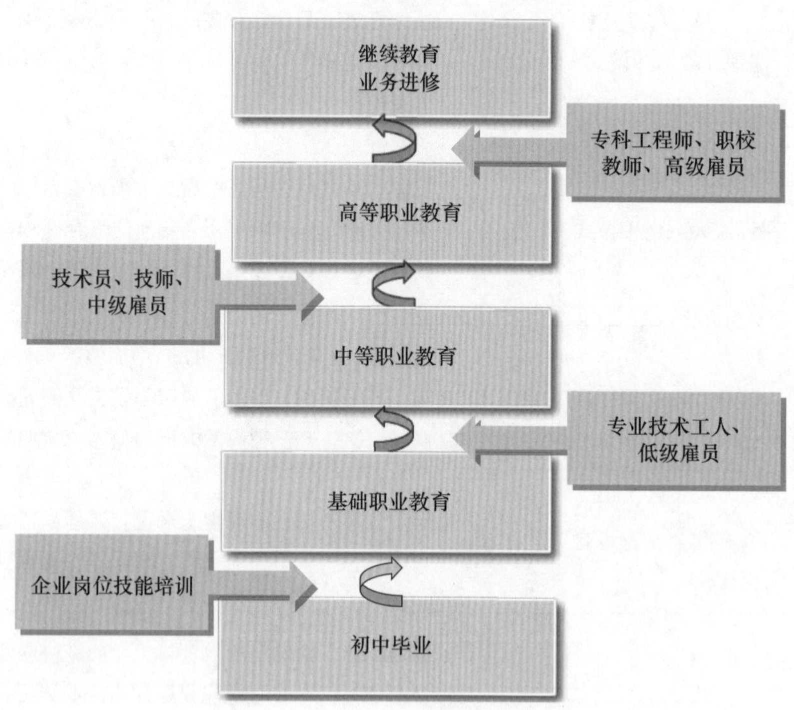

图 2－1　德国职业教育体系循环示意图

第一，由于职业教育的梯次性较强，在教育分工中，较高层次的职业技术教育（包括企业及职业教育机构的培训）均以较低层次的职业教育为基础。国家以实施“双元制”为主，以强调学生的职业实践经验为前提。

第二，各个层次职业教育与普通教育相互交融，形成了德国职业教育纵横交错的网络体系，这就为接受中等职业教育的学生提供了多个继续深造的机会。在“双元制”学习的中职毕业生与普通高中毕业生具有同等学力和资格，均可报考相关大学。

第三，德国职教体系中有着多种升学渠道。一个经过职业教育的人员，既可以利用已经学到的知识和技能进行就业，也可以在经过“双元制”的职业实践以后，为谋求更好的就业机会，再去接受高层次的职业教育，方法多样，时间灵活，完全取决于个人的意愿和条件。①

德国职业教育各个层次与普通教育相互沟通、交叉，形成了纵横交错的网络。特别是为接受中等职业教育的学生提供了多个入门深造的机会，进行双元制学习的中职毕业生与普通高中毕业生具有报考大学的同等学历和资格。

①秦红：《国外中职与高职衔接模式的启示》，《中国职业技术教育》2002 年第 6 期，第 52 页。

2. “核心阶梯式”的课程衔接模式

“核心阶梯式”综合课程模式是德国“双元制”中高职一体化的重要部分。如图2-2所示，德国职业教育课程是建立在宽厚的专业培训基础上的综合性的课程，是以技术工人的专业实践活动为核心，包括了专业所需的所有理论知识，覆盖面广而不求深；把普通课中的数、理、化等课程内容融入到专业课程体系中，使得传统的单科课程体系改造成一个整体的综合课程体系。所以，“核心”就在于它精简、合并了课程内容，避免了不必要的简单重复，同时，也避免了课程安排上的不协调和课程学习的盲目性。

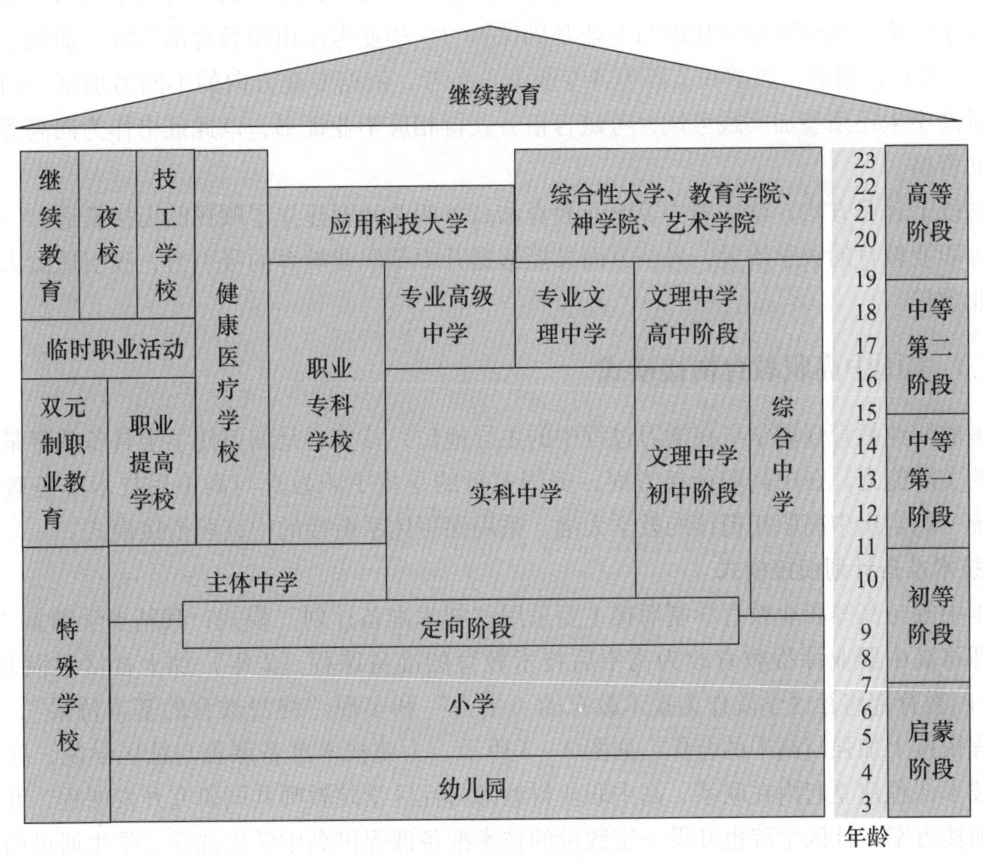

图2-2　德国现行学制

所谓“阶梯式”，即德国依据培训条例将三年的培训期划分为由低到高的三个阶梯：①基础培训——职业培训的第一年被称为职业基础教育年；②分业培训——第二培训年开始分专业进行一般的职业专业教育，要求受训者在若干专业方向上加深对专业的理解并通过一门培训职业的毕业考试，其后可立即从事职业活动也可紧接下一阶梯的更高一级培训；③专长培训——第三培训年开始进行特殊的职业专业教育，要求进一步将专业技术能力向专精发展，其专门化更强。培训内容随阶梯增加而逐渐由简浅发展到精深，能够保证学生在广泛的基础培训前提下通过分化而最终达到掌握专长技术的目的，也便于职业教育的完整性和衔接性。

3. 以学历补习为中心的衔接模式

以学历补习为中心的衔接模式要求中职毕业生通过参加相关的课程补习，合格者取得高职院校的入学资格。其补习通常分两步走。

第一步，取得初中毕业证书的课程补习，即职业提高学校的课程补习。职业提高学校是在职业学校与专科高中或职业高中之间建立的中间学校，也称职业补习学校。为了取得“中等教育毕业”证书，双元制学校的学生可在职业培训的同时（至少1.5年后）进入与培训专业相关的非全日制职业提高学校（学制3~3.5年）或在职业培训毕业后进入全日制职业提高学校（学制1~1.5年），学生从职业提高学校毕业即可获得“中等教育毕业”证书，从而获得专科高中或职业高中的入学资格。

第二步，取得专科高中或职业高中毕业证书的课程补习。该阶段的补习为了获得专科大学或大学的入学资格，须对普通文化课与专业基础课补习。毕业考试由州教育部门统一命题，笔试为“三加一”科目，德语、数学和英语为各专业学生必考，依据专业方向的不同另加试一门相关科目；专科高中生还须参加实践考试，考试合格者获得相应毕业证书，以此证书作为向高等学校申请入学的资格。

通过以上补习方式，德国的中等职业教育和高等职业教育建立了顺畅的衔接渠道，一方面提高了高等职业教育的教学质量，另一方面又能够提升中等职业教育的吸引力，吸引适龄人员进入中等职业学校。

（二）美国中高职教育衔接模式

美国的职业教育强调学员在学习过程中的主导地位，其核心是如何使学生具备从事某一职业所必需的实际能力。在中高职衔接方面，美国实行的是将中职教育与高中后技术准备教育一体化，并统一制定出中高职相衔接的教学大纲，采用课程体系衔接的中高职衔接模式。

1. 技术准备计划衔接模式

美国中等与高等职业教育学制衔接主要采用“技术准备计划”模式，其基本学制是“2+2”学制，即将高中职业课程教育改为高中后技术教育的准备课程（2年）加上社区学院教育（2年）。美国教育部将社区学院作为技术教育的“主力”和实现“终身教育的基本桥梁”，并鼓励其在课程衔接上加强与高中的合作。如图2-3所示，为使技术准备课程与社区学院、技术学院的实用技术课程建立起内在联系，高中职业科教师与社区学院教师共同研究开发课程，并不断修改二者衔接方案；社区学院也开设一定数量的技术准备课程供高中学生选学。学生通过高中后技术教育的准备课程获得学分。中学后教育可以是两年职业培训，取得职业证书，也可以是两年社区学院教育，取得大专文凭，获得副学士学位。中学毕业进入社区学院学习，学生在修完两年所要求的学分后可以转入四年制大学继续深造，如转入技术教育大学和技术学院或与大学联合本科教育的社区学院。

2. 课程或大纲的衔接模式

20世纪90年代，美国将综合课程引入传统的中职课程中，将中等职业教育与高中后技术准备教育紧密结合起来，按照中职和社区学院的合作协议制定各层次相互衔接的教学大纲和相关专业的教学计划，实施以应用为导向的综合课程。具体做法为，以职业能力为基础，将能力标准转换为课程，由行业专家、教师以及开发专家共同制定中高职衔接的教学大纲及教学计划，开发指导和帮助学生掌握职业技能的学习资料。

根据《帕金斯法案》，所有的学生都要达到知识与技能的较高水平，以便能在21世纪全球经济发展中谋得高技能、高薪酬及高标准的工作。为此，法案规定：凡是接受《帕金斯法案》下

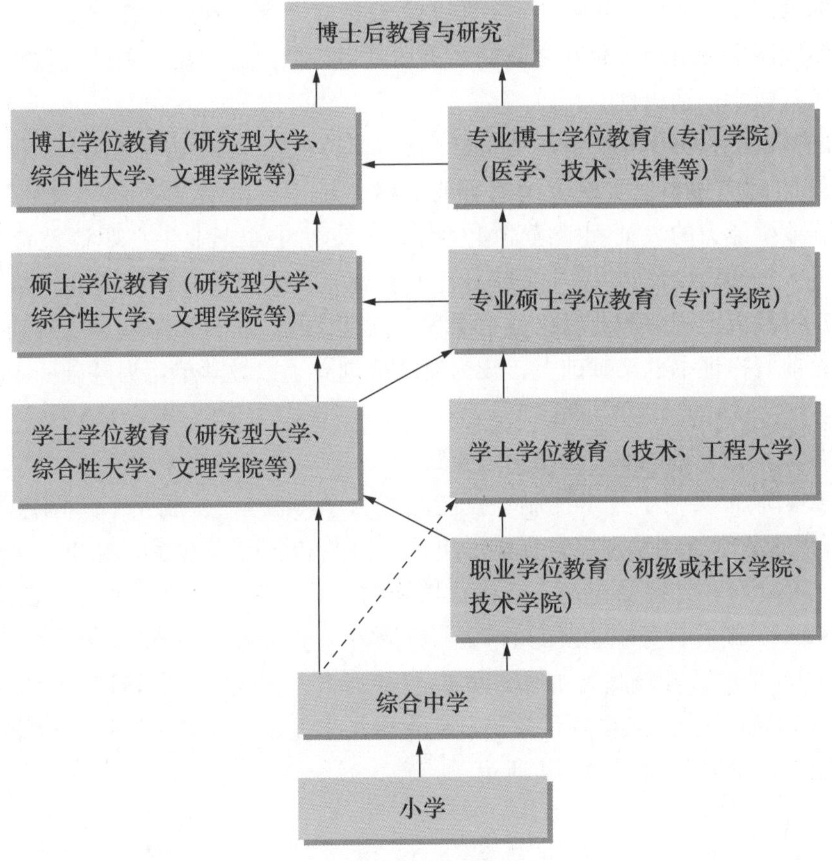

图2-3　美国教育结构体系

拨款的教育机构都必须至少开设一个职业生涯与技术教育学习项目，项目中所提供的教学要保证高标准的文化课以及相关的职业生涯与技术教育内容，而且教学内容的安排还要兼顾中等和中等后教育的衔接，避免重复，能够让学习者获得企业承认的证书、中等后教育证书或者副学士学位。

（三）英国中高职教育衔接模式

英国现行的中高职衔接模式早在30年前就已经在国家层面确定，国家教育委员会以地方立法的形式确定了职业教育职业资格与普教文凭等值作用的制度，并在此基础上衍生了以教学单元为基础的资格证书衔接模式、以现代学徒制为基础的职业资格衔接模式以及以学分为基础的"立交桥"式衔接模式三种中高职衔接模式。

1. 以教学单元为基础的资格证书衔接模式

在中高职衔接模式方面，英国较成功的创新是创立了中高职单元衔接模式，也就是中职与高职的课程相融合以后进行重新划分，制定出相互衔接的教学单元，让以前重复课程的概率降到最低，让教学过程中的效率增长到最高。具体来讲，单元衔接法的操作方式为把全部的中等职业教育课程与高等职业教育课程进行统一的编订，以此来形成数以千计的职业教育教学单元。同时，按照不同的教学程度将这些单元划分为五个层次①，其中第一至第三层次由中等职业教育教学单

①杨显彪：《对中高职课程目标衔接问题的思考》，《职业通讯》2006年第5期，第38-39页。

元占据，之后的第四、第五层次则属于高等职业教育教学单元。在这种衔接的作用下，各教育教学单元之间逻辑顺序更加清晰，相互之间联系更加紧密，彼此之间没有断档或重复现象，这就显著增强了职业教育教学的适应性。

在单元制的基础上，英国将所有职业资格都纳入国家教育资格证书框架中，确立了教育证书和资格证书等级的对应关系，实现了国家职业资格“证书”和普通教育“文凭”价值均等①，两种证书都是毕业生能力的表征和继续学业的凭证，促使中职毕业生在职业教育体系内均衡流动，并有机会进入普通高校深造②。中职毕业生及在职人员只要持有国家职业资格一级和二级证书，注册学习三级及以上国家职业资格证书课程时前期课程、学分及学业证书等均予以认可。英国在实施国家教前资格证书框架基础上，较为成功地创立了以教学单元为基础的中高职教育资格证书衔接模式。

2. 以现代学徒制为基础的职业资格衔接模式

2009 年，英国颁布实施了《学徒制、技能儿童与学习法》，并成立了“国家学徒制服务培训中心”，为开展现代学徒制培训项目提供了组织、协调和资助等方面的服务。现代学徒制培训项目主要针对已经受雇并且接受正式、结构化培训的人员（其中，为就业积极做准备的 16 ~ 18 周岁青年人占 40%，提升自身职业技能的 19 ~ 25 周岁从业者占 60%），承办学徒制培训项目的院校和机构达 1100 余所，参与此类项目的雇主近 13 万人，接受学徒制培训的学生超过 40 万人，学徒制完成率达 74% 以上③。英国现代学徒制包含青年学徒制、学前学徒制、学徒制、高级学徒制和高等学徒制五个阶段④，如图 2 – 4 所示。

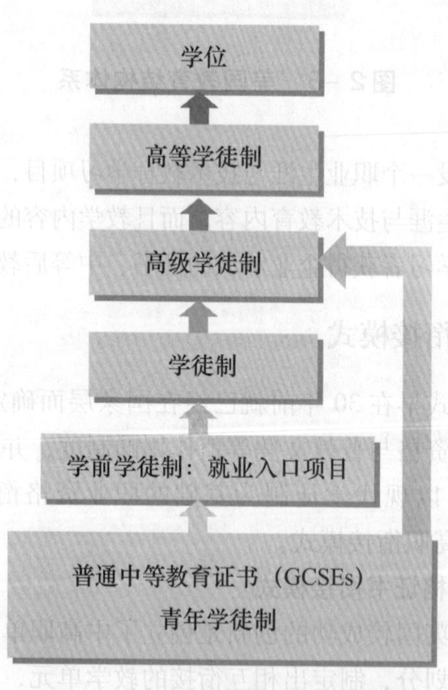

图 2 – 4　英国现代学徒制体系

①樊大跃：《英国国家教育/资格证书等级特征描述》，《中国职业技术教育》2008 年第 9 期，第 56 页。

②张建：《英国中高职衔接的经验与启示》，《教育与职业》2012 年第 11 期，第 106 – 107 页。

③石伟平：《比较职业教育》，高等教育出版社，2012 年版，第 18 页。

④汤书波：《中英中高职教育衔接模式的比较研究》，《教育与职业》2014 年第 14 期，第 21 – 24 页。

青年学徒制主要为14～16岁能力强、学习兴趣高且每周有两天在工作场所学习行业知识的学生提供高质量的学习机会；学前学徒制以未能开始学徒制的青年为对象，开展“就业入口”项目，定位于“国家职业资格证书”NVQ 1级（国家职业资格一级）水平；学徒制定位于NVQ2级（国家职业资格二级）水平，内容包括NVQ、关键能力和技能证书；高级学徒制定位于NVQ3级（国家职业资格三级）水平，内容包括NVQ、关键能力和技能证书，申请者需要获得5个C等以上成绩或GCSE证书（普通中等教育证书）或已完成学徒制；高等学徒制是将学徒制与高等教育联系起来的试点项目，定位于NVQ3级水平，学习者可同时获得NVQ3和基础学位证书，申请者需要完成高级学徒制或相关高级水平证书（A－level）。

3. 以学分为基础的“立交桥”式衔接模式

英国资格与学分框架将课程划分为学习单元，每个学习单元对应一定的学分和级别，1学分相当于10小时国家标准学习时间。级别表示学习难度，依据难度高低划分为入门级和1～8级9个级别，每个级别累积获取1～12学分、13～36学分及37学分以上者可分别申请对应的资格认证、证书及文凭。学习者无论以何种方式获取的学习成果，都可以凭借学习证明材料，通过明确相关知识、技能和能力、收集佐证材料、对佐证材料的文件整理或评估、使用针对个人设定的系统对学习成果确认和针对接续下去的学习和证书的建议等环节后申请学分认证和累积，只要累积完成一个学习单元即可获得相应学分。学分存入国家学分数据库并终生有效，且可不断累积和转化。学习成果转化为学分后，学习者可按某种资格的“组合规则”取出相应学分，即可兑换为相应的资格、证书或文凭，中职毕业生只要累积具有相应的资格或证书就可以申请接受高职教育。

英国学分换算体系给予各种证书公平待遇，以量化形式将原本很难比较的各种资格证书梳理为有序的、参照性很强的证书比照体系，以普职教育证书等值方式将职业教育摆在与普通教育同等的地位，扩展了中高职教育衔接范围，并促使职业教育立交桥式发展。该体系将各种证书融汇成整体，以叠加的方式促使学习者积累式发展，不仅学生的个人聪明才智得以充分发挥，同时也对学生不同方式的学习经历予以认可和肯定，从而激发人们更大的学习热情，为构建学习型社会奠定了制度基础。①

（四）澳大利亚中高职教育衔接模式

“培训包”模式是澳大利亚中高职衔接的主要模式，现已经成为了澳大利亚职业教育的代名词。为了进一步规范化职业教育资质的衔接，澳大利亚又开发了“立交桥式”资格认证衔接模式。二者的开发与使用促进了中高等职业教育的衔接和职业教育培训体系的标准化。

1. “培训包”式中高职衔接模式

澳大利亚的中高职衔接模式体系也被称为澳大利亚学历资格框架（Australian Qualification Framework，AQF）。如图2－5所示，澳大利亚学历资格框架分工明确且包含了从义务教育乃至职业技术培训之后的所有资格证书，其中细分有高中义务教育过程中的毕业证书、职业技术教育与培训过程中的认证证书乃至大学期间颁发的各项资格认证证书等，共计十二级证书。在每一级证书的资格要求中都有明确的规定，不同的等级层次间有着特有的衔接模式。

①樊大跃：《融会贯通普职教育的“工具”——英国学业分换算体系简介》，《中国职业技术教育》2006年第5期，第52页。

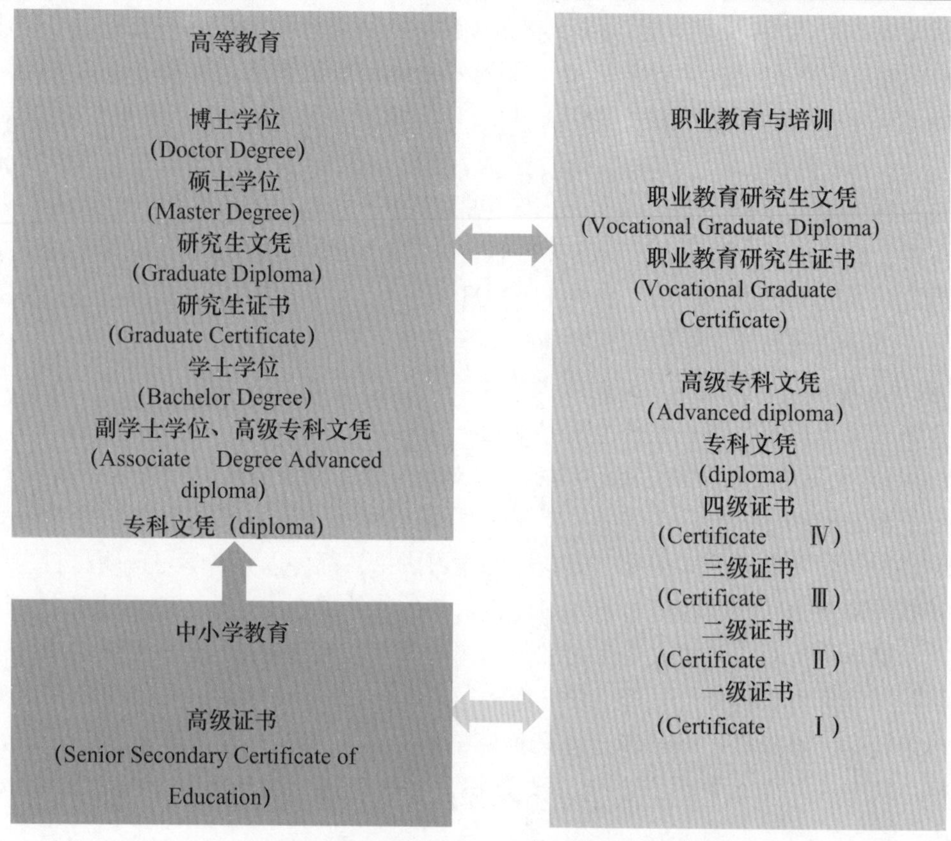

图 2－5 澳大利亚三类教育衔接框架

澳大利亚中高职衔接模式的特点主要有：①澳大利亚的中高职中关于各个层次内部的资格证明框架是相互衔接的。AQF 系统依据不同人群和层次等级对于不同资格证书的要求，准许一部分人稳定地在获取一种资格证书之后就有机会得到更高级别的资格证书。在各个低级别和高级别的资格证书和文凭之间都有必要的衔接关系，保证了本国国民职业技术生涯的长期规划和终身发展计划的完成。②中高等职业教育模式的衔接不是盲目的，而是以市场和特定的职业为导向。这个系统的衔接整合了社会所需要的每一个能力环节，对应的职业不同就会设计不同的证书和培训学习衔接，以保证证书内容和相应的岗位需求相匹配，这样就使整个衔接过程针对性较强。③澳大利亚的中高职衔接模式具有较大的灵活性。人们在选择不同教育学习模式时，可以依据自身的实际需求和时间安排去选择特定的模式进行学习。这样较大的灵活性和时间安排就给人们在接受不同等级和模式教育培训过程中带来了灵活、流动的可能性。

2. “立交桥式”资格认证衔接模式

澳大利亚的证书、学位、学历和职业要求是相对应的，采取全国统一的形式，教育界与产业界采用统一的能力标准和证书体制，不同州的职业技术教育学院（Technical and Further Education，TAFE）以及企业间相互承认，这对于 TAFE 的进一步发展是极为有利的。在“立交桥式”资格认证衔接模式下，政府部门一直是扮演着一个政策协调和通过财政拨款而非强制的行政手段来保障培训质量的角色，所以，全国统一的能力标准和资格证书是规范和引导培训市场的有力保障。

如图 2－6 所示，学生高中毕业后可以选择进入 TAFE 继续职业课程的学习，根据学生之前的职业教育学习成果，可以选择证书Ⅰ～证书Ⅳ、文凭及高级文凭中的任何一个级别，当然，如果并非应届高中毕业生，或者之前在企业内接受过结构性培训，那么该学习成果在TAFE入学前也会被认可并折合成一定的学分，以免修相应的模块课程。学员在获得文凭或高级文凭后，可以选择学士学位、研究生证书、研究生文凭、硕士学位及博士学位中的任何一项继续深造，这为TAFE的学员拓宽了选择途径，进入TAFE学习只是上了一座“立交桥”而非进入一个“死胡同”①。

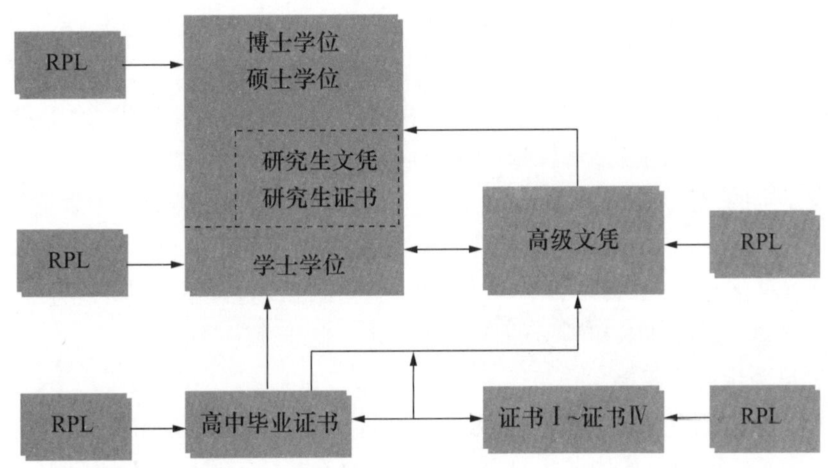

图2－6　澳大利亚资格框架“立交桥”

注：RPL（Recognition of Prior Learning）：对先前学习的认可。

（五）日本中高职教育衔接模式

日本职业教育主要由学校职业教育和企业培训两部分组成。从事职业技术教育的机构也各自具有其独特的个性，如女性化的短期大学、市场化的专门学校、以工学为中心的高等专门学校以及职业训练学校等。这些不同类型的高等职业教育机构产生背景不同，培养目标不同，实现的功能也不尽相同，但其共同特征是在教育市场、雇佣市场中找到自身的位置。一方面适应了不同的学习需求，另一方面又适应了日本社会和产业的不同需求。日本中高等职业教育的衔接大多以“能力本位”为主要原则，同时又充分注重“专业对口”。目前，日本中高等职业教育衔接的模式主要有以下几种②：

1. 以学制为中心的衔接模式

日本最具特色的中、高等职业教育对口衔接模式当属高等专门学校五年一贯制，也称准学士学位制度。对各高等专门学校五年一贯制的准学士学位来说，课程设置基本一致，课程体系重视理论与实践的结合、综合培养学生的基本素质。中等职业教育课程集中在前三年，高等职业教育的专业科目大多集中在后两年。前三年与高中类似的基础文化课程比重从大到小，专业课程从小

①张丽英：《澳大利亚TAFE探究》，华东师范大学硕士学位论文，2004年。

②李雪花：《日本中高等职业教育对口衔接模式研究——对我国中高等职业教育对口衔接模式的启示》，河南师范大学硕士学位论文，2011年。

到大，呈“楔形”科目编制。第一学年结束后根据学生本人的意愿和成绩划分专业，专业课学习在第二学年进行。由于高等专门学校的学生是初中毕业，基础相对薄弱，需在低年级学习基础课，为高年级的专业课学习打好基础，并且学生学习了一定的基础课后，才能明确专业方向，所以选修课设置放在第四学年和第五学年。

从课程总体规划来看，课程的逻辑体系和学生的接受能力是各类课程设定的根据；它的趋势是随着年级的增长，基础课逐年减少，专业课逐年增加。课程教学按照统一基准的教学大纲开展，避免课程重复学习。同时，采用学年学分制，以年级为单位设置课程，每一学年学分若拿不到就有留级的可能，总学分不满者不能毕业。此外，每年的课程里都有创作课，自行命题，设定“提案式毕业研究”让学生完成理论与实践结合的毕业作品。五年级时学生在实习实验中形成自己的特色，让学生充分体验实习实践，与未来工作实践实现接轨。具有特色的准学士学位和学士学位给学生提供了选择就业的意愿和深造的机会。

为了拓宽毕业生的出路，高等专门学校五年一贯制培养的已获得准学士学位的学生，还可以继续深造“专攻科”学习，年限延至七年获得学士学位。长冈技术科学大学和丰桥技术科学大学开设了大学院（研究生院），专业设置与本科保持连贯性，打开了高等职业教育的新路径，为本科毕业生及具有同等以上技术和学历的人寻觅到进一步继续深造的机会。

2. 以编入制度为中心的衔接

1976 年，日本政府创办了长冈和丰桥两所技术科学大学。这两所高职院校向高等专门学校和职业高中、综合高中职业科的毕业生打开了大门，允许其插班进入大学继续学习，为巩固和发展高等职业技术教育发挥了积极的作用，从而也为中等职业毕业生继续深造提供了学校制度上的保证。“两所科学技术大学在本科二年级时分配 300 名额用于招收高等专科学校毕业生，对这些学生进行 4 年一贯制教育，到毕业时使其达到硕士水平”。

通过有关考试按相关对口专业将职业高中毕业生编入五年一贯制高职四年级进行学习，这样就能够拓展职高毕业生的升学途径，满足其进入大学继续深造的愿望。日本短期大学的学制为两年；后期的大专两年也采取直接编入的形式，直接招收毕业于高中专门学科和综合学科的学生。目前，日本的高等专科学校每年有 1 万名左右的毕业生，其中插班进入长冈、丰桥两所技术科学大学深造的学生达到 700 多名，插班进入其他大学深造学习的约有 1900 名，升学人数约占毕业生总数的 25%。

近年来，日本给予专门高中学生多样化的出路方式，给予高中毕业生自主选择的机会，重点加强专门的实践性技术教育。高中毕业生可申请报名参与选拔委员会的考试评估，合格者即可进入高等职业院校，如专科大学、短期大学以及专修学校的对口专业进行学习。此模式不仅为日本中高等职业教育增添了特色，还推动了日本中高等职业教育的衔接向更加完善的方向发展。

3. 以推荐选拔为中心的衔接

日本职业高中、综合高中的职业科一直在实施推荐与选拔优秀职业高中毕业生进入高等职业专门院校的制度。该制度是一项独具特色的“社会人特别选拔制度”，即实施推荐与选拔优秀职高毕业生直接进入高等职业专门学校的制度。该制度表明职业教育需要采取多样的选拔方式，以配合其个性化与特色化的改革举动，并对学生的多方面表现予以多元化的测试。日本职业高中和综合高中的职业科均具有大量的科目类别，因此，二者都能够与职业类的技术大学、短期大学等高职院校有机衔接。

推荐入学设置评定平均值的特别规定，以小论文、调查报告书及面试等作为给予学生准入许可的参考资料。此外，职业高中毕业生的推荐选拔制度要求组织一次公共的学历考试，也有部分学校转而通过调查书、专业科目成绩等评价方法进行选拔。基于推荐选拔的招生制度具有以下特点：重视对高职毕业生的面试，要求高职毕业生写一篇小论文；设有专门学校和工业高中毕业生入学考试的基础专业课程；在各专业招生人数中，通过推荐选拔入学的为50%。

三、国外中高职衔接发展经验总结

他山之石，可以攻玉。总结发达国家和地区中高职衔接的模式及各种做法，可以为我国发展职业教育提供有益借鉴，主要有如下几点启示：

（一）课程衔接是实现中高职教育衔接的核心

通过上述五国中高等职业教育衔接模式的比较可以看出，尽管各国的职业教育以及经济发展状况存在差别，中高等职业教育的衔接模式体系也不同，操作方式和运行机制各具特色，但是中高等职业教育衔接的最终落脚点是课程的衔接，制定适宜的课程衔接体系是中高等职业教育衔接的关键问题。

首先，建立科学的职业教育课程开发制度。英国的资格与学分框架、澳大利亚的TAFE课程、美国的职业生涯与技术教育课程都有系统科学的课程开发制度保证。①明确课程开发的依据，如英国资格与学分框架中的不同能力级别要求、澳大利亚的培训包。②建立具有社会公信力的机构负责课程开发。③建立系统的课程开发流程。课程开发由政府、行业、企业与教育机构通力合作完成，保障了课程的质量。

其次，既要重视课程内容的衔接，也要重视教学过程的衔接。英国资格与学分框架实现了课程内容的衔接，同时，通过学分制和先前学分认可，实现了学习者在已有能力基础上选择课程进行学习的目的，进而实现了教学过程的衔接。

最后，行业、企业积极参与课程的开发，确保职业教育课程的职业导向性。英国在开发学习结果和资格时，有行业专家和其他利益相关者参与其中；澳大利亚在开发新课程和课程标准时，由政府、行业、企业与教育机构共同完成。行业与企业专家全程参与，这充分发挥了行业、企业在职业教育课程开发中的基础性作用，保证了职业教育课程的职业导向性。

（二）职业资格标准完善是中高职教育衔接的前提

从英国、澳大利亚中高等职业教育衔接的经验不难看出，建立统一的职业资格标准是中高等职业教育衔接的前提和目标定位。有学者指出，在区分中高职人才培养目标时，如果以中高职预期的工作岗位为依据的话，很容易区分出两者培养目标的不同。也就是说，中高等职业教育的衔接实质上是所对应的工作岗位层次的衔接。对工作岗位进行科学定位的依据应该是职业标准，职业标准是对岗位从业人员所需工作能力和水平提出的规范性要求，是根据职业活动的内容确立的。

职业标准的制定不仅需要开展广泛而深入的调研，还需要行业、企业、理论界等多方的参与。例如，澳大利亚的“培训包”是一套国家认可的用以认定和评价个人技能的职业标准和资格的体系，“培训包”的开发由国家行业培训咨询委员会、行业协会和企业共同完成。建立统一的职业资格标准，以此确定中高等职业教育目标，进而实现两者的衔接。

（三）升学路径多元是中高职教育衔接的保证

升学路径的多元互通是职业教育衔接改革发展的必由之路。如德国“双元制”实施螺旋式循环上升的学制体系衔接，设置了专科高中、职业高中和专科学校等沟通学校，为学员进入更高层次的阶段学习提供了机会。美国实行的是典型的单轨制教育制度，主要按照法案规定和学制要求去升学深造；日本有以学制为中心的衔接、以编入制度为中心的衔接和以推荐选拔为中心的衔接制度；澳大利亚建立了澳大利亚资格框架体系，其各个层级的资格均建立在行业需求基础上并相互衔接沟通。

由此可见，中高等职业教育要实现衔接，必须要建立“立交桥式”的教育体系，不断拓展学生的升学发展路径。加强职业教育与普通教育、继续教育、社区教育、网络教育等多种教育间的融合，制定规范的衔接制度和框架体系，为整个衔接沟通提供保障和行动指导。

（四）校企合作是中高职教育衔接的助推力量

目前，发达国家校企合作机制的建立是以各国的办学优势、企业资源为基础，通过学校办学理念的推动、政府法律法规的保障、企业资金、人力资源的支持，形成了各具特色的校企合作机制。如德国的“双元制”，其教学实体主要指企业和职业学院两方，教育过程突出体现了校企深度合作。“双元制”具体运行模式包括教师“双元制”、学生“双元制”、授课内容“双元制”、授课地点“双元制”、经费“双元制”。具体操作主要是负责企业实际工作岗位技能培训的实训教师来自企业，按照政府颁布的培训条例及培训大纲制定授课内容，在企业内接受培训，学生此时的身份是“学徒”，与企业签订培训合同，培训的经费由企业承担。而美国校企合作机制的建立主要集中在“合作教育方式”，即以培养具有技术资格和能力的劳动者为目标，学校、政府、企业、服务部门之间合作，在学生接受理论学习的同时进行企业的生产实践锻炼。以德国为代表，发达国家对于校企合作机制构建方面的研究及运用经验要比我国充分，这些都对我国中高职院校开展校企深度合作有一定的借鉴作用。

参考文献

[1] Powell, Justin J. W., Solga, Heike. Analyzing the Nexus of Higher Education and Vocational Training in Europe: A Comparative – Institutional Framework. Studies in Higher Education, 2010 (12): 705 – 721。

[2] 秦红：《国外中职与高职衔接模式的启示》，《中国职业技术教育》2002 年第 6 期，第 52 页。

[3] 樊大跃：《英国国家教育/资格证书等级特征描述》，《中国职业技术教育》2008 年第 9 期，第 56 页。

[4] 张建：《英国中高职衔接的经验与启示》，《教育与职业》2012 年第 11 期，第 106 – 107 页。

[5] 杨显彪：《对中高职课程目标衔接问题的思考》，《职业通讯》2006 年第 5 期，第 38 – 39 页。

[6] 民建中央考察团：《台湾职业教育考察报告》，《职业技术教育》2010 年第 6 期。

[7] 赵媛媛：《国内外中高职教育衔接模式实施现状及成效研究》，《长春大学学报》2014 年第 8 期，第 1091 – 1093 页。

[8] 尚建疆、蔡立新、彭龙生、姜丽娜：《国内外中高职衔接模式的对比研究》，《教育教学论坛》2014 年第 33 期，第 130 – 131 页。

[9] 石伟平：《比较职业教育》，高等教育出版社，2012 年版，第 18 页。

[10] 樊大跃：《融会贯通普职教育的“工具”——英国学业分换算体系简介》，《中国职业技术教育》2006 年第 5 期，第 52 页。

［11］张丽英：《澳大利亚 TAFE 研究》，华东师范大学硕士学位论文，2004 年。

［12］魏碧波、刘云高、梅文婷、何月盈、李芳芳：《国外中高等职业教育衔接学制研究现状》，《文学教育》2014 年第 11 期，第 77－78 页。

［13］邓晓卫、施庆生：《借鉴国外高校经验，加快教学改革步伐》，《中国大学教学》2015 年第 2 期，第93－96 页。

［14］唐艳：《中高职一体化课程体系构建的研究》，湖南农业大学硕士学位论文，2013 年。

［15］郑坚：《简析美国职业生涯与技术教育的中高职衔接》，《中国职业技术教育》2012 年第 3 期，第 77－96 页。

［16］李德贵：《美、英、澳中高职衔接的比较研究——基于体制和机制的视角》，《成人教育》2013 年第 12 期，第 125－128 页。

［17］吴剑丽、吴光：《英国职业教育与普通教育一体化发展探析》，《当代教育科学》2010 年第 11 期，第 51－52 页。

［18］金盛：《涨落中的协同：中高职衔接一体化教育模式研究》，西南大学硕士学位论文，2013 年。

［19］蒋春洋：《中高等职业教育衔接的国际比较与启示》，《教育与职业》2013 年第 17 期，第 17－19 页。

［20］汤书波：《中英中高职教育衔接模式的比较研究》，《教育与职业》2014 年第 14 期，第 21－24 页。

［21］李雪花：《日本中高等职业教育对口衔接模式研究——对我国中高等职业教育对口衔接模式的启示》，河南师范大学硕士学位论文，2011 年。

第三章　国外职业教育集团化办学模式分析报告

职业教育集团化办学是教育组织变革中的一种新型模式，也是当前职教改革中的热点问题。它以推动职业教育校企合作和职业教育办学质量效益提升为目的，促进职业院校之间以及职业院校与政府部门、行业组织、企（事）业单位、研究机构、社会组织等有关组织机构之间的合作，整合各方相关资源，加强互助合作，实现共同育人。我国的职业教育集团化办学尚处于探索阶段，水平亟待提升。而其他一些国家和地区在该领域的发展时间较长，积累了丰富的经验。

本章在相关研究成果的基础上，介绍了国外职业教育集团化办学的发展概况，梳理了国外的四类主要模式，并对五个典型国家——德国、美国、荷兰、日本、印度的职业教育集团化办学模式作了分析。最后，本章总结国外的发展经验，以期为我国发展职业教育集团化办学提供借鉴。

一、国外职业教育集团化办学发展概况

20 世纪六七十年代，发达国家和地区进入经济快速发展的阶段，产业结构转型升级，各行业、企业对从业人员提出了更高的技术技能要求，由此引发了职业教育领域的改革，多元主体参与职业教育成为必然。在市场经济体制较健全、私立教育比较发达的国家和地区，职业教育集团化办学开始出现。网络化、连锁式的大型教育组织机构产生，冠以“Education Group”、“Education Company”或“Schools”等具有教育集合体名称的教育组织涌现，如成立于 60 年代中期的巴西职业学校连锁机构 Objective/Unip、创始于 1973 年的美国阿波罗职业教育集团。

20 世纪 90 年代之后，早期建立的大型教育组织机构发展迅速，形成了较明显的集团化特征，新的教育集团也如雨后春笋般产生。与之前相比，90 年代之后的职业教育集团化办学呈现以下特点：①国有制学校逐渐被纳入。典型的事例如 21 世纪初美国国有制学校私营管理，备受美国经济界与教育界关注，并被媒体传得沸沸扬扬。②相关组织机构跨越国界拓展海外市场。例如，著名的加拿大拉萨尔学院集团、新加坡英华美咨询控股有限公司、美国的国校私营的“爱迪生公司”。③相关组织机构开展多业务经营模式。如巴西的 COC 职业教育公司，现在业务已拓展到电视媒体和广播媒体的领域，拥有了一个覆盖 500 万人口的教育电视台和商业电视台，还拥有了属于自己的出版社。

进入 21 世纪，职业教育与培训被广泛视为最热门的产业和最具有开发潜力的市场之一，其产业化与市场化发展迅速，行业、企业以直接或间接的方式介入该领域。由此，适当融入产业发展和企业运作的规律，引入有效的企业集团组织形式，借鉴产业组织的思想观念以及发展成果，开展集团化办学，成为全球范围内职业教育改革、发展、创新的大趋势。

二、国外职业教育集团化办学主要类型①

国外职业教育集团化办学不拘泥于固定的模式，呈多样化发展的趋势。下面以两个维度来归纳各国及地区职教集团化办学的主要模式：一个是主导实体，即该模式中哪个主体起主导作用；另一个是联盟的实体构成，即职教集团由哪些实体组成。由此，国外职业教育集团化办学模式主要有政府主导型、院校主导型、行业企业主导型、自愿联盟型四种类型，每种模式又有若干种形式。

（一）政府主导型

从国际职教集团主要分类来看，政府主导型的数量最多，模式也最为丰富。政府主导型的目的是通过特定人才培养的计划或方案来解决或缓解当时该国或地区所遇到的相关教育和社会问题。主要可以分为：

1. 以横向贯通和纵向衔接为核心目的的校际联盟

从国家比较的角度来看，校际间的联盟有如下几种方式：一是不同类型院校间的联盟，主要指普通教育与职业教育的联盟，典型代表是日本的综合高中开设的综合学科；二是不同层次职业院校间的联盟，主要是初等、中等和高等职业教育的联盟，其主要目的为保证紧密连接的升学体制，避免脱节和重复设置，典型代表如荷兰的农业职业教育集团；三是组合式联盟，既是不同类型院校的联盟，又是不同层次院校的联盟，典型代表如英国继续教育类型的院校与高等教育层次院校的联盟，又如美国的技术准备计划，主要实现中学和中学后的联盟、院校同企业的联盟、普通教育与职业教育的联盟。

2. 以培养符合企业要求的人才为核心目的的校企联盟

从世界部分国家和地区的职业教育集团化办学模式来看，绝大多数的联盟属于校企联盟，其核心目的在于培养符合产业界要求的合格人才。校企联盟往往以专业为线索，合作的深度和范围直接影响到人才培养的质量，典型的案例是各国的学徒培训计划、美国的高级技术教育（ATE）计划等。

3. 以增强综合实力为核心目的的区域联盟

这种联盟常常是综合性的、多主体的联盟，主要是校企联盟的扩大与延伸。其扩大和延伸的实体主要是社区、政府和社会组织。这种延伸实际上体现了集团化目的的拓展，即除了人才培养外，还注重提升区域的综合实力。

政府主导型模式的突出特点是政府可直接促成各实体联盟，实现实体间的互补性合作，对弱势联盟实体具有倾斜、保护作用，但这种联盟的生命力和成功度主要取决于政府的支持力度与支持时间的长短。

（二）院校主导型

主导的院校一般具有相当的实力，其选择的联盟对象是不同类型的院校、不同层次的院校以

---

①李秀华：《对国外职业集团化办学模式的思考》，《北京农业职业学院学报》2009年第5期，第58－59页；匡瑛：《职业教育集团化办学模式的国际比较研究》，《外国教育研究》2008年第6期，第63－68页；匡瑛、石伟平：《职业教育集团化办学的比较研究》，《教育发展研究》2008年第21期，第38－41页。

及企业、行业。按照联盟目的的不同可以分为以下三种：

1. 以构建学制上的“立交桥”为目的的衔接式联盟

这类联盟目的是避免学习内容的遗漏和重复，确保学习的连贯性。典型的如日本的技术教育一体化，它通过高等专门学校与职业高中（专业学科）、专修学校之间密切合作，还与专攻科、技术科学大学等大学本科教育层次，乃至技术教育的研究生层次的硕士和博士阶段的技术教育的衔接，形成了与普通高等教育体系相互融合又自成一体的完整而独立的职业教育体系。

2. 以技术上的合力开发为目的的研发式联盟

这类联盟的典型代表有德国的网络化技术转移体系。20 世纪 80 年代前后，德国多个应用科技大学和高等职业院校纷纷建立了技术转移中心（Technology Transfer Center）或者技术创新中心（Technology Innovation Center），这些技术转移中心通常情况下依托于学校，实行企业化运作，服务于企业，特别是中小型企业。

3. 以培养符合市场需要的人才为目的的补充式联盟

这类联盟的典型代表是印度中等职业学校开办的校办企业。校办企业就是为学生课堂职业学习提供必要的补充，学生在培训工厂附设的生产企业中不仅学习了技能，同时还获得了产品和服务的市场经验。

该类模式的特点可归纳如下：对于衔接式联盟而言，往往层次高的院校具有较强的主导性；对于研发式联盟而言，更多的是以企业的技术需要为核心，是以各方共赢为目的而展开的契约式联盟；对于补充式联盟而言，更多的是学校在起绝对的主导作用。值得注意的是，这一类联盟容易出现由于学校设计方案本身不尽合理或不够完善所导致的人才培养不到位的问题。

（三）行业企业主导型

该模式的目的是培养行业、企业所需要的相关职业人才或技术人才，兼具教育和培训的双重功能。按照办学目的和机构性质的不同可分为四种：

1. 以服务地区经济为核心目的的教育机构

典型的有德国职业学院（Berufsakademie，BA）。它最早是由巴登符腾堡州的罗伯特·博施有限公司、戴米勒—奔驰股份公司、洛伦茨标准电气设备股份公司三家大型企业与斯图加特行政与经济学院于 1972 年合作创建的，是一所校企联合办学的新型高等学校。学校采用“双元制”教育模式，该模式通过与两个学习地点——州立学院和培训企业或社会事业机构的合作，培养在技术领域和社会工作第一线从事生产管理等直接为社会服务的实践型、应用型职业人才。

2. 以提供行业人力资源为核心目的的培训机构

典型案例是印度国家信息技术学院（National Institute of Information Technology，NIIT）。NIIT 是印度最大的复合型私营 IT 培训机构，聘请富有实际工作经验的工程师、企业家进行授课，并根据信息技术的发展提供网上教育。学员学完 NIIT 的全部课程，达到了 NIIT 的考核标准，方可获得 NIIT 颁发的证书。

3. 以提升集团综合实力为核心目的的一体化教育培训研究机构

典型的是荷兰的鹿特丹航运中心集团（STC - Group）。它是集教育、培训、研究、咨询，以及技术支持于一身的全球性战略性集团，主要包括航运学院（Shipping & Transport College）、鹿特丹海事大学（Netherlands Maritime University Rotterdam）、培训中心——航运中心私人有限公司（STCB. V.）、泰乐玛咨询私人有限公司（Dynamar Consultancy B. V.）、国际海上运输学院（International Maritime Transport Academy）、辅助模拟器应用研究中心（Simulator Assisted Applied Research）等。

4. 以拓展品牌影响力为核心目的的连锁化办学机构

典型的案例是美国的阿波罗教育集团。该集团成立于1973年，其主要针对成人的职业教育和高等教育市场。经过近四十年的发展，阿波罗集团为39个州和遍布世界各国的99所大学和163所学习中心提供全方位的教育项目和服务。

行业企业主导型模式的核心特点是：市场驱动带来办学的高质量；联盟关系紧密催生深度合作；强调实践教学促进能力提升；重视软技能推动全面职业素养的提高。

（四）自愿联盟型

一般来说，这类模式的合作差异性较大，合作方式包括院校之间的合作、校企之间的合作，其中典型的案例是英国的继续教育机构与高等教育机构之间的合作，有着多种组合，以一所大学和多所继续教育学院构成一个职业教育集团居多，这种合作完全出于“自愿”，政策扶持仅表现为用教育基金的方式进行财政投入，对操作层面没有具体的规定，给予双方足够的“自由度”。值得一提的是，促成跨教育类型的校校合作办学顺利运作的关键是学分积累转移方案（CATs）。

还有一类比较特殊的模式，是企业与政府的合作，典型的是英国的计算机技术社团（CTC），它是一种私立公助的学校，它由企业和国家共同投资，从筹建、管理、运行和监督无不渗透着企业的参与，它们与学校共同承担招生计划，安排学生学习，录用毕业生，向学校提供教学帮助和直接向学校提供设备、资金等。

此类模式的基本特点是：联盟的目的明确，运作良好，合作的深度和持续时间依合作内容的需要而定，且往往是互补性合作。

三、典型国家职业教育集团化办学模式分析

在职业教育集团化办学方面，许多国家或地区已经形成了自己的具有一定特色的模式，积累了丰富的经验。以下对具有典型意义的国家——德国、美国、荷兰、日本、印度等在职业教育集团化办学方面的做法进行归纳、总结。

（一）德国——校企合作、产学结合①

德国职业教育集团化办学主要体现为校企合作和产学结合，其内涵可以理解为包括政府、学校、企业、行业、社会中介组织等在内的多元主体通过多种方式进行互补性结盟，实现高质量的人才培养和技术转移及创新，最终各利益方共进共赢，和谐发展。德国的职业教育集团化办学模式主要有以下三种类型：

1. “双元制”职教模式

“双元制”是德国职业教育最早的职教形式，也是颇具代表性的一种职业培训模式。“双元”

①陈显丽：《国内外职业教育集团化办学模式研究综述》，《当代职业教育》2011年第8期，第15页；罗静：《我国职业教育集团化办学模式研究》，四川师范大学硕士学位论文，2012年；许涛：《职业教育集团化办学的理论分析与个案研究》，华东师范大学博士学位论文，2011年；严璇：《德国职业教育集团化办学主要模式及特色》2008年第11期，第38－41页。

指的是两个场所，一是职业学校——用于传授专业知识，二是校外实训场所——用于培训专业技能，通过以上两个场所的合作，把学生培养成能为社会生产一线服务的实践型和应用型高级人才。“双元制”办学模式需要政府、企业等多方参与，积极配合达成联盟，使年轻人掌握职业能力（包括业务能力和适应社会的能力），而不是简单的岗位培训。

2. 跨企业培训中心

跨企业培训中心是德国职业教育走向集团化办学的重要标志，它源于模拟以工厂公司和项目教学法为核心的行为导向型教学策略，通过整合各个企业多方面的资源来缓解单一企业培训能力不足和资源有限的问题。这种方式看似是企业之间的联合，实质是对职教培训的一种重新定位，是由政府、非营利性的民间组织、企业签订合同联合设立的实施职业教育的中心，学员完全可以在岗接受培训，这样大大降低了接受职业教育和培训的费用，也节省了时间成本。

3. 技术转移中心

德国有两种技术转移中心，一是以高等院校为主导，一是以社会中介组织为主导。高等院校主导的技术转移中心多以应用科技大学和高等职业院校为依托主体，发挥高校学科专业优势，整合资源，促进高校与企业融合，解决科研与生产脱节问题，满足企业对技能型人才的需求。技术转移中心由社会中介组织主导，形成连接多个行业企业的技术转移组织网络和信息网络，成为职业教育培训坚实的后备力量。

（二）美国——市场导向、集团运作①

20 世纪 60 年代，为了满足人们日益增长的教育需求以及教育机构对教育管理的需求，以教育专业化为运营手段、以集团化组织为基础的教育集团应运而生，如创始于 1973 年的美国阿波罗教育集团、于 1984 年成立的 CEC 职业生涯教育公司等。经过 20 世纪 90 年代和 21 世纪初的发展，美国的职业教育集团化越发呈现出丰富多样的良好发展趋势。根据集团化办学的不同主导团体的属性，美国职业教育集团化办学可以划分为三种模式：

1. 政府主导型

20 世纪 80 年代以来，联邦政府为了实现各类型、各层次教育的贯通，促进教育界与企业界的合作，接连发起了以 School - To - Work、School - To - Career 为代表的一系列教育改革运动，在各项改革运动中实行了众多的改革计划，除了之前存在的合作教育、技术准备计划、青年学徒制、校企契约等，还有从学校到学徒计划（School - to - Apprenticeship Programs）、生计学校（Career Academies）、校办企业（School Sponsored Enterprises）等。

2. 学校主导型

美国现行学制的基本框架形成于 20 世纪初期，由公立和私立两大机构组成。美国实行的是典型的单轨制，其职教体系没有单独列出。在高等教育之前，职业教育没有专门的实施机构，而是融合在普通的中小学课程中。美国的中学后职业教育主要的实施机构是社区学院及技术学院，其中以社区学院为典型，修业年限为 2 年，可授予副学士学位。美国的社区学院具有多项教育与服务的职能，其中促进职业教育集团化办学的主要是其中的两个典型职能：转学教育与职业教育。

---

①苏俊玲：《美国职业教育校企合作实践的研究》，华东师范大学硕士学位论文，2008 年。

3. 企业主导型

企业一直被认为是发展职业教育最不可缺少的伙伴，但其参与教育的积极性一直到20世纪六七十年代才得以提高。那时，教育开始被视为未来美国最热门的产业之一，也是美国未来最具开发潜力的“市场”。企业也逐渐认识到提高雇员素质是提升自身竞争力的主要手段之一，而美国公立教育系统此时问题丛生，教育质量持续下降。在此背景下，不少企业纷纷主动投向教育领域，不仅参与联邦政府号召的教育改革活动，而且还开始以企业集团化经营的模式介入教育领域，很多美国的大型教育集团就是在20世纪70年代开始创建的，如前面提到的国际上享有盛誉的知名品牌阿波罗、CEC、爱迪生、诺贝尔集团等。

（三）荷兰——部门合作、政府主导①

荷兰职业教育集团化办学主要有两种模式：一种是行业（企业）主导型，表现为部门与部门之间的紧密合作；另一种是政府主导型，强调行业内合作，联盟关系较为松散。

1. 行业（企业）主导型

这类模式的办学目的明确，与企业合作关系紧密，具有行业化、国际化、多功能、多层次的特点，以鹿特丹航运中心集团最为典型。鹿特丹航运中心集团由几大部分组成，包括企业、学校、培训中心和研究中心，以提升集团综合实力为目的，多方合作，并最终形成一体化的教育培训研究机构。作为全球供应商，鹿特丹航运中心集团专门为航运、物流链、海港石油和化工等行业提供服务。由于合作单位多样，其提供的教育也具有层次性，包括职前教育、在职教育、中等教育、高等教育等，此外还设有专门的培训中心，具有多元化的教育教学模式。

2. 政府主导型

这类模式以专业为线索，多为规模庞大的行业内联合办学，这种办学模式直接由政府促成，采用互补性的合作联盟方式，以荷兰农业职业教育集团最为典型。荷兰农业职业教育集团将研究、教育和推广三者紧密结合，组成机构包括农业职业院校、实践培训中心以及农研推广站。该集团还设置了各个层次的职教联盟，包括中等职业教育与高等职业教育、低级职业教育与高级职业教育，为塑造全面的人才做准备。集团教学注重将教育与生产实践相结合，提供完善的教学设备和优秀的教师团队，让学生能够充分掌握实践技能。

（四）日本——院校联盟、衔接紧密②

日本的职业教育以5年制高专为支柱，尊重个性，加强协作，促进国际交流，使职教向终身教育过渡。5年制高专在经济起飞、产业结构调整中发挥了重要的人才支撑与保障作用。其种类多样，主要有：①高等专门学校。其教学重视实训实践，突出岗位能力培养，为终结性教育。②短期大学。其效仿美国的社区学院，以培养中级技术人员和有专业技能的人为主。③专修学校。作为日本多层次灵活办学的一种代表性形式，它是与大学、短期大学并列的高等教育机构。④大企业兴办的培养中等技术人才的“工学院”，如松下电器公司于1961年创办的“松下电器工学院”。近年来，这些“工学院”开始培养某些专业的高级技术人才，其科研水平达到了世界

---

①陈显丽：《国内外职业教育集团化办学模式研究综述》，《当代职业教育》2011年第8期，第15页；罗静：《我国职业教育集团化办学模式研究》，四川师范大学硕士学位论文，2012年；许涛：《职业教育集团化办学的理论分析与个案研究》，华东师范大学博士学位论文，2011年。

②马铮：《国外职业教育集团的变革》，《天津市经理学院学报》2008年第6期，第45页。

领先水平，承担国际学术交流的任务。

日本的私立职教集团以自负盈亏为特点，其特色为勇于创新，办出特色。如日本滋庆教育集团现已发展成为拥有 8 个法人、32 个学院、50 个专业（含专门化方向）、近 3 万名在校生的学院集团，机构遍及日本 6 个都道府县和美国、加拿大、澳大利亚、新西兰、中国等国家。滋庆教育集团根据社会需要设置了“语言听觉、视觉、心理技术”、“运动技术、柔道整复、针灸”、“护理福利、功能康复、急救”、“糕点制作、中点制作、西点制作、日点制作”、“舞蹈表演、音乐演出、化妆造型”等专业，通过产学合作和国际间的交流与合作，通过对高职教育的不断研究与实践，现已成为日本私立高职院校的一面旗帜。

由于日本土地资源比较紧张，学校建设用地受到一定的制约，因此高职院校一般办学规模都不大，而且专业设置以一两个主打专业为主。日本部分私立高职院校通过其所拥有的强势专业，在异地拓展办学，学校间联合办学、境外“独立办学”和“合作办学”，运用市场规律，实现办学的规模化和集团化。日本私立高职集团在保证教育技师的前提下想方设法减少办学成本，在校内采用大班制授课（每班 40 人），并积极探索如何整合与运用校外办学资源。日本私立高职院校一般较普遍地聘请政府官员、名牌大学教授、企业高层领导等社会名流担任校长，以提高学校的声望。

（五）印度——校办企业、行业主导①

作为金砖国家之一的印度，近年来经济发展速度令世人瞩目，尤其是信息技术等高科技及服务业领域的发展。在教育领域，印度的高等教育在全世界范围内也表现不俗，如印度理工学院是世界一流名校，在软件人才培养方面独树一帜。与此同时，印度的职业教育也有了很大的发展。政府、企业以及从事职业教育的有关培训公司都在职业教育办学模式改革上进行了积极有效的探索，取得了一定的成果，如印度国家信息技术学院（National Institute of Information Technology，NIIT）职业教育与培训在全球范围内的连锁与扩张。

印度职业教育体系主要由两大部分组成：学校职业教育和企业、社会的职业培训。为加强学校和社会职业部门的联系，促进教育与劳动的结合，印度正积极进行中等教育结构和体制的改革。其主要是在高中阶段实行分流，使部分学生选修普通教育课程，为升学准备；部分学生选修职业课程，为毕业后直接就业做准备。

实施中等教育职业化的主要目的是把相当大的一部分学生导向更有意义的职业教育，使学生获得某一特定职业领域应有的一定态度、知识、技能，能较为顺利地就业。从而避免高中生盲目挤向大学、农村青年大批涌入城市，降低失业率。印度的职业学校共有 162 种专业，主要是工程技术、农业、商业、家政、医护、纺织和杂项。课程设置方面无严格规定，各专业可根据实际情况而定。但一般要求在课程结构和总课时安排中，语言和与职业有关的基础科目各占10% ~15%的时间，职业学科和实践为 60% ~80%。由于职业实践在职业化教育中具有重要意义，至少要占总学时数的 50%，职业实践分别在学校内和当地工业企业、农场、奶场、渔场、医院、保健中心、银行等现场实施。从事职业教育与培训的学校有工业训练学校、综合技术学校、工学院和技术学院等。

基于印度学校职业教育和企业、社会的职业培训双重体系，印度职业教育集团化办学模式主

①许涛：《职业教育集团化办学的理论分析与个案研究》，华东师范大学博士学位论文，2011 年。

要有三种：①以职业学校为主体，设立校办企业，即校办企业模式；②以政府为主导，通过法律形式确定企业必须接收学徒进行培训，即学徒培训模式；③完全产业化运作的私营培训机构，即企业办学模式。在印度，这三种模式的运作都比较成功。下面重点介绍印度职业教育集团化办学中最成功的NIIT企业职业教育办学模式，通过这种模式了解印度职业教育集团化办学的特点和经验。

NIIT是总部设在印度的信息技术跨国上市公司，在教育培训、软件解决方案和教育多媒体等领域已经形成了独有的优质服务。经过多年的发展，NIIT已发展成为全球最大的软件教育培训集团之一。

在教学内容方面，NIIT注重与IT公司开展深度合作，共同开发相关的课程。如与微软、甲骨文、CA等处于国际领先地位的公司结成联盟，NIIT通过联盟关系，可以第一时间获得各家公司在技术开发方面的最新资料，通过组织富有实践经验的软件开发人员和教育专家共同合作，开发相关课程，编写最新教材；通过紧跟IT技术的发展变化不断创造和改进教材，保证教材最新、最实用。教学实施主要是以问题为中心，重视解决实际工作中遇到的问题，保证学生在学习过程中就能够参与实际软件项目的开发工作，通过各种方法锻炼学员的实际工作能力。在这种培养方式下，学生对软件工业标准流程能够非常熟练地掌握，能承担国际软件开发业务。

此外，教学计划的制订中，NIIT注重紧密联系相关的行业、企业。如在课程设计上，NIIT完全自行进行设计，强调与微软、SUN等IT巨头紧密合作，课程开发时刻关注产业发展的最前沿。更重要的是，NIIT的课程设计取得了国际认证并推行国际通行的技术证书，从而保证所培养的人才在技能上能够适应世界各类IT企业的通用标准的要求。

四、国外职业教育集团化办学发展经验总结

经过半个多世纪的发展，国外职业教育集团化办学成果颇丰，模式多种多样，一些国家根据自身实际情况形成了自己的做法。但无论采用何种模式、形成何种做法，其背后总有一定的规律可循，总有经验值得我们总结、借鉴、学习。

（一）多元主体参与已是世界职业教育发展的基本共识

纵观国外一些国家或地区在发展职业教育集团化办学方面的经验，我们不难发现，坚持职业教育的多元主体参与已成为世界职业教育发展的基本共识，是职业教育走向可持续发展的关键。

所谓多元主体参与是指在职业教育的办学过程中，职业院校只是作为诸多职业教育的举办者之一，而其他的各方，如政府、企业、行业、社会组织同样成为举办职业教育的重要主体，在职业教育的人才培养、资源分配、资源共享等方面形成跨组织、跨部门的互动。简单地说，职业教育的人才培养活动不再局限在学校的范围之内，职业教育的指导部门更多是行业组织、企业以及劳动部门，而不仅仅局限在教育部门内部，培养方式、培养内容、培养主体等多方面也跨越多个部门和领域。

从上述五国在职业教育集团化办学方面的实践可以看出，多元主体参与是职业教育办学的一种基本方式，也是职业教育集团化办学的一种基础形式。而更加关键的则是要把职业教育的多元要素整合在一起，共同发挥影响。

（二）经济发展构成集团化办学出现与发展的背景因素

经济发展和行业、企业的成熟程度是行业、企业投入职业教育，实现职业教育集团化办学的重要因素之一。从比较的结果看，主要有三种情况：①在较为发达的国家和地区，一些大型知名企业愿意投身于职业教育事业，如美国、荷兰等，其目的在于通过开发人力资源提升企业综合实力以及通过投资教育拓展企业的影响力，同时获取利润。②在许多国家和地区，只有中小企业有意愿参与职业教育，其目的是利用职业院校的资源进行技术研发。③在一些发达程度较为欠缺的国家和地区，行业、企业本身处于不完全成熟状态，几乎没有参与职业教育的意识和意愿。可以说，这三种情况在各个国家和地区可能或多或少都存在，只是所占比重不同。

同时，职业教育集团化办学是经济、社会发展到一定阶段的必然结果。纵观国际职业教育发展的历史，我们可以发现，当经济和社会发展到一定阶段，各国和地区选择集团化办学是一种必然走向。即当经济发展走向工业经济的成熟阶段以及向知识经济过渡的阶段，科技发展需要更多的专门性人才，个体的学习具有终身性特点的时候，集团化办学是一种各国及地区职业教育发展的共同选择。

（三）政府有形调控是推动集团化办学发展的重要力量

从世界范围来看，在职业教育集团化办学的产生与发展过程中，政府扮演着重要角色，起着有形宏观调控的作用。其主要表现为以下几类：

1. 投资者

政府为项目和计划拨款投资。其管理和运行机制可概括为：政府立项，并设立专项经费，政府规定参与实体的标准和合作要求—符合标准的实体参与项目，同时取得相应的专项经费—政府全程协调、监督—建立援助和支持系统。在整个管理和运行过程中，经费是推动运作的关键因素。

2. 购买者

政府购买教育及培训的成果。其管理和运作机制可归纳为：政府出台相关制度，提出培训一名学员可以得到的报酬—教育机构与企业为了获得报酬自行联盟，实施培训—根据培训成果，政府发放相关费用。政府在其中是以培训经费作为调控整个管理和运行机制的杠杆，同投资者角色不同的是，政府既不参与过程管理，也不关注校企如何合作，只购买成果。合作成功者可以获得报酬，不成功者政府不为他们埋单。

3. 统筹者

政府统筹集团化办学的资源，以平衡区域发展。其管理和运行机制如下：政府出台专项计划—根据计划，教育部门颁发行政指令使得相关实体联合—政府给予专项资助—实施合作计划。它同上述角色的不同之处在于，合作对象不是自由选择，而是由行政指令规定的。

4. 协调者

如何协调参与各方的利益、均衡各实体的社会责任是决定集团化办学能走多远的关键。在此过程中，政府常常以协调者的身份出现。在集团化办学的运作中，政府不占有绝对的管理权和主导权，而是由合作各方针对共同目标，按照协商的方案进行管理和运行。政府发挥的作用主要是提供保障条件，确保其顺利运作。

5. 规范者

政府制定相关的法律规范。一般而言，政府不直接参与管理和决策。其管理和运行机制可总结为：政府通过立法规定企业参与学校的职业教育—企业履行法律义务，与职业院校签订合作协议—双方按协议实施合作培养计划—政府给予税收等优惠政策，并对绩效好的企业予以奖励。在整个过程中立法并不是政府唯一的主导手段，有时还辅以补贴、优惠政策和激励机制等。但总体而言，法律的效力是迫使企业与职业院校联合的原初动因，当然，后来有些行业/企业也主动生发了合作的意愿。

尽管在国外职业教育集团化办学发展的过程中，政府的有形调控起着重要的推动作用，但是政府并不是万能的，也不是绝对地占有对集团化办学的管理权和主导权。政府只是推动集团化办学发展的“一只手”，“另一只手”则是市场的无形调整。集团化办学需要市场驱动、市场运作，通过市场无形的手才能确保其质量，确保其生存和发展的活力。

（四）资源共享是促进集团化办学持续发展的关键环节

职业教育集团化办学离不开政府、学校、行业、企业等相关各方的积极参与。在这个过程中，要调动相关各方的积极性，使得各方获得一定收益，并保证集团化办学效益最大化，资源共享至关重要。国外职业教育集团化办学已经探索出比较成熟的渠道，实现了人力、财力、物力、信息资源的共享。

1. 人力资源共享

在人力资源的共享方面主要集中于师资的共享，实训教师由各校专业教师和集团内企业培训师傅共同担任。要求培训师傅不仅具有丰富的本岗位及相关岗位的理论知识和生产知识，同时具有熟练的操作技能和技巧，熟悉掌握生产工艺流程和工件的加工工艺、操作规程。熟练安全使用有关生产设备、工艺设备，具有管理经验及较强的组织、管理能力和领导能力。在培训过程中要求培训师傅懂教育学、心理学、社会学和劳动法方面的知识。同时，各校教师参与实训指导。

2. 财力资源共享

在财力资源的共享方面主要是企业资助和政府投资两种形式，而企业资助是主要渠道，政府投资是发展过程的主要形式。

3. 物力资源共享

在物力资源的共享方面主要是实训设施的共享，各个学校“借力”集团内企业设备和最新生产技术优势，弥补学生校内实训人多、设备紧张的不足和缺憾。学生在企业实习，直接进入生产环节，用实材生产产品，缩短了实习、上岗周期，实现学生技能与岗位要求零距离。企业利用集团内学院场地和师资优势，委托学院培养自己所急需的各类高技能人才，省时、省事、省力，又实用。在合作过程中，集团内学校与企业都不同程度地减少了固定资产投资，节约了成本开支。

4. 信息资源共享

在信息资源的共享方面主要依托制度保障，架起政府、企业、学校、研究机构的信息沟通桥梁，使职业资格证书获得者与学位获得者待遇平等，就业信息渠道畅通。

参考文献

[1] 陈显丽:《国内外职业教育集团化办学模式研究综述》,《当代职业教育》2011年第8期,第13－15、62页。

[2] 匡瑛:《职业教育集团化办学模式的国际比较研究》,《外国教育研究》2008年第6期,第63－68页。

[3] 匡瑛、石伟平:《职业教育集团化办学的比较研究》,《教育发展研究》2008年第21期,第38－43页。

[4] 李秀华:《对国外职业集团化办学模式的思考》,《北京农业职业学院学报》2009年第5期,第58－61页。

[5] 李玉静:《国际职教集团发展的战略与实践》,《职业技术教育》2012年第18期,第51－54页。

[6] 李泽华、李倩:《职业教育集团化办学运行机制的国际比较》,《国家教育行政学院学报》2011年第12期,第3－6页。

[7] 凌志杰等:《我国职教集团建设发展情况研究报告》,《职业技术教育》2014年第31期,第46－50页。

[8] 鲁雁飞等:《国内外高职教育集团化办学的比较研究》,《国家教育行政学院学报》2014年第1期,第14－18页。

[9] 罗静:《我国职业教育集团化办学模式研究》,四川师范大学硕士学位论文,2012年。

[10] 马铮:《国外职业教育集团的变革》,《天津市经理学院学报》2008年第6期,第44－45页。

[11] 石伟平、匡瑛:《境外职业教育集团化办学的基本经验及启示》,《中国职业技术教育》2009年第15期,第25－28、31页。

[12] 苏俊玲:《美国职业教育校企合作实践的研究》,华东师范大学硕士学位论文,2008年。

[13] 许涛:《职业教育集团化办学的理论分析与个案研究》,华东师范大学博士学位论文,2011年。

[14] 严璇:《德国职业教育集团化办学主要模式及特色》,《江苏技术师范学院学报》2008年第11期,第38－41页。

[15] 张晓琴、温婷:《浅析中外职教集团化办学的共性和差异性》,《中国成人教育》2013年第17期,第124－126页。

[16] 张志东:《高职院校集团化办学的实践和思考》,《济南职业学院学报》2013年第4期,第14－17页。

[17] 赵昕:《职教集团发展的制度困境与对策》,《职教论坛》2013年第1期,第12－14页。

[18] 周勇:《职业教育集团化运行机制研究》,吉林大学硕士学位论文,2011年。

[19] 邹珺:《国内外职业教育集团化办学实践发展研究与启示》,《中国校外教育》2013年第12期,第135－136页。

产业发展与
职业教育篇

产业发展与职业教育篇

第一章　机器人行业与职业教育分析报告

新世纪以来，全球制造业正在向自动化、信息化、智能化、绿色化方向发展。作为智能制造的主力军，工业机器人已从汽车制造领域不断向机械、建材、物流、食品乃至航空、航天、船舶制造等领域渗透。而智能技术与社会生产、生活的结合，还催生了可以从事修理、运输、清洗、保安、救援、医疗、监护等工作的服务机器人。"机器人革命"有望成为新一轮科技革命和产业变革的一个切入点和重要增长点。世界各国高度关注机器人行业的发展，主要经济体则纷纷将机器人的研究、开发与应用上升为国家战略。我国也高度重视机器人行业的发展，出台和制定了一系列机器人行业发展规划，例如《中国制造2025》、《智能制造工程实施方案》、《机器人产业发展规划（2016～2020年）》等。《国民经济和社会发展第十三个五年（2016～2020年）规划纲要》更明确提出要大力推进机器人、智能系统等新兴前沿领域创新和产业化。

随着机器人产业迎来黄金发展期，机器人专业人才的需求逐年增长，而人才培养相对滞后，日渐扩大的机器人专业人才缺口已成为制约产业进一步发展的瓶颈之一。本报告在大量引用相关研究成果和产业发展数据的基础上，对我国机器人行业、企业及其人才需求、我国机器人专业职业教育等方面进行了较为全面的分析，并介绍了发达国家机器人教育的发展经验，最后为我国机器人专业职业教育的发展提出些许建议。

一、我国机器人行业发展概况

我国的机器人研制始于20世纪70年代初，起步稍晚于发达国家。经过40余年的研究、开发，我国机器人行业从无到有、由弱渐强，技术水平逐渐提升。当前，我国机器人行业发展迅猛，市场空间广阔，行业发展前景总体向好。但我国机器人行业的进一步发展、壮大，仍面临着不少严峻挑战。

（一）行业发展现状

结合发达国家机器人行业的发展历程，机器人行业的发展可以划分为五个阶段：技术准备期、产业孕育期、产业形成期、产业发展期和智能化时期。美日欧等发达国家和地区的机器人产业已经历了前四个阶段，目前进入了智能化时期，而我国机器人行业还处于产业形成期。2014年被业内人士称为"中国机器人发展元年"，我国机器人行业正在由技术研发向技术应用的方向转变。

1. 技术水平有所提高

经过40余年的技术积累，我国在机器人核心零部件研制、本体制造、系统集成等方面的技术水平获得较大提高，成果较多。

在机器人的所有组成部分中，减速器、伺服电机、控制器这三大核心零部件的技术水平决定了机器人的性能、质量和价格。在减速器研制方面，国内的南通振康、苏州绿的发展较快，已推出相对成熟的产品；双环传动和秦川发展正在积极研发减速器产品。控制器是机器人核心零部件方面国内外技术差距最小的产品。我国在该领域已完全掌握硬件开发技术，国产控制器功能基本满足机器人的控制需求。沈阳新松、南京埃斯顿等企业基本是自研配套的控制器；固高科技已开发出运动控制卡相应成熟产品，在 PC based 控制器市场占有率接近一半；广州数控、汇川技术、雷赛智能等企业也已开发出相关产品。在伺服电机研制方面，我国的一些企业（如汇川技术、华中数控、新时达等）有所建树，部分品牌已具备一定的生产能力。

国产机器人本体制造的技术水平已整体获得突破，一定程度上已经达到了国际先进水平，只是在超大负载、超高精度方面还不能做到国际机器人品牌水平，但差距已经不大。这说明国产机器人本体水平已经能够满足大部分行业的应用需求。机器人系统集成是利用机器人本体和附属设备实现特定应用功能的设备集成，其技术水平主要体现在机器人本体上和附属设备的技术水平。国内企业在机器人系统集成技术方面与国外基本处在同一水平。

2. 应用范围不断拓展

根据应用环境不同，国际机器人联合会（IFR）将机器人分为两类：制造环境下的工业机器人和非制造环境下的服务机器人。工业机器人是在工业生产中使用的机器人的总称，是现代制造业中重要的工厂自动化设备；服务机器人是服务于人类的非生产性机器人，服务机器人技术主要应用于非结构化环境，结构更加复杂，能够根据自身的传感器与通过通信，获得外部环境的信息，从而进行决策，完成相应的作业任务。

工业机器人主要是指面向工业领域的多关节机械手或多自由度机器人，用于工业生产过程中的搬运、焊接、装配、加工、涂装、清洁生产等方面。起初，工业机器人在我国主要应用于传统的汽车制造行业，而今其应用范围已向电子、电气、化工、食品、金属加工等诸多行业拓展，随着我国劳动力成本上升、劳动力供给下降以及制造业转型升级，我国掀起了一股“机器换人”的热潮，以工业机器人为代表的智能装备在我国的应用范围将会向更多的生产领域拓展。如表 1－1 所示。

表 1－1　　工业机器人在各行业的具体应用场景

行业	具体应用
汽车及其配件	电焊、装配、搬运、冲压、喷涂、激光切割等
3C 电子	清洁、打磨、封装、搬运、检测、分拣、装配等
化工	搬运、包装、码垛、切割、检测、高温恶劣环境作业等
食品	包装、码垛、检测等
金属加工	金锭搬运、切割、去毛刺、码垛等
其他	电力巡检、核反应堆检修、玻璃雕刻、航天器去刺、上下料等

服务机器人包括专用服务机器人和家用服务机器人，服务机器人的应用范围很广，主要从事维护保养、修理、运输、清洗、保安、救援、监护以及医疗、养老、康复、助残等工作。目前，服务机器人在我国主要应用于家庭清洁、医疗、军事等领域，并不断向餐饮服务、教育、娱乐休闲、公共安全、助老助残、智能家居等领域拓展。

3. **市场规模快速增长**

随着工业机器人和服务机器人的应用范围不断拓展，我国机器人市场的整体规模在快速增长。目前，我国已成为全球第一大工业机器人市场，并且服务机器人市场的增速位居全球前列。

我国工业机器人市场从2004年开始加速增长。根据国际机器人联合会（International Federation of Robotics，IFR）的统计数据（见图1-1），我国的工业机器人销售量由2004年的3493台增长至2014年的56000台，年均增长率为32%。自2010年以来，销售量更是呈现出“井喷”式增长态势。

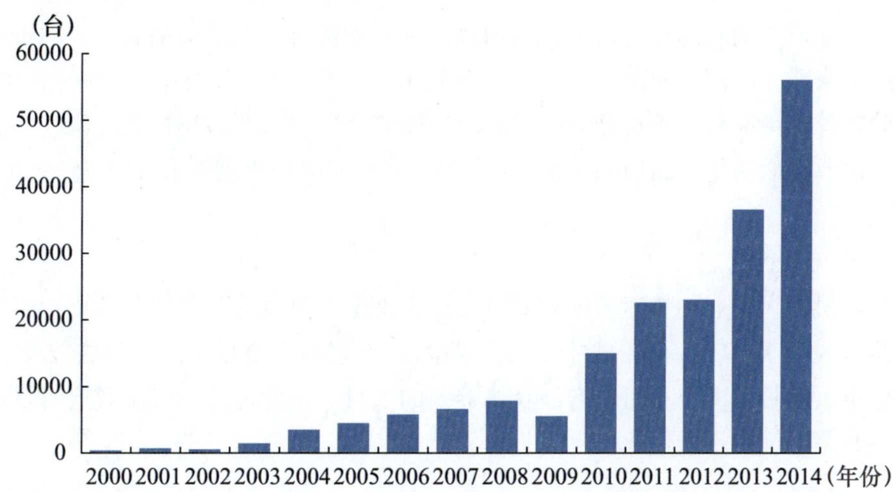

图1-1　2000~2014年我国的工业机器人销售量

资料来源：国际机器人联合会（IFR）。

根据IFR的数据，2013年我国的工业机器人销售量达到36560台，一举超过日本成为全球第一大工业机器人市场。2014年的销售量达56000台，较2013年增长53%，占全球销售量（约225000台）的25%，销售量稳居全球第一。IFR预计，2013~2016年全球工业机器人市场将以年均6%的速度增长，而中国是这一增长趋势的领跑者，年均增长率将达15%。

在服务机器人方面，以家庭服务机器人为例，Frost & Sullivan发布的《2014中国家庭服务机器人行业白皮书》显示，2014年中国家庭服务机器人市场规模约为21.2亿元，较上年增长17.8%。随着我国人口老龄化趋势的加剧，城市化进程的推进，居民可支配收入的增加，现代工作生活节奏的进一步加快，人们对生活质量要求的不断提高，我国家庭服务机器人的需求量将不断增加。未来5年，我国家庭服务机器人市场的年均增长率预计将保持在30%以上，并于2019年达到80.4亿元。①

4. **未来发展空间广阔**

我国虽然已是全球最大的工业机器人市场，但工业机器人密度（即制造业中每万名生产工人所占有的各类工业机器人的数量）仍然很低。根据IFR的数据，2014年全球机器人密度的平均值为62。韩国的机器人密度为437，是全球机器人密度最高的国家；日本、德国的机器人密度

①美通社：《弗若斯特沙利文指出：家庭服务机器人市场潜力巨大》，http://www.prnasia.com/story/137791-1.shtml，2015-12-11。

分别为323、282；而中国仅为30，尚不及全球平均值的一半。作为制造业大国，在人口红利消失、劳动力成本攀升、经济发展方式转变、产业转型升级等因素的综合作用下，我国工业机器人市场仍有巨大潜力，未来发展空间广阔。

目前服务机器人的技术研发主要由美、日、中、德、韩五国主导。我国服务机器人的发展滞后于工业机器人，与日本、美国等国家相比，我国在该领域的研发起步也较晚，与发达国家的绝对差距还比较大。但与工业机器人的国内外差距相比，服务机器人的国内外差距较小。且服务机器人一般都要结合特定市场需求进行开发，本土企业更容易结合特定的环境和文化进行开发，占据良好的市场定位，从而保持一定的竞争优势。此外，外国的服务机器人也属于新兴产业，大部分服务机器人企业成立的时间还比较短，因而我国的服务机器人产业面临着较大的机遇和发展空间。从发展趋势来看，我国专业服务机器人有望先于个人/家用机器人实现产业化，特别是医疗机器人、危险特殊环境巡检探查机器人等。同时，随着我国进入老龄化社会，医疗、护理和康复的需求增加，以及人们对生活品质的追求有所提高，个人/家用机器人在未来会具有更为广阔的市场空间。①

5. 政策环境持续优化

为推动我国机器人行业的快速、健康发展，近年来国务院及有关部门陆续出台相关的战略规划和支持政策（见表1-2），且在“十二五”期间，国家863项目、国家科技支撑计划重大项目、国际合作重大项目等多个项目都有涉及机器人的项目。由此可见，我国政府对机器人行业的扶持力度大，政策环境在不断优化。

表1-2　与机器人相关的战略规划、支持政策

发布时间	发布机构	文件名	主要内容
2006年2月	国务院	国家中长期科学和技术发展规划纲要（2006~2020年）	将智能服务机器人技术作为重要发展方向之一，要求以服务机器人和危险作业机器人应用需求为重点，研究设计方法、制造工艺、智能控制和应用系统集成等共性基础技术
2012年4月	科技部	服务机器人科技发展“十二五”专项规划	一个目标：为应对公共安全事件，适应老龄化社会，把服务机器人产业培育成我国未来战略性新兴产业，促进智能制造装备技术发展 三项突破：突破工艺技术、核心部件技术和通用集成平台技术 四大任务：重点发展公共安全机器人、医疗康复机器人、仿生机器人平台和模块化核心部件等
2012年4月	科技部	智能制造科技发展“十二五”专项规划	重点研究、发展工业机器人，提升制造过程智能化水平，促进制造业快速发展 攻克工业机器人本体、精密减速器、伺服驱动器和电机、控制器等核心部件的共性技术，自主研发工业机器人工程化产品，实现工业机器人及其核心部件的技术突破和产业化

①工业和信息化部装备工业司：《〈中国制造2025〉规划系列解读之推动机器人发展》，http：//www.miit.gov.cn/n11293472/n11295142/n11299123/16604666.html，2015-10-26。

续表

发布时间	发布机构	文件名	主要内容
2012年7月	国务院	“十二五”国家战略性新兴产业发展规划	发布智能制造装备产业发展路线图，工业机器人要实现突破并达到国际先进水平 重点支持工业机器人等关键技术开发、产业化和应用示范，建立健全智能制造装备产业体系，国内市场占有率达到50%，形成一批具有国际竞争力的产业集聚区和企业集团
2012年8月	财政部	2012年智能制造装备项目拟支持单位名单	对64个智能制造装备项目进行财政支持（包括22个工业机器人或柔性自动化车间）
2013年12月	工业和信息化部	工业和信息化部关于推进工业机器人产业发展的指导意见	开发满足用户需求的工业机器人系统集成技术、主机设计技术及关键零部件制造技术，在重要工业制造领域推进工业机器人的规模化示范应用 到2020年，形成较为完善的工业机器人产业体系，培育3~5家具有国际竞争力的龙头企业和8~10个配套产业集群；工业机器人行业和企业的技术创新能力和国际竞争能力明显增强，高端产品市场占有率提高到45%以上，机器人密度达到100以上，基本满足国防建设、国民经济和社会发展需要
2015年5月	国务院	《中国制造2025》	把高档数控机床和机器人作为大力推动的重点领域之一，明确了我国未来十年机器人产业的发展重点主要为两个方向：一是开发工业机器人本体和关键零部件系列化产品，推动工业机器人产业化及应用，满足我国制造业转型升级迫切需求；二是突破智能机器人关键技术，开发一批智能机器人，积极应对新一轮科技革命和产业变革的挑战

资料来源：根据公开资料整理。

“十三五”期间，作为行业主管部门的工信部持续发力，力促我国机器人产业的发展。目前，工信部正从顶层设计、标准体系、资金扶持等多方面入手，酝酿扶持机器人产业发展的相关政策措施，已经制定了《智能制造工程实施方案（2016~2020年）》、《机器人产业发展“十三五”规划（2016~2020年）》等规划方案，同时还联手国家标准委员会推进制定机器人产业国家和行业标准、联手财政部及保监会等部门研究建立首台套机器人应用保险机制等多项内容。与此同时，地方政府主动跟进，在发展规划、资金、税收、土地、人才、公共服务平台等多个方面，推出配套的扶持政策和措施，并纷纷建设机器人产业园（基地）。

（二）行业发展存在的问题

经过40余年的努力，我国在机器人领域取得了不少的成就，行业规模不断扩大，技术水平有所提升。但是，整体而言我国机器人行业还处在起步阶段，在全球产业链中处于下游，机器人行业的进一步发展、壮大面临着诸多问题与挑战。

1. 产业链体系不完善

以工业机器人为例，其产业链可以分为上、中、下游三部分。上游主要是零部件的研发、生产，尤其是核心零部件；中游主要是机器人本体制造；下游则是机器人系统集成、行业应用和维护服务。一般而言，核心零部件的成本平均占机器人单体成本的70%左右；本体制造是机器人产业链上的关键环节，本体制造商在产业链中处于主导地位，可以向上游、下游延伸，整合上游零部件厂商和下游系统集成商；而机器人系统集成和应用配套服务的总市场规模是机器人本体制造市场的3倍左右。

当前，我国本土绝大多数机器人企业更多的是在发展机器人的系统集成与行业应用，主要集中在产业链的下游，核心零部件研制和本体制造还比较落后。整个机器人行业的产业链体系亟须完善，如图1-2所示。

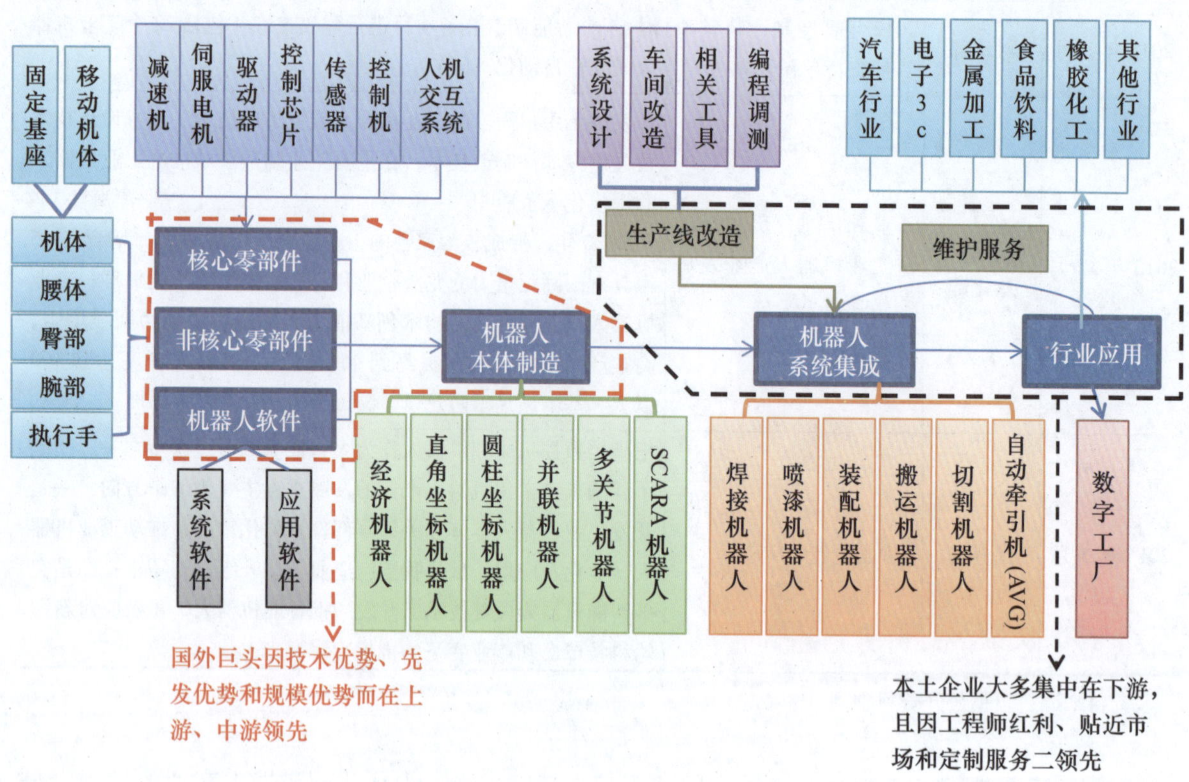

图1-2 工业机器人的产业链体系

资料来源：长城证券研究所。

2. 技术水平相对不高

我国机器人行业尚处于产业形成期，相关企业大部分集中在产业链的下游，加工组装企业占多数。与发达国家相比，我国机器人行业的技术水平还不高。国内企业在核心零部件研制方面尚处在起步发展阶段，国产减速器还处于小批量生产试用阶段；国产控制器在控制轴数、快速性、稳定性等方面与国际品牌的产品尚有一定的差距；国产伺服电机主要面向中低端市场，精密减速器、伺服电机、控制器等关键部件还大量依赖进口。国产机器人本体尚难以满足高端市场的需求，由此可能导致我国机器人行业陷入一种“魔咒”，即高端能力不足，低端产能过剩，核心技术、关键零部件受制于人，成本高于国外同类产品，综合竞争力不强。我国要真正实现机器人的产业化发展，就必须要进一步提升核心技术水平，提高国产核心零部件和本体的实际性能与生产能力，推动机器人各组成部分的国产化。

3. 发展模式尚不明确

美日欧等发达国家、地区的机器人行业发展较早，已经形成了自己的产业发展模式。日本机器人行业采用产业链分工发展的模式，各司其职，分层面完成。机器人制造厂商以机器人本体及其零部件研发和生产为核心，由子公司或系统集成公司设计制造各行业所需要的机器人成套系统。欧洲的机器人产业化发展模式则类似于“一揽子交钥匙工程”，即机器人的生产与用户所需系统的设计制造，全部由机器人制造厂商自己完成。美国的模式则是零部件采购与应用系统集成相结合，机器人通常由系统集成商进口，再自行设计、制造配套的外围设备。与美日欧相比，目前我国机器人行业还没有形成明确的产业化发展模式。我国的机器人产业应走什么道路、如何建立自己的发展模式需要进一步的探讨。

4. 行业标准体系缺失

无规矩不成方圆。一个产业的发展，如果要形成完整的上、中、下游链条，就必须具备与之相匹配的行业标准体系。目前，我国机器人产业的行业标准是沿用1996年制定的机械行业标准，国内也尚无专门针对机器人质量的检验检测机构。标准体系的缺失会导致产学研各自为政，我国难以形成机器人研制、生产、制造、集成、销售、服务等有序、细化的机器人产业链。对此，我国政府有关部门要积极作为，支持规范性的行业标准体系建设，制定具有自主知识产权的机器人基础标准和安全标准体系，并与国际标准接轨，为推进机器人产品走向市场、促进机器人产业健康有序发展奠定基础。

5. 产业发展有失规范

如前所述，我国多个省市纷纷推出政策措施，大力推动当地机器人产业的发展。争夺机器人项目落户已经成为各地新兴制造业的较量，机器人产业园（基地）遍地开花。据不完全统计，2015年我国各地已建、在建的机器人相关产业园（基地）40余个。大量企业也看好机器人的市场前景，蜂拥上马机器人项目。多数企业集中在机器人产业链的下游，企业的实力良莠不齐，这势必会造成国内机器人企业间的恶性竞争。国内有不少高校、科研院所和企业开展机器人研发，但是现行的体制往往导致各自的研究、开发过于独立、封闭，未能形成合力，从而致使同一技术重复研究，浪费大量的时间、经费。如此下去，我国机器人行业恐将出现投资过热、重复建设、低价竞争和产能过剩的局面。为此，国家需要加强宏观调控，规范和引导机器人产业的有序发展。

二、机器人行业人才需求分析

近些年来，我国机器人行业企业的数量在不断增长，涌现出一批较为知名的本土企业。但其竞争力还较弱，大部分的市场份额被国外企业占有。要推动我国机器人行业及相关本土企业的发展、壮大，就需要一支专业人才队伍作为支撑。但是，我国机器人行业从业人员整体质量还不高，难以满足行业企业对技术技能人才的需求。

（一）行业企业发展情况

1. 国外企业布局较早，且谋求深入发展

以瑞典的ABB、德国的库卡、日本的发那科和安川这“四大家族”为代表的国外机器人公司早在20世纪90年代就已布局中国市场。它们先是通过代理商模式，开拓市场，然后逐步建立研发中心、工程中心。国外主要机器人企业已不再满足于将我国作为产品销售和技术服务市场，开始将我国作为它们的机器人生产基地，并从整机组装深入到关键部件生产。例如，德国库卡公司于2012年10月在上海新建工厂，日本安川于2012年7月在我国江苏常州建立了首个海外机器人生产基地。

2. 本土企业数量增多，但市场占有率低

据统计，2015 年我国机器人制造企业已超过 500 家，占全球同行企业总数的一半，且大部分企业是最近四年涌现出来的新企业。在数量上我国机器人企业有较大的增长，但是它们在技术、品质、品牌、营销等多方面与国际领先品牌企业尚有不小的差距，在原始创新能力、产业生态链、企业规模、行业聚集能力等方面则面临着严峻的挑战。因此，本土企业生产的机器人整体市场占有率偏低。如图 1－3 所示。

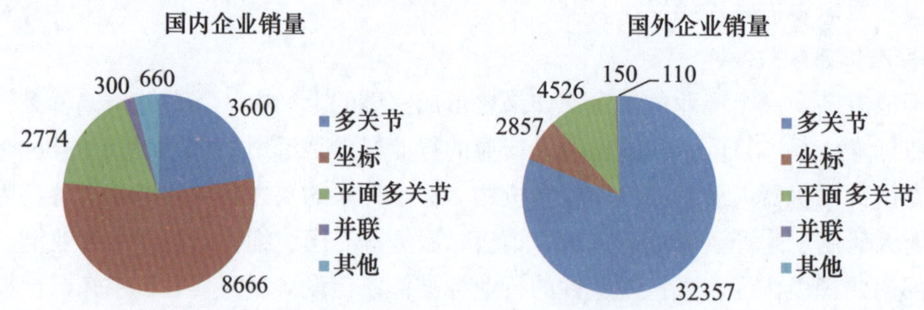

图 1－3　2014 年国内外企业在我国的工业机器人销量（按机械结构）

资料来源：招商证券。

以工业机器人为例，据统计，2014 年国内企业在我国的工业机器人销量约为 16000 台，市场占比仅为 29%。国内企业销售最多的是坐标机器人，高端多关节机器人却只占到 21%。而在国外企业销售的工业机器人中，多关节机器人占比超过 80%，坐标机器人仅占 7%。

从机械结构来看，在技术含量最高的多关节机器人销售方面，国内企业与国外企业有很大的差距。2014 年，国外企业占据了我国多关节机器人市场 90% 的份额，国内企业只在相对低端的直角坐标和并联机器人领域占有较大的份额。这也反映出我国机器人行业的整体技术水平还偏低。如图 1－4 所示。

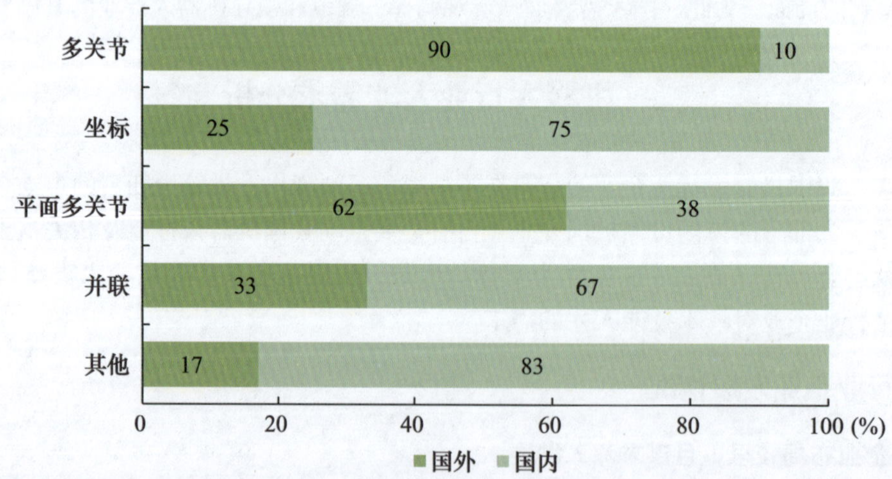

图 1－4　2014 年国内外企业在我国销售的各类型工业机器人中所占的比例

3. 国内同行加强技术研发，提高竞争力

面对与国外同行的差距、国内广阔的市场新机遇，我国本土的一些机器人厂商及相关科研院所奋起直追，努力提高自身的竞争力。在国内机器人公司中，沈阳新松机器人、哈尔滨博实股

份、安徽埃夫特、广州数控、上海新时达等几家公司拥有较好的基础技术平台、研发能力，产能和销售量也在不断提高，有望成为“具有竞争力的本土机器人公司”。

在机器人技术研发方面，中科院沈阳自动化研究所、北京机械工业自动化研究所都具有很高的科研水平，若干技术已达到国际领先水平。高校技术平台主要有哈尔滨工业大学机器人实验室、北京航空航天大学机器人实验室等，凭借扎实的理论基础，在开发各类高技术机器人方面具有较大的优势。在公司技术平台方面，安徽埃夫特、广州数控等的研发投入较大，开发能力较强。在机器人控制技术方面，华中数控一直处于国内领先地位，例如在机器人的关键部件控制系统、驱动装置、伺服电机等具有自主研发核心竞争能力，并且其华中 8 型数控系统已取得重大技术进步，被广泛用到机器人控制领域。如表 1－3 所示。

表 1－3　　国内部分机器人技术研发平台

研究机构（及关联公司）	机器人研究领域、技术水平	参与项目、科研成果
中科院沈阳自动化研究所（沈阳新松机器人自动化股份有限公司）	工业、服务各类机器人，AGV 技术国际领先	工业机器人产品填补多项国内空白，创造了中国机器人产业发展史上 88 项第一
哈尔滨工业大学机器人技术与系统国家重点实验室（哈尔滨博实自动化股份有限公司）	机器人及机电一体化系统集成，研制出我国第一台弧焊机器人和点焊机器人	“973 计划”项目、国家自然科学基金项目、国家自然科学基金重大项目等，国家自然科学二等奖 1 项、国家技术发明二等奖 2 项、国家科技进步二等奖 3 项，授权国家发明专利 270 余项
北京航空航天大学机器人研究所	空间机器人、微操作机器人等，国际领先，尚未产业化	国家自然科学基金重大国际合作项目、“863 计划”重大项目、国家科技支撑项目等，国家科学技术进步二等奖 1 项、各类省部级科技奖 18 项
安徽埃夫特智能装备有限公司	ER 系列工业机器人，中国领先	“863 计划”项目 4 项、发改委智能制造装备发展专项 5 项、安徽省科技攻关项目 3 项等，国家科技进步二等奖等
广州数控设备有限公司	自主研发 RB 系列工业机器人	“863 计划”项目等
武汉华中数控股份有限公司	六轴多关节机器人；关键部件控制系统、驱动装置、伺服电机等具有自主研发核心竞争能力	“863 计划”项目；国家科技进步二等奖；国家发改委高科技成果产业化项目——华中数控产业基地；9 项产品被列入国家级重点新产品等

资料来源：招商证券、各机构的官方网站。

（二）行业人才需求分析

作为高端智能装备，机器人可以代替人类从事简单、重复、繁重的工作，还可以完成信息收集、情况反馈、分析处理、决策判断等工作，将人的部分智慧通过机器来实现。但机器人始终需要由人来设计、操作、维护、保养，人和机器人的关系属于一种控制与被控制的关系。只有人与机器协同合作，才能达到人机合一的效果，创造更高的价值，整个行业也才能更好地发展。所以，尽管机器人的大规模应用会导致一些职业岗位被替代，但机器人行业及相关企业的发展、壮大又需要一批相关的技术研发人才和技术应用人才作为支撑。

1. 从业人员现状

机器人本身的自动化程度很高，只要事先输好程序就能正常运行。如果单从操作一般的机器人而言，初中及高中毕业生经过一段时间的培训就能熟练上岗。从事机器人原理研究、技术研发、本体开发等的相关人才主要来源于本科及其以上层次的高等学校，但供给不足。尤其是高层次机器人软件开发人才的供给更加不足，在人才市场上极为抢手。据悉，有的机器人企业为了招揽软件工程师，开出的月薪可以高达数万元。从事机器人安装、调试、维护、保养等方面的人员主要来自于高职院校电气自动化技术、机电一体化技术等专业的毕业生。他们进入企业后会接受短期的二次培训，但是短期培训难以使他们获得工作岗位所要求的特定专业技能。而在制造业“机器换人”的过程中，众多企业遭遇了“机器人易购、技工难寻”的新难题。

机器人集机械、电子、控制、计算机、传感器、人工智能等多学科高新技术于一体，汇聚了机器人专业知识、一般学科知识与特定领域知识，是典型的多学科深度交叉融合。机器人的技术研发、安装调试、日常维护与保养、故障排查与维修等方面的工作专业性强、技术含量高，相关从业人员未经过专业、系统的教育、培训，很难掌握其中的技术诀窍。此外，机器人的应用领域广泛，而各个行业对机器人的要求又不同，机器人应用很难从一个行业直接推广到另一个行业。因此，机器人的开发与应用对相关人才的技术技能要求较高，合格的人才不但需要有理论支撑，也需要有实践经验。

综上可以看出，我国机器人行业的从业人员整体质量不高，这成为了制约我国机器人行业及相关企业发展的一大“瓶颈”。

2. 人才需求规模

目前，全球每销售5台机器人，就有1台在我国安装。按照这样的安装量增长速度，我国机器人专业人才的储备数量与质量显得捉襟见肘。按照工信部的发展规划，到2020年，工业机器人装机量将达到100万台，大概需要20万工业机器人应用相关从业人员。① 这就意味着，在2020年之前，我国平均每年就需要培养4万名左右的工业机器人应用人才。

根据ABB、首钢莫托曼和发那科三家机器人公司的调查数据显示，仅苏州、无锡、常州地区使用工业机器人的企业就已达3000家以上，工业机器人相关技术人才缺口超过2000人。2014年，重庆市在机器人领域的专业人才缺口超过5000人，工业机器人产业工人的缺口则高达7万人；深圳市工业机器人产业的人才缺口达到几万人。② 这一系列数字反映出我国机器人专业人才的贫瘠以及对专业人才的巨大需求。

3. 人才需求类型

机器人是一个复杂的系统工程，需要多方面的人才。位于产业链不同位置的企业及其岗位对机器人专业人才的需求不尽相同。位于产业链上游、中游的机器人技术研发、本体制造企业，主要需要掌握先进系统控制软件、装备机械、工业自动化系统工程集成等方面的高层次专业技术研发人才。而位于产业链下游的机器人系统集成和应用企业主要需要技术应用人才。机器人系统集成企业主要需要机器人工作站的开发、安装、调试等方面的技术应用人才；机器人应用企业则需要机器人工作站安装、维护、保养、检修等方面的技术应用人才。

（1）机器人专业技术技能人才的需求分布。从人才的需求分布来看，按照层次、水平划分，根据深圳市连硕机器人职业培训中心的分析，项目经理占12%，系统集成开发工程师占13%，

---

①马慧娟：《机器人时代来了，操控人才在哪?》，《中国青年报》2015年3月2日第10版，http://zqb.cyol.com/html/2015-03/02/nw.D110000zgqnb_20150302_1-10.htm，2015-11-06。

②杨婧如：《工业4.0催生“机器换人”时代》，《深圳特区报》2015年3月26日第AⅡ1版，http://sztqb.sznews.com/html/2015-03/26/content_3178862.htm，2015-11-06。

售前售后技术支持工程师占25%，剩下的50%则是安装、调试、维护工程师。[①] 由此可以看出，我国机器人行业企业对技术技能人才的需求主要集中在中层、基层的技术应用人才方面。这既与机器人系统集成和应用配套服务的总市场规模相对较大有关，也与当前我国本土绝大多数机器人企业更多的是在发展机器人的系统集成与行业应用的行业发展现状相关。如图1－5所示。

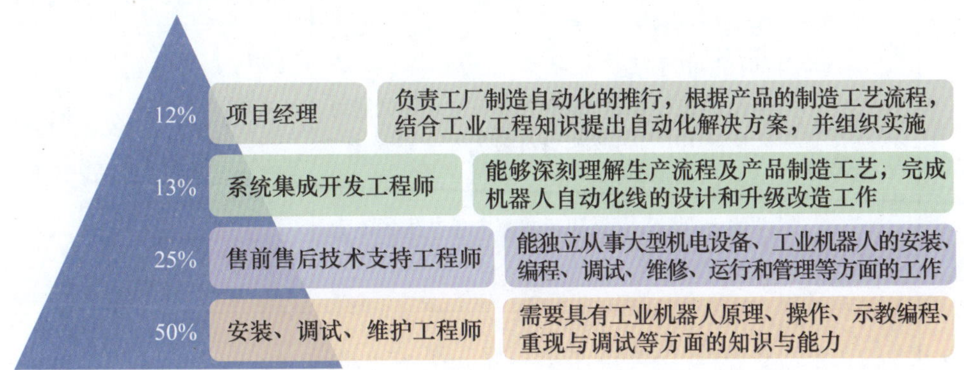

图1－5　工业机器人专业技术技能人才的需求分布（按照层次、水平）

资料来源：深圳市连硕机器人职业培训中心。

（2）机器人开发企业的技术应用人才需求。根据岗位职能来划分，一般机器人开发企业内部技师级员工，大概分为四个工种。第一，工程师助理，主要是协助工程师绘制图纸、设计简单工装夹具、制作工艺卡片、指导工人按照装配图进行组装等。第二，机器人生产线的试产员与操作员。以水龙头打磨抛光为例，此类岗位要根据水龙头打磨抛光工艺，对机器人系统进行示教操作或离线编程，并调整打磨抛光系统各项参数，使机器人系统能生产出合格的产品。第三，机器人的总装与调试需要专业人员，其主要职能是在装备生产企业根据调试文件完成机器人单轴闭环参数调整、机器人标定、运行演示程序并调整相关参数，最终使得机器人达到理想的使用状态。第四，高端维修及售后人员。因为引进机器人的企业常常缺乏维修能力，所以相关人员必不可少。在机器人系统发生故障时，这一岗位的员工需要根据故障提示代码进行初步检修，能清晰汇报现场情况，并在技术人员远程支持下解除故障，能按照流程进行机器人系统标准配件的更换。[②]

（3）机器人应用企业的技术应用人才需求。伴随着“机器换人”的推进，机器人应用企业对专业人才提出了自己的需求。根据浙江工业大学教育科学与技术学院的调查，机器人应用企业对相关技术应用人才有四大需求：一是急需能操控智能制造、自动化设备的专业技能人员；二是增加电子工程、信息技术、机械等专业复合型人才；三是智能制造的多学科、跨领域和大数据特性，对管理人员提出了更高的要求；四是需要大量的高端服务业从业人员从事智能制造的配套工作。[③] 具体来说，工业机器人技术应用人才所具备的能力如表1－4所示。

---

①深圳市连硕机器人职业培训中心：《工业机器人方向人才培养现状与分析》，http：//www. docin. com/p－1212404086. html，2015－11－09。

②罗湛贤、赵越：《机器人来了，工人去哪儿》，《南方日报》2014年4月25日第AT11版，http：//epaper. southcn. com/ndaily/html/2014－04/25/content_ 7297224. htm，2015－11－06。

③刘巍巍：《“机器换人”大势渐成，职业教育何去何从》，http：//www. banyuetan. org/chcontent/jrt/20151116/164029. html，2015－11－09。

表1-4　　工业机器人技术专业技能人才需求类型及能力要求

<table>
<tr><th colspan="2">岗位方向（举例）</th><th>行业通用能力</th><th>职业特定能力</th><th>典型工作任务描述</th></tr>
<tr><td>工业机器人示教编程</td><td>工业机器人示教编程</td><td rowspan="6">①典型机械零部件、电子线路图的识读和绘图能力
②机械部件拆装能力
③常用液压、气动元件选择及液压、气动系统装配调试能力
④常用机构工作原理、结构特点、基本设计方法和计算能力
⑤常用电子仪器仪表的使用能力
⑥典型工业机器人系统示教能力
⑦典型机电设备PLC系统的选型、编程及调试能力
⑧工业机器人技术资料检索、英文资料阅读能力
⑨工程项目文件整理与撰写能力</td><td>工业机器人系统现场编程、离线编程能力</td><td>①工业机器人程序示教
②工业机器人程序验证
③工业机器人现场及离线编程</td></tr>
<tr><td rowspan="3">工业机器人系统维护</td><td>工业机器人码垛系统维护</td><td>①码垛机器人系统调试能力
②码垛机器人系统示教编程能力
③码垛机器人系统维护能力</td><td>①码垛机器人系统安装与调试
②码垛机器人系统维护保养
③工业机器人示教编程</td></tr>
<tr><td>工业机器人焊接系统维护</td><td>①焊接机器人系统调试能力
②焊接机器人系统示教编程能力
③焊接机器人系统维护能力</td><td>①焊接机器人系统安装与调试
②焊接电源参数设定
③焊接机器人参数设定
④焊接机器人系统维护保养</td></tr>
<tr><td>工业机器人上下料系统维护</td><td>①上下料机器人系统调试能力
②上下料机器人系统示教编程能力
③上下料机器人系统维护能力</td><td>①上下料机器人系统安装与调试
②机器人上下料机系统维护保养
③工业机器人示教编程
④机器人上下料系统外部控制程序编制</td></tr>
<tr><td rowspan="2">工业机器人系统集成</td><td>工业机器人工装辅助设计</td><td>①工装机械结构辅助设计能力
②工装电气控制部分辅助设计能力
③工装整体安装调试能力</td><td>①工业机器人操作对象工装要求极性分析
②工装系统机械机构辅助设计
③工装系统电气控制辅助设计
④工装机电系统联调
⑤工装系统说明文件编制</td></tr>
<tr><td>工业机器人通用系统集成</td><td>①外部系统与工业机器人系统连接设计能力
②外部控制系统编程能力
③典型工作站系统安装调试能力</td><td>①工业机器人工作站方案辅助设计
②工业机器人工作站系统仿真辅助设计
③工业机器人工作站主控系统程序辅助设计
④工业机器人系统程序示教
⑤工业机器人工作站系统说明文件编制</td></tr>
</table>

资料来源：襄阳职业技术学院电子信息工程学院网站。

三、我国机器人专业职业教育现状分析

尽管我国机器人行业的市场规模在快速增长，相关企业的数量也较为庞大，但整个行业发展还面临着诸多挑战。要实现我国机器人行业及本土企业的进一步发展、壮大，专业人才队伍的支撑必不可少，其中既包括高层次的专业技术研发人才，也包括高技能人才和熟练技工等技术应用人才。而人才的培养靠教育，技术应用人才的培养则主要依托职业教育。但我国正式开展机器人专业职业教育的时间较晚。2011 年，常州机电职业技术学院在全国首开工业机器人应用专业。此后，许多职业院校随之而动，纷纷开设机器人相关专业。据统计，截至 2014 年底，全国已有 120 余家职业院校开设机器人相关专业。①

（一）专业设置情况

我国在《2014 年普通高等学校高职高专教育指导性专业目录（含目录外专业）》的制造大类——自动化类专业中设有工业机器人技术专业，代码为 580218。在最新修订的《普通高等学校高等职业教育（专科）专业目录（2015 年）》中，装备制造大类——自动化类专业设有工业机器人技术专业，代码为 560309；且该目录还列举了与高职层次工业机器人技术专业相衔接的中职专业（如机电技术应用、电气运行与控制、电气技术应用、电子与信息技术等）和相接续的本科专业（如电气工程及其自动化、自动化、机械电子工程等）。教育部于 2010 年修订了《中等职业学校专业目录》，其中尚未出现以机器人命名的专业。

1. 高职层次

“全国职业院校专业设置管理与公共信息服务平台”中的“高等职业学校专业设置备案结果”② 显示，2015 年我国已有 45 所高职（高专）院校拟开设工业机器人技术专业（或以工业机器人命名的专业）。根据阳光高考网及各相关院校的招生计划信息，其中 42 所院校在 2015 年有招生计划，40 所院校有较为详细的计划招生数可查。据不完全统计，这 40 所院校的 2015 年计划招生总数约为 2391 人，如表 1 -5 所示。

表 1 -5　　2015 年国内高职（高专）院校工业机器人技术专业开设情况

区域③		序号	高职（高专）院校	计划招生数	所属院系
东部	北京	1	北京工业职业技术学院	20	机电工程学院
	天津	2	天津现代职业技术学院	20	机电工程学院
	河北	3	石家庄职业技术学院	50	电气与电子工程系
	山东	4	日照职业技术学院	40	机电工程学院
		5	潍坊工程职业学院	27	山工机电工程学院

①《高职院校机器人专业迎黄金期，人才需求将井喷》，新浪教育，http：//edu. sina. com. cn/gaokao/2015 -09 -22/1708484402. shtml，2015 -11 -12。

②全国职业院校专业设置管理与公共信息服务平台：http：//www. zjchina. org/mspMajorIndexAction. fo？searchinfo = majorname。

③东部地区包括 10 个省级行政区：北京市、天津市、河北省、山东省、江苏省、上海市、浙江省、福建省、广东省、海南省；中部地区包括 6 个：山西省、河南省、湖北省、湖南省、江西省、安徽省；西部地区包括 12 个：重庆市、四川省、广西壮族自治区、贵州省、云南省、陕西省、甘肃省、内蒙古自治区、宁夏回族自治区、新疆维吾尔自治区、青海省、西藏自治区；东北地区包括 3 个：黑龙江省、吉林省、辽宁省。

续表

区域		序号	高职（高专）院校	计划招生数	所属院系
东部	江苏	6	无锡职业技术学院	20	控制技术学院——机器人技术系
		7	苏州工业职业技术学院	52	机电工程系
		8	苏州工业园区职业技术学院	35	机电工程系
		9	苏州高博软件技术职业学院	69	信息工程系
		10	淮安信息职业技术学院	45	电气工程系
		11	江苏信息职业技术学院	45	机电工程学院
		12	南京信息职业技术学院	45	机电学院
		13	常州机电职业技术学院	60	电气工程系
		14	常州纺织服装职业技术学院	无计划	机电工程系
		15	江苏联合职业技术学院	不详	—
	浙江	16	绍兴职业技术学院	50	机电工程学院
	福建	17	宁德职业技术学院	37	机电工程系
	广东	18	顺德职业技术学院	35	机电工程学院
		19	佛山职业技术学院	80	机电工程系
		20	广州工程技术职业学院	90	机电工程系
中部	河南	21	河南机电职业学院	40	机电工程学院
	安徽	22	安徽机电职业技术学院	100	电气工程系
		23	安徽扬子职业技术学院	90	电子工程系
		24	芜湖职业技术学院	70	信息工程学院
	湖北	25	黄冈职业技术学院	60	机电学院
		26	湖北工业职业技术学院	35	电子工程系
		27	襄阳职业技术学院	35	机电工程学院
		28	武汉工程职业技术学院	80	机电工程系
		29	鄂东职业技术学院	无计划	—
	湖南	30	长沙民政职业技术学院	54	电子工程学院
		31	湖南工业职业技术学院	30	电气工程系
		32	湖南信息职业技术学院	55	电子工程学院
		33	湖南铁道职业技术学院	80	铁道车辆与机械学院
		34	湖南生物机电职业技术学院	180	电子电气工程学院
		35	湖南机电职业技术学院	120	电气工程学院
		36	湖南吉利汽车职业技术学院	不详	—
西部	四川	37	成都航空职业技术学院	90	汽车工程系
		38	成都纺织高等专科学校	无计划	—
	重庆	39	重庆工业职业技术学院	76	自动化学院
		40	重庆电子工程职业学院	62	计算机学院
	广西	41	柳州职业技术学院	90	机电工程系
		42	广西工业职业技术学院	40	电子与电气工程系
		43	柳州城市职业学院	45	机电与汽车工程系

续表

区域		序号	高职（高专）院校	计划招生数	所属院系
东北	辽宁	44	辽宁机电职业技术学院	99	自动控制工程系
	吉林	45	长春汽车工业高等专科学校	40	电气工程学院
计划招生数总计（不完全统计）				2391	

资料来源：根据阳光高考网以及相关院校官方网站的资料整理。

此外，一些高职（高专）院校开设工业机器人方向的机电一体化技术、自动化技术等专业，如武汉职业技术学院机电工程学院开设了机电一体化技术（工业机器人方向）专业。还有一些技师学院和办学实力较强的中职院校开设了高职层次的工业机器人技术方面的专业，如广州市机电技师学院在智能装备系开设了工业机器人应用与维护专业，江苏省昆山第一中等专业学校在电子信息系开设了工业机器人技术（高职）专业。与工业机器人技术相近的机电设备类、机械设计制造类和自动化类等专业，在我国高职院校中广泛设置，招生也较多。

2. 中职层次

在2010年新修订的《中等职业学校专业目录》中，没有以机器人命名的专业。一些办学实力较强的中职院校开设了机器人方向的相近专业，如江苏省昆山第一中等专业学校的电子信息系开设了电气运行与控制专业（机器人方向），上海信息技术学校的机电系开设了电子与信息技术专业（工业机器人应用与维护方向）。但这些学校的机器人方向相近专业的总体人才培养规模并不大。少有中职院校开设以机器人命名的专业。而与高职层次工业机器人技术专业相衔接的机电技术应用、电气运行与控制、电气技术应用、电子与信息技术等中职专业，开设较为普遍，招生规模较大。

（二）人才培养现状

通过梳理2015年开设工业机器人技术专业的45所高职（高专）院校的人才培养情况，并结合其他相关资料，以下主要从培养目标、培养模式、课程教材、实践教学、师资队伍等方面对我国高职层次工业机器人技术专业的人才培养现状进行分析。

1. 培养目标

高职（高专）院校工业机器人技术专业主要面向机器人制造、生产企业及机器人应用企业，培养能够在一线岗位工作的技能型人才。各院校对学生所要掌握的技术技能也有一定的规定与要求。少数院校紧密结合当地的产业布局和产业发展特色，着重培养当地优势产业发展所需的机器人专业人才。例如，长春的汽车产业较为发达，长春汽车工业高等专科学校的工业机器人技术专业就主要培养汽车制造企业自动化生产线的工业机器人安装调试、启动运行、维护维修、管理及技术改造岗位群所需要的技能型应用人才。还有个别院校将人才培养目标细化到职业岗位层面，如襄阳职业技术学院就确立了“编程、系统维护和系统集成”三个层面的职业岗位培养目标。如表1-6所示。

2. 培养模式

从人才培养目标出发，相关职业院校以“工学结合、校企合作”为切入点，探索机器人专业人才培养模式改革、创新。典型代表有常州机电职业技术学院、江苏省昆山第一中等专业学校、江苏信息职业技术学院等，如表1-7所示。

表 1-6　部分高职院校工业机器人技术专业人才培养目标

院校	人才培养目标
常州机电职业技术学院	本专业面向汽车、机械加工、食品、新能源等行业企业以及工业机器人生产企业，培养从事自动化成套装备中工业机器人工作站系统的现场编程、调试维护、故障诊断、人机界面（触摸屏）编程、生产技术管理、工业机器人销售和售后服务等岗位，具备工业机器人现场编程、人机界面开发、自动化生产线改造、市场营销、技术管理等能力的高素质技能型专门人才
北京工业职业技术学院	本专业面向工业机器人制造企业、系统集成企业，培养具备扎实的工程实践基础、良好的职业道德、较强的可持续发展能力，掌握工业机器人集成设计、编程操作、维护管理、调试维修等专业知识与技能，并能与专门领域要求相结合的高端复合型、高素质技能型人才
芜湖职业技术学院	本专业以机电工程为基础，运用计算机控制技术实现对机器人内在的驱动控制和外在的工作应用控制，培养学生的软件能力、硬件能力和工程应用能力，从事机器人设备的设计开发、编程调试、运行维护等工作的高素质技能型人才
襄阳职业技术学院	本专业主要面向工业机器人企业及相关装备制造企业，培养能从事工业机器人设备的操作与维护、调试与维修；工业机器人自动线的设计、操作与维护；工业机器人的销售推广与售后技术支持以及机器人工作站的设计安装等素养；具备工业机器人专业知识和机器人自动线装调维修职业能力，德、智、体、美全面发展，具有创新精神和实践能力的高素质技术技能型专门人才
重庆工业职业技术学院	本专业主要面向工业自动化领域，培养具备工业机器人制造、应用、维护等方面的理论知识和专业技能，从事工业机器人系统仿真、编程、调试、操作、销售，以及智能自动化生产系统维护操作、维护、改造与管理等工作的技术应用型高素质人才
柳州城市职业学院	本专业培养掌握工业机器人应用与维护专业的基础理论和操作技能，能独立从事大、中型机电设备，工业机器人应用系统的安装、调试、编程、维修、运行与管理等方面的工作任务；具有较好的实践经验，能进行生产管理具有创新精神和创业意识的高技能人才

资料来源：根据相关院校官方网站的资料整理。

2013 年 11 月，“全国机械行业工业机器人与智能装备职业教育集团”正式成立。该职教集团由常州机电职业技术学院牵头组建，由 75 家院校和行业企业组成，其中包括无锡职业技术学院、成都航空职业技术学院等 46 家职业院校以及 ABB、安川电机、发那科等 29 家行业企业。各成员单位共同遵守《集团章程》，实施产学研结合，形成跨地区、多功能、多层次以及分工明确、资源互补的“利益共同体”。由此，它把行业企业和学校连接起来，促进职业教育与企业、社会在人才、信息、资源等方面的互动联结，推动机器人技术应用人才培养模式的探索、创新与实施。

表 1－7　　典型院校的人才培养模式

职业院校	培养模式	主要内容
常州机电职业技术学院	“项目引领、岗位实境”的工学结合人才培养模式	“项目引领”指的是根据工业机器人应用的行业特点，校企合作开发多个不同类型的工业机器人工作站项目，以这些项目为载体开发教学资源，进行专业核心能力培养，使学生掌握工业机器人现场编程、维护等能力 “岗位实境”指按照企业真实岗位设置教学环境和组织教学。根据职业能力培养需要，重点建设企业课堂、仿真车间和一体化教室。在这样的教学环境中，教师能将理论与实践教学内容进行融合，将知识与技能有机结合 人才培养过程分为三个阶段：专业基本能力和素质培养、专业专项能力与素质培养、专业综合能力和素质培养
江苏省昆山第一中等专业学校	“校企交替、教学与生产结合”的工学结合人才培养模式	将学校与企业交替贯穿于整个教学中，全面推行“三段工”实践教学（即体验实习、尝试实习、顶岗实习），通过这种有层次的生产实习方式，让学生逐步了解企业的要求，完成职业角色的转化，成为企业真正需要的劳动者 为缩短学生与企业员工角色转变的适应期，提高学生学习的目标性，实训场所教学环境的构建和创设尽可能与企业工作实境贴近，并按企业角色来确定教师与学生的身份，由此使学生更加真实地感受到企业氛围，实现学校环境与工作环境、校园文化与企业文化的有机结合
	“冠名式”人才培养模式	加强校企合作，建立以行业、企业技术人员为主的专业建设委员会，突出“冠名式”人才培养的校企深度融合。冠名企业可参与班级教学计划的制订，可向学校提出合理的建议，使学校教学与企业需求紧密衔接；学生可以分阶段到冠名企业实习，尽早接触企业管理，树立职业意识；冠名班引进企业文化和企业管理模式，培养学生良好的职业道德、荣誉感、责任感
江苏信息职业技术学院	校企共建国内首所工业机器人学院	在有关部门的帮助与指导下，联合南京埃斯顿机器人工程有限公司，率先共建国内首所工业机器人学院——“埃斯顿工业机器人学院”，围绕工业机器人高级技术技能型人才培养、工业机器人技术教学体系与实训中心建设、教师技能培训、工业机器人职业培训和职业资格鉴定、机器人应用项目研发、工业机器人客户技术服务等方面展开了全方位、多层次的深度合作，力争将“埃斯顿工业机器人学院”打造成为江苏省机器人行业高级技术技能人才培养、项目应用合作研发与客户技术服务的基地，以适应江苏省产业装备制造业转型升级的需要

资料来源：根据相关研究成果及相关院校官方网站的资料整理。

3. 课程教材

高职院校工业机器人技术专业的课程基本上按照公共基础课、专业课两大类来设置。在专业课设置中，各院校既有专业理论课程，又有专业实践类课程，以实现理论与实践相结合；既开设了与工业机器人相关联的行业通用专业课程（如机械制造基础、电气控制技术、自动化控制技术、单片机应用、C 语言程序设计等），又开设了专属于工业机器人的特定专业课程（如工业机器人技术基础、工业机器人操作与示教编程、工业机器人系统集成等）。如表 1－8 所示。

表1-8 部分高职院校工业机器人技术专业课程设置

院校	通用专业课程	特定专业课程
江苏信息职业技术学院	工程制图与AutoCAD、工业自动化控制技术、电气控制柜设计与安装、电工电子技术基础、机械基础、传感技术应用、气动技术应用、控制电机与应用等	工业机器人技术基础、机器人自动线安装与调试、工业机器人示教编程、工业机器人工作站故障诊断与维护、工业机器人离线编程与仿真、典型工业机器人工程应用等
佛山职业技术学院	机械制图、机械基础、液压与气动、电气控制与制图、工装设计、气动夹具设计、C语言、传感器、单片机、PLC应用设计等	工业机器人技术基础、工业机器人操作与示教编程、工业机器人与自动线系统编程、工业机器人应用系统设计等
湖南机电职业技术学院	电机及驱动技术、液气与气动技术、单片机应用与C语言程序设计、智能传感器的应用、PLC及其应用、FMS系统安装与调试等	工业机器人技术基础、机器人制作与编程、焊接机器人编程与应用、机器人仿真应用等
芜湖职业技术学院	伺服运动控制、C语言程序设计、智能检测技术、单片机接口技术、无线网络通信技术、嵌入式系统、人机交互界面技术等	机器人电子技术基础、智能机器人技术、机器人自动线安装与调试、机器人视觉图像处理技术等
重庆工业职业技术学院	机械工程基础、电工电子技术、计算机编程、单片机应用技术、传感与检测技术、气动技术应用等	机器人设计与制作、可编程序控制器应用技术、工业机器人编程等
柳州城市职业学院	电工技术、电子技术、机械基础与机械拆装基础、机械制图、金工工艺与实训、传感器与自动检测技术、PLC技术及应用、变频器技术、单片机与接口技术、液压与气动传动技术等	工业控制组态及现场总线技术、工业机器人现场编程技术、工业机器人安装调试与维护技术、工业机器人故障诊断与排除技术等

资料来源：根据相关院校官方网站的资料整理。

在教材开发方面，与工业机器人相关联的行业通用专业课程在各职业院校开设较早，有些还是精品课程，其所需的教材已较为成熟。但是特定专业课程开设时间较短，无论是理论课程还是实训课程，配套教材的开发都还比较滞后。

4. 实践教学

在机器人技术实训设施建设方面，建设模式还处于探索之中，各院校的水平也参差不齐。办学实力较强的院校的校内实训设施较为齐全，不仅拥有与机器人相关的行业通用技术实训室（如电机控制实训室、传感技术应用实训室、PLC实训室等），还建有综合性的、安装成套设备的工业机器人技术实训室或实训中心。例如，苏州工业职业技术学院在已有电机控制实训室、PLC实训室、液压与气动实训室、自动生产线实训室、机器人基础实训室的基础上，依托中央财政支持的电气自动化实训基地，根据工业机器人技术专业建设方案和发展规划，新建工业机器人实训室。该实训室配备汽车、机床、电子、轻工等行业广泛应用的多台（套）六轴串联工业机器人，建设有弧焊、打磨系统、智能输送系统和双机器人装配系统、视觉检测系统、快速分拣、搬运系统，可满足工业机器人操作、调试、维护等课程的教学和实训，还配备了1套多控制模块可拆装串联机器人和1套模块化多结构并联机器人。但办学实力相对较弱的院校，其综合性的工业机器人技术实验实训室建设不足。

就实训教学活动的开展情况来看，各院校因硬件条件、办学经验不同而有所差异。有的学校把一些专业课的教学直接搬到了实训室，即学即训，并且既有单项技术实验实训，也有机器人技术综合实训。例如，常州机电职业技术学院工业机器人技术专业大二年级的教学活动基本上都在各实训室开展。而办学实力较弱的院校则难以做到这一点。各院校会要求学生进企业（多为校企合作企业）顶岗实习，实习时间一般定在最后一学年，有时候实习与毕业论文或毕业设计同步进行。

此外，在全国职业院校技能大赛中，中职组和高职组均设有与机器人技术应用相关的比赛项目。这样的比赛旨在引导职业院校关注机器人技术应用方面的发展趋势及新技术的应用，推动工学结合人才培养和课程的改革与创新，促进智能机器人技术（机器人设备安装、调试、维护、使用）的普及，提升职业院校专业教师的指导水平。

5. 师资队伍

目前，我国高职层次工业机器人技术专业的授课教师，多是从与机器人相近的其他专业（如机电一体化、电气自动化、电气运行与控制等）转变而来。之前，他们在相近专业领域具有较高的技术、技能水平和丰富的教学经验，但基本没有接受过为期较长的、系统的机器人专业知识学习与技能训练，机器人企业的实践经验也较为缺乏。而机器人的系统复杂性更强，技术要求更高，相近专业的技术、技能和以往的教学经验恐难以照搬到机器人技术的教学中。

此外，普通高等学校培养的专业人才是职业院校师资的主要来源。但是，我国开设机器人专业的高等学校较少，开设的时间也不长，人才培养规模有限。同时，在薪资待遇方面，职业院校也难以比得上企业。因此，职业院校机器人专业的师资需求尚难以从高等学校获得满足。

为了提高专业教学水平，适应人才培养需求，相关职业院校加强师资队伍建设，加大内部培养力度，鼓励相关教师继续深造、参加技术技能培训和下企业挂职锻炼，积极与机器人企业开展师资培训和兼职教师引进方面的合作，努力构建“双师型”教学队伍。

四、国外机器人专业教育发展分析

在美日欧等发达国家和地区，机器人产业发展较早，目前已进入了智能化阶段。在这些国家或地区，机器人教育也开展得较早，已经普及至大中小学，并在积极探索机器人教育发展的新道路、新模式。它们的专业人才培养经验较为丰富，成果较为丰硕，值得我们学习、借鉴。

（一）美国的机器人教育

美国注重充分发挥学生的天赋，并且根据美国的教育政策、法规，学校的课程设置较为自由，这就为机器人教育的开展提供了便利，丰富了机器人教育的形式。美国的机器人教育从小学即开始，一直贯通到高等院校，类型丰富多样，有力地激发了学生的兴趣，促进了相关人才的培养。

1. 美国中小学的机器人教育①

美国基础教育领域中的机器人教育主要有四种形式：一是机器人技术课程，一般开设在应用技术课程中，其中应用设计与应用项目占大多数；二是机器人课外活动，类似于我国的综合实验课程；三是机器人主题夏令营等活动；第四种形式则与前三者不同，主要是利用机器人技术作为辅助性工具来辅助其他课程的教学，或是作为一种研究工具来培养学生的创新能力。

（1）机器人技术课程。美国中小学的课程设置比较自由，除了一些核心课程外，还有内容丰富的选修课程以及一些教育计划项目。把机器人教育列入课程，让学生系统地、有步骤地学习机器人技术，是开展机器人教育的最佳形式。

美国大部分中小学校的机器人教育课程属于技术教育课程体系。例如，南卡罗来纳州在技术教育中，要求学生了解自动化技术与机器人技术；加利福尼亚州高中工程与技术联盟在为高中生开设的工程与技术选修课程中，提供了 ROBOTICS 课程，主要介绍机器人技术历史、基础、术语、微控制、传感器、程序控制等方面的知识；美国犹他州 K－12 核心课程分为两个部分——常规课程和职业技术教育，其中职业技术教育中的技术及工程课程标准（6～8 年级）要求对机器人技术有所了解。

美国部分中小学校的机器人技术课程从属于某个项目。例如，弗吉尼亚州在 4－H 科学技术课程中开设了 ROBOTICS。4－H 是头脑（Head）、心（Heart）、健康（Health）、手（Hand）的缩写，这个项目是帮助年轻人通过“做中学”来发展；美国国家航空航天局的教育联合项目中的 Educational Robotics Matrix 项目提供了一个与机器人技术有关的适合各个年龄组的课程计划列表；美国国家自然基金支持的项目“K－12 教育中的机器人技术”，目的是帮助 K－12 教师以及其他教育者开发或改进机器人作为一种工具来教授 STEM（科学 Science、技术 Technology、工程 Engineering、数学 Mathematics）课程和开发机器人技术课程。

尽管同样是机器人技术课程，但是各个学校制定的课程目标却不同。例如，美国佛罗里达州 Boca Raton Christian 学校开设的 ROBOTICS 高中课程，其目标是为学生提供理解各种微型计算机硬件及使用的途径，使其了解有关微型计算机结构、人机接口和诊断、修复和维护的指导和机器人技术的基本概念；而美国纽约沙潘学校（Chapin School）的 K－12 课程在 2 年级的计算机科学中开设 ROBOTICS、5 年级的科学课程中开设了 ROBOTICS，主要目的是通过提供动手操作的途径，让学生来应用在课堂中学习的科学规划、物理知识和计算机编程。

（2）机器人课外活动。以课外活动形式开展的机器人教育主要特点是与各种机器人竞赛相结合。例如，宾夕法尼亚州的 K12ROBOT 课外活动计划，印第安纳州的普渡大学（Purdue University）与 LAFAYETTE 学校合作，在 5～8 年级课外活动中开展 ROBOTICS 项目。

（3）机器人主题夏令营。美国中小学的机器人主题夏令营活动，采用的方式是高校与中小学建立共同体，高校负责设计各类机器人活动，并组织在中小学实施。例如，卡内基·梅隆大学（Carnegie Mellon University）提供的 ROBOCAMP 暑期机器人计划，通过八个星期的课程，让学生懂得一些基本的与机器人有关的电子、机械和计算机科学知识。该课程主要针对高中生，但是需要一定的入门技能。由于参与人数有限，报名者通常需要经过筛选才能参加。

（4）机器人技术应用。对于中小学生而言，机器人技术本身可以不作为学习的主体，而是

①王益、张剑平：《美国机器人教育的特点及其启示》，《现代教育技术》2007 年第 11 期，第 108－110 页。

作为学习其他课程的工具或者是创新能力培养的一种工具。学生使用这些技术工具来强化学习，激发创造力，培养创新能力，同时也可以增强协作能力。例如，俄亥俄州技术标准的标准三"生产应用技术"中提出把机器人模型作为一种研究工具，同时在标准七"设计世界"中，利用机器人来理解输入与输出操作、电子设备如何与计算机连接等概念。

2. 美国高校的机器人教育①

美国高校的机器人教育主要呈现出两个趋势：一方面，美国高校越来越多地开设与机器人相关的课程；另一方面，机器人作为课程的学习平台，已应用于其他课程中。下面就以麻省理工学院和俄勒冈州立大学的机器人教育为例，对美国高校的机器人教育进行分析。

（1）麻省理工学院的机器人教育。在课程开设方面，麻省理工学院（Massachusetts Institute of Technology，MIT）开设的机器人课程主要分为两类：一类是在整个学期开设的，如机器人学原理、智能机器人学等；另一类则是在 MIT 的独立活动期间（IPA）开设的，如自控机器人设计竞赛和机器人编程竞赛。IPA 是 MIT 从 1 月的第一周开始到月底为期 4 周的独立活动学习期，在此期间开设的课程没有定期的课堂安排，学生只需要在规定的时间内完成相关的项目就可以了，并且部分课堂教学的参与也是自愿的。灵活的课堂安排就使学生有了更多的自主活动时间，并且能根据自己的需要选择性地参与课堂学习来补充知识。

就教学组织形式而言，MIT 与美国其他高校并无多大差异。机器人教育的教学组织形式主要有四种：一是机器人理论基础课程，是整个教育教学计划的核心；二是综合实践教学课程，以实验为主要的实施手段；三是主要利用教学机器人在课堂和教学中的投入使用，通过技术平台来辅助机器人相关学科的学习以及其他课程的教学；四是机器人独立活动学习，一般的小活动就是小组活动，大活动则主要是校内外不同级别的机器人公开赛。机器人活动通常是以项目开展的，组成活动团队，这样的集体活动可以提高学生的项目管理能力、协作能力以及沟通交流能力等。

在评价方式方面，除了正常的考试外，MIT 的所有机器人课程都要求学习者要有实质性的课业成果。例如，在"机器人学原理"课程中，学生除了提交作业，参加期中、期末两次考试以外，也还必须完成相关的实验与设计项目，在学期的期中、期末考试前搭建两个不同功能的机器人：一是形状识别机器人，目标是模仿视觉感官建立一套搜寻算法实现机器人对特定形状物的自动搜寻，而且在不同形状物中找到目标物体后暂停在该物体前；二是贪吃机器人，它能根据程序的设定沿着弯曲的路径通过障碍进入机器人实验室，从不同房间的既定位置拿取饼干，再将获得的饼干统一运送到目的房间的盒子中。在"智能机器人学"课程中，学生需要完成两个项目：一是按要求做一份与智能机器人相关的主题报告；二是对智能机器人和嵌入智能系统中涉及的一两个方法进行深入学习，然后在这些方法的基础上编制出简单的智能程序。而在以项目为中心的团队活动中，如果小组成员想获得相应的学分，团队提交的机器人必须与其他小组的机器人对战。

（2）俄勒冈州立大学的机器人教育。机器人作为学习平台，已经慢慢应用于大学的课程中。俄勒冈州立大学（Oregon State University，OSU）的电子工程与计算机科学系，在电子设计概念导论、电子基础、数字逻辑设计、信号与系统、计算机原理与汇编语言、机械设计等课程中使用 TekBots 机器人作为学习平台。把 TekBots 整合进课程中，可以把课堂上学习的理论应用到机器

①王益、张剑平：《美国机器人教育的特点及其启示》，《现代教育技术》2007 年第 11 期，第 108－110 页；王玉钰：《我国高校工科机器人教育发展现状及对策研究》，兰州大学硕士学位论文，2013 年，第 23－25 页。

人中，加深对理论的理解。例如，在计算机原理与汇编语言这门课程中，让学生使用 TekBots 调试自己的程序，观察自己写的程序是如何在实际设备中产生作用的。

利用机器人作为学习平台可以起到以下几个作用：一是加强课程连贯性，帮助学生理解各个学科之间的联系，能让学生综合自己所学知识；二是通过学习平台使概念变得更加具体，为学生提供解决复杂问题的情境；三是推动有着共同兴趣的学生形成学习共同体；四是能为学生提供动手操作的空间，增加动手经验；五是平台提供一个工程实践的模拟环境，帮助学生模拟工程实践。

3. FRC 机器人大赛①

FRC（FIRST Robotics Competition）是由美国非营利机构 FIRST 主办，针对高中生、大专生的一项工业级机器人竞赛。它把运动的刺激性和科学技术的精确结合在一起，堪称是智力上的运动会。每年 1 月初，FIRST 公布新主题；1 ~2 月是队伍搭建机器人的时间；3 月，各地区域选拔赛开始；4 月末，优胜队伍参加在美国圣路易斯举行的世锦赛。截止到 2015 年，FRC 比赛已经举办了 24 届。

相比于很多功利性较强的竞赛，FRC 不只是跟机器人相关的比赛，它是把有各种才能的学生汇集到一个团队，一起做产品。尽管最后的产品是一个大的竞赛型机器人，但这个过程中，他们各种各样的才能都会得到施展。每支参赛队伍都有自己的队服、队徽，竞赛的热烈、精彩程度、现场的对抗激烈程度都很高。作为美国最著名的机器人竞赛之一，娱乐与体育节目电视网（Entertainment and Sports Programming Network，ESPN）会对美国本土的比赛过程进行报道，每年的区赛和全国赛都会有全程直播。

在评判标准方面，FRC 也有自己的特别之处。一般的比赛看的是最终成绩，以结果为导向，如一个机器人是不是打败了所有的机器人成为第一名，或者它的总积分是不是最高。FRC 也会根据这个结果评出一个奖，但这个奖在所有奖项中可以说是最不被大家看重的。

在 FRC 的竞赛中，针对参赛团队的深度访谈才是评判成绩的关键环节。参赛队伍会被要求派几个学生与评委进行面对面地聊天。评委主要了解他们在比赛过程中学到了什么、做到了什么，整个队伍的团队合作对更广的范围产生了什么影响，以及是否在做这个机器人的过程中启发了更小的孩子，让他们产生兴趣；还会询问他们拜访了几家大公司、和多少工程师聊过天、是否有更多新的点子，他们是否遇到困难，是否解决了困难，没解决又是用怎样的态度去对待的，并且会观察他们在聊天时是否自信。这些是评判整个队伍的重要参考点。

这样的评判并不是量化的。一般是三个评委参与面对面地聊天，每个评委都会做记录，最后进行两轮较大规模的讨论，对参赛队伍进行横向和纵向的比较，最终选出适合每个奖项的队伍，而且每个奖项会有两支获奖队伍。由此可见，FRC 对参赛队伍的评判重在过程，而非以结果为导向。

（二）日本千叶大学的机器人教育②

日本是世界上机器人产业和机器人教育发展水平最高的国家之一，它不仅在中小学教学大纲中加入了机器人相关课程，而且在大学设有机器人研究专业。在日本，几乎每所大学都拥有高水

①王星：《专访 RoboTerra 创始人：美国的机器人教育是怎样的?》，http：//www. leiphone. com/news/201409/kIFx3vml6Mi9upMw. html，2014 -11 -26。

②杨建磊：《国外机器人教育的发展及启示》，《艺术科技》2013 年第 6 期，第 296 页；王玉钰：《我国高校工科机器人教育发展现状及对策研究》，兰州大学硕士学位论文，2013 年，第 25 -26 页。

平的机器人研究会，并定期举办机器人设计、制作竞赛，鼓励和促进机器人技术、产品的不断发展。以下以日本千叶大学为例，介绍日本高校的机器人教育。

1. 教育理念

在开展机器人研发和技术教育过程中，千叶大学以维护、保全全球生态系统的平衡为理念，目的在于维护人类的尊严，提高人类生活质量，推进世界的和平与共荣发展，营造安全安心的社会。在这样的教育理念下，千叶大学注重搜救机器人的研制，其搜救机器人的研制水平一直位于世界前列。日本海啸发生后，该校研制出可以深入灾难现场、应付各种危险环境的机器人“木瑾”。2012 年，千叶大学的机器人专家又研制出一种灵活的多足机器人“哈鲁克 2 号”，它可以根据不同的空间环境随时调整运动方式，更适用于灾后的搜救工作。

2. 课程设置

千叶大学的机器人启蒙课程或机器人基本原理等在大学本科阶段就已开设，旨在让学生在本科阶段就对机器人基本理论有个普遍的了解，各项课程主要以“讲解 + 实验 + 讨论”的形式开展教学，以利于学生形象化理解。在研修生阶段，学校开设《高级机器人学》等层次更深的课程，并把机器人学细分为不同的研究方向。该阶段开设的专业较广，涉及机械工程、电子工程、航空航天、智能技术等专业。

3. 评价方式

在评价方式方面，千叶大学采用理论考试（占 35%）和实践考试（占 65%）相结合的方法，以此引导学生在掌握基本理论知识的情况下，更加注重实践能力的培养。实践考试包括实验项目的完成情况、项目实践论文的编写与课堂讨论的个人表现，以培养和锻炼学生的实践能力。

课堂讨论和编写项目实践论文可以让学生充分参与到机器人技术学习、研究的过程中。教师根据每一个阶段的教学内容设置一个需要讨论的问题，学生根据所学到的知识，阐述对该问题的认识以及问题解决过程中所使用的方法。在每一个问题论辩过程中，教师以仲裁者的身份进行讨论的组织和总结。项目实践论文的编写则要求学生通过本学期机器人的课程学习，来完成一份研究报告。论文的主题内容可以由学生结合自己的专长自主决定，也可以选择老师拟定的题目。编写项目实践论文，不仅让学生熟悉和掌握基本的信息检索途径和方法，也使得其能够结合相关的专业知识自主开展机器人主题学习，从而拓展知识和锻炼技能。

（三）美日两国机器人教育的特点分析①

1. 教育形式丰富多样

从以上的介绍中可以看出，美日两国的机器人教育形式丰富多样。在美国，机器人教育在中小学中，或作为机器人技术课程，或作为课外活动，或作为机器人主题夏令营等定期活动，或作为辅助性工具。而在高等教育阶段，美日两国高校的机器人教育既可以通过专业课程进行，也可以作为学习平台，并会时常举办与机器人设计、制作有关的竞赛。如此丰富多样的机器人教育形式，使学生拥有较大的选择空间，能够让兴趣、能力不同的学生获得合适的机器人教育形式，从而有效激发学生的学习兴趣与活力。

---

①王益、张剑平：《美国机器人教育的特点及其启示》，《现代教育技术》2007 年第 11 期，第 110 页；杨建磊：《国外机器人教育的发展及启示》，《艺术科技》2013 年第 6 期，第 296 页；王玉钰：《我国高校工科机器人教育发展现状及对策研究》，兰州大学硕士学位论文，2013 年，第 28－29 页。

2. 课程设置交叉融合

机器人的多学科交叉融合特征和应用领域的广泛性，导致机器人课程跨学科、交叉性的特点十分明显。在美国的中小学机器人教育中，相关课程的设置往往会融合一些其他学科的知识。而高校的机器人教育更是作了具体规定，学生往往需要预修过若干先修课程。例如，MIT 的“机器人学导论”要求预先学习“动力学建模与控制”课程，课程内容涵盖平面与空间运动学、动作规划、机械手臂和移动机器人的结构设计、多刚体动力学、3D 绘图模拟、控制系统设计、传感技术、嵌入式系统、人机接口、无线网络等。有些机器人课程虽然没有明确指定相应的先修课程，但由于课程本身涉及的知识面广，如果没有一定的基础也是难以完成的。

3. 教学计划周详严谨

美日两国的高校在学生进行机器人相关专业学习的初期，就对学生选定方向提出了要求。如日本千叶大学，从教学计划上就保证了学生必须在不同的学科方向选课，如果学生选定机器人自动化为主要研究方向，那么其他方向的课程只能作为选修课限选两门，以满足学生兴趣的需求。所以，接受机器人相关专业学习的学生必须以较好的成绩完成该专业所需的基础课程，如要求学生具有较好的数学、科学和计算机方面的基础。

4. 学生自主发挥空间大

美日两国机器人教育的大多数课程是以团队为活动单位，在教师指导下以学生为中心开展活动，学生有较大的自主发挥、创新的空间。例如，MIT 的“自控机器人设计竞赛”这个课程完全由学生来运作，没有教师的协助；“机器人编程竞赛”也几乎都是由学生来操作，学生组成团队，编写机器人程序，参加比赛。在这样的活动中，学生的参与性很强，增加了学生的主动参与意识，可供学生自主发挥的空间也扩大了。

5. 手脑并用的“做中学”

美日两国高校的机器人课程包括基础课程在内，都有实验课。学生在掌握基本技术原理的基础上，借助各种工具平台制作、组装实体机器人或编写、调试机器人程序，强调手脑并用，充分体现“做中学”。例如，在 MIT 的“机器人编程竞赛”课程的学习中，学生组成团队开发机器人选手程序，在整个开发过程中结合了作战策略与软件设计，并用于参加比赛。而“自控机器人设计竞赛”课程的参与者则要设计、制作出一个机器人参与比赛，能够在比赛场地行驶，识别对手。这两门课程的最大不同在于，前者是使用非实体机器人，即编写一个机器人选手程序；后者则是使用实体机器人，即制作一个实体机器人来实现不同知识点的学习。

6. 课业评价方式多样化

课业评价要注重学生在学习过程中的自我反思。美日两国高校机器人教育对学生课业的评价既可以根据学生的实验与设计项目的完成情况，也可根据学生的实质性成果来进行。多样化的评价方式有助于全面反映学生在所学课程中的知识获得情况以及对知识的灵活运用情况。

五、我国机器人专业教育服务产业发展分析及建议

经过近几年的探索与发展，我国机器人专业职业教育从无到有，取得了一定的成果。但整体水平还不高，在服务产业发展方面存在着诸多问题。我国机器人专业职业教育必须要进一步发展、改革、创新，以培养大量的、高素质的机器人技术应用人才，助推我国机器人行业、企业的进一步发展、壮大。

（一）机器人专业职业教育服务产业发展分析

1. 院校地区分布失衡，将不利于各地区的产业发展

如图1－6所示，在2015年开设工业机器人技术专业（或以工业机器人命名的专业）的45所高职（高专）院校中，东部地区有20所，中部地区有16所，西部地区有7所，东北地区仅有2所。

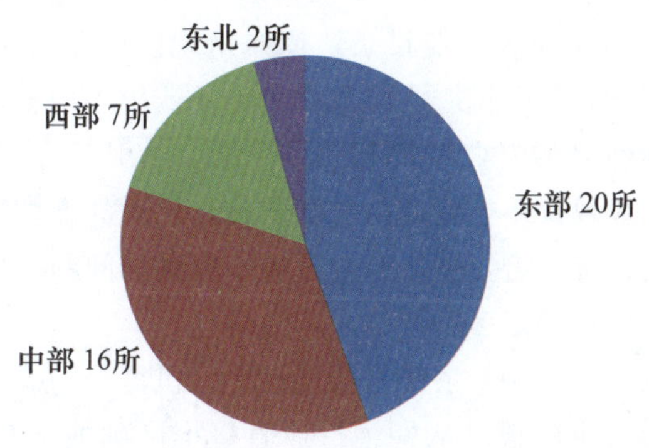

图1－6　2015年开设工业机器人技术专业的高职（高专）院校的地区分布

东部、中部地区开设工业机器人技术专业的高职（高专）院校较多，与这两个地区的经济社会发展水平较高呈一定的正向关系。但在东、中部地区，院校的分布还不尽完善。例如，上海经济社会发展水平在全国处于顶端，教育发达，但在职业教育层面，还没有一所高职（高专）院校开设机器人专业，仅有一些中职院校开设了机器人方向的相近专业。而与东部、中部地区相比，西部、东北地区开设工业机器人专业的高职（高专）院校过少。随着东部率先发展、中部崛起、西部大开发、东北振兴等的全面推进，以工业机器人为代表的智能装备必将会得到广泛应用，这种院校地区分布严重失衡的局面必须改变，以满足各地区机器人产业发展对相关人才的需求。

2. 人才培养规模偏小，难以满足大批量的人才需求

2015年我国约有45所高职（高专）院校开设工业机器人技术专业或以“工业机器人”命名的专业，可查询的计划招生总人数约为2391人，总体招生规模应该不超过3000人；也有一些高职（高专）院校开设工业机器人方向的机电一体化技术、自动化技术等专业；几乎没有中职院校开设以“机器人”命名的专业，一些中职院校开设了机器人方向的相近专业，但总体人才培养规模并不大。而在2020年之前，我国平均每年就需要培养4万名左右的工业机器人应用人才。因而，目前我国机器人专业职业教育的人才培养规模还偏小，难以满足机器人产业发展对应用型高技能人才和熟练技工的大量需求。

与工业机器人技术相近或相衔接的机电设备类、机械设计制造类和其他自动化类专业，在我国中高职院校中开设较为广泛，招生规模较大。但是，这些专业的毕业生往往不具备系统的机器人专业技术知识和娴熟的机器人专业技能，进入机器人开发企业或应用企业后，一般还需要进行二次培训，而短期培训的效果并不佳。因此，我国需要逐步增加开设机器人专业的院校数量，适当扩大机器人专业职业教育的人才培养规模。

3. 专业设置不尽完善，难以满足多层次的人才需求

除了高层次的专业技术人才之外，我国机器人行业及相关企业的发展、壮大还需要一支主要

由应用型的高技能人才和熟练技工构成的技术应用人才队伍作支撑。高等职业教育侧重于培养较高层次的高技能人才，中等职业教育则主要培养基层熟练技工，两者相衔接、相配合方可培养一支结构完整、层次合理的技术应用人才队伍。但是，我国职业教育层次的机器人专业设置尚不完善，在一定程度上制约了多层次技术应用人才的培养，难以满足机器人产业发展对不同层次人才的需求。

我国在《2014 年普通高等学校高职高专教育指导性专业目录（含目录外专业）》以及新修订的《普通高等学校高等职业教育（专科）专业目录（2015 年)》中，均设有工业机器人技术专业；2010 年修订的《中等职业学校专业目录》尚未出现以机器人命名的专业。2015 年，我国已有 45 所高职（高专）院校开设工业机器人技术专业（或以工业机器人命名的专业），但几乎没有中职院校开设以机器人命名的专业，仅有一些中职院校开设了机器人方向的相近专业。因而，目前我国机器人专业职业教育还主要偏向于培养较高层次的高技能人才，对基层熟练技工的培养很少。要改变这种状况，首先需要解决专业设置不完善的问题。

4. 人才培养目标笼统，难以满足多类型的人才需求

机器人集多学科高新技术于一体，系统复杂性强，且机器人的应用领域广泛，而各个行业对机器人的要求又不同，机器人应用很难从一个行业直接推广到另一个行业。这决定了机器人行业、企业需要多种类型的技术应用人才。

但是，我国已开设工业机器人技术专业的各高职院校，其人才培养目标较为笼统，并没有细化出更加具体的、特色化的人才培养规格。只有少数结合学校所在地的产业布局和产业发展特色，着重培养当地优势产业发展所需的机器人专业人才，仅有个别院校将人才培养目标细化到职业岗位层面。目前几乎没有院校培养服务机器人方面的人才，而服务机器人将会是机器人行业发展的一大热点，必然对相关人才提出需求。由此可见，我国机器人技术应用人才培养的目标定位同质化问题较为突出，这或将难以满足机器人行业企业的多类型、多样化人才需求。

5. 人才培养经验不足，难以输出合格技术应用人才

由于机器人的多学科技术融合特征，它的开发与应用对相关人才的技术技能要求较高。符合企业岗位技能要求的技术应用人才不但需要有理论支撑，还需要有实践经验。这就对人才培养涉及的诸多要素提出了较高的要求。但我国机器人专业职业教育是近四五年才开始的，人才培养尚处于摸索阶段，经验不足，总体水平还不高。

许多院校的人才培养模式尚不明确，或是缺乏特色、针对性；机器人具备典型的多学科技术交叉融合的特征，相关职业院校在实际教学过程中，如何把各门课程融会贯通，又如何开发相配套的教材，还需要进一步探索。并且，如数学、计算机等课程往往被列为公共基础课程，受重视程度不及专业课程，但是数学、计算机方面的知识对于学好机器人专业课程起着基础性的支撑作用。在师资力量方面，许多机器人专业教师还不具备系统的机器人专业知识，实践经验更是缺乏，教学水平亟须提升。而在实践教学方面，校内机器人技术实验实训设施建设尚不足，实践教学环节还比较薄弱；一些校企合作、顶岗实习或流于形式，或致学生沦为廉价劳动力；相关的技能比赛重结果、轻过程，水平还需提升。这些不足之处导致相关院校难以培养出企业所需的合格技术应用人才。我国机器人专业职业教育还需不断探索，人才培养水平还需大幅提高。

（二）对我国机器人专业职业教育发展的建议

1. 加强政府引导支持

我国机器人专业职业教育的基础还较为薄弱，水平亟待提升。要实现机器人专业职业教育的快速、健康发展，政府尤其是教育主管部门就需要发挥统筹规划作用，加强宏观引导与支持。

为了满足机器人产业发展对应用型高技能人才和熟练技工的大量需求，我国需要增加开设机器人专业的院校数量，扩大人才培养规模。但是，数量的增加、规模的扩大需是逐步的、适当的。因而，教育主管部门应该从严、慎重地审核、审批各个学校机器人专业的开设，更需要有总体的部署和规划；既要从整体布局上规划好专业分布和方向，也要控制好总的数量和规模，以防止出现一哄而上、贪大求全、布局雷同，避免出现培养过剩、培养质量差、生源缺乏、设备资源浪费严重的不良局面。对于不具备开设本专业条件的学校，有关部门需坚决不予审批；对软硬条件具备的学校应该给予政策和资金上的支持。

在专业设置指引方面，教育主管部门需适时修改、调整相关专业目录，以适应机器人行业的发展情况，并推动中高职专业设置相衔接；在给予宏观引导的同时，又要适当给予相关职业院校一定的自主权，鼓励其根据实际情况创新专业设置，开展专业建设。教育主管部门还需理顺、协调好企业与学校的关系，鼓励企业直接参与学校机器人专业的开发与建设，推动校企实现“双赢”，助力企业顺利实现转型升级。

此外，我国应拓展机器人教育领域，丰富教育形式。教育主管部门应将机器人教育广泛引入普通中小学教育中，并制定切实可行的措施予以推进，以培养广大中小学生对机器人的兴趣以及动手能力、创新能力，为日后更高层次的机器人专业人才培养播下种子、打下基础；鼓励普通高等学校将机器人作为学习平台，应用于课程教学中，丰富教学形式，增强学生的创新意识与能力；参考、借鉴国外先进经验，推进相关技术技能比赛的改革，提高比赛的技术水平、组织水平以及国际化水平等。

2. 科学合理开设专业①

专业建设是职业教育与经济发展的接口，是职业院校适应社会需求、保证人才培养“适销对路”的关键环节。职业院校需围绕区域产业发展情况，结合自身实际情况，科学合理地开设机器人专业，而不能盲目跟风，仓促而行。

（1）开展广泛而深入的调研。由于不同地区的产业结构不同，机器人的开发与具体应用也就不一样。汽车产业发达的地区，工业机器人焊接与喷涂应用较多；家电、电子产业发达的地区，机器人装配与搬运应用较多；日化和食品业发达的地区，机器人则较多地应用于分拣、码垛和包装。并且，不同企业对机器人的品牌也有偏好，如日本企业喜好本国生产的机器人，德国企业多使用 KUKA 机器人。因此，不同地区的职业院校在开设机器人专业的时候，必须对本地区产业结构进行广泛而深入的调研，才能对专业的开设进行科学合理的定位，才能找到专业建设的切入点、突破口，才能避免专业建设的同质化。

为此，职业院校需要了解当地工业机器人开发、应用的主要领域及发展趋势，以确定专业具体发展方向；了解各个应用岗位所需要的职业要求和技能特点，以确定专业课程和教学内容；了解当前和预测未来企业对该专业高技能人才的需求，以确定本专业办学规模和发展方向；了解各

①陶维友：《职业院校工业机器人技术应用专业热背后的冷思考》，《中国科技纵横》2014 年第 12 期，第 270 页。

种机器人品牌在本地区的使用情况，方能在实训室建设中保证选购的设备与企业实现零对接；对报读本专业的生源状况也要进行科学的调研和预测。只有对上述种种情况做好科学的调研论证，才能做出科学正确的决策，使所开设专业与本地区的产业市场、就业市场相适应，满足本地区经济发展对人才的需求。

（2）与学校实际情况相适应。每个学校都有自身的实际情况。一个新专业的开设，首先要与学校的发展目标、发展战略和发展格局协同，要依托原有的相近专业的师资力量和硬件设施。新专业的开设要么是学校原有专业的拓展，要么是学校原有专业的升级改造。

作为高端智能装备，工业机器人是尖端机电一体化技术、自动化等技术的高度集中。因此，开设本专业的前提是学校必须具备较强的机电一体化或电气自动化控制等专业作为基础和支撑。例如，如果学校原有电气控制或机电一体化专业，同时又有焊接类专业，开设机器人焊接专业是比较理想和科学的，机器人焊接专业可以看成是两个专业的融合或者升级改造。这样既可以实现师资和设备场地资源的共享，大大地缩短师资的培训转化所需要的时间，而且可以使学校的专业结构形成综合优势，更快更好地形成和发挥学校的核心竞争力，提升学校的品牌影响力。一切从零开始或者另起炉灶既不现实也不经济，对专业建设和学校发展也不利。

3. 提高人才培养质量

我国机器人专业职业教育及相关院校需创新人才培养模式，优化机器人技术应用人才培养方案，完善课程设置，推进教材开发，改进教学组织形式与实施方式，强化实训实习，加强教育信息化建设，进而提高人才培养质量。

第一，人才培养方案是实现人才培养目标的载体，优化人才培养方案是提高人才培养质量的重要前提。因此，相关职业院校应当根据所在区域机器人开发、应用企业对技术应用人才的具体诉求，紧跟机器人技术发展与应用的最新情况，结合学校自身的实际情况，优化人才培养方案，制定具体化、特色化的人才培养规格，加大专业人才培养与区域行业企业人才需求的对接力度。

第二，课程设置与教材开发是人才培养方案得以实行的媒介，是人才培养的关键。相关职业院校需优化课程体系，确保公共基础、专业理论、专业实践等各类课程的比例协调；改革、创新课程设置的结构形式，促进相关课程之间的相互融通。我国机器人专业职业教育更应加大配套教材的开发力度，相关院校需加强与普通高等学校、相关行业企业等合作编写校本教材，适当引进国外优秀教材；教材内容应具备明显的“实践为主、理论够用”的特征，对机器人技术的理论知识可只作简单介绍，而对技术应用、实际操作等实践性知识与技能作重点介绍。

第三，教学组织与实施是通过课程与教材，执行人才培养方案，实现人才培养目标的关键过程，其水平的高低直接关系到人才培养质量的优劣。相关职业院校要创新机器人技术教学活动的组织形式与实施方式，缩短学生的理论学习与实践操作之间的时空差，实现两者的紧密对接；适应机器人技术多学科交叉融合的特点，促进各相关技术教学之间相融通；进一步探索考核评价体系建设，采用多样方式、从多个维度对学生进行考核评价；加强教学的互动性，不仅强调师生互动，还应注重学生之间的互动，以活跃教学氛围，激发学生的学习兴趣和创造性思维。

第四，实践教学对于学生锻炼动手能力、提高技能水平至关重要。教育主管部门需加大资金投入建设相关实训设施，鼓励机器人行业企业参与相关院校的实训设施建设。相关院校不断探索、创新实训设施的建设模式，完善实训设施的管理制度；改善机器人技术实践教学环节，改进具体表现形式，充实实质内容；鼓励并推动学生机器人社团的建立、发展以及学生参加相关技术技能竞赛；加强与机器人行业企业合作育人，创新校企合作模式，避免学生的校外实训实习流于形式而无实质内容。

第五，加强职业教育信息化建设。当前我国已经进入信息化和工业化深度融合的发展时期。教育信息化水平已成为衡量一个地区教育发展水平的重要标志。加强基础设施建设，建设区域职业教育信息化公共服务体系和公共服务平台网络；加强数字化教学资源建设，开发机器人专业综合实训课程数字化辅导教学资源，打造机器人数字化优质教学资源库等。以信息技术促进教育与产业、学校与企业、专业与岗位的深度融合，提高学生实习实训、案例分析等方面的信息化水平，从而整体提高人才培养质量。

4. 强化师资队伍建设

教师是学校教学的主体，加强学校师资队伍建设，这既是学校教育教学水平、人才培养质量和科学研究水平提高的主要保障，又是学校未来实现可持续发展的前提条件。由于机器人属于典型的多学科交叉融合，技术复杂性高，其对师资的要求有其特有的高要求、高标准。而目前我国机器人专业职业教育的师资力量还较为薄弱，因而需要根据机器人专业建设的要求，通过内培、外引、聘用等多种方式，加快建立一支高素质、专业化的机器人专业职业教育师资队伍。

第一，加强“双师型”教师建设。教育主管部门及相关院校需对机器人专业或相近专业的教师开展全面、系统的机器人专业知识、专业技能培训；制定和实施专业教师进企业挂职锻炼制度，在制度上保证每一位专业教师参加企业的生产和管理工作，使专业教师下企业挂职锻炼常态化，让他们到企业接受新知识与新技能的学习，从而促进教师专业知识的更新和专业技能的提高。

第二，加强相关科研队伍建设。在职业教育（尤其是高职教育）层次，教育主管部门可制定机器人技术科研人才培养机制，培养一批专业理论知识扎实、专业技能高和科研能力相对较强的机器人专业骨干教师，建立一支年龄结构、专业结构以及学历结构相对合理的职业教育层次机器人专业科研队伍，进而提高职业教育及相关院校的机器人技术科研水平。

第三，加强信息化师资队伍建设。完善教师应用信息技术能力提升机制，组织开发教师线上培训资源，加大校级、省市级等培训力度，全面提高机器人专业相关教师的信息技术应用能力。同时将信息化技术能力和信息化教学能力纳入到机器人专业教师的考核评审体系中，不断提升教师运用信息技术能力。

第四，大力引进行业企业的专业人才。相关院校需积极实施各种机器人专业兼职教师项目，制定相关制度、机制，聘请行业、企业里的一线专家、技师、技工到校兼职，对学校机器人专业的建设、发展建言献策，参与学生的技能培养；在机器人产业发展水平较高、相关企业较多的地区，教育主管部门及相关院校可探索建立一个动态组合、校企互通、相对稳定的兼职教师库，以推动当地机器人专业师资队伍的建设、发展。

参考文献

[1] 陈小艳、沈洁：《高职工业机器人技术专业人才培养模式研究与实践》，《吉林工程技术师范学院学报》2014 年第 5 期，第 21 - 22 页。

[2] 蔡自兴：《夯实机器人发展基础，全方位培养高素质机器人学人才》，《机器人技术与应用》2015 年第 2 期，第 11 - 13 页。

[3] 陈香香：《我国机器人产业发展之人才是关键》，《机器人技术与应用》2015 年第 1 期，第 19 - 20 页。

[4] 陈香香：《中国机器人产业的发展之路》，《机器人技术与应用》2015 年第 2 期，第 14 - 16 页。

[5] 董曙光：《机器人产业的发展良机》，《新产经》2015 年第 7 期，第 31 - 33 页。

[6] 范亚舟：《机器人产业应防止未盛先剩》，《中国战略新兴产业》2014 年第 11 期，第 32 - 35 页。

［7］高青松：《机器人教育研究》，《江苏科技信息》2014 年第 13 期，第 75 – 76 页。

［8］工业和信息化部装备工业司：《〈中国制造 2025〉规划系列解读之推动机器人发展》，http：//www. miit. gov. cn/n11293472/n11295142/n11299123/16604666. html，2015 – 10 – 26。

［9］管会生：《机器人教育与机器人产业》，《中国信息界》2011 年第 9 期，第 17 – 19 页。

［10］桂仲成、吴建东：《全球机器人产业现状趋势研究及中国机器人产业发展预测》，《东方电气评论》2014 年第 4 期，第 4 – 10 页。

［11］郭永涛、唐洪涛：《职业院校工业机器人专业实训基地建设研究》，《科学中国人》2015 年第 12 期，第 146 – 147 页。

［12］靖娟、范宏斌：《浅析高职院校开设工业机器人专业的必要性》，《职业教育》2015 年第 6 期，第 45 – 46 页。

［13］刘进长、王伟、区和坚：《市场“井喷”带来的机遇与挑战——我国工业机器人发展的思考与建议》，《机器人技术与应用》2014 年第 1 期，第 14 – 18 页。

［14］刘康声、闫志刚：《“机器人”来了，职业教育如何应对》，《教育与职业》2013 年第 25 期，第 20 – 29 页。

［15］刘荣：《工业 4.0 及机器人深度研究》，招商证券，http：//pdf. dfcfw. com/pdf/H3_ AP201510280011201895_ 1. pdf，2015 – 10 – 28。

［16］刘荣、管孟：《2014 年机器人专题报告之一：工业机器人革命》，招商证券，http：//www. newone. com. cn/research/read/1300082，2014 – 08 – 17。

［17］刘荣、管孟：《2014 年机器人专题报告之二：服务机器人，全球 PR 时代》，招商证券，http：//www. newone. com. cn/research/read/1300367，2014 – 08 – 18。

［18］罗湛贤、赵越：《机器人来了，工人去哪儿》，《南方日报》2014 年 4 月 25 日第 AT11 版，http：//epaper. southcn. com/nfdaily/html/2014 – 04/25/content_ 7297224. htm，2015 – 11 – 06。

［19］罗仲伟、黄阳华：《机器人产业隐忧》，《决策》2014 年第 10 期，第 66 – 67 页。

［20］马慧娟：《机器人时代来了，操控人才在哪?》，《中国青年报》2015 年 3 月 2 日第 10 版，http：//zqb. cyol. com/html/2015 – 03/02/nw. D110000zgqnb_ 20150302_ 1 – 10. htm，2015 – 11 – 06。

［21］美通社：《弗若斯特沙利文指出：家庭服务机器人市场潜力巨大》，http：//www. prnasia. com/story/137791 – 1. shtml，2015 – 12 – 11。

［22］曲道奎：《中国机器人产业发展现状与展望》，《战略与决策研究》2015 年第 3 期，第 342 – 346 页。

［23］任志刚：《工业机器人的发展现状及发展趋势》，《装备制造技术》2015 年第 3 期，第 166 – 168 页。

［24］深圳市连硕机器人职业培训中心：《工业机器人方向人才培养现状与分析》，http：//www. docin. com/p – 1212404086. html，2015 – 11 – 09。

［25］《伺服控制》编辑部：《国内机器人行业发展导读》，《伺服控制》2014 年第 12 期，第 7 – 9 页。

［26］唐洪涛：《工科职业技术类院校开设工业机器人专业的可行性分析》，《黑龙江科技信息》2009 年第 18 期，第 55、197 页。

［27］唐林新、邓汨方：《高职院校开设工业机器人技术课程的探讨》，《科教文汇》2012 年第 8 期，第 175 – 176 页。

［28］陶维友：《职业院校工业机器人技术应用专业热背后的冷思考》，《中国科技纵横》2014 年第 12 期，第 270、272 页。

［29］王骏明：《技工院校开设工业机器人应用专业的可行性研究》，《中国科教创新导刊》2013 年第 29 期，第 179 页。

［30］王骏明：《工业机器人专业校企深层次合作的探索与实践》，《职业教育》2015 年第 20 期，第 153、155 页。

［31］王梅娟等：《基于智能机器人的创新型人才培养模式初探》，《计算机教育》2013 年第 2 期，第 63 –

65 页。

[32] 王田苗、陶永：《我国工业机器人技术现状与产业化发展战略》，《机械工程学报》2014 年第 9 期，第 1－13 页。

[33] 王星：《专访 RoboTerra 创始人：美国的机器人教育是怎样的?》，http：//www. leiphone. com/news/201409/kIFx3vml6Mi9upMw. html，201－11－26。

[34] 王益、张剑平：《美国机器人教育的特点及其启示》，《现代教育技术》2007 年第 11 期，第 108－112 页。

[35] 王玉钰：《我国高校工科机器人教育发展现状及对策研究》，兰州大学硕士学位论文，2013 年。

[36] 吴传茂：《工业机器人技术专业建设与人才培养》，《江苏教育》2015 年第 1 期，第 73－75 页。

[37] 吴仙飞：《技工院校如何培养工业机器人应用型高技能人才》，《职业》2013 年第 6 期，第 99－100 页。

[38] 喜崇彬：《工业 4.0 下机器人行业的发展机遇——访 IHS 工业自动化—亚太研究组研究总监张键》，《物流技术与应用》2015 年第 6 期，第 103－106 页。

[39]《高职院校机器人专业迎黄金期，人才需求将井喷》，新浪教育，http：//edu. sina. com. cn/gaokao/2015－09－22/1708484402. shtml，2015－11－12。

[40] 邢晓莉：《高职院校开设工业机器人课程的探索》，《湖南农机》2013 年第 7 期，第 222－223 页。

[41] 徐昊：《高校机器人教育分析》，《电子测试》2013 年第 18 期，第 157－158 页。

[42] 徐晖：《政策支持，机器人产业迎良机》，《电器工业》2014 年第 8 期，第 58－59 页。

[43] 阎世梁等：《高等工程教育中的机器人教育探索与实践》，《实验室研究与探索》2013 年第 8 期，第 149－152、196 页。

[44] 杨建磊：《机器人教育——开启创新人才培养新模式》，《江苏科技信息》2013 年第 8 期，第 66－67 页。

[45] 杨建磊：《国外机器人教育的发展及启示》，《艺术科技》2013 年第 6 期，第 296 页。

[46] 杨婧如：《工业 4.0 催生“机器换人”时代》，《深圳特区报》2015 年 3 月 26 日第 AⅡ1 版，http：//sztqb. sznews. com/html/2015－03/26/content_ 3178862. htm，2015－11－06。

[47] 杨薇等：《高等职业教育开设机器人技术专业的必要性探究》，《现代计算机》（专业版）2012 年第 17 期，第 22－24 页。

[48] 张剑平、王益：《机器人教育：现状、问题与推进策略》，《中国电化教育》2006 年第 12 期，第 65－68 页。

[49] 张可安：《广州市机电技师学院机器人应用人才培养探索》，《中国自动化学会中南六省（区）2010 年第 28 届年会·论文集》，第 71－74 页。

[50] 张相木：《加强机器人行业管理，推动机器人产业发展》，《时代汽车》2015 年第 21 期，第 29－30 页。

[51] 张勇：《智能制造时代来临，机器人行业即将爆发》，长城证券，http：//www. cgws. com/StockInfo/gayb/20140512/553304. PDF，2014－04－28。

[52] 赵凤申、李爱芹：《高职院校工业机器人课程建设研究》，《职业教育研究》2011 年第 3 期，第 39－40 页。

[53] 赵美丽：《高职院校开设工业机器人技术专业的现状及发展前景》，《科技视界》2015 年第 24 期，第 230、269 页。

[54] 中国产业信息网：《2014 年中国机器人制造业整体及关键零部件产业技术水平分析》，http：//www. chyxx. com/industry/201411/294985. html，2015－10－25。

[55] 周宇：《高职院校〈工业机器人技术〉课程教学改革的探索》，《武汉船舶职业技术学院学报》2012 年第 1 期，第 98－99 页。

[56] 朱国云：《技工院校开设机器人应用技术专业研究》，《新教育时代电子杂志》（教师版）2015 年第 19 期，第 290 页。

第二章　新材料行业与职业教育分析报告

新材料是工业领域实现技术、产品、装备创新的基础和先导，是战略性新兴产业的基础产业。为抢占战略性新兴产业制高点，美欧日等发达国家从国家战略高度加快新材料产业的发展步伐。当前，我国正在转变经济发展模式，“互联网＋”和“中国制造2025”为新材料产业发展带来新的挑战与机遇。“互联网＋”与新材料产业的深度融合，将会带来新材料研发模式、生产模式、创新模式的深刻变化，推动新材料产业实现跨越式发展，为实现“中国制造2025”提供坚实基础和有力支撑。新材料产业的发展升级必然会对新材料产业人才提出巨大需求，尤其是技术技能人才，同时也对新材料产业人才的培养提出更高挑战和要求。

本报告在相关研究成果和行业发展数据的基础上，对我国新材料行业、企业及行业人才需求情况、我国新材料专业职业教育现状等进行较为全面的分析，同时借鉴发达国家和地区材料类应用型人才的先进经验，对我国新材料专业职业教育提出相关建议。

一、我国新材料行业发展概况

新材料产业包括新材料及其相关产品和技术装备，具体涵盖：新材料本身形成的产业；新材料技术及其装备制造业；传统材料技术提升的产业等。与传统材料相比，新材料产业具有技术高度密集，研究与开发投入高，产品附加值高，生产与市场的国际性强，以及应用范围广，发展前景好等特点，其研发水平及产业化规模已成为衡量一个国家经济、社会发展、科技进步和国防实力的重要标志。世界各国特别是发达国家都十分重视新材料产业的发展，使其成为21世纪初发展最快的高新技术产业之一。

我国新材料研发和应用发端于国防科技工业，现已形成包括研发、设计、生产和应用，品种门类较为齐全的产业体系。部分新材料的生产和应用技术已经达到或接近国际水平。2010年国务院发布《关于加快培育和发展战略性新兴产业的决定》，新材料产业被定性为“国民经济的先导产业”，迎来新的发展机遇。

（一）行业发展现状

进入21世纪，我国新材料产业呈现出强劲的发展势头。“十二五”以来，国家陆续出台政策措施促进新材料产业发展，对新材料产业给予大力支持，重点发展特种金属功能材料、高端金属结构材料、先进高分子材料、新型无机非金属材料、高性能复合材料、前沿新材料六大领域。随着我国信息、生物、航空航天、核技术等高新技术产业的发展和传统材料的高技术化，新材料产业进入新的黄金发展阶段，逐步形成稀土功能材料、先进储能材料、光伏材料等新材料产业体系。

1. 产业规模稳步增长

近年来，我国新材料产业规模不断壮大，产业发展迅速。2010年我国新材料产业规模超过

6500亿元，与2005年相比年均增长约20%，其中稀土功能材料、先进储能材料、光伏材料、有机硅、超硬材料、特种不锈钢、玻璃纤维及其复合材料等产能居世界前列。“十二五”期间，新材料产业规模继续保持稳步增长，2014年全国新材料企业超12000家，产值增加到16000亿元，年均增速保持在25%左右，如图2-1所示①。

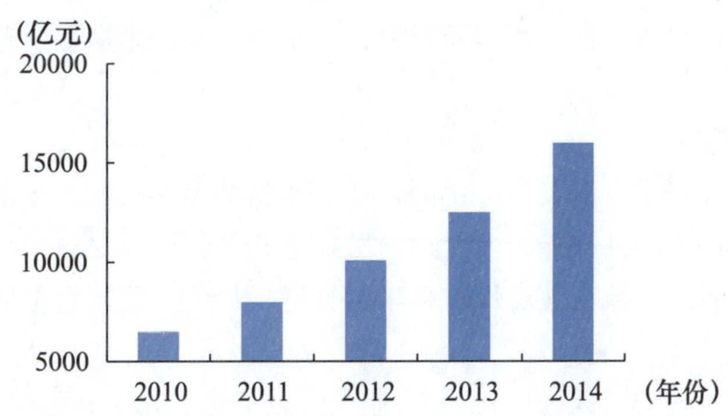

图2-1　2010~2014年我国新材料产业规模

资料来源：赛迪工业和信息化研究院。

在细分领域方面，2014年特种金属功能材料占比约为32%，高端金属结构材料占比约为19%，先进高分子材料占比约为24%，新型无机非金属材料占比约为13%，高性能纤维及复合材料占比约为9%，前沿新材料占比约为3%（见图2-2）。

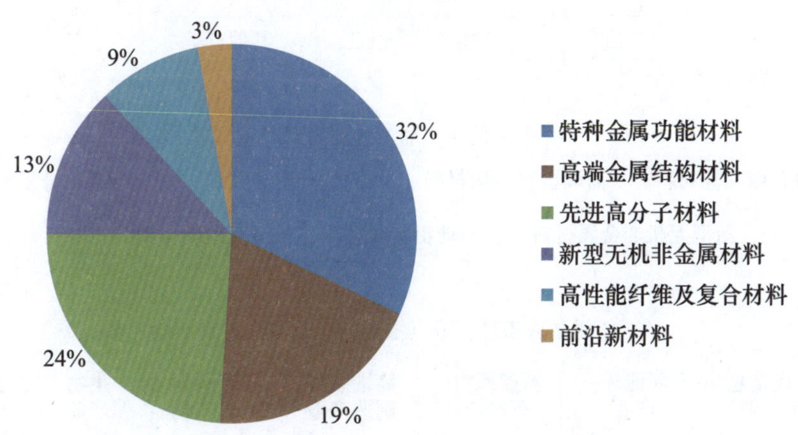

图2-2　2014年我国新材料产业结构

资料来源：赛迪工业和信息化研究院。

2. 技术水平日益提升

产业规模在不断扩大的同时，新材料产业整体技术水平亦不断提高，新技术、新设备、新工艺的研发能力增强，关键技术取得重大突破，关键产品保障能力明显提高。《中国新材料产业园

①《2015年新材料产值将超过2万亿》，中国科技网，http://www.wokeji.com/jbsj/bb/201407/t20140709_764563.shtml，2014-07-09。

区发展模式与投资战略规划分析报告》指出，我国经过持续的科技攻关，在新材料的某些领域已经达到与国际同步的水平，如在激光晶体、光学晶体材料等方面已处于世界领先地位；在磷酸铁锂电池方面，其在新能源汽车的应用已在国际上稍稍领先；在化工新材料领域，自主开发的二苯基甲烷二异氰酸酯（MDI）、间位芳纶等化工新材料生产技术已接近国际水平；在信息材料方面，蓝光功率型LED芯片发光效率达到90m/W，封装的功率型白光LED发光效率超过30lm/W，达到国际先进水平。不过整体而言，我国新材料技术水平与发达国家相比还存在较大差距，有待进一步提升。

3. 产业体系不断完善

新材料细分产业品种繁多，涉及多个不同行业，包括纳米材料、新型能源材料、光通信材料等。随着新材料广泛应用于信息、能源、交通、医疗等各个领域，材料科学与生物学、医学、电磁学、信息技术、新能源等领域交叉合作也越来越普遍。目前，我国已形成相对完整的新材料工业体系。

从图2-3可以看出，新材料产业的上游产业大多是冶金、化工和建材等基础性原材料产业，其下游产业几乎囊括了新一代信息技术、新能源、新能源汽车、高端装备、生物医药、节能环保等所有战略性新兴产业①。新材料产业的发展依赖于上下游相关产业的发展，特别是下游用户的进一步创新开发，才能使新材料产品最终走向市场。未来，新材料将与其他高技术深度融合，形成跨学科、跨领域、跨部门的发展态势，其产业链也会向下游应用延伸。由此可见，新材料上、下游产业结合非常紧密，产业体系愈加完善。

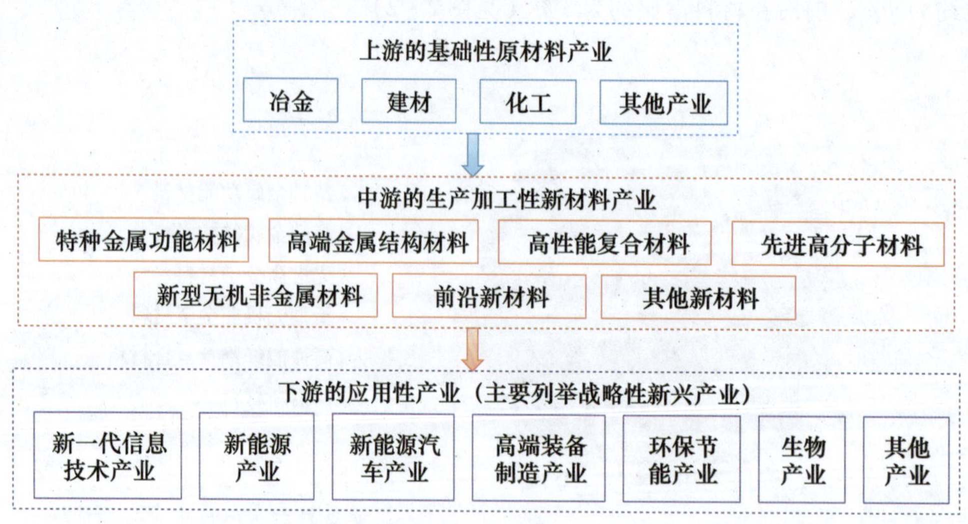

图2-3　新材料产业链的上游、中游和下游产业

4. 产业集群效应显现

根据《2014~2015年中国新材料产业发展研究年度报告》，我国新材料产业已初步呈现出集群化分布特征，形成"东部沿海集聚，中西部特色发展"的空间布局。环渤海、长三角、珠三

①《新材料产业联盟有助于打造完整的产业链》，中商情报网，http://www.askci.com/news/201205/10/113741_58.shtml，2012-5-10。

角地区是核心区，中、西部地区基于原有产业基础或资源优势发展迅速。我国新材料产业集群发展主要以产业基地为依托，整合资源、技术、人才、市场等要素，呈现出明显的特色化与区域性特征（见表2－1）。

表2－1　　　　　　　　　　区域新材料产业集群发展

区域	产业基础	产业优势
长三角地区	经济基础雄厚，交通物流便利，新材料产业集聚态势突出	先进高分子材料、高性能金属材料和新型纺织材料等领域具有突出优势
京津冀鲁地区	北京的科技支撑与知识推动	膜材料、硅材料、先进陶瓷、磁性材料和特种纤维等领域均具有较大优势
中部六省	能源、原材料产业基础雄厚	郑州超硬材料、武汉光电材料等产业发展颇见成效
西部地区	地域广阔，依托丰富的矿产和能源	稀贵金属材料、高端金属结构材料；稀土功能材料、新型轻合金材料等领域有突出优势
东北地区	重要的老工业基地	高性能合金、精细化工、新型纳米材料等领域形成良好的发展态势
珠三角地区	以外向出口型为主，新材料产业集中度高，下游产业拉动明显	在电子信息材料、化工新材料等领域形成较为完整的产业链，具有较强的优势

5. 国际合作显著加强

面对经济全球化和激烈的国际竞争，世界著名材料企业加快产业国家转移的步伐。作为新材料市场需求大、综合优势好的发展中国家，我国已成为国际新材料巨头产业转移的重要对象。拜耳、杜邦、GE等纷纷开始其在中国的战略布局，通过设立独资或合资公司，建设大型材料项目，力图在我国新材料行业中占有一席之地①。国内一些实力较强的新材料企业利用自身发展优势，也在不断加大与国外企业的技术和产业合作，借助国际力量来提升自己的竞争水平。同时，国家鼓励和支持有实力的企业和跨国公司在行业内建立联合的研究中心，促进企业走出去，在国外建立研发中心或生产基地，实施人才国际化战略，积极引进国外研究人才和团队，尤其是领军人物以及工程化技术人才的引进，在国内形成一批技术带头人。

6. 发展模式亟待创新

升级换代慢一直是新材料行业的痼疾。传统模式下的新材料研发环节多且零散，新材料的研发与产业化至少要经过基础研究、应用研究、小试、中试、验证、生产制备等多个环节，整个过程不仅耗时长，还要耗费大量人力与财力。显然，传统的材料研发模式已经不适应当代工业快速发展的需求，日渐成为行业发展的瓶颈。

“互联网＋”和“中国制造2025”为我国新材料行业发展带来机遇。“互联网＋”的本质是变革和创新，它与新材料行业的深度融合，将有助于突破新材料行业发展的制约瓶颈，带来新材料研发模式、生产模式、创新模式的深刻变化，推动行业跨越式发展。目前，新材料行业正处于尝试与互联网结合的阶段。首先，利用互联网布局线上与线下。新材料行业可充分利用互联网在销售方面的优势拓展渠道，同时通过服务等获取附加值高的盈利点。其次，互联网将深度改变新

①《我国新材料产业的发展》，中国玻璃钢综合信息网，http：//www.cnfrp.net/news/echo.php？id＝8747，2005－11－03。

材料行业。大数据、云计算等信息技术将会提升新材料行业的发展模式①。

（二）行业发展存在的问题

近几年我国新材料产业发展迅速，产业规模不断壮大，产业技术水平不断提升，但与发达国家相比，依然存在差距，产业发展还存在一些问题。

1. 关键材料保障不足

尽管我国新材料产业体系基本形成，但新材料对外依存度依然很高，关键材料尚不能实现完全自足，部分关键材料还完全依赖于进口。这主要表现在两个方面：一是部分材料仍停留在实验室技术研发阶段，国内尚未实现产业化，完全依赖进口，如超高纯度金属的溅射靶材、高纯度多晶硅等；二是国内生产的某些材料的产量、性能和质量不能满足产品要求，如平板显示器所需要的基板玻璃、液晶材料、光学元件等关键材料大部分仍依赖进口，80%以上的高性能生物材料依靠进口②。

2010年工业和信息化部围绕战略性新兴产业对新材料的需求，对新能源、电子信息、航空航天、船舶、汽车、铁路、节能环保等领域的30余家大型骨干企业开展需求调研，涉及130余种关键材料。调研结果显示，130余种关键材料中，有32%完全依赖进口，有54%国内虽能生产，但产量、性能和质量难以满足国内要求，仅有14%实现完全自给，但多为技术含量相对较低的品种③。关键材料保障不足已经成为制约我国新材料产业发展的瓶颈，也制约着信息、能源、环境、交通、医药、国防等工业领域能力的提升。

2. 自主创新能力不强

新材料是新兴工业的基础，材料创新是各种技术革命的核心，但是长期以来，我国新材料技术发展一直采用技术模仿创新战略，技术自主创新意识淡薄。因此，虽然依靠引进国外先进技术，新材料行业的整体技术水平得到快速提升，但技术创新能力并未显著增强。自主创新不足给新材料行业发展带来一些问题，如核心技术严重缺乏、核心专利受制于人等。

以光伏产业为例，其“硅材料提纯—硅晶片生产—电池片生产—组件封装”产业链上游的高纯度硅料生产技术含量高，附加值高。由于我国多晶硅提纯技术缺失，多数企业只能开展“电池片生产”和“组件封装”业务，集中在产业链价值较低的环节，导致我国虽是太阳能电池第一生产大国，却处于有规模无技术的境况④。

3. 行业研发投入不足

新材料行业属于高科技产业，对技术要求很高，研发及应用难度较大，我国新材料基础研究现阶段主要依靠国家投入，研发投入不足始终是制约我国新材料产业发展的关键因素。研发投入主要包括人才、资金、设备三个方面。具体来说，首先在人才方面，我国新材料产业目前缺乏高层次的工程技术人员和管理人才，尤其是缺乏创新型领军人物以及复合型、外向型人才；并且我国吸引高层次人才的机制环境仍需改善。其次在资金方面，我国对新材料产业研发投入的资金相对较少。以我国硬质合金领域为例，其技术研发费用占销售收入的比重不足3%，较高新技术型企业5%的比例低两个百分点。最后在设备方面，新材料产业技术创新所用的试验设备、仪器等

①赛迪顾问：“互联网+”新材料走向华丽转身，http：//www. ccidcyt. com/hlwgc/45512. htm，2015-10-9。

②《产值12500亿元新材料助力传统产业转型》，中国工业新闻网，http：//www. cinn. cn/ycl/326856. shtml，2014-10-29。

③④王兴艳、宋显珠：《我国新材料产业自主创新能力建设反思》，《新材料产业》2014年第4期，第60-62页。

关键专用设备的投入力度仍待加强，如由于高温测试仪、超声检测仪、氧氮分析仪、扫描电子显微镜等专用设备因价格昂贵，投入严重不足。

4. 产学研用存在脱节

2013 年美国能源部成立关键材料创新中心，由来自科罗拉多矿业学院等近 10 所大学、能源部橡树岭国家实验室等 4 所国家实验室以及通用电气公司等近 10 家私营企业的科研工程技术人员，共同对关键材料加工工艺以及关键材料在清洁能源组件和产品中的作用开展研究与开发活动。这种由政府组织创新中心将高校、科研机构、企业紧密联系起来，共同参与关键材料的研发工作，可以有效地快速推进关键材料的设计、研发到生产、应用的发展过程①。

虽然目前我国积极组织搭建服务平台，推动新材料行业产学研用紧密结合，但由于新材料基础研究主要依靠国家投入，研发及应用难度较大，同时企业多是出于自身发展需要与高校、科研机构寻求合作，产学研用一体化体系尚未真正形成。大量科研成果不能转化为现实生产力，很多先进技术都停留在实验室阶段，难以实现工程化、产业化和规模化。产学研用脱节已成为制约我国新材料产业发展的关键瓶颈之一。

5. 平台建设有待加强

科技创新平台是科技基础设施建设的重要内容，具有技术转移、技术研发、资源共享、孵化企业、吸引人才等功能，也是科技创新体系的重要支撑。为加快培育和发展新材料产业，我国相继成立一些科技创新平台，但平台整体建设有待加强。如创新研发平台方面，我国虽已建成一批国家和省部级重点实验室、工程技术中心等研发平台，但平台研发所需的研发设备、人员队伍等配套能力仍待加强；另外，创新和创业服务平台的数量还不能满足产业发展需要；公共服务平台的服务能力有待提高；国家级的共性技术研发平台和信息共享平台缺乏等。

二、新材料行业人才需求分析

经过多年发展，我国新材料企业已发展到一定规模，但行业整体盈利能力较弱，对外依存度过高。新材料企业进一步发展壮大需要一定的专业人才支撑，但是目前我国新材料产业整体从业人员素质还不高，不能满足行业对人才的需求。

（一）新材料企业发展状况

1. 发展初具规模

依托于新材料产业的快速发展，国内已涌现出一批大型的新材料企业（见表 2－2），尤其是对资源依赖大的细分行业。如宁夏东方钽业股份有限公司是全球最大的钽生产商，其电容器级钽粉占全球市场 25%，电容器钽丝超过 60%，2014 年实现营业收入 24.53 亿元；中钨高新股份有限公司在硬质合金市场上的份额为 50%，占据全国市场的半壁江山；厦门钨业股份有限公司占有世界高端节能灯 80% 的市场份额，世界范围内节能灯的广泛应用为公司细钨丝业务的发展提供了极大的机会，2014 年细钨丝产量为 100 亿②。

---

①《五大因素制约我国新材料产业发展》，中国工业新闻网，http：//www.cnii.com.cn/gyhxxh/2014－10/29/content_1469339.htm，2014－10－29。

②各公司 2014 年度报告。

表 2-2　部分新材料行业领先企业

企业	所在行业	市场份额或生产规模
中国化工集团	化工新材料	国内市场的 40%
蓝星化工新材料股份有限公司	有机硅	国内最大，世界前 5 名
深圳比亚迪锂电池有限公司	锂离子电池	国内最大，世界前 5 名
中科三环高技术股份有限公司	高档钕铁硼永磁体产品	世界最大的生产基地
内蒙古包钢稀土高科技股份有限公司	稀土精矿、稀土新材料、稀土深加工产品	全国市场的 20%，依托内蒙古稀土储量占全球的 50%，全国 70% 的资源优势
厦门钨业股份有限公司	钨及有色金属冶炼、加工	世界最大，占全球高端节能灯市场的 80%

2. 颇受资本市场青睐

在中国证监会的行业分类中，新材料产业并不作为一个单独分类。但不论在一级市场，还是在二级市场，新材料企业始终是资本市场广泛关注的焦点，甚至有专门机构专门开发新材料概念指数或行业指数。据证监会数据显示，截至 2015 年 4 月国内 A 股共有 2564 家上市公司，新三板有 2220 家上市公司，其中有 760 家新材料企业，具体来说 A 股占 478 家，约占 A 股数量的 20%，新三板 282 家（见图 2-4），约占 12.7%。

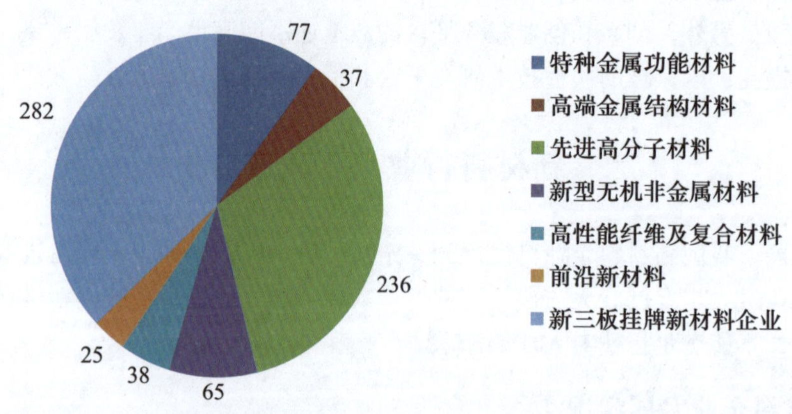

图 2-4　新材料上市公司分布（家）

3. 对外依存度高

尽管国内新材料企业已初具规模，但由于国内企业的深加工能力不强，中高档新材料的短缺依然是国内新材料产业的主要特征，国内市场仍然存在着巨大的进口替代需求。许多新材料企业主要依靠对原料的初级加工生存。大部分新材料企业在产业分工中处于价值链的底端，因此企业价格谈判能力较差，特别是缺乏技术和资源优势的企业，利润和可持续发展能力受到很大的制约。部分高附加值的新材料企业的原料及技术基本依赖国外市场和企业。比如，尽管我国在磁性材料方面有一定的规模和技术优势，但由于受到科技水平和产业化组织体系的束缚，而美日等发达国家拥有大部分专利和最先进的技术，国内企业关键技术来源于国外；国内半导体材料企业的设备一直依赖于国外供应，企业产品质量及其市场份额无法快速提高。

（二）行业人才需求分析

我国新材料产业在国际产业布局中正处于由低级向高级发展的阶段，随着对外开放和与全球业界的广泛交流合作，新材料产业逐步发展壮大，技术水平得到大幅提升，对技术技能人才需求也进一步增加。

1. 人才类型分析

新材料产业范围广泛，细分方向种类纷繁，但每种材料产业链条基本类似，包括开采—生产制造—行业应用三个基本环节。此处以稀土材料产业链为例进行人才类型分析。

稀土被誉为“新材料之母”，主要应用于石油、化工、冶金、纺织、陶瓷玻璃、永磁材料等领域。稀土元素具有无法取代的优异磁、光、电性能，对改善产品性能、增加产品品种、提高生产效率能够起到巨大作用。稀土产业链主要分为三个阶段：稀土开采（上游）—稀土加工（中游）—稀土应用（下游），每一阶段基本人才需求类型如图2－5所示。

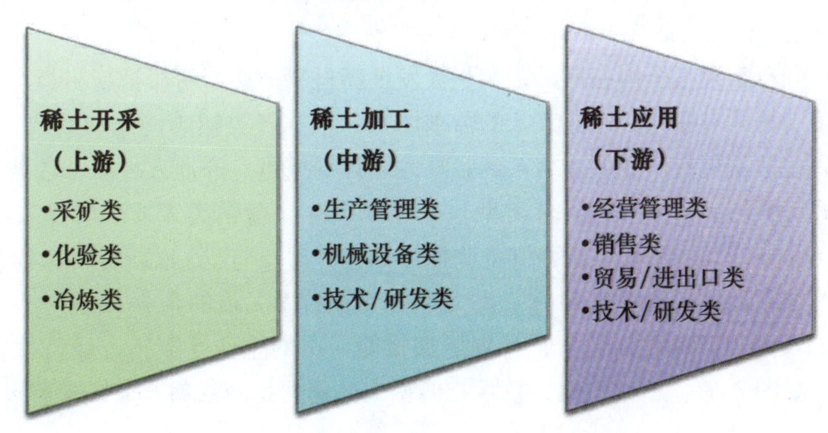

图2－5 稀土材料产业人才需求类型

（1）稀土开采——采矿类、化验类、冶炼类人才。采矿类、冶炼类人才是稀土产业的基础性人才，对应的职位有选矿技术员、稀土材料员、稀土化验员、稀土沉淀技工、稀土分离师等。这类职位要求从业人员能够掌握基本稀土理论知识、化学分析知识，具备稀土冶金主要设备和仪表选择、使用和维护的能力。

（2）稀土加工——技术/研发类、生产管理类人才。这一类人才对应的职位有磁材料工程师、材料控制工程师、材料开发研究员、工艺技术员等，需要掌握稀土冶金生产第一线主要工序的实际操作技能，初步具有制定稀土冶金产品各生产工序及生产工艺的能力，具有对各工序产品质量鉴定、组织与性能检测和分析的能力，具有工业设计的初步能力和一定的创新能力。

（3）稀土应用——经营管理类、销售类等。稀土应用不仅指稀土材料在新型照明、新能源、军事工业、信息产业等产业的应用，还包括稀土材料产品的销售与进出口贸易。人才需求类型不仅包括经营管理类、销售类等人才，还包括稀土材料在其他产业应用的高级技术研发人才以及跨学科人才。

总体来看，新材料产业的人才类型大致可分为基础类（开采、冶炼类人才）人才、生产制造类人才、技术研发类人才、经营管理及销售类人才。

2. 人才需求分析

根据《国家中长期新材料人才发展规划（2010～2020 年）》数据显示，一方面，目前我国材料行业工业增加值已占全国 GDP 总量的 1/4 左右，但行业技能以上人才占全国总量的比例还不到 17%，人才资源总量与行业发展地位不符。材料行业研发机构科技人员比例（65.9%）、科学家和工程师比例（46.4%），明显低于全国工业领域总体水平（81.0%、56.6%）和制造业水平（71.1%、50.9%），存在比较明显的差距。另一方面，人才结构不合理。一是人才供应与需求失配。高端和领军人才的严重不足与实现“材料强国”目标要求不适应。新材料跨学科、跨领域的不断融合、交叉和相互渗透的发展特征，凸显出人才特别是高端人才的引领作用，新材料人才队伍的高端化才能引领产业的高端化。同时，面向企业需求的工程技术人才相对薄弱，企业高技能人才缺乏、队伍不稳定，尤其是企业一线人才更为缺乏，很大程度上影响了新材料产业发展。二是人才的区域分布不平衡。我国有色矿产、稀土等关键原材料呈“西高东低”的分布特征。国家西部大开发战略的实施，使材料产业成为西部省市的规划重点。而我国材料领域人才较集中在东部地区，“东高西低”的特征明显，与材料资源的分布情况相反，人才在区域分布上存在严重不平衡。

从区域产业分布来说，全国各地区正在积极发展新材料产业，纷纷把新材料产业列为重点发展产业，从而带动地区对新材料产业人才的需求增加。根据各类招聘网站和政府官网资料显示，国内大部分地区已把新材料产业人才纳入到紧缺人才计划或重点产业人才需求计划中，高度重视该类人才的培养与引进，具体人才需求类型包括技术人才、营销类人才、研发人才等多个层次（见表 2－3）。例如对大连市 66 家新材料企业抽样调查，2015 年 25 家新材料企业表示将增加员工人数，计划增加管理人员的企业 11 家，计划增加专业技术人员的企业 12 家，占战略性新兴产业增加专业技术人员样本总量的 17%，计划增加技能人员的企业 5 家，占战略性新兴产业增加技能人员样本总量的 26%。由此看出，技术技能型人才仍然是新材料产业人才需求的大头。

表 2－3　　部分地区新材料产业人才需求

地区	人才需求
宁波	新材料（纳米、高分子、金属、复合），材料工程师（2015 年紧缺人才红色预警岗位 0.9）/技术总监/副总/质量工程师
上海	原创研发人才、生产管理人才、工程开发人才、高技能人才、市场营销人才等
苏州	研发专员、调试工程师、工业工程师、电气工程师、油墨研发工程师、建筑设计师、电仪工程师、生产运营人员、仓储主管等
大连	技术研发工程师、材料销售经理、物理检测员、项目经理、装配电工生产部长、调色工程师、研发助理工程师、外贸销售员、包装工车间主任、技术研发工艺师、液压钳工
长沙	工程技术人员、市场营销人员、企业高级管理人员、科技研发设计人员

资料来源：根据新浪网、智联招聘、各地区政府官网公开资料整理。

三、我国新材料专业职业教育分析

新材料产业是我国七大战略性新兴产业之一，其发展对提升材料产业竞争力，促进经济发展方式转变和产业结构战略性调整起到积极推动作用。同时，新材料产业的发展也对从事新材料产业的技能人才提出更高要求。职业教育顺应新材料产业的发展趋势和新的要求，积极探索新材料人才培养模式，取得显著成效，向社会输送一批批合格的专业人才。

（一）专业设置分析

随着新材料及其相关产业的快速发展，材料类专业已成为市场热门专业，并且种类繁多。目前国内中职和高职院校都已开设材料类专业。根据最新修订的《普通高等学校高等职业教育（专科）专业目录（2015年）》，材料类相关专业主要分为机械设计制造类、非金属材料类、建筑材料类三大类，每一大类细分多个专业，如表2－4所示，并附有对应衔接中职专业。

表2－4 高职层次材料类相关专业表

专业类	专业	专业方向举例	衔接中职专业举例
机械设计制造类	材料成型与控制技术	金属制品加工 复合材料成型与加工	金属热加工 钢铁冶炼
	金属材料与热处理技术	力学性能检测与金相分析 热处理工艺开发 热处理生产技术 热处理设备使用与维护	金属热加工 金属表面处理技术应用
非金属材料类	材料工程技术	硅酸盐	高分子材料加工工艺 橡胶工艺
	高分子材料工程技术	高分子材料技术 塑料工程技术 化纤技术	高分子材料加工工艺 橡胶工艺 化学工艺 精细化工
	复合材料工程技术	—	高分子材料加工工艺 橡胶工艺
	非金属矿物材料技术	石材工程技术 非金属矿物制品技术	硅酸盐工艺及工业控制 建筑与工程材料 选矿技术
	光伏材料制备技术	光伏材料加工技术 光伏材料应用技术	—
	碳素加工技术	—	—

续表

专业类	专业	专业方向举例	衔接中职专业举例
非金属材料类	硅材料制备技术	—	化学工艺 工业分析与检验 化工机械与设备
	橡胶工程技术	—	高分子材料加工工艺 橡胶工艺 化学工艺 精细化工
建筑材料类	建筑材料工程技术	水泥生产技术 玻璃生产技术 陶瓷生产技术 混凝土生产技术	硅酸盐工艺及工业控制
	建筑材料检测技术	—	工程材料检测技术
	建筑装饰材料技术	—	建筑与工程材料
	建筑材料设备应用	—	建材装备运行与维护
	新型建筑材料技术	—	建筑与工程材料
	建筑材料生产与管理	—	硅酸盐工艺及工业控制

从表2-4中可以看出，因中职教育培养目标定位于一线操作工，中职层次的材料类专业大多集中在传统原材料行业，与新材料相关的专业方向极少。高职层次的材料类专业方向与新材料产业契合的相对来说比较多。

1. 院校规模

根据阳光高考信息网信息显示，初步统计得出，2015年全国有164所高职院校（包括本科院校的高职层次）开设材料类专业。从数量来看，江苏省居全国第一，共有14所高职院校开设材料类专业，山东省和河南省并列第二，各有13所高职院校开设材料类专业，北京和上海地区仅有本科院校开设材料类专业（见图2-6）。

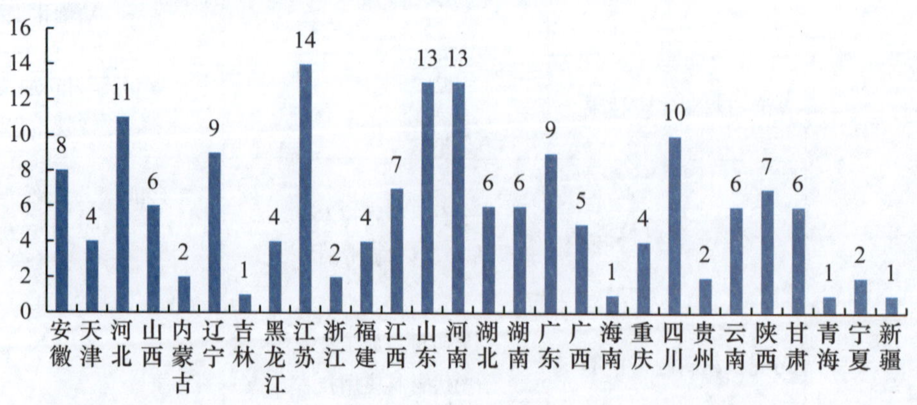

图2-6 全国开设材料类专业院校分布（所）

从区域分布来看，东部地区[①]开设材料类专业的高职院校数量最多，共有67所，占比40.85%，中部和西部地区各有51所和46所高职院校开设材料类专业（见图2-7）。整体来看，院校分布与区域产业发展大致相匹配，东部地区是我国新材料产业发展最发达地区，开设新材料类专业的院校数量最多。其中，江苏省是全国新材料产业基地布局最密集的省份，其新材料产业规模约占长三角地区一半以上，约占全国的15%，开设新材料类专业的院校数量位居全国第一。

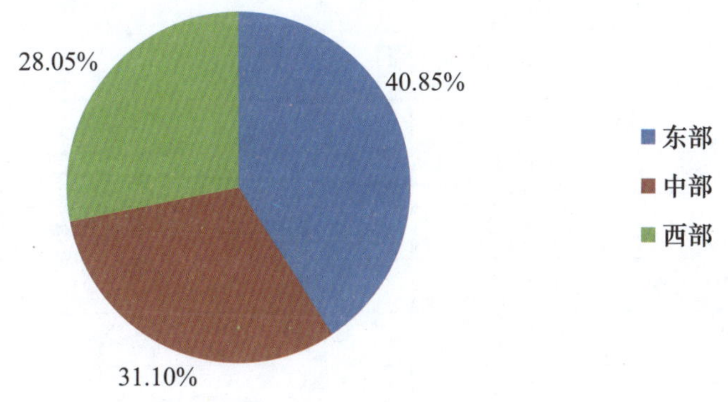

图2-7　专业设置区域分布

2. 专业结构

根据阳光高考信息网数据统计，164所高职院校所开设的材料类专业细分为16个方向，具体如表2-5所示。从表中可以看出，开设材料工程技术专业的高职院校数量最多，达63所；其次为材料成型与控制技术专业，有46所；极少有高职院校开设光伏材料生产技术、硅材料技术、建筑材料供应与管理等专业。高职院校已开设的专业大多为传统材料类专业，尚未开设与新材料产业相关的专业如纳米材料技术、精细化工、先进高分子材料、稀土功能材料等，专业覆盖面较窄。因此，从专业设置与产业需求对接角度来看，目前我国高职院校开设的材料类专业与新材料产业发展并不匹配。

表2-5　专业分布表

专业类别	数量（所）			
	东部	中部	西部	总数
材料工程技术	21	18	24	63
材料成型与控制技术	22	10	14	46
高分子材料应用技术	15	4	2	21
建筑装饰材料及检测	7	8	3	18
高分子材料加工技术	10	4	1	15
光伏材料加工与应用技术	4	6	5	15

①东西部区域划分按照《中国统计年鉴》为：东部：北京、天津、河北、山东、江苏、上海、浙江、福建、广东、海南、辽宁；中部：山西、河南、湖北、湖南、江西、安徽、黑龙江、吉林；西部：重庆、四川、广西、贵州、云南、陕西、甘肃、内蒙古、宁夏、新疆、青海、西藏。

续表

专业类别	数量（所）			
	东部	中部	西部	总数
金属材料与热处理技术	2	4	8	14
建筑材料工程技术	5	1	2	8
复合材料加工与应用技术	1	4	1	6
建筑材料检测技术	1	0	2	3
硅材料技术	0	1	1	2
无机非金属材料工程技术	0	1	2	3
材料类	1	1	0	2
光伏材料生产技术	1	0	0	1
材料成型及控制工程	0	1	0	1
建筑材料供应与管理	0	0	1	1

3. 招生规模

据初步统计，2015 年 164 所高职院校所开设的材料类专业招生共计 10790 人（见表 2－6）。从细分专业来看，材料工程技术专业招生人数最多，2015 年招生 3356 人，占比 31.1%，其次是材料成型与控制技术和高分子材料应用技术专业，招生人数分别为 2434 人和 1144 人。从区域分布来看，东部地区高职院校招生人数位居首位，共计 4626 人，西部地区招生 4186 人，中部地区招生人数最少，仅有 1978 人。总的来说，材料类专业招生依然以传统材料类专业为主，新材料类专业招生规模较小。

表 2－6　材料类专业 2015 年招生人数

专业类别	招生人数（人）			
	东部	中部	西部	总数
材料工程技术	1235	365	1756	3356
材料成型与控制技术	977	245	1212	2434
高分子材料应用技术	830	180	134	1144
高分子材料加工技术	472	225	65	762
光伏材料加工与应用技术	202	263	217	682
建筑装饰材料及检测	280	272	119	671
金属材料与热处理技术	75	225	314	614
建筑材料工程技术	248	5	60	313
复合材料加工与应用技术	28	152	35	215
材料类	179	20	0	199
建筑材料检测技术	50	0	74	124

续表

专业类别	招生人数（人）			
	东部	中部	西部	总数
无机非金属材料工程技术	0	0	85	85
硅材料技术	0	20	55	75
建筑材料供应与管理	0	0	60	60
光伏材料生产技术	50	0	0	50
材料成型及控制工程	0	6	0	6

（二）人才培养分析

职业教育人才培养涉及培养目标、课程体系、实践教学、师资队伍建设等多方面，本文主要从人才培养目标、课程体系、实践教学、师资队伍四个方面对我国高职层次材料类专业的人才培养现状进行分析。

1. 培养目标

高职院校材料类专业主要培养在新材料生产、设计研发及应用相关企业的一线岗位工作的技术技能型人才，因材料类专业细分方向较多，各细分专业方向人才培养目标还是各有侧重。以材料工程技术专业为例（见表2－7），63所高职院校的人才培养目标基本都是培养掌握某一种材料的生产、质量控制、设备维护与保养、产品的开发与应用、生产经营与管理等方面的实用技术型人才，而且侧重建筑材料、陶瓷、金属材料等传统材料的生产、开发与应用，鲜有高职院校培养环保材料、光学材料、智能材料等新型材料生产、开发与应用。

尽管大多数高职院校的专业人才培养目标基本方向一致，但是因地区材料产业发展重点不同，细分专业方向与培养目标还是有所差别。从专业方向与地方产业需求对接角度看，部分高职院校设置的专业方向相对合理。例如，百色职业学院依托于百色生态型铝产业示范基地建设，开设材料工程技术专业（有色金属方向），旨在为百色市及广西壮族自治区培养有色金属产业人才；无锡工业职业技术学院的材料工程技术专业则是为无锡陶瓷行业培养高素质技能型人才。

表2－7　部分高职院校材料工程技术专业人才培养目标

学校	人才培养目标
安徽职业技术学院	培养掌握建筑材料的生产、质量控制、设备维护与保养、产品的开发与应用，工程施工与管理，生产经营与管理等方面的实用技术型人才
山西工程职业技术学院	培养从事金属材料工程技术的工艺操作和管理工作，掌握材料加工生产工艺过程与加工设备的使用、维护和检修方法的高技能人才
山西职业技术学院	掌握水泥生产运行控制、生产过程各岗位的实际操作、熟悉水泥应用基本知识、了解生产工艺最新技术、面向建材生产企业及相关行业从事岗位工作的高素质技能型专门人才

续表

学校	人才培养目标
黑龙江建筑职业技术学院	培养具有较强的建筑工程材料生产操作、生产管理及产品质量检验等方面的知识和能力，能在房地产业、建筑施工企业中从事原材料的检验、混凝土配制及建材制品检验等工作，能在建筑工程材料制造企业中，从事生产工艺操作、生产管理、质量检验、产品营销的应用型高级专门人才
徐州工业职业技术学院	培养具备扎实的新材料制造技术、电线电缆制造技术专业理论，掌握不同高分子新材料的制造原理、电线电缆制造技术，具有电线电缆制造用各种设备操作能力，电线电缆性能测试能力，电缆生产中的配方设计、工艺设计、工艺控制、生产操作、生产管理和初步分析及解决生产中的实际问题能力的技术技能型专门人才
无锡工业职业技术学院	培养面向陶瓷及其他无机材料行业，从事生产技术管理、物理与化学测试、技术开发推广、产品试验研究等高素质技能型人才
辽宁科技学院	培养具备轧钢生产知识，具有轧钢生产操作能力，能在轧钢生产一线从事生产操作、工艺设计工作的高素质技能型专门人才
内蒙古化工职业技术学院	培养既具有扎实的理论基础和较强的实践能力，又具有良好的职业道德和综合素质，能在水泥生产应用一线从事工艺操作和生产管理的全面发展的高端技能型人才
百色职业学院	培养具有较强的氧化铝、电解铝及其他有色金属冶炼生产操作能力，能从事氧化铝、电解铝及其他有色金属冶炼生产操作、设备管理及维修和以冶金、材料检验、资源加工等行业等工作的有色金属冶金领域一线应用技术型人才

2. 课程体系

由于材料类专业种类繁多，且各职业院校开设的细分方向不同，各校材料类专业的课程设置不尽相同（见表2－8）。但从整体来看，目前高职院校材料类专业的课程大致可以分为三大模块：公共基础课程、专业理论课程、专业技能课程（基础技能、专项技能、综合技能）。公共基础课是为了提高学生的基本素质，尤其是英语和计算机方面的能力；专业理论课以“必须和够用”为度，为学生提高专业技能奠定一定的理论基础；专业技能课以实践教学为主，突出对学生实践操作能力的培养。部分高职院校还开设专业选修课，主要以拓展专业知识为主。

以材料工程技术专业为例，大多数职业院校的公共基础课有英语、数学、计算机等，专业基础课有工程识图与CAD、机械设计基础、材料化学基础、化学分析等，专业技能（实训）类课程有材料应用与检验实训、化学分析实训等。同时，学校会结合自身的专业方向设置相应的特色课程，如安徽职业技术学院的水泥生产中央控制与操作课程、徐州工业职业技术学院（高分子新材料方向）的高聚物料课程等。

表2-8　部分高职院校材料工程技术专业课程

院校	课程	
	专业理论课程	专业技能课程
安徽职业技术学院	材料化学基础、化学分析技术、硅酸盐热工基础、工程识图与CAD、机械设计基础、电工技术、原材料分析与制备、水泥粉磨技术、水泥生产质量控制与检测、水泥熟料煅烧与控制、混凝土材料应用、新型建筑材料应用、水泥生产中央控制与操作、仪表与自动控制、建筑概论、市场营销	钳工实习、制图测绘、原材料制备工厂教学、水泥煅烧工厂教学、电工技术综合实训、水泥粉磨技术工厂教学、材料应用与检验实训、设备巡检与维护工厂教学等
山西工程职业技术学院	生料制备及操作、熟料煅烧及操作、水泥制成及操作、水泥物理性能检测、水泥化学分析、水泥生产组织与管理等	—
山西职业技术学院	热工基础、化学分析技术、无机非金属材料概论、材料科学基础、水泥工艺技术、粉磨工艺与设备、热工设备与热工测量、自动控制和仪表等	中央控制操作实训、材料性能检测、水泥设备巡检技术等
辽宁科技学院	机械制图、轧制原理、塑加金属学、金属材料及热处理、电工与电子技术、型线材生产、板带材生产、钢管生产、材料成型过程控制及自动化新技术、材料成型设备、加热炉、材料成型新技术、钢材的控制轧制和控制冷却、有色金属型材生产	—
黑龙江建筑职业技术学院	化学分析技术、建筑与装饰材料、机械制图、AutoCAD、水泥工艺技术、混凝土配制与性能检测、热工基础及设备、工厂电气控制、墙体材料与节能技术、混凝土工程及工艺技术、商品混凝土、水泥原料加工工艺及设备、建材质量管理与控制、现代企业经营与管理等	水泥物理性能检测实训、混凝土试配实训、混凝土性能检测实训、建材化学分析实训等
徐州工业职业技术学院	高分子物理及化学、高聚物材料、材料性能测试技术、材料成型加工工艺、材料改性技术、材料成型加工设备	材料成型工艺实训、材料性能测试、配方设计实训等

续表

院校	课　程	
	专业理论课程	专业技能课程
内蒙古化工职业技术学院	熟料煅烧操作、粉磨工艺与设备、中央控制室操作、水泥质量控制、生产设备巡检、化学分析技术、材料物理性能检测、质量管理学、标准化概论	计算机应用技术实训、化学分析技术实训、金工实习、中控室操作实训、热工设备课程设计、生产实习、材料工艺试验等
百色职业学院	分析化学、火法冶金、湿法冶金、热工测量与仪器、氧化铝生产工艺、电解铝生产工艺与设备等	金属加工基础技能实训、铸造实训、分析工技能实训、有色金属冶金生产实训等

3. 实践教学

高职教育培养的是面向生产、建设、管理、服务一线的高端技能型人才，技能锻炼需要通过实训实践来培养，因此高职院校的实践教学尤为重要。为提高材料类专业实践教学的效果，近年来，高职院校不断加大对实践教学的投入力度，建设大量实训室和实践基地，并配置相当数量的实训硬件设施。

例如，徐州工业职业技术学院拥有江苏省示范、中央财政支持的高分子材料实训基地、省级工程研发中心和协同创新中心、徐州市研发中心和重点实验室 3 个，两个“校中厂”和两个“厂中校”；并初步构建以光伏材料生产技术为龙头的各专业共享的“基于工作过程导向”的实训环境和实训体系（见图 2－8），与多家企业合作共建产学研合作实训基地。同时，学校还与江苏省光伏材料协会等行业、企业一起，引入职业岗位资格标准编制实训指导手册，开展实训基地运行机制与管理制度的研究实践，以实现实训资源利用最大化，实训效果最优化。

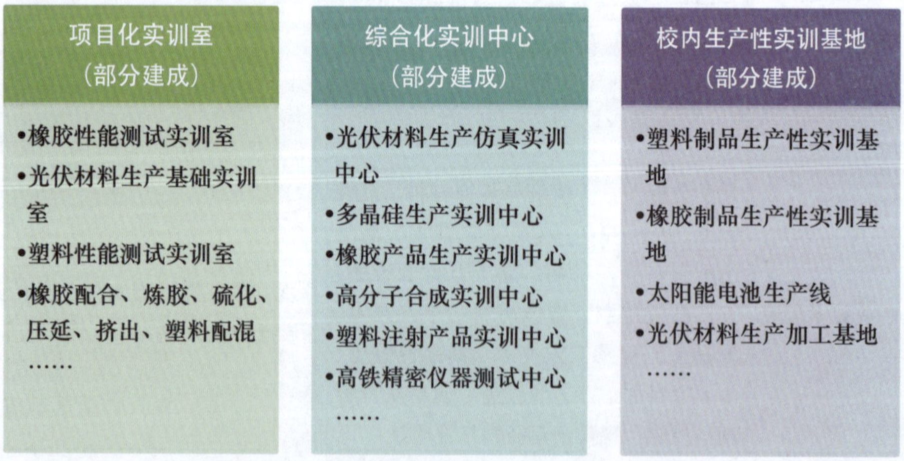

项目化实训室
（部分建成）

- 橡胶性能测试实训室
- 光伏材料生产基础实训室
- 塑料性能测试实训室
- 橡胶配合、炼胶、硫化、压延、挤出、塑料配混

……

综合化实训中心
（部分建成）

- 光伏材料生产仿真实训中心
- 多晶硅生产实训中心
- 橡胶产品生产实训中心
- 高分子合成实训中心
- 塑料注射产品实训中心
- 高铁精密仪器测试中心

……

校内生产性实训基地
（部分建成）

- 塑料制品生产性实训基地
- 橡胶制品生产性实训基地
- 太阳能电池生产线
- 光伏材料生产加工基地

……

图 2－8　光伏材料生产技术专业实训体系

164 所开设材料类专业的高职院校几乎都建有专业实训室和实践基地，但是受限于资金、师资水平等因素，大部分专业实训室仅仅开展传统的、简单的技能实训，不能完全满足现阶段新材

料产业发展的需求。并且，实训课大多数是演示性、验证性的或操作比较单一，主要是通过老师操作、学生观看来完成，学生动手机会比较少；或者老师提前把设备调试及其他准备工作完全准备就绪后，实训时学生仅按部就班地简单操作就能完成。实训课基本流于形式和过程，学生并没有通过实训课真正掌握企业岗位所需要的技能。

4. 师资队伍

材料类专业属于工科类专业，对教师要求较高，不仅要有扎实的理论知识，还要有丰富的实践工程经验。以材料成型及控制工程专业为例，该专业是以工程装备为基础，以材料加工为对象，这就要求本专业教师既要有宽厚的机械工程理论知识，又要了解掌握材料科学、过程控制技术等学科知识。尤其是随着科学技术的进步和新材料产业的发展，材料学科专业的发展会与机械、计算机、光学、物理、化学等学科联系越来越紧密，对教师的要求也越来越高。然而当前我国大部分高职院校的材料类专业老师基本没有丰富的企业工作经历，双师型师资占比很小，而且由于校企合作较少，合作不够深入，学校教师的实践水平提升很慢。因此，整体师资水平不高，达不到材料类专业实践教学的高标准要求，导致培养出的学生不具备企业岗位技能要求，不能满足市场需求。

四、发达国家新材料专业职业教育分析

欧美等发达国家早已将工程教育的发展和改革纳入国家发展战略计划体系，材料学科属于工科，因此他们的材料学科教育发展也处于领先地位。发达国家新材料产业规模和科技水平遥遥领先于世界其他国家，这充分证明他们的教育模式成效显著，其中美国模式和德国模式是两种典型的工科人才培养模式。研究分析美德材料类专业工程本科人才培养模式及特点，能够为完善我国材料类应用型人才培养提供经验借鉴。

（一）美国新材料类专业职业教育分析

美国的工程人才培养模式属于典型的“通才”培养模式，强调人文数理通识教育以及学科基础教育，注重文理交融、理工渗透，以培养学科领域内掌握宽厚基础知识的通用工程科学人才为目标。

1. 美国工程本科人才培养模式①

（1）培养目标。20 世纪 90 年代，美国高等工程教育人才培养着重强调学生知识体系的全面性和基础性，注重能力培养，尤其是表达能力和欣赏能力，同时还有探索和创新精神的培养。

同一时期，美国工程教育协会（ASEE）、美国国家科学基金会（NSF）等组织分别发布《面对变化世界的工程教育》、《重建工程教育：重在变革》等报告，指出高等工程教育应该要“回归工程”。时任麻省理工学院院长的乔尔·莫西斯明确提出“工程教育必须更密切地回到工程实践的根本上来”。美国高等工程教育界在“回归工程”教育思想的影响下，对“通才教育”培养模式进行调整，在实施人文数理通识教育的基础上，更加注重工程人才培养的系统性及实践性，并提出要培养三种人才，即工程科学研究型人才、工程技术人才和具有工程背景的其他领域

①蔡信海：《我国工程本科人才培养模式研究》，华南理工大学硕士学位论文，2012 年。

人才，其中研究型人才的数量要逐步减少，增加后两种人才的数量①。

(2) 培养模式。美国材料类教育模式是典型的通才教育模式，具体表现在基础性课程教育。在课程设置方面，其课程体系十分注重知识的广博性和基础性，主要包括核心课程、主修课程、选修课程三大部分，各约占总课时数的三分之一。其中，核心课程主要包括以数学、物理、化学、生物等为主的自然科学课程，以人文、艺术、社会科学等为主的人文社会科学课程，以限制性理工选修课和实验类为主的课程；主修课程包括本专业主修课程和跨学科主修课程；选修课程种类相当丰富，内容几乎涉及所有学科，学生可自由选择本校或其他学校的选修课②。

同时，美国高等工程教育非常注重文理渗透和跨学科教育，不仅要求所有主修工科专业课程的学生必须要学习一定比例的人文课程，还不断加强开发不同学院或研究所之间的合作研究项目和交叉学科研究的联合攻关。选修跨学科课程和参与相关跨学科研究项目，可以让学生从本科生阶段就开始进行跨学科知识的学习和实践训练，培养其创新思维和实践动手能力。

(3) 培养机制。美国大学为提高学生学习的主动性、积极性和创造性，同时培养学生的创新思维，基本采用启发式、讨论式授课方式。同时，高校十分重视学生工程实践能力的培养，致力于通过校企合作机制来培养学生的实践能力，鼓励低年级学生参与教授学术课题和科研项目，鼓励全体学生积极参与企业工程实践训练和社会实践调研活动等。如麻省理工学院的“本科研究导向计划”（UROP）、“本科实践计划”（UPOP）、“技术创业计划”等。实施这一类课外科研实践训练计划能够有效提高学生实践动手能力和创新能力。此外，美国大学还注重在本科教育中体现和贯彻国际化教育思想。开设国际化课程，加强学生之间的国际交流，互派留学生，组织各种跨国际合作项目等，不断增加学生的国际知识，培养学生的国际化意识。

2. 典型院校分析——麻省理工学院

麻省理工学院（Massachusetts Institute of Technology，MIT）是美国培养高级科技人才和管理人才、从事科学与技术教育与研究、世界一流的综合性私立大学。该校以理工科为主，其材料科学与工程学院的课程全美排名第一。

(1) 培养目标。麻省理工学院一直以培养综合性、实用性和具有探索精神人才作为本科教育人才培养目标，因此 MIT 的工程学院下设的材料科学与工程系（Department of Materials Science and Engineering，DMSE）的本科课程体系设置理念也必然与 MIT 的人才培养目标一致，具体如表 2-9 所示。

表 2-9　MIT 材料科学与工程系人才培养目标

类别	要　求
知识基础 (Foundations)	从基本原理、方法和工具层面为本领域研究打下坚实的基础，并准备通过接触及掌握国家最先进的材料设计、加工、分析、建模和计算过程将其应用于材料科学和工程学实践中
专业能力 (Professional Balance)	处理工程系统中遇到的工程问题时能够运用材料科学和工程学基本原理创造性地平衡实际及工业需求

①赵锐：《中美高等工程教育课程设置的比较研究》，西安电子科技大学硕士学位论文，2007 年。

②蔡信海：《我国工程本科人才培养模式研究》，华南理工大学硕士学位论文，2012 年。

续表

类别	要　求
团队和合作领导能力（Teamwork/Leadership）	能够进行团队沟通及合作，并准备好承担起材料科学与工程中的领导职务
工程系统意识（Engineered Systems）	理解材料是为全社会及更广泛领域服务的工程系统的设计和制造过程中必须启用且不可缺少的一部分
社会影响力（Societal Impact）	对材料选择、设计及应用在人们的日常生活、工商业的经济结构及人口健康方面的潜在影响能够做出评估
国际化意识（Global Awareness）	准备好在全球专业性环境中发挥知识力、竞争力和责任感
终身学习能力（Lifelong Learning）	为在毕业后能够追寻多样化的职业发展路径而准备好成为一名终身学习者

（2）课程体系。麻省理工学院早已形成了一套全面和系统的多层次课程体系，其课程体系具有多样化、相互交叉的跨学科特点。整体来说，本科学位课程由核心课程（GIRs）、系要求课程（主修课程）和自由选修课程三部分组成（见图2－9）。除核心课程外，本科生还需再修180～198个学分的课程，每学年一般应至少修读8门，因此共需要修32～34门课程方可获得学位①。

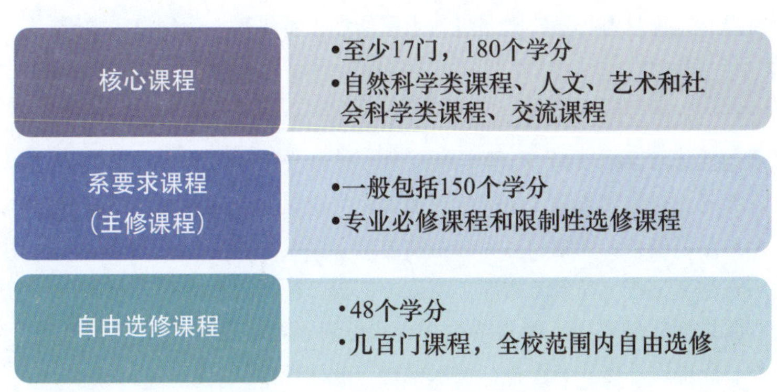

图2－9　MIT本科学位课程体系

麻省理工学院材料科学与工程系（DMSE）为本科学生提供Course 3、Course 3－A和Course 3－C三种学士学位课程选择。Course 3为一般意义上的材料科学与工程专业，学生毕业被授予美国工程技术认证委员会（ABET）认证的材料科学与工程理学学士学位，并且可以直接从事材料相关工业领域工作或者在材料科学与工程学科领域继续深造，因此绝大部分学生都会选择这个专业。Course 3－A具有较大的灵活性，该专业毕业的学生获得没有特别指定专业领域的理学学士学位，一般医学、法学、MBA预科生选择这个专业。Course 3－C是考古与材料专业，学生毕

①高秋香：《麻省理工学院本科培养方案述评》，《教育研究》2007年第10期，第46－47页。

业后获得考古和材料理学学士学位。我们一般意义上所说的麻省理工学院材料科学与工程系专业为 Course 3，其课程体系分布如表 2－10 所示。

表 2－10　麻省理工学院材料科学与工程系（DMSE）2011～2012 年课程体系

课程类型	具体课程（数量/门）	学分
核心课程	自然科学基础课程（6） 化学（1）物理（1）微积分（2）生物（1）	180
	人文艺术和社会科学（8） 包含 2 门交流课程	
	科学与技术限制选修课（REST）（2） 可选择系要求课程的材料科学与工程基础、建模与仿真导论	
	实验课（1） 可选择系要求课程中的材料实验	
	交流课程（4） 2 门在人文艺术和社会科学类课程中选修（CI－H） 2 门在系要求课程中选修（CI－M）	
系要求课程（主修）	专业必修课程（12）：材料科学与工程基础、材料实验、材料科学与工程数学、研究方法或微分方程、建模与仿真导论、计算机的介绍和解决工程问题、电气工程与计算机科学导论、材料科学与工程数学研究方法、材料显微结构演变、光电材料与磁性材料特性研究、材料力学性能、有机和生物材料化学术	128～138
	论文或工业实践	9
	限制性选修课程（4）工程实践原理、材料科学与工程数学研究方法、建模与仿真导论、材料热力学、先进材料加工、生物医学应用材料、材料和生物材料的纳米力学、分子、细胞和组织的生物力学、多孔固体：结构、性能、应用、生物材料科学与工程、高分子物理、高分子工程、陶瓷材料导论、材料的对称性、结构和张量性能研究、衍射和结构、成像材料、经济与环境材料的选择、物理冶金学、光电磁性材料和设备、纳米材料、微/纳米加工技	48
选修课程	非限制性选修课程	48
实践课程	48 个工程设计学分（ED）、高级专业计划（6. UAP）、本科生研究导向计划（UROP）、本科生实践导向计划（UPOP）、技术创业计划	24

资料来源：MIT Course Catalog 2011－2012. http：//web. mit. edu/catalog/degre. engin. ch3. html.

由表 2－10 可知，学生要获得 Course 3 理学学士学位必须要完成 17 门院级核心课程（共 180 个学分）、176～186 个学分的系要求主修课程（其中包括 128～138 个学分的必修课程和 48 个学分的限制选修课程）、48 个学分的自由选修课程。除去系要求课程中设置的与核心课程重合的 39 个学分以外，再加上 24 个实践课程学分，获得 Course 3 理学学士学位共需 389～399 个学分。

（3）培养模式[①]。麻省理工学院一直采用以研究为主题的教学模式，制定多种多样的本科人才培养计划，其中主要包括拓展型课程项目和研究型课程项目两大类。MIT 的拓展型课程项目注重于学生思维和能力的拓展和培养，重在开阔学生的视野。这类课程项目相对于基础型课程具有更大的灵活性，一般采用选修课或者活动项目的形式，最具有代表性的拓展型项目有：针对大一新生的媒体艺术与科学新生计划（MAS）；安排在正常课程时间之外的让教师和学生进行独立灵活的学习和研究的独立活动期项目（IAP）；主要面向工程学院二年级学生的本科生实践机会计划（UPOP）等。

MIT 的研究型课程项目主要通过学生自己探索和研究来锻炼实践动手能力、科研精神以及创新意识等，着重培养学生在研究过程中的探索精神和科研能力。其中具有代表性的研究型课程项目有：实验研究小组（ESG），这是一项主要针对那些对大学的学习和生活具有积极兴趣的新生的创新学术项目；丰富的实验室课程，这些课程要求学生亲自动手参加，着眼于让学生解决实际问题，强调实际操作而不要流于形式，从而刺激学生的学习动机和科研兴趣；本科生研究机会计划（UROP），这项计划主要是为 MIT 工程学院全体本科生提供参与科研的机会，让本科生与教师共同进行智力协作和科研实验学习，促进本科生科研水平的提高。

（二）德国新材料类专业职业教育分析[②]

目前，德国高等教育领域主要有三种类型大学：综合性大学（Uni）和工业大学（TU/TH），负责培养研究型、开发型人才；应用技术大学（FH），负责培养高级应用型人才，相当于我国一般本科层次的教育水平[③]；职业院校（BA），是一种典型的职业型的高等教育机构，是德国“双元制”模式在高等教育层次的延伸，培养一线生产、管理应用型人才。其中，承担高等工程教育任务的主要为工业大学（TU/TH）和应用技术大学（高专，FH）两种类型的高等教育机构。德国工程教育一直处于国际较高水平，传统的工业大学和专门的应用科学与技术学校为学生提供了广泛的教育机会，学生能够获得实践经历，并能提升软实力，包括公司内部的团队合作与人际交往能力，这种独具特色的高等工程教育模式被誉为德国模式。

1. 德国工程本科人才培养模式

（1）培养目标。德国高等工程教育人才培养目标明确，属于典型的“专才”培养模式。德国工科人才培养模式旨在培养“成品”工程师，实行“文凭工程师”教育制度，强调工程师的基本实践训练，将工程教育与职业资格紧密相连，培养未来社会所需要的具有从业职业资格的高素质工程师。这种模式决定德国大学的人才培养必须面向实际工程和工业生产技术，学生将会在高等学习期间完成所有必需的工程师基本训练。不过德国高等工程教育人才培养目标因其办学定位和教育分工的不同而有所差异。如前所述，应用技术类高校培养重点在于实际生产与运用，主要培养中层及以下的技术应用人员，学习期满合格者则颁发应用技术大学文凭工程师（Diplom/FH）学位，毕业生具有较强的实践能力和运用能力，能很快适应社会就业市场的需要[④]。

（2）培养模式。德国高等工程本科人才培养模式非常强调理论与实践结合。首先，在专业设置方面，德国高校紧跟工业发展步伐，从产业实际应用出发，根据工业界要求进行相应调整。

---

①②蔡信海：《我国工程本科人才培养模式研究》，华南理工大学硕士学位论文，2012 年。

③荀勇等：《高等工程教育——德国工程技术教育的研究与实践》，知识产权出版社，2008 年版。

④张新科：《德国高等工程教育的发展历程和办学模式特征》，《高职教研》2008 年第 5 期，第 30 页。

以汉诺威工业大学和柏林工业大学为例，这两所学校的专业设置都以满足德国工业化进程以及科技企业发展的需求为目标，从而培养出国家需要的技术官员和为企业服务的高级专业技术人才。汉诺威工业大学设有化学工程学、机械工程学、建筑工程学、技师学等科系；柏林工业大学则分设建筑结构系、建筑工程系、机械系、造船和造船机器制造系、化学和冶金系和普通科学系（以数学和自然科学为主）六个系①。

其次，在课程体系设置方面，德国高校将学生的理论学习和工程实践训练一体化，要求学生在学校期间必须连续完成基础学习（Grundstudium）和主科学习（Hauptstudium）两个阶段的课程。其中，基础学习阶段主要包括自然科学和必要的经管知识，目的在于为学生打下牢固的科学知识基础。基础学习通常需要4个学期，以通过前期考试（Vorpruefung）为准。学生只有通过前期考试方能进入主科学习。主科学习阶段包括专业课程、实验室工作、课程设计和毕业设计等，学习结束时也会有一次主科考试（Hauptpruefung）。这一阶段的课程学习中实践环节比重较大，而且项目设计题目多是来自企业实际需要攻克的技术问题，对学生解决问题能力和科研实践能力的训练强度要求较高②。

（3）师资队伍建设。德国高校人才培养强调理论与实践相结合，相应地对高校师资队伍的知识与能力结构提出较高要求。德国高校教师不但要有系统的科学理论知识，还必须要有产业领域一线的丰富实践经历。因此，在德国高等工程教育机构中，特别是应用技术大学，承担教学和科研任务的教学团队成员都为“双师型”教师，既是专业授课老师又是具有实践经历的工程师。

德国高校目前主要通过“请进来”和“走出去”两种途径实现“双师型”师资队伍建设。一是“请进来”：德国应用技术大学要求应聘的教授需具有5年以上的企业工作经验。此外，在德国高校中，兼职教师也是其师资队伍的重要组成部分。兼职教师大多是企业或工厂一线技术专家，以受聘为客座教授或名誉教授等身份进入高校教学，这样既可以将其自身的生产实践经验进行理论化、系统化，向学生讲授相关学科发展前沿，同时也可以在授课过程中为企业发现和培养有潜力的人才。二是“走出去”：德国高校经常为在校教师提供与企业界生产一线接触和交流的机会，鼓励他们到生产一线中去调研和实践，部分学校甚至还支持教师到企业担任技术顾问、咨询专家、监理会成员等职务。并且，德国许多高校教授还将自己的科研工作直接融入到企业生产中去，以保证本校本学科领域理论和技术上的领先性。

（4）产学研合作。德国工程人才培养模式的优越性还来自于其工程院校成功的产学研合作办学机制。产学研合作办学是实现高校工程实践训练的有效途径，是工科院校实践教学体系不可或缺的重要组成部分。从校企合作双方看来，德国实施产学合作机制主要有两条途径：一是人员之间的互相交流。一方面，学校通过邀请相关企业一线技术专家到学校开设讲座或报告，加强与企业和产业界的联系，保持教学内容的更新。而企业一线技术专家将收到高校邀请担任讲座主讲或者担任名誉教授等头衔视为对其产业界地位和个人影响力的认可。另一方面，高校派遣学生到企业进行专业实习或者开展工程实践训练，德国本科生一般至少要完成6个月的实习安排，以实现课堂教学与工业训练一体化的培养计划。二是校企共建实验室、研究所和科研中心，通过解决来自产业界的实际技术难题，锻炼和培养学生科研实践能力，并提高学校教授的科研水平；企业尽管需要支付实验室、研究所的日常开支和机构相关科研人员的薪酬费用，但可大大提高企业工

①亚伯拉罕·弗莱克斯纳：《现代大学论——美英德大学研究》，徐辉、陈晓菲译，浙江教育出版社，2001年版。

②王春梅：《德国高等工程教育模式的变化》，《中国大学教学》2001年第13期，第12－13页。

程师对科研技术难题的攻关能力，同时科研人员也能为企业解决关键技术问题，提高企业产品的竞争力①。

2. 典型院校分析——柏林工业大学

德国柏林工业大学（Technical University of Berlin，TUB）始建于1964年，下设有人文学院、数学与自然科学学院、过程科学学院、电子工程与计算机科学学院、机械与交通学院、建筑与环境规划学院、经济与管理学院和艾高娜中央研究所（EI Gouna Central Institute）8个二级院所，开设50多个专业。

柏林工业大学过程科学学院下设材料系，依托于材料科学与工程研究所开设材料科学专业的学士（BSc Werkstoffwissenschaften）、硕士和文凭工程师学位课程。目前柏林工业大学材料系设置理学学士（BSC）和理学硕士（MSC）两级学位，其中本科学士学位课程标准学习年限为6个学期，硕士学位课程标准年限为4个学期，并允许直接申请硕士学位，按照硕士培养计划来统筹完成学士和硕士两级学位课程的学习。

（1）培养目标及规格。柏林工业大学材料系专业总体培养目标与德国高等工程教育培养成品工程师的目标一致，具体来说是让学生在材料知识学习和材料研发、制备及表征过程中，掌握一般的工程研究方法和相关的实验操作技能，能够解决在专业实践中所遇到的各种问题。

在培养规格上，TUB材料系本科人才培养的要求包括以下几个方面：①形成一种科学严谨的工作作风和处事办法；②能够独立或组成多学科小组创造性地开展工作，将理论知识转化为现实工程问题的解决方案；③具有一定的研发能力，能够完成企业或政府科研机构授予的创新或复杂的科研任务；④掌握相关的资料数据收集分析能力；⑤具有社会责任感；⑥具有良好的工作能力；⑦有足够的社会和职业工作实践经历准备和良好的终身学习能力②。

（2）课程体系。TUB材料科学专业学士学位课程共要求修满180个学分，每个学期30个学分，课程类型学分分布如表2－11所示。其中，基础理论课程主要安排在前三个学期的基础学习阶段，学生在此阶段主要学习数学基础、自然科学基础、技术基础、专业基础以及跨学科补充课程等基础理论模块课程，基本上每一门课程都设有书面考核，而且在基础学习阶段结束时会有一个前期考试，学生通过该考试则获得一个过渡性文凭方可进入专业学习阶段。与德国其他高等工程院校一样，TUB材料科学专业工程人才培养比较注重专业课程的学习（见表2－11）。专业模块课程在整个学位课程学分总数中占比较大。在第四至第六学期的专业学习阶段，学生主要学习专业课程和专业选修课程模块，并进入工业实习环节。完成以上课程之后，学生学习毕业论文研讨课程以及完成学士学位论文，并参与毕业考试。

表2－11　　柏林工业大学材料科学专业学士学位课程学分要求

课程类型	学分	学期安排
项目过程方法与工程科学	5	2
数学基础课程	20	1、2
自然科学基础课程	15	1
技术基础课程	26	2、3、4

①张新科：《德国高等工程教育的发展历程和办学模式特征》，《高职教研》2008年第5期，第31页。

②蔡信海：《我国工程本科人才培养模式研究》，华南理工大学硕士学位论文，2012年。

续表

课程类型	学分	学期安排
专业课程模块	78	2、3（专业基础）
专业选修课程模块		4、5、6
跨学科补充课程	5	2
学士学位论文	12	6
学士论文研讨课程	3	6
工业实习	5	5、6
自由选修课程	11	3、4、5
总计	180	—

在实习课程方面，TUB 材料科学系学生必须到与材料专业领域相关的企业参与持续两个学期的工业实习训练，课程学分 5 分，且实习时间至少要在 12 周或以上。实习结束以后，学生需要向学校和企业主管部门递交一份实习报告，根据实习表现和报告成果实习单位出具相关的实习鉴定，并交予学校审查和备案。而实习鉴定的成绩以及实习报告通过与否对学生来说非常重要，因为只有成绩及格、报告通过之后，学生才能够进入毕业论文环节和参与毕业考试，从而获得工程师职业资格证书。

(3) 培养方式。德国柏林工业大学具有较为完善的工程教育体系，其院系科研机构实力较强，与企业联系紧密，能够把知识教育和实践训练融为一体，为德国培养出许多一流的工程技术人才。对于 TUB 材料系而言，课程教学与专业实践互相结合是其主要的人才培养途径。在 TUB 材料科学学士培养方案中，课程教学包括讲座（VL）、演示（UE）、研讨（SE）、实验（PR）、项目（PJ）、座谈（CO）、考察（EX）等多种方式。其中，以研讨方式进行的“研讨班”（Seminar）最能体现出德国的教育特色。在研讨班上，通常是学生在听完企业工程师或大学教授做完某场讲座后，写出具有自己见解的研讨报告，然后在研讨班上进行演讲并现场回答教授提出的关于报告内容的研究问题，最后由教授及其助手根据报告内容以及问题回答情况给出成绩。在研讨过程中，学生是主角，教师通过提出问题与学生共同探讨，从而激发学生主动思考，发散思维，深化对知识的学习和理解。除研讨班外，讲座、实验、项目等也是柏林工业大学的主要培养方式，通过这些方式的不同组合，从而在课堂教学实践过程中不断促进学生工业工程知识的学习以及工程实践能力的提高。

（三）美德新材料类专业职业教育模式特点①

美德两国材料类应用型人才培养模式尽管表现形式不尽相同，但培养模式具有共同的特点，具体表现在培养目标明确、课程体系完善、注重实践教学、校企合作紧密这四个方面。

1. 培养目标明确

人才培养模式的改革是整个教育改革的基础，必须要立足于学生、学校、社会三方面实际，明确人才培养目标，才能促进人才培养模式的其他因素改革的顺利进行。根据对美国和德国材料

①李强等：《美国的本科材料教育与 ABET 认证》，《高等工程教育研究》2006 年第 1 期，第 86 页。

类人才培养模式分析，可以清楚看到，两国人才培养目标都非常明确，强调对基础知识的学习和工程实践能力的训练，着眼于人的综合素质和学生国际化意识的培养。具体来说，以美国 MIT 和德国 TUB 为代表的国外工程院校都强调依据其相关专业科研优势和办学特色制定人才培养目标，并据此指导其人才培养模式实施的整个过程。此外，美国和德国都注重面向社会工程实际，面向产业需求设置相关专业课程以及培养目标，并且德国的做法更加贴近社会和产业实际，如 TUB 材料系的人才培养目标和培养计划甚至还邀请相关企业代表的参与，共同协商制定。

2. 课程体系完善

美德两国材料类应用型人才培养的课程体系都十分完备，既强调基础知识的学习，注重学科之间的交叉，也重视工程实践课程的设置和实施。美国材料类人才培养目标注重为学生提供广博的基础知识教育，强调培养人才的综合素质，因此在其课程体系中设置大量的人文社科艺术通识课程和自然科学基础课程，同时打破学科间的界限，实行跨学科课程设置；德国高校则在其本科基础学习阶段的课程体系中设置大量的数学、自然科学、技术等基础理论课程，在专业学习阶段开设较大比重的专业必修课程、专业选修课程以及相关专业实践课程，以这种课程体系为载体培养学生扎实的科学理论基础知识以及优秀的工程实践能力和科研能力，从而实现其成品工程师的培养目标。完善的课程体系为两国材料类人才培养提供有力支撑。

3. 注重实践教学

工程实践是创新的基础，没有工程实践的能力，没有产学研的合作，就谈不上创新能力。注重实践教学是发达国家材料类教育最突出的特点。以美国材料类教育人才培养模式来说，它强调教学与科研相结合，鼓励本科生从低年级开始就参与科研项目。如 MIT 的本科生实践导向计划（UPOP），参与该计划的学生可以进入企业实习锻炼，参与企业相关的科研项目，实现将课程理论知识教育与科研实践相结合，锻炼自身科研动手能力和创新能力的目的。而德国材料类（工科）教育人才培养模式的最大特色是理论与实践相结合。学校将教育和实训融为一体，让学生在校期间能够接受完整的工程师理论知识教育和专业技能训练，从而培养出一流质量的工程技术人才。德国模式的实践教学主要体现在三点：一是“双师型”教师队伍的师资保障；二是把工业实习纳入学位课程学分管理，要求学生在入学前进入工厂实习以及在校期间完成至少 12 周的生产实践训练；三是把基础理论课程学习与工程实例学习相融合。实践教学极大地提升美德两国材料类专业毕业生的实践能力和创新能力，为学生获得满足企业岗位需求的技能提供坚实保障。

4. 校企合作紧密

随着社会经济的发展和科学技术的进步，材料类教育与工业企业联系更加紧密。美国和德国的材料类人才培养模式的共同点之一就是两国高校都与企业建立良好且密切的合作伙伴关系。例如：在美国，校企合作有多种方式，如共建实验室、科研中心、校外实习基地等，既可以通过参与企业的实际科研项目，进一步锻炼和培养学生的科研水平和实践动手能力，又加快了高校科研成果的转化，有效地解决企业技术难关问题，实现双赢。麻省理工学院的本科生科研导向计划（UROP）和本科生实践导向计划（UPOP）就是校企合作的范例。德国校企合作的突出特点是对工业实习环节要求相当严格，学生只有顺利通过实习后才能获得学位。德国高校会明确规定学生工业实习的专业领域、时间跨度等细节，并且要求本科生入学前也要有相关的工业实习经历和企业开具的实习证明。校企合作机制极大提高美德两国材料类专业人才（工科）的实践能力，使得两国技术人才的培养质量在国际工程教育领域内享有盛名。

五、我国新材料专业职业教育服务产业发展分析及建议

我国新材料专业职业教育整体建设水平不高，培养的技术技能型人才尚不能完全满足产业发展要求，主要表现在细分专业结构与产业结构匹配度不高、毕业生数量不能满足产业需求、人才质量跟不上产业发展等方面。要想实现“中国制造2025”目标，适应新时代背景下新材料产业发展要求，我国新材料类专业职业教育必须要进一步改革与创新，才能为产业发展提供强有力的人才支撑。

（一）新材料专业职业教育服务产业发展分析

1. 专业结构与产业结构匹配度不高

《新材料产业“十二五”发展规划》明确提出，国家要大力发展特种金属功能材料、高端金属结构材料、先进高分子材料、新型无机非金属材料、高性能复合材料、前沿新材料六大新材料领域。新材料产业发展不仅需要高素质的研发人才，还需要大量一线工作岗位的高技能型人才。但根据对164所高职院校的材料类专业方向数据统计，我国目前高职院校开设的材料类细分专业有16种，且大部分为传统材料类产业，占比高达92%，新材料类专业如光伏材料生产技术仅1所高职院校设置，硅材料技术专业只有2所高职院校开设。很明显，现阶段中高职层次的材料类专业结构不能满足新材料产业发展需求。

同时，从区域产业经济发展角度来看，尽管有部分高职院校开设的材料类专业是依托当地材料产业建设的，但是细分专业方向还是落后于区域经济发展，不能完全匹配区域经济发展水平。专业结构与产业发展不匹配，会直接导致学校培养的人才不能满足企业需求，从而阻碍地方产业经济发展。

2. 人才培养规模不能满足产业需求

根据中国人力资源市场网发布的《2015年第二季度全国部分省市人才服务机构市场供求情况分析报告》显示，2015年前两个季度材料类专业需求占用人单位专业需求均位列前十，第二季度占比为2.58%。并且，《国家中长期新材料人才发展规划（2010～2012年）》也提出，未来十年我国新材料人才发展重点要实现新材料人才资源总量翻番，满足领域发展人才需求，重视技能人才培养，充分利用各类技术职业学校和技工院校培养大批高技能人才，解决技能人才缺乏的问题。根据阳光高考网数据显示，2015年我国高职层次的材料类专业招生仅有10790人，而且大部分集中在老牌的材料工程技术专业、材料成型与控制专业等，新材料相关专业的学生数量非常少。新材料产业技术人才极度匮乏，难以支撑未来产业发展升级。

3. 人才质量达不到岗位技能要求

区别于传统材料产业，新材料产业不仅种类繁多，而且还涉及自然科学和工程技术，多学科交叉渗透，知识和技术高度密集，因此它要求学生不但要懂得新材料类专业的基础理论与知识，更应具有企业岗位所需要的生产操作和组织能力，善于将技术意图或工程图纸转化为物质实体，并能在生产现场进行技术指导和组织管理，解决生产中的实际问题；甚至善于处理、交流和使用信息，指导设备、工艺和产品的改进。新材料产业需要的是专业理论够用、生产技术操作熟练和组织能力强的复合型人才。但目前我国高职院校培养的材料类专业技术人才尚不具备这些能力，这主要是由于材料类专业高职教育在课程设置、师资水平等方面存在不足所导致的。

（1）课程体系不够完善。现阶段高职层次的材料类专业课程体系不够完善，主要表现在以下几个方面：一是专业理论课程过于老旧传统。以材料成型及控制工程专业为例，该专业是在铸造、锻造、焊接等诸多旧专业的基础上形成的，旧专业的质量高低势必直接影响该专业的学科指令，由于科学技术的飞速发展，这些传统技术更新换代频繁，但现有高职院校的课程内容仍然还是过去落后的技术，没有跟上时代发展的步伐。二是专业选修课太少。材料类学科具有跨学科和综合性特点，要求毕业生掌握多学科知识和技能。现有的课程体系主要以单一专业理论知识和专业技能为主，与周边专业方向有关的专业选修课很少，导致毕业生知识面不够开阔。三是新材料专业课程缺乏系统性。少数开设新材料类专业的院校都只针对产业链中某个环节开办，适用性差且培养的学生数量少。四是缺少科学性。以光伏材料类专业为例，光伏产业作为高科技新能源产业，发展时间短、成长速度快，高职院校此类人才培养的方案不够成熟和完善。此外，众多高职院校的实训课程也过于简单，不能有效地锻炼和提升学生的实际操作能力。

（2）师资水平有待提升。师资队伍是学校教学质量的保证，也是教学的关键。不过我国新材料类专业职业教育的师资水平尚不能满足行业发展要求。首先，材料类专业的交叉学科的特点要求教师具有跨学科背景。目前大多数高职院校材料类专业的师资队伍都是沿承原有传统材料类专业，学科队伍配置单一，新引进的教师也基本为材料学科毕业生，毕业后直接进入学校任教，没有任何企业的实际工作经历，实践能力欠缺，而且知识结构狭窄，因此师资队伍中符合多学科交叉要求的“双师型”教师很少。其次，我国材料类高职教育教师大部分还是采用传统“老师讲、学生听”或者“填鸭式”授课方式，学生的思维被老师牵着走，没有采用灵活有效的教学模式，实践教学效果不明显。并且，大部分实训教师由于理论知识欠缺或者不能用必要的理论知识解释操作中出现的现象，用专业知识分析并排除故障，所以无法满足培养高技能人才以及开发创新项目的要求；兼职实训老师大多数为理论教学老师，实践操作能力弱且缺少实践经验，对设备认知及操作能力也不能满足高职院校标准实训的要求。

（二）对我国新材料专业职业教育发展的建议

1. 设置合理的专业方向

专业设置是连接教育与经济的纽带，是职业教育为区域经济发展服务的具体体现。专业设置合理与否，不仅关系着职业院校办学水平的高低，也影响区域产业经济的发展。

首先，专业设置要适应区域新材料产业经济发展方向。我国新材料产业已形成“东部沿海集聚，中西部特色发展”的空间布局，产业发展区域特色明显，因此各地高职院校必须紧跟当地新材料产业发展方向，按照区域经济中产业发展和人才规格的要求，设置与当地新材料产业经济发展相适应的特色专业，并以此为龙头形成与区域工业化、信息化、城镇化、农业现代化建设等密切相关的专业群。要实现这一目标，前提是要做好当地新材料行业、企业的调研工作，充分了解掌握当地行业、企业的人才需求类型及数量、岗位技能要求等信息。

其次，专业设置要符合区域产业结构的调整方向。产业结构会随着区域经济和社会发展不断变化，同时决定人才需求结构，从而影响职业院校专业设置方向。新材料产业是高新技术发展的基础和先导，为相关基础材料产业的技术改造和产业结构调整奠定成熟的技术基础，因此职业院校的材料类专业方向势必要与当地产业结构调整方向相契合，才能为区域产业结构调整提供需要的技术人才。

2. 制定科学的人才培养方案[①]

职业教育要有明确的专业人才培养目标，才能为区域经济发展提供人才支撑，因此各职业院校材料类专业要有科学合理的人才培养方案。制定出符合市场需求、服务区域经济发展的人才培养方案是一个专业是否可持续发展的先决条件。人才培养方案的制定不是顺手拈来、闭门造车，而是由市场经济和行业企业需求决定、需社会检验和认可，最终反映人才培养质量的重要过程。以老牌的材料工程技术专业为例，因各地新材料产业发展方向不一样，该专业细分方向的人才培养方案应该是在充分调研的基础上，由学院教师、行业专家、专业建设行家、企业技术人员深入讨论制定完成，具有很强的针对性、地域性和可操作性。分析人才规格和人才需求，确定专业人才培养的目标；分析岗位职业能力，制定岗位涉及的相关课程及其标准；分析具体工作岗位，明确技能考核目标及证书要求。除此之外，专业人才培养方案中还必须明确专业基本信息、培养目标（知识、能力、素质）、人才业务规格要求、职业能力分析与分解、课程设置及教学要求、教学环节时间分配表、课时分配比例等相关内容。

3. 构建完善的课程体系

课程建设是人才培养目标实现的落脚点。要想实现人才培养目标，前提是职业院校要有完善、合理的课程体系。构建完善的课程体系，首先要找准毕业生的职业岗位，确定职业岗位对学生知识和能力的要求，建立与职业岗位能力相配套的课程体系。以岗位能力培养为主线，对新材料类专业的课程体系进行整合、重组，确定公共基础课程、岗位平台课程、岗位核心课程、岗位拓展课程、实践环节、职业资格考证六大模块，构建符合职业岗位能力培养要求的课程体系。制定每一门课程的改革与项目方案，形成以学生实践操作为主的工作过程化、项目化教学体系，同时通过包括教学文本、特色教材、网络课程、生产案例等教学信息化资源的建设，开发工学结合教材和配套课件等教学资源，具体流程如图 2－10 所示。

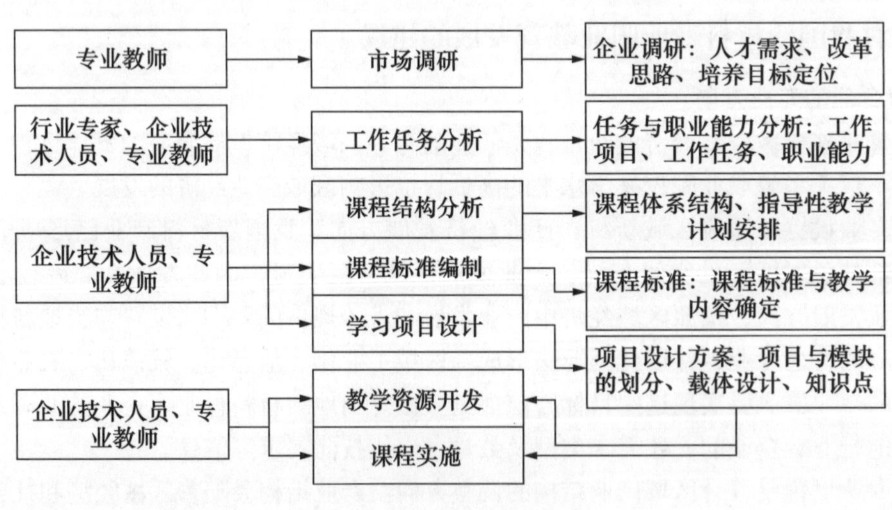

图 2－10 课程建设流程

其次，考虑到材料类专业对学生的实践能力要求较高，为提高学生职业技能水平，必须实现

①王超：《高职专业建设与教学规范化研究——以材料工程技术专业为例》，《当代职业教育》2015 年第 1 期，第 17－19 页。

毕业资格与职业资格接轨，在课程设计时将职业标准转化成课程目标，以职业标准为考核标准，实现课程标准与职业资格标准相融合，使学生在获得毕业证书的同时顺利获得相应的职业资格证书。课程深度以中级/高级工为标准，课程采用理论考核与学生操作生产产品相结合的方法，考核内容与技能鉴定工种内容对应，实现课程考核与工种技能鉴定相融通。

4. 打造高水平师资队伍

教师是办学的第一资源，师资队伍的结构和质量是职业学校的核心竞争力之一。要培养高素质的新材料产业技术技能人才，关键在于建设一支具有高素质的“双师型”教师队伍。首先，提高教师实践能力。针对新引进的教师尤其是没有实际工业企业工作经历的青年教师，要加强实践培训，定期安排其到企业了解前沿的行业实践动态，参与企业产品的研发、生产以及实际零部件的工艺设计和制造，可以采取鼓励和支持青年教师到企业挂职锻炼等措施，促使青年教师迅速提高和掌握工程实践的能力。其次，优化教师学科知识配置。对青年教师进行多学科培训，通过建立不同的培训机制，如聘请其他专业教师进行寒暑假短期培训，或者参与进行一些其他专业的具有交叉内容的课题等，使得教师可以通过这些培训形式获得多个学科知识和技能。加强教师之间的交流，鼓励教师参加国际国内会议。学术交流是拓宽视野的最快捷途径，有利于更新专业知识，吸收开创性的思路，从而组合成自己的研究领域，更好地体现出材料类学科的交叉学科优势。最后，完善师资队伍结构。从企业聘请有丰富工作经验的工程师到职业院校兼职，建设一支既可以进行理论教学和科研，又可以解决实际工程问题并具有产品开发经验的“双师型”教学队伍。

5. 强化校企合作育人机制

对材料类专业这种实践性很强的专业来说，校企合作既有助于实用型技术人才的培养，也有助于学校教师的实践教学水平的提升，从而进一步提高技术人才的培养质量。国外发达国家材料类应用型人才的培养经验也显示，校企合作是培养应用型人才的重要手段。

首先，建立政府参与校企合作的长效机制。政府要加强统筹，为校企合作牵线搭桥，将校企合作纳入职业院校评估和企业评价的指标中，鼓励企业积极参与职业院校办学，并同时为中小企业校企合作提供指导与服务。为明确校企合作双方的权利与义务，地方政府可以出台相关规范文件，同时制定严密、规范的校企合作协议。协议由学校、企业、学生及家长三方签署，并在主管部门备案；成立由实习生代表、家长代表、企业代表和校方代表组成的“实习管理委员会”，协调并仲裁校企合作特别是学生顶岗实习中发生的问题和矛盾，平衡各方利益，保护学生合法权益①。

其次，校企共同优化教育环境。学校教师与行业企业专家反复研讨，紧密结合材料类专业培养标准，不断优化材料类教育环境建设。第一，学校和企业共同制定人才培养方案和课程体系，注重根据企业岗位的技能要求来培养学生的实践能力。第二，校企共建实习实践基地。该基地不仅可用于学生实训学习，还可以用来做企业职工的培训基地，为企业提供合适的培训项目和短期课程。第三，顶岗实习。学生在校完成教学计划规定的全部理论课程后，到企业进行为期半年到一年的顶岗实习。在此期间由企业指派人员和老师共同对学生进行实训教学，弥补学校教育与企业生产脱节的缺陷，培养和锻炼学生解决企业生产一线实际问题的能力。第四，产学研互动。发

①张爱菊、李子成、刘良军等：《材料工程技术专业校企合作育人机制的探索》，《石家庄铁路职业技术学院学报》2013 年 12 月第 12 卷第 4 期，第 86－89 页。

挥学校专业师资优势，加强校企合作研发，帮助企业解决相关的科研技术难题，同时学校也积极引导专业教师深入企业生产一线顶岗进修，提高教师的实践教学水平。在一定条件下，可以由教师、企业技术人员一起带领学生进行设备改造和产品技术攻关，将其作为学生的教学课题。

参考文献

[1] 王本力、张镇、李茜：《"互联网+"：新材料产业发展的强力引擎》，《新材料产业》2015年第5期，第5-7页。

[2] 王兴艳、宋显珠：《我国新材料产业自主创新能力建设反思》，《新材料产业》2014年第4期，第60-62页。

[3] 马红丽：《我国新材料发展回顾与展望》，《中国科技投资》2011年第2期，第35-37页。

[4] 汪锋、徐俊华：《我国新材料产业现状、困局及升级》，《新材料产业》2011年第2期，第76-79页。

[5] 陈建勋：《中国新材料产业成长与发展研究》，上海社会科学院硕士学位论文，2008年。

[6] 冀志宏：《2014年中国新材料产业发展回顾与展望》，《新材料产业》2015年第2期，第55-56页。

[7] 朱宏康、谷宾、刘书惠：《国际新材料政策与计划研究》，《中国材料进展》2015年第4期，第326-329页。

[8] 王璞：《江西省新材料产业成长与发展研究》，江西师范大学硕士学位论文，2011年。

[9] 陈爱雪：《我国战略性新兴产业研究》，吉林大学博士学位论文，2013年。

[10] 李振亮、陈林等：《材料成型控制工程基础课程建设与教学改革探索》，《中国冶金教育》2009年第2期，第30-33页。

[11] 蔡薇、柳瑞清等：《材料成型与控制工程专业建设探索》，《经济研究导刊》2011年第30期，第334-335页。

[12] 喻九阳：《材料成型与控制工程专业建设的探讨》，《化工高等教育》2004年第3期，第17-19页。

[13] 朱蓉英：《高职材料类实训室在运行中存在问题的探索》，《九江职业技术学院学报》2014年第2期，第23-24页。

[14] 梁淑君、谭英杰：《加强特色专业建设切实提高人才培养质量》，《教育理论与实践》2011年第1期，第9-11页。

[15] 廖卫兵、罗双根等：《结合地方产业发展需要加强太阳能光伏专业建设》，《新余高专学报》2008年第3期，第115-117页。

[16] 钟世云：《麻省理工学院材料科学与工程专业本科培养计划的分析》，《中国大学教学》2013年第3期，第89-95页。

[17] 亚伯拉罕·弗莱克斯纳：《现代大学论——美英德大学研究》，徐辉、陈晓菲译，浙江教育出版社，2001年版。

[18] 王春梅：《德国高等工程教育模式的变化》，《中国大学教学》2001年第13期。

[19] 郭文莉、刘红琳、孟波等：《"共赢共生、融通自为"的产学合作育人机制研究》，《高等工程教育研究》2014年第3期，第36-43页。

[20] 李强等：《美国的本科材料教育与ABET签认》，《高等工程教育研究》2006年第1期，第86页。

[21] 张新科：《德国高等工程教育的发展历程和办学模式特征》，《高职教研》2008年第5期，第31页。

[22] 王超：《高职专业建设与教学规范化研究——以材料工程技术专业为例》，《当代职业教育》2015年第1期，第17-19页。

[23] 蔡信海：《我国工程本科人才培养模式研究》，华南理工大学硕士学位论文，2012年。

[24] 荀勇等：《高等工程教育——德国工程技术教育的研究与实践》，知识产权出版社，2008年版。

[25] 高秋香：《麻省理工学院本科培养方案述评》，《教育研究》2007年第10期，第46-47页。

[26] 赵锐：《中美高等工程教育课程设置的比较研究》，西安电子科技大学硕士学位论文，2007年。

［27］段东旭、陈明明等：《“双融共育三结合”校企合作运行机制研究》，《陕西教育》2012 年第 5 期，第 105 – 106 页。

［28］张爱菊、李子成、刘良军等：《材料工程技术专业校企合作育人机制的探索》，《石家庄铁路职业技术学院学报》2013 年 12 月第 12 卷第 4 期，第 86 – 89 页。

［29］刘锦子、王超等：《材料工程技术专业校企联合人才培养模式探索与实践》，《教育教学论坛》2014 年第 32 期，第 214 – 216 页。

［30］赛迪顾问：《“互联网 +”新材料走向华丽转身》，http：//www. ccidcyt. com/hlwgc/45512. htm，2015 – 10 – 9。

［31］安晓燕、张永芬：《高职新型材料类专业人才培养目标与途径》，《科技创新导报》2014 年第 21 期，第 227 – 230 页。

［32］徐晓勇、施卫国：《高职高专材料工程技术专业特色及其形成》，《萍乡高等专科学校学报》2006 年第 3 期，第 57 – 59 页。

［33］王超：《高职专业建设与教学规范化研究》，《当代职业教育》2015 年第 1 期，第 17 – 25 页。

［34］熊煦、周慧等：《高职院校高分子材料成型加工课程建设探索》，《职教通讯》2012 年第 9 期，第 44 – 47 页。

第三章　互联网金融行业与职业教育报告

互联网与金融的深度融合是大势所趋，不断创新的互联网金融不仅带来新的服务模式，拓宽了金融服务领域，提高了对小微企业、中低收入人群的覆盖率，也改善了金融服务的可获得性、便捷性，促使整个金融体系更加市场化、开放化，有助于推动整个金融体系转型升级。近年来，我国互联网金融发展迅速，行业地位逐步提升。2015 年，互联网金融被纳入《中共中央关于制定国民经济和社会发展第十三个五年规划的建议》，预示着该行业将结束“野蛮生长”，步入规范化发展阶段。

互联网金融的快速发展对互联网金融人才提出了强烈的需求，职业教育应不断深化供给侧改革，紧跟市场需求，构建完善的互联网金融专业人才培养体系，培养不同层次的互联网金融专业人才，为行业的规范发展提供强有力的智力支持。本报告在相关研究成果和行业发展数据的基础上，对国内互联网金融行业、企业发展及人才需求情况、国内互联网金融专业职业教育现状等进行较为全面的分析，同时借鉴美国金融职业教育先进经验，提出国内互联网金融专业建设的方向。

一、我国互联网金融行业发展概况

2015 年 7 月，中国人民银行在《关于促进互联网金融健康发展的指导意见》中，对互联网金融作了官方定义：互联网金融是传统金融机构与互联网企业利用互联网技术和信息通信技术实现资金融通、支付、投资和信息中介服务的新型金融业务模式。广义的互联网金融既包括作为非金融机构的互联网企业从事的金融业务，也包括金融机构通过互联网开展的业务；狭义的互联网金融仅指互联网企业开展的、基于互联网技术的金融业务。

根据国内互联网金融主要业务模式，可以将其主要分为三大类：其一，互联网平台融资，如 P2P 融资、众筹等，借助互联网平台进行资金借贷活动。其二，互联网金融支付，如支付宝等，通过第三方平台实现转账、支付的功能。其三，互联网金融理财，如余额宝等基金理财产品等。此外，由于我国金融体系存在“金融压抑”、资源配置不够合理等问题，这三种主流业务模式均引起了全民的关注和参与，短时间内即获得了快速的发展。

（一）互联网金融行业发展现状

借助搜索引擎、大数据和云计算等互联网技术的突破和运用，国内互联网金融行业于 2013 年呈爆发式增长，突破了现行金融运营与管理体制的束缚，开启全时空开放交互的金融服务，为资金需求方和供给方提供了有别于传统银行业的新渠道，这不仅降低了交易成本，提高了资金融资的效率，而且加快了金融脱媒的速度，扩大金融服务的范围，成为金融体系的有效补充，推动整个金融行业加速发展。

1. 互联网金融行业发展加速

我国互联网金融行业发展经历三个阶段：第一个阶段是2005年以前，互联网与金融的结合主要体现为互联网与金融机构的融合，为传统金融机构提供技术支持，协助银行把线下业务搬到线上，没有出现真正意义的互联网金融业态。第二个阶段是2005~2012年，网络借贷开始萌芽，第三方支付机构逐渐兴起，互联网与金融的结合开始从技术领域深入到金融业务领域。第三个阶段是从2013年开始，该年也被称为"互联网金融元年"，从P2P的迅猛发展到阿里巴巴、腾讯、百度等互联网巨头涉足金融业，互联网金融呈现快速发展的态势，尤其是阿里推出的余额宝，成功撬开互联网理财的大门，打破过去5万元银行理财的门槛，改变传统现金管理格局，唤醒沉睡的零散资金，将互联网金融的发展推向高潮。

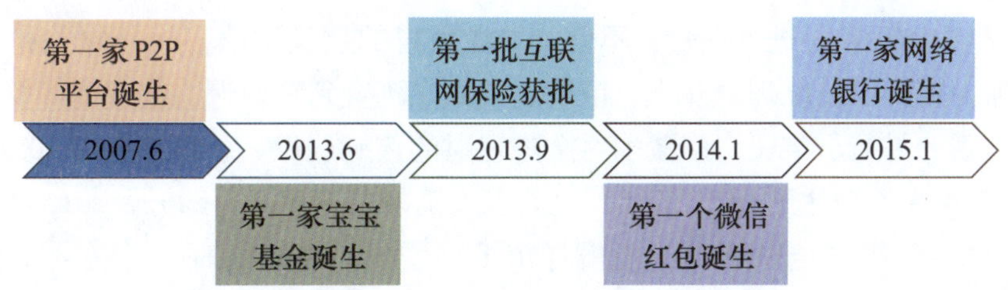

图3-1 互联网金融业态发展事件

资料来源：根据公开资料整理。

根据中国互联网金融行业协会发布的《2015~2018年中国互联网金融发展趋势研究报告》数据显示，2014年底，中国互联网金融规模已经突破10万亿元，其中支付业务规模达到9.11万亿元；P2P网贷平台半年交易额近1000亿元，累计交易额超过3000亿元；基金销售规模超过6000亿元，财富管理规模达100亿元；网络小贷规模5000亿元，众筹规模100亿元。随着《关于促进互联网金融健康发展的指导意见》的颁布，互联网金融已正式进入决策层视野，成为中国经济金融发展中潜力巨大的金融创新力量。

2. 互联网金融服务优势突出

互联网金融的发展为我国金融体系带来一系列变革，有效促进了传统金融产品走上转型的快车道，弱化了银行、保险、证券行业的界限，倒逼传统金融体制改革。互联网金融平台实现了资金需求方与资金供给方的无缝对接，加速了金融脱媒的进程，弥补了传统金融行业发展的短板，有效增强了服务实体经济发展的能力，更好地满足了新时代经济发展的需求。

随着互联网、移动支付和云计算等新一代信息技术的涌现，金融交易方式和市场结构将逐步改变，金融分工和专业化逐渐淡化，互联网金融更民主、更便利、更普惠、更草根的大众金融服务理念得到充分体现，基础金融覆盖率会进一步提高。在互联网金融模式下，金融机构的经营地点乃至各类金融服务实现了高度虚拟化，物理网点和时间等因素的限制会逐步消除，用户在任何地方都可以进行金融交易行为，没有介质的束缚。互联网的虚拟网点在很大程度上替代了传统金融机构的物理网点，用户可以在家或者火车上、飞机上拿着手机完成金融交易，打破了时间和空间的约束。

3. 互联网融资平台逐步崛起

由于传统金融锁定的是高端市场，其客户多数是大企业和少数优质群体，无法覆盖到金融市场中的长尾部分，不能解决小微企业资金需求问题。当前，我国小微企业约占全国企业数量的90%，创造了约80%的就业岗位，创造的价值约占国内GDP的60%，所交税额占总税收的50%。然而，截至2014年底，小微企业贷款余额占企业贷款余额的比例仅为30.4%，资金供需不匹配，这给互联网金融的发展提供了巨大的空间。

在此情势下，互联网金融平台迅速崛起，小微企业可借助互联网融资平台，绕开传统的银行、贷款公司，直接在货币市场或资本市场进行融资，实现投资方与融资方的无缝对接，极大地降低了小微企业融资门槛和融资成本。据《中国互联网金融发展格局研究报告》数据显示，截至2014年底，中国P2P行业总成交量达2514.7亿元，同比增长157.8%，发展相当迅速。

4. 互联网金融产品不断丰富

互联网金融走红的起因是阿里集团在2013年6月推出的“余额宝”业务，它把支付宝内的资金“转化”为“余额宝”进行理财，不但可以让用户的余额增值，而且收益稳定，并能用于购物支付和转账，摒弃了传统理财开户、申购、赎回、资金到账延迟、起点高等弊端，让理财产品变得简单、直观、易行、亲民，颠覆了对金融理财的传统认识。余额宝上市10天就吸纳60亿元资金，在2013年底资金达到1853亿元，之后以火箭般的速度全力蹿升，2015年4月，资金突破7000亿元大关，创造“全球第二”规模逆市千亿增长。与此同时，互联网支付市场不断创新，且随着智能移动设备如智能手机、平板电脑的兴起，移动支付逐步成为主流支付模式。

余额宝的出现带来了“鲶鱼效应”，越来越多的金融机构开始追随，传统的基金公司、互联网巨头企业纷纷开始推出属于自己的在线现金管理产品，如百度推出了“百发”，新浪推出了“微财富”、东方财富网推出的活期宝、苏宁易购的零钱宝等，紧锁客户闲置资金、零散资金，化零为整。尼尔森调查发现，目前在大城市互联网网民中，互联网理财产品（包括余额宝、微信理财通等）综合渗透率已经高达45%，“全民理财新时代”已经到来。另外，据中国电子商务中心统计数据显示，2014年全国共发生电子支付业务金额1404.65万亿元，同比增长30.65%。其中，2014年中国第三方互联网支付交易规模达到80767亿元，同比增长50.3%；移动支付业务金额22.59万亿元，同比增长134.3%[①]，且中国移动支付用户规模3.4亿人，移动网民渗透率达到61.7%[②]，互联网支付越来越走向“移动支付”模式。

5. 互联网金融行业不断规范

互联网金融的健康发展离不开行业规则与监管。国家从2014年初开始出台了一系列政策对互联网金融行业进行指导和监管，促使互联网金融更加规范化发展。随着各项实施细则的出台，互联网金融将告别野蛮生长阶段，进入健康发展的新阶段。如表3-1所示。

表3-1　　规范互联网金融发展的政策

文件名	发布时间	发布机构	概　述
中国人民银行关于手机支付业务发展的指导意见	2014年3月	中国人民银行	鼓励商业银行、支付机构、银行卡清算机构、通信运营商、手机终端厂商、芯片制造商等产业链各方，在防范手机支付风险、保障客户权益的前提下进行有益的合作与尝试，探索、创新适宜的产品形态和业务模式，满足用户多样化需求

①中国电子商务研究中心：《2014年支付体系运行总体情况》，http://www.100ec.cn/detail--6231681.html。

②艾瑞森：《中国互联网金融发展格局研究报告2015年》。

续表

文件名	发布时间	发布机构	概　述
支付机构网络支付业务管理办法征求意见稿	2014 年 3 月	中国人民银行	个人支付账户转账单笔金额不得超过 1000 元，统一客户所有支付账户转账年累计金额不得超过 1 万元。超过限额的，应通过客户的银行账户办理。个人支付账户单笔消费金额不得超过 5000 元，同一人客户所有支付账户消费月累计金额不得超过 1 万元。超过限额的，应通过客户的银行账户办理
关于加强商业银行与第三方支付机构合作业务管理的通知	2014 年 4 月	中国银监会、中国人民银行	从保护客户资金安全和信息安全出发，对有针对性的问题细化了规范，涉及客户身份认证、信息安全、交易限额、交易通知、赔付责任、第三方支付机构资质和行为、银行的相关风险管控等
关于促进互联网金融健康发展的指导意见	2015 年 7 月	中国人民银行、工业和信息化部等 10 部联发	指出了金融机构、互联网公司、电商三类互联网金融业务定位；确立了互联网支付、借贷、股权众筹、基金销售、保险、信托和消费金融等业态的业务内容、监管分工和责任
互联网保险业务监管暂行办法	2015 年 7 月	中国保监会	定义了互联网保险业务范围；从经营原则、经营区域、信息年、经营规则、监管管理等多个方面对互联网保险经营进行了规范
最高人民法院关于审理民间借贷案件适用法律若干问题的规定	2015 年 8 月	最高人民法院	规定了民间借贷合同无效的条件；有效利率的范围。此外，需要遵守传统借贷业务相关法律，如《合同法》、《担保法》、《物权法》、《民法通则》
互联网保险业务信息披露管理细则	2015 年 9 月	中国保险行业协会	明确信息披露主体是开展互联网保险业务的保险机构；规定了这些主体需要披露的内容、披露工作的流程和责任

资料来源：根据政府及其他公开文件整理。

2015 年是互联网金融“监管元年”，为促进互联网金融行业健康发展，中国人民银行联合银监会、工信部等十部委出台了《关于促进互联网金融健康发展的指导意见》，分别规定了 P2P 网贷、股权众筹、互联网保险、互联网证券等互联网金融业态的性质及对口监管机构，严格规定最低注册资本要求，建立信息披露制度，明确风险提示，加强网络信息安全及反洗钱等。国家对互联网金融网站实行备案机制，对 P2P、众筹、第三方支付、互联网基金销售和互联网保险五大领域实施分类监管。如图 3 -2 所示。

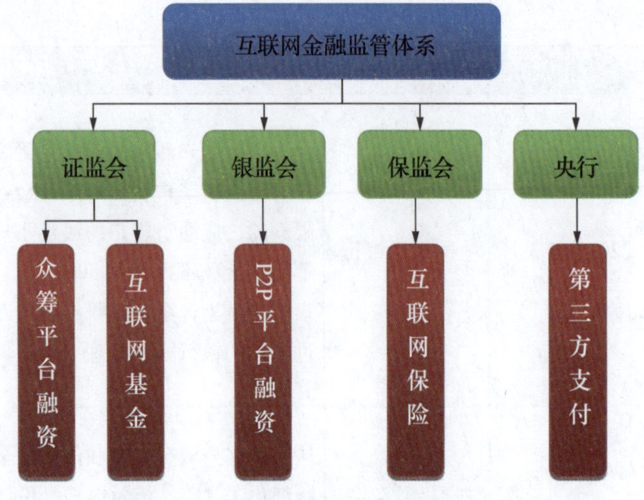

图 3－2 互联网金融重点领域监管

资料来源：根据《关于促进互联网金融健康发展的指导意见》整理。

（二）互联网金融行业存在的问题

互联网金融虽然具有势不可挡的迅猛发展趋势，能够弥补传统金融存在的不足，但由于中国征信体系不完善，对互联网金融的监管体制不配套，法律体系不规范，使其在发展中存在诸多问题，如信息不对称导致的道德风险和逆向选择风险，技术不成熟导致的操作风险等。

1. 互联网金融信用风险大

在互联网借款融资服务中，信用风险首当其冲成为互联网融资平台必须防范的非系统性风险。互联网金融行业的信用风险主要表现在四个方面：①由于当前国内互联网金融行业尚未形成统一的征信系统，企业的征信系统与央行征信系统连接上存在障碍，企业间也不存在信用信息共享与交换机制，大大提高了互联网金融行业的发展风险。②借助网络平台进行投融资活动的双方很少在线下进行沟通交流，而网络借贷平台本身没有尽职调查的责任，使得借款人的信息无法充分披露，加剧了信息不对称性。③互联网本身的匿名性和跨空间特点，使得企业审核的难度和成本较高。④平台缺乏有效的、可持续的风险对冲机制，不存在类似于商业银行的贷款风险拨备机制，一旦出现大量资金周转困难，便会出现一些“跑路”现象，增加了投资者所承担的道德风险。

截至 2014 年 12 月，全国已经有 338 个 P2P 网贷平台出现提现难和破产等问题①，到 2015 年 7 月，我国共有 3031 家 P2P 企业，问题平台增加到 895 家，增长率达为 167%，而无法正常提现、失联关门、卷款逃走的高达 497 家②，严重影响了互联网金融行业的正常发展。同时，P2P 的融资模式与非法集资只差一步，如果平台存在“资金池”，则很可能会出现严重的政策法律风险。

2. 互联网金融技术风险高

互联网金融依托信息技术及网络开展，相应的风险控制则需要电脑程序和软件系统完成，极

---

①邱慧欢：《我国互联网金融发展中的问题》，《合作经济与科技》2015 年第 4 期，第 56－57 页。

②《互联网金融，“揭竿”需防野蛮生长》，新华报业网（南京），http://news.163.com/15/0921/08/B41852M100014SEH.html。

易受到系统性风险的影响。基于个人电脑终端、手机和平板电脑移动终端的互联网支付，都存在技术风险和操作风险，所信赖的信息系统的技术安全和技术容量，可能被黑客攻击，使得账户资金被盗，或者因个人操作失误而导致操作风险，并且这些风险比传统金融的风险要高。

2013 年 3 月，支付宝出现重大漏洞，通过引擎搜索便可获得大量支付宝转账交易信息及个人敏感信息，如付款账户、手机号、个人邮箱等，严重危害到支付宝用户的信息安全。因此，互联网金融存在的技术风险远远高于传统金融，整个行业存在较高的系统性技术风险。

3. 盈利创新模式有待提升

虽然我国互联网金融发展迅速，拥有海量的用户规模，但缺乏有效的盈利模式，互联网金融行业的创新能力明显不足，同质化经营严重，无法实施差异化战略，所以其获得收益的空间十分有限。互联网金融盈利模式陈旧主要体现在以下三个方面：①第三方支付平台快速发展的基础是向商家收取一定的手续费，但成本受制于银行，市场受制于银行，多年来主要的盈利模式仍无突破，促使整个支付行业都在夹缝中求生存。②互联网理财产品缺少创新，模仿现象非常严重，如传统银行和金融机构纷纷模仿余额宝的理财模式，使得产品趋于同质化，缺乏多样性的盈利模式，无法形成差异化的竞争格局，导致理财产品收益率不断下降，渐渐失去“全民理财神器”的光环。③互联网金融企业为了争夺更多的市场份额，争相下调手续费进行恶意竞争，进一步挤压了企业有限的盈利空间，在几乎没有持续盈利能力的情况下，互联网金融企业对产品和服务的创新可谓是举步维艰。

因此，互联网金融企业要想在竞争中立于不败之地，必须要探索新的盈利模式和业务领域，不断创新金融产品和金融服务，充分利用互联网技术与传统金融业优势形成差异化的竞争格局。同时，互联网金融企业还要根据用户的需求，准确定位最能满足客户需求的金融产品和服务。

4. 监管与法律体系不完善

金融行业本身就是高风险行业，而与互联网技术结合之后，风险比原来增加很多，虽然中国人民银行对互联网金融行业发展出台了最新政策，确立了互联网支付、网络借贷、股权众筹、互联网基金销售和互联网保险等互联网主要业态的监管职责分工，落实了监管责任，明确了业务边界，确定了金融监管的框架，但该行业并未结束“无准入门槛、无行业标准、无机构监管”的“三无”状况，也没有建立完善的互联网金融监管体系，更没有配套的法律法规实施准则。

以 P2P 为例，行业发展相关法律法规制定相当滞后，对 P2P 业务约束主要依靠《合同法》、《公司法》、《物权法》、《担保法》和《刑法》，针对互联网金融领域的法律及细则却仍是空白。此外，对于非法吸收公众存款的红线划定及平台资金池的界定也并不明确，给监管行为带来很多不便，不利于推动互联网金融的健康发展。

二、互联网金融行业人才需求分析

面对互联网金融如浪潮急涌般地迅速发展，互联网、电商巨头竞相涉足金融领域，传统金融行业也不甘落后，纷纷开辟或深耕互联网平台，争相推出一系列互联网金融创新产品。随着互联网金融行业的不断扩张，既懂金融又懂互联网技术的复合型人才需求日益增多，然而互联网金融人才培养机制尚未建立，导致整个行业存在较大的人才缺口。

（一）互联网金融企业发展状况

2015年两会期间，李克强总理首次提出“互联网+”行动计划，互联网金融是“互联网+”战略不可或缺的一部分，这意味着互联网金融已上升至国家战略层面，有助于推动互联网金融企业进入快速发展轨道。企业数量及规模的不断增加，必然会提高对互联网金融人才的需求。

1. 企业数量不断增加

2014年至今，互联网金融企业的数量不断增加，下面对三种类型的企业数量进行分析：①对第三方支付类企业而言，中国人民银行于2011年开始发放牌照，截至2015年共发放269张第三方支付牌照，企业数量增长较快。②对于互联网融资企业，金融行业数据中心数据显示，P2P借贷网站数量在2015年8月突破3160家，全国众筹平台在2015年6月底共计176家，包括京东众筹、淘宝众筹、青橘众筹、苏宁众筹和凤凰金融等。③互联网理财企业如雨后春笋般出现，根据证监会公开的基金销售机构名录，截至2015年5月，共有281家获批资格的基金销售机构，其中包括商业银行111家、证券公司98家、期货公司7家、保险公司4家、保险代理公司和保险经纪公司2家、证券投资咨询机构6家、独立基金销售机构53家。

2. 企业交易规模扩大

媒体大规模、高频次地报道互联网金融发展情况，使得全民迅速熟知这一低门槛投融资方式，在心中形成了P2P的概念，侧面缩短了市场教育的时间，引发全民互联网金融热情，推动互联网企业交易规模不断扩大。

2014年，互联网融资P2P平台交易规模不断增加，P2P借贷交易规模达到2514.7亿元，同比增长157.8%（见图3-3）；权益类众筹交易规模为4.4亿元，在所有互联网金融子行业中，交易规模最少，但随着京东、淘宝等巨头进入众筹领域，将会推动众筹未来交易规模快速提高。

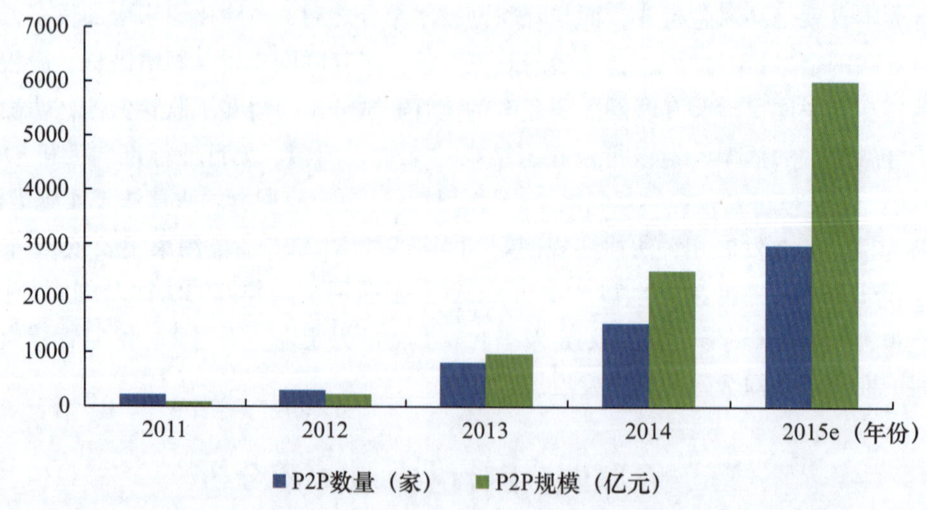

图3-3 中国P2P公司规模

资料来源：艾瑞根据综合企业公开财报及银监会统计信息整理，并由艾瑞统计预测模型估算。

第三方互联网支付市场，2014年交易规模达到80767亿元，同比增长50.3%。其中，第三方移动支付市场交易规模达到59925亿元，较2013年增长391.3%，移动支付代表着第三方支付行业的先进生产力，是将线下支付和线上支付融合一体的新型支付方式，具有较高的增长速度（见图3-4）。

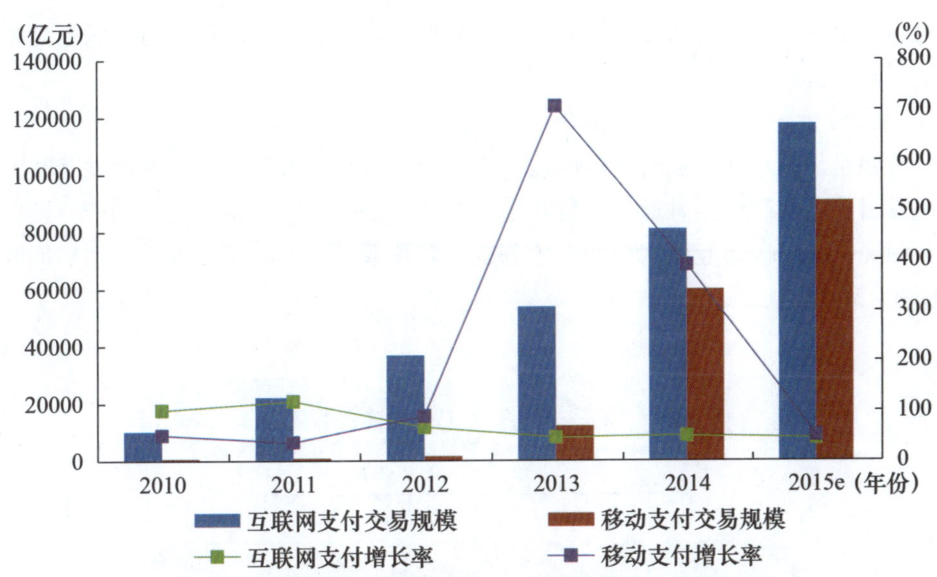

图3-4　2010~2014年中国第三方互联网支付和移动支付规模①

资料来源：《2015年互联网金融行业研究报告》。

3. 企业人才流动频繁

互联网金融行业是国内的新兴行业，整个行业的人才积累非常薄弱。涉足金融的互联网公司都在寻找靠谱的金融人才，如理财规划师、风险控制师等相关金融人才。传统金融机构已拥有金融人才，如证券、银行、基金等机构，他们缺乏既懂金融又懂电商运营的技术型人才，希望实现互联网与金融的最佳黄金组合。因此，传统金融行业与新兴互联网产业之间的"挖墙脚"已为常态，有些银行的高管开始跳出体制内，转战到了互联网金融领域，如平安银行的离职团队创建了大数金融等。有些互联网企业的人才频繁跳入传统金融机构，如阿里巴巴在2014年输送160多位金融领域创业者，腾讯输送140多位②，传统金融机构与互联网企业之间的人才流动已成为一个趋势。

整个互联网金融行业的人才流动性都比较高，智联招聘发起的《2015年春季白领跳槽指数调研报告》显示，从2014年12月到2015年1月，用户求职意愿明显增强，与往年同期相比新注册用户增长25.7%，IT、通信、电子、互联网行业与金融行业的白领跳槽比例排名居前。人才流动最严重的是P2P领域，如友信集团财务总监韩佳铭离职，之后到一家大型传统金融机构所成立的P2P部门任负责人，人人贷金融首席运营官顾崇伦和金融产品总监王坚双双离职，共

①第一，互联网支付是指客户通过桌式电脑、便携式电脑等设备，依托互联网发起支付指令，实现账币资金转移的行为；第二，统计企业中不含银行、银联，仅指规模以上非金融机构支付企业；第三，统计企业类型中不含银行和中国银联，仅指第三方支付企业；第四，自2014年第3季度开始不再计入短信支付交易规模，历史数据已做删减处理；第五，艾瑞综合企业及专业访谈，并根据艾瑞统计模式核算。

②《互联网金融人才短缺　高薪诱惑仍一将难求》，http：//www.askci.com/news/chanye/2015/08/15/151416bkeh.shtml。

同开启创业模式。

（二）互联网行业人才需求分析

随着金融产品不断创新、金融市场层次不断丰富、投资渠道不断扩大、行业界限不断被打破，跨界化和信息化趋势日益明显，互联网金融行业进入快速扩张阶段，对互联网金融人才的需求也不断增加。

1. 人才类型分析——基于产业链分析

互联网金融是传统金融行业与互联网技术相融合的新兴金融模式，需要借助互联网技术、移动通信技术及云技术实现资金融通、支付和信息中介。根据互联网金融行业的产业链，以及交易环节所涉及的岗位，可以将互联网金融人才分成前期技术人才、中期开发人才和后期服务人才三大类，如图 3－5 所示。

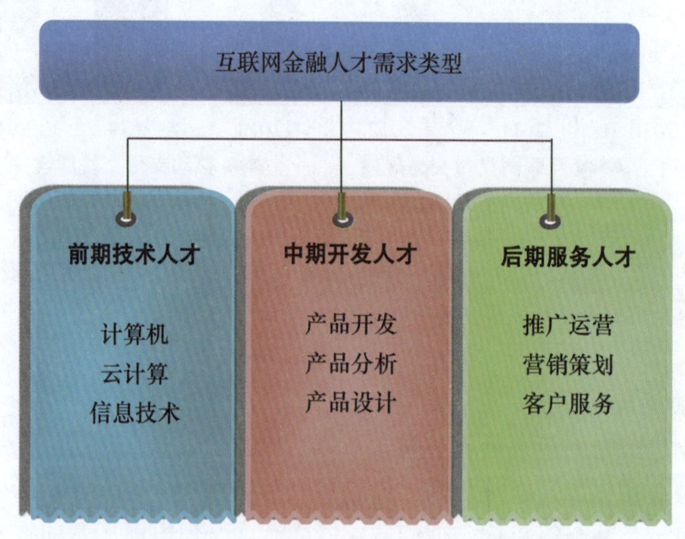

图 3－5　基于互联网金融产业链的人才需求类型

（1）前期技术人才。前期技术人才是互联网金融行业的基础性人才，需要掌握计算机网络通信技术和互联网金融软硬件系统，包括高性能计算机、服务器、存储设备和软件等，这类人才能够将异地分布的计算机资源、数据库资源和存储资源充分利用起来，对金融行业的经营、管理和服务模式创新有着重要的影响。

前期技术人才通过云计算、社交网络和搜索引擎等信息技术，改变支付与结算、资金融通与转移、风险管理、信息查询等传统金融机构的业务模式，加速互联网金融企业以虚拟方式开展线上业务，降低对有形营业场所的依赖，提高工作效率与降低操作风险。互联网金融行业需要大量的计算机信息技术人才，包括 PC 端操作、移动端研发、风险控制等，为行业发展提供最基础的技术支撑。

（2）中期开发人才。互联网金融产品开发与设计类人才最能体现“互联网＋金融”的双重属性，融合了金融、管理、信息和 IT 等几大专业，不仅要求具有金融专业知识，还要拥有互联网技能，如数据量化分析、金融产品设计、金融建模等技能。但对于大多数互联网金融企业而言，既精通互联网技术又精通金融行业的复合型人才极度缺乏，所以企业将产品开发与产品设计人员分离，产品开发团队大部分是计算机专业出身，具备互联网编程知识与技能，产品设计团队大部分是金融专业出身，能够准确分析出客户需求，设计出符合市场需求的互联网金融产品。因此，互联网金融产品开发与设计类人才是真正的"互联网＋金融"双基因战略人才，也是市场稀缺程度最高的互联网金融人才。

（3）后期服务人才。在互联网时代，如何有效整合线上渠道与资源，如何将产品及平台展现在公众面前，直接关系着平台的发展速度，这就非常需要后期服务人员的配合。相较于传统金融行业以产品主导运营，互联网金融更加注重用户思维，需要有针对性地开展大规模的网络营销，主要包括互联网平台运营、互联网营销、推广策划、客户服务等，需要大批具有互联网思维的金融人才。根据调查，互联网金融行业对网络运营管理和SEO/SEM人才需求旺盛。

由于金融与互联网之间的联系越来越紧密，无论是传统金融还是偏向互联网的金融企业都需要复合型互联网金融人才，既要熟悉金融行业的知识和技能，具备系统扎实的传统金融专业知识，同时也要有互联网思维；个性上既要有金融专业的沉稳、理性，又要有互联网的高效、自由、共享，契合互联网"开放、平等、协作"的基本精神等。根据互联网金融行业产业链分析所得的前期技术人才、中期开发人才和后期服务人才，各类人才所需职业技能如表3－2所示。

表3－2　互联网金融人才所需技能

人才类型	所需技能
前期技术人才	精通计算机与信息技术，熟练掌握数据结构、基本算法等，了解云计算、大数据原理等
	清晰的产品设计思路，熟练操作各类应用软件，如Java语言、Axure、Visio等相关软件
	精通计算机软件测试理论和知识
	熟悉互联网金融基础知识
中期开发人才	具备扎实系统的金融理论知识与技能，掌握金融领域的最新动态
	具有较强的创新思维，掌握运用风险评估和风险控制的工具，熟悉互联网金融行业的各种运作模式，能够将金融思维与互联网模式结合起来
	具有较强的逻辑分析能力，熟练操作各类操作软件
后期服务人才	了解互联网金融行业的运作特点
	具备较好的互联网思维、视野开阔、学习能力强
	具备计算机与信息技术操作技能
	具有较强的市场推广能力和良好的营销技能
	具有较强的沟通协调能力和执行力

2. 人才需求分析

随着互联网金融行业在国内市场的不断升温，本已存在的巨大人才缺口问题被继续放大，各大银行、基金、证券、保险、信托、大宗商品交易、小额贷款等传统金融机构都明显加强了对于互联网金融人才的招聘力度，而一些互联网大鳄也在储备着金融专业人才，使得互联网金融人才缺口不断扩大。根据《2014年互联网金融行业人才紧缺度报告》显示，位于产业链中期的人才稀缺程度最高，产品经理和运营经理的稀缺程度都在80%以上，有6个岗位稀缺度在75%以上，有10个岗位的稀缺度在70%以上，位于互联网金融产业链的所有类型的人才均存在巨大的需求缺口，一直处于“僧多粥少”的境地，即使薪资待遇较好，也难以招到真正适合的专业人才。具体情况如图3-6所示。

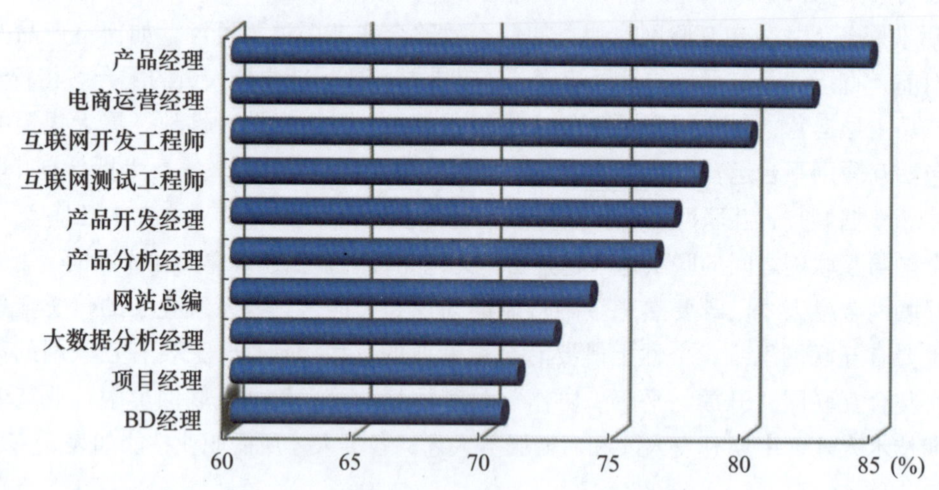

图3-6　互联网金融行业人才紧缺度调查

资料来源：《2014年互联网金融行业人才紧缺度报告》。

此外，随着传统金融行业的加速触网，互联网行业金融业务的不断创新和普及，银行、基金公司、互联网平台等机构对互联网人才的需求不断增加。2015年6月，互联网金融人才的招聘较2014年同比增长12%，从职业方面来看，一方面，互联网金融产品开发与设计人员是行业发展最稀缺的精英，产品设计/产品经理的需求同比增长18.6%①；另一方面，互联网金融营销人员成为招聘的热门职位，各大证券公司均在招聘互联网营销人才，从海通证券、平安证券、国信证券和国泰君安，到财富证券、太平洋证券等网络金融部门，均在大量招聘营销策划类人才。

中关村互联网金融研究院执行院长、国培机构董事长刘勇表示，按照1997~2009年电子商务从业人员的增长速度来推算，2019年P2P网络借贷从业人员数量将达56万人，2024年将达234万人，而2014年P2P网络借贷从业人员仅为10万人；按银行系统和小贷公司从业人员在金融系统中的占比为53.76%来估算，2019年互联网金融从业人员将达104万人，2024年将达435万人；未来5~10年内，中国互联网金融行业人才缺口将达100万以上②。由此可见，整个互联网金融行业存在巨大的人才需求缺口。

三、我国互联网金融专业职业教育现状分析

国内互联网金融行业发展迅猛，互联网金融专业人才需求旺盛，而与之对应的却是专业人才供给不足，人才缺口巨大。当前，我国互联网金融专业人才培养尚处于探索阶段，开设或具备条件开设互联网金融专业的院校数量较少，专业定位、培养目标仍不清晰，课程体系和师资力量还

①《互联网金融人才走热　产品经理涨幅同比超一成》，http：//business. sohu. com/20150617/n415204437. shtml。
②《人才成为制约互联网金融发展瓶颈》，《经济参考报》，http：//finance. people. com. cn/n/2015/0917/c218900-27596308. html。

未完善，人才培养质量有待进一步提高。

（一）专业布点现状

2015 年是国内互联网金融专业建设“元年”，各高等院校开始在金融学专业下设立互联网金融方向，清华大学五道口金融学院于 2014 年 5 月正式开设互联网金融方向的专业；中国人民大学于 2015 年春季正式启动金融学专业（互联网金融方向）双学位实验班；中央财经大学在金融学专业中新设互联网金融方向等。这些学校设立互联网金融专业，不仅顺应了时代对互联网金融专业人才的迫切要求，同时也为其他学校建设互联网金融专业提供了参考。

1. 规模分析

国内本科院校开设与金融相关的专业包括金融学专业（020301K）、金融工程专业（020302）、金融数学专业（020305T）、保险学专业（020303）、信用管理（020306T），其中开设金融学专业的本科院校有 406 所，在所有专业的就业排名中位居第 6。国内高职院校开设与金融相关的专业包括投资与理财专业（620111）、金融管理与实务专业（620103）、金融与证券专业（602105）、保险实务（620107）、国际金融专业（620104）、金融保险专业（620106）、证券投资与管理（620109），其中开设投资与理财的院校最多，共 182 所，目前的就业情况也最好，在全国所有高职专业中就业排名第 85。开设金融类专业的本科和高职院校情况如表 3－3 所示。

表 3－3　金融类专业开设情况

本科		高职	
专业名称	院校数量	专业名称	院校数量
金融学	406	投资与理财	182
金融工程	120	金融管理与实务	134
投资学	89	金融保险	131
保险学	83	金融与证券	116
金融数学	54	保险实务	72
信用管理	33	国际金融	65
—	—	证券投资与管理	46

资料来源：职友集。

目前，国内开设金融学专业互联网金融方向的学校非常少，且集中于本科院校，学生所获学历均为本科及以上，几乎没有高职类院校开设互联网金融相关专业，整个职业教育的互联网金融专业发展缓慢。截至 2015 年 10 月，全国共有 13 所高等院校设置了金融学专业互联网金融方向，5 所高校成功建立互联网金融研究中心，具体开设情况如表 3－4 所示。

表 3－4　开设金融学专业互联网金融方向的院校

单位：所

类别	院校名称	院校数量
本科	中国人民大学、中央财经大学、首都经济贸易大学、北京城市学院、天津财经大学珠江学院、福建江夏学院、上海杉达学院、武汉工商学院、河北金融学院	9
在职硕士	清华大学、武汉大学、对外经贸大学、西安电子科技大学	4
设立研究中心	北京大学、上海交通大学、浙江大学、东南大学、湖南大学	5

资料来源：职友集。

除金融学专业设置互联网金融方向以外，许多高校也将互联网金融设置在其他专业中，如广东白云学院的计算机科学与技术专业中设立了互联网金融方向（本科），主要培养学生掌握互联网金融行业的相关技术和业务模式等，以后能够在电商企业、互联网企业、第三方支付企业从事技术和营销工作，侧重于培养学生计算机及信息技术能力。北京交通大学和北京航空航天大学利用软件学院的优势资源，在软件工程专业设置了互联网金融方向（硕士），培养复合型互联网金融人才。从开设互联网金融专业的院校可以看出，互联网金融专业人才，既要具备金融专业知识，也需掌握计算机操作技能。

2. 结构分析

开设互联网金融方向的院校主要分布在财经类、综合类和工科类院校，其中 7 所是财经类院校，6 所为综合类院校，3 所为工科类院校，开设互联网金融专业最多的仍为财经类院校。这三类院校具备开设互联网金融专业的实力、优势和资源，如清华大学、中国人民大学、中央财经大学等，学校本身设有金融学专业，具有研究互联网金融行业发展的师资，同时拥有建设互联网金融专业的硬件设施。如图 3－7 所示。

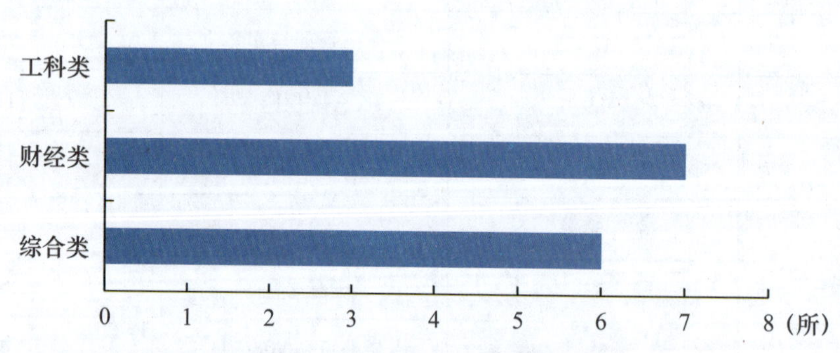

图 3－7　开设互联网金融院校类别

资料来源：根据已有资料整理。

从图 3－8 可以看出，开设互联网金融的院校主要分布在金融和经济都比较发达的地区，如北京、天津、上海、武汉等，其中北京开设互联网金融专业的院校最多，占比达 50%。其次是武汉，占比达 13%。由此可以看出，金融发达的区域对互联网金融专业设立有积极的影响，不仅能为学校专业建设提供一定资源，也可解决学生的就业问题，实现人才培养与产业发展双赢的理想局面。

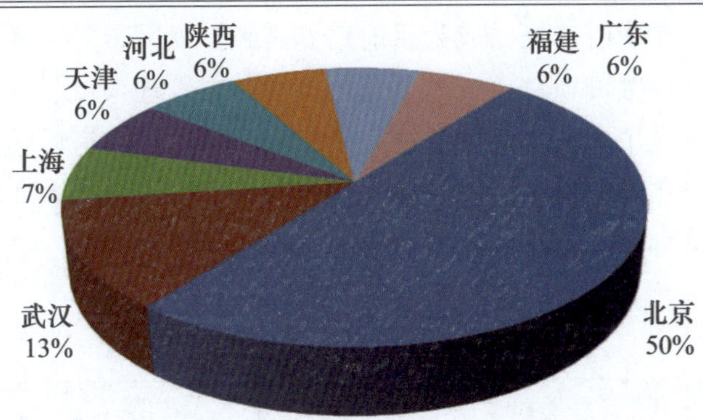

图3-8　开设互联网金融方向院校分布

资料来源：根据已有资料整理。

3. 专业定位

国内开设互联网金融专业的院校主要集中在本科和研究生阶段，其人才培养目标差别很大，研究生及重点本科院校的互联网金融方向侧重于互联网金融理论研究，如清华大学、武汉大学、中国人民大学等，致力于培养互联网金融高端研究型人才。而地方普通本科和高职院校开设的金融学专业互联网金融方向侧重于互联网金融实践操作技能训练，如北京城市学院、天津财经大学珠江学院、福建江夏学院、上海杉达学院、武汉工商学院等，旨在培养具有宽广的视野和良好的学科素养的互联网金融人才，使其既掌握金融学和经济学基础理论，熟悉现代金融机构各项业务、金融政策和法规，又掌握信息技术和电子商务运行基本原理，了解互联网金融理论创新并熟悉以第三方支付、P2P网贷平台、网络众筹等新型金融业态的运行模式。

（二）专业人才培养分析

国内开设互联网金融专业的院校数量非常少，人才需求缺口很大，且国家积极鼓励互联网金融行业发展，促使很多院校开始建设相关学科和专业，培养互联网金融复合型人才，服务产业快速发展。以下从人才培养形式、课程体系、实训方式和师资建设等方面进行分析。

1. 人才培养形式

互联网金融行业从2014年才开始发展迅速，虽然市场对互联网金融人才的需求不断增加，但具备条件开设互联网金融专业的院校不多，促使互联网金融人才培养模式逐步多样化，除本科和在职研究生等传统培养模式以外，国内很多知名院校开设了互联网金融在职研修班，如清华大学的投融资创新与互联网金融高级研修班等。如图3-9所示。

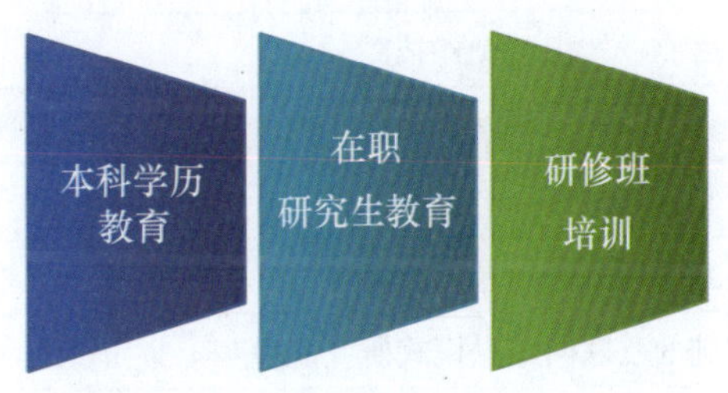

图3-9　互联网金融专业人才培养形式

在三种培养形式中，在职研修班已成为目前培养高级互联网金融人才的主流模式，其培训的主要对象为企业董事长、投融资项目负责人、金融机构高层管理人员、互联网金融创业者等，均为互联网金融行业的高级应用型人才。学员修完研修班全部课程，考试达到合格标准并通过论文答辩以后，便可获得学校颁发的结业证书。研修班增加了互联网金融人才输出数量，拓宽了人才培养渠道，丰富了人才培育形式。具体开设情况如表 3 – 5 所示。

表 3 – 5　　国内院校开设的互联网金融研修班

院校	名　称
北京大学	北京大学互联网金融高级研修班
清华大学	清华现代金融与互联网高级研修班、清华互联网金融与民营资本创新高级班、清华大学投融资创新与互联网金融高级研修班、清华大学互联网金融与企业融资高级研修班
中央财经大学	中央财经大学互联网金融研修班
复旦大学	复旦大学互联网金融研修班
上海交通大学	上海交通大学互联网金融总裁研修班
上海财经大学	上海财经大学互联网金融创新研修班
浙江大学	浙江大学投融资与互联网金融实战总裁研修班
电子科技大学	互联网金融高级研修班

2. 课程体系

根据互联网金融人才需求类型，可以将互联网金融人才应具有的能力划分为三类：通识能力、专业能力和拓展能力，通识能力是指学生的沟通协调能力、社会交往能力等；专业能力是互联网金融相关岗位所需的专业技能；拓展能力是培养学生灵活解决问题的能力，帮助学生自主学习新知识、新技能的能力。互联网金融人才职业能力分析如表 3 – 6 所示。

表 3 – 6　　职业能力分析

类型	具体技能
通识能力	具有良好的职业操守和团队精神
	具有良好的人际交流和沟通协调能力
	具有良好的团队合作精神和客户服务意识
专业能力	具备较高的计算机与信息技术能力
	具备金融专业知识与操作技能
	熟悉金融行业或互联网金融行业的法律法规及国家政策
	具有互联网金融运作与创新思维
	具有良好的风险控制意识
	具有基础的互联网金融模式研究能力
	具有基础的金融大数据分析能力

续表

类型	具体技能
拓展能力	具有自主学习金融新知识的能力
	具有解决实际问题的能力
	具有较好的分析能力

根据岗位职业能力分析，本科互联网金融方向课程体系可以分为理论和实训两大部分，共四年的培养时间。理论课程体系可以分为三部分：通识课程、专业课程和拓展课程，其中通识课程主要培养学生的基础类知识，训练并提高学生职业素养，包括公共基础课和职业素养课；专业课程突出培养学生专业能力，增强知识的系统性，是学生应具有的核心能力；拓展课程是提升学生综合能力，为未来职业发展做铺垫。具体的课程体系如表3-7所示。

表3-7　互联网金融本科课程体系

课程类别	课程名称
通识课程	**公共基础课：**思想道德修养与法律基础、中国近代史纲要、马克思主义基本原理、大学英语、毛泽东思想、邓小平理论和“三个代表”重要思想概论、体育 **职业素养课：**职业道德与礼仪、职业习惯与做人规范、职场实用写作、职业发展与生涯规划
专业课程	**专业基础课：**高等数学、概率论与数理统计、线性代数、数学建模、统计学、宏观经济学、微观经济学、经济法、会计学、财政学、C语言程序设计、Matlab程序设计语言、市场营销 **专业核心课：**电子商务概论、互联网金融概论、互联网金融与技术、金融风险计量与管理、金融工程概论、公司财务、国际金融学、投资学、商业银行经营学、网上支付与电子银行、数据结构、数字逻辑、计算机网络、操作系统原理与设计、大数据概论 **专业选修课：**金融统计与应用分析、衍生金融工具、金融市场预测与决策、行为金融学、商务谈判、管理实务、数据分析工具及应用、征信管理
拓展课程	科技与人文、形势与政策、应用心理学、名著赏析、演讲与口才

3. 实训方式

互联网金融行业对人才实践技能要求较高，开设互联网金融专业的院校一般都建设有校内实训室和校外实训基地，与企业联合培育互联网金融人才，采取校企合作的人才培养模式。校内实训的主要形式包括互联网金融实验室、金融实训室、金融综合模拟训练平台等，校外实践形式主要包括企业观摩、企业见习、顶岗实习、校外实习基地等，综合提升互联网金融学生的实践操作技能，缩短上岗适应时间。

在学生实训技能培训方面，开设金融学专业互联网金融方向的应用型本科具有明显的优势。如北京城市学院以培养高级应用型人才为目标，建立专业的金融实验室，拥有计算机、交互式电子白板、网络服务器等多套专业设备，搭建完善的金融综合实训平台。同时，学校开发社会资源，建立多家校外实训/实习基地，为学生提供在岗学习和训练的机会，将“专业知识学习—实践能力培养—互联网金融技能训练”融为一体，有效提升学生实践操作与交流沟通技能。此外，武汉工商学院的互联网金融班与京金联络服务有限公司等企业建立合作关系，为学生实习实践提供岗位。

4. 师资建设

师资是互联网金融人才培养最关键的因素，直接决定着职业教育办学质量。互联网金融教师不仅需要掌握扎实的金融理论知识，精通计算机与信息技术，能够把握互联网金融行业的发展方向和需求，还要具备丰富的实践操作经验，能将理论与实践进行完美的结合。然而，这样的“双师型”教师极其匮乏，师资队伍的整体力量比较薄弱。

大部分开设互联网金融的院校都是在金融学专业下设的，互联网金融专业只是金融学的一个培养方向，很多教师都是原来金融学专业的师资，他们并不熟悉互联网金融的运作模式，也不了解互联网金融市场对人才的要求，更加没有互联网金融实践操作经验，所授知识主要集中在理论方面，自身所需技能与互联网专业并不匹配。虽然有些院校聘请互联网企业精英组成师资团队，但数量和课时均有限，无法培养出符合社会需求的应用型复合型人才。

四、国外互联网金融专业教育分析

在过去的20多年里，互联网技术一直影响着全球金融业发展，主要影响领域集中在后台（如支付）和渠道，并没有催生出新的金融业态，即使在互联网技术发展最早、应用领域最为广阔的美国，也并没有“互联网金融”的概念，与传统金融行业相比，第三方支付、网络借贷等都显得微不足道。由于互联网技术与金融行业已经得到深度融合，所以美国金融专业中并未衍生出互联网金融专业方向，且高校金融专业所培养的人才能够满足互联网金融产业的需求，因此我们选择国外金融专业人才培养模式进行分析，为国内互联网金融专业建设提供参考。

（一）国外互联网金融专业人才培养概况

国外传统金融机构从互联网诞生之初就开始不断地自我信息化升级和改造，传统金融业的互联网化巩固和强化了传统金融机构的作用和领导地位，两者已紧密合为一体，因此国外高校未在金融专业中设置互联网金融方向。下面详细介绍国外互联网金融行业现状及国外金融专业人才培养模式。

1. 国外互联网金融行业现状

互联网技术和金融行业最早产生于美国，两者的融合也最早产生于美国，以下从三个方面详细介绍美国互联网金融发展情况：①互联网理财。2008年金融危机以后，美联储就一直实施超低利率政策，使得互联网货币基金丧失了流动性和保本的两大优势，陷入大幅亏损状态，基金规模不断缩水，已逐渐退出市场。②互联网融资行业。美国早已形成规模化的网络借贷市场，Lending Club与Prosper垄断了80%的市场，其中Lending Club已成为全球最大的网络借贷公司，接受联邦证券法的监管，定位于中介服务，主要负责贷前审核、贷后收款及逾期催收业务，不提供任何担保，借助于完善的征信和信用报告体系而健康发展。③第三方支付市场。美国银行业积极推动自主创新，使得信用卡体系非常发达，提高了传统金融的覆盖范围，且消费者早已习惯信用卡线下支付，严重阻碍了第三方支付的发展。强大的传统金融体系使得美国互联网金融生存空间非常小，只有在传统金融涉及不到的边缘和细分领域里发展。

与美国以外的其他发达国家相比，英国的互联网金融行业发展速度较快。英国拥有全球首家

P2P互联网贷款平台Zopa，该平台通过多个资金借出方以自身贷款利率参与竞标，根据不同风险等级的资金需求找到匹配的资金提供者，凭借高效便捷的操作方式，于2013年开始加速发展。根据英国P2P金融协会数据显示，随着银行贷款业务的停滞不前，越来越多的消费者开始转向互联网金融贷款平台，2015年第一季度英国互联网借款平台累计贷款总额超过26.4亿英镑，市场规模相较于2013年已经增长了近3倍①，不过其他形式的互联网金融模式几乎停滞不前。日本的互联网金融以电子商务平台乐天为代表，业务涵盖了银行、保险、券商等综合金融服务的互联网金融企业集团。法国和德国的互联网金融均处于起步阶段，发展规模都比较小。

2. 国外金融专业人才培养模式

国外金融专业人才培养模式并非整齐划一，主要存在两种并行发展的模式，即“经济学院模式”与“商学院模式”，又称“学术性学位模式”和“职业性学位模式”，两种人才培养模式的学科研究重点与人才培养目标具有显著的差异。

（1）经济学院模式。当金融学专业设置在经济学院时，其关注的重点在于金融理论和宏观金融问题，侧重于宏观经济学视角研究货币、信用、银行在宏观经济运行中的效应和功能等，其中货币金融理论成为经济学理论中越来越重要的部分，与经济学研究融为一体，课程设置将货币金融学、货币经济学、金融市场学、国际货币与金融经济学等作为必修课，该人才培养模式的定位是学术性学位模式，主要面向金融理论研究与创新。2008年金融危机以后，很多学者认为金融发展脱离了金融学原理的研究，促使经济学院模式的地位在国外著名大学的经济学院中迅速上升。

（2）商学院模式。当金融专业设置在商学院时，重点研究金融领域的实践问题或微观问题，核心是以金融市场上资本资产定价，尤其关注金融市场上的各类金融活动，着眼于应用型人才培养。在此模式下，金融学逐步纳入管理学范畴，成为管理学的重要组成部分，与企业管理密切联系的投资学、金融工程、金融经济学、公司金融学、金融中介学、跨国公司财务管理、国际金融市场等成为最重要的课程，采取的人才培养模式是职业性学位模式，主要面向就业。由于商学院模式更符合市场需求，培养的学生更加注重实践问题分析和解决问题能力的培养，使其在发展规模和影响方面，具有明显的优势。

（二）美国职业教育模式分析

美国是最早开创商学院教育模式的国家，悠久的发展历史形成了美国商学院案例分析和理论研究相结合的教学模式。商学院具有操作性强，务实的特点，课程安排十分紧凑，教学方法以哈佛大学的案例教学为主，已成为全球商学院效仿的典范。美国商学院人才培养模式与国内应用型人才培养定位非常吻合，且美国沃顿商学院是MBA的发源地，为全球金融行业输送了大批顶尖人才。因此，报告选取美国宾夕法尼亚大学的沃顿商学院作为研究对象，分析其金融专业人才培养模式，把老师和学生的注意力和侧重点引向微观金融领域，为我国应用型金融人才培养提供借鉴。

1. 多元目标的通才教育

沃顿商学院创立于1881年，也是世界历史最悠久、学术声誉首屈一指的商学院，为各类工商企业、公共和私人机构培养从事管理、经营、服务等工作的“通才”，培养基础广泛、扎实且

①《互联网金融在英国快速发展》，基金买卖网，http：//www.csai.cn/zhongchouzixun/942388.html。

专业精强的高层次管理、决策人才。金融专业人才培养目标以学生个人发展优势为基础，以更深层的知识和技能学习为途径，为学生提供差异化发展的自由学科环境和发展平台。金融专业毕业生授予经济学学士学位，课程实行学分制和选修制，且秉承“学得越多，做得越多，成就越高”的人培养培养理念。

沃顿商学院的金融人才培养尊重学生的主体地位，为学生自身目标的实现创设最为宽松的学习环境和提供更多知识及技能学习的机会。金融专业毕业生应具有五种素质：第一，通才的眼界，能全面考虑一个组织的问题，并在较大范围内了解组织状况；第二，综合分析能力，能把含糊、没有条理的信息条理化，得出问题的精准解释，并形成创造性的选择；第三，技术与专业技能，包括商业手段和职能等；第四，商业道德，具备管理人员应有的尽职精神和伦理观；第五，沟通协调能力，能成功与同事和竞争对手交流沟能，并在各种环境下完成任务，推动世界金融发展。

2. 自由宽厚的课程设置

沃顿商学院金融专业的课程设置强调宽厚的学科基础，不仅覆盖最前沿的专业知识，且帮助学生获取将创意付诸实施的知识技能，非常注重数理统计工具的运用与定量分析能力的培养。学校为学生提供自由广泛的课程体系，涉及语言、数学、自然学科、社会学科、美术、人文等学科，给予学生自主课程设置计划，允许学生按照自身职业道路目标进行学习，充分获取分析周围环境的方法，团队工作的技巧，应对问题的创新思维和解决办法，筹划实施策略的有效途径等。课程包含“新生研讨课”、“通识教育课程”、“本科生科研”、“顶峰课程”四大类，循序渐进地培养学生职业技能。如表 3 – 8 所示。

表 3 – 8　　金融专业课程安排

学年	培养目标
第一学年	强调学生尝试多样化的课程与知识领域，包括自然科学、社会科学、人文科学、关于数理推理技能的课程以及培养写作能力和外语能力的课程，既可以防止学生学习领域过于狭窄，也可以向学生展示还没有发现的有趣的学习领域，从而实现探索知识、培养能力、基础广博三者之间的平衡
第二学年	学生开始进入主修领域课程的学习，强调商科基础课程以及社会环境和组织环境的要求，主要课程涵盖了数学、统计、经济、会计等多方面的课程
第三、第四学年	学生主要完成金融学专业四门核心课程以及专业选修课程的学习，包括公司金融、投资学、风险管理、国际金融等课程，获得专业基本技能，拓宽专业广度和深度

资料来源：根据公开资料整理。

金融学专业的课程体系可以分为通识教育课程和商业专业课程，其中金融学专业通识教育课程包括三大类，学分占总学分的比重为 24%；商业专业课程包括四大类，基础教育类和专业基础课为必修课程，拓宽广度课和加强深度课为选修课。学院要求学生完成专业核心课程后，必须完成商业范畴（不包括金融学专业）的选修课，培养学生能在更广泛的领域探索学习兴趣和信息收集的能力。专业课程体系如表 3 – 9 所示。

表 3－9　金融专业课程体系

类别	名　称
通识教育课程	可以分为三大类：社会结构类；语言学、艺术和文化类；科学和技术类。每个类别至少选修两门课，总共必须选修 7 门课，学生同时还有机会选修更多非专业课程
商业专业课程	**基础教育类：** 微观经济学、宏观经济学和微积分 3 门课程 **专业基础课：** 会计原理、统计学、公司金融、金融学与全球经济等 9 门课程 **拓宽广度课：** 选修 3 门拓宽课，且不能在同一学院选修两门以上课程 **加强深度课：** 从大三开始在导师指导下选择 4 门专业方向基础课

资料来源：根据公开资料整理。

沃顿商学院充分利用宾夕法尼亚大学整合传统学科知识的特色学科优势，大量开设跨学院、跨学科的交叉课程，学生可以从宾夕法尼亚大学的 11 所世界顶级学院将近 200 个课程中选择选修课程。这样不仅为学生提供扩展学科领域的机会，也促使选修课程多样化，打破学院和学科选修课的限制，满足学生个人职业规划的需求，同时为学生提供继续钻研一个领域或者拓宽专业视野的学科平台。金融专业选修课程如表 3－10 所示。

表 3－10　沃顿商学院金融学专业选修课程

序号	课程	序号	课程	序号	课程
1	商业经济	8	国际金融市场	15	收购与兼并的金融影响投资
2	高级公司财务	9	城市财政政策	16	全球货币和金融的稳定政策
3	投资管理	10	固定收益证券	17	固定收益投资组合管理
4	金融衍生工具	11	行业金融学	18	私募股权投资
5	公司估值	12	资本市场	19	欧洲融资
6	国际企业融资	13	金融工程	20	中东与北非金融
7	房地产投资	14	创业资本与金融创新	21	金融研究

资料来源：根据公开资料整理。

3. 理实结合的教学方法

沃顿商学院采取案例分析与理论研究相结合的教学模式，教学方法则以哈佛大学首创的案例教学为主，务实性贯穿始终，并以实际金融问题为题材，让学生以公正、客观的态度讨论金融事件，达到“激发思考、集思广益”的效果。美国也是一个高度崇商的国家，发达的商业经济氛围为商学院教育提供了充足的案例支持，学校也充分利用各种有利资源，包括校友、社会团体、企业等方面的资金和力量，组织学生到实务部门参观、考察，为学生提供各种实习与实践机会，促使理论与实践紧密结合。

教授在授课的过程中注重案例和学生项目研究，扮演组织者和“导演”的角色，引导学生发言、讨论，甚至辩论，然后再巧加评论和指点。学生则要当好“演员”，根据案例提供的事实，置身“现场”并进入角色，提出分析和处理的意见，这种授课方式使学生成为课堂的真正主体和中心。学院还提供一门“沃顿挑战”的实践课以及一个“大四顶峰体验”的项目，为学生提供了与公司经理和沃顿教师一起工作解决组织问题的机会。此外，沃顿商学院还以采用集体协作的教学模式，从全球角度进行整体化教学，注重“团队”与“合作”，培养学生的人际关系能力和沟通协调能力。

4. 双师结构的师资团队

沃顿商学院非常注重师资队伍建设，倾力打造核心团队，拥有博士学位是成为教师的基本条件与前提，很多教授均是享誉全球的学术人员和专家。在沃顿商学院的金融专业，所有课程都由教授亲自讲授，他们深入本科课堂教学，能为学生带来最前沿的学术讲解，学生们可以直接领略教授的专业知识和学术风采。教授的研究课题一般都来自金融业界，研究和解决金融实务中亟待解决的问题，与学生分享最新的金融知识。另外，学校允许教师参加商业活动，他们一般与实务界有广泛的联系，合作研究、担任顾问或兼职，有些教授直接来自实践部门，具有长期的实务经验。

教师遵循为学生服务的原则，学生从被录取的暑假开始就接受学校提供的帮助，配备学业导师帮助他们选择课程，最大限度地为学生职业发展服务。沃顿商学院金融系拥有43名专职教授，为学生提供了20多门专业选修课程。同时，沃顿商学院恪守为学生提供终身学习机会的承诺，为所有学士学位毕业生提供终身教育的机会和最大限度的商业教育资源共享，包括在线研讨会、MBA课程、教育管理的职业培训、教育管理的职业培训、特别定制的共同教育、教职人员的讲演、学术出版物和大量的网络交流等。

5. 国际视野的实践合作

在校企合作方面，沃顿商学院金融专业与很多跨国公司有多方面的合作，这些公司向沃顿商学院提供资金、演讲会，并招聘该校金融专业毕业生；沃顿商学院则为公司提供培训项目、撰写案例等。在校际合作方面，沃顿商学院和全球20多家一流商学院建立合作关系，为学生提供包括中国、日本、法国等多个国家的海外留学项目，学生可以对不同国家的经济情况进行调研和考察。此外，沃顿商学院在全球设立办事处和董事会，如在东京、首尔和曼谷设立办事处，一起协助学院在亚洲开展招生工作。

国际视野的实践途径和渠道说明沃顿已走上积极寻求合作、探索国际化的道路，在合作中谋求共同发展，实现金融人才的培养目标，不仅有助于推动高等金融教育的发展，也直接支持和促进了金融业的发展，使得美国金融业和金融教育事业位居世界前列。

五、我国互联网金融专业教育服务产业发展分析及建议

我国互联网金融还处于发展阶段，是“互联网+”时代的新兴产业，因此开设互联网金融专业的院校数量有限，且处于初级阶段，缺乏一套较为完善的适应市场需求的人才培养体系。我国职业教育应积极学习和借鉴国外先进的金融人才培养经验，提升互联网金融专业人才培养水平，为互联网金融的快速发展提供智力支撑。

（一）互联网金融专业教育服务产业发展分析

互联网金融从2013年才兴起，在专业建设中还存在诸多的问题，如专业定位不准导致人才培养与产业结构需求不匹配，开设院校数量太少导致所培养人才数量不满足行业发展需求等。下

面从人才培养层次、规模和质量三个方面，具体探讨我国互联网金融行业人才培养存在的问题。

1. 人才培养层次难以适应产业结构需要

互联网金融融合了金融、通信、云计算、信息技术和IT等方面的知识技能，属于“跨学科”的新兴产业，其行业发展既需要大批顶尖的复合型、创新型人才支持，也需要中、高端的复合型互联网金融人才，既需要高端的分析操作师、风险控制员等专业人才，也需要从事基础实践业务的操作员、市场调查员等基层人才，互联网行业的发展对各层次的互联网金融人才均有需求。然而，国内能开设互联网金融专业的院校却少之又少，只有少数本科院校开设了互联网金融专业，所培养人才多为互联网金融研究类人才，几乎没有高职院校设置该专业，人才培养层次尚不能满足市场的需求，无法适应产业结构发展需要。

2. 人才培养规模难以满足产业发展需求

国内开设互联网金融专业的院校数量非常少，目前大约有15个院校开设本科和研究生阶段的互联网金融专业，包括中央财经大学、中国人民大学、武汉理工学院商学院、北京城市学院、河北金融学院等，所输出的人才数量较少，远远达不到市场对互联网金融人才规模的需求。由于互联网金融专业对学校软硬件要求都比较高，几乎没有开设互联网金融的高职院校。因此，国内互联网金融专业所培养的人才规模难以满足产业发展需求，整个互联网金融行业存在巨大的人才需求缺口。

3. 人才培养质量难以达到岗位技能要求

与传统金融相比，行业所需互联网金融人才应具备网络信息技术、金融业务知识和产品销售技能等，需要具有用户思维、平台思维、跨界思维、大数据思维等，以互联网思维指引相关工作。但高校所培养的互联网金融人才并不完全具备这些能力，它们在培养目标、课程结构、教学方式和师资力量等方面存在许多的问题，最终导致所培育的人才与岗位需求不匹配。

（1）培养目标模糊，专业定位待准确。国内开设互联网金融专业的高校普遍存在专业定位和人才培养目标模糊的问题，专业设置趋同现象严重，人才培养模式千篇一律，专业培养目标不细化、无差异化，使得互联网金融专业结构无法满足产业发展需要。此外，国内互联网金融专业采用单一人才培养模式，其对应的是统一的人才培养方案、大班教学、统一课程体系等，忽视互联网金融专业的特点、学生的个体差异和实际需求，忽视人文素养和综合素质提升，忽视学生个性发展需求，使得所培养的人才严重同质化，学生自身潜在的特长无法得到重视和培养。同时，这种统一人才培养方案也容易使学生停留于课堂和书本知识，没有进一步的求知欲望与动力，最终导致院校培养的互联网金融人才趋同现象严重，难以成就创新型人才。

（2）课程结构失调，人才素质待优化。课程结构对于学生的知识结构、能力结构和思维方式有决定性的作用，而我国互联网金融专业课程设置不合理，教学内容陈旧，与人才培养目标相脱节。在课程结构上，互联网金融专业仍停留在“基础课、专业基础课和专业课”的老模式，仍以传统商业银行、网上银行为主，没有形成完整的课程体系。在教学内容上，互联网金融专业以宏观金融课程为主，主要研究宏观金融问题，其中以“货币银行学”为学科基础，以“国际金融学”为学科延展，不重视微观金融领域的课程，所培养的人才只面向宏观金融理论研究，实践操作能力较差，实际分析解决能力未得到培养。在课程设置上，互联网金融专业太过注重于专业知识传授，强调专业本位，所有课程均由学校统一安排，忽略学生自身发展所需的课程内容和培养模式，几乎剥夺学生自主选课的权利，现存的选修课程设置只是一种形式表现，是为了满足学生学分需要设置，不仅选修类课程数量较少，而且选择空间有限，根本无法满足学生多样化的课程需求，也并非为学生自身个性化发展提供选择的平台，无法体现分流的培养倾向。

（3）教学方式传统，学生兴趣不浓厚。科学合理的教学方法和手段是教学质量的保证和前提，但国内院校互联网金融专业大多采用传统教学方法，仍然以灌输式的课堂讲授为主，较少采用启发式、讨论式和案例式等教学方法。教师在课堂上扮演主导角色，从教材的选择到资料的查找，再到备课及授课等工作都由教师完成，学生基本处于被动地位，陷入"上课记笔记，考前背笔记，考后全忘记"的恶性循环状态中，学习心理如同"被赶上架子的鸭子"，完全没有学习兴趣，不利于应用型复合型互联网金融人才的培养。因此，重视对知识点的应试型简单记忆，缺少实验教学和参与社会实践活动的教学方式，既限制了学生的思维，也不利于创新能力、分析能力及实践能力的培养。

（4）师资力量薄弱，整体素质待提升。培养互联网金融应用型人才要求教师不仅要精通理论知识，了解、掌握和跟踪互联网金融行业的发展，更要有能力分析互联网金融行业发展趋势。然而，国内互联网金融专业的老师大多是从金融学专业或者计算机专业转过来的，专业理论功底深厚，操作实践能力偏弱，学术界公认的高层次互联网金融专家所占比例较低，急缺能引领学科发展方向并享有国际声誉的拔尖人才。由此可见，国内互联网金融专业的"双师型"教师不仅质量不高，而且数量极少，远远无法满足教学需求。另外，我国高校教师的考核指标核心在科研，而教师的根本利益在职称，导致很多教师把更多的精力放在发表学术论文或获得研究课题上，较少关注如何提高教学质量，无法引导教师从理论走向实践。

（二）对我国互联网金融职业教育发展的建议

国外金融专业教育非常注重实践和应用技能，建立以"学生为本位"的人才培养模式，其培养目标的设定、课程体系的构建和师资队伍的建设都以服务学生为目标，满足学生个性化发展需求，更加符合产业发展的多样化需要。国外先进的人才培养经验为我国互联网金融专业建设提供了有价值的参考，对培养复合型人才具有重要意义。

1. 服务产业发展，扩大供给规模

在互联网金融行业快速发展的背景下，急需大量兼具金融专业知识和互联网技术、思维的人才，作为人才输送最大来源的高校，应该调整相关专业的人才培养计划和模式，在人才供给环节制订系统的实施计划，弥补人才需求缺口，服务互联网金融产业健康发展。高校在保证人才供给规模方面有两个主要路径：①在已有的专业基础上开设互联网金融专业的相关课程，如在计算机信息相关专业中开设一些金融学原理、统计学、会计学等方面的课程，增强学生的金融学原理知识，熟悉金融产品、业务运作原理等，或者在金融学的相关课程中加入计算机系统原理、多媒体、网络信息技术、大数据等相关课程，强化学生的互联网思维，以最快的速度增加互联网金融人才供给数量。②设立相关的互联网金融研究机构、新设互联网金融专业等，或者在原有金融学专业的基础上新增互联网金融方向，培养新一批既懂互联网技术，又懂金融的复合型、应用型人才，扩大互联网金融人才供给规模。此外，高职类院校也应积极建设互联网金融专业，满足市场对多层次互联网金融人才的需求，调整人才结构性矛盾。

2. 结合院校特色，完善培养模式

互联网金融专业的目标定位是培养既具有金融专业知识，又懂互联网技术的复合型应用型人才，体现了对学生知识、能力和素质三方面培养的要求，其目的是让学生具有较广博的知识积累，具备沟通交流、分析问题、批判思维、解决问题和创新等综合能力，同时也具有较强的社会

责任感、健康的审美观等品质，善于将专业知识运用于实践活动中。在此培养目标的基础上，确定宽口径、厚基础、复合型的通用人才培养目标体系，强调学生掌握宽厚的知识面和扎实的基础理论，培养学生实际工作技能和应变能力。在此人才培养目标的基础上，学校需要建立“以生为本”的人才培养模式，凸显学生特色发展的重要性，以学生已有的知识和能力为基础，为学生提供差异发展的自由学科环境和课程平台，学校、教师和学校的管理机构都要为学生服务，真正转变成“以生为本”的人才培养模式，全面提升学生的综合素质和职业技能。此外，高职院校、应用型本科可以选择适合本校的互联网金融人才培养模式，结合人才多层次、多元化的特点，构建分类设计、分层施教的必修课与选修课相结合的课程体系，确定互联网金融人才培养模式，如应用型本科可以采用自由主义人才培养模式和以市场为导向的职业化互联网金融人才培养模式。

3. 紧扣岗位技能，优化课程体系

职业院校要提供良好的课程基础和沟通平台，拓宽人才培养的知识领域，加强专业教育与通识教育相结合，更加注重科学、社会、文化等方面的教育，培养应用型复合型人才。在课程设置上，强化应用型微观金融领域课程，如公司金融学、金融风险管理等，或者直接增加实践类课程等，培养学生的沟通交流能力、组织协调能力、分析能力和创新能力等，为其未来参加工作打下坚实的基础。在实践类课程中，可直接由互联网金融行业背景和经验丰富的人员设计指导，提升实践的具体效果，让学生接触到具体的业务活动，促使其专业技能真正得到锻炼和提高。与此同时，扩大学生自主选择的权利，适当缩减必修学分的比重，增加选修课的比例，给予学生一定比例的自由学分，为学生提供宽阔的发展空间，自由学分可用于校内课程、学术文章发表、校外实践或实地调研等。学校可以通过社会调查、阶段实习、毕业实习等实践环节，提高学生理论联系实际能力、业务实际操作能力和社会交往能力等。此外，随着互联网金融发展日新月异，学校要根据经济社会发展和科技进步的需要，及时更新教学内容，将新知识、新理论和新技术融入教学内容中，为学生提供与时俱进的教学内容。

4. 把握市场需求，加强校企合作

互联网金融人才既遵循互联网的“开放、平等、协作、分享”的原则，又应具备创新思维与能力。在人才培养方面，互联网金融人才需要多方面的知识，也需要得到多部门和机构的有效配合，尤其是加强学校与企业的合作机制，共建互联网金融实训基地。实训基地能够将企业完整的生产或运营过程进行最大限度的真实模拟，为学生营造仿真的学习环境，让学生熟知未来的工作岗位和内容，在学习理论知识的同时能够真正了解市场需求。同时，校企合作方式具有较强的可操作性，有多种合作方式可以选择，如采用订单教育模式，企业可以根据自身的需要明确接收毕业生的数量与规格，如此学校便能量体裁衣地进行复合型人才培养，对企业需要的重点技能进行重点训练，确保学生所训练的能力与岗位需求匹配，实现毕业生与企业需求零距离对接。例如，湖南大学与芒果财富进行校企合作，成立互联网金融研究基地等，学生既能熟悉互联网金融基本运作，也能结合市场需求动向，大胆设计创新型互联网金融产品。

5. 深析人才类型，革新教学方法

针对互联网金融学科更具实证和实用的特点，采用多样化的教学方法，把实践活动融入课堂，不局限于一般概念的理解，鼓励学生参加教师的科研项目，积极利用社会各种资源为学生提供实践机会，在课程中增加实践环节，提高实践教学的质量。在讲解难点和热点互联网金融知识时，教师可结合互联网金融领域的经典案例，引导学生自主讨论和探索，例如鼓励学生使用互联网支付进行购物，引导学生了解互联网金融理财产品，如余额宝、薪资宝等，同时比较各类理财产品的不同，区分 P2P 融资与众筹融资的差异，提高学生对互联网金融的认识，最大程度地调动学生的积极性。

借助现代化教学工具，通过文字、实物、图片等多样展示，使学生获得更多互联网金融知识，或者利用实验教学方法，激发学生学习兴趣，实验教学包括两个方面：①利用模拟软件教学。结合模拟软件进行理论授课和指导学生实践模拟，如模拟 P2P 网络借贷平台、第三方支付平台等，培养学生的实践操作技能，提高学生对理论的理解和运用能力。②实验教学法。强调金融理论与实践相结合的同时，采取试验项目的方式进行，指导学生对互联网金融现象进行调研、建模分析等，培养学生的创新思维。

6. 专注教学质量，提升师资团队

高校师资队伍的素质直接决定人才培养质量的优劣，也决定了互联网金融人才素质的高低，甚至决定着学校的生存和发展。对于师资队伍建设与提升，可以从以下三个方面进行：①引进国内外互联网金融人才。大力度引进国内外杰出互联网金融人才到国内高校任教，邀请互联网金融业界精英以专题讲座的形式授课，聘请具有扎实理论知识，且熟悉互联网金融业务的专家作为学科骨干，提升互联网金融师资阶段的学术层次和整体实力。②校内师资培训进修。选派学校有潜力的教师到国内外著名学府继续深造，提高自身专业知识与技能，鼓励一线教师到金融或互联网企业挂职、学习和调研，培养一批“双师型”师资队伍。支持骨干教师参加知名培训机构举办的互联网金融高级研修班，了解和学习互联网金融的实务操作和前沿研究，通过多参加学术会议了解行业发展最新信息，提高互联网金融专业师资的整体学术和教学水平。③完善师资管理体制。加强师资选拔、考核、评聘和日常管理，制定“双师型”教师培养激励政策，提高高校教师待遇，同时改善学校的办学条件，尽可能解决教师的后顾之忧。

参 考 文 献

[1] 翟永会：《互联网金融时代高校金融教育变革模式探析》，《高教学刊》2015 年第 17 期，第 3 – 4 页。

[2] 孙国茂：《互联网金融：本质、现状与趋势》，《理论学刊》2015 年第 3 期，第 44 – 57 页。

[3] 曹凤岐：《互联网金融对传统金融的挑战》，《金融论坛》2015 年第 1 期，第 3 – 6 页。

[4] 莫易娴：《互联网时代金融业的发展格局》，《财经科学》2014 年第 4 期，第 1 – 10 页。

[5] 艾瑞咨询：《中国互联网金融发展格局研究报告 2015 年》，2015 年。

[6] 李淼焱、吕莲菊：《我国互联网金融风险现状及监管策略》，《经济纵横》2014 年第 8 期，第 87 – 91 页。

[7] 秦响应、杨伟坤、秦菊香：《美国高校金融学本科专业课程体系的特点及启示》，《中国大学教学》2014 年第 3 期，第 94 – 97 页。

[8] 徐警武、李东阳：《沃顿商学院 MBA 人才培养经验与启示——兼论我国高等财经教育人才培养模式改革》，《域外视界》2012 年第 4 期，第 63 – 70 页。

[9] 余秀荣：《国外“商学院模式”下金融学专业人才培养模式改革研究》，《上海商学院学报》2015 年第 2 期，第 116 – 120 页。

[10] 蒋盛楠：《美国商学院本科人才培养模式的个案研究及其启示》，《北京教育》（高教）2006 年第 7 期，第 109 – 111 页。

[11] 何伟：《论西方金融人才培养模式的特征及其启示》，《现代商业》2010 年第 12 期，第 20 – 21 页。

[12] 胡锦娟：《中美互联网金融发展：模式及环境维度的比较与启示》，《借鉴与思考》2015 年第 3 期，第 59 – 63 页。

[13] 王达：《美国互联网金融的发展及其影响》，《世界经济研究》2014 年第 12 期，第 41 – 46 页。

［14］徐畎荃、甘金球：《美国著名商学院 MBA 课程设置特点及其启示——以哈佛、沃顿与斯隆为例》，《内蒙古师范大学学报》2006 年第 6 期，第 260－261 页。

［15］臧冠荣：《“应用型金融人才培养模式”高层论坛综述》，《上海金融学院学报》2007 年第 3 期，第 74－77 页。

［16］谢伟杰：《本科金融专业人才培养模式初探》，《企业技术开发》2010 年第 17 期，第 127－129 页。

［17］李鑫、徐唯燊：《对当前我国互联网金融若干问题的辨析》，《财经科学》2014 年第 9 期，第 1－9 页。

［18］《从野蛮生长到寻求规范：半年内，108 家中国互联网金融企业融资近 20 亿美元》，虎嗅网，http：//www. huxiu. com/article/122788/1. html。

［19］《中共中央发布关于制定国民经济和社会发展第十三个五年规划的建议》，中国证券网，http：//news. cnstock. com/news/sns_ bwkx/201511/3610823. htm。

［20］郑宇晨：《互联网金融的现状问题及对策研究》，《物流工程与管理》2014 年第 7 期，第 230－233 页。

［21］张慧瑶：《互联网金融时代高职院人才培养模式探析》，《才智》2014 年第 11 期，第 88 页。

［22］黄丽、罗锋：《地方高校复合型应用型金融专业人才培养模式改革探索》，《当代经济》2015 年第 14 期，第 116－119 页。

［23］丰翔、智萍利、丰林：《高职互联网金融专业人才培养探讨——基于前程无忧网站分析》，《时代金融》2015 年第 5 期，第 226－288 页。

［24］崔寅：《论高校教育对金融人才的培养》，《黑河学刊》2011 年第 3 期，第 109－111 页。

［25］邱慧欢：《我国互联网金融发展中的问题》，《合作经济与科技》2015 年第 5 期，第 56－57 页。

［26］中国电子商务研究中心：《2014 年支付体系运行总体情况》，http：//www. 100ec. cn/detail－6231681. html。

［27］安信国际行业分析报告：《拥抱互联网金融大时代》，2015 年 7 月 13 日。

［28］《互联网金融，“揭竿”需防野蛮生长》，新华报业网（南京），http：//news. 163. com/15/0921/08/B41852M100014SEH. html。

［29］《互联网金融人才短缺　高薪诱惑仍一将难求》，《证券日报》，http：//www. askci. com/news/chanye/2015/08/15/151416bkeh. shtml。

［30］曹婷：《人才成为制约互联网金融发展瓶颈》，《经济参考报》，http：//finance. people. com. cn/n/2015/0917/c218900－27596308. html。

［31］《互联网金融人才争夺战进入白热化》，比特网，http：//network. chinabyte. com/361/13174361. shtml。

［32］《互联网金融人才走热　产品经理涨幅同比超一成》，http：//business. sohu. com/20150617/n415204437. shtml。

［33］《互联网金融在英国快速发展》，基金买卖网，http：//www. csai. cn/zhongchouzixun/942388. html。

［34］《传统金融进军互联网　对营销策划人才需求量大》，《证券日报》，http：//news. xinhuanet. com/fortune/2015－01/14/c_ 127384852. htm。

第四章 电子商务行业与职业教育分析报告

随着现代信息技术的快速演变与“互联网+”时代的到来，以虚拟经济为依托的电子商务逐步走上历史舞台，成为我国新兴产业的中坚力量。作为一种新的商务模式，电子商务不仅改变了人们的消费方式，企业的生产、经营和管理模式，更是带动了整个国家的经济发展，为社会创造了大量的就业机会。当前，我国电子商务发展正在进入密集创新和快速扩张的新阶段，急需大量复合型和创新型电子商务专业人才。职业教育应抓住电子商务大发展的机遇，提前布局相关专业，构建电子商务专业人才培养体系，提高人才培养质量，为电子商务的快速发展提供强有力的智力支撑。

本报告在大量引用相关研究成果和产业发展数据的基础上，对我国电子商务行业发展现状、人才需求情况、电子商务专业职业教育现状等进行较为全面的分析，深入剖析电子商务专业职业教育服务产业发展的现状，同时借鉴发达国家电子商务专业教育的成功经验，为我国电子商务专业职业教育未来发展提供参考。

一、我国电子商务行业发展概况

电子商务是基于互联网的新型经济活动。随着我国物联网、云计算和移动互联网等新一代信息技术迅猛发展和普及应用，互联网用户呈现爆发式增长，为中国电子商务的飞跃发展奠定了基础。当前，电子商务正以一种新型的商业模式加速与实体经济融合，成为引领我国经济和社会发展不可或缺的重要力量。

（一）电子商务行业发展现状

经过十几年的蓬勃发展，我国电子商务不管是交易额还是用户规模，均取得了令人瞩目的成绩。电子商务应用在我国工业、农业、商贸流通、交通运输、金融、旅游和城乡消费等各个领域不断拓展，已深深影响着产业经济、生活购物、电子政务等方面，成为拉动需求、优化消费结构的重要途径。

1. 交易规模快速增长

我国电子商务市场规模一直以快于GDP增长率两到三倍的速率增长，发展迅速。数据显示，2014年电子商务市场交易规模13.4万亿元，同比增长31.4%（见图4－1）。2015年上半年，电子商务交易额达7.63万亿元，同比增长30.4%，预计2018年电子商务市场规模将达到24.2万亿元。

从电子商务市场细分结构来看，2014年B2B电子商务合计占比超过七成，是电子商务的销售主体。另外，网络购物交易规模市场份额达到22.9%，比2013年提升4.2个百分点；在线旅游交易规模与本地生活服务O2O市场占比与2013年相比均有不同程度的提升（见图4－2）。

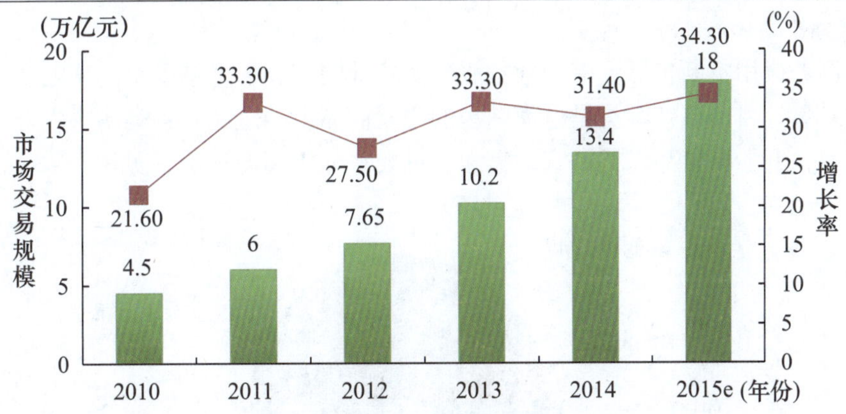

图4－1　2010～2015年中国电子商务市场交易规模

资料来源：中国电子商务研究中心，www.100ec.cn。

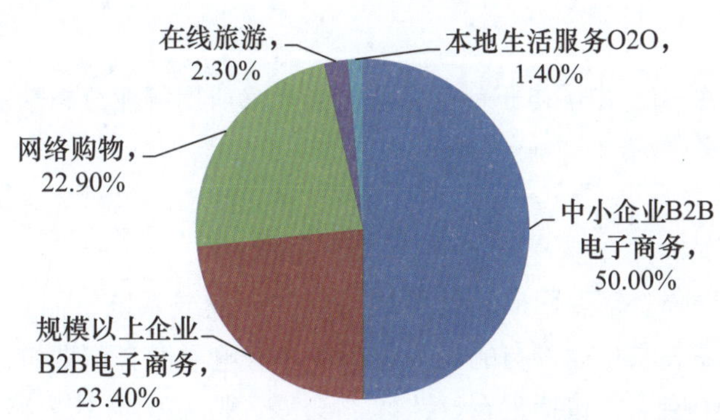

图4－2　2014年中国电子商务市场细分行业构成

资料来源：中国电子商务研究中心，www.100ec.cn。

2. 基础设施不断完善

我国电子商务的基础设施正在不断完善。信息基础设施是电子商务最基本的硬件基础。截至2014年底，我国互联网普及率为47.9%，域名总数达2060万个，网站总数达335万，国际出口带宽达到4118663Mbps①。由此可见，我国信息基础设施已取得巨大进步，为我国电子商务发展提供了良好的基本保证。

物流配送系统是电子商务的配套设施。近年来，我国物流配送系统发展成效显著，支持和配套政策日益完善。2014年，全国铁路营业总里程已突破11.2万公里，新建公路65260公里，"五纵七横"国道主干线系统基本贯通，内河通航里程12.3万公里，民航完成固定资产投资总额1508.2亿元。

2014年9月12日，国务院印发《物流业发展中长期规划（2014～2020年）》，提出着力加强物流基础设施网络建设，使得基础设施及运作方式衔接更加顺畅。到2020年，物流园区网络体系布局更加合理，多式联运、甩挂运输、共同配送等现代物流运作方式保持较快发展，物流集聚发展的效益进一步显现。

①中国互联网络信息中心：《中国互联网络发展状况统计报告（2015）》，2015年1月。

3. 应用领域不断拓展

随着电子商务应用不断扩展，电子商务服务商所处的行业越来越重要。从电子商务企业主营产品所属行业来看，目前服装鞋类是电商销售的主营商品，不过随着各类购物人群、需求的不断增多，主营产品也开始向食品保健、家纺家居、母婴户外等领域拓展（见图4-3）。

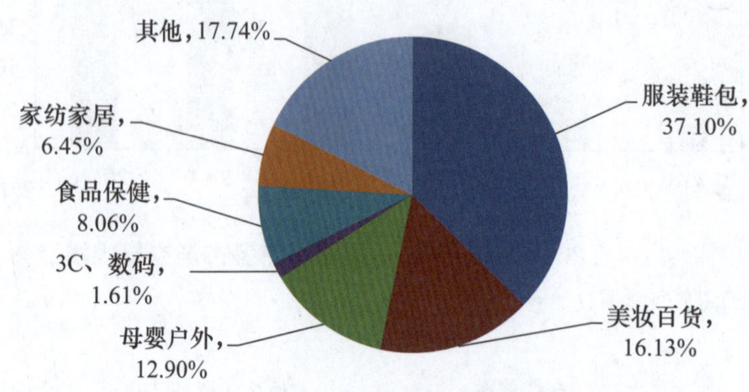

图4-3　中国电子商务企业主营产品所属行业分布情况

资料来源：中国电子商务研究中心，www.100ec.cn。

4. 业态系统逐步完善

电子商务产业带动性强、辐射面广，其不是孤立的产业或系统，而是一个需要政府、组织、社会、公众、媒体及诸多关联行业参与的庞大生态系统。电子商务产业链融合了当今中小企业应用电子商务最广泛的几个层面，包括平台、人才、会展、搜索、物流、第三方电子商务、软件、信息化、金融、第三方诚信评估等十二类服务商。这十二类服务商囊括了电子商务行业的各个领域，而所有电子商务服务商都只为电子商务应用主体——中小企业服务。

当前我国围绕中小企业这一电子商务应用主体，衍生出来很多相关领域的B2B服务商，分布在众多行业，由此形成一个“大电子商务”产业链或“产业生态集群”，并在电子商务这一强大“经济引擎”的驱动下，集体向前发展（见表4-1）。

表4-1　电子商务服务企业相关情况

产业角色	典型企业
B2B平台服务商	阿里巴巴、网盛生意宝、环球资讯、慧聪网、中国制造网及3000余家行业网站
B2C平台服务商	淘宝商城、拍拍商城、卓越网、当当网、京东商城、红孩子等第三方平台
B2B软件服务商	阿里软件、金蝶软件、用友软件、金山软件、金盘算、新大中等B2B软件企业
B2B媒体服务商	各类行业报刊、行业DM杂志、资讯类行业网络媒体等
B2B会展服务商	传统会展服务公司、行业协会及环球资源、慧聪、网盛会展等B2B会展公司
B2B支付与金融服务商	第三方支付公司、四大国有银行、股份制银行、地方城市商业银行、信用合作社
B2B人才服务商	51JOB前程无忧、中国行业招聘网等网络招聘公司，人才市场、猎头公司等
B2B广告服务商	报刊、广电、户外灯箱传统媒体及其广告代理商，网络、手机、流媒体等新媒体
B2B诚信评估服务商	银行、信用社、工商部门以及部分B2B平台的诚信评估合作伙伴

续表

产业角色	典型企业
B2B 搜索服务商	百度、谷歌、搜狗、有道、搜搜、必应、雅虎以及生意搜为代表的垂直搜索
B2B 物流服务商	中国邮政、民营企业、外资快递企业与电子商务服务商自建物流配送公司
B2B 市调与咨询服务商	市场调查公司，企业战略、管理、人力、财务、法律、销售等培训咨询公司等

注：B2B 外贸企业还涉及报关、报检、运输、仓储、保险、外汇核销、退税等。

资料来源：网络资料整理。

5. 政策环境逐渐优化

电子商务是国民经济和社会信息化的重要组成部分，“十二五”规划明确将电子商务列为国家战略性新兴产业。近几年，国家各部门密集出台对电商行业的战略规划和政策措施（见表 4 - 2），这既是对“互联网 +”行动计划的落实，又是对电子商务作为经济发展新的原动力的肯定。这些政策的出台，一方面推动电商行业规范化管理，使灰色地带“阳光化”；另一方面在规范管理下促进电商行业发展，减少束缚行业发展的体制机制障碍，为电商行业的健康发展铺平了道路。

表 4 - 2　2010 ~ 2015 年电子商务行业主要政策规范汇总

发布时间	文件名	发布机构
2010 年 10 月	商务部关于开展电子商务示范工作的通知	商务部
2011 年 4 月	关于开展国家电子商务示范城市创新工作的指导意见	工业和信息化部等五部委
2011 年 10 月	“十二五”电子商务发展指导意见	商务部
2011 年 10 月	第三方电子商务交易平台服务规范	商务部
2011 年 12 月	电子商务“十二五”发展规划	工业和信息化部
2012 年 3 月	关于利用电子商务平台开展对外贸易的若干意见	商务部
2013 年 4 月	关于进一步促进电子商务健康快速发展有关工作的通知	发改委
2013 年 11 月	促进电子商务应用的实施意见	商务部
2014 年 1 月	关于跨境电子商务零售出口税收政策的通知	财政部、国家税务总局
2014 年 2 月	网络交易管理办法	国家工商总局
2014 年 4 月	关于加强商业银行与第三方支付机构合作业务管理的通知	中国银监会、中国人民银行
2014 年 5 月	关于组织开展移动电子商务金融科技服务创新试点工作的通知	国家发改委、中国人民银行
2014 年 7 月	关于跨境贸易电子商务进出境货物、物品有关监管事宜的公告	海关总署
2014 年 10 月	关于开展电子商务与物流快递协同发展试点有关问题的通知	财政部、商务部、国家邮政局
2014 年 11 月	网络商品和服务集中促销活动管理暂行规定（征求意见稿）	国家工商总局
2015 年 4 月	2015 年电子商务工作要点	商务部
2015 年 5 月	关于大力发展电子商务加快培育经济新动力的意见	国务院
2015 年 7 月	关于开展 2015 年电商进农村综合示范工作的通知	财政部、商务部

资料来源：根据政府官网、电子商务研究中心以及网络等公开资料整理。

（二）电子商务行业发展特征

近年来，我国电子商务保持持续快速发展的良好态势，正在发挥着越来越重要的基础设施平台作用，成为拉动消费需求、转变经济发展方式、提高经济运行质量和增强国际竞争力的重要引擎，对于经济和社会可持续发展具有深远影响。

1. 线上线下融合发展

随着电子商务应用范围的不断扩展，电子商务与传统企业正逐渐由竞争关系向融合发展的方向转变。传统企业向互联网转型步伐加快，电商企业也更加注重整合线下资源。电子商务O2O模式（线上与线下结合）从网上团购延伸到家居、餐饮、文化休闲等众多领域，大批产业转型，形成“线上产业带”；传统流通企业应用电子商务协同线上、线下资源，合理利用品牌商誉及渠道优势，拓展营销渠道，提升供应链效率；传统制造企业应用电子商务网上采购，直接面向市场组织生产，节约了企业运营成本。中小企业依托电子商务可与大企业共处同一竞争平台，缩短了市场开拓和品牌培育周期。大型传统制造企业普遍运用电子商务进行网上采购，更直接地面向市场，节约企业的运行成本。O2O模式将线上电商企业的流量技术精准营销等优势和线下企业的体验、本地化服务的优势结合起来，加快了传统企业融入电商经济的步伐。

2. 移动网购渐成主流

移动互联网凭借其及时性和便携性，成为网民获取信息的重要途径。随着智能手机的日渐普及，传统网购用户所习惯的交互方式，正在被智能移动设备的快速增长所改变。2014年，国内多数电商企业如购物支付、看电影、订票、订餐等都提供了移动端服务。移动电商爆发性增长催生出的市场空间可能不亚于基于PC端的网购市场。移动电子商务逐渐成为市场竞争的焦点。截至2014年12月，中国移动网购交易规模达到9285亿元，同比增长240%（见图4－4）。其中，淘宝无线位居第一，占比达85.9%。

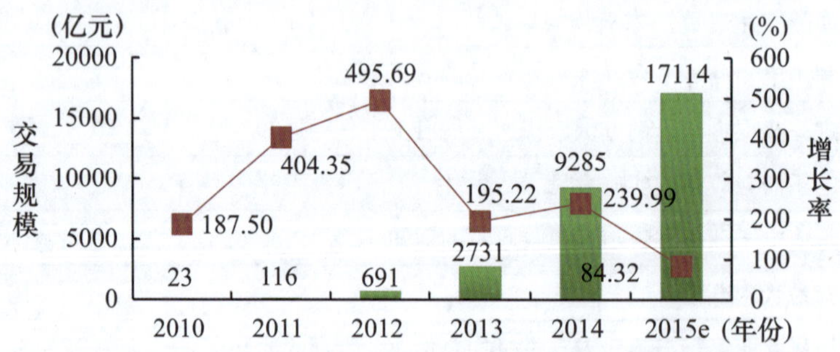

图4－4　2010～2015年中国移动网购交易规模

资料来源：中国电子商务研究中心，www.100ec.cn。

3. 农村电商成新蓝海

随着一、二线城市的网购渗透率接近饱和，农村正在被电子商务所改变。农村电子商务逐渐成为各大电商的新战场。互联网普及和农村网民数量攀升逐渐释放出农村电商消费市场的潜力。根据中国互联网信息中心统计，截至2015年6月，我国农村网民规模达到1.86亿，和庞大的农村人口相比，农村网民以及农村网购市场仍有巨大的增长空间。事实上，近几年各大电商都在布局农村电子商务，如阿里的农村战略，计划在农村投 100 亿元实施“千县万村”计划等。阿里研究院数据显示，在阿里巴巴零售平台上，2014 年县域网购消费金额突破 2000 亿元，同比增速超过 250%，比城市快 18 个百分点，远超过同期网络购物金额增速。县域移动购物市场呈现出强劲的增长势头，预示着农村网购市场正在成为新的蓝海。

面对农村市场的巨大潜力，财政部、商务部自 2014 年起，在全国部分地区开展电子商务进农村工作，并对入选省份进行财政补贴；2015 年又继续加大力度开展第二批电商进农村的示范工程，扩大覆盖 200 个县。2015 年 1 月中央一号文件首次提出要“加强农产品电子商务平台的建设”，奠定了发展农村电商的政策基础，这些都将大大推动农村电子商务的发展。

4. 跨境电商持续发展

随着全球经济一体化日渐深入和信息通信技术飞速发展，通过互联网方式进行跨境贸易日益受到外贸商家青睐，贸易额逐年大幅攀升。电子商务研究中心监测数据显示，2014 年中国跨境电商交易规模为 4.2 万亿元，同比增长 33.3%（见图 4－5）。

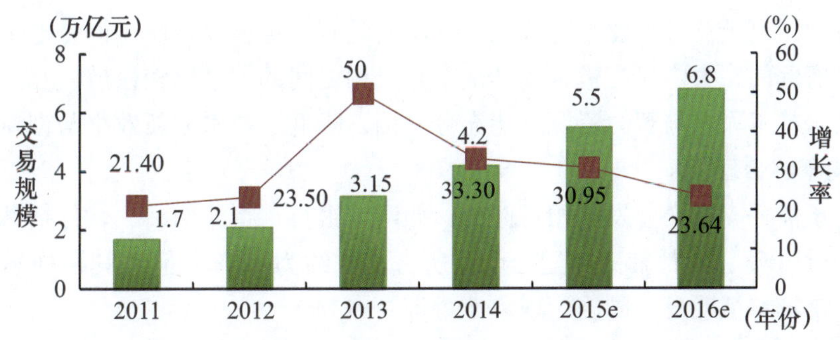

图 4－5　2011～2016 年中国跨境电商交易规模

资料来源：中国电子商务研究中心，www.100ec.cn。

2015 年上半年中国对外贸易在呈现低迷态势下，跨境电子商务仍呈现出蓬勃的发展态势。未来，更多企业会加入跨境电子商务行列，中国跨境电子商务从规模到质量都会大幅度提高，在国际市场的影响力会进一步增强。随着跨境电商试点城市数量的增多，电商平台跨境业务将借机不断扩大，地方政府也将加速建设自有电商服务平台，由此可以看出跨境贸易交易规模将会越来越大。

（三）电子商务行业发展中存在的问题

虽然我国电子商务行业经过近几年的发展取得了一定的成绩，但与国外发达国家电子商务相比，仍然处于弱势地位。我国电子商务行业在发展过程中仍然受到许多“瓶颈”的制约。

1. 高端精英人才缺失

电子商务是现代服务业的核心，具有高人力资本含量、高技术含量、高附加值以及新技术、新方式、新业态的特点。然而我国电子商务起步较晚，电子商务人才培养缺乏经验，缺乏统一的人员考核和资格认证制度。电子商务从业人员素质参差不齐，人才结构为“橄榄形”，即缺乏高端精英人才和基础技术工人。据中国电子商务研究中心调查数据显示，未来几年，中国 3000 多万家中小企业中，将有半数企业在经营中尝试或运用电子商务工具，国内对电子商务人才的需求量将达到 300 万以上。虽然我国电子商务人力资源充足，但高端精英人才严重缺失。

此外，我国现有的电子商务人才大部分以技术见长，缺乏既有技术又掌握物流管理、流程管理、服务管理、市场经营和国际管理等知识的综合性人才。我国电子商务缺乏高端的专家级人才和复合型人才，使其创造性劳动减少，核心竞争力不强。

2. 核心技术掌握不够

随着信息化建设不断推进，我国在部分信息技术领域取得较大优势，但在一些核心技术领域仍然比较落后。我国电子商务现有服务品种超过 30 种，涉及网络工程、通信技术、数字技术等多个领域。而与国际先进信息技术相比，核心技术掌握仍然不够，安全性问题、支付技术问题、数据库问题、技术标准和规范不够完善等都制约了我国电子商务发展。据艾瑞调研，68.3%的网民不使用网上银行的首要原因是“担心安全性”。我国计算机主机、网络操作系统、网络交换机和路由器几乎都来自国外，无法确定机密信息是否安全。此外，大量的电子商务网站，包括电子支付，安全机制还依赖于 Web 服务器和浏览器提供的 SSL 安全协议。SSL 协议由于出口限制只能采用长度仅为 40 位或 56 位的安全算法密钥，以目前的技术水平，只需几分钟甚至更少时间就被破译。

此外，虽然我国电子商务产业与高等院校及研究院有一定程度合作，但是电子商务服务商之间，服务商与政府部门、大学研究机构及其他中介机构之间的关系比较松散，互动少，产业鸿沟深，学科壁垒高，技术人才与智力资源不能充分利用，降低了技术创新效率与创新动力。

3. 内部结构不够合理

虽然我国电子商务支撑产业发展相对健全，如网上银行、行业网站、软件技术服务等交易服务业所占比重超过 80%，其他辅助和配套产业所占比重约为 15%，但是其结构不尽合理，如纯互联网公司主导市场特征明显，同质化现象严重等。

从结构上来看，我国是纯粹电子商务网站领跑整个电子商务行业，而相对成熟的美国电子商务市场，在线零售排名前 10 位中一半以上是传统企业运营的 B2C 网站。根据 2011 年网络购物数据研究报告，以网络购物销售额排名前 30 的公司为例，美国实体零售商高达 15 家，纯电子商务网站只有 5 家，而中国纯互联网公司达到 26 家，连锁店 2 家。我国传统企业开展运营电子商务业务时，从供应链、仓储到配送的各个环节都面临很大的困难。

4. 法律法规不够完善

电子商务立法是网上交易的重要法律基础。电子商务网络环境不健全、网络安全体系和个人信用评价体系不完善，已成为制约电子商务发展的桎梏。经过近几年的努力，我国相关立法工作已日趋完善，国务院和有关部委出台了一系列关于电子认证、网络购物、网上交易、支付服务等政策、规章和标准规范，优化了电子商务的发展环境。但是，部分规章和标准缺乏可操作性，难以有效规范电子商务交易行为。并且，电子商务交易通过网络进行，可以看作是在一个虚拟环境中进行交易，而当前我国对这类虚拟交易的法律监管却并不完善。近年来，电子商务领域的欺诈层出不穷，虚假信息宣传、假冒伪劣商品屡禁不止，与电子商务相关的网络传销、侵犯知识产权、不正当竞争、泄露用户信息等行为一起成为网络零售被投诉的热点问题。数据统计，2015 年上半年“中国电子商务投诉与维权公共服务平台”接到全国电子商务用户涉及电商投诉数量同比增长 2.03%。其中，网络购物投诉占 33.86%，O2O 生活服务电商投诉占 26.9%①。商业规则和法律法规的不完善，使电子商务的认证与交易存在不受法律保护的风险。

①中国电子商务研究中心：《2015 年（上）中国电子商务市场数据监测报告》，http：//www.100ec.cn/zt/2015sndbg/.2015－09。

二、电子商务行业人才需求分析

随着电子商务应用到工业、农业、商贸流通、交通运输、金融和旅游等各个领域，越来越多的企业开始涉足其中。大型企业网上采购和销售的比重逐年上升，电子商务在中小企业的应用普及率迅速提高。在此发展环境下，企业对电子商务应用人才提出了强烈需求。

（一）电子商务企业发展状况

1. 企业数量稳步增长

经过多年的发展，我国电子商务企业在行业发展中扮演着重要的角色。据电子商务研究中心监测数据显示，截至2013年底国内B2C、C2C与其他电商模式企业数量已达到29303家，同比增长17.8%（见图4－6）。电子商务正在创造新经济增长点、新市场、新就业方式。

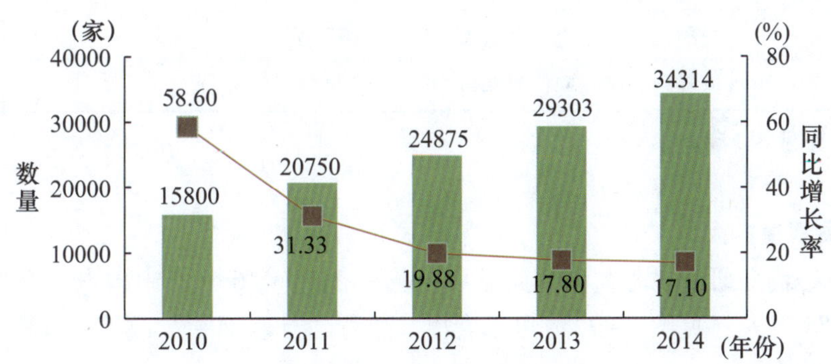

图4－6　2010～2014年中国B2C、C2C及其他模式电子商务企业数量情况

资料来源：中国电子商务研究中心，www.100ec.cn。

从企业类别来看，我国电子商务企业可以分为综合类电商、垂直类电商、时尚类电商、团购、团购聚合、社会化电商、比价电商等（见表4－3）。

表4－3　电子商务行业企业分类及典型企业

分类	行业细分	典型企业
综合类电商	平台类	淘宝网、天猫商城、拍拍、V＋、乐酷天、京东商城、卓越亚马逊、苏宁易购等
	渠道类	卓越亚马逊、京东商城、当当网、1号店、麦考林、银泰、耀点100、走秀网等
垂直类电商	服装	凡客诚品、梦芭莎、马萨玛索、初刻、维棉、兰缪、邦购、NOP、佐丹奴等
	鞋/包	麦包包、名鞋城、百丽等
	家电/电子	易讯网、库巴、华强北在线、国美、飞虎乐购等
	家居百货	趣玩、悠品、杂良集等
	化妆品	乐蜂网、漂网、牛尔娜露可、丝芙兰等
	珠宝	钻石小鸟、戴维尼、柯兰钻石、九钻珠宝等

续表

分类	行业细分	典型企业
垂直类电商	食品饮料	也买酒、我买网、酒仙网等
	家装	上海团购网、篱笆网、新浪乐居等
	户外运动	好乐买、乐淘、酷运动、拍鞋网、户外营、李宁等
	其他	快书包、网上书城等
时尚类电商	flash sale	唯品会、聚尚网、佳品网、优众、俏物悄语、第五大道奢侈品店、魅力惠、走秀网等
团购	一般	拉手网、美团网、满座网、58 团购、高朋、窝窝团、F 团、24 券、丁丁团、糯米团、大众点评团等
	实时团购	淘宝聚划算、京东商城团购等
	垂直团购	聚美优品等
团购聚合	—	360 团购导航、一淘、QQ 团购、团 800 等
社会化电商	—	美丽说、蘑菇街、存钱罐、LINKCHIC 等
比价电商	—	返利网、迅购网、易购等

资料来源：根据网络资料整理。

2. 从业人员规模扩大

根据中国电子商务研究中心监测数据显示，截至 2015 年 6 月，中国电子商务服务企业直接从业人员超过 255 万人（见图 4－7）。可以看出，随着“互联网＋”政策的落地，更多的企业将搭上电子商务的快车。

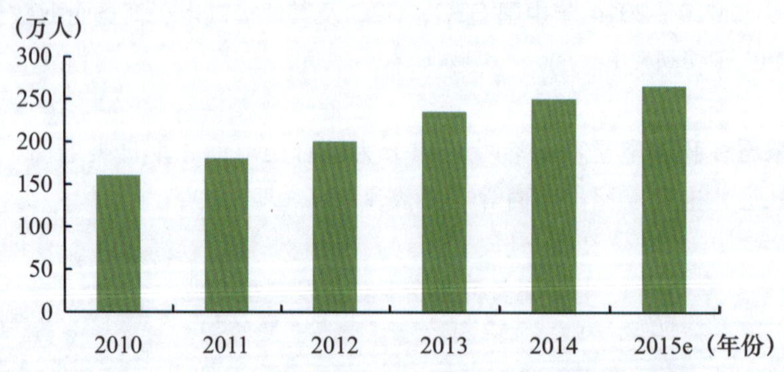

图 4－7　2010～2015 年中国电子商务服务企业直接从业人员规模

资料来源：中国电子商务研究中心，www.100ec.cn。

随着电子商务规模的不断扩大，围绕电商产业链延伸出来的如物流、支付、服务商等带动从业人员规模快速增长。尤其是跨境电商的发展，进一步推动传统外贸企业进军网络贸易，从而直接或间接地带动了电商从业人数的快速增长。据中国电子商务研究中心监测数据显示，截至 2015 年 6 月，由电子商务间接带动的就业人数，已超过 1835 万人[①]（见图 4－8）。由电商新兴

①中国电子商务研究中心：《2015（上）中国电子商务市场数据监测报告》，http：//www.100ec.cn/zt/upload_ data/down/2015sndbg.pdf，2015－09－21。

需求产生的新兴职业也提供了大量的就业机会，并且规模在不断增长。从行业发展来看，未来1~2年，行业人员规模还将呈现进一步扩大趋势。

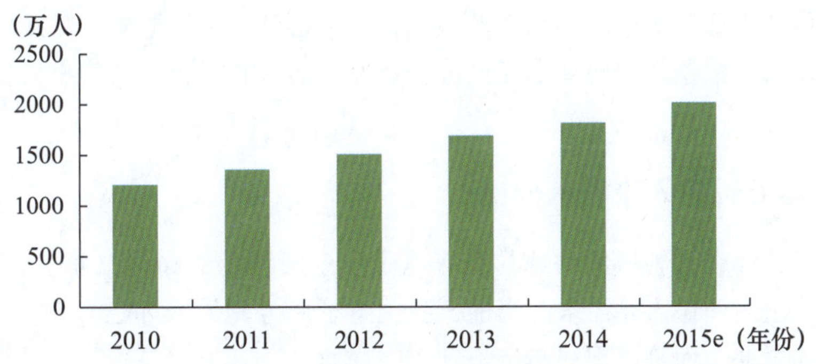

图4-8　2010~2015年中国电子商务服务企业带动从业人员规模

资料来源：中国电子商务研究中心，www.100ec.cn。

3. 企业集聚效应显著

从电商企业区域分布来看，国内电子商务服务企业主要分布在长三角、珠三角一带以及北京、上海等经济较发达省市（见图4-9）。可见，我国电子商务发展呈现典型的块状经济特征。这些经济较发达省市的电子商务配套产业环境良好、政策扶持力度较大、经济和人口聚集条件较好，使网上购物、商户之间网上交易和在线电子支付，以及各种商务、交易、金融、物流和相关的综合服务活动也较为活跃。

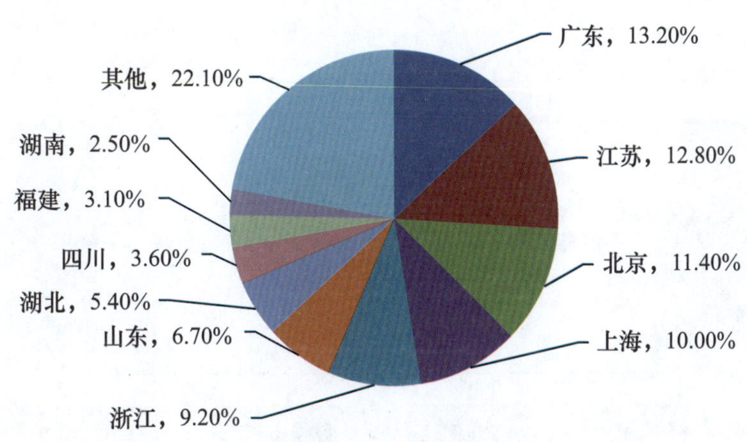

图4-9　中国电子商务服务企业区域分布

资料来源：中国电子商务研究中心，www.100ec.cn。

4. 数据信息整合挖掘

大型电商平台对各种信息不断进行聚合，形成一个包含用户身份特征、购物行为、商家营销行为、行业整体情况等多维度的大数据库。大数据可为电子商务的精准营销、个性化服务以及管理决策打下坚实基础①。依托大数据分析，电子商务企业可以从规模庞杂的用户数据中挖掘出具有市场开发价值的营销数据，准确判断消费者需求、锁定目标受众，制定更具市场竞争力的营销方案，更有效提高服务和市场运行效率。由此可见，未来电子商务企业之间的竞争并不在于利用数据打公关战，而在于如何挖掘内部和外部数据，形成自己的决策框架，以及用数据形成的智能化管理指导企业运营。数据作为驱动电子商务企业发展的核心资源，其信息云化整合挖掘和技术改良必将是大势所趋。

（二）电子商务行业人才需求分析

随着电子商务行业在各领域的快速扩张，电子商务所涉及的岗位（群）分布非常广泛，这些岗位群产生了大量的岗位人才需求。当前，我国电子商务领域人才已经出现巨大的人才缺口，个别领域不是人才紧缺，而是出现根本招不到人的局面。

1. 行业人才类型分析

电子商务产业链从信息角度出发，主要包括信息的生产者、传递者和消费者，相互之间既有明确的角色界限，又可以相互寄生、共生和转化。信息生产者是生产、提供信息的个人或组织，是信息生态链的起点和新信息的源泉，如电子商务的供应商、企业和商家。信息传递者包括传输信息的各种组织或信息通道，是维系整个信息生态链存续的关键，如电子商务交易平台、网络搜索引擎、金融支付机构、信用机构、物流公司等参与电子商务的第三方服务机构。信息消费者是电子商务中搜索和利用信息的个人或群体，是信息生态链的终点，如顾客、买家。

电子商务是一个系统的活动过程，在这个过程中，各个重要环节相互配合，才能高效地完成。分析电子商务上下游产业链，找出价值链高端，进而明确产业所需专业人才类型（见图4－10）。

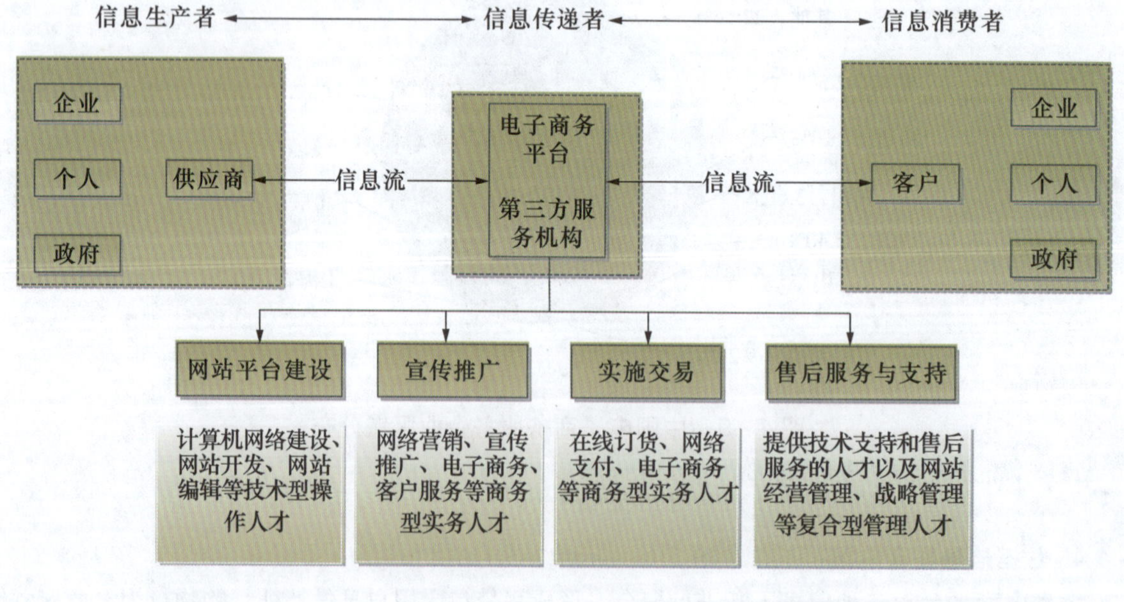

图4－10　电子商务产业链及相对应的人才类型

①李博群：《我国电子商务发展现状及前景展望研究》，《调研世界》2015年第1期，第15－18页。

由于各用人单位对岗位工作性质、层级名称的设定各不相同，我们通过归类整理电子商务企业在阿里巴巴、淘宝、中华英才网、智联招聘等网站上发布的1000多条招聘信息的岗位及职责，发现与电子商务相关的岗位可分为管理型、技术型和商务型（含营销）三类，职业岗位群分别对应商务型实务人才、技术型操作人才和复合型管理人才①（见表4-4）。

表4-4　　电子商务人才类型情况

人才类型	知识能力	主要岗位	岗位要求
商务型实务人才	具备一定的知识结构，具备综合分析问题和解决问题的能力	网络推广、外贸电子商务、网站销售、网站编辑、客户服务等	熟悉基本网络知识、网络营销和办公软件、熟悉电子商务运营与操作流程，并能很好地掌握电子商务及网络发展的各种理念
技术型操作人才	具有一定的现代商务知识，能从技术角度对电子商务进行支持	网站开发人员、网站设计等	熟练编辑网页、网站建设、管理、设计规划、前台制作、后台程序制作与数据库管理流程与技术
复合型管理人才	了解和熟悉电子商务的精髓，既懂信息技术又懂商务理论	网站运营经理、部门主管等	具有丰富的经验和很强的业务协调与管理决策能力，能从市场和行业的发展分析企业电子商务的发展趋势

资料来源：根据网络资料整理。

2. 人才需求现状分析

（1）规模分析。随着电子商务发展环境的不断改善，未来5年我国3100多万家中小企业将有超过半数企业涉足发展电子商务，对电子商务人才的需求将更多。根据前程无忧（www.51job.com）指数的统计数据显示，2015年5月全国网上发布职位数超过388万个，互联网/电子商务行业的人才需求将近40万，同比涨幅达到54%，牢牢占据十大热门行业的领头位置。其中，北京互联网/电子商务行业网上发布职位数8.7万个，上海互联网/电子商务行业人才需求量达6.6万个左右，深圳需求量超过4.1万个。

电子商务在各领域应用的快速扩张，电子商务人才已经出现巨大的人才缺口，绝大部分企业存在人才招聘压力。接近半数的企业招聘压力源自企业快速成长所带来的人才压力。根据电子商务研究中心对电商企业日常招聘工作状态调查发现，被调查企业中，处于业务规模扩大、人才流失率高、人才需求强烈、招聘工作压力大的企业占41.07%②（见图4-11）。此外，人才需求缺口巨大也造成了人才流动性大，很多企业更是面临全线人员缺乏。

①扈健丽：《高职电子商务人才培养模式研究》，西安理工大学硕士学位论文，2012年。

②中国电子商务研究中心：《2013年度中国电子商务人才状况调查报告》，http：//www.100ec.cn/zt/2013rcbg/，2014-04-21。

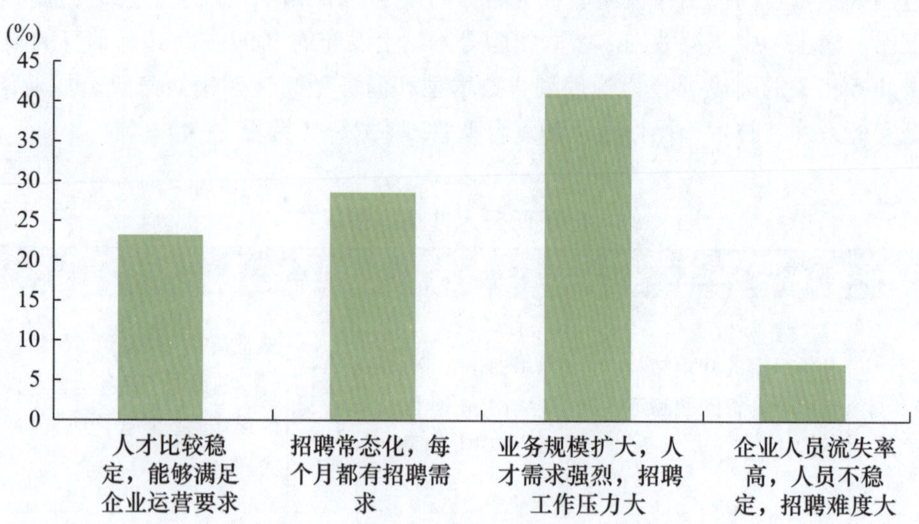

图4－11　电商企业日常招聘工作状态

资料来源：中国电子商务研究中心，www.100ec.cn。

（2）类型分析。我国电子商务企业正处于开疆拓土阶段，运营、技术、推广等工具型人才的需求最为紧迫。据《2013年度电子商务人才状况调查报告》显示，在被调查企业中，37.68%的企业急需电商运营人才（活动策划、商品编辑、数据分析人才），28.57%的企业急需技术性人才（IT、美工），17.39%的企业急需推广销售人才，18.84%的企业急需综合性高级人才①（见图4－12）。随着企业向纵深发展，竞争不断加剧，负责电商品牌运营的综合性高级人才会越来越热门。

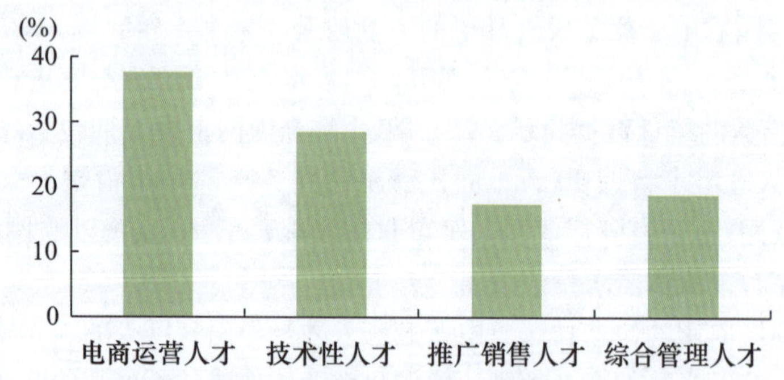

图4－12　电子商务企业最急需的人才类型

资料来源：中国电子商务研究中心，www.100ec.cn。

此外，不同企业对电商人才的要求亦有所差别。我国电子商务企业主要可以分为两类，一类是传统企业的电子商务部门，一类是大型专业电子商务企业。对于传统企业的电子商务部门而言，通常分工没有那么明确，一个人往往要承担几项工作，如一个电商人才需要负责网站制作、

①中国电子商务研究中心：《2013年度中国电子商务人才状况调查报告》，http：//www.100ec.cn/zt/2013rcbg/，2014－04－21。

维护、推广、网站客服等工作。用人特点是不需要精通专项知识，但要求知识面广。大型专业电子商务企业则需要各个层次人才，从底层编辑和技术人员，到中层的部门经理，最后是决策层的总经理、总监等。其用人特点是分工明确，每个人只需负责整个电子商务流程的一个环节，如技术人员只需负责开发、美工负责界面、产品经理负责产品等。对于大型专业电子商务企业来说，其需要的是专才而不是通才。

三、我国电子商务专业职业教育分析

随着电子商务的迅猛发展，电子商务专业人才需求急剧增加。我国电子商务专业建设取得了积极成效，为电子商务产业输送了一大批专业人才。但是随着对电子商务专业人才素质的要求不断提高，提升人才培养质量已成为职业教育亟需解决的难题。

（一）专业设置概况

我国电子商务发展之初，并没有专业对口人才。随着电商网站进入“烧钱”时期，各行各业的人才争相涌入，部分院校的电子商务专业也应运而生，迅速填补了空白。以下从开设电子商务类专业的院校规模、培养目标、招生规模、就业情况四个方面分析我国电子商务专业设置概况。

1. 院校规模

在中等职业教育层次，中等职业院校电子商务专业代码是121100，属于财经商贸类[①]。在高等职业教育层次，根据2015年10月26日教育部印发的《普通高等学校高等职业教育（专科）专业目录（2015年）》，电子商务类专业设有电子商务、移动商务和网络营销三个专业。其中网络营销（630803）是新增专业。

截至2014年底，全国有400多所高校、800多所高职高专院校、1000多所中职学校开设电子商务类专业。我国电子商务人才培养已初步形成由大中专院校、教育培训机构和远程教育构成的体系。根据2015年高等职业学校专业设置备案结果显示，全国有874所院校开设电子商务（620405）专业（其中包含726所高职高专院校，148所本科院校），15所高等职业院校开设移动商务（620519）专业，27所高等职业院校开设网络营销（590155）专业。我国开设电子商务类专业的部分职业院校情况如表4-5所示。

由表4-5可以看出，中等职业院校很少或几乎没有开设移动商务和网络营销专业，只是设有网络营销方向。这是由于移动商务和网络营销专业为新兴专业，高职院校也只是在近两年才开设此专业。

从职业院校地域分布来看，开设电子商务类专业的院校地域分布范围广泛（见图4-13）。院校数量前十的省份分别是湖北、广东、山东、湖南、江苏、河南、安徽、江西、河北和四川。

---

①中华人民共和国教育部：首批《中等职业学校专业教学标准（试行）》目录，http：//www.moe.edu.cn/publicfiles/business/htmlfiles/moe/moe_ 721/201405/169178.html，2014-04-30。

表4-5　我国开设电子商务类专业的职业院校情况（部分列举）

院校类型	院校名称	专业名称	所属院系	2015年招生计划（人）	备注
高职	江苏经贸职业技术学院	电子商务	信息技术学院	160	国家骨干高职院校建设专业
	福建信息职业技术学院	电子商务	商贸管理系	130	国家骨干高职院校建设专业
	广东科学技术职业学院	电子商务	经济管理学院	215	国家骨干高职院校建设专业
	成都职业技术学院	电子商务	工商管理与房地产分院	100	国家骨干高职院校建设专业
	安徽电子信息职业技术学院	电子商务	经济管理系	75	省特色专业
		移动商务	信息与智能工程系	45	—
	浙江商业职业技术学院	电子商务	信息技术学院	313	省级特色专业
		移动商务		70	校级重点建设专业
	广西经贸职业技术学院	电子商务	信息工程系	150	中央财政专项支持建设的特色专业
		移动商务		60	—
	郑州财经学院	电子商务	经济系	50	—
		网络营销	计算机系	120	—
	铜陵职业技术学院	电子商务	经贸系	73	省级教学改革试点专业
		网络营销	信息工程系	70	—
	贵州职业技术学院	电子商务	商贸系	60	
		网络营销	奥鹏商学院	50	校企合作专业
中职	北京市昌平职业学校	电子商务（京东订单班）	计算机系	40	—
	浙江信息工程学校	电子商务	财经商贸类	50	—
	南宁市第一职业技术学校	电子商务	商贸专业部	200	自治区示范性专业
	东莞市商业学校	电子商务	商贸专业部	150	市级重点专业
	武汉市第一商业学校	电子商务	—	140	省级重点专业
	上海市贸易学校	电子商务（中高职贯通）	财经商贸类	—	上海市重点专业
	河南省洛阳经济学校	电子商务	财经类专业	30	—
	烟台信息工程学校	电子商务	—	80	—
	沈阳市信息工程学校	电子商务	信息系	90	—
	上海南湖职业学校	电子商务	商贸类	—	—

资料来源：根据职业院校官网资料整理。

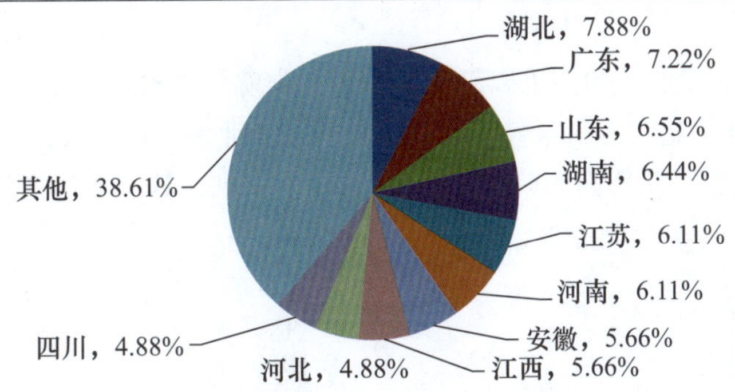

图4-13 开设电子商务专业的职业院校地域分布

资料来源：根据阳光高考网上资料整理，http://gaokao.chsi.com.cn/。

2. 培养目标

电子商务是一个新兴的交叉学科，不像物流、财务、金融等一些传统且发展成熟的专业具有明确的培养目标和方向。为了提高电子商务人才培养的针对性，我国职业院校根据不同需求层次确定不同的培养目标（见表4-6）。其中，我国高等职业院校电子商务类专业培养既能动脑，更能动手，经过实践锻炼，能够迅速成长为高素质技术技能型电子商务人才，使其成为地方经济发展和建设不可或缺的力量；中等职业院校电子商务专业则主要是培养在生产、经营服务第一线，具有较强实际操作能力的技能应用型专门人才。

表4-6 我国职业院校电子商务类专业培养目标

学校类别	专业名称	培养目标
高职	电子商务	培养适应网络经济的发展需要，熟练掌握现代商务管理、网络营销、网页设计以及国际商务等电子商务基本知识与操作技能，具有较强的信息技术处理、商务工作与管理、企业网站优化等能力，能够从事网站平台服务、网络营销策划与推广、电子商务系统的运营及管理、网络营销、网络创业等工作，具有较强可持续发展能力的高素质技术技能型应用人才
	移动商务	面向移动商务应用与开发企业（包含向移动互联网+方向升级改造的传统企业），培养具有具备岗位任职要求必备的移动商务应用与营销能力、移动商务应用与管理能力，熟练掌握微营销与策划、网上交易、网络编辑、手机网店管理、移动商务应用与管理、网站建设及推广、移动商务品牌营销管理等综合职业技能的高素质技术技能型移动商务专门人才
	网络营销	面向大型网络营销企业和自主创业市场，培养熟练应用互联网技术进行网络营销基本策略的制定、实施和管理、网络营销型网站建设、网店运营和推广、电子商务网站开发和维护、网络推广业务流程等工作，具有计算机网络、现代商务管理、电子商务、市场营销等方面的理论知识、实践技能和管理能力的高素质技术技能型人才
中职	电子商务	主要面向制造业、商品流通业、服务业及其他各企事业单位，培养能够掌握现代化商贸理论、网络市场营销、仓储物流、现代企业管理及电子信息化等电子商务基础知识和技能，适应互联网经济快速发展，在生产、经营服务第一线从事与现代商务活动相关的电子商务网站建设、运营和维护、网络营销等工作岗位，具有较强实际操作能力的电子商务专门人才

资料来源：根据职业院校官网资料整理。

3. 招生规模

自2000年电子商务专业开始招生以来，高职高专类院校平均每年招生3000多人，总体呈上升趋势。以将电子商务专业作为国家骨干高职院校建设专业的7所院校为例，通过查询其近两年电子商务专业的招生计划，7所高职院校2015年的招生计划人数都有所提升（见图4－14）。

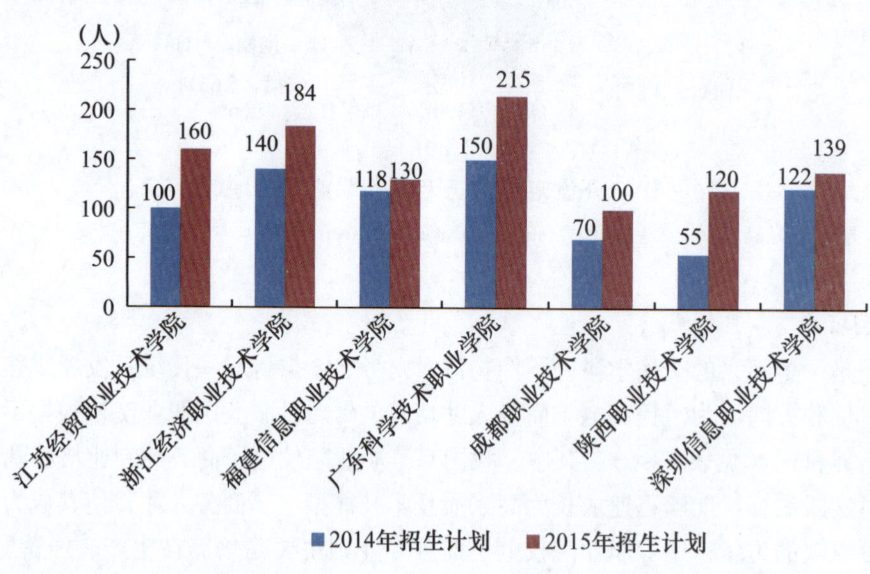

图4－14　2014～2015年电子商务专业招生计划

资料来源：根据职业院校官网资料整理。

移动商务和网络营销这两个专业是新兴专业，大多数院校都是2014年才开设，未来的招生规模预计将会逐渐扩大。根据2015年高等职业院校专业设置备案结果，从15所开设移动商务专业院校和27所开设网络营销专业院校的招生计划情况来看，2015年移动商务达700多人，网络营销达1000多人。

4. 就业情况

据统计，电子商务专业全国普通高校毕业生规模达44000～46000人，2012年就业率为90%～95%，2013年就业率为85%～90%①。根据对我国高校电子商务专业毕业生调研数据统计结果显示：电子商务专业学生对口就业率占总就业率的比值不足45%，月薪多在2000元左右，约20%的毕业生工作两三年后可达到3000元以上。其中，大部分电子商务应届毕业生从事网站建设和网上营销工作（见图4－15）。此外，部分学生并未选择电子商务作为自己的职业，造成专业人才流失。

（二）专业人才培养分析

我国职业院校紧密围绕产教融合、工学结合、校企合作，不断推进办学机制和人才培养模式的改革、创新，总体上取得了良好的效果。以下从课程设置、师资队伍、实训设施建设和校企合作等几个方面进行分析。

①阳光高考网：http：//gaokao. chsi. com. cn/zyk/zybk/specialityDetail. action？specialityId＝73387773。

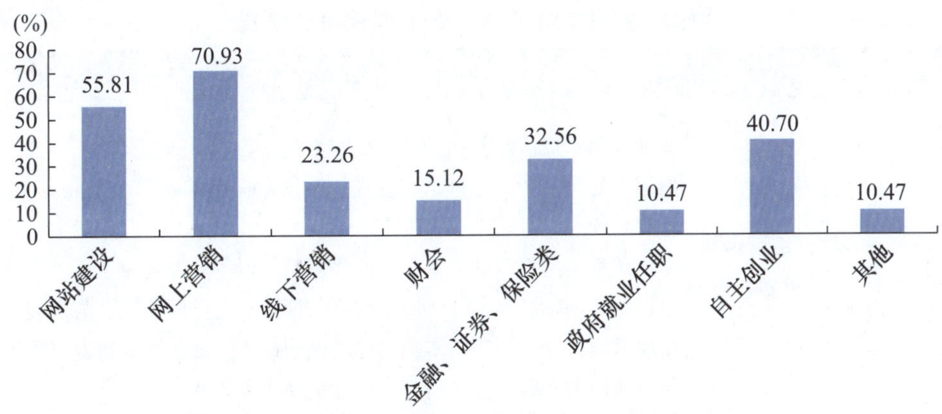

图4－15　电子商务应届毕业生就业去向情况

资料来源：中国电子商务研究中心，www.100ec.cn。

1. 课程设置

不同职业院校的电子商务类专业课程设置并不相同，根据专业所属院系不同，有些院校注重电子商务网络技术、计算机技术，有些院校注重商务模式。为了适应不同层次和不同学科背景高校的重点发展要求，我国电子商务类专业核心课程将知识点模块化，主要分为基础课程、专业课程和拓展课程（见表4－7）。

表4－7　　电子商务类专业核心课程模块介绍及主要课程情况

核心课程	相关介绍	主要课程举例
基础课程	主要是指能够体现信息技术、商务管理和网络经济三方面扎实基础的课程	电子商务概论、电子商务管理、电子商务法律与法规、电子商务网站建设、网络经济学等
专业课程	主要是培养学生的系统应用能力和创新能力的课程	网络营销、网上支付与结算、供应链与物流管理、电子商务系统建设与管理、电子商务安全与管理、电子商务案例分析等
拓展课程	主要是指与当前经济和社会发展同步进行甚至更具有前瞻性的课程	电子政务、现代服务/电子服务、项目策划与管理、网上创业、客户关系管理等

以电子商务专业为例，通过对以上20所院校专业课程设置情况分析，如表4－8所示，可以看出：一方面，商务课程比重较低，而计算机相关课程比重较高。电子商务专业在课程设置上仍停留在网络与编程语言的学习，忽略了在线商务理念，使得学生的能力发展受到很大限制。另一方面，由于缺乏对企业实际应用的深刻认识，许多职业院校在课程选择上往往只是将计算机和商务类课程进行简单堆砌，并没有将电子和商务有效融合，这就导致学生毕业后，在技术上比不上计算机专业的学生，而在商务操作能力上不如商务类专业的学生。

表4-8　　我国职业院校电子商务专业课程设置情况

类别	专业名称	专业方向	课程设置情况
高职	电子商务	网络营销与策划方向	**基础课程：**经济学基础、计算机网络基础、电子商务概论、办公自动化、图形图像处理技术、营销渠道管理、数据库应用基础、电子商务安全与支付、基础会计 **专业课程：**网页设计与制作、网络营销、电子商务物流管理、网店美工、电商运营、国际贸易实务、商务沟通与谈判、商务网站运营与管理 **拓展课程：**社会调查与实践、移动电子商务、商务网站建设与维护、创业学与商业计划、跨境电子商务、国际贸易实务
		商务网站开发技术方向	**基础课程：**管理学基础、面向对象程序设计、经贸英语、电子商务法规、电子商务概论、办公自动化、图形图像处理技术、基础会计 **专业课程：**网页设计与制作、数据库应用技术、网站建设与维护、网络营销、网络数据分析、企业经营模拟沙盘、网站运营与管理、电子商务物流管理、客户关系管理 **拓展课程：**社会调查与实践、移动电子商务、商务网站建设与维护、创业学与商业计划、跨境电子商务
中职	电子商务	升学方向	**基础课程：**电子商务基础、现代商务基础、物流技术与实务、国际贸易基础知识、推销实务 **专业课程：**网页设计与制作、网络编辑、市场营销学、网上支付与安全、电子商务概论、商品学、物流管理
		就业方向	**基础课程：**商务礼仪、市场营销、电子商务基础、网站建设与运营、仓储与配送 **专业课程：**网页设计与制作、网络编辑、市场营销学、电子商务概论、电子商务实务模拟、网上贸易实务、企业经营管理实务、客户关系管理、电子商务网站建设与维护

资料来源：根据各职业院校官网和网络资料整理。

2. 师资队伍

师资队伍建设是电子商务人才培养极为重要的环节。我国电子商务专业的师资最初是由其他专业教师转型。随着电子商务人才需求规模的扩大，我国职业院校越来越重视电子商务专业教师队伍建设，取得了显著成效（见表4-9）。不过，能到职业院校从事教学工作的相关专业人才非常少，特别是中等职业院校，专业教师尤其是高职称、高学历的电子商务专业师资极其缺乏。此外，大多数教师一直在学校学习和工作，真正从事过相关实践的教师很少，在教学中难以将商务与技术进行有效融合。

表 4 -9 我国职业院校电子商务类专业师资建设情况列举

学校	专业名称	师资建设情况
广东科学技术职业学院	电子商务	拥有专任教师 10 人，其中具有高级职称教师 2 人，其余教师具有中级或初级职称
成都职业技术学院	电子商务	师资团队硕士以上学历达 87%，“双师型”教师达 90%
浙江商业职业技术学院	移动商务	现有教师 14 人，其中专任教师 10 人，行业兼职教师 4 人；专任教师中博士在读 2 人，硕士 7 人
义乌工商职业技术学院	电子商务	拥有专职教师 11 人，其中教授 1 人，副教授 1 人，中级职称 3 人，硕士学历比例 100%；外聘电商企业高级管理人员近 10 人
广西经贸职业技术学院	电子商务	现有专任教师 15 人，副高级以上职称 5 人，“双师型”教师比例达 70% 以上，硕士以上学历 10 人
湖南机电职业技术学院	网络营销	现有专职教师 7 人，企业兼职教师 2 人，均为硕士以上学历，其中副教授 4 人
山东电子职业技术学院	电子商务	教学团队以专兼结合、学技并重建设为目标，多渠道加强师资队伍建设
烟台信息工程学校	电子商务	专业师资力量雄厚，“双师型”教师达 100%

资料来源：根据各职业院校官网资料整理。

3. 实训设施建设

电子商务是一个应用性很强的专业，主要培养具有实践能力的实践型人才。许多职业院校设立了电子商务实验室，安装模拟实验系统，开设相应的实践课程和实训实习（见表 4 - 10）。电子商务专业的实验实训教学主要包括动手操作实验、模拟实验、实习、设计、综合实训等。电子商务专业的实践教学环节或分布于各学期的专项实习、实践，或在学业最后阶段的毕业设计，抑或是将电子商务专业所有的实验、实习综合为一个模块、系统。然而，由于电子商务教学软件需要支付较大的成本，仍有部分院校甚至没有相关的实验实训室，专业教学仅停留在理论知识教学，缺乏相应的实践教学；或者实验室的专业设施落后，难以发挥实验或实训作用。

表 4 -10 我国职业院校电子商务类专业实训室建设情况列举

学校	专业名称	实训室建设情况
江苏经贸职业技术学院	电子商务	国家级流通现代化实训基地——“电子商务实训中心”、江苏省省级“数字媒体与现代商务实训基地”、江苏省省级“流通现代化传感网工程技术研究开发中心”、光华科技产业园大学科技园生产性实训基地
广东科学技术职业学院	电子商务	电子商务实验室、电子商务高技能实训室、ERP 沙盘模拟对抗中心
安徽电子信息职业技术学院	电子商务	电子商务实训室、ERP 实训室、智能物流实训室
安徽涉外经济职业学院	网络营销	商务网站建设与维护实训、网页制作技术、网络广告制作实训、网店经营与网络创业实训、电子商务客户关系管理实训、网络营销综合实训、顶岗实习
	电子商务	企业认知、电子商务综合实训、营销策划实训、ERP 电子实训、顶岗实习

续表

学校	专业名称	实训室建设情况
湖南机电职业技术学院	网络营销	网店运营实训、网站建设与管理实训、专业技能综合实训等
山东电子职业技术学院	电子商务	电子商务实训室、商务网站开发实训室、企业经营管理沙盘模拟实训室、图像采编实训室、天猫校内实训室、百度营销校内实训室、BPO 人才培养实训基地等
烟台信息工程学校	电子商务	拥有 5 个现代化电子商务机房、商贸工作室、网店创业工作室和物流信息室、仓储实训室、叉车训练场

资料来源：根据各职业院校官网资料整理。

4. 校企合作

我国职业院校电子商务专业校企合作的模式主要有三种：一是企业作为学校的实习基地；二是订单培养模式；三是校企共建实训室。企业通过校企合作可以解决人员招聘难的问题，而且成功的校企合作也能为企业带来良好的社会声誉；学校通过校企合作能更加准确掌握企业对人才的需求，获得相对稳定的技能实训场所，提高学生的实践能力和综合素养。然而，有些企业不愿意接纳缺乏经验的学生实践，导致大部分学校缺乏校外实习基地，学生无法亲身体验并进行电子商务实际操作，理论与实践难以结合，学生动手能力、实践能力较弱，难以适应社会的实际需要（见表 4－11）。

表 4－11　我国职业院校电子商务类专业校企合作情况列举

学校	专业名称	校企合作情况
江苏经贸职业技术学院	电子商务	与苏宁易购共同构建大型校外电子商务专业顶岗实习基地
广东科学技术职业学院	电子商务	与珠海泛珠信息技术有限公司、广州豪森威（市场研究）有限公司、世界华人商贸联谊总会、岭南网商会参与单位等企业合作
安徽电子信息职业技术学院	电子商务	与华运集团、上海理想公司、百度、安徽天源乳胶、安德科技、唐人制衣、南北快运等企业合作
烟台信息工程学校	电子商务	与北京顺丰速运、青岛软件园等企业合作
铜陵职业技术学院	电子商务	与铜陵万象购物公园、杭州赢动教育有限公司、杭州电子商务园等企业合作
贵州职业技术学院	网络营销	校企合作专业，与“首个国家级现代远程教育公共服务体系——奥鹏教育”共同培养
北京市昌平职业学校	电子商务	京东订单培养
江苏经贸职业技术学院	电子商务	与苏宁易购、百度营销大学、中国联通、阿里巴巴、华润苏果等企业合作
成都职业技术学院	电子商务	与成都国际商贸城、阿里巴巴、京东、腾讯、九正等 30 余家企业合作办学
浙江商业职业技术学院	移动商务	与中国移动、中国电信等企业合作
沈阳市信息工程学校	电子商务	与沈阳世纪创美传媒有限公司、沈阳淘行天下传媒广告有限公司、沈阳网药科技有限公司、沈阳市韩百商场等企业合作办学

资料来源：根据各职业院校官网资料整理。

四、发达国家电子商务专业职业教育分析

随着电子商务在全球的快速发展，电子商务教育显得越发重要。发达国家的电子商务职业教育积累了丰富的经验，培养了一大批高素质专业人才，有力支撑了电子商务产业发展。分析美国、英国、德国等发达国家的电子商务专业人才培养情况，总结其特点，以期为我国电子商务人才培养提供有益的借鉴和参考。

（一）发达国家电子商务职业教育发展概况

20世纪90年代，欧美各国的高校开始关注电子商务的教学与研究，不断探索电子商务的教育模式。近年来，在电子商务专业建设的探索研究中，美国、英国、德国等发达国家均以市场需求为导向，培养电子商务从业人员，取得了相当多的成果。这些国家的院校普遍认为要把职业教育看作是一种具有人文本质属性特征的教育，尤其重视技能性、实践取向性，注意院校与企业密切联系，注重提高学生职业能力。

1. 美国

美国的电子商务教育发展较早。美国知名高校卡耐基梅隆大学在1998年组织计算机学院和供应管理研究院联合创立了电子商务学院，1999年设立了全球第一个电子商务硕士学位。当前，美国各大著名院校的计算机学院都开设了电子商务研究方向、专题，组织计算机和管理类的师资力量共同开发电子商务方向的课程，如巴康学院（Bacone College）、查普林学院（Champlain College）、哈里斯斯托州立学院（Harris－Stowe State University）等。不过，美国大学一般不开设电子商务专业，电子商务多是作为独立的课程，或者选择在有关课程中根据需要添加相应内容以达到传授电子商务知识的目的①。

（1）教育形式。美国的电子商务教育采取学历教育与非学历教育相结合的方式，主要集中在研究生阶段，并以MBA教育为重点。因为美国的电子商务教育对学生的实践技能和理论功底要求较高，只有在研究生阶段，才能展开更深层次的教育，保证电子商务教学实际效果。

（2）教学模式。在教学模式上，美国的电子商务教育具有显著的市场导向性，即由就业市场提出人才需求的标准，重视学生实践能力的培养。在许多院校里，学生需要参加具体的项目进行实践学习，将所学理论知识应用于合作公司的特定情境。例如，有些学院的电子商务营销课程，设置了项目研究、带薪实习、课余实践等环节。

同时，电子商务教育非常注重产学研的有效结合。学生在校期间拥有大量的机会接触企业、研究案例、利用所学为企业解决实际问题；而企业也非常重视与学校的合作，为学校投入大量资金，通过校企合作对电子商务领域的定价策略、法律问题、在线消费行为等关键问题进行研究，形成了良性互动的双赢局面。

（3）课程设置。在课程设置上，以企业模式为代表的美国，其电子商务专业课程选择相当灵活，不但根据市场随时自适应地调整教学内容、课程门类，而且根据各自的优势形成特色，重视技能性、实用性、实践性②。如以提供MBA学位的课程来说，提供者多为商学院，主要训练

---

①林漳希：《美国的电子商务教育》，http：//www. ccw. com. cn/htm/net/advan/01－6－2－9. asp。

②邓尚民、袁玉珍：《中美现代远程教育发展状况比较分析》，《中国远程教育》2000年第9期，第28－29页。

专业经纪人如何评估有效的电子商务应用在企业中所产生的成本与效应；而提供 MS 学位的课程则由计算机或系统工程学院提供，强调程式设计训练（见表 4 - 12）。其实无论是 MBA 还是 MS 学位课程都是相通的，只不过比重不同而已，它们都提供了电子商务的基本架构，及如何设计出可以应用在商业活动的程式。

表 4 - 12 美国电子商务专业不同层次开设课程情况

学位类型	一般开设课程
MBA 学位	管理信息系统、电子商务概论、电子商务、电子商务发展战略、电子商务法律法规、战略管理、企业管理、风险资本、新事业创始、业务应用程序开发（编程）、网络技术、计算机通信网络、系统分析与设计、网站设计、商业转型和业务流程再设计等
MS 学位	电子商务技术、人机交互、数据库技术、软件工程、社会市场营销、客户关系管理技术、移动商务技术、地理信息系统、应用商业智能、竞争战略等

资料来源：根据网络资料整理。

综合上述分析可以看出，美国电子商务人才培养具有以下特点：①计算机类和管理类的师资力量共同创办专业或者主办课程。②注重与信息企业的联合，取得技术与经济两方面支持。③注重学生的技术背景，培养具有技术与商务知识两者融合的复合型人才，人才培养目标明确。④面向社会办学，正规培养和继续教育两者结合。

2. 英国

最新研究表明，英国是世界上电子商务发展较为领先的国家。近年来，英国的电子商务教育发展较快，取得了丰硕的成果。

（1）专业设置。自从阿斯顿大学（Aston University）开设英国第一个电子商务专业以来，仅 2001 年就有 29 所大专院校设置了 96 个电子商务类专科专业，19 所院校开设了 69 个电子商务本科专业，另有 29 所院校招收电子商务专业研究生。2002 年院校招生目录中，电子商务类专科专业数增至 137 个，而电子商务类本科专业也达 78 个（见表 4 - 13）。

表 4 - 13 英国院校设置电子商务类专业的情况列举

侧重方向	院校名称	电子商务类专业名称	所属院系
偏向于网络技术	University of Manchester 曼彻斯特大学	信息系统（电子商务技术方向）	商学院
	Durham University 杜伦大学	互联网系统与电子商务	工程与计算机科学学院
	City University London 城市大学	电子商务系统	—
	Loughborough University 拉夫堡大学	计算机科学与电子商务	社会科学与人文科学学院

续表

<table>
<tr><th>侧重方向</th><th>院校名称</th><th>电子商务类专业名称</th><th>所属院系</th></tr>
<tr><td rowspan="6">偏向于
策略和管理</td><td rowspan="3">Newcastle University
纽卡斯尔大学</td><td>电子商务</td><td rowspan="2">商学院</td></tr>
<tr><td>电子商务（电子市场营销方向）</td></tr>
<tr><td>电子商务（信息系统方向）</td><td>计算机学院</td></tr>
<tr><td>Lancaster University
兰卡斯特大学</td><td>电子商务与创新</td><td>管理学院</td></tr>
<tr><td>The University of Liverpool
利物浦大学</td><td>电子商务战略与系统</td><td>管理学院</td></tr>
<tr><td>London School of Business and Finance
伦敦商业与金融学院</td><td>电子商务管理</td><td>—</td></tr>
</table>

资料来源：根据网络资料整理。

英国高校电子商务教育既注重本科阶段的培养，也注重研究生阶段的深造，同时也十分注重突出自己的传统优势。如格洛斯特郡学院（Gloucestershire College）的管理类学科颇具特色，该校设置了40个不同方向的电子商务专业。尽管不少院校在不同的院系开设了方向不同的电子商务专业，但校内都有一个课程协调员，或者一个研究中心，为多种方向的教学和科研人员提供一个合作与交流的平台①。

（2）课程设置。在课程设置上，英国专业技术学院的课程设置大多数侧重于两个方向：一是偏向于网络商务，学生毕业后可以从事网络商务方面的工作；二是偏向于IT电子商务技术，学生毕业后可从事公司商务技术、IT贸易技术等方面工作（见表4－14）。同时，英国职业院校将电子商务专业建设与工商业的发展紧密结合，以职业性、应用性和地方性为课程特色，从而更有针对性地培养所需要的各类电子商务专业技术人才。

表4－14　　　　英国院校不同侧重方向电子商务专业课程设置情况

侧重方向	主要课程列举
偏向于网络商务	组织学、电脑环境、电子商务、电子商务法律与道德、开发业务系统、国际商务环境、信息系统管理、电子行销、电子商务研究、电子商务策略、网络营销、营销管理、电子商务基础设施等
偏向于网络技术	组织学、电脑环境、分布式系统和网络技术、国际商务环境、信息系统管理、电子行销、网路技术、电子商务、人机交互和Web用户界面、工业应用、电子商务应用模式、研究和专业发展、系统集成、市场营销等

资料来源：根据网络资料整理。

此外，在电子商务研究领域，英国卡地夫大学电子商务创新研究中心是欧洲第一个从事电子商务领域研究的机构，其利用研究成果，帮助企业更好地认识与应用电子交易，支持政府部门的

①李贞华：《电子商务职业教育在国内外研究的现状》，《现代经济信息》（学术版）2008年第6期，第65－66页。

电子商务应用并努力提高下一代电子商务意识。同时，电子商业信息中心 ECIC 以雄厚的研发实力为基础，为电子商务的顺利发展提供有力的技术环境支持。

3. 德国

德国电子商务专业拥有悠久的历史。针对德国信息技术人才匮乏的问题，人们逐渐认识到电子商务和计算机技术的应用关系到德国经济的未来。多年来被德国经济界批评为与实践脱节的德国大学，开始正视人才市场的需求，开设经济界急需的专业，电子商务专业就是其中之一。

（1）院校情况。法兰克福大学是德国最早开设电子商务专业的大学。1999 年，法兰克福大学专门设置一个电子商务教研室，聘请具有互联网行业操作经验的专家执教。其电子专业脱胎于企业管理专业，允许学生在传统的课程之外，选择电子商务作为学习重点。目前，德国部分大学开设电子商务专业或相关方向的院校情况如表 4 - 15 所示。

表 4 - 15　部分开设电子商务专业的德国大学和应用技术大学

学校类型	学校	专业名称	学位	学期
大学	埃森大学	信息经济学（侧重电子商务）	D	8
	法兰克福大学	企业管理（侧重电子商务）	D	9
	明斯特大学	信息经济学（侧重电子商务）	D/M/B	—
	科隆大学	电子商务硕士	—	15
	奥斯纳布吕肯大学	企业管理（侧重电子商务）	D	9
	萨尔布吕肯大学	企业管理（侧重信息经济及技术管理）	D	8
应用技术大学	布伦瑞克工业大学	多媒体	M	4
	卡斯鲁尔大学	信息经济学	B/M	6 ~ 8
	富特旺根应用科学大学	信息经济学（侧重咨询和网络）	B/M	6 ~ 10
	柏林艺术学院	电子商务	D	8
	福达专业技术大学	电子商务硕士	D	9
	波鸿应用技术大学	经济专业（侧重电子商务）	M	6

注：D = Diplom，M = Master，B = Bachelor。

资料来源：根据网络资料整理。

（2）专业设置。从专业设置上，德国部分院校对企业管理、经济信息等传统专业进行重新包装、定位，加入电子商务相关重点内容，如埃森大学的信息经济学专业、法兰克福大学的企业管理专业等；还有部分院校开设了纯电子商务专业，如科隆大学的电子商务专业、柏林艺术学院的电子商务专业等，这些专业学期数一般都在 8 学期以下，不但颁发传统的 Diplom 学位，有些大学还颁发新设置的学士或硕士学位。

（3）课程设置。从课程设置上，德国在满足社会功名与企业利益的原则上，重点关注职业院校学生本身的个性发展以及全面可持续发展，提出实行“双元制”的课程结构模式。这种课程结构又被称为核心阶梯式课程，具有三段式的课程结构特征：第一学年重点开设广泛的基础课程，而不是普通文化课程基础；第二学年关键是职业大类的课程内容，而不是专业大类；第三学年是职业专门化的课程内容，而不是专业专门化的课程内容。这种“双元制”性质的课程结构模式偏重于技术培养，比较关注理论与实际的结合。

（二）发达国家电子商务专业教育特点分析

人才培养如何适应社会需求是人才培养中的难点。尽管美国、英国和德国三个国家电子商务职业教育模式各异，但是仔细分析可以看出，发达国家电子商务人才培养呈现以下特点：

1. 培养层次以硕士为主

发达国家认为电子商务的学习应该建立在足够的科研能力和实践能力之上。因此，电子商务教育主要集中在研究生阶段，并以MBA教育为重点。据有关科研人员调查发现，美国大学的培养层次主要集中在硕士层次，其中理学硕士和电子商务方向的工商管理硕士占比达70%，其次是电子商务非学历认证教育和理学学士两个阶段。

2. 专业设置以需求为导向

发达国家电子商务专业设置以需求为导向，即培养社会需要的人才。多数学校的商学院会开设电子商务专业，有些学校并不专门把电子商务设为一门专业，而是根据其他专业不同需求开设相应的电子商务课程。如市场营销类的电子商务课程偏重电子商务平台网站方向；信息技术类的电子商务课程则侧重于电子商务应用软件的规划、开发和维护方向；管理类的电子商务课程则侧重电子商务的管理方向等。

3. 课程设置针对性强

发达国家学校会根据培养目标不同而设置极具针对性的课程。这样的课程设计，培养目标明确，课程目标清晰，课程针对性、应用性强，其培养的人才能够明确自己将来从事什么样的职业。如华盛顿州立大学电子商务专业的培养目标是“开发、使用和管理信息技术、数字网络来帮助组织在Internet上从事商业活动”，其开设的专业课程有数据库管理、网络商务编程、电子环境中的营销、数字企业的财务管理等核心课程。

4. 教学模式侧重实践

发达国家的教学侧重于实践，重视学生实践能力的培养。如有些学院的电子商务营销课程设置带薪实习；有些学院要求学生设计因特网服务或产品。欧美一些学校还会要求学生对企业提供电子商务方面的咨询服务；或专为电子商务专业的学生设置电子商务平台，要求学生在此平台上进行电子交易、买卖等。

五、我国电子商务专业职业教育服务产业发展分析及建议

电子商务行业的快速发展，对电子商务专业人才提出新的要求，推动我国电子商务职业教育也在不断发展。然而，在服务产业发展方面，我国电子商务专业职业教育仍存在专业布局不够合理、人才供需矛盾、人才质量欠佳等方面的问题。我国电子商务专业职业教育应充分借鉴发达国家电子商务人才培养的成功经验，不断完善电子商务职业教育体系，以满足未来我国大规模的电子商务人才需求。

（一）电子商务专业职业教育服务产业发展分析

随着我国经济发展的提速与新型产业结构的调整，电子商务人才供需之间的矛盾进一步激化。电子商务专业毕业生实际合格率非常低，就业率仅为20%，多数不能满足或达到用工单位

的要求。造成这种现象的原因主要表现在：

1. 人才培养方向有待明确

我国职业院校电子商务专业培养目标相对宽泛，未能清晰界定出电子商务人才将来的就业方向和就业岗位。很多职业院校电子商务专业或根据自身优势侧重培养学生的职业技能，或侧重于学生的应用能力，未能与市场需求有效结合，盲目地开展教学活动，不能明确电子商务人才培养定位，导致绝大部分学生的就业方向不明确。有些院校制定了电子商务专业培养目标，但存在不切实际或不能体现自己办学特色的现象；或者是学校盲目追求高目标，要求学生学习电子商务所涉及的所有知识，导致什么都会一点儿却不精，这并不符合我国电子商务企业对电子商务人才的专业性和实用性需求。

2. 专业课程设置有待完善

由于缺乏对电子商务在国际上的最新应用和在国内企业实际应用的理解，我国电子商务专业课程设置的随意性很大，其问题主要表现在：①由于课程体系没有结合企业对人才的需求，无法体现岗位职业能力。电子商务目前开设的课程有技术类、商务类和管理类课程，这些课程分属不同学科，课程之间的相关性不大，造成学生在学习中专业知识构成上没有系统性。②将有关技术和商务方面的课程简单堆砌在一起，缺乏有机结合的系统性。在课程的门数上追求“全”的特点，导致学生商务和技术都不精，不够专业。③课程设置强于理论而弱于实务，缺乏必要的案例教学和实务操作能力的培养。在实验、实训的教学中，专业性实践不强，尤其是综合性实践项目缺乏，在实施中达不到系统整合各类课程的目的。

3. 实践教学滞后行业发展

电子商务是一个随着信息技术更新和网络经济发展的需要不断进行创新、完善和实践的过程。然而职业院校实践环境封闭、项目单一，导致我国职业院校电子商务实践教学严重滞后于行业的发展。我国职业院校电子商务专业的实践教学主要是在学校内部使用模拟教学软件，通过模拟软件的操作，使学生了解电子商务的各个环节以及操作流程。但模拟软件的功能不完善，升级换代不及时，与电子商务企业的实际环境差距较大，对于学生的专业实践能力的培养没有实质意义的帮助。此外，由于教师本身很少参与商务实际运作管理，课程的案例来源、案例讨论、创业指导、实习指导都受到了极大的限制。

4. 供需双方理解出现偏差

对很多企业来说，包括信息调查、市场策划、市场营销、国际贸易、网络计算机技术、财务、行政等在内的工作岗位都需要电子商务专业人才。然而，电子商务毕业生不了解电子商务在各行各业的应用现状及发展前景，且不具备将所学专业、课程与岗位实际需求紧密结合的能力。据山东商业职业技术学院 2010 年对 3587 家电子商务企业和 151 所院校进行专业调研分析，151 所院校认可的电子商务就业岗位为系统网站开发设计、网站营销、网站维护、商业贸易，与 3587 家企业的需求差距较大。从学校角度分析，超过 1/5 的院校认为电子商务是为“通信、金融、证券、保险等事业单位”以及“各级政府”输送从事电子商务规划设计、实务操作及管理的应用技术方面的高技能人才；从企业电子商务应用的角度分析，更多企业偏向“商务”，即利用“电子”更好地从事“商务”活动。由此可见，当前职业院校提出的人才培养与企业对电子商务人才的需求方向存在较大偏差，培养的学生到社会上无法适应企业的需要。

（二）对我国电子商务专业职业教育发展的建议

分析我国电子商务专业职业教育在服务产业发展方面存在的问题，借鉴国外人才培养的成功经验，对我国电子商务专业职业教育发展提出以下几点建议，以期能够促进我国电子商务专业职业教育的发展。

1. 加强专业建设，准确定位培养目标

职业教育主要是以培养技术技能型人才为主，所以职业教育培养的电子商务人才主要偏重于实际业务操作类型。但由于电子商务专业教师以及学生对电子商务的内涵没有一个准确的理解，导致专业培养方向不明确，学生毕业后就业方向迷茫。

（1）明确专业就业方向。面对电子商务人才培养与企业用人需求未能对接的局面，职业院校电子商务人才培养目标需要进行调整，立足于企业实际需要，以就业为导向，以适应现代电子商务应用工作的需要。电子商务人才培养必须目标明确，定位清晰，只有针对就业市场上企业的切实需求，针对电子商务岗位的特点和要求，才能培养出与企业应用相契合的专业人才。所以，职业院校电子商务教育应首先认真细致地调研和分析社会与企业的实际需求，然后据此对就业岗位进行细分，使学生明确未来的就业方向，知道应培养哪些技能才能胜任电子商务相关工作。

（2）确定专业培养目标。不同层次、不同类型、不同岗位群的电子商务职业对人才要求的标准及其类型是不一样的。因此，培养电子商务人才必须树立多元意识，着眼培养多类型的电子商务人才。职业院校必须根据电子商务人才需求的多样性设置不同的专业方向并确定人才培养目标，根据不同岗位群对知识、能力和素质结构的不同要求进一步细分专业方向，使不同专业方向对应着不同的岗位群。职业院校可以设置几种不同类型的电子商务专业，或者在一个电子商务专业下设置几个电子商务专业方向，根据不同年级学生的特征，规划设计专业培养的目标、组织形式、运行机制及控制机制。

2. 对接产业发展，创新人才培养模式

电子商务专业人才的培养必须适应电子商务螺旋式上升发展的要求，其培养模式也就需要不断地研究、完善和创新，实现人才培养与市场需求的有机接轨，推动职业教育与电子商务的良性发展。

（1）合理构建课程体系。从培养学生的电子商务职业能力角度出发，建立一个科学而完备的课程体系需要考虑众多因素，包括相关行业和企业的岗位需求、与岗位衔接紧密的实践课程内容和为了延伸能力必备的专业理论知识等。从上述要素出发，构建电子商务专业职业能力结构课程体系模块如表4－16所示。

表4－16　电子商务专业职业能力结构与课程体系

职业类型	职业能力	基础课程模块	实践课程模块	职业素质训练
从事技术类工作	具备主题活动策划和实施相关能力；具有较好的文字处理能力及执行能力；熟悉电子商务网站的搭建，数据库操作及设计；熟悉使用美工软件	计算机应用基础、网页制作、网站建设、数据库开发、C++语言程序设计、办公软件应用	商务网站开发实训、计算机组网实训、计算机组装实训	电子商务前沿知识讲座、电子商务学科竞赛
从事商务类工作	文案编辑和写作能力、熟悉电子商务平台运营、具有网站推广工作能力；具有寻找、交流和开发有意向客户的能力	网络营销、电子支付与安全、国际贸易理论与实务、商务交流、商务英语	网络营销与组织行为实训、网络交易实训	职业资格认证培训和认证考试

续表

职业类型	职业能力	基础课程模块	实践课程模块	职业素质训练
从事综合管理工作	具备制定具体运营计划能力；熟悉产品线的运营；具备团队管理能力；具备全面管理网站和网店工作的能力	电子商务项目管理、电子商务物流	电子商务模拟实训	毕业综合实训

首先，基础课程模块主要解决学生对知识的理解和积累的问题，根据电子商务人才培养定位，学生必须具备较强的理论基础知识。基础理论课程要加大课内实践环节学时，使用综合模拟实训软件，并充分利用网络资源等，在校内和课内实践实训环节中强化基础知识，达到使学生深入理解课程内容的目的。

其次，实践课程模块主要解决多门相关课程的知识融合问题。学校通过设立课外的实践操作内容、相关课程实训、开展电子商务前沿知识讲座等方式，引导学生将电子商务各个学科的知识融会贯通。其中，综合课程实训是综合应用知识的一个行之有效的方法。

最后，职业素质训练模块是培养锻炼学生从基本能力向延伸能力过渡的最重要模块，主要解决理论知识综合应用与解决实际需求的问题。学生可以通过参加校内和全国电子商务学科竞赛取得职业资格认证，或参与顶岗实习等迅速将所学知识转化为职业能力。

（2）健全实践教学体系。电子商务专业非常注重实践，主要培养实践性比较强的应用型人才。传统课堂讲授方式不适合电子商务人才的培养，在教学过程中必须要增加实务操作内容，让学生适应和熟悉电子商务实务环境，熟练地实践电子商务活动。“精排实践课程、建立实践基地”是建立电子商务专业实践体系的核心内容，电子商务的实践教学环节可分为基础实践、专项实践和综合实践三个方面。其中专项实践主要是针对电子商务的某个专门领域进行电子商务模拟实验，如网页设计、动画制作、电子支付、物流配送等。

目前，职业院校可以采取以下途径加强实践教学：第一，加强校企合作，建立学校与企业之间密切交流、合作的机制，为学生提供电子商务实践机会；第二，完善校内实训室，构建电子商务专业立体化实训平台，教师根据所授课内容，有目的性和针对性地选择实验实训内容；第三，鼓励学生积极参加电子商务各种竞赛；第四，加强学生毕业实习基地建设。通过这些措施，职业院校可逐步建立循序渐进的实践教学体系，为培养电子商务应用型专业人才提供保障。

（3）高度重视师资建设。教师是组织实施教学的主体，其素质高低直接影响到人才培养、课程教学目标的实现。电子商务教学要求教师具有全面、体系化的知识和能力，因此，要尽快建设一支能将信息技术与商务理论和实践相结合、具有复合型能力的优秀而稳定的师资队伍。一是组织相关教师参加有关院校及社会团体举办的培训班，或以进修方式攻读电子商务研究生课程；二是组织教师参与电子商务课程教学方法和教学心得的交流活动，鼓励教师参加电子商务学术交流；三是鼓励教师积极承担或参与电子商务课题研究；四是建立职业院校教师定期到企业参加实践的制度，鼓励教师到电子商务企业挂职、参与企业电子商务项目研发；五是制定和完善兼职教师聘用制度，支持职业院校面向社会聘用工程技术人员、高技能人才担任专业课教师或实习指导教师等。

3. 根据行业需求，统一检验标准

职业院校培养的人才是否合格需要进行检验。统一的检验标准既可以指导学校的人才培养，又能为企业的人才需求提供参考依据。我国电子商务专业职业教育应建立统一的人才检验标准，构建学校、社会和国家三个层次的检验体系，以便保障培养的人才具有合格的理论和技术水平①。

（1）学校把关。学校的理论类课程考试可采用笔试，而对于实践操作型课程应该采用实际操作的方法来检验学生的技术水平，以免造成学生眼高手低、不切实际的现象。一方面，学校采用学习测评积分的办法，促使学生按照教学要求进行学习，不断完成各项测验任务；另一方面，根据开放教育学生的特点，学校进行合理的教学过程设计，改变形成性考核的内容与方式方法。采用学习软件和网络考试相结合方式，促使学生在平时学习中加大操作实验，直到完全掌握为止，这样进一步强化学生的实践操作能力，训练和提高学生综合素质。

（2）社会满意。企业和社会的满意是培养电子商务人才的最终目标。电子商务专业一方面需要培养具有较强实践能力的人才，另一方面要求学生能够掌握最新的理论和技术。电子商务专业培养的人才只有达到了实践性和实效性的统一，才算是社会满意的合格人才。

（3）国家认证。国家劳动和社会保障部制定了《电子商务师国家职业标准》，在电子商务从业人员中推行国家职业资格证书制度。“国家职业资格电子商务师”分为电子商务员、助理电子商务师、电子商务师和高级电子商务师四个职业等级。高等专科层次的电子商务人才需达到助理电子商务师的理论和技术水平。

国家制定的职业标准不仅指导了职业院校的教育与教学，更为电子商务专业人才培养建立了统一的衡量标准，这些职业标准极大地促进了电子商务岗位的标准化和专业化。

参考文献

[1] 李博群：《我国电子商务发展现状及前景展望研究》，《调研世界》2015 年第 1 期，第 15－18 页。

[2] 邓尚民、袁玉珍：《中美现代远程教育发展状况比较分析》，《中国远程教育》2000 年第 9 期，第 28－29 页。

[3] 李贞华：《电子商务职业教育在国内外研究的现状》，《现代经济信息》（学术版）2008 年第 6 期，第65－66 页。

[4] 朱兰珍：《基于实践教学的高职电子商务人才培养模式研究》，《经济研究导刊》2011 年第 35 期，第 279－280 页。

[5] 黄兴富：《基于需求调研的中职学校电子商务专业人才培养方案的探究》，贵州师范大学硕士学位论文，2014 年。

[6] 何梓源：《我国电子商务高速发展背景下的人才供需状况研究》，上海社会科学院硕士学位论文，2013 年。

[7] 郜雁：《中美电子商务人才培养的比较研究》，《科技创业》2010 年第 9 期，第 140－141 页。

[8] 张娇：《中外电子商务人才培养模式的比较》，《中国商贸》2014 年第 29 期，第 71－72 页。

[9] 卢淑静、周欢怀：《基于中美电子商务人才培养模式的思考》，《情报杂志》2010 年第 1 期，第 189－191 页。

[10] 廖卫红：《高职电子商务专业校企合作人才培养模式研究》，《电子商务》2014 年第 4 期，第 61 页。

[11] 王利冬：《高职院校电子商务专业实践教学体系构建》，《教育与职业》2014 年第 32 期，第 161－163 页。

[12] 李博群：《我国电子商务发展现状及前景展望研究》，《调研世界》2015 年第 1 期，第 15－18 页。

[13] 常雪琴：《电子商务专业实践教学改革探讨》，《当代教育实践与教学研究》2015 年第 8 期，第 141 页。

①朱兰珍：《基于实践教学的高职电子商务人才培养模式研究》，《经济研究导刊》2011 年第 35 期，第 279－280 页。

[14] 叶晓兵、林佳：《基于项目教学改革的高职电子商务人才培养模式创新与研究》，《广西轻工业》2010 年第 1 期，第 90 – 91 页。

[15] 朱克炜：《职业学校电子商务人才培养研究》，湖南师范大学硕士学位论文，2011 年。

[16] 郑淑蓉：《关于中国电子商务服务商分析——基于产业链视角》，《经济问题》2007 年第 8 期，第 32 – 34 页。

[17] 晏玲、彭典贵：《高职电子商务专业建设方案设计与实践——以上海科学技术职业学院为例》，《当代职业教育》2015 年第 7 期，第 31 – 33 页。

[18] 刘小兰、樊一阳、廖雅：《基于产业链资源整合的电子商务模式探讨》，《重庆科技学院学报》（社会科学版）2010 年第 18 期，第 88 – 89 页。

[19] 刘阿娜、雷彩珠：《借鉴国外商务人才培养模式促进城市经济可持续发展》，《中国商贸》2011 年第 12 期，第 148 页。

[20] 李枫林、刘滔、徐静：《中外电子商务专业人才培养的比较研究》，《图书情报工作》2006 年第 50 期，第 8 页。

[21] 卢华玲、刘跃、曾靖婷等：《嵌入式电子商务人才培养模式探索与实践》，《电子世界》2014 年第 5 期，第 195 – 196 页。

[22] 朱兰珍：《基于实践教学的高职电子商务人才培养模式研究》，《经济研究导刊》2011 年第 35 期，第 279 – 280 页。

[23] 徐若虹、程璐：《基于合作基地的电子商务人才专业培养模式研究》，《电子商务》2014 年第 9 期，第 73 – 75 页。

[24] 曾明星：《电子商务专业“项目式”人才培养模式探讨》，《现代教育技术》2011 年第 8 期，第 84 – 87 页。

[25] 中国电子商务研究中心：《2013 年度中国电子商务人才状况调查报告》，http：//www. 100ec. cn/zt/2013rcbg/，2014 – 04 – 21。

[26] 中国互联网络信息中心：《中国互联网络发展状况统计报告（2015）》，2015 年 1 月。

[27] 中国电子商务研究中心：《2015 年（上）中国电子商务市场数据监测报告》，http：//www. 100ec. cn/zt/2015sndbg/，2015 – 09。

[28] 电子商务研究中心：http：//www. 100ec. cn/。

[29] 艾瑞咨询网：http：//www. iresearch. com. cn/。

[30]《中国电子商务行业发展现状分析》，中商情报网，http：//www. iresearch. com. cn/. 2013 – 8 – 27。

第五章　物联网行业与职业教育分析报告

物联网（Internet of Things，IOT）是全球公认的继计算机、互联网之后的世界信息产业又一次新的信息化浪潮，其对人类生活和生产服务的升级产生了巨大影响，已成为世界新一轮经济和科技发展的战略制高点之一。面对物联网技术革命可能带来的历史机遇，我国高度重视物联网的发展，将其列入《国家中长期科学技术发展规划刚要（2006～2020 年）》和 2050 年国家产业路线图①。在国家政策的支持下，物联网产业规模迅速扩大，对各行业产生广泛影响，社会效益初步显现。

物联网产业的发展离不开物联网专业人才的支撑。物联网产业涉及行业广泛，需要大量不同类型的人才，特别是复合应用型人才。职业教育作为培养高技术技能人才的教育形式，应服务产业发展，构建完善的物联网人才培养体系，培养适应于产业发展需要的技术技能人才。本报告在相关研究成果和产业发展数据的基础上，对我国物联网产业发展现状、人才需求情况、物联网专业职业教育现状进行较为全面的分析，同时介绍国际物联网专业建设的先进经验，为我国物联网专业建设提供借鉴。

一、我国物联网行业发展概况

物联网是指利用条码、射频识别（Radio Frequency Identification，RFID）、传感器、全球定位系统、机器视觉、激光扫描器等信息传感设备，按约定的协议，实现人与人、人与物、物与物在任何时间、任何地点的连接，从而进行信息交换和通信，以实现智能化识别、定位、跟踪、监控和管理的庞大网络系统，作为我国战略新兴产业的重要组成部分，物联网产业对加快转变经济发展方式具有重要推动作用。当前，我国物联网产业在技术研发、标准研制和应用拓展等领域取得了显著进展，已成为全球物联网产业中不可忽视的一部分。

（一）行业发展现状

在政府的高度重视与积极推动下，依托相关研究机构及众多物联网企业，我国物联网产业发展迅速。目前，我国物联网发展与全球同处于起步阶段，具备了一定的产业、技术和应用基础，呈现出良好的发展态势。

1. 产业体系逐渐完善

自 2009 年“感知中国”战略被提出后，物联网产业开始驶入快车道，进入快速发展阶段。经过几年的发展，我国物联网产业规模不断扩大，打造了较为完整的产业链，发展态势良好。

从产业规模来看，我国物联网近几年保持较快的增长，统计数据显示，目前我国物联网及相关企业超过 3 万家，其中中小企业占比超过 85%，创新活力突出，对产业发展推动作用巨大。

---

①中国科学院：《创新 2050：科学技术与中国的未来》，2009 年。

2014 年，我国物联网产业规模达到 6200 亿元，其中传感器产业突破 1200 亿元，RFID 产业突破 300 亿元，如图 5－1 所示。

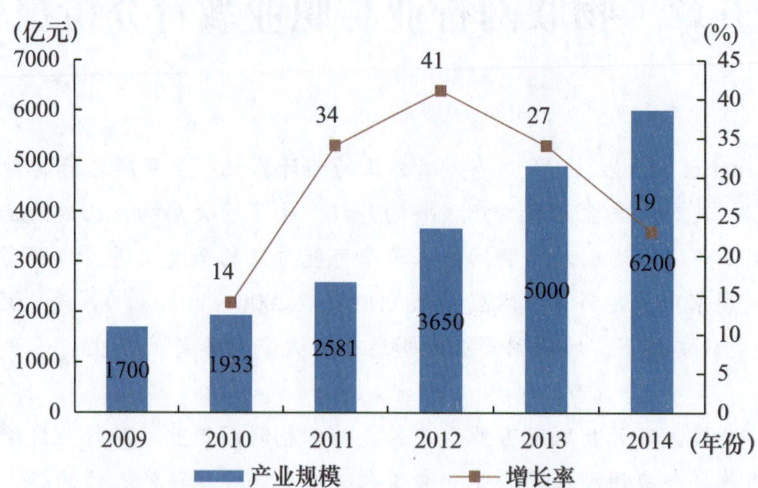

图 5－1　2009～2014 年中国物联网产业规模及环比增长率

资料来源：工业和信息化部电信研究院：《物联网白皮书》（2010～2015 年）。

从产业链来看，我国已形成涵盖感知层、网络层、应用层的完整产业链，包括芯片和传感器、软件、系统集成、电信运营、物联网服务，部分领域已形成一定市场规模。网络通信相关技术和产业支持能力与国外差距相对较小，传感器、射频识别技术（Radio Frequency Identification，RFID）等感知端制造产业、高端软件与集成服务与国外差距相对较大。仪器仪表、嵌入式系统、软件与集成服务等产业虽已有较大规模，但真正与物联网相关的设备和服务尚处于起步阶段。

2. 产业布局集群发展

目前，我国物联网产业呈集群式发展，已初步形成环渤海、长三角、珠三角以及中西部地区四大区域集聚发展的空间格局①，拥有 4 个国家级物联网产业发展示范基地和多个物联网产业基地。其中，环渤海区域以北京为核心，主要借助产学研资源和总部优势，成为我国物联网产业研发、设计、运营和公共服务平台的龙头区域；长三角区域以上海、无锡双核发展为带动，是我国物联网最早起步的区域，其产业规模在国内最大，整体发展比较均衡，尤其是无锡市作为“国家传感网创新示范区”，集聚了大批物联网龙头企业，在技术研发与产业化以及应用推广方面发挥了引领示范作用；珠三角区域以深圳为核心，延续其在传统电子信息领域的研发制造优势，成长为物联网产品制造、软件研发和系统集成的重要基地；中西部地区以重庆和武汉为代表，在软件、信息服务、传感器等领域发展迅猛，成为第四大产业基地。如图 5－2 所示。

3. 技术研发不断突破

我国在物联网领域的布局较早，技术研发攻关和创新能力不断提升。中科院早在 1999 年就组成了两千多人的团队，投入数亿元，启动了物联网研究。目前我国在传感器和 RFID 技术研发上取得突破；在传感网和 M2M 研究上基本与发达国家保持同步；标识领域拥有一定具有自主知

①曹晖：《区域物联网产业发展研究》，华中科技大学硕士学位论文，2012 年。

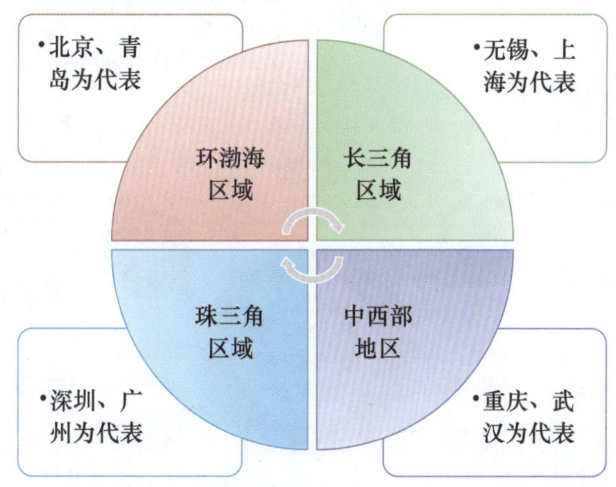

图5-2　我国物联网产业空间分布

识产权的成果，部分自主技术已经实现一定产业应用；在物联网通用架构、标识和安全、标准确定等基础技术方面正加紧研发布局①。我国物联网技术研发进展如图5-3所示。

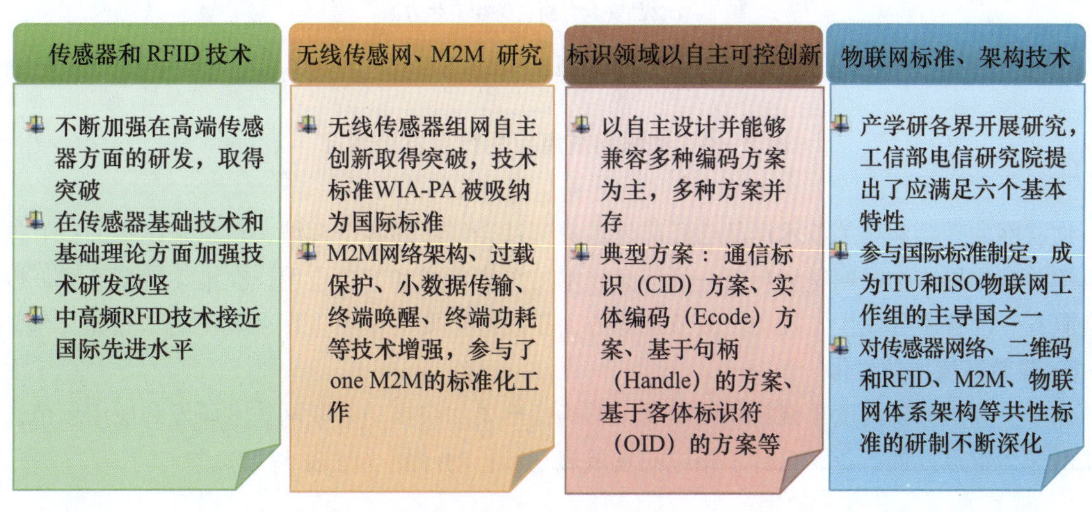

图5-3　我国物联网技术研发进展

4. 行业应用市场推广

近年来，物联网的行业应用领域逐步扩大，在工业、安防、物流、电力、交通、农业、医疗、环保等重点领域开展应用示范工程，探索应用模式，推广成功经验和成熟技术，形成了一系列具有推广价值的行业应用标准，为物联网应用在全社会、全行业的规模化推广奠定了基础。如图5-4所示。

---

①工业和信息化部电信研究院：《物联网行业白皮书》（2014年），2014年5月。

图5－4　物联网重点应用行业发展情况

物联网的理念和相关技术产品已经广泛渗透到社会经济的各个领域，在越来越多的行业创新中发挥关键作用。物联网凭借与新一代信息技术的深度集成和综合应用，在推动转型升级、提升社会服务、改善服务民生、推动增效节能等方面正发挥重要的作用，带来真正的“智慧”应用。

5. 政策环境持续优化

党中央和国务院高度重视物联网发展，明确指出要加快推动物联网技术研发和应用示范，将物联网作为重点发展产业，出台了相应的发展规划和行动计划（见表5－1）。

表5－1　我国关于物联网产业发展的部分政策

发布时间	发布机构	文件名	重要内容
2010年10月	国务院	国务院关于加快培育和发展战略性新兴产业的决定	加快建设物联网的网络基础设施建设，促进物联网的研发和示范应用
2011年3月	国务院	国家“十二五”规划纲要	提出建设物联网应用示范工程
2011年4月	财政部	物联网发展专项资金管理暂行办法	中央财政预算安排支持物联网研发、应用及服务，鼓励企业自主创新，开展物联网研发及应用
2011年5月	工业和信息化部	工业和信息化部2011年标准化重点工作	加快物联网标准制定和修订

续表

发布时间	发布机构	文件名	重要内容
2012 年 2 月	工业和信息化部	“十二五”物联网发展规划	到 2015 年，要在物联网核心技术研发、关键标准研究与制定、产业链条建立与完善、重大应用示范与推广方面取得显著成效
2012 年 8 月	工业和信息化部	无锡国家传感网创新示范区发展规划纲要（2012～2020 年）	加大对示范区内物联网产业的财政支持力度，加强税收政策扶持，推进物联网企业在资本市场融资。促进示范区产业集群，产业体系构建及人才队伍建设
2013 年 2 月	国务院办公厅	国务院关于推进物联网有序健康发展的指导意见	突破核心技术，培育创新型中小企业，打造完善的物联网产业链，形成标准体系，建立健全物联网安全测评、风险评估、安全防范、应用处置等机制
2013 年 7 月	国务院	“十二五”国家战略性新兴产业发展规划	提出推进物联网等新一代信息技术创新、应用拓展
2013 年 9 月	发展和改革委员会、工业和信息化部、科技部等部门	物联网发展专项行动计划（2013～2015）	计划包含了顶层设计、标准制定、技术研发、应用推广、产业支撑、商业模式、安全保障、政府扶持、法律法规、人才培养 10 个专项行动计划。各个专项计划从各自角度，对 2015 年物联网行业将要达到的总体目标作出了规定
2013 年 10 月	工业和信息化部	信息化发展规划	加快制定物联网等领域信息安全标准，知识产权专利保护
2014 年 6 月	工业和信息化部	工业和信息化部 2014 年物联网工作要点	指出 2014 年物联网工作重点，包括加强顶层设计和统筹协调、突破核心关键技术、开展重点领域应用示范、促进产业协调发展、推进安全保障体系建设、营造良好发展环境等

资料来源：根据网络公开资料整理。

通过一系列政策和规划，我国将物联网上升为国家发展战略，注重核心技术研发、关键标准研究与制定、产业链条建立与完善、重大应用示范与推广等方面，制订相关专项行动计划，推进政策落实。许多行业部门将物联网应用作为推动本行业发展的重点工作加以支持。随着社会对物联网的认知程度日益提升，物联网正在逐步成为社会资金投资的热点，发展环境不断优化。

（二）物联网行业发展问题

尽管我国物联网在产业发展、技术研发和应用拓展等领域已经取得了一些进展，但应清醒地认识到，我国物联网发展还存在一系列“瓶颈”和制约因素，主要表现在以下几个方面：顶层设计规划缺失、核心技术与国外差距较大、产业链协同效应尚未形成、行业规范缺失、信息安全程度较低等。

1. 顶层设计规划缺失

在中国这样一个大环境下发展物联网，如果没有整体规划，没有政府推动、政策支持以及行业带动，很难形成物联网产业规模。目前，我国物联网仍处于产业形成期，产业界和技术界都处于相对混乱阶段，虽然出台了一些政府层面的规划目标，但是由于缺乏具体的推动策略，目标的实现路径还非常模糊，有必要从国家战略规划层面对物联网的发展方向、重点研究领域、关键性技术等做出明确的界定和规范①。同时，我国各部门之间、地区之间、行业之间普遍存在相互分割的情况。要实现物联网的发展，就需要打破行业、地区、部门之间的壁垒，促进资源共享，推动体制机制改革创新。

2. 核心技术亟需突破

关键技术落后，导致我国物联网成本高难以普及、作业准确度低、环境适应性差、隐私权和安全性得不到保障等众多问题，严重削弱我国在国际物联网发展中的竞争力。技术是产业发展的基础，现阶段我国物联网部分相关技术还存在不完善的地方，主要体现在三个方面：一是通信距离瓶颈，超过 1000 米范围的传感器将没有能力保证数据的传输；二是外部环境指标要求高，目前的传感器无法适应恶劣的外部环境；三是网络安全性低，无线传输数据在传输中存在较高的被窃取可能性，系统安全和隐私难以得到有效保证。因此，攻克物联网产业的关键技术短板将对物联网的发展起到关键作用②。

3. 产业协调尚待加强

物联网应用遍及电力、交通、物流、医疗、安防、建筑等领域，关联行业众多，因此单一企业很难独立完成整个行业解决方案的设计和实施。另外，交叉严重也是物联网众多行业应用的特征，以感知技术为基础的物联网应用同时又具有跨行业、跨部门的特点，在产业进化过程中必须加强各行业主管部门的协调互动，以积极心态展开合作，实现各种资源的共享，如此才能更加有效地保障物联网产业在国内的顺利发展③。

4. 行业标准规范缺失

由于物联网在每个行业应用情况和客户需求存在差别，我国目前尚未形成完整的物联网通用技术标准或规范。整体来看，标准化问题已成为物联网产业发展的主要瓶颈，因为标准化直接影响着物联网的扩展及创新成本，成本反过来又制约了物联网的普及门槛。当前标准化主要存在以下问题：各部门之间缺少合作协调，标准交叉矛盾经常发生，导致各市场参与主体无所适从；标准制定修改速度不能适应市场变化和产业发展需求，有些标准发布之日即已经过时；标准的宣传贯彻力度不足，实施情况差异较大，实质性参与国际标准制定的程度较低，未能参与制定核心标准④。

5. 信息安全程度较低

物联网中包含的丰富信息具有很大价值。伴随物联网为代表的信息技术的兴起，信息安全也正在逐渐告别原来的病毒、黑客等发展阶段，进入综合交互、复杂多元的新时代。基于 RFID、NFC 等近场通信技术的无线特征和物联网特有的信息快速获取能力，如果安全设防手段不足，或者数据管理存在漏洞，物联网就能够使外界对我们所生活的世界一览无余。我们可能会面临被

①刘锦、顾加强：《我国物联网现状及发展策略》，《企业经济》2013 年第 4 期，第 114－117 页。

②③④车江辉：《我国物联网产业发展的问题与对策研究》，首都经贸大学硕士学位论文，2012 年。

攻击的威胁，恶意侵入者还有可能不受限制地跟踪、定位和识读嵌入了射频识别标签的物品，这样必然会带来企业机密信息泄露或对物品所有者隐私的侵犯等问题，对信息的合法使用造成破坏，有可能导致社会混乱、社会个体的工作生活陷入崩溃，甚至有可能直接威胁到人的生命安全①。

二、物联网行业人才需求分析

我国物联网产业依托原有信息产业基础，经过几年的发展已形成全产业链布局，产业链的上、中、下游已带动多个行业共同发展，对经济形成强大的促进作用。同时，物联网的产业规模比互联网产业大20倍以上，急需大量人才，每年人才需求将达到百万人的量级。目前，物联网人才从数量及质量上均无法满足产业需求，制约了产业规模的进一步扩大。

（一）物联网企业发展状况

我国物联网发展迅速，已形成较全面的产业体系，物联网产业涉及范围较广，企业众多。根据物联网产业特征，依照物联网的网络架构进行划分，物联网包含“感知层”、“网络层”和“应用层”三个部分（见图5－5）②。感知层主要实现智能感知功能，包括信息采集、捕获、物体识别等，其关键技术包括RFID、传感器、自组织网络、短距离无线通信等。网络层主要实现信息的传送和通信，又包括接入层和核心层。网络层可依托公众电信网和互联网，也可以依托行业专业通信网络，也可同时依托公众网和专用网。应用层主要包含各类应用，例如智能制造、智能物流、智能安防、车联网、智能交通、智能家居等。

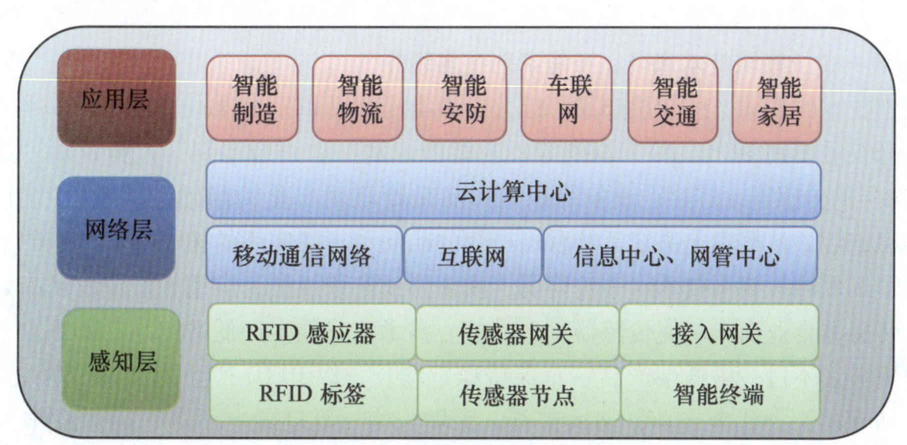

图5－5　物联网3层体系结构

目前，我国物联网产业各环节均形成实力较强的代表性企业（见表5－2），不过各层企业发展存在较大差异。

①刘锦、顾加强：《我国物联网现状及发展策略》，《企业经济》2013年第4期，第114－117页。

②工业和信息化部电信研究院：《物联网白皮书》（2011年），2011年5月。

表 5－2　物联网产业体系架构表

应用层		智能制造	智能物流	智能安防	车联网	智能电力	智能交通	智能家居
应用层	应用层	宝信软件、东土科技	东方精工、诺力股份、天泽信息	佳都科技、东方网力、华康威视	上汽集团、荣之联、盛路通信	东土科技、四方股份、许继电器	佳讯飞鸿、数字政通、易华录	科大讯飞、美的、罗莱
应用层	平台层	阿里、百度、腾讯、机智云						
网络层		网络通信芯片设计与制造	网络通信模块/终端制造	网络通信基础设施制造	网络通信运营	网络通信软件/中间件设计	网络安全系统解决方案提供	网络系统解决方案提供
网络层		联发科、展讯	大唐电信、东信和平、联想	武汉长飞、杭州富通、苏州恒通、华为	中国移动、中国电信、中国联通	华为、中兴、神州泰岳、中国移动	启明星辰、金山	华为、中兴、浪潮
感知层		芯片设计与制造	芯片测试与封装	射频 RFID、二维码识别	数据采集设备制造	感知系统集成与解决方案提供		
感知层		上海贝岭、歌尔声学、汉威电子	长电科技、通富微电、华天科技	远望谷、同方股份、新大陆、深圳先施	远望谷、同方股份、深圳先施	中兴智能、唐恩科技		

资料来源：根据网络公开资料整理。

1. 感知层：传统领域技术薄弱，智能识别技术领先

按照识别技术的不同，感知层产品可以分为两类：自动识别（如传感器、条码维码、RFID、定位识别、光符号识别 OCR、IC 卡识别等）与智能识别（如语音识别、人脸识别、其他生物识别等）。感知层的传感器、芯片、设备等识别产品是物联网产业的基础，其成本、功耗、精度、采集速率和稳定性，从根本上决定了物联网产业的品质和下游应用的拓展边界。

在自动识别领域，我国技术水平较薄弱，尚未形成产业规模，应用和产业发展尚处于初级阶段。目前，传感器企业尚未掌握传感器制造的核心技术，只能生产低端产品，90% 以上的高端产品依然需要进口。不过，中低端产品一直保持稳定增长，以 RFID 产业为例，国内从事 RFID 的企业较多，涌现出一批代表企业，如远望谷、深圳先施、复旦微电子等。远望谷作为国内一流 RFID 企业，国内市场占有率达到 23%（见图 5－6），拥有 100 多个品种的读写器、电子标签及智能标贴，满足国际 ISO 15693、ISO 18000、EPC C1G2 等多种协议，可广泛应用于图书及档案管理、酒类防伪、畜牧养殖及肉品溯源等多个领域。深圳先施是中国领先的专注于 RFID 系统设备技术研发、生产和服务、为全球用户提供 RFID 应用解决方案的高新技术企业，是中国最早从事 RFID 技术研发和产品生产的企业之一，拥有多项 RFID 专利技术，获得美国联邦 FCC 委员会、中国无线电管理委员会 CMII、日本 TELEC 强制认证。

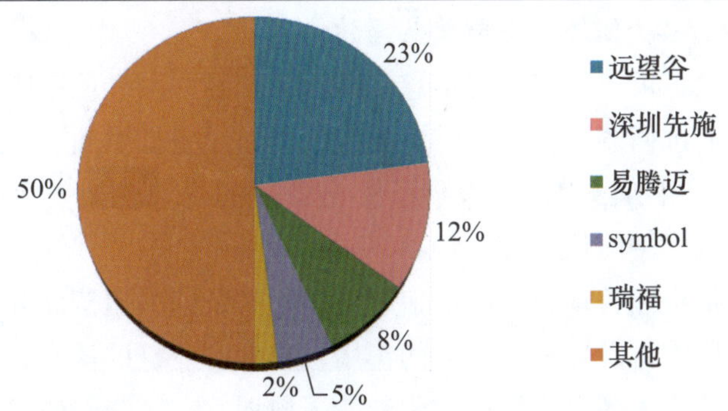

图 5-6　中国 RFID 主要厂商市场份额

资料来源：RFID 产业联盟，中信证券研究部。

在智能识别领域，以图像和语音识别为代表，我国在此领域发展较快，技术水平世界领先。目前，图像识别主要用于安防领域，仍有很多技术难点需要突破，经济效益尚未凸显，但未来发展潜力大，未来将广泛应用于车联网自动驾驶、智能制造无人生产线、智能交通无人指挥、智慧城市、智能家居安防等。虽然图像识别技术尚未完全成熟，但已有很多相关产品和服务面世。物联网大规模应用必将促进整个图像识别产业的发展①。

相对传统的传感器和 RFID 技术，语音识别是更先进的数据采集方式，将在未来人与物交互中扮演越来越重要的角色。近年来，物联网推动语音识别产业不断发展，根据工业和信息化部情报研究所报告，预计到 2017 年全球智能语音产业规模将达到 95.6 亿美元（合 592.9 亿元人民币），年均复合增长率 31.1%。其中，中国智能语音产业规模将达到 101.4 亿元，年复合增长率达 63.6%，占全球智能语音产业规模的比重将由 2012 年的 5.6% 提高到 17.1%。就全球市场而言，谷歌、苹果等 IT 巨头的强势进入，加上传统语音技术厂商长期的技术和用户积累，市场基本上形成了寡头垄断格局。Nuance 自 2005 年与 ScanSoft 公司合并后，成为全球最大的语音技术厂商，拥有全球 62.0% 的语音市场。国内语音识别龙头企业科大讯飞虽然只占据全球约 3.2% 的市场份额，但鉴于中国传统文化和中文的特殊性，其中文智能语音技术已经达到国际一流水平，以 54.3% 的份额长年稳居国内市场第一的位置。科大讯飞自 2012 年推出语音云服务以来，用户已经超过 6 亿人。紧随其后的是百度，占据约 13% 的国内市场份额。如图 5-7、图 5-8 所示。

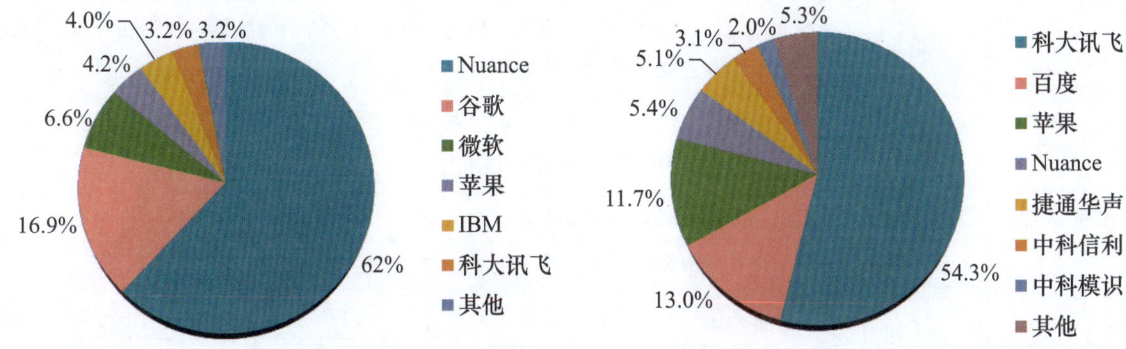

图 5-7　全球主要语音识别厂商市场份额

资料来源：工信部电子科学技术情报研究所。

图 5-8　中国主要语音识别厂商市场份额

资料来源：工信部电子科学技术情报研究所。

①中信证券：《物联网行业系列深度专题研究报告之一：平台为核，数据为金》，2015 年 11 月 9 日。

2. 网络层：运营企业实力雄厚，发展势头强劲

网络层的功能是高效、可靠、安全的信息传输。我国物联网产业链中游企业实力较强，部分企业具备与国际一流企业抗衡的实力。中游主要包括网络设备提供商、软件与应用开发商、系统提供商和网络运营商等，目前国内已经发展了相当数量的企业，如华为、中兴、远望谷、新大陆、亚太安讯、航天信息、厦门信达等。

网络运营商主要包括中国移动、中国电信、中国联通及这些运营商开设的合资公司等。通信运营商在推动物联网发展中将发挥更加主动的作用，成为产业链的核心和推动者。三大运营商均十分重视物联网发展，并作出各自的战略定位和发展规划，在物联网的服务及应用方面都有一定突破。中国电信在智慧城市、节能减排、智能家庭、移动支付、防灾减灾、物流等几个重点领域设立应用，还特别开发了物联网 RFID 手机翼机通，用于高校的日常管理。中国移动制定了物联网三步发展策略：第一步信息汇聚，第二步协同感知，第三步泛在网络。中国联通在这方面的实力相对较弱，主要推出面向中小企业的应用产品，如订餐宝、3G 视频监控、企业综合语音解决方案、综合信息服务平台和手机移动采编。在各类物联网应用中，中国三大通信运营商都扮演着重要角色，为各行业及个人提供了相应技术与服务。

3. 应用层：应用企业迅速发展，平台建设加速

应用层的功能是智能、精确、多样的信息处理。按照功能的不同，应用层内企业可以分为：数据计算存储服务商，平台服务商，数据分析服务商，面向个人、家庭、企业三类用户的行业应用服务商等。应用开发商在物联网产业增值上扮演重要角色，其目标是运用云计算、大数据等关键信息技术应对未来海量的数据处理任务，同时对这些数据给出更丰富的诠释和应用，以共性支撑技术为基础向汽车、家居、安防、消费电子、电力、物流、医疗等各个行业渗透①。

物联网应用领域广泛，其中制造、交通物流、安防、车联网等规模较大。物联网的应用开发商既可以是涉足行业应用服务的解决方案提供商，也可以是有业务升级需求的传统行业企业。国内发展迅速的物联网应用领域包括智能制造、智能物流、智能安防、智能电力、智能交通、车联网、智能家居、可穿戴设备、智慧医疗等。各行业均形成一批领军企业（见表 5－3），推动行业发展。

表 5－3　　物联网应用行业代表企业

应用行业	代表企业	核心竞争力
智能制造	宝信软件	改变传统的软件产品开发模式和架构，着力对已有的产品进行调整和升级，使其适应于工业互联网的运行环境
	东土科技	致力于网络化工业控制整体解决方案的研究实践，主要研究方向为工业以太网通信技术、基于 IP 的以太网总线技术等，在军工行业获得国军标认证
智能物流	天泽信息	提供供应链协同管理解决方案，为企业建立满足电子商务的供应链协同平台
智能安防	佳都科技	提供平安城市解决方案及行业级的智能安防服务
	东方网力	中国视频监控系统平台的领导厂商，为行业用户、运营商和企业用户提供全面的视频监控应用解决方案和高品质视频存储产品
	华康威视	领先的安防产品及行业解决方案提供商

①中信证券：《物联网行业系列深度专题研究报告之一：平台为核，数据为金》，2015 年 11 月 9 日。

续表

应用行业	代表企业	核心竞争力
车联网	四维图新	中国领先的数字地图内容、车联网及动态交通信息服务、行业应用解决方案提供商，为全球客户提供专业化、高品质的地理信息产品和服务
	启明信息	提供汽车电子产品研发制造、系统配套及增值服务业务
智能电力	东土	提供配电自动化、IEC61850 智能变电站、风电网络、光伏网络解决方案
	四方股份	电力系统自动化及继电保护装置的研究、开发、生产和销售，是为电力系统及相关行业（如石化、铁路、煤炭、冶金等）服务的高新技术企业
智能交通	佳讯飞鸿	指挥调度与控制系统提供商，在国内铁路、国防及城市轨道交通，多年保持较高市场占有率
	易华录	为智慧城市、智能交通管理、公共交通、轨道交通、民航、航运等领域提供整体解决方案，智能交通产业引领者、中国交通文化发展的推动者
智能家居	美的	系统整合旗下产业群优势和技术研发等优势资源，致力于打造全球最齐全的智慧家居互联平台
	格力	开发光伏多联机、智能窗帘、智能新风机和智能灯具等智能环保家居系统，利用光伏多联机技术，通过光伏系统实现发、用电一体
智能医疗	九安医疗	是全球家用医疗健康电子产品提供商，致力于专业检测家庭化、个人化，为全球医生、医疗机构提供最先进、最便捷的血压诊断工具
	理邦仪器	在生理信号检测、医用换能器、主控平台等方面掌握多项核心技术，集医疗电子设备产品的研发、生产、销售、服务为一体

资料来源：根据网络公开资料整理。

随着物联网应用的不断发展，物联网平台建设加速，互联网巨头、运营商与创业公司纷纷布局物联网产业。就发展路径而言，我国物联网平台主要包括三类：互联网巨头、运营商与创业公司直接布局、网络运营商下游切入以及下游应用公司转型中游平台（见表 5 -4）。物联网应用领域广泛，任何一家企业都无法满足全部的应用需求，因此一些有实力的公司凭借所掌握的关键物联网共性技术，以开放式平台的方式为第三方物联网应用开发者提供辅助开发和运维服务，有效聚合产业链各环节资源，打造属于自身的应用生态，并参与应用收益的分成，最终构筑自己在物联网领域的核心地位。

表 5 -4　物联网平台类型及代表企业

类型	代表企业
互联网巨头与创业公司布局	百度、腾讯、阿里、机智云
网络运营商向下游平台拓展	中国移动、中国联通、中国电信
下游应用开发企业	海外智能家居领域著名企业 Nest

资料来源：根据网络公开资料整理。

（二）物联网行业人才需求分析

作为横跨电子信息制造业、智能装备制造业、软件和信息服务业三大产业的综合性产业集群，同时要与各行业应用相结合，物联网产业对人才素质提出较高要求，导致物联网产业人才十分紧缺。

1. 人才类型分析

目前物联网概念下的企业数量非常多，社会需求量也大，但是人才供给量很少，远不能满足企业需求，且未来几年，物联网技术会在社会各领域中广泛普及，因此人才状况非常严峻。基于物联网行业特征的研发及应用人才需求层次较广。我国物联网人才按层次可以分为研究型人才、工程应用型人才及技能型人才，各层次人才都存在不同程度的紧缺①。如图5－9所示。

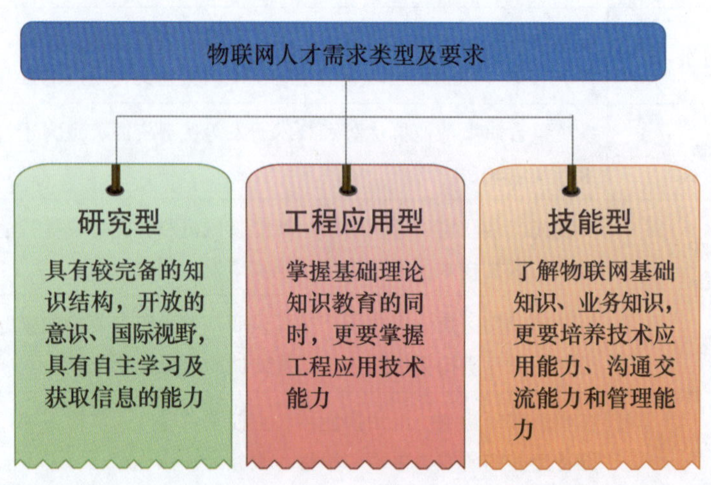

图5－9　我国物联网人才需求类型及要求

（1）研究型人才。物联网所涉及的理论层次较高，需要大量行业标准、整体规划及技术研发类研究型人才。但我国物联网发展还处于初期，研究型人才非常紧缺。此类人才需要具备很高的综合素质，一般要求研究生层次，具有跨学科复合型特点，拥有创新精神、创造能力和创业才能，具备开放的意识、国际视野以及国际交往能力，能够自主学习及获取信息，掌握完备的知识，未来可以从事物联网政策研究、行业标准制定、咨询顾问、规划测评、技术研发等工作。

我国在物联网概念发布之初就开始了研究型人才培养，清华大学、南京邮电大学、上海交通大学等高等院校及各类科研所纷纷设立物联网实验室等，但人才培养速度依然跟不上市场需求。基于我国高端研究型人才欠缺的情况及智慧地球的迅速发展，研究型人才培养的力度需要继续加强。

（2）工程应用型人才。物联网行业不仅涉及技术研发，同样需要行业应用才能发挥真正作用。我国物联网“十二五”规划重点发展智能工业、智能安防、智能物流、智能交通、智能电网、智能医疗、监控与灾害预警、智能家居、智能农业、金融与服务业、智慧城市等，需要大量行业应用人才。

①张博、李益：《物联网专业人才需求分析》，《信息安全与技术》2014年第4期，第8－10页。

行业应用以系统设计、产品开发、工程项目策划与实施为主，需要大量工程应用型人才进行物联网系统设计、产品开发、物联网项目实施，包括 RFID 系统设计与开发、嵌入式软件开发、网络安装调试、物联网硬件开发、传感技术开发、市场营销、售前售后技术支持等工作。工程应用型人才需要掌握基础理论知识的同时，更要掌握工程应用技术能力，突出技术应用能力、创新能力。目前我国众多本科院校已开设物联网工程专业，主要致力于工程应用型人才培养。

（3）技能型人才。在物联网应用实施过程中，需要大量一线高素质技能人才，如物联网业务运营管理人才、项目施工人才、市场销售人才、业务应用人才、客户服务人才和系统维护人才等。显然，这对物联网高技能型人才提出了较高要求，既需要了解物联网基础知识、业务知识，更要培养技术应用能力、沟通交流能力和管理能力。

2. 岗位需求分析

物联网跨行业的特征使得物联网人才十分紧缺。从产业链的角度来看，物联网产业有感知控制、数据传输和数据处理三个环节，其中，感知控制环节需要电子设备技术人员、芯片设计和制造人员；数据传输环节需要通信和计算机网络人员；数据处理环节需要系统设计、系统应用和系统管理人员。目前，我国感知控制环节技术能力较弱，国家大力支持高等院校及研究机构进行技术突破，加快人才培养，不断提高我国电子芯片设计人员和制造人员数量；数据传输环节发展较快，依托我国原有的计算机及通信基础，计算机及通信人才培养速度较快，这类人才供需两旺；数据处理环节涉及系统设计及应用维护，由于涉及行业广、项目众多，人才需求呈几何式增长，急需大量高素质技能人才。

根据物联网产业特征分析，具体岗位及要求如表 5－5 所示①。

表 5－5　　物联网岗位列表及相关要求

产业链环节	岗位群	具体岗位	岗位要求	学历要求
感知层	物联网研发及芯片制造	1. 物联网研发工程师 2. 物联网终端研发工程师 3. 物联网平台研发工程师 4. 芯片硬件开发工程师	1. 物联网无线传感和通信技术产品研发、工艺设计、产品生产和项目实施 2. 相关技术产品和生产测试装备的硬件和软件以及算法协议的开发和测试 3. 为客户提供物联网解决方案并组织实施 4. 了解嵌入式系统软件和硬件的工作原理；8051、ARM、MIPS、PIC 等 CPU 和总线的结构及其工作原理	本科及以上
	物联网应用软件辅助开发	1. 终端设备开发技术员 2. 嵌入式工程师 3. RFID 应用开发工程师	1. 物联网应用软件整体规划 2. 应用软件前台设计、后台编程及数据库应用 3. 能够进行物联网终端产品的辅助设计与开发 4. 良好的逻辑思维能力及团队合作能力	专科及以上

①唐敏、尚勇、林昕：《高职院校物联网应用技术专业课程体系的探索与构建》，《物联网技术》2014 年第 2 期，第 85－87 页。

续表

产业链环节	岗位群	具体岗位	岗位要求	学历要求
传输层	通信系统工程师	1. 物联网通信工程师 2. 通信系统工程师	1. 熟悉 Wi - Fi、Zigbee、RFID、2G/3G/4G 等无线通信技术 2. 熟悉红外、蓝牙 4.0 等短距离无线通信技术，有相关产品的开发设计经验 3. 对射频电路有过相关的开发经验，能够把握物联网技术的发展方向	本科及以上
应用层	物联网应用系统集成	1. 系统集成工程师 2. 物联网咨询工程师 3. 市场支持策划专员 4. 产品线总架构师 5. 物联网测试工程师 6. 产品经理	1. 进行系统集成项目的需求分析 2. 进行物联网系统软硬件的选型、使用和配置方法 3. 制定物联网产品解决方案 4. 进行物联网系统节点的规划、分配和管理 5. 进行物联网系统的调试和测试 6. 良好的沟通能力及团队合作精神	专科及以上
	物联网工程施工	1. 物联网网络工程师 2. 施工技术人员 3. 物联网构建技术员	1. 具备无线网络、计算机网络的基础知识，掌握其网络组建的基本技能 2. 根据物联网工程施工标准及方法，进行物联网项目组建、系统设置、工程施工、调试及技术服务	专科及以上
	物联网应用系统维护/调试	1. 系统运维工程师 2. M2M 技术支持工程师	1. 熟悉物联网产品设备（如传感器）的基本使用技巧，具有维护物联网应用系统软硬件安装与维护能力 2. 具有物联网应用系统软硬件的维护能力 3. 协调交际能力及其他相关能力	专科及以上
	物联网产品技术支持	1. 售前技术支持工程师 2. 售后技术支持工程师 3. 市场营销专员、文员、门店营业员	1. 根据客户需求，为客户推荐其感兴趣的产品 2. 根据客户需求进行物联网相关产品的配置、安装 3. 负责产品采购、售前、售后等技术工作 4. 良好的沟通及交际能力	专科及以上

资料来源：根据网络公开资料整理。

由岗位需求情况可以看出，我国研发及技能人才缺失。目前国家对研发人才较为重视，技能人才培养相对滞后，技能型人才在培养目标上与工程应用人才类似。且随着智慧城市的加速建设，物联网将会迅速发展，急需大量一线技能人才。因此，我国职业教育应加快对技能人才的培养。

三、我国物联网专业职业教育分析

为促进物联网产业的发展，占领物联网发展先机，我国在物联网发展之初即将物联网专业纳入职业院校招生范围。在国家及教育主管部门和行业的重视下，在广大院校和企业的共同努力下，物联网教育得以大力推进，学科建设和人才培养工作得到较快发展。然而，由于物联网专业是新兴专业，跨多个学科，建设难度较高，大多数院校的物联网专业课程尚未形成体系，师资力量严重缺乏，且实验实训建设标准等相关问题也有待进一步规范，需要进一步提升。

（一）专业设置概况

我国职业院校自2010年起就开始进行物联网相关专业建设，目前已有300多所职业院校开设物联网专业，在物联网专业建设和人才培养上积累了一定的经验。

1. 院校开设现状

随着“感知中国”的提出，国家高度重视物联网发展及物联网专业的建设。2010年，教育部办公厅发布《关于战略性新兴产业相关专业申报和审批工作的通知（教高厅函〔2010〕13号）》，物联网专业作为信息网络产业方向重点支持的开办专业之一，也在此次申报之列。全国近700所高等院校向教育部提交了增设物联网等相关专业的申请，其中30所院校获准开设物联网相关专业，并从2011年起开始招生。2011年又有30多个院校获批开设物联网工程专业；首批批准开设物联网应用技术专业的高职院校共22所。随后，获批开设物联网专业的院校逐年增多，目前已有300多所本科院校、200多所高职院校、近百所中职院校开设了物联网专业[①]，其中本科院校开设物联网工程专业，职业院校开设物联网应用技术专业。

当前，国内开设物联网应用技术专业的高职院校主要有五类：一是综合类院校，如天津现代职业技术学院、辽阳职业技术学院、江苏城市职业学院等；二是理工类院校，如北京电子科技职业学院、河北工业职业技术学院、石家庄工程职业学院等；三是财经类院校，如内蒙古商贸职业学院、江苏经贸职业技术学院、安徽商贸职业技术学院等；四是农业类院校，如北京农业职业学院、江苏农林职业技术学院、成都农业科技职业学院等；五是师范类院校，如河北科技师范学院、焦作师范高等专科学校等。其中理工类院校最多，有128所，部分理工类院校的物联网应用技术专业下设不同专业方向，如智慧医疗、智能交通、轨道交通、智能家居等[②]，其余绝大多数院校没有对物联网专业方向进行细分。如图5－10所示。

2. 人才培养目标

培养合格的物联网人才，人才培养方案很关键，这就需要明确人才培养目标和定位。由于物联网应用范围广，涉及的技术面非常广，中职、高职和本科在开设物联网专业时，人才培养知识体系和培养目标是不同的。总体来看，中职侧重于培养中级技能人才，高职侧重于培养高技能人才，而本科则培养具有扎实理论基础的研究型、设计型、工程型和创新复合型人才（如表5－6所示）。

①②中国教育在线：http：//www. eol. cn/。

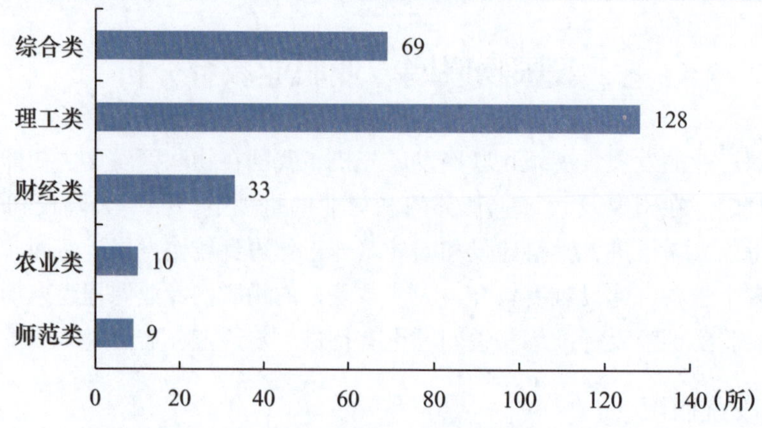

图 5－10　开设物联网应用技术院校类别

资料来源：中国教育在线。

表 5－6　　不同院校物联网专业人才培养目标

院校类型	专业名称	人才培养目标	代表院校
本科	物联网工程	培养造就具有通信技术、计算机应用技术、信息网络等相关专业知识，掌握物联网技术工程领域的专门知识与关键技术，从事物联网工程系统设计、系统分析与运行、开发的高等工程技术与管理人才	常州工学院、金陵科技学院、南昌理工学院、青岛科技大学
高职	物联网应用技术	培养掌握必需的本专业基础理论知识和基本技能、物联网应用领域涉及的基本知识和基本技能，能从事传感器等物联网相关产品的辅助设计、技术咨询、发布推广、信息管理和物联网工程的系统集成和安装维护等工作的高素质技能人才	苏州工业园区职业技术学院、无锡职业技术学院、天津中德职业技术学院、北京电子科技职业学院
中职	物联网应用技术	培养掌握本专业所应有的理论知识、实践技能，具备从事物联网相关产业的产品生产、技术服务、维护维修、产品推广及营销等工作岗位的相应能力的中级技能人才	广东经济贸易职业技术学校、温州市职业中等专业学校、烟台技师学院

资料来源：根据公开资料整理。

3. 招生规模分析

目前，我国大部分省份均有高职院校开设物联网应用技术专业，其中江苏省开设物联网应用技术专业的高职院校数量最多，达到 28 个，这与江苏省物联网产业的发展紧密相关。从 2011 年高职院校招收物联网应用技术专业学生至今，物联网应用技术专业的学生数量逐年上升。据阳光高考平台统计数据显示：2012 年有 110 多所高职（专科）院校录取了物联网应用技术专业学生近 5500 人。由此可见，我国物联网技术应用专业招生已有一定规模，但是与物联网产业对应用人才的巨大需求相比，仍然存在较大的缺口，急需进一步扩大。

（二）专业人才培养分析

物联网应用技术专业的人才培养目标是掌握物联网的基础知识，具备能运用计算机技术、嵌入式系统技术、传感技术和互联网技术进行信息感知识别、传输处理和控制的能力，能进行系统集成及相关技术与产品的开发和应用推广，具有物联网工程实践能力的高素质技能人才①。作为一个新兴的专业，物联网应用技术专业在专业建设及人才培养模式上仍处于摸索阶段，不过通过这几年的实践，已经取得了一定的成果。下面着重从课程设置、教材体系、实训设施及师资队伍上进行介绍。

1. 课程设置

物联网应用技术专业是计算机科学与技术、网络工程、电子技术、信息工程、通信工程及其他边缘科学交叉渗透、相互融合的基础上发展起来的一门新型应用型专业。物联网专业的课程要具备跨学科性，涉及内容较宽泛。2012 年，国家教育部把物联网专业划分到计算机学科类，所以物联网专业在开设计算机类的课程前提下，又要开设体现物联网特色专业的课程，提高实践性课程的比例，增加大型综合实训实验，实现应用型人才培养②。总体来看，物联网专业课程体系分为通识课程、专业课程和实训课程（见表 5 - 7），不过由于物联网技术动态变化，物联网专业的课程需要紧跟物联网技术发展应用的前沿而动态调整课程内容，逐步构建完善的课程体系。

表 5 - 7　　部分职业院校物联网应用技术专业课程

类型	课程名称
通识课程	思想政治、英语、高等数学、大学语文、中国近现代史纲要等
专业课程	物联网应用技术导论、计算机网络与通信、传感器原理与技术、无线射频识别技术与应用、Java 程序设计、智能设备应用开发、电子技术基础、通信技术基础、网络监控技术、数据库设计与管理、物联网系统集成技术、物联网系统应用设计、物联网信息安全技术、物联网产品管理维护等
实训课程	RFID 综合实训、物联网综合实训、无线传感网组建实训、传感器应用与检测技术实训、智能设备应用开发实训、物联网项目规划与实施等

资料来源：各学校官网。

2. 教材体系

专业的建设离不开完善的教材体系，物联网专业自开设之初就重视教材体系建设。2010 年国家重点高校启动物联网专业教材开发工作，由中国工程院、国家科技重大项目、计算机网络领域著名专家牵头，进行物联网专业教材的编写。

物联网专业新编写的教材主要是本科教材，高职院校物联网专业多采用本科教材，针对专科院校的物联网专业教材较少。物联网专业教材有导论或概论类、无线传感器类、射频识别类等方面的教材。虽然，物联网专业的教材可以借鉴信息、通信、计算机等专业的相关教材，并结合上述已有的这些教材来满足目前的教学需求，但所有这些教材与物联网专业课教学系统化、体系化

①顾卫杰、王云良：《对不同层次教育的物联网专业定位的思考》，《中国电力教育》2011 年第 27 期，第 182 - 183 页。

②孙玉娣：《高职物联网技术专业人才培养方案探索与实施》，《电脑知识与技术》2012 年第 8 卷第 21 期，第 5146 - 5152 页。

的要求还有较大的距离，而且每个学校都有各自的特色，都有各自的侧重点，这些教材难以满足所有学校的需求，因此需要依据物联网专业的技术体系、知识体系和学校专业特色来建设具有物联网特征的、系统化、个性化的系列教材①。

3. 实训设施

开展物联网专业教学，必须有充足的硬件设施作保障。职业院校物联网专业毕业生主要从事物联网工程项目规划、物联网设备安装、调试和维护、智能终端产品的生产制造与辅助设计等一线技术工作，加强实训实践具有重要意义。目前，开设物联网专业的学校中只有少数几家实验实训条件能跟得上，绝大多数学校的物联网配套硬件设施几乎没有，或是使用其他相关专业一些可共用的实验实训设备（如嵌入式实训室、网络组建实训室），实训设置不太配套，处于凑合使用的状态。

建立物联网专业实验实训室需要投入大量精力、物力、财力，很多职业院校存在资金不足的问题。针对这一问题，部分高职院校或是利用自身原有的计算机、通信专业实训室建设物联网实验室，或是与相关企业合作共建联合实验室，从而为学生的实验实训教学提供条件。如表 5－8 所示。

表 5－8　　职业院校物联网实训室建设情况举例

院校类型	学校	实训室建设
高职	无锡职业技术学院	感知层技术中心、传输层技术中心、应用层与系统集成项目技术中心、物联网应用技术基地等
中职	温州市职业中等专业学校	物联网应用技术实训室

资料来源：各学校官网。

4. 师资队伍

优秀的师资队伍是确保专业开设的组织前提。物联网是典型的交叉学科，涉及计算机、电子、测控、通信等多方面的专业知识，如今学校师资中能在这几个方面样样精通的教师少之又少，专业师资力量几乎从“零”开始培养。目前高职院校物联网专业师资队伍建设主要通过以下两种方式：一是从电气、电子、通信、计算机各个专业挑选教师，学校根据物联网三层结构所需选择合适的教师，包括电气自动化、通信专业、计算机专业老师，然后对这些老师进行专业能力提升，鼓励其进修相关专业学历学位，并积极参与企业项目开发，提升教师专业理论和专业技术水平。二是选拔骨干专业教师，由骨干教师对其他教师进行培训，促进互相学习，通过“自产自教自学”的方式带动整个专业教师水平的提升。此外，学校还加强与行业协会及企业合作，让教师定期下企业培训，了解企业运作模式、具体需要的人才类型等，回到学校以后，就可以教给学生最贴近现实的实践技能②。

---

①王志良、曾宪武、王新平：《物联网工程专业必修课程的教材建设》，《计算机教育》2012 年第 21 期，第 5－8 页。

②丁艳艳：《高职院校物联网专业建设研究——以南京两所高职院校为例》，南京师范大学硕士学位论文，2014 年。

四、国外物联网专业职业教育分析

物联网作为新一代信息技术，其在生产生活中具有极强的渗透性，具备发展成为新经济增长点的巨大潜能。世界各国都高度重视物联网的发展，纷纷制定相关发展战略，加大政策及资金支持。在推动产业发展的同时，美国、日本等开始探索物联网专业教育。通过多年的积累，这些国家已经形成了较为完善的物联网人才培养体系，并向物联网产业输送了大量优秀人才。

（一）国外物联网产业发展现状

物联网的概念是由美国麻省理工学院自动识别中心于1999年提出的。目前，世界各国的物联网发展基本上还处于技术研究与试验阶段。相对而言，美国、欧盟以及日本的物联网发展水平较为领先，并都投入巨资大力发展物联网，以期在该领域谋求先发优势①。因此，研究这些国家和地区发展物联网发展的实践与经验将会具有重要参考价值。

美国、欧盟及日本均在政策、资金投入及行业应用上给予物联网大力支持，取得积极的成效。美国发展物联网时间较早，无论是技术水平还是产业链完善程度，都走在世界前列。一批优秀企业如德州仪器、英特尔、高通、IBM、微软在通信芯片及通信模块设计制造上处于全球领先地位。美国还在更高层面上推进信息技术企业重组，以巩固其在信息技术领域的垄断地位，力图主导全球物联网的发展。美国的EPCglobal公司组织制订的RFID标准已经在国际上取得主导地位，许多国家采纳了这一标准架构；国际上新近开发的物联网各种无线传感技术标准也主要由美国企业所掌控②。

作为世界上最大的区域性经济体，欧盟对物联网产业高度重视，建立了相对完善的物联网政策体系，加大研发投入，制定标准化规则，规范物联网发展。欧盟以信息化战略规划为引领发展物联网，并出台了一系列战略，如《“e－Europe”全民信息社会战略计划》、《“i2010”战略》、《欧盟物联网行动计划》、《欧盟物联网战略研究路线图》等，力图突破关键技术，构建物联网管制框架，在世界范围内起主导作用③。在出台相关政策的同时，欧盟大力推广物联网应用，其主流运营商已经实现了安全监测、自动抄表、自动售货机、公共交通系统、车队管理、工业流程自动化、城市信息化、智能建筑等多个领域的物联网应用，且在不少领域已形成了一定的应用规模。

日本是较早启动物联网应用的国家之一。从20世纪90年代中期以来，日本政府相继制定了多项国家信息技术发展战略，有序地开展了大规模的信息基础设施建设。2001～2010年，日本提出了“e－Japan”、“u－Japan”、“i－Japan2015”等信息化发展战略，试图确立日本在信息领域的地位，实现经济的复苏。同时，日本还通过物联网示范项目来推动物联网技术的应用开发。根据IDC Japan发表的日本物联网市场调查结果显示，2014年日本物联网产业规模达到778亿美元，预估未来年平均增长率为11.9%。当前，日本物联网行业以制造、交通为主，未来可望涉及能源与零售业。

①朱洪波、杨龙祥、朱琦：《物联网技术进展与应用》，《南京邮电大学学报》（自然科学版）2011年第1期。

②李向文：《欧、美、日、韩及我国的物联网发展战略——物联网的全球发展行动》，《射频世界》2010年第3期，第49－53页。

③吴价宝：《物联网产业发展的国际经验及启示》，《江海学刊》2011年第6期，第83－87页。

总的来说，发达国家都高度重视物联网，将其作为未来发展的重要内容，并出台了多项鼓励政策，加速物联网技术水平及应用水平。未来几年，国外物联网将实现大规模普及，市场规模将出现迅速增长。

（二）典型物联网人才培养模式分析

物联网在全球范围内快速发展，对人才提出了强烈需求。目前国外物联网人才培养主要有两种典型模式，一种是以美国为代表的重技术研究的研究型人才培养模式，一种是以日本为代表的重企业需求的应用型人才培养模式，这两种模式均为物联网产业培养了大量人才，对我国物联网专业建设具有一定的借鉴作用。

1. 美国——研究型人才培养模式

美国的物联网发展遵循着一条“自下而上”的清晰轨迹，即最初由个人提出相关概念，其后高校的实验室进一步研发提出界定明确的系统设计。随着科技的发展，物联网相关技术先后引起了美国军方、国家自然科学基金和一些跨国企业的重视，这些政府部门、研究机构和企业等陆续开展对无线传感器网络研究和开发工作的资助。在物联网人才培养方面，美国主要通过实验室和企业培养两种模式，这两种模式在很大程度上都促进了美国物联网技术的研发与创新，深化了物联网的推广与应用，让美国的物联网企业成为物联网技术与应用的领先企业。

（1）实验室模式。作为美国国家创新体系重要的基础组成部分，美国很多大学的实验室为美国的科技创新特别是基础科学研究领域的创新做出了巨大贡献，也极大提升了所在大学的学术实力和学术声誉，同时也培养了大量高水平科研人才。

物联网概念自提出以来，美国很多大学在无线传感器网络方面开展了大量工作，目前卡耐基梅隆大学、麻省理工学院、斯坦福大学、加州大学伯克利分校、宾汉姆顿大学及奥本大学等在物联网领域实力较强。斯坦福大学成立了全球第一个物联网实验室，加州大学洛杉矶分校拥有嵌入式网络感知中心实验室、无线集成网络传感器实验室、网络嵌入系统实验室等。麻省理工学院主要从事极低功耗的无线传感器网络方面的研究；奥本大学也从事大量关于自组织传感器网络方面的研究，并完成了一些实验系统的研制；宾汉姆顿大学计算机系统研究实验室在移动自组织网络协议、传感器网络系统的应用层设计等方面做了很多研究工作；俄亥俄州立克利夫兰大学的移动计算实验室在基于IP的移动网络和自组织网络方面结合无线传感器网络技术进行了研究。这些实验室进行的技术研发促进了技术从实验室向市场转让，为美国成为物联网强国奠定了基础。实验室研发项目吸纳了来自计算机、信息、通信、电子等各个学科的人才，促进各学科的融合，加快物联网专业人才的培养。

（2）高科技企业模式。美国拥有大量全球领先的高科技公司，这些高科技公司一直致力于科技创新，注重科技研发，同时加强与高校的技术合作，是美国物联网研究与应用人才的发源地。

美国高科技公司各大知名企业都先后参与开展了无线传感器网络的研究。IBM在企业应用基础架构和数据库连接设备上投入巨资，拥有超过1400人的物联网团队规模。谷歌、苹果都设立专门的部门致力于物联网操作系统的研发，高通、英特尔一直处于开发新一代物联网芯片的前沿，此外德州仪器、微处理器制造商爱特梅尔等也都在传感器网络领域投入极大的资金和科研力量。这些高科技公司在参与物联网的发展中培养了一大批研发人才和应用工程师，为物联网的发展奠定了人才基础、技术基础和应用基础。

2. 日本——应用型人才培养模式

物联网产业的发展以信息产业的发达为基础，日本在信息技术方面虽然较美国起步晚，但在20世纪90年代经济衰退时，其认识到信息产业就是21世纪新经济的增长点，从国家政策上加强对信息人才培养的支持，形成了完善的信息人才培养体制，让日本在物联网提出之初就能迅速反应，布局培养物联网人才。日本致力于培养物联网应用型人才，主要通过学校培养的方式，采用官产学结合的人才培养模式，充分了解企业需求、把握市场动向，科学设置课程，力求培养出满足社会需求的人才。

（1）应用型培养目标。文部省在《推进教育改革》的报告中指出，要培养适应信息化社会的人才是今后教育的重要课题，学校教育要在学生学习生涯中，努力培养他们灵活应用信息的能力。教育中应用数字技术有助于促进教师、学生双向教育；普及大学信息教育和整顿数字化基础设施，通过推广实践性教育基地，官产学合作等措施，建立能持续稳定培育高端数字化人才的体制。高等院校要根据需要，为电子政府及电子自治体建设和发展培养既懂管理又懂技术的专门人才①。这些都与日本提出的“e－Japan”、“u－Japan”、“i－Japan”战略要求紧密相关。

（2）科学设置课程内容。物联网专业的课程设置涉及计算机及其应用、信息系统等，内容比较全面，在学校教育中侧重宽度而对基础理论要求不高。例如，关于计算机信息系统专业的课程设置，内容涵盖了国内计算机应用、信息系统、商业管理等专业的大部分主要课程。在教材上，从小学到大学，日本各级各类计算机技术教材的编写极富特色，不仅课程设置科学、内容通用，而且注意反映国际信息技术发展的最新成果，随时进行修改和调整，更新频率很高，一般教材的更新年限不超过两年。此外，学校还积极聘请外籍教师和企业家参与教学，从而保证了学生知识的前瞻性，让学生及时了解行业发展现状，使得学生在校期间就与国际接轨、与实际开发接轨。

（3）官产学合作教育模式。物联网产业作为信息产业的一部分，在人才培养上延续日本信息人才培养的模式，采用官产学合作的模式。根据日本情报处理协会所做的一项调查，80%的大学都认为，为了向社会或者产业界输出合格的信息通信人才，了解企业需求、把握市场动向，在教学过程中增加实践性内容，大学有必要与企业合作②。物联网官产学结合教育模式一方面是通过企业培训实施信息技术教育，企业把培训看作对劳动力的长期投资，培训时间会根据信息技术发展的要求跨越劳动者整个工作周期，有时培训范围会超过劳动者的工作范围和工作要求；另一方面是学校接收企业职员定期到校学习，学校配讲师进行巡回指导。另外，政府将信息化作为国策来促进本国经济和社会发展，拨巨资建设信息化基础设施，与企业联手设立信息人才培训岗位，为发展信息产业和培养信息社会需要的人才提供政策和条件保障，极大地推动了日本物联网人才的培养进程。

五、我国物联网专业职业教育服务产业发展分析及建议

我国物联网专业尚处于发展阶段，存在职业教育体系不完善、专业布局结构不合理，人才培

①高梁：《日本电子政府发展研究：经验与启示》，《电子政务》2008年第6期，第115－120页。

②乌云其其格：《ICT产业竞争力与高级ICT人才培养：以日本为案例》，《世界科技研究与发展》2007年第5期，第98－106页。

养质量不高等问题，服务物联网产业发展的能力有待进一步提升。借鉴国外发达国家物联网教育的先进经验，提升我国物联网职业教育水平，努力为产业发展输送一批又一批合格的人才。

（一）物联网专业职业教育服务产业发展分析

物联网技术作为第三次科技浪潮将影响人类活动的各个领域，加速社会的发展进程，发展物联网产业对我国具有重要的经济意义、战略意义及社会意义。我国高度重视物联网行业，将其作为我国的战略新兴产业，取得了较大的进展。目前，我国物联网应用在诸多行业大面积铺开，急需大量高素质技能人才。职业教育反应迅速，大量学校开设物联网应用技术专业，但仍滞后于产业发展的步伐，在人才培养的过程中未能与产业实现较好的衔接，人才质量和人才规模尚不能满足产业发展需求，亟待改进以满足产业发展需求。

1. 专业结构与产业结构错位

从物联网的参与主体角度来看，产业链可以分为上游、中游、下游三个部分，上游为信息采集设备及通信模块供应商，中游为网络设备提供商、软件及应用开发商、系统集成商，下游为网络提供商、网络运营与服务提供商等。根据以上物联网产业特征分析，物联网人才可包括电子设备技术和芯片设计技术人才、计算机网络和通信人才、系统集成和应用人才三类。其中职业院校偏重于培养学生的实际操作能力，而电子设备和芯片设计技术人才的培养对技术水平要求较高，职业院校难以培养，故其主要以计算机网络和通信人才、系统集成和应用人才的培养为主。但是，目前我国职业院校在专业布局上存在以下问题：一是专业方向不明确，难以满足产业需求。职业院校在物联网专业设置上大多没有明确培养方向，针对性不强，追求大而全，未与当地物联网行业需求相结合，易导致学生无法深入学习，仅仅限于皮毛，无法掌握一技之长。二是人才培养目标不明确，定位缺失。职业院校在对物联网专业进行专业设置时没有明确人才培养目标，盲目模仿本科院校，偏离了职业院校的人才培养方向，忽略了学生实际操作能力的培养，让学生所学难以契合企业所需。

2. 人才质量难以满足岗位需求

物联网产业作为综合性较强的产业，涉及产业链长、技术要求高、应用程度高，对人才的能力要求较高。职业院校物联网应用技术专业培养物联网应用系统集成、物联网工程施工、物联网应用系统维护/调试、物联网应用软件辅助开发、物联网产品技术支持、物联网系统维护/调试等岗位人才。这些岗位对人才的专业素养、技术水平及综合素养要求较高。而当前职业院校培养的物联网人才尚不能满足岗位需求。

联业院校物联网应用技术专业建设经验缺乏，人才培养模式尚处于探索阶段，课程设置、师资力量、实训设施及教材体系等均未成熟，同时专业与产业岗位要求未能实现良好衔接。在课程设置上，多数职业院校以理论课程为主导，忽视实践课程，没有依据岗位需求科学设置课程，同时课程目标不明确，没有坚持培养技术技能型人才的思路。在课程内容选择上，部分职业院校并不是结合本地物联网产业发展而确定课程内容，只是贪多求全而导致课程重点不突出。在师资力量上，目前了解物联网产业，具备理论基础和实践经验的教师少之又少，教师对行业的熟悉度低影响了知识传授。在实训设施上，物联网专业所要用的实训设施多且价格昂贵，很多学校尚未建立所需的实训室。在教材体系上，国家主导相关部门编写了物联网专业的相关书籍，但属于普适性书籍，缺乏针对大专院校的专业书籍。由此可见，物联网专业在建设过程中存在的诸多困难，导致人才培养质量难以满足产业需求。

（二）对我国物联网专业职业教育发展的建议

针对我国物联网专业建设中存在的问题，结合我国国情，借鉴国外先进经验，可以从校企合作、课程设置、实训设施、师资队伍、教材体系等方面进行改进提升。

1. 借鉴先进经验，深化校企合作

校企合作是职业院校培养专业技术人才的传统方式，也是其向社会输送优秀专业技术人才的有效途径。在物联网应用技术人才培养的过程中，应当借鉴国外先进经验进行多层次全方位的校企合作，让教育与产业结合起来。

（1）校企共定人才培养目标。人才培养目标是职业院校人才培养工作的出发点，决定了人才培养规格和人才培养模式，人才培养目标的制定是专业建设过程中关键的一环。职业院校要想培养满足社会需求的技术技能型人才，就应加强与企业的联系，了解企业对专业人才的需求。学校可以与企业共同制订物联网专业人才培养目标，让学生掌握物联网技术的核心基础，了解物联网技术变化的趋势，有助于适应技术的快速变化。同时学校和企业应对物联网产业进行调研，从多方面了解物联网产业发展的现状和趋势，确定学校物联网专业的方向，力求学校所教授的知识技能能满足物联网产业发展需求①。

（2）校企合作技术攻关。我国物联网专业建设一直受到国家高度重视，国家投入了巨大的人力、物力，学校拥有先进的物联网相关技术装备及实验室，大多仅是供学生学习所用，没有与产业结合产生相应的经济效益。而国内物联网企业限于资金压力，缺乏相应的技术装备。借鉴美国物联网发展经验，我国物联网企业可购买学校技术或校企合作进行技术攻关，充分利用学校的相关设备，提升师生的实践水平，推动物联网企业的技术进步。

（3）校企协作强化实习实践。职业院校物联网人才需强调实际操作能力，在学习相关的理论知识，参与实训实验后，进入企业了解一线的工作对于提升学生的实际工作能力，提高职业能力大有裨益。强化实习可以从两方面入手，一方面，完善职业院校学生实习的机制。在实习之初，学校要对学生进行教育，指出实习的重要性和必要性，以提高学生对于实习的认识和重视。同时，实习过程中必须要加强监督，杜绝弄虚作假，以保证实习质量和效果。另一方面，学校可以和物联网应用技术比较成熟的企业建立岗位实习基地，同时尽量联系多家企业以提供不同的实习岗位供学生选择和交流。在具体实习过程中，最好能为每位学生配备一名技术指导老师，指导学生的学习和实践。对于实习效果好的学生，可以提前与企业签订就业协议，以满足企业对人才的需求。

校企合作作为一种有效的人才培养模式在职业院校专业技术人员的培养过程中发挥着巨大的积极作用，能促进学校、学生和企业实现全面共赢。物联网应用技术专业人才培养可采取此种模式，为社会和企业培养更多实用型和应用型的高素质人才。

2. 对接产业结构，完善课程设置

物联网专业课程设置要紧密联系社会、专业的发展需求，统筹兼顾其“专业新、对应产业链长、相关技术门类差异大”的特点，深入研究，准确定位。课程内容的设计应根据专业培养目标，以市场需求为起点，以职业岗位群职责、工作任务、工作流程分析为依据，实现专业课程

---

①丁艳艳：《高职院校物联网专业建设研究——以南京两所高职院校为例》，南京师范大学硕士学位论文，2014 年。

开发与设计的创新①。

（1）合理搭配理论与实践课程。物联网应用技术是实践性相当强的一门学科，其最终的目的是指导物联网技术开发、创新，促进物联网技术在现实生活中的应用，改善人类生活。所以，在物联网专业课程设置过程中，职业院校必须要摒弃过去以理论课程为主导，忽视实践课程的建设思路，注重理论课程和实践课程的结合；要以社会经济发展和产业技术进步为驱动，加快课程改革，整合相关的专业基础课、主干课、核心课、专业技能应用和实验实践课，更加专注培养学生的实际操作技能和创新能力。只有这样才能培养出既具备创新理论，又具备实践动手能力的物联网应用技术专业人才。

（2）依据岗位需求科学设置课程。物联网应用技术专业作为应用性极强的专业，其与产业发展紧密结合，受产业发展影响较大。物联网应用技术专业在课程内容设置上要依据地方物联网产业发展情况，通过调研、信息收集分析当地物联网产业的岗位需求，以及岗位群针对的典型工作任务、对应岗位的核心能力要素，并据此制定出物联网应用技术专业的课程体系。

以江苏经贸职业技术学院为例，该校顺应物联网产业发展需求，将产业与自身优势专业结合，进行物联网专业课程的合理设置。该校较早设立物联网应用技术专业，在课程设置时，依据市场对人才的需求，将物联网专业与该校传统优势专业物流专业进行结合，根据专业培养目标，以市场需求为起点，以职业岗位群职责、工作任务、工作流程分析为依据，实现专业课程的开发与设计的创新。

3. 加强合作与引进，推进教材建设

物联网专业应该如同教育学有“教育学理论”、心理学专业有“心理发展理论”那样，拥有自己的基础学科，这是物联网专业发展的基础问题。跟随信息科技大潮流，长期进行物联网的科研教学实践，不断思考，抽取物联网的基本概念，才能建立起较为完整的物联网专业教材体系。对于物联网专业教材体系建设，可以从以下几方面着手：

（1）多方合作开发编撰教材。物联网专业教材编制任务重，针对性强，可采取多种方式编写。一是院校内的合作。学校的物联网人才培养方向一般只有一两个，由于每所高职院校的差异性，各校对教程的要求各有不同，这就需要学校教师根据专业方向需求自编物联网专业教材。自编校本教材，可以通过组建物联网专业核心教师小组，根据实际需要，确定教材内容，使得教材符合本校情况，提高教材的利用率。二是院校间的合作。这种合作可以加快专业教材的编制，吸收多方有用的经验和成果，促进物联网专业的教材建设。三是院校与企业的合作。选择和设计物联网专业教材体系，不仅应考虑专业教学的实际需要，而且还要考虑物联网产业的发展趋势。因此，院校应加强校企合作，与企业共同开发教材，使教材更加具有实用性和前瞻性。

（2）引入国外专业技术教材。物联网专业教材缺乏问题较为严重，在这种情况下，借鉴其他发达国家已有的教材，是物联网专业教材建设的一个重要途径。从我国现有物联网专业教材内容来看，主要集中于物联网技术概论、物联网原理与应用等，对物联网感知层、网络层的研究较多，对物联网应用层的研究相对薄弱，而美国对物联网技术的研究成果相较于我国更为精深，尤其在关键技术的掌握方面。所以在进行物联网专业教材建设时，我国要注意引入国外物联网关键技术方面的教材，将其翻译成中文并兼收并蓄，从而促进物联网专业教材建设。

（3）加强多种形态教材建设。随着社会的发展，无纸化、数字化成为一大发展趋势。对于

①孙玉娣：《高职物联网技术专业人才培养方案探索与实施》，《电脑知识与技术》2012年第8卷第21期，第5146－5152页。

教材来说，不再仅局限于纸质书稿，出现了多种形态的教材，如电子书、实验演示动画、录音材料等，这些教学资源内容丰富、形象生动。相较于传统的纸质书籍，这些电子教材在提高学生的学习兴趣方面，存在很大优势，并且容易保存，使用年限长，更新速度快。

4. 注重改造与新建，加快实训室建设

良好的实验和实训设施是实现人才培养目标、提升培养质量的重要保证。对于职业院校物联网专业学生而言，培养他们的物联网技术操作能力和应用能力是目标所在，因此加强物联网专业技术实训室建设是专业建设的重要环节。鉴于物联网专业是专业性、综合性较强的学科，在实训室建设上可从以下几方面着手：

（1）利用原有实训室。物联网专业作为新专业，主要有传感采集控制、通信网络、系统应用三个培养方向，其中，传感采集和通信网络已有一定的研究基础。很多高职院校都开设了电子专业、无线电专业、计算机专业等，这些专业与物联网专业的基础知识相近，因而在进行实训实践时，可以利用这些已有的专业实验室来进行人才培养。沿用已有实训室，不仅能提高学习资源的利用率，还可以节省相关经费。

（2）改造落后实训室。物联网专业的技术更新速度快，仅靠购置新设备并不能满足技术发展的需求，因此在实训室建设时，要综合多方面的因素，权衡经济效益和安全性能，从已有的实训室入手，改造落后的实训室设备。这既能减少建设费用，又能减少资源浪费。

（3）新建综合实训室。物联网专业的知识注重系统性，从感知层的 RFID 技术和传感器技术，到传输层的网络通信技术和无线网络传感技术，最终都用在应用层上，因而在物联网技术实训室的基础上，有条件的学校可以把这几种技术结合起来，建设综合应用实训室，通过具体的应用范围来建设实训室，比如物联网智能电网实验、物联网智能交通实验室、物联网智能安防实验室、物联网智能家居实验室等。

5. 多元化培训方式，提升教师素养

物联网专业师资队伍建设关系着专业课程的建设、学生知识体系的构建、物联网专业的发展，是专业建设中非常重要的一环。师资队伍整体水平提升方法如下：

（1）教师自我学习。物联网专业相较于电子专业、信息专业等，所包含的知识内容繁多，核心技术先进，很多是教师未曾接触过的领域。为了更好地进行教学和科研，教师需要加强对物联网专业的学习，不仅要扩充专业知识结构，还要提升专业能力水平。不过由于物联网专业知识繁多，教师不可能全部都掌握，要根据自身的优势，专精学习某一方向的知识。

（2）参加专业培训。除了教师自身主动学习物联网专业知识外，国家、学校也要组织相应的培训来提高教师的专业素养。一是学校培训，针对物联网专业缺乏的对口教师进行培训，结合学校的培养特色，构建专门的核心专业教师团队。二是国培省培，全国全省各地物联网专业教师集体学习，交流各自学校物联网专业建设中存在的问题，探讨物联网专业的发展，了解物联网技术。三是国际交流，选派优秀物联网专业教师出国，引入其他国家先进的物联网技术，借鉴物联网专业建设的经验，从而推动物联网专业建设的发展。

（3）校企合作培训。物联网专业知识繁多，核心技术更新速度快，岗位能力需求变化多，是物联网专业教师教学过程中的难点。相比于本科教学而言，职业院校的教师在教学时更注重企业的实时需求、企业的运作模式和企业使用的新技术。因此，在师资建设时，应该加强校企合作，建立产学研平台，让校内专任教师能长期与企业兼职教师合作，及时了解岗位能力需求，参与技术开发，提高科研水平。校内专任教师通过定期或不定期到企业挂职锻炼，提高其业务操作能力。

参考文献

[1] 中国科学院：《创新 2050：科学技术与中国的未来》，2009 年。

[2] 曹晖：《区域物联网产业发展研究》，华中科技大学硕士学位论文，2012 年。

[3] 工业和信息化部电信研究院：《2014 物联网行业白皮书》，2014 年 5 月。

[4] 车江辉：《我国物联网产业发展的问题与对策研究》，首都经贸大学硕士学位论文，2012 年。

[5] 刘锦、顾加强：《我国物联网现状及发展策略》，《企业经济》2013 年第 4 期，第 114－117 页。

[6] 工业和信息化部电信研究院：《2011 物联网行业白皮书》，2011 年 5 月。

[7] 唐亮：《我国物联网产业发展现状与产业链分析》，北京邮电大学硕士学位论文，2010 年。

[8] 中信证券：《物联网行业系列深度专题研究报告之一：平台为核，数据为金》，2015 年 11 月 9 日。

[9] 工业和信息化部：《物联网"十二五"发展规划》，2011 年 11 月。

[10] 张博、李益：《物联网专业人才需求分析》，《信息安全与技术》2014 年第 4 期，第 8－10 页。

[11] 唐敏、尚勇、林昕：《高职院校物联网应用技术专业课程体系的探索与构建》，《物联网技术》2014 年第 2 期，第 85－87 页。

[12] 中国教育在线：http：//www. eol. cn/。

[13] 顾卫杰、王云良：《对不同层次教育的物联网专业定位的思考》，《中国电力教育》2011 年第 27 期，第 182－183 页。

[14] 孙玉娣：《高职物联网技术专业人才培养方案探索与实施》，《电脑知识与技术》2012 年第 8 卷第 21 期，第 5146－5152 页。

[15] 丁艳艳：《高职院校物联网专业建设研究——以南京两所高职院校为例》，南京师范大学硕士学位论文，2014 年。

[16] 王志良、曾宪武、王新平：《物联网工程专业必修课程的教材建设》，《计算机教育》2012 年第 21 期，第 5－8 页。

[17] 朱洪波、杨龙祥、朱琦：《物联网技术进展与应用》，《南京邮电大学学报》（自然科学版）2011 年第 1 期。

[18] 李向文：《欧、美、日、韩及我国的物联网发展战略——物联网的全球发展行动》，《射频世界》2010 年第 3 期，第 49－53 页。

[19] 许强：《物联网产业发展现状与思考》，《中国科技投资》2011 年第 4 期，第 29－33 页。

[20] 吴价宝：《物联网产业发展的国际经验及启示》，《江海学刊》2011 年第 6 期，第 83－87 页。

[21] 高梁：《日本电子政府发展研究：经验与启示》，《电子政务》2008 年第 6 期，第 115－120 页。

[22] 乌云其其格：《ICT 产业竞争力与高级 ICT 人才培养：以日本为案例》，《世界科技研究与发展》2007 年第 5 期，第 98－106 页。

[23] 徐辉、杨辉军：《高职物联网应用技术专业人才培养模式探索研究》，《长沙大学学报》2015 年第 2 期，第 120－122 页。

第六章　电子信息行业与职业教育分析报告

电子信息产业是我国的战略性、基础性、先导性产业，其对传统产业转型升级、新业态形成和经济增长拉动具有重要作用。随着电子信息技术的快速发展，我国电子信息产业已发展成为国民经济四大支柱产业之一。当前，在新一轮信息技术革命浪潮下，电子信息产业进入“全产业链”竞争时代，产业链整合能力日益成为决定竞争成败的关键。面对电子信息产业的新变化，职业院校应充分调研市场对电子信息专业人才的新需求，优化调整专业布局，创新电子信息专业人才培养模式，培养适应于市场需要的专业人才，为电子信息产业的转型发展提供有力的智力支持。

本报告系统分析了我国电子信息产业发展、企业人才需求以及电子信息专业职业教育现状，在此基础上剖析我国电子信息专业职业教育服务产业发展中存在的问题，同时借鉴国外电子信息专业职业教育的成功经验，提出我国电子信息专业职业教育未来发展的方向。

一、我国电子信息行业发展概况

电子信息产业泛指为了实现制作、加工、处理、传播或接收信息等功能或目的，利用电子技术和信息技术所从事的与电子信息产品相关的设备生产、硬件制造、系统集成、软件开发以及应用服务等作业过程的集合的新兴行业。我国电子信息产业主要分为电子信息产品制造业和软件与集成服务业。近年来，我国电子信息产业整体运行平稳，生产保持较快增长，效益规模稳步提升，结构调整不断加快，为提高社会信息化发展水平和促进两化深度融合发挥了积极作用。随着国际竞争的激烈和国内经济进入“新常态”，我国电子信息产业进入转型升级的关键阶段，然而关键核心技术缺乏、处于产业链中低端等问题使得提升电子信息产业发展质量和效益的任务较为艰巨。

（一）电子信息行业发展现状

改革开放以来，我国电子信息产业实现了持续快速发展。特别是成功加入世界贸易组织之后，在全球电子信息产业发展的推动下，我国电子信息技术水平逐步提高，产业整体实力不断提升，成为重要的经济支柱产业。

1. 产业规模稳步扩大

近年来，我国电子信息产业一直保持着稳步增长的态势，对经济发展的贡献率也在不断提高。2014 年我国规模以上电子信息产业企业个数超过 5 万家，销售收入总规模达到 14 万亿元，同比增长 13%。其中，电子信息制造业实现主要业务收入 10.3 万亿元，同比增长 9.8%；软件和信息技术服务业实现软件业务收入 3.7 万亿元，同比增长 20.2%（见图 6 - 1）。随着产业规模的稳步扩大，电子信息产业对我国 GDP 的贡献亦逐步提高。2010 年，电子信息产业对 GDP 的贡献率为 19.45%，而 2014 年已经达到 22%，增长了 2.55 个百分点，这充分说明电子信息产业已经发展成为经济增长的主力军①。

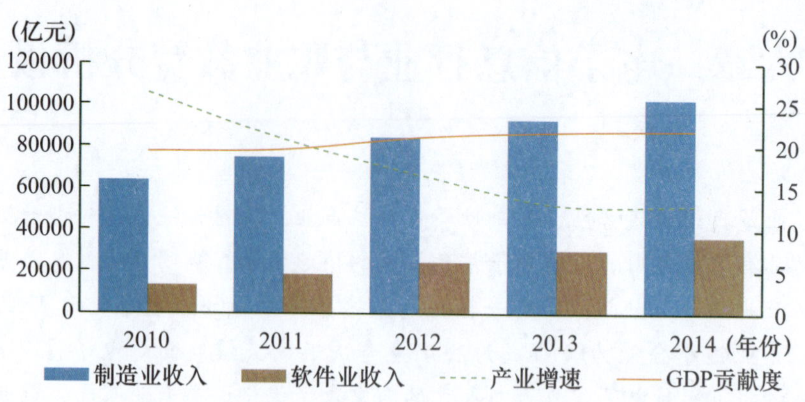

图6-1 2010~2014年电子信息产业增长情况

2. 产业结构调整优化

随着新技术、新业态、新模式的发展，我国电子信息产业的结构不断调整优化。一是内资企业保持较快增长，实力、地位不断提高。2014年，我国规模以上电子信息制造业中，内资企业实现销售产值38078亿元，同比增长20.7%，高出全行业平均水平10.4个百分点，在全行业中占比提高至36.6%，对全行业贡献率达67.5%，比上年高15.6个百分点。二是中西部地区电子信息产业增长较快。2014年，我国规模以上电子信息制造业中，中、西部地区分别实现销售产值12574亿元和9376亿元，同比增长25.9%和26.2%，增速高于平均水平15.6个和15.9个百分点；中、西部地区软件业务收入增长26.7%和23.5%，增速高出全国平均水平6.5个和3.3个百分点。东部和东北地区电子信息制造业、软件业分别增长6.8%和0.2%、20.5%和11.6%，低于全国平均增速（见图6-2）。

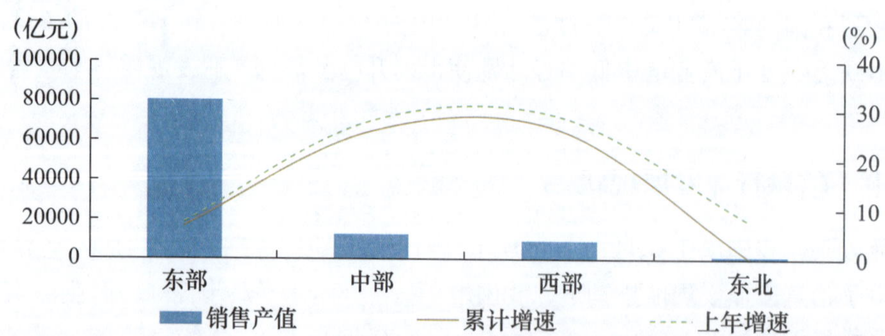

图6-2 2014年东、中、西、东北部②电子信息制造业发展态势对比

①中华人民共和国工业和信息化部：《2014年电子信息产业统计公报》，http://www.miit.gov.cn/n11293472/n11293832/n11293907/n11368223/16471095.html，2015年2月27日。

②东部地区指北京、天津、河北、上海、江苏、浙江、福建、山东、广东和海南10省（市）；中部地区指山西、安徽、江西、河南、湖北和湖南6省；西部地区指内蒙古、广西、重庆、四川、贵州、云南、西藏、陕西、甘肃、青海、宁夏和新疆12省（区、市）；东北地区指辽宁、吉林和黑龙江3省。

3. **自主研发能力增强**

近年来，随着电子信息产业自主创新和研发能力的不断增强，我国形成了一批国际知名的电子信息技术企业，如联想、华为、阿里巴巴等，成为推动产业结构优化的中坚力量。首先，企业研发投入提高。2014 年，第 28 届中国电子信息百强企业和第 13 届软件业务收入前百家企业研发投入强度分别达 4. 8% 和 6. 5%，分别高出行业平均水平 2% 和 1. 5%，全年研发经费增速均超过收入增速。其次，创新能力增强。电子信息企业专利成果丰硕，华为首次进入全球创新机构百强，京东方 2014 年新增专利申请量超过 5000 件。此外，企业参与国际标准制定的话语权不断增强。2014 年我国积极主导制定了在云计算、物联网、射频连接器、同轴通信电缆等领域的国际标准，对自主技术和产品走出去起到了重要的推动作用。

4. **产业集聚效应明显**

随着产业集中度的提升，电子信息产业区域聚集效应日益凸显。目前，我国已形成了以 9 个国家级信息产业基地、40 个国家电子信息产业园为主体的区域产业集群，产业集聚效应及基地优势地位日益明显，在全球产业布局中的影响力不断增强。这些电子信息产业集聚区之间已呈现出空间分工的雏形，主要体现在产业空间分工和价值链空间分工两大方面。珠江三角洲电子信息产业集群和福州厦门电子带目前主要承担制造职能；长江三角洲电子信息产业集群目前主要承担制造职能和部分的研发职能；环渤海电子信息产业集群目前承担制造职能和研发职能。如图 6－3 所示。

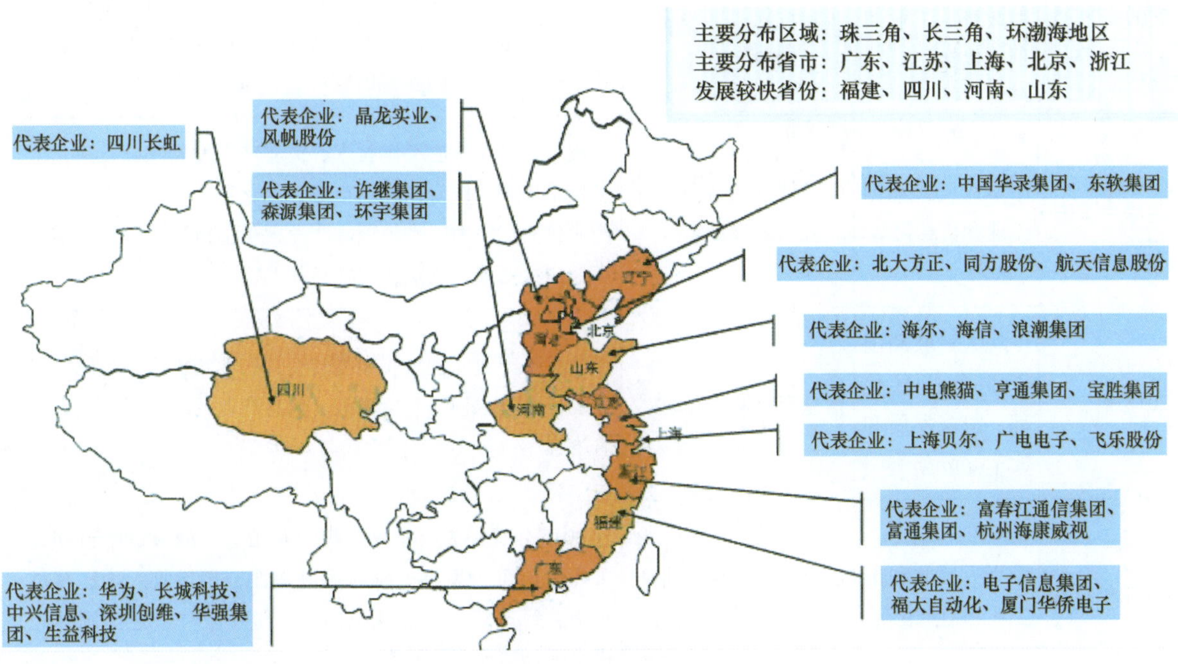

图 6－3　电子信息产业集群分布示意图

5. **政策环境逐步改善**

随着电子信息产业对经济发展的推动作用日益明显，国家先后出台了《电子信息产业调整和振兴规划》、《信息产业“十二五”发展规划》和《电子信息制造业“十二五”发展规划》等一系列的扶持政策，以加快电子信息产业的快速发展（见表6－1）。这些政策的密集出台加上经济的逐步回暖，推动我国电子信息产业呈现出企稳向好发展的态势。

表6－1　　　　国家有关电子信息产业政策

发布时间	发布机构	文件名	重点内容
2006年8月	中华人民共和国工业和信息化部	支持国家电子信息产业基地和产业园发展的若干政策	通过政府引导与市场推动并举，推动基地和园区成为带动区域经济结构调整和经济增长方式转变的引擎，成为我国信息产业"走出去"参与国际竞争的服务平台，成为增强信息产业自主创新能力的重要载体
2007年12月	中华人民共和国财政部、工业和信息化部	电子信息产业发展基金管理办法	由中央财政预算安排的专项资金，支持软件、集成电路产业、计算机、通信、网络、数字视听、测试仪器和专用设备、电子基础产品等电子信息产业技术与产品研究开发、产业化，促进其他行业信息技术应用
2009年4月	中华人民共和国国务院	电子信息产业调整和振兴规划	加快调整电子信息产业组织结构，围绕九个重点领域，完成确保骨干产业稳定增长、战略性核心产业实现突破、通过新应用带动新增长三大任务
2009年9月	中华人民共和国财政部、工业和信息化部	电子信息产业技术进步和技术改造投资方向（2009～2011年）	从半导体集成电路、平板显示和彩电、通信设备、数字音视频、计算机产业及下一代互联网、软件、信息服务和信息安全、电子基础产品8个大类39小类划定技术进步和技术改造投资方向实施内容
2012年2月	中华人民共和国工业和信息化部	电子信息制造业"十二五"发展规划	突破重点领域核心关键技术，夯实产业发展基础，深化信息技术应用，统筹内外需市场，优化产业布局，着力提升产业核心竞争力，持续引导产业向价值链高端延伸，推动产业由大变强，为加快工业转型升级
2013年2月	中华人民共和国工业和信息化部、国家发展和改革委员会	信息产业发展规划	加快信息产业向创新驱动型转变，产业结构进一步调整优化，核心技术创新有所突破，信息产业的综合服务能力显著增强
2014年6月	中华人民共和国工业和信息化部	国家集成电路产业发展推进纲要	到2015年，建立与集成电路产业相适应的融资平台和政策环境。到2020年，缩小国际差距，销售收入增速超过20%。到2030年，集成电路产业链主要环节达到国际先进水平，实现跨越发展
2015年5月	中华人民共和国国务院	《中国制造2025》	第一步：到2020年，迈入制造强国行列。第二步：到2035年，我国制造业整体达到世界制造强国阵营中等水平。第三步：新中国成立100年时，制造业大国地位更加巩固，综合实力进入世界制造强国前列

资料来源：根据各部门官方网站整理。

（二）电子信息行业发展特征

电子信息产业作为经济发展中的朝阳产业，成为新的经济增长点，其自身所具有的特征使其发展具有传统产业难以比拟的增量效应和乘数效应。

1. 技术和资金密集，创新和风险并存

电子信息产业具有较高的技术含量，与高新技术的发展创新密切相关。目前，电子信息技术水平每3年提高一倍，年新增信息技术专利超过30万项，科研资料的有效寿命平均只有5年，以科技研发为先导、具有高创新性和高更新频率已经成为世界电子信息产业发展的重要特征。同时，电子信息产业的外延广泛，涉及面广，电子信息技术与第三产业的结合产生了许多新兴的经营模式，如电子货币、电子银行和虚拟商店等。此外，由于电子信息技术产业化过程投入大、成功率不高，也使电子信息产业呈现相对较高的风险。

2. 固定投资成本高，可变边际成本低

工业时代传统产业一般都存在生产的最佳规模，超过最佳规模则会使成本上升，诸多电子信息产品由于固定成本高而可变成本低这一特点，在生产过程中基本不受最佳生产规模的限制，电子信息产品的扩大化生产可以使单位产品的固定成本不断摊薄。因此，成熟的电子信息产品在经历了生产初期的垄断利润空间后，其价格有着急速下降趋势，利润空间反而随着生产扩大逐渐缩小。电子信息产品的这种显著特征迫使电子信息产业必须不断进行新产品开发，以追求超额垄断利润。另外，电子信息产品的低边际成本给予厂商的营销战略更大的灵活性，厂商以差异化定价向不同用户群体推送不同的产品，理论上可以使生产者剩余最大，企业利润最大。

3. 研制开发投资高，生产制造成本低

信息技术产业是研究开发密集型、知识密集型产业。电子信息产品的研制与开发往往属于跨学科、跨行业的系统工程，与传统产业相比，大多数电子信息产品在研制开发阶段投资都很高，而真正到生产制造阶段时投资则相对较低。20世纪90年代以来，随着全球信息产业竞争的加剧，信息技术企业研发投资规模迅速扩大，研究开发投资占销售额比重明显提高。一般的信息技术企业研究开发投资占销售额比重都在5%以上，处于发展前沿的信息技术企业研究开发投资占销售额的比重甚至高达15%～20%。

4. 需方规模经济突出，标准依赖度高

技术创新是电子信息产业发展的核心驱动力。然而，信息时代的电子信息产业发展还要依赖于需求方规模经济效应，即随着需求方规模的扩大，需求方和生产方的收益会随之增加。所以，一件电子信息产品一旦被较多的用户所接受，就会吸引更多的需求者，生产者的平均成本也随之降低，收益上升。此外，为了使多家厂商发挥各自技术优势生产的产品能够协调运行，电子信息产业的发展对标准的依赖性越来越高，因而对标准的控制和介入程度实质上标志着技术和生产的竞争实力。

（三）电子信息行业发展存在的问题

我国电子信息产业与欧美国家相比起步晚、起点低。在国家的政策支持以及电子信息企业自身的努力下，我国电子信息产业取得了快速的发展。我国也已逐渐发展成为信息产业大国，但不是强国，主要原因是核心技术不足、企业利润空间不高和高端人才缺乏等。

1. 核心技术不足

核心技术薄弱表现为信息产品产值低，生产手段落后。信息产业内部各个分支行业之间联系松散，缺乏互动协调机制，一方的发展不能带动另一方发展，一方的落后却制约着另一方的进步。目前，我国电子信息产品或服务仍以劳动密集型为主，出口产品附加价值低，企业综合竞争力不强、自主创新能力不高、科技投入不足，鼓励创新的配套政策还不完善，管理体制和机制还不能满足自主创新的要求。核心技术基本掌握在欧美发达国家手中，技术受制于人。

2. 利润空间挤压

目前，我国电子信息产业发展呈现出不平衡状态。电子信息加工制造业异军突起，而服务业则相对落后，其水平基本处于国际产业链末端，增值能力不强、产品附加值低，“重硬轻软”的产业结构制约了产业的发展。在产品结构方面，目前家电产业所占比重较大，中低档产品所占比重较高，产品同质化程度明显；在软件与服务业，企业规模和产品数量普遍偏小，基本上小型软件居多，大型软件偏少，企业普遍存在开发能力弱的问题。产品结构长期处于产业链中低端，使得企业的利润率持续被压缩，难以保证企业的长期发展。

3. 高端人才缺乏

人才对于电子信息产业的发展更是至关重要。然而，目前我国电子信息技术相关学科人才的培养力度还跟不上产业发展的需要。由于电子信息技术相关学科的发展比较缓慢，高层次人才队伍还相对匮乏，国内电子信息产业职业教育的专业设置普遍定位在产业链的末端，培养的大多是产业工人，在技术研发方面未能有较好的突破。由于发展机会与预期相对偏低等因素的限制，较难吸引、留住行业人才尤其是高层次人才，我国电子专业人才流失比较严重，特别是高科技行业严重缺乏高科技人才。

二、电子信息产业人才需求分析

电子信息产业是一个高密度型产业，其核心竞争力是高科技人才的竞争。“十二五”期间，在国家政策的大力支持下，电子信息产业依靠创新驱动，加快转型升级，取得了丰硕的成果。然而，随着产业发展规模的扩大，电子信息人才尤其是高端人才紧缺已成为制约产业实现跨越式发展的重要因素之一。

（一）电子信息企业发展状况

2014 年电子信息产业统计年报数据显示，截至 2014 年底，我国已有多家电子信息企业年销售额步入千亿俱乐部。其中，华为技术有限公司以 2881.97 亿元的年销售额领跑我国电子信息企业，而千亿俱乐部也已包括华为技术有限公司、海尔集团、中国电子信息产业集团有限公司、TCL 集团股份有限公司四家龙头企业，引领示范作用明显（见表 6－2）。

表 6－2　　2015 年中国电子信息百强企业名单前 15 位简介

企业	业务范围	经营情况
华为技术有限公司	从事通信网络及无线终端产品，提供硬件设备、软件、服务和解决方案服务	2014 年，公司总收入 2881.97 亿元，同比增长 20.6%。利润总额 278.66 亿元，资产总额达到 3097.73 亿元

续表

企业	业务范围	经营情况
海尔集团	主要经营范围是白色家电，整套家电解决方案的提供商和虚实融合通路商	2014年，公司总收入2007亿元，净利润150亿元，同比增长了11%
中国电子信息产业集团有限公司	提供电子信息技术产品与服务为主营业务，是中国最大的国有综合性IT企业	2014年，公司总收入2039亿元，资产总额达到2343亿元，世界500强第382位
TCL集团股份有限公司	从事家电、信息、通信、电工产品研发、生产及销售，集技、工、贸为一体	2014年，公司总收入1010亿元，同比增长18.4%；净利润42.3亿元，同比增长46.8%
海信集团	主要经营电视、空调、冰箱、手机等，同时持有海信、科龙和容声三个商标	2014年，公司总收入980亿元
四川长虹电子集团有限公司	电视、空调、冰箱、IT、通信、网络、数码、芯片、能源、商用电子、电子产品、生活家电等产业研发、生产、销售、服务	2014年，公司总收入915.6亿元，排名中国企业500强第149位，川企第一
中兴通讯股份有限公司	致力于设计、开发、生产、分销及安装各种先进的电信系统和设备等	2014年，公司总收入814.7亿元，实现净利润263.4亿元，同比增长8.29%
北大方正集团有限公司	旗下拥有北大方正信产集团、北大医疗集团、北大资源集团、方正金融、方正物产集团的投资控股公司	2014年，公司总收入748亿元，净资产483亿元，总资产1521亿元
浪潮集团	目前已形成服务器和ERP两大主导产业，计算机、软件、移动通信、智能终端、半导体等产业群组	2014年，公司总收入510亿元，现有浪潮软件、浪潮信息和浪潮国际3家上市公司
比亚迪股份有限公司	主要从事二次充电电池业务、手机部件及组装业务，以及包含传统燃油汽车及新能源汽车在内的汽车业务等	2014年，公司总收入582.9亿元，增长10.3%，全年净利润为人民币4.379亿元
京东方科技集团股份有限公司	TFT－LCD、显示器、平板电视、移动显示系统、专业应用显示、CRT、显示应用系统、精密电子零件与材料等业务	2014年，公司总收入368.2亿元，同比增长9.01%，智能手机和平板电脑LCD面板的市占率均位列全球第一
亨通集团有限公司	通信电缆、光纤光缆、电力电缆、电力光缆、宽带传输接入设备及光器件等产品生产、销售与工程服务	2014年，公司总收入383亿元，同比增长22.83%，居“中国民营企业500强”第91位
上海仪电电子有限公司	彩电、计算机、雷达、电话机、示波器、自动化仪表、分析仪器等电子仪器	2014年，公司总收入483亿元，总资产423亿元，下属企业150家，控股企业116家

资料来源：根据相关企业官方网站信息整理。

通过对近六年来我国电子信息百强企业经营情况的梳理分析发现（见图6－4），百强企业的营收与利润整体呈现上升趋势，2013年起，电子信息百强企业的营收总额已突破两万亿，规模巨大。由于总量基数庞大，营收增长率逐年放缓，而利润总额增长率则在2011年出现了较大的滑坡。总结其发展的特征，主要有以下几点：

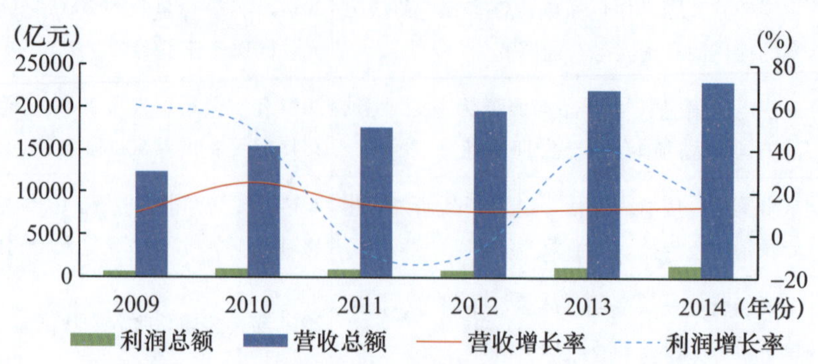

图6-4　2009~2014年我国电子信息百强企业营收及利润增长情况

资料来源：根据中华人民共和国工业和信息化部披露信息整理。

1. 规模持续扩大，入围门槛提高

与2009年电子信息产业百强企业营收总额1.23万亿元相比，短短五年时间，2014届百强企业共计实现主营业务收入2.3万亿元，同比增长了187%；2014年，实现利润总额1416亿元，比2009年增长223.7%，实现利润总额翻一番；同时，电子信息百强企业的总资产合计也已达到了2.7万亿元，实现跨越式发展。2014年电子信息产业百强企业前三名的华为、海尔和中国电子，收入规模均超过2000亿元，而百强电子信息企业的入围门槛也上升到了36.2亿元，比2013年提高11.5亿元。

2. 研发投入加大，创新成果显著

创新是电子信息企业发展的动力。近年来，电子信息企业高度重视研发，加大研发投入，取得显著成效。首先，研发投入加强。2014年百强电子信息企业研发总投入合计1237亿元，同比增长17.7%，研发投入强度达到5.5%，超过全国平均水平近3个百分点。同时，研发人员同比增加4万人，达到了34万人，占百强企业全部从业人员的比重近20%。其次，核心技术取得突破。如28纳米处理器成功制造、国内首款智能电视SoC芯片研发成功并量产等，技术创新速度加快。最后，专利申请量激增。截至2014年6月30日，我国信息技术专利申请总量共计248.2万件，同比增长18%；2014年，中国提交专利申请2.56万件，同比增长18.7%，是全球唯一实现两位数增长的国家①。

3. 融合渗透加快，结构调整深化

为了应对日益激烈的市场竞争环境，百强企业加快产业转型升级，推行融合发展。首先，面对“互联网+”的发展契机，电子信息企业纷纷制定新的发展战略，传统制造型百强企业开始向智能家居、电子商务等多个领域进军。其次，百强企业紧随国际发展新趋势，加快布局智能制造，华为、中兴、海尔、比亚迪等企业投资建立智能工厂，浪潮、紫光等与传统制造业企业紧密合作，力求在“工业4.0时代”掌握新的竞争优势，占据有利竞争地位。

①中华人民共和国工业和信息化部：《2015电子信息产业专利态势发布暨知识产权高峰论坛在深圳召开》，http://www.miit.gov.cn/n11293472/n11293832/n11293907/n12246780/16547680.html，2015年4月17日。

4. 面向全球布局，经营层次提升

百强企业积极推行国际化战略，面向全球市场配置资源，跨国经营层次水平不断提升。首先，2014 年百强企业共完成出口 5195 亿元，占行业总量比重达到 10%，出口规模进一步扩大。其次，百强企业积极参与国际并购，实现了品牌、资金与技术的全方位走出去。如中兴收购阿尔卡特—朗讯的网络服务部门，华为收购英国物联网研究机构 Neul 等，有效拓展了企业的海外发展渠道，提升了品牌的国际影响力；此外，百强企业积极参与制定云计算、物联网、射频连接器、同轴通信电缆等领域的国际标准，获得国际认可，进一步提升了我国电子信息产业在国际标准化工作中的话语权①。

（二）电子信息产业人才需求分析

电子信息产业的大发展，需要一大批高素质的专业人才。这些年来，学校、科研院所和企业培养了一批电子信息人才，但是这与我国电子信息产业发展的需求相比，仍有很大的缺口。通过对人才市场招聘岗位的统计分析，电子信息类人才需求始终居于排行榜前列，且其工作范围逐渐向产业链两端延伸。

1. 行业人才类型分析——基于产业链角度

电子信息产业包括微电子、光电子、软件、计算机、通信、网络、消费电子以及信息服务业等众多领域，而每个领域几乎都涉及设备、软件和服务业三大部分。因此，电子信息产业链的主链条可抽象为设备制造、软件、服务三个主要环节；另外，从生产制造流程看，电子信息产业链可梳理为微电子及元器件、零组件、整机这三个方面；从生产销售环节来看，可抽象为研发、生产、销售三个环节。如图 6－5 所示。

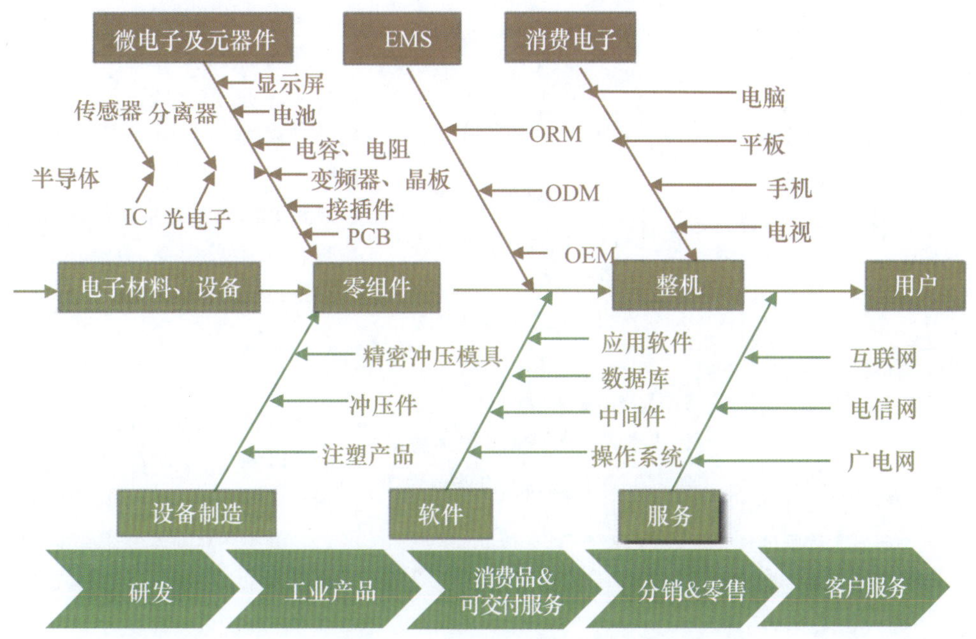

图 6－5 电子信息产业链

①《电子信息百强企业转型升级特点研究分析》，中商情报网，http：//www.askci.com/news/chanye/2015/09/03/15158tai2.shtm，2015－09－03。

通过对电子信息产业链的梳理，我们可以发现：

首先，从“设备制造—软件—服务”产业链条上看，软件和服务是电子信息产业链进入需求主导阶段后最具发展空间的环节，应大力发展。随着软件产业规模迅速扩大，整个行业需要培养两类人才：一是电子信息产业通用型人才，如普通操作岗位、一线服务岗位以及一般管理岗位等人员；二是高级电子信息专业技术人员，提升软件和服务产品的档次，全方位提高质量，增加这两个环节的市场竞争力。

其次，从“电子材料、设备—零组件—整机—用户”产业链条看，芯片和元器件是技术含量较高、增值能力较强的产品，已成为当今世界电子信息产业竞争的核心。鉴于目前我国在组件及整机组装方面已有较好的基础，今后的主要人才培养方向是重点培养新型集成电路和新型元器件产业相关技术人才。

最后，从“研发—生产—销售”这一产业链角度来看，研发和销售环节是增值能力较高的环节，应大力发展。目前我国在电子信息产品的生产制造环节竞争力较差，今后的任务主要是提高产品的技术含量，增强研发投入，相应的人才培养应定位在产业链的中高端，提高产品的附加值，掌握核心技术。

根据以上分析，可将我国电子信息产业人才划分为操作岗位（31%）、研发岗位（29%）、技术岗位（17%）、管理岗位（23%）四大类①，其中普通的操作岗位所占比重最大，而技术岗位比重最低。以电子信息制造业为例，各操作岗位的工作任务及岗位能力需求如表 6－3 所示。

表 6－3　　电子信息制造业人才岗位工作任务及所需技能

岗位群分布	工作岗位	工作任务	所需技能
操作岗位（31%）	质检员 QC 专员 品质检验员 产品测试员 测试工程师助理	1. 负责电子产品的生产、工艺、检测、质量管理及设备管理，包括测试方案的设计及测试工作执行、测试结果总结与分析 2. 生产流程的管理、生产记录统计分析，提高生产效率与生产质量的改进措施 3. 生产设备维护和简单维修	1. 掌握电子技术基础知识 2. 熟悉电子产品的工艺流程 3. 掌握自动化生产线设备的机构与操作 4. 能熟练使用各种常用焊接工具与焊接材料 5. 具有 PCB 版图和元件装配图的识图能力 6. 具有使用焊接设备与装配工艺的能力 7. 熟练焊接贴片电子元器件及插件元器件
研发岗位（29%）	PCB 绘图员 产品研发助理 软硬件设计助理 研发工程师助理 嵌入式开发助理 单片机工程师助理	1. 承担电子产品的开发任务 2. 根据指标要求确定技术方案 3. 完成器件选择及电路原理图设计 4. 根据布线规则进行 PCB 图设计 5. 产品样品调试	1. 掌握电子技术基础知识及工程计算能力 2. 具备电子测量仪器的应用能力 3. 能分析电子电路原理及相关知识 4. 具备电子产品硬件设计与调试能力 5. 具有 PCB 设计能力 6. 具有工程图纸设计能力

①刘骋：《产业结构调整背景下电子信息工程技术专业人才需求的调查分析》，《武汉职业技术学院学报》2013 年第 2 期，第 27、31、39 页。

续表

岗位群分布	工作岗位	工作任务	所需技能
技术岗位（17%）	工程督导 技术支持工程师 设备及安装技术员 现场应用工程技术员 施工预算工程技术员 弱电施工管理技术员	负责电子产品的售前、售中、售后的技术支持，包括市场考察、方案设计、工程施工、产品调试、客户问题跟踪与反馈等	1. 具备电子技术基础知识和电子电路的应用能力 2. 具备电子产品的操作、调试和维修能力 3. 具备对电子产品的分析能力 4. 测量、分析与判断电路故障的能力
管理岗位（23%）	产品工艺技术员 元器件采购技术员 产品生产管理技术员	1. 编制电子产品工艺文件 2. 采购电子元器件 3. 分析产品质量统计 4. 提出品质改进措施 5. 编制生产工艺文件 6. 处理产品质量事故等	1. 掌握电力电子技术知识并具备基本工程计算 2. 能进行计算机应用操作 3. 能计算工时定额和加工成本 4. 资料收集与整理的能力、文字处理能力

资料来源：根据各类招聘网站和网络资料整理。

2. 人才需求分析

在电子信息产业这个大的行业中，各分支产业的发展和对人才的需求状况又有所不同，需要具体分析。从总体上看，电子信息类人才成为高新技术企业争夺的要点，尤其是计算机（软件、网络）、微电子、通信工程、无线电技术、电气工程及自动化、电子信息工程等大部分理工科专业的需求旺盛且呈持续上升势态。若按照需求数量排序，名列前几位的是软件工程人才、嵌入式系统工程人才、电子工程人才、通信工程人才、计算机应用工程人才等。

（1）软件工程人才。目前，信息技术人才的总体需求为每年 60 万人，其中 50% 为软件人才。据不完全统计，现在全国高等院校计算机、电子、通信等专业每年约培养大学生 15 万人，远远满足不了社会对信息技术专业人才的需求①。当前，全国有软件企业 5000 多家，从业人员 25 万，平均每家不足 50 人，预计今后几年国内软件行业人才每年的缺口将高达 30 万人。

（2）嵌入式系统工程人才。据预测，2015 年我国嵌入式软件产业市场规模将达到 5000 亿元②，未来几年是嵌入式系统发展的黄金时期。大力发展嵌入式系统，是顺应技术发展趋势和市场发展潮流的关键性战略，它不仅自身产业潜力巨大，还将极大地带动相关产业的发展，同时对改变我国软件产业和集成电路产业相对落后的局面也将发挥重要作用。

（3）电子工程人才。缺少能够作为技术带头人的高级人才是阻碍软件业和集成电路设计制造业发展的关键因素。目前，我国能够独立进行集成电路设计的人才以及相关的技术蓝领、产业工人数量严重不足。以上海为例，今后十年，上海集成电路设计、制造业人才的需求约为 27 万人，而目前实际人数却不足 2 万人，人才特别是上述两类人才的奇缺已经成为制约我国集成电路产业和软件产业发展的“瓶颈”。

（4）通信工程人才。我国移动通信网领域几乎全都是外企生产的产品，如摩托罗拉、爱立

①洪京一：《略论我国电子信息类人才需求与培养途径》，《计算机教育》2014 年第 12 期，第 6－8 页。

②《明年我国嵌入式软件产业规模将达到 5000 亿元》，中国仪表网，http：//www. ybzhan. cn/news/detail/42277. html，2014－05－23。

信、诺基亚等，但目前国内厂商已在部分技术上取得突破，预计在今后几年内国产品牌的移动通信设备将成为电子信息产业新的利润增长点。尽管如此，我们在人才、技术方面与摩托罗拉、爱立信等电信巨头相比，仍有很大差距，亟待大批高级人才去开发研究，同时也需要大量的高级技术工人（高等职业教育层次）和产业工人（中等职业教育层次）。

（5）计算机应用工程人才。目前我国经济信息化的速度很快，金融、保险、财政、税务、外贸、水利、电力等部门都要引入信息化管理，对计算机产品及计算机应用管理人才的需求很大，同时电子信息产业日益渗透到其他工业部门，与之交叉结合，大大拓展了电子信息行业人才的就业空间。

三、我国电子信息职业教育现状分析

人才培养质量取决于科学、合理的人才培养模式的构建①。电子信息工程技术专业以电子信息行业生产、管理、销售、维修第一线工作人员的素质与能力为导向，培养合格的“社会人”和“职业人”。目前国内电子信息专业细分程度高，课程设置多元，双师队伍建设较好，实训实习基本普及，校企合作不断深入，电子信息专业的职业教育发展已经比较成熟。

（一）专业设置概况

1. 专业开设情况

从高等职业教育来看，根据《2014 年全国普通高等学校高职高专专业目录》，电子信息大类（590000）主要分为计算机类（590100）、电子信息类（590200）、通信类（590300）三个小类共计 59 个专业。目前建设相对成熟的专业有计算机应用技术（590101）、计算机网络技术（590102）、软件技术（590108）、三维动画设计（590118）、电子信息工程技术（590201）、应用电子技术（590202）、微电子技术（590210）、信息技术应用（590221）、通信技术（590301）、移动通信技术（590302）等。其中，以计算机应用技术专业最受青睐，开设的院校有 1191 所。② 此外，相对集中开设的专业还有计算机网络技术、应用电子技术、电子信息工程技术和通信技术，开设院校分别为 976 所、684 所、479 所和 277 所。

从中等职业教育来看，根据《2014 年教育部中职专业教学标准目录》，电子信息相关专业主要开设在信息技术大类（09）下，主要包括计算机应用（090100）、计算机网络技术（090500）、电子与信息技术（091200）、电子技术应用（091300）等 11 个专业。部分职业院校电子信息相关专业开设与招生情况如表 6－4 所示。

从专业布局对接产业链的角度来看，目前我国电子信息相关专业基本覆盖了电子信息产业的各个阶段，从产品的设计研发到生产制造，再到销售和售后各个环节。但是，从专业分布的密度来看，电子信息相关专业还是以电子生产和维修等产业链低端专业为主，对设计研发和关键技术的专业布局仍不成熟。

2. 招生规模

从招生规模来看，从表 6－4 所列的 30 余所职业院校电子信息相关专业 2015 年的招生情况来

①孙建平：《高等学校人才培养模式改革》，《沈阳建筑大学学报》2005 年第 4 期，第 330－332 页。

②《计算机应用技术专业介绍》阳光高考网，http：//gaokao. chsi. com. cn/zyk/zybk/specialityDetail. action？ specialityId = 73387048。

看，总招生规模在3000余人。2015年全国有1600余所职业院校开设了电子信息相关专业，总招生规模若以16万人计，与每年60万人的需求仍存在较大差距，还不能满足电子信息产业发展所需。

表6-4　我国部分职业院校电子信息相关专业开设与招生情况

学校类型	学校	专业	2015年计划招生规模（人）
高职类	安徽国防科技职业学院	计算机应用技术	60
	浙江经贸职业技术学院	计算机应用技术	95
	重庆财政职业学院	计算机应用技术	60
	广东科学技术职业学院	计算机网络技术	130
	山东电子职业技术学院	计算机网络技术	83
	深圳职业技术学院	计算机网络技术	152
	安徽电子信息职业技术学院	电子信息工程技术	126
	福建信息职业技术学院	电子信息工程技术	40
	南京信息职业技术学院	电子信息工程技术	30
	安徽电子信息职业技术学院	应用电子技术	80
	淮安信息职业技术学院	应用电子技术	27
	江门职业技术学院	应用电子技术	112
	广东邮电职业技术学院	通信技术	200
	四川邮电职业技术学院	通信技术	160
	湖南邮电职业技术学院	通信技术	150
中职类	陕西省电子工业学校	计算机应用	50
	福建理工学校	计算机应用	100
	重庆工商学校	计算机应用	200
	南京高等职业技术学校	计算机网络技术	40
	深圳市宝安职业技术学校	计算机网络技术	30
	湖北信息工程学校	计算机网络技术	50
	陕西省电子工业学校	电子与信息技术	80
	安徽省行知学校	电子与信息技术	30
	海南省机电工程学校	电子与信息技术	50
	北京铁路电气化学校	电子技术应用	150
	重庆工商学校	电子技术应用	200
	福建省晋江职业中专学校	电子技术应用	150
技工	广州市工贸高级技工学校	计算机网络技术	35
	湖北黄冈高级技工学校	电子技术应用	50
	广州市机电高级技工学校	计算机网络应用	30

资料来源：根据各学校官方网站整理。

（二）人才培养分析

随着信息技术的日益发展，电子信息产业已成为国民经济的重要支柱，并与人们的生活息息相关。因此，电子信息专业人才具有很好的就业前景和市场空间，但同时社会也对人才标准提出了更高的能力要求，即电子信息专业人才需求日益向复合型、创新型方向发展。所以针对这一实际情况，学校电子信息专业人才培养也应该做出相应的调整和变化，使之更加适合于经济社会发展。以下从课程设置、师资队伍、实训实习和校企合作四个方面介绍电子信息人才培养情况。

1. 课程设置

从课程设置来看，通过对部分院校电子信息相关专业的梳理和分析，可以大致将其课程设置分为理论课程和实务课程两类。在理论课程中，计算机类（590100）要求学生基于计算机应用基础、计算机网络基础、高级语言等基础理论课程的学习，使学生掌握从事技术研究、产品开发、网络管理与维护、网络工程规划施工等技能。电子信息类（590200）要求学生通过电子信息、电子产品制造技术、嵌入式系统、电子系统设计与制作等基础课程的学习，掌握电子信息类产品的生产研发、质检、过程管理和控制、系统调试、维修及售后服务等技能。通信类（590300）通过移动通信技术、电路基础、通信系统原理等理论课程的学习，掌握各类通信设备安装、测试、维护等工作的技术性人才。具体的课程设置如表 6－5 所示。

表 6－5　我国职业院校电子信息相关专业核心课程设置情况

专业	核心课程	
	理论课程	实务课程
计算机应用技术	计算机数学基础、计算机应用基础、C 语言程序设计、计算机网络基础、计算机多媒体技术基础、电路原理、模拟电子技术、数字逻辑、数字分析、计算机原理、微机原理、微型计算机技术、高级语言等	网络工程实训、智能化楼宇综合实训、多媒体制作实训、微机组装与维护实训、网络管理实训、电子商务网站建设与管理实训、WEB 应用程序设计实训等
计算机网络技术	组网技术与网络管理、网络操作系统、网络数据库、网页制作、计算机网络与应用、网络通信技术、网络应用软件、JAVA 编程基础、服务器配置与调试、网络硬件的配置与调试、网络安全防护、网络工程案例等	DHCP 服务器的建立与管理实训；网络实验室组网与布线实训；DNS 服务器的建立与管理实训；WEB（IIS5.0）＋DNS；FTP（Serv－U）＋DNS 服务器的建立与管理实训；计算机网络软件实训等
电子信息工程技术	信息理论与编码、数字信号处理、电磁场理论、自动控制原理、感测技术、电子技术与实践、电子工艺与 SMT 技术、电气控制与 PLC、单片机技术综合实践、嵌入式系统、电子系统设计与制作、组态监控技术等	生产作业计划编制实训、元器件及材料采购与检验实训、PCB 焊接实训、整机装配调试实训、质量控制与质量管理实训、THT 电路板组装实训、SMT 电路板组装实训、调试、维修、售后服务实训等
应用电子技术	电工技术、模拟电子技术、数字电子技术、电子线路 CAD、电子测量与传感器技术、C 语言程序设计、电工电子技术、PCB 设计与制作技术、单片机应用技术、电子产品制造技术、传感器应用技术、电子信息等	仪器、仪表的使用实训、电工实训、电子技术课程设计实训、SMT 实训、单片机实训、电子 CAD 实训、PLC 实训、电视技术实训、PCB 板的设计与制作实训等

续表

专业	核心课程	
	理论课程	实务课程
通信技术	电路与信号、通信电子线路、算法语言级软件基础、微机原理、数字通信、程控交换、光纤通信、移动通信、计算机网络基础、电路基础、通信系统原理、交换技术、无线技术、计算机通信网、数字电子技术等	程控交换设备实训、基站实训、计算机组网实训、光缆工程实训、通信网综合实训、3G 网络优化实训、现代交换技术实训等

资料来源：根据学校网站公开资料整理。

2. 师资队伍

“双师型”教师培养是职业教育中师资队伍建设的重要组成部分。目前，我国电子信息相关专业的师资队伍水平参差不齐，差别较大。如西藏职业技术学院电子信息系的双师比例已经达到了 100%，而济南职业学院计算机系的双师比例仅为56%，差别较大。此外，我国电子信息相关专业的教师队伍学历结构不合理。“双师型”教师要求具备高学历，而我国部分职业院校的电子信息相关专业教师的本科、研究生等学历并非原始学历，而是工作后通过成人教育、党校、函授等方式进修取得，这些学历含金量不足，虽然学历较高，但是实际知识水平和能力并没有得到很大提升。我国职业院校电子信息专业“双师型”教师体系还有待提高，如表 6－6 所示。

表 6－6　我国部分职业院校电子信息相关专业“双师型”师资队伍建设情况

学校	“双师型”师资力量
天津电子信息职业技术学院	计算机网络技术专业现有专任教师 15 名，“双师型”教师比例为 93%，研究生以上学历教师占到 80%，其中教授 2 名，副教授 10 名；企业兼职教师 22 名，均来自相关行业企业一线，具有丰富的工程实践经验。90% 以上教师直接参与企业实际项目研发和工程实施
山西煤炭管理干部学院	电子信息工程技术专业目前拥有 8 名专职教师；6 名企业兼职教师，专任教师中高级职称比例 ≥50%；专业基础课和专业课中“双师型”教师比例 75%；青年教师中研究生学历或硕士以上学位比例 100%
河源职业技术学院	电子与信息工程学院现有专职教师 68 人，其中副高以上职称 19 人、中级职称 47 人，双师素质教师比例达 91%，专兼职教师比例达到 1∶1 以上
西藏职业技术学院	电子信息系现有专任教师 21 人，其中副教授 1 人，讲师 4 人；具有博士、硕士研究生学历 4 人（含在读）；双师素质教师 21 人，“双师”比例 100%；聘请兼职教师 13 人
温州科技职业学院	电子信息技术所在院系现有教职工 61 人，其中专任教师 37 人、正教授职称 2 人、副教授职称 8 人、高级工程师 3 人，49 人拥有博士、硕士学位，具有高级技师、技师、工程师等资格的“双师型”教师占在编教师的 85% 以上
乐山职业技术学院	电子信息工程系现有教职工 34 人，其中校内专兼职教师 28 人。其中双师素质教师 25 人，双师比例达 74%。具有硕士学位及以上 6 人（含在读），副教授 8 人，讲师 17 人

续表

学校	“双师型”师资力量
西安铁路职业技术学院	电子信息系专任教师61人，其中教授1人、副教授19人，专业带头人12人，骨干教师21人，具有研究生学历教师47人，具有技师和双师素质教师58人，双师比例95%
北京市昌平职业学校	计算机系现有教师30名，其中区级学科带头人1人，区级骨干7人，高级教师5人；6名硕士研究生，7名正在攻读在职研究生，“双师型”教师100%
济南职业学院	计算机系拥有一支高素质的“双师型”教师队伍，现有教师53名，有教授、副教授13名，讲师28名，具有硕士学位教师占71%，“双师型”教师占56%

资料来源：根据学校网站公开资料整。

3. 实训实习

针对社会的需求以及现有教学内容和模式的不足，各职业院校积极开展创新性电子实训实验教学，通过改编实训实验教材，设计实训实验内容，参与校内实训和校外岗位实训，培养学生自学能力、独立分析问题与解决问题的能力、自主创新能力以及综合应用能力。目前，我国职业院校电子信息专业实训室基本涵盖了电子信息类计算机软件、电子信息和通信技术三大类中较为热门的专业，如电子技术实训室、计算机网络实验实训室、软件设计工作室、通信原理实训室、移动通信技术综合实训室、嵌入式应用与软件开发实训室、物联网应用技术实训室等，实训室建设基本能满足当前专业实训的需要（见表6－7）。然而，就电子信息三大类共计70余个专业而言，现有电子实训实验室的覆盖面依然不足，实验室设置不能完全与专业设置匹配。

表6－7　　我国职业院校电子信息专业实训室建设情况列举

学校	实训室建设情况
安徽电子信息职业技术学院	该实训室为省级示范电子信息实验实训中心和中央财政支持的电工电子与自动化技术职教实训基地支持建设的实训室之一，主要承担电工与电子技术，电路分析基础、模拟电子技术等全院6门电类课程的实验教学，设有实验实训项目19个。同时支持学生开展电子科技竞赛和科技创新活动，为社会提供技术开发和职业技能培训与鉴定服务
湖南信息科学职业学院	电子信息系实验实训室，拥有电子类实验实训室13个，计算机类实验实训室19个，合计32个实训实验室，实验仪器设备达2560台（件），总价值近1500万元，分为电子类实训室和计算机类实训室，基本满足学校电子信息专业学生的实训教学需求
江西应用技术职业学院	电子信息工程系实验实训中心现有省级职业教育重点实训实验室4个及18个实训室，实验中心实验室总面积2500多平方米，总设备台数达800多台套，设备总值超1000万元
淄博职业学院电子电气工程学院	电子电气工程实训基地总面积3600平方米，有电工电子实验实训室、电子产品制作实训室、电机检测检修实训室、PLC技术应用实训室、创新实训室等20个类别24个实验实训室，仪器设备总值达到1566.3万元，能够同时容纳1100名学生进行实验实训
咸阳职业技术学院	电子信息学院现有电子电工实训中心和计算机实训中心，主要有综合布线实训室、计算机程序设计与软件开发实验室、计算机数据库开发实验室、电子线路实验室、电工电子实验室、电子装配生产线等25个实训实验室

续表

学校	实训室建设情况
河源职业技术学院	电子与信息工程学院实训室现拥有中央财政支持实训基地1个，省财政支持实训基地1个，现有实训室25间，校企共建生产性实训车间3个。实训室主要包括通信原理实训室、移动通信技术综合实训室、电子技术实训室、物联网应用技术实训室等
山东现代职业学院	电子信息学院实训中心占地1200平方米，拥有电工技能实验实训室、模拟电子技术实验实训室、数字电子技术实验实训室、ARM嵌入式实验开发系统实验实训室、计算机网络实验实训室、DSP数字信号处理实验开发系统实验实训室等15个实训室
湖北三峡职业技术学院	电子信息学院现有计算机机房12个，共计1000台计算机，专业实训室12个，其中包括软件设计工作室、计算机硬件组装维修室、网络工程实训室、综合布线实训室、电子技术实训室、单片机实训室、通信技术实训室等

资料来源：根据学校网站公开资料整理。

4. 校企合作

校企合作人才培养模式以市场为导向，充分利用企业的实践教学资源，同时借助学校的理论教学，重点提升学生综合素质以及就业能力，培养适应市场需要的应用型建设人才。对电子信息专业的学生来说，提高学生的实践能力显得尤为重要。目前，国内电子信息专业的校企合作模式主要有基地培养、双向性培养、订单式培养和产学研相结合培养等四种模式（见表6－8），高职院校通过校企合作建立供学生实习的实训基地，学生在实训基地可以将课堂上学到的有关电子信息专业的理论知识转变为丰富的实践经验，使学生充分感悟到学习理论知识以及提高实践能力的重要性。通过校企合作，电子信息专业的学生在学校与企业共同搭建的平台上进一步巩固所学理论知识，扩大自己的知识范围，提升实践能力、创造能力以及其他方面的能力，最终有助于学生在竞争日趋激烈的社会中脱颖而出。

表6－8　　电子信息专业校企合作模式介绍

培养模式	培养形式
基地培养模式	校企合作的主要模式，学校占有主导地位。高职院校通过与企业合作建立实训基地，学生在走上工作岗位之前先熟悉企业的生产环境、经营状况，提高知识的运用能力。对电子信息专业的学生而言，可以在实训基地设计和制作各种电子产品，这不仅能改善实践教学效果，也有助于培养学生的动手能力
双向性培养模式	高职院校立足于市场需要，与企业达成定向培养计划，共同制定培养方案，学校可以邀请企业的优秀员工来校任课，学校也可派一些有发展潜力的教师去企业参见实践活动。对电子信息专业的学生而言，可以有更明确的职业规划，有助于提高专业的学习运用能力和知识的转换能力
订单式培养模式	学校根据企业人才需要和企业签订协议，使学生的人才培养更好地符合企业需要。企业在人才培养的过程中提供一定的教学资源。对电子信息专业的学生而言，该模式的好处是学生在毕业以后进入专业对口的电子信息相关企业工作

续表

培养模式	培养形式
产学研相结合培养模式	该模式下，学生可以在学校学习理论知识以后进入企业进行岗位实行，也可以边学习边实习。对于电子信息专业的学生而言，该模式可以充分发挥学生的主动性，且在实习中遇到实际问题能够尽快得到专业教师的指导和解决，客观上提高学生解决问题的能力

资料来源：根据网络公开资料整理。

四、国外电子信息专业职业教育分析

德国、日本、美国、印度等信息产业比较发达的国家经过数十年的摸索发展，现已形成了特色较为鲜明的职业教育模式，为电子信息产业的发展提供了一大批优秀的人才，也为全球电子信息专业职业教育相关机构和院校提供了经验借鉴。

（一）国外电子信息专业人才培养概况

发达国家经过两次工业革命的推动，其经济社会发展相比较中国而言，起步早，发展快，发展更成熟。经济的快速发展引领发达国家率先进入了信息社会，以电子信息产业为代表的新兴产业也随之快速兴起，带动了国外电子信息专业人才教育的发展。目前，国外在电子信息专业的人才培养呈现以下特点：

1. 人才培养模式多元

在电子信息人才培养方面，各国都采取了符合本国实际的多样化培养模式。日本实行“官产学研”结合的电子信息专业人才培养模式，体现了日本政府参与教育实践的意识。美国的“活模块”、半工半读的教育模式重视通识教育、多学科交叉教育以及实践教育，为电子信息人才的发展打下坚实的基础，符合教育可持续发展的育人理念。德国的“双元制”是该国职业教育强大的秘密武器，是该国科学、技术强国的理念使然。印度电子信息专业职业教育和职业培训模式特色鲜明，重视实践，符合电子信息技术应用性的学科特点，使得电子信息技术发展迅速。

2. 政策导向作用显著

从推进社会信息化进程来看，各国电子信息职业教育具有明显的政策导向性。重视信息化水平建设、发展信息教育、大力培养电子信息人才已经成为诸多发达国家和发展中国家的重要国策，其意义不言而喻。如美国的“信息高速公路”、“智慧地球”战略和“NII”计划、“GII”计划、“21世纪信息技术计划”，日本的“e－Japan”、“u－Japan”、“i－Japan”战略，德国的“21世纪信息社会的创新与工作机遇”纲要、信息化行动（2006～2010年），印度的“信息技术超级大国”的108条政策等，这些政策、计划体现了各国政府对社会信息化、教育信息化以及电子信息人才的高度重视，体现了各国电子信息化的战略梦想和雄心。

3. 培养目标层次清晰

层次性主要体现在不同的电子信息人才培养目标上。美国的电子信息人才目标层次非常清晰，例如，美国的5A1大学（研究型大学）侧重研究型的电子信息人才，应用型人才培养多由5A2型高校（应用型大学）承担，社区学院侧重技能型电子信息人才的培养；日本则强调电子信息技术的应用能力普及以及高端的数字化人才培养；德国在电子信息人才培养上，主要培养具有较高专业素质、适合电子信息行业发展需要、掌握电子信息技术理论和应用技能高级应用性复合型人才；印度培养从尖端科技研发到基础实际应用的各种类型梯队电子信息人才，但以培养技能型为主。只有目标清晰，各校定位准确，各企业（产学研合作单位）履行其责，才能使人才培养出成效。

4. 教育模式注重实践

由于电子信息人才的工程性特点以及电子信息学科的性质，各国的电子信息专业大多开设在理工类高校或工科专业学院，属于应用型科学，学科的特点决定了教育的实践性。从各国来看，无论是美国的"活模块"半工半读的教育模式，日本的"官产学研合作"教育模式，德国的"双元制"教育模式还是印度的"职业教育"、"产学研合作"教育模式，虽然模式名称不一，形式多样，但都突出电子信息人才培养的实践性特点。另外，课程设置上也强调电子信息人才培养的实践性要求，如印度的计算机科学和工程专业的实践课程学时已经达到了理论课时的2/3，并在教学安排上要求工程师参与教学，来自工程实践的教师比例已近1/3。为此，无论从课程设置、教育模式还是教学安排上，电子信息人才培养实践性特点都十分突出。

5. 课程设置突出实用

无论是技能型、应用型还是研究型的电子信息人才，在其培养过程中，需要符合电子信息技术的学科特点，满足更新快、发展快的技术要求，注重提高人才的实用性。为此，各国在课程内容上不断更新，如日本的电子信息教材更新周期不超过两年。多数国家都提出了大学应按产业需求对电子信息专业课程进行修订，以缩小产业需求与学校教育的差距。研究型的人才其侧重数理基础，突出厚和宽，目的也在于增强适应性，提高实用性；技能型的人才强调掌握最新的技术，以适应信息社会快速变化的要求，体现与职业的无缝对接。

（二）典型人才培养模式分析

为了更快、更好地适应信息化时代的发展，各国都在努力探索不同的电子信息专业人才培养模式。从目前电子信息产业的增量和对经济的贡献值，本报告选取了当前比较有代表性的美国、德国、日本、印度四个国家的电子信息专业人才培养模式进行深入的比较研究，研究的重点包括人才培养模式、培养理念、专业设置、课程设置、师资建设、校企合作、实训实习等方面。

1. 美国——活模块教育模式

"活模块"教育模式指的是根据教学内容把教学分成几个有机的模块，实行学习与工作交替进行的课程计划。学校与企业合作，实行半工半读制，学习与工作的转换方式具有很大的弹性，学员有时半天在学校学习，半天在企业工作；有时是每半年转换一次，在教与学的过程中重视一个"活"字。学校注重学生的技术背景，培养具有技术与商务知识两者融合的复合型人才。这种合作教育的方式使学校、企业、社会和学生多方受益。尤其是半工半读制，使学生获得了大量的实际经验。企业也可通过合作教育对毕业实习生进行充分的实际训练和考察，以便选拔合格雇员，减少考核带来的成本。在电子信息专业的教学过程中，采用灵活的教学方式和实训实习，赋予学习和工作以非常大的弹性，来探索学生对于电子信息专业的兴趣爱好，以充分发挥学生的才能。

（1）培养目标层次分明。美国的职业教育主要由5A2型高校和社区学院承担，电子信息人才的培养目标清晰，共分为三个层次：第一，基础教育人才，主要进行软件理论与工程方面知识的学习，为软件公司培养从事软件开发与设计方面的人才；第二，系统理论人才，主要侧重系统软件理论的教育，为高校的教学和研究以及大公司输送从事软件研究和项目管理人才；第三，实践技能人才，主要培养各个层面的动手能力强的制作和编程人员，这些技能人才一般由大的软件公司培训部门或中心培养。此外，还有信息技术人员的在岗培训，一些大的软件公司与高校和社区学院合办培训项目或委托社区学院代办信息技能培训项目。这些都是为满足美国信息社会对不同层次信息人才的不同需要。

（2）课程设置灵活多样。首先，美国电子信息专业课程设置主要借鉴“活模块”的人才培养理念，倡导通才教育和终身教育。课程设置强调沟通能力、动手能力，强调将综合素质的培养融于课程体系，学生选择课程和方式也有较大自由，充分体现多样性和灵活性。其次，教材更新速度快，授课方式灵活多样。以美国软件专业课程为例，其不但根据市场随时调整，而且根据各校的优势形成自己的特色。最后，学校还注重创新型人才的培养，适时改进教学方式。课程分为 Part - time 和 Full - time 两种，比例相当，同一门课程每学期同时开设 3 ~ 7 个时间段，由学生根据自己情况自由选择。

（3）注重实践性教学环节。美国的职业院校电子信息专业在重视理论教育的同时，还极为注重学生工程实践能力的培养。目前，各学校主要采取科研式和学校联合教学式的培养模式，目的在于使学生有机会将理论知识应用到开发和实践过程中，从而全面地锻炼学生综合能力，以培养出合格优秀的电子工程人才。为此，不少学校将实验单独设课，如贝勒大学要求必修数字设计实验和模拟实验两门课，每门课每周 3 小时实验，此外还要从一组设计课中必选 1 门课。有学校在课程中注明每周安排实验时数，且一般安排实验时数较多。如马里兰州大学模拟集成电路和数字集成电路两门课均为每周讲课 3 小时，实验 3 小时，讨论 1 小时。由此可见，美国已将单一的课堂教学扩大到学生自学、研究和实践，给学生以更多发展个性的机会。

2. 日本——官产学合作教育模式

日本在 20 世纪 70 ~ 80 年代成功地把美国创造的电子技术，转化运用到民用产品、家用电器和汽车等方面。目前，以日立、松下、索尼等为代表的电子信息企业，在全球都具有相当的竞争力。随着电子信息产业的迅速崛起和壮大，日本的电子信息专业职业教育也在全球发挥引领示范作用。日本的电子信息专业人才培养主要采用的是官产学合作教育模式，强调政府、企业和学校共同合作培养人才，一是在政府的政策引导下实现产学无缝对接，二是通过企业培训实施电子信息技术教育，三是学校接收企业职员定期到校学习，由学校直接培训企业电子信息人才。

（1）有针对性地设置单一科类专业。依据办学层次的不同，日本政府要求科学技术大学开设的专业应与其他综合类大学有所不同，其主要开设工科一类的专业。以电子信息相关学科为例，丰桥技术科学大学只开设机械系统工学、生产系统工学和电气电子工学等专业。长冈技术科学大学只开设机械系统工学、创造设计工学和电气电子工学等专业①。同时，为契合技术科学大学的办学特点，日本政府鼓励技术科学大学把招生目标指向高等专门学校，高等专门学校的毕业生在已有专业知识基础上接受高层次的专业教育，使知识很好地进行链接并融会贯通。由此可见，政府根据产业发展的需要积极协调、引导日本技术科学大学的发展，从招生方式、单一科类的专业设置等方面，实现了企业与学校的并轨发展。

（2）注重理实一体化的课程设置。以日本九州职业能力开发大学电子信息技术专业的课程设置为例，为了实现培养产品技术人才及工程师的目标，在课程设置方面有以下要求：一是注重

①王宁宁、吴涛：《日本技术科学大学人才培养：经验与启示》，《教育探索》2015 年第 7 期，第 155 - 157 页。

实践与理论学习融合，即开展生产一线必要的技能、技术和相关理论有机结合的训练。在学习所需的专业知识的基础上，通过专心致力于与生产一线相符合的实验、实习，开展理论和技能及技术融为一体的学习，使其掌握与生产一线相对应的实践能力。二是注重实践课程。为掌握生产一线必要的技能和技术，注重实验和实习课程的设置，并把制作与生产一线相同的部件作为实习的课题，建构与产业界的需求相一致的实践性课程，如表6－9所示。

表6－9　日本九州职业能力开发大学电子信息技术专业必修课程①

每学期的教育训练目标		课程设置		通识教育
		理论学科	应用学科	
第一年 1、2学期 了解	学习掌握电子信息专业出身的技术人才不可或缺的基本知识和技能	大学校入门讲座、电磁学、电路、电子工程、安全卫生工程	电气电子工程实验、自动控制实习、GUI编程实习、嵌入式软件基础实习、计算机基础实习、基础工作实习	数学、物理、英语Ⅰ、体育
第一年 3、4学期 学习	掌握电子信息方面必要的电路和信息处理的基本专业知识和技能，并通过学科及实用技能学习设计制作技术	电气数学、电子电路、信息通信工学、数字电路技术、传感器工学、数据结构、十进位算法、嵌入式系统工程	模拟电路基础实习、数字电路基础实习、信息通信工程实习、数据结构、十进位算法实习、机械工作实习、数字电路实习、电子电路设计制作实习、系统设计	职业社会、英语Ⅰ、地区特论、法学
第二年 5、6学期 思考	通过微型计算机、电路板的设计制作和控制程序制作，学习设计制作技术	嵌入式操作系统、接口技术、模拟电路技术、微型计算机工学、计测控制技术、嵌入式软件应用技术、网络技术	模拟电路实习、微型计算机工程实习、接口制作实习、工厂内部网络实习、综合制作实习、制作项目、嵌入式软件应用实习	英语Ⅱ、体育、职业形成论
第二年 7、8学期 总结	以学到的知识为基础，进行嵌入设备的设计制作及控制程序制作	环境能源概论、生产工程、高周波电路技术、固件技术、电气数学Ⅱ、移动通信技术	嵌入式软件应用实习、固件实习、嵌入式设备制造实习、制作项目、企业实习、综合课题实习、综合制作实习	心理学

资料来源：各学校官网整理。

（3）严苛的师资选拔和培训制度。日本职业院校的教师入职门槛相对国内要高出很多，为了更好地适应产业的需求，各学校不断提升教师的教学水平。第一，依据日本《教育职员许可法》的规定，电子信息专业的教师需具备学历层次高、技术水平精湛、工作经验丰富的要求，如需具备博士学位、研究成果突出、工龄10年以上且确有成绩等。第二，日本高校电子信息专业高职教师除了要参与学校组织的内部培训外，还需要深入企业大学（如日本电气株式会社创办了日本电气短期技术大学，日产汽车公司创办了日产技术学院，松下电器公司创办了松下电器

①王国辉：《社会转型期日本技术人才培养体系的再建构——基于职业能力开发大学校的职能分析》，《外国教育研究》2014年第7期，第119－128页。

工学院等）进行专业的岗位培训。[①] 第三，兼职教师所占比例近60%。根据日本《短期大学设置基准》和《高等专门学校设置基准》的规定，短期大学、高等专门学校的“辅导练习、实验及实际操作，应配备必要的相当数量的专任助教。”电子信息专业由于其自身的应用型特性，需要来自生产一线的生产运营管理人才的教学支持，兼职教师比例的提高不仅可以丰富院校“双师型”教师队伍，还可以弥补理论教学的不足。

3. 德国——双元制教育模式

德国电子信息人才的培养离不开德国的双元制教育模式，在专业建设、课程设置以及校企合作方面都充分体现了双元制的理念，提倡学用合一实践。“双元制”的学生具有双重身份，即职业学校的学生和企业的培训学徒，学生的培养计划由校企共同确定，学校实施理论部分的教学，企业按照联邦培训规章实施实践课程的培训。学生培训使所学技能更加贴近生产实际，而学校所学须不断更新以满足企业的实际需求，又促进了理论知识的学以致用。以德国曼海姆双元制职业学院为例，学校电子信息专业实行“3+3”工学交替人才培养模式，即在学院进行3个月的专业理论学习，再去企业实践学习3个月，交替进行，3年共6学期，最后3个月在企业完成毕业设计或毕业论文。

（1）专业设置注重跨学科与应用性。德国应用科学大学与其作为一种有别于综合性大学的新型高等教育机构的使命——培养高层次应用型人才相适应，在专业设置上表现出三个明显的特点，即应用性、跨学科性和特色性。

以汉诺威应用科学大学与不来梅应用科学大学为例，其电子与信息技术学院的专业设置十分重视跨学科性，以一种前瞻性的视角开设了机械电子技术、电子技术经济工程师、电子经济工程等复合型专业，以培养复合型人才。而以不来梅应用科学大学电子工程和计算机科学学院为代表，其电子信息专业的设置则凸显特色性，注重专业之间的互补与协调。国际化办学是不来梅应用科学大学电子工程和计算机科学学院人才培养的一大特色。该校的电子信息专业自20世纪80年代便开始推行国际化办学策略，目前不来梅应用科学大学已有2/3的专业要求学生到国外完成学习。如果说，国际间的学生交流是一种常见的国际化策略，那么不来梅应用科学大学与众不同的地方在于，国际性已经渗入这所高校设置的多数专业如表6-10所示。

表6-10　　德国部分应用科技大学电子信息专业设置一览

学校	学院	专业设置	
		专业	备注
汉诺威应用科学大学	电子与信息技术学院	电子技术	“双元制”专业/学士
		信息技术	“双元制”专业/学士
		机械电子技术	“双元制”专业/学士
		通信技术	“双元制”专业/学士
		电子技术经济工程	“双元制”专业/学士
		技术编辑学	学士
		电子经济工程	“双元制”专业/学士

①胡晶晶、聂伟、徐祖禄：《我国高等职业教育的发展历程及特征探微——基于法律法规建设的视角》，《法制与社会》2009年第2期，第322-323页。

续表

学校	学院	专业设置	
		专业	备注
不来梅应用科学大学	电子工程和计算机科学学院	数字媒体	国际专业/学士
		计算机科学	国际女性专业/学士
		成像物理学	国际专业/学士
		计算机科学	“双元制”专业/学士
		计算机科技系统	学士
		机械电子技术	“双元制”专业/学士
		媒体信息学	国际专业/学士
		微系统和光系统工程	国际专业/学士
		计算机工程	学士
		计算机工程	国际专业/学士

资料来源：各学校官网整理。

（2）以职业需求为中心的课程设置。德国电子信息课程的设计，主要以学生毕业后可能从事的职业活动为中心，其课程以企业技能培训为主，信息理论教学为辅，以“技能＋理论”来打造信息人才。在教学中以学生的兴趣为出发点，学生自己动手，配合教师指导，学习中手脑并用，面向社会合作，关注结果。学生既可在学校了解未来职业的特点，又可在企业现实岗位的任务中对专业知识进行加工，这就是行动导向的教学思想。具体地说，企业负责传授实用的实践操作技能，学校负责普通理论课程和专业课程的传授。在这方面，他们推行一种称为“项目教学法”的教学形式。所谓“项目教学法”通常由以下步骤组成：教学项目内容设计→确定项目任务→项目流程规划→计划实施→项目结果评估→结果整理。

（3）贴近企业的高素质师资力量。德国对职业教育教师的资格准入、培养、考核及继续教育等诸多方面都有着严格的规定。德国高等职业学校只有一个职称层次，即教授，其他均为教辅人员，要获得教授职称，必须具有博士学位（若无博士学位，需在科研上具有突出贡献），而且必须有十年以上相关专业的企业工作经历，熟悉企业生产流程①。所以，应用技术大学的教授一般都与一些企业有着密切联系。此外，德国的兼职教师在职业教育中占相当大的比例，主要为有丰富实践经验的企业工程师或管理人员，其实践经验对加强学生职业能力培养起到了非常重要的作用。

以兰茨胡特应用技术大学的电子自动化专业教学为例，“数字电路设计”课程教学内容主要是利用 Verilog HDL 硬件描述语言来设计数字逻辑电路，该课程就是分成两部分来实行的。第一部分是理论课程，由学校专职教授讲解；第二部分是实践环节，由学校聘请的一位企业总工程师主持实训课程的开展。实训课课堂模仿企业实际工作环境，将学生分成若干开发小组，各负责一个大项目中的若干子项目，最后将各组的成果汇总调试，总结经验②。

①翟法礼：《德国高等职业教育发展模式概述》，《英才高职论坛》2006 年第 3 期，第 120－131 页。

②陈杰菁：《德国应用技术大学培养模式的研究及启示》，《工业和信息化教育》2013 年第 9 期，第 60－63 页。

4. 印度——职业化教育与产学研相结合模式

印度的职业化教育模式是指实用性和市场化的教育模式，主要是根据行业、企业的需要来培养实用性人才。印度信息技术人才的培养主要通过三种途径：其一，依靠高等院校培养，主要是依靠理工高校，几乎所有高校都设置了计算机专业；其二，由各类商业性软件人才培训机构培养，如在海德拉巴的国际信息学院（NIIT）软件培训巨头，具有每年培养50多万软件人才的能力；其三，IT企业自身建立的培训机构培养。

产学研结合是印度电子信息人才培养最大特色，该模式要求学生主动提高自身电子信息技术能力。学生白天在高校接受信息理论知识，晚上在职业机构接受实用信息技能训练是一种普遍的现象。而高校自身在教学内容安排上，也是瞄准市场需要，密切跟踪市场技术发展；在教学方法上，侧重培养学生的动手能力，多与企业共同培养学生。例如NIIT，学校的课程由学校的教师与学校周边软件公司的工程师共同设置，许多专业课程和实践课程是由公司的工程师开设。工程师在做工程或科研时指导学生参与，使得学生的实践能力、科研能力都得到了较大的提升。

（1）积极开展职业教育认证培训。为培养软件专业人才，印度建成了世界上最大的多媒体教育设施，每年接受电子信息技术培训的人员达到数十万人，而政府也提供许多政策支持，如在税收、创办公司等方面提供一系列优惠等来支持软件行业的发展和吸引有才华的青年投身软件业。为满足计算机专业人才的不足，全印度每个城市都有数百家计算机教育机构，如印度著名APTECH（阿博泰克）计算机教育公司可以根据学员的不同需要量身定制不同课程（见表6－11）。所以，印度的信息教育呈现出市场化的特点，学员根据需要可以在完成基础教育后，不接受高等教育，直接进行信息职业教育，实现不同类型信息人才培养的目标。

表6－11　　　　印度部分电子信息职业教育认证培训机构简介

职业机构	简介
印度国际信息学院	NIIT（印度国家信息技术学院）是全球最大的信息技术教育培训和提供IT解决方案的上市公司之一。NIIT在印度是第一大教育与培训公司、第二大IT服务公司和第三大软件出口商。工作领域包括系统合成、商业对策、工程、制造、财务、网络工程、通信、信息技术咨询、应用软件开发、多媒体软件及职业信息技术培训和企业信息技术培训。至今，NIIT的教育覆盖到全球44个国家，5000多家培训学院与教育中心，每年培训学员达数十万人次
印度阿博泰克有限公司	印度APTECH成立于1986年，是世界上最大的IT职业教育培训机构。目前在全世界53个国家拥有3500多家中心，累计培养IT人才400万余人。印度APTECH计算机教育对软件工程师（ACCP）的培养，只要受过基础教育，高中毕业生、非计算机专业人员及IT从业人员都可以根据个人掌握计算机情况学习ACCP课程，经考核后，即取得相应级别的ACCP证书和相应级别的ACCP认证软件工程师

资料来源：根据网络公开资料整理。

（2）梯队形的信息人才培养体系。印度倡导“树立信息教育初等化，信息教育职业化，信息教育层次化”的人才教育理念。印度教育部门制定了统一的中小学计算机教学大纲，全国近3000所中学、400多所大专院校开设不同层次的电脑软、硬件课程，形成了信息教育的多层次培训体系和从尖端科技研发到基础实际应用的适合各种类型梯队的信息人才培养体系。以计算机科学专业为例，该专业主要培养能够系统、扎实地掌握计算机科学与技术，具有研究开发计算机软、硬件的基本能力高级专门科学技术人才，主要从业于政府或各研究机构。计算机科学与工程专业则是培养从事系统分析、高级程序设计、软件维护、软件测试等岗位的工作人员，主要从业于各专业的计算机软硬件开发等企业。而计算机应用专业则为网页制作、网络管理、PC 通信以及网络动画设计领域、程序开发等和与电脑有关的普通公司提供行业人才。

（3）课程设置重视数理能力和实践。印度电子信息专业的学生非常重视数理能力和实践操作能力培养。以韦洛尔科技大学和印度拉夫里科技大学计算机科学与工程专业的课程设置为例（见表 6－12），该专业提供了一个相当宽泛的基础工程训练课程（达总课程的 1/2），对基本理论要求较高，学生需要 60% 以上时间用于学习数学、物理和化学知识。在实践能力培养方面，学校要求培养很强的发现问题和解决问题的能力，学生在校学习期间必须接受实践课程的强化训练，实践课程与理论课程的学时比例大致为 68∶100。学校设有实验工厂，装备先进的工作母机和大量最新的计算机和网络设备。学生可以充分利用这些资源将课堂理论付诸实践，做到学以致用。

表 6－12　　　　印度部分院校电子信息相关专业及课程设置一览①

学校	专业	课程
韦洛尔科技大学	计算机科学与工程	数据结构与运算、计算机系统结构、离散数学、计算机网络与数据通信、操作系统、计算机制图、数据库管理系统、制图理论应用、数字运算、网站制作、密码系统与网络安全、环境研究等课程
印度拉夫里科技大学	计算机科学与工程	工程数学、电力和磁力、电子科学、面向目的程序设计、计算机组织与结构、机械科学、数据结构、计算机网络、数值分析、系统软件、操作系统、数据管理系统、电脑绘图、现代程序设计工具与技术、多媒体系统、顶点工程等

资料来源：根据各院校官方网站资料整理。

五、我国电子信息专业职业教育服务产业发展分析及建议

职业教育以服务产业发展为目标，培养电子信息人才能够为电子信息产业的转型升级提供智力支撑。我国电子信息专业的职业教育已经具有相当规模，较好地服务于电子信息产业的发展，然而与国外电子信息学科的发展还存在一定差距。总体而言，我国电子信息专业的发展正处于“求大求全”、追求综合化阶段，今后的发展方向应加强学科的交叉性，强化特色培养，避免单纯地追求专业的覆盖面。

（一）电子信息产业职业教育服务产业发展分析

目前，我国电子信息专业学科发展方面存在一些问题，如不断拓展学科专业覆盖面、扩大招

①印度拉夫里科技大学中国办事处官方网站：http：//www. lpuchina. com/kecheng/40. html。

生规模，令原有学科结构发生了重大变化，特色专业招生规模所占比例大幅度下降，总体呈现出多科化、“去行业化”的趋势。与此同时，高校资源分配中的规模聚集效应、政策导向的单一化、评估排行中的简单相加、社会舆论中的综合崇拜趋向等因素，也不断地错误引导学科的发展方向。如此一来，也降低了电子信息专业职业教育服务产业发展的成效。

1. 人才培养与市场脱节

职业院校电子信息专业人才的培养应以政府宏观调控下的市场需求为驱动。然而，就目前我国电子信息人才的培养模式而言，正如前文所分析，大部分院校仍然按照传统的教学模式进行新兴产业的人才培养。首先，传统的教学模式主要是教师课堂上的系统讲述，学生被动地接受与理解。该模式不利于学生逆向思维及发散思维的培养，其结果是创造力不足，缺乏职业性。其次，电子信息专业课程体系总体陈旧且缺乏弹性，不能紧跟市场需求做出及时调整。最后，教学模式较为单一，没有突出“以学生为中心”的教育理念，很大程度上忽略了学生自主学习能力的培养和创新精神及终身学习理念的形成，造成电子信息专业的毕业生综合素质不高，很难培养出适应市场经济需求、能力强、素质高的新型人才。

2. 专业布局前瞻性不足

面对我国经济发展步入新常态的形势，各电子信息企业都在加快企业转型升级的步伐，这对电子信息产业链上游和下游企业都提出了挑战，而产业升级最大的制约要素就是人才不足。在受到外界环境的刺激下，企业会率先转型，进而带动电子信息专业职业教育的转型。要达到职业教育与企业发展的契合，电子信息专业的人才培养就必须及时了解企业的人才需求变化。目前我国电子信息专业的专业发展主要呈现重数量扩张，轻质量建设，众多高校电子信息相关专业的建设没有体现出前瞻性，也没有确定明确的专业建设发展思路和规划，专业建设的盲目性和随机性成分较重。由于缺乏明确的建设目标，因而在专业建设的有效投入、组织和发展措施等方面都出现欠缺，专业建设难以上台阶，也在相当一段时间内无法充分为产业发展发力。

3. 专业设置匹配性不高

随着新兴产业、现代服务业和先进制造业的升级以及电子信息产业的行业细分，改变了以往单纯依靠劳动密集型发展、廉价劳动力来获取竞争的优势，新兴的电子信息产业主要采用新技术或新工艺来提高产业链中生产加工工艺流程的效率。新的技术和工艺对以往企业技术含量低的岗位工作者的职业能力、创新能力提出了更高的要求。职业学校的电子信息专业设置一旦与产业需求产生偏差，就会为结构性失业埋下隐患①。我国电子信息专业职业教育的专业建设多是在传统专业的基础上整合形成的，虽然近几年发展很快，但新兴专业群的建设和成熟还需要一个漫长的过程。

4. 专业人才结构性失调

首先，电子信息产业转型升级对电子信息技术人才市场带来的最大冲击就是“用工荒”。尽管许多企业放宽了条件，提高了薪酬，但仍存在众多电子信息企业因为缺工而不能正常生产的情况。“用工荒”的困境不在于数量之荒，而是质量之荒。质量之荒不仅体现在电子信息人才的职业技能上，还体现在电子信息专业职业教育的素质和能力提升上。其次，电子信息产业转型升级对职业教育的挑战还表现在对劳动者结构的调整上。对劳动者的结构挑战主要表现在：不同产业链阶段对人才的需求层次和比例是不一样的，处于产业研发和技术创新阶段的企业需要技能型人

①石伟平、刘晓：《职业教育在经济危机中的“危”与“机”》，《中国职业技术教育》2009年第11期，第14-18页。

才和创新型人才，且对中职、高职、应本人才的需求比例是不同的；处于产业链组装和销售阶段的企业需要普工和服务人员，随着电子信息产业的转型升级，这一产业的人才需求缺口会逐渐增大。

（二）对我国电子信息产业职业教育发展的建议

1. 加强政策引导，发挥政府职能

政府与电子信息产业的合作关系体现在培养目标和人才规格、教学内容、组织机构、财政支持等方面的合作上。电子信息产业作为国家新兴支柱性产业，对 GDP 增长的贡献日益明显。政府应加快出台相关政策，引导电子信息专业的人才培养，为产业的发展源源不断地输送新鲜的血液。

第一，增强政府重视程度，鼓励行业企业发展职业教育。政府应重视电子信息企业与行业协会在高职教育中的重要作用，要充分依靠行业和企业来发展职业教育，积极调动电子信息企业参与高职教育的主动意识。同时，通过建立配套的政策机制，改善制度环境，对参与职业教育的企业给予一定的经济优惠政策，吸引企业的积极参与。

第二，明确高等职业技术教育的功能与定位，建立多层次、多元化的高等职业技术教育体系。在高职教育的定位问题上，日本的高职教育发展经验也向我们表明：高职的定位绝不仅限于专科层次，而是包括专科、本科、研究生三种，且应随着经济与社会的发展不断向高层次延伸。我国的高职教育要实现优化发展，不仅在数量上和规模上要扩张，更要向纵深层次发展，形成多层次的高职教育体系。

第三，加强各层次教育间的衔接。日本多层次高职教育体系的完整性不仅体现在其各层次高职教育机构的设立上，更重要的是体现在其各层次教育的衔接和沟通上：一方面，专门的衔接制度为高职学生的进一步深造打开了直接的通道；另一方面，“短期大学士”、“准学士”、“专门士”、“高度专门士”等学位、称号的设置及学位专门授予机构的建立也为高职学生扫除了由于没有学位所带来的升学障碍。

第四，加快制定有利于开展产学合作的政策和制度，提高校企双方开展合作的积极性，尤其是对于企业来说，可进一步出台一些经济优惠政策，如对接受实习生的企业给予相应的税收优惠等来开展激励；积极组建产学合作中介机构，为产学合作双方提供良好的发展环境与互惠互利的激励机制，同时建立起科学的评估机制，为产学合作提供监督和保障。

2. 拓宽专业跨度，发展优势学科

总结德国应用科学大学的电子信息专业设置表现出以下特点：第一，强调应用性，主要设置应用性强的专业，以培养能够解决实际问题的应用型人才为导向，同时注重与地区经济和产业结构接轨。第二，重视跨学科性，设置跨学科、交叉性专业，既考虑了现代科学知识发展超越单学科界限的现实，也有助于培养具有跨学科思考问题、分析问题和解决问题能力的复合型人才。第三，凸显特色性，并且其特色化发展路径具有多元化的特点，既有“小而精”的特色化路线，也有“大而全”的特色化策略；既有将“国际性”作为办学特色的学校，也有将“可持续发展”作为办学特色的学校。而且，不论选择哪一种特色化发展路线，都注重使新设专业和已有专业形成互补和协调。考虑到我国行业特色型大学的办学问题，针对我国电子信息行业特色型职业院校的专业设置提出以下建议：第一，在专业设置上集中于应用性电子信息专业，注重与地区经济和产业结构接轨，将其优势和特色发展为自己学科专业上的优势和特色。第二，电子信息专

业设置可以注重跨学科性，通过结合不同的学科，发展新的专业，培养复合型人才。第三，电子信息专业设置的特色化策略具有多元性的特征，“小而精”和“大而全”均可以成为成功的特色化发展策略，关键在于平衡自身的学科优势和办学传统以及社会经济发展对人才培养的需求。换句话说，电子信息行业特色型大学需要以自身的学科优势和办学传统为基础，立足社会经济发展对人才培养的新需求，开设新的专业，注重利用现有的学科优势，发展优势学科群，不盲目设置专业，不盲目追求电子信息专业群的综合化。唯有如此才有可能形成自己的特色，吸引具有不同兴趣和潜能的学生，形成特色办学和差异化竞争的合理格局。

3. 改进教学方法，创新教学模式

创新能力的提高是电子信息专业职业教育改革的核心。以“创新能力”培养为核心的教学模式应坚持“以人为本”的教学理念，课堂教学内容采用项目驱动，结合项目的完成设置问题，讨论解决问题的办法和途径，在教师引导下，由学生自主进行实践性学习活动。

第一，灵活设置课程，构建互联互通的课程体系。日本电子信息专业课程涉及内容比较全面，侧重宽度而对基础理论要求不高。例如，关于计算机信息系统专业的课程设置，内容涵盖了国内计算机应用、信息系统、商业管理等专业的大部分主要课程。在教材上，从小学到大学，日本各类计算机技术教材的编写极富特色，不仅课程设置科学、内容通用，而且注意反映国际信息技术发展的最新成果，随时进行修改和调整。此外，还积极聘请外籍教师和企业家参与教学，让学生及时了解行业发展现状，从而保证了学生知识的前瞻性。

第二，针对电子信息专业创新型人才的培养需求，在理论教学、实践教学、课外科技活动和科研中引入软件仿真技术。将仿真技术引入课堂教学，可将抽象的理论问题用仿真软件图形化或可视化，吸引学生的注意力，提高学生学习的积极性；将仿真技术引入实验教学，可突破传统实验箱的限制，变验证性实验为设计性、综合性实验，使学生可以在完成实验箱实验的基础上去设计实验、仿真实验。

第三，充分利用电子信息专业实验室、校内外实训基地等实践教学资源，加强实验室建设，建设大学生实践创新平台。大学实践创新平台的建设给教学与科研紧密结合、学校与企业密切合作提供了一个桥梁。学生可以参加科技竞赛的合作团队，参与老师课题、企业项目团队，也可自行组建科技创新小组。创新团队可引导学生实现自我发展、提高实践能力，发挥学生潜能，培养学生解决问题的实践能力和勇于探索的创新精神。

第四，关注中小企业，推进校企合作。首先，以服务区域经济为切入点，关注中小型电子信息企业。这样不仅为企业的科研开发和人才需求提供支持，也可以真正提升学校的办学实力。其次，积极推进校企合作，促进产、学、研共同发展。职业院校应利用自身优势，主动参与电子信息企业的技术创新和产品开发，企业要积极利用职业院校的资源，形成产学研联合体。最后，建立健全校企合作制度，为培养现代高技能应用型人才创造条件。应学习国际校企合作的先进经验，加强制度建设，建立统一的法律、法规，设立专项基金，建立对企业的激励制度，明确校企合作中双方的权利、义务和责任，使产学无缝接轨。

4. 开展认证培训，鼓励课证结合

所谓“课证结合”，指的是以学历证书为标志的学历教育与以职业资格证书为标志的职业培训之间的一种融合和沟通。其实质是两类证书内涵（综合文化水平与职业技术/技能等级）的衔接与对应，实现“一教双证”。印度的电子信息产业超前发展与率先开展职业资格培训和认证有着很大关系，如近年来出现的类似 APTECH（在印度有 1000 多家、全球有 2000 多家的培训机构）和 NIIT 等有品牌特色的大规模电子信息技术人才培养机构为印度的电子信息产业输送了大量职业化人才。我国的电子信息技术培训逐渐从最开始的国外知名企业厂商认证垄断阶段发展到现在的行业认证、国内外厂商认证、第三方认证相结合的合理布局的阶段，这种模式将成为今后电子信息技术培训的发展方向。而个人用户在选择认证方向和电子信息技术企业招聘员工时，也要把握各类认证的优劣，做出最适合自己的选择。开展电子信息专业的认证培训可以从以下几个方面着眼：

第一，与学历教育结合。将电子信息人才的技能教育（非学历认证教育）与学历教育相结合，建立以中等职业教育为起点，以高职软件教育、软件学院（本科）教育为核心，软件工程硕士、博士培养为辅的多层次信息产业职业人才培养体系。此外，将认证培训体系融入高等职业教育的课程体系，开展"课证结合"培养。在不延长学生修业期限的条件下，让学生在毕业时既获得学历证书，也获得认证证书，造就"双证"人才，将是市场对电子信息技术人才需求的一个方向。

第二，与企业需求结合。企业可以与学校联合开展培训，在课程设置上应紧密配合产业的需要，提供短小精干的专题培训课程，使从业人员能时时触摸世界信息产业跃动的强劲"脉搏"；挑选一批优秀人才，将他们培养成为应用领域的专家、项目经理和系统设计师，让他们迅速成为整个行业发展的"火车头"。

第三，与人才就业结合。如何将信息科技人才的培养和信息产业的市场需要相结合，这需要通过行业主管部门和行业协会，整合企业和各类软件人才用人单位的信息，建立一个信息科技人才的供需信息网络，促进信息科技人才的就业。

参考文献

［1］中华人民共和国工业和信息化部：《2014 年电子信息产业统计公报》，http：//www. miit. gov. cn/n11293472/n11293832/n11293907/n11368223/16471095. html，2015 – 02 – 27。

［2］《电子信息百强企业转型升级特点研究分析》，中商情报网，http：//www. askci. com/news/chanye/2015/09/03/15158tai2. shtm，2015 – 09 – 03。

［3］刘骋：《产业结构调整背景下电子信息工程技术专业人才需求的调查分析》，《武汉职业技术学院学报》2013 年第 2 期，第 27 – 31、39 页。

［4］艾欣：《电子信息产业发展趋势研究》，《无线互联科技》2015 年第 1 期，第 49 页。

［5］洪京一、谭鲁涛、许远：《略论我国电子信息类人才需求与培养途径》，《计算机教育》2014 年第 12 期，第 6 – 8 页。

［6］《明年我国嵌入式软件产业规模将达到 5000 亿元》，中国仪表网，http：//www. ybzhan. cn/news/detail/42277. html，2014 – 05 – 23。

［7］孙建平：《高等学校人才培养模式改革》，《沈阳建筑大学学报》2005 年第 4 期，第 330 – 332 页。

［8］《计算机应用技术专业介绍》，阳光高考网，http：//gaokao. chsi. com. cn/zyk/zybk/speciality Detail. action? specialityId = 73387048。

［9］朱昌平、赵超慧、杨纯、邵尔晴、熊黎明：《美国高校电子信息实验教学的考察与思考》，《实验技术与管理》2013 年第 6 期，第 146 – 149 页。

［10］王宁宁、吴涛：《日本技术科学大学人才培养：经验与启示》，《教育探索》2015 年第 7 期，第 155 – 157 页。

［11］王国辉：《社会转型期日本技术人才培养体系的再建构——基于职业能力开发大学校的职能分析》，《外国教育研究》2014 年第 7 期，第 119 – 128 页。

［12］胡晶晶、聂伟、徐祖禄：《我国高等职业教育的发展历程及特征探微——基于法律法规建设的视角》，《法制与社会》2009 年第 2 期，第 322 – 323 页。

［13］翟法礼：《德国高等职业教育发展模式概述》，《英才高职论坛》2006 年第 3 期，第 120 – 131 页。

［14］陈杰菁：《德国应用技术大学培养模式的研究及启示》，《工业和信息化教育》2013 年第 9 期，第 60 – 63 页。

［15］印度拉夫里科技大学中国办事处官方网站：http：//www. lpuchina. com/。

［16］石伟平、刘晓：《职业教育在经济危机中的“危”与“机”》，《中国职业技术教育》2009 年第 11 期，第 14 – 18 页。

［17］逯长春：《德国双元制高职教育模式探析——以亚琛应用科技大学双元制电气工程专业为例》，《职教通讯》2012 年第 19 期，第 44 – 48 页。

［18］刘引涛：《德国应用科技大学校企合作的探析与启示》，《探索与实践》2013 年第 23 期，第 224 – 225 页。

［19］杨立军、刘陈：《美、日、德、印四国信息人才培养研究》，《中国电化教育》2010 年第 7 期，第 45 – 51 页。

［20］李传波：《以就业为导向的高职院校计算机应用技术专业实训课程开发》，《山东纺织经济》2012 年第 6 期，第 121 – 122 页。

［21］赵凤梅：《高职院校电子信息专业校企合作模式探索》，《教育与职业》2014 年第 36 期，第 106 – 107 页。

［22］覃志奎、蓝雪芬：《构建基于岗位能力为核心的中职计算机应用专业课程体系》，《大众科技》2012 年第 8 期，第 190 – 194 页。

［23］郭晓萌：《国内外电子信息产业集群发展模式的经验与启示》，《新西部》2010 年第 20 期，第 53 – 54 页。

［24］智勇、徐云喜：《美国信息产业发展战略模式对我国的启示》，《学术论丛》2009 年第 26 期，第 10 – 11 页。

［25］胡立：《美国社区学院职业教育与我国高职院校之对比》，《山西广播电视大学学报》2014 年第 4 期，第 9 – 13 页。

［26］叶磊：《日本技术科学大学的办学特色及其经验启示》，《职教论坛》2014 年第 16 期，第 84 – 87 页。

［27］徐理勤：《从德国汉诺威应用科学大学模块化教学改革看学生能力的培养》，《高教探索》2008 年第 3 期，第 70 – 72 页。

［28］马艳阳：《德国“双元制”职业教学模式对我院职业教育改革的启示》，《科教导刊》2014 年第 22 期，第 9 – 10 页。

［29］关剑：《德国代根多夫应用技术大学培训学习心得》，《科技与企业》2014 年第 3 期，第 190 – 191 页。

［30］魏来：《德国“双元制”任务驱动模式在高职教学中的应用——以电子类课程为例》，《学园》2015 年第 21 期，第 23 – 24 页。

［31］刘永亮：《德国应用科技大学专业开发与设置的启示》，《机械职业教育》2015 年第 7 期，第 22 – 23 页。

［32］张敬玲：《德国应用型技术大学国际化办学对我国高职教育的启示——以代根多夫应用技术大学为例》，《河北能源职业技术学院学报》2014 年第 4 期，第 81 – 82 页。

［33］邢晓鹏：《电子类专业创新型人才培养研究》，西安电子科技大学硕士学位论文，2009 年。

［34］涂用军：《电子信息产业调整背景下的高职人才培养策略研究》，《机械职业教育》2013 年第 7 期，第 19 – 21 页。

［35］徐志国、田锦：《电子信息类专业“创新型”人才培养研究与实践》，《中国电力教育》2014 年第 10 期，第 31 – 32 页。

［36］王淑文：《电子信息类专业课程体系改革与建设现状研究》，《教育与职业》2009 年第 6 期，第 126 – 128 页。

[37] 吴定允、徐坤、周子昂:《电子信息类专业实践教学平台构建及创新能力培养的探索》,《周口师范学院学报》2014 年第 2 期,第 67 – 69 页。

[38] 韦金明、盘世准、易其顺:《电子信息类专业实习实训基地建设构想》,《中国现代教育装备》2008 年第 8 期,第 114 – 116 页。

[39] 谢勇、方宇、管旗:《电子信息类专业在卓越工程师培养模式下的教学改革》,《中国电力教育》2012 年第 21 期,第 42 – 44 页。

[40] 吴笑峰、唐志军、席在芳等:《电子信息类专业应用型创新人才培养模式探索》,《当代教育理论与实践》2015 年第 7 期,第 67 – 70 页。

[41] 齐攀、徐超:《高职电子信息专业"订单引领、交替顶岗"人才培养模式改革与实践》,《职业教育研究》2015 年第 4 期,第 25 – 28 页。

[42] 梁潘:《基于市场需求分析的专科电子信息专业人才培养改革研究》,《高教研究与实践》2014 年第 1 期,第 30 – 34 页。

第七章　大数据行业与职业教育分析报告

在全球信息化快速发展的大背景下，数据已成为国家重要的基础性战略资源，大数据正日益渗透到社会生活和经济发展的方方面面。运用大数据推动经济发展、完善社会治理、提升政府服务和监管能力、重塑国家竞争优势正在成为趋势。2015 年 9 月 5 日，国务院出台《促进大数据发展行动纲要》，提出要全面推进我国大数据发展和应用，加快建设数据强国，这标志着大数据产业已上升为战略高度。得益于丰富的数据资源和广阔的应用市场，我国大数据产业实现了快速发展。然而，我国大数据人才的积淀不够，相关专业领军人才、科技人才缺乏等问题已经成为产业快速发展的瓶颈。职业教育作为技术技能人才培养的主体，应积极构建大数据专业人才培养体系，破解大数据产业发展所面临的人才“瓶颈”，提供强有力的智力支持。

本报告在分析我国大数据产业发展现状、行业人才需求状况与专业人才培养现状的基础上，探析大数据职业教育发展中存在的问题，并借鉴国外大数据专业人才培养经验，提出我国大数据专业职业教育未来发展的方向，以期培养出更适合于产业发展的专业人才。

一、我国大数据行业发展概况

随着互联网、云计算、物联网以及信息产业的深入发展，海量数据已经成为可利用、有价值的重要战略资源。2011 年，麦肯锡发布《大数据：创新、竞争和生产力的下一个前沿领域》研究报告，宣称大数据时代已经来临。大数据的应用价值受到前所未有的关注，以互联网公司为代表的企业纷纷开始进行大数据战略部署和技术应用研究。作为全球网民数量最多的国家、最大的电子信息产品生产基地和最具成长性的信息消费市场，中国已经成为世界重要的大数据资源集聚地和大数据应用市场，大数据产业快速发展，产业链加速形成，正在对经济社会发展发挥着越来越重要的作用。

（一）大数据行业发展现状

大数据产业可以看作是对互联网、移动互联网、运营商等渠道产生的大量数据资源进行快速获取、收集存储、价值提炼、智能处理和分发，从而用于企业决策支持等方面的信息服务产业。在政府的高度关注和大力支持下，我国大数据行业取得了快速增长，初步形成产业链和技术体系，但是产业规模整体较小，市场结构较为分散，产业优势尚未形成。

1. 产业规模较小，尚处于早期发展阶段

信息技术和互联网的发展带来了大数据的爆发式增长。我国互联网、移动互联网用户规模居全球第一，拥有丰富的数据资源和应用市场优势，为大数据产业的快速增长奠定了基础。不过与发达国家相比，我国大数据产业仍处于早期构建阶段，呈现出规模较小、增速较快的特点。

从全球市场来看，根据 Wikibon 发布的报告《大数据厂商收入与市场预测 2013 ~ 2017》显示，2013 年全球大数据市场规模约为 186 亿美元，预计 2017 年将达到 501 亿美元，2011 ~ 2017

年的年复合增长率达38%[①]。从国内市场来看，根据IDC发布的报告《中国大数据技术与服务市场2013～2017预测与分析》显示，中国大数据技术与服务市场将从2012年的1.65亿美元增长到2017年的8.5亿美元，2012～2017年的年复合增长率达38.7%[②]。工业和信息化部电信研究院的研究者认为，与全球市场规模相比，中国大数据市场增长速度将快于全球平均水平，并将在未来几年引领全球大数据市场快速发展[③]。

2. 产业链逐渐完善，技术发展相对落后

根据数据的流动性和开放性，大数据全生命周期可划分为“数据产生—数据采集—数据传输—数据存储—数据处理—数据分析—数据发布、展示和应用—产生新数据”等阶段。围绕数据的采集、存储、分析和应用等环节，我国已经初步形成了“生产与集聚层—组织与管理层—分析与发现层—应用与服务层”四个层级的大数据产业链，IT基础设施为各个环节提供基础支撑[④]。

从技术处理流程来看，大数据从数据源经过分析挖掘到最终获得价值一般需要经过5个主要环节，包括数据准备、数据存储与管理、计算处理、数据分析和知识展现，其技术框架如图7－1所示[⑤]。其中，数据分析、计算处理和数据存储技术是关键，是当前和未来一段时间大数据技术创新的焦点。

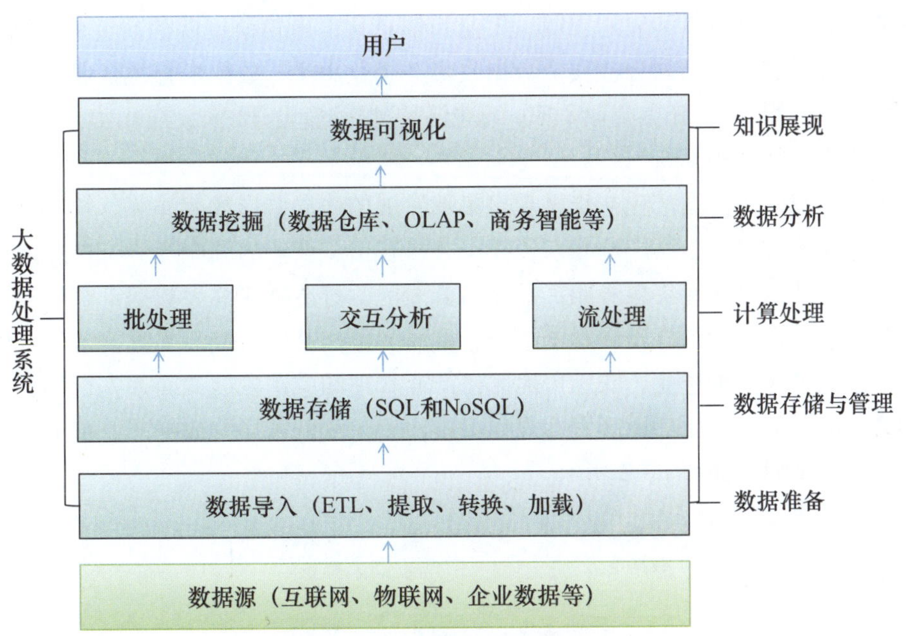

图7－1　大数据技术框架[⑥]

当前，国际上大数据技术发展路径具有独特的“互联网公司原创—开源扩散—IT厂商产品

①Jeff Kelly. Big Data Vendor Revenue and Market Forecast 2013－2017. 2014/02/12. http：//wikibon. org/wiki/v/Big_ Data_ Vendor_ Revenue_ and_ Market_ Forecast_ 2013－2017。

②IDC.《中国大数据技术与服务市场2013～2017预测与分析》，http：//www. idc. com/getdoc. jsp？containerId＝CH243826。

③Liu Yue，He Jia，Guo Minjie，Yang Qing，Zhang Xinsheng. An Overview of Big Data Industry in China. China Communications，2014，12：1－10.

④中国计算机学会：《中国大数据技术与产业发展白皮书（2013）》，第74页。

⑤⑥工业和信息化部电信研究院：《大数据白皮书》（2014年），第3页。

化一其他企业使用”特点[①]。谷歌最早提出的一套以分布式为特征的全新技术体系，即分布式文件系统（Google File System，GFS）、分布式并行计算（MapReduce）和分布式数据库（BigTable）等技术奠定了当前大数据技术的基础。随后，Apache 公司在谷歌基础上发展出开源技术，即 Hadoop 的分布式文件系统 HDFS（Hadoop Distributed File System）和 MapReduce。同时，业内很多公司（如 IBM、Oracle、Cloudera、GoGrid、Dataguise 等）开始提供基于 Hadoop 的商业软件、支持、服务以及培训，推动越来越多的企业开发或购买基于 Hadoop 的产品。由此，基于 Hadoop 的大数据技术生态圈逐渐形成。

就国内而言，我国大数据技术的发展相对落后，总体上以跟随为主。而且，我国在大数据产业链高端环节缺少成熟的产品和服务。其中，面向海量数据的存储和计算服务较多，而前端环节数据采集和预处理、后端环节数据挖掘分析和可视化及大数据整体解决方案等产品和服务匮乏，反映出我国数据处理技术基础薄弱的问题。

3. 市场结构初步形成，集聚发展格局初现

2014 年，我国大数据市场的供给结构初步形成，呈现三足鼎立局面[②]，即以百度、阿里、腾讯为代表的互联网企业，以华为、浪潮、中兴、曙光、用友等为代表的传统 IT 厂商，以拓尔思、海云数据、九次方、百分点等为代表的新兴大数据企业。从企业所处的产业链环节来看，目前国内大部分企业属于大数据分析和应用领域。工业和信息化部电信研究院的研究者[③]选取了 126 家中国大数据企业对其进行类型划分，其中数据收集类企业 9 家，数据聚合类企业 5 家，基础设施类企业 22 家，跨平台基础设施类企业 8 家，分析和挖掘类企业 32 家，应用类企业 50 家，分析和应用类企业所占比例达到 65%。

空间分布上，我国大数据产业初步显现出集聚发展的格局，形成京津冀、长三角、珠三角和中西部四个产业集聚发展区。其中，北京依托中关村在信息产业的领先优势，快速集聚和培养了一批大数据企业，继而迅速将集聚势能扩散到津冀地区，打造京津冀大数据走廊。长三角地区城市将大数据与智慧城市、云计算发展紧密结合，重视大数据基础研究与关键技术研发以及大数据的应用，集聚了大批大数据企业。珠三角地区在产业管理和应用发展方面率先行动，对企业扶持力度大，集聚效应明显。中西部地区发挥规划引领作用，积极布局大数据产业基地建设，吸引和集聚了大批大数据企业。如图 7－2 所示。

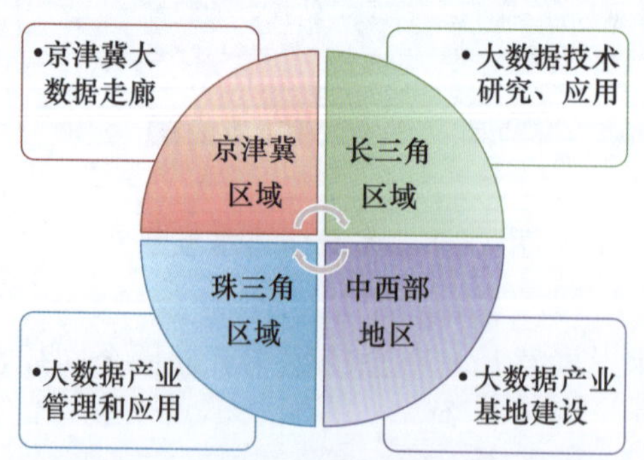

图 7－2　我国大数据产业空间分布

①工业和信息化部电信研究院：《大数据白皮书（2014 年）》，第 9 页。

②赛迪智库：《大数据发展白皮书（2015 年）》，第 5 页。

③Liu Yue，He Jia，Guo Minjie，Yang Qing，Zhang Xinsheng. An Overview of Big Data Industry in China. China Communications，2014，12：1－10.

4. 政府重视程度加强，政策环境持续优化

国际上，美国、英国、日本、澳大利亚等国家高度重视大数据产业发展，自 2012 年以来密集出台多项政策予以引导支持。各国政策着力点主要有三个方面：一是开放数据，给予产业界高质量的数据资源。二是在前沿及共性基础技术上增加研发投入。三是积极推动政府和公用部门应用大数据技术①。

我国大数据产业发展的政策环境正在不断完善，尤其是 2015 年以来，国家层面密集发布了相关文件，而且工业和信息化部正在组织编制大数据产业“十三五”发展规划（见表 7－1）。

表 7－1　国家层面大数据发展相关政策一览

发文时间	发布机构	文件名	主要内容
2015 年 1 月 30 日	国务院	国务院关于促进云计算创新发展培育信息产业新业态的意见	充分发挥云计算对数据资源的集聚作用，实现数据资源的融合共享，推动大数据挖掘、分析、应用和服务
2015 年 7 月 4 日	国务院	国务院关于积极推进“互联网＋”行动的指导意见	组织实施“互联网＋”重大工程，重点促进以移动互联网、云计算、大数据、物联网为代表的新一代信息技术与制造、能源、服务、农业等领域的融合创新
2015 年 7 月 1 日	国务院办公厅	国务院办公厅关于运用大数据加强对市场主体服务和监管的若干意见	充分运用大数据、云计算等现代信息技术，提高政府服务水平，加强事中事后监管，维护市场正常秩序，促进市场公平竞争，释放市场主体活力，进一步优化发展环境
2015 年 9 月 5 日	国务院	国务院关于印发促进大数据发展行动纲要的通知	部署三大任务：一要加快政府数据开放共享，推动资源整合，提升治理能力。二要推动产业创新发展，培育新兴业态，助力经济转型。三要强化安全保障，提高管理水平，促进健康发展 明确七大政策机制：一是建立国家大数据发展和应用统筹协调机制。二是加快法规制度建设，积极研究数据开放、保护等方面制度。三是健全市场发展机制，鼓励政府与企业、社会机构开展合作。四是建立标准规范体系，积极参与相关国际标准制定工作。五是加大财政金融支持，推动建设一批国际领先的重大示范工程。六是加强专业人才培养，建立健全多层次、多类型的大数据人才培养体系。七是促进国际交流合作，建立完善国际合作机制
2015 年 7 月 31 日	工业和信息化部	《大数据产业“十三五”发展规划》第一次编制会议	大数据产业发展规划要以创新应用为驱动，围绕大数据产业培育这一核心，抓好大数据产业关键能力培养、大数据创新应用培育、大数据开放共享环境建设等方面工作

资料来源：根据公开资料整理。

①工业和信息化部电信研究院：《大数据白皮书（2014 年）》，第 20 页。

各地政府在推动大数据发展上非常积极，2013 年以来陆续出台了各类推进计划和政策措施。例如，上海市《推进大数据研究与发展三年行动计划》提出以技术研发和应用创新为重点，力争三年内突破大数据共性关键技术，研制出若干大数据核心装备，深入推进大数据公共服务应用和行业应用。北京中关村《关于加快培育大数据产业集群推动产业转型升级的意见》提出，要充分发挥大数据在工业化与信息化深度融合中的关键作用，推动中关村国家自主创新示范区产业转型升级。广东省成立大数据管理局，专门负责政府部门的信息采集、整理、共享和应用。重庆、贵州、陕西、湖北等地都提出建设大数据产业基地的计划，力图将大数据培育成本地的支柱产业。

表 7－2　　地方政府推动大数据发展的政策与举措一览

地方政府	政策或举措
广东	1. 成立广东省大数据管理局 2. 制订《广东省大数据发展规划（2015～2020 年）》
上海	1. 出台《上海推进大数据研究与发展三年行动计划》（2013～2015 年） 2. 上线“上海市政府数据服务网”，累计开放数据集逾 500 项 3. 开放十大领域、总容量达上千 GB 的交通大数据，举办“上海开放数据创新应用大赛”，推动数据应用创新
北京中关村	1. 出台《加快培育大数据产业集群推动产业转型升级的意见》 2. 成立中关村数海大数据交易平台 3. 谋划打造京津冀大数据走廊
重庆	1. 出台《重庆大数据行动计划》 2. 规划建设重庆仙桃数据谷，打造以云计算、大数据和跨境电商产业为主的高新科技产业园
贵州	1. 出台《贵阳市大数据产业行动计划》、《关于加快大数据产业发展应用若干政策的意见》、《贵州省大数据产业发展应用规划纲要（2014～2020 年）》和《贵州省信息基础设施条例》等政策 2. 成立国内首个大数据战略重点实验室和大数据交易所 3. 建设贵阳贵安大数据产业发展集聚区 4. 建立中国三大移动运营商（中国移动、中国电信、中国联通）的南方数据中心，是中国首个全域公共免费 Wi－Fi 城市和首个政府数据开放示范城市
武汉	1. 出台《武汉市大数据产业发展行动计划（2014～2018 年）》 2. 成立湖北大数据交易中心交易平台 3. 上线“武汉市政务云数据网站”

资料来源：根据公开资料整理。

（二）大数据行业发展中存在的问题

整体而言，全球范围内的大数据产业发展还都处于初期阶段，技术、制度、理念等方面仍需要持续的变革和完善。就我国而言，数据资源不丰富、技术差距大、市场发育不成熟、人才供给不足和法律法规不完善是大数据行业发展面临的主要问题。

1. 数据资源不丰，数据开放程度低

数据是大数据产业发展的基础，具有商业价值的数据可以帮助企业实现洞察客户、数字化运营、风险管控、精准营销、预测和决策等，从而真正帮助企业提升业务，创造出新的价值。近几年在互联网产业及金融、电信信息化快速发展的带动下，我国数据资源总量有了快速增长，已达到全球的13%①，但与美欧国家相比我国的数字化资源总量还较低，尤其是政府和制造业的数据资源积累远远落后于国外②。同时，中国的大数据市场还不成熟，很多大数据企业拥有的数据都是片段的，没有形成完整的、具有商业价值的数据。此外，我国政府、企业和行业信息化系统建设往往缺少统一规划和科学论证，系统之间缺乏统一的标准，导致形成了众多“信息孤岛”，而且受行政垄断和商业利益所限，数据开放程度较低，共享难，给大数据利用造成极大障碍。

2. 原创技术缺乏，核心竞争力较弱

我国互联网企业基于国际上先进的开源大数据技术快速建立起自身的大数据系统，与国际保持了相对同步的水平。然而这种跟随战术并不利于形成我国大数据技术的核心竞争力。目前我国仍缺乏平台级的大数据原创技术，大数据关键设备的研发制造能力不足，对国际主流开源社区的贡献程度也不高，导致国内产业界在大数据技术路线发展中的话语权微弱。如果这种局面不改变，长远看我国产业界将在大数据技术发展中越来越被动。

3. 小微企业居多，产业优势尚未形成

从供给面来看，中国大数据行业具有市场集中度低、小微企业居多的特点，产业优势尚未形成。据估计，中国约有200多家大数据企业，且以小微企业为主。大数据企业员工规模多在几十人到几百人，鲜有千人以上的企业；年销售额达到10亿元人民币的企业也几乎没有，市场上缺乏能够真正引领行业发展的领军企业。大数据产业如果要形成产业优势，必须要形成一批领军企业。参考国外大数据产业发展经验，中国需要在大数据基础架构、数据产品、数据工具、数据清洗和数据挖掘、数据分析等方面产生一批行业标杆企业。每个领军企业规模都应该在千人以上，销售额应该在百亿以上，否则很难形成技术和人才优势，也很难利用大数据帮助客户实现业务提升。

4. 市场需求不强，企业应用敏感度低

从需求面来看，多数企业对数据有需求，但是存在对数据的商业应用价值认识不到位，商业应用敏感度低等问题。例如，很多银行业、制造业、房地产业内的企业对大数据的商业价值都只有模糊、笼统的认识，更缺乏主动应用。目前，市场上已有的大数据企业商业案例中，大部分都是大数据企业主动寻找具有潜在需求的企业，推动企业实现被动的数据商业应用。被动的应用往往和业务结合较弱，无法迅速帮助企业利用数据提升业务。实际上，企业内部人士更加了解自身业务需求，更应该成为大数据商业应用的主力，从需求出发，主动寻找数据和解决方案。因此，大数据产业的发展还有待企业客户根据自身业务需要，主动到市场寻找数据和解决方案，提升数据商业敏感度，推动产业供需良性互动发展。

5. 人才供给不足，复合型人才缺口大

大数据相关人才的欠缺将会成为影响大数据产业发展的一个重要因素。据Gartner预测，

---

①《我国数据资源总量有了快速增长，已达到全球的13%》，新华网，http://news.xinhuanet.com/newmedia/2015-11/15/c_134817387.htm。

②《中国大数据行业面临的五大挑战以及应对策略》，http://www.d1net.com/bigdata/news/316563.html。

2015 年，全球将新增 440 万个与大数据相关的工作岗位，未来，大数据将会出现约 100 万的人才缺口。[①] 而且大数据的相关职位需要的是复合型人才，能够综合掌控数学、统计学、数据分析、机器学习和自然语言处理等多方面知识。目前，我国可承担分析和挖掘的复合型人才、高端数据科学家以及管理人才存在很大缺口。大数据建设的每个环节都需要依靠专业人员完成，因此，必须培养和造就一支懂数据、懂管理、懂分析、懂编程的大数据专业人才队伍。

6. 法律法规不健全，信息安全存隐忧

任何企业或机构从人群中提取私人数据，用户都有知情权，将用户的隐私数据用于商业行为时，都需要得到用户的认可。然而，目前，中国乃至全世界对于用户隐私应当如何保护、商业规则应当如何制定、触犯用户的隐私权应当如何惩治、法律规范应当如何制定等一系列管理问题都大大滞后于大数据的发展速度。如何在推动数据全面开放、应用和共享的同时有效地保护公民、企业隐私，逐步加强隐私立法，将是大数据时代的一个重大挑战。为有效控制风险，国家层面必须加快建立大数据相关的法律法规，保护个人隐私与信息安全，促进大数据产业健康发展。

二、大数据行业人才需求分析

随着大数据产业在全球范围内的快速兴起，国内互联网行业和 IT 行业的领军企业纷纷进军大数据行业，新兴的创业公司也正在抢抓大数据创业机遇，整个行业发展处于活跃的探索起步阶段。然而，由于人才培养的滞后以及新兴行业熟练技术人员积累的不足，未来大数据人才的短缺必将成为制约行业发展的重要因素。

（一）大数据企业发展状况

目前，我国大数据产业正在构建相对完整的产业链，各环节主要产品和服务都非常重要，缺一不可，但其中基础软件（数据库软件和分布式文件系统）、应用软件是大数据产业价值转化变现的最关键部分，云计算对大数据的广泛应用有着举足轻重的意义，其他产品和服务在某种意义上则是在原有基础上持续更新并与大数据发展配套的过程。在软硬件和信息服务领域的垂直划分中，商业智能带动的应用软件、云计算和信息安全是国内大数据发展的三驾马车，也是有较大发展的地方。大数据产业结构如图 7 – 3 所示。

1. 硬件、基础软件格局稳定，本土企业艰难发展

大数据时代对企业的存储架构、数据中心的基础设施等提出了挑战，为了更快、更好、更准确地按需存储数据，需要企业提高存储性能和计算能力，这些潜在需求的存在为存储器和服务器提供商提供了一个不错的发展机会。但是由于国际巨头在存储和服务器市场垄断优势明显，我国相关企业很难取得突破。根据 IDC 的数据，2013 年 IBM、HP、EMC、DELL、NetApp 五家国际企业在中国外置磁盘存储器市场占据了 76% 的市场份额。根据互联网消费调研中心的数据显示，2013 年 IBM、惠普、戴尔三家企业占据了中国服务器市场约 76. 1% 的市场关注度。虽然浪潮、曙光等企业在此领域加大投入力度，但限于技术实力，市场占有率较低。如图 7 – 4 所示。

①中国计算机学会：《中国大数据技术与产业发展白皮书（2013）》，第 85 页。

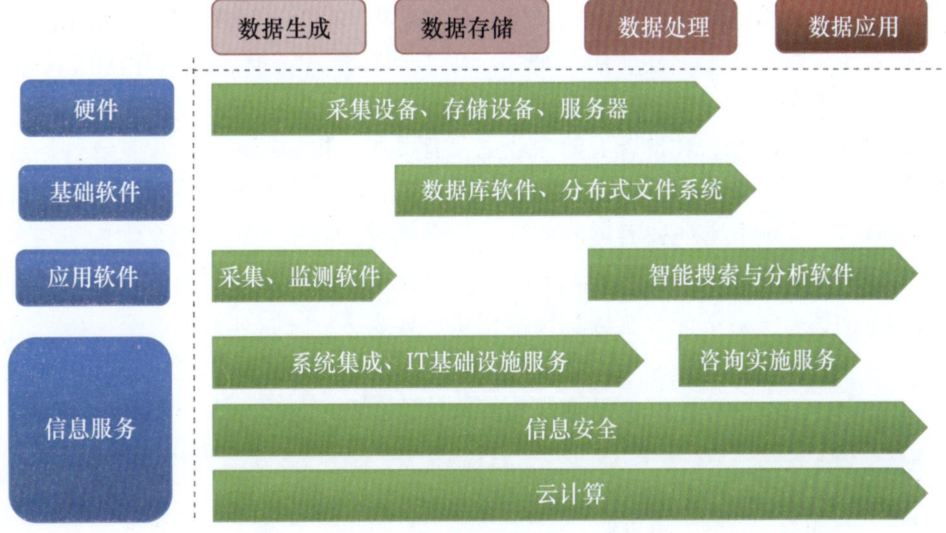

图7-3 大数据产业结构示意图

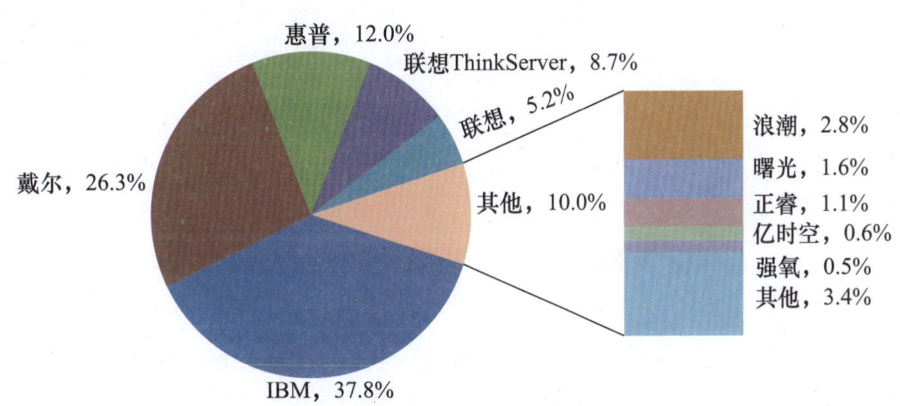

图7-4 2013年中国服务器市场品牌关注比例分布

资料来源：互联网消费调研中心。

IBM、惠普、戴尔等国际巨头在硬件与基础软件领域精耕细作多年，市场竞争格局基本稳定，寡头竞争态势明显。此外，依托基础软件的优势，国际巨头逐步向更下游的应用软件等领域渗透，不断完善自身产品线，提升客户黏性。领先的技术优势、丰富的客户资源、强大的并购能力等构建了国际巨头的护城河，使得国内企业短期内很难超越。

2. 应用软件层潜力巨大，重点行业发展迅速

从前文对于大数据产品的定义和大数据产业结构市场潜在规模的倾向来看，大数据时代，应用层的大数据分析产品将是各大IT企业的主战场，也是大数据产品最正统的战场，亦将是未来大数据蛋糕中最大的一块市场。依靠对客户需求的了解、强大的客户关系资源等优势，国内企业的发展也将主要集中在应用软件层。

目前，国内各个行业之间IT投资规模和信息化建设程度差别还很大，国内IT投资主要集中在政府、通信、金融、电力等领域。从国内数据中心的发展历程我们知道，国内数据大集中多从银行业开始，并逐步发展到金融、保险行业、电力行业、电信行业等国有大型企业，截至目前，国内实现数据大集中的行业也就是政府、金融、通信、电力等为数不多的行业，未来大数据技术产品的应用也将主要集中于政府、金融、通信、电力四大行业，而其他行业距离“大数据”的应用可能还有一定的距离。

具体来看，涉及政府相关软件开发的企业主要有美亚柏科、拓尔思、用友软件；涉及金融行业软件开发的企业主要有久其软件、恒生电子；涉及通信行业软件开发的企业主要有东方国信；涉及电力行业软件开发的企业主要有远光软件、榕基软件。其中，拓尔思是国内非结构化数据处理的龙头企业，用友软件、东方国信、久其软件则是长期致力于智能分析软件研发，这四家企业在大数据技术方面拥有一定的先发优势和技术积累。如表 7－3 所示。

表 7－3　　重点行业相关软件企业

子行业	代表企业	企业优势
政府相关	用友软件	企业管理软件、企业财务软件、企业互联网服务和企业金融服务提供商，财政、汽车、医疗、内审等行业软件提供商
	拓尔思	提供大数据管理、内容管理、知识管理、身份管理、信息安全相关的优秀软件产品；面向政府、媒体、安全、金融、大企业提供有竞争力的大数据应用解决方案
	美亚柏科	从事信息安全行业中电子数据取证和网络信息安全的技术研发、产品销售与整体服务。专注于公安市场，其业务包括电子数据取证、电子数据鉴定、网络舆情分析、数字维权、公证云、搜索云以及取证云服务
金融行业	久其软件	主要从事报表管理软件、电子政务软件、ERP 软件和商业智能软件的研究与开发
	恒生电子	聚焦于财富资产管理，致力于为证券、银行、基金、期货、信托、保险、私募等金融机构提供整体的解决方案和服务，为个人投资者提供财富管理工具
通信行业	东方国信	长期致力于中国国内电信领域的 BI（商业智能）、CRM（客户关系管理）、CTI 等软件开发、服务与解决方案，拥有多项软件产品专利，是中国联通和中国电信的业务支撑系统的核心合作厂商之一
电力行业	远光软件	紧密跟进电力行业市场对超大型集团跨行业管控的信息化需求，为包括两大电网、五大发电集团在内的电力央企客户提供成熟的产品解决方案

资料来源：根据网络公开资料。

3. 信息服务领域细分，各类厂商稳定发展

信息服务作为大数据产业的基础，对大数据产业的发展将起重要作用。信息服务以云计算为主要发展方向。目前，云计算厂商则可以细分为平台提供商、系统集成商和服务提供商。平台提供商主要提供云计算实现虚拟化、自动负载平衡、随需应变的软硬件平台，国内的相关公司包括华为、中兴、方正科技、浪潮信息等；系统集成商主要帮助用户搭建云计算的软硬件平台，尤其是企业私有云，代表厂商包括浪潮软件、东软集团等；服务提供商包括为企业和个人用户提供计算和存储资源的 IaaS 公司、为应用开发者提供开发平台的 PaaS 公司、SaaS 应用服务提供商，国内代表厂商包括网宿科技、神州泰岳、鹏博士、用友、金蝶、焦点科技、生意宝等。如表 7－4 所示。

表 7-4　云计算的代表企业

厂商类型	代表企业	企业优势
平台提供商	华为	华为云服务整合了高性能的计算和存储能力，为大数据的挖掘和分析提供专业稳定的IT基础设施平台
	中兴	打造DAP大数据平台，帮助企业客户快速构建大数据平台及多样化的应用
系统集成商	东华软件	以应用软件开发、计算机信息系统集成及信息技术服务为主要业务，具有信息产业部计算机信息系统集成一级资质
	浪潮	国内云计算的领导厂商，在云计算核心装备领域突破一批关键核心技术，信息产业部计算机信息系统集成一级资质
服务提供商	神州泰岳	基于ITIL（BS15000/ISO20000）标准，研发自主知识产权的运维服务管理平台。提供“以流程为导向、以客户为中心”的IT运行维护服务管理解决方案和专业服务
	网宿科技	国内领先的互联网业务平台服务提供商，主要向客户提供内容分发与加速、服务器托管、服务器租用等互联网业务平台解决方案，是国内最早开展IDC和CDN业务的厂商之一

（二）大数据行业人才需求分析

大数据时代已扑面而来，大数据相关的人才需求持续增加，但是由于大数据行业是新兴行业，技术应用尚处于探索发展阶段，而且相对滞后的人才教育和培训体系还不能及时培养输出大批产业发展所需的人才，造成市场上大数据人才严重短缺的现象。

1. 人才需求的规模

麦肯锡在《大数据》报告中①指出，大数据人才，尤其是统计和机器学习方面的专业人才，以及懂得如何运用大数据来运营企业的管理和分析人才的短缺，将严重制约大数据行业发展。据麦肯锡预测，到2018年，美国将面临14万~19万拥有深度分析技能的大数据人才缺口，而且还需要150万能够提出正确问题、运用大数据分析结果的大数据相关管理人才和分析人才。那么，可以推测，全球市场也将面临大数据人才短缺状况。据Gartner预测②，2015年，全球将新增440万个与大数据相关的工作岗位，而且拥有大数据技能的IT专业人员严重短缺，只有1/3的新的工作岗位将雇用到人员。

国内各大企业纷纷开拓大数据业务，对专业的大数据人才均有较高的需求量。2014年初，CSDN旗下人才服务机构科锐福克斯对电商领域研发人才招聘市场的调查表明，云计算大数据相

①McKinsey Global Institute：Big data：The next frontier for innovation，competition，and productivity. http：//www. mckinsey. com/insights/business_ technology/big_ data_ the_ next_ frontier_ for_ innovation.

②中国计算机学会：《中国大数据技术与产业发展白皮书（2013）》，第85页。

关岗位需求占比为6.65%，且主要需求方为阿里巴巴。目前，国内大数据相关岗位需求占比虽然较低，这主要是因为大数据行业尚处于起步阶段，但是市场上大数据人才非常紧俏，前程无忧招聘网站搜索结果表明，近两月内大数据相关职位有2473个岗位需求，月薪主要集中在10000～29999元。市场对大数据人才需求的特点是：需求量大、薪资水平高，并且呈上升趋势。

2. 人才需求的类型

（1）岗位类型。目前，大数据行业领军企业纷纷设立首席数据官和数据科学家两大岗位。首席数据官①主要承担企业全面推进企业大数据战略的职责，需要一位懂得商业运作的数据分析者，必须具备五大能力：掌握数学和统计学专业知识的能力、洞悉网络产业和趋势发展的能力、IT设备和技术选型的能力、商业运营的能力、管理和沟通的能力。数据科学家②是在首席数据官领导下负责解决数据处理和分析等复杂问题的专业人士，既需要综合掌握数学、统计学、数据分析、机器学习和自然语言处理等多方面知识，还需要具备六大能力：对数据的提取与综合能力、统计分析能力、数据洞察与信息挖掘能力、开发软件能力、网络编程能力以及数据的可视化表示能力。实际运作中，很多企业根据产业链和技术链分工的不同设置不同的专业岗位，从而组建自己的数据科学家团队。如表7－5所示。

表7－5　基于大数据产业链的岗位类型

大数据产业链核心环节	对应岗位	岗位职责
基础软件层	大数据系统研发工程师	负责大数据系统研发工作，包括大规模非结构化数据业务模型构建、大数据存储、数据库架构设计、数据库详细设计、数据库构架优化，以及集群的日常运作、系统的监测和配置、Hadoop与其他系统的集成等
应用软件层	大数据分析师	负责运用算法来解决分析问题，并且从事数据挖掘工作，帮助开发数据产品，推动数据解决方案的不断更新
	数据可视化工程师	负责在收集到的高质量数据中，利用图形化的工具揭示数据中的复杂信息，便于更好地进行大数据应用开发
信息服务层	大数据应用开发工程师	负责以大数据技术为核心，研发各种基于大数据技术的应用程序及行业解决方案

资料来源：中国计算机学会：《中国大数据技术与产业发展白皮书（2013）》。

（2）必备技术技能。大数据从由各种数据源生成数据到经过挖掘分析实现其商业价值需要经过四个主要的技术阶段：数据生成、数据获取、数据存储和数据分析。由于数据主要产生于日常的商业、生活或科研等活动，数据生成阶段的技术技能就无须讨论。大数据从业者需要掌握的技术技能集中在数据获取、数据存储和数据分析三个阶段。如图7－5所示。

①②陈宪宇：《大数据时代企业相关职位设置与人才培养》，《经营与管理》2014年第9期，第43－47页。

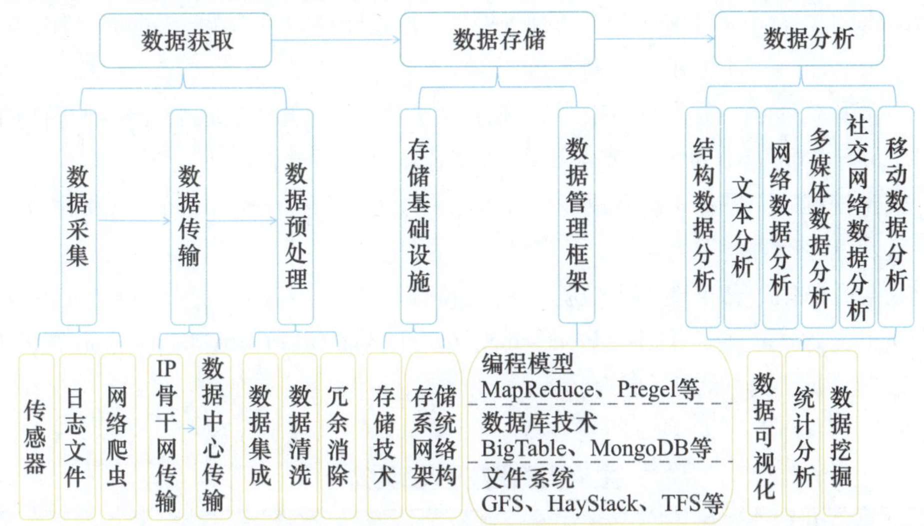

图7－5　基于技术链的大数据技术技能图谱①

第一，数据获取即获取信息的过程，具体可分为数据采集、数据传输和数据预处理三个阶段。数据采集是指从特定数据生产环境获得原始数据的专用数据采集技术，常用的采集方法包括传感器、日志文件和网络爬虫。原始数据采集后必须将其传送到数据存储基础设施如数据中心等待进一步处理。数据传输过程可以分为两个阶段，IP 骨干网传输和数据中心传输。由于数据源的多样性，数据集由于干扰、冗余和一致性因素的影响具有不同的质量，因此数据在分析利用之前必须经过预处理，以提高数据的质量。数据预处理的常用技术有数据集成、数据清洗和冗余消除等。

第二，数据存储阶段需要解决的是大规模数据的持久存储和管理问题。数据存储系统可以分为两部分：硬件基础设施和数据管理框架。硬件基础设施实现信息的物理存储，可以从存储技术和存储系统的网络架构两个层面进行组织。数据管理框架解决的是如何以适当的方式组织信息以待有效地处理，按照不同层次，数据管理框架可以细分为文件系统、数据库技术和编程模型。

第三，数据分析是指利用分析方法或工具对数据进行检查、变换和建模并从中提取价值的过程。根据数据类型的不同，数据分析可以细分为结构化数据分析、文本数据分析、多媒体数据分析、网络数据分析、社交网络数据分析和移动数据分析。常用的分析技术有数据可视化、统计分析和数据挖掘等。

概括来说，大数据相关岗位需要的核心技术技能一般包括以下四个方面②：

第一，计算机科学。一般来说，数据科学家大多要求具备编程、计算机科学相关的专业背景，具体来说就是处理大数据所必需的 Hadoop、Mahout 等大规模并行处理技术与机器学习相关的技能，包括：①编程和写脚本，掌握 Python、C/C＋＋、Java、Ruby、Perl、Matlab、Pig 等编程语言；②数据库，熟练掌握 SQL 数据库，并关注学习 NewSQL 这类高扩展、高性能数据库，如 Cloudera Impala、Clustrix、VoltDB 等；③分布式计算系统，熟悉 Apache 产品族，钻研 NoSQL 平

①李学龙、龚海刚：《大数据系统综述》，《中国科学：信息科学》2015 年第 1 期，第 1－44 页。

②何海地：《美国大数据专业硕士研究生教育的背景、现状、特色和启示——全美 23 所知名大学数据分析硕士课程网站及相关信息分析研究》，《图书与情报》2014 年第 2 期，第 48－56 页。

台，了解 Apache Cassandra 和 MongoDB 的优缺点，并且能够动手实践 Hadoop、HBase、Cassandra、MapReduce、Hive 等不断出现的新系统。

第二，数学和统计学。首先具备数学、统计学方面的专业知识，还要能够熟练使用一些统计工具，如 R、SAS、Matlab、SPSS，或者 Stata 等主流统计分析软件。

第三，数据挖掘。熟悉并掌握数据挖掘工具，例如 RapidMiner、Orange 以及面向统计分析的开源编程语言及其运行环境 R 等。

第四，数据可视化。真正理解大数据背后的价值与含义还需要利用可视化工具来展现，如 Flare、HighCharts、AmCharts、D3. js、Processing、Google Visualization API、Tableau 等可视化工具。

主流大数据分析工具如表 7 - 6 所示。

表 7 - 6　主流大数据分析工具简介

大数据分析工具	介绍
Hadoop	一个分布式系统基础架构，不仅可以运行在商用硬件系统，还可以轻松地集成结构化、半结构化和非结构化数据集
Storm	用于处理高速、大型数据流的分布式实时计算系统，为 Apache Hadoop 添加了可靠的实时数据处理功能，同时还增加了低延迟的仪表板、安全警报
Spark	一个基于内存计算的开源集群计算系统，用 Scala 语言实现，构建在 HDFS 上，能与 Hadoop 很好地结合，而且运行速度比 MapReduce 快 100 倍
HPCC	高性能计算与通信，是美国实施信息高速公路计划下的项目
SAS	世界最老牌的数据分析、数据挖掘软件，凭借 Visual Analytics 软件进入大数据领域
R	用于统计分析的 R 语言有个扩展 R + Hadoop，可以在 Hadoop 集群上运行 R 代码
Mahout	将数据分析、分类以及筛选的算法引入 Hadoop 集群中，轻松实现了大数据的分析、挖掘工作
SPSS	作为全球应用最广泛的统计分析软件，可用于统计学分析运算、数据挖掘、预测分析和决策支持
RapidMiner	世界领先的数据挖掘解决方案，其数据挖掘任务涉及范围广泛，包括各种数据艺术，能简化数据挖掘过程的设计和评价
Apache Drill	实现了 Google Dremel，有助于 Hadoop 用户实现更快查询海量数据的目的

资料来源：谢然：《中国有哪些公司在做大数据》，《互联网周刊》2014 年 5 月，第 52 - 55 页。

三、我国大数据专业职业教育现状分析

虽然国内大数据人才需求较大，但由于传统教育系统人才培养的滞后性，相关人才的培养还远不能满足行业发展需求。目前，国内一些研究型大学刚刚开始探索大数据专业人才的培养，而职业院校尚未开设大数据专业。而且，由于大数据技术体系是在企业的创新实践过程中逐渐发展演变起来的，大数据技术的学习和训练往往依靠具有实践经验的职业人士的言传身教，更加需要

通过“做中学”积累经验。因此，一些大数据行业领军企业正在主动与高校合作，开展大数据人才联合培养计划。另外，一些市场培训机构已经先行一步，开展大数据相关培训课程，推动大数据职业教育发展。

（一）专业设置概况

目前，国内主要是一些有实力的研究型大学在积极探索开展大数据人才的培养工作，职业院校尚未开设大数据专业。这是因为大数据科学是与计算科学、数学和统计学等基础学科紧密结合，并与众多应用学科交叉融合的新兴学科，具有复合性、应用性和前沿性的特点。它所需要掌握的知识不仅涉及众多相关专业的基础知识，还包括围绕大数据的采集、存储、挖掘、分析、可视化展现等新发展起来的方法和技术体系知识。例如，2015 年 10 月成立的复旦大学大数据学院提出将以计算机科学、数学和统计学为基础，与经济金融、生命科学、医疗卫生和社会管理等众多学科领域深度交叉，推动大数据学科建设，开展大数据科学研究和交叉复合创新型人才培养。因此，大数据专业的开设需要较高的条件，既要具备相关学科基础，还要具备一定的技术研发实力和资源等。

同时，由于大数据技术人才的培养离不开企业实践的训练，一些大数据领军企业积极与高校合作实施大数据人才联合培养计划。例如，2014 年 7 月，IBM 发起“IBM U－100”计划提出将在 100 所中国高校设立大数据与分析技术中心，在其中 30 所高校开设本科和硕士课程，并捐赠一系列价值 1 亿美元的大数据及分析软件，支持这 100 所中国高校培养下一代数据科学家，预计每年将培养 4 万名学生。2015 年 6 月，阿里巴巴启动“阿里云大学合作计划 AUCP”，首批将联合复旦大学、上海交通大学、西安交通大学、南京大学等 8 大高校开设云计算与数据科学专业方向，共建“互联网＋教育”的新生态。未来三年，该计划将在全国 100 所高校完成专业课程开设，预计可培养认证 5 万名云计算和数据科学人才。此外，一些市场培训机构已经先行一步，积极开展大数据技能型人才的培训业务，如慧科教育、小象学院、达内科技等，通过与行业知名企业或地方政府合作，提供大数据相关的专业技能培训服务，促进大数据职业教育发展。

从相关专业来看，职业院校开设的与大数据比较相关的专业主要有计算机信息管理、计算机应用技术、软件技术、统计实务等。其中，开设计算机应用技术和软件技术专业的职业院校较多，开设统计实务专业的院校则很少。如表 7－7 所示。

表 7－7　　职业院校开设的大数据相关专业情况

专业	院校数量	培养目标	主要课程
计算机信息管理	469	掌握计算机软、硬件及网络技术基础知识，具备在计算机系统运行维护与管理等岗位工作能力的高素质、高技能人才	电子技术基础、数据库原理与应用、大型数据库管理与应用、C 语言程序设计、UNIX 系统管理与应用、UNIX 与数据库课程设计、微机组装、调试与软硬件维护等
计算机应用技术	1191	掌握计算机科学的基本理论和基本知识，具有从事计算机及应用的技术开发与推广能力的实用技术人才	数字电子技术、计算机组成原理、高级语言程序设计、数据结构、操作系统、微机原理及应用、计算机网络技术、数据库原理等

续表

专业	院校数量	培养目标	主要课程
软件技术	658	掌握计算机系统的基本理论和基础知识，熟悉计算机系统常用软件工具，具有计算机及计算机网络的软件系统分析、设计、测试及运行、维护能力的技能型人才	离散数学、数据结构、操作系统、汇编语言程序设计、计算机网络、软件系统分析与设计、软件工程、软件测试技术、数据库应用系统及开发、Java 语言设计等
统计实务	11	掌握现代信息技术，具有一定的统计专业知识和财务基础知识，熟练运用计算机进行数据分析与处理，适合在统计部门、计划管理部门和企事业单位等从事统计及信息管理工作的应用型人才	高等数学、线性代数、概率统计、线性规划、统计学原理、国民经济核算原理、企业经济统计学、抽样调查理论与方法、现代统计分析法、数据库、计算机网络以及统计与财务软件应用等

资料来源：阳光高考网。

（二）人才培养分析

目前，国内高校刚刚开始探索大数据专业人才的培养，尚未形成明晰的人才培养体系，而一些市场培训机构则由于市场敏感度高、企业资源丰富等优势，已经开始实施大数据技术的相关培训，构建起符合市场需求的人才培养体系，值得学校借鉴。

1. 慧科教育大数据人才培养分析

慧科教育致力于移动互联网、云计算、大数据、互联网营销等前沿科技领域的人才培养。在大数据人才培养方面，慧科教育开设了大数据技术与应用专业，从系统框架搭建、应用研发及数据分析三个层面培养具有实战经验的高素质、实用型大数据人才。

为实现大数据人才培养目标，慧科教育充分利用知名企业提供的硬件、软件及数据资源，让学生在真实的大数据环境中直接参与项目实践和企业内训，真正把握企业需求，掌握在数据管理、系统开发、数据分析与数据挖掘等方面的核心技能。此外，慧科教育加强与多方合作，共育人才，一是与北京航空航天大学、武汉大学等院校合作，进行学分置换；二是与 IT 企业合作，提供课程培训认证服务。

在课程体系建设方面，慧科教育加强投入力度，设置了包含专业基础课程和专业核心课程，且兼顾理论课程与实践课程的大数据课程体系（见表 7 - 8）。同时，慧科教育与 IBM 合作在“开课吧”开设了 IBM 大数据与分析专区，提供基于 IBM 产品和服务的大数据专业课程，培养大数据职业人才。

表 7－8　慧科教育大数据课程体系

<table>
<tr><th>类型</th><th colspan="3">理论课程</th><th>实践课程</th></tr>
<tr><td rowspan="4">专业核心课程</td><td colspan="3">前沿技术讲座</td><td rowspan="3">二级工程实践（Hadoop、MapReduce）</td></tr>
<tr><td>数据挖掘与数据仓库</td><td>流数据分析技术（实时大数据分析）</td><td>多元统计分析与 R 语言建模</td></tr>
<tr><td>计算广告学</td><td>数据可视化技术</td><td>搜索引擎系统应用（信息检索和 Web 数据管理）</td></tr>
<tr><td>商业智能</td><td>社交网络分析（复杂网络）</td><td>云计算技术原理（虚拟化、数据中心、云安全、云存储）</td><td rowspan="2">一级工程实践（DB 系统）</td></tr>
<tr><td>专业基础课程</td><td>机器学习与模式识别</td><td>计算机系统基础（操作系统、网络、分布式系统等）</td><td>数据库概论（XML、NoSQL、NewSQL）</td></tr>
</table>

资料来源：慧科教育官网。

2. 小象学院大数据人才培养分析

小象学院为小象科技成立的大数据专业在线教育平台，凭借 ChinaHadoop 大数据社区积累的大数据领域的专家资源和超高人气，提供包括大数据平台、大数据应用、云计算等在内的课程（见表 7－9），致力于成为中国互联网技术职业教育的“黄埔军校”。

表 7－9　小象学院的大数据课程体系

阶段	课程
大数据预备课程	《大数据之 Linux 实战》、《大数据之 Java 编程》、《大数据之 Scala 编程》、《MySQL 数据库基础》、《大数据概论》
大数据基础课程	《Spark 1. X 大数据平台 V2》、《Hadoop 2. X 大数据平台 V3》、《大数据之算法设计基础》
大数据进阶课程	《HBase 进阶》、《Redis 从入门到精通》、《数据挖掘必备技能——R 语言实践篇》、《Hadoop 进阶》、《Hive 进阶》、《SQL on Hadoop》、《基于 Spark 的机器学习》、《Storm 实时流式计算》
大数据实践课程	《Hadoop/Spark 企业应用实战》

资料来源：小象学院官网。

小象科技受北京海淀区政府委托，实施中关村大数据人才计划，开展小象训练营系列培训。小象训练营的师资团队由业内大数据专家组成，学习形式采用远程在线教育方式，学习周期为 12 周，学员完成全部课程并通过考核将获得结业证书和实习就业岗位推荐。

3. 达内科技大数据人才培养分析

达内科技作为 IT 职业教育领域的领军企业，把握技术发展趋势，推出了基于大数据技术的全站式 IT 人才行业培养体系。课程设置上，达内主要在“Java 经典课程体系”基础上开设 Hadoop 生态系统的大数据核心技术课程，具体包含七大核心技能：Java 基础功底、Linux 操作技巧、数据库技术、Web 前端技术、企业级框架、企业开发流程及文档规范。同时，为了保障学员的学习能够达到企业用人标准，还创建了一个大数据实验平台，以电商后端数据平台为支撑，让学员在分布式的实验环境下完成项目实践训练。师资团队方面，组建了一支由业内知名企业软件专家、海外专业人士和外企 IT 精英组成的讲师团队，讲师都具有丰富的项目实践经验和教学经验，从而确保教学质量。

四、国外大数据专业教育模式分析

大数据行业的快速发展对大数据教育提出了需求，以美国为首的发达国家已经开启了大数据人才培养方案，探索多个方向大数据人才培养模式，积累了成功的经验，可为我国大数据人才培养提供借鉴和参考。

（一）国外大数据专业教育概况

2009 年，IBM 首次提出“智慧星球”概念，大数据的开发和应用受到了人们的关注。伴随着企业对大数据的开发和应用的深入，对数据类相关人才产生了需求。发达国家和地区走在大数据行业的前端，陆续展开大数据专业教育。

据不完全统计，全世界有近 170 所大学开设了大数据相关专业①，其中约 150 所大学开设了硕士研究生以上的学位课程。另有资料显示，美国有超过 60 所大学、欧洲有 30 多所大学开设了大数据相关专业②，而中国境内只有 2 所，分别是香港中文大学的数据科学与商业统计硕士课程和纽约大学上海分校的商业数据分析科学硕士课程。

目前，美国在大数据教育上较为领先。美国大学开设大数据与数据分析相关专业的硕士研究生课程的确切数字没有官方的正式统计，但一些研究机构或学者在自己的研究网站上进行收集统计并予以公布。例如，北卡罗来纳州立大学高级数据分析研究院③的统计资料较为全面可靠，他们将全美的大数据分析硕士专业按三个类型进行统计，即数据分析科学硕士专业（Master of Science in Analytics，MSA）有 14 所大学，共性是属于新开发的跨学科课程，将应用数学、统计学、计算机科学以及各种商业学科诸如营销、财务等融合在一起，即使一些学位使用预测分析或数据分析冠名其课程内容也大致相同；商业数据分析硕士专业（Master of Science in Business Analytics，MSBA）有 17 所大学，其特点基本上是由各大学商学院新开设或改名而来的，也会有与其他学院联合办学的情况，和 MSA 类似面向技术的课程稍少一些，但也并不意味着 MSBA 就完全偏向商科；属于其他学科的硕士学位但主修方向是数据分析（Other M. S. Programs，Analytics Tracks and Concentrations）的有 14 所，常冠以数据科学（Data Science）这个名称，一般开设在

①Ryan Swanstrom. Colleges with Data Science Degrees [EB/OL]. http://datascience101.wordpress.com/2012/04/09/colleges-with-data-science-degrees/2013-10-19.

②Gregory Piatetsky-Shapiro. Education in Analytics, Data Mining, and Data Science [EB/OL]. http://www.kdnuggets.com/education/index.html. 2013-10-29.

③Institute for Advanced Analytics. Survey of Graduate Degree Programs in Analytics [EB/OL]. http://analytics.ncsu.edu/?pageid=4184. 2013-11-17.

商学院以外的学院，将数据分析课程与其他学科结合。这45所大学相对集中在美国的东部与北部区域①。

（二）典型人才培养模式

美国作为全球科技领先国家，在大数据的教育上走在全球前列，本节将分析美国大数据专业的人才培养模式，总结其人才培养经验，以期为其他国家的大数据人才培养提供借鉴。

2012年3月29日，美国总统奥巴马宣布启动“大数据研究与开发计划”，旨在提高从海量数字数据中获取知识和观点的能力，从而加快科学与工程发现的步伐，加强美国的国家安全，实现教育与学习的变革。对于未来大数据人才的缺乏，美国国家科学基金会正在实施一项全面的长期战略，包括从数据中获取知识的新方法、管理数据的基础设施、教育和队伍建设的新途径，在此计划背景下，美国有数十所大学纷纷开办了大数据及其分析等相关专业的硕士研究生课程，形成美国独特的多层次实用型人才培养模式。

1. 明确培养目标，输送多层次人才

美国学校在开设大数据专业时，根据自身特色设定不同的人才培养目标，配备不同层次课程供学生选择。麻省理工斯隆管理学院MBA是培养领导型的专业人才，主要培养学生领导能力和信心，以及迎接各种挑战的能力，并推动学生实现职业目标和抱负。卡耐基梅隆大学则专注技术人才的培养，毕业生将成为掌握商业流程分析、预测建模技术、地理信息系统映射（GIS mapping）、分析报告、市场细分分析和数据可视化的跨学科精英。罗格斯大学则培养结合型人才，将目光投向信息与数据发现科学（Discovery Informatics & Data Sciences），目标是培养学生分析数据驱动决策的能力，课程汇集了数据管理、统计、机器学习和计算领域知识，学生将获得各种技能，包括分析大型数据集的能力，开发建模解决方案来支持决策和很好地理解数据分析驱动的业务决策，形成的特色是将数据分析、各种学科融合于商业，为学生在依靠数据驱动的行业（如金融、医疗、生物科技等行业就业）打下基础，成为预测建模师、数据挖掘工程师或数据分析师等②。依据多层次明确的人才培养目标，美国在大数据人才的培养上逐渐建立起不断完善的人才体系。

2. 技术人文并重，注重综合素养提升

美国对大数据人才培养的综合素养要求较高，要求具备较高的技术水平和人文素养。技术硬指标方面主要有以下要求：①数学、微积分和线性代数。大学高等数学是大多数数据挖掘应用程序需要矩阵计算的基本算法。②统计学和计量经济学。通过学习统计学及计量经济学，掌握相关性分析、多元回归，糅合各种数据从不同角度进行预测性和指导规范性建模。③编程和写脚本。掌握计算机编程语言可以使学生更具竞争力。④数据库。熟练掌握SQL，关注NewSQL这类高扩展、高性能数据库。⑤数据挖掘，借鉴人工智能和机器学习、统计数据和数据库系统等。⑥数据建模。⑦预测建模。⑧机器学习。⑨数据可视化。

人文软实力方面主要有以下要求：一是专业领域知识，对某行业及其数据非常了解，诸如医药、政府、零售、制造业等；二是创造力和求知欲，有创造力的数据科学家都是充满好奇心的，

---

①Michael Goldberg. Data Informed's Map of University Programs in Big Data Analytics［EB/OL］. http：//data - informed. com/bigdata_ university_ map/. 2013 - 09 - 30.

②何海地：《美国大数据专业硕士研究生教育的背景、现状、特色与启示》，《图书与情报》2014年第2期，第48 - 56页。

需要出众的发现能力；三是善于包装，会编故事，将复杂的数据包装后像讲故事般娓娓叙述出来；四是顺利执行项目，保证实现目标的项目管理能力；五是保护数据隐私的道德。

3. 结合校内资源，打造特色专业

美国开设大数据专业的学校有一个典型特征，将原有的特色专业与数据分析相结合，在各自领域的基础上关注数据分析。北卡罗来纳州立大学、德雷克塞尔大学、路易斯安那州立大学将目光聚焦商业与数据分析的结合；辛辛那提大学、田纳西大学的统计与运营管理系将应用学习课程打造成为面向商业与大数据的课程。旧金山大学的 MSA（Master of Science in Analytics）专业是由文理学院和管理学院联合提供的一个创新的跨学科课程，通过严格训练与大数据有关的各种数学、计算技能与方法，让学生熟练地将数据分析与战略决策相关联，并将分析结果应用到商业场景中。

4. 加强校企合作，提高应用能力

美国开设大数据专业的学校大都是常青藤联校或者排名靠前的学校，综合实力较强。这些学校与众多知名高科技企业建立了合作关系，注重学生实际应用能力的培养。大多数学校在提供全日制课程的同时，还提供在职教育或网络教育，特别是为在职人员提供学习机会，结合学生的工作经验，可以缩短人才培养的周期。北卡罗来纳州立大学与 SAS 结成合作伙伴关系，在 SAS 的帮助下结合实际项目对学生进行教学，提高学生毕业后求职的竞争力，学校还鼓励学生开展四五人的团队合作，许多毕业生获得 SAS 产品证书。斯坦福大学位于硅谷，依托地理优势，该校的学生被允许使用亚马逊的 EC2 云平台做大数据计算，极大地提升了学生的实际应用能力。

5. 加强实习实践，全面夯实能力

几乎所有的大学都高度重视学生的毕业实习计划或实践，课程中都将它列为必修课，部分大学将毕业设计（Capstone）作为明确的要求写在课程安排中。美国大学的课程设置中都会有 Capstone（也称顶点计划）安排，它是在毕业前为进一步培养学生研究能力与交流技能的一个必须环节，是美国大学教育的重要特色之一①。另外，有的大学则采用毕业实践或毕业实习的方式去实现理论学习与实际操作的对接，如西北大学提供长达 8 个月的行业实践项目。

五、我国大数据专业职业教育服务产业发展的建议

未来十年将是一个“大数据”引领智慧科技的时代。随着社交网络的逐渐成熟，移动带宽迅速提升，云计算、物联网应用更加丰富，更多的传感设备、移动终端接入到网络。由此产生的数据及增长速度将比历史上的任何时期都要多都要快，“大数据”时代的脚步悄然而至。然而，目前我国大数据专业建设尚属起步阶段，人才培养目标、规模和质量均存在一定问题。因此，想要实现大数据产业快速发展的目标，我国大数据专业职业教育必须借鉴国外人才培养模式，对职业教育进行改革与创新，为大数据产业发展提供人才支撑。

（一）大数据专业职业教育服务产业发展分析

1. 人才培养层次不足，难以匹配产业结构需求

大数据行业的发展，不仅需要高层次研究型人才，更需要从事于生产和服务第一线的操作型

①何海地：《美国大数据专业硕士研究生教育的背景、现状、特色与启示》，《图书与情报》2014 年第 2 期，第 48－56 页。

人才，多层次的人才输出才能满足大数据行业发展的需求。应用型本科主要培养具有创新思维和实践技能的高级应用型人才，高等职业教育主要用于培养较高层次的高技能人才，中等职业教育则主要培养基层熟练技工，三者相互衔接与配合才能建立起多层次的人才培养体系。然而，国内大数据专业的人才培养层次主要集中在硕士研究生阶段，本科和高职院校开设大数据专业的还比较少，难以满足大数据产业发展对不同层次人才的需求。因此，国内高校要优化专业设置，鼓励应用型本科、高职院校开设大数据专业，或在计算机、信息技术和统计学等相关专业中设置大数据方向，实现多层次人才培养目标。

2. 人才培养规模小，难以满足产业发展需求

根据不完全统计，截至2015年全球只有170所大学开设了本科层次的大数据相关专业，其中美国有60所大学开设了大数据专业，欧洲只有30多所大学开设大数据专业。同时，国内开设大数据专业的院校也寥寥无几，全国只有2所学校开设了大数据相关专业，分别为香港中文大学的数据科学与商业统计硕士课程和纽约大学上海分校的商业数据分析科学硕士课程，而国务院学位办正式批准设立的专业硕士学位中“应用统计学硕士”（Master of Applied Statistics）是与大数据相关性最高的专业。由于国内开设大数据专业的院校数量极少，使得大数据专业的招生数量和在校生规模都非常有限，远远达不到市场对大数据行业对人才的需求，只能依靠计算机信息管理、计算机应用技术、软件技术和统计学等相关专业输出的人才，通过再培训等方式增加大数据专业的人才供给，以此来支持大数据产业快速发展的需求。

3. 人才培养经验不足，难以输出高质量的人才

大数据科学不仅需要计算机科学、数学和统计学的基础知识，还需要大数据的采集、存储、挖掘、分析、可视化展现等新发展起来的方法和技术体系知识，是众多应用学科的交叉结合体，具有复合性、应用性和前沿性的特点。所以，大数据相关岗位对人才技术技能要求较高，不但要有扎实的理论支撑，还需要有实践操作经验，但我国大数据教育才刚刚起步，人才培养模式尚在摸索阶段，经验非常有限，总体教学水平有待进一步提升。在实践教学方面，大数据实训室建设尚不足，实践教学比较薄弱，校企合作流于形式，学生的实践操作技能得不到锻炼。因此，国内大数据专业教育还需不断探究，人才培养能力还需不断提高，教学经验还要不断丰富，在实际的教学工作中，还需要把各门课程很好地融合起来，提高人才输出质量。

4. 师资力量相对薄弱，难以满足教学质量要求

大数据行业所需的人才均为复合型人才，需要综合掌控数学、统计学、数据分析、机器学习和自然语言处理等多方面知识和技能，培养该类人才必然需要强大的师资团队，即需要“双师型”师资团队。然而，国内大数据行业尚处于初级阶段，专业教师数量不仅少而且质量不高，师资团队还不具备系统大数据专业知识，实践经验更是缺乏，对学生的指导能力有限，远远无法满足教学需求。另外，学校为了满足开设大数据专业的需求，可能会引入其他专业的师资，如计算机信息技术专业或统计学专业的教师，会大大降低大数据专业教学内容的整体性与系统性。

（二）对我国大数据职业教育发展的建议

大数据是继云计算、物联网之后IT界的又一次颠覆性技术革命，大数据产业发展对大数据人才提出了新的需求。鉴于大数据产业的快速发展和大数据专业建设的缺失，结合国外大数据专业人才培养经验，我国应从以下几方面着手，加快大数据专业教育发展步伐。

1. 政府引导加快人才培养

发达国家已将大数据产业发展上升为国家战略，并给予十分充裕的研究和应用经费，如美国将大数据上升为事关国家核心竞争力的国家战略，认为大数据发展计划是继“信息高速公路计划”之后在信息科学领域的又一重大举措，政府投资2亿多美元启动这一计划；英国政府投资1.89亿英镑加强数据采集和分析的能力，尽快促使英国在“数据革命”中占得先机；澳大利亚政府希望能在大数据分析的运用、提高效率、与其他政策和技术协同以及为公共服务领域带来变革等方面领先全球。由此可见，发达国家都高度重视大数据产业的发展，借助大数据产业推动经济增长。

与此相对应，我国也将大数据的发展上升到国家战略层面，正在尝试打破各产业间的壁垒与条块分割，建立跨地区、跨部门、跨层级的信息共享与协同推进机制，促进大数据产业的快速发展。政府相关部门也在出台大数据发展规划，强化财税金融、科技投入、人才培养等方面的政策倾斜和支持力度，鼓励普通本科和高职院校开设大数据相关专业，或在计算机、软件学、统计学等相关专业中设置大数据方向，逐步扩大人才培养规模。与此同时，教育主管部门应加强对大数据专业的总体部署和规划，明确划分好专业分布和方向，控制好职业院校开设大数据专业的数量，提高人才培养规模与质量，防止一哄而上的尴尬局面，避免人才培养数量过剩、培养质量不达标和设备资源浪费的不良局面。

2. 学校合理规划专业建设

职业院校的专业设置要与当地产业发展相结合，与区域经济发展方向相适应，能够服务于地方经济发展，促使院校培养人才与市场需求相匹配。同时，由于各地区产业结构各不相同，对大数据人才的需求类型存在差异，在计算机软硬件比较发达的区域，企业对高端大数据开发和挖掘的人才需求较多，大数据专业的学生需要掌握计算机、信息技术和云计算等技能；在经济比较发达的区域，企业对大数据分析和处理的人才需求较多，学生主要掌握应用统计学、数据分析和建模等技能。因此，学校在设置大数据专业时，首先，需要进行深入的产业调研，明确大数据人才需求，了解国家乃至地方大数据技术开发、应用的主要领域及发展趋势，分析各个岗位所需要的职业素养和技能，进而合理定位大数据专业人才培养目标，确定专业建设特色，避免专业同质化建设。其次，学校要结合自身实际情况，如学校的发展目标、未来发展战略等来决定是否开设大数据专业，再依托原有相近专业的师资力量和硬件设施等决定是否开设大数据专业方向。如果学校毫无大数据专业开设的基础条件，只是因为专业热门好招生而开设，将不利于专业建设和学校的长期发展。

3. 院校提升人才培养质量

（1）合理的人才培养方案。人才培养方案是一个专业能否可持续发展的先决条件，是院校人才培养的顶层设计方案，是大数据专业教学实践的指导思想。因此，职业院校应当根据区域产业发展的具体需求，紧跟大数据行业发展及应用情况，明确大数据专业人才培养方向与目标，再结合院校自身发展特色，制定出有针对性的、合理的大数据人才培养方案。在此基础上，职业院校再根据企业人才需求类型，融入大数据行业发展要求，细化出人才培养规格与标准，提高学校人才培养与区域行业人才需求的匹配度，为大数据行业发展提供坚实的人才支撑，推动区域经济快速发展。

（2）理实结合的课程设置。课程设置是实现教学目标的重要纽带，是实现人才培养目标的关键因素。大数据行业是计算机、信息技术和统计学等学科的交叉体，课程设置应该注重理论教学与实践教学相结合。理论教学可以为学生提供基本知识和发展脉络，为学生以后的发展奠定基础；实践教学可以锻炼学生的动手能力，进一步提升技能水平。

在理论教学方面，教师应全面阐释大数据的相关概念，包括不同学术流派对大数据的不同定义和进一步阐述，如大数据的特征、大数据和物联网的关系、大数据的用途等。在概念介绍的过程中，教师可采用案例教学法，通过案例分析，让学生对大数据的工作流程和应用有更深的了解和掌握。在技术理论教学过程中，教师可以分别从存储技术、感知技术、分布式处理技术以及云计算的发展来讲解大数据采集、整合、保存到最后形成结论的完整过程。在实践教学方面，国家应加大资金支持相关院校建立大数据实验室、实训室，鼓励大数据行业企业参与相关院校的实训设施建设，让学生参与到实验、实训中来，使其能有机会真正接触到大数据的实际运用，在实践中学习、成长，培养出满足社会、产业发展需要的人才。

（3）校企合作的培养机制。与其他产业不同，大数据的核心业务必须与某一特定行业相联系，经常与经济金融、生命科学、医疗卫生和社会管理等行业深度交叉，如阿里巴巴利用自己的网购平台建立起阿里大数据系统，创建了蚂蚁金融服务集团。虽然企业可以综合已有的存储、分析、挖掘、展现技术，结合用户需求与行业特色技术模式建立起一站式大数据平台业务，拥有非常好的数据分析基础，但缺乏既懂得大数据相关技术，又谙熟企业业务的复合型人才。因此，企业可以与学校联合培养自己所需要的大数据人才，企业为学校提供海量数据，学校利用企业的数据资源有针对性地培养学生的数据处理技能，充分发挥双方的资源优势，为未来培养一批熟练掌握大数据技能，并擅长海量数据采集、存储、管理、挖掘、分析的专业人才。另外，校企合作形式多样，可通过联合办学、联合制定人才培养方案、合作开发课程和教学内容、设置实训项目、教学管理和共建双师结构教学团队等形式展开。

（4）不断强化的师资队伍。教师是教学工作的主体。加强学校师资队伍建设不仅能够提高学校的教育教学水平、人才培养质量和科学研究水平，还能为学校未来发展提供保障。大数据专业建设需要一支"双师型"师资队伍，而学校大多数教师没有企业实践经验，企业中从事大数据业务的精英又缺乏教学经验，学校和企业之间缺乏有效的沟通机制。因此，建设大数据专业"双师型"师资队伍可以从以下三个方面着手：其一，教师深入大数据企业进行一线学习实战，掌握更新、更贴合实际的大数据技术，积累实践经验，逐渐形成一支理论实践兼具的教师队伍。其二，大力引进行业企业专家。学校可聘请行业企业专家为学校大数据专业建设、发展建言献策，并积极参与到人才的技能培养过程中，担任学校大数据专业的兼职教师。其三，加强大数据科研队伍建设，教育部门及相关院校可以制定出大数据技术研发人才培养机制，培养一批专业理论知识扎实、专业技能高和科研能力相对较强的专业骨干教师，建立一支高层次大数据技术专业科研队伍。

参考文献

［1］Jeff Kelly. Big Data Vendor Revenue and Market Forecast，2013 – 2017. http：//wikibon. org/wiki/v/Big_ Data_ Vendor_ Revenue_ and_ Market_ Forecast_ 2013 – 2017. 2014 – 02 – 12.

［2］IDC：《中国大数据技术与服务市场 2013—2017 预测与分析》，http：//www. idc. com/getdoc. jsp？ containerId = CH243826。

［3］Liu Yue，He Jia，Guo Minjie，Yang Qing，Zhang Xinsheng. An Overview of Big Data Industry in China. China Communications，2014，12：1 – 10.

[4] 中国计算机学会：《中国大数据技术与产业发展白皮书（2013)》。

[5] 工业和信息化部电信研究院：《大数据白皮书（2014)》，2014 年 5 月。

[6] 赛迪智库：《大数据发展白皮书（2015)》。

[7]《我国数据资源总量有了快速增长，已达到全球的 13%》，新华网，http：//news. xinhuanet. com/newmedia/2015 - 11/15/c_ 134817387. htm。

[8]《中国大数据行业面临的五大挑战以及应对策略》，http：//www. d1net. com/bigdata/news/316563. html。

[9] 仲浩、史臣敏：《2014 中国大数据行业大调查：开发者究竟需要什么?》，http：//www. csdn. net/article/2014 - 12 - 08/2823020。

[10] 谢然：《中国有哪些公司在做大数据?》，《互联网周刊》2014 年第 10 期，第 52 - 55 页。

[11] McKinsey Global Institute：Big data：The Next Frontier for Innovation，Competition，Andproductivity. http：//www. mckinsey. com/insights/business_ technology/big_ data_ the_ next_ frontier_ for_ innovation。

[12] 陈宪宇：《大数据时代企业相关职位设置与人才培养》，《经营与管理》2014 年第 9 期，第 43 - 47 页。

[13] 李学龙、龚海刚：《大数据系统综述》，《中国科学：信息科学》2015 年第 1 期，第 1 - 44 页。

[14] 何海地：《美国大数据专业硕士研究生教育的背景、现状、特色和启示——全美 23 所知名大学数据分析硕士课程网站及相关信息分析研究》，《图书与情报》2014 年第 2 期，第 48 - 56 页。

[15] 慧科教育：http：//www. uniquedu. com/major/12. html。

[16] 开课吧 IBM 大数据与分析专区：http：//www. kaikeba. com/topics/1112ibm。

[17] 小象学院：http：//www. chinahadoop. cn/page/lpenter。

[18] Ryan Swanstrom. Colleges with Data Science Degrees [EB/OL]. http：//datascience101. wordpress. com/2012/04/09/colleges - with - data - science - degrees/. 2013 - 10 - 19.

[19] Gregory Piatetsky - Shapiro. Education in Analytics，Data Mining，and Data Science [EB/OL]. [2013 - 10 - 29]. http：//www. kdnuggets. com/education/index. html.

[20] Institute for Advanced Analytics. Survey of Graduate Degree Programs in Analytics [EB/OL]. http：//analytics. ncsu. edu/? pageid = 4184. 2013 - 11 - 17.

[21] Michael Goldberg. Data Informed' s Map of University Programs in Big Data Analytics [EB/OL]. http：//data - informed. com/bigdata_ university_ map/. 2013 - 09 - 30.

[22] Thomas Davenport. The Rise of Analytics 3. 0：How to Compete in the Data Economy [EB/OL]. http：//iianalytics. com/. 2013 - 11 - 04.

[23] 陈明奇：《大数据国家发展战略呼之欲出——中美两国大数据发展战略对比分析》，《人民论坛》2013 年第 10 期，第 28 - 29 页。

[24] 闫建、高华丽：《发达国家大数据发展战略的启示》，《长江论坛》2015 年第 1 期，第 91 - 94 页。

[25] 李国杰、程学旗：《大数据研究：未来科技及经济社会发展的重大战略领域——大数据的研究现状与科学思考》，《中国科学院院刊》2012 年第 6 期，第 647 - 657 页。

[26] 黄晋：《关于大数据人才培养的思考与探索》，《教育教学论坛》2014 年第 45 期，第 201 - 203 页。

[27]《大数据时代的“金饭碗”》，中国软件网，http：//www. soft6. com/news/201409/18/246343. html。

第八章　3D打印行业与职业教育分析报告

作为一项新兴的先进制造技术，3D打印充分体现了信息网络技术与先进材料技术、数字制造技术的密切结合。当前，3D打印已经从技术研发转向产业化应用，这将给传统制造业带来变革性影响。世界工业强国已将3D打印作为未来产业发展新的增长点加以培育，制定了推动3D打印发展的国家战略和具体推动措施。而我国正在促进产业提质增效升级，亟须包括3D打印在内的先进技术来改造提升传统产业，因此也高度重视3D打印产业的发展。2015年，《国家增材制造产业发展推进计划（2015～2016年）》以及《中国制造2025》相继出台，充分说明了3D打印对于我国经济社会发展的重要性，也彰显了我国发展3D打印产业的决心。

目前，我国3D打印技术水平有了较快提升，不断释放的市场需求带来了行业的快速发展。然而，专业人才的缺乏制约了产业的进一步发展、壮大。本报告在大量引用相关研究成果和产业发展数据的基础上，对我国3D打印行业发展概况、企业人才需求情况及职业教育现状进行了较为全面的分析，并介绍了发达国家3D打印专业教育的发展经验，最后为我国3D打印专业职业教育的发展提出些许建议。

一、我国3D打印行业发展概况

3D打印又叫增材制造，起源于20世纪80年代，是一种以数字模型文件为基础，运用粉末状金属或塑料等可黏合材料，通过快速成型装置，逐层打印来构造物体的技术。它是制造业具有代表性的颠覆性技术，其最大的优势在于较高的产品精度及生产效率，且整个打印过程无须实时操作从而大大降低了人工费用等。3D打印“既快、又好、还省”的优点使得它得到越来越广泛的市场认可。根据Wohlers报告，2009～2014年，全球3D打印市场收入以年均复合增长率30.1%的速度在高速增长，其已从最开始仅仅用于小规模个性化制造发展到现在成为主流生产模式的重要补充①。

（一）行业发展现状

我国的3D打印技术起步较晚，但是自3D概念一出，3D打印技术立即受到热捧。经过十几年的发展，我国的3D打印技术取得了显著进步，应用领域不断拓展，市场规模快速增长。但是与美国、德国等发达国家相比，我国的3D打印产业仍处于起步阶段，尚未实现工业及个人消费领域大规模推广，整个行业的进一步发展、壮大还面临着诸多挑战。

1. 技术水平不断提高

1990年前后，清华大学的颜永年教授团队就已经将3D打印技术引入我国。经过二十多年的努力，我国的3D打印技术研发取得了长足的进步，整体技术水平与世界先进水平基本同步，在

①广发证券：《3D打印：产业步入快车道，打印材料迎契机》，2015年10月9日。

高性能复杂大型金属承力构件3D打印等部分领域的技术水平已跻身国际先进行列，成功研制出光固化、激光选区烧结、激光选区熔化、激光近净成形、熔融沉积成形、电子束选区熔化成形等多种工艺装备。在技术专利方面，我国3D打印技术专利申请数量逐年增长，目前以10%的份额，占据世界第三的位置。

此外，我国积极与国际知名企业开展合作，引进吸收国外先进技术，使我国3D打印整机生产的技术水平获得大幅提升。国内部分企业已实现了一定程度的产业化，且部分便携式桌面3D打印机的价格已具备国际竞争力，成功进入了欧美市场。国内主要3D打印技术团队如表8-1所示。

表8-1　　国内主要3D打印技术团队一览

技术研发团队	主要研发项目
清华大学颜永年团队	FDM、SLA技术路线的设备及光敏树脂和ABS塑料打印材料
西安交通大学卢秉恒团队	SLA技术路线的设备及光敏树脂打印材料
中英先进材料及成型技术联合实验室吴鑫华团队	高密度、高精度粉末冶金零件、各类新材料等的研发
华中科技大学史玉升团队	SLS、FDM、SLA、SLM、LOM等技术路线的设备
华中科技大学王运赣团队	SLS、FDM、SLA等技术路线的设备
中科院广州电子技术研究所	SLA技术路线的打印设备
浙江大学CAD&CG国家重点实验室	打印服务、扫描、打印设备及打印材料研发
西北工业大学黄卫东团队	高性能致密金属零件的制造及修复
北京航空航天大学王华明团队	金属零件打印服务

资料来源：根据公开资料整理。

2. 产业链布局较完善

在高校、科研院所研究成果的基础之上，依托相关技术研究机构，我国已涌现出多家3D打印设备制造与相关服务企业，覆盖了整个产业链。以北京隆源自动成型系统有限公司、银禧科技等为代表的上游企业主要开展光机电、激光制造等技术研发以及扫描器和相关零部件的研制，并获得了选区粉末烧结激光快速成型机、3D打印设备控制系统和机械系统等相关知识产权。以北京太尔时代科技有限公司、武汉滨湖机电技术产业有限公司等为代表的中游企业主要从事工业级与民用级3D打印机的制造，并在相关领域取得了不俗成绩。以杭州先临三维、紫金立德公司等为代表的下游企业主要从事国防科工、医疗卫生等行业的3D打印应用于相关服务，如3D打印服务、设备维护等。由此可见，我国3D打印全产业链已经初步形成。如图8-1所示。

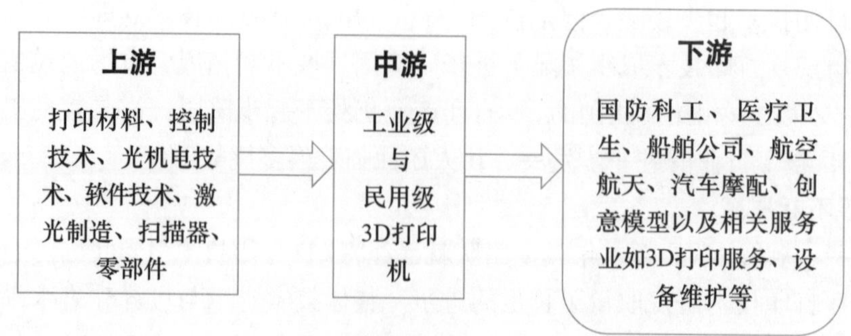

图8-1　我国3D打印产业链

3. 应用领域逐渐拓宽

就应用的行业而言，目前3D打印设备主要在消费品、医疗、工业设备、交通运输、航天航空等行业应用得比较广泛。其中，医疗和航空航天是应用最为广泛且发展最快的两个领域。

医疗应用是当前最受关注的3D打印下游行业，也是3D打印研究中最前沿的领域之一，更是最具发展前景的领域。3D打印的医疗应用主要是使用3D打印的方法成型生物材料（特别是细胞材料），用来制造人工的组织、器官以及各种假肢、手术导板等一系列生物医疗领域的产品。现阶段，3D打印的医疗应用主要包括血管打印、细胞打印、组织工程支架和植入物打印、假体打印和手术器械打印。该领域的代表企业有湖南华曙高科技有限责任公司，其3D打印技术已经在中南大学湘雅附一院、湘雅附二院、湘雅附三院、湖南省肿瘤医院、湖南省人民医院试点了近一年时间，已经完成了100多个案例，走在全国前列①。

航空航天领域采用3D打印技术，可以解决航空航天设备过重、相关零部件制造流程复杂等问题。国内在该领域的研究涉及钛合金结构激光快速成型工艺、成套工艺装备及工程化等方面，并已取得了不错的成绩，3D打印的相关部件已在C919大飞机上使用。该领域的代表企业有中航重机、中航投资、南风股份，代表团队有北京航空航天大学王华明团队等。

据《哈佛商业评论》报道，到2015年已有超过30%的全球300强企业正在或是考虑使用3D打印。由此可见，3D打印在各领域的接受程度越来越高。随着3D打印技术的日趋成熟，我国3D打印的大规模应用将有望迎来爆发式增长，应用领域将会不断拓宽。

4. 产业规模快速扩大

2011年以来，我国3D产业进入了高速发展期。最近3年，国内3D打印市场规模几乎每年翻番。2012年的市场规模尚不足10亿元，到2014年就已超过40亿元，增长幅度远远领先于其他国家。

从市场规模和发展阶段来看，我国3D打印尚处于产业发展的初级阶段，但是市场潜力巨大。据世界3D打印技术产业协会最新的调研报告估测，2014~2018年我国3D打印产业的市场规模年均复合增长率将高达43.4%，到2018年市场规模有望突破200亿元，届时我国或将取代美国成为全球最大的3D打印市场。如图8-2所示。

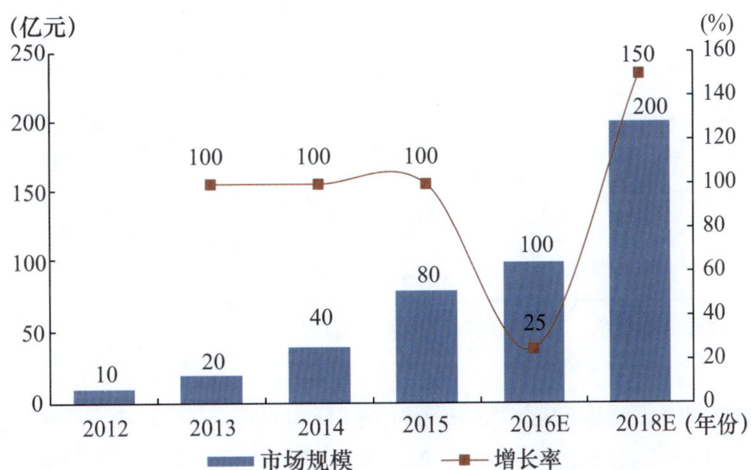

图8-2　2012~2018年中国3D打印市场规模及增长趋势

资料来源：世界3D打印技术产业协会。

①周悦：《湖南领先布局3D打印医疗应用》，http://www.xxcb.cn/event/jishi/2015-12-21/9037663.html，2015-12-21。

5. 政策环境趋于良好

为抢抓新一轮科技革命和产业变革的重大机遇，我国高度重视3D打印产业发展。2013年，3D打印被列入国家“863”计划，获得了国家4000万元的研究基金支持。2015年2月，工信部、发改委和财政部联合发布《国家增材制造产业发展推进计划（2015~2016年）》，将3D打印提升到国家战略层面，为产业的发展做出了整体规划。自2006年以来，国家出台的与3D打印相关政策如表8-2所示。

表8-2　3D打印产业国家重要政策法规一览

发文时间	文件名	发布机构	重点内容
2006年1月	国家中长期科学和技术发展规划纲要	国务院	将数字化和智能化设计制造、先进制造技术列为重点领域，作为优先主题和前沿技术做重点发展
2012年7月	“十二五”国家战略性新兴产业发展规划	国务院	智能制造装备产业、智能制造装备工程被列为重点发展方向和20项重大工程之一
2013年4月	国家高技术研究发展计划（863计划）、国家科技支撑计划制造领域2014年度备选项目征集指南	科技部	破3D打印制造技术中的核心关键技术，研制重点装备产品，并在相关领域开展验证，初步具备开展全面推广应用的技术、装备和产业化条件
2015年2月	国家增材制造产业发展推进计划（2015~2016年）	工业和信息化部、国家发展和改革委员会、财政部	到2016年，初步建立较为完善的增材制造产业体系，整体技术水平保持与国际同步，在航空航天等直接制造领域达到国际先进水平，在国际市场上占有较大的市场份额
2015年5月	中国制造2025	国务院	围绕重点行业转型升级和新一代信息技术、智能制造、增材制造、新材料、生物医药等领域创新发展的重大共性需求，形成一批制造业创新中心；加快高档数控机床、增材制造等前沿技术和装备的研发

资料来源：国家科技部、信息部、国务院网站内容总结整理。

跟随国家的战略步伐，地方政府也制定了区域3D打印发展规划或发展路线图，例如，2014年1月，北京市科学技术委员会出台《促进北京市增材制造（3D打印）科技创新与产业培育的工作意见》，提出用增材制造提高北京高端制造业的技术水平，使增材制造成为经济新的增长点；2014年8月，四川省经济和信息委员会出台《四川省增材制造（3D打印）产业发展路线图（2014~2023）》，提出形成具有四川省特色优势的增材制造产业链，确立产业发展思路和路径，为3D打印产业指明了发展方向。

（二）行业发展存在的问题

尽管近年来我国 3D 打印产业发展较为迅速，取得了丰硕成果，但是整个行业依然存在关键技术有待突破，产业基础薄弱，应用范围受限等问题，制约了 3D 打印产业化发展。总体来说，我国 3D 打印发展仍存在以下问题：

1. 市场规模较小

我国 3D 打印产业起步较晚，但依托庞大的市场需求和成本优势，以及近年来国家的政策扶持，产业规模逐步增大。但与欧美等发达国家相比，我国 3D 打印的市场规模还很小。2014 年，全球 3D 打印的市场规模超过 70 亿美元，而中国市场规模约为 40 亿元人民币，占比不足 10%（见图 8－3）。

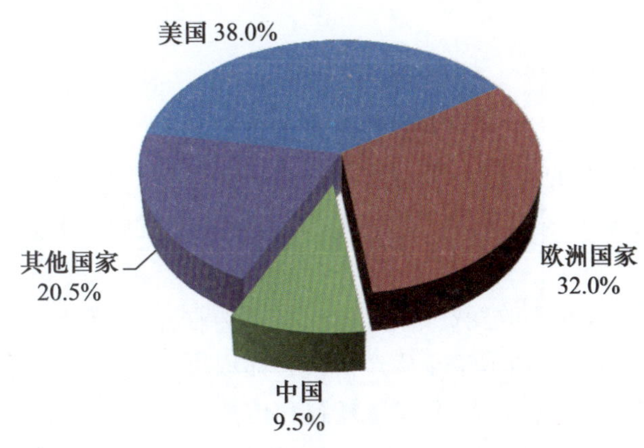

图 8－3　2014 年中国 3D 打印市场规模占比

资料来源：Wholers Report.

2. 打印材料受限

材料是 3D 打印发展的基础，材料的性能、种类等因素决定着 3D 打印技术的应用和发展。然而我国 3D 打印材料发展起步晚、底子薄，打印材料品种少、价格贵、性能低，成为我国 3D 打印难以大规模推广应用的重要原因。

一方面，材料种类少。目前我国增材制造的材料仅 100 多种，而传统减材制造、增材制造的材料有数万种。由于材料是 3D 打印的物质基础，材料品种匮乏直接导致 3D 打印与工业应用的结合面太窄。另一方面，3D 打印耗材成本高企。如工业级 3D 打印的成本相对较高，主要原因在于设备成本和材料成本高。其中，金属材料的价格尤其昂贵，如钛金属粉末每千克价格高达 200～400 美元，是传统粉体价格的 10～20 倍。

3. 商业模式传统

3D 打印产业链自上而下主要分为打印材料、打印设备和打印服务三大类。Wholers Report 2014 年指出，从全球市场来看，2013 年这三类的市场份额占比分别为 37%、39% 和 24%。如图 8－4 所示。然而，我国大多数 3D 打印企业仍沿袭传统制造业的老路，采用生产设备并售卖设备的商业模式。目前，国内 3D 打印企业中，约 80% 做设备，20% 做材料，做服务的可能不到 1%，这种产业服务模式与欧美市场存在较大差距。

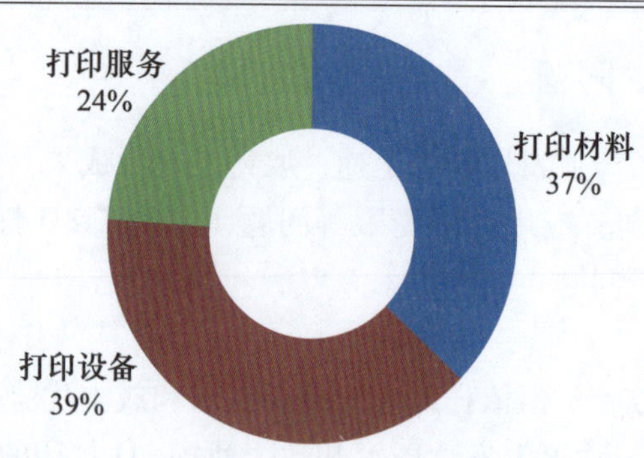

图8-4 2013年全球3D打印市场份额

资料来源：Wholers Report 2014.

4. 专业人才缺乏

3D打印技术集数字技术、软件开发、自动控制、光电子技术、快速成型技术、材料科学等于一体，其技术研发与应用需要大量不同专业背景的技术人才，从业人员需要具备较高的专业素养。当前，我国3D打印行业的专业人才匮乏，尤其是缺乏3D打印技术研发、打印机操控、基层服务等方面的人才，这就在一定程度上制约了3D打印技术的普及和发展。

5. 版权界定模糊

3D打印技术的意义不仅在于改变资本和工作的分配模式，还在于它能改变知识产权的规则。该技术的出现使制造业的成功不再取决于生产规模，而取决于创意。然而，数字化产品信息、互联网和3D打印技术三者融合，使产品很容易复制和传播。随着3D打印的普及，盗版也会变得更加猖獗。因此，3D打印技术的出现，将对知识产权保护产生前所未有的挑战。

我国现有的知识产权法对3D打印的适用性不足，现行的版权法主要防止二维平面标的被复制，并不足以保护3D打印的知识产权。因此，创新者拥有竞争优势的时间比以往更短。比如，在国内已经出现的3D打印机制造企业中，有一些就是通过模仿国外企业的设备生产的。

二、3D打印行业人才需求分析

随着我国3D打印应用市场逐渐拓展，市场需求不断释放，越来越多的企业愿意投入更多的资金和人力从事3D打印的相关研发工作，也有很多的3D打印厂商在政策的扶持下得到孵化。与3D打印产业发展相比，3D打印专业人才的培养尚处于萌芽状态，整个行业人才缺口巨大，无法提供强有力的人才支撑。

（一）行业企业发展状况

1. 规模持续扩大

随着国家对3D打印产业支持力度的加大，我国3D打印企业获得了迅速发展。国内从事3D打印技术研发、设备制造、应用服务的企业越来越多，企业规模逐渐增大，市场竞争力不断增强（见表8-3）。例如，在桌面级3D打印机市场，太尔时代、南京宝岩具有很强的桌面级打印机制造能力。

表 8－3　　国内部分 3D 打印行业企业及其主要业务

行业层次	企业名称	主营业务
上游材料供应商	飞而康快速制造科技有限责任公司	打印粉末材料、各类新材料的研发、生产、销售及技术服务与咨询
	海源机械	开展复合材料、陶瓷、硅酸盐等 3D 打印材料研究
	银禧科技	各种树脂、改性塑料研发、生产与销售
	深圳惠程	依据全球航空航天 3D 打印需求研发打印材料
	昆明机床	研究开发光固化树脂
中游设备制造商	大族激光	激光成型设备研发与销售
	华曙高科	选择性激光尼龙烧结设备研发
	北京太尔时代科技有限公司	FDM、SLA 等 3D 打印设备研发、生产与销售
	南京宝岩公司	各类 3D 打印设备研发、生产与销售
	西安非凡士机器人科技有限公司	3D 打印机及机器人研发与制造
下游应用厂商	中航重机	采用三维焊接（3D－Welding）技术成型全部由焊缝金属组成的零件，使用钛合金材料，主要应用在航空航天、核电领域
	南风股份	核电装备、火电机组及水电、石化、冶金、船舶等行业的重型属构件的制造与修复
	光韵达	计划未来将激光 3D 打印业务作为精密激光综合应用的一部分，努力使 3D 打印技术应用实现产业化
	高乐股份	发展 3D 打印个性化定制、网络销售及手游产品业务（深圳分公司）
	先临三维科技	提供 3D 打印服务、设备代销（德国 EOS 公司产）

资料来源：海通证券研究所。

2. 颇受资本追捧

3D 打印在国内兴起以来，便一直受到社会各界的广泛关注，市场规模也呈现出爆发式增长。据有关机构预测，我国 3D 打印市场规模 2016 年有望突破 100 亿元，这让 3D 打印的相关企业受到资本的热捧。2014 年 1 月，太尔时代获得美国都福集团全资子公司都福投资有限公司数千万元的战略投资，这笔投资有助于太尔时代在 3D 打印领域进一步布局。此外，青岛奥德莱三维打印有限公司、北京南极熊科技有限公司等也先后获得了较大数额的投资（见表 8－4）。由此可见，投资机构比较看好 3D 打印未来的市场前景。

表 8－4　　近年来国内部分 3D 打印企业获得投资一览

时间	企业名称	产品名称	融资金额	主营业务
2014 年 1 月	北京太尔时代科技有限公司	UPI 系列产品	数千万元人民币（A 轮）	3D 打印装备、软件、材料等

续表

时间	企业名称	产品名称	融资金额	主营业务
2014 年 8 月	青岛奥德莱三维打印有限公司	AOD3D（奥德莱）打印机	1500 万元人民币（A 轮）	3D 打印装备、设计、材料等
2014 年 9 月	上海弓禾文化传播有限公司	品啦造像	6000 万元人民币（A 轮）	3D 打印服务、产品及设计
2014 年 10 月	宁波乔克兄弟电子科技有限公司	乔克兄弟 3D 打印	500 万元人民币（种子天使）	3D 珠宝打印模具、设计、玩具等
2014 年 11 月	北京南极熊科技有限公司	南极熊 3D 打印	数百万元人民币（种子天使）	3D 打印评测 + 线下体验 + 南极熊 3D 打印电商服务等
2014 年 12 月	珠海西通电子有限公司	FDM、SLA 机型桌面 3D 打印机	数百万美元	3D 打印装备、材料等

资料来源：根据网络公开数据整理。

3. 融合渗透加速

2012 年 10 月，中国 3D 打印技术产业联盟成立，其主导制定了国内 3D 打印行业的统一标准，推动了我国 3D 打印技术产业化、市场化进程，加快与国际间的对话交流，促进 3D 打印技术与传统制造技术的有机结合，进而加速 3D 打印产业链之间的融合渗透，促使行业结构趋于合理。

由此，国内的 3D 打印产业进入融合发展阶段，特别是 2014 年国家出台政策支持 3D 发展以来，国内的中游产品制造商都纷纷涉足下游服务业务或者涉足上游的材料制造业务。较为典型的例子是深圳惠程，该公司依据全球航空航天 3D 打印需求研发打印材料，拥有聚酰亚胺产业链，其子公司长春高琦的业务已遍及上中下游全产业链。

（二）行业人才需求分析

由于 3D 打印行业的快速发展和广阔的市场前景，相关企业对人才的需求越来越旺盛。据相关机构统计，目前我国 3D 打印行业的专业人才缺口超过千万，制造行业对 3D 应用人才需求最大，缺口约为 800 万人，未来的需求还在不断攀升①。同时，行业的大规模发展又必然带来岗位和技术的细分化。3D 打印行业及相关企业既需要擅长产品和技术研发的高层次人才，又需要数量庞大、具有较高专业技能的应用型人才。

1. 从业人员现状

3D 打印的技术特点决定了其需求综合性人才。3D 打印的技术研究和材料开发所需的是高层次专业技术人才，这类人才主要来自国内的技术实验室及其团队和高校培养的硕士、博士研究生。3D 打印设备的研发生产所需的人才则更多涉及机械加工制造领域，3D 打印应用服务则需要具备一定的工业设计、计算机软件编程等能力的技术应用人才，这些人才主要来自普通高等院校和职业院校。如图 8－5 所示。

①《数字化 3D 打印技术应用人才缺口》，中华印刷包装网，http：//www. 21yin. com/news/detail/362. html，2015－12－23。

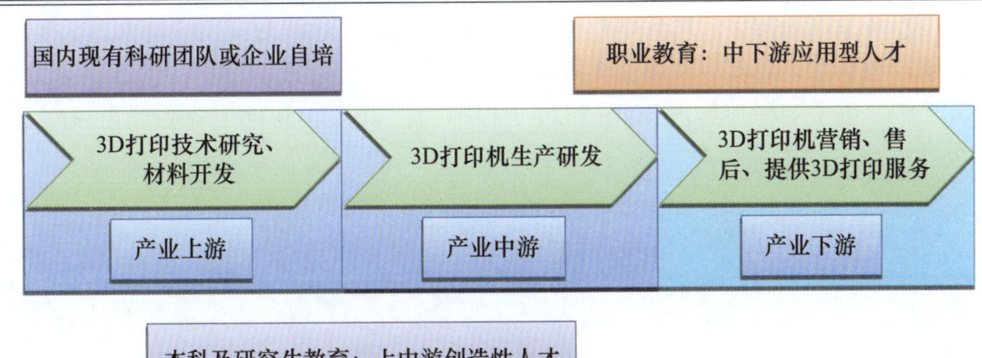

图 8－5　我国 3D 打印专业人才培养链

然而，目前我国普通高等院校和职业院校 3D 打印人才的培养都处在起步阶段，尚难满足行业发展的需要。2014 年，前瞻产业研究院对西安的部分相关企业（包括西安非凡士机器人科技有限公司、西安交大恒通智能机器人有限公司等）进行了 3D 打印人才需求情况的调研。调研数据表明，在西安企业现有的 3D 打印人才中，依靠企业自身力量培养提高的约占 38%，直接从学校招收的毕业生占 36.5%，从社会招聘占 25.5%。这也在一定程度上反映了我国院校培养的 3D 打印人才还难以满足企业的需要。

2. 人才需求类型

通过检索相关企业的招聘信息，并结合相关专业知识，我国 3D 打印行业企业所需人才按企业所处的行业层次可以分为三种类型：一是上游技术和材料研发企业所需的 3D 打印技术研究、材料开发人才；二是中游设备生产商所需的 3D 打印机生产研发人才；三是下游服务商所需的 3D 打印机营销、售后服务以及 3D 打印服务等方面的技术应用人才。这三类人才所需掌握的技术技能如表 8－5 所示。

表 8－5　　3D 打印行业的人才需求类型及所需的技术技能

行业层次	人才类型	所需技能
上游企业	技术研究、材料开发	熟悉 3D 打印技术、计算机软件设计，构建三维数据模型
		熟悉材料研发技术
中游企业	设备研发	熟悉机械制造、模具制造等相关知识
		熟悉 3D 打印、具备一定的工业设计能力
下游企业	营销、售后、维修等服务	熟悉 3D 打印机的工作原理、具备一定的市场营销能力
		为 3D 打印相关企业提供所需的配套服务，包括教育培训、咨询、售后、宣传

3. 人才需求结构

根据前瞻产业研究院 2014 年在西安的调研，当前企业 3D 打印相关岗位中，电子工程师占 15%，机电工程师占 22%，软件工程师占 23%，应用工程师占 20%，售后工程师占 20%。随着 3D 打印行业的发展变化，岗位需求也在不断变化。打印设备向更先进的方向发展，打印材料越来越多样，用户数量逐渐增多后对打印模型的需求越来越多，这就对模型设计人员的要求越来越高，同时，用户数量增多对售后方面也会提出更高的要求。经过调研分析，预计企业未来3D打印方面的人才中，电子工程师约占5%，机电工程师约占10%，软件工程师约占30%，应用工程师约占28%，售后工程师约占27%（见表8－6）。

表8－6　企业当前及未来3D打印人才岗位结构　单位：%

岗位	电子工程师	机电工程师	软件工程师	应用工程师	售后工程师
企业当前岗位结构	15	22	23	20	20
企业未来岗位结构预测	5	10	30	28	27

三、我国3D打印专业职业教育现状分析

尽管我国3D打印行业的发展取得了较大进展，但整个行业还面临着诸多挑战。要实现我国3D打印行业及相关本土企业的进一步发展、壮大，专业人才队伍的支撑必不可少，这既包括高层次的专业技术研发人才，也包括高技能人才和熟练技工等技术应用人才。然而，我国职业教育在3D打印人才培养方面尚处于探索阶段，亟须加强专业建设，进而为产业发展提供人才支撑。

（一）专业设置情况

1. 高职层次

《普通高等学校高职高专教育指导性专业目录（2014年）》和最新修订的《普通高等学校高等职业教育（专科）专业目录（2015年）》均没有设置以“3D打印”或“增材制造”命名的专业。但在2015年最新修订的高职（专科）目录中，部分专业设有“3D打印”、“增材制造技术”方向，如机械制造与自动化专业（增材制造技术方向）、航空材料精密成型技术专业（航空产品3D打印）等。总体来看，目前我国高职院校开设3D打印相关专业尚处在探索阶段。以下选取两所开设相关专业的高职院校做简要分析，如表8－7所示。

表8－7　2015年2所高职院校开设3D打印相关专业一览

学校	专业	所属院（系）	计划招生	就业方向
武汉职业技术学院	模具设计与制造（3D打印技术方向）	机电学院	90人	机械装备、汽车制造、航空制造、医学、农业、轻工、电子等行业从事3D建模、3D测量、3D打印制造、模具设计制造、产品设计等
湖南信息职业技术学院	激光加工技术（激光快速成型方向）	机电工程学院	61人	面向先进制造、激光成型领域的产品设计、开发、制造和管理，主要从事激光设备（SLS）操作、加工、维护以及激光加工产品销售等工作

资料来源：武汉职业技术学院、湖南信息职业技术学院官网。

从表 8－7 可以看出，武汉职业技术学院开设的是模具设计与制造（3D 打印技术方向），该专业隶属于机电学院，培养学生更侧重机械装备制造和产品设计等方向。湖南信息职业技术学院开设的专业是 3D 打印技术的一个分支——激光加工技术，培养专门从事激光加工、3D 打印装备操作、维护等工作的人才。

2. 中职层次

教育部于 2010 年修订了《中等职业学校专业目录》，其中未出现以“3D 打印”或“增材制造”命名的专业。不过，随着 3D 打印专业人才的需求越来越多，部分中职院校已经设置了相关专业，以下选取 5 所中职院校做简要分析，如表 8－8 所示。

表 8－8　　2015 年 5 所中职院校开设 3D 打印相关专业一览

学校	专业	所属院系	就业方向	部分资格证书
山东凯文科技职业学院	机电一体化技术（3D 打印技术方向）	机械工程学院	学生毕业后可到装备制造、电子产品制造和信息产业等单位，从事装备制造业、家电生产和售后服务	AutoCAD 绘图员、PRO/E 三维应用工程师、可编程控制器程序设计师（中级）
广州白云工商技师学院	3D 设计及打印技术（高技班）	机电系	学生毕业后可到产品制造企业、3D 打印服务公司、设计公司、3D 打印网店和其他 3D 领域企业担任设计人员、技术操作员、咨询服务人员和管理人员，也可自主创业开设网店或实体店，提供 3D 产品设计和打印服务，利用电子商务平台拓展业务空间	计算机辅助设计绘图员（高级）、计算机办公软件应用（中级）
青岛电子学校	3D 立体设计与打印技术	机电学院	产品制造企业、3D 打印相关服务公司、设计公司、网店和其他 3D 领域企业的设计人员、技术操作员、咨询服务人员和管理人员	CAD 辅助设计资格认证证书
西安华中科技技师学院	3D 打印	计算机系	面向西北地区产品制造企业、3D 打印服务业，培养掌握 3D 建模与 3D 打印的知识与技能，具备 3D 打印技术应用能力，能从事 3D 产品设计、三维扫描仪逆向造型、3D 打印设备操作、设备维护及管理等工作，有一定的自我学习、自我发展能力、创新、创业能力和良好的职业素养的高技能应用型人才	
青岛市技师学院	多媒体制作（3D 打印方向）	计算机多媒体系	产品制造企业、3D 打印服务业，三维建模师、3D 打印设备的维修与维护、在各类学校、企业、公司、医院操作使用 3D 打印设备，从事 3D 打印方面的相关培训工作	计算机操作员证、欧特克认证相关证书

资料来源：各院校官方网站。

上述 5 所中职院校的 2014 年和 2015 年计划招生数如图 8 - 6 所示，其中青岛电子学校与青岛市技师学院 2015 年计划招生人数与 2014 年相比有所减少，而西安华中科技技师学院则是在 2015 年才开始招生。

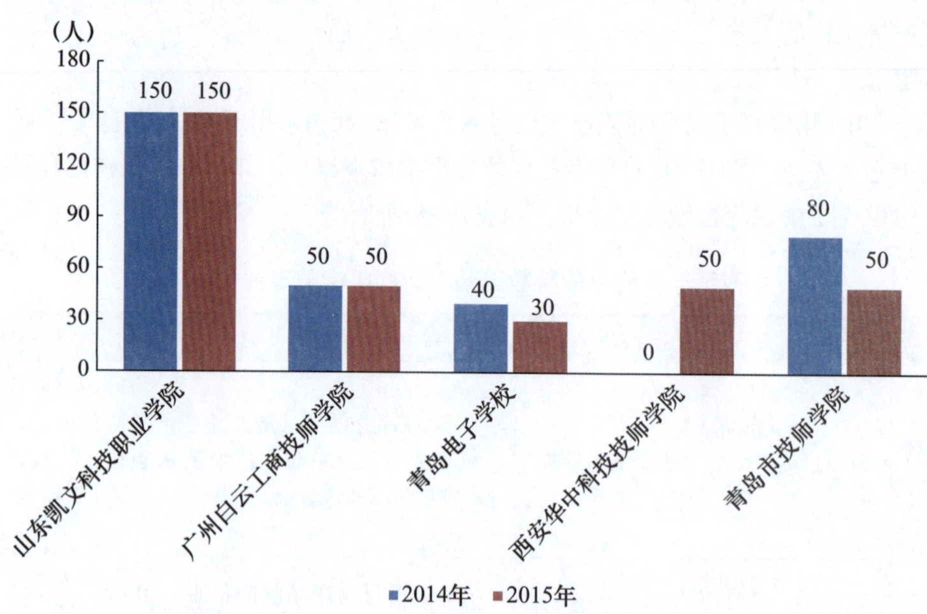

图 8 - 6　2014 ~2015 年 5 所中职院校计划招生人数

注：2014 年山东凯文科技职业学院 3D 打印专业实际招生 500 人。

资料来源：各院校官方网站。

从开设 3D 打印专业的院校数量和招生数据来看，我国职业教育领域的 3D 打印专业建设尚处于起步阶段，开设院校偏少，人才培养规模偏小。

（二）人才培养分析

通过梳理 2015 年开设 3D 打印及相关专业的 7 所职业院校的人才培养情况，并结合其他相关资料，下面将着重从培养目标、课程设置、实验实训、校企合作和师资队伍建设五个方面进行分析。

1. 培养目标

3D 打印是一项集光、机、电、计算机、数控及新材料于一体的先进制造技术，其需要依托多个学科领域的尖端技术，包括信息技术、精密机械技术、材料科学技术等。职业院校要培养出适合产业发展的 3D 打印人才，就需要了解这类人才应该要具备的特定职业能力，并进行着重培养。3D 打印人才需要具备的职业能力如表 8 - 9 所示：

表 8 - 9　3D 打印服务型人才职业能力分析

类型	具体技能
专业能力	具备相关计算机软件操作能力，如 AutoCAD、PRO/E 等
	具备自动控制、电路原理等相关基础知识
	具备专业必需的机械、电工电子等技术能力
	具备一定的营销能力

续表

类型	具体技能
综合能力	具有良好的职业道德，遵纪守法
	具有良好的人际交流和沟通能力
	具有良好的团队合作精神和客户服务意识
	解决实际问题能力
	独立学习新技术的能力

结合3D打印人才所需具备的职业能力，目前职业院校3D打印专业主要是面向3D打印设备制造、生产企业及3D打印应用企业，培养德、智、体、美全面发展，掌握3D建模与3D打印的知识与技能，具备3D打印技术应用能力，能够从事3D打印产品设计、3D测量与逆向造型、3D打印设备操作、维护与管理等工作的高素质、高技能应用型人才。当然，各职业院校会根据地方产业发展特色不同而对学生掌握的技术技能有一定的规定与要求。较为典型的如广州白云工商技师学院开设的3D打印技术专业，该专业主要培养的是面向广东及珠三角地区产品制造企业、3D打印服务业的人才（见表8－10）。

表8－10　7所职业院校3D打印专业的人才培养目标

层次	学校	培养目标
高职	武汉职业技术学院	培养学生掌握CAD/CAM/CAE最新应用技术、3D测量、3D制造，具有较强的模具设计与制造操作技能，成为从事模具设计与制造和生产管理的高技能人才
	湖南信息职业技术学院	本专业毕业生面向先进制造、激光成型领域的产品设计、开发、制造和管理，既可服务激光设备操作与加工岗位，也可成长为制造工艺师、图形设计师及手板制造工程师等
中职	山东凯文科技职业学院	培养学生具有相关专业能力包括3D打印设备应用与维护，物业自动化管理系统，机电产品设计、生产、改造、技术支持，以及机电设备的安装、调试、维护、销售、经营管理等
	广州白云工商技师学院	面向广东及珠三角地区产品制造企业、3D打印服务业，培养掌握3D建模与3D打印的知识与技能，具备3D打印技术应用能力，能从事3D产品设计、三维扫描仪逆向造型、3D打印设备操作、设备维护及管理等工作，有一定的自我学习、自我发展能力、创新、创业能力和良好的职业素养的高技能应用型人才
	青岛电子学校	使学生具有一定艺术造型设计能力和工业产品设计能力，能对3D实物进行三维全息扫描，并能进行数据加工处理和立体打印，能利用3D设计软件进行产品设计和立体打印，熟悉3D打印设备和三维扫描仪的使用，能提供3D打印技术服务，能在3D相关行业、产品制作企业从事设计工作
	西安华中科技技师学院	面向西北地区产品制造企业、3D打印服务业，培养掌握3D建模与3D打印的知识与技能，具备3D打印技术应用能力，能从事3D产品设计、三维扫描仪逆向造型、3D打印设备操作、设备维护及管理等工作，有一定的自我学习、自我发展能力、创新、创业能力和良好的职业素养的高技能应用型人才
	青岛市技师学院	本专业培养掌握三维建模与3D打印的知识与技能，具备3D打印技术应用能力，能从事3D产品设计、三维扫描仪逆向造型、3D打印设备操作，3D打印机维护及管理等工作的技能应用型人才

资料来源：各院校官方网站。

2. 课程设置

课程是教育教学质量与特色的基石和保证，是学校教育、教学活动的核心。3D 打印专业的课程设置应充分体现 3D 打印产业发展的特点，确保培养出来的学生能适应 3D 打印企业的相关要求。目前，7 所职业院校的 3D 打印专业课程分为理论课程和实践课程，其中，专业核心课程和实务课程如表 8 – 11 所示。

表 8 – 11　　7 所职业院校的 3D 打印专业课程设置一览

学校	专业核心课程	实务课程
山东凯文科技职业学院	机械制图与 AutoCAD、机械设计基础（含工程力学）、电工电子技术、C 语言、公差配合与技术测量、电机与电气控制、传感器与检测技术、单片机原理及应用、PLC 原理与应用、机电一体化技术等	快速制造加工工艺、快速成型技术及应用、3D 打印技术认知实习、电子基本技能实习、机床电气控制与 PLC、数控机床操作实训等
广州白云工商技师学院	美术基础、平面设计、立体造型设计、色彩构成、机械制图、CAD 辅助设计、Geomagic Studio、UG 等	产品设计表现技法、3D 扫描技术及应用、3D 打印设备的原理与维护、3D 打印材料的功能使用、电子商务应用、3D 打印设计综合实训
武汉职业技术学院	机械制图、工程力学、工程材料、机械设计基础、机械加工基础、模具设计与制造、模具制造工艺、3D 测量、3D 制造、模具 CAD/CAM/CAE 等	模具制造与装配、3D 打印、数控加工、机械设计、电加工、软件应用等
青岛电子学校	Geomagic Studio、3DMAX、MAYA、UG、PRO – E、产品设计表现技法、人机工程学等	3D 扫描技术及应用、3D 打印设备的原理与维护、3D 打印材料的功能使用、电子商务应用、3D 打印设计综合实训
西安华中科技技师学院	计算机应用基础、3D 打印技术导论、工程制图 CAD/CAM、程序设计（C）、电子技术、造型材料与工艺、单片机原理与接口技术、计算机辅助设计（Photoshop、PROE、UG 及 3DMAX 技术）等	3D 打印机组装与测试、3D 打印成型技术、ZBrush3D 雕刻、工业设计、快速建模
湖南信息职业技术学院	项目需求分析、电工电子技术、继电器控制系统运行技术、安全用电与供配电技术、电路 CAD 工程实践技术、可编程序控制器系统设计与运行等	工业信号检测与转换技术、电力电子与变频器技术、现场总线与监控组态软件技术、单片机应用技术
青岛市技师学院	立体构成、平面设计基础、3Ds MAX 建模、AutoCAD、工程制图、3D 打印材料、3D 打印导论等	3D 扫描技术及应用、3D 打印设备的原理与维护、3D 打印设计综合实训、Solid Works 三维机械设计软件

资料来源：各院校官方网站。

从表 8－11 可以看出，7 所院校的专业课程基本都是以突出培养专业核心能力为目标，兼顾综合能力的延伸与扩展。具体来看，专业核心课程有机械制图、计算机辅助设计、工程力学、机械设计基础、机械加工基础、模具设计与制造、模具制造工艺、3D 测量、3D 制造、模具 CAD/CAM/CAE 等；专业实践课程有 3D 扫描技术及应用、3D 打印设备的原理与维护、3D 打印设计综合实训等。

3. 实验实训

职业院校的 3D 打印专业主要培养技术应用型人才，相关的实验实训是人才培养过程中必不可少的重要环节。为了提高 3D 打印人才的实践能力，职院院校纷纷建设 3D 打印实验实训室，如青岛职业技术学院与肥猫 3D 网和青岛市动漫创意产业协会共同建设“3D 打印实训室”。不过有些职业院校仅是在原有的实训室基础上，购置 3D 打印的相关设备供实训教学。7 所开设 3D 打印专业的职业院校实训条件如表 8－12 所示。

表 8－12　7 所职业院校 3D 打印专业实训室配备情况

层次	学校	实验实训条件
高职	武汉职业技术学院	配有现代制造技术中心、计算机绘图及机械 CAD 技术中心、自动控制技术中心、机械加工技术中心、工程制图教学中心、机械设计教学中心、电工电子技术中心、机械制造技术中心、数控实训中心、模具技术中心、电加工技术中心等 11 个中心；数控原理实验室、机械测量实验室、金属材料实验室、自动控制实验室等 10 多个实验室。同时还建有一个 19000 平方米的国家数控技术实训基地、第二工业中心
	湖南信息职业技术学院	专业拥有激光烧结实验实训室、增量制造技术服务中心、CAD 实验实训室、快速成型实验实训室、逆向设计实验实训室、模具设计实验实训室、测量实验室等
中职	山东凯文科技职业学院	学校拥有快速制造国家工程研究中心技术培训中心、国家数控工程技术研究中心山东培训分中心和中国建筑科学研究院 PKPM 实验实训基地等国家级的实验实训中心和与德国凯勒公司合作共建的凯勒数控实验室等
	广州白云工商技师学院	机电工程学院（系）实训场室使用到现代制造中心、精雕实训室、模具制作中心、钳工实训室、模具制造中心、CAD/CAM 实训室、数控机床实验室等 10 多个实训室。实训设备包括五轴五联动加工中心、四轴加工中心、3D 加工中心、数控铣床、精雕机床、数控实验平台等 1000 多台（套）设备。有全套 3D 打印加工设备
	青岛电子学校	电子电工综合实训室
	西安华中科技技师学院	拥有机械加工实验室、数控加工实验室、网络电教室、电子电工实验室等，并拥有校办工厂供学生实习实训
	青岛市技师学院	正在筹建青岛市 3D 打印公共实训基地

资料来源：根据学校网站公开资料整理。

4. 校企合作

校企合作，可以让学生在校所学与企业实践有机结合，让学校和企业的设备、技术实现优势互补、资源共享，以切实提高育人的针对性和实效性，提高技能型人才的培养质量。目前，7 所院校 3D 打印及相关专业基本上都会与相关企业合作，如表 8－13 所示。在合作方式上，学校和企业既有一般性合作，也有订单培养。由于 3D 打印专业刚刚兴起，人才培养也处在起步阶段，校企合作的深度有待进一步加强。

表 8－13　　7 所职业院校的 3D 打印专业合作企业情况

<table>
<tr><th>学校</th><th>合作企业</th><th>合作方式</th></tr>
<tr><td>山东凯文科技职业学院</td><td>快速制造国家工程研究中心技术培训中心、山东富美科技有限公司、武汉华中数控股份有限公司、济南奥迈电子设备有限公司等</td><td rowspan="4">一般合作</td></tr>
<tr><td>武汉职业技术学院</td><td>湖北省 3D 打印产业技术创新战略联盟、华中科技大学材料成型与模具技术国家重点实验室、广东银禧科技股份有限公司、武汉金运激光股份有限公司等</td></tr>
<tr><td>青岛电子学校</td><td>青岛尤尼科技有限公司、海尔集团等</td></tr>
<tr><td>青岛市技师学院</td><td>青岛亨嘉创客俱乐部、三迪时空网、中国儒苑正创实业有限公司、青岛尤尼科技有限公司、青岛合创快速智造有限公司、青岛亿辰科技有限公司、青岛靓润珠宝等</td></tr>
<tr><td>广州白云工商技师学院</td><td>“客商城”（目前最大 3D 打印的专业平台）的广州市文博实业有限公司、北京中科博益科技有限公司</td><td rowspan="3">定向委培</td></tr>
<tr><td>西安华中科技技师学院</td><td>西安非凡士机器人科技有限公司</td></tr>
<tr><td>湖南信息职业技术学院</td><td>华曙高科</td></tr>
</table>

资料来源：根据学校网站公开资料整理。

5. 师资队伍

“双师型”教师培养是职业教育中师资队伍建设的重要组成部分。能否拥有一批高素质、高水平的“双师型”教师队伍，关系着我国职业教育的发展水平。目前，我国开设 3D 打印专业的院校，师资水平参差不齐，“双师型”教师普及率普遍不高。7 所院校的师资配备情况如表 8－14 所示。

表 8－14　　7 所职业院校的 3D 打印专业教师配备情况

<table>
<tr><th>层次</th><th>学校</th><th>师资力量</th></tr>
<tr><td rowspan="2">高职</td><td>武汉职业技术学院</td><td>专业所在的机电学院现有教职工 95 人，其中教授 10 人（二级教授 1 人、三级教授 2 人），副教授及副高职称 32 人，讲师、助教各 20 余人，省级教学名师 2 人。同时，学院还常年聘请来自企业一线的兼职教师 70 余人，其中 3 人为“楚天技能名师”</td></tr>
<tr><td>湖南信息职业技术学院</td><td>专业拥有激光烧结实验实训室、增量制造技术服务中心、CAD 实验实训室、快速成型实验实训室、逆向设计实验实训室、模具设计实验实训室、测量实验室等</td></tr>
</table>

续表

层次	学校	师资力量
中职	山东凯文科技职业学院	专业带头人 1 人，专、兼职教师共 5 人；所有教师均具有学士以上学历，其中，高级实验员 1 人，高级工程师 1 人
	广州白云工商技师学院	机电系目前有专职教师 63 人，其中研究生学历 4 人，高级职称、中级职称 18 人，高级技师、技师 60 人。“双师型”教师占 30%，从企业聘请留美博士 1 名、高级工程师 5 名作为兼职教师、客座教授
	青岛电子学校	软件组教师 10 人，多媒体组教师 11 人，其中一级教师共 4 人
	西安华中科技技师学院	—
	青岛市技师学院	专职教师 4 人

资料来源：根据各学校官网的数据整理。

四、发达国家 3D 打印教育分析

3D 打印技术被视为将掀起第三次工业革命的序幕，欧美等发达国家纷纷将 3D 打印列为国家科技发展重点项目之一，大力投资并发展 3D 打印技术。美国、德国在推动 3D 打印产业发展方面，高度重视 3D 打印专业人才的培养，逐渐形成了完善的人才培养体系，积累了丰富的 3D 打印教育成功经验，为 3D 打印技术的研发和市场推广提供了强有力的人才支撑。

（一）美国的 3D 打印教育

作为 3D 打印技术发展的主要推动者，美国堪称是全球 3D 打印领域里的佼佼者。目前，3D 打印技术已成为美国智能制造的关键支撑技术之一。2006 年，《美国竞争力计划》提出知识经济时代教育目标之一是培养具有 STEM（Science，Technology，Engineering，Math）素养的人才，并称其为全球竞争力的关键。STEM 和 3D 打印在教育领域得到了完美的融合，一方面，3D 打印的发展，为 STEM 教育的发展提供了很多的便捷性，同时 3D 打印技术引入教育领域，有助于推动 SETM 教育，培养学生的科技素养和数字化素养；另一方面，美国在 STEM 教育方面不断加大投入，也有利于 3D 打印专业教育的发展。

1. 中小学的 3D 打印教育①

美国从中小学阶段就开展 3D 打印教育，不过具体的教育方式不尽相同，有的学校是直接开设 3D 打印课程，有的学校则是将 3D 打印的课程融入其他学科。总体来说，美国中小学阶段的 3D 打印教育多是以项目的形式开展。

美国纽约的 HORAGE GREELEY 高中，并没有开设单独的 3D 打印课程，而是将 3D 打印课程嵌入 STEM 学科相关的专业课程中。例如，学校将 3D 打印机放置于机器人课程的学科教室供学生们使用，学生会根据自己的项目需要选择 3D 打印机进行打印。教师引导全班学生自由分

①《中国职业信息教育》编辑部：《国外 3D 打印万花筒》，《中国职业信息教育》2015 年第 19 期，第 16－17 页。

组，一般是 2 ~ 4 人一组，而后每组自行决定选择书本中的项目完成或自己设计解决现实问题的项目进行实现。在一个班级里会有十几个项目同时开展，有宠物自动喂食机、自动滴灌机、高能起重机、外骨骼手套等。每一组的方案背后都有学生的自主想法。只有当一些特殊构造的装置需要 3D 打印时，学生才会利用 3D 打印机进行设计打印。在这个过程中，3D 打印是作为工具嵌套在学生设计与实现的环节中，3D 打印机对他们来说与锯子、钳子等工具别无两样。

美国纽约的石溪学校则开设了 3D 设计的相关课程。在课程中，学生们合作完成用 3D 打印再现化学元素结构的作品。学生们对化学元素中的结构进行仔细研究，并深入地剖析各成分之间的关系；再通过 3D 打印设计出每一个要素的代表样式，而后将不同样式串联起来构成整个结构系统。这种将 3D 打印技术与各学科课程知识紧密结合的做法，在这所学校的三维设计课程开设过程中较为普遍。3D 打印作为一种工具，有助于学生们更深入地学习某些学科的核心知识。

美国哥伦比亚第五区技术中心是一个面向所在区域内三所高中学生的课程中心，它为学生们提供各种各样、丰富多彩的 STEM 课程，包括影视创作、计算机工程、宠物护理、建筑搭建、手工艺品焊接、清洁能源设计、航空航天、生物医学、农业工程等。该中心鼓励学生运用 3D 打印技术协助课程的学习。

2. 高校的 3D 打印教育

美国高校的 3D 打印教育多是依托高校较强的科研和技术储备进行的。麻省理工学院、西北大学、加州大学圣芭芭拉分校、伊利诺伊大学香槟分校、斯坦福大学、康奈尔大学、哈佛大学、宾夕法尼亚大学等都是传统的材料科学工程研究顶尖院校，它们在细分的金属材料方面也有着较深的研究底蕴，这些学校都开展了 3D 打印专业人才的教育。

典型案例是麻省理工学院的材料工程专业。该专业在全美排名第一，其 3D 打印材料方向只在硕士和博士阶段开设相关课程，学院教师/研究生比例达到 1∶4.47[①]。材料工程专业拥有一个快速成型实验室（RFL），主要进行金属材料等的快速成型试验和 3D 打印的三维图形设计。

3. 国家实验室的 3D 打印教育

学术、研究和商业形成一体，相辅相成，是美国众多高校研究所和国家实验室的运营特色。美国国家增材制造创新研究所（也称“国家实验室”）由来自行业、学术界、政府和劳动力发展资源领域的成员组成，是奥巴马政府提议在全国建立的 15 个制造业创新学院之一。目前，该研究所至少拥有 85 家企业成员，主要包括全球知名的特种金属生产商阿勒格尼技术公司、专业从事 3D 打印的 Ex One 公司以及马丁航空公司、波音公司、通用动力、通用电气、IBM 等；此外，还包括至少 13 所研究型大学（主要有卡耐基梅隆大学、凯斯西储大学、肯特州立大学、宾夕法尼亚州立大学、罗伯特莫里斯大学、美国里海大学、阿克伦大学、匹兹堡大学、扬斯顿州立大学等）以及 9 个社区学院、18 个非营利机构。

国家实验室培养学生的方式是以国家实验室为技术研发中心、以合作的高校和机构为依托、以合作的企业为技术转化基地，让学生在实践中学习技术；并通过这样的方式，更好地衔接基础研究和产业化，填平了新技术开发和企业产品应用之间的沟壑，为快速发展的 3D 打印产业培养大量高素质专业技术人才。

①《美国大学材料工程专业全解析》，新浪教育，http：//edu. jwb. com. cn/art/2013/11/21/art_ 14754_ 3795662. html，2015 - 12 - 29。

（二）德国的 3D 打印教育

目前，德国 3D 打印发展走在世界前列。无论是市场规模还是 3D 打印产值，德国都是处于世界领先地位。与之相对应，德国 3D 打印教育的发展水平也高于其他国家，已经积累了丰富的经验。

1. 教育模式分层次

为了培养更多适应 3D 打印行业及相关企业需求的专业人才，德国政府设定了“科研院所—大学—职业院校”的分层次教育模式。近年来，德国政府高度重视高校和科研机构在 3D 打印产业发展中的作用。根据德国政府 2013 年公布的数据，除去公共资金对高校和科研院所每年数十亿欧元常规性投入以外，政府对 3D 打印的科研定向投入已超过 2000 万欧元。

在科研院所层面，德国 3D 打印及其相关领域内的技术攻关主要由“弗朗霍夫应用技术促进学会”和“德国亥姆霍兹国家研究中心联合会”承担。弗朗霍夫应用技术促进学会作为德国快速成型制造领域内的科研航母，横向联合旗下 11 家科研院所对 3D 打印所需的不同工艺进行纵向科技攻关；亥姆霍兹学会则联合下属的德国航空太空中心、于利希研究中心、卡尔斯鲁尔应用技术研究所，重点对快速成型制造在航空航天等领域内的实践应用进行探索。此外，巴伐利亚激光技术研究所、汉诺威激光技术研究所、LZN 汉堡激光技术研究所、帕德博恩增材制造研究中心、耶拿烧结与材料技术研究所，在快速成型制造业方面也有不同程度的优势。在大学层面，亚琛工业大学等几所大学在相关的实验室为 3D 打印技术设置了相关的科研岗位，开展 3D 打印技术的研发和专业人才的培养。

在职业教育层面，3D 打印所依托的激光烧结技术、熔融技术，计算机软件的绘制等技术已经被现有的职业教育所覆盖。较为常见的方式是学校把相关专业设在 3D 打印企业或者教研室里，学生在老师和师傅的共同指导下，学习理论和专业技能。职业培训分别在企业和学校里进行，每周通常在企业里进行 3 ~ 4 天的实践培训，在学校里进行 1 ~ 2 天的理论培训。学生先取得企业雇员身份后再到学校取得学员学籍，这样就具有双重身份，既是学生又是学徒。另外，只要完成企业制订的培训计划，学生毕业后就可留在企业。

2. 教学目标明确

德国职业学校把 3D 打印专业的教学目标定为两个层面：3D 打印职业能力培养和职业发展的灵活性培养。这样培养出来的学生专业能力强、职业素养高，能够适应市场上对 3D 打印人才的需求。

德国 3D 打印职业教育的针对性较强。学校针对不同的企业需求，制定不同的教学目标，从岗位需求出发，学习过程密切联系实际，做到“学有所用，用有所学”，培养能够独立地对 3D 打印工作过程进行计划、实施以及评价的能力。职业学校在培养学生胜任职业工作的能力的同时，还注重培养积极的工作和社会生活态度以及对社会和生态的责任意识。另外，企业培训阶段还会涉及与培训企业相关的内容，如培训企业的构造和组织、质量管理、企业交流与技术交流、与客户的交流等。

3. 教学实施重能力

德国 3D 打印职业教育以能力培养为本位，根据学生所学专业，制定出系统的教学方法。学校充分利用试验实训设备，将专业理论课教学推向实训现场，教学中合理利用模型、多媒体等多种教学方法，提高教学效果。此外，学校还结合未来学生在 3D 打印企业工作需要的岗位能力，有针对性地编制相关教材。

（三）美国、德国3D打印教育的特点

通过对美国和德国3D打印教育模式的分析，我们可以看出两国在培养3D打印人才方面都非常注重理论与实践结合，加强校企合作，构建多层次人才培养体系。

1. 理论与实践结合

3D打印是一门实践操作性较强的行业，如果只靠教师授课不进行实践操作，无异于纸上谈兵。因此，3D打印的实践操作显得相当重要。德国和美国在开展3D打印教育过程中，非常注重理论和实践的结合。美国和德国在中小学3D打印教育中，都采用了理论结合实践的教学方法，唯一不同的是美国没有既定的课程标准。理论结合实践的教学方式极大地激发了学生的学习积极性，让学生有机会实现自己的创意。

2. 政产学研相结合

在推动3D打印产业的发展过程中，美国和德国都十分重视政府的推动作用，推广了“政产学研”相结合的方式。“产学研”相结合，是科研、教育、生产不同社会分工在功能与资源优势上的协同与集成化，是技术创新上、中、下游的对接与耦合。而随着技术发展和创新形态演变，政府在创新平台搭建中的作用、在创新进程中的特殊地位进一步凸显。因此，德国的科研院所和美国的国家实验室都是借助政府的力量，推动其与大学和企业等相关机构的合作。这种方式不仅加快了科研成果的转化，而且更好地解决了人才培养中理论和实践脱节的问题。

3. 人才培养分阶段

在3D打印教育方面，美国和德国都采用了类似的分阶段培养方式。美国在中小学阶段进行兴趣培养，在大学阶段主要开展研究性人才培养；德国采取的是“科研院所—大学—职业院校”分层次的培养模式。从本质上看，这两种方式都是根据人才需求类型来设定不同的培养方式。

五、我国3D打印专业教育服务产业发展分析及建议

全球3D打印市场规模已经呈几何级增长态势，我国3D打印产业也迈入发展加速期，但是我国职业教育在3D打印人才培养方面尚处于探索阶段，整体水平还不高，在服务产业发展方面存在着诸多问题。因此，要使职业教育真正为产业发展服务，为3D打印产业提供智力支撑，我国3D打印专业职业教育必须要加速发展、改革、创新，以培养大量的、高素质的3D打印技术应用人才。

（一）3D打印专业职业教育服务产业发展分析

1. 培养目标尚不明确

我国3D打印产业的发展需要大量的技术应用型人才，而3D打印专业职业教育的目标正是培养技术应用型人才。总体而言，我国职业院校的3D打印专业人才培养目标还不够明确，导致培养出来的人才难以满足3D打印产业对特定人才的需要。

相关职业院校开设的基本上只有3D打印技术大类专业，且人才培养目标的未来就业岗位基本是与技术研发相关，这在很大程度上背离了职业教育培养技术应用型人才的初衷。在前述的7所职业院校中，有3所院校将人才培养目标定位为面向整个3D打印行业的高技能型人才，有两

所院校设定的目标是培养3D打印产业发展需要的全技能型人才，只有两所院校将目标定位为培养适应特定产业领域的人才。人才培养目标定位同质化或求大求全将难以满足3D打印行业企业多类型、专业化人才的需求。

2. 专业设置不够完善

教育部最新修订的《普通高等学校高等职业教育（专科）专业目录（2015年）》尚没有设置以“3D打印”或“增材制造”命名的专业，仅有部分专业设有“3D打印”、“增材制造技术”方向，如机械制造与自动化专业（增材制造技术方向）、航空材料精密成型技术专业（航空产品3D打印）等。目前，开设3D打印相关专业的高职院校数量很少，可以选择的专业方向更少。尽管《中等职业学校专业目录》中也未出现以“3D打印”或“增材制造”命名的专业，但已有部分中职院校设置3D打印专业，专业方向基本一致。整体而言，目前我国3D打印专业职业教育尚处在探索阶段，专业方向选择少，专业设置不完善，无法满足当前3D打印产业对专业人才的需求。

3. 教学资源设备不足

职业院校在开设3D打印相关专业时，缺乏相应的顶层设计，没有指定专门的人才培养计划，专业课程多是由机械加工和计算机应用或者多媒体技术杂糅而来，缺少针对3D打印专业特别设置的课程。现行的3D打印专业教学计划和教学大纲与实际需求差距较大，缺乏权威的3D打印教材，部分学校的教材是自行组织授课教师编写，导致教学效果大打折扣。

在实训实习方面，各院校的实验实训设施建设不足，普遍存在直接将原机械制造实训装备转为3D打印实验室的问题，导致实践教学环节比较薄弱。各个学校开展的校企合作深度还不够，多是普通合作而非采取订单培养或技术支持的形式，多数是采取传统的顶岗实习方式开展实训。

4. 师资力量十分匮乏

我国已开设3D打印专业的职业院校，专业师资队伍建设较为滞后，尤其缺乏既具备丰富的理论知识又具有实践经验的教师。

国内开设3D打印专业的普通高等院校并不多，受过正规3D打印专业教育的师资较少。部分院校3D打印专业的师资多半是来自传统机械制造或者相关专业领域，造成师资的专业性不高。来自行业企业的教师，虽具备较为丰富的实践经验，但是专业理论知识往往不足。此外，有些职业院校聘请大学教师或企业技术骨干作为专兼职教师，他们虽具有丰富的理论知识或实践经验，但职业教育的理念比较单薄，而且知识结构较单一。

（二）对我国3D打印专业职业教育发展的建议

1. 加强政府引导，促进职教发展

我国3D打印专业职业教育处于起步阶段，专业设置以及人才培养目标、内容、方法与途径等在探索之中。要提升我国3D打印专业职业教育水平，政府尤其是教育主管部门需要发挥统筹规划作用，加强宏观引导与支持。

教育主管部门应尽快将3D打印及相关专业纳入职业教育专业体系，鼓励、引导有实力的职业院校开设3D打印专业，并在政策、资金等方面予以支持，以推动职业教育为3D打印产业的发展培养技术应用型人才。在3D打印产业集聚程度较高、发展水平较高的地区，政府有关部门可借鉴、参考“政产学研”的方式，探索由政府、行业、企业、学校四方联动的人才培养模式，并切实鼓励相关企业参与职业教育3D打印专业的建设，促进校企深入合作。

2. 强化顶层设计，优化培养目标

目前我国3D打印专业职业教育存在培养目标不明确的问题，部分职业院校贪大求全，把学生培养目标定位为可以服务整个3D打印产业体系的“全才”。对此，相关职业院校在3D打印专业建设过程中，需要做好顶层规划，使人才培养与所在区域的3D打印产业发展相衔接。

要实现以上目标，相关职业院校需要开展广泛而深入的调研，了解当地3D打印技术开发、应用的主要领域和发展趋势，以确定专业具体发展方向；了解3D打印企业内各岗位的技术技能要求，以确定专业课程和教学内容；了解当前和预测未来企业对该专业高技能人才的需求，以确定本专业办学规模和发展方向。只有对上述种种情况做好科学的调研论证，才能做出科学、正确的决策，制定更加明确的人才培养目标，避免专业建设的同质化。

3. 改革培养方案，优化课程体系

根据行业企业对3D打印专业人才的技术技能要求，结合自身实际情况，相关职业院校要不断调整、完善3D打印人才培养方案，制定具体化、特色化的人才培养规格和科学化的人才培养计划，优化人才培养过程，着重培养、锻炼、提升学生的应用性操作能力。

相关课程体系的建设不能简单地叠加计算机或者机械加工制造的课程，而要改革、创新课程设置的结构形式，保证课程体系结构的完整性和各类课程比例的合理性，着力保障实践类课程的学时，并促进相关课程之间的相互融通。

4. 适应市场发展，深化校企合作

加强并深化校企合作是职业教育适应行业、企业发展需求的重要一环。在德国职业教育中，实训基地是企业在学校中的“工厂”，通过将企业完整的生产或运营过程进行最大限度的真实模拟，将学校实训基地建成企业的生产基地、技能考核场所、双师素质锻造地与科技创新的平台。

在开展3D打印专业技术应用型人才培养过程中，职业院校需加强与行业企业的合作，探索创新校企合作机制，推进校企合作在人才培养模式改革、实训实习基地建设、专业教师培训等多个方面深入发展。

5. 提升师资水平，打造双师队伍

教师是学校的主体，加强师资队伍建设是提高学校教学质量和办学水平的关键。我国3D打印专业职业教育的师资力量还较为薄弱，需要着力提升。

相关职业院校可探索建立青年教师导师制度，制订并实施青年教师行业管理部门或企业实践计划；引进具有国际或国内工程背景、擅长3D打印研发、生产、服务的高水平的专业人才；强化校企共建师资队伍，最大限度地运用当地人力资源优势，丰富职业教育师资类型，促进职业教育教师的可持续发展；以学校师资为主，以企业培训师和社会外聘师资为辅，打造专兼结合的师资体系。

参 考 文 献

[1] 蔡泽寰：《应对工业4.0，高职教育的发展趋向》，《襄阳职业技术学院学报》2015年第4期，第1－3页。

[2] 陈燕和：《3D打印产业经济学分析》，《湖北师范学院学报》（哲学社会科学版）2013年第5期，第53－57、118页。

[3] 陈燕和：《3D打印产业发展问题分析》，《产业与科技论坛》2013年第11期，第19－20页。

[4] Frost & Sullivan：《2012年全球3D打印市场研究报告》。

[5] 何立胜：《高职应用型人才培养模式的研究——以模具专业3D打印技术方向为例》，《河北农机》2014

年第 12 期，第 30 – 31 页。

[6] 黄健、姜山：《3D 打印技术将掀起“第三次工业革命”?》，《新材料产业》2013 年第 1 期，第 62 – 67 页。

[7] 黄卫东：《建设增材制造（3D 打印）技术的科技、教育与产业发展的系统工程》，《改革与开放》2014 年第 15 期，第 7 – 10 页。

[8] 李陶：《工业 4.0 背景下德国应对 3D 打印技术的法政策学分析——兼论我国对 3D 打印技术的法政策路径选择》，《科技与法律》2015 年第 2 期，第 322 – 338 页。

[9] 刘翠等：《3D 打印技术及其在职业教育领域中的应用》，《电子制作》2014 年第 6 期，第 90 – 91 页。

[10] 柳建等：《3D 打印行业国内发展现状》，《制造技术与机床》2015 年第 3 期，第 17 – 21、25 页。

[11] 陆启光：《基于“工业 4.0”的职业教育转型》，《职教论坛》2015 年第 16 期，第 4 – 9 页。

[12] 孟春青：《高等职业教育如何应对“工业 4.0”人才需求》，《教育探索》2015 年第 8 期，第 49 – 51 页。

[13] 石利琴：《关于 3D 打印技术与技能人才需求的思考》，《出版与印刷》2013 年第 3 期，第 44 – 46 页。

[14] 史玉升等：《3D 打印技术的发展及其软件实现》，《中国科学：信息科学》2015 年第 2 期，第 197 – 203 页。

[15] 孙智强、黄斌：《3D 打印产业如何落地生根》，《特区经济》2014 年第 12 期，第 223 – 225 页。

[16] 王镓垠：《3D 打印技术瓶颈核心》，《装备制造》2014 年第 9 期，第 90 – 94 页。

[17] 王淑君：《3D 打印版权问题研究》，《中国出版》2015 年第 2 期，第 46 – 49 页。

[18] 王忠宏、李扬帆：《3D 打印产业的实际态势、困境摆脱与可能走向》，《改革》2013 年第 8 期，第 29 – 36 页。

[19] 小聂：《3D 打印或将重塑全球制造业格局》，《中国设备工程》2014 年 11 月，第 16 – 21 页。

[20] 《美国大学材料工程专业全解析》，新浪教育，http：//edu. jwb. com. cn/art/2013/11/21/art_ 14754_ 3795662. html，2015 – 12 – 29。

[21] 于灏：《“中国制造 2025”下的 3D 打印》，《新材料产业》2015 年第 7 期，第 20 – 27 页。

[22] 张晶：《3D 打印缺少复合型人才》，《科技日报》2013 年 8 月 25 日，第 002 版。

[23] 张希平等：《3D 打印技术及我国的发展现状》，《信息技术与标准化》2015 年第 6 期，第 17 – 21 页。

[24] 赵秋云、楚恩惠：《3D 打印机在各领域的发展前景》，《软件导刊（教育技术）》2015 年第 5 期，第81 – 82 页。

[25] 《中国职业信息教育》编辑部：《国外 3D 打印万花筒》，《中国职业信息教育》2015 年第 19 期，第 16 – 17 页。

[26] 《数字化 3D 打印技术应用人才缺口》，中华印刷包装网，http：//www. 21yin. com/news/detail/362. html，2015 – 12 – 23。

[27] 周路菡：《教育成为 3D 打印新蓝海》，《新经济导刊》2015 年第 8 期，第 65 – 69 页。

[28] 周岩：《浅谈 3D 打印专业建设及一体化教学》，《通讯世界》2015 年第 3 期，第 217 – 218 页。

[29] 周悦：《湖南领先布局 3D 打印医疗应用》，http：//www. xxcb. cn/event/jishi/2015 – 12 – 21/9037663. html，2015 – 12 – 21。

第九章　食品行业与职业教育分析报告

食品行业是我国国民经济的支柱产业和保障民生的基础产业，又被称为“一个永恒不衰的朝阳产业”。近年来，我国食品产业持续高速稳定发展，市场供应产品种类显著增加、精深加工产业比例不断上升，产品向多元化、优质、功能化方向发展。但随着我国经济步入新常态以及“互联网+”大浪潮的袭来，传统食品行业增速开始下滑，正面临着艰难且相对漫长的转型期。食品产业转型升级需要大量人才支撑，尤其是高素质的技术型人才。企业必须培养造就一支适应新常态新形势的技术人才队伍。而职业教育肩负着培养技术型人才的重要任务。面对传统产业转型升级对人才提出的新要求，职业院校必须积极调整食品专业培养目标定位，改革人才培养模式，完善人才培养体系，为食品行业的转型提供强有力的人才保障。本报告在引用食品行业相关研究报告及产业发展数据的基础上，对我国食品行业发展、人才需求以及国内外食品专业职业教育现状进行分析，以期为我国食品专业职业教育提供借鉴与参考。

一、我国食品行业发展概况

食品行业是指对农、林、牧、副、渔等部门生产的产品进行加工制造以取得食品的生产部门。据第三次工业普查分类方法，将食品行业分为五大类，即采盐业、食品加工业、食品制造业、饮料制造业、烟草加工业。随着我国工业化、城镇化加速发展和经济全球化不断深入，食品行业现已发展成为门类比较齐全，既能满足国内市场需求，又具有一定出口竞争力的产业。

（一）食品行业发展现状[①]

我国食品行业自改革开放以来，历经坎坷，在激烈的市场竞争中求生存，并且有了很大的发展。“十一五”时期，我国食品工业实现工业总产值6.1万亿元，占工业总产值的8.8%，有力地带动了农业、流通服务业及相关制造业的发展。“十二五”期间，我国食品工业积极顺应市场变化，推进结构调整，实现了产业规模继续扩大、经济效益持续提高、区域食品工业协调发展、食品安全形势良好的目标。

1. 产业规模效益稳步提升

“十二五”期间，我国食品工业在满足市场需求和优化产业升级的基础上，继续保持行业稳定健康增长。根据国家统计局数据显示，2014年，我国规模以上企业食品工业总产值10.9万亿元，比2010年的6.3万亿元增长72.7%，年均递增约14.6%；食品工业上缴税金总额9241.55亿元，比2010年增长79.9%，年均增长14.8%；食品工业实现利润总额7581.46亿元，比2010年增长95.1%，年均增长18.2%。食品工业总产值占全国工业总产值的比重由2010年的8.8%提高到2014年的10.0%，并且逐年上升（见图9-1），与农业总产值之比由2010年的0.88:1

①《“十二五”期间食品行业发展状况》，《食品安全导刊》2015年第5期。

提高到2014年的1.05:1，食品工业在国民经济中的支柱产业地位进一步提升。

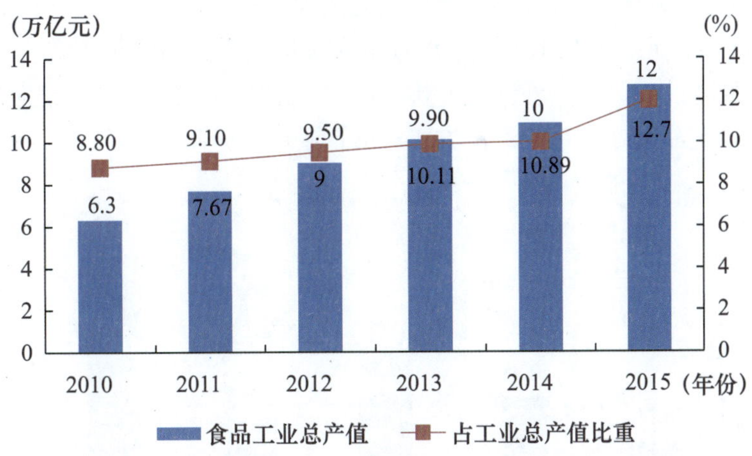

图9－1 2010～2015年我国食品工业总产值情况

资料来源：国家统计局。

2. 对外贸易水平发展较快

据国家统计局研究资料显示，2011～2014年，我国累计实现食品进出口贸易总额5806.6亿美元，比“十一五”期间累计增长52.4%，年均增长11.1%。其中，食品出口累计2256.1亿美元，比“十一五”期间的1750.4亿美元增长28.9%；进口累计3550.5亿美元，比“十一五”期间的2060.3亿美元增长72.3%。相比食品进口，食品出口增速缓慢，贸易逆差进一步扩大。如图9－2所示，2011～2014年我国食品贸易逆差分别为194.5亿美元、331.8亿美元、372.6亿美元、395.5亿美元，主要原因是我国进口大宗商品（粮食、油料、油脂等）量、值不断创出新高，加之对乳制品和肉及肉质食品进口的大幅增长，导致食品进出口贸易逆差逐年扩大。

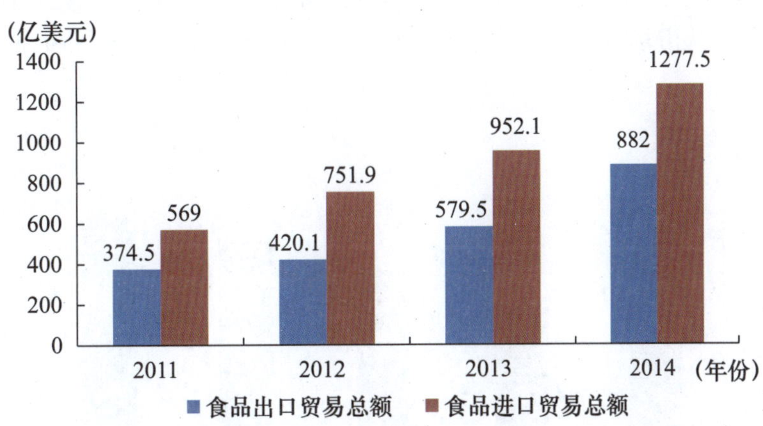

图9－2 2011～2014年我国食品进出口贸易总额

资料来源：国家统计局。

3. 固定资产投资保持增长

“十二五”期间，我国食品工业固定资产投资保持快速增长，产品结构调整加快，工业自动化水平进一步提高，且食品企业更加重视节能环保低碳发展。据国家统计局统计，截至2014年底，我国食品工业完成固定资产投资将近1.87万亿元，比2010年增长161.8%，年均增长27.2%（见图9-3）。2011~2014年4年累计共完成固定资产投资总额5.73万亿元，比“十一五”期间增加3.43万亿元，增长1.5倍。从资金来源构成看，国家预算资金占0.4%，国内贷款占6.8%，自筹资金占89.4%，外资仅占0.9%，其他资金占2.5%。这说明，经过多年发展，我国食品工业企业已经适应了按市场经济方式解决企业发展资金问题。

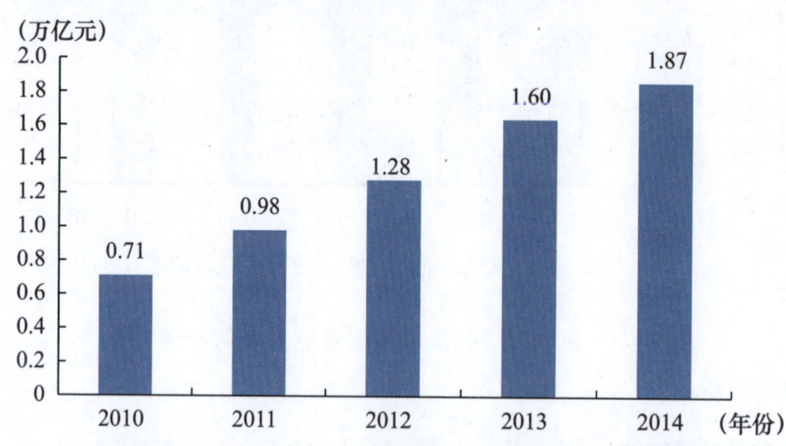

图9-3 2010~2014年我国食品固定投资资产情况

资料来源：国家统计局。

4. 区域经济均衡协调发展

“十二五”期间，在中央一系列区域发展政策指导下，食品工业区域经济逐渐趋向均衡协调发展。如图9-4所示，2014年，东部地区实现了食品工业总产值4.59万亿元，比2010年的3.26万亿元增长40.8%；中部地区借助农业资源优势，努力将其转化为产业优势，食品工业快速发展，实现食品工业总产值2.92万亿元，比2010年的1.45万亿元增长101.4%；西部地区借助政策优势，食品工业发展进入快车道，实现食品工业总产值2.06万亿元，比2010年的1.20万亿元增长71.7%。从市场份额来看，东部地区继续保持着领先和优势的地位；从增长速度上看，中部发展最快。

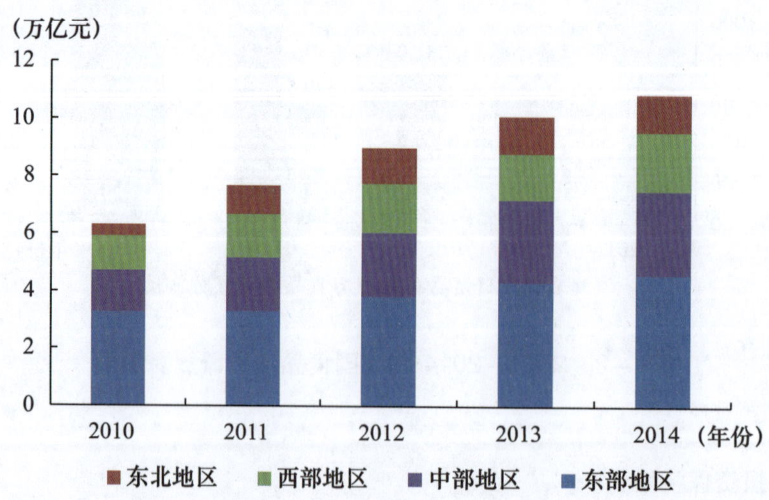

图9-4 2010~2014年各区域食品工业经济效益情况

资料来源：各年《食品工业统计年鉴》。

（二）食品行业发展特征

随着全球经济一体化进程的加快，食品市场的竞争愈演愈烈，食品行业也逐渐向多元化、优质化、功能化方向发展。总体看来，主要呈以下趋势：

1. 产业管理信息化

随着大数据、云计算、物联网、电子商务等新兴技术的崛起，未来食品行业将全面实现种植、生产、流通、科研、管理和销售供应需求的大数据采集，并通过信息化管理，对食品全产业链、全市场流程进行控制。实施信息化管理手段，可以起到信息跟踪和预警等作用，切实有效地将食品安全风险降到最低，甚至零风险。其中，互联网是人们获取信息的重要途径。通过网络向广大消费者提供食品安全信息，有快捷、方便、更新及时等特点，这将有助于促进食品安全监管工作的开展和食品安全现状的改善。可以说，食品安全信息化是构成食品安全监管工作中不可或缺的组成部分，它的建立和完善有效地保障了食品安全长效监管机制的健全①。

2. 产品开发有机化

随着社会快速发展，生活水平逐步提高，消费者的保健意识逐渐增加，对食品品质的要求也逐步提高。“十一五”期间我国有机食品市场份额不到0.1%，远低于世界平均水平2%，距离部分发达国家的5%～10%仍有几十倍的差距。但在“十二五”期间，我国有机食品行业呈现良好的增长态势，年均增长率均保持在15%以上。据《2008年中国有机食品行业研究报告》数据显示，预计未来10年，世界有机食品市场规模将达到2000亿美元，届时我国有机食品市场规模也将达到10亿～20亿美元，占到国内食品市场份额的3%～5%。我国有望成为第四大有机食品消费国，国际有机食品市场对中国有机食品的需求有望超过5%。目前，我国有机食品的发展远远超过预期目标。据不完全统计，截至2014年底，我国有机食品市场规模已达到274.1亿元（约35亿美元），并且还将继续扩大。由此说明，未来我国有机食品产业将大有所为。如图9－5所示。

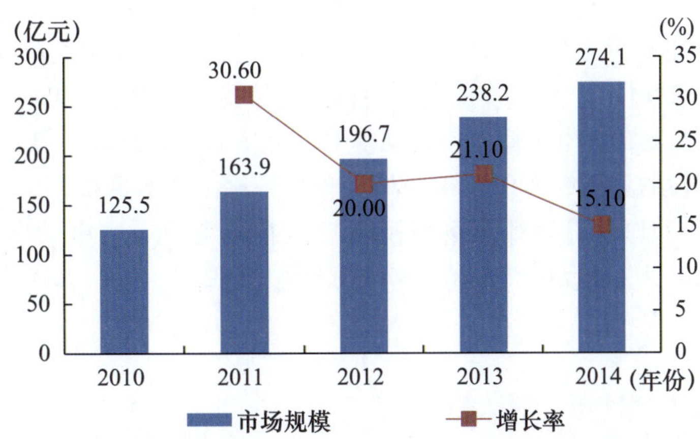

图9－5　2010～2014年我国有机农产品行业市场规模及增长趋势

资料来源：《中国有机食品发展报告2014》。

①《我国食品安全信息化管理的现状和建议》，豆丁网，http：//www.docin.com/p－1303175679.html，2015－11－01。

3. 产品开发功能化

随着人们健康意识的觉醒和增强，消费者对营养产品的需求增加，促进了营养食品产业市场空间及利润空间的放大。据国家统计局统计，“十二五”期间，我国营养保健食品产值逐年上升，占国民经济生产总值的比重也在逐年增加。2014 年，营养保健食品产值达到 1858. 29 亿元（见图 9 - 6）。数据显示，我国消费者用于保健品领域的平均支出占其总支出的 0. 07%，而欧美国家的消费者则为 25%，这充分说明我国保健食品市场潜力巨大①。可见，营养保健食品产业的快速发展趋势成为必然，它将成为我国工业经济新的增长点之一，成为国民经济的一个新兴行业。

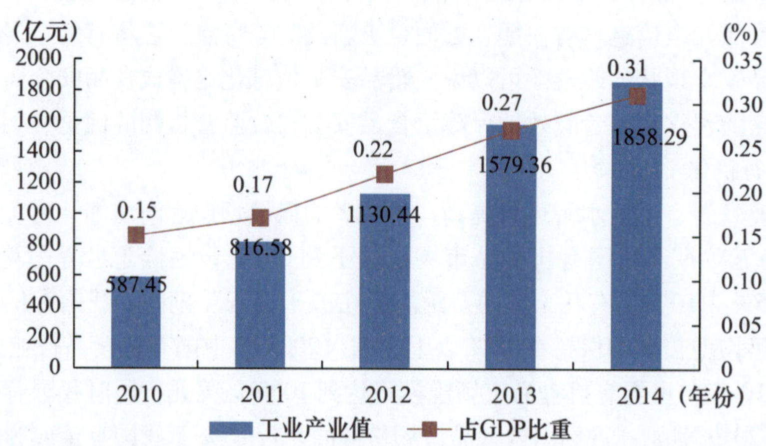

图 9 - 6　2010 ~ 2014 年营养保健食品行业总产值及在 GDP 中的占比

资料来源：国家统计局。

4. 电商销售趋势化

互联网时代的到来改变了食品行业的商业模式和营销模式。根据中国产业信息网数据显示，2014 年我国食品电商总交易金额达 425 亿元，网购食品在网购市场总交易额中占比约为 2. 5%（见图 9 - 7）。2010 ~ 2014 年，我国食品电商交易额均保持逐年增长，年均增长率约为 39. 7%。并且，我国食品网购交易额占电子商务市场规模的比重呈上升的趋势。2013 年，食品网购交易额占电子商务市场规模的比重约为 0. 32%，2009 年这一比例还不足 0. 15%②。根据前瞻产业研究院预测，到 2018 年我国食品网购市场规模将接近 1000 亿元，占电子商务的市场份额将为 0. 5% ~ 0. 6%。由此可见，食品电商市场未来空间十分广阔，有待进一步开发。

①中国报告大厅：《2015 年我国保健食品市场发展现状及前景分析》，http：//www. chinabgao. com/freereport/67456. html，2015 - 07 - 09。

②上述数据为抽样调查统计数据，范围仅涵盖 B2C 和 C2C。

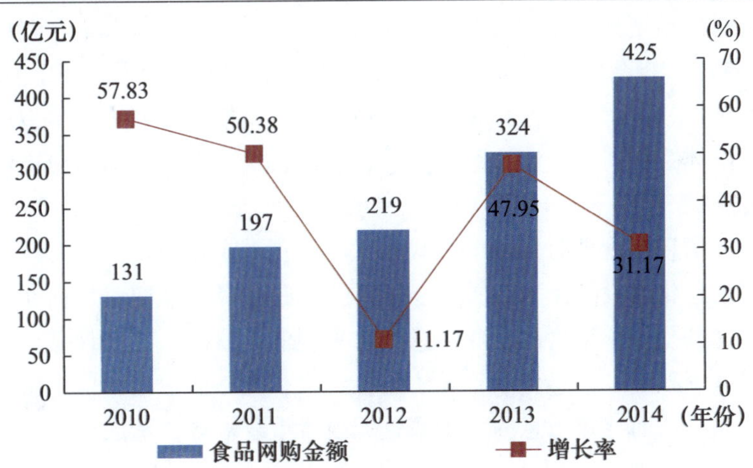

图9－7　2010～2014年我国食品电商网络交易额

资料来源：中国产业信息网，智研数据中心。

（三）食品行业发展存在的问题[①]

多年来尽管食品行业发展取得了一定的成就，但是行业整体发展水平不高，仍然存在某些问题，如行业竞争力较低、企业规模小、安全隐患突出等。

1. 行业整体竞争力低

目前，我国食品类企业还存在大中型企业偏少、食品技术及配套装备相对落后、产业竞争力弱等问题，这是我国食品行业发展所面临的最主要问题。据统计，我国小型、微型食品企业和小型食品作坊占全食品行业的93%。这些小型、微型食品企业生产粗放，初级产品多，资源加工转化效率低，综合利用水平不高。除此之外，我国部分食品企业工艺技术仍处于较低水平，而且循环经济和清洁生产发展滞后、耗能高、污染较为严重。如食品发酵的废水排放量占全国污水总量的2.3%，是轻工业重点污染行业之一。

2. 自主创新能力薄弱

我国食品行业还存在研发力量薄弱、科技创新不足、产学研用结合不紧密等问题，主要表现在：一是自主知识产权核心技术缺乏，产品竞争能力弱，一些核心技术和装备基本依赖进口。如大型无菌冷罐装、肉制品加工关键装备、大型乳品生产线、食品品质在线监测以及食品分析与检测装备等这些重大技术装备都需要从国外进口。二是整体研发能力不高，关键技术自主创新率低。出现这种情况的主要原因是食品专业人才的缺乏和经营管理模式不合理等，从而导致我国食品加工层次偏低，食品安全问题屡屡发生。这些问题表明，我国食品工业关键重大技术亟待突破。

3. 安全隐患依旧突出

虽然，近几年我国政府大力加强食品安全监督管理，我国食品安全状况得到一定的改善，重大食品安全事件也有明显减少。但是，我国在加强食品监管、提高食品质量安全水平方面仍与世界先进水平有一定差距，一些深层次问题没能根本解决，食品安全形势依然严峻。例如，滥用甚

①《食品工业“十二五”发展规划与食品经济管理研究》，豆丁网，http：//www.docin.com/p－1144901832.html，2015－10－23。

至违禁使用高毒农药，滥用饲料添加剂，滥用或超量使用增白剂、保鲜剂、食用色素，非法使用生长激素及“瘦肉精”，掺杂使假等现象依然存在。这主要是因为，虽然我国大部分食品加工产品已有国家或行业标准，但行业普遍存在标准滞后、制定周期长、标准水平偏低、执行力度弱等问题，从而导致标准体系和质量控制体系不完善，管理机构庞杂，不能适应市场的需要。

4. 信息化管理需提升

食品行业已迈入信息化管理时代，但是我国大部分食品企业或是因为意识的缺乏或是因为门槛太高，并没有对信息化建设给予太多关注。信息技术在食品行业的应用与在制造业等行业中应用相比不够广泛，尤其是中小型食品企业信息化水平很低。目前，国内食品企业信息化比较突出的问题是各个部门系统独立、信息分散，无法兼容，没有统一的标准，信息管理系统集中在生产能力和成本控制方面，从而导致信息的利用率较低或者重复输入，造成信息和时间的浪费①。

二、食品行业人才需求分析

随着我国国民经济水平的不断提高，食品行业保持着高速发展。但是，由于人们对食品质量和营养的要求越来越高，食品行业的转型升级已迫在眉睫。这不仅对专业人才提出数量上的需求，也对人才的知识、能力和综合素质等提出更多要求。因此，分析食品行业人才需求变化，将有助于我国职业教育培养出更加符合社会需求的高质量技术应用人才。

（一）食品企业发展概况

“十一五”期间，我国规模以上的食品工业企业有 41286 家，实现工业总产值 6.3 万亿元②。“十二五”期间，食品工业在满足市场需求、转变方式、优化产业升级的基础上，继续保持行业稳定健康增长。据国家统计局统计，2014 年，全国规模以上食品工业企业有 37607 家，实现食品工业总产值约 10.9 万亿元；食品工业实现利润总额 7581.46 亿元，上缴税金总额 9241.55 亿元（见表 9－1）。与“十一五”期间相比，食品企业数量相对减少，但是在企业效益规模方面呈现大幅度增长。这主要是由于大中型食品企业不断增长，并涌现出了一批具有较强经济实力和市场竞争优势的龙头企业，并且在全球化的国际市场上日渐走强。

表 9－1　　2010～2014 年我国食品工业企业发展情况

指标类型 \ 年份	2010	2011	2012	2013	2014
食品企业数（家）	41286	32787	35108	36275	37607
总产值（亿元）	63100	78078.32	89551.84	101139.99	108933.00
利润总额（亿元）	3885.09	5523.20	6571.47	7531.00	7581.46
上缴税金（亿元）	5315.75	6616.70	7794.32	8649.76	9241.55

资料来源：国家统计局。

①《食品行业信息化发展情况分析》，中国产业洞察网，http://www.51report.com/free/3059058.html，2015－01－15。

②《2010 年食品工业经济运行综述及 2011 年展望》，浙江水产流通与加工网，http://fishery.zjnw.gov.cn/scpltjg/hyzx/hydt/2011/05/24/2011052400027.shtml，2015－11－03。

1. 大中型企业不断壮大

根据《中国食品工业年鉴（2012）》统计数据显示，2011 年，全年规模以上大中型食品工业企业共计 3576 家，小型企业 24333 家，分别占食品工业企业数的 11.2%、85.7%。其中，大中型食品企业实现产值 37179.3 亿元，占食品总产值 47.6%。“十二五”期间，食品工业企业不断发展壮大，生产集中度进一步提升。2014 年，全年规模以上大中型食品工业企业共计 5789 家、小型企业 31818 家，分别占食品工业企业数的 15.4%、84.6%；大中型食品工业企业完成主营业务收入占全行业的 54.0%，小型企业占 46.0%；实现利润总额分别占全行业 62.9%、37.1%；上缴税金分别占比 83.2%、16.8%（见表 9-2）。从不同规模食品企业完成情况看，大中型企业利润完成情况好于小型企业。“十二五”期间我国食品工业企业已形成大中小企业协作发展、生产集中度进一步提高的格局。

表 9-2　2011~2014 年我国大中小型食品工业企业发展情况

指标类型＼年份	2011	2012	2013	2014
大中型食品企业数（家）	3576	4740	5348	5789
占企业总数比重（%）	11.20	14.10	14.70	15.40
占总产值比重（%）	47.60	50.60	52.00	54.00
占利润总额比重（%）	59.70	61.00	61.20	62.90
占上缴税金比重（%）	81.20	82.70	83.00	83.20
小型食品企业数（家）	24333	28952	29679	31818
占企业总数比重（%）	85.70	85.90	85.10	84.60
占总产值比重（%）	52.40	49.40	48.00	46.00
占利润总额比重（%）	40.30	39.00	38.70	37.10
占上缴税金比重（%）	18.73	17.30	17.00	16.80

资料来源：《中国食品工业统计年鉴》（2015）。

2. 龙头企业日渐崛起

根据中国食品工业协会统计，2010 年超过百亿元的食品工业企业有 27 家。2014 年，全国达到和超过这一规模的食品工业企业有 54 家，超额完成了《食品工业“十二五”发展规划》中提出的百亿元食品工业企业超过 50 家的发展目标①。其中，在酿酒产业方面，五粮液集团、贵州茅台集团等企业都是行业龙头；在焙烤及方便食品方面，三辉麦风、旺旺、顶益集团等企业已是行中翘楚；在畜禽及农副产品加工业方面，已拥有中粮融氏、双汇、雨润等代表企业；在调味品方面，福达（亨氏）、海天都是国际知名企业（见表 9-3）②。这说明在“十二五”期间我国食品行业企业组织结构不断优化，已初步形成以大型骨干企业为龙头、中型企业为支撑、小（微）

①《食品工业“十二五”期间行业发展状况》，中国食品科技网，http://www.tech-food.com/news/detail/n1191858.htm，2015-03-17。

②《食品加工产业集群诊断分析及对策研究》，全刊杂志赏析网，http://doc.qkzz.net/article/abaffa55-d9e2-4508-a2f8-275df4defcbd.htm，2015-11-01。

型企业为基础的良性发展新格局。

表 9－3　　　　我国食品百强企业名单（部分）

<table>
<tr><th>企业</th><th>主要经营范围</th><th>领域</th></tr>
<tr><td>四川宜宾五粮液集团有限公司公司</td><td>被誉为全球规模最大、生态环境最佳、五种粮食发酵、品质最优、古老与现代完美结合的酿酒圣地。2013 年度中国品牌 500 强</td><td>酒类</td></tr>
<tr><td>杭州娃哈哈集团有限公司</td><td>产品涉及含乳饮料、瓶装水、碳酸饮料、茶饮料、果汁饮料、罐头食品、医药保健品、休闲食品、婴儿奶粉、童装等十大类 150 多个品种。现已发展成为一家集产品研发、生产、销售为一体的大型食品饮料企业集团</td><td>饮料类</td></tr>
<tr><td>河南漯河双汇实业集团有限公司</td><td>中国最大的肉类加工基地。以屠宰和肉类加工业为核心，向上游发展饲料业和养殖业，向下游发展包装业、物流配送、商业、外贸等</td><td rowspan="3">农副食品加工业</td></tr>
<tr><td>张家港东海粮油工业有限公司</td><td>主要从事大豆、小麦、大米加工以及油脂深加工项目，拥有榨油、精炼、饲料、小包装、面粉、大米、专用油脂、大豆磷脂、谷朊粉、钢桶等多个专业生产厂</td></tr>
<tr><td>江苏雨润食品产业集团有限公司</td><td>产业遍及猪、牛、羊、鸡、鸭、鹅、兔等，发展成从田头到餐桌的全链经营企业。纵向覆盖种植、饲料、育种、养殖、屠宰、精深加工、生鲜连锁、熟食专卖、冷链运输和电子商务；横向延伸至生物制药农产品物流、包装印刷、机械制造等</td></tr>
<tr><td>佛山市海天调味食品有限公司</td><td>中国最大的专业调味品生产企业，产品涵盖了酱油、蚝油、醋、调味酱、鸡精、味精、油类、小调味品等八大系列 200 多个规格和品种。为全球最大的专业调味品生产和营销企业</td><td rowspan="6">食品制造业</td></tr>
<tr><td>河南莲花味精股份有限公司</td><td>以食品生产经营为主营业务，产品主要包括以“莲花”牌味精、“莲花”牌鸡精、“九品香”调味料为主的调味品系列，以小麦谷朊粉为主的植物蛋白系列，以“六月春”牌面粉为主的小麦面粉系列，以及小麦淀粉系列。入选中国 500 强企业</td></tr>
<tr><td>内蒙古蒙牛乳业集团有限公司</td><td>农业产业化国家重点龙头企业，主要产品的市场占有率达到 30% 以上，液体奶和冰淇淋销量居全国首位，乳制品出口量全国第一</td></tr>
<tr><td>北京三元食品股份有限公司</td><td>产品涵盖包装鲜奶系列、超高温灭菌奶系列、酸奶系列、袋装鲜奶系列、奶粉系列、干酪系列及各种乳饮料、冷食、宫廷乳制品等百余品种</td></tr>
<tr><td>东莞徐福记食品有限公司</td><td>专注于生产经营糖果、糕点、沙琪玛、巧克力及果冻布丁等糖点休闲食品，自 1998 年以来在国内糖果市场上的销售额与占有率一直稳居首位</td></tr>
<tr><td>杭州顶益国际食品有限公司</td><td>主要从事于生产销售方便面、饮料、调理加工食品、食用油脂、面粉、淀粉等综合食品及相关包装材料的经营。迄今已发展成为拥有 24 条方便面生产线及配套的粉、菜包及包装材料的生产车间</td></tr>
</table>

资料来源：中国食品工业协会、中国国家统计局工交司。

（二）行业人才需求分析

当前，我国食品行业正朝着规模化、产业化、系列化、规范化的方向发展，企业对食品专业人才的需求也不断加大，特别是对人才质量的要求不断提高，食品企业需要一大批高端技能型人才。

1. 人才类型分析

食品产业链是由农业（种、养殖）、饲养业、食品加工、制造业、流通业，以及餐饮业和相关产业（如信息、机械、化工、包装、医药监督、检测等）等所组成的农业生产—食品工业—流通体系①。食品业贯穿第一产业、第二产业和第三产业，具有产业链长、行业跨度大的特点，产业链包括原料生产、加工、质检、销售与服务等环节，如图9－8所示，每一个环节均对应了相应的岗位群。由图9－8可知，食品行业岗位主要集中在食品加工技术、食品分析与检测、食品质量与安全、食品生物工艺、食品包装技术、食品储运与营销等。

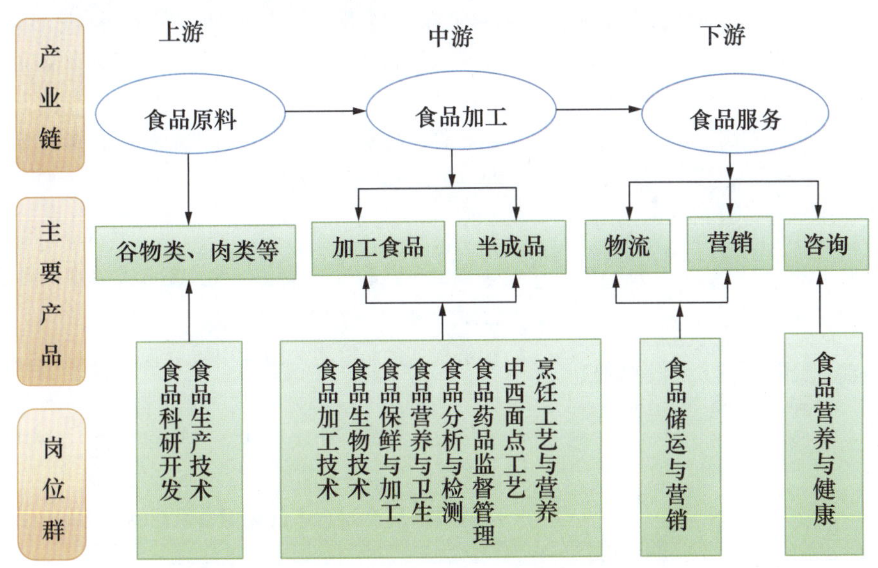

图9－8　现代食品全产业链对接示意图

资料来源：根据公开资料整理。

从岗位工种来看，主要是五大类岗位，一是食品科研开发类，二是食品生产操作类，三是食品检验类，四是食品质量管理类，五是食品销售类②（见表9－4）。

表9－4　食品生产企业工作岗位的工作任务与职业能力分析

序号	工作岗位群	人才需求	职业能力
1	食品科研开发	研发人员、工程技术人员	1. 具备食品化学、食品微生物、食品营养与卫生等基本知识 2. 知道产品配方中各种原辅料、食品添加剂的名称、性能及使用方法 3. 熟悉食品国家标准，法律法规和食品检验规格及报批程序等 4. 熟悉食品、功能食品开发工作流程

①《食品产业链》，百度百科，http：//baike. baidu. com/link？url＝pyWxYr_ PDjYXoGGKSsS0ExxGbqgYpH2pQKcv3AA8WngWu-VgSikxgbZnHV9fKmakAAbyrybQMbsEE4PU9sthyj_ ，2015－11－07。

②王大红：《食品生物技术专业人才需求现状和岗位职业能力分析》，《教育教学论坛》2014年第35期，第178页。

续表

序号	工作岗位群	人才需求	职业能力
2	食品生产操作	检验人员、生产加工技术人员	1. 具备食品化学、食品微生物、食品营养与卫生等基本知识和基本实验技能 2. 熟悉产品配方中各种原辅料、食品添加剂的名称、性能及使用方法 3. 熟悉产品生产工艺流程及工艺参数，能按照产品生产作业指导书进行生产加工，并做好原始记录 4. 识别与分析产品加工中出现的质量问题并提出改进措施
3	食品检验	品控员、检验人员、公共营养师、营养配餐员	1. 具备食品化学、食品微生物、食品营养与卫生等基本知识和基本实验技能 2. 具备食品的分析检验基础知识，知道实验室的安全操作规范 3. 掌握食品感官检验、理化检验、微生物检验的基本理论和基本操作 4. 能根据产品质量标准，进行原辅料、半成品及成品的理化指标和卫生指标的分析检验
4	食品质量管理	检验人员、品控员	1. 掌握全面质量基本理论，熟悉食品质量体系国家标准和国外先进标准 2. 能够根据食品检测数据运用质量管理的七大工具进行统计分析，得出结论 3. 能够应用食品 GMP、SSOP、HACCP、ISO 9000、ISO 22000 等质量管理体系指导食品质量管理与安全控制 4. 知道食品生产过程中的关键质量控制点与如何控制产品质量
5	食品销售	销售人员	1. 熟悉产品的各项性能指标 2. 熟悉营销基本技巧与方法 3. 收集信息、分析问题的能力 4. 具备较强的语言表达能力和公共关系能力

资料来源：根据公开资料整理。

由表 9－4 可知，每一个岗位群对应所需的食品专业人才类型各不相同，主要需求的人才包括研发人员、工程技术人员、生产操作人员、检验人员、销售人员等。整体而言，食品企业对食品专业各类人才都要求有很高的专业素养与十分丰富的知识储备。其中，食品研发人员和食品工程技术人员需具备一定的科研开发能力，在学历上，一般企业要求本科以上学历。

实际工作中不同岗位的人才需要具备不同的岗位技能。具体来说，食品加工技术人员是指能从事食品及相关领域内的生产加工、技术管理、品质控制、分析检验、产品开发及车间设计等第一线工作的综合型高技能人才。食品检验人员，需具备食品检验相适应的检验能力和水平，能对食品中污染物、农药残留等通用类食品安全标准或相关规定的要求的检验项目进行检验，并能为食品安全风险评估和行政许可进行食品安全性毒理学评价等。食品品控员，即对生产的食品产品的口味进行品评，以及对食品工艺的流程进行检验的品质控制管理人员。这类人才需要熟悉原辅料、微生物品质控制标准并会操作各种常用的抽样检验方法。另外，伴随以电商为代表的营销模式的变革正在改变食品营销人员的需求和技能，企业急需懂食品行业与信息技术的“双料”人才①。这几类食品人才要求具有较强的实践能力，一般食品企业都要求他们具备大专以上学历。职业院校食品专业培养的人才注重实践，偏重技术，岗位集中在基础性的工作上，尤其是一线生产技术岗位，科研开发类的需求量有限。因此，职业院校应加强对食品基础性岗位所需人才的培养。

2. 人才需求分析

随着食品工业的快速发展，产业地位的进一步提升，食品行业从业人员呈现大幅度的增长。依据国家统计局数据显示，“十一五”期间，食品行业全部从业人员由426万人增加至738万人，增幅达71%。“十二五”期间，销售额在1000万元以上的食品工业企业从业人员达700万人以上。截至2013年，食品从业人员达到935万人，与2010年比，增幅26.7%（见图9-9）。虽然食品从业人员不断增加，但是食品工业仍面临着人才严重短缺，特别是高层次、高技能型人才远远不足。

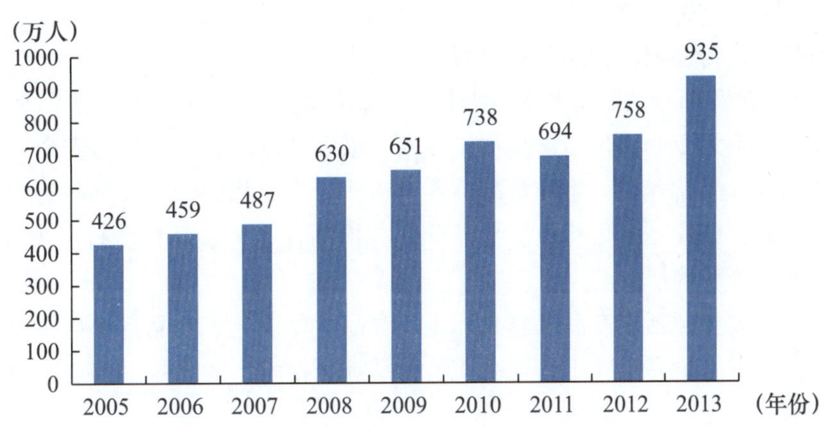

图9-9 2005~2013年我国食品工业从业人数

资料来源：国家统计局。

从人才需求类型来看，根据一览食品英才网的500多家企业调查显示，近80%的食品企业需要食品应用技术型人才，主要集中在技术应用类、质量安全类、生产管理类、市场销售类、生产加工类等岗位。业内专家预估，当前食品安全人才缺口高达80万②；近95%的食品企业及机构缺少食品检测人员③。

并且，我国培养的高素质、高层次食品专业人才供不应求。据不完全统计，我国食品工业大专以上学历人才仅占职工总数3%~4%，具有硕士、博士学位的食品科技人才更是奇缺。而在西方发达国家食品专门人才在职工总数中的比例可达20%以上。这是因为发达国家十分重视食品人才的培养，几乎所有的知名大学如美国麻省理工学院（MIT）、威斯康星大学、日本东京大

①《食品遇上互联网——食品行业人才需求的转变》，河北食品网，http://www.hebeifood.net/special/show-225.html，2015-12-11。

②《史上最难就业季，食品工业十大评选企业雇主品牌打造》，南方网，http://finance.southcn.com/f/2013-08/12/content_76098218.htm，2015-11-01。

③《食品质检人才缺口大》，食安中国网，http://www.cnfoodsafety.com/2015/0803/13644.html，2015-11-01。

学和英国剑桥大学均设有食品科学与营养科学系[①]。专业人才数量和质量满足不了食品行业发展的要求已经成为食品行业转型升级亟待解决的问题。

三、我国食品专业职业教育分析

人才是推动行业企业发展的核心力量。我国食品行业正处于快速发展时期，急需大量食品类技术应用型人才。职业教育则承担着培养技术应用型人才的重要任务。目前我国开设食品相关专业的高校共有460所，年招生规模76000多人，其中高职院校有260余所，年招生规模45000多人[②]，为推动我国食品行业发展提供了有力的人才支撑。

（一）专业设置概况

1. 专业目录分析

根据2008年高职专业目录，食品类专业归类于轻纺食品大类，涉及食品加工技术、食品营养与检测、食品储运与营销、食品机械与管理、食品生物技术、农畜特产品加工和粮食工程、食品卫生检验、食品分析与检测、食品药品监督管理等19个专业[③]。

2015年11月，教育部对高职食品类专业作出了新的调整，将食品类专业归为食品药品与粮食大类，并缩减到7个大专业，包括食品加工技术、酿酒技术、食品质量与安全、食品储运与营销、食品检测技术、食品营养与卫生和食品营养与检测。方向相似的专业则归类为一个专业，并在专业下设细分方向，如食品卫生检验、食品分析与检测合并为食品检测技术专业[④]。新修订的高职专业目录更加清晰明确。

中职食品类专业主要包括农产品保鲜与加工、食品生物工艺、食品营养与检测、农产品营销与储运四类专业。其中，食品生物工艺与高职的食品加工技术、酿酒技术、食品质量与安全等专业相似。如表9－5所示。

表9－5　2015年最新高职（专科）专业目录：食品药品与粮食大类

序号	专业名称	专业方向举例	主要对应职业类别	衔接中职专业举例	接续本科专业举例
1	食品加工技术	乳品加工技术 农畜产品加工技术 焙烤食品加工技术 制糖技术 功能性食品加工技术 海洋食品加工技术	食品工程技术人员 乳制品加工人员 畜禽制品加工人员 焙烤食品制造人员 糖制品加工人员 方便食品和罐头食品加工人员 水产品加工人员	农产品保鲜与加工、食品生物工艺	食品科学与工程 生物技术

①《2015年食品科学与工程系专业就业方向分析》，职导网，http：//www.myzhidao.com/career/17486.html，2015－11－16。

②张余、蔡华珍等：《国内食品专业高等教育资源的分布概况》，《宿州学院学报》2013年第28卷第3期，第107－109页。

③张建华、王传荣：《论高职食品类专业的生态位定位》，《职教论坛》2013年第5卷，第31－33页。

④教育部：教育部关于印发《普通高等学校高等职业教育（专科）专业设置管理办法》和《普通高等学校高等职业教育（专科）专业目录（2015年）》的通知，http：//www.moe.edu.cn/srcsite/A07/moe_953/moe_722/201511/t20151105_217877.html，2015－11－30。

续表

序号	专业名称	专业方向举例	主要对应职业类别	衔接中职专业举例	接续本科专业举例
2	酿酒技术	白酒酿造技术 黄酒酿造技术 葡萄酒酿造技术 啤酒酿造技术	酒、饮料及精制茶制造人员	食品生物工艺	葡萄与葡萄酒工程酿酒工程
3	食品质量与安全	食品质量检测 食品质量安全监管 食品安全管理体系咨询和认证	检验、检测和计量服务人员	食品生物工艺	食品质量与安全
4	食品储运与营销	食品储运 食品营销	仓储人员 商务专业人员	农产品营销与储运	食品科学与工程
5	食品检测技术	食品分析与检测、食品卫生检验	检验、检测和计量服务人员 检验试验人员	食品生物工艺	食品质量与安全
6	食品营养与卫生	食品营养 食品卫生 保健食品开发	餐饮服务人员	食品生物工艺	食品质量与安全
7	食品营养与检测	食品营养与配餐 食品营养与安全	餐饮服务人员 检验、检测和计量服务人员 检验试验人员	食品生物工艺	食品质量与安全

资料来源：教育部。

2. 专业开设分析

因开设食品相关专业的职业院校数量较多，本报告仅选取10所开设食品类专业的职业院校进行分析，其中高职院校6所，中职院校4所（见表9－6）。

表9－6　　我国开设食品专业的部分职业院校（高职、中职）与招生情况

学校层次	学校	所属院系	专业	每年招生人数
高职院校	黑龙江农业经济职业学院	食品工程学院（与江南大学食品科学与工程衔接专升本）	食品加工技术	45～50
			食品分析与检验	170
			营养与食品卫生	40～45

续表

学校层次	学校	所属院系	专业	每年招生人数
高职院校	江苏农牧科技职业学院	食品科技学院	食品药品监督管理	50
			农产品质量检测	30
			食品加工技术	30
			食品营养与检测	50
	甘肃畜牧工程职业技术学院	食品科学系	食品加工技术	60
			食品营养与检测	90
			食品生物技术	50
			葡萄与葡萄酒工程	40
			农产品质量检测	90
	山东药品食品职业学院	食品系	食品药品监督管理（食品方向）	50
			食品营养与检测（高中起点）	100
			食品营养与检测3+2（初中起点）	—
			食品质量与安全	50
			食品加工技术	25
			食品储运与营销	50
			食品生物技术	25
	江苏食品药品职业技术学院	食品与营养工程学院	食品储运与营销	70~75
			食品营养与检测	150~160
			食品药品监督管理	117
			食品生物技术	50
			食品加工技术	87
			食品质量与安全	—
	漯河职业技术学院	食品工程系	食品加工技术	70
			食品营养与检测	70
			食品药品监督管理	50
中职院校	广东食品药品职业技术学校	食品化妆品系	食品安全检验	180
			食品营养与检测	120
	上海食品科技学校	—	食品生物工艺	94
			农产品保鲜与加工	24
			农产品质量检测	60

续表

学校层次	学校	所属院系	专业	每年招生人数
中职院校	云南曲靖农业学校	食品技术部	农产品保鲜与加工	250
			食品生物工艺	100
			食品营养与检测	100
	哈尔滨轻工业职业学校	—	食品生物工艺（食品营养与检验、食品加工工艺方向）	160

资料来源：根据公开资料整理。

根据表9－6，从专业设置来看，10所职业院校主要开设了食品加工技术、食品营养与检测、食品分析与检测、食品质量与安全、食品药品与监督管理等专业。其中，开设食品营养与检测专业和食品加工技术专业的学校最多，均有7所。开设食品储运与营销等相关专业的学校数量很少，仅有2所。

从招生规模来看，10所职业院校食品类专业每年招生人数超过200人，由此说明，在食品工业快速发展过程中，食品类职业院校发挥了重要作用，为我国食品工业的发展提供了大量优秀的技术性人才。

（二）专业人才培养分析

通过梳理10所职业院校的人才培养情况，并结合其他相关资料，以下主要从培养目标、课程设置、师资队伍、实训实习、订单式培养等方面对我国食品专业（中职和高职）的人才培养现状进行分析。

1. 培养目标

食品行业岗位要求毕业生具有较强的实践能力，因此职业院校的食品类专业十分注重培养学生的实践操作能力。根据对10所职业院校的食品类专业人才培养目标的梳理，可以看出不同细分方向的专业人才培养目标各有侧重点，如表9－7所示。例如，食品加工技术专业培养目标几乎覆盖所有食品生产行业甚至整个食品产业链，严格来说是培养面向各种食品生产企业，并且能够适应产品生产链的不同工作岗位的生产技术人员。食品营养与检测专业总体上可分为食品营养方向和食品检测方向，这类人才既需具备营养咨询、食品成分检测与分析、产品营销和生产经营管理等知识，又需熟知现代食品质量安全体系和标准。

表9－7　食品类专业培养目标

学校层次	专业名称	培养目标
高职院校	食品加工技术	培养掌握各种食品加工技术和食品工艺设计的基本理论和基本技能，能在食品加工领域从事生产、管理及新产品开发的工作。可考取公共营养师、食品检验员、食品安全管理体系国家注册审核员/内审员、各类食品加工工等行业必备职业资格证书

续表

学校层次	专业名称	培养目标
高职院校	酿酒技术	培养掌握食品生物技术、化学、酿酒种植技术和酿造技术、食品工程、酒生产企业管理和市场营销的基本理论和基本技能的高端技术人才
	食品质量与安全	培养从事产品质量控制、安全监管等专门人才。在校期间可考取食品检验工、ISO 内审员、食品安全管理员等资格证书
	食品储运与营销	培养掌握食品加工、储藏、物流、营销和连锁管理的基本理论和基本技能，并适应食品连锁企业及营销行业，储藏运输部门等一线需要的高端技术技能型人才。可考取食品检验工、ISO 内审员、营销员等资格证书
	食品分析与检验	培养能在各食品生产及其相关企事业单位从事食品工艺、检验及质量管理等的技术技能型专门人才。可考取食品检验员、食品营养师、HACCP 内审员、ISO 9000 内审员等行业必备的职业资格证书
	食品营养与卫生	培养能在食品企事业单位从事品质控制、配方设计、成分检测、质量管理等工作的高端技能型人才。可考取食品检验员、公共营养师、食品安全管理体系国家注册审核员/内审员等职业（行业）资格证书
	食品营养与检测	培养具备食品产业链生产经营相关环节食品检验、质量安全管理、营养指导与管理等知识和技能的高端应用型人才。可考取食品检验工、高级营养师等资格证书
	食品药品管监（食品方向）	培养具备食品理化检验、食品微生物检验、食品感官检验等食品安全质量管理等能力的高素质技术技能型人才。可考取食品检验工、化学检验工、ISO 9000 质量管理体系内审员、ISO 22000 食品安全管理体系内审员、HACCP 内审员等中高级职业资格证书
中职学校	农产品保鲜与加工	培养农产品保鲜储藏，质量控制及农产品加工行业生产第一线的中、初级加工技术人员，并具有一定生产组织能力的中、初级应用人才。可考取果蔬加工、乳品加工、肉品等中级资格证书
	食品生物工艺	培养具备食品质量分析与检测的基础理论知识，掌握食品检验技术、食品掺伪检测技术及微生物检定技术，熟悉食品法律法规和标准的中等实用型技术人才。可考取化学检验工、食品检验工中级证书
	食品营养与检测	培养掌握营养配餐、中医药保健所必需的实践操作技能和基本理论，熟悉食品营养分析、有毒有害成分检测操作技能和基本理论的技术应用型专门人才。可考取公共营养师、食品安全管理员、食品检验工

资料来源：根据学校官网公开资料整理。

2. 课程设置

目前，我国职业院校食品专业的课程体系大同小异，多数采用模块化课程教学模式，即“公共基础课—专业基础课—专业核心课—专业选修课—实训实习课”五个部分（见表 9-8）①。

①李崇高、黄建初等：《高职食品类专业建设模式的探讨与实践》，《广州城市职业学院学报》2008 年第 2 卷第 1 期，第 78 页。

虽然这种方式易于学生循序渐进接受知识，但也存在着诸多问题。例如，培养目标不明确；公共课课时过多，专业基础课交叉、重复现象严重，专业核心课缺乏针对性等。

表9－8　**食品类专业课程模块设置情况**

课程性质	知识与能力	课程类型	课程要求
公共必修课	基本素质与能力	政治与教育类课程	必修
		文化教育类课程	
专业基础课	专业基本能力	自然科学类	必修
		专业基础课程类型	
专业核心课	专业方向能力	专业知识类	必修
专业选修课	扩展知识能力	专业相关知识类	选修
		人文社会背景知识类	
实训实习课	实践操作能力	动手实际操作类	必修

通过对选取的10所院校课程设置进行分析（见表9－9），在专业基础课程方面，各学校基本都开设了化学类的课程，如无机化学、有机化学、食品生物化学等。这些课程的交叉重复，使教学内容缺乏实用性。在专业核心课程方面，不同细分专业的课程各不相同。从整体课程体系来看，现有的课程体系更加重视理论知识，且专业技能知识也较为落后。随着信息技术的发展，食品行业也逐渐加入互联网元素，呈现出多种发展特征。职业院校的课程体系势必要跟上行业发展的步伐，及时更新课程内容，优化课程结构。

表9－9　**食品类专业课课程设置**

学校类型	专业	专业基础课程	专业核心课程
高职院校	食品加工技术	无机及分析化学、有机化学、食品微生物学、食品生物化学、食品应用化学、食品机械设备与管理、食品加工原理	水产品加工技术、畜产品加工技术、发酵食品加工技术、果蔬储藏与加工技术、粮油食品加工技术、功能性食品生产、食品添加剂等
	酿酒技术	无机化学、有机化学、食品生物化学、生物技术概论、酿酒工艺原理	酿酒工艺技术、食品保藏技术、酿造与果蔬加工、酒水品兑评估
	食品质量与安全	基础化学、食品生物化学、食品微生物、食品安全学、食品生物技术、食品分析与检测	食品安全与法规、食品安全控制、食品毒理学、食品质量安全管理、食品添加剂
	食品营养与卫生	基础化学、食品微生物学、食品生物化学、食品营养学绪论、食品卫生学	烹饪营养与膳食管理、临床营养学、食品通用检测技术、营养配餐、食品毒理学、食品营养与健康
	食品营养与检测	无机及分析化学、有机化学、食品微生物学、食品营养学、食品安全与法规	食品仪器分析技术、食品理化检验技术、食品微生物检验技术、食品感官检验技术、食品毒理学

续表

学校类型	专业	专业基础课程	专业核心课程
高职院校	食品分析与检验	无机及分析化学、有机化学、食品生物化学、仪器分析、食品工艺学、精密仪器分析	乳制品检验技术、肉制品检验技术、果蔬检验技术、食品感官与理化检验、食品微生物检验、食品毒理学
	农产品质量与检测	无机及分析化学、有机化学、食品生物化学、食品加工工艺、现代仪器分析	农产品储藏加工、农产品综合检验技术、食品卫生与质量管理、农产品感官与理化检验
	食品药品监督管理	无机化学、有机化学、食品生物化学、食品微生物、仪器分析、药理基础	食品营养与卫生、食品分析检测技术、食品药品安全评价、食品药品法规与标准、食品药品质量管理
	食品储运与营销	食品微生物、食品分析、食品储藏与加工工艺、物流学基础	储运设备与维修、仓储与配送、商品经济基础、财务与统计、市场营销、企业经营与管理
中职学校	农产品保鲜与加工	有机化学、无机化学、食品微生物学、农产品加工技术、食品储藏与加工基础	农产品加工工艺、农产品保鲜技术、饮料加工技术、果蔬保鲜与加工技术、肉品加工技术
	食品生物工艺	有机化学、无机化学、食品微生物学、食品应用化学、食品生物工艺概论、食品工程原理	食品营养与卫生、肉品加工技术、乳制品加工技术、焙烤加工技术、酿酒技术
	食品营养与检测	有机化学、无机化学、食品微生物学、食品加工工艺、食品营养学	食品检验分析技术、食品感官检验技术、食品微生物检验技术

资料来源：根据公开资料整理。

3. 师资队伍

从表 9－10 可以看出，高职院校食品类专业教师多以中青年教师为主，教师队伍结构较为合理，且具有较高的职称和学历层次（普遍在硕士层次）。如江苏农牧科技学院专任教师具有博士、硕士学位比例占 80% 以上，且“双师型”教师比例达 95% 以上。与高职院校相比，中职院校专业教师队伍青年教师比例很低，教师的学历以大学本科为主，硕士学历很少，此外，部分学校专任教师学历还是专科及以下，“双师型”教师偏少，师资力量不强。

表 9－10　　食品类专业师资队伍情况

学校性质	学校	师资情况
高职院校	黑龙江农业经济职业学院	现有专任教师 20 人。其中教授 3 人，副教授 4 人，讲师 11 人，助理讲师 2 人；博士 2 人，硕士 18 人；专业带头人 4 人，骨干教师 8 人，“双师型”教师 16 人；高级工程师 1 人，工程师 1 人；聘任企事业单位兼职教师 20 人，专兼职教师比例达 1∶1

续表

学校性质	学校	师资情况
高职院校	江苏农牧科技学院	博士、硕士学位比例占80%以上，且“双师型”教师比例达95%以上
	甘肃畜牧工程职业技术学院	现有教授2人，副教授4人，讲师16人客座教授5人。其中，硕士学位9人，在读硕士2人
	山东药品食品职业学院	师资力量雄厚，教师全部为硕士研究生以上学历
	江苏食品药品职业技术学院	现有在编专任教师70人。其中教授10人，副教授24人、讲师29人，具有硕士以上学位63人，其中博士11人。江苏省高等学校教学名师1人，全国食品工业职业教育教学指导委员会副主任委员1人，全国食品药品职业教育教学指导委员会分委会主任委员1人，江苏省职业技能鉴定专家委员会委员2人
	漯河职业技术学院	现有教师39人，其中教授3人，副教授19人，省、市技术带头人6人
中职学校	广东食品药品职业技术学校	—
	上海食品科技学校	中、高级职称占80%以上
	云南曲靖农业学校	现有教师38人，其中高级讲师12人，讲师14人，助理讲师8人，实验师2人，实训指导师2人，其中硕士学历10人
	哈尔滨轻工业职业学校	现有“双师型”专业教师10人，其中高级讲师7人，占专业教师的70%以上；中级讲师3人，占专业教师的30%；硕士以上学历3人，本科以上学历7人

资料来源：根据学校官网公开资料整理。

4. 实训实习

食品类专业实训实习主要是通过校内实训基地和校外实训基地完成的。校外实训基地是校企合作办学共同育人的主要载体，承担着人才培养的重任。校内实训基地是基于实验课程展开教学活动的。职业院校都高度重视校内实训室建设，投入大量资金建设了各种类型的食品实训室（见表9－11），包括实验室、实训室和生产车间等，可以满足多种需要。除了教学活动外，校内实训基地还承担完成生产与社会服务任务。如云南曲靖农业学校校内2000余平方米的现代化月饼生产车间，在完成实践性教学任务的同时还进行产品生产，产值达百万元以上。另外，校内实训基地还承担完成职业技能培训鉴定和职业资格认证的任务。如黑龙江农业经济职业学院利用实训基地完善的设施和技术先进的实训设备开展职业技能鉴定，开展食品检验、果类产品加工、公共营养师、ISO 9000内审员、ISO 2200内审员等职业技能的培训鉴定和职业资格认证。

表 9－11　　食品类专业实训实习基地建设情况

学校性质	学校	校内实训室
高职院校	黑龙江农业经济职业学院	食品科学研究所、食品分析检测中心、7 个生产实训车间（粮、油、乳、肉、山特产品加工）和 5 个一体化实训室
	江苏农牧科技学院	农畜产品加工与检测高职实训基地、畜产品深加工工程技术研究开发中心、食品理化检测、食品生物技术、食品加工实训中心等
	甘肃畜牧工程职业技术学院	肉品加工实训室、乳品饮料加工实训室、农产品加工实训室、食品感官检验实训室、食品理化检测实训室、食品微生物检验实训室、食品营养实验室、葡萄酒工艺实验室、食品发酵实验室等
	山东药品食品职业学院	食品理化检验实训室，GMP、GSP 模拟实训室、精密仪器室、无菌室固体制剂实训车间、中药制药实训车间、合成实训车间、酸奶生产车间、食品烘焙车间、药品物流实训室、制药机械实训车间等
	江苏食品药品职业技术学院	烘焙食品实训中心、发酵与功能性食品实训中心、饮料与罐头食品实训中心、农产品加工与冷冻食品实训中心、膨化与糖果巧克力食品实训中心、肉制食品实训中心、乳制食品实训中心等
	漯河职业技术学院	食品检测实训室、饼干生产车间、食品微生物实训室、啤酒生产车间、食品发酵实训室、乳品饮料生产车间、肉制品实训室、焙烤实训室、膨化食品生产车间、乳制品实训室、果蔬实训室等
中职学校	哈尔滨轻工业职业学校	啤酒实训车间、白酒实训车间、果酒实训车间、食品检测中心、食品工艺实训室、食品微生物实训中心、食品化学实训室等
	云南曲靖农业学校	现有 2000 余平方米的现代化月饼生产车间，一个乳品饮料实训车间，两个烘焙实训车间，一个食品检测中心，一个肉品实训车间，一个果蔬饮料实训车间
	广东食品药品职业技术学校	药品、食品、化妆品等专业实验室
	上海食品科技学校	农产品加工与检测开放实训中心、果蔬汁饮料加工实训室、农产品发酵技术实训室、西式面点制作实训室等

资料来源：根据学校官网和公开资料整理。

5. 订单式培养

“订单式培养”是食品类专业产学结合的重要载体。由表 9－12 可知，各职业院校以“订单式”培养为主线，注重学生校内专业课程的学习与企业实际工作的一致性，加强与食品企业联系，建立校外实训基地，全程实行工学交融。如黑龙江农业经济职业学院、江苏食品药品职业技术学院、云南曲靖农业学校等学校与多家食品企业单位建立紧密的产学研“订单式”培养合作关系，采用“冠名班”形式订单培养；学生入学即与企业直接签订就业协议，读书期间可到企业带薪实习，毕业即顺利实现就业。

表 9－12　食品类专业订单式培养情况

学校层次	学校	校企合作单位
高职院校	黑龙江农业经济职业学院（与江南大学食品科学与工程衔接专升本）	与北大荒集团、蒙牛乳业、天顺源清真食品有限公司等多家知名企业签订校企合作订单式培养
	江苏农牧科技学院	有省畜产品检测中心、泰州市产品质量监督检验所、泰州出入境检验检疫局、蒙牛乳业、中国雨润等30多家稳定的校外实习基地
	甘肃畜牧工程职业技术学院	先后在北京、山东、江苏、新疆、兰州、武威、白银等省市有20多处稳定的院外实训基地
	山东药品食品职业学院（中高职衔接）	与山东鲁润阿胶、龙大食品、万宝乳业、烟台喜旺食品、烟台欣和食品建立校企合作实训基地
	江苏食品药品职业技术学院	与江苏双汇食品有限公司、蒙牛集团、南京雨润集团、喜之郎食品有限公司、淮安快鹿乳业有限公司等单位建立紧密的产学研订单式培养合作关系
	漯河职业技术学院	与双汇集团、雨润集团、徐福记国际集团、旺旺集团、白象集团、漯河佳源乳业集团等单位建立校企合作订单式人才培养
中职学校	哈尔滨轻工业职业学校	与哈尔滨大众肉联集团有限公司、哈尔滨好利来食品有限公司、黑龙江省完达山乳业股份有限公司等单位签订了校企合作协议
	云南曲靖农业学校	与云南空港华卓航空有限公司、广东喜之郎食品有限公司、昆明嘉华食品有限公司等单位建立校企合作订单培养
	广东食品药品职业技术学校	与华南医疗器械有限公司、广州酒家利口福有限公司及利亚华南便利店有限公司签订学生顶岗实习合作协议
	上海食品科技学校（中高职衔接）	与光明乳业、太太乐、石库门酿酒、中粮融氏等单位建立校企合作订单培养

资料来源：根据公开资料整理。

四、发达国家食品专业职业教育分析

发达国家食品行业异常发达，行业巨头众多，这离不开先进、完善的食品专业教育提供的人才支撑。例如，美国的食品科学教育大约已有100年的历史，早已形成一套独具特色的教育模式。他们先进的教学思想、科学的教学模式、完善的课程体系，都值得国内众多高校借鉴思考。

（一）发达国家食品专业职业教育概况

综观国外食品专业职业教育体系，其发展过程都是一个特色形成的过程。特色是发达国家或地区食品专业教育稳步发展的秘诀，与我国以人才对应职业培养食品专业人才比较，国外食品类专业则较为贴合实际，即人才对应工作，其每个专业或方向的培养方案会详细地介绍专业人才将来从事的具体工作。在课程设置上，国外更为开放且更有针对性，不会强调过多的理论课程，却相对重视专业选修课，并形成专业特色，以此培养既富有个性，又适应社会发展的复合型食品类应用型人才。

1. 美国

美国食品专业是一门交叉性学科，强调综合运用自然科学、社会科学、工程学、商学来分析食品的特点和属性，以及不同文化、不同生活方式、不同年龄层次人群的营养需求[①]。目前，其食品及相关专业包括两大类：一类是与食品的工业化或产业化有关，涉及食品科学与技术、农产品和食品加工、食品工程（含包装）、食品生物技术、食品安全、食品运营与管理（或食品产业链管理）、食品经济等；另一类是与食品的家庭与社会消费有关，涉及膳食营养与健康、烹饪科学与技术、酒店或餐饮管理等[②]。本科教育侧重前者，以食品科学技术专业为主，主要培养食品研究类人才。专科教育，如社区学院以食品服务类为主，主要培养服务型及技术性人才。食品专业因涉及农产品种植、保藏、加工等研究，因此在专业设置上属于农学，一般设在大学的农学院。在系别上有的设为食品科学系，有的与营养科学、生物工程、动物科学等专业共同组建[③]。

在美国，各个学校的食品专业研究方向不同，这主要取决于各个学校的师资力量和食品企业对人才的需求以及学校的性质（见表9-13）。如有的学校注重对食品和食品成分的研究，强调食品微生物、食品化学以及食品工程学。有些学校则强调食品科学专业的商业化导向，如奶制品加工、肉类加工等[④]。因此，在课程设置上，这类学校特别重视对学生实践技能的培养和课程的实用性。如美国加州大学戴维斯分校人类健康与发展学部食品科学与技术系不仅开设食品产品综合开发、新产品设计、食品技能综合实习、食品营销管理学、消费者行为学等课程，还开展岗位模拟仿真实训，着重培养学生的实践技能。同时，美国高校也注重培养学生的综合素质，一般都开设思想、语言、艺术、人文等综合课。这些课程对于培养学生的综合素质有着积极的意义。

表9-13　　美国开设食品相关专业院校（不分排名）

序号	学校	特色专业	开设课程
1	普顿大学	食品科学	遗传学、有机化学、无机化学、应用物理、生物和食品工艺学概论、食品感官评定、生产和营销、包装技术、肉制品加工工艺、牛奶和奶制品加工工艺等
2	康奈尔大学	食品科学	食品化学、食品微生物学、食品生物技术、食品工程和处理、食品毒理学、食品感官评价和营养学、食品加工技术、食品保鲜和防腐储存技术、市场营销学
3	加州大学戴维斯分校	食品科学	基础化学、有机化学、生物化学生物学、基础微生物学、物理学、统计学、人类营养学、食品产品综合开发、新产品设计、食品技能综合实习、食品营销管理学、消费者行为学

①《美国食品科学专业就业前景》，新东方网，http://goabroad.xdf.cn/201406/10073033.html，2015-11-17。

②《中西方食品科学专业教育的比较与借鉴》，新晨范文，http://www.xchen.com.cn/kejizazhi/xiandaishipinkeji/627592.html，2015-11-17。

③《美国食品科学专业介绍》，搜狐教育，http://learning.sohu.com/20150918/n421456759.shtml，2015-11-17。

④《美国食品科学专业现状和就业前景》，天道教育网，http://tiandaoedu.com/zyjx/20140404/33978.html，2015-11-20。

续表

序号	学校	特色专业	开设课程
4	罗格斯大学	食品科学	有机化学、无机化学、食品化学、食品微生物学、食品生物技术、食品发酵技术、包装技术、肉制品加工、果蔬加工等
5	俄亥俄州立大学	食品与营养学	食品化学、食品微生物学、食品工程学、营养学、食品毒理学、市场营销学等
6	爱荷华州立大学	食品营养学	食品微生物学、食品营养学、饮食和锻炼、人体行为运动学、膳食营养与健康等

资料来源：根据公开资料整理。

2. 德国

德国食品教育属于工程教育，主要由综合性大学和应用科学大学两类高等教育机构承担，分别培养研究型工程师和应用型工程师。综合性大学的课程设置涵盖所学专业的大多数领域，属于通才型培养。应用科学大学课程设置专业特色突出，主要是为企业生产和管理一线输送专业性强、实践水平高的技能型人才和管理人才①。

如慕尼黑工业大学食品与生物技术专业，培养宗旨是让毕业生能够将所学知识运用于食品的整个供应链的每个环节中。在专业课程设置上，第一学年和第二学年主要开设通识课程和专业基础课程，如生物和食品工艺学概论、普通工商管理学、食品感官评定、法律经济学、成本和投资、统计学等课程。第三学年开设专业技能课程，如能源技术、热加工工艺、生产和营销、包装技术、肉制品加工工艺等课程。如柏林应用科学大学食品科技专业，第一学年所开设的基础课程与综合性大学相近，从第二学年开始则更注重专业技能的培养，专业课程更为广泛，包含食品法律基础、商业和投资、食品工艺机械、畜产品加工技术、果蔬加工技术、烘焙食品加工技术、糖果技术、快餐和熟食店等一系列实用课程（见表9－14）。②③

表9－14　　德国开设食品相关专业院校（不分排名）

序号	学校	特色专业	主干课程
1	慕尼黑工业大学	食品与生物技术	遗传学、有机化学、无机化学、应用物理、生物和食品工艺学概论、普通工商管理学、食品感官评定、法律经济学、成本和投资、统计学等课程、能源技术、热加工工艺、生产和营销、包装技术、技术与创新、肉制品加工工艺、牛奶和奶制品加工工艺等
2	伯恩大学	食品科学	食品化学、食品营养学、食品工艺概论、法律经济学、统计学、生产和营销、包装技术等

①蔡健荣、张文莉：《中德食品科学与工程高等教育比较研究》，《江苏大学学报》（高教研究版）2005年第27卷。

②娄平、张小梅等：《美、德工程师培养模式对我国“卓越工程师”培养的启示》，《中国电力教育》2012年第3期，第57－75页。

③刘建强：《德国应用科学大学模式对实施“卓越工程师培养计划”的启示》，《中国高教研究》2010年第6期。

续表

序号	学校	特色专业	主干课程
3	德国霍恩海姆大学	食品工艺学	食品化学、食品微生物学、生物工艺学、食品分析、食品工程学、肉类加工技术、白酒酿造、粮食加工技术、果蔬加工技术等
4	赫尔海姆大学	食品科学与工程	有机化学、食品微生物学、食品工程原理、烘焙加工技术、果蔬加工技术、企业经济学导论、投资学等
5	柏林应用科学大学	食品科技	食品法律基础、商业和投资、食品工艺机械、畜产品加工技术、果蔬加工技术、烘焙食品加工技术、糖果技术、快餐和熟食店操作技术等
6	汉诺威应用科学大学	奶制品技术	乳品生物化学、微生物学、乳品工艺学、乳品技术设备、乳品营养与卫生、乳品分析、企业经营管理等

资料来源：根据公开资料整理。

从表9－14可以看出，德国高校的食品专业非常重视培养学生的经济意识、管理意识、法律意识和商业意识，一般都会开设一定数量的管理、法律、经济和营销方面的课程。例如，赫尔海姆大学开设了企业经济学导论、投资学；慕尼黑工业大学和伯恩大学开设了法律经济学、生产和营销课程；汉诺威应用科学大学开设了企业经营与管理课程等①。

3. 英国

在英国，食品专业教育已经非常成熟和完善。一般设有食品、红酒与文化、食品科学、食品链研究、食品生产管理、食品与营养、运动与营养健康、食品经济与市场、食品技术等专业。目前，开设食品类专业的大学有萨里大学、诺丁汉大学、利兹大学、雷丁大学等，它们在医学、生物相关学科领域都具有很强的研究水平和教学实力（见表9－15）。英国高校食品专业非常具有特色，带有强烈的英国消费文化色彩，例如，几乎所有开设食品类专业的高校都会开设葡萄酒专业②。

除注重特色之外，英国食品专业也注重食品管理。例如，英国萨里大学食品管理专业将管理技能和食品知识有机结合，培养既懂管理又懂食品加工业专业知识的综合性人才。该专业的核心科目包括食品业消费者行为、财经管理、食品服务市场、组织行为学、食品链政策和研究方法。选修课则包括食品安全和营养管理、创新和新产品研发以及旅行餐饮管理。另外，诺丁汉大学开设的食品生产管理课程，是由该校食品科学系和商学院联合开设，目的在于培养学生成为食品加工工业中的生产或技术管理专业人才，尤其适合那些希望从事食品质量管理以及食品感官科学研究的人才。该课程的核心科目包括保鲜和食品质量保障、质量管理和技术、食品厂的运营以及实践中的供应链管理。学生还可以根据自己的兴趣和特长，从十多门选修课中选择感兴趣的课程学习。由于学校与食品行业企业有着紧密的联系和互动，学生在就读课程期间有机会去食品厂实地

①屠康、孙柯：《国外食品科学与工程类专业课程设置对我国的启示》，《高等农业教育》2015年第4期，第123－127页。

②《英国食品相关专业介绍》，金吉列留学网，http：//old.jjl.cn/edu/tianjin/gjfocus/432072.shtml，2015－12－03。

参观，并与业界人士进行交流。①②

表 9－15 英国开设食品相关专业院校（不分排名）

序号	学校	特色专业	主干课程
1	伦敦国王学院	营养学和饮食营养学	营养学：营养学研究技巧、营养学原理、公共健康营养、临床营养学 饮食营养学：饮食治疗、临床科学和治疗学、沟通与健康促进、专业实践、高级饮食治疗与药物、食品服务与烹调管理、社会政策与健康管理
2	萨里大学	食品管理	食品业消费者行为、财经管理、食品服务市场、组织行为学、食品链政策和研究方法。选修课则包括食品安全、营养管理、创新和新产品研发以及旅行餐饮管理
3	雷丁大学	食品科学和营养与食品科学	营养科学基础、营养学、食品化学、食品微生物学、食品加工、人类营养学等
4	立兹大学	营养与食品科学	食品化学、生物化学、生物技术、营养与健康、食品加工、微生物学、质量保证、食品法等
5	格拉斯哥大学	人类营养学、临床营养学和运动与训练医学	人类营养学和临床营养学：营养学、食品与营养学、消化吸收、饮食与营养评估、公共健康营养与食品选择、临床营养 运动与训练医学：疾病训练、运动的医学条件、运动伤害、运动中的特殊伤害、运动药物
6	拉夫堡大学	运动与训练营养学	运动与训练营养学、训练与免疫、人体物理学、行业技巧、运动与训练营养学中的实验技术、运动与训练营养学中当前研究等
7	诺丁汉大学	食品生产管理	保鲜和食品质量保障、质量管理和技术、食品厂的运营以及实践中的供应链管理等

资料来源：根据公开资料整理。

（二）发达国家食品专业职业教育特点

通过对美国、德国、英国三个发达国家的食品专业教育分析可知，国外高校对食品类专业的人才培养强调以能力为基础，会根据职业岗位的要求来确定专业能力目标，并给学生多种专业方向选择，设置不同的专业课程。同时，学生可以根据自己的兴趣，选择未来的职业发展方向，毕业后可以从事食品科学的研究，或者是从事与食品相关的管理、物流、营销等职业，真正做到“学有所为，学有所用”。

①《英国新兴专业——食品科学专业解读》，中国大学网，http：//www. cunet. com. cn/liuxue/HTML/224189. html，2015－12－03。

②屠康、孙柯：《国外食品科学与工程类专业课程设置对我国的启示》，《高等农业教育》2015 年第 4 期，第 123－127 页。

1. 注重多方向培养

国外食品类专业设置注重多方向培养，为不同发展意向的学生提供更为专业的知识和技能学习。例如，美国不同学校的食品专业研究方向均不同，有的学校注重对食品和食品成分的研究，会开设食品微生物、食品化学以及食品工程学等课程；有的学校则强调食品科学专业的商业化导向，开设奶制品加工、肉类加工等课程。德国高校因学校性质不同，培养不同类型的专业技能人才。综合性大学注重培养食品工程师和食品研发人员。应用型大学则注重培养具专业性强、实践水平高的食品企业生产和管理一线的技能人才。

2. 注重特色培养

国外食品类专业十分注重特色培养，这主要体现在课程设置上。在公共基础课方面，国外不会强调政治教育，基本不会开设政治理论课，而是开设了很多丰富的文化课，如语言、艺术、社会、人文等综合课程，这些课程能够提高学生的综合素养。在专业课程设置方面，美国和德国基本都开设了有机化学、无机化学、食品化学等课程。此外，国外还非常注重学生的创新创业能力，一般都会开设一定数量的管理、法律、经济和营销方面的课程，以此培养学生的商业意识和法律意识，如德国和英国。除此之外，国外食品类专业的学生还可以较早地接触专业课程学习，如德国，这样有利于学生对本专业的兴趣培养和对自身发展方向的预规划。

3. 注重实践培养

国外食品类专业对学生没有毕业论文的要求，只需要修满学分即可毕业。在导师选择上，学生可以根据自己的兴趣爱好或毕业期望（是毕业直接工作或是继续深造进修）自主选择导师。在此期间，学生还可以进行食品科学的研究或进行创业训练。另外，学生会经常参加一些学生团体活动，如美国加州大学戴维斯分校的食品科学专业学生组织成立了食品科学俱乐部，几乎每周都有活动，开办科学讲座、会议、企业宣讲等。除此之外，学生还经常参观食品企业以及开展野餐、葡萄酒之旅等活动。暑假期间，学生也可以利用学校或食品企业、团体提供的资助，开展食品消费、安全方面的调查，或者到食品企业、科研机构、质检机构实习，以获得丰富的实习和实践经验①。

五、我国食品专业职业教育服务产业发展分析及建议

提升食品专业职业教育水平和扩大其规模是解决食品专业人才质量不高以及人才缺乏的有效途径。我国食品专业职业教育未来不仅要学习国际先进教育理论和知识，借鉴发达国家的食品学科体系和专业设置，紧随学科前沿，还要根据我国食品工业整体发展水平要求和基本国情，坚持特色办学，培养高素质的食品行业技术应用型人才。

（一）食品专业职业教育问题分析

为了顺应社会发展的需求，近年来，我国职业院校积极开设食品类专业，培养食品行业生产一线技能型人才，并取得了明显的成效。但通过对我国食品专业职业教育现状的分析，发现我国食品专业职业教育发展依旧存在一些问题，主要表现在以下几个方面：

①欧阳杰、王建中等：《美国大学食品科学专业本科人才培养模式的基本特征》，《中国现代教育装备》2010 年第 15 期（总第 103 期），第 142 页。

1. 人才培养适应性不强

随着食品行业与互联网行业联系越来越紧密，急需既懂食品又懂互联网的“双料”人才。然而，目前我国食品类专业职业教育对食品行业与科学技术的发展不敏感，仍然采用传统教育模式①。在教学内容上，职业院校仍然主要教授化学、生物学和食品工艺学等基本理论和基础知识，开展食品生产技术管理、食品分析与检验、食品营销等方面的基本实训，仅培养学生具有食品保藏、加工、品质控制和资源综合利用方面的基本能力。传统人才培养模式过于注重理论知识，不能满足当今产业经济发展的要求。尤其是在轻工食品领域，行业发展与互联网联系越来越紧密，理论与实践的结合显得尤为重要。因此，职业院校传统的食品行业人才培养模式与方向亟须转变。

2. 专业设置合理性不够

现阶段很多食品类企业急需管理型人才，其次是生产操作、销售及食品安全人才。尤其是近几年来，伴随食品产业对运营管理方面人才需求量的逐年增大，食品管理人才的需求量将居于首位②。但是，目前我国职业院校开设的食品类专业主要是食品生产加工、食品安全监测等，开设食品运营管理专业的职业院校很少。据统计，我国仅有21所高职院校开设了食品运营管理专业。由此看出，我国职业院校培养的食品类专业人才尚不能满足当前食品产业的用人需求。职业院校如何从实际办学条件出发，根据不同地区不同产业结构和经济发展状况，设置与地区产业需求匹配的专业，同时根据市场需求变化及时作出调整，使专业布局更趋合理，是我国食品专业职业教育发展亟须解决的问题。

3. 课程设置特色性不足

我国职业院校食品类专业课程体系不完善，课程内容交叉重复严重，且重基础、轻应用的问题仍较突出。课程体系没有体现食品行业不同细分领域的特色。从客观原因来说，主要是各职业院校缺乏富有实践经验的专业课、实践课教师，无法开设更多实用性、应用性强的课程；从主观原因来说，则是部分职业院校自身定位不够准确，盲目向综合性的本科院校看齐，盲目效仿普通高校的课程设置，使职业教育课程失去特色，从而导致教学内容既缺乏实用性，又缺乏理论深度③，以致培养出来的学生往往实际动手能力不强。根据劳动和社会保障部公布的报告，在我国7000万人的技术工人队伍中，高级技工仅占3.5%，与发达国家高级技工占40%的水平相差甚远。这组数据说明，进一步改进课程体系和教学方法，特别是加强实践课程和教学，是提高职业教育教学质量的关键。

（二）食品专业职业教育发展建议

针对目前我国食品类专业职业教育人才培养存在的诸多问题，本报告试从人才培养模式、课程设置、实践教学等方面寻找解决问题的途径，以期为食品类专业职业教育的发展提供参考。

1. 以产业需求为导向，适时调整培养目标

职业教育与区域经济的良性互动是建立在职业院校的专业设置与区域产业结构对接的基础上。区域产业经济是职业院校专业设置的基础，专业是产业发展的支撑。当下我国食品工业正处

①《食品遇上互联网——食品行业人才需求的转变》，河北食品网，http：//www. hebeifood. net/special/show -225. html，2015-12-11。

②蔡春江、余红霞：《高职食品贮运与营销专业教学改革探讨》，《太原市职业技术学院学报》2015年第6期，第107页。

③李艳平：《高职院校食品专业课程改革与探索》，《吉林省教育学院学报》2012年第28卷第11期。

于转型期，行业发展进入“新常态”。互联网与大数据的融合改变了传统行业发展格局，食品行业也不例外。传统食品行业的发展正面临着新的机遇与挑战。“互联网+”给食品行业带来了新技术、新商业模式与业务模式，也对食品行业人才提出了新要求。职业院校作为培养技术型人才的主力军，势必要跟上食品行业发展步伐，重新设立食品专业人才培养目标，创新人才培养模式，重建专业课程体系。只有实现专业设置与产业需求对接，职业院校培养出的人才才能满足行业发展需要，才能真正为行业发展提供有力的智力支撑和人才支持。

2. 以培养目标为依据，科学合理设置课程

如何构建好专业的课程体系，是办好专业的前提条件。目前，我国食品类专业的课程体系还不够完善。例如，我国同一学院不同食品类专业基本会有70%左右的共同课程，但在美国这一比例很小。如何科学合理地设置课程，避免课程教学内容交叉重复，这是优化并体现人才培养特色的关键环节①。我国食品专业职业教育应适应地方用人需求，将课程设置及教学内容与就业岗位和职业能力要求对接起来，与科技新知识、新技术、新工艺对接起来，按照强化核心课程，夯实基础课程的原则，增加选修课程，搭建应用型人才培养的课程体系平台②。

食品专业可以依据蒋乃平先生提出的“宽基础、活模块”的课程模式改革目前的课程模式，即先设置一个共同的基础课——“宽基础”，再依据宽基础课程，增加选修课——“活模块”。学生在共同的专业基础上进行学习，后期可以根据自己的兴趣和就业方向来选择相应的模块，以此进一步学习专业技能知识或者来确定自己的职业方向。例如在市场经济体制下，社会需要在食品产业经济、运营、管理、市场营销等方面有特长的食品专业人才，建议可通过增设食品经济管理专业方向或将此类课程设置为必修课，从而培养懂经济、会管理的专业人才。再如在食品行业与互联网紧密联系的今天，开设食品类专业的职业院校可加大工科课程比例和学时，增设电子商务方向的选修课，这对学生掌握与之相应的信息技术、统计技术、计算机技术，实现知识结构完整具有重要意义。

3. 以学生能力为核心，创新实践教学模式

当前职业院校大部分实验课教学是按理论课设置，实验课也只是作为理论课的附属，这样的教学模式很难培养学生的创新能力。我国食品专业职业应在理论课程教学的基础上，实施理论课与实践课多重循环，使课内试验、课程实训、综合训练等多种实践教学形式并存，并与职业技能培训紧密结合，构建环环相扣、层层深入的实践教学体系。

食品专业可以实施“三段式”实践教学模式，即验证性实验教学、综合性实践教学和创新性实践教学三个阶段，并对每一阶段采取不同的教学形式，制定相应的教学目标，逐步提高学生的技能水平、综合素质和创新能力。如图9-10所示。

（1）验证性实验教学阶段。这一阶段以验证性的基础实验为主，主要是验证理论课程的实施效果。对每个单元的内容进行反复技能训练，使学生熟练掌握基本技能。同时，在这一阶段将融入技能资格考试内容。如《食品营养与卫生》、《食品微生物》、《食品分析》、《食品工艺》、《食品质量管理》、《食品工艺实训》、《检验工考证实训》等课程溶入“公共营养师”、“中级食品检测工”、“ISO 9000内审员”、“ISO 22000内审员”等职业标准要求，学生可参加这些技术工种的考试。

①夏明、管婧婧：《食品科学与工程专业增设人文社会课程的探讨》，《高等教育研究》2011年第8期，第89-91页。

②张晓鸣、戴月波：《日本高校食品科学专业课程体系的设置及其思考》，《无锡教育学院学报》2003年第23期，第58-60页。

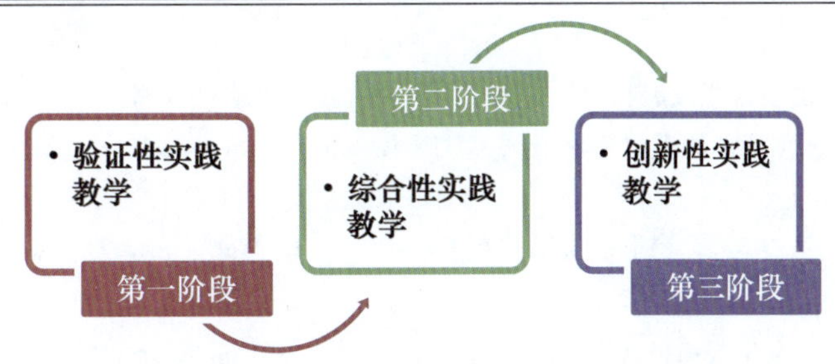

图9-10　“三段式”实践教学模式

（2）综合性实践教学阶段。在单元实践内容反复训练的基础上，立足实训车间，进行综合性实践教学。按现代企业的运作模式，从食品采购、生产、检测、产品销售等各个环节锻炼学生的综合能力。如效仿德国“分组分工讨论教学法”，学生分组合作，既保证每个学生在每道工序上有动手实践的机会，又为学生提供管理组织生产实践的机会，强化学生的责任心，同时还能提高学生的实践动手能力、解决问题能力、创新能力、技术经济与管理能力。

（3）创新性实践教学阶段。开展科技实践活动、社会实践活动、创业实践活动等，使学生成为专业基础扎实、知识结构合理、思想素质过硬，具有创新能力、实践能力和创业能力的复合型应用型专业技术人才。如组建学生食品专业协会（食品生物技术协会、农产品加工技术协会和畜产品加工技术协会等），学生可以通过食品专业协会申请经费自行创业。这种创业实践活动，能够提高学生的市场意识、创业意识和创新意识，有利于培养出真正高素质的创新型专业人才。

4. 以师资阵容为品牌，重视师资队伍建设①②

食品专业能否办出自己的特色，关键在于师资队伍建设。“双师型”师资队伍是食品专业素质型人才培养的基本条件。“双师型”教师指的是具有一定的食品专业理论知识，丰富教学经验，创新意识强，师德高尚，又具有很强操作技能的人才。为适应高素质应用型技术人才培养目标对“双师型”教师的需求，应从以下几个方面去努力：

（1）深入企业，强化专业技能。作为食品专业的一线教师，应该密切关注国际国内本领域的发展前沿，及时更新自己的知识体系，不断吸收新的信息。各职业学校应鼓励教师深入到食品企业从事技术工作和管理工作，使他们的技术水平得到真正的提高，同时也能真正吸收到当前食品企业新的理念。

（2）实行导师制，注重青年教师的培养。建议实行导师制，让专业带头人指导青年教师，如组织课程改革、制定人才培养方案、撰写教研科研论文、参与教研科研活动等，为青年教师的成长引路导航，以此提升青年教师的业务能力。

（3）聘请企业、行业专家。建议不定期地聘请校外食品相关企业及社会实践经验丰富的名师、专家、高级技术人员和能工巧匠做学术交流演讲或担任兼职教师，实行专兼结合，改善师资结构。同时这些行业专家可以参与人才培养方案的修订，参与课程改革，参与实习指导和就业指导，进而提升“双师型”教师队伍的整体水平。

---

①邓慧、周桃英等：《高职教育人才培养模式的探索》，《黑龙江科技信息》2008年第36期，第267页。

②余奇飞、芝萍等：《高职食品加工技术专业人才培养模式的改革与探索》，《西轻工业》2008年第10期，第163-164页。

参考文献

[1]《“十二五”期间食品行业发展状况》，《食品安全导刊》，2015年5月。

[2]《我国食品安全信息化管理的现状和建议》，豆丁网，http://www.docin.com/p-1303175679.html，2015-11-01。

[3]《食品工业“十二五”发展规划与食品经济管理研究》，豆丁网，http://www.docin.com/p-1144901832.html，2015-10-23。

[4]《探路食品加工业信息化管理模式》，金算盘，http://eabax.com/case/4722，2015-10-23。

[5]《2010年食品工业经济运行综述及2011年展望》，浙江水产流通与加工网，http://fishery.zjnw.gov.cn/scpltjg/hyzx/hydt/2011/05/24/2011052400027.shtml，2015-11-03。

[6]《食品加工产业集群诊断分析及对策研究》，全刊杂志赏析网，http://doc.qkzz.net/article/abaffa55-d9e2-4508-a2f8-275df4defcbd.htm，2015-11-01。

[7]《食品产业链》，百度百科，http://baike.baidu.com/link?url=pyWxYr_PDjYXoGGKSsS0ExxGbqgYpH2pQKcv3AA8WngWuVgSikxgbZnHV9fKmakAAbyrybQMbsEE4PU9sthyj_，2015-11-07。

[8]王大红：《食品生物技术专业人才需求现状和岗位职业能力分析》，《教育教学论坛》2014年第35期，第178页。

[9]《食品遇上互联网——食品行业人才需求的转变》，河北食品网，http://www.hebeifood.net/special/show-225.html，2015-12-11。

[10]《2015年食品科学与工程系专业就业方向分析》，职导网，http://www.myzhidao.com/career/17486.html，2015-11-16。

[11]张氽、蔡华珍等：《国内食品专业高等教育资源的分布概况》，《宿州学院学报》2013年第28卷第3期，第107-109页。

[12]张建华、王传荣：《论高职食品类专业的生态位定位》，《职教论坛》2013年第5期，第31-33页。

[13]教育部：教育部关于印发《普通高等学校高等职业教育（专科）专业设置管理办法》和《普通高等学校高等职业教育（专科）专业目录（2015年）》的通知，http://www.moe.edu.cn/srcsite/A07/moe_953/moe_722/201511/t20151105_217877.html，2015-11-30。

[14]李崇高、黄建初等：《高职食品类专业建设模式的探讨与实践》，《广州城市职业学院学报》2008年第1期，第78页。

[15]《中职院校食品类专业食品检验课程教学改革探讨》，道客巴巴，http://www.doc88.com/p-7314057463230.html，2015-11-16。

[16]《美国食品科学专业就业前景》，新东方网，http://goabroad.xdf.cn/201406/10073033.html，2015-11-17。

[17]《中西方食品科学专业教育的比较与借鉴》，新晨范文，http://www.xchen.com.cn/kejizazhi/xiandaishipinkeji/627592.html，2015-11-17。

[18]《美国食品科学专业介绍》，搜狐教育，http://learning.sohu.com/20150918/n421456759.shtml，2015-11-17。

[19]《美国食品科学专业现状和就业前景》，天道教育网，http://tiandaoedu.com/zyjx/20140404/33978.html，2015-11-20。

[20]李里特：《美国加州大学食品科学专业的课程设置与教学思路》，《世界农业》2000年第5期，第48-49页。

[21]蔡健荣、张文莉：《中德食品科学与工程高等教育比较研究》，《江苏大学学报》（高教研究版）2005年第3期。

[22]王俊：《当代德国高等工程教育的主要特点与改革措施》，《中国电力教育》2012年第7期。

[23]娄平、张小梅等：《美、德工程师培养模式对我国“卓越工程师”培养的启示》，《中国电力教育》2012

年第 3 期，第 57 – 75 页。

[24] 刘建强：《德国应用科学大学模式对实施“卓越工程师培养计划”的启示》，《中国高教研究》2010 年第 6 期，第 50 – 51 页。

[25] 屠康、孙柯：《国外食品科学与工程类专业课程设置对我国的启示》，《高等农业教育》2015 年第 4 期，第 123 – 127 页。

[26]《英国食品相关专业介绍》，金吉列留学网，http：//old. jjl. cn/edu/tianjin/gjfocus/432072. shtml，2015 – 12 – 03。

[27]《英国新兴专业——食品科学专业解读》，中国大学网，http：//www. cunet. com. cn/liuxue/HTML/224189. html，2015 – 12 – 03。

[28] 孙京新、王宝维等：《中美大学食品及相关专业设置和课程安排的比较与启示》，《中国农业教育》2009 年第 6 期，第 22 – 24 页。

[29] 欧阳杰、王建中等：《美国大学食品科学专业本科人才培养模式的基本特征》，《中国现代教育装备》2010 年第 15 期（总第 103 期），第 142 页。

[30] 蔡春江、余红霞：《高职食品贮运与营销专业教学改革探讨》，《太原市职业技术学院学报》2015 年第 6 期，第 107 页。

[31] 李艳平：《高职院校食品专业课程改革与探索》，《吉林省教育学院学报》2012 年第 11 期。

[32] 夏明、管婧婧：《食品科学与工程专业增设人文社会课程的探讨》，《高等教育研究》2011 年第 8 期，第 89 – 91 页。

[33] 张晓鸣、戴月波：《日本高校食品科学专业课程体系的设置及其思考》，《无锡教育学院学报》2003 年第 23 期，第 58 – 60 页。

[34] 姚芳、刘靖等：《培养创新型食品专业人才实践教学改革研究》，《职业教育研究》2011 年第 10 期，第 121 – 212 页。

[35] 邓慧、周桃英等：《高职教育人才培养模式的探索》，《黑龙江科技信息》2008 年第 36 期，第 267 页。

[36] 余奇飞、芝萍等：《高职食品加工技术专业人才培养模式的改革与探索》，《广西轻工业》2008 年第 10 期，第 163 – 164 页。

第十章　养老服务行业与职业教育分析报告

当前，我国已经进入人口老龄化快速发展阶段，2014 年末我国 60 周岁以上老年人已达 2.12 亿人，2025 年将突破 3 亿人。人口老龄化在给我国社会经济发展带来严峻挑战的同时，也为我国养老服务业的发展提供了重要机遇。2013 年 9 月，国务院出台《关于加快发展养老服务业的若干意见》，提出要充分发挥政府作用，激发社会活力，健全养老服务体系，不断满足老年人日益增长的养老服务需求，努力使养老服务业成为积极应对人口老龄化、保障和改善民生的重要举措，成为扩大内需、增加就业、促进服务业发展、推动经济转型升级的重要力量。由此可以看出，养老服务业在我国经济发展中占据重要地位，发挥重要作用。

然而，由于社会认识偏差等原因，我国养老服务业发展水平不高，市场发育不健全，专业人才紧缺。尤其是养老服务专业职业教育规模小、层次单一、质量参差不齐等问题极大地制约了养老服务行业的快速发展。在此背景下，本报告深入分析我国养老服务业发展现状、专业人才需求情况、国内外养老服务专业职业教育模式，进而剖析养老专业职业教育服务产业发展面临的问题，提出养老服务专业职业教育发展的方向，以期推动其健康、稳步发展。

一、我国养老服务行业发展概况

养老服务业是指为老年人提供生活照顾和护理服务，满足老年人特殊的生活需求和精神需求的服务行业。依据联合国定义老龄化国家的标准，即一个国家 60 岁以上老年人口达到总人口数的 10%，或者 65 岁以上老年人口占人口总数的 7% 以上，我国自 2000 年起就步入了老龄化国家的行列。当前，我国人口老龄化的主要问题是发展速度快、规模大、未富先老、劳动力结构快速老化和发展不平衡，这使得传统的养老服务业发展面临着严峻的挑战。尤其是失能、半失能老人数量的快速增长，促使我国亟须加快养老服务业发展。

（一）养老服务业发展现状

加快我国养老服务业的发展和转型升级，积极应对老龄化社会的到来，已成为我国战略性发展目标的重要方面。随着我国老龄化社会进程的加剧，养老服务行业的重要性逐渐提升，服务内容不断细化，行业发展更加规范化。

1. 养老服务市场广阔

我国老龄人口基数庞大，为养老服务业的发展提供了广阔的市场空间。根据国家统计局公报 2014 年数据显示，2014 年末我国 60 周岁及以上人口数为 21242 万人，占总人口比重为 15.5%；65 周岁及以上人口数为 13755 万人，占比 10.1%，首次突破 10%。这些数据表明，我国不仅面临老龄化的问题，紧随老龄化而来的更是高龄化问题。同时，在我国高龄人口中，老年人口结构性差异较大，其中一半以上是部分失能和失能老人。

如图 10－1 所示，我国自 2011 年以来，60 岁以上人口递增趋势明显，根据联合国的预测，

2000～2050 年将是我国人口年龄结构急剧老化的阶段，并经历平缓老化期、快速老化期和高峰平台期三个阶段（见图 10－2）。按此测算，我国当前处在快速老化期阶段，老龄人口将迅速增加，从而对养老服务产生巨大的需求。由此可见，未来我国养老服务市场极为广阔。

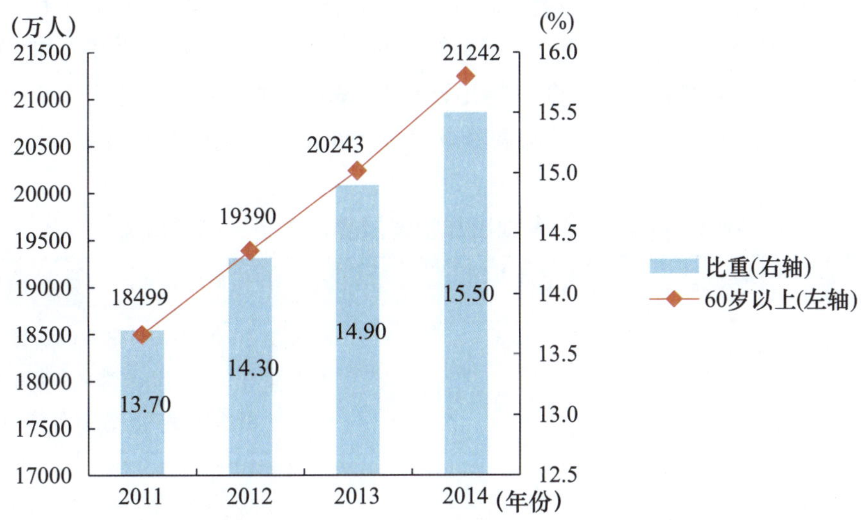

图 10－1　2011～2014 年 60 岁以上人口及占总人口数比重

资料来源：中国民政部社会服务社会统计数据。

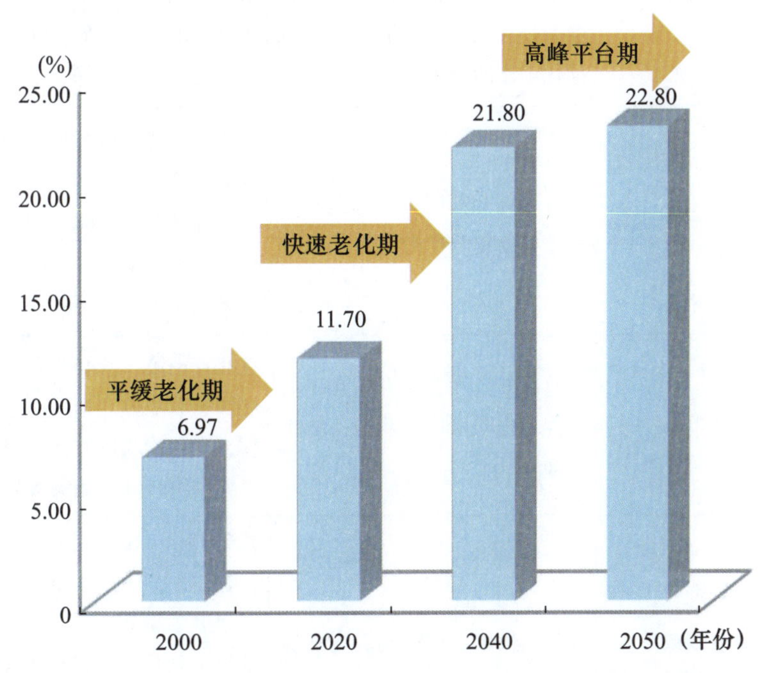

图 10－2　2000～2050 年中国 65 岁及以上老年人口比例

资料来源：前瞻产业研究院。

2. 发展环境不断优化

伴随着老龄化社会的发展，“银发浪潮”、“银发经济”、“养老产业”吸引了全社会关注的目光。现阶段，我国家庭养老功能逐渐弱化，社会对养老服务的需求不断提升，老年人尤其是失能和半失能老年人对于养老服务提出了更高需求。同时，养老服务业在国家经济社会发展中的地位和作用不断提升，国家对养老服务业发展也给予了鼓励和政策支持（见表10－1），主要表现在三个方面：①2013年，李克强总理在国务院常务会议上明确提出把“养老服务业”这一服务亿万老年人的“夕阳红事业”打造成蓬勃发展的“朝阳产业”。②2013年9月，国务院印发《关于加快发展养老服务业的若干意见》，这是指导今后一个时期我国养老服务业发展的纲领性文件。③2014年底，国务院召开常务会议提出开展市场化方式发展养老服务产业试点，支持八个省份以社会化、市场化、商业化方式探索养老服务产业发展体制机制与有效模式①。

表10－1　2013～2015年国家推出加快发展养老服务业相关政策

发布时间	发布机构	文件名	重点内容
2013年9月6日	国务院	关于加快发展养老服务业的若干意见	到2020年，全面建成以居家为基础、社区为依托、机构为支撑的，功能完善、规模适度、覆盖城乡的养老服务体系。90%以上的乡镇和60%以上的农村社区建立包括养老服务在内的社区综合服务设施和站点
2014年1月26日	民政部等五部门	民政部国家标准化管理委员会　商务部国家质量监督检验检疫总局　全国老龄工作委员会办公室关于加强养老服务标准化工作的指导意见	到2020年，基本建成涵盖养老服务基础通用标准，机构、居家、社区养老服务标准、管理标准和支撑保障标准，以及老年人产品用品标准；基本形成规范运转的养老服务标准化建设工作格局
2014年6月10日	教育部等九部门	教育部等九部门关于加快推进养老服务业人才培养的意见	大力发展养老服务相关专业，加快建立养老服务人才培养体系，到2020年，基本建立以职业教育为主体，应用型本科和研究生教育层次相互衔接，学历教育和职业培训并重的养老服务人才培养及培训体系
2014年6月20日	民政部办公厅	民政部办公厅关于开展国家智能养老物联网应用示范工程的通知	在北京市第一社会福利院等7家养老机构开展国家职能养老物联网应用示范工程试点工作，应用物联网技术，开展老人定位求助、老人跌倒自动监测等服务
2014年9月12日	国家发展改革委、民政部等十部门	关于加快推进健康与养老服务工程建设的通知	到2015年，医疗卫生机构每千人口病床数（含住院护理）达到4.97张，到2020年，医疗卫生机构每千人口病床数（含住院护理）达到6张，非公立医疗机构床位数占比达到25%，到2015年，每千名老年人拥有养老床位数达到30张。到2020年，每千名老年人拥有养老床位数达到35～40张

①张晓峰：《养老服务是未来推动经济转型的重要力量》，凤凰房产，http：//house.ifeng.com/detail/2015_01_20/50232704_0.shtml，2015－01－20。

续表

发布时间	发布机构	文件名	重点内容
2014 年 11 月 14 日	商务部	关于推动养老服务产业发展的指导意见	加快推动居家养老服务的多元化发展。完善居家养老服务体系。加快推动集中养老服务的特色化发展，探索景区养老、生态养老、田园养老等集聚式养老发展模式。加快推动养老服务的信息化发展。加快推动养老服务的融合发展
2014 年 11 月 24 日	商务部、民政部	商务部　民政部关于鼓励外国投资者在华设立营利性养老机构从事养老服务的公告	外国公司、企业和其他经济组织或个人在华设立营利性养老机构从事养老服务的事项
2015 年 1 月 13 日	教育部办公厅、民政部办公厅、国家卫生和计划生育委员会办公厅	教育部办公厅　民政部办公厅　国家卫生和计划生育委员会办公厅关于遴选全国职业院校养老服务类示范专业点的通知	开展职业院校养老服务类示范类专业点遴选条件、专业和推进限额以及工作程序与要求

资料来源：根据公开资料整理。

3. 服务内容逐渐细化

2011 年 12 月 26 日，国务院办公厅印发《社会养老服务体系建设规划（2011 ~ 2015 年）》特别提出，我国的社会养老服务体系主要由居家养老、社区养老和机构养老三个有机部分组成，工作内容涵盖生活照料、康复护理、医疗保健、紧急救援、食品营养、精神慰藉等。以北京市《养老服务机构服务质量规范》为例，其服务内容细化为八个方面，包括个人生活照料、老年护理、心理精神支持、安全保护、环境卫生、休闲娱乐、协助医疗护理和医疗保健，其中，老年护理服务包括老年社区护理、基础护理、老年专科疾病护理、老年心理护理等多项内容，医疗保健服务包括健康管理、社区保健等，这说明我国养老服务内容越来越细化，行业发展更规范化。如表 10 -2 所示。

表 10 -2　北京市地方标准《养老服务机构服务质量规范》服务内容

养老服务模块	服务内容
个人生活照料服务	老人个人清洁卫生、穿衣、修饰、饮食、如厕、口腔清洁、皮肤清洁护理、压疮预防、便溺护理
老年护理服务	老年社区护理、基础护理、老年专科疾病护理、老年心理护理、老年康复指导、老年期健康教育、健康咨询、护理技术操作、院内感染控制等
心理、精神支持服务	访视、访谈、危机处理、咨询活动和社会交往
安全保护服务	提供安全设施、使用约束物品、改善老人生活环境、采取预防措施
环境卫生服务	老人居室、公共区域的清洁卫生
休闲娱乐服务	开展各种休闲娱乐活动，如棋、牌、器械、体育运动活动、书法、绘画、唱歌、戏曲、趣味活动、参观游览

续表

养老服务模块	服务内容
协助医疗护理	观察老人日常生活情况变化；协助老人服药、协助生活不能自理的老人进行肢体活动；搬运、协助老人使用助行器具；完成标本的收集送检；协助进行并发症的预防；完成物品的清洁、消毒，协助做好院内感染的预防工作
医疗保健服务	为入住的老人提供健康管理、社区保健、健康咨询、康复指导、预防保健工作

资料来源：根据北京市地方标准《养老服务机构服务质量规范》整理。

4. 服务体系日渐完善

养老服务体系是指老年人在生活中获得的全方位服务支持的系统。我国的养老服务体系主要由居家养老、社区养老和机构养老三个部分组成。近年来，在党和政府的高度重视下，我国社会养老服务体系建设日渐完善，初步建立了以居家养老为基础、社区养老为依托、机构养老为支撑的社会养老服务体系。截至2014年底，全国各类养老服务机构和设施94110个，其中养老服务机构33043个，社区养老机构和设施18927个，互助型的养老设施40357个，各类养老床位577.8万张（每千名老年人拥有养老床位27.2张），年末收留抚养老年人318.4万人[①]。由这些数据可以看出，我国养老服务水平在不断提升，养老服务体系建设在不断加强。

5. 服务模式不断创新

随着我国人口快速老龄化，各地都在积极探索和创新养老服务模式，并且形成了一批较为成功的具有代表性的养老服务机构和养老服务平台。例如，以“智慧养老”为突出特点的乌镇，积极探索居家养老与“互联网+”的融合，集居家养老服务照料中心、文体活动中心、社会组织孵化站、义工与志愿者服务站、社区便民服务于一体的“智慧养老”综合服务平台，形成了微信、APP等互联网、物联网、云技术搭建的“线上+线下”相结合的“互联网+养老服务”体系。以“信息化”为突出特点的福州金太阳老年综合服务中心，率先建立了具有老年人应急呼叫救助及居家养老服务信息化的养老服务平台，这是一种新型的集应急救助与日常居家养老服务于一体的养老服务模式。以“虚拟平台”为特色的兰州城关区虚拟养老院通过一部热线电话、一个指挥平台、一批加盟企业的有机结合，形成了满足老年人足不出户，便可在家享受专业化、标准化养老服务的养老模式。

此外，养老服务企业也积极探索，开启了一种全新的养老服务模式。如“二毛照护”是一个集居家清洁、个人护理、陪伴照护、专业护理、疾病康复、功能锻炼的居家养老服务平台；2015年由北京七心云科技有限公司打造的国内专业O2O家庭健康护理平台——一号护工正式上线，全新的服务模式、专业的护理员、贴心的服务，满足了空巢老人的不同需要。由此可见，在老龄人口急剧增多的背景下，养老服务业要加大科技创新、产品创新与服务创新才能更好地满足社会需求。

（二）养老服务行业存在的问题

近年来，我国养老服务行业发展呈现良好趋势，但是与我国老龄化进程加速、社会养老需求不断增长的形势相比仍存在一定的差距。养老资源紧缺、服务水平层次低、养老护理人才急缺等问题日渐成为我国养老服务业发展的瓶颈。

---

①国家统计局：《2014年国民经济和社会发展统计公报》，http://www.stats.gov.cn/tjsj/zxfb/201502/t20150226_685799.html，2015-02-26。

1. 人才供需矛盾突出

我国养老服务供给不足的主要原因是从业人员不足。目前，我国养老护理员缺口达千万以上。2011 年，民政部印发《全国民政人才中长期发展规划（2010~2020 年）》，提出到 2020 年实现养老护理员达 600 万人的目标。根据中国社会管理研究院的一项研究，至 2020 年，中国的半失能老人将达到 6852 万~7590 万，失能老人达到 599 万~674 万，养老护理员岗位则应达到 657 万~731 万，同时新增护理员的流失率为 40%~50%，如要实现民政部的目标，每年应当培养 200 万养老护理相关人才。然而，根据民政部数据统计显示，全国 60 余家开设养老服务相关专业的中高职院校，每年培养老年服务与管理专业中高职毕业生约 3000 余人。对比人口老龄化进程的快速增长对养老服务人才的需求，养老服务人才供需矛盾已经非常突出。

2. 专业建设严重滞后

养老服务不是简单的日常照料，还包括老年人的生理、心理及健康维护等方面的内容，需要专业的知识和技能。而我国养老机构工作人员中，专业水平较高的专职护士所占比例明显偏低，其中除少数康复护理专业毕业的护士接受过规范、系统的养老医疗、康复、保健护理教育外，多数人在进入养老服务相关岗位之前并未接受过系统的培训；专职护工比例较大，其中半数以上在上岗之前从未接受任何形式和内容的养老护理专业培训。

目前，我国养老服务行业的学历教育缺乏完善的人才培养体系，而非学历教育培训系统认证功能不完善，使得我国现有在各级、各类养老服务机构从事养老服务的工作人员的实际工作只是进行简单的生活照料，入住的老年人基本享受不到心理疏导、精神慰藉、康复保健等深层次的专业服务。专业建设严重滞后，系统性培训缺乏成了制约养老服务人才专业化成长的瓶颈。

3. 养老服务供需错配

我国养老服务的方式一般以家庭养老为主。不过随着老龄化加剧，劳动人口比例下降，以及计划生育造成的“4—2—1”核心化家庭结构日益增多，以家庭供养为主的养老模式难以为继，而对社会化养老服务的需求快速增长。

随着生活水平的不断提高，老年人对养老机构从环境建设、硬件设施的投入以及服务水平和护理水平都寄予很高的期望，然而目前我国养老机构设施主要以中低档配置为主，养老护理水平以基础的护理工作为主要内容，与老年人的养老护理需求存在很大差距，导致高端养老机构床位爆满，老人排队等入住，而普通养老机构床位空置率高达 48%，养老服务市场呈现出供需错配的尴尬现象。

4. 服务机构经营困难

《中国养老机构发展研究报告》显示，截至 2014 年，全国共有床位 551.4 万张，每千名老人拥有养老床位 26 张，床位空置率高达 48%。在被访的养老机构中，有利润盈余的养老机构比例为 19.4%，32.5% 的机构亏损，48.1% 的机构基本持平。主要原因是目前养老机构的档次分布呈现两头大、中间小的“哑铃形”，服务水平有限的养老机构和高档、收费高昂的养老机构数量多，符合大多数老年人市场需求的中档养老机构所占份额较低①。

以武汉一家纯照料型服务机构为例，2014 年服务收入仅 400 万元，而人员工资、水电气等能源费用和各种税费的运营成本高达 1300 万元，净亏损 900 万元。这还不算设施投资 5 亿元的收益，如果按照 5% 的银行利率保守计算，又是 2500 万元的损失。综合折算下来，这家养老机

①《〈中国养老机构发展研究报告〉发布》，《北京晚报》，http://www.ccgp.gov.cn/gpsr/gdtp/201507/t20150717_5572025.htm，2015-07-17。

构一年至少亏损3400万元。由此可见，养老服务机构的生存环境十分艰难①。

二、养老服务行业人才需求分析

养老服务业作为新兴产业，其快速发展对促进社会和谐、推动经济社会持续健康发展具有重要意义。国家高度重视养老服务业的发展，出台了一系列支持政策，推动其健康发展。随着养老服务业的发展环境不断优化，越来越多的企业开始涉足，提供不同类型的养老服务。然而，我国养老服务人才的缺乏，质量参差不齐等问题，在一定程度上制约了养老企业乃至整个行业的快速发展。

（一）养老服务机构发展状况

由于我国家庭医疗条件相对薄弱，人口高龄化趋势的不断加剧导致我国机构养老、社区养老需求不断攀升。目前，我国养老机构按传统的政府福利性属性分类可分为老年福利院、养老院、老年公寓、护老院、敬老院等，不同类型的养老院服务的对象不同，主要分为“三无”老人、自理老人、介助老人和介护老人。

1. 数量不断增加

2011～2014年社会服务发展统计公报数据显示，我国养老机构和设施增长速度较快，尤其是2013～2014年，随着我国养老方面有利政策出台，更多的民间资本注入到养老服务行业，养老服务机构数量增势明显。截至2014年底，全国提供住宿的各类养老服务机构和设施94110个，其中养老服务机构33043个，社区养老服务机构和设施18927个，互助型的养老设施40357个，各类养老床位577.8万张②。如图10－3所示。

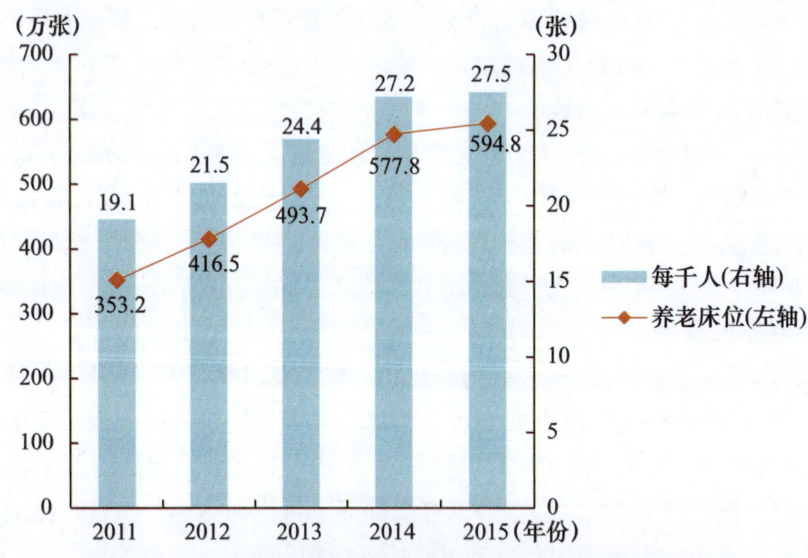

图10－3　2011～2015年我国养老服务机构增长趋势

资料来源：中国民政部社会服务社会统计数据，2015年为第三季度数据。

①《戴皓委员：实施养老服务业体制改革》，《中华工商时报》，http：//mzzt.mca.gov.cn/article/lh2015/b/201503/20150300786370.shtml，2015－03－16。

②《2014年社会服务发展统计报告》，中国民政部门户网站，http：//www.mca.gov.cn/article/sj/tjgb/201506/201506008324399.shtml，2015－06－10。

2. 类型逐渐多样

随着我国养老服务业的快速发展以及个性化养老服务市场的不断拓宽，养老服务业逐渐涌现一批具有特色化、个性化、针对性的服务企业。根据现有养老服务机构或企业整理，除了养老机构传统的分类外，又可以分为养老运营商、社区养老服务商、养老科技公司、适老化产品解决方案提供商。

养老运营商通俗意义上指的就是高端的养老机构，诸如将府、汇晨、曜阳、太阳城、寿山福海、乐成、太申祥和、康梦圆等；社区养老服务商主要针对社区养老或家庭养老，通过信息化平台搭建为居家老人提供及时、专业的养老服务内容，是实现"智慧社区"、"智慧养老"的主要载体；适老化产品解决方案提供商，以"永爱"为例，主要可以提供适老家具、智能系统、康复护理、生活辅助与休闲娱乐等（见表 10－3）。

表 10－3　　养老服务机构分类及代表企业

机构类型	代表企业
养老运营商	吉祥养老、康乐年华、亲普、康乃馨、亲和源、乐慈、红日养老、夕悦颐养、福寿康、天地健康城、南鑫恺尔、恭和苑、椿萱茂、瑞普华、乐老汇、寸草春晖、安信颐和、阳光佳苑、安睿福祉、寿乐康、金夕延年
社区养老服务商	慈爱家、轻松护理、万福年华、朗力、晚晴枫
养老科技公司	优尔讯、侨亚、颐讯、麦麦养老、三开科技、二毛照护
适老化产品解决方案提供商	永爱、保利和品、嘉兰图、久久艳阳

3. 层次分布不均

我国养老机构根据不同的服务对象及偏重的服务主体类型不同，可大致分为高端、中高端和中低端三类。高端养老机构如北京乐成恭和苑、泰康之家燕园等，其特点是收费标准高，软件硬件配套都十分"高大上"，但缺点也显而易见，入住率低。中低端养老机构多数为公办，数量庞大且入住门槛低，如北京寸草春晖及汇晨老年公寓，基本在运营一年之后就可住满，体现了中国养老市场的极大需求，缺点是硬件配套落后、不齐全。专业护理型养老机构主要接收失能、半失能、失智老人，如惠州市惠城区杏健老年护理院、温州瑞安市康馨红日老年照护中心等。此外，介于高端与中低端养老机构，还存在少数的中高端养老机构，其收费相对较高，不过入住率也较高。如上海亲和源老年公寓，收费标准是每月 4000～8000 元，侧重老人居住的舒适性和老人精神层面的看护，已经形成良好的口碑，一床难求。如表 10－4 所示。

表 10－4　　我国养老机构分类及特点分析

类型	高端综合型养老机构	中低端普通型养老机构	专业护理养老机构
特点	多为有一定资金实力，具有管理经验的政府单位、民营单位、外资单位投资兴建的营利性或示范性养老机构	多为执行政策要求的政府单位、企业单位、集体单位和具有投资意愿的民营实体或私人兴建的福利性或营利性养老机构	多为医疗机构、相关专业机构投资的营利性养老机构

续表

类型	高端综合型养老机构	中低端普通型养老机构	专业护理养老机构
优势	雄厚的资金实力，特殊的政策支持，丰富先进的管理经验，配备先进完善的养老设施，能够提供多种高档的特色服务，颇具地理优势的环境和较大的占地面积	具有政策支持，资金投入少，颇具价格优势，管理简单易行，运营成本低等	具有一定的资金实力，丰富的管理经验，专业的服务技术，具有特殊的客户群体，相对完备的设施和适当的场地，客源相对丰富且盈利状况好等
劣势	该种机构数量少，缺乏价格竞争优势，入住率低，投资规模大，收益周期长，盈利率低等	数量不能满足市场需求，服务项目少、质量差，资金实力薄弱，组织管理混乱，缺乏精神方面的服务，设施简陋，经营场所面积狭小、环境差，盈利水平低（有些政府单位并不以营利为目的）等	机构数量少，专业要求高，客户群体特殊，资金投入大，价格优势低等
服务对象	政府高级退休干部，享受国家政策补助的专业人士，个人或其子女有较高收入的富裕阶层，有在国外留学就业的子女的老年人群，在国内留学工作的外籍人员的老年父母等，总体上来说是具有较高收入且养老观念先进的老年人群	政府或集体的社会福利对象，企业退休职工，中低收入者，另外大都具有自理能力	具有一定经济实力且患有疾病的自理能力低的老年人群
代表企业	乐成恭和苑、椿萱茂、星堡、泰康燕园	寸草春晖、汇晨老年公寓、泰康燕园	珠海市人安老年人养护服务公司、惠州市惠城区杏健老年护理院、上海浦东新区日月星养老院、温州瑞安市康馨红日老年照护中心

资料来源：根据公开资料整理。

（二）行业人才需求分析

随着养老服务的重要性日渐提升、行业运作的不断规范、养老服务内容的进一步细化，养老服务行业进入了快速发展阶段，养老机构也逐渐呈现市场化、规模化、标准化运作的特点，对养老服务相关人才的需求从数量上提出了新的需求，尤其是随着我国信息化水平建设的提升，“智慧养老”、“虚拟养老服务平台”等概念的提出和平台的搭建，进一步对养老服务人才的培养规格和人才技能、素质提出了新的要求。

1. 人才类型分析

养老服务行业是传统护理行业与老年人服务相结合，专门针对老年人护理和服务领域，需要借助护理技术、疗养技术、康复技术、心理治疗、互联网技术等多种方式，根据老年人不同护理阶段的不同需求，完成老年人的生活照料、心理护理、生活护理与健康管理等内容。根据养老服务业的产业链，可以将养老服务行业人才分为三类：一是老年护理服务类人才，包括生活护理、康复护理、心理护理等；二是养老机构管理类人才；三是养老营销类人才。如表10－5所示。

表10－5　我国养老服务专业人才需求类型

人才需求类型	对应岗位
护理服务类	服务类：老年社会工作者、健康评估员、养老护理员、康复训练员、护工、志愿者等 护理类：康复师、康复医疗师、高级护理师、营养师、营养配餐师等 健康管理类：影像诊断医师、超声诊断医师、药剂师、内科医师、全科医师等
机构管理类	专业管理类：院长、副院长、养老院主管、护理主任等 行政管理类：医务部助理、活动专员、文案策划、培训主管等
营销拓展类	营销总监、养老顾问、养老营销、业务经理、养老产品研发人才等

资料来源：根据公开资料整理分类。

由于老年人照护与护理的需求多元，养老服务人才应该是一种复合型人才。例如，在智能养老、居家养老备受重视的情况下，养老护理逐渐融入智能养老系统、老年康复保健、康复治疗技术、健康管理、护理与疗养、老年辅助应用等专业技术。养老服务从业人员不仅需要具备养老照护与护理疗养相关的知识和技能，掌握老年心理、老年关怀等精神护理方面知识，还需要掌握养老机构的开发运营与管理等方面知识。知识和技能的深度融合，互联网技术与养老模式的密切结合，使得行业急需既懂得综合管理与计算机智能系统运用，又熟练运用养老服务技术的高技能复合型、应用型人才。如表10－6所示。

表10－6　我国养老服务人才知识和能力结构①

类型	具备知识或能力
知识结构	①了解关于老年人个体的各种知识，如个体衰老的生物特性、心理特征及个体特点等 ②了解人类群体老龄化的知识，如发展规律、机遇和挑战、应对措施等 ③掌握养老方面的基本知识
能力结构	①老年人常见疾病康复能力 ②老年人生活照护能力 ③沟通交流与心理疏导能力 ④文娱体育活动指导与策划能力 ⑤现代养老机构管理能力

①黄岩松、陈卓颐：《机构养老服务高素质人才培养探讨》，《长沙民政职业技术学院学报》2007年12月第4期。

2. 人才需求分析

据中国老龄科学研究中心的调查，全国失能老人愿意入住养老机构的比例为16.6%，这意味着至少597.6万失能老人需要入住养老机构。按照经济发达国家的经验，2个失能老人就需要至少1个照料人员，这就对专业护理及服务人才提出了巨大需求。

（1）人才需求数量。2015年，我国老年人护理服务和生活照料的潜在市场规模超过4500亿元，直接养老服务就业岗位潜在需求将超过500万个，间接就业岗位潜在需求更是难以计数。然而，目前我国养老机构人员不到60万，而持证上岗人员不足10万，学校每年仅培养千余人，同时养老服务从业人员的待遇不高及社会地位低下，又导致“招不进、留不住”问题，这无疑进一步加大了养老服务专业人才的缺口。①

（2）人才需求类型。位于养老服务链上的不同岗位，其服务内容和侧重点不同，对服务人才的要求也各不相同。养老服务方向的工作内容侧重于养老照护、康复保健、社会工作类，需要的是基础服务、康复技术等技术服务型人才；管理方向侧重于机构管理、社区公寓管理、居家养老管理类工作内容，需要养老机构运营管理型人才。如图10－4、图10－5所示。

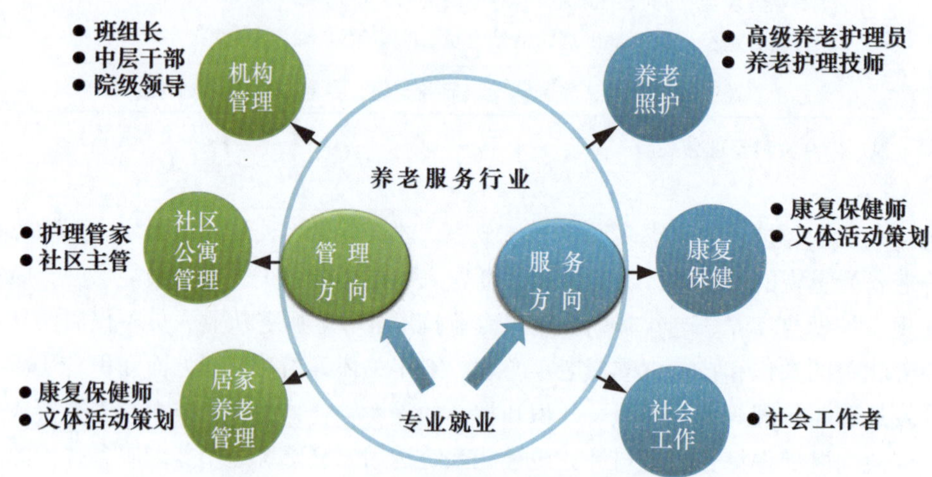

图10－4　传统养老服务行业人才需求类型

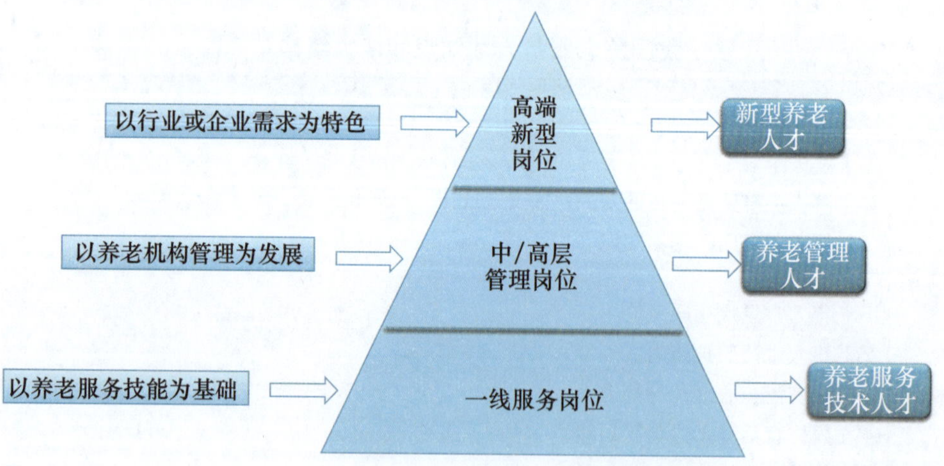

图10－5　未来养老服务行业人才需求类型

①《养老服务业：专业人才是紧迫需求》，中国网，http://finance.china.com.cn/roll/20130830/1772378.shtml。

以新修订的《中华人民共和国老年人权益保障法》为标志，2012 年以来国家在推动养老服务信息化建设方面相继出台了一系列政策措施，特别是信息惠民、互联网 + 行动计划、促进大数据发展等政策颁布，有力地支持了以互联网为主的智能养老服务业的蓬勃发展。这就对养老服务人才提出了新的要求，不仅要掌握养老服务的基本服务知识和技术、机构运营管理能力，还要掌握新兴的信息技术并熟练运用到养老服务领域。以慢性病患者为例，目前我国确诊和未确诊的慢性病患者总计将近 5 亿，且绝大部分的患者属于老年人行列，这些人中绝大多数对自己的病情并不是十分了解，导致医疗开支巨大但病情没有得到有效控制。在“互联网 +”时代，如何有效地将慢性病患者纳入平台管理，帮助老人及早发现自己的病情，并采取有效的控制治疗手段，对养老服务人才提出了新的要求。此外，伴随着居家养老、智慧养老的不断发展，养老服务产品研发人才和销售人才的需求也逐渐扩大。

（3）人才技能分析。根据我国养老服务业发展趋势及对人才需求类型分析可见，养老服务业正在经历着行业的转型发展，与互联网之间的联系愈加紧密。这就要求养老服务人才既要掌握养老机构运营与管理方面的知识和能力，又要掌握养老服务、护理行业相关的知识和技能，同时还要具备较强的创新能力和互联网思维。总体来看，我国养老服务业需要以养老服务技能为基础的养老服务人才、以养老机构管理为发展的养老管理人才、以行业发展或企业需求为特色的新型养老人才，其所需技能包括基础技能、专业技能、管理技能、营销技能、研发技能，如表 10 - 7 所示。

表 10 - 7　　养老服务行业发展人才技能分析

<table>
<tr><th>人才类型</th><th>技能类型</th><th colspan="2">能力内容</th></tr>
<tr><td rowspan="3">养老服务技术人才</td><td>基础技能</td><td>职业素养</td><td>人际沟通能力、心理承受能力、爱心、社会责任感、应急应变能力等</td></tr>
<tr><td rowspan="2">专业技能</td><td>养老照护</td><td>包括生活照护、疾病护理、心理护理、康复护理及健康评估能力等</td></tr>
<tr><td>康复保健</td><td>康复评定能力、康复训练能力、康复保健能力、健康指导能力等</td></tr>
<tr><td>养老管理人才</td><td>管理技能</td><td>机构管理</td><td>机构运营、部门计划、组织、协调、领导、质量管理、业务指导、信息化管理等</td></tr>
<tr><td rowspan="2">新型养老人才</td><td>营销技能</td><td colspan="2">市场调研与预测能力、营销策划能力、商务谈判能力、组织能力、策划能力等</td></tr>
<tr><td>研发技能</td><td colspan="2">信息技术应用能力、养老服务产品研发管理能力、创新能力等</td></tr>
</table>

资料来源：根据公开资料整理。

三、我国养老服务专业职业教育现状分析

从我国养老服务机构现状来看，养老机构专业人才相当匮乏，不仅是专业技能型人才，还包括运营管理类人才，严重制约了养老机构的健康发展。虽然国家出台了加快养老服务人才培养的政策，但是从实际情况来看，开设养老服务相关专业的院校非常少，养老服务人才培养进展缓慢。

（一）专业设置现状

1999 年，长沙民政职业技术学院最早开设老年服务与管理专业三年制专科，意味着我国养老服务人才培养开始起步。随着我国人口老龄化趋势的显著增长，根据养老服务业发展对技能型人才和管理型人才提出的需求，我国传统高职高专①的护理类（6302）、医学技术类（6304）、公共事业类（6501）、公共服务类（6503）等细分专业逐渐倾向养老服务人才的培养，同时在最新修订的《普通高等学校高等职业教育专科专业目录（2015 年）》中，新增的康复治疗类（6205）、健康管理促进类（6208）专业中都开设了养老服务人才的培养方向。此外，中职院校与应用型本科院校也开设了养老服务相关专业。

1. 高职院校

在《2014 年普通高等学校高职高专教育指导性专业目录（含目录外专业）》中，养老服务技术护理型专业主要有言语听觉康复技术、康复工程技术、中医保健康复技术、呼吸治疗技术、康复治疗技术、医学检验技术、医学影像技术；老年服务管理类专业主要有老年服务与管理、健康管理、社会工作等专业，其中老年服务与管理专业又细分为老年机构与运营、公寓经营与管理、健康产业管理、老年事业经营与管理、养老机构开发与运营、老年社会工作、健康管理与关怀、护理与疗养等方向。

根据高等职业学校专业设置备案结果 2015 年数据统计，全国共有 756 所高职院校开设了养老服务相关专业，其中有 112 所高职院校开设了老年服务与管理专业（见图 10－6）。2014～2015 年共有 15 所院校新设老年服务与管理专业，但从实际招生情况来看，全国仅有 20 个省份 30 余所院校能够实现连续三年招生，在校生不足 4000 人，老年服务与管理专业每年培养的专业人才只有千余人。

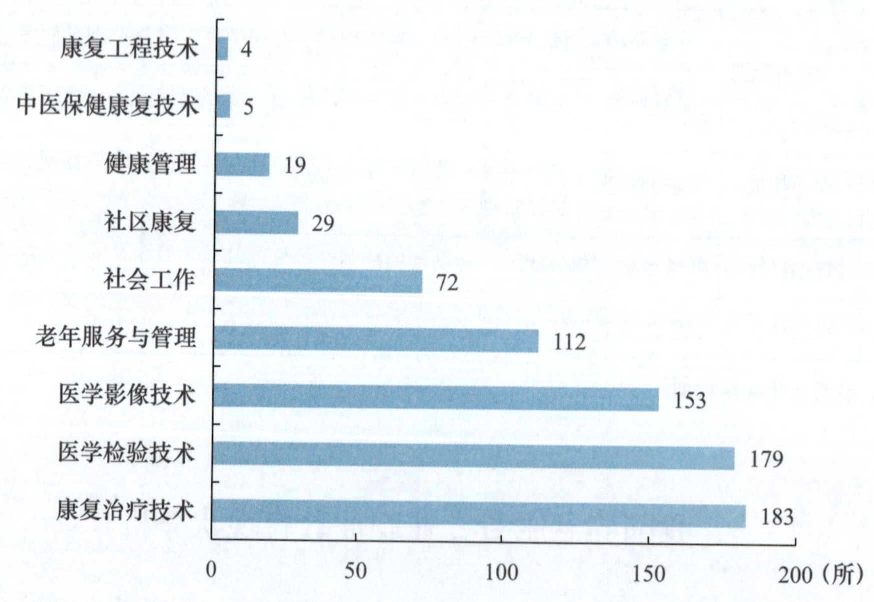

图 10－6　2015 年开设养老护理相关专业的高职院校数量

①《2014 年普通高等学校高职高专教育指导性专业目录（含目录外专业）》专业分类。

从区域来看，我国养老服务人才培养呈地区发展分布不均、院校分布差异大的特点。地区发展分布不均表现在：开设养老服务相关专业的职业院校主要集中在15个省左右，还有将近41.9%的省份，即13个左右的省、自治区、直辖市的养老护理行业人才培养呈现空白现象①。院校分布差异大表现在：养老服务专业建设和人才培养分布不平衡。从调研数据上看，招生规模和毕业生较多的主要集中在几个少数的职业学院，排前10名的院校有长沙民政职业技术学院（1900人）、大连职业技术学院（1205人）、北京社会管理职业学院（767人）、陕西工运学院（520人）、菏泽家政职业学院（436人）、青岛恒星职业技术学院（332人）、钟山职业技术学院（311人）、重庆城市管理职业学院（286人）、江苏经贸职业技术学院（250人）、北京劳动保障职业学院（220人）等②。2015年部分院校养老服务专业开设情况及招生计划如表10－8所示。

表10－8　2015年部分院校养老服务专业开设情况及招生计划

学校	学校层次	专业名称	招生计划（人）
四川城市职业学院	高职院校	老年服务与管理	50
兰州职业技术学院	综合性高职院校	老年服务与管理	34
厦门城市职业学院	公办高职院校	老年服务与管理	30
菏泽家政职业学院	专科普高	老年服务与管理	65
		康复治疗技术	156
大连职业技术学院	高职院校	老年服务与管理	75
北京青年政治学院	高职院校	老年服务与管理	35
重庆城市管理职业学院	高职院校	老年服务与管理	55
		康复治疗技术	184
长沙民政职业技术学院	高职院校	老年服务与管理——养老机构管理	30
江苏经贸职业技术学院	高职院校	老年服务与管理	55
陕西工运学院	公办高职院校	老年服务与管理——日式介护方向	29
		老年服务与管理——康复技术方向	
钟山职业技术学院	民办高职院校	老年服务与管理	45
		康复治疗技术	45
		康复辅助器应用与服务	40
北京劳动保障职业学院	高职院校	老年服务与管理——老年社会工作	13
		老年服务与管理——健康管理与老年关怀	9

资料来源：根据各院校官方网站整理。

2. 中职与应本层次

开设养老服务相关专业中职与应本层次的院校较少，但呈逐年递增趋势。开设养老服务相关

①②《杨根来谈我国养老服务职业教育》，新华网，http：//news. xinhuanet. com/gongyi/yanglao/2015－05/27/c_ 127843621. htm，2015－05－27。

专业的中职院校有重庆传媒职业学院、浙江树人大学，主要偏重于康复护理类技能型人才培养。开设养老服务相关专业本科层次学历教育的代表院校有鞍山师范学院、贵州医科大学神奇民族医药学院、遵义师范学院、黑龙江工商学院，都是在传统的社会工作、工商管理、护理学等专业领域内增设老年服务与管理、社会养老服务与管理等方向，着重培养养老服务业高层次、高素质的技术型人才和管理型人才。如表 10－9 所示。

表 10－9　　2015 年典型院校养老服务专业开设情况及招生计划

学校	学校层次	专业名称	专业层次	招生计划（人）
重庆传媒职业学院	高等职业学院	老年人服务与管理	中职	50
浙江树人大学	民办本科院校	养老服务与管理	中职	单考单招
河南推拿职业学院	高等职业院校	中医康复保健（推拿按摩方向）	中专	500
长沙医学院	高等本科学校	老年服务与管理	五年一贯制	—
云南经济管理学院	应用型普本	康复治疗技术	五年一贯制	20
		护理	五年一贯制	100
鞍山师范学院	普本师范院校	社会工作专业（老年服务与管理方向）	四年本科	57
贵州医科大学神奇民族医药学院	普本独立学院	护理学（老年服务与管理方向）	四年本科	50
遵义师范学院	普本师范院校	社会工作专业（社会养老服务与管理方向）	四年本科	90
黑龙江工商学院	民办独立学院	工商管理（养老服务与管理方向）	四年本科	160（含传统工商管理方向）

资料来源：根据各院校官方网站整理。

（二）专业人才培养分析

我国开设养老服务专业的院校数量有限，且主要集中在高职层次，多层次人才培养体系尚不完善。随着国家对养老服务业支持力度的加大，越来越多的职业院校开设了养老服务相关专业，有些院校将养老服务专业作为重点骨干专业进行建设，培养符合市场需求的高技能复合型人才，以支撑养老服务产业快速发展。下面从人才培养目标、培养模式、课程体系、实训方式及师资建设等方面对养老服务专业人才培养进行具体分析。

1. 培养目标

我国职业院校养老服务相关专业主要以养老服务业的技能型护理及养老机构的运营应用为市场需求对象，旨在培养既能够从事一线岗位工作的护理技能型人才，又能够从事养老机构开发、运营与管理的复合型人才。当然，职业院校会紧密结合当地的养老服务产业发展现状与特色，对学生所需要掌握的技术技能及管理能力有一定的规定与要求。例如，厦门城市职业学院的老年服务与管理专业作为 2015 年的新增招生专业，紧密结合厦门人口老龄化发展趋势及社会经济发展特色，依托政府的优质资源，重点以老年社会工作和老年产业发展为主要方向，培养能够从事养老机构运营管理并实践老年社会工作的高层次技能型人才；而江苏经贸职业技术学院主要侧重培养面向江苏省及长三角地区养老服务行业一线，培养在养老机构从事老年人专业服务与管理工作，具有爱心、公益思想和奉献精神的会管理、能经营、善服务的涉老专业高素质技术技能型人才和创业者（见表10－10）。

表10－10　部分高职（本科）院校养老服务专业人才培养目标

学校	专业/方向	人才培养目标
北京吉利学院	老年服务与管理——运营管理方向	培养掌握老年产业知识、社会工作、医学、护理、保健以及产业运营管理等方面知识和技能，从事运营管理、活动组织与策划等工作的高素质应用型的管理人才
北京汇佳职业学院	养老机构运营管理	培养适应经济发展与建设需要的德、智、体、美全面发展的，具有较高职业道德修养，具有较强的老年生活管理能力、老年心理护理能力，具有指导老年人进行保健养生及健康管理能力，具有老年文娱活动的组织能力和养老机构运营与管理能力等的高等技术应用性专门人才
北京劳动保障职业学院	健康管理与老年关怀	培养具备现代健康理念和良好职业素养，具有扎实的生活保健、活动组织、心理咨询等有关知识与技能，能够胜任健康管理与老年关怀工作需要的基层业务人员和服务人员
厦门城市职业学院	老年服务与管理	培养能够从事涉老机构管理与服务、老年市场策划与产品开发，并实践老年社会工作的高层次技能型人才
张家口职业技术学院	文化养老服务与管理专业	面向养老产业服务、管理一线，培养德智体美全面发展，掌握国际化的文化养老服务与管理必备的基础理论、专门知识，具有“恭敬、慈爱、和谐、真诚文化养老”理念，具备文化养老与管理实际工作基本技能、良好职业道德和娴熟优雅的文化养老服务与管理技术和创新意识的专科学历层次的高素质技术技能专门人才
河南教育学院	老年服务与管理——营养与保健方向	培养具有必要的营养学、饮食保健、养生保健等理论知识和实践能力，适应现代人们的生活水平发展需求，能够运用营养、食品、保健等相关知识对老年人口给予营养与保健指导，胜任老年服务与管理工作岗位的实用型营养保健专门人才
武汉民政职业学院	老年护理教改特色班	培养为老人服务，具有生活护理、医疗护理、老年保健养生、安全护理等技能的专门人才，具有一定的养老机构运营与管理能力
	养老机构开发与运营管理教改特色班	培养具有现代养老机构的开发、运营、管理、营销等技能的专门人才，具有一定的老龄产业标准化建设的能力
长沙民政职业技术学院	老年健康管理方向	培养懂得老年人生理、心理特征，掌握老年人健康监测、健康评估分析、健康教育和健康风险干预等专业技能，能够对老年人进行健康生活指导与管理的应用型专门人才

续表

学校	专业/方向	人才培养目标
江苏经贸职业技术学院	老年服务与管理	面向江苏省及长三角地区养老服务行业一线，培养在养老机构从事老年人专业服务与管理工作，具有爱心、公益思想和奉献精神的会管理、能经营、善服务的涉老专业高素质技术技能型人才和创业者
大连职业技术学院	老年服务与管理	培养掌握老年人护理、养老机构管理等专业知识，具有老年护理、疾病照护与康复保健、养老机构管理和老年产业营销能力，从事高级养老护理、康复保健、养老机构经营管理、老年社会工作、养老产业营销工作的高素质技术技能人才
重庆传媒职业学院	公寓经营与管理	培养德、智、体全面发展，熟悉国家相关政策法规，熟练掌握养老服务机构经营与管理、老年人身心护理技能，从事养老机构管理与经营工作的高素质应用型人才
	护理与疗养	培养熟悉国家相关政策法规，具有扎实的护理理论基础、较强的护理实践能力和一定的人文科学知识，熟练掌握老年人生活照料、老年人疾病管理、老年人安全保护、老年人心理健康护理、老年人康复治疗的知识和技能，熟悉家庭服务业规范，能满足社区及老年病院护理工作需要的德、智、体全面发展的高级实用型护理人才
鞍山师范学院	社会工作专业——老年服务与管理（本科）	培养具有社会工作基本理论和知识，有较熟练的社会调查研究技能和社会工作能力，能在城乡基层民政、社会保障和卫生部门及工会、青年、妇女等社会组织和其他社会福利、服务、公益团体等机构，从事社会保障、社会政策研究、社会行政管理、社区发展与管理、社会服务、评估与操作等工作的应用型专业人才
贵州医科大学神奇民族医药学院	护理学——老年服务与管理（本科）	掌握基本的老年社会工作理论和知识、医学、护理基本理论、基础知识及基本技能，具备较熟练的老年服务管理和社会工作能力
黑龙江工商学院	工商管理——养老服务与管理（本科）	培养具备老年社会工作、老年护理保健、老年服务管理等方面的知识和技能，熟悉相关的政策法规，能胜任服务与管理工作岗位的高素质、应用型、技能型专门人才

资料来源：根据各院校官方网站整理。

2. 培养模式

目前，我国职业院校主要以“工学结合、校企合作”的培养模式为基础，以“订单式”人才培养为主要模块与其他合作模式并存，探索养老服务行业人才培养模式创新。代表院校有江苏经贸职业技术学院、北京汇佳职业学院、北京劳动保障职业学院、山东英才学院、钟山职业技术学院等（见表 10 - 11）。

表 10－11　典型院校的人才培养模式

学校	人才培养模式	主要内容
江苏经贸职业技术学院	“政行校企社”五方联动共育	校企互通，深度融合，培养模式形成政、产、校、企、社五方合作；教、学、做一体；校内仿真实训与校外实体实习相结合的特色，增强学生实践应用能力，使其毕业即能上岗
张家口职业技术学院	合作办学	在张家口职业技术学院接受一年半专科规格教育（基础文化及技能课程），之后到北京朝阳区社区学院学习半年文化养老与管理、职业文化与能力课程，最后一年到集团内文化养老基地，基于网络平台和实际工作岗位，开展文化养老岗位核心能力和职业素养课程的学习和顶岗实习
长沙民政职业技术学院	订单式培养	订单培养模式将根据“订单”培养合作协议，一方面，学校将按照企业订单，定向为企业培养高素质高技能型养老护理人才，培训在岗养老护理职工；另一方面，学校邀请企业领导和专家指导学校专业建设、指导专业课程和教学计划的制定，邀请具有实践经验的养老护理专家到学校担任兼职教师，企业也接纳学生到企业去实习，接受教师参与企业的实践活动
黑龙江旅游职业技术学院	中英合作——订单培养模式	与英国布里奇沃特学院、美东（中国）生物技术有限公司订单培养从事老年工作管理、老年产业管理、老年服务等工作的高端管理人才
山东英才学院	“官、产、学”联动、“政、校、企”深度融合的人才培养模式	学生在校期间由专业教师承担专业理论课程，奠定扎实的专业基础，由外聘行业专家实施专业技能教学，并与国内外多家国办养老机构建立良好的合作关系。一些专业实训课程在养老机构实施实地实景观摩以及实训教学，毕业实习阶段分别进入协议单位与机构的相关岗位进行岗位实训，即顶岗实习，提高学生实际操作能力，为就业准备充分条件
钟山职业技术学院	工学交替订单式培养模式	采取定向委培方式开展工学交替的订单式教育，培养优秀服务与管理后备人才。经过校企双方培养，学生掌握了服务＋经营＋管理的技能，学生经过校企培养，既可以在服务养老事业上有所作为，又可以在更广阔的养老产业领域一展身手

资料来源：根据各院校官方网站整理。

3. 课程体系

开设养老服务相关专业（老年服务与管理方向）的院校基本集中在高职阶段，属于三年制专科教育，少数不多的院校开设本科层次的老年服务与管理相关方向。目前，各院校养老服务相关专业课程主要包括专业理论课、专业技能课、专业管理课程，同时依据行业人才需求，开设了职业技能培训等实践课程（见表 10－12）。

表 10-12　部分高职（本科）院校养老服务专业课程设置

学校	专业方向	层次	课程设置
贵州医科大学神奇民族医药学院	老年护理学	四年本科	老年学概论、老年心理护理、老年护理学、康复评定与康复治疗技术、内科护理学、外科护理学、基础护理学、营养与饮食保健、老年常见疾病康复、老年政策与法规、护理药理、老年活动策划、老年运动保健、老年病学、养老机构管理实务、心理评估、社会管理、艺术鉴赏、老年社会工作、简易急救、人际沟通等
遵义师范学院	社会工作专业——社会养老服务与管理方向	四年本科	现代管理学、社会工作概论、社区社会工作、公共关系学、社区服务与管理、老年社会学、老年营养学、老年心理学、老年保健学、老年护理学、老年运动学、老年人小组社会工作、老年人个案社会工作、社会调查与方法、老年人活动策划、老年政策与法规、老年机构经营管理、老年产业管理、老年产品市场开发、社会福利与社会保险、现代服务礼仪等
黑龙江工商学院	工商管理——养老服务与管理	四年本科	社会学概论、社会心理学、老年学概论、老年社会工作、老年政策、老年福利机构经营管理、老年病学、老年护理与老年保健
厦门城市职业学院	老年服务与管理	三年高专	除学习社会学、老年学概论、社会福利政策等基础知识外，专业技能课主要包括养老机构经营管理、老年产品市场开发、老年生活和心理护理、老年活动组织策划、社会工作实务、社区居家养老管理服务、老年社会工作、老年营养与膳食、老年康复保健、社会调查方法、人际沟通与交往等
河南教育学院	老年营养与保健	三年高专	心理学、人口科学、基础医学概论、生物化学、医学微生物学与免疫学、保健学基础、护理学基础、人体解剖生理学、人体常见病防治、药理学基础、病理学基础、基础营养学、食品营养学、食品卫生法规与监督、市场营销学、管理学基础、疾病营养学、食品分析与检验、社区服务与管理、老年社会工作、老年政策与法规、老年卫生与保健、休闲康乐活动策划与组织、急救医学、老年产业管理等
钟山职业技术学院	老年服务与管理	三年高专	老年学概论、养老机构经营管理、老年社会工作、老年活动策划与组织、老年心理、老年护理、社区护理、老年康复、人体结构与机能、中国传统养生、老年营养与卫生、老年疾病、老年手工、康复理疗实训、护理技能实训、养老机构实训等
安庆职业技术学院	老年服务与管理	三年高专	专业核心课程主要有：经络、穴位与保健、老年膳食营养、老年护理学、老年常见病的预防和护理、老年心理护理与康复咨询、中医康复（推拿与按摩）等

资料来源：根据各院校官方网站整理。

综合养老服务相关专业的培养目标及课程设置可见，院校主要培养具有较强的老年生活护理能力、老年心理护理能力、老年康复保健能力和养老机构经营与管理能力，胜任各级养老机构高级护理员、康复保健师、养老机构管理者等高等技术应用型专门人才。根据对院校人才培养目标和机构人才引进的需求，可以将养老服务人才所需掌握的课程分为通识模块、专业模块和职业培训模块。如表 10 – 13 所示。

表 10 – 13　　我国养老服务专业课程模块分析

课程模块	课程名称	掌握能力
通识模块	形势与政策、高职语文、计算机文化基础、就业指导、形象塑造与自我展示、应用文协作等通识基础课程	具有良好的思想政治素质、严谨的行为规范和良好的职业道德，具有良好的心理素质和身体素质，具有较强的开发拓展创新能力、口头书面表达能力、人际沟通能力、组织协调能力、团队协作能力
专业模块	养老机构管理、中医学、临床医学、营养学基础、老年营养膳食、老年护理学、老年常见病的预防和护理、养老护理员技能、老年运动保健、老年人活动组织等	老年生活护理能力、老年心理护理能力、老年疾病照护能力、老年休闲活动组织与策划能力、养老机构经营与管理能力、老年康复保健能力
职业培训模块	专业认知学习、课程教学实习、职业技能大赛项目培训、职业技能鉴定培训、顶岗实习等	具有较好的对新知识和新技能的学习能力，具有极好的制订工作计划和解决问题的能力，具有主动获取信息、自主学习、自我提高的能力等

4. 实训建设

养老服务工作非常注重养老技能的操作、养老机构管理实践经验的积累。如民营性质或国际性质的养老服务机构业务标准化，流程较为完善，致使他们对于人才的需求细分化，这就对人才的综合素质、职业素质、专业能力提出了较高要求。因此，学校在养老服务专业人才培养过程中，高度重视校内外实训基地建设，强化实践教学，锻炼学生的实操能力，取得了积极的成效。如表 10 – 14 所示。

表 10 – 14　　部分院校养老服务专业实训建设成果

学校	专业方向	实训建设成果
大连职业技术学院	老年服务与管理	校内实训基地：老年养护实训中心 校外实践：大连市红旗社会福利院、大连市千红莲养老院等
长沙民政职业学院	老年健康管理	校外实训基地：上海天地健康城、上海亲和源老年公寓、浙江海宁琳轩养生源、北京远洋椿萱茂养老机构、北京汇晨老年公寓、辽宁亲和源等 就业基地：天津市宝坻区滨海宜老社区、北京恭和苑老年公寓、杭州绿城蓝庭颐养公寓、万科杭州随园嘉树老年公寓
	养老机构管理	校内实训基地：老年医学基础实验、老年护理技术实验、老年健康教育实验、康复治疗技术等实训基地，包括 20 个实验实训室 校外实训基地：长沙市第三福利院“老年医疗呵护中心”、上海浦东新区养老公益事业促进会实习基地、上海亲和源老年公寓、上海徐汇区孙光仁老年福利院、上海杨浦区怡百康养老院、广州番禺区社会福利院、深圳南山区社会福利中心、北京将府庄园养老院、杭州市第二福利院、内蒙古滨河养老机构
山东女子学院	老年服务与管理	与幸福世家建立实习就业双基地，并签订合办班及就业实习双基地，青岛社会福利综合服务中心作为在校学生的重点实习基地

资料来源：根据各院校官方网站整理。

5. 师资队伍

教学重在教学质量，要抓好养老服务相关专业的教学质量，除教学内容外，最重要的是专业师资队伍的建设。目前，我国养老服务专业师资队伍年龄结构和学历层次与发达国家存在较大差距，但相比于专业建设初期，已经取得了明显的进步。师资队伍以中青年教师为主，他们具备较强的学习能力和动手能力，50%以上已经取得了硕士学位，且这个比率逐年提升，部分学校的教师已形成专兼职结合的双师教师队伍。代表院校有北京社会管理职业学院、马鞍山职业技术学院、长沙民政职业技术学院等（见表10－15）。

表10－15　部分院校养老服务专业师资队伍现状

学校	师资特点	具体情况
马鞍山职业技术学院	技术能力强、专兼职结合的双师结构师资队伍	共有专兼职教师8人，其中副教授以上职称2人，讲师3人，企业兼职教师3人，具有硕士学位的教师占95%，兼职教师全部来自医疗及养老机构一线，主要承担实践教学
北京社会管理职业学院	拥有一支较高水平的双师素质教师队伍，现有专兼职教师近60人	校内专职教师19人，在校兼职教师8人，校外兼职教师31人。专任教师中：教授2人，副教授4人，讲师6人，博士和博士后6人，具有硕士及以上学位教师的比例为95%
长沙民政职业技术学院	高规格的外部人才引进，学校、行业专业互聘，打造了一支国际化、高学历、高职称，专兼结合、“三师型”（教学、实践、行业指导能力）教学团队	现有专人教师12人，其中高级职称7人，中级职称4人，45岁以下教师均为硕士研究生。教学团队中9名教师为养老服务行业职业资格证书的考评员，5名教师为民政部养老护理员职业技能大赛裁判员；同时，聘请了18名来自行业的知名专家和技术骨干兼职教师担任课程教育、毕业实习指导
大连职业技术学院	国际化、“双师型”特点	现有教授4人，副教授9人，省级教学名师1人、省级专业带头人1人，具有研究生学历或硕士以上学位教师15人，具有双师素质教师18人，另聘请国内外具有丰富实践经验的兼职教师多人

资料来源：根据各院校官方网站整理。

四、发达国家养老服务专业职业教育模式分析

欧美等发达国家养老服务行业发展较早，行业相关的法律法规体系及保障机制比较完善，养老服务专业人才培养体系已经较为成熟。目前，很多发达国家已构建了养老服务专业各教育层次相互衔接的体系，且培养的人才能够满足本国老年人口不断增加的需求。所以本报告通过分析这些国家养老服务人才的培养模式，希望为我国养老服务相关专业建设提供借鉴与参考。

（一）发达国家养老服务专业职业教育概况

老年护理学最早起源于美国，美国1987年提出用“老年护理学”概念替代“老年病护理”概念，因为老年护理学涉及的护理范畴更广泛，包括评估老年人的健康和功能状态，制订护理计划，提出有效护理和其他卫生保健服务，并评价照顾效果。当前，发达国家已迈入“人口老龄化”阶段多年，在养老服务这一专业领域积累了丰富的经验，尤其是老年护理人才培养经验。很多国家已建立了从中高职、专科、本科到硕士、博士的人才培养体系，培养模式多元且各具特色。以下以日本和美国为例介绍养老服务专业职业教育的发展概况。

1. 日本

日本于1963年制定《老年人福利法》，1987年颁布实施《社会福利士与介护福利士法》，1992年6月实施《关于促进看护师等人才的确保的法律》等相关法律法规，这些法律为专业化的养老护理人才培养和规范制定了统一的标准。1994年，日本成立了老年护理专门学校，培养从事老年护理工作的人才。此外，东京福祉大学、长崎国际大学等综合大学也开设了老年护理专业，进行老年护理专业人才的培养。

经过多年的发展，日本老年护理专业人才培养体系已经相当完善，日本老年护理人才培养模式十分成熟，其中主要的养老护理人员——介护人员培养已成规模。从1987年最初的25所介护培训学校发展到现在，先后培养了80多万名介护人员，介护人员经过培训后可参加由国家统一举行的介护资格考试并取得资格证书，方能从事介护工作，每年日本约有5万名介护诞生。由此可见，日本的介护事业已经相当成熟和完善，为老年服务业的发展提供了强大的人才支撑。

2. 美国

1965年，美国护理协会提出了专业护士必须具备本科护理学历的设想，1967年规定从事老年护理执业者必须具备学士以上学历，社区执业护士要具备硕士以上学历。目前，美国已形成了学士、硕士、博士等多层次老年护理人才梯队。受过养老护理培训的学员可以参加由美国护士认证中心（ANCC）为入门注册护士和高级执业护士分别提供的养老护理认证考试，具备硕士学位后，可成为老年护理专科护士或养老开业护士。

美国的护理领域早就十分重视护理核心能力，并用以教育和评价护士。Lenburg于20世纪90年代对护士核心能力标准进行了界定和描述，指出护士核心能力包括评估和干预能力、交流能力、批判性思维能力、人际交往能力、管理能力、领导才能、教育能力和知识综合能力。由此可以看出，护理核心能力是护理教育应着重培养、护理专业人员必须具备的最主要的能力。

美国护理核心能力教学模式（Competency Outcomes and Performance Assessment，COPA）广泛运用于老年护理教育中，主张以实际工作所需的能力为导向，对课程体系进行重新组合，教学过程中注重能力目标的设定和多种先进教学方法的应用，使用科学的测评方法，达到有效提高学员护理核心能力的目的①。构建以护理核心能力教学模式为框架的培养模式，有以下五个步骤：一是界定高级护理实践能力②；二是以老年护理领域专科护士高级护理实践能力为导向，制定教学目标，设定教学内容；三是采用护理核心能力教学模式的多种教学方法，实施教学活动，如合

①Luttrell M. F., Lenburg C. B., Scherubel J. C., et al. Competency Outcomes for Learning and Performance Assessment. Re－designing a BSN Curriculum［J］. Nurs Health Care Perspect, 1999, 20（3）：134－141.

②以美国护理学院联合会1999年提出的高级实践护士应具备的6项核心能力及美国护理学家Hamric于2009年提出的高级护理实践模式和美国护士会关于专科护士的核心能力架构为参考模型。

作教学法、互动式学习法、情景模拟学习法、个案教学、同伴互助学习法等；四是学习效果评估与评价；五是控制与反馈。

（二）典型模式分析——日本老年护理人才培养模式

日本老年护理服务供给体系的发展过程中，民营化一直是其发展的内在主线。1987 年日本颁布了《社会福祉士及介护福祉士法》正式确认了两类老年护理人才——介护福祉士与社会福祉士。日本政府重视对民营老年护理机构建设及运营等方面的资助，逐步规范和扶持民营老年护理机构的快速发展，与此同时老年护理人才培养逐步实现了专业化、现代化发展。以下主要从培养目标、培养主体、课程设置、教学方法及办学模式来分析日本老年护理人才培养模式。

1. 明确规范的培养目标

日本从事老年护理实践的人员主要有三类，按学历水平由低到高依次是介护福祉士、社会福祉士及老年专科护士。针对不同的培养层次，其培养目标各不相同。

（1）介护福祉士需要有 3 年的正规学习经历，并通过国家统一考试及格后才能取得上岗资格，从事技术性较强的护理服务。

（2）社会福祉士要求在大学里系统学习福利专业 4 年以上，或在短期大学或大专学习 2 年，具有 2 年社会福利工作经验，参加社会福祉士资格全国统一考试合格后获得资格证书。

（3）老年专科护士需要在获得学士学位后，经过两年脱产课程学习，授予研究生学位，再通过全国的考试合格后，由日本护理协会对其进行资格认证。

2. 多方参与的培养主体

日本老年护理人才的培养，从培养主体来看，呈现出社会力量广泛参与的特点。日本现有两大老年护理人才培养主体，一类是福祉类的大专院校，一类是各大老年护理集团根据自身需要设立专门学院来培养老年护理人才。如日本社团福利法人清幸会成立于 1988 年，作为一家综合老年护理集团，清幸会提供特别养护、通勤介护、访问介护、短期入住、集团公寓、居家介护等支援服务，开设老人院、护理服务中心等老年机构 200 多家，是日本第二大老年护理集团。清幸会也专门开设了一家老年护理员培训学校，培训不同类型、不同层次的老年护理服务人员。

3. 科学全面的专业课程

日本福祉类大专院校根据人才培养层次的不同，科学设置课程体系。以东京福祉大学为例，其介护福祉课程主要由综合教育科目、专业基础科目及专业教育（顶岗实习）三部分组成，其中综合教育类课程分为基础教育、健康教育、交流、教育四个子模板，每个模块课程侧重点各不相同（见表 10－16）。

表 10－16　　东京福祉大学介护福祉课程

课程类型	课程名称	
综合教育类	基础教育科目	社会工作演习、社会福祉入门、信息处理演习等必修课程
	健康教育科目	心理健康咨询、健康教育课程
	交流科目	心理学概论、社会学概论、医学概论、志愿者论、教养基础演习等课程
	教养科目	沟通交流技术等

续表

课程类型	课程名称	
专业基础类（共41门课程）	专业基础课程	包括社会福祉、社会保障制度、介护概论、发展与老化理解、老年痴呆理解、残疾理解、介护康复论、身体构造与机能
	专业方法课程	生活支援技术、社会支援技术、交流技术等
	专业实践课程	医疗护理实践与演习、介护综合演习、介护实习等
专业教育类	介护福祉士养成演习一、二两门课程，学生从中任选一门作为必修课程	

与介护福祉课程体系相比，社会福祉课程主要增加了大量的社会工作理论与实践教学内容；专业教育科目增设了福祉关联课程（见表10－17）。

表10－17　东京福祉大学社会福祉课程

课程类型	课程名称	
综合教育类	基础教育科目	社会工作演习、社会福祉入门、信息处理演习等必修课程
	健康教育科目	心理健康咨询、健康教育课程
	交流科目	心理学概论、社会学概论、医学概论、志愿者论、教养基础演习等课程
	教养科目	沟通交流技术等
专业基础类（共41门课程）	社会工作理论	社会福祉运营理论、儿童家庭福祉理论、公共援助论、就业支援等课程
	实践教学	社会工作演习、社会工作基础实习、社会工作实习、社会工作实习指导等
	专业方法课程	生活支援技术、社会支援技术、交流技术等
	专业实践课程	医疗护理实践与演习、介护综合演习、介护实习等
专业教育类	增设福祉关联课程，包括残疾人心理学、教养心理学、护理管理论、咨询演习、护理管理演习等	

4. 理实结合的教学方法

日本的老年护理教学注重“以人为本”，与实践工作密切结合。为了让学生真正的形成“以人为本”的服务理念，日本老年护理教育在专业课程中增设了许多体验课程，如老年人体验、尿不湿体验等，并通过举办各类相关讲座让学生了解老年人过去的历史、各类事件和生活形式，从而缩短学员与老年人的距离，增进学生对老年人生活习惯的理解以及增强学员与老年人沟通的能力。

日本老年护理教学在注重“以人为本”的同时，也充分体现“以学生为中心”的教学理念。在老年护理专业教学中，引入病例个案讨论法、PBL（Problem－based Learning）教学法等，以临床实例为中心调查、分析、研究、实习，实施连续性实践教学，重视临床综合能力的培养。PBL教学法是“以学生为主体，以问题为中心”，在教师的整体把握和指导下，强调学生的主动参与，注重培养学生临床实践经验，以培养合格的、有能力的临床老年护理专家为明确目的。如图10－7所示。

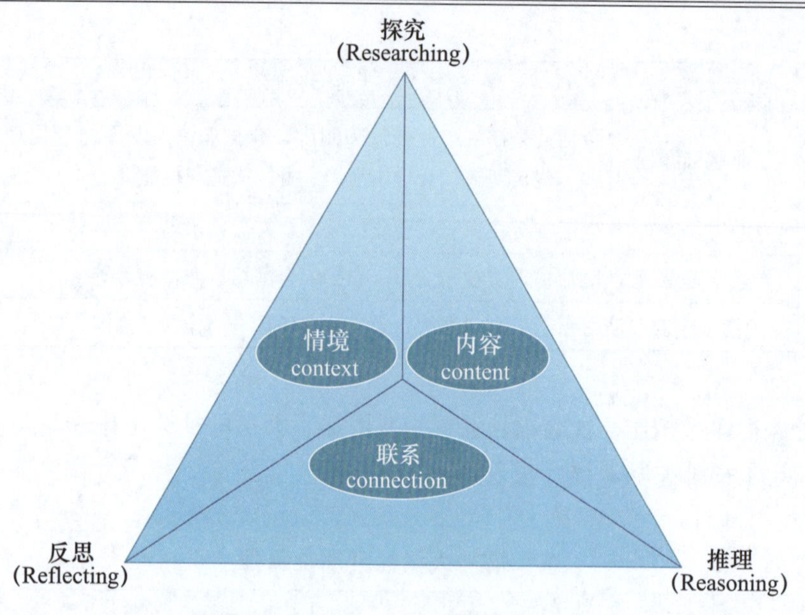

图 10－7　PBL 教学方法

5. 校企共融的办学模式

日本老年护理人才的培养，采取全社会参与的方式。社会福祉类大专院校承担了老年护理专业主要的教育与培训功能，大量社会福祉类公司积极参与到老年人才培养事业。校企共融的办学模式，不仅推动了老年护理人才培养的改革与发展，还提升了人才培养质量，推进了老年护理服务水平提升，切实保障了日本老年人的福祉。

日本国际医疗福祉大学作为日本的第一家医疗福祉领域的综合性大学，为了更好地促进老年护理理论与实践相结合，提高学生培养质量，专门设立了一家老人护理院，按国家标准运营管理，同时服务于理论与实践教学。除了福祉类的大专院校外，许多老年护理集团也根据自身需要设立了专门的学院来培养老年护理人才。以日医集团为例，该公司于 1968 年成立于东京都千代田区，是日本居家护理协会的会长单位，年营业额达 235 亿日元，居日本护理业界首位。医疗、健康护理及教育是该公司的三大主要业务领域。公司开办有专门的介护福祉士学校，为公司和社会培养介护福祉士，同时还开办了众多的老年护理院。另外，公司还开展教育业务，培养老年护理人才，将公司医疗与护理业务所需服务技巧和技能纳入教育中，使教育与市场需求以及产业发展紧密联系。

五、我国养老服务专业职业教育服务产业发展分析及建议

随着我国社会老龄化程度的加剧，养老服务行业的发展正迎来一个新的增长期。但是，我国养老服务学科建设起步较晚，开设养老服务相关专业的院校数量不多，且大多处于建设的初级阶段，尚未形成与产业发展需求相适应的职业教育体系。作为服务性较强的养老服务专业，国内开设相关专业的院校在专业设置方向、人才培养目标、课程设置、教学方法等方面均存在较大优化空间。合理借鉴发达国家先进的养老服务专业建设思路，尽快提高我国养老服务专业人才教育的质量，培育出大批适应我国老龄化发展趋势的应用型高技能型的复合型人才，是我国养老服务专

业职业教育发展面临的研究课题。

（一）养老服务专业教育服务产业发展分析

我国养老服务业面临迅速发展的机遇，行业对养老服务专业人才的需求不断增加，但我国养老服务专业相关人才的培养主要集中在高职专科的培养层次，开设该专业的中职院校和应用型本科院校甚少。已开设相关专业的院校还存在诸多问题，如专业设置布局过于狭窄、人才培养规模不足、质量不高等。以下将具体分析我国养老服务专业教育服务产业发展过程中所存在的问题。

1. 专业布局狭窄，难以符合产业结构需要

目前，我国养老服务人才的培养主要集中在职业教育层次，且以高职教育为主。专业设置上，90%以上的职业院校开设了老年服务与管理专业、老年社会工作、康复理疗技术，只有少数个别学校开设了养老服务相关的本科专业，如东北师范大学开设的老年福祉学院、鞍山师范学院社会工作专业开设了养老服务与管理人才培养方向，部分医学院的护理专业在课程设置上增设了老年护理方向。由此可见，养老服务相关的专业布局缺乏层次性，并未形成中职、高职、本科甚至硕士、博士多层次、较完善的培养体系，且相关专业及课程细分程度较低。养老服务相关岗位需要的是既懂得养老护理的基础知识，又掌握老年护理相关的疗养技能，还能够谙熟养老机构管理基础知识的复合型技术人才，而我国现有院校的专业设置与布局，在综合性、复合型人才培养上存在一定的差距。

2. 人才数量不足，难以满足行业发展需求

伴随着社会老龄化进程的快速发展，“银发产业”的浪潮形成一种新的趋势，蕴含着巨大的消费潜力。预计，2014～2050年我国老年人口的消费潜力将从4万亿元增长到106万亿元，GDP占比从8%增至33%，成为老龄产业市场消费潜力最大的国家。

我国现有养老机构23600家，每家养老机构配置2个养老护理管理人才，我国养老机构高层管理者的需求就将近50000人，养老护理人才需求达1000万人以上，而目前全国高职院校中开设老年服务与管理相关专业的院校只有60余所，其中能够实现连续3年招生的学校不足一半，全国老年服务与管理在校生不足4000人。对比养老产业如此巨大的发展规模和巨大的人才需求，我国职业教育养老服务专业人才的培养严重缺乏和滞后。

3. 人才质量不高，难以适应岗位技能需求

随着互联网的发展和养老智能化产品的开发，养老服务内容必然与互联网、智能养老紧密相联。然而，我国学校养老服务专业人才培养只注重护理基础和专业知识的培养，不能紧跟养老服务业最新发展需求，培养的人才不能很好适应养老市场的发展。

以养老护理员培养为例，2011年，国家民政局对《养老护理员国家职业标准》进行了修订，该标准明确界定了养老护理工作是一项专业性、技术性很强的工作并将养老护理工作划分为初、中、高级和技师级。随着等级提升，养老护理工作将由技术服务型向技术管理型发展，应该说这是一个符合中国国情的职业技术标准，可在该标准中各级别从业人员能力要求标准不清，有些界定不够准确，部分标准条款不够细致，在教学上难免缺乏针对性，造成大多数院校开设的养老服务专业人才培养规格与岗位需要不匹配。

（二）对我国养老服务教育发展的建议

发达国家养老服务专业教育注重“以人为本”，即“以学生为本”，以“老年护理”为中心，建立以"核心能力培养为主"的人才培养模式，人才培养目标、专业课程和教学方法都是为学生服务，满足学生个性化发展需求，更加符合养老产业发展的多样化需求。这些先进的养老服务人才培养经验，对我国养老服务专业人才培养具有重要的借鉴作用。

1. 明确人才培养的素质要求

从发达国家养老服务专业人才的培养内容可以看出，这些国家对养老服务专业人员的素质和培养目标均有较高要求。针对我国养老服务行业发展实际，养老服务人才应具备以下素质：①养老服务专业人才要有坚实的疾病护理理论和实践知识，因为老年人全身各器官功能随年龄增长而衰退，常常同时患多种疾病，疾病变化隐匿，恢复时间较长，有更多的健康问题和需求，增加了护理的复杂性和难度。②养老服务以老年人为主体，从老年人身心、社会、文化的需要出发，考虑其健康问题及护理措施，解决老年人的实际需要。这种复杂性使得护理人员必须具备心理学、伦理学、与养老相关的法律法规、健康教育的理论与技巧、与老年人沟通的技巧等多方面的知识和技能。③我国养老服务专业人才应结合我国传统医学为老人提供护理服务，如针灸、按摩、推拿等中医护理技术和饮食保健知识等在老年护理中的应用。④增加我国针对老年专科护士的职业准入考试，在护士执业资格考试中增加老年护理的相关专业知识考点，从护理职业准入的角度促进老年护理从业人员的素质提升。明确人才培养的素质要求，最终实现培养的养老护理人员能够为不同健康状况的老年人提供专业的基本生活照料服务、营养饮食服务、急救医疗康复服务及心理健康维护服务等。

2. 建设科学合理的专业结构

目前国内养老行业市场发展迅速，主要表现在养老服务细分化、专业化以及高端化等方面。养老服务机构对于养老服务人才的需求逐步提高，需要更多复合型、专用型和实战型人才。针对这种变化，从院校培育人才的角度来说，根本出路在于人才培养模式的改革；从学科专业角度来看，必须进行多层次、结构化的专业建设。

院校在人才培养过程中必须以社会实际需求为根本出发点，以满足社会养老服务机构对于护理、康复、管理等多方面人才的需求，即职业素养及个人基本素质、综合素质较高，掌握国际化服务、管理的标准，尤其拥有很强的实践创新能力，这就必然要求强化实践能力培养与创新。养老服务相关专业建设在人才培养方面还要体现出层次性和结构性，针对不同教育层次，设计高职、应用型本科等不同的培养模式，建立多层次的人才培养体系，循序渐进、逐步推动，以实现从基础专业认知、业务操作到科研实验的培养需求目标。针对养老服务不同岗位需求，老年生活护理、老年疾病护理、老年心理健康护理、老年康复护理等不同专业的学科细分或交叉方向必须实现结构化培养，这就要求设计多样化、层次化与结构化的人才培养体系方案，有针对性地培养出一专多能的高端养老服务与管理类人才。因此，院校应在不同专业方向有不同的特色规划目标，而不是建立一个大而全的"专业"或毫无特色的专业，从根本上提高专业建设能力，提高人才培养质量。

3. 建立分层次的人才培养体系

随着社会经济的发展和老年人整体综合素质的提高，高层次的精神需求变得越加重要，老年健康服务尤其是护理需求的增加，对我国养老服务人才的培养提出了更明确的需求，即培养专业化和职业化紧密结合的高素质养老服务人才，这是提高养老服务水平的必要前提，更是实现养老服务可持续发展的重要保证。因此，不同类型的人才培养主体应当充分发挥其自身优势与特长，分层次培养养老服务人才。第一，养老服务技能培训机构培训优质化的护理员。养老服务技能培训机构通过短期培训的方式提高现有行业人员的技能素质，提高从业人员职业道德水平与服务能力。第二，中高等职业教育机构培养专业化养老护理服务人才，培养应用型、技能型养老护理服务人才。第三，高等院校、科研机构培养科研型养老服务人才，加强养老护理服务专业建设，以研究型、创新型、教育型养老护理服务人才培养为目标。通过分层次的人才培养，形成养老服务人才服务型—管理服务型—研究型三个不同发展重点的培养体系，从而改善我国养老服务行业人才需求现状。

4. 完善人才培养的师资队伍

师资队伍的水平直接关系到养老服务人才的培养质量。目前，担任养老服务人才培养的师资主要有管理型师资和护理型师资。师资队伍的提升，主要可以通过培养、引进专职教师，吸纳优秀的兼职教师，从而打造具有国际视野、专业实务能力强的专家师资团队。具体可以从以下三个方面进行：

第一，加强“双师型”师资队伍建设。一方面，养老服务专业教师积极参与老年护理及养老机构管理各方面的实践活动，丰富自己的实践经验；另一方面，积极开展校企合作，吸纳行业专家、行业内专业带头人，充实养老服务专业师资团队。此外，学校可以有意识地整合各方资源共同进行养老服务相关知识和技能的授课，提升教师的教学能力。如邀请有丰富护理经验的养老院中高层管理人员、养老院护理人员、社区护理人员以及临床老年科的护士等共同参与教学或实践指导工作。

第二，加强交流与合作。养老服务专业教师可积极参与地区间、国际间的养老服务人才培养的交流与合作，拓宽国际视野，优化教学理念、教学内容和教学方法。如我国的部分师资可以参加国内外养老护理师资培训或者老年专科护士的继续教育课程或学习交流，提高养老服务专业师资的科研及教学水平。

第三，优化师资管理体制。加强师资聘用、选拔、考核、评聘和日常管理，制定“双师型”教师培养激励政策，改善学校的办学条件，尽可能解决教师的后顾之忧。

5. 提供多样化职业教育培训

针对我国养老服务专业人才的不足及人才培养的短缺，除了通过院校的正规养老服务教育，还应对广大在职人员开展多种形式的养老服务专业知识与技能方面的培训。增加满足我国老年人需求的教学内容的培训，如老龄化的基本理论、老年人照料的基本技能、老年人的健康评估内容与手段、老年保健及老年期常见疾病的护理，老年人常用康复方法、老年期的心理变化及基本的心理护理措施，临终老人的护理方法等。

根据培训对象的不同，提供不同形式的培训。一是对养老服务相关专业的应届毕业生进行培训，使其成为责任心强、熟悉老年护理工作的技能型人才；二是对未接受学历教育或低学历教育的在职人员，或有意愿从事养老服务事业的人员进行统一的岗前培训，使其对养老服务有明确认识及娴熟的工作技能；三是对养老服务与管理从业人员进行培训，使其取得相关职业资格，同时完善在职人员的知识结构，进一步提升老年健康服务的技能水平，不断适应老年健康事业的发展。

参考文献

［1］国家统计局：《第五次人口普查数据（2000 年）》，http：//www. stats. gov. cn/tjsj/ndsj/renkoupucha/2000pucha/pucha. htm。

［2］中国社会福利协会：《北京市地方标准〈养老服务机构服务质量规范〉》，http：//shfl. mca. gov. cn/article/bzgf/dfbzgf/201008/20100800100779. shtml，2010 - 08 - 24。

［3］中国民政部：《国务院办公厅关于印发社会养老服务体系建设规划（2011 ~ 2015 年）的通知》，http：//www. mca. gov. cn/article/zwgk/mzyw/201112/20111200247654. shtml，2011 - 12 - 27。

［4］中国民政部：《教育部关于加快推进养老服务业人才培养的意见》，http：//www. mca. gov. cn/article/zwgk/mzyw/201406/20140600657723. shtml，2014 - 06 - 24。

［5］《天津：将在多所院校申请合作设立养老护理专业》，新华网，http：//www. jyb. cn/high/gdjyxw/201409/t20140908_ 597073. html，2014 - 09 - 08。

［6］《兰州市城关区虚拟养老院情况介绍》，光明网，http：//news. xinhuanet. com/gongyi/yanglao/2014 - 11/28/c_ 127255905. html，2014 - 11 - 28。

［7］张晓峰：《养老服务是未来推动经济转型的重要力量》，凤凰房产网，http：//house. ifeng. com/detail/2015_ 01_ 20/50232704_ 0. shtml，2015 - 01 - 20。

［8］国家统计局：《2014 年国民经济和社会发展统计公报》，http：//www. stats. gov. cn/tjsj/zxfb/201502/t20150226_ 685799. html，2015 - 02 - 26。

［9］《戴皓委员：实施养老服务业体制改革》，《中华工商时报》，http：//mzzt. mca. gov. cn/article/lh2015/b/201503/20150300786370. shtml，2015 - 03 - 16。

［10］《杨云彦委员：养老要在“医养结合”上做文章》，《科技日报》，http：//mzzt. mca. gov. cn/article/lh2015/b/201503/20150300786346. shtml，2015 - 03 - 16。

［11］《我国养老人才极缺：盼养老专业高职生免费入学》，《中国教育报》，http：//www. jyb. cn/zyjy/zyjyxw/201504/t20150427_ 620345. html，2015 - 04 - 27。

［12］《杨根来谈我国养老服务职业教育》，http：//news. xinhuanet. com/gongyi/yanglao/2015 - 05/27/c_ 127843621. htm，2015 - 05 - 27。

［13］《2014 年社会服务发展统计报告》，http：//www. mca. gov. cn/article/sj/tjgb/201506/201506008324399. shtml，2015 - 06 - 10。

［14］《〈中国养老机构发展研究报告〉发布》，http：//www. ccgp. gov. cn/gpsr/gdtp/201507/t20150717_ 5572025. htm，2015 - 07 - 17。

［15］《我国养老产业调研报告——大幕已起，将迎黄金 30 年》，《川财证券—策略研究》，2015 - 09 - 29。

［16］《当中国老了——养老产业深度研究四部曲之人口结构篇》，《申万宏源—行业研究》，2015 - 09 - 24。

［17］《专业养老人才缺乏，如何“老吾老”?》，《中国教育报》，http：//www. jyb. cn/china/gnsd/201511/t20151123_ 644088. html，2015 - 11 - 23。

［18］《乌镇“智慧养老”综合服务平台再升级》，《嘉兴日报》，http：//www. tx. gov. cn/art/2015/12/12/art_93_ 55641. html，2015 - 12 - 12。

［19］《“互联网 +”推进中国“智慧养老”》，http：//business. sohu. com/20151224/n432437370. shtml，2015 - 12 - 24。

［20］一号护工：http：//www. 1haohg. com/。

［21］二毛照护居家养老服务平台：http：//www. 2mao. com/。

［22］陈雨婷、张亚涛、杨璐璐等：《国内外养老护理现状分析》，《全科护理》2014 年 9 月第 12 卷。

［23］黄岩松、陈卓颐：《机构养老服务高素质人才培养探讨》，《长沙民政职业技术学院学报》2007 年 12 月第 4 期。

［24］李洁、徐桂华、姜荣荣、蒋高霞：《我国养老护理服务人员现状及人才培养展望》，《南京中医药大学学报》（社会科学版）2012 年 12 月第 13 卷。

［25］李林子：《日本老年护理人才培养模式的经验与启示》，《老龄科学研究》2013 年 9 月第 1 卷。

［26］刘宇、郭桂芳：《我国老年护理需求状况及对老年护理人才培养的思考》，《中国护理管理》2011 年 4 月

第11卷。

［27］卢省花、赵国琴：《日本介护士培养模式之启示》，《卫生职业教育》2011年第29卷。

［28］彭兰地：《发达国家老年护理经验及对我国老年护理的展望》，《护理研究》2011年5月第25卷。

［29］王峰：《日本介护培养与服务体系对我国老年介护事业发展的启发》，《护理学报》2011年4月第18卷。

［30］王燕、廉军孝、金昌德、赵媛：《中日两国老年护理专业课程设置的比较研究》，《中国高等医学教育》2015年第2期。

［31］王章安、吴彬、陈茹：《美国老年护理核心能力标准对我国中职老年护理教育的启示》，《卫生职业教育》2011年第29卷。

［32］杨晨：《我国养老护理专业人才培训研究》，《成人教育》2013年第6期。

［33］张佩、杨庆爱、王桂云：《国外老年护理服务体系带来的启发》，《护理研究》2014年10月第28卷。

［34］朱小佳、刘雪琴、吴杏尧、石红梅：《核心能力教学模式在老年专科护士高级护理实践能力培养中的应用》，《护理学报》2015年1月第22卷。

［35］Luttrell M. F.，Lenburg C. B.，Scherubel J. C.，et al. Competency Outcomes for Learning and Performance Assessment. Re－designing a BSN Curriculum［J］. Nurs Health Care Perspect，1999，20（3）：134－141.

研究篇

第一章　职业教育发展研究

职业教育是我国教育体系的重要组成部分，对于深入实施创新驱动发展战略，创造更大人才红利，加快转方式、调结构、促升级具有十分重要的意义。近年来，国家频频出台与职业教育相关的改革政策，为职业教育创造了良好的发展环境，推动职业教育改革进入新阶段。然而，职业教育办学体制机制不畅、办学条件薄弱，致使其不能完全适应经济社会发展的需要。为了促进职业教育健康持续发展，教育界专家、学者深入研究职业教育发展难题，并积极建言献策。本章筛选出2015年国内职业教育专家、学者有关职业教育发展的重要观点和研究成果，以期为现代职业教育体系的建设提供参考。

研究报告一　落实，当前职教的首要命题①

刚过去的2014年对于我国职业教育具有重要意义：李克强总理主持国务院常务会议，部署发展现代职业教育；时隔9年，全国职业教育工作会议再度召开；习近平总书记就高度重视、加快职业教育发展做出重要批示，从国家战略和国计民生的高度，全面深刻阐述职业教育的战略地位、重大意义和重要作用；国务院印发《关于加快发展现代职业教育的决定》；教育部等六部门制定《现代职业教育体系建设规划（2014～2020年）》。2015年，将成为落实这些“顶层设计”的关键一年。

一、成功成才之门已经打开

我国职业教育发展的成就是有目共睹的。我们已经建立起了世界上规模最大的职业教育体系，形成了基本完善的职业教育法规制度体系，探索了行业企业参与、校企合作和集团化办学等职业教育办学模式，确立了覆盖广泛的职业教育学生资助体系，正在走出一条中国特色的职业教育发展道路。目前，全国共有1.2万多所中职学校，1300多所高职学校，年招生总规模1000万人，在校生近3000万人。2005年以来，职业院校共培养了8000多万名高素质劳动者和技能型人才，每年培训各类人员1.5亿人次以上，这不仅缓解了社会就业压力，支撑了经济转型和产业结构调整，也为广大青年打开了通向成功成才的大门，为现代化建设作出了不可替代的重要贡献。

在国民教育体系中，职业教育与经济社会的联系最密切。在经济新常态下，我国经济增长的动力正在由要素驱动向创新驱动转换，技术进步和产业转型升级使生产和服务的本质发生着深刻变化，应对国际综合实力和人才竞争新挑战，迫切需要办好职业教育。作为世界上的人口大国，

①本文作者：杨进，男，教育部职业技术教育中心研究所所长。文章来源：《光明日报》2015年1月20日，第15版。

我国就业总量压力将长期存在，劳动力供求不匹配的结构性矛盾也会很突出。离开职业教育，要迎接这些挑战是难以想象的。经济社会越发展，人民生活水平越提高，就越需要高质量、灵活多样、特色鲜明的职业教育。

二、关键年瞄准关键“短板”

然而，当前职业教育还不能适应经济社会发展的需要，存在结构不尽合理、体制机制不畅等突出问题，职业教育仍然是整个教育领域的“短板”，很多职业院校办学条件较差，师资队伍建设有待加强，在提高教育教学质量上有“巧妇难为无米之炊”般的尴尬。建成现代职业教育体系，为有志于从事技术技能工作的人提供无缝衔接、灵活多样的教育机会，我们还有一段很长的路要走。这就迫切需要各级政府和全社会深刻领会习近平总书记的指示精神，高度重视和大力支持现代职业教育的发展。

到2020年实现我国教育现代化，建成现代职业教育体系，时间紧，任务重，2015年是贯彻落实全国职业教育工作会议精神的关键一年。我们要站在党和国家全局高度，深刻认识加快发展现代职业教育的重要性和紧迫性，切实把习近平总书记重要指示和全国职业教育工作会议精神付诸行动。

三、七大着力点务求落实

一是围绕修订《职业教育法》，着力解决职业教育地位作用、办学体制、管理体制和经费保障等长期制约职业教育改革发展的关键问题，为依法治教、依法治校提供切实法律保障。加强与人大、政协的沟通合作，加强教育与政府其他部门、行业组织的协调配合，确保法规的科学性与可行性。

二是开展重点任务落实督察工作。要推动地方政府加强职业教育改革创新的力度，推进落实分级管理、地方为主、政府统筹、社会参与的管理体制。发挥职业教育国家改革试验区和试点项目在现代职业教育体系建设中先行先试和引领作用，把中央顶层设计与地方协同创新、积极实践密切结合起来。

三是有序推进现代职业教育体系建设。地方政府应结合编制区域经济社会和教育发展“十三五”规划等工作，同步规划职业教育，使各类教育协调发展。通过实施中等和高等职业教育人才培养衔接行动计划、高等职业教育创新发展三年行动计划（2015～2017年），一批普通本科高校向应用技术型高校转型发展，以及考试招生制度、学分积累和转换试点，使技术技能人才多样化成长的渠道更加通畅。

四是进一步激发职业教育办学活力。通过完善激励机制和优惠政策，使企业真正成为职业教育的重要办学主体，使职业教育成为企业技术升级和产品换代的助推器，实现校企合作育人、产教融合发展。职业院校要依法制定体现职业教育特色的章程和制度，成立学校、行业、企业、社区等共同参与的理事会或董事会，把各利益相关方吸收到学校决策体系中来，完善学校治理结构，建立现代职业学校制度，确保决策科学、按规律办学。开展现代学徒制等试点工作，深化产教融合、校企合作，提高人才培养针对性、实效性。改革职业院校教师资格、职务（职称）评聘、编制管理等制度，完善兼职教师聘用政策，把全社会优秀人才吸引到职业教育教学一线中来。

五是全面提高人才培养质量。行业、地方和职业院校都要认真分析转方式、调结构、促升级、惠民生对高素质劳动者和技术技能人才提出的新要求，整体构建德育、文化基础教育、专业教育和实践性教学课程体系，提高学生综合素质和可持续发展能力。社会转型、科技发展、生活生产方式与劳动组织变革迫切要求职业院校从根本上转变教育观念，包括从“教育”到“学习”的转变，从以学科知识为本位到以能力为本位的转变，从以教师为中心到以学习者为中心的转变，以及从专门知识和特定技能的获得向职业能力的提升、个人创造潜力的发掘和培养的转变。为了真正做到服务经济社会发展和人的全面发展，职业教育必须全面深化课程改革，增强适应性和灵活性，培养可迁移的“核心能力”，包括创新思维能力、主动发现和解决问题能力、思考能力、表达能力、继续学习能力和团队工作能力等。

六是完善资助政策，加大对农村和贫困地区职业教育支持力度。从职业教育面向人人、关注弱势群体的理念出发，进一步健全公平公正、多元投入、规范高效的职业教育国家资助政策。完善面向农民、农村转移劳动力、在职职工、失业人员、残疾人、退伍士兵等接受职业教育和培训的资助补贴政策，积极推行以直补个人为主的支付办法。进一步提出积极发展现代农业职业教育，建立公益性农民培养培训制度，大力培养新型职业农民。加强民族地区职业教育，改善民族地区职业院校办学条件。

七是加强职业教育科学研究和教学研究，把研究国际职业教育发展趋势与研究我国职业教育发展问题结合起来，把集中力量研究热点难点问题与带动职业教育战线协同创新结合起来，把研究基本理论问题与总结实践探索经验结合起来，把理论分析与实证方法结合起来，尽快围绕《决定》提出的重要理论和实践问题开展研究，推出一批高质量的研究成果，为加快发展现代职业教育作出应有的贡献。

研究报告二　刍议如何做好职业教育这篇大文章①

职业教育是经济发展的助推器、社会公平的润滑剂，也是个性发展的动力源。职业教育与国计民生息息相关，做好职业教育改革与发展这篇大文章并不容易。2014 年 6 月国务院召开了 21 世纪的第三次“全国职业教育工作会议”。回顾一年来职业教育的发展，审视职业教育的现状，展望职业教育的前景，可以说，谋篇已有大视野，布局还需大考量，点睛亟待大手笔。职业教育的改革与发展，依然任重道远。

一、命题之要：谋篇已见大视野

国家重视，是职业教育改革与发展的命题之要。在 2014 年全国职业教育工作会议召开前，习近平总书记对职业教育做出了重要批示，强调要树立“劳动光荣、技能宝贵、创造伟大”的时代风尚。这表明国家最高领导层对职业教育的高度重视。习总书记 2015 年 6 月 17 日在贵州考察期间指出，职业教育是我国教育体系中的重要组成部分、培养高素质技能型人才的基础工程，要上下共同努力进一步办好职业教育。他对学生说，各行各业需要大批科技人才，也需要大批技能型人才，同学们要对自己的前途充满信心，希望同学们立志追求人无我有、人有我优、技高一筹的境界，学到真本领，用勤劳和智慧创造美好人生。②

2015 年 5 月 10 日，国家启动了首届“职业教育活动周”，李克强总理做出重要批示：加快发展现代职业教育，是发挥我国巨大人力优势，促进大众创业、万众创新的战略之举。“职业教育活动周”的设立，目的是要在全社会弘扬劳动光荣、技能宝贵、创造伟大的时代风尚，形成“崇尚一技之长、不唯学历凭能力”的良好氛围。要坚持以提高质量、促进就业、服务发展为导向，注重改革创新，深化产教融合，推动职业教育发展实现新跨越，进一步培养高素质的劳动大军，进一步提高中国制造和服务的水平，进一步增强产业国际竞争力，促进经济保持中高速增长、迈向中高端水平和民生的不断改善。③

2015 年 3 月 25 日全国人大常委会启动的第一项执法检查就是对职业教育法的执法检查。④张德江委员长指出，大力发展职业教育，是加快转变经济发展方式、主动适应经济发展新常态的客观需要，是把我国巨大的人口数量优势转化为人力资源优势、建设人才强国的重要途径，是保障改善民生、保证充分就业、实现脱贫致富的根本举措。他强调，要“牢固树立人人能成才、行行出状元的观念，增强自信，勤奋学习，服务社会，实现人生价值”⑤。他指出，要调动行业企业参与和支持职业教育发展的积极性，鼓励企业依法办职业院校或实训基地，促进产教深度融

①本文作者：姜大源，男，教育部职业技术教育中心研究所研究员。文章来源：《教育与职业》，2015 年 11 月第 32 期，第 5 - 8 页。

②习近平：《看清形势适应趋势发挥优势善于运用辩证思维谋划发展》，http：//news. xinhuanet. com/politics/2015 - 06/18/c_ 1115663598. htm。

③《李克强对首届“职业教育活动周”做出重要批示：培养形成高素质劳动大军提高中国制造和服务水平》，http：//www. gov. cn/guowuyuan/2015 - 05/10/content_ 2859801. htm？ from = singlemessage&isappinstalled = 0。

④毛磊：《全国人大启动职业教育法执法检查》，《人民日报》2015 年 3 月 26 日。

⑤平萍、刘亚辉：《张德江来豫检查职业教育法执法情况》，《河南日报》2015 年 4 月 16 日。

合、校企共同育人；要树立正确的就业观、价值观，为职业学校的学生提供更好的就业服务、创造更好的就业环境，在全社会形成崇尚劳动、崇尚技能、崇尚贡献的良好氛围。①

全国政协主席俞正声在2014年6月3日全国政协召开的“深化产教融合、校企合作，加快现代职业教育体系建设”专题协商会上指出：职业教育问题关系中国经济转型升级和长远竞争力提升，关系亿万劳动力就业，既是教育问题，更是重大民生问题和经济问题。发展职业教育非常重要，要切实转变观念，加强政策引导，加大投入力度，健全体制机制，端正办学方向，有针对性地研究解决具体问题，把办学质量提上去，大力培养具有特殊技能的应用技术人才，为学生服务，为企业服务，为建设人力资源强国、实现“两个一百年”奋斗目标提供有力支撑。②

中共中央纪委书记王岐山2015年5月14日在山东临沂考察调研期间，勉励学生要好好学、用心学，并引用“积财千万不如薄技在身”的古训，指出只要真正掌握一门手艺，就能把一辈子的饭碗端起来。就业是最大的民生，只有扩大就业才能扩大内需。就业需要一定的技能，必须大力加强职业技能培训，开展再就业前的技术培训。在工业化、城镇化进程中，还要特别注重加强对农民的职业技能培训，提高农民的就业能力。③

2015年5月1日，习总书记率中共中央政治局六位常委出席庆祝“五一”劳动节大会，重申“无论时代条件如何变化，我们始终都要崇尚劳动、尊重劳动者，始终重视发挥工人阶级和广大劳动群众的主力军作用”，“在当代中国，工人阶级和广大劳动群众始终是推动我国经济社会发展、维护社会安定团结的根本力量”。④

综上所述，“全国职业教育大会”召开一周年以来，国家再次向全国发出了明显的信息：其一，职业教育具有不可替代的重要地位，关键词是：教育、民生、经济。其二，劳动和劳动者具有不可替代的重要地位，关键词是：光荣、主力军、根本力量。其三，技能和技能人才具有不可替代的重要地位，关键词是：一技之长、人无我有、技高一筹、人有我优。凸显基于大视野的远见卓识，国家重视是做好职业教育这篇大文章谋篇的开题之要。

二、破题之思：布局需要大考量

观念更新，是职业教育改革与发展的破题之思。在国家重视职业教育发展与改革的同时，职业教育自身也面临新的挑战：构建现代职业教育体系，如何进一步深刻认识“职业教育是我国教育体系中的重要组成部分”、“是培养高素质技能型人才的基础工程”？⑤ 如何提高职业教育的质量，“进一步培养形成高素质的劳动大军，进一步提高中国制造和服务的水平，进一步增强产业国际竞争力”，以“促进经济保持中高速增长、迈向中高端水平和民生的不断改善”？⑥ 谋篇的

---

①陈易、张祎：《张德江：深入实施职业教育法？推动职业教育健康持续发展》，《重庆日报》2015年4月28日。

②邢利宇：《俞正声：职业教育既是教育问题更是重大民生问题》，http：//www. chinanews. com/gn/2014/06 - 03/6240358. shtml，2014 - 06 - 03。

③《王岐山勉励技师学院学生：积财千万不如薄技在身》，http：//news. xinhuanet. com/politics/2014 - 05/14/c_1110690709. htm。

④《习近平总书记在庆祝“五一”国际劳动节暨表彰全国劳动模范和先进工作者大会上的重要讲话引发强烈反响》，http：//news. xinhuanet. com/2015 - 04/28/c_ 1115122476. htm，2015 - 04 - 28。

⑤习近平：《看清形势适应趋势发挥优势善于运用辩证思维谋划发展》，http：//news. xinhuanet. com/politics/2015 - 06/18/c_1115663598. htm。

⑥《李克强对首届“职业教育活动周”做出重要批示：培养形成高素质劳动大军提高中国制造和服务水平》，http：//www. gov. cn/guowuyuan/2015 - 05/10/content_ 2859801. htm？from = singlemessage&isappinstalled = 0。

高远，还需职业教育的管理者、研究者以及职业院校“跳出教育看教育”，审视职业教育发展和改革这篇大文章的布局，为此，需要更深入考量的是：

1. 是升级还是升格

这是一个涉及教育话语体系的问题。在构建现代职业教育体系的进程中，如何进一步提高职业教育的吸引力？一种回答是：建立一个与普通教育一样的体系，强调“升格”。这是一种基于教育的话语思考。当前，中国正面临“工业 4.0”或者说“中国制造 2025”所带来的极好机遇。中国经济要从“中国制造”走向“中国创造”，倒逼经济升级，也倒逼职业教育升级。经济的升级正是职业教育的发展动力。鉴于此，另一种回答是：不再建立一个基于“教育思考”的、只关注学历“升格”的职业教育体系，而应建立一个基于产业、行业、企业、职业升级的，具有更广阔前景的“升级”的职业教育体系。升级版的中国经济，呼唤升级版的中国职业教育。这个升级应该是质量的升级、内涵的升级、观念的升级，即如何在专业、课程、教学以及教师等领域，通过工学结合进一步提高教育教学质量；如何在产教融合的思想指导下，逐步形成长效的校企合作的办学机制；如何评价职业教育质量并制定评价标准；如何使学生既是合格劳动者，又是职业教育的拔尖人才，从而成为不可替代的大国工匠，这些都是职业教育升级的内涵。因此，职业教育这篇大文章的布局之一，是要思考在职业教育升级的过程中，逐步使政府和社会在职业院校的领导、投入、编制、教师待遇以及学生证书等方面与普通院校同等对待，这将昭示：升级涵盖了升格但超越了升格。[①]

2. 是层次还是类型

这是一个涉及教育价值体系的问题。如果说，从将人的社会分工视为层次的角度来谈教育层次是不平等的，那么，从将人的社会分工视为类型的角度来谈教育层次，应该更为平等、准确。如果把人的社会分工看成层次，将技术工人、技师、技术员、助理工程师、高级工程师、教授级工程师、科学家视为由低到高的层次加以区别，那么培养技术工人的教育是低层次的教育，培养科学家的教育是高层次的教育，这种现点显然有违社会公平和教育公平。这是一个事关重大价值取向的问题。倘若我们将人的社会分工的层次观转变为人的社会分工的类型观，那么，对应不同类型劳动者的教育，其区别只是工作类型的不同而绝非工作层次的高低。由此我们认识到，培养不同类型的职业劳动者需要不同类型的教育，也各自具有独特的社会价值，这就更具公平性。社会公平以及教育公平的价值诉求，提醒我们不应将教育分为不同的层次，而应强调教育类型的差异。也就是说，任何一种教育类型都有各自的层次，即所谓“类型中有层次”。社会既需要大国科学家，也需要大国工匠，他们具有同等的价值。所谓“三百六十行，行行出状元”，这里的“行”就是类型，“状元”就是层次。因此，职业教育这篇大文章的布局之二，就应明晰每一种类型的劳动者都有自己的层次，与之相应的每一种类型的教育也都有自己的层次。在弘扬国学和传统文化的今天，在建设现代职业教育体系的过程中，这一观点更具有重大的现实意义。李白说，“天生我材必有用”，这里的“材”就是劳动者的类型；龚自珍说，“不拘一格降人才”，这里的“才”就是劳动者层次。职业教育不是低层次的教育，这是应有的教育价值观。

3. 是封闭还是开放

这是一个涉及教育时空体系的问题。如果说现代职业教育体系仍然是一个基于职前的“直通车”式封闭体系，那么从教育的时空语境看，只有建成职前与职后融通且基于终身教育的

①姜大源：《大思考：是升级不是升格——关于建立现代职业教育体系的建议（中）》，《中国青年报》2014 年 2 月 17 日。

“立交桥”式开放体系，才能显示现代职业教育体系的“现代性”特征。由于普通教育的每一层级只是上一层级的预备教育，不能获得一个完整的职业资格，所以普通教育的“低层级”很难为劳动市场输送其需要的人才，以至于不得不以升学为导向。职业教育的每一层级都构成一个完整的职业资格，可随时根据劳动市场的需要，输送具有相应职业资格的人才，因此，职业教育应该以就业为导向。伴随“工业4.0”以及“中国制造2025”的进程，社会需要一些更高层级职业资格的劳动者。基于此，现代职业教育体系应该为每个蓝领打通一个上升的通道，但这并不意味着让所有的蓝领都变成白领，而是让所有的蓝领具有与白领同等的社会地位和社会价值，这才是建立现代职业教育体系的应有之义。如果我们建立的是第二个以升学为导向的封闭体系，进而将初始就业年龄提高到24岁之后，那么中国制造将无人制造！根据职业生涯发展理论和职业发展的实践，世界上多数职业的初始就业年龄都在15~24岁，据此世界劳工组织将最低就业年龄定在16岁，[①]我国也将最低就业年龄定在16岁，[②]这是由劳动力结构和劳动市场的需要决定的。因此，职业教育既要随时根据国家经济社会的发展，向劳动市场输送合格的职业人才，也要随时根据个性发展的需要，使劳动者重新回到职业院校中继续深造。“随时出去、随时进来”意味着要建立一个比普通高校更加灵活的“学习—就业创业—再学习—再就业创业—再学习”的办学机制。所以，职业教育这篇大文章的布局之三，是应明确现代职业教育体系是建立在终身教育基础上的“立交桥”式体系，不仅包括基于职业教育机构（包括院校和教育性企业）的正规教育，还包括基于职业培训的非正规教育，以及在线学习、远程学习等非正式教育。简言之，基于终身学习的现代职业教育体系，要比纯粹的、封闭式教育体系更符合国家和个人的需要。现代职业教育体系一定是一个开放的体系，这才是职业教育可持续发展的应对之策。强调基于大考量的熟思审处，观念更新是做好职业教育这篇大文章布局的破题之思。

三、切题之举：点睛亟待大手笔

措施落实，是职业教育改革与发展的切题之举。当下社会各界对技能人才在经济社会发展中的重要地位和作用依然认识不足，存在“只有成绩差的学生才读职业学校”的升学观和“重白领轻蓝领”的就业观，尚未形成关心和支持技能人才的社会氛围。为及时应对“工业4.0”时代的到来，国家应出台稳定中等职业教育和高等职业教育发展的政策措施。基于此，为使职业教育进一步满足经济社会发展和个性生涯发展的需要，凸显职业教育“产教融合、校企合作、工学结合、知行合一”的规律和特点，建议制定下述政策措施：

1. 赋予有资格的企业教育机构的地位

传统的教育观念认为，教育机构只有学校，然而，职业教育已远远跨越了传统教育的视域，超越了学校围城的思考，跨越了学习与工作分界的桎梏。作为一种跨界的教育，除了学校，职业教育还有另一个不可替代的地点，那就是企业。这里需要指出的是，所有的企业都有资格开展培训，但并非所有的企业都有资格开展教育。要把企业盈利的功利性目标与学校育人的公益性目标有机地整合在一起，对企业来说，就必须摈弃功利性。当前一些企业之所以对职业教育不重视、

①国际劳工局理事会：《国际劳工组织公约第138号——准予就业最低年龄公约》，http://www.ilo.org/global/standards/subjects－covered－by－international－labour－standards/child－labour/lang－－en/index.htm，1973－06－26。

②全国人大常委会：《全国人大常委会关于批准〈准予就业最低年龄公约〉的决定》，1998年12月29日。

资金投入不足、相关支持政策不健全，就在于没有将自己视为职业教育的主体。为此，建议赋予有资格的企业教育机构的地位，并将其命名为“教育企业”或“教育性企业”，进而将行业、企业举办的职业教育纳入国民职业教育体系。这样做的好处表现在：其一，赋予了企业教育机构的地位，也就赋予了企业视职业教育为已任的社会责任；其二，赋予了企业教育机构的地位，也就给予了企业与学校同等的待遇，包括招生、经费、优惠以及社会地位；其三，赋予了企业教育机构的待遇。还要考虑：作为一个经济体的企业，对职业教育的投入理应得到一定的补偿，如税前成本列支或税后的减税、免税等。只有这样，才能激励企业办职业教育的积极性，建立真正的现代学徒制和现代职业教育集团，保障现代职业教育体系的良性运作。

2. 建立涵盖学历资格与职业资格的国家资格框架

当前职业教育的教育学历证书与职业资格证书分离且并行存在：一是作为教育属性的学历证书，起于初中层次的初等职业教育，经高中层次的中等职业教育，止于专科层次的高等职业教育，由教育部门颁发，与学历相关而与就业无直接联系；二是作为职业属性的职业资格（技能）证书，分为初级工、中级工、高级工、技师、高级技师五个级别，由人社部门颁发，与就业相关而与学历无直接联系。由于两者之间不存在对应关系，对中等职业学校和高等职业院校的学生在获得学历证书的同时应获取哪一级的职业资格证书，没有明确的依据和规定，以至于一方面，职业资格证书名目繁多，导致从业者无所适从；另一方面，职业资格证书与教育学历证书不能实现等同或等值，行业企业很难对经济和社会发展所需要的职业人才予以正确的评价、认定和使用。在教育学历证书与职业资格证书之间，缺乏一个评估评价的参照系和一个相互认定的框架，严重制约了“产教融合”的实现，使得社会用人单位在选择职业人才时无所适从。①

为此，建议建立国家资格框架制度。它不等于国家职业资格框架，是既包括教育的学历资格又包括从业的职业资格的大框架。公民不管是经由教育机构（学校或教育性企业）的正规教育，还是经过职业培训等非正规教育，或是通过在线学习、远程学习等非正式教育所获得的证书，只要达到国家资格框架的同一层级，即使路径不同，其证书的层级是等值的。所以，建立国家资格框架制度，并以此为依据建立与普通教育学历（包括本科及以上）等值的职业教育（包括职业培训）的分级制度，有利于整合教育和培训的各类证书、资格标准，进而实现教育路径的等值和互认，这是现代职业教育体系建设的战略选项。

3. 组建整合职业教育与职业培训的国家职业教育机构

长期以来，职业教育与职业培训采取“条条”式分离管理。从管理的效率出发，强调职业教育、职业培训、职业服务三者的融合而采取“块块”管理，是否更有效？目前用人的劳动就业制度与育人的职业教育的分离，必然产生两大无法解决的问题：一是劳动人事部门与教育行政部门在职业教育和职业培训管理职能上的交叉；二是劳动市场的用人需求与职业教育的育人体制之间的脱节。教育与劳动人事部门各有各的利益和诉求，而行业企业和工会参与职业教育决策的缺失，导致本应在职业教育的政策制定和实施上有更多话语权的行业企业及工会处在一个可有可无的“失语”境地。劳动制度与教育制度的分离、行业企业和工会的缺位，使得职业教育的办学缺乏劳动市场与职业预警的有效调控引导，实施产教融合、校企合作、工学结合困难重重，无法实现综合配置劳动市场的信息资源、学校的教育资源与行业企业的实训资源。这种“条条”

---

①姜大源：《应有大视野：建立国家资格框架——关于建立现代职业教育体系的建议》（上），《中国青年报》2014 年 2 月 10 日。

式管理的两套体制，也就是纵向分割的专业部门管理体制，制约了高素质技能人才的培养。因此，要在管理体制上为现代职业教育体系的构建注入新的发展动力，尽快实施横向的综合部门管理体制，使得职业教育与就业创业有机整合，从而改变职业教育的职能交叉与供需脱节的弊端。

为此，建议建立整合职业教育与职业培训管理职能的最高国家职业教育机构，可称为“国家职业教育局”① 或“国家职业教育署”、“国家职业教育委员会”，以实现职业教育资源的统筹以及职业教育发展与改革的综合协调。这一机构的职能是：制定职业教育和职业培训的战略发展规划，制定职业教育标准和职业技能标准，发布劳动市场需求与职业预警等。其目的在于统筹教育行政部门、劳动人事部门和专业部委、行业协会及企业的相关资源，实现人力资源开发和使用的综合配置、协调发展，并充分发挥工会和企业行业参与职业教育管理的作用。措施得力是为职业教育这篇大文章点睛的切题之举。

①姜大源：《关于建立“国家职业教育局”的建议》，《中国职业技术教育》2013 年第 31 期，第 92 页。

研究报告三 做大众创业、万众创新的生力军[①]

国家繁荣，社会发展，人民安康，什么是根本？教育，职业教育。

2010 年教育规划纲要颁布后的 5 年来，职业教育共培养了 5000 万名中高级技术技能人才，每年开展各类培训达到 2 亿人次。1. 33 万所职业院校开设了近千个专业、近 30 万个专业点，基本覆盖了国民经济建设的各个领域。

现代职业教育体系的构建，让我们看到职教人才培养的广阔舞台。在社会经济转型发展的节点，培养技术技能人才成为当下最根本、最基础的事情。因职教体系的不完善而造成的“断头路之痛”，现在正被一条条飞速架起的“人才立交桥”所缓解、治愈。

劳动光荣、技能宝贵、创造伟大。长期以来，职业教育饱受“不被重视”、“低人一等”之苦，发展举步维艰。可喜的是，在“人人皆可成才、人人尽展其才”、“崇尚一技之长、不唯学历凭能力”的推动下，在较高就业率的印证下，职业教育正以蓬勃发展之势，走出泥沼，迎来光明。

创新创业，既是时代的号召，也是社会的需求。从“看客”到“创客”，职业教育正用其无法比拟的技术技能优势，将一个个看似不可能的想法化为实践，推动国家、社会的转型发展，也为实现中国经济提质增效升级、促进大众创新创业提供有力的人才保障。

我国首个职业教育活动周于近日正式拉开帷幕。这是教育界、产业界乃至整个社会的一件盛事。在我国经济下行压力逐年增大的经济新常态下，把这一主题作为我国首个职教活动周的重要内容具有极其特殊的意义。

众所周知，1978 ~ 2008 年改革开放的前 30 年中，中国实际 GDP 的年均增长率高达 9. 4%，比世界同期发达国家的增长率高出近 3 倍。但是，金融危机之后，在 2009 ~ 2011 年，年平均增长 9. 06%；而 2012 ~ 2014 年年均增长 7. 6% 左右。特别是 2014 年，年增长只有 7. 4%。2015 年第一季度增长为 7%。经济下行的严峻事实告诉我们，我国经济发展急需持续有力、健康运转的强大引擎。

目前而言，靠“两头在外”的廉价贸易驱动、靠外国设备加我国廉价劳动力代加工的不对称驱动、靠用国内市场换取国外先进技术的模仿驱动和配套的旧有经济发展模式已经不能再作为经济增长的主要支撑力。可以说，支撑我国经济持续快速、健康发展的“新动力”就是李克强总理提出的“大众创业、万众创新”。

20 世纪 70 年代，美国围绕电子信息技术经过了 10 多年的技术创新积累，到 90 年代才将创新积累转化为创业积累，支撑起美国 90 年代以来经济高速增长，其中不乏社区学院的贡献。根据我国台湾老牌技职院校台北工专（现为台北科技大学，仍属于技职院校）的记载，20 世纪台湾经济起飞时，全台湾多达 42% 的中小企业“老板”均出自该校。新中国成立不久，全国开展了声势浩大的全民创新活动，涌现出许多技术革新能手，而这一群体大多来自生产一线的职工及毕业于中专技校的现场技术人才——实践证明，高职院校在创新创业中承担着不可替代的主力军

①本文作者：俞仲文，男，中国职业技术教育学会副会长、全国民办职业技术教育分会会长、深圳职业技术学院创校校长。文章来源：《光明日报》2015 年 5 月 14 日，第 16 版。

和生力军的角色。这是因为高职教育一头连着产业，一头连着教育，既有产业属性，又有教育属性；同时，创新既有山尖上的顶天型、领军式的技术革命，也有山脚下的立地型、应用式的技术改良和更新，而后者是高职院校大显身手的舞台。

今天，我国高职院校达到1300余所，在校生人数达到1000万。如何把这支队伍变成创新创业的潜在力量和生力军，是时代赋予我们的任务。美国一家媒体曾经说，中国的可怕之处不在于经济发展按多少比例高速增长，而在于中关村的实验室、咖啡屋、电脑房等场所，到深夜还是人头攒动，为创新创意创业挑灯夜战，这一帮子年轻人才是最可怕的。1992年深圳国内生产总值才59亿元，2014年已达到1.5万亿元了。最为惊喜的是，这1.5万亿元的GDP中，投资拉动只占一小部分，绝大部分是创新拉动。

我认为，当前提高高职院校创新创业教育的自觉性，必须解决好三个问题：一是充分认识“互联网+”时代给高职院校专业建设带来的巨大挑战，以及电商技术、物联网技术和移动互联网技术对各专业的渗透、交互和介入的不可逆转趋势，在此基础上建立新的课程体系和教学内容。二是将单纯的实训室改变成与企业深度合作的创研工坊，形成一批“互联网+X专业”的创新课题。三是在校园建立浓厚的创新文化，让每个学生充满求新、求变、求突破的创新驱动感。通过开展创新达人、创新秀、金点子大赛等形式，鼓励学生跨专业、跨区域、跨单位组织创新团队，与企业行业一起，从小专题开始经受创新实战的训练。

研究报告四　建立国家资格框架体系的基本认知与现实语境①

为适应经济结构的变化和人口因素的改变，国外许多国家在发展过程中纷纷构建了具有自身特点的国家资格框架体系（National Qualification Frame work）。国家资格框架在促进国家的现代化发展、专业技术人才的终身化发展、优化国家人力资源、促进经济结构转型升级以及加快国际化发展等方面，有着非常重要的意义。当前，构建国家资格框架体系已迫在眉睫。我们既要着眼于国内的发展现状，又要放眼于世界先进国家的发展水平，统筹各方资源，共同致力于构建国家资格框架体系。

一、国家资格框架体系与社会现代化发展：适应·服务

社会的现代化首先是人的现代化，而人的现代化的核心是提高人的知识和技能水平。建立国家资格框架体系，能够有效促进人的现代化，以适应和服务于社会的现代化发展。英国、澳大利亚、德国、韩国等国在发展过程中，很早就意识到资格框架体系对人才培养和国家建设的作用，纷纷建立并不断完善了自身的资格框架体系。澳大利亚于1995年启动了资格框架建设（Australian Qualification Framework，AQF），经过不断完善与更新，已成为澳大利亚职业教育质量的重要保障，为社会输送大量优质人才。欧盟委员会于2008年开始实施欧洲资格框架（The European Qualifications Framework，EQF），是当今世界一体化程度最高、综合实力最雄厚的区域性合作组织。英国国家资格框架体系（National Qualification Framework，NQF），于2011年升级为资格与学分框架（Qualifications and Credit Framework，QCF），建立了职业教育与普通教育相互融通和开放的现代职业教育体系。② 不同国家和地区所建立的资格框架体系虽不尽相同，但毫无疑问的是，它们都对国家的人才培养和经济发展产生了巨大影响，发挥了重要作用。我国构建的国家资格框架体系，要按照面向现代化、面向世界、面向未来的要求，适应并服务于现代化发展的需要。

国家资格框架体系的建立，有助于现代化发展，而要适应现代化发展，必须要求国家资格框架体系在建立的过程中坚持以学习结果为导向，以职业能力为核心，重点提高专业人才的职业综合素质。英国的QCF、澳大利亚的AQF以及欧洲资格框架EQF都以个体的学习结果为评价标准，注重产出和结果要素，即让学习者在学习结束后知道什么以及能够做什么称述，并在这种理念下指导教育进行改革。欧盟于2009年发布了《向学习结果转型：欧洲的政策与实践》，提出以学习结果为导向描述职业资格，③ 从而增进了欧盟资格的可比性和可评价性，缩小了正式教育与非正式教育之间的障碍，沟通了职业教育与普通教育，促进了学习结果的转换和积累。对能力合格者颁发相应证书，既能对技能人才进行合理的评价，又能满足不同企业对各种技术技能人才

①文章作者：李梦卿，男，湖北工业大学高等职业教育研究中心主任，湖北职业教育发展研究院院长，教授。文章来源：《教育与职业》2015年第29期，第12-16页。

②陈静：《英国资格与学分框架运行机制及特点》，《现代教育管理》2014年第11期，第19页。

③European Center for the Development of Vocational Training. The Shift to Learning Outcomes—Policies and Practices in Europe [R]. Luxembourg：Office for Official Publications of the European Communities，2009：10.

的需求，提高了社会效率。社会现代化发展需要能够服务于市场发展的技术技能人才，以学习结果为导向的培养原则可以有效解决我国教育制度与劳动制度相分离的现状，创新发展职业教育事业，促进校企合作、工学结合办学模式的建立，加强“双师型”教师队伍建设，增强职业教育服务社会的能力，提高毕业生的就业竞争力与就业率，解决社会出现的“用工荒”和高素质技术技能人才缺乏的现状，更好地适应社会建设和现代化发展。

社会现代化发展包括农业、工业、服务业等生产发展的各个领域，资格种类也包括生产发展的各个部分，这就要求在建立国家资格框架体系的过程中，对资格框架的每一层级做到“兼容并包”，让各行各业的人都有证可取，也使各行各业有职业人才可用。社会的发展总会淘汰一些职业，也会产生许多新兴职业，这就要求资格框架能够根据市场的需求变化不断更新，保持资格框架体系较高的服务水平。澳大利亚 AQF 以行业需求为导向，整合各个行业所需的能力单元，针对不同层级的职业岗位要求，安排对应层级的证书内容，并制定了详细的资格证书种类增删原则。英国的资格框架体系已经把所有类型的教育与证书、文凭、学位等都对应起来，纳入统一框架中。[①] 只有以学习结果为导向，以职业能力为核心，把握社会现代化发展的脉搏，将社会所需的各种职业资格囊括在国家资格框架体系中，服务于国家现代化发展的各行各业，才能为建设现代农业、现代工业、现代国防和现代科学技术的社会主义强国做贡献。

二、国家资格框架体系与专业技术人才终身发展：平台·激励

国家资格框架体系是建立终身教育体系的重要支柱。实现教育之间的分立与贯通，可以为学生在不同教育系统之间进行转换提供可能。终身教育的思想自从被曾任联合国教科文组织成人教育局长的保罗·朗格朗提出后，便向世界各国传播，已成为很多国家教育改革的指导方针。终身教育是人一生中所接受的各种教育与培训的总和，包括各个年龄阶段的各种形式的教育，既有正规教育也有非正规教育，既包含学校教育也包含社会教育。[②] 终身发展既是经济社会发展对专业技术人才的要求，也是充分发挥人的潜能的要求。国家资格框架体系的建立可为专业技术人才提供发展平台，并激励其继续发展。但是，目前资格框架的层级结构不明确，职业教育、普通教育、社会培训等机构相互独立，学员难以明确评价自己的能力，难以依据自己的需要构建发展路线，也难以使得自己通过非国民教育学习的成果被认可，缺少终身发展教育平台，这是实现终身教育的重要制约因素。国家资格框架体系的建立要打破这种制约因素，建立相应的晋升平台，激励专业技术人才的终身发展。

不少国家将资格框架体系与终身发展联系起来，以资格框架为基础构建终身发展的平台，通过多种方式激励专业人才的终身发展。AQF 是澳大利亚从全民终身学习理念出发而构建的全国统一的教育与培训框架体系，创新传统的教育模式，用 12 级程度不同的资格、学历连接了澳大利亚义务教育、职业教育与培训和高等教育三大教育体系，建立了不断学习与工作的终身教育模式，克服了澳大利亚传统学习与培训体系不能互通的弊端，促使国民不断接受新的教育以用于自身发展。[③] 英国 QCF 在 NQF 的基础上，完善了资格证书体系，并秉持终身学习的理念，把英国

---

①匡瑛：《英、澳国家资格框架的嬗变与多层次高职的发展》，《高等工程教育研究》2013 年第 4 期，第 125 页。

②教育大辞典编纂委员会：《教育大辞典》（第 1 卷），上海教育出版社，1990 年版。

③谭佳：《终身教育理念下的澳大利亚资格框架评析》，《教育与职业》2011 年第 5 期，第 96 页。

所有证书、文凭以及学位和学徒制都纳入资格框架中，实现了普通教育与职业教育高层次的等值互换。采用学分制，承认各种形式的学习与培训的学习结果，并将所获得的学分累积和组合起来，避免了重复学习，也方便专业技术人员在任何时间和地点以自己需要的方式接受教育。AQF与QCF成为澳大利亚和英国终身教育体系的重要支柱，为学生在不同教育系统之间的转学和继续深造提供了权威性保障，真正推动了终身学习战略的实施。建立国家层面的资格框架已成为世界趋势。英国的经验受到国际社会的广泛关注，以英国为代表的发达国家已经建立了相对成熟的资格与学分框架体系，实现了各级各类教育形式之间的沟通和衔接。①

国外的经验表明，在建立国家资格框架的过程中，首先，要有明确性，即以政府牵头，联合教育部门和人社部门等，将知识、技能和能力分成明确的等级，明确资格标准与技能证书、学历证书之间的对应关系，通过等级的形式反映专业技术人员的水平。专业技术人员对自己的专业能力进行比照和定位，也能清楚地了解需要进行哪些方面的学习与提升，才能获得下一级的资格。其次，国家资格框架体系要做到开放性，在明确资格框架体系各个层级能力标准的基础上，允许专业技术人员通过各种方式以获得职业晋升和学历晋升。澳大利亚将义务教育、职业教育与培训和高等教育三大体系融通起来的方式，以及英国实行的学分制，目的都在于鼓励学员通过各种方式提升自身的能力，从而促进自身的终身发展。2008 年 4 月，欧洲会议和理事会在多年发展终身教育的基础上正式批准成立了《欧洲终身学习资格框架》，② 成为各成员国学历学位和资格的重要参考，并依据资格框架体系有效认证各种正规、非正规和非正式教育的学习成果，促进公民在各种教育机构之间流动。融通各类教育体系，既为满足专业技术人员多样化的发展需求建立了平台，也有利于激励专业技术人员通过多元化的教育途径来提升自我。

三、国家资格框架体系与人力资源结构优化：引导·支撑

中国是人力资源大国，离人力资源强国还有一段较长的路要走。建立国家资格框架体系，对我国成为人力资源强国具有重要的作用。随着“人口红利”逐渐消失，我们应将“人口红利”转移到优化人力资源结构上来，发挥“人才红利”对社会经济发展的作用。国家统计局发布的2012 年统计公报指出，2012 年末，我国大陆 15 ~ 59 岁的劳动年龄人口为 93727 万人，比 2011 年末减少 345 万人，占总人口的 69.2%，比 2011 年末下降 0.6 个百分点。③ 劳动年龄人口第一次出现了绝对下降，中国“人口红利”趋于消失。建立国家资格框架体系，提高人才培养质量，引导专业人才合理流动，优化人力资源结构，为建成人力资源强国和保持经济的高效、快速、稳定增长而努力。然而，目前国家资格框架体系尚未健全、职业资格标准混乱、职业资格的认可度低等问题，严重限制了高素质技术技能人才的利用效率。职业教育被认为是普通教育的“附属品”，严重限制了职业教育的健康发展和专业技术人员的成长。要实现从人力资源大国向人力资源强国的转变，优化人力资源结构，必须建立统一的职业资格标准，实现职业教育和普通教育的等值。

国家资格框架体系规定了各级各类人才的质量规格，是实现劳动力再生产和优化人力资源配

①伍亚娜、樊本富：《英国资格与学分框架（QCF）的特色做法与启示》，《考试研究》2015 年第 3 期，第 44 页。

②QCA. Qualifications and Curriculum Authority，http：//www. qca. org. uk/qca19302. aspx，2009 - 06 - 27.

③王秉淳：《美银美林：中国劳动力人口拐点提前三年到来》，http：//wallstreetcn. com/node/54266，2013 - 08 - 27。

置的基本依据。政府机构要在资格框架能力标准的基础上建立资格认证系统，包括认证机构、工作规范和技术标准等要素，并制定相应的政策法规，保证资格认证过程严格按照程序进行，按照工作规范、技术标准和管理规程执行鉴定程序，保证认证质量。对认证质量的保证，可以确定相同级别技术技能人才的知识和技能水平处于同样的水平线上，从而引导技术技能人才在不同区域之间自由流动，激发市场活力，实现专业技术技能人才的最优配置，这是优化人力资源结构的一种表现。澳洲质量培训框架是澳大利亚教育质量的重要保障之一，有雇主满意度、学习者满意度和学习能力完成情况三个质量标准，它不仅要求对申请者进行全面的质量审查，也要求对认证者本身进行审查，以达到提高资格框架体系整体质量的目的。要积极引导专业技术人才在不同区域间合理流动，提高流动效率，实现人尽其才、才尽其用，以达到对人力资源的最优配置，支撑并优化人力资源结构。

从中学教育阶段开始，教育就划分为普通教育和职业教育两种类型，这就确定了在各教育层次中，职业教育与普通教育处于并列、平等的地位，即职业教育与普通教育是同层次、不同类型的教育。[①] 印度通过设计职业教育、普通教育平行与对等的教育层次和资格证书等级，利用资格证书互认与等价转换，开发了多层次模块化的双向“桥梁课程”，实现了职业教育与普通教育间的平等性互通，从根本上消解了传统上职业教育、普通教育间的不对等与割裂状态。[②] 职业教育是培养高素质劳动者和技术技能人才的摇篮，在建设人力资源强国的过程中发挥了重要的作用，因此，要以平等的姿态对待职业教育，避免出现由于各种不平等因素而造成的职业教育育人能力降低的情况。要引导更广泛的适龄人员和劳动者接受职业教育，提高他们的知识和技能水平，为优化国家人力资源结构提供有力的支撑。

四、国家资格框架体系与经济结构转型升级：保障·促进

依靠廉价的劳动力成本和资源消耗是传统经济增长的主要方式，目前这种经济增长方式出现了发展瓶颈。政府将重点放在调整经济结构、促进转型升级、努力寻找新的经济增长点和动力等方面。转变经济发展方式，促进转型升级，需要有完善的资格框架体系做支撑。当前是我国经济发展的重要阶段，只有培养高素质、创新型的人才，为传统产业输送新活力，才能保障新兴产业的新突破，促进国家经济结构的转型升级。国家资格框架体系能进一步提高人才培养质量，为经济改革升级提供源源不断的高级技术技能人才支持，将衰减的“人口红利”变成“人才红利”。我国资格框架体系还不能完全适应经济结构转型升级的需要，主要表现在：没有建立起一体化的人才培养模式，人才培养质量不高，人才培养的过程中存在许多短板，严重干扰了中低级技术技能人才向高级技术技能人才的转变升级。必须建立国家资格框架体系，建立一体化的人才培养模式，保障经济结构转变和产业结构调整对技术技能人才的需求，促进从“中国制造”走向“中国创造”，打造中国经济升级版，实现“中国梦”。

2014 年 5 月 22～23 日，李克强总理在赤峰市考察调研时指出，经济转型升级需要更多的高技能人才。这在国际上也有经验可资借鉴。在经济全球化的大背景下，澳大利亚的产业结构和就业结构在国际竞争和技术革新的影响下也发生了很大的变化，面对这种产业结构的调整，市场更

①姜大源：《现代职业教育体系构建的理性追问》，《教育研究》2011 年第 11 期，第 73 页。

②王为民：《印度“国家职业教育资格框架”设计理念探析》，《外国教育研究》2014 年第 2 期，第 125 页。

倾向于那些具有高技术技能水平的人才。为适应这种需求，澳大利亚在构建国家资格框架体系的过程中大力构建现代职业教育体系，培养高技术技能人才，促进国家的产业结构升级以适应国际化竞争和技术革新的要求。目前我国的职业教育体系尚不能适应经济社会对技能型、应用型人才的需求，构建一体化的人才培养模式就显得尤为重要。要依托国家资格框架构建现代职业教育体系，保障新兴产业发展所需的专业人才，支撑新兴产业的发展，加快促进经济结构转型升级，同时，还要激发国民的创造力，加快向“中国创造”转变。国家资格框架体系的人才培养功能主要体现在：建立完善的人才培养体系，不断提升国民的知识、素质与技能，将“人才红利”最大化，保障经济结构转变和产业结构调整对各种技术技能人才的需求，从而加快国家的经济结构转型升级。

建立国家资格框架体系，涉及教育部门颁发的教育证书、人社部门和其他行业部门颁发的职业资格证书或技能证书，需要政府统筹各个部门，明确各部门的职能与义务，以保证综合协调。统合发展各部门，防止出现管理职能上的交叉冲突，契合劳动制度和育人制度，使教育特别是职业教育更加紧密地联系劳动力市场，增强教育服务社会的能力，也为各种社会力量参与职业教育创造条件。因此，国家应该建立相应的管理机构，以确保国家资格框架体系的高效运转。新西兰国家资格框架的官方管理机构是新西兰资格署，主要负责各行各业的资格认证，组织机构认证、开发、维护国家资格框架，开发、维护、发布评价标准，监督、检查框架运行等。新西兰大学校长委员会和教育组织分别负责审核新西兰大学提交的各类资格证书并保证质量，以及为学习者提供教育、培训、评价服务。[①] 统一的管理机构是保证国家资格框架有效运行的有力保障，也是国家资格框架运行的必要条件。统合协调各部门，综合配置劳动力市场的信息资源、教育资源和实训资源，提高职业教育向国家经济结构转型升级的服务能力，促进经济结构转型升级。

五、国家资格框架体系与国际化发展的战略：纽带 · 对话

随着经济的全球化，国际化发展成为必然趋势，也是国家走向强大的必经之路。国际化不仅仅意味着商品从国内走向国外，也意味着人才走向世界。只有人才在各国之间正常、合理流动，才能保证科学技术知识不处于封闭固守的状态，进而实现繁荣发展。特别是对于我国来说，与国际接轨，需要专业技术人才走出去，了解其他国家的发展动态。“走出去”战略也是我国的基本国策之一，当前，国家提出“一带一路”的战略构想，擎起和平、发展、合作、共赢的旗帜，与“一带一路”沿线各国共同打造互信、融合、包容的利益共同体、责任共同体和命运共同体，给我国职业教育的发展带来了前所未有的机遇，国家资格框架体系建设也要搭上“一带一路”的快车，“走出去”与国际接轨，“引进来”推动发展。因此，要把“引进来”和“走出去”更好地结合起来，扩大开放领地，优化开放结构，提高开放质量，完善内外联动，互利共赢，建立安全、高效的开放性经济体系，形成经济全球化条件下与国际经济合作和竞争的新优势。这既是经济全球化发展的需要，也是国民经济发展的内在需要，更是实现经济长远发展、促进各国共同发展的有效途径。专业技术技能人才也需要走出去，只有这样，才能在了解世界的前提下，给技术创新带来新的活力，给国家发展带来新的动力。国家资格框架体系是技术技能人才与其他国家交流的纽带，打破专业人员国际交流的壁垒，促进专业人员走出去，有助于实现国家的国际化发

①鄢小平、卢玉梅：《新西兰资格框架（NZQF）及其启示》，《现代与距离教育》2014 年第 5 期，第 24 页。

展战略。

国家资格框架体系的建立不仅要从国内的现实情况出发，也要着眼于国际视野，与其他国家和地区的资格框架体系接轨，增加透明度和可比性，以资格框架为纽带，加强国内技术技能与国际的比较、交流与合作。例如，俄罗斯联邦国家资格框架将国际可比性作为构建原则之一，在实施中以“欧洲高等教育学分转换体系”为支撑，不仅有利于提高俄罗斯与其他欧盟国家之间相应资格证书及学位证书的可比性，也便于雇主、教育和培训机构更好地判断资格的相对价值，促进国际学生流动。① 与国外资格框架接轨，关键在于在认证过程中严格把关，确保认证质量，提高证书含金量，使认证结果真实反映各类人才的水平，加快国际化发展速度。我国当前迫切需要建立国家资格框架体系，并与国际接轨，打破国家在职业资格认证这一问题上设置的服务贸易壁垒，增强在国际上的信誉，将资格框架体系作为与其他各国专业技术人才进行对话交流的纽带与平台，吸收国外先进的技术与理念，加速国家的国际化进程。

建立国家资格框架体系，以国家资格框架体系为纽带，加强与其他国家的对话与交流，不断汲取先进经验，也不断展现和输出有特色的建设成果，以保证国家资格框架体系既符合自身的国情，也能与国际接轨。例如，英国自从推出职业资格证书以来，经历了从职业资格证书和教育资格证书一体化的 NQF 五级框架到职业资格与教育资格等值沟通的 NQF 九级框架阶段。德国也是经历了一系列的发展阶段，从成立资格框架协调小组和资格框架工作小组开始，研制资格框架的建立草案，然后选择相关行业进行测试工作，针对测试过程中出现的问题不断进行修订。英国资格框架体系、德国资格框架体系都是在结合国内与国际情况的基础上不断修改和完善，可见，资格框架的建立都不是一蹴而就的。具体到我国也一样，我们在建立国家资格框架体系的过程中，既要符合我国国情，也要借鉴国际成功经验，加强与国际接轨，促进专业技术人员的国际对话与交流，提高技术技能人才的专业能力，以促进我国的国际化发展。

六、结语

构建国家资格框架体系，有利于沟通职业资格证书与学历证书，衔接劳动制度和教育制度，统一资格标准，促进专业技术人才的有效流通，协调各主体之间的关系，实现职业教育与普通教育的等值、融通，激发国民接受教育的热情，为国民提供受教育的平台，广泛提高国民的综合素质水平，优化国家人力资源结构，建设人力资源强国，为专业技术人才的终身发展提供保障，为国家的现代化发展和经济结构转型升级提供动力，促进国家发展与国际接轨。同时，需要充分发挥政策和法律的引导、强制性作用，以保证国家资格框架体系的实践性与指导性、现实性与前瞻性、发展性与国际性相统一。

①刘金花、吴雪萍：《俄罗斯联邦国家资格框架解析》，《教育科学》2014 年第 4 期，第 89 页。

第二章　职业教育专题研究

在新一轮的教育改革浪潮中，职业教育的被关注度达到前所未有的高度。全方位地加快发展现代职业教育、培养高素质劳动者和技能型人才是我国全面建成小康社会的需要，也是实现中华民族伟大复兴的中国梦的需要。在产业转型升级的宏观背景下，现代职业教育体系如何从细处落地生根？激发职业教育办学活力的关键落脚点在何处？诸多细节问题亟须一一解决。本章筛选出部分专家学者对职业教育专项发展问题的最新研究成果，以期为现代职业教育体系建设提供参考。

研究报告一　强化中高职有效衔接，构建良性职教生态圈①

职教生态圈，是指各类各级职业教育元素，相互调试，相互适应，使技能技术人才培养处在一个多元的、开放的、可持续性的完美教育状态，让教育者与教育对象整个交互过程始终处于一种人文亲和状态和氛围之中。当前，强化中高职有效衔接是构建良性职教生态圈的重要一环。

《国家中长期教育改革和发展规划纲要（2010～2020年）》指出，要构建中等职业教育与高等职业教育课程、培养模式和学制贯通的“立交桥”打通技能型人才深造发展的渠道，为学生的多元发展提供保障。到2020年，形成适应经济发展方式转变和产业结构调整要求、体现终身教育理念、中等和高等职业教育协调发展的现代职业教育体系。同时《国家现代职业教育体系建设规划（2014～2020年）》也提出，现代职业教育是服务经济社会发展需要，面向经济社会发展和生产服务一线，培养高素质劳动者和技术技能人才并促进全体劳动者可持续职业发展的教育类型。中职教育作为国家职教体系的重要一环，事关中国制造业的核心竞争力、中国装备的市场竞争力，事关全面服务经济社会发展和技术技能人才的健康成长。在当前国内、国际经济发展的前景下，构建良性的中高职衔接生态圈，在国内，尤其是在深圳具有特殊的意义。中高职衔接生态圈的建立不仅是经济社会发展对中职教育提出的要求，也是建设终身学习型社会中职业教育理应承担的责任。它既是繁荣职业教育的重要举措，又是推动学生个人终身发展的重要推手。

一、中高职衔接的发展现状

当前中高职衔接具有不同类型和模式，从中职学校的实践来说，主要采用分段式衔接的模式，也就是大家常说的“3+2”、“3+1”、“3+N”模式。在政府的主导之下，建立了有助于中高职衔接的政策保障体系，中职学校为了使中职学生满足高职院校要求而对教育教学进行改革，高职院校为了让中职学生的专业基础转变成真正的专业优势以培养社会所需的高级技能应用型人

---

①文章作者：蔡茂洲，男，深圳市第一职业技术学校校长。

才而进行了相应的改革。中高职衔接取得了较好的效果，但是深层次和广泛意义上的中高职衔接生态圈还未完全建立。中高职院校的各自定位、专业设置、课程设置和培养目标上都缺乏连续性和延伸性。换言之，中高职衔接形大于神。

中职教育与高职教育之间缺乏有效的衔接机制，职业教育和高等教育之间相互独立。同时职业教育内部也存在着政出多门、条块分割、相互独立、相互脱节等现象，职业教育之间普遍缺乏必要的协作与交流，缺乏统筹兼顾的科学管理体系，教、考、学、用衔接性不强。主要表现为：中职学校生源入口门栏低，多为不能升入上一级普通高中的学生，他们或是学习成绩较差，或是家庭经济条件较差，在生源群体中属于弱势群体，致使其根本不能与普通高中生竞争；此外作为高等职业教育院校本身，出于自身发展需求，对于中职学校学生的录取热情也不高。受此所限，往往会导致中职生发展出现阶层固化现象。根据深圳市第一职业技术学校近二十年的毕业生跟踪数据，1998 年之前，深圳市第一职业技术学校学生就业无论是在就业领域，还是在就业层次都具有较强的竞争力；2000 年以后，学生就业领域出现狭窄化的趋势，上升通道严重不畅，上升机遇较少。

二、构建中高职衔接生态圈的几点构想

中高职衔接的根本就是办学体系的改革，衔接的形式固然重要，但是衔接的内容才是最重要的。无论什么样的形式，都必须以建立现代职教体系为最终目标，都必须以服务学生终身发展和幸福人生为出发点。

（一）注重政策引导，理顺办学关系

中职教育与高职教育是同一教育类型的两种不同层次的教育，要具有真正明确的办学定位和教育目标，找准中、高职的培养定位，推进现代职教体系建设。教育行政部门应当按照科学的方法，合理确定调整区域内中高职院校比例和专业设立标准。

（二）推动教学改革，行业引导办学

进一步加强校企合作，推动教学改革，让考核标准更能体现技能教学的要求，由“应试型”向“技能型”转变。升学的选拔，也由通常的语文、数学、外语等文化基础测试转为专业技能综合测试。用业界先进的标准引导中高职办学。

（三）多维驱动发展，集团合力办学

在职业教育中引入集团化经营模式，以高度集约化的办学方式，吸引多方办学力量，整合多方优质资源，在职业教育集团内部实行全方位沟通，在最大程度上提高职教集团的办学效益和运行效果，从而能够实现职教集团内部各方办学力量整体的跨越式发展。跳出行业办教育，突破实践教学的工具理性对中高职协调发展的制约性，实现资源共享，进一步推动中高职衔接从封闭走向开放。

三、结语

只有建立和完善中高职衔接的机制，注重政策引导、规范办学，正确定位、各司其职，改革

招生、促进教改，兼顾利益、共同发展，稳定规模、注重内涵五个方面着手，才能推进职业教育朝着终身教育的方向发展，构建起完善的中高职衔接生态圈，真正实现专业设置科学、课程体系贯通、学分制互认。在此基础上，进一步允许学生分段完成学业，打破一考定终身的局限，放宽职业教育招生的年龄限制和学制限制。让学习成为一种习惯，让教育成为一种随时可以获得的资源，使学生修满一定学分后可以就业，等到有条件时或自身需要时再到学校继续学习完成学业，中高职衔接才会走向光明的未来，才能真正建立起中高职衔接的生态圈。

参考文献

[1] 徐国庆、石伟平：《中高职衔接的课程论研究》，《教育研究》2012 年第 5 期，第 69 – 78 页。

[2] 邵元君、匡瑛：《国家职业标准：中高职衔接中培养目标定位的重要依据——基于美英的经验》，《职教论坛》2012 年第 28 期，第 51 – 54 页。

[3] 李全奎：《中高职衔接问题的研究》，《天津职业院校联合学报》2011 年第 3 期，第 3 – 11 页。

[4] 朱雪梅：《我国中职与高职衔接研究述评》，《职业技术教育》2011 年第 7 期，第 24 – 27 页。

研究报告二　职业教育信息化建设的思考与实践①

信息化建设是职业教育体系建设的重要组成部分。研究和加强职业教育信息化建设，是当前及今后一段时期各教育培训机构应高度关注的一项重要课题。

一、职业教育信息化建设势在必行

首先，新东方为什么要进行办学模式转型调整？2013 年，以俞敏洪、徐小平、王强创办“新东方”故事为原型的电影《中国合伙人》上映，无数心怀梦想的人为之洒泪。新东方所有成员都在狂欢庆祝 2013 年 11 月 16 日新东方 20 周年庆典之时，新东方总裁董事长俞敏洪却陷入焦虑和痛苦之中：因为 2011 年下半年至 2012 年上半年新东方办学面临了巨额亏损的严峻局面。当天晚上，新东方 150 个管理干部直接到北京郊区，封闭了整整四天，讨论未来 20 年的发展思路，重构新东方商业模式，更换新东方基因，这个组织基因，就是互联网思维。俞敏洪强调：能不能拥抱互联网，成了生死问题。

其次，网络教育机构迅速发展挤占了传统的继续教育市场。近几年来，各类网络教育机构连同形态各异的教学模式如雨后春笋破土而出。我国教育部门从 1999 年开始启动 60 多所重点高校网络学历教育试点工作，至今在读生超过 400 万人，均超过全日制生人数规模，如西南交通大学全日制在校生近 4 万，而网络生超过 10 万。2013 年，国内互联网三巨头——百度、阿里巴巴和腾讯以横扫一切的姿态，纷纷上线教育平台。

再次，互联网技术应用为职业教育信息化建设带来了机遇和挑战。截至 2014 年 6 月统计的数字显示：①中国网民 6.3 亿，其中广东网民达 7000 万，全国第一；深圳网民 600 万，占全部人口的 1/3；②微博、微信用户达到 5 亿；③每天信息发送量突破 200 亿条；④社交端口同时在线人数突破 2 亿；⑤全球互联网公司 10 强中，中国有四家（阿里巴巴、腾讯、百度、京东）；⑥每个中国人平均每天摸手机 150 次（清华大学沈阳教授）；⑦网络游戏用户规模达 3.68 亿；⑧网络购物规模达 3.32 亿；⑨使用网上支付用户规模达 2.92 亿；⑩广东成立第一家网络人民医院。

最后，国家相关部门对职业教育信息化建设提出相关要求。教育部《教育信息化十年发展规划（2011～2020 年）》（以下简称《规划》）为职业教育今后一段时期发展方向确定了清晰的思路和方向。《规划》强调要通过信息化建设实现教育优质资源共享，提升学生自主学习能力，增强高效管理数据信息作用，增强学习效果，改进服务质量，为学生提供支持自主学习与科学管理的数字化环境，改进职业教育培养手段和管理途径。

以上说明职业教育行业和许多传统行业一样，在互联网时代必须顺势而变，乘势而为，创新发展才能突出困境。

---

①文章作者：吴志清，男，深圳中华职业教育社副主任，广东深圳职业训练学院院长。

二、加强信息化建设是创新现代职业教育的重要途径

信息化职业教育，简单说就是职业教育师生在网络环境下，运用信息技术来推动职业教育的教学改革和发展，从而实现职业教育现代化，满足社会需求的过程。目前信息化技术的应用包括校园网、数字平台、数据库、软件管理系统、虚拟仿真学习室和多媒体课件课程体系等。它的发展和应用，将颠覆传统的职业教育模式，成为创新现代职业教育的重要途径。

首先，信息化建设将为职业教育从资源制作、教学、存储、管理提供分布式、高清、流畅、内容支持和海量用户在线保障。

信息化建设对知识的传播提供了分布式、高清、流畅、内容支持、海量用户在线学习条件。它能充分满足职业教育通过完整、先进、可靠的数字化平台，应用高清流媒体、直播、资源制作、教学、存储、管理等各环节，为各类教学特别是开放教育、终身教育、在职教育、继续教育、成人教育、职业教育提供了空前的便利和支持，给教与学带来革命性的意义。

其次，信息化建设能为职业教育提供一个具备无限扩容，易于管理、高效服务的教学资源库和信息服务系统。

信息化建设可以从技术上实现提供一个分布式存储，集中管理的、高效服务的资源平台，可有效地存储、管理、检索、使用教学资源。如按院系、老师、区域、专业、课程或者学科分开存储，让资源存储应用、管理更简便、适用，实现海量资源存储管理。同时通过光纤等宽带网络建设，实现网上多路并行、大流量的网上高速公路式服务，保证师生自助管理、更新资源和自主学习的便利实施。

再次，信息化建设能为职业教育创造富有创造力、想象力的实时、互动、虚拟、时移、立体场景或多媒体教学效果。

信息化建设是以现代科学技术改善教育环境、革新传统的课堂和教学模式，较好地解决教学质量和学习效果提高的重点问题。它通过数字化处理和多媒体工具结合，可实现实时、分解、互动、时移、立体、模拟、直观、场景教学等多种课程展示方式，大大提高了教学评估专业应用、自主学习、远程教育、精品课程、校园影视等教学效果，成为职业教育创新及现代化的重要手段。

最后，信息化建设能为职业教育提供直播、点播、录播、重播等高性能、大容量、大规模虚拟多媒体教学技术、服务和支持。

信息化建设可以为职业教育实现高性能、大容量、大规模同步直播、录播、网络联播、点播等学习服务功能。既能落实所有课程和教学过程同步、直观集中播放、提供规模线上学习，又可实现线下小范围有选择的自助式点播复读和线下移动自助学习，大大方便学生自主学习，灵活学习和选择学习，提高了学习的效果。

三、信息化建设在职业教育中的创新和应用

根据教育部在规划要求及信息化对职业教育建设所起的重要作用，广东深圳职业训练学院（以下简称“学院”）一直以来非常重视信息化建设的探索和实践。多年来，学院在五个方面开展了创新和实践，有了一些成果和体会。

（一）信息化在教学模式的创新和应用

教育部《规划》强调信息化建设必须突破传统职业教育教学模式的限制，建设信息化实训教学设施，为学生提供支持自主学习与科学管理下的数字化环境。颠覆传统职业教育的教学方式，改进了职业教育培养手段。目前，学院在教学模式方面已实施和准备实施的重点工程有：

一是建立远程在线职业教育自助点播课件学习综合平台，方便学生登录课件平台进行网上学习。学院主要做法：①依托西南交通大学、中国地质大学相关远程学历学习平台，开展了学历课程点播自助学习；②依托省职业训练局网上课件平台点播学习职业技能课件。学院拟自主开发网上职业教育平台系统单独举办网络远程职业技能学习。这个平台包括项目超市—大讲堂（试听）—在线答疑—网上报名—网上缴费—课件点播—模拟考试—成绩查询等功能。

二是设立校域网（楼域网）网络自习室，建立适时开放的自助点播课件自学室，目的是方便学员自主学习，学院目前已有专设的自助课件点播室，可超时开放给学员自学。

三是探索开发互动式在线学习方式。①在部分重点网上课程教学设立线上视频互动模式。②开展线上信息互动答疑学习模式。如探索“翻转课堂”学习方式。其中，翻转课堂模式是充分借助互联网和计算机技术，使优质资源成为学生课后通过看视频讲座、听播客、阅读电子书、线上交流，自主规划学习内容与节奏，教师不再占用课堂时间来讲授，而采用讲授和协作来引导学生个性化学习，把学习主动权、决定权交给学生，使学生学习灵活、主动、参与程度更强，使翻转课堂教学模式更为可行。③探索开展在线学习课程，如慕课。慕课（MOOC）的M代表大规模，O代表开放，第二个O代表在线，C代表课程。因此具有：人数比传统课程同时学习人数更多（目前纪录最多达16万人）；有兴趣学习的都可以进来学习，只需要邮箱和注册就可以参与；在线学习，不受时空限制；教学过程通过视频使内容更突出，使学习更贴心，更直观、易懂、有吸引力等网络开放课程具有的特点和优势。

四是建立网络电子图书馆辅助学习。为提高课堂学习效果，学校可建设有线和无线数字化图书馆，围绕着本校相关专业突破传统的藏书方式和学习方式，通过网络提供专业分类、电子教材、在线文献、学术视频、视频图书、多馆联网等模式为学生提供一所高端、专业、联网、移动、开放的数字化图书馆（目前学院主要使用西南交通大学电子图书馆）。

五是建立网络模拟习题练习系统。通过网上模拟习题练习而提高考试合格率和掌握并巩固学习效果，是信息化教学模式创新的重要内容。2014年学院开发了机电类网上模拟习题练习平台，提高了学习效果，受到学员好评。

六是建立线下移动学习模式。目前学院除探索以上多种教学模式外，还不断实践线下移动学习模式，如学历教育目前就已采用平板电脑、优盘、手机I卡、光盘下载课件学习，反映良好。

（二）信息化在教学课件的创新和应用

信息化技术具有互动、分解、存储、压缩、模拟等强大功能，因此可以广泛应用于职业教育的教学课件改革上，大大增强学习效果。

一是大力开发微课教学课件。微课教学是把网络公开课程浓缩后再通过网络播放。通过微课课件开发，可以把要10小时课程的最精华部分汇集成一堂课播出。如微博一样把言论浓缩在140字内，以适用手机学习，以实现精品课程共享，方便自主学习。

二是开发适应网上联网教学课件。如一些重要课程、公共课程、精品课程和高成本课程，做成视频课件，通过楼域网、校域网、室域网实现“一课多点、一师多学、一机多人”网络课程共享教学。

三是开发线上多样化学习课件。目前网域课件形式已有录像式、综合式（三分屏）、动漫式、模拟式、游戏式、互动式等可根据课程内容要求、资金条件、技术力量强弱，选择不同的课件制作方式。

四是开发移动式手机游戏学习课件。随着微课的规模开发和大屏幕智能手机产品推出使用，手机学习和手机游戏学习课件将越来越普及，职业教育可重点将课程核心部分内容做成手机课件，如汽车、电梯制作故障排除、拆装使用等做成软件下载练习，效果绝对事半功倍。

五是进行网络课程校校共享合作。周期长、投资大、更新快是投资课件开发的难点。我院现在主要争取与专业机构合作使用课件、分成学费的办法弥补教学需要，如与学讯网、省职业训练局远程课件使用合作，学校之间也可合作开放互用精品课程，以弥补投入和能力、质量等不足。

（三）信息化在招生营销的创新和应用

只要是教育机构，都有招生压力。2014 年以来学院出现报名人数锐减的趋势。为什么？主要原因是网络营销颠覆了传统的招生宣传效果。如通过门户网站可以一网打尽 90% 以上生源，通过网络竞价排名宣传可以取得首位广告效果（如深圳三茅网、尚德教育集团）。培训机构没有生源就不能生存，因此创新网络招生十分重要。

一是门户网站合作招生。为降低招生成本，我们采取与行业、网络、品牌网站合作招生，采取推荐有学习愿望生源按学费比例提成方法招生。如与“58 同城”、“深圳教育在线”、“教育联展网”合作，深圳某网络公司用共享 QQ 群的方法直接开展群内招生宣传。

二是网站竞价排名招生。知名网站竞价优先排名招生，是一种效果非常显著的宣传模式，如“百度”推广已成为社会公认的主要的培训信息搜索渠道。但最大的限制是必须实施投入最大化。通常某个机构招生信息如果要在知名网站上排名靠前，每月至少要投入 20 万元推广费。

三是学校自有网站平台招生。现在基本上每个教育机构都开发了自己的网站，拥有自用的网页、网址、域名等有力推动招生宣传的平台。希望大家注意把握三点：①及时定期更新信息；②防止其他机构链接；③加强网站信息发布后的反馈联系和服务（如中南厨校招生的成功案例）。

四是电子信息屏宣传招生。学校各类招生信息宣传除采用以上被动搜寻的方式开展外，还可根据情况适度选用街头、校门口、教学楼等公共位置的电子信息屏进行 24 小时不间断宣传，效果也不错。

五是公共视频宣传招生。公共视频主要包括公交车、出租车、地铁、电梯口固定广告和移动视频，可根据招生宣传情况选用。

六是在特定的学习资源群体中采用手机短信、微信、微博、QQ 传递招生信息。新东方目前已有 2/3 的学生是通过微信招来。因此，各学校、培训机构要重视微博宣传、微信公众号、手机官网等宣传平台的开发和完善。

（四）信息化在教务保障的创新和应用

一是开发网络自助考试系统。有条件的学校建议开发网络自助式考试系统。一种是有 50 个左右考位，可以承担 24 小时不间断、自主选择多专业、自动组卷、评分、计时、过程监控上传下载的网络信息化自助考试室；另一种是建立适合全校可支持千人以上同时在线考试，并具有网络系统维护、题库管理、试卷管理、考试过程管理、实现无纸化考试、开放式、自动组卷、随机组卷、自动计时关机、阅卷评分、考试终端等功能的虚拟考试室。目前国内已有学校在研发此类系统。

二是开发教室使用管理信息发布系统。信息化的教室使用管理系统将通过电子门牌设定门牌号、时间、班级、视频和滚动字幕公布当天课室使用的相关内容；通过信息网络设立电子门锁、学生进出考勤读卡器、学生座位分布显示屏、实训室设备使用记录、室内空调远程开关；通过电子信息平台管理实现网上安排课室。

三是教室网络适时监控上传、下载系统（目前我院已有该系统，可上传深圳市职业技能鉴定指导中心和同济大学）。

四是设立校园电子横幅发布系统。主要用于代替原来的红布横幅标语，通过网络根据需要把重要活动的内容和信息宣传统一或单独分类发布。

五是建立校园“一点多室”网络大课堂系统。通过本系统实现声像同步传输到多个（全部）教室的功能，解决了一个主播课室上课多个课室可以同时听课和学校开大会场地限制问题。

六是开发自助式网络报名机。通过输入相关个人信息，扫描二代身份证，实现自助报名缴费。

（五）信息化在教学设备的创新和应用

一是开发和大量应用具备远程、网络、联网、仿真功能的实训设备。

根据教学需要，学院已开发使用设置了网络和优盘连接端口的教学型数控铁床、数控车床、电梯，远程监看和加工数据投影到大屏幕上；开发了一机多个操作面板、多工位、多品牌数控机床实训系统，汽车网络排故实训室，高压环网柜电子模拟实训柜，具有题库、图表、板书、模拟考试、自动评分等功能的电工综合实训台，大大降低教学成本，提高学生学习兴趣和学习效果。

二是建设功能齐全的实时、互动、联网、高清多媒体教室，根据教学需要，学院先后投资建设了移频话筒、固定式电脑配套讲台、视频追踪、电子白板、电子信息屏、视频投影仪等先进配置教室，保证了现代信息化教学所需。

三是建设高清、多视频切换录播编辑数据处理室。根据网络教育的发展需要，学校应逐步投资建设一至两间多功能录播编辑室，供师生进行网络播放精品课程或编辑制作网络课件。

四是建立视频试听室。提供完整试听播放视频（10～30 分钟）。

研究报告三　类型学视角下的职业院校教师能力结构模型[①]

迄今为止，关于职业院校教师能力结构的论述，大多假设这些教师是在相同的机构中的一样的岗位上从事着相同的工作，他们应该具有相同的能力。但这不符合实际情况。我国现存多种类型的职业院校，从办学主体来看，有政府举办的职业院校、企业举办的职业院校（技校或者技师学院）和社会举办的职业院校。不同的职业教育机构，因为其办学主体、办学目标不同，导致对教师能力的理解和需求存在较大差异，即使是同一所职业院校因为教师职业发展阶段的不同，也会对其有不同的能力要求。从古至今只要人们试图认识和把握事物，就离不开“类型”，只有通过分类，我们才可以从具体复杂的现实中抽象出我们所要了解和掌握的本质。“类型”给了我们一种理性和清晰的方式去把握事物。分析职业教育教师能力结构同样需要类型学的视角。

一、职业教育机构职业发展阶梯和教师能力

能力结构模型是一个由不同能力层级和维度组成的能力系统。能力层级是指能力模型中具有包含关系的能力类型；能力维度是指能力模型中具有并列关系的能力类型。能力层级与能力维度是各种能力模型的主要结构要素。不同的机构和不同的职业生涯发展阶段，职业院校教师表现出不同的能力结构，能力层级和能力维度会产生不同的组合（见图2-1）。在这个能力结构模型中，机构维度、职业发展阶梯维度和能力维度是确定职业教育教师能力的三个重要指标。

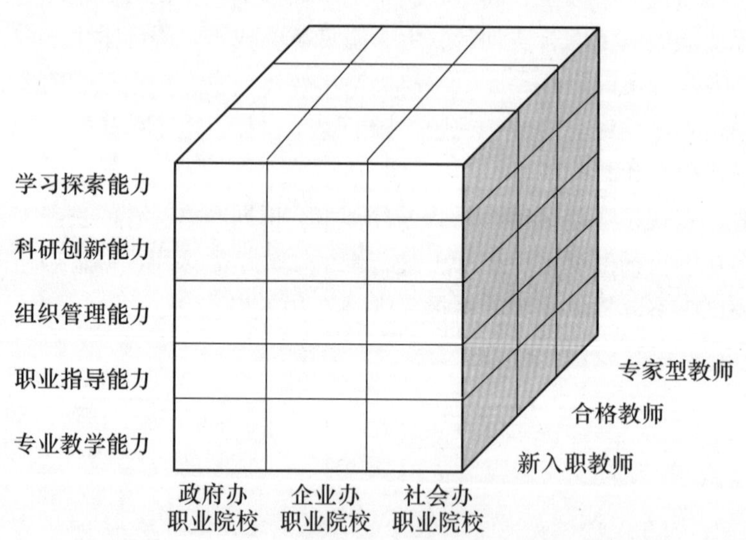

图2-1　三维度职业院校教师能力结构模型

①文章作者：庄西真，男，江苏理工学院职业教育研究院院长、研究员。文章来源：《中国高教研究》2015年第11期，第101-105页。

（一）机构维度

目前，我国各级各类职业教育机构，从办学主体来看，主要有三种。

1. 政府办职业院校

政府办职业院校主要指政府财政拨款的制度化的各层次、各类型职业院校。其中，高等职业教育层次有职业学院、职业技术学院、技师学院等。政府办职业院校的特点是政府是管理主体、投资主体乃至实施主体，主要职能是通过学历化教育为社会输送岗位人才，是国民教育制度的主要组成部分。该类机构以学校教育为主要载体，通过相对固定的学制、办学地点、时间和师资队伍等条件，为学生提供职业知识、技能的传授以及个人综合素质提升服务。公办职业院校的责任不仅在技能教育，更要注重学生的综合素质和终身发展教育，为学生今后进入社会打牢知识、技能、方法和道德基础。在我国，公办职业院校是我国培养技术技能型人才的主要组织机构。职业教育教师的主体也存在于此类机构之中，主要以专职教师为主，来自岗位一线的优秀员工作为兼职教师为辅。

2. 企业办职业院校

企业办职业院校主要指由企业自行举办的以为企业培养员工为主要功能的职业教育实施机构。广义地说，企业主导型实施机构包括一切以培养企业员工为目的的实施主体，如企业大学、企业人力资源部门或培训部门等。同时这里也包括由企业和政府共同建立的职业学校中定向培养企业员工的职能部分。这类机构的主要特征是企业为实施主体，职业教育带有明显的职业定向教育色彩。其实施目的是为了满足企业对合格人才的需求。这类机构的职业教育教师以机构规模不同而具有不同的特点，规模较大的企业职业教育机构（如企业大学）以专职教师为主，在此基础上适当吸收兼职教师；规模较小的企业职业教育实施机构往往并不常设专职教师，而是以企业技术人才需求为导向，通过邀请相关人士以讲座、短期培训等方式开展职业教育。

3. 社会办职业院校

社会办职业院校主要指社会资本举办的，以营利为目的的职业院校和技能培训机构。这类机构一般经劳动部门批准，由民政部门登记办学，办学不是以学历教育为主，而是专职从事各工种的技能培训，学制较短，培训结束通过考核则发给全国通用的各级别技能资格证。社会主导型机构的特征主要为营利性，机构面向社会招生，以各工种短期技能培训为主，培训后学员通过考试方可持证上岗。这类机构一般有一支较为稳定的师资队伍。

（二）能力维度

能力模型的基础概念包括能力（Competence）、要求（Requirements）、绩效（Performance）、资格（Qualifications）、知识（Knowledge）、技能（Skill）、才能（Ability）等术语。其中，能力属于个体的内在条件，它被理解为一种有关主体潜能的复杂总体，包括知识、技能、才能和动机等。能力总是与做某件事情相关，职业院校教师能力与他们完成教学任务有关。

1. 专业教学能力

在欧盟职业教育教师能力结构标准中，教学能力被表述为“培训能力”。培训工作是职业教育教师的核心工作，主要分为计划、促进学习（Facilitation of Learning）和评估（Assessment & Evaluation）三方面。这实际上涵盖了职业教育教学过程的三大环节。计划是教学过程的开始环节，要求教师具备根据学生和培养目标的要求，安排、设计教学方案的能力。评估是教学的最后一个环节，教师要具备对照标准检查过往教学过程并对其进行反思、矫正的能力。从职业院校教学工作的主要内容来看，职业教育教师主要通过一定的方法和手段实现知识的传授、能力的培养和作为职业人的综合素质的提升。据此，专业教学能力指教师组织职业教育知识、技能教学与促进学生综合素质提升的能力。这是职业教育教师的核心能力，也是体现一位教师专业性的核心指标。

“双师型”教师是职业院校教师的基本特征。不同学者针对“双师型”教师出现的不同语境给出了不同的内涵表述，其中一种便是“双能力”教师，即它强调教师在理论教学与实训教学上的“双胜任”。在“理实一体化教学改革”的背景下，这种“双胜任”特征显得更加重要。这种内涵表述也可以推广至除职业院校以外的其他职业教育机构的教师，即作为职业教育的教师，应同时具备理论教学能力与实训教学能力，尤其是在项目化教学等模式中，理论知识与实践技能在项目中的整合和传授是教学能力的重要体现。

2. 职业指导能力

《中华人民共和国职业教育法》第四条指出：“实施职业教育必须贯彻国家教育方针，对受教育者进行思想政治教育和职业道德教育、传授职业知识、培养职业技能、进行职业指导，全面提高受教育者素质。”该法把职业指导作为职业教育的重要内容确定下来。《面向21世纪教育振兴行动计划》中也明确指出：“职业教育和成人教育要加强创业教育和职业道德教育。”从上述法规文件中不难看出，职业指导和创业教育是职业教育的重要内容。加强对学生职业指导和创业教育既是适应我国经济结构调整和产业转型升级的需要，也是满足我国劳动力资源供大于求的现实需求，更是由职业教育自身的特点所决定的。从功能上看，职业院校不仅担负着学历教育的重任，而且也担负着职业培训的任务，为职业准备、转岗分流、下岗职工再就业提供教育与培训。这就要求职业院校教师不仅对学生进行知识的传授和技能的训练，还要对学生进行个性化的职业指导，帮助学生确立职业观念、规划职业生涯。

职业指导能力是指职业院校教师在对学生进行职业指导活动过程中，根据国家政策、职业要求和学生自身特点，通过教育和引导，帮助学生培养职业意识、职业品德、职业能力并适应职业活动的能力。具体来讲：首先，职业院校教师要成为学生择业和创业的指导者。其次，职业院校教师要成为模范的职业道德倡导者。最后，职业院校教师要成为行业文化的传递者。与普通学校教师不同，职业院校教师尤其是专业课教师的教学内容需要有较高的职业性和行业性，既要让学生明了实际技能，还要让学生了解相关职业和行业的特定文化等。

3. 组织管理能力

组织管理能力指的是职业院校教师整合、分配资源与领导的能力，从根本上说就是提高组织效率的能力。组织管理能力往往是针对教师拥有一定管理资源的基础而言，对自身时间和资源等的管理并不作为此处组织管理的研究对象。同时，教师组织和管理课堂的能力是作为教育教学能力的范畴进行分析，在此不作分析。

一般而言，职业院校教师会根据岗位的要求和年限而拥有特定的、可支配的资源。教师支配这些资源一方面是承担岗位责任，履行职业义务的举措；另一方面是利用资源的优化配置产生良好的效果，进而获得支配更大资源的资本和优势。有时资源是随着岗位年限的不断增长和经验的不断积累而从无到有，从有到多；有时在岗位初始阶段教师就占有小部分资源的整合、分配甚至领导权，教师需要从这一小部分资源的处理入手，积累经验、应对各种事项以获得更多更优资源的整合、分配与领导权。可以说，组织管理能力是一个具有领导岗位性质的教师实现职业生涯发展的必要能力。

4. 科研创新能力

职业院校教师的科研创新能力指针对所涉猎的领域，在技术实体层面和教育教学层面实现思想和成果的新突破。主要体现在两个方面：一是技术研发、升级与革新；二是教育教学思想的更新与实施的创新。第一种创新是推动技术领域发展的动力，第二种创新是推动职业教育领域发展的动力。基于现实条件与职业发展路径，职业教育教师的科研创新大多以实践为起步，以实践过程中遇到的问题为抓手，从实践中总结出相应的经验，或从实践的过程中探索新工艺、新方法，且科研创新的成果具有较强的基层实用性。

具备科研创新能力要求教师具有发现问题、处理信息、开拓创新和文字表达四种基本能力，以及敢于突破，革故鼎新的勇气。此外，教师还应该具备一些科研理论，如本专业的科研基本理论，心理学、统计学、政治学、社会学、经济学等相关学科的理论基础及有关的前沿学科知识，同时还应具备科研道德素养等。

5. 学习探索能力

学习探索能力指的是职业教育教师应具有终身学习、不断探索的精神和能力。这是一位教师在工作岗位上保持发展动力、创造发展成果的基本要求。一位教师从未知到已知是通过不断的学习和摸索实现的。在完成了对某一个或几个知识领域的涉猎，攻克了岗位领域所要面对的问题后，教师将进入下一个学习和探索的阶段。这个过程不断纵向深入，横向扩展，最终导致教师在专业领域实现知识的广泛积累与问题应对的策略。它与科研创新能力的区别在于学习探索能力强调知识的积累和对岗位的思考，而科研创新能力则强调知识的创新性运用与再造。二者之间的联系在于学习探索能力是科研创新能力的基础，创新是学习探索基础上的创新，而创新将促进教师的进一步学习和探索。

（三）职业发展阶梯维度

职业发展阶梯的设计是以职业院校教师能力标准为依据，通过搭建多平台的教师能力成长空间，进一步细化完善教师能力成长阶梯，对教师职业发展过程中各个阶梯的晋升评估、培养培训等明确与能力的对应关系，使教师的职业成长、能力提升与职业院校的发展目标保持一致。根据教师能力的阶梯型差异可将职业院校教师的职业发展阶梯分为三个阶段：

1. 新入职教师

新入职教师指的是进入职业教育实施机构时间不满一年的教师。这类教师初涉岗位，没有相应的工作经验，缺乏应对课堂教学问题的教学机制，职业指导能力也处于初级阶段。新入职教师是职业教育教师队伍的新晋成员，虽然成员的基本条件相差不大，但在不同的职业教育实施机构中，新入职教师成长的步骤和所需要具备的初始能力却有较大差别。

2. 合格教师

新入职教师在经过了一年的岗位工作后，通过广泛深入的接触、学习和探索，成为一名合格的职业教育教师。从进入教师岗位开始，所有教师将具备独立承担教研任务的基本资格，并开展更为复杂深入的教育教学科研活动，在工作岗位上不断磨炼、成长，向专家型教师的职业阶梯迈进。

3. 专家型教师

专家型教师是职业教育教师成长的最高境界，从合格教师成长为专家型教师的时间较为漫长，普遍需要5～10年的时间供教师学习、实践和沉淀。专家型教师在教育教学、组织管理、科学研究等领域具备较高能力，承担组织内更为复杂、宏观的项目任务，其往往以“名师工作室”、“名师团队”等形式发挥其专业领域的辐射作用，以“传帮带”的形式带动新入职教师和合格教师的职业成长。

二、机构、职业发展阶梯和能力交互作用的结构模型

机构、职业发展阶梯和能力三个要素在时空变化的作用下产生了联动效应，使教师能力结构从固化向动态发展转变。不同机构、不同岗位对教师能力的理解和组成有着不同的看法，进而影响教师在能力发展上的取向与侧重。

（一）政府办职业院校教师能力的要求

这类机构对职业教育教师的要求较高，且职业成长的路径也较为复杂。这主要是因为职业学校不仅承担着技能和知识的传授工作，更承担着育人的功能。这类机构以长学制为依托，通过较为系统的教学计划为学生提供知识传递、技能培训和素养提升服务，最终帮助学生熟练地掌握技能，形成一定的知识背景。且教育对象往往是青春期年龄的学生，人生观价值观正处于形成关键期，故对教师的能力也提出相对较高的要求。

因为稳定和较为优厚的待遇，再加上近些年内部竞争的不断加大和政府在政策上对职业教育的重视和扶持，这类院校吸引了大量重点高校毕业生，其中还不乏具有硕士、博士学位的高层次人才。这类人才不仅具有较高学历，且专业知识丰富，学习能力强，有一定的科研能力，但他们普遍缺乏工作经验，尤其是专业教学能力、职业指导能力和组织管理能力欠缺。新入职教师，应发挥学习探索和科研创新能力的优势，通过课堂观摩、书籍阅读、教学探索、跟岗学习等方式尽快提高专业教学能力，逐步成为合格教师。而专家型教师则需要同时具备专业教学能力、职业指导能力、组织管理能力、科研创新能力和学习探索能力。因为专家型教师必须起到专业领域的引领性作用，要能够带动团队教师的职业生涯发展，提升团队教学科研能力，并能够创新性地解决团队中遇到的各项问题。要成为专家型教师，应该在合格教师能力基础上，通过3～5年或更长时间的观摩、学习、钻研和体悟，形成较好的组织管理能力和职业指导能力，能够顺利进行教育教学管理和职业指导工作，并在此基础上从事与岗位工作有关的课题研究，带领团队，与团队一起成长（见图2－2）。

（二）企业办职业院校教师能力的要求

这类机构以定向性的人才储备、员工培训为主要功能，且教师往往也兼备培训需求调研、课程开发与组织实施等相关工作，故对教师的综合素质也有较高要求。此类机构的教师有两类来源：一是聘请企业内外一线优秀员工做长期技术指导教师，二是招聘高校毕业生做储备教师资源，并承担部分课程的讲授。

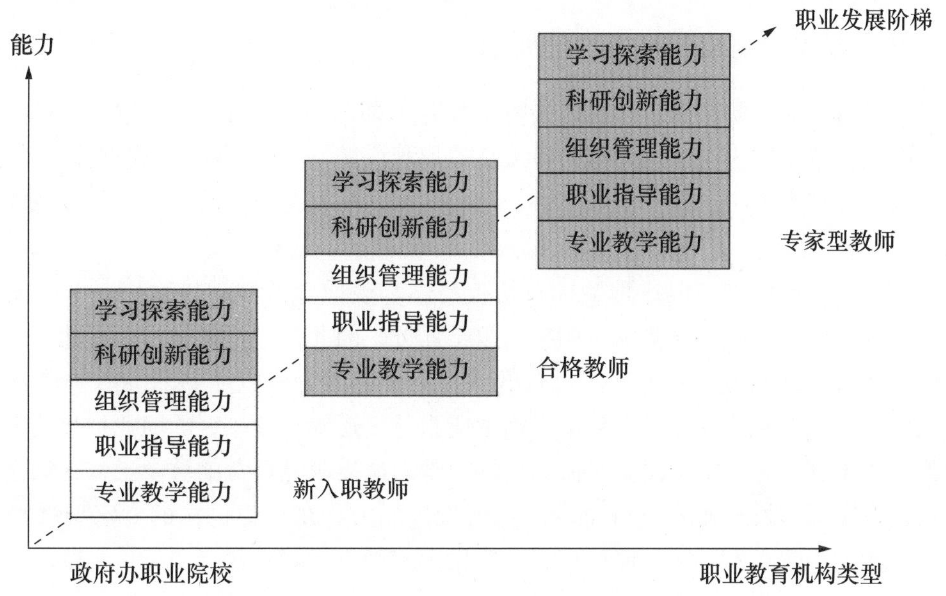

图2－2　政府办职业院校教师能力要求

专业教学能力、职业指导能力和学习探索能力是这类机构招聘新教师的基本要求。入职以后，经过一段时间的磨合，教师在逐渐适应岗位要求后，为使他们尽快成为合格教师，这类机构会要求教师在原有的能力基础上强化组织管理能力和科研创新能力，尤其是要尽快具备组织管理能力并能够在课堂内外独当一面。组织管理能力是指教师能够组织实施各类员工培训、管理与分配培训资源、提升培训资源利用效率的能力。从合格教师到专家型教师则还需要补足科研创新能力这块短板。科研创新能力主要指课程开发、课程资源开发、教学方式创新、技术前沿知识涉猎乃至技术革新等涉及教育与技术两个层面的创新内容（见图2－3）。

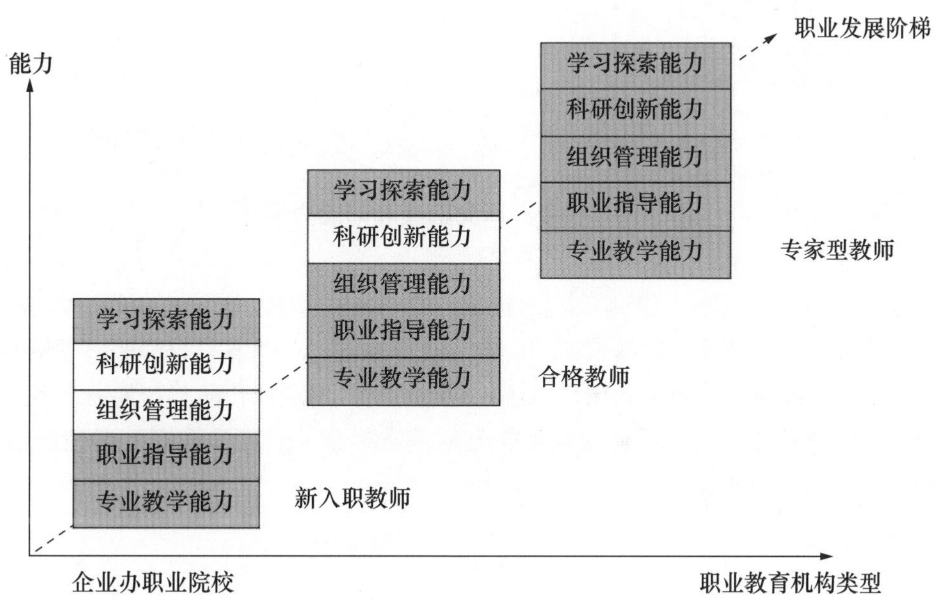

图2－3　企业办职业院校教师能力要求

（三）社会办职业院校教师能力的要求

这类机构以营利为目的，以短学制传授行业技能为办学内容，以颁发技能证书为结业标准。机构招聘教师以社会招聘为主，主要面向各大高校招聘应届/往届毕业生，或直接招聘在岗教师/技术员。这些教师在进入工作岗位后要能够满足机构日常运转对教师的需求，所以在能力要求上有自己的特点。

尽管有短期的岗前培训，但这种培训只是技巧性和表面性的知识传输，缺少情境性和系统性。这类机构的教师从入职起就要承担相应的教学任务，因此，一定的学习探索能力和专业教学能力是他们入职必备的能力。因为这些机构教学与培训并行，所以从新入职教师成长为合格教师，除了入职时具备的专业教学能力与学习探索能力外，还要具备一定的职业指导能力。从合格教师成长为专家型教师时，由于需要组成相应的教学团队以满足日常的教学工作，加之名师执掌更多的企业教育资源，故还需要具备一定的组织管理能力。在这类机构的专家型教师能力结构中，科研创新能力当然必不可缺，但在权重上要比上两种机构弱一些（见图2－4）。

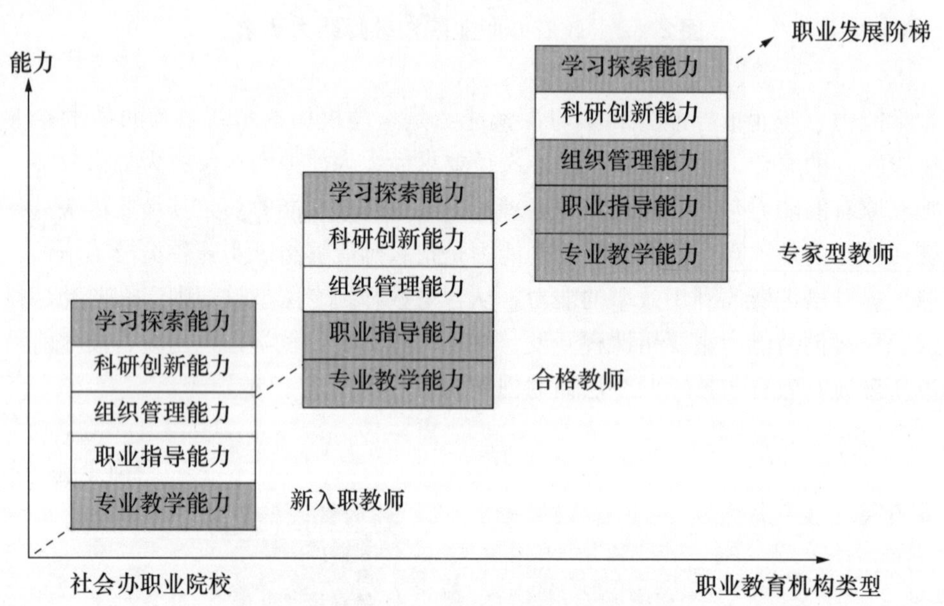

图2－4 社会办职业院校教师能力要求

综上所述，不同办学主体开办的职业教育机构对教师的能力有着不同的理解和需求。即使是同一种能力，不同的机构对能力的解读或倾向性也有所差别。职业教育教师能力模型的建构应考虑不同类型的职业教育机构与教师的成长轨迹，考虑机构、职业成长阶梯与能力三者之间的互动因素，并根据教师成长的实际环境建构教师能力的基本模型，进而采取有针对性的措施促进各级、各类职业院校的专业成长。

参考文献

[1] 萨枫、游佳：《关于类型学及其应用的思考》，《浙江建筑》2011年第11期。

[2] Bechtel M. Competence Profiles for Adult and Continuing－Education Staff in Europe Some Conceptual AspectsC//

Nuissl E. & Lattke S. (ed). Qualifying Professionals for Adult - Learning in Europe. Bielefeld W. Bertelsmann Verlag, 2008: 45.

［3］张柏清:《职业院校双师型教师的职业技能及其培养》,《高等教育研究》2008 年第 9 期。

［4］庄西真:《职业学校的学与教》，知识产权出版社，2015 年版。

案例篇

第一章　凸显办学特色　塑造职教品牌

分类办学、特色发展是国际上公认的职业教育发展经验，推进职业院校特色发展也是发展现代职业教育的必然选择。学校发展不在规模大小，关键是具有办学特色，拥有独特的办学理念与风格。办学特色表现在办学理念、办学定位、专业建设、人才培养、师资建设、文化建设等多个方面。经过多年发展，国内众多职业院校已逐渐走出属于自己的特色发展之路。

案例一　德州交通职业中等专业学校

——职教潮涌两岸阔，交专风劲一帆悬[①]

背景：

在职业教育改革、发展的新形势下，德州交通职业中等专业学校以参加全国职业院校技能大赛和示范校建设为契机，充分发挥自身优势，主动探索，积极创新，打造区域职教特色品牌。

一、学校概况

德州交通职业中等专业学校（以下简称“德州交专”）创办于1986年，坐落于德州经济开发区，是一所民办中等职业学校。学校现占地240亩，建筑面积12.4万平方米；开设汽车运用与维修、数控技术应用、制冷、计算机平面设计、工商管理等20多个专业，以汽车专业和机电专业为主干专业，其中汽车专业为全国重点示范专业，建有设备一流的现代化实训中心。学校现有在校生6900余人，专任教师400余人。

德州交专坚持“职教兴业、教育报国、教好一个学生、致富一个家庭、带动一方百姓”的办学理念，以人为本，注重素质教育，着力培养技术技能型人才。学校先后与国内外百余家知名企业建立了长期人才委托培养合作关系，实现了学生去北京、上海、天津、广州、济南、青岛等大城市、经济发达地区和高新技术开发地区就业的愿望。同时，经商务部批准，学校成立国际公司，与日本、加拿大、英国、德国、新西兰、澳大利亚等国多家企业签订了用人合同，让优秀的人才走向世界，实现梦想。

经过多年的发展，德州交专取得了良好的办学成效，得到了社会的广泛认可。2010年，德州交专被教育部评为“国家级重点中等职业学校”；2012年6月，学校被教育部、人力资源和社会保障部、财政部确定为“国家中等职业教育改革发展示范学校建设计划”第二批立项建设单位；2014年4月，学校被六部委评为“全国职业教育先进单位”；2015年8月，学校被教育部确定为首批现代学徒制试点单位，是山东省唯一一所现代学徒制试点中职学校。

---

①本文根据德州交通职业中等专业学校官网信息及相关研究成果等资料编撰而成。

二、探索改革发展之路，打造区域职教品牌

德州交专大力推进职业教育改革，充分发挥国家中职改革发展示范校骨干、引领、辐射作用，积极构建现代职教体系。学校主动探索，积极创新，打造区域职教品牌，为职业教育改革、发展提供借鉴。

（一）加强校企深度合作，带动专业快速发展

企业的发展离不开学校的人力、人才支持，企业的壮大发展亦会反哺学校的发展。基于此，德州交专大力推进校企深度合作，以带动专业快速发展。

以汽车专业为例，德州交专与国内外多家品牌汽车企业合作，建立高水平的校企合作办学机制。校企双方围绕“学校、学生、企业”三者需求，开展“六融通”合作：人才培养与企业需求相融通，专业教师与能工巧匠相融通，素质教育与技能培养相融通，教学内容与服务项目相融通，能力考核与技能鉴定相融通，实训环境与企业文化相融通。由此，学校的人才培养深度融入企业生产服务流程和价值创造过程，形成校企合作共同的利益链、价值链，实现校企双方在人力、智力、市场、资金等方面的优势互补，企业成为学校培养学生和锻炼教师的平台，学校成为企业谋求可持续发展的智力库，促进形成“校、企、师、生”四方共赢的良好局面。校企合作实施步骤如图1－1所示。

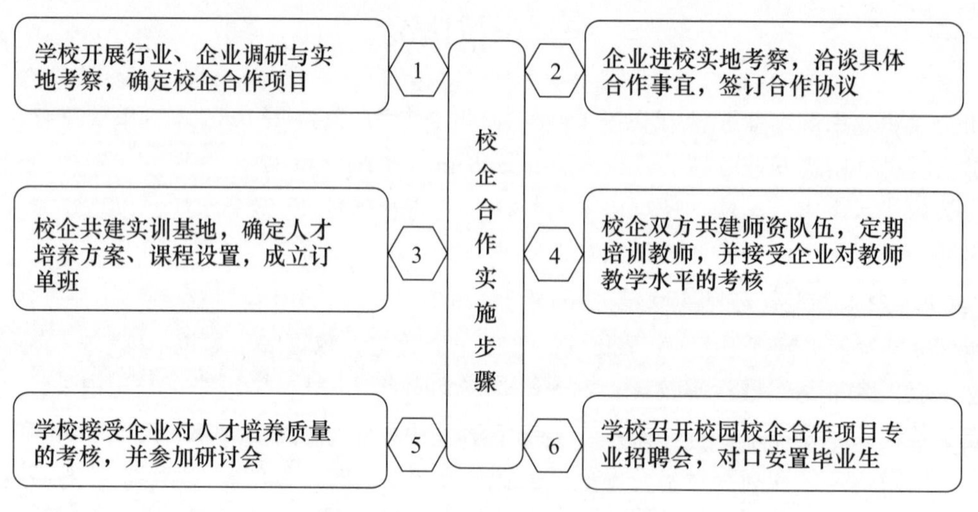

图1－1 校企合作实施步骤

通过积极探索，德州交专的校企合作办学模式进一步拓展，校企共建专业，建立校内外实训基地，组建订单培养班，实现教学资源共享，走出了校企合作共赢、良性循环的新路子。学校先后与一汽丰田、上海通用、北京现代、一汽大众、奥迪等国内外知名企业建立了深层次的合作关系。学校现有“订单”培养班37个，校企共建实训基地18个，企业冠名班有奥迪机修班、大众TQP机修班、大众TQP钣喷班、丰田T－TEP机修班、丰田T－TEP钣喷班、北京现代班、上海通用AYEC班等。而依托校企合作单位强大的资金设备投入，学校的汽车运用与维修专业现已

基本建成“装备先进一流、设备对接产业、技术对接企业、管理水平先进”的实训基地，成为德州市第一、全省领先、国内知名的汽修专业人才培养基地，并获准为德州市职业教育汽车公共实训分中心建设单位。

（二）开发理实一体教材，强化专业技能培养

凭借汽车专业校企合作项目的先进教学模式、教学方法以及教材编写经验，德州交专要求重点专业的基础课程、专业骨干课程、实训课程均需要在企业调研基础上开设，必须符合职业能力发展规律和中职学生特点。学校要求教材要以典型工作任务为知识载体，融工作任务描述、学习准备、计划与实施、评价反馈等环节于理实一体，并会开发与其配套的电子教案、电子课件等数字化教学资源。

德州交专积极组织召开相关行业、企业专家，技术骨干、校领导、各系部教学管理人员及专业带头人、学科带头人参加的任务驱动式校本教材编制研讨会，成立校本教材编制委员会。在现有教材基础上，学校探讨任务驱动式校本教材编制的流程，明确教材改革的目的、意义及编制原则。校本教材编辑思路如图1－2所示。

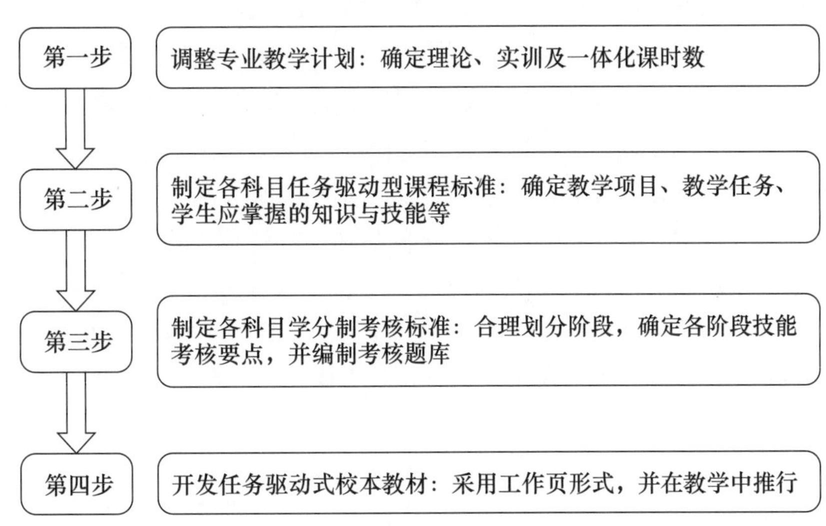

图1－2　校本教材编辑思路

德州交专按照确定的编制思路，在企业调研的基础上制定符合任务驱动式的教学文件标准，结合中职学生特点及企业岗位的技能需求，逐一推敲各科目教学任务即考核点的设定。在项目开展过程中，学校确定每个阶段工作完成标准及时间点、项目责任人与负责人，各项目负责人确保完成质量并接受学校校本教材编制委员会的监督及考核。学科带头人任项目责任人，负责整合全校优质师资，推进各项任务以高标准完成。各重点专业按照“开展需求调研，制定人才培养建设方案；根据人才培养建设方案，设计课程体系；根据课程体系，开发特色教材、核心教材和教学辅导教材”的原则，结合任务驱动教学模式改革要求，设置任务开展路线图和时间节点。

（三）推行三位一体德育，引领学生成长成才

面对学校德育工作的新形势和学生管理存在的问题，本着“以服务为宗旨、以就业为导向”

的原则，在育人为本、德育为先的思想指导下，为贯彻落实《中等职业学校德育大纲》，德州交专积极构建“德育课、实训课、其他课程”三位一体课程体系，构建“文化育人、活动育人、环境育人”三位一体育人体系，构建“校本德育培训、学生干部培训、班主任培训”三位一体培训体系，构建“团委、学生会、社团”三位一体的学生自我教育管理体系。通过这种“三位一体”德育体系，学校力图让学生弯下腰做事，抬起头做人，心中有自信，脸上显阳光，成为家庭的好孩子、学校的好学生、企业的好员工、社会的好公民。

此外，德州交专还通过开展对口帮扶活动，大爱奉献社会，助推学校德育工作的发展。例如，2008 年“5·12”汶川地震后，学校出资 360 多万元免费救助了北川职业高中 111 名学子，得到了全国政协、教育部、山东省教育厅及社会各界的高度评价。2015 年 6 月 9 日，北川 111 名学子组织了来德复课七周年、毕业五周年的“感恩之旅”，感恩学校和社会。

（四）构建优秀师资队伍，助推办学水平提升

结构合理、素质优良的师资队伍有助于提升学校的办学水平、教学质量，更是学校最宝贵的战略资源与最重要的核心竞争力。德州交专为教师的成才、成名、成家提供有力的支撑，尽全力提高教师的生活质量与生命质量，使其充分享受到职业的幸福与满足。

德州交专创新教师培训途径与方法，开展以骨干教师为重点的全员培训。学校要求所有专业教师都要参加上海通用、北京现代、一汽丰田、一汽大众、奥迪、联想、海尔等校企合作项目的培训，以巩固专业名师队伍建设。学校建立校企合作师资培训机制，健全专业教师到企业的实践制度，邀请行业、企业专家团队到校开展教师培训；鼓励教师参加省级、国家级的专业技能培训，并将国家培训引进校园；有计划地安排优秀教师到国外进修考察和专业实践，已先后组织 20 多位教师走出国门；大胆提拔和使用年轻干部，一批朝气蓬勃、锐意进取的中青年骨干教师被推上改革的前台，走上管理工作岗位。此外，学校还注重兼职教师队伍建设，从企业聘请高级技术人员、能工巧匠担任兼职教师，为学校的“智慧宝库”注入鲜活的血液。

三、体会与思考

三十载办学水平不断提高，办学规模不断扩大，办学成绩斐然。“问渠哪得清如许，为有源头活水来。”成功的花朵凝结奋斗的血汗，辉煌的硕果汇聚创新智慧。

（一）创新办学理念，强化顶层设计

职业教育培养什么样的人，什么样的人才能培养人。这是职业教育需要回答的根本问题。德州交专在多年实践、深刻思考的基础上，把“培养具有中国灵魂世界眼光的职业人”作为学校办学理念。“中国灵魂”培养学生传承民族文化、弘扬民族精神；“世界眼光”培养学生的大局意识、全球视野，让学生有高远的境界、宽广的心胸；“职业人”培养学生掌握高超职业技能，具有丰厚职业素养，发扬职业精神。

办学理念的创新，激发了教育教学、行政管理、招生就业、后勤服务的活力，聚焦了师生员工的精气神。“培养具有中国灵魂世界眼光的职业人”成为学校发展的目标、方向，各项工作的出发点和立足点。在这一理念的支撑下，德州交专毕业生成为市场上的“香饽饽”。

（二）改革管理模式，突出专业优势

德州交专改变原来学校以年级为管理对象的方式，将专业作为管理的直接单位，创设了专业管理，突出学校的专业优势。德州交专以汽车运用与维修为龙头，形成汽车运用与维修、机电工程、计算机应用和工商管理4大院系、20多个专业。专业管理模式使德州交专的管理更有针对性，也让德州交专的专业更具优势和特色，实现毕业生就业率保持较高水平。

在强化专业管理基础上，学校把“扁平化”、“信息化”、“三级值班体系”、“目标化”管理融合，实现无缝隙管理。

（三）创新人才培养模式，加强校企合作

创新人才培养模式，是构建现代职教体系的重头戏，也是学校发展的源头活水。只有不断创新丰富人才培养模式，毕业生才能接地气，赢得企业青睐。

学校摒弃“酒香不怕巷子深”的旧思想，人才培养实现“四个对接”——专业与产业对接、课程内容与职业标准对接、教学过程与生产过程对接、学历证书与职业资格证书对接，实施“走出去、请进来”战略，紧盯国内外高端品牌，与知名企业“联姻”，先后引进奥迪、现代、海尔、联想、丰田、大众等知名企业参与人才培养过程。

2009年，学校成立德州交通职教集团，以其为依托，加强校企合作交流，建立校企合作长效机制，深化完善学生就业服务体系，提高就业质量，积极开展以就业和技能提升为目的的职业技能培训，促进多元发展。

经济社会发展浩浩荡荡，职业教育创新永无止境。面对职业教育新常态，德州交专将开拓创新、与时俱进，把握新机遇，应对新挑战，谱写发展新篇章。

案例二　苏州工业园区工业技术学校

——创新个性化育人模式①

背景：

职业素养是个体职业生涯成败的关键因素，其包括职业道德、职业意识、职业行为和职业技能等。职业教育的任务是培养学生的职业素养，为学生的职业生涯发展奠定基础。面对职业学校学生“学习兴趣不浓”和“职业发展后劲不足”的现状，苏州工业园区工业技术学校提出了“构建以提升职业素养为核心的个性化职业教育模式”即IPQ育人模式的构想。几年来，学校边研究边实践，探索出让每位学生都能寻找到适合自身特点的成长道路，取得了显著的办学成效。

一、学校概况

苏州工业园区工业技术学校（以下简称SIPITS）成立于2005年5月，是由苏州工业园区管委会投资成立的区内唯一一所公办中等职业学校。学校坐落在独墅湖科教创新区，校区占地面积282亩，建筑面积13.1万平方米。学校紧密结合园区经济和社会发展开发专业，已开设了机电、电子、计算机、汽修、物流、旅游等第二、三产业为主体的六个大类专业，拥有3个省级示范专业（计算机及应用、机电技术应用、电子技术应用）。

建校以来，SIPITS以“服务园区、服务企业、服务学生”为办学宗旨，坚持“以德立身、以能立足”的培养目标，确立“校企合作、国际交流、市场导向、特色立校”的办学策略和以课程改革为突破口的工作战略。在文化建设方面，学校确定了“上善若水”的文化主脉，形成了“上善若水、润物无声”的校风、“有教无类、教做合一”的教风、“敬业乐群、强学力行”的学风。定位清晰的办学宗旨加上良好的文化建设，使得学校走出了一条特色立校、跨越发展的成功之路。

2009年，SIPITS通过了江苏省四星级中等职业学校的评估，同时被认定为江苏省高水平示范性中等职业学校；2010年，学校被评为江苏省中等职业学校德育工作先进集体学校；2011年，学校被教育部认定为国家级重点中等职业学校。此外，学校还获得江苏省职业教育与社会教育先进单位、江苏省课程改革实验学校等殊荣。目前，学校已经成为江苏省中高职衔接（3+3）、江苏省高水平现代职业学校立项学校。

二、IPQ教育模式实践

针对职业教育人才培养存在“偏重技能教育，忽视学生职业素养整体提升”、“偏重‘标准件’劳动者塑造，忽视个性化、创新型人才培养”等问题，SIPITS于2009年1月率先提出构建“以提升职业素养为核心的个性化职业教育模式”（简称IPQ教育模式）的构想，并积极付诸

①本文根据苏州工业园区工业技术学校官网信息及相关研究成果等资料编撰而成。

实践。

IPQ 教育模式可以用“1 + X”来表达（见图 1 - 3）。“1”指一个核心，即以提升职业素养为核心；“X”指多元化的发展路径，个性化的选择。“1”以专业为依托，既着眼于学生首次就业的需要，又奠定学生职业发展的根基；“X”可以是兴趣、爱好，也可以是特长、强项，是促进学生事业更好发展的翅膀，是开辟学生职业生涯新境界的利器。SIPITS 结合职业教育的特点，根据学生需求和社会需要，给“X”设计了六大选项（每个大项内部还有若干个具体路径），学生可根据自身条件从中选择一项或者多项。一是专业技能，鼓励学生参加技能训练、考工考证和技能大赛，成长为技能精英；二是通用技能，帮助学生提高对生活或职业有帮助的技能和素养，如职业礼仪、理财与投资、家电维修等；三是创新实践，鼓励学生结合专业学习参与发明创造；四是创业实践，培养学生的创业意识和能力；五是艺体特长，鼓励有兴趣和特长的同学组织社团，开展训练和竞赛，提升综合素养；六是升学深造，鼓励学生选择适合自己的升学路径，如对口单招、成人高考、申请国外大学等。

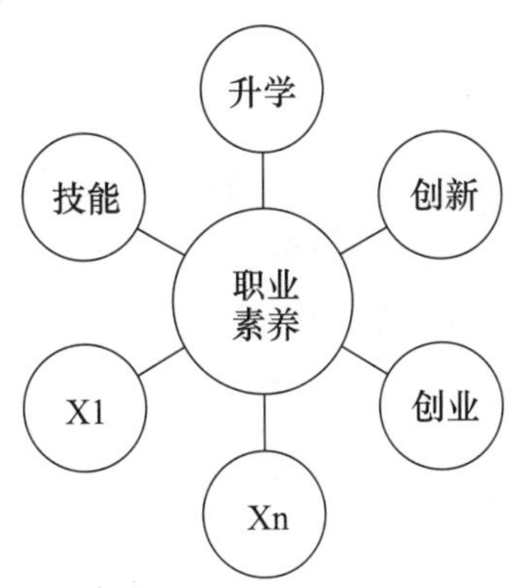

图 1 - 3　1 + X 发展模式

IPQ 教育模式的构建和实践是一项系统工程。从 2009 年提出构建 IPQ 教育模式，SIPITS 遵循“系统设计，整体推进，分步实施，重点突破”的原则，从五个方面积极探索 IPQ 教育模式的实施路径。

（一）积极推进课程改革

作为首批江苏省职业教育课程改革实验学校，SIPITS 将课程改革与构建 IPQ 教育模式结合起来实践和研究，促进学生的职业素养提升与个性化发展。

一是重新审视职业学校德育和文化基础课程的育人功能，制定实施新教学大纲，调整、充实、整合课程内容，凸显其基础性、人文性和职业特色。例如，学校把拓展训练纳入体育课程，作为入学新生的必修内容。学生通过拓展训练，在认识自身潜能、克服心理惰性、磨炼坚强毅力、增强团队意识、改善人际关系等方面有了显著的提高。

二是着力构建以能力为本位、以实践教学为主线、以项目课程为主体，围绕技能证书考核、适应岗位要求的模块化的专业课程体系。学校有 70% 的专业课程按项目课程要求设计；重视精品课程建设，着力开发与区域产业紧密对接的校本课程，积极引进多项国际专业课程和国际职业资格证书。

三是根据学生兴趣与社会需求开设有特色的选修课。近几年，学校共开发《思考与解决问题》、《社交礼仪》、《客户服务》、《职商训练》、《"三创"教育》、《专利检索与专利改进》等30多门选修课。选修课不仅开阔了学生视野，也带来了学生知识、素质、能力等方面的进步。例如，学校响应江苏省教育厅在中职领域开展"三创"教育的号召，开设"三创"教育课程，制定了课程标准，编写了教材《赢在"三创"》，组织"三创"教育实践，使"三创"教育成为一项特色教育。

（二）实行灵活的修学制度

在实施课程改革的同时，SIPITS推进和完善与课程体系相适应的学分制和弹性学制。学生的学科课程、技能证书、选修课程、社团活动、社会实践、校外实习、竞赛获奖等均纳入学分体系。学生在3年内，只要获得毕业最低学分，并达到学校有关规定要求，便可提前毕业或延迟毕业。为充分调动学习积极性，更准确地反映学生的学习质量，学校还在学分制基础上推行学分绩点制，并在学生评优评奖等工作中应用。

在这种灵活的学习制度下，学生的学习时间具有伸缩性，可提前毕业，也可滞后毕业；学习过程具有灵活性，可工学交替，也可分阶段完成；学习内容和学习方式具有可选择性，学生可以根据专业人才培养方案中的指导性教学计划以及自己的实际能力，在符合学校规定的前提下，自主选择修读课程，自主选择任课教师，自主选择学习方式。学分制与弹性学制改革，为学生创造了宽松的发展环境，有利于个性化发展。

（三）构建新型课堂教学模式

2008年10月，SIPITS制订《课堂教学改革推进工作方案》，全面启动课堂教学改革，借鉴和运用新加坡"教学工厂"模式、德国行为导向教学模式和杜郎口中学教学模式的先进理念，构建符合课程特点和学生实际的新型课堂教学模式。

一是实行分层教学，满足不同程度学生的学习选择。英语课程实行走班制的分层教学，其他课程实行目标和任务分层教学，教学设计既面向全体又兼顾个别，具有灵活性、针对性、多样性的特点。

二是选择适应课程特点的教学方式。德育课推行PBL（以问题为导向）教学法和案例教学相结合的教学方式；语文、数学和一些专业基础课推行"引导学生自主学习"教学模式；体育课实行分项教学；专业实践课普遍实行理实一体的项目教学。

三是确立先进的教学理念和课堂文化。广泛运用启发式、探究式、讨论式、参与式等教育教学方法，实践"手脑并用，学做合一"的教学理念，激发学生主动学习、自主学习的积极性，培养学生发现问题、提出问题、分析问题、解决问题的能力，培养创新精神和创造能力。课堂变得生动活泼，学生也就能享受到课堂学习的乐趣。

（四）提供匹配的平台和保障体系

构建IPQ教育模式，需要创设促进学生素养提升和个性充分发展的平台。SIPITS从六个方面给予保障。一是机制平台。学校出台《关于建立和完善学校技能创新大赛制度的意见》、《学校"文明风采"大赛实施办法》等制度，定期举办科技节、生活节、体育节和"文明风采"大赛，建立人人参与、逐级参赛的机制。二是组织平台。学校支持学生成立兴趣社团和创业社团，鼓励学生自主策划社团活动，自主谋划社团发展，把学生社团打造成为展示青春活力、绽放多彩个性、提升能力素养的舞台。三是时间保障。学校改变晚自习集中学习的单一方式，每周安排两次开放学习，把时间还给学生，使他们有时间思考，有时间实践，有时间锻炼身体，有时间参加自己喜爱的文体、科技、创业活动。四是物质保障。学校改造理论课教室，建设校内实践基地，配备先进的设备，为学生开展技能训练、创新发明、创业实践等活动及课堂教学改革提供必要的物质支撑。双休日、课外活动和晚自习期间，图书馆、体育馆、影剧院及各实训场所也都向学生免费开放。五是资源保障。除开发利用校内教育资源外，学校还重视开发利用校外教育资源，如邀请来自企业和社区的专业人士开设专题讲座和报告会，组织学生赴企业见习、参观展览会、参加社会实践等。六是师资保障。学校制订并实施"双师型"教师个性化发展计划，为学生的多样化学习和个性化发展提供师资保障。

（五）探索多元化的评价激励机制

构建 IPQ 教育模式，要求摒弃传统的评价理念和标准，完善综合素质评价，建立新的评价激励机制。SIPITS 的主要做法有：一是评价内容的全面性。学校实行德育学分制，对学生的仪容仪表、出勤、文明卫生、纪律、社会实践等各项内容进行综合考评，达到规定的德育学分是学生学期总评、评优、实习或毕业的必备条件之一。对学生课程的评价，不仅包括知识和技能方面的评价，也包括情感、态度与价值观方面的评价。二是评价方式的多样性。学校坚持发展性评价原则，把量化评价与质化评价、显性评价与隐性评价、过程评价与结果评价有机结合。三是评价主体的多元性。学校将教师评价、同学评价、学生自评结合起来，专业实习课程还引入企业和社会的评价。四是考核方式的多样化。学校根据课程和教学内容的特点选择考核方式，打破单一采用试卷考核的方式，广泛采用口试、考证、做项目、写调查报告、展示、表演等方式。五是激励方式的特色化。学校不仅设立了综合性评选表彰项目，还设立了各类单项评比表彰项目，如技能之星、创业之星、小发明家、月度优秀学生等，引领更多的学生发展个性，体验成功的喜悦。

三、体会和思考

《国家中长期教育改革和发展规划纲要（2010～2020 年）》（以下简称《纲要》）指出："促进每个学生主动地、生动活泼地发展，尊重教育规律和学生身心发展规律，为每个学生提供适合的教育。"IPQ 教育模式结合职教特点，创造性地贯彻《纲要》要求，体系化地为学生搭建发展平台，尊重学生个体差异，让每个学生寻找到适合自己的发展道路。

（一）关注人的发展是现代职业教育的本质要求

教育的本质就是发展人。随着社会的不断发展，对人的素质要求越来越高。而中职学生的年龄一般在 15～18 岁，这个时期学生的价值观、职业观尚处在不稳定、不成熟时期，他们还处在职业探索阶段的初期，在职业选择上具有较大的弹性。因而，中职教育要适当淡化就业导向的意味，强化职业素养教育，为学生今后的职业生涯发展提供持久的养分，帮助他们将职业兴趣和发展意向逐步转化为明确、相对稳定的发展目标和职业理想，并扎实地走下去。

（二）以提升职业素养为核心是职业教育的本真追求

职业素养是在职业活动中起决定性作用的、内在的、相对稳定的素质与能力，是个体职业生涯成败的关键因素。职业素养越高，获得成功的机会就越多。作为沟通教育与职业的桥梁，职业教育重要任务之一就是培养学生的职业素养，为他们在未来的职业生活中自由发展奠定基础。IPQ 教育模式以提升职业素养为核心，体现了对个体全面发展和可持续发展的关注，是职业教育的本真追求。

（三）个性化教育是职业院校培养人才的有效途径

中职入学新生起点低，不少学生学习习惯较差，且离散度高，既有文化课水平偏低的学生，也有成绩良好甚至优秀的学生。因此，学校要对这个特殊的群体倾注更多的人文关怀，关注学生的差异和不同需求，用个性化的方式和手段挖掘每个学生的优势、潜能，使他们能够在原来的基础上获得发展。此外，实施个性化教育也是社会发展、科技进步对人才需求日益多样化、对人才素质要求日趋多元化的客观要求。

案例三　南京高等职业技术学校

——培育高素质技术技能人才的摇篮①

背景：

南京高等职业技术学校坚持"服务为宗旨，就业为导向，能力为本位"的办学理念，不断深化教学教育改革，充分借鉴德国先进的职业教育理念和模式，加强与企业的合作交流，探索人才贯通式培养，为社会输送了大批高素质技术技能人才，成为职业教育领域的"领头羊"。

一、学校概况

南京高等职业技术学校（以下简称"南京高职校"）是由南京职业教育中心于2005年升格成立的综合性、五年一贯制、专科层次的国家级重点职业院校，是国家教育部在职教领域与德国最早开展合作的第一所项目学校。学校位于南京市河西新城区，占地12.5万平方米，拥有70个设备先进的现代化实验室和28个配套齐全的校内技能实训车间，建有全国最先进的百兆宽带接入四网合一的万兆校园网。学校开设有土木工程、环境工程、建筑装饰、电子信息工程、计算机科学、经济管理等七大类二十多个专业，现有在校学生5100余人、教职工273人。

办学以来，南京高职校始终坚持"学生成长、教师成长、质量提升、学校发展"的办学愿景，推行并内化德国"双元制"教学模式，逐渐形成了重实践、重技能培养的办学特色，创造了数十项"全省第一"和"全国首批"，成为职业教育的"领头羊"。多年来，学校为社会和企业输送了6万多名高素质的劳动者和高技能人才，每年毕业生推荐就业率100%，对口就业率达95%以上，得到了社会和企业的高度认可。学校先后获得"全国职业教育先进单位"、"全国职业教育改革发展示范校"、"国家级技能型紧缺人才培养培训基地"等多项国家级综合荣誉，率先成为领先江苏职业教育辐射全国、引领中国职业教育走向国际的示范学校。

二、探索高素质技术技能人才培育之路

南京高职校坚持"服务为宗旨、就业为导向、能力为本位"的办学理念，创新"双元制"教学模式，积极探索高素质技术技能人才培养模式，构建了"人人成才、尽展其才、全面发展"的国际化成长立交桥，发展成为全国职教界的一面旗帜。

（一）注重国际交流，培养国际化人才

注重国际交流可以说是南京高职校最鲜明的特点，也是其快速发展的关键。近年来，南京高职校在中德项目合作的基础上，进一步拓展与新加坡CITI管理学院、德国歌德学院、韩国大田大学等十多所国际院校合作，开展不同形式的联合培养，不断拓宽国际合作领域和项目。

①本文根据南京高等职业技术学校官网信息及相关研究成果等资料编撰而成。

1. **借鉴“双元制”教学，培养企业“免检”人才**

南京高职校是国内较早推行并且内化德国“双元制”职业教育模式的学校，经过不断学习与实践、总结与凝练，在借鉴德国“双元制”的基础上不断创新，形成本土化的“双元制”教学模式。

从2006年5月开始，南京高职校与博西华家用电器（江苏）有限公司以及德国汉斯·赛德尔基金会签订联合办学协议，按照德国“双元制”职业教育的模式，在工业电子、操作电工和工业机械等领域共同培养具有熟练专业技能的操作能手。在企业的深度参与下，学校在实训室建立实训车间，既供博西华家用电器（江苏）有限公司培训客户，也供学生学习之用。实训车间内所有设备由企业提供，并且随着市场产品的换代而不断更替。

目前，南京高职校与国外的交流学习已成常态。2015年6月，进修团就先后五次赴德国学习，访问慕尼黑建筑协会职业教育中心、巴伐利亚工商联合会等，学习借鉴国外职业教育的先进经验。如今，南京高职校的“双元制”模式的内涵已经发生巨大变化，并逐步由少数中专层面的培养延伸至学校高职层面的全覆盖，由少数示范延伸至学校教师层面的全覆盖，由最初原版“双元制”已逐步转化为本土化的“双元制”模式。

2. **建立国际交流平台，搭建成长立交桥**

近年来，学校与德国歌德学院、新加坡建筑学院等开展留学合作，6批学生分赴国外留学，他们将获得中外双大专学历，通过行业考试即可留外工作。此外，南京高职校还与新加坡CITI管理学院、韩国大田大学等十多所国外院校合作，开展不同形式的联合培养，构建国际化人才成长立交桥。

2002年起，学校举办中德合作“实验班”，在电工、设备安装、建筑装饰、建筑工程技术专业中推行“以技能为导向”的课题式教学模式，强化技能训练。学校还在江苏率先引进欧盟承认的德国手工业行会技能证书（HWK）考核，受到社会和企业的欢迎，使毕业生成为有较强竞争力的高技能型人才。

3. **与国际化相适应，建立信息化环境**

职业教育要培养面向21世纪的高素质技能人才、信息时代的高素质劳动者，因此，学校要与国际化相适应，为学生创造一个良好的信息环境。

南京高职校在建立数字化校园的过程中，推行“六建模式”：一是建概念，信息化时代的教育教学改革核心内容之一是学习方式的变革，老师不再是权威，从校长到分管领导再到教师，建立信息化教学的概念；二是建网，构建一个完善的校园网络环境；三是建库，建立一个有本校职业教育特色的资源库，开发一些职业教育课程；四是建队伍，广大教师不仅懂电脑，还会整合资源，把信息化的技术有效地整合到课堂教学中，融入人才培养的全过程中；五是建制度，在数字化校园和信息化建设过程中，建立完备的规章制度；六是建模式，建立一种具有职业教育信息化建设的模式。

（二）加强校企合作，实现资源共享

作为我国第一个引入并创新发展德国“双元制”教学模式的高职院校，南京高职校高度重视学生实践技能的培养，不断深化教育教学改革，在校企合作、产教融合方面做了大量的探索和尝试。

1. “订单式”培养

订单培养一方面为企业提供了急需的人才，另一方面也解决了毕业生的就业问题，是校企合作的重要形式。2015 年 3 月 5 日，南京高职校与南京地铁集团有限公司签署长期战略合作协议，首开五年制“地铁”订单大专班，实施“订单”培养。同年，学校还与博世西门子、德国菲斯曼供热集团开设“博西华”和“菲斯曼”五年制订单专科班。订单班的学生从入学开始，就由学校和企业共同跟踪培养，除了学习文化知识、职业技能外，更多的是要熟悉冠名企业的文化、精神，使其成为“准企业人”。“订单式”培养模式将岗前培训、岗中培养全部提前落实到校园里，使毕业生毕业待遇和后期发展普遍优于一般毕业生，甚至比本科院校的毕业生还要好。

2. 专业资源共享

校企深度合作，可以实现专业资源共享，为专业技能人才培养提供更多保障。一是基地资源共享，坚持“企业建在学校，学校搬进企业”的基地建设要求，做到“车间与教室合一”。二是师资资源共享，做到“教师与师傅合一”。学校建立把行业企业专家“请进来”教、校内教师“走出去”学的制度，打造系级领导班子有“老总”，专业带头人团队有“总工”，骨干教师队伍有“项目经理”，青年教师有“能工巧匠”的“双师型”教学团队，使他们一方面参与专业培训，提升技能水平；另一方面又主动参与企业的科研和员工培训，为企业创造生产和科研价值。三是科研资源共享，做到“技术与产品合一”。学校和企业派出科研团队，与企业技术人员共同解决企业生产与学校教育中存在的难点、疑点问题，开发研制出新颖、可靠、实用的科技产品，把技术力量转化为生产力，打通校企联合提升产学研水平的新局面。

（三）实施贯通培养，打开升学通道

南京高职校作为江苏省现代职教体系建设首批试点学校，承担了“5 +2”大专与本科衔接培养、“3 +4”中职与本科分段培养工程，学生通过“转段考试”进入金陵科技学院、南京晓庄学院公办本科就读，毕业后可获得普通全日制本科学历和学位。自实施以来，近 300 名学生进入本科院校就读，获得本科学历和学位。

此外，南京高职校还与南京工业大学、武汉理工大学等开展专升本和远程本科教育，毕业生获得国家认可的本科学历和学位。通过专转本、专升本等方式，南京高职校打通职业教育“断头路”，实现职业教育与终身教育的“无缝”对接。

三、体会与思考

提高人才培养的质量是职业院校的重要办学目标。南京高职校通过校企合作、国际合作和贯通培养等多种方式培养了一大批高素质技术技能人才，为社会输出近 10 万名优秀毕业生，获得社会的广泛认可，其发展经验值得国内其他职业院校借鉴。

（一）国际合作，提升国际化水平

南京高职校一直秉承对外合作的办学理念，通过引进国际化的专业技术标准、优质的教育教学资源、高端的人才智力资源、先进的技术设备和产品等，并将其嵌入专业建设和教学中，提高了教学水平。同时，通过国际合作办学、专业对接、课程共享、教师进修、学生交流、专项合作、管理互动、平台搭建等，学校加强引进国际化教学资源和人力资源、管理模式，与国际高端

知名跨国企业合作建设实训基地，打造具有国际化视野和能力水平的教学团队，嵌入国际通用职业证书标准，有效提升学校人才培养的国际化水平，提升学生的专业技能。

（二）校企合作，提高人才匹配度

目前，职业教育面临的一个突出问题是：对企业来说，学校培养的人才缺乏实践经验，学生毕业之后不能满足企业对人才的需求；对学生来说，学生拿到了毕业证却找不到工作，最终导致了企业招不到人，学生又找不到工作的尴尬局面，形成了人才的“虚过甚”局面，而校企合作正是解决这个难题的关键。南京高职校积极构建立体多元的校企合作方式解决问题：一是学校与世界500强企业德国博世西门子等企业开展“订单式”培养。学生一入校就具有学校学生和企业“准员工”的双重身份，享受企业“带薪”学习，就业“零距离”，毕业后直接进入博世西门子公司关键岗位工作。二是学校与企业共享专业资源，如实训基地、科研、师资等，为专业人才的培养提供保障。通过校企合作，南京高职校培养的学生成为企业的“香饽饽”，毕业生就业率100%，对口就业率98%，极大地提高了人才与市场的匹配度。

（三）贯通培养，打通人才成长通道

职业教育与普通教育沟通不顺畅导致职业教育成为“断头”教育，这是家长不认可职业教育的重要原因之一。为了学生有更多的选择机会，南京高职校积极试点“5＋2”大专与本科衔接培养、“3＋4”中职与本科分段培养工程，让职业教育的学生有机会进入普通本科高校学习，获得更高学历的学位和证书。这类试点项目的学生不仅能够学到一技之长，几年后通过“转段考试”就能升入本科高校，学习更多的知识，真正成为高素质技术技能人才。国内职业院校应积极探索并建立职教人才成长“立交桥”，真正实现“人人成才，尽展其才，全面发展”的目标。

案例四　江西现代职业技术学院

——彰显“五位一体”集团化办学特色[①]

背景：

集团化办学作为一种战略创新，已成为职业教育办学制度的重要组成部分。江西现代职业技术学院基于集团化办学，充分发挥江西现代职业教育集团合作平台功能，深化校企合作、建立专业调整机制、优化师资队伍及开展就业创业培训，彰显“人才培养、科技服务、师资锻炼、岗位实践、就业创业”的“五位一体”集团化办学特色，打造集团化办学品牌。

一、学校概况

江西现代职业技术学院（以下简称“江西现代职院”）隶属江西省建材集团公司，其前身为1984年成立的江西省建筑材料工业学校，2002年经批准成为综合性公办专科层次的普通高校。学院设有材料与能源、化工、机械、信息工程、建筑工程、商务、旅游经贸、设计、体育、继续教育十个二级分院和一个中专部；拥有从中专到本科各级各类在校生18000余人，专任教师近千人，其中副高以上职称教师258人。学院建有几十个校内实训基地，各类实训室200个，教学仪器设备总值达1.5亿元，具备完善的实训教学条件。2010年，学院被教育部、财政部确定为国家骨干高职院校立项建设单位，标志着学院进入新的发展阶段。

2011年，江西现代职院整合江西省建材集团公司管理的9所学校资源，联合24家企事业单位和2个工业园区，组建了“江西现代职业教育集团”（以下简称“职教集团”），为学院自身的快速提升提供了更加坚实的基础。近年来，学院毕业生双证书率、年底就业率均在90%以上，先后被评为“全国农村青年转移就业先进单位”、“全国普通高校毕业生就业工作先进集体”，2013年以“优秀”等级通过国家骨干高职院校的验收，表明学院的办学成效得到了国家和社会的高度认可。

二、集团化办学育人，打造品牌特色

依托江西现代职业教育集团的资源，江西现代职院充分调动政、行、企、民、校多主体协同作用，坚持“合作办学、合作育人、合作就业、合作发展”的办学原则，形成了“人才培养、科技服务、师资锻炼、岗位实践、就业创业”五位一体的集团化办学特色，大大地提升了人才的培养质量。如图1－4所示。

（一）协调“政行校企”资源，推动办学水平提升

为了推动“政行校企”共同参与办学，整合各方资源，江西现代职院牵头成立校企合作理事会，主动与政府、行业、企业及其他院校进行沟通，得到了较大的支持，逐步实现资源共建共

①本文根据江西现代职业技术学院官网信息及相关研究成果等资料编撰而成。

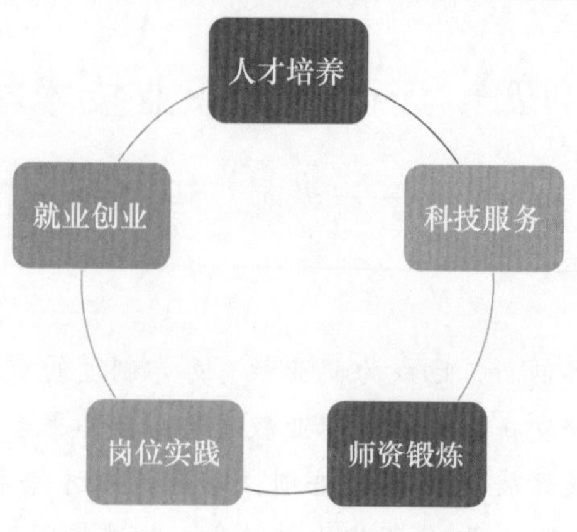

图 1－4　五位一体集团化办学

享，推动学院整体办学水平提升。

一是政府支持。江西省教育厅积极指导协调其他政府部门共同出台企业办学成本列支、安全责任分担、顶岗实习工伤保险、兼职教师课时费、实训耗损补贴等方面的政策，完善相应的激励机制，进一步优化集团化合作办学政策环境和育人环境。二是行业指导。江西省建材工业协会等行业协会为学院提供《中国建筑工业行业标准》、《水泥行业清洁生产标准》、《中国化工工业标准》等 200 多个行业生产标准、工艺流程标准、职业岗位标准及新技术与新工艺应用指导。三是院校交流。江西现代职院加强与兄弟院校之间的交流，打通职业教育升学衔接通道。江西现代职院与化工学校合作组建化工分院，使中专部可以依托高校优质资源拓展办学平台；与东华理工大学联合招生，试水培养技术技能型本科人才，促进学院人才多样化成长渠道的建立，实现集团内优质资源开放共享。四是企业推动。一方面，企业帮助学院制定、完善并实施系统的校企合作制度，引导教师参与技术研发、成果推广；另一方面，企业以资金、设备、人力资源投入办学，参与专业建设，提供实习场所，合作技术研发，共同培养学生，促进共同发展。

（二）深化校企合作，创新人才培养模式

在集团化办学的推进下，江西现代职院加强校企合作，创建“订单式”、“工学交替”、“双证通融”等工学结合的人才培养模式，共建校内外生产、实验、实训基地，开办定向、现代学徒制等特色班级，实现学院与企业的无缝对接，进一步深化校企合作模式。

江西现代职院积极发展与企业的良好合作关系，为学生多样化选择、多路径成才搭建“立交桥”。例如，学院与中兴软件技术（南昌）有限公司、格特拉克（江西）传动系统有限公司、泰盈科技集团、江西 BPO 交付基地等企业达成数项合作项目，依托企业实训设备与强大技术资源优势，提升学生实战能力；与北京通用航空产业基地投资控股有限公司、江铃汽车集团和用友新道科技有限公司合作，校企协同育人、共建师资培养示范基地、塑造具备先进教学理念及创新意识的“双师型”名师；聘请企业高管担任学校客座教授、专业指导委员和专业培训指导员，参与有关专业的建设和指导，为学生提供职业规划指导等。

（三）建立专业动态调整机制，服务产业转型升级

江西现代职院根据区域产业发展需要优化专业结构布局，将学院特色专业做优做强，全力推

动学院的改革与发展。为了培养适销对路的高技能人才，江西现代职院借助职教集团的力量，大力推进政府、行业、学校、企业多方合作办学，紧扣产业链条，灵活调整专业方向，建立产业引领和需求驱动的专业动态调整机制，服务产业转型升级。

一是加入职教集团专业建设委员会。江西现代职院通过共享专业建设委员会成员之间的资源，建立起专业建设与产业的联系。在专业建设委员会的指导下，江西现代职院定期安排教师前往合作企业调研和收集信息，把握市场对人才的需求状况，为优化学院的专业结构及高技能人才培养体系提供依据。

二是建立科学的专业增设、改造、重组、调整与退出机制。职教集团联合内部成员对江西现代职院新专业与老专业定期开展专业评估，公布各专业年度建设相关数据。江西现代职院以专业评估结果为依据，逐步建立专业建设经费的拨款资助制度，优化学院专业结构与布局，提高专业建设水平，使培养的人才能够切实符合经济社会转型升级的需要。

（四）优化师资队伍，加强内涵建设

优秀教师是职业院校的核心竞争力，代表着某个专业领域的领先水平。江西现代职院每年开展“百名教师下企业、百名企业能工巧匠进校园”活动，提升“双师型”教师队伍水平。

专业教师下企业实践锻炼是江西现代职院师资队伍建设的重要举措之一。江西现代职院要求入校5年内没有实践经验的青年教师须参加职教集团组织的下企业实践锻炼活动，到企业顶岗锻炼，参与企业产品开发和技术改造，同时要求各教学单位做好实践锻炼后的考核工作。通过下企业实践锻炼，专业教师不仅提高自己的专业技能，而且了解目前企业对所需人才的知识结构、职业能力和职业素养等方面的要求，使专业教学的针对性、应用性和实践性大大增强。

在引进企业骨干进课堂方面，江西现代职院聘请多位企业专家或技术能手直接参与人才培养的全过程，包括学院人才培养方案制订等教学工作、作为兼职教师开展实训环节授课工作等。

（五）开展职业培训，提升就业创业能力

开展就业创业培训、提升职业能力，是提高毕业生就业竞争力和就业质量的法宝。江西现代职院制定就业培训管理机制，培养就业指导师资，构建就业指导课程体系、就业网络平台，开展丰富多彩的就业教育活动，提高学生的就业竞争意识与就业能力。

江西现代职院依托职教集团实力，积极承接政府购买服务项目，对新入职的毕业生实施岗前培训，全面提升学生的职业素养和就业稳定率；与职教集团内劳动部门合作，共同开展大学生创业（SIYB）培训，提高学生就业创业能力。学院搭建大学生创业指导中心、大学生职业素质教育训练中心、大学生心理健康教育中心、大学生创业孵化中心、大学生创意产业坊、大学生创业团六位一体实践平台，形成独具特色的“金字塔”式学生创新创业型人才培养模式。此外，学院还采取“一对一”的就业导师制，加大对贫困和就业困难毕业生的帮扶力度，对家庭困难毕业生，进行针对性指导和重点服务，并给这些学生提供不少于3次推荐就业的机会。

三、体会与思考

通过集团化办学，江西现代职院已形成“政府主导、行业指导、园区支持、企业参与、科研相助”的“合作办学、合作育人、合作就业、合作发展”的多方联动格局，办学水平不断提

升，吸引超计划 50% 的学生填报第一志愿，且连年录取分数超江西省高职最低分数线 100 多分。江西现代职院集团化办学的成功，为国内其他职业院校集团化办学树立了标杆。

（一）建立一体化合作办学模式，创新办学体制机制

为了走出政校企行合作的多头冷或一头热的困境，江西现代职院以集团化办学为载体，加大力度推进相关利益主体各个方面的资源融合，建立一体化合作办学模式。江西现代职院牵头搭建集团化办学的政校企行合作平台，成立集团理事会、专业建设委员会等组织机构，建立与市场经济体制相接轨的动力机制、政策机制、保障机制与退出机制。在这种创新模式下，学院有效地解决了在订单培养、学生顶岗实习与就业、兼职教师聘用与管理、资金筹措与企业投入教学等方面的问题，形成人才共育、过程共管、成果共享、责任共担的集团化办学体制机制。

（二）建立动态专业调整机制，服务地方产业

职业教育具有区域发展性，就是为地方经济服务。要想实现职业院校与社会的零距离对接，就需要依据当地产业结构合理设置和调整专业。江西现代职院依托当地的产业发展，重点发展材料、工业分析、建筑、电子信息、信息技术、汽车等相关专业，形成独具特色的建材特色专业体系，并建立产业引领和需求驱动的专业动态调整机制。这使得学院的专业对接产业并全面融入产业链，为区域经济社会发展提供技术支持和人才保证，从而实现双赢。

案例五　厦门南洋学院

——质量取胜，特色办学[①]

背景：

正所谓“十年树木，百年树人”，厦门南洋学院在办学之初就深刻体会到教育的本质不仅是教书，更是要育人，学院的发展应当以人为本。十余年来，厦门南洋学院一直秉持“以人为本，特色办学，全面育人”的办学理念，落实并推广“四育人”即教书育人、管理育人、服务育人、环境育人教学方针，逐渐形成“质量取胜、特色办学”的发展模式，取得了丰硕的办学成果，屹立于民办高校的前列。

一、学院概况

厦门南洋学院（以下简称“南洋学院”）是由海内外热心教育的15位学者、企业家联合于2000年发起创办的，占地近600亩，设计建筑面积31万平方米，校内教学实训室面积2.2万平方米，拥有纸质藏书32万册。学院现有外国语与旅游学院、信息工程学院、机电工程学院、经济管理学院、艺术设计学院、学前教育学院、继续教育学院和国际学院等9个二级学院，设有旅游管理、物流管理、应用电子技术等现代服务业类和机电一体化技术、模具设计与制造、数控技术应用等先进制造业类专业共38个，拥有在校生近万名、教职工近600人。

南洋学院秉承“以人为本，特色办学，全面育人”的办学理念，以质量取胜、走特色办学之路，推行校会合作、校企合作、闽台合作、国际化合作等人才培养模式，注重培养集外向型、复合型和应用型于一体的人才，以接近100%的就业率获得了社会各界的认可和赞誉。学院先后获得“中国十大名牌民办高校”、“中国就业十强民办高校”、“全面民办教育百强学校”等殊荣。2011年，在福建省大中专毕业生就业工作检查评估中，南洋学院荣获高职毕业生就业工作评估第一名，并被厦门市政府列为重点支持升办本科的院校。

二、走质量取胜、特色办学之路

在高校扩招的背景下，民办高职的发展遇到了巨大的挑战和压力。民办高职要想健康发展，就必须把好质量关，突出办学特色，加大品牌建设。南洋学院自创办以来，坚持专业以市场需要为根本、办学以就业需求为导向，采取多元化办学模式，注重学生综合能力和综合素质培养，逐渐走出以质量取胜、特色办学之路，让自己屹立于民办高校之前列。

（一）对接市场需求，培养实用型人才

南洋学院人才培养目标定位于外向型、复合型、应用型人才。外向型要求学生会外语、懂外事、懂外贸、懂外交礼仪、知晓国际形势；复合型要求学生知识结构多元化，可以从事多种岗位

---

①根据厦门南洋学院官网信息及相关研究成果等资料编撰而成。

的工作；应用型要求学生不仅学好书面知识，还要有较强的动手能力和适应社会的能力。围绕培养目标，南洋学院在对学生的培养上不仅注重综合能力的训练，也重视学生综合素质的培养。

1. 多元化办学模式

南洋学院与政、校、行、企开展多方合作，实施多元化办学模式，提升人才培养的质量。一是加强校会合作，学院与福建省和厦门市橱柜商会合作，成立国内第一个橱柜专业，培养橱柜行业急缺人才。二是校企合作、闽台合作，学院与9所台湾高校和13家台资企业合作开展“校校企”合作项目，引进台湾高校优秀师资和课程，建设旅游管理、物流管理、应用电子技术、模具设计与制造等6个闽台合作专业，选派学生赴台学习交流，培养海峡西岸经济区建设急需的具有国际视野的创新型技能型人才。三是国际化合作，学院充分发挥校董事会的优势，与美国、加拿大、新西兰、新加坡等国家的20余所高校合作，开展师生互访交流，引进国际先进教育理念和世界通用职业资格证书课程，培养学生的国际竞争力。

2. “顶岗实习订单”培养

与校企合作“订单式”培养相比，“顶岗实习订单”培养有着自身的优势与特点，它充分整合企业和学校资源，从减少企业投入、提高企业人才回报、促进校企无缝衔接的角度出发，利用学生在校空余时间引进企业人才培养内容，让学生在走出学校前能够更好地了解企业的情况，掌握企业需要的相关技能等，让企业在挑选人才的时候更有目标性、针对性。“顶岗实习订单”培养既解决了在校学生能力培养与企业需求脱节的问题，又解决了企业在人才储备、培养方面存在的问题，同时还解决了学生在就业方面的困难，是一举多得的培养方式。

自2011年9月起，南洋学院在经济管理学院部分专业试点实施“顶岗实习订单”培养项目。见福连锁企业管理有限公司作为与学院第一批合作的企业，目前已经完成了多期南洋学院“见福管理班”的培训工作。多名优秀学员踏入见福公司提供的各类工作、实习岗位。通过不断摸索，学院又与厦门蒙发利科技（集团）股份有限公司、厦门蒙发利营销有限公司、百世物流厦门配送中心等多个企业单位达成合作，该项目已为上述企业培养百余名企业需要的优秀毕业生。

3. 多样化实践教学

南洋学院高度重视学生实践能力的培养，学生从踏入校门开始就接触社会实践。一是勤工俭学。自强自立的能力是人才质量最重要的组成部分，为锻炼学生的实际动手能力，培养坚强的意志力，南洋学院建立勤工俭学服务中心，除了将班主任助理、图书馆、校报编辑部、健身房等多个岗位留给学生，还帮助学生联系多个校外工作岗位，使学生在劳动中体现出自己的价值。二是学生就业贯穿教学实践的全过程。学校不仅聘请名牌大学教师给学生传授基础理论课，而且还邀请国内外一些企业的老总和高层管理人员给学生讲实践性很强的专业课。三是教学生“做人”。为了让学生得到德、智、体、美、能全面健康发展，南洋学院将学生思想品德的教育提升到一个新基点，要求学生“能做事、会做事、愿做事”。南洋学院的第二课堂活动丰富多彩，文学社、广播站、记者团、棋牌社等社团组织充分发挥每一位学生的潜在能力。

（二）提高教育质量，形成良性循环

从教育发展的规律来看，质量是一个学校吸引学生最主要的优势。南洋学院高度重视教育质量，从创办学校之初就采用一流的办学理念，组建一流的办学群体和一流的师资力量来提高教育质量，逐渐形成了学生招得进、留得住、送得出的良好局面。

1. 一流的办学理念

南洋学院秉持“以人为本，特色办学，全面育人”的办学理念，把每个学生都当作自己的孩子，为农村的有志青年提供一个命运转折的机会，为城镇的有志青年提供一个成长成才的希望。学院实施教书育人、管理育人、服务育人、环境育人“四育人”，涌现出一批批优秀学子，如“2003 年感动厦门十大人物”林婕、“爱心大使”福建省捐献骨髓造血干细胞第一人张良健等。一流的办学理念，良好的硬件设施，规范的教学管理，严谨的治学作风，南洋学院赢得了各级领导和社会各界的肯定和表扬。

2. 一流的办学群体

“名流办名校”，为了形成一流的办学群体，南洋学院董事长鲁加升逐个筛选办学合作伙伴，最终选定 15 位海内外“真心想办教育”的中青年企业家和学者。这 15 位创办发起人中，年龄最大的 44 岁，最小的 39 岁；6 位在海外工作，9 位在国内发展；有留学美国、法国、新加坡的学者，有教授、博士、企业家，也有在各行各业奋战的精英。此外，南洋学院还拥有一个强有力的专家顾问委员会，会集了一批教育界的专家，更加保证了学校的办学方向和规范化、高水平运作。

3. 一流的师资力量

强大的师资力量是办学质量强有力的保证。南洋学院从厦门大学、清华大学、西北工业大学以及美国、加拿大等海外院校、跨国公司和研究机构聘请专兼职教授、副教授、讲师。如会计专业，南洋学院聘请一位毕业于清华大学、现任某企业的总经理，他在上课过程中带来自己单位的账本，学生边听边看边记，强化了知识的力度与广度，取得了良好的效果。

三、体会和思考

在各个院校面临就业难、招生难的同时，南洋学院连续 11 年保持毕业生就业率在 99% 以上，学校追求的已经不是就业率，而是就业质量。如此高的就业率与学院的特色培养是分不开的，南洋学院一直秉承“三全”政策，即“全方位、全过程、全员”关注学生的就业，把学生综合素质以及能力的训练和培养落到实处。学校的办学成果获得社会的广泛认可，其经验值得借鉴。

（一）明确办学目标，提高办学质量

办一所好大学，需要有明确的办学理念和目标。南洋学院秉承“以人为本，特色办学，全面育人”的办学理念，确立注重综合能力和综合素质培养的人才培养目标。“综合能力”一方面强调外向型、复合型、应用型，另一方面强调“三项技能”——要求每一个学生除了掌握本专业技能外还要熟练掌握英语听说、电脑操作和汽车驾驶，此外要求管理懂法律、经营懂财务、谈判会英语、营销会公关、办公会电脑、生产会操作、外出会开车。“综合素质”主要包括：一是要学会做人、做事。二是水平第一、文凭第二。三是认真学习、锻炼和培养综合能力。四是自信、顽强、拼搏、奋斗。

为了实现办学目标，南洋学院一方面加强与政校行业的合作，从世界各地的高校和企业聘请一流的教授、管理人员来校执教或从事管理工作，高标准完成学院的各项教学工作，确保良好的教育教学质量；另一方面突出办学特色，采用“专职政工干部 + 班主任 + 学生生活指导员”的

准军事化管理模式，特别重视学生的思想政治教育、日常养成教育和科学管理。这种教育管理模式符合国家的教育政策，贴近学生的思想和行为习惯，得到了广大学生和家长及社会的支持。

（二）坚持就业导向，培育专业人才

南洋学院一直保持如此高的就业率，主要是因为从招生阶段学校就开始考虑就业的问题。学校在进行专业设置和课程设置之前，会对未来几年的人才市场需求进行认真的调研，对往届毕业生进行跟踪调查，确保专业设置的前瞻性、课程设置的适用性及科学性。在学生培养过程中，从学生入学之初，学院根据学生专业的差异和兴趣，安排到不同的单位实习实践，让学生通过这样的实习，了解到用人单位真正需要的是什么样的技能。此外，学校还会适应企业特殊的培养要求，进行“订单式”人才培养。通过一系列措施，学院培养出来的学生能够适应社会的需要，得到社会各界的认可。

案例六　东吴大学

——开展自由分流式人才培养①

背景：

东吴大学是中国第一所西制大学，也是中国台湾地区第一所私立大学。办学百年来，一直秉承“养天地正气、法古今完人”的校训精神，以“德、智、体、群、美”五育并重为目标，采用自由分流式人才培养模式，致力于学生“专业实践、身心均衡、人文涵养”三大核心能力的培养，并将这些理念体现于高水平大学建设实践中，形成了鲜明的办学特色。

一、学校概况

东吴大学于1900年由美国基督教监理会在苏州创办，是我国第一所西制大学。1951年，东吴大学在台湾复校，成为中国台湾地区第一所私立大学。通过多年的发展，东吴大学现已成为台湾重点高校，拥有外双溪及城中两个校区，在校学生总数约16000人，馆藏图书86万册，电子图书117万册。学校设有人文社会学院、理学院、法学院、商学院、外国语文学院共5个学院、22个学系、10大特色学程。其中，中国文学、日本语文学、社会学、法学、经济学均为其重点和特色学系。

秉承“养天地正气、法古今完人”的校训精神，坚持“教育而得天下之英才”的办学理念，东吴大学培育英才无数，复校50余年来校友近9万人，服务于社会各界。学校历年来新生注册率维持在96%以上，多数新生因为东吴大学的声誉选择进入学校就读。学校务实的校风及卓越的办学绩效得到了社会的认同与肯定。自2005年起，学校连续六年获得中国台湾教育部“教学卓越计划”亿元以上奖励补助。此外，学校还获得政治系校友、富兰克林证券总裁捐赠1亿元作为人社院学生双修商学院的奖学金。

二、自由式教育，分流式培养

东吴大学历经一个多世纪的发展，一直秉承自由教育理念，强调学生在道德、情感和理智方面和谐发展，取得了丰硕的成果。从“学涯分流”、“教师分流”、“课程分流”三个方面营造自由学习的环境，在教学管理上借鉴PDCA（质量循环管理）模式，鼓励学生全面发展，实现五育人才的培养目标。如图1－5所示。

（一）实行学涯分流，提倡适性扬才

1. 四里生涯规划

为了使学生大学四年学习更有目标性和计划性，学校提出了“四里生涯规划”，通过新生定向、学涯分流、适性辅导等机制，建构学生学习档案，引导学生更加了解自己的定位，做好大学

①本文根据东吴大学官网信息及相关研究成果等资料编撰而成。

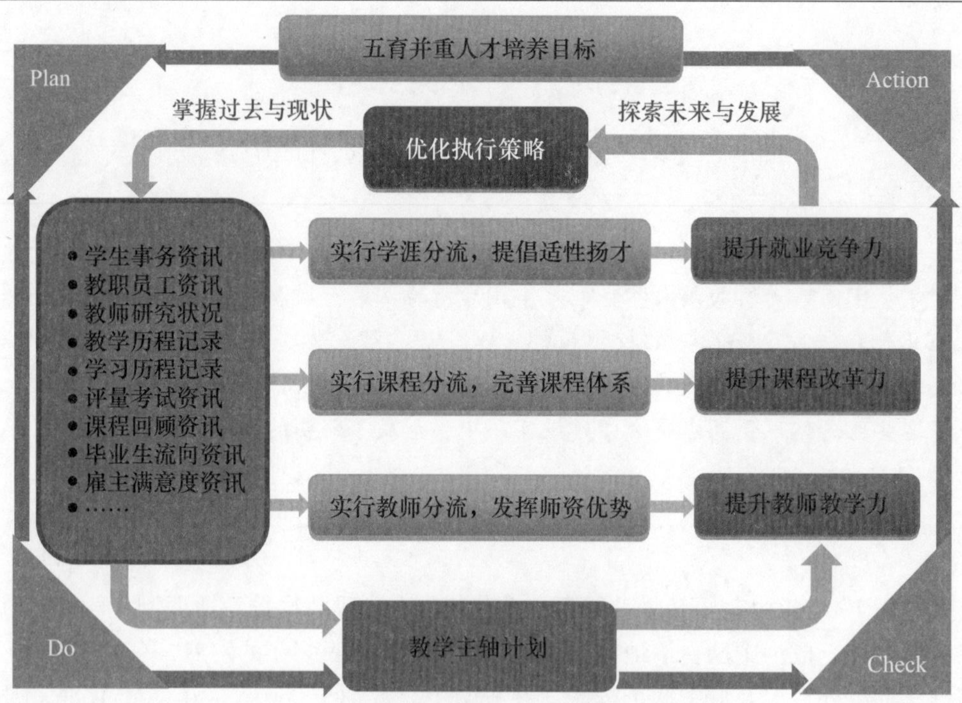

图 1－5　东吴大学 PDCA 教学管理循环

生涯规划，主要内容包括：针对大一学生，以探索个人兴趣价值为中心，提供第一里新生定向辅导生涯发展观念与课程；针对大二学生，以开展职业培训为中心，提供就业能力培养方案，并实行“双师教学”；针对大三学生，以聚焦个人发展方向为中心，提供 UCAN（大专院校就业职能平台）就业职能诊断测试，深入企业实习，拓展专业技能；针对应届毕业生，以接轨职场为中心，提供最后一里方案，包括就业培训班、学院就业辅导日以及企业征才博览会等。

2. 五育素质教育

五育素质教育是指“德、智、体、群、美”五育并重。学校通过通识教育和伦理课程，提升学生的品德；通过专业课程和跨领域创新课程，培养学生的智力；通过三年的体育必修课程和师生健康保障，鼓励学生体育锻炼；通过融入正式与非正式的服务学习课程，提升学生的团体协作能力；通过通识讲座与课外活动，提升学生的内在修养，实现五育并重的人才培养目标。另外，学校还通过多种方式培育学生的多元能力，包括强化学生信息素养、提升学生阅读能力、培育学生领悟能力、完善四里养正气方案、营造五育学习园地、全人教育等，借此培养专业学科能力以外的综合素质与软实力，强化学生实务能力与竞争实力，以适应工作环境的变化。

3. 学用合一实践

学校通过建构学生共通基本能力、专业基本能力、社会能力三大核心能力（见图 1－6），循序渐进地带领学生面对不同阶段的学习内容，找到自己的方向与定位，放大学生的眼界与格局，展现其专业能力、通识素养以及多元实力。学校以学生为主体，以探索、建构、实践与辅导四大面向作为学校培育全人教育的实施方向，建立各式培训、奖励及成效评估机制，鼓励学生参与各项证照考试与竞赛，从准备考试、训练过程及竞赛中累积个人专业能力。另外，学校还提供学生自我实现的机会，鼓励学生将想法化为行动，深入企业参观与实习，将理论与实务结合，落实学用合一的理念。同时，学校鼓励学生社团的发展，目前全校共有各类学生社团 160 余个，满足学生校内实践的需求。

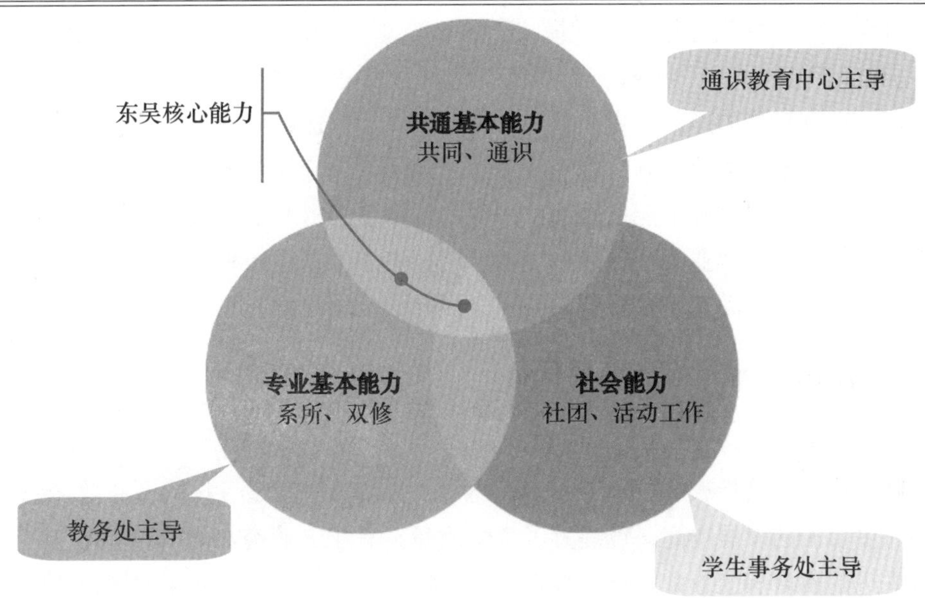

图1-6 学生三大核心能力

（二）实行课程分流，完善课程体系

1. 课程分流机制

随着高等教育的普及化，传统的课程内容已经无法满足人才的需求。为了促进学生多元化发展，强化学生专业实践能力，学校实行课程分流机制，确保课程质量，改进课程设计及教学模式，提升教学质量，落实学用合一。“课程分流”指的是将课程一分为二，划分为“学术型课程”和“实务型课程”两大类。“学术型课程”是指通过发展院级整合式创新课程、推进跨领域学习、建设未来教室、优化 Moddle 以及建立数位学习系统等，实现学术型课程的优化。“实务型课程”则注重强化在校学生学习历程与职场体验的统一，推动结合产业与专业的双师型教学制度落实。学校通过课程分流机制，重新定位课程结构，掌握学生学习动态，改善教学质量，提升学生的学习意愿。

2. 跨域整合课程

为了配合课程分流机制的实施，学校通过跨域整合课程内容，以期促进学生多元发展，强化专业实务能力。首先，通过推动课程分流、课程外审等机制，确保课程质量，精进课程设计及教学模式，来提升教学质量，落实学用合一。其次，为推动课程再造与永续发展，学校还建立了教学评量机制，全面评估系所教育目标、学生核心能力指针与课程结构的妥适性及关联性，进而检视教师专长与任教科目的一致性。再次，学校广泛采纳学生、校外学者专家、产业界人士、毕业生及雇主的意见，回馈至各学系、学程等，进而调整课程结构，改进课程内容及课程学分配置，调整毕业学分数。最后，为确保课程学习成效，建立持续的学习成效长期追踪机制，设计毕业生流向调查及雇主满意度问卷调查，长期追踪调查并分析学生对于未来就业、发展及学习行为等，以有效协助教师改进教学内容及课程设计。

3. 改进授课方式

学校在课程分流和跨域整合课程的基础上积极推动授课方式的多元化，探索提高教学成效的授课模式。首先，学校在现有教师教学模式下，推广更多元的教材、教学方法以及相关辅导设施，包括积极推动慕课课程（Moocs，大规模线上开放课程），将现有一对多单项授课模式，通过自主学习以及课堂讨论的形式转变为双向学习的模式，促进师生教学相长。其次，学校鼓励并协助教师进行线上教学课程的录制，创建线上学习及课堂讨论复合式双向授课方式。再次，学校逐步建立了未来教室，以供师生能在软硬件设置的辅助下，提升学习成效。最后，学校导入人性化的学习引导系统，结合学业关怀预警系统，广泛搜集学生在线课程的学习资料，经由校务专职机构分析，掌握学生学习动态，改善教学品质，提升学生学习意愿与兴趣。

（三）实行教师分流，发挥师资优势

1. 教师分流计划

学校教师分流计划是指教师可依照其专长与特色分流为研究型、技能型和教学型三大类，不仅使教师拥有更多元的发展空间，也提升了教学质量。其中，研究型教师需具备四个基本特征：其一，具有先进的教育理念，并能指导教育教学实践；其二，具有多元化的知识结构，能综合有效地应用于实践；其三，具有精湛的教学技艺，并不断进行反思，提升教学技能；其四，具有较强的科研能力，善于开展教育科学研究，提高学校科研水平。技能型教师不仅要具备良好的师德修养、教学与科研能力，更重要的是具备良好的职业态度、技能和实际操作能力。教学型教师则是指具备优秀的教学能力，对教学工作抱有极大的热情，以专业化教学推动大学的全面发展。

此外，学校鼓励教师适应时代的变迁与科技的日新月异，将具创意与创新的教学概念导入教学内容与教学方法中，并通过举办多元的教师教学专业成长活动，推动教师成立专业成长社群。通过教师分流机制，可以更好地发挥每一位教师的优势，从而提升学校整体的教学品质，保证教学质量。

2. 延揽优秀名师

教育发展的核心在于师资队伍建设，建立一支具有高层次教育背景和学识水平的师资队伍是提高教学品质的关键因素。多年来，学校重视专业师资队伍建设，采取多种途径积极引进和培养教学师资。学校共有专任教师 429 人，其中具有博士学位者 290 人，占全体专任教师的 67.6%，助理教授以上专任教师占全体专任教师的 83.2%。近三年全校生师比均维持约 26∶1，明显优于多数同类型的私立大学。

为保证教学质量，学校还积极邀请海内外知名教授来校讲课，如萨赉德、姚启胤、梁仁杰教授等。另外，学校整体发展一直以追求教学卓越为主要目标，围绕教师、课程、学生三个要素促使教学卓越目标的达成，且针对教师建立一系列完善的教学支持、教学资源提升渠道及评鉴奖励制度与配套措施。

3. 全员量化考评

学校通过不断完善教师考评、教学评鉴、辅导及奖励等机制，量化考评每一位教师的教学工作。设立校级教师评审委员会专门负责教师量化考评工作，并在各院和系设分会。教评会的评审委员由教务长、各学院的院长、共通课程教师及复审委员会教工担任，定期召开教师全员量化考评会议。另外，还设有师资培育中心教师评审委员会、语言教学中心教师评审委员会、通识教育中心教师复审委员会等。同时，以全员量化考评结果为依据，逐渐调整现行的以学术研究为主的审查机制，发展多元化的教师等级上升渠道，建立以教学为主的升等机制。

三、体会与思考

东吴大学经过一个世纪的教学实践，以其特色的培养理念，完善的课程体系，优质的师资队伍，形成了一套具有东吴特色的教学实践模式，为同类学校提供了参考和借鉴。

（一）自由的人才培养模式和理念

东吴大学第一任校长孙乐文认为，“教育不是简单地让一个人去了解一些或许多奇妙事物，而是要教育人本身，发展他的人格，扩大他的道德和精神视野，使他努力追求更高尚的思想。”在实际的教学活动中，一直遵循自由办学的理念，实行“学涯分流”、“课程分流”、“教师分流”的人才培养模式，在全校范围内营造自由的学习氛围和环境。学生通过对自身兴趣的审视，制定适合自己人生发展的规划，并选择相应学习课程，提升专业技能与职业素养。同时，自由教育理念促进了学校教学水平的提升，也是东吴人一直秉承的教育理念。

（二）全面的核心能力提升与实践

教育既要为社会经济发展服务，更要为人的全面发展服务。学校始终坚持五育并重的办学理念，专注于学生“专业实践、身心均衡、人文涵养”三大核心能力培养。学生入学伊始，就要进行四里生涯规划，在不同的学习阶段进行目标性学习，从探索个人兴趣价值到开展职业培训再到聚焦个人发展方向以及到最后接轨职场，实行全方位分阶段的针对性培养。学校从学生的角度出发，培养学生的可持续发展能力，包括共通基本能力、社会能力、专业基本能力等方面。首先，课程设计兼顾学生可持续发展能力。学校通过跨领域整合相关课程，培养学生健全的人格，养成良好品行。其次，落实学用合一。学校以学生为主体，通过探索、建构、实践与辅导培育全人教育。最后，突出个性和特色。学校通过课程分流、教师分流，来促进学生在不同兴趣领域的学习和发展，提倡适性扬才。

（三）注重内涵建设　追求卓越发展

学校从本校办学理念及定位出发，审慎评估自我条件与外在环境的变化，按照国家经济发展的需求，提出学校卓越发展的前瞻策略。作为台湾地区的第一所私立大学，东吴大学“教学卓越计划”以强化教学成效、学生学习动机、通识课程与信息教学、学生语文程度、学生服务学习、环境教学及国际交流为目标，成立教学资源中心，负责整合资源，提供各项教与学的服务。整体计划以八大核心项目为主体，主要包括改进教学与研究案、提升语文程度案、强化通识教育案、改进行政案等，借此同步启动八大项目，透过校园 e 化的辅助，在教学、研究、辅导、服务、行政各方面，提升东吴大学整体竞争力。此外，学校秉持为教育而办学的理念，以踏实严谨的办学精神，不断强化学校的内涵建设，以追求卓越发展。

第二章　深化产教融合　提高办学质量

随着我国经济进入新常态以及《中国制造2025》的出台，“技术进步、产业升级、创新驱动”对技术技能人才提出更高要求，这给职业教育带来了新的挑战。为了更好地适应产业发展的新需求，推动职业教育快速发展，职业院校聚焦创新驱动发展战略，大力推动实施产教融合、校企合作，构建职业教育“产学研创”一体化育人新体系，提高人才培养的质量。

案例一　上海市群星职业技术学校

——探索“一体三合”育人模式[①]

背景：

多年来，上海市群星职业技术学校坚持“产教融合、校企一体、合作共赢”的办学理念，按人才成长规律和岗位需求，引企入校，探索、实践“校企一体、产教融合、工学融合、校企文化融合”的办学模式，深化人才培养模式改革，实现校企一体化育人。

一、学校概况

上海市群星职业技术学校（以下简称“群星职校”）创建于1984年，是一所公办综合性全日制中职学校，属于上海市百所重点建设中等职业学校之一，地处后世博发展园区和前滩中央商务区之间。

为适应浦东新区产业结构优化调整的要求，群星职校形成了以动漫游戏文化艺术专业群为主体、以旅游服务专业群与商贸服务专业群为两翼的“一体两翼”专业体系，包括动漫游戏、影视动画、国际商务、中餐烹饪、西餐烹饪等12个专业，其中动漫游戏专业是上海市重点品牌专业。学校是“教育部动漫游戏专业全国中等职业学校重点专业教育示范基地”，也是中国职教学会教学工作委员会数码艺术（类）教学中职研究会（中职）暨全国中职校动漫游戏教育联盟的主任单位。

经过三十年的发展，学校逐渐探索形成“一体三合”特色人才培养模式。在此模式下，教师产教一体，学生工学结合，学生双身份、教师双师型、教学双任务，孵化众多动漫学子走向成功。同时，学校实行全员德育，遵循“我使学生个个有出息”的办学理念，通过成型、成长、成才的系列教育，引领学生健康成长，培养学生成长为知识型、发展型技能人才。

①本文根据上海市群星职业技术学校官网信息及相关研究成果等资料编撰而成。

二、构建“一体三合”育人模式

近年来，群星职校以适应社会需要、校企一体、工学融合为目标，不断完善知识型发展型技能人才培养方案，确立课程标准，深化课程改革，编写系列教材，建立新型师资团队，形成与产业联动发展的“一体三合”办学模式。

（一）办学理念

职业教育一头是教育、一头是产业，具有鲜明的跨界性。只有建立产教深度融合、校企紧密合作的体制机制，实现教育与产业、学校与企业两翼齐飞，才能办出有特色的职业教育。多年来，群星职校坚持“产教融合、校企一体、合作共赢”的办学理念，在教育行政管理部门的领导下，运用利益的纽带和公平的规则，引企入校，合作办学，按人才成长规律和岗位需求，校企共同参与人才培养全过程，深化工学结合人才培养模式改革，真正实现了校企一体化育人。

校企合作的根本目标既不是学生就业，也不是经济效益，而是促进学生成才，使学生在现代化、网络化条件下实现职业的可持续发展。群星职校深刻地认识到：学校和企业，是社会系统中的两个子系统，要使两个子系统进行有效的交流与合作，需要把握连接双方的根本因素，即构成二者之间的结合点——人才培养。在校企合作中，学校坚持按照市场经济规律，有效遵循和坚持市场导向原则、服务企业原则、目标一致原则、校企双赢原则、相互融合原则，有效地促进学校与企业的持续、深入、和谐发展。

（二）构建“一体三合”人才培养模式

学校与企业合作精心设计了“一体三合”人才培养模式，即通过“校企一体、产教融合、工学融合、校企文化融合”，实现合作共赢。如图2－1所示。

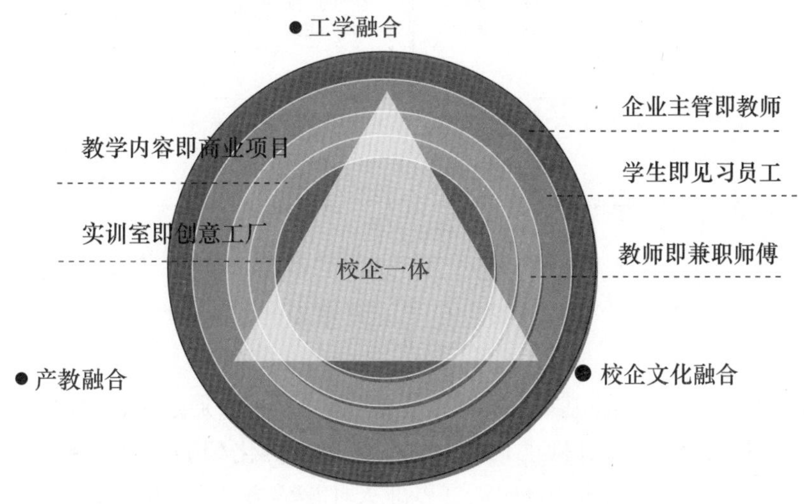

图2－1　“一体三合”育人模式

在“一体三合”内，群星职校实行“教学工厂”育人：①企业主管即教师，按照工厂化作业流程，设计教学，教知识与技术；②教学内容即商业项目，学生在技术总监、兼职师傅的指导下，直接为公司制作产品，接受市场用户的检验；③实训室即创意工场，强化产业意识，在学习企业创意文化中，确保技能训练到位；④学生即见习员工，实现与企业的岗位工种零距离对接；⑤教师即兼职师傅，引导学生在学习的过程中、在作品制作中体会校企文化、提高审美观念。

在此基础上，群星职校秉承“大职业教育”理念，实施开放式办学和多元办学策略：联合上海电影艺术学院成功实现中高职贯通；与韩国湖西大学建立了“3+2”国际贯通人才培养模式；开展高技能人才培训，拓展中职生职业技能；开展学历培训包括成人高等继续教育、成人高等网络教育、成人中专；非学历培训包括政府补贴项目、校企合作项目等，学生在校实现双证融通，持证上岗；引企入校，开展模块班、企业定制班、企业冠名班等培养模式，实现就业与岗位零对接。

（三）搭建校企一体化的 CPTB 课程结构

群星职校以“校企一体、工学结合”为专业建设理念，搭建了“公共平台”（Common Platform，CP）和“实训平台”（Training Base，TB），将本专业学生的教育活动、课程教学、实践活动等均纳入 CPTB 框架。如图 2-2 所示。

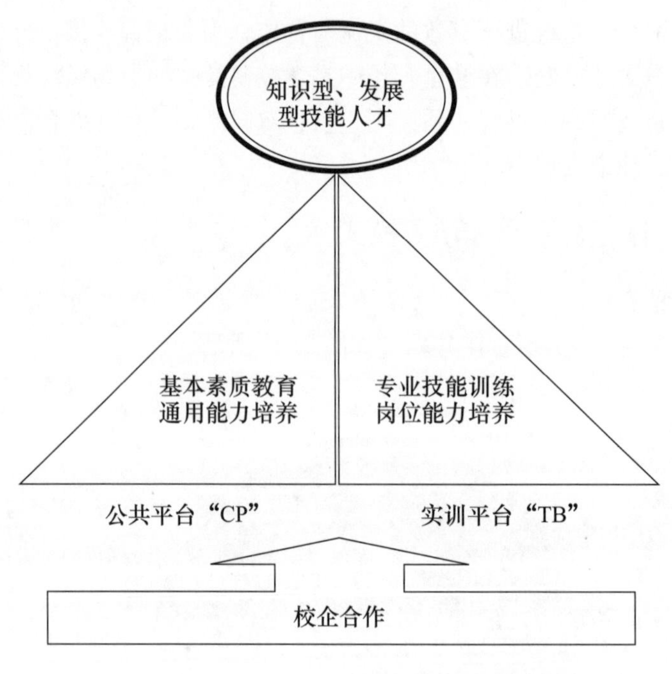

图 2-2 CPTB 框架

学校通过公共平台“CP”实施基本素质教育与通用能力培养，通过实训基地“TB”实施模块化专业技能训练与岗位能力培养，由此构建了独具特色的校企一体化 CPTB 课程结构。如图 2-3 所示。

群星职校主持编制了“全国中职动漫游戏专业人才培养方案”，与企业和行业专家共同完善与专业建设相适应的、与市场需求相匹配的课程体系与教材编写。学校所编制的专业课程及其教学大纲已列入教育部“十二五”国家规划教材，由北京师范大学出版社向全国发行。同时，在校企合作模式下，《三维场景设计与制作》、《图形制作》、《三维动画制作》三门上海市精品课程第一阶段顺利通过专家验收，进入第二阶段的互评阶段。

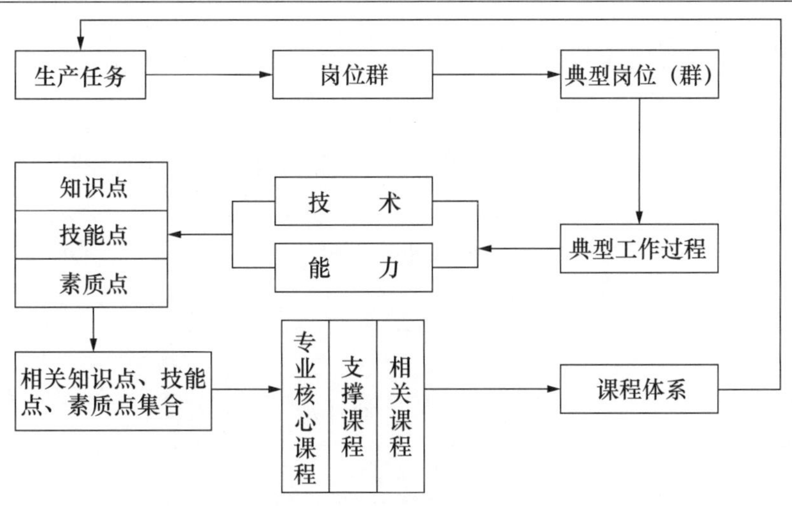

图2－3　CPTB课程结构

这些教材均采用了历届学生设计与制作的校企合作的商业作品，以岗位职业能力标准和国家统一职业资格等级证书制度为依据，以培养学生的职业道德、职业能力和可持续发展能力为出发点，把岗位职业能力标准作为教学核心内容，与行业企业合作开发与生产实际紧密结合，以职业能力导向改革教学方式，在教学过程中突出实践技能的培养，注重实践操作能力的考核。全书图文并茂，运用了大量企业实例，理论联系实际，开拓学生的设计思路，提高他们的审美能力和创新精神，为专业方向性课程的学习和将从事的工作打下良好的基础。

（四）组建“产教结合”教学团队

校企融合、工学互动人才培养模式的实施主体是“产教结合”的教学团队。校企双方在师资建设上全面合作，组成学校专职和企业兼职两支力量，共同参与到学校教育和企业生产实践中。“产教结合”教学团队年龄上实现老、中、青优化组合，来源上实现学校专任教师和企业技术骨干专兼结合，学缘上实现知识与技能、设计与制作的专攻方向结合；通过团队成员的知识技能互补和人才双向互动，完成动态开放的教学过程。

目前，群星职校先后聘任了10家企业的技术总监和行业专家，走进教室，给学生开设不同的专业课。他们以企业家的眼光，敏感的市场触角，以项目引领，使学生在有限的时间内学到全新的知识和技能，实现学生与企业岗位的对接。

以名师工作室为载体，群星职校引进企业专家加盟专业教师队伍。通过每年对企业知名技术专家和能工巧匠的考察以及实际教学效果，学校引进4名曾经在企业担当重要职位、承担一定项目、在行业内有较高知名度的专家，成为学校的专职专业教师，并建立以他们名字命名的“名师工作室”。这些企业专家充分发挥他们的技术优势，带领学生一起制作商业作品，极大地提升了学生的实践技能。

专业团队通过学校“胡蓉二维动画工作室”、“高嫣影视后期工作室”等教师工作室，与校企合作工作室“拓雷建筑动画工作室”、“奥趣三维游戏工作室”，引领了行业专业岗位的主导技术。由此，一批具有国际视野、在业界有较大影响、善于解决行业技术难题的技术人才得以发挥他们在课程建设、教学改革方面的示范引领作用。

（五）完善校企一体化运行机制

群星职校成立了由区政府、主管行业、合作企业、社区以及学校等合作方组成的合作办学理事会，形成人才共育、过程共管的紧密型合作办学机制。在校企深度融合的办学模式下，学校和企业建立校企合作工作委员会，共同研讨校内外实训基地的建设，建立合理合法的监督、评估等制度，从组织上保障“产教结合”的教学团队正常开展工作。如图 2－4 所示。

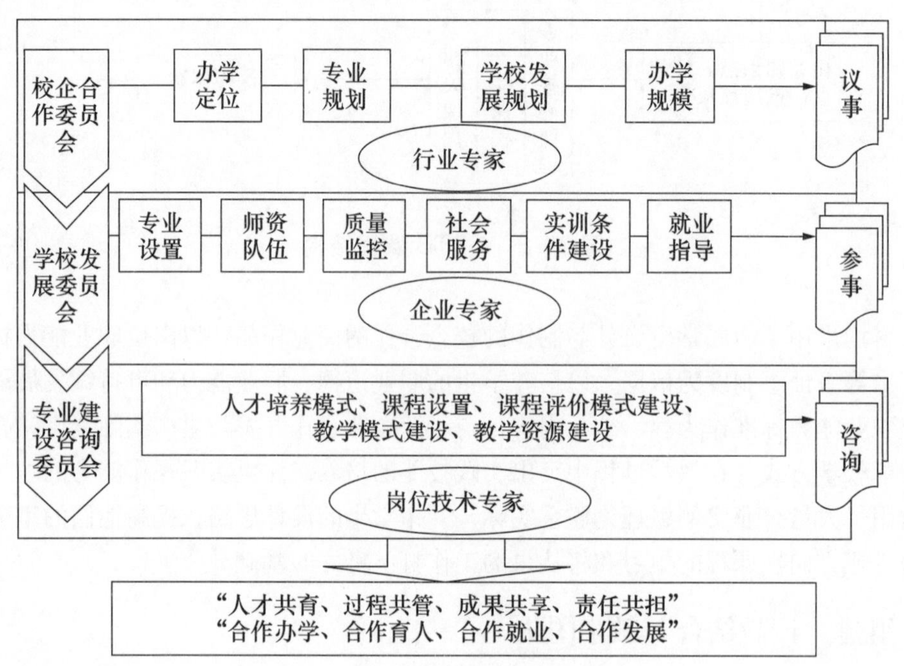

图 2－4 校企一体化运行机制

校企融合、工学互动是专业教学改革和发展的方向，对于每所学校来说都是一个值得研究的重要课题。校企双方践行先进的合作理念，构建科学的保障机制和人才评估机制，是推进校企深度融合办学的关键；校企双方共同参与课程改革、师资建设、教学实施、考核评价，是开展工学互动育人模式的关键。只有把握这些关键点，从区域经济和社会需要角度出发，学校才能构建技能型人才培养的新模式。

三、体会与思考

（一）依托产业经济，构建特色办学模式

办学以来，群星职校根据当地经济发展需要，不拘一格培养人才，形成了鲜明的“校企融合”办学特色，并创立了“校企一体、产教融合、工学融合、文化融合”的“一体三合”模式。人才培养主要由学校、企业、行业和社会共同参与，真正做到学校与企业、课堂与工场、教师与员工、学生与员工互融。其本质在于把职业教育与社会经济发展紧密联系在一起，实现良性互动，形成“双赢”局面，其核心是产学合作、工学结合、各方参与，目标是增强学校的办学效

益和企业的人才竞争优势，最终目的是促进社会经济的发展。群星职校多元化的人才培养模式加强了产教结合，有效推进了中等职业技术教育社会化服务、市场化运作和企业化管理办学，有利于学校的可持续发展。

（二）树立就业导向，开展教学改革

近年来，群星职校推进以就业为导向的教学改革。一是强化实训教学培养工作经验，积极拓展实训基地，引企入校，创造实训条件，提高学校各专业学生的专业实际操作能力；二是推进课程改革，构建适应工作岗位的理实一体化课程，研发理实一体化教材，满足市场需求，积极开设适应市场需求和发展水平的专业；三是以品牌专业提升就业竞争力，结合学校自身专业优势，大力打造学校品牌专业，培养专业性强、竞争力强的毕业生；四是多证上岗就业提高学生综合素质；五是注重培养创业理念，提高学生创业意识，提高学生可持续发展能力。在校企合作、工学结合下，学校有效促进了学生技能水平的提高，实现“零距离”就业，毕业生就业优势显著，学校重点专业的毕业生供不应求。学生多次在全国技能大赛、上海市星光计划比赛上获得金奖。

案例二　上海海事大学附属职业技术学校

——创新校外实践教学模式①

背景：

上海海事大学附属职业技术学院借鉴国外先进职业教育理念，不断深化校企合作交流，创新“围绕实际工程，强化学生参与”的校外实践教学模式，以企业实际工程为主题展开实习工作，以小组形式承担实习任务，在实践中不断强化学生实际操作技能，为社会培养了一大批优秀的技能型人才。

一、学校概况

上海海事大学附属职业技术学校（以下简称“上海海大职校”）创建于1960年，1981年改为“上海市高桥职业技术学校”，1996年起由浦东新区教育局委托上海海事大学承办，2004年成为上海市百所重点建设的中等职业学校之一，2008年更名为“上海海事大学附属职业技术学校”，并由浦东新区社会发展局和上海海事大学合作共建。

上海海大职校现坐落于浦东新区外桥保税区，毗邻金桥出口加工区、张江高科技园区，占地面积40亩，建筑面积2.4万平方米。学校紧随国家和上海市宏观经济的发展方向，依据办学主体条件的变化，不断调整优化学校专业设置，积极主动对接“中国（上海）自由贸易试验区”需求，适应产业发展需求。学校现开设机电工程、经济管理、航海技术三大专业群，包含物流服务与管理、国际商务、电子商务、数控技术、电子技术应用、汽车应用与维修等专业，其中物流服务与管理专业为市精品特色专业。学校已建成上海市职业教育“现代物流”和“数控技术应用”两大开放实训中心，是学校产教结合、校企合作、向社会开放服务的重要平台，对推进职业教育改革与发展具有重要作用。

二、开创校外实践教学新模式

实践教学的主要目的是培养学生将理论运用于实际的能力，以及锻炼分析问题、解决问题的实践能力。目前，校企合作开展实践教学已成为培养技术技能型人才的重要途径。上海海大职校充分利用校外实习基地，发挥基地在实践教学中的作用，以此不断调整改进教学方案，并总结出“围绕实际工程，强化学生参与”的校外实践教学模式。校外实践教学模式推动理论与实践相结合，使学生对书本知识的理解更透彻，从而提高学生的实践能力、创新能力和综合素质，提高学生就业竞争力。

（一）创新校外实践教学模式

企业拥有人才、技术、设备和资源的优势，能为人才培养提供合适的场所，校外实践教学模

①本文根据上海海事大学附属职业技术学校官网信息及相关研究成果等资料编撰而成。

式能够充分利用企业资源，让学生提前了解不同岗位所需技能，将所学理论知识运用到实际中，达到理想的教学效果。

1. 提高实践性，深化校企合作

校企合作共同培育人才，对于提高人才的实践操作能力具有重要作用。一方面，学生在企业实习，可以帮助其树立正确的工作价值观，培养学生吃苦耐劳、诚实守信的职业素养，提升学生就业竞争力，帮助学生完成由“学校人”向“职业人”的角色转换；另一方面，学校给予企业一定的评分权，指导教师可以根据学生工作态度、工作表现、知识技能的掌握情况来确定学生成绩，并对实际技能做出鉴定。上海海大职校非常重视校企合作，分别与上海畅联国际物流股份有限公司、阿尔卑斯物流（上海）有限公司、全球国际货运代理（中国）有限公司、上海久信国际物流有限公司、上海万历报关有限公司、上海美华系统有限公司等30多家物流企业签订校企合作协议。自2010年开始，学校与上海畅联国际物流股份有限公司联手开创“畅联物流”冠名班，在上海畅联国际物流股份有限公司设立教学体验中心，借助教学体验中心这一平台，实现“工学结合”、“产教融合”的目的。

2. 强化针对性，设计实习内容

通过在校学习，中职院校的高年级学生一般都已掌握了一定的理论知识，但缺少对具体应用对象的了解和理论联系实际的应用能力。面对即将选择工作的压力，学生需要学会运用课堂所学知识。因此，上海海大职校根据学生的具体专业安排校外实习内容，并对某些重要知识点设计特殊的实习内容，加深学生对专业理论知识及其应用的理解。例如，电气工程专业学生可以选择“港口桥式起重机及电气控制”，实习内容既包括工作原理、工程要求，也包含产品和设备的设计与制造，强化学生对机械结构、电气控制和可编程控制器、电机学、电力传动、变频器及传感器检测技术等电气专业知识点的理解，提高学生的操作技能。

3. 调动积极性，创新教学方法

国内中职学生普遍缺乏学习专业课程的积极性，且实践操作能力训练不够，使得实际应用能力薄弱。因此，实习指导需要考虑两个目标：第一，调动学生积极性；第二，挖掘学生专业潜能。为实现这样的目标，上海海大职校探索出以企业工程为主题的教学方法，让学生以小组的形式承担实习任务，不仅让每个学生都能“有事做”，也能将实习实践活动真正落到实处。在企业实习时，学生可以选择企业具体的产品设备或工程项目作为实习主题，通过参加企业工程师或专家讲座、实地参观体验、教师讲解指导等形式，以类似亲身体验的方式逐步了解企业实际工程运作，如产品或设备的需求分析、设计理念、制造过程等，加深对企业产品或设备的理解，提高学生运用理论知识的能力，提升实践操作技能。另外，学生以小组的形式完成指导教师每日分配的任务，既能培养学生的团队精神，又能照顾小组成员的兴趣特点和特长，调动学生工作的积极性。

4. 致力高水平，建设师资团队

教学质量是学校的生命线，高水平的教师团队是保障教学质量的关键，也是提高教学质量的根本保证。然而，受传统教学观念的影响，学校突出教师个人能力考评与激励，忽视教学团队整体建设，极大地降低了组织效率，但教学计划的制订、专业课程的建设和教学组织的实施等都需要教师团队合作，单靠教师个人难以完成。因此，上海海大职校突破团队建设瓶颈，确定团队建设的方向和措施，深化教学改革，不断提高师资队伍教学水平与人才培养质量，强化相关课程体系研究，加快教学内容、方法改革与优质教学资源开发进程，推进教学工作的“传、帮、带”，推动教学团队建设更上新台阶，打造一支富有团队合作精神的高水平教师队伍。

以物流服务与管理专业为例，通过近几年的师资团队建设，上海海大职校已经形成了“三位一体两结合，两个转化”的师资队伍。即教学单位、团队与专业学科点三位融合为一体，教学与科研相结合、师资队伍建设与学科建设相结合，促成科研内容转化为教学题材、科研成果转化为实验教学项目。教师将科研中的创新思想、研究方法和学科前沿性的、交叉性的研究内容充实于课堂，激发学生对课程学习及科学研究的兴趣，培育学生的创新思维，提高学生学习的积极性。高水平的物流师资团队在学校专业建设、教学改革和理实一体化课程建设方面发挥了重要作用，大大提高物流专业教学水平和人才培养质量。

此外，上海海大职校积极引进校外实践教学基地合作单位的资深人员担当实践教学兼职教师，为学生提供较好的实习指导，加强实习管理和对学生的教育，及时解决学生实习过程中的技术问题、思想问题和生活问题，有效提高实习教学效果。通过校企深度合作，学校建立起实践教学与理论教学两个层面的互通机制，联合指导学生实习工作，成功建设出一支专兼结合、数量充足、业务精湛、相对稳定的实践教学师资队伍，提高了校外实践教学的质量。

（二）健全校外实践教学管理体制

1. 搭建日常性沟通协调机制

上海海大职校已经成立了由分管院领导、企业负责人参与的企校合作领导小组，负责制定实践教学计划和具体实施方案，充分发挥校企双方的优势，解决办学中遇到的重点、难点问题，对教学过程和质量进行日常性督导，为实践教学工作的顺利开展提供有力的保证。

2. 制定规范化目标管理制度

上海海大职校制定了“专业教育校企合作联盟章程”，并与相关企业签订校企合作联盟协议，明确校企合作联盟的组织架构、运行模式与合作期限，规定校企合作联盟各方的责任与义务等；逐步健全各项规章制度，制定和完善校外实践教学基地的管理办法。结合学科专业实际，学校合理配置教学基地的人力资源和基础设施，提高教学基地的使用效益。另外，学校还建立了基地管理组织体系，充分发挥其在实践教学基地建设与管理等方面的指导和协调作用。

3. 制定可操作实践教学办法

上海海大职校结合企业岗位的实际需求，在实习方案中规定各专业实践教学环节的具体教学内容、教学进度、指导教师与时间安排等，有针对性地提高学生实践操作技能，增强就业竞争力。为了加强实习质量的监控，学校和企业共同制订了周密的实习计划，包括组织管理、实习内容、日程安排、实习纪律、突发事件的应急预案等，同时做好实习前的思想动员和实习纪律与安全教育，保证学生校外实训的顺利进行。另外，在学生开始实习前，学校与实习单位一起确定实习工作领导小组，召开执行组协调会、学生实习动员会等，使学生在心理上适应和接受实习环境，提高实习实践训练效果。

4. 建立经常性督导检查制度

学校与实习单位相关管理人员共同组建实习工作领导小组，发挥校企联动的效用，与企业共同管理实习工作，开展教学效果督导检查活动，指导和协调解决实习过程中产生的主要问题，规范合作行为，提高实践教学质量。执行组建立责任明确、分工具体、相互协作的制度，实习指导老师负责实习内容的全面开展，专任教师负责学生管理和协调其他方面的工作，不断完善经常性督导检查制度，使校外实践教学落到实处。

三、体会与思考

上海海大职校通过校外实践教学新模式，提高了人才培养质量，为上海自贸区的经济发展做出积极贡献，走出一条独具特色的中等职业院校发展之路，为其他院校的发展做出示范效应。

（一）深化校企合作，推进校外实践

在技能型人才培养过程中，实践环节不可或缺。若以专业课程带动实践教学，容易造成学生专业理论基础强而实践能力不足，所培养的人才难以适应企业需求。因此，上海海大职校采用“围绕实际工程，强化学生参与”的校外实践教学模式，依托校外实习基地，指导和管理学生的实践教学任务。该模式不仅为学生提供良好的实践锻炼机会，同时也提高了学生的实践能力、创新意识、工程素养等，极大地提升了学生的职业素养，对学生的就业和再深造都有很大的帮助。

（二）注重团队质量，提高师资水平

教学团队的建设是学校教学质量和水平提升的突破口，对于上海海大职校而言，明确办学定位、凝练专业特色才能具有一定的生存力和竞争力。所以，学校师资团队建设充分发挥老教师“传、帮、带”的重要作用，坚持贯彻实施《青年教师导师制》，鼓励老教师与青年教师之间相互交流与沟通，彼此分享所掌握的新知识、新经验等，充分发挥每位教师的主体精神，提升教师团队的整体协作水平与自律自强品质，提高师资团队整体素质和教学水平，形成学校独特的竞争优势。

案例三　深圳职业技术学院

——开拓产学研用协同育人之路①

背景：

深圳职业技术学院是国内最早独立举办高等职业技术教育的院校之一。建校以来，学院秉承“文化育人、复合育人、协同育人”三位一体的办学思路，着力推行“政校行企四方联动，产学研用立体推进”的人才培养模式，致力于培养“德业并进、学思并举、脑手并用”的复合式创新型高素质技能人才，为深圳特区的发展输送了一大批优秀的人才。

一、学校概况

深圳职业技术学院（以下简称“深职院”）创建于1993年，原名深圳高等职业技术学院，是国内最早独立举办高等职业技术教育的院校之一。学院于2002年升为高职学院，2009年被教育部确定为全国首批“国家示范性高职院校”建设单位。目前，深职院拥有五个校区，校园总面积236.02万平方米，校舍建筑面积58.84万平方米；教学仪器设备6.45万台（套），总值7.07亿元；馆藏图书227.8万册，电子图书117万册，报刊1731种，中外文数据库32个。学校全日制在校生2.4万余人，各类成人学历教育及自考学生6900余人，港澳台及外国留学生170余人；教职工1600多人，其中专任教师1150多人。

自创建以来，深职院依托深圳及珠三角地区产业发展需求，秉持深圳特区改革创新精神，积极探索创新的办学模式和育人模式，逐渐形成独具特色的高职人才培养模式，并取得了显著的办学成效。学校已培养7万余名全日制毕业生，毕业生就业率保持在96%以上，深受用人单位欢迎。自2001年开始，学校与国内多所高校签订联合培养硕士研究生、博士研究生协议。2012年，学校开始应用型本科人才（联合）培养试点工作，翻开人才培养历史新的一页。

二、政校行企协同创新，产学研用立体推进

建校以来，深职院着力推行产学研用一体化的人才培养模式，通过与行业协会、企业协同创新，共享资源，实现产学研用紧密融合（见图2-5）。首先，“产”主要是指校企合作，产教融合，使学习契合于生产实践；其次，“学”主要是指深化基于工作过程的课程体系建设，促进文化交流，引导学生有目的的自主性学习和研究性学习；再次，“研”主要是指采用创新应用研究，利用技术研发优势搭建研究平台，为企业提供可持续生产能力；最后，“用”主要是指通过创新制作工程、技能大赛等方式培养学生学以致用的能力，促进研究技术成果转化。从实践来看，在产学研用结合中，“产”是核心，“学”是基础，“研”是灵魂，“用”是关键。

①本文根据深圳职业技术学院官网信息及相关研究成果等资料编撰而成。

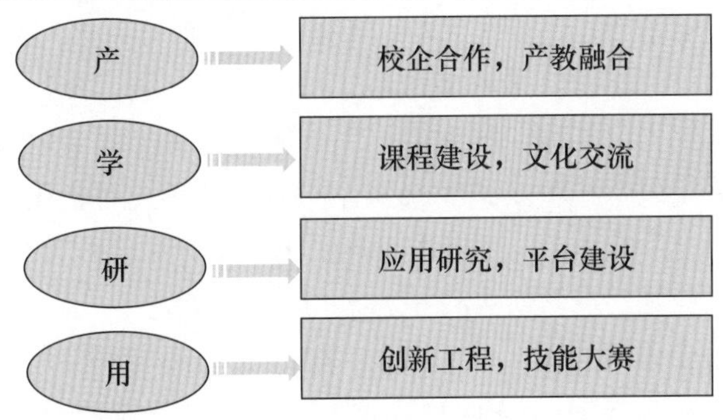

图 2-5　“产学研用协同育人”理念

（一）以产为核心，推进协作办学

1. 搭建政校行企协同办学的桥梁

为推动高职教育政校行企协同创新，深职院组建校、院、专业三级“产学研用工作指导委员会”，搭建产学研用促进平台。如图 2-6 所示，学院利用平台本身具有“政府—学校—企业—行业”四方共建的特点，探索出了产学研用新的运行模式：政府主导产业与教育政策的走向，宏观指导职业教育与产业发展的紧密衔接；行业协会规范企业发展，开发岗位人才需求标准；企业则参与办学，联合培养专业技能人才；学校秉承自主办学和开放办学的理念，与政府、行业以及企业互动互惠。校企合作管理平台的构建，让政校行企各方明确在人才培养中所承担的职责，实现了多方共赢。另外，学院还调整、增设专业建设指导委员会 60 多个，1100 余名行业企业专家直接参与人才培养的各个环节。

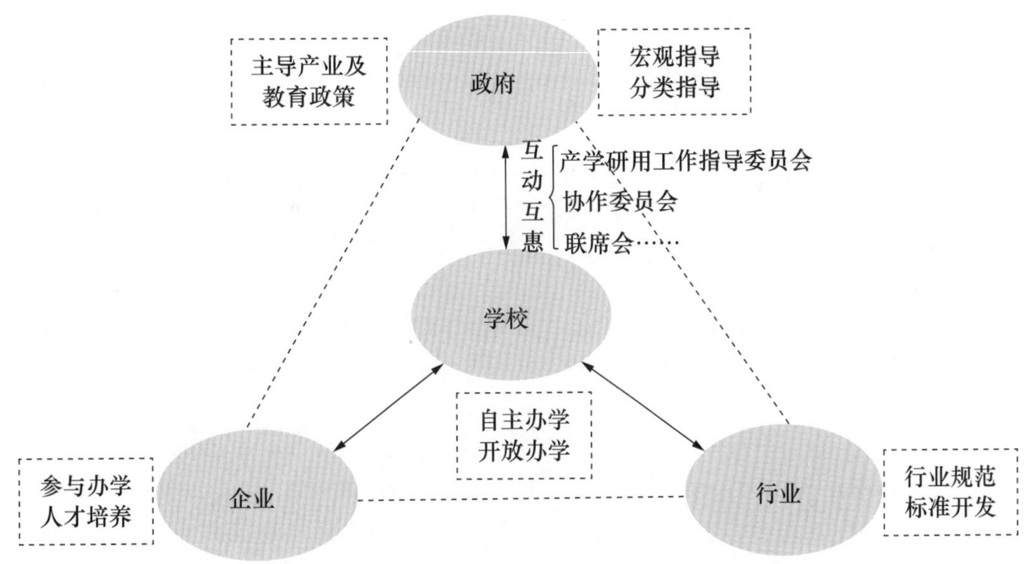

图 2-6　“政校行企”四方联动合作办学模式

2. 建立完善的校内校外实训基地

深职院实训基地的建设原则是“无内不强、无外不实”，“无内不强”是指高职院校必须有一定规模的先进的校内实训基地；“无外不实”则指学院必须有牢固的校外实训基地，落实学生的实习、实训工作。近几年，深职院采取多种形式吸收外部有利资源，规定每个专业必须在社会上挂牌建立3个以上的学生实习基地，为学生提供真实的舞台。对学生而言，既可以在真实性的实践基地锻炼，也可提前完成角色转换，实现就业的最高境界；对企业来说，既储备了合适的人才，又缩短了企业人员的熟手化期限。经过不断努力，深职院已有校外实践教学基地1175个，为高技能人才培养搭建了良好的产学研合作平台。

3. 订单式培养实现校企无缝对接

深职院坚持以市场需求为导向，以能力培养为中心，以就业质量为目标，充分发挥校企优势，本着互惠互利、优势互补、协同创新、共同发展的原则，与中国广东核电集团有限公司、深圳市机械行业协会等众多单位合作，开展“订单+联合”人才培养合作。首先通过协议商谈，全方位规范人才培养过程。在满足企业需求的同时，重视“订单+联合”人才培养的制度化，通过与企业的多次接触与商谈，校企双方达成合作办学意向，签订人才“订单+联合”培养协议。“订单+联合”实现了校企无缝对接，加快知识向技能的转化，培养学生的动手操作能力，促使学生学以致用。

（二）以学为基础，提高综合素质

1. 深化课程体系建设

高等职业教育要适应区域经济对专业技能型人才的要求，深职院以此进行了基于工作过程的课程体系开发。首先，聘请行业专家、专业带头人、骨干教师成立专业指导委员会，筛选适合“培养生产第一线的高级技术和管理人才为目标”的课程内容。其次，以能力本位为指导思想，对企业、行业进行调研，进行职业能力和岗位技能需求分析，进行典型职业工作顺序的认定。再次，进行基于工作过程的课程设计，确定专业的典型工作任务，并以此开发工作过程中所需要的知识点。最后，开展配套教材建设和课程数字化资源建设，编写多门课程的“工学结合”校本教材，构建课程知识点素材库，实施虚拟实训项目等。如图2-7所示。

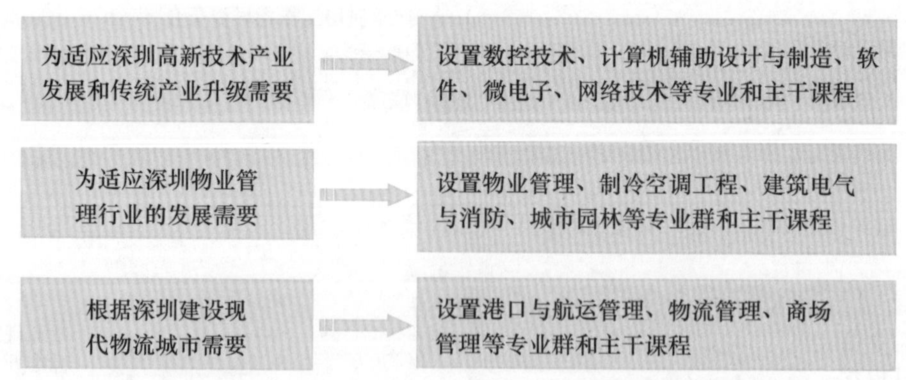

图2-7 深职院基于工作过程的课程体系设置

2. 推进书香校园建设

除了专业技能课程以外，深职院还稳步推进书香校园建设，组织开展以“书香深职，悦读天下”为主题的“深职读书月”活动、以“阅读·青春”为主题的“毕业季”文化活动等。此外，“超星杯·我与读书”征文大赛、“搭建书屋，大家齐动手”活动和“青春的阅读记忆”等受到学院师生的广泛欢迎，营造了浓郁的书香文化氛围。《深圳商报》、《深圳晚报》、《南方教育时报》、凤凰网、腾讯网、东方网等10余家媒体对学院书香校园活动进行了报道。同时，学院“读书俱乐部”入选深圳“12大活跃民间阅读组织”。

3. 搭建文化交流平台

为提高学生的综合素质，深职院于2013年12月创办了丽湖大讲堂。该讲堂以传播知识、开阔视野、启迪思维、陶冶情操、健全人格、提升素质为宗旨，邀请国内外知名专家学者、优秀企业家、杰出校友定期举办紧扣时代脉搏、贴近学生需求的系列讲座。截至2015年8月，丽湖大讲堂共举办讲座40余场，讲座在弘扬主流价值、传播科学精神与人文精神方面发挥了重要的作用，有效提升学生的文化素质，成为知名专家学者传道、授业、释疑、解惑的重要平台，深受广大师生的欢迎。

（三）以研为灵魂，提升创新水平

1. 注重技术应用型研究

深职院以“研”为灵魂，瞄准国家和深圳市新兴战略产业，围绕专业核心技术和课程，通过把创新和应用研究紧密结合，着重于研究中学习、实践中锻炼和探索中培养，以来自企业实际的技术应用项目研究支撑实践教学，极大地提高了教学质量，并取得了良好的人才培养效果。目前，学院的应用研发能力在全国高职院校处于领先水平，学院已与400多家企事业单位建立了紧密的研发服务关系，横向项目立项总数占到全校科研项目总数的72.3%，科研工作走上了应用研发的特色之路。

2. 搭建创新型研究平台

在11个校级科技创新平台和7个科技创新团队的基础上，深职院又建设了市级及以上学科重点实验室和科技创新公共技术服务平台，如与深圳市行业协会合作共建的深圳市科技创新公共技术服务平台、深圳市产业集聚地公共技术服务平台等。创新型研究平台使学院与行业协会在学生实习、员工培训、创新人才培养、应用研究、产品检测、技术研发等方面进行深入的交流合作。目前，深职院技术（知识）转移项目1082个，到账经费1.13亿元，获得专利授权数455项，已建成12家市级以上重点实验室和公共技术服务平台。

（四）以用为关键，注重学以致用

1. 实施创新制作工程

学校1999年就已开设“创新制作”校级公选课，以培养学生的创新意识与创新能力为目标，鼓励学生自主选题，通过“开题答辩”、“计划与实施”、“验收与结题答辩”等环节实现自主创新的目的。此外，从2001年起，学校每年投入50万元经费用于创新制作项目工程，其后提高到200万元，目前创意创业园已取得很好的效果。为了切实满足学生的创新制作兴趣，学校还设立了专业教师指导创新制作小组。学生通过参加各类科研创新活动、创业计划大赛、校园科技节、文化节、学生社团建设，切实提高了专业知识和专业技能。

2. 举办创新技能大赛

职业技术院校开展职业技能大赛是检验职业技能培养水平，促进职业技术教育培养目标实现的有效途径。学校鼓励学生参加各类技能大赛，并取得优异成绩。仅2012～2013学年，深职院学子在各级各类比赛中获奖 107 人次。其中，国际与国家级大赛获奖 35 人次，省级大赛获奖 53 人次，市级大赛获奖 19 人次；一等奖 38 人次，二等奖 22 人次，三等奖 35 人次，四等奖 12 人次。通过比赛不仅有利于展示和检验专业教学成果，引领专业教学模式和教学方法的改革方向，而且也有助于让学生在参与体验的实践过程中积极探索，提升专业技能，从而有利于职业教育水平的整体提升。

三、体会与思考

在二十年的探索与实践中，深职院始终以创新为引擎，开放融合，协同发展，为特区的产业升级和社会发展提供了必要的人才支撑，也开拓了学院职业教育的新版图，造就了独特的“深职院”模式。

（一）以市场需求与能力培养为根本

深职院从创办伊始就牢固树立了“以市场为导向，以能力培养为中心”的办学指导思想。一方面，学院专业设置完全从市场需求出发，并设有“专业管理委员会”，由全市各行业的专家及高层管理人士担任委员，对现有专业进行评估；另一方面，学院注重学生实践动手能力的培养，大力构建以校内工业实训中心园区和校外实训基地相结合的学生实践网络，以此解决普通高校教学与实践严重脱节的问题。实践证明，深职院培养的毕业生既不同于专业知识扎实但缺乏动手能力的“白领”，也不同于在流水线上从事机械劳动的“蓝领”，而是既具有比较全面的专业知识又是具有一定专业技能的“灰领”，他们能够适应技术含量越来越高、创新意识越来越强的现代化企业生产要求，契合市场的需求。

（二）以实践教学与创新应用为重点

实践教学是实现高职培养目标的主体教学环节之一，深职院围绕如何提高学生的实践能力与职业素质进行探索，在实践基地建设、实践教学体系的构建、教学方法的改革及实践教学基地的管理等方面取得了显著成绩。深职院通过加强实践教学环节取得了积极的效果：首先，提高学校人才培养的质量和适应性，促进教学内容和方法的改革，使教学与社会实际紧密结合，大大提高了学生的实践能力。其次，提升了学生的创新精神与创新能力。最后，提升学生的实际操作水平与运用知识解决问题的能力，学以致用，保持和发扬高职教育的特色。

（三）以服务就业与持续发展为目标

深职院“政校行企”四方联动人才培养模式，通过整合社会优势资源，构建了面向社会、面向各行业的高素质技能型人才的职业教育体系。学院与 1851 家企业和众多行业协会建立了合作关系，为学生就业提供了有力的保障。另外，深职院不断改革课程体系、教学内容和教学方式，大力倡导能力本位与素质本位并重，有效增强学生应对职业变迁的能力，使他们获得了较强的就业能力和可持续发展能力。

案例四　湖北工业职业技术学院

——开创“双园融合”，强化校企合作[①]

背景：

校企合作是职业教育人才培养的基本途径，也是职业教育的一个显著特征。职业院校一直在探索和实践如何以校企合作为切入点，实现学校自身改革、发展与地方企业发展、产业转型升级的互动、共赢。湖北工业职业技术学院在校企合作办学模式上开拓创新，探索出与地方经济紧密联系、与学院自身特点相适应的“双园融合”的办学模式，形成了鲜明的办学特色。

一、学校概况

湖北工业职业技术学院（以下简称“湖北工职”）坐落于武当山麓、汉水之滨、“汽车城”十堰市，其前身为1976年创办的十堰高师班和1983年成立的十堰职业大学，1984年合并为十堰大学，1998年经原国家教委批准更名为十堰职业技术学院。2013年5月，经省政府批准、教育部同意，更名为湖北工业职业技术学院。目前，学院占地1000多亩，建筑面积约25万平方米，现有教职工510余人、在校生10000多人。在专业设置上，学院依托十堰市雄厚的产业背景，根据“汽车城、武当山、丹江水”的区域特色优势，与先进制造业和现代服务业同频共振，形成了以制造类专业为主、服务类专业为辅协调发展的专业体系。

多年来，湖北工职坚持以工为主的办学定位，牢固树立“服务区域经济、助推产业升级”的办学理念，与湖北工业特别是汽车产业携手共舞，在校企合作办学模式方面开拓创新，探索出了与地方经济紧密联系、与自身特点相适应的“双园融合”办学模式，不断提高人才培养水平和社会服务能力，成为湖北省示范性高等职业院校、国家骨干高职建设院校。

二、“双园融合”办学模式实践

湖北工职坚持“依托产业、依靠行业、合作企业”，积极探索校企合作新模式，形成独具特色的“双园融合”办学模式。“双园”有狭义和广义两重含义，狭义的“双园”是指校园和校内产业园，称为“小双园”。校园区占地面积830亩，其功能以基础课和理实一体化的课程教学及实习实训、虚拟仿真训练、服务类企业经营活动为主。以企业投资建厂为主的产业园占地面积约150亩，用于引进以汽车零部件制造为主的先进制造类和现代服务类企业，其功能以生产性实训、顶岗实习和企业生产为主。广义的双园则是指“小双园”与学院周边各个工业园，称为“大双园”。

“双园融合”则有两个层次的融合。首先是“小双园融合”，校园和产业园在保持各自功能的基础上（产业园以生产为主，校园以教学为主），通过建立健全相应的体制机制，使学院与企业之间、校园和产业园之间在资源配置及利用、教学与生产、校园文化与企业文化等主要方面实

①本文根据湖北工业职业技术学院官网信息等公开资料及相关研究成果编撰而成。

现高度融合，达到校企共建生产性实训基地，共育高素质技能型专门人才，共训教师和员工，共谋学生就业，共担人才培养责任，共研新技术、新产品、新工艺，共享优质资源和发展成果（简称“七共”）的目标，形成真正意义的“厂中校”和“校中厂”。然后是“小双园”再与学院周边各工业园区进行内容更加广泛的融合，形成体制科学、机制健全、功能完善、保障有力的“政、校、行、企”和谐互动局面，实现校企之间全面、全程、长远、深度的合作。如图2－8所示。

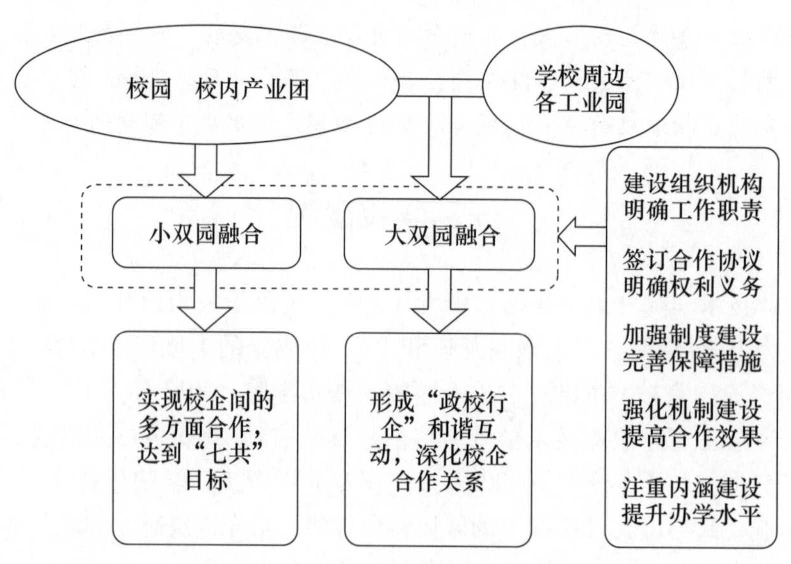

图2－8　“双园融合”办学模式

（一）建设组织机构，明确工作职责

湖北工职发起成立“校企合作委员会”，在此平台上积极探索校企合作办学与人才培养模式。校企合作委员会由政府部门、行业、企业、学院以及关心学院建设和发展的社会各界、企业家、海内外知名人士参加，下设秘书处、体制机制建设委员会、专业建设指导委员会和专业建设工作委员会。

为了有效实施“双园融合”的办学模式，学院在“双园”内实行“政府引导、董事会决策、会员单位执行”的管理体制，即校企双方在政府的引导下，以精干、高效、统一为原则，在不改变学院与企业的独立法人主体资格，不改变校企双方各自的主要职能，不干预对方的内部事务的前提下，开展全面的合作。

董事会是指“双园董事会”，下设办公室、资产管理部、人力资源部、综合保障部等。董事会通过制定规章制度，明确各部门的职责，强化各项建设工作的落实。

（二）签订合作协议，明确权利义务

在资源共享、优势互补、真诚互信、互利共赢、长期合作的原则下，学院与合作企业签订校企合作协议，明确约定双方的合作原则、内容和各自承担的权利义务，尽可能减少合作中的不和谐因素。在协议中，校企双方均强调，通过具体的合作项目达到校企之间长远、全面和深层次的合作，建立校企合作的长效机制。

（三）加强制度建设，完善保障措施

在建立相关组织机构的基础上，学院制定和完善各项规章制度。学院出台了《校企合作委员会章程》、《校企合作管理暂行办法》，完善《体制机制建设委员会工作条例》、《专业建设指导委员会工作条例》等制度；根据“双园融合”办学模式的特点和学院的实际情况，制定、修订《“双园”董事会章程》、《产业园管理办法》、《产业园学生实习实训管理制度》、《产业园技术研发与应用管理办法》、《顶岗实习安全管理工作细则》、《产业园教学评价与评估制度》等系列制度。这些制度的出台和完善，保障了校企合作各项工作的顺利推进。

（四）强化机制建设，提高合作效果

湖北工职坚持育人为本，通过人、财、物的市场化运作与管理，建立“双园融合”办学模式的四大机制。

1. 互惠共赢的利益驱动机制

根据相关法律法规，学院积极为入驻学院产业园的企业争取地方政府优惠政策。在相关优惠政策、措施的推动下，学院以他方为中心，在资源利用、员工培训、合作研发、技术服务等方面给予企业最大的支持与优惠；增强自身服务意识，全力为企业服务，帮助企业解决其急需的技术、管理、生产以及劳动力等问题，激励企业参与学院的改革发展。

通过产业园与关联企业无条件承担学院学生的实习实训和顶岗实习环节，接纳和支持学院参与技术研发、技术应用活动，接收学院教师到企业实习和挂职锻炼，参与学院人才培养方案的制订和工学结合课程的开发、实施等途径，企业提供校企合作平台，分担学院的办学成本，提高学院的办学质量，以此达到合作共赢的目的。

2. 优势互补的资源共享机制

学院拥有师资、教学资源等优势，企业拥有资金、技术、生产设备等优势，双方优势互补、资源共享。学院与企业共享学院图书馆、食堂、医务室、商场、银行及其他资源，共建共享校内外实训基地，以合作企业生活活动和职业岗位为基础，共同开发工学结合课程和校本教材，共育高素质专业技能型人才。校企双方实行人员互聘，共享高素质人才，共引共享行业技术大师和高级人才；共同开展员工培养，共谋学生就业；共同开展新技术、新产品、新工艺的研发与技术服务，共享发展成果。

3. 文化融合的交流沟通机制

学院积极引入企业的管理理念、管理方法和企业文化，探索企业文化与校园文化的最佳结合点，实现校园文化和企业文化的有效对接与融合。通过“吸纳企业的先进管理理念”和“贴近企业对高职学生素质的要求”双向途径，努力推进校企两种文化相融合、相贯通、相协调，建设企业与学院“合而不同”又相互融合的特色校园文化。

学院与合作企业互送年度工作计划和总结，合开校企合作例会，定期开展联谊活动。学院建立校企网络沟通平台，提高信息共享度和沟通协调效率；以校企文化互融为目标进行基础设施和环境建设，完善公共设施功能，优化教育教学和生产环境。

4. 绩效考核的评价激励机制

学院与合作企业共同制定、完善校企合作的评价体系，并将其纳入教学质量保障体系。校企双方制定各项制度，定期对合作状况进行考核、检查和评估；定期召开各种形式的经验交流会、研讨会等，总结经验，表彰先进；通过利润分配、奖励、年度考核、评先评优、教学考核、专业技术职务聘任等多种手段，对校企双方进行考核，实现人才培养责任共担。

（五）注重内涵建设，提升办学水平

湖北工职以产业园为平台，以“七共”为目标，积极探索和实践“双园融合”办学模式，实现校企之间在资源配置与利用上、学院教学与企业生产上、校园文化与企业文化上的高度融合，使合作的内容更加丰富、过程更加完善、程度更加紧密。

1. 探索建立全面校企合作关系

全面合作是就校企合作的内容而言的，涉及生产、教学、技术研究与应用、体制机制等各个方面，是校企合作较为完整的模式。在“双园融合”办学模式下，学院积极探索和开展包括发展规划、实习实训、专业建设、课程建设、人员培训、人员互聘、订单式人才培养、校企文化、就业创业、信息交流、技术研发与应用、捐资助学、经济实体、学生管理等方面的合作和校企双方认为可行的其他方面的合作，使校企合作的领域达到最大化。

2. 推动校企全程合作共育人才

在“双园融合”办学模式下，企业全程介入学院的教育教学过程，从学生进入学院后的入学教育开始，合作企业就将其产业背景、经营理念、企业制度、企业文化、质量标准等方面的内容贯彻其中。同时，校企双方共同制订人才培养方案，确定岗位能力和职业素养、课程标准，共同编写教材，共同承担人才培养任务。

3. 积极实践多种形式的人才培养模式

湖南工职以“双园融合”办学模式为平台，探索、实施“整体滚动递进式”、“三结合”、“职业活动导向技能三段式”等人才培养模式，与企业共同开发工学结合课程体系，开展订单培养。在此基础上，将进一步探索、实施新的人才培养模式，不断拓展、深化校企合作，促进教育教学水平的全面提高。

三、体会与思考

通过“双园融合”的办学模式，湖南工职的教育教学实现了与地方产业发展的高度吻合。学院的产业园不仅是校园的重要组成部分，也是十堰市整体工业园区的一个组成部分，它与十堰市的工业园区形成了一个统一的、有机的整体，助力地方经济发展。

（一）实现“教学做”三合一

与一般学校的校内实训基地相比，湖北工职的产业园具有规模大、产业背景强的特点，是真正意义上的校中厂、厂中校。校园与产业园既相对独立又连为一体，学生的理实一体教学与生产性实习实训都可以在不离开学院的情况下完成，既方便了教学管理，又节约了教学成本。而“双园融合”则能将教、学、做真正融为一体，把课堂带入生产车间，实现课堂与实践地点一体化、各种考试和考核方式一体化；能够带动专业建设、课程设置、教学内容契合地方产业发展情况，引导教学方式改革；有利于强化学生的技能训练，提高学生的实践能力和职业技能，增强就业能力。

（二）推进校企合作落到实处

在校企合作中，双方是互利共赢的关系。企业的发展能为学院提供更加广阔的合作空间，学院的发展能为企业提供更为坚实的合作基础。在双园中，湖北工职与企业共处同一地域空间，使得校企资源共享、文化共建等能够深入进行。通过“双园融合”的办学模式，学院与企业实现人才培养方案共订、管理人员互聘、教学计划互通、实习过程共管。学院与企业的合作关系愈加深化，人才培养工作的全面、全程合作关系在“双园融合”中不断得到完善、发展。

（三）拓展合作的空间与范围

湖北工职通过“筑巢引凤”将企业厂房、车间搬进校园，丰富了校企合作的方式。要真正实现与入园企业展开深层次的合作，学院可将学生课堂搬进企业，在校园中开设企业办的专门培训中心，在企业中建设学校办的工厂和车间，实现校企一体化；充分发挥校园和校内产业园集生产、实训、技术研发、员工培训和职业技能鉴定等功能，拓展“双园”相互融合的空间。另外，在加强学院与校内产业园战略合作，巩固现有实训基地的同时，学院还应拓展新的合作伙伴，积极主动与校外工业园加强联系，建立、强化合作关系，为学生实习就业提供更广阔的空间。

案例五　西安航空职业技术学院
——实践"工学四合"，深化产校融合①

背景：

西安航空职业技术学院办学历史悠久，建校半个多世纪以来，依托得天独厚的区位优势，突出航空特色，打破常规，建立起"工学四合"的产校融合人才培养模式，同时利用国家航空高技术产业基地的优势展开校企深度合作，乘势而上，短时间内实现了跨越式发展，成为国内职业院校发展的典范。

一、学校概况

西安航空职业技术学院（以下简称"西航职院"）始建于1958年，前身为第三机械工业部——阎良第一航空工业工人技术学校，是国家"一五"期间156项重点工程项目西安飞机制造厂的配套建设项目之一，创校之初就肩负服务航空事业的使命。学院于2001年被陕西省人民政府批准成为独立设置的高等职业技术学院，2007年被教育部、财政部确定为"国家示范性高等职业院校建设计划"项目单位，是国家重点建设的百所示范性高等职业院校之一，为我国航空工业培养了数以万计的技术工人和高技能型人才。

目前，西航职院位于陕西西安阎良国家航空高技术产业基地的核心区，占地面积680亩，拥有全日制普通高职在校生11000余人，设有航空制造工程学院、航空材料工程学院等8个二级教学单位，开设大学专科层次专业49个，涵盖了航空设备维修、机械装备制造、电子信息技术、航空服务等职业门类。学院现有航空、机械等实验实训室77个，校内实训基地19个，其中有3个国家级实训基地、7个省级重点实训基地，依托航空产业的校外实训基地209个。此外，学院建有集航空人才培养和航空博览于一体的航空科技馆、与国家航空高技术产业基地联办的"国家航空产业基地培训学院"等。

二、"工学四合"，开创特色办学之路

为培养符合航空工业发展的高技能人才，西航职院在总结历史经验和发挥地区优势的基础上，提出"教育与产业结合、学校与企业结合、教学与生产结合、学习与就业结合"的"工学四合"人才培养模式。"工学四合"是一个相互联系、密不可分的整体，每一个结合在不同的层面具有不同的功能。其中，"教育与产业结合"是战略前提，"学校与企业结合"是关键，"教学与生产结合"是核心，"学习与就业结合"是根本。"工学四合"作为一种系统的创新型人才培养模式，促使学院与航空产业紧密相联、与航空企业深度融合、与航空生产和服务无缝对接。如图2-9所示。"工学四合"的成功实践经验使院校在人才培养和学生就业工作上取得显著成果，受到了社会的广泛关注和较高评价。

①本文根据西安航空职业技术学院官网信息及相关研究成果等资料编撰而成。

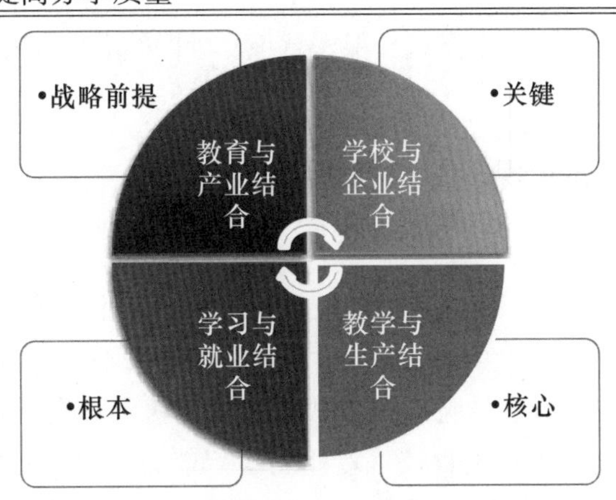

图 2－9　“工学四合”人才培养模式

（一）紧扣产业需求，实现教育与产业结合

依托国家航空基地，西航职院根据航空高技术产业的新发展，明确人才需求，深化人才培养模式改革，加强自身办学实力与综合服务能力，主动服务于国家航空高技术产业基地发展的良好态势，成为国家航空基地开发建设的有机组成部分。

1. 办学定位与航空产业战略融合

西航职院与国家航空产业相伴而生，与国家航空事业如影随形，办学定位与航空产业战略深度融合。为实现教育与产业相结合的目的，学院选择跟进基地的战略，凭借航空基地所聚集的资源，培养大批优秀的航空技能型人才，推动航空产业转型升级，带动陕西及周边地区经济结构调整与产业发展。学院与基地管委会签订了合作协议，共同建设“国家航空产业基地培训学校”、“西安阎良航空科技馆”，共同发起举办了首届国际航空职业教育论坛，紧紧跟随基地的开发与建设。在明确办学定位的前提下，学院逐步深入到中航工业、民航运输业、通用航空产业，加入中国航空学会、陕西航空学会、陕西航空产业协会等 40 多个行业组织，与航空产业的发展战略保持高度契合，实现办学定位与航空产业的战略性融合。

2. 专业设置与航空产业紧密融合

西航职院紧随航空产业发展，对接航空产业链，不断优化专业设置，适应航空生产技术及岗位需求，形成了以航空制造、航空维修、航空管理与服务为核心的航空特色专业。另外，学院还开设了机电、电子信息、航空电子设备维修、空中乘务、机场特种车辆维护等 49 个专业，初步形成以航空专业为主、以普通机电类专业为支撑、兼顾汽车类和经管类的专业体系，促使学院的专业设置直接服务航空产业发展。学院已建设 7 个国家示范建设专业、1 个央财支持提升专业服务产业能力的专业和 14 个省级重点专业，突出学院专业特色，扩大学院服务航空产业的辐射面。

3. 文化建设与航空产业深入融合

西航职院树立起“航空报国，追求卓越”的校园文化理念，把航空精神与理念渗透于学院的文化建设中，促进校园文化建设与航空产业的更深层次融合。另外，学院实施了“CIS 战略推进高职高专校园文化建设”的研究与实践项目，从物态、制度、观念三个层面推进学院文化建设，构建具有航空特色的视觉系统、行为系统、理念系统，把航空产业文化与高职教育文化有机地融合在一起，形成了富有航空特色的高职文化。同时，学院将职业素质课作为航空类专业的必修课，重在树立学生的责任感、安全意识、保密意识、爱国等职业操守，全面提升学生的综合素质和就业竞争力。

（二）建立合作共赢，实现学院与企业结合

1. 创新校企合作模式

西航职院坚持与企业结合，积极寻找与专业对口的航空企业合作，建立面向市场的新型校企合作关系，实现学院与企业的良性互动，提升学院人才培养水平，创新人才培养模式。针对不同专业的人才培养标准，学院实行多样化合作方式，如航空机电设备维修专业“前厂后校、工学交替”的人才培养模式，电子信息工程技术专业创建“能力引导、三方融合、三位一体”的人才培养模式，软件技术专业采用“厂校合作、工学交替”的人才培养模式，电气自动化技术专业实行“校企联动、模块构建、三段强化”的人才培养模式，航空服务专业引用“任务导向、学做合一”的人才培养模式。另外，国家陶瓷基复合材料工程中心为学生提供“轮岗实习”的锻炼机会，西飞集团为学院提供“跟岗见习”的学习机会，西安威盛航空电子公司与学院研发合作等。通过创新人才培养模式，学院满足了不同专业学生对工学结合的需求。

2. 扩宽校企合作途径

西航职院充分利用区位优势，强化与航空基地的联系，推动高职教育与航空基地的深入合作，实现工学结合的目标。学院充分利用阎良 190 多家航空事业单位形成的产业体系，先后与西安飞机工业集团公司、贵州航空工业集团公司、西安航空发动机（集团）有限公司和中国航空工业第二集团等多家军工航修企业保持稳定、紧密的合作关系，进一步训练学生民用航空器件维修的基本技能和实践操作能力。学院充分利用自身和企业的两种育人环境，提升学生综合素质、专业知识、职业能力和就业竞争力，在师资、技术、装备、办学条件等方面与企业紧密结合，提高人才培养质量。

（三）注重技能实训，实现教学与生产结合

1. 建立一体化教学模式

按照高职院校“做中学、做中教”的要求，西航职院以典型工作任务为载体，设计教学情境，将课堂理论知识转入校内外实训基地的传授，将讲解授课方法与现场操作相结合，实现“教、学、做”的一体化教学。在一体化的教学模式中，学院实现“学习内容与工作内容相融合、学习环境与工作车间相融合、专任教师与兼职教师相融合、学生身份与职业身份相融合”的目的，推动教学内容与教学方式的改革，促使学生在实践中学到专业知识，提高学生实践操作技能，培养学生解决问题的能力。

2. 完善校内外实训基地

实践教学基地建设和实践教学环节直接影响学生专业技术和实践技能的培养，西航职院为此把教学和生产结合贯穿于教学全过程，不断推动教学与生产的深度结合，加强校内外实训基地建设，完善教学资源建设。例如，学院与陕西金宇航空科技有限公司合作设立了校外实训基地，与新加坡明康宇培养中心建设了“飞机维修培训中心”，与上海中锐集团共建了“汽车维修实训基地”，与中国人民解放军 5702 厂建立“飞机发动机实训基地”等，不仅满足了专业人才培养需求，也进一步提升了学生的基本技能和实践操作能力。

（四）寻找就业指导，实现学习与就业结合

“工学四合”已形成互联制约、相互作用的闭环，学习与就业结合既是起点又是终点，毕业生的个人成长推动学院的教育和学习调整；反之亦然。西航职院利用紧邻航空企业的地理优势，建立毕业生就业状况监测系统，全面收集学生信息，在综合分析在校生学习和毕业生就业现状的基础上制订人才培养方案，使学生的学习与未来的就业紧密结合。因此，课程内容以实际应用能力为主，以培养学生就业能力为核心，加强与西飞公司、西安空工西航机械厂等企业合作，依据职业岗位能力要求构建课程体系与实践环节，使学生的职业能力不断提高，实现学生学习与就业相结合。

三、体会与思考

工学结合培养模式作为新形势下高职教育改革的重要方向，既是社会经济发展对教育提出的客观要求，也是职业院校生存、发展和彰显特色的内在需要。西航职院凭借其特色的“工学四合”人才培养模式，以及对“校企合作”办学理念的践行，在职业教育领域取得了不俗成绩，其经验值得借鉴、学习。

（一）不断创新人才培养模式

西航职院在发展中，明确办学定位，理清建设思路，总结提炼出独具特色的“工学四合”人才培养模式，并与当地产业深度融合，培养出当地企业需要的技能型人才。“工学四合”的人才培养模式主要以培养学生的职业素质、技术应用能力和就业竞争力为主线，通过学院和企业的双向介入，将学生在校的理论学习、基本训练与在企业的实际工作经历有机结合起来，为社会培养“下得去、用得上、留得住”的人才。在这种模式指导下，学院进一步凝练航空特色，以航空维修与制造专业为龙头，紧密结合航空制造、维修、民用航空行业的国家规划，特别是航空基地的发展规划和人才要求，使毕业生成为当地就业市场的“香饽饽”。

（二）不断践行校企合作理念

西航职院在总结自身建设经验的基础上，以提高质量为核心，以“四个合作”为主线，把校企合作切实落实到办学、育人、就业和发展上，深化教育教学改革。学院提出校企合作应当“行之于合、见之于作、统之于一”的校企合作新理念，使得推进体制机制创新与深化教育教学改革同步进行。在人才培养方案的修订过程中，院校尊重企业方面的建议，使其不再是简单的象征性参与，而是共同开发，充分发挥企业的作用，把校企合作推进到深度合作的新阶段。西航职院在践行“校企合作”理念的过程中，收到了很好的成效：一方面，学院坚持“诚信互利、合作共赢”的原则，采用“走出去，请进来”的手段，与企业广泛接触，加强校企之间的沟通了解，拓宽合作范围，创新体制机制；另一方面，校企合作在原来重在联合办学（订单班、培训班）、学生实习就业、教师实践等方面的基础上，直指人才培养全过程和教学领域改革的许多环节。

（三）不断强化院校建设特色

地方性高职院校在办学中不仅要突出其地方特色，还要考虑院校自身的特色，如果都按照一个模式发展，就难以形成核心竞争力。西航职院作为一所以航空服务技术教学和实训为特色的老牌高职院校，与众多的航修企业同为“一殿之臣”，有很多共同语言。学院立足当地航空服务产业，充分利用其地处国家航空高技术产业基地的区位优势，提升学院的办法思维和教学方法，不断拓展、深化“校企合作”的广度、深度，办学水平和教学质量得以不断提升。

案例六 芜湖职业技术学院

——创新政校行企合作育人机制[①]

背景：

创新人才培育机制，推进人才培养模式改革，不断提升人才培养质量和服务地方经济发展能力，是职业院校亟须解决的难题。芜湖职业技术学院根据地方产业结构特征，抢抓产业转型升级机遇，锐意改革，将院校、政府、行业与企业有效对接并融为一体，逐步形成"点、线、面、体"一体化人才培养新机制，输出大批高素质技能型人才，为区域经济发展贡献了积极的力量。

一、学校概况

芜湖职业技术学院（以下简称"芜湖职院"）创建于1983年，其前身是芜湖联合大学，1997年5月经原国家教委批准更改为现名。2000年8月，芜湖农业学校并入芜湖职院；2012年5月，与芜湖信息技术职业学院合并。目前，芜湖职院占地1200余亩，建筑面积44万平方米，设有15个二级学院和3个教学部、1个附属中等职业学校以及安徽省芜湖仪器仪表研究所。现有招生专业74个，全日制在校生20000余人，成人本科、专科学历教育学生5000余人；拥有一支高素质的专业化教师队伍，教师中具有高级职称的比例超过30%，具有双师素质的比例超过80%。

自成立以来，芜湖职院始终坚持"面向市场办学，政校行企合作育人，服务地方经济"的办学理念，不断提升人才培养质量和服务地方经济发展能力，创新并推广了以"教学合作、管理参与、文化融入、就业订单"为主要内涵的校企合作人才培养模式，得到了社会的高度认可。芜湖职院是全国首批、安徽首所国家示范性高等职业院校和国家高职高专人才培养工作水平评估优秀院校，安徽省首家单独招生改革试点院校，安徽省"四年一贯制"技术技能型本科人才培养模式改革试点院校，先后荣获"第四届黄炎培职业教育奖优秀学校奖"、"全国首批节约型公共机构示范单位"、"安徽省普通高校思想政治教育评估优秀单位"、"安徽省三下乡先进集体"、"安徽省就业再就业培训先进单位"等殊荣。面对职业教育发展新机遇，芜湖职院继续深化教育教学改革，增强核心竞争力，建设具有鲜明特色，国内一流、国际知名的高水平学校。

二、服务地方经济，政校行企合作育人

芜湖职院立足地方经济建设和发展，以校企合作为平台，推进教育教学改革，创新人才培养模式，逐渐形成了"点、线、面、体"一体化人才培养新机制，为地方产业的转型发展输送了大量的高素质技能型人才。如图2-10所示。

①本文根据芜湖职业技术学院官网信息及相关研究成果等资料编撰而成。

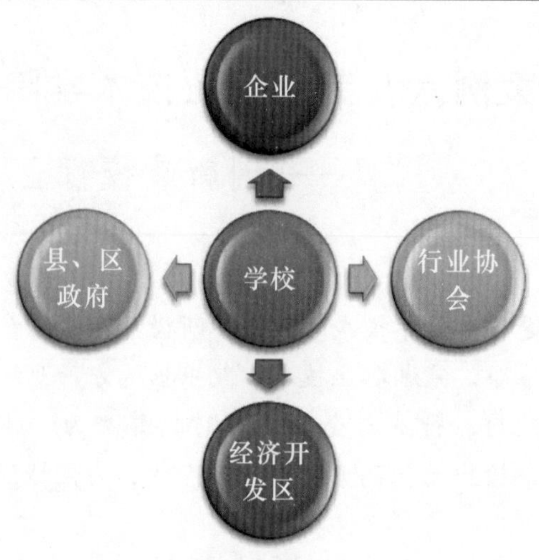

图2－10 芜湖职院“点、线、面、体”一体人才培养新机制

（一）点对点：探索校企合作育人机制

所谓“点对点”合作，是指学校与企业的合作，探索“校企一体化”人才培养新机制。芜湖职院坚持按照“地方性、市场化、技能型、开放式”办学思路，主动融入芜湖经济技术开发区等全市各大开发区和经济园区，与众多企业开展校企深度合作，围绕地方支柱产业开办各类冠名班；同时在以“教学合作、管理参与、文化融入、就业订单”为主要内涵的“融入式”校企合作模式基础上组建“双主体”学院，实现合作办学、合作育人、合作就业、合作发展的办学目标。

1. 围绕地方支柱产业，校企合办冠名班

近年来，芜湖职院充分利用皖江城市带承接产业转移示范区和合芜蚌自主创新综合试验区建设的有利机遇，主动适应芜湖经济跨越式发展、承接产业转移和国家大力发展高职教育的需要，围绕芜湖支柱产业、战略新兴产业、现代服务业，与企业合作开办冠名班，不仅为地方经济建设与社会发展培养了大批高素质技能型人才，也积极发挥了高校服务地方经济社会的功能。

表2－1 校企合办冠名班

产业	合作企业	冠名班
汽车及零部件、家用电器、材料等支柱产业	奇瑞汽车股份有限公司	奇瑞班
	美的集团芜湖制冷设备有限公司	美的班
	安徽精诚铜业股份有限公司	精诚铜业班
	芜湖逸书塑胶有限公司	逸书塑胶班
电子信息、装备制造、节能环保、生物医药四大战略性新兴产业	鑫龙电器股份有限公司	鑫龙班
	芜湖恒升重型机床公司	恒生班
	上海金纬机械制造有限公司	金纬班
	正大集团农牧食品企业	正大班
芜湖金融、现代物流、文化创意、服务外包和专业化大市场等现代服务业	中国人寿芜湖分公司	人寿班
	芜湖港储股份有限公司	港口班
	芜湖华强文化科技产业有限公司	华强动漫班

2. 校企深度合作，组建“校企一体化”学院

在组建“订单班”、“冠名班”基础上，芜湖职院加强校企深度合作，与以奇瑞为代表的大型知名企业开展合作，在校内成立“美的学院”、“大浦学院”、“线缆学院”等“校企一体化”学院。企业学院实施双主体领导与管理，学生、企业、学校签订三方协议，实行招工与招生一体化；校企双方根据产业需求、职业标准、生产过程和岗位资格要求共同制订人才培养方案，共同设计教学情境，共享校企设备资源和人力资源，联合培养适合企业发展需要的技术技能人才。

（二）点对线：推动技术技能积累创新

所谓“点对线”合作，就是学校与行业之间的合作，推动行业企业技术技能积累与创新。近年来，学院主动与芜湖市建筑协会、电线电缆行业协会和市文委等行业主管部门建立合作关系，签署战略合作框架协议，推动学院与行业企业共建技术工艺和产品开发中心、实验实训平台、技能大师工作室等，努力成为技术技能积累与创新的重要载体。每年上述行业协会发布行业人才需求，牵头组织相关企业与学院开展各方面合作，建立合作企业群，参与指导教育教学、开展质量评价等。

芜湖职院曾为奇瑞汽车完成S60发动机热支架设计、制作项目，牵头成立芜湖市维修电工技师协会，面向社会开展维修电工高级工、技师培训和鉴定工作；还与企业合作成立基于信息类企业真实项目与产品研发制作的“微电子与软件创新中心”，完成芜湖市科委的芜湖市大型科学仪器共享服务平台、中国联通（芜湖）公司3G服务平台、芜湖市林业局林业系统、杭州金东和金西火车调度系统等项目的开发；另外在芜湖市文委牵头下，芜湖职院与芜湖市铁画协会共同成立“铁画研究院”，引进众多铁画企业，设立“非遗大师工作室”，制定芜湖铁画工艺标准，传承技艺，实现技能积累与创新。

（三）点对面：深化实践教学改革创新

所谓“点对面”合作，是指学校与各经济开发区的深度合作，实现资源共享，推进产教融合。芜湖职院主动融入芜湖国家级经济开发区、国家级高新技术开发区、江北产业集中区建设，签署资源共享合作协议，为学生顶岗实习和教师企业实践提供广阔的企业资源，还为学院了解开发区用人需求、与所在企业进行深度合作等提供有力的保障，实现与开发区（园区）同步建设、互动发展。

学院与开发区管委会协商，出台政策，共同着力解决顶岗实习有效管理及实习保障问题。在顶岗实习的过程中，规定同工同酬、拓展顶岗内涵，购买实习保险，保障实习学生基本权益、人身安全；在顶岗实习单位建立学生临时党支部，发挥共产党员的先锋模范作用，着力提高学生的职业道德、职业技能和就业创业能力。

（四）点对体：拓宽延伸功能服务领域

所谓“点对体”合作，就是学校与地方政府的合作，主要指与各县区政府的深度合作。芜湖市辖四区四县，学校分别与四区四县进行了深度合作。合作的内容主要包括为地方培养产业发展所需要的专业人才，加强农村劳动力转移培训等，助推新型城镇化建设，服务地方经济社会建设。

一方面，芜湖职院与芜湖市所属县（区）人民政府签署《县（区）校全面战略合作框架协议》，在资源共享、产学研合作、技能培训、人才交流与培养、毕业生创业和就业等方面深度合作：学院与弋江区人民政府签署合作共建大学生创业孵化基地框架协议，弋江区将位于国家级开发区内的大学生创新创业孵化园二楼整层1200平方米的办公场地提供给学院创业学生使用。符合条件的大学生创新创业人才及团队享受扶持补助。同时，设立200万元的大学生创业贷款担保基金，为入驻大学生创业实体提供贷款担保。

另一方面，芜湖职院积极为新农村建设和地方经济建设服务，参加市农科教讲师团和科普讲师团、芜湖市阳光工程、芜湖市民生工程活动，积极参加地方绿化调查、禽流感防治、食品安全宣传等多项活动；学院还充分发挥语言专业优势，支教芜湖市各小学的英语教育，节假日志愿服务芜湖方特欢乐世界和方特梦幻王国。

总体而言，紧贴行业企业需求，芜湖职院通过实践“点、线、面、体”人才培养机制，将政校行企互惠共赢的合作办学理念渗透到人才培养的各个方面，并且将具体行动渗透到教育教学运行与管理的各个环节，满足了学生发展、行业企业用人和地方经济社会发展多样化的需求，有效实现了职业教育与经济社会同步规划、与产业建设同步实施、与技术进步同步升级，取得了良好的成效。

三、体会与思考

习近平总书记曾说过：“迎接挑战，最根本的是改革创新。”芜湖职院办学历史悠久，通过与当地经济结构和产业转型的紧密结合，并不断地探索创新，开启职教政校行企合作育人新模式，形成知识领域、行政领域和产业领域的多力合一和有效同步，从而取得不俗的成绩。

（一）创新校企合作模式，实现合作办学共赢

芜湖职院根据企业对高技能人才的储备战略规划，很早就开展与以奇瑞为代表的大型知名企业的校企合作。通过“融入式”校企合作人才培养模式，学校将教学过程延伸到企业，让学生贴近生产一线，实现从学校到社会、从理论到实践、从模拟岗位到实际岗位的无缝对接，成功塑造了大量的职场精英。而且，芜湖职院在组建“订单班”、“冠名班”的基础上，升级为如“美的学院”、“大浦学院”、“线缆学院”等“校企一体化”学院的合作形式。芜湖职院还与地方行业协会展开深层次合作，通过签署战略合作框架协议，推动学院与行业企业共建技术工艺和产品开发中心、实验实训平台、技能大师工作室等，努力成为技术技能积累与创新的先锋力量。这种校企合作和良性互动，既带动了地方经济的发展，又为芜湖职院建立了良好的声誉。

（二）政校行企合作育人，创新人才培养模式

长期以来，职业教育都被看作高等教育的补充，其人才培养、教学等模式都参照高等教育，导致培养的学生既没有良好的知识储备，又无法满足企业的用工需求。芜湖职院根据芜湖当地经济转型产业升级对高素质技术技能人才的需求，坚持“面向市场办学，联合企业办学，服务地方经济”的指导思想，坚持“地方性、市场化、技能型、开放式”办学思路，开启政校行企合作育人，构建“点、线、面、体”多维度、网络化、立体化的四方合作平台，创新人才培养模式。

芜湖职院通过与区域内的知名企业合作，组建“双主体”学院，校企合作共同育人；通过

与区域内的特色行业合作，共建实验实训、技术研发基地，指导专业建设；与区域内的经济开发区合作，积极寻求政策支持，推进产教深度融合；与区域内的县、区政府合作，全面拓宽拓深服务领域。芜湖职院这种立足地方、依托地方、服务地方的合作育人机制，实现职业教育与地方经济社会发展的无缝对接和同步发展，培养出具有适应性的技术技能人才，充分发挥了芜湖职院的职业教育服务功能。

第三章　培养专精人才　助推行业发展

为区域经济社会发展服务，是职业教育的地方性、行业性、开放性办学特点所致。因此，职业院校的办学要立足于地方产业发展需求，才能打破人才供需错位的尴尬局面，培养出与行业需求高度契合的技术技能型人才，促进区域经济发展。

案例一　武汉船舶职业技术学院

——依托行业办学，培育船舶专才①

背景：

武汉船舶职业技术学院始终坚持走内涵式发展道路，不断推进人才培养模式改革，着力打造船舶类高职教育品牌。近年来，学院坚持以“立足船舶、服务军工、面向社会”为办学定位，在依托行业、服务社会、工学结合等方面进行一系列探索，逐渐形成“以船为伴、与船同行、兴船强校”的行业性高等职业院校办学模式。

一、学校概况

武汉船舶职业技术学院（以下简称“武汉船院”）创建于1950年，是一所由中央与地方共建、湖北省人民政府管理的全日制普通高等学校。学院拥有一支素质较高、结构合理的双师型教师队伍，现有专任教师548人，其中副高及以上职称教师196人。学院设有机械工程学院、动力工程学院、船舶与海洋工程学院、电气与电子工程学院、经济与管理学院、公共课部和工业中心、职业技能鉴定中心、高等职业教育研究所、继续教育学院、国际文化交流学院，开设35个高职专业。

武汉船院坚持“以服务为宗旨，以就业为导向”，走产学研结合的发展道路，逐渐探索形成了依托行业、校企合作的办学模式。半个多世纪以来，武汉船院为国家工业化和国防现代化以及地方经济建设培养输送各级各类人才6万余名，其中许多人已成为相关领域的技术专家与管理骨干，取得显著的成绩，受到了社会广泛好评。武汉船院先后被评为全国职业教育先进单位、高职高专人才培养工作水平评估优秀院校、国家国防科技工业高等职业教育实训基地等。

二、“以船为伴、与船同行、兴船强校”的特色办学模式

近年来，武汉船院坚持“突出船舶特色，彰显军工文化”的理念，充分发挥地域和资源优

①本文根据武汉船舶职业技术学院官网信息及相关研究成果等资料编撰而成。

势，逐渐形成“以船为伴、与船同行、兴船强校”的特色办学模式，在专业体系建设、人才培养模式创新、社会服务功能彰显等多个方面取得了一系列成果，较大地拓展了社会服务能力，增强学院的综合办学实力，为船舶工业和湖北制造业的发展提供了高素质的技能型人才及技术服务。

（一）以船为伴，建设“三海一工”的特色专业体系

依托湖北武汉作为装备制造业基地的地域优势，以及自身深厚的船舶行业背景优势，武汉船院坚持“以船为伴”的发展思路，深入开展专业调研，跟踪船舶工业高技能人才的需求变化，主动适应船舶行业企业和湖北区域经济发展的需要，形成以“三海一工”（海防安全、河海运输、海洋开发、新型工业化）为核心的特色专业群。“三海一工”特色专业群建设分别对应国家战略支柱产业（舰船建造）、战略基础产业（水上运输）、重大装备制造业（海洋开发装备制造）、战略性新兴产业（信息化装备制造）等，进而满足这些产业对高端技能型人才的强劲需求（见表3－1）。其中，海防安全类专业为武汉船院军工特有专业，新型工业化类专业包括为船舶特种件结构服务的现代制造类专业、海洋装备制造等有关的国家战略性新兴产业。

表3－1　“三海一工”特色专业群①

产业	对应专业群	包含专业
船舶建造业	海防安全类	船舶工程技术（船舶建造与船舶舾装方向）、船舶焊接技术、轮机工程技术（船舶内燃机与舰船动力装置方向）、船舶电气设备等
水上运输业	海洋运输类	轮机工程技术（船舶内燃机安装与调试）、船舶电气维修与维护等
海洋装备制造业	海洋开发类	船舶与海洋结构物焊接、钢结构技术等
信息化装备制造	新型工业化类	为船舶特种件结构服务的现代制造类专业、海洋装备制造等相关专业

（二）与船同行，构建“融学于做”的人才培养模式

1．“三层四方”办学，构建开放性办学模式

武汉船院坚持开放办学，走产学研结合的发展道路。利用行业资源优势，武汉船院加强校企合作，与行业企业共同分析岗位能力与职业素质、共同设计人才培养目标、共同构建基于工作过程的课程体系、共同研究教学组织、共同评价人才培养质量，形成符合高技能人才成长规律的、具有专业特色的工学结合人才培养模式。为进一步加强“与船同行”的办学体制与机制创新，武汉船院通过“政府、行业、企业、学校”四方互动合作，从宏观、中观、微观三个层面构建“三层四方”多元化开放性的办学模式（见图3－1）。其中，微观层面是学校与企业单个法人实体“一对一”合作办学方式，校企双方就共同关心的问题展开合作；中观层面反映行业性协会等新型社会组织以企业联合体形式参与高职院校办学，是校企合作办学的复合层面；宏观层面反映国家战略要求，体现政府的产业政策、行业主管部门的指导、教育主管部门的领导。

①熊仕涛：《以船为伴　与船同行　兴船强校——行业性高等职业院校办学模式改革的实践创新》，《武汉船舶职业技术学院学报》2012年第2期，第6页。

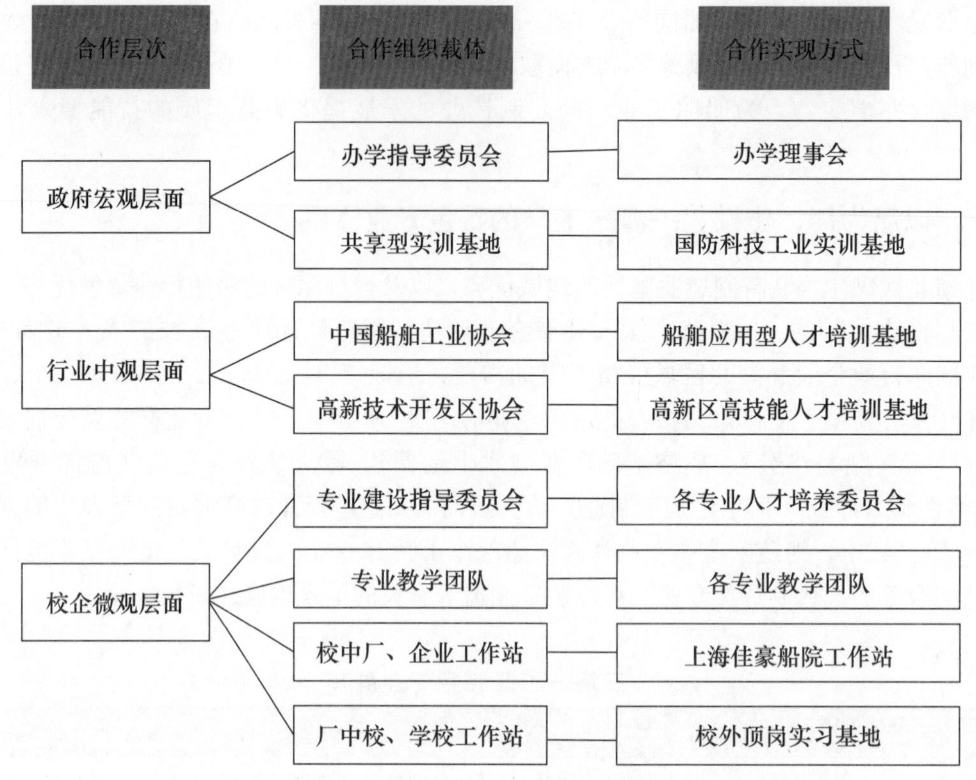

图3-1 “与船同行”的“三层四方”办学模式框架①

2. 多样化订单培养，共育高技能人才

武汉船院采取多样化订单模式与企业合作，与单个企业采取“一对一”合作，与三大造船基地企业采取“一对多”合作，与全国高新技术开发区协会采取“多对多”合作，逐步形成“1+1”、“1+N”、“N+N”等多样化的订单培养模式。

“1+1”单数订单是订单式培养的基础。近年来，武汉船院与NEC、TCL、中海集团、华工激光、华为、富士康等知名企业签订工学合作协议，先后设立“中海国际海员”班，“华工激光”班、“欧姆电子”班等订单培养特色班，推动学校教育与生产实际的紧密结合。

“1+N”复数订单是单数订单的延伸，适应了国家与地方产业集聚的发展态势。如武汉船院与中国船舶工业集团公司、中国船舶重工集团公司等企业集团签订一系列行业性集团订单；武汉船院与广州龙穴造船基地、上海长兴造船基地、青岛北海造船基地签订一系列区域性订单。

“N+N”复数订单是“1+N”订单的扩展，适应了全国行业组织对行业专门人才的集中需求。如武汉船院利用全国船舶类应用型人才培养基地、全国高新技术开发区协会高技能人才培训基地的组织平台，加大与船舶行业企业、高新技术开发区企业的联系，大幅度扩大校企合作的范围。

3. 多功能实训基地，共享综合性服务

按“贴近实际、技术先进、开放共享、注重效益”的原则，武汉船院整合校内实训教学资

①熊仕涛：《以船为伴 与船同行 兴船强校——行业性高等职业院校办学模式改革的实践创新》，《武汉船舶职业技术学院学报》2012年第2期，第6页。

源，改（扩）建、新建校内实验实训室，形成对接湖北省三大职教品牌的多功能基地，为共同合作企业开展人才培养、共性技术推广、专项技术开发、新产品试制、行业技能培训与鉴定，拓宽合作领域。例如，武汉船院按照“强化技能、突出应用、拓宽口径、注重实践”的思路，以“准确定位，突出特色，建设与企业零距离对接的校内实训基地”的思想为指导，建立具有教学、培训、鉴定、服务、生产功能的机械基础训练中心、电子基础训练中心、舰船中心、现代制造中心、数控技术训练中心、商务中心、计算机中心、汽车工程训练中心 8 大实训教学训练中心，共 70 多个实验（训）室。

另外，根据“共建、共管、共享”的建设理念，武汉船院还积极加强校外实训基地建设，搭建实训平台，先后与武昌造船厂、461 厂、471 厂、中海国际、宜昌船舶柴油机厂、沪东中华造船集团、青山船厂、广州黄埔造船厂、文冲造船厂等企业合作建立校外实训基地。

（三）兴船强校，彰显“军工特质”的社会服务功能

1. 发挥特色专业资源优势，提升服务社会能力

武汉船院以轮机工程技术、船舶工程技术、电气自动化技术（船舶方向）三个品牌专业及专业群的教育教学资源为载体，在职业培训与鉴定、技术咨询服务、省属职业院校对口支援与交流、行业企业在职职工继续教育等方面，形成有利于增强职教品牌社会服务能力的体制机制。

首先，武汉船院充分发挥重点专业群的辐射带动作用，以“四个基地”（船舶类高技能人才培养基地、国防科技工业职业教育实训基地、湖北省国防科普教育基地、湖北省船舶建造与现代制造共性技术推广服务基地）为重点，增强服务造船工业与湖北经济社会发展的能力；其次，武汉船院按照“以共建求发展，以共享促和谐”的思路，积极开展对经济落后地区薄弱院校的对口支援工作和湖北区域职教师资培训；最后，武汉船院发挥学院智力与技术资源优势，面向社会开展职业技术培训、鉴定、职业资格考试服务，不断扩大社会服务规模，提高社会服务成效，进一步拓展办学功能。

2. 开展多项社会服务活动，强化社会责任意识

武汉船院始终秉承“奉献、友爱、互助、进步”的志愿者精神，不断开展社区服务和志愿服务活动。在社区服务方面，武汉船院加强与汉阳区团委合作力度，共建渠道，深入开展“三下乡”、“四进社区”等服务活动；在志愿者服务方面，武汉船院深化“结对＋接力”的志愿服务工作模式，抓好龟山风景区、长航敬老院、琴台景区等志愿服务基地建设。武汉船院通过开展社区服务和志愿者服务活动，使学生在活动中受教育、长才干、增见识，展现学院学生积极向上的精神风貌和强烈的社会责任感，弘扬志愿者精神，赢得社会各界好评。

3. 承载军工传统文化精神，建设特色校园文化

武汉船院凭借丰厚的军工办学传统和深厚的船舶行业背景，承载着军工文化传统，并将其融入学校的教育、管理、服务以及环境建设中，构建具有“军工特质、时代特征、校本特色”的特色校园文化。一方面，武汉船院投入大量的人力物力，以中国近代军事工业发展为背景，以国防安全为主题，对校园内的路、桥、湖、园、林等进行命名，并重点建设“抱冰广场”、“运铎广场”、“博海广场”等主题教育广场，使之既具有景观功能，又具有军工传统、军工文化、军工精神的教育功能；另一方面，武汉船院建设船舶博物馆，完善舰船中心教育功能，促进国防军工文化与大学文化的有机融合，把舰船中心建成湖北省国防科普教育基地。

另外，武汉船院与湖北省科协、湖北省国防科工办合作建立湖北省国防科普教育中心，面向

社会、青少年开展以国家海防安全为重点的国防科普教育，并承办湖北省纪念郑和下西洋 600 周年活动，大力宣传军工文化。

三、体会与思考

武汉船院自建校以来，始终坚持“立足船舶、服务军工”的办学特色，逐步打造出船舶类高职教育品牌，为船舶工业和地方经济社会发展做出积极的贡献。武汉船院在多年发展过程中，积累了丰富的办学经验，为其他同类院校的发展提供了借鉴与参考。

（一）建设特色专业体系，服务地方产业发展

为响应海防安全、海河运输、海洋开发、推进新型工业化的国家长期战略，武汉船院形成以航运技术、海洋装备制造、现代制造为支撑，服务“三海一工”产业发展的特色专业体系。以该专业体系为载体，武汉船院积极拓展与地方职业培训与鉴定、技术咨询服务、省属职业院校对口支援与交流、行业企业在职职工继续教育等方面的合作。这样不仅有利于特色专业人才的培养，也能助推地方经济发展，实现学校和地方产业发展的“共赢”。

（二）创新人才培养模式，培育技术技能人才

武汉船院围绕人才培养目标和岗位核心能力，把工学结合作为人才培养模式改革的重要切入点，带动专业调整与建设，引导课程设置、教学内容和教学方法改革。武汉船院积极推行订单培养，探索工学交替、任务驱动、项目导向、顶岗实习等教学模式和多功能的实训基地建设，形成了“与船同行、融学于做”的工学结合人才培养模式。这种人才培养模式，一方面可以丰富专业教学方式，增强学生学习知识和技术的认识能力；另一方面可以产生较好的品牌效应，使学生就业率和就业质量都得到显著提高。

（三）加强校园文化建设，提升学院软实力

武汉船院以校风、学风、师风建设为核心，以“产业文化进教育，工业文化进校园，企业文化进课堂”为特征，形成具有“军工特质、时代特征、校本特色”的特色校园文化。这种既充满生机活力，又有深厚底蕴和鲜明特色的校园文化体系；不仅能给学生营造丰富多彩、健康向上的和谐校园环境，也能塑造学院整体形象，提升学院的办学软实力。

案例二　浙江金融职业学院

——铸就浙江金融界的“黄埔学校”①

背景：

浙江金融职业学院秉承“就业立校、服务强校、合作兴校”的办学理念，经过多年的摸索，创建了“行业、校友、集团共生态”的办学模式，为地方经济建设、职业教育进步做出了积极的贡献，被誉为浙江金融界的“黄埔军校”、“行长摇篮”。

一、学校概况

浙江金融职业学院始建于1975年，其前身为直属于中国人民银行总行的国家级重点中专——浙江银行学校，2002年升为高职学院。学院位于杭州下沙大学城，占地面积518亩，建筑面积23.4万平方米，在校师生9500余人，设有金融系、投资与保险系、会计系、国际商务等7个教学系部，以及金融管理与实务、保险实务、会计、国际贸易实务等23个专业群。2006年10月，被教育部、财政部确定为全国首批“国家示范性高职院校”建设立项单位，2009年以优异成绩通过验收。

办学40年来，浙江金融职业学院坚持“政府主导、行业指导、企业参与、学校主体”的办学新体制，紧紧抓住浙江省金融产业发展的有利时机，积极创新办学理念和发展思路，在人才培养方面取得了显著成效。目前，浙江金融职业学院累计为浙江省乃至全国的金融机构输送了近5万名优秀的经济金融人才，有近百名校友成为省级分行及以上领导，其中支行副行长以上干部5000余人，形成了良好的社会品牌，被誉为浙江省金融界的“黄埔军校”、“行长摇篮”。

二、产教融合，打造金牌蓝领

人才培养模式不仅要符合科学，更应该以服务经济和社会发展为目标。浙江金融职业学院自成立以来，一直秉承“教育服务经济”的办学宗旨，经过多年的探索，逐渐形成了一套独具特色的人才培养模式。

（一）创新理念，开放发展

1. 就业立校，合作兴校

自建院以来，浙江金融职业学院以服务浙江经济建设、促进金融行业发展为己任，按照“立足大金融，面向大市场”的办学思路，积极构建“行业、校友、集团共生态”的办学模式。同时，学院坚持“就业立校、服务强校、合作兴校”的办学方针，大力弘扬“尚德、精业、爱生”的教风和“诚信、明理、笃行”的学风，践行“关爱学生进步、关注学生困难、关心学生就业”的学生教育服务体系。此外，学院致力于营造和谐的办院模式，努力探索“教学与实践

①本文根据浙江金融职业学院官网信息及相关研究成果等资料编撰而成。

零距离，毕业与上岗零过渡”的人才培养模式，教育教学成果显著。

2. 整合资源，开放办学

浙江金融职业学院发动行业、校友、企业、基金会、职教集团等社会力量参与到办学实践中来，如图3－2所示，以资源凝聚、整合、共享为线索，着力于构建综合、联系、平衡的学院外部发展环境与和谐教育生态。同时，学院还积极借鉴国内外高职院校办学经验，推动学院成为开放式的服务类高素质技能型人才培养基地。

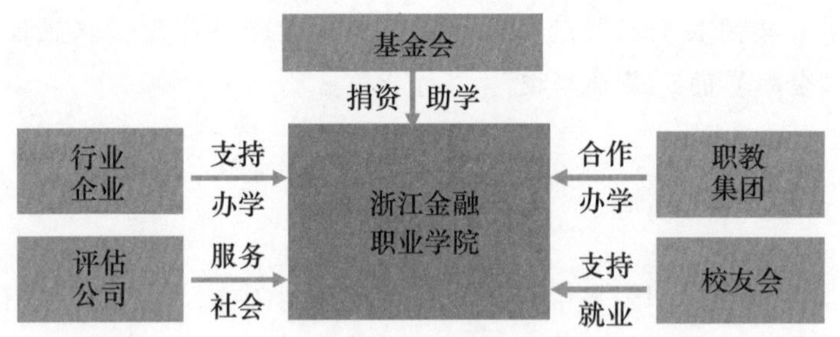

图3－2　浙江金融职业学院教育生态系统

通过建立开放式办学长效机制，实现学院社会服务与辐射能力的持续提升，通过向社会、行业、企业及个人提供资信、技术及教育培训服务，不断强化学院的社会服务功能。此外，学院通过直接支援西部同类院校的建设，引领全国服务类职业院校加快发展，从而实现社会、行业、企业及学校的共同发展。

（二）工学结合，校企结合

1. 依托产业，设置专业

浙江省是现代服务业大省，现代服务业发展态势良好。《浙江省国民经济和社会发展十二五规划纲要》明确指出，把服务业作为新的经济增长点和结构调整的战略重点，着力提升金融保险、旅游、会展等优势服务业，积极发展电子商务、现代物流等新技术、新业态和新服务方式，加快培育信息、科教和公共服务等新兴服务业。

浙江金融职业学院紧紧围绕经济社会发展对高素质技术应用型人才培养提出的要求，特设金融系、保险系、会计系、国际商务系等7个教学系部，开设金融管理与实务、保险实务、会计、国际贸易实务等23个专业，其中保险实务为浙江省重点专业。另外，学院先后与浙江省农村信用社联合社共同组建浙江农村合作金融学院，与浙商银行合作成立培训学院，与浙江省银行业协会共同组建浙江金苑培训中心，与金通证券公司合作建立金通投资学院，与浙江众诚资信评估公司合作组建众诚会计学院。学院紧密围绕产业需求，为用人单位提供人才个性化培养。

2. 校企耦合，互利共赢

浙江金融职业学院依托“行业、校友、集团共生态”的办学模式，深化校企合作关系。首先，学院根据企业岗位的实际需求，采用灵活的实践教学模式，推行与生产劳动和社会实践相结合的学习模式，使工学结合成为人才培养模式改革的重要切入点。其次，不断扩大以商业银行、保险公司为主体的金融业订单培养规模，为企业量身定制人才培养方案，各重点专业以大面积订单培养实现毕业与上岗零过渡，为学生创造有利的就业环境与条件。

浙江金融职业学院通过制定“双师教学、工学合作、订单培养”的校企合作方案，联手将大学生培养成为集“工作能力强、业务水平高、专业知识扎实”的高素质职业人才，既提高学校的办学水平，也满足用人单位的需要，更好地服务地方经济的发展，起到互利共赢的效果，值得借鉴和推广（见图3－3）。

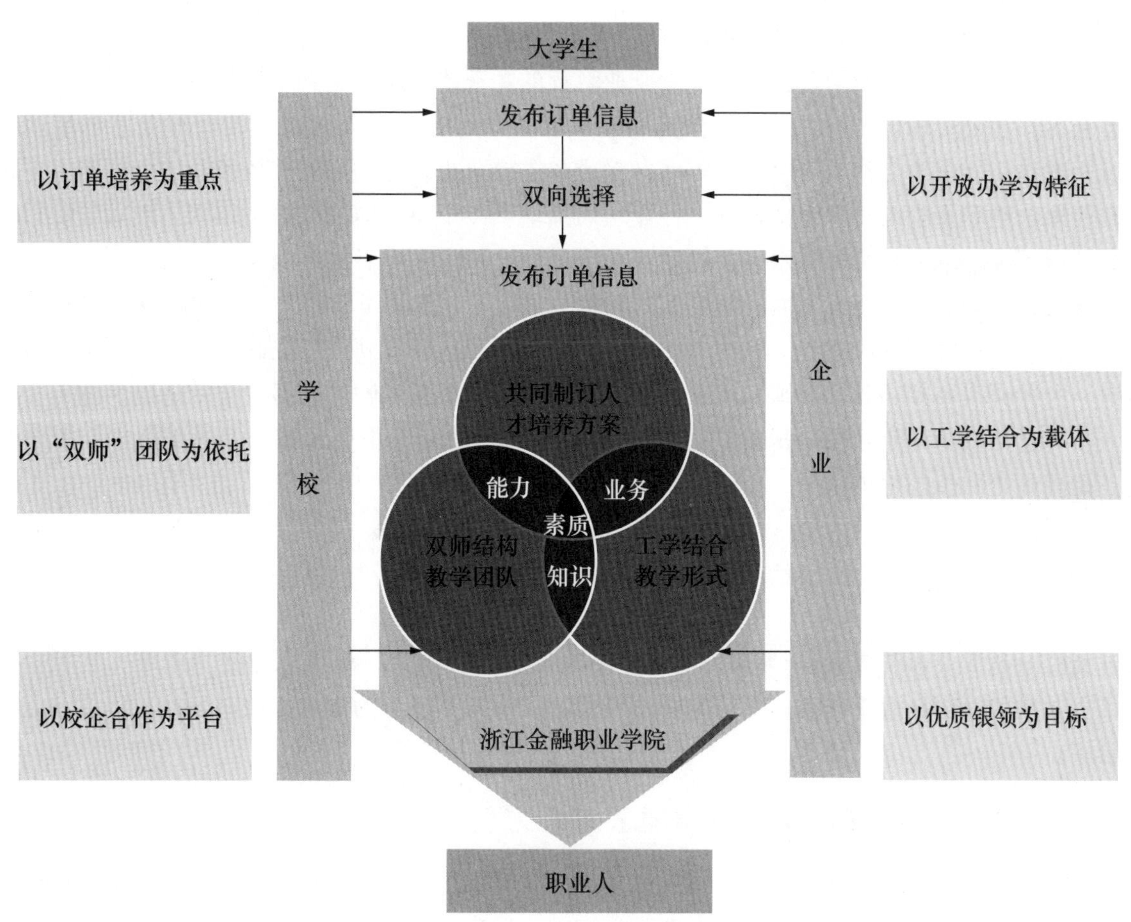

图3－3 浙江金融职业学院校企合作方案

（三）人才培养，注重实用

1. 教学改革，循序渐进

首先，结合人才培养模式改革，推进项目导向的课程教学改革。学院以学生职业素质的养成为主线，以专业教学标准、课程标准开发为切入口，大力推进项目导向的课程教学改革。在课程改革推进中，学院推行一揽子计划，可总结为：一年级金院学子、打好基础，二年级系部学友、强化专业，三年级行业学徒、灵活实施。这种三年教学管理的推进模式，能够有效实现办好专业、强化职业、注重学业、重视就业、鼓励创业、成就事业的“六业贯通”目标。

其次，结合专业教学标准、课程标准开发，积极探索具有现代服务业类高职院校特色的课程体系与项目教学法。学院通过深化工学结合改革，凸显教学过程的实践性、开放性与职业性。同时，学院积极参与金融、国际贸易等相关行业职业资格证书的开发与从业标准制定，重视课程内容与技术领域和职业岗位（群）任职要求的一致，将职业资格标准融入课程内容，并设立 4 个职业技能鉴定机构/工种，促进课证融合，使学生职业证书获取比例超过 95%。此外，学院还打破传统的教材编写模式，建设体现高职教育教学特点的教材体系，使教材内容与组织形式能真正反映岗位工作与社会实践的需要。

2. 师资培训，各扬其长

作为全国金融职业教育委员会主任委员单位与教育部高职高专经济类专业教学指导委员会秘书长单位，浙江金融职业学院已经在金融职业教育的师资建设领域起到示范作用。

首先，在师资培训方面，学院联合其他办学单位共同搭建“金融职业教育师资培训基地”，通过职教集团、东西合作、产学结合等多种途径，主要承担金融类高职院校教师培训任务，并由此拓展出金融职业院校管理干部培训、行业培训师培训以及集团内院校教师培训三项功能，以全面提升全国金融职业教育师资水平，构建面向金融职业教育工作者的终身学习平台。

其次，在师资队伍建设方面，学院实行教师“组团”，各扬其长的方针。学院高度重视教师职业发展能力和师德师风建设，大力加强青年教师培养和提高，以“五师共育”为抓手，着力培育一大批育人高师、教学名师、实践能手、学术大师和服务强师。同时，学院通过尊重厚待现有人才、着力培养青年才俊、积极引进发展急需“三管齐注”，用更大投入、更高标准、更多自觉，提高师资队伍的整体水平。

三、体会与思考

浙江金融职业学院成立 40 年来，通过不断地改进教育理念，深化职业教育改革，为社会输送了一大批的高级金融工作者。总结其办学经验，以下几点或可为国内相关高职院校提供一点借鉴参考。

（一）以就业为导向，转变办学理念

就业是民生之本。浙江金融职业学院结合人才培养模式改革，推进就业导向的课程教学改革。以学生职业素质养成为主线，以专业教学标准、课程标准开发为切入口，学院大力推进就业导向的课程教学改革。首先，学院从 3 个重点专业中筛选出 19 门专业核心课程重点推进就业课程改革，并带动其他专业及 60 门专业核心课程进行就业课程改革，在行业专家的配合下，开发 7 个专业教学标准与 81 个课程标准，形成切合高素质技能型专门人才培养需要的教学标准体系，全面推进课程教学改革，提升课程建设水平。其次，学院在课程教学方法、教学组织形式、教材建设、师资队伍建设等方面也取得了新的突破，从而夯实专业教学改革基础，提升专业建设水平，促进专业人才培养与职业能力养成的结合，提高高等职业教育教学质量。

（二）依托产学合作，谋求共赢发展

浙江金融职业学院在订单培养的总体框架下，结合 5 个中央财政支持重点专业的特点，不断探索体现各专业特色的人才培养路径。例如，金融管理与实务专业注重校企合作，推动优质银领的培养，创新面向银行柜员、客户经理的全真化人才培养模式，在提升学生实际动手操作能力与专业理论基础上，培养学生的后续发展能力；保险实务专业积极探索大课堂，即社会、行业、教室相结合的人才培养模式改革试点，依托生产性实训基地建设，充分开展行业授课、顶岗实习，

学生参与实战经营。学院通过优化人才培养模式，带动各专业建设，促进学生职业素质的养成，不断提升人才培养质量；同时，开展人才个性化培养，鼓励学有余力的学生根据自己的需求，选修其他专业的课程模块，优化知识与技能结构，满足学生个性化成长需求，增强学生的就业竞争力，提升应对岗位转换的适应能力，促进学生职业生涯的可持续发展，为学生的终身学习奠定基础。

（三）整合社会资源，助力教育发展

学院充分整合社会优势资源，构建面向社会、面向金融行业的高素质技能型人才的职业教育体系。一是着力推动职业教育的资源整合，坚持学校教育和职业培训并举，促进职业教育、普通教育有机衔接，形成灵活、开放、多元的人才培养体系；着力推动职业教育与发展需求的紧密对接，深化教育教学改革，创新人才培养模式，突出产教融合，加强“双师型”教师队伍建设；着力提高学习者就业创业能力，培养更多对路的实用人才，适应经济发展新常态，更好服务地方经济社会发展。二是整合课程体系结构，采用模块化、层次化和综合化等课程模式；充分依托国家级计算机应用与软件技术实训基地和网络资源共享实训室面向周边兄弟院校开放，共同开展实践教学和科研活动。通过资源的整合，学院的教育资源更加丰富，教学水平不断提高；学生的职业素质和业务水平不断提高，社会服务能力进一步加强。

案例三　桂林旅游学院

——创特色名校，育旅游能人[①]

背景：

桂林旅游学院创建于1985年，是全国最早独立建制的旅游高等学校之一。建校以来，桂林旅游学院秉承“创特色名校，育旅游能人”的办学理念，以“服务社会、服务旅游行业、服务地方经济”为宗旨，遵循教育规律，坚持校企合作，逐步探索出一条“地方性、国际化、开放式、应用型”的特色发展之路，形成了以实践教学体系为主线，以国际合作办学为平台，以人文素质教育为内涵的“三位一体”人才培养模式，为中国旅游业的发展培养了大量旅游人才。

一、学校概况

桂林旅游学院（原名桂林旅游高等专科学校）创办于1985年，是我国最早独立建制的全日制公办旅游高等院校之一。学院现有瑹骞、雁山两个校区，占地面积1885亩，校舍建筑面积近30万平方米，教学仪器设备总值3700多万元，馆藏图书137.9万册。

桂林旅游学院一直秉承“创特色名校，育旅游能人”的办学理念，致力于培养高素质的旅游应用型人才。学院设有8系2院2部，分别为旅游与休闲管理系、酒店管理系、旅游外语系、导游系、商务系、视觉艺术系、艺术表演系、旅游交通运营与服务系、继续教育学院、国际教育交流学院、基础教育部（社科部）、公共外语部等教学部门；开设42个高职高专专业，涵盖“吃、住、行、游、购、娱”等旅游业主要领域，各专业全日制在校生和国际学生共9000多人。

建校以来，桂林旅游学院取得了显著的办学成绩，被誉为中国旅游院校的“黄埔军校”。学院是联合国世界旅游组织的重点支持单位及其教育委员会附属成员单位、亚太旅游协会教育类会员单位、中国—东盟旅游人才教育培训基地、中国旅游院校“五星联盟”发起院校之一。学院毕业生深受用人单位欢迎，毕业生就业率多年保持在98%以上，连续11年被评为广西壮族自治区就业先进单位，2009年在业内享有盛名的杂志——《酒店人》开展的“十大最受酒店业欢迎的国内旅游院校”评选中高居榜首。

二、强化办学特色，塑造旅游教育品牌

为主动适应广西旅游业发展和桂林国际旅游胜地建设需要，桂林旅游学院依据市场需求培育旅游人才，积极与政府、企业开展多方位深度合作，强化实训场所建设，形成了以实践教学体系为主线，以国际合作办学为平台，以人文素质教育为内涵的“三位一体”人才培养模式，为旅游业输送了一批又一批技能过硬的应用型人才。

---

①本文根据桂林旅游学院官网信息及相关研究成果等资料编撰而成。

（一）强化实践教学，提升行业服务能力

桂林旅游学院紧紧围绕广西发展旅游行业的需要培育旅游人才，始终将实践教学贯穿人才培养全过程，培养了一大批适应旅游产业发展要求、能够直接在旅游行业从事生产、服务和管理的技能人才。

1. 加强实训实习基地建设

桂林旅游学院非常重视实践教学和学生实习工作，经过多年建设和发展，构建了包含认知实习、基础技能训练、专业技能训练、职业综合能力训练的系统性实训体系。目前，桂林旅游学院建设了93个涵盖基础性、过程性、功能性实验的专业实践教学场所，其中自治区示范性实训基地6个，中央财政支持的实训基地2个；建立集实训、实习、经营、技术服务于一体的“青葱岁月旅行社”和“360°茶艺吧”等校内生产性实训基地，以及160多个校外实训基地，充分保障了学生的实训实习需要。如表3－2所示。

表3－2　桂林旅游学院部分院系实训实习基地建设情况

院系	实训室建设	实习基地建设
旅游与休闲管理系	旅游心理实验室、会所运营实验室、西点咖啡实验室、茶艺酒吧实验室、景区规划实验室、室内外高尔夫练习场、旅游企业模拟运营实验室、空中乘务实训中心等实验实训场所	与40余家企业建立了稳定的校企合作伙伴关系，如深圳欢乐谷、广州长隆欢乐世界、深圳东部华侨城等国内著名主题乐园，广州丽兹卡尔顿、厦门喜来登、深圳凯宾斯基、广州威斯汀等国际顶级品牌酒店，深圳观澜湖、广州麓湖、黄山松柏等俱乐部
酒店管理系	酒店实训中心建设有前厅、商务中心、大堂吧、客房、中餐厅、西餐厅、酒吧、中厨、西厨、面点房、营养分析室、烹调示范室、酒店软件实训室等设施	与美国、日本、中东及国内的30多家四星、五星级酒店建立了长期、稳定的合作关系，包括迪拜帆船酒店（七星级）、阿布扎比酋长国宫殿酒店（八星级）等国际顶级酒店，以及洲际酒店管理集团、凯悦国际酒店管理集团等
视觉艺术系	旅游工艺品设计实验室、美葆翡翠首饰设计实验室、陶瓷工艺实验室、环艺综合表现实验室、金属工艺工作室、竹木工艺工作室、编织工艺工作室、雕塑工作室、壁画工作室、漆画工作室等	校外实习实训基地有广西工艺美术研究所、广西钦州坭兴陶艺有限公司、桂林匠心文化产业有限公司、桂林意博广告设计有限公司等近30家企业
导游系	模拟导游实训室，并建有实践、教学与经营为一体的青葱岁月旅行社	与全国约38家知名旅行社建立了长期稳定的、覆盖旅行社经营全范围的校外实训实习基地
商务系	电子商务实验室、市场营销实验室、商务模拟公司、会展实训室，旅行社电子商务实验室	先后与中国—东盟博览会秘书处、阿里巴巴（中国）网络技术有限公司、广州白云国际会议中心等著名企业建立起深度的合作关系

资料来源：桂林旅游学院网站。

2. 创新校企合作模式

校企合作是高职院校人才培养的关键环节，桂林旅游学院以“突出能力本位、强化服务意

识、坚持就业导向和校企合作、产学结合”为办学要求，积极探索校企合作新模式，与国内外业界160多家知名企业建立了长期、稳定、深入的合作关系。

目前，桂林旅游学院与企业开展多种形式的合作：一是订单模式，如与广东永顺实业集团合作开办的“永顺”班，与桂林美葆企业管理公司合作开办的“翡翠珠宝首饰”专业班等。在订单模式下，校企共同制订人才培养方案，学校主要负责学生的专业知识和实践教学，企业提供专项资金支持，并为学生提供职业培训和实习岗位，为学校教师提供挂职锻炼机会，还会定期派遣企业管理人员到学校讲课。二是实践与理论相结合模式，如与桂林山水高尔夫俱乐部合作，利用该俱乐部在培训理念、硬件设施、运作模式等方面的优势，直接在企业内开设高尔夫专业的实践课程，帮助学生实现理论与实践相结合。三是校企合作育人模式，如酒店管理系依托桂林旅游学院与希尔顿酒店集团建立的深层次战略合作关系，选拔优秀学生进入双方教育合作项目——“希尔顿课程”，将学校教学与行业教学相结合，制订理论结合实践的全面人才培养方案，为有志于从事酒店管理行业的学生打下扎实基础，帮助他们在职业生涯中取得卓越成就。

3. 提升师资队伍水平

应用型人才的培养，离不开优秀的师资队伍支撑。桂林旅游学院现有专任教师500多人，拥有全国行业职业教育教学指导委员会委员4名，自治区级教学名师3名，自治区级教学团队3个；50%以上的专任教师是融本专业理论知识和丰富的旅游实践经验为一体的双师素质教师。

为打造“双师型”教学队伍，桂林旅游学院制定了一系列双师教师培养建设的制度，如图3-4所示，从激励、培养、评估、管理四个方面为双师队伍培养确立制度保障。此外，学校先后派出170多名教师到政府、旅游组织、院校、企业顶岗实践或挂职锻炼，或到著名酒店、景区、会展中心等地方任职、交流，提升了教师的实践能力。通过这些措施，学校逐步形成了一支专兼结合、说做多能的双师结构队伍。

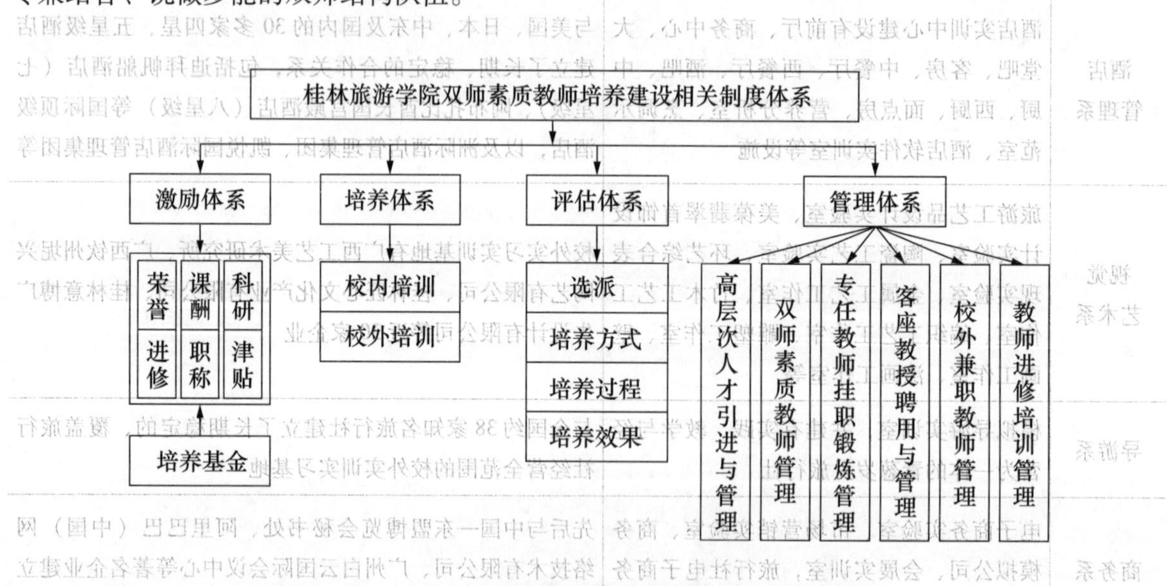

图3-4　桂林旅游学院双师素质教师培养制度体系

（二）加强国际合作，打造合作交流典范

国际交流与合作是快速提升旅游教育院校办学水平的重要途径。桂林旅游学院瞄准国际旅游

业和国际旅游教育发展前沿，积极探索国际合作办学与交流之路，学习、借鉴国际先进的旅游教育理念与经验，提升自身办学水平和教学质量。

1. 国际合作办学

为加大酒店管理专业的教学改革力度，2006 年起，桂林旅游学院积极与联合国世界旅游组织（UNWTO）合作，由香港理工大学酒店与旅游业管理学院具体实施，以国际化标准对酒店管理专业进行改革。在世界旅游组织先进理念的引导下，香港理工大学酒店与旅游业管理学院为桂林旅游学院设计了一套具有国际化特点的酒店管理专业人才培养方案、教学大纲、教学理念、课程体系和实训基地建设方案等内容①。例如，课程体系设置方面，学院重新编制设计了以“外语能力和实践能力”双能力培养为主线的酒店管理专业课程体系；实践能力培养方面，学院通过以实践能力培养为核心的实践课程设置、以职业能力培养为落脚点的实训基地配备、以应用能力培养为重点的“双师型”队伍建设、以就业能力培养为导向的实践教学制度，构建了酒店管理专业实践教学体系。

为进一步深化酒店管理专业国际合作办学模式，培养国际酒店行业精英人才，2014 年 10 月，桂林旅游学院与瑞士洛桑酒店管理学院签订合作协议，成立了桂洛国际酒店管理学院，合作开展本科层次的酒店管理专业教学。桂洛国际酒店管理学院全面引进洛桑酒店管理学院的专业体系、课程大纲、学术标准、教学方法、考核办法等专业教育资源，并由洛桑酒店管理学院进行专业师资培训，分阶段、分层次开展理论和实践教学活动，培养能够胜任国际化酒店中高级管理职位的管理人才。

2. 国际交流活动

桂林旅游学院紧贴国际前沿，承办了旅游教育国际论坛、中俄旅游教育论坛、联合国世界旅游组织/亚太旅游协会旅游趋势与展望国际论坛等重大国际学术会议，邀请数十位国际知名专家到校讲学，推进学院旅游教育与国际接轨，赢得了广泛的国际声誉。俄罗斯副总理戈洛杰茨、世界旅游组织两任秘书长曾到学校考察、演讲，世界旅游组织秘书长瑞法依评价说：“与桂林旅专合作已作为世界旅游组织开展各相关领域合作工作的典范，值得在世界范围内进行推广。”

3. 国际培训开展

桂林旅游学院依托“中国—东盟旅游人才教育培训基地”，已为越南、老挝、泰国、柬埔寨等国举办了 13 期高端旅游人才培训班，为亚洲开发银行举办了 4 期大湄公河次区域高层旅游管理人员培训班，作为中国东盟中心委托的首个高校赴印尼、文莱举办了 4 期的援外培训班，共培训国际学员近千人，在国际旅游培训领域的品牌影响力不断提升，为中国东盟的区域旅游合作做出了重要贡献。

（三）坚持全面发展，注重人文素质教育

高职院校人文素质教育对大学生文化品质的培育、思维能力的训练、道德人格的形成、审美趣味的提升和价值取向的选择，都发挥着重要作用。桂林旅游学院通过开设系列人文素质课程，打造校园文化精品，提升学生的综合素质，形成鲜明的文化育人模式。

①周江林、李莉：《旅游院校国际合作办学新模式的探索与实践——以桂林旅游高等专科学校为例》，《旅游论坛》2009 年第 5 期，第 781－784 页。

桂林旅游学院开设了系列人文素质课程，这些课程具有如下特点①：一是重视人文类必修、选修课程的设置，人文类课程所占比重较高，其学分占总学分的40%左右；二是将培养学生人文基本素养的课程与专业课程有机结合，开设了体现职业个性差异的职业核心与职业拓展人文类课程，例如旅游心理学、旅游英语、世界旅游史、旅游文化、会展英语、工艺美术史等；三是注重学生综合能力的培养，如旅游礼宾礼仪、公共关系、创业素质训练、职业生涯管理规划、国学与艺术欣赏、野外求生技能等人文类课程，主要培养学生的社交能力、创业能力、发展能力、管理能力和审美能力等。

此外，桂林旅游学院还注重校园文化品牌建设。学院将旅游教育融入校园文化，打造了"外文戏剧节"、"导游风采大赛"、"旅游礼仪风采大赛"、"旅专讲坛"、"七玄乐府"、棒垒球运动等校园文化精品，形成丰富多彩的校园文化活动。其中，棒垒球队已获得11项全国赛事的冠军，并代表广西参加第十二届全国运动会。此外，桂林旅游学院雁山校区还被评定为国家3A级旅游景区。校园与景区高度融合，教学与实践双向互动，集学习、科研、培训、实践等功能为一体的园林景区式校园，更加凸显出桂林旅游学院的办学特色。

三、体会与思考

随着我国旅游业的快速发展，开设旅游类专业的高等院校在全国遍地开花。然而，与行业发展需要大量技能型人才的现实相比，许多高等院校培养的学生却不具备相关的职业素养和技术技能，导致出现旅游专业毕业生不从事旅游行业，旅游企业又招不到所需人才的尴尬局面。高等职业院校如何面对旅游市场对人才的需求，及时调整专业教学设置，适应新时期旅游业的快速发展，培养出符合市场需求的高素质旅游人才，已成为当前一项重要任务。桂林旅游学院作为国内旅游专业教育的先行者之一，在培育旅游专业应用型人才方面积累了丰富的经验，值得借鉴。

（一）旅游专业教学要加强实践环节

实践教学是旅游管理专业教学的重要环节之一，在专业理论教育基础上，加强职业实践能力培养是旅游职业教育应用型人才培养目标的重要体现。桂林旅游学院主要通过构建实践性强的课程体系，加强实训实习基地建设和双师型师资队伍建设，来促进实践教学的实施。因此，旅游职业院校应充分认识实践教学的重要性，不仅从制度上明确构建实践教学体系，还要从实施上切实推进校内外实训实习基地建设，不断提高双师型师资队伍实践教学水平，保障学生实践训练的需求。

（二）旅游人才培养要坚持校企合作

技能型旅游专业人才的培养必须通过校企合作的方式，帮助学生习得职业技能，推动学生顺利就业。虽然校内实训基地的建设满足了部分专业技能培训的需求，但实训效果往往不能满足企业的实际需求。旅游专业更需要学生真正走入企业，在真实的职业环境中，通过"干中学"，掌握专业技能。一些旅游企业也认识到校企合作的重要性，主动与学校开展合作，为企业发展培养

---

①周其厚：《高职院校人文类课程设置探析——以桂林旅游高等专科学校为例》，《旅游论坛》2011年第5期，第116－119页。

专门人才。因此，旅游职业院校要积极开拓校企合作渠道，深化合作方式与内容，不仅可以为学生提供实习岗位，还可以提供针对性的职业技能培训，实现学校、企业、学生的多赢。

（三）旅游教育品牌塑造要注重国际交流

旅游业是开放型、外向型行业，旅游教育同样需要面向国际，通过开展广泛深入的国际教育交流合作，提升办学水平和教学质量，从而塑造国际化的旅游教育品牌。桂林旅游学院通过与世界旅游组织、瑞士洛桑酒店管理学院等机构的交流合作，引入国际优质教育资源，不仅成为国内旅游教育的佼佼者，而且在国际旅游教育界的知名度也得到很大提升。因此，旅游职业院校应结合区域特点和学校优势，积极探索国际合作交流新模式，努力提升学校品牌影响力。

案例四　安溪华侨职业中专学校

——培养专才，助兴茶业①

背景：

作为国家中等职业教育改革发展示范建设院校，安溪华侨职业中专学校以服务安溪茶产业为宗旨，通过加强与茶企合作、营造校园茶文化氛围，培养了大批高素质茶专业人才，为当地茶产业的发展提供了强有力的人才支撑。

一、学校概况

安溪华侨职业中专学校（以下简称“安溪华侨职校”）创办于1987年，是一所公办的农村中职学校，是安溪县职教中心的主体校。学校占地面积209.91亩，建筑面积7.26万平方米，设有茶艺与营销、服装设计与制作、计算机应用（茶叶网站开发方向）等17个专业，其中计算机应用（茶叶网站开发方向）、服装设计与工艺为省级重点专业，电子技术应用、茶艺与营销方向为县级重点专业。学校现有在校生4958人，专任专业课教师190人，企业兼职47人，“双师型”教师104人。

自成立以来，安溪华侨职校秉承“以人为本、和谐发展、特色立校、创新引领”的校训，以发展为民、服务于民为宗旨，为茶乡培养了15000多名毕业生，近三年面向企业和社会开展职业培训共15000多人次，毕业生凭借扎实的专业技能和较高的职业素质深受用人单位的好评。2005年，学校被评为国家级重点中等职业学校。2012年，学校进入“国家中等职业教育改革发展示范校建设计划”，从顶层设计构建现代职业教育体系，实施全方位改革，取得长足的成效，全面跨入新的发展阶段。

二、立足茶产业，培育茶专业人才

安溪县以茶产业闻名全国，号称中国茶都，位居中国重点产茶县第一位。经过多年的发展，安溪茶产业已形成独特的优势，产业规模不断扩大，产业链逐渐完善，对不同层次、不同类型的茶专业人才提出了强烈的需求。为了满足茶产业发展对人才的需求，安溪华侨职校以示范校建设为契机，转变发展理念，与茶企深入合作，开展校园茶文化环境建设，逐步走出了一条独具茶专业人才培养特色的发展之路。

（一）校企合作，共育茶专业人才

校企合作在职业教育中担当着重要的角色，一方面学校能真正培养出社会急需的高技能人才，促进学校健康持续发展；另一方面企业也更能选拔到高素质的适用人才，实现校企“双赢”的局面。为了满足安溪茶产业发展对不同层次、不同类型的茶专业人才需求，安溪华侨职校加强

①本文根据安溪华侨职业中专学校官网信息及相关研究成果等资料编撰而成。

与茶企深度合作，共同培养专业技术人才。

1. 建立校企联谊机制

为了保持与茶企的长期沟通和交流，安溪华侨职校先后与世界峰茶叶有限公司、年年香茶业有限公司、盛世三和、历山茶仙等企业建立联谊机制，搭建企业员工与学校师生交流茶文化的平台。此外，学校定期与安溪铁观音制茶工艺大师召开茶企联谊洽谈会，交流中职学校如何培养学生技能、提高教学质量、提升教师实践能力等问题，促进校企互融，以适应各类茶企的技能人才需求；同时，企业在学校设立技艺传习所，将先进的茶企文化和茶技术带到校园。

2. 共建茶特色专业

随着安溪茶产业逐步向集群化、规范化、标准化和现代化发展，茶产业的不断优化发展需要大批与之相适应的专业人才。面对新的市场需求变化，安溪华侨职校高度重视茶专业建设，专门成立由行业大师与学校专业教师组成的茶叶生产与加工专业建设指导委员会，通过深入企业调研，了解社会对茶叶生产、销售、包装、表演等方面人才有较大的需求，最终确定打造茶艺与营销（茶文化传播、营销管理等方向）、计算机应用（茶叶网站开发方向）两大特色专业。学校与企业共同确定人才培养目标并制定符合茶企岗位技能的主要课程，如表3－3所示。

表3－3　茶产业特色专业培养目标与培养课程

特色专业	培养目标	主要课程	就业方向
茶艺与营销（茶文化传播、营销管理等方向）	培养具备茶叶生产加工、质量检测、营销管理及实际操作能力，能够从事茶业生产管理、茶叶加工、茶叶品质检测、涉茶商贸文化领域产品开发及经营管理工作的高素质技能型专门人才	食品微生物、茶叶机械、茶的成分与功能化学、茶树栽培技术、茶叶加工技术、茶叶感官审评与检验、茶叶深加工技术、茶叶市场营销、泡茶技艺、茶文化与表演、茶叶保鲜与包装等	儒家茶业、三和茶业等各地合作茶业公司就业
计算机应用（茶叶网站开发方向）	具有计算机应用技术的基础理论知识，具备计算机及相关设备的维护与维修、计算机网络及茶叶网站建设与管理等应用能力和操作能力的高等技术应用性人才	计算机应用基础、计算机组成与维护、Visual Basic 语言、计算机平面与动画设计、计算机网络基础与局域网络的建设与管理、数据库的开发与应用、茶叶网站建设与网页设计、多媒体设计与制作、淘宝网店等	茶多网、弘桥智谷等全省各地电子商务合作企业就业

3. 加强师资队伍建设

为打造一支优秀的“双师型”师资队伍，安溪华侨职校一方面从行业、企业聘请具有丰富经验的技术骨干或能工巧匠参与课程开发、实施教学、指导实践课程，并将茶技术与茶企业文化融入课堂教学中，拉近学生与茶企间的距离。例如，在《茶叶品牌营销与策划》这门课程教学中，安溪华侨职校聘请省市行业优秀职业经理或营销师传授技术本领和创业经验，开拓学生视野，培训学生茶业品牌营销、策划与管理技能，帮助学生成为推动茶产业发展的生力军。另一方面，充分发挥校企合作优势，安溪华侨职校为教师搭建锻炼平台，安排教师到企业参加实践，深入了解企业茶文化，切实提高教师的专业实践技能。例如，安溪华侨职校安排茶叶生产与加工专业教师到儒家茶业有限公司挂职锻炼，通过实践提升教师自身专业素养，为专业教学改革、课程结构调整积累宝贵经验。

4. 加大实训实践活动

为提高茶专业学生的专业能力和实践能力，安溪华侨职校与茶企共同建设专业实训室，组织“下茶园”活动，加大学生的实训实践活动。

安溪华侨职校加大实践教学设备、设施的投入，拥有茶叶深加工车间、初制与精制车间、茶叶仿真门店等实训室，并与晨雅茶叶有限公司合作建立仿真车间（营销方向）实训室，使学生在真实或模拟的职业环境中学习茶叶制作与营销的技巧和工作流程，进一步提高学生的职业技能和职业意识。

此外，学校与安溪儒家茶业有限公司、福建世界峰茶叶有限公司、盛世三和企业、历山茶企等签订“下茶园”社会实践基地协议，组织开展“下茶园”社会实践活动，让学生在实践中掌握茶专业知识。例如，学校安排学生参观八马茶业企业车间，参与产品包装、加工等，提升学生的实践技能；安排计算机应用专业（茶叶网站开发）学生和老师参观茶博汇中国茶多网，参观中国茶多网各个功能区，了解专业岗位所需技能。通过“下茶园”活动，学生在与茶企茶农零距离接触过程中，提高了社会实践能力，也进一步熟悉了解茶企业文化，有助于养成良好的职业习惯。

（二）校园茶文化建设，营造育人氛围

依托茶乡深厚的文化底蕴，安溪华侨职校将茶文化融入人才的培养过程中，积极营造良好的校园茶文化氛围，让学生在日常生活中就能接受茶文化的熏陶，提高学生对茶文化的认知。

1. 茶文化景观建设

安溪华侨职校将学校主通道建成茶文化一条街，设立优秀茶企业家及名人名言宣传灯箱，摆置合作茶企业标识。学校还对全校教室环境进行统一规划和布置，每间教室以中国各地名茶命名，每周更新、丰富教室里的茶叶宣传栏内容，使整个教室充满茶文化氛围；制作 LED 显示宣传屏，不间断播放各种茶文化知识、宣传标语，以传播中国几千年的茶文化。这些茶文化景观能让学生真正置身于浓郁的安溪茶文化环境中，感受校园文化与茶企业文化，有助于发挥环境的育人功能。

2. 茶文化活动开展

为提高学生的综合素质，促进学生的可持续发展，安溪华侨职校多次开展校园茶文化活动。学校以社团为依托，开展广泛的具有职业特色的社团活动，如开办茶艺室，拓宽茶爱好者协会工作和活动范围，进一步培养学生的学习兴趣，改变被动学习的教学方式；举办茶文化艺术节，师生共同参与茶艺表演，在舞台上尽情展现才华，营造出快乐、健康、富有艺术气息的校园氛围；举办茶艺茶道展示、茶叶营销策划等师生技能节，将日常教学科目融入比赛，寓教于乐，提高学生学习积极性，展现师生的风采，营造良好的校园文化氛围。

3. 茶文化内涵建立

茶文化内涵的建立是提升校园文化品位的重要基础。为深入学习研究、传承安溪茶文化，安溪华侨职校把和谐、健康、创新的茶文化内涵贯穿在整个学校品牌建设中，通过对创业活动中心、茶文化长廊、品种大观园、茶会俱乐部、茶艺表演队的建设与实践总结，出版了《校园茶

文化知识读本》一书，打造安溪华侨职校特色的校园茶文化品牌。同时，安溪华侨职校开展校园文化与茶文化对接的课题研究，分析优秀茶企的价值观、企业精神、经营理念，并将其渗透到学校管理、师德建设、学生培养及校园建设中，探索职校文化发展的新方向，建设特色校园文化，加强校企文化沟通，逐渐形成校企文化共融。

三、学习与思考

在当今职业学校面临创新改革的大背景下，安溪华侨职校根据安溪茶产业特色，转变人才培养模式，加强与茶企合作，注重营造良好的校园茶文化氛围，让学生在日常学习生活中接受安溪茶文化的熏陶和感染，逐步形成学校发展的文化特色，更好地为当地经济和社会发展服务。

（一）校企合作，培育专业人才

如何培育适合于企业发展所需要的专业人才，是各职业院校面对的难题。加强与企业合作，让企业参与到人才培养的过程中，将会有效缓解人才不匹配的问题。为培养出适合当地茶产业所需要的专业人才，安溪华侨职校与茶企建立联谊机制，从特色茶专业建设、师资队伍建设、实训实践活动等方面进行合作，将专业与行业岗位对接、课程内容与职业标准对接、教学过程和生产过程对接，校企共同完成教学任务，建设“双师型”师资队伍，为企业培育出一批动手能力强、生产效率高的茶专业人才，实现校企双方在合作中的共赢和发展。

（二）文化熏陶，提升人才素养

校园文化建设不仅能够为学校品牌建设增添亮色，还可以满足职业院校学生日益增长的精神文化需求，提高人才的综合素养。安溪华侨职校深入挖掘茶乡的文化底蕴，积极营造良好的校园茶文化氛围，充分发挥文化育人的作用。

安溪华侨职校确立以安溪茶文化为核心的校园文化建设，优化、美化校园文化环境，建设校园茶文化一条街、宣传茶文化知识、编撰茶文化书本、开展茶文化活动等，推动学校形成厚重的校园茶文化积淀和清新的校园文明风尚，让学生在生活中即可接受茶文化的熏陶，促进学生的综合素养提升和健康成长，亦推动学校更好地服务当地经济和社会的发展。

第四章　探索创业教育　培育创新人才

在大众创业、万众创新的新形势下，职业院校探索创新创业教育改革，既是国家实施创新驱动发展战略、促进经济提质增效升级的迫切需要，也是提高人才培养质量的重要举措。近年来，我国部分职业院校积极推进创新创业教育，激发学生创新创业活力，提高学生的发展力，取得了积极成效，为其他院校开展创新创业教育提供了经验借鉴。

案例一　杭州职业技术学院

——探索渐进式创业教育模式[1]

背景：

杭州职业技术学院在全国率先推行创新创业教育，在培养学生就业创业能力方面做了很多前瞻性的思考与探索。学院秉承“创业带动学业”的办学思路，将学生创业能力培养纳入人才培养全过程，不断推进人才培养模式改革，以创业促进学业，提升学生就业能力，初步形成了“创业带动学业”的渐进式创业教育模式。

一、学校概况

杭州职业技术学院（以下简称“杭州职院”）前身是由杭州市机械、化工、纺织、丝绸、轻工、西湖电子六所学校合并而成的杭州职工大学，1998 年筹建，2002 年正式建立。学院坐落于杭州下沙“大学城”，占地 1000 余亩；设有 8 个二级学院，开设 11 大类专业群 34 个专业；现有在校生近万人，教职工 600 余人。校内各项专业教学设施一应俱全，馆藏文献 20 多万册；建有市政府投资 3 亿元、占地 30 亩、面向全市开放的集实训、培训、鉴定、研发于一体的公共实训基地和高职学生创业园等。

秉承“创业带动学业，提升就业能力”的教育新理念，杭州职院依托学生创业园实践平台，将学生创业能力培养融入专业人才培养全过程。目前，学校创业园区累计孵化企业 130 余家，在孵企业 80 多家，学生创业企业年产值 5000 余万元，利润 600 余万元，专利 30 余项。自成立以来，创业园已先后吸纳 300 多名学生参与创业，带动 700 余名大学生实习与就业，也涌现出一批创业学生典型。“创业带动学业”的创业教育“杭职模式”显现成效，引起社会各界的广泛关注。园区先后获得全国高职院校唯一一家经科技部认定的“国家级大学生科技创业见习基地”和“共青团中央青年就业创业见习基地”等殊荣，而学院于 2014 年被评为全国教育系统先进集体，并荣获国家级教学成果一、二等奖，整体办学水平位居全国前列。

---

①本文根据杭州职业技术学院官网信息及相关研究成果等资料编撰而成。

二、融入人才培养全过程，构建渐进式创业教育体系

自2007年开始推行创业教育以来，经过近八年的建设与发展，杭州职院建立了较完善的孵化管理和淘汰机制，并通过制定创业学生个性化培养方案、设立创业“护犊资金”、推进创业导师队伍建设、完善创业公共服务平台建设等有效措施，创业孵化体系日趋完善。学院在引导大学生进行创业实践、培养创新创业人才方面取得了显著成效。

（一）构建阶梯式创业教育体系

杭州职院通过剖析课程体系、重构课程内容等，将创业教育纳入专业人才培养体系，推进基于学生创业能力培养的人才培养模式改革、创新，将学生创业能力培养融入人才培养的各个环节，构建了创业通识教育、创新教育、专门教育和创业实践的渐进式创业教育体系，如图4-1所示。

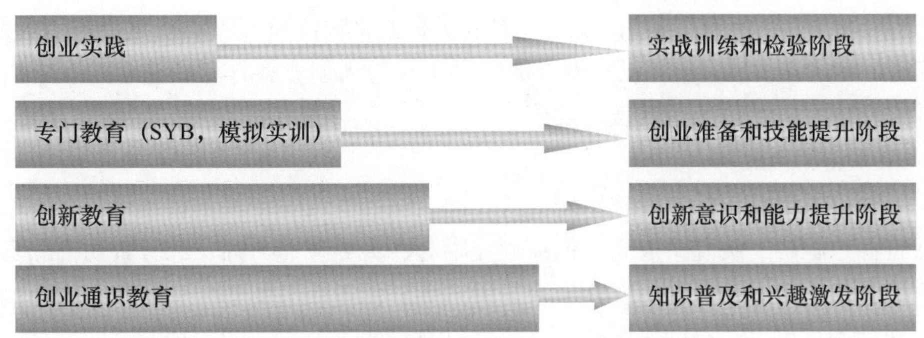

图4-1　渐进式创业教育体系

1. 以通识教育为基础

首先，杭州职院按照分阶段、模块化的方式面向全体学生开设“创业教育”公共必修课，使全体学生都能接受创业基础知识教育。其次，学院将创业教育理念渗透于思想政治理论课等人文素质教育课、专业基础课和专业课的课程教学之中，引导教师在进行专业知识教学过程中融入创业知识，激发学生的创业兴趣。最后，学院要求每个院系基于专业自身的特色和发展趋势，开设2门以上创业选修课，并根据学生的兴趣和专业特点制定个性化创业课程教学包。

2. 以创新教育为依托

杭州职院要求各专业在教学中须融入行业的最新动态和企业岗位创新的典型案例，开发创新教育课程；并依托教师工作室、研究所、专业社团培育学生科技创新项目。学院通过开展创业大讲堂或企业文化大讲堂、创业计划大赛、“挑战杯”选拔赛、大学生科技创新活动、高职学生创业论坛、创业集市大赛等创业文化活动，营造浓郁的创业氛围，激发学生的创新思维，激励学生的创业精神，增强学生的创业意识和创业能力。

3. 以专门教育为关键

对于有自主创业意愿的学生，杭州职院组织开展创办你的企业（Start Your Business，SYB）创业培训和模拟公司实训。由校内专业教师、创业讲师和校外创业导师共同组成实训师资队伍，

有针对性地加强创业技能训练。实训内容包括经营项目选择、公司框架搭建、产品市场分析、营销计划制订、财务收益预测、创业风险分析和创业计划完善七大模块。通过培训，一方面让学生的就业观念发生转变，另一方面激发他们的创业意识，掌握基本创业技能。截至目前，学院已举办了 162 期 SYB 创业培训和模拟公司实训，参加培训学生 4006 人。

4. 以创业实践为核心

经过专门教育且具有成熟创业项目的学生，可申请入驻学生创业园进行真实创业实践。在杭州市大创联的支持下，杭州职院为创业企业安排了“一对一”的企业创业导师和专业指导老师，对创业学生及其团队提供个性化的培养和指导。学院还通过指导学生参与创业实践、评选优秀创业企业和创业之星等，让学生明确职业发展定位，增强专业学习兴趣，促进专业学习。

（二）创建多层次创业实践平台

1. 区校共建学生创业园区

2007 年底，杭州职院率先引孵化器入校园，允许在校学生实名注册公司进行创业，为学生搭建全真的创业实践平台。学院制定完善的创业园管理办法、培育孵化和淘汰制度，为创业学生提供“一揽子”的配套服务；同时，成立大学生创业企业联盟和直属学校党委的创业园党支部，大力推进创业“领航计划”，引导已在创业的大学生参与到创业教育、专业学习和学生职业生涯规划指导等工作中，拓展创业园的教育功能。

2. 成立院系创新创业中心

杭州职院充分整合校内的专业技术研究所、国家级和省级生产性实训基地和杭州市公共实训基地等平台资源，在各二级院系成立了创新创业中心，为专业能力强、综合素质高、具有创新思维和创业意愿的优秀学生搭建创业实践平台。进入创新创业中心的学生，可以在老师的指导下进行科技创新活动，且可以获得创业导师亲自指导以及经费等各方面的支持。

3. 拓展校外创业实践基地

学院依托“校企共同体”办学优势，已在合作企业建立 8 个校外创业实践基地，为学生提供了更多的创业实践平台，让学生能更好地了解企业运营与管理，在企业师傅的指导下参与技术创新项目或产品开发，不断积累经验，增强创业意识，提高创业技能。如图 4－2 所示。

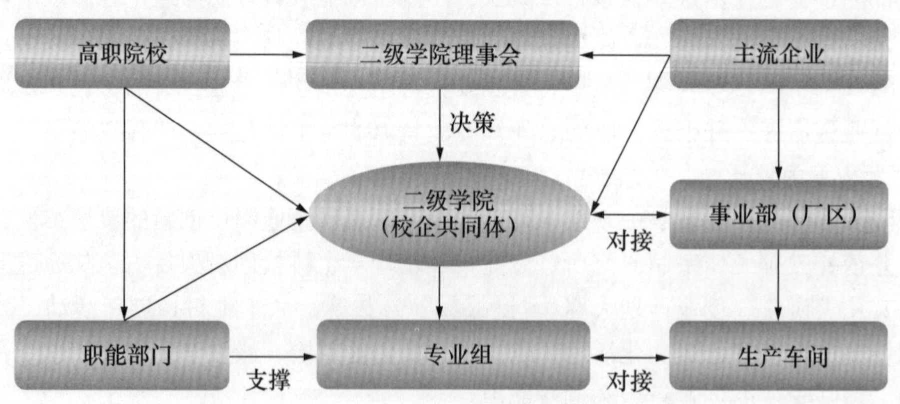

图 4－2　杭州职院校企共同体的运行机制

（三）完善全方位创业保障机制

1. 建立政校企协调机制

创业教育不能单纯被看成是学生工作的范畴，要真正实现创业教育融入专业人才培养全过程，必须由学校的教学管理部门来统筹管理创业教育工作。正是基于这样的考虑，杭州职院由教务处牵头，联合学生处、团委、高技能人才培训中心等部门成立了学生创业发展中心，统筹学校创业教育、创业平台建设、创业政策扶持和创业指导服务等工作；同时聘请杭州市、开发区相关部门领导、企业成功人士、创业指导专家成立创业教育指导委员会，全面负责学校创业教育的研究、咨询、评估工作，定期召开工作例会，协调指导学校创业教育的组织实施，形成政校企联动的创业教育协调机制。

2. 设立创业“护犊资金”

杭州职院不仅要把创业学生“扶上马”，还在后续资金、运营管理等方面“送一程”，保护“初生牛犊”的利益。为此，杭州职院每年出资 100 万元设立了“护犊资金”，为学生创业项目的实施提供持续保障。“护犊资金”不要求回报，就是为了免去学生创业的后顾之忧。在“护犊资金”的支持下，学生创业发展有了保障，已先后有 8 家企业发展为“杭州市高新技术企业”。同时，学院积极组织创业学生申请杭州市大学生创业资助项目，目前已有 50 余家学生创业企业获得了 400 多万元的创业资金。

3. 制订个性化培养方案

针对“创业与学业两难”的问题，杭州职院制定出台了《关于在校生自主创业教学管理原则意见》，规定“创业学生所取得的各项创新成果、科研成果等经认定可计入学分”，“创业学生所进行的创业活动经学分认定可抵公共选修课、实践课学分”，“与创业学生创业项目、创新成果与所学专业课程内容相近的可申请免修”等；同时要求各二级院（系）针对创业学生的具体情况制定学生创业期间的个性化培养方案，对创业学生进行专门化的组织和管理。这些不仅强有力地推动了大学生创业工作，而且有效地解决了学生创业与学业矛盾的难题。

4. 加强创业导师队伍建设

在创业导师队伍建设方面，一方面选拔具有创业意识的教师到国内外创新型企业和高校进修、培训，更新教师的职业教育理念，提高教师的专业创新能力；另一方面充分利用学院校企合作体制机制优势，聘请合作企业的企业家、技术创新能手和成功创业人士担任“创业导师”，建立创业导师资源库。目前，杭州职院已培养国家创业指导师 3 名、SYB 培训师 27 名、模拟创业公司培训教师 6 名，有 20 名老师被聘为“杭州市大学生创业导师”。同时，学院还聘请 40 名知名企业家和社会成功人士担任创业导师，初步构建了一支“创业讲师 + 专业导师 + 企业导师”的“三师型”创业教育师资队伍。

（四）建立科学的创业教育评价体系

杭州职院从两个方面健全创业教育效果监控体系。第一，学院对毕业生就业情况进行跟踪调查，研究分析毕业生薪资待遇、就业与专业对口率、就业层次、岗位升迁状况等信息，建立毕业生就业信息档案动态资源库。第二，学院对在校生和毕业生创业情况进行调研和信息收集，研究分析创业人数、创业与专业对口率、创业成功率以及创业质量等创业信息方面的内容，建立学生创业信息动态资源库。

三、体会与思考

杭州职院以全新的创业教育理念为引领，构建了渐进式创业教育模式，较好地解决了创业教育如何融入专业人才培养、创业知识传授与创业实践难以紧密结合、在校生创业与学业冲突的矛盾及创业学生后续保障乏力等问题，在实施个性化创业教育教学过程中呈现出了不少创新之处，造就了独特的创业教育模式。

（一）营造浓郁的学习和创业氛围

杭州职院以全新的创业教育理念、完善的创业扶持政策、一流的创业服务平台，为大学生自主创业提供全真环境下的实践平台，为科技成果转化提供孵化基地，使大学生自主学习、自主创业的热情高涨。同时，学院积极开展创业计划大赛、创业项目展示等主题活动，邀请企业成功人士、知名校友来校举办创业大讲堂，营造浓厚的创业教育氛围，弘扬创业精神，增强学生的创业意识和创业能力。

（二）构建全方位的创业保障系统

通过创新创业教育实践，学生创业创新能力得到大幅提升。而“护犊资金”的设立，则激发了学生创业积极性；不断完善的自主创业学生教学管理相关规定，也更好地为创业学生提供个性化教学服务；创业教育指导委员会组织架构的调整充实与创业教育工作政校企联动机制的建立，为学生创业提供全方位的支持。通过项目建设，学院形成“创业教育、创业实践、创业评价”三位一体的学生创业能力培养体系，以创业带动学业，提升学生创业能力和就业能力，努力使毕业生专业有特长、创业有基础、就业有优势、发展有空间。

（三）建立健全创业创新评价体系

创业评价要兼顾创业教育的内外两个环境，内部环境评价要加强对学校创业教育理念、课程和师资素质等方面考察，外部环境则要对创业的硬件条件进行评估和考核。基于创业创新评价体系的研究分析，杭州职院不断完善创业教育效果评价与监控体系，加强创业教育的教学管理与质量监控，提高创业教育的教学质量和效果。此外，客观地、科学地评价学生创业能力，指导学生规避创业风险，极大地提高了学生创业的成功率。

案例二　成都职业技术学院

——构建“三区一平台”创业教育模式①

背景：

在大众创业、万众创新的时代背景下，高职院校创新创业教育正在如火如荼地开展。创新创业教育已成为高职教育的重要组成部分。成都职业技术学院在积极探索创新创业教育过程中，整合“政行企校”等多方资源，开展“全覆盖、普及式、分层次”的创业教育，打造“创业教育区”、“创业孵化区”、“成长型企业区”和“综合服务平台”，并开展社会创业培训，共同扶持、孵化校内外创业项目，助推学生创业及其企业成长。

一、学院概况

成都职业技术学院（以下简称“成都职院”）由成都市新华职业高中和成都旅游职业学校两所职业高中于2003年合并组建而来。成都职院以培养现代服务业高端技能型人才为主，开设旅游类、计算机及软件类、财经金融类、工商管理与房地产类、护理类、汽修类专业40余个，在校学生1.1万余名；现有专任教师352名，其中教授、副教授170名，“双师型”师资占专业教师的92.58%。学院拥有由559名行业专家和企业高管、工程技术人员组成的客座教授和兼职教师团队，设有博士后创新实践基地。

“大众创业、万众创新”掀起了创业的热潮，而职业教育具有培养创业人才的先天优势，众多职业院校开始探索创业教育。成都职院早在2009年就开始面向全院学生开展“普及式、分层次”的创新创业教育；2010年，将创新创业课程列为必修课；2013年，在成都市政府的支持下，与共青团成都市委、成都市教育局、成都人力资源与社会劳动保障局、部分知名企业共同发起成立了成都创业学院。通过打造创业学院的平台，积极探索，开展创业教育，在高职院校创业教育领域中走出了一条特色之路。

二、创新体制机制，打造“三区一平台”

成都创业学院是由成都职院整合“政府、行业、企业、学校”多种资源，合力打造的集创业、教育、实践、服务、孵化等功能于一体的青年创业综合服务体。它打破了原有的“园区、社区、校区”创业工作“瓶颈”，创新体制机制，构建了“理事会+院务会”的全新管理体制，打造出“三区一平台”的创业教育模式。

（一）创新体制机制，“政行企校”多方参与

在体制机制上，成都创业学院着力创新，实行理事会管理下的院务会负责制的管理模式，即“理事会+院务会”的管理模式，如图4-3所示。理事会是创业学院的决策层，由成都职业技

①本文根据成都职业技术学院、成都创业学院官网及相关研究成果等资料编撰而成。

术学院、成都市教育局、成都市人力资源和社会保障局、共青团成都市委、中国青年创业国际计划（YBC）全国办公室、部分高校和中职学校、相关行业、企业代表共同组成；理事会下设执行机构“院务会”，行使对创业学院的具体管理运行职能。院务会下设创业项目部、创业教育部、综合服务办公室、创业基金管理办公室4个部门。

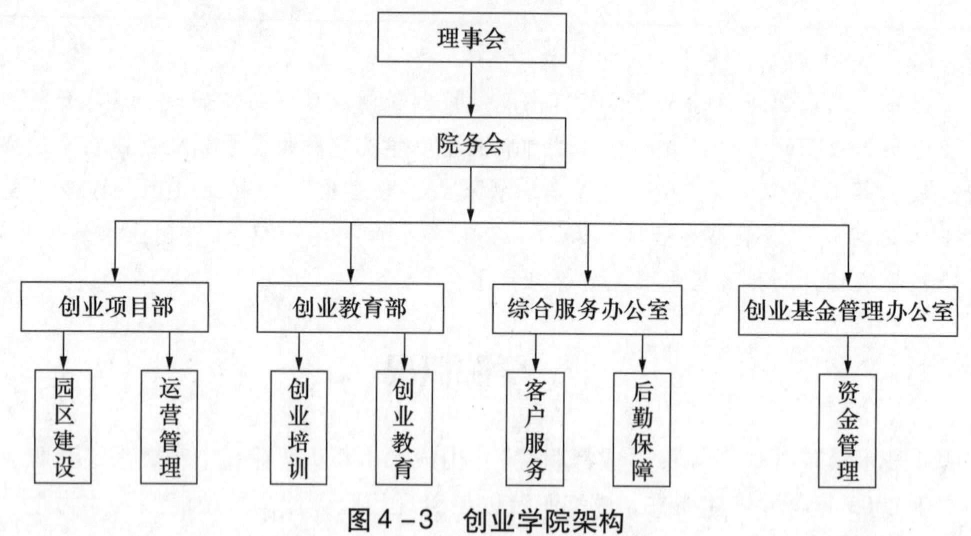

图4－3　创业学院架构

理事会的主要职责有：为创业学院的发展最大限度地整合政、行、企、校资源；积极为创业学院筹集发展资金，制订资金预算，监督其使用情况；根据成都职院专业发展方向的调整，审议、调整理事会成员单位；任命成都创业学院院长；制定理事会活动计划并实施监督。院务会的主要职责有：在理事会的监督指导下，推荐创业教育行业专业人士组成；主持创业学院开展日常工作；落实理事会具体工作安排；具体执行创业学院的管理以及创业学院的发展建设；处理其他日常事务。这种创新的体制汇聚了“政策、项目、场所、导师”等多要素，尤其是强调企业导师的引入与参与，将创新创业教育真正落在实处。

（二）构建“三区一平台”创业教育模式

成都创业学院承载着服务青年创业、助推地方经济发展的使命，强调对创业青年全程提供创业培训，同步创业指导。因此，它将园区划为三大功能区（创业教育区、创业孵化区、成长型企业区），并打造创业公共服务平台（综合服务平台），简称“三区一平台”，如图4－4所示，分别实现“创业教育”、“创业孵化”、“创业发展”和“创业服务”功能，为创业青年提供一体化服务。

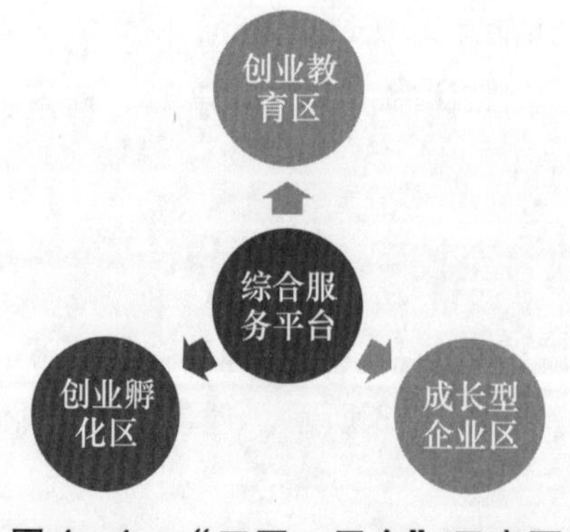

图4－4　“三区一平台”示意图

1. 创业教育区

成都创业学院的创业教育区采用“分层次、菜单式”的模式开展工作，主要建设方式和内容有四种。

第一，面向成都职院的全体学生开展“普及式、分层次”的创业教育。成都创业学院创建了一套与成都职院专业特色高度融合的“全覆盖、分层次、菜单式”的创业教育课程体系（见表4－1）。课程体系分为两大模块，分别是普及式创业通识教育和分层次的创新创业教育。其中，分层次的创新创业教育包括与专业紧密结合的行业创新创业教育、创业基本技能教育、创业专题研讨、创业实践教育、创业实战训练等内容。创业学院针对每个年级的学生开设不同的创业课程，如为大一学生开设与各专业相结合的创业通识教育；面向有创业意愿和创业项目的大二学生开展结合其专业基础的专业化创业技能教育；面向符合 YBC 标准的大三学生开展创业实战训练，使学生“带着项目入学，带着企业毕业”。

表4－1　“全覆盖、分层次、菜单式”课程体系①

<table>
<tr><th>课程阶段</th><th>开课对象及开课时段</th><th>课程类型</th><th>课时（学分）</th><th>是否进入教务课程体系</th><th>核心课程</th></tr>
<tr><td>一阶</td><td>大一学生（第二学期）</td><td>必修课</td><td>36 课时（2 学分）</td><td>是</td><td>创新创业素养和意识</td></tr>
<tr><td rowspan="6">二阶</td><td rowspan="6">大二学生（每学期开课）</td><td rowspan="6">选修课（菜单式选修，学生全学年最多可以选修6个模块）</td><td>16 课时（1 学分）</td><td>是</td><td>商业计划书（模块1）</td></tr>
<tr><td>16 课时（1 学分）</td><td>是</td><td>企业财务分析（模块2）</td></tr>
<tr><td>16 课时（1 学分）</td><td>是</td><td>团队管理（模块3）</td></tr>
<tr><td>16 课时（1 学分）</td><td>是</td><td>商务谈判（模块4）</td></tr>
<tr><td>16 课时（1 学分）</td><td>是</td><td>企业盈利模式（模块5）</td></tr>
<tr><td>32 课时（1 学分）</td><td>是</td><td>校企共建创业小班（模块6）</td></tr>
<tr><td rowspan="2">三阶</td><td rowspan="2">大三学生（第五学期）</td><td>必修课（创业方向）</td><td>>18 课时（替换1学分）</td><td>否</td><td>创新创业实践与孵化</td></tr>
<tr><td>必修课（就业方向）</td><td>18 课时（1 学分）</td><td>是</td><td>就业指导</td></tr>
</table>

第二，开展创业街实践活动。成都创业学院的创业街模式主要有三种，即初期“创业夜市”模式、中期“创业商铺”模式和后期“创业工厂孵化”模式。学院整合校内丰富的实践、实训资源，将校内商铺以及各专业实训室开放，向学生征集项目，通过项目评审的学生可以免费入驻创业商铺。学院明确创业实践平台虚拟公司的主要经营领域：适合校内开展、便于服务全院师生的服务项目，以及软件、旅游、财经、酒店管理、电子商务密切匹配学院相关专业设置的项目等，并开设相关创业实训项目课程（见表4－2）。

①王涛：《高职院校创新创业教育模式探索》，《职业技术教育》2015 年第2 期，第53－56 页。

表 4－2　　课程实训内容项目表（基本学时 88 课时）①

实训对应课程	实训项目名称	学时	实训场所
创新创业素养和意识	企业参观学习	4	企业课堂、创业园
	创新意识激发	6	校外（创新素质拓展）
	企业信息收集	10	创业论坛、创业网站、创业社团等
创新创业方法及能力	创业计划大赛	16	校内
	商业模拟游戏	10	校内
	开业模拟申办	10	校内模拟平台
创新创业实践与孵化	创业模拟沙盘	20	校内外创业实战基地
	企业申办登记	12	校外实战

第三，面向社会创业群体开放创业学院的培训课程。成都创业学院根据社会创业群体的特殊要求开设“菜单式”的创业课程，实施“菜单式”项目制小班和创业素质拓展，同时为他们提供成都市“大学生创业园区”和“社区创业平台”的相应对接，为社会创业群体的创业后续发展提供资源保障。目前，学院已开设的培训课程有 CVCC 创业师资班、DMC 创业指导师培训班、SYB 培训班、微信营销班、电商运营班、IT 服务班等。

第四，打造一支“高、精、尖”的创业导师团队。成都创业学院实行“企业＋教育”的模式，高度重视企业导师的引入。以入驻创业学院的成长型企业创业者为教学先导，吸纳 YBC 导师资源，邀请企业、工商、税务等各界拥有丰富创业经历的专家作为创业导师，打造一支专兼结合的创业教育师资队伍。学院还整合企业家导师、专业咨询公司和国内外创业名师多方人力资源，建设了一个面向成都地区所有园区、创业中心等平台的“创业师资基地”。目前，校内具有创新创业教学认证资质的教师 60 余人，企业导师 41 人。

2. 创业孵化区

围绕创业教育区的需要，成都创业学院同时打造创业孵化区，为通过评审的成都职院优秀的创业团队、其他大学生创业团队及社会创业团队提供孵化平台。创业学院向入驻的创业团队免费提供一年的场地、设备、水电、物管以及其他相应服务，全程提供一对一的企业导师指导，开展导师业务咨询服务。企业的参与指导使得原来主要由学校教师承担的创新创业教育发生了更务实的转变，弥补了学校创新创业教育“重理论轻实践”的不足。同时，入驻团队还可优先承接成长型企业提供的外包订单，通过承接外包订单，积累经验，逐渐独立。

3. 成长型企业区

成都创业学院引入成熟型企业，建设成长型企业区。在引入企业时，创业学院都会在师资、课程、实践指导、创业孵化、校企合作等方面和企业“约法三章”：一是入驻的成长型企业必须提供 2 名创业指导教师，每年免费提供不少于 40 课时的创业教育，与创业学院合作开设企业创业小班课程；二是义务承担 2～3 支孵化团队的指导工作；三是入驻企业有义务向学院相关专业的建设提供指导服务并开展校企深度合作，共建专业。

创业团队、成长型企业、成熟型企业，“共生型”的创业生态让创业学院园区涵盖了创业的

①王涛：《高职院校创新创业教育模式探索》，《职业技术教育》2015 年第 2 期，第 53－56 页。

全过程。学院还要求入驻企业每年提供一定数量的外包订单交给孵化团队，并指导他们完成，实现“交互式创业孵化”模式。成熟型企业的引入，为孵化团队提供了学习典范，解决了师资困境。而成熟型企业则可以享受创业学院提供的相应优质服务，还可以实现企业间资源共享、成本共担，实现加速成长。截至目前，成都创业学院已引驻 8 家成熟企业，来自成都地区 15 所高校的 30 个学生创业团队，10 个主题创客部落。2014 年园区产值达 6200 万元，新创造就业岗位 723 个。

4. 综合服务平台

综合服务平台主要为入驻企业和园区创业青年团队提供政策咨询、会务宣传、成果转化、创业实训、工商注册流程、投融资等全方位服务。它开发了信息发布、工商税务、人力资源整合、政策咨询、后勤服务、金融服务等功能，为园区入驻团队和企业提供整体服务，有效降低创业成本，促进企业核心竞争力提升，并提供创业教育培训、法务咨询等。另外，创业学院还可以与企业或团队共同进行科技项目包装和申请，助力学生创业团队和成长型企业专业化成长。

三、体会与思考

创新创业教育在我国普通高校已开展许久，也日益成熟，但是在职业院校的开展还处于探索之中。成都职院、成都创业学院独具特色的“三区一平台”的创业教育模式，为国内许多职业院校探索创业教育提供了一个可参考借鉴的样本。

（一）整合多方资源联动

1. 政府加强支持引导

政府是创业教育的主导者，在办学过程中，政府发挥着倡导、推动、组织协调、政策支持等主导作用。成都创业学院的成立离不开成都市政府的支持与指导，第一任理事会理事长等职位就是由成都市教育局相关领导担任。首先，政府要加大创业教育经费投入。我国政府目前的创业教育经费主要表现为项目形式、投入小，且受众面低。其次，政府要加强创业师资培训。创新创业教育需要大批创业教育师资，政府要积极举办相关创业师资培训，提高师资水平，促使创业教育系统化、科学化。

2. 行业企业积极参与

成都职院党委书记周鉴说：“高职院校开展创新创业教育，重要的是对学生进行创新创业的素质培养，归根结底是一种素质教育。这种素质的养成有其特殊性，所以不能完全依赖学校教师，必须引入企业导师，实行‘企业＋教育’的模式，才能真正将高校创新创业教育落在实处。”成都创业学院园区内引入诸多成熟企业，以企业经营者作为创业导师，与行业协会、知名企业开展合作，为创业教育开展创造了良好环境。行业协会能在创业教育开展过程中发挥行业资源、技术、信息等优势。企业是创业教育的直接参与者，高职院校可以通过引入企业、风投公司等设立风险投资基金，开展校企深度合作，共同构建创业教育体系。

（二）构建完整创业教育体系

1. 创新体制机制

体制机制的突破是改革创新的重要前提。创新创业教育是一个系统工程，涉及教务、团委、学工、相关院系等多个部门，牵涉多个校领导分工。在管理体制上，成都创业学院实行“理事会 + 院务会”管理体制；在功能创新上，构建了“三区一平台”模式，即在创业学院园区规划出“创业教育区”、“创业孵化区”、“成长型企业区”，分别实现对创业青年的“教育功能”、“孵化功能”和“发展功能”，对创业青年全程提供创业培训，同步进行创业指导；同时建立一个“综合服务平台”，承担行政、会务、传真、咨询等功能。

2. 重视实践教育

成都创业学院十分强调教学与实践相结合，要求大一学生必修 40 学时的“创新创业课”，重点培养其创新创业意识；针对大二学生开设选修课和成熟创业小班，重点培育创新创业方法；针对大三学生开设企业定制项目创业小班，重点为创业实战。成都创业学院还针对社会青年、创业师资和入驻学生企业，实施“菜单式”项目制小班和创业素质拓展。众所周知，传统创业教育比较重视创业意识和知识教育，学校在具体创业项目上的孵化和指导不够，即使有也不够专业。迈入“中国制造 2025”时代，经济发展对创业教育已提出更高要求，实践教育是创业教育必不可少的一环，尤其是创业技能教育。高职院校要想成为大众创业、万众创新的生力军，必然要重视实践教育。

案例三　浙江机电职业技术学院

——探路工科高职院校的创业教育①

背景：

工科背景的高职院校培养的是“专业基础扎实、综合素质优良、技术能力突出”的高技能人才。虽然学生毕业后并不是都要去创办自己的企业，但创新创业能力的培养可以帮助他们更好地就业。作为以工科专业为主的国家示范性高职院校，浙江机电职业技术学院积极探索创新，走出了一条独特的创业教育发展之路。

一、学校概况

浙江机电职业技术学院（以下简称“浙江机电职院”）是一所以培养机电类高等技术应用型人才为主的全日制高等职业院校。秉承“服务浙江制造”的办学传统，经过半个多世纪的建设与发展，已成为浙江省先进制造业紧缺人才培养的重要基地和教育部53所“国家高技能型紧缺人才培养项目”院校之一。2007年，学校被教育部、财政部确定为“国家示范性高等职业院校建设单位”，2010年以优异成绩圆满通过教育部、财政部的验收；2015年，被列为浙江省四年制高职教育人才培养试点学校。

截至2015年底，浙江机电职院设有机械工程学院、电气电子工程学院、计算机工程学院、经贸管理学院、人文社科学院、设计与艺术学院、汽车工程学院、材料工程学院等教学部门；开设机械制造与自动化、模具设计与制造、数控技术、机电一体化技术、电气自动化技术等32个专业，其中机械制造与自动化、数控技术、机电一体化技术、应用电子技术、计算机信息管理、市场营销六个专业为国家示范重点建设专业。现有全日制在校生9500余人；教职工559人（专任教师395人），其中“双师”素质教师占83%。学校建有18个实训、技术中心和150余个各类实验实训室，已形成省内高职院校中规模最大，集教学、培训、技能鉴定和技术服务于一体，具有工业化环境的高水平机电类实训基地。

二、创业教育的基本路径探索

浙江机电职院坚持鼓励实践、宽容失败的创业教育理念，把创业教育确定为学生素质教育工程的一项重要内容，通过机制建设、资源整合和资金扶持，有效推进创业教育的发展。

（一）推进五个结合，构建创业教育体系

作为以机电类专业为主的工科高职院校，浙江机电职院根据专业设置，紧紧抓住“专业学习、企业实践、校友帮带、技能竞赛、模拟和实战”五个结合点来开展创业教育，以进一步增强学生的就业技能和创新创业能力，既适应了现阶段经济社会发展的需要，也充分体现了工科背

①本文根据浙江机电职业技术学院官网信息及相关研究成果等资料编撰而成。

景高职院校人才培养的宗旨与特质。

1. 与专业结合

为了让学生打下坚实的专业能力基础，并且将专业能力运用于创新创业，浙江机电职院通过教学模式的改革与创新，把“双创”教育与专业学习相结合，将创新创业课程融入专业课程。一方面，在专业教学体系和能力培养的各个环节中，学校都明确将学生创新能力和创业能力培养作为创新教学模式、内容和方法的重要内容，从而为学生创新创业能力的提升打下扎实的专业基础；另一方面，学校逐步将创业教育纳入人才培养体系，探索出一套比较科学、完善的创业教育教学体系。学校建设电子商务教研室、企业管理教研室、市场营销教研室、会计教研室、就业和创业指导教研室等，重点开设创业课程，目前，已经开设的适合工科专业学生创业教育的课程有职业规划和创业教育、创业计划写作、企业经营、市场营销学、知识产权概论、商务礼仪等50余门。

在具体实施过程中，浙江机电职院循序渐进，稳步推进。从入校开始，在学生的专业发展与职业规划中，学校就植入创新创业理念，鼓励学生在专业学习的过程中反思、质疑，进而提出自己的见解，为创新创业储备思维能量。进入大二学年，学校通过有专业针对性的创新创业课程，帮助学生积累创新创业所需的专业基础知识。除了常规课程外，学校还开设与创新创业相关的专业领域延伸、拓展课程，学生可根据自身的专业发展方向进行选择。

2. 与企业相结合

浙江机电职院与企业的结合主要体现在职业实践和创业见习两个方面。在职业实践方面，学校形成了三年三阶段的人才培养模式。在大一学年，学校把暑期社会实践规定为学生的必修课；在大二学年，按照教学计划，要求学生到企业进行半年的工学结合顶岗实习，在企业实习过程中锻炼创新创业能力；对于大三学生，到企业开展毕业实习是三年学习的总结与提高阶段，进一步增强学生就业和创业能力。

在创业见习方面，学校建立了规范的创业见习制度，使有创业意愿的学生在企业中进行一段时间的见习，学习企业家精神。学校还重视校外创业实践基地建设，已与40多家企业签订协议，为学生创业实践提供各种保障。在这些校外见习基地，每学期都有数百名学生进行创业见习和培训。

3. 与校友资源相结合

一项针对创业大学生的调查显示，在接触过创业家的学生中，有相当一部分学生将创业作为自己的人生目标。鉴于此，浙江机电职院努力创造各种条件让学生与创业者交流，在这个方面，校友资源发挥了重要作用。学校将校友的创业经历汇编成册，举办校友企业家创新创业论坛，请校友做报告、担任创业导师，校友企业提供创业见习岗位、为创新创业成绩突出的优秀学生提供企业奖学金等。优秀企业家与学生分享他们的创业技巧和成功经验，为学生解答创业过程中的实际问题，对学生未来的职业选择产生重大的影响。

4. 与实践相结合

浙江机电职院将学生创业实践活动组织作为创业教育的重要途径。学校建设大学生创新创业园，为创新创业团队提供必要的场地、设备，让学生在创新创业实践中成长成才。学校大学生创新创业园实行学校主导、高新区支持、开放式办园、封闭式管理的运作模式，致力于打造集“创新成果孵化，创业实践训练”于一体的示范基地，使之成为培养学生创新创业品质和能力的孵化器。

根据学校的规定，学生在规划创新创业项目前，必须进行充分的市场调研，提交调研报告，得到审核认可后才能落地到创新创业园，这就使有创新创业念头的学生不得不主动认识、考察市场。对于暂时不具备落户实力的创新创业项目，学校允许学生在创新创业园门口先“练摊”，对成功入驻的项目企业也要进行定期考核，考核末位的三家项目企业将被淘汰，然后再面向学院重新招商。通过这种校园内模拟的市场准入制度，浙江机电职院让学生学会在竞争中分析长短利弊，锻造市场思维。目前，立项资助和入驻创新创业园孵化的学生公司主要有高新技术类、电子商务类、设计创意类及商贸类四大类。并且，创新创业园被团省委授予“大学生就业创业见习基地”称号。

此外，学校与社会各界共同建立创业见习基地，包括各种孵化器和科技园、风险投资机构、创业培训机构、政府创业资助机构、小企业开发中心、校友联合会、创业者协会等，形成了一个高校、社区、企业良性互动式发展的创业教育生态系统，有效地整合了创业教育资源。

5. 与竞赛相结合

浙江机电职院积极组织学生参加各级大学生创新竞赛、创业竞赛、创意竞赛、社会调研论文竞赛等30多个项目，逐步形成了以技能竞赛为载体的创新创业教育特色。当然，学校不是仅停留在学生参加竞赛培训和获奖层面，还十分重视组织获奖团队和学生在校内进行汇报交流，从而让更多学生从各级各类竞赛中学习和提高创新创业能力。

（二）整合全校资源，提供强有力的保障

建立创业教育机制，深化教学内容和方式改革，提高创业教育的质量和水平，需要全校资源提供保障。目前，浙江机电职院主要从组织机构、资金投入、平台建设、导师团队等四个方面为实施创业教育提供保障，为学生创新创业提供强有力的支持。

在组织管理上，学校成立创新创业教育工作领导小组，由校长任组长，教学工作和学生工作的分管领导任副组长，领导小组办公室设在学生处。财务处、教务处、科研处、人事处、学生处和团委等部门具体负责资金组、技能竞赛组、科技孵化组、师资建设组和创新创业教育组等。在资金保障上，学校对创新创业教育加大投入。2008 年以来，学校平均每年投入经费超过400 万元。在平台建设上，学校积极组织创新创业论坛和技能节等创新创业载体和平台。近年来，技能节的活动项目不断创新和积累，稳定在60 项左右，已经成为全校学生投身创新创业的品牌活动。在师资队伍建设方面，学校采取创新创业导师制，由校内外专兼职教师团队负责对学生创新创业项目进行指导孵化工作；同时根据创新创业项目的不同专业性质，配备专门的指导老师，帮助解决专业问题。

此外，浙江机电职院还注重加强职业指导，将学校的职业指导工作与创业教育结合起来，在职业指导过程中渗透创业教育。在大三学年的毕业实习阶段，学校会根据学生前两年的学习和实践情况，帮助学生分析自身情况，选择合适的发展方向。对于专业能力较强的学生，学校鼓励其选择企业的一线技术岗位，在工作岗位上实现技术创新；对于有创业想法和创业能力的学生，学校则提供专业的创业资讯和服务。

（三）设立专项基金，扶持学生创新创业

学生在创业初期往往需要一定经费的支持。浙江机电职院结合浙江省、杭州市政府的有关政策，出台了一系列扶持学生创新创业的政策。学校配套设立了学生创新创业基金，支持学生的课

题立项和项目开发。学生每学期可申报一次，需通过严格的评审才能予以立项，以保证创新创业项目的数量和质量。对于立项的项目，学校提供 2000 ~ 3000 元的无偿资助资金，确保项目的可持续发展。

三、体会与思考

作为以工科专业为主的国家示范性高职院校，浙江机电职院既促进了学生理论学习和生产实践相结合，有效提高了学生的创业素养与能力，又为高职院校人才培养工作创新提供了实践佐证和示范作用。

（一）夯实专业能力，打牢创业基础

创新创业必须建立在育成学生的个人能力之上，否则就成了无本之木、无源之水，而专业能力作为学生个人能力中的硬指标，直接关乎学生的就业、创业。没有扎实的专业能力为基础，学生的创新创业就缺乏可持续发展的能力，无法面对真实市场的考验。

为了给学生打下坚实的专业能力基础，同时让学生的专业能力为创新创业所用，浙江机电职院通过“双创”教育与专业学习相结合的方式，将创新创业课程融入专业课程，并通过创新创业实践进一步提升和拓展专业能力。

（二）培育市场意识，洞察创业先机

两耳不闻窗外事的读书已不能适应当今的时代发展，学生需要放眼全球。与市场联系紧密的高职教育，则更需要学生开眼看世界。众多创新创业的成功案例证明：培育市场意识，把握发展趋势，洞察创业先机在创新创业中具有重要意义。而在信息时代，面对洪水猛兽般的信息和风云变幻的市场环境，要让学生提前具备成熟的市场意识，创业教育责无旁贷。

浙江机电职院坚持不为创新而创新，不为创业而创业，而是在市场意识指导下开发符合市场需求的创新创业项目，以校内创业园为基地，借由创新创业实践，培育学生的市场意识，使学生具备理解市场、分析市场的能力。

（三）提供配套服务，加强创业实践

创业是一个复杂的过程，充满诸多不确定性。无论是创业知识、技能，还是创业经验，在校学生和刚步入社会的毕业生都很不足。除了为他们提供专业课程、实践机会外，学校更要积极推出配套的措施，为学生创业实践提供相关服务。浙江机电职院通过充分挖掘、发挥校友资源的作用，大力整合资源，创设专项资金，加强职业指导等措施，为学生的创业实践提供服务保障，提升创业教育水平。

案例四　常州信息职业技术学院

——打造立体化创业教育模式①

背景：

在经济发展新形势下，高职院校的创新创业教育被赋予了时代的特色，不仅有利于提高国家的创新能力，促进经济的发展，推动教育体制的改革，还有利于促进学生全面发展，提升高职人才的培养质量。常州信息职业技术学院响应国家号召，积极探索创业教育模式，借鉴国内外先进经验，结合自身优势，打造全过程、立体式创业教育模式，实现创业教育新突破。

一、学院概况

常州信息职业技术学院（以下简称“常信院”）是江苏省首家信息职业技术学院，隶属于江苏省经济和信息化委员会。学院创办于1962年，初名为常州市勤业机电学校，1980年更名为常州无线电工业学校，2001年10月经江苏省人民政府批准和常州市电子职工大学合并组建成立常州信息职业技术学院。

常信院地处长三角腹地——常州，坐落在常州高职园区，占地1042亩，建筑总面积32.03万平方米。设有软件学院、网络与通信工程学院、电子与电气工程学院、经贸管理学院、机电工程学院、外国语学院、艺术设计学院、继续教育学院8个二级学院及基础、社科、体育3个部；现有37个专业，全日制在校生近11000人，教职工600余人，专任教师476人，校外兼职教师（库）500余人；拥有国家优秀教学团队1个，省级优秀教学团队2个，全国模范教师、国家级教学名师1名，专业教师中双师比例达81%。

经过多年的发展，常信院坚持“强化过程体验，重在内化提升”的办学理念，在创新创业教育形式、提高创业能力和培育创业生态上持续发力，走出了一条特色鲜明的办学之路，学生就业率持续保持在98%以上，得到了社会的高度认可。先后获得“国家示范性软件职业技术学院”、“全国职业教育先进单位”、“国家示范性高等职业院校”和“江苏省创业教育示范校”等多项荣誉称号，成为国内职业院校发展的典范。

二、全过程、立体化创业教育模式

创新是创业的基础，而创业是创新的重要载体和表现形式，二者既相互促进又相互制约，是密不可分的辩证统一体。常信院为实现创新创业教育的良好效果，积极探索和创新创业教育模式，从制度、资金、平台、师资、基地等方面进行多角度、立体化扶持，强化实践意识，将创业实践贯穿创业全过程，打造全过程、立体化创业教育，全面提高学生创业能力。

①本文根据常州信息职业技术学院官网信息及相关研究成果等资料编撰而成。

（一）引导管理，多方服务创业教育

作为国家示范院校，常信院将创新创业教育列为国家示范建设项目的重要内容，对其进行引导和管理，建立一系列保障制度，促使创新创业教育得以顺利开展。

1. 制度保障

为保证创新创业教育工作的有序推进，常信院陆续出台了《大学生科技项目管理办法》、《大学生创业风险基金管理办法》、《大学生创业教育基地管理办法》、《大学生创新创业项目奖励制度》、《大学生自主创业项目评审制度》、《大学生特长生工作室运行制度》、《大学生兴趣小组运行与管理办法》等10项制度，构建了完善的创新创业教育工作制度。

2. 资金保障

为提升学生的创新意识和自主创业的积极性，常信院投入大量资金用于基础设施建设和项目孵化。2008年，学院划拨专款用于大学生综合素质训练基地建设，其中绝大部分资金用于大学生创新创业。学院设立"大学生科技创新基金"，对立项项目提供部分启动资金，鼓励学生进行科技创新。此外，学院还设立"大学生创业风险基金"，为需要资金扶持的创业项目提供支持。

3. 师资保障

为保证创新创业教育更好开展，设立了创新创业指导教师制，要求每个项目都有教师的参与，在创新创业意识、创新创业技能、创新创业过程中挫折的应对以及方案的调整、修订等方面给予学生指导。学院制定了《大学生综合素质训练指导教师工作量核定办法》，规范教师对学生创业活动的引导。同时根据每年创新创业的实际成效，对教师指导和学生的创新创业实践活动给予相应的物质和精神奖励，以奖励促动力，以动力促发展，不断提高师生共同创新创业能力，历练创新精神。

（二）内培外引，打造专业创业导师团队

教师是高职院校实施创新创业教育的主要力量，是创新创业教育取得成效的关键。创新创业教师不仅要掌握创新创业教育的理论知识，还要有较高的教学能力和实践经验，这样才能激发学生创业的激情，调动学生的创业热情。学院通过内培外引，大力强化创业师资队伍的建设。

1. 培养校内专职创业教师

常信院十分注重培养校内的专职创业教师，通过引入社会培训全面提高创业教师的创业指导能力。目前，学院有SIYB、KAB、高级创业导师10人，生涯规划师（TTT）52人，就业指导师11人。

2. 提高专业教师创业教育水平

学院利用校内外实训基地，培养专业教师的实践操作和生产经营能力，提高教师的科研开发、项目运作及组织管理等能力，使其在专业教学过程中，着力培养学生的专业素质和专项能力，强化依托专业进行创业的意识与能力。

3. 聘请校外兼职教师

学院高度重视建设兼职创业导师队伍，聘请常州人力资源和社会保障局、工商局、税务局等政府部门和阿里巴巴等企业的高层管理人员为学生解读创业政策、解答创业困惑，并且提供创业调研机会，完善学生的创业知识结构。

（三）多维体验，创新“四纵四横”教育模式

大学生创业素质培养突出强调体验、感悟和内化成长，基本形成了“四纵四横”的立体化创新创业体验模式。通过多维以及多类体验，丰富学生的创新与创业能力。

1. 创新创业教育体验四纵

第一，创新讲座。开展创新教育讲座，宣传创新创业教育思想，激发创新创业思维意识，引导学生解放思想，树立创新意识。

第二，创新论坛。设立专题性创新论坛，针对科技专题、创业专题等内容，组织学生放飞思想、集思广益，通过思想交流进行脑力激荡，形成创新创业的校园文化氛围。

第三，创新大赛。组织创新创业项目推介与评选、电脑节、科技节等各类活动，以此为平台开展商务网页设计大赛、企业沙盘大赛、数控技能大赛、元器件识别大赛、创新思维大赛等。在全校范围内倡导科技创新、积极参与科技项目的思想，激发学生的学习热情和参与项目的运作能力，形成鼓励创新、支持创新的创新创业文化氛围。

第四，创新实践。学生开展创业体验、营销实战、网上电子商务等活动，感受在实践中的创新思想运用等。如电子商务专业学生自定企业名称，确定经营内容和营销策略，并实际开展校内营销活动，核算经营成本和经营利润，全程体验营销与创新创业流程。

2. 创新创业活动体验四横

第一，项目孵化体验。设立大学生创新创业园，内含大学生科技项目园，专为有较高科技含量的大学生科技项目提供试验和创新创业项目孵化场地。大学生科技项目需要通过专家评审遴选入园，在教师的指导下进行研究、设计或开发，最后需要提交一定的研究成果才能完成结项。

第二，专业技能体验。设立大学生特长生工作室，专门为大学生的技能体验提供指导和活动场所。如电子设计单片机（嵌入式系统）、WSD. Studio 网页设计、足球机器人、日语特长生工作室、数控诊断与维修特长生工作室等，学生在特长生工作室需要运用专业知识和技能解决问题，并进行一些项目管理和运作。

第三，团队训练体验。从 2008 级学生开始，在新生中开设礼仪、团队、心理、拓展训练课程，培养学生的团队精神、礼仪规范，以提高学生创新和解决问题、执行和管理事物的能力。

第四，创业探索体验。建立大学生专业创业园、大学生商贸创业街，为创业学生提供免费的网络和办公室设备，鼓励学生进行创业探索和实践。

（四）推进落实，建设创新创业实践基地

一切从实践中来，实践是创新创业教育实施的最佳载体。学院经过总体规划，建成“二园一街”近 1000 平方米的校内创业实践场地和以“信息产业园”为主体的 20 余家企业组成的校外创新创业教育基地，为在校大学生进行创业实践提供多元的活动平台。

1. 大学生科技项目园

大学生科技项目园专为具有较高科技含量的大学生科技项目提供科研开发场所，园内分成 14 个工作室，面积达 500 平方米，先后有 95 个科技项目入园，其中 52 个项目完成结题。

2. 大学生专业创业园

大学生专业创业园主要接纳如电气维修、单片机开发制作等依托专业技术进行的创业项目，

现已有 2 家社会注册的大学生创业公司入驻。

3. 大学生商贸创业街

大学生商贸创业街主要是为学生经营商贸创业项目提供创业场所，经营项目可以是电脑产品、广告设计制作、电子商务网实体店等种类，从而帮助学生积累注册、租赁、税收等创业经验。大学生商贸创业街先后入驻学生创业公司 74 家，并进行校内注册，参与创业学生 257 人，参照社会上的公司进行规范管理。

4. 常州信息产业园

产业园是学院学生创业实训、项目孵化的重要基地。2011 年 7 月，常州信息产业园被常州市科技局认定为“常州市科技企业孵化器”，其在武进区政府扶持政策框架下，突出对大学生创业扶持，为具备一定创业条件的大学生创业项目提供服务。目前，毕业学生创办的常州聚焦新能源科技有限公司和常州合盛信息技术有限公司已经成功入驻。

此外，学院在校内信息产业园及校企合作联盟的企业中，建立 10 个创新创业教育基地，让学生参与基地创新项目的调研与开发。例如，学院将苏州荣威模具、万达汽车配饰、阿里巴巴等设为校外创新创业教育基地，为电子、信管、机电、外语等专业提供创新创业教育实践；与中国移动通信集团江苏有限公司签订大学生互联网创业战略合作框架协议，建立中国移动 Mobile Market 创业孵化基地；与常州市人力资源和社会保障局签订协议，在校内成立常州市创业培训基地；与常州太平洋数码城、不夜城通讯市场等联合，建立“校外大学生创业基地”。通过打造这一系列的创业基地，最大程度地满足了学生创业活动的需要，提升了学生的创业实践能力。

三、体会与思考

常信院在 2007 年就将大学生创新创业教育纳入人才培养方案，并按照循序渐进的原则，形成注重实践、全面发展的培养机制，引入多方资源，全面助力学生创新创业教育。

（一）强化实践，贯穿创业教育全过程

常信院明确创业教育理念，广泛调研借鉴国内外创业教育的优秀经验，针对国内院校创业教育理念薄弱，素质教育理念落后，创业教育实践性差的特点，结合本校情况，将实践贯穿于创业教育的全过程。从师资到教育再到创业平台建设，均体现出学院贯彻注重实践的理念。在师资队伍建设中，选取有较高教学能力和实践经验，内外结合、专兼结合的多元化教师，打造高素质师资队伍。在创业教育中，采取“四纵四横”的创新创业教育模式，注重学生创新思维的培养，创业实践能力的提升。此外，常信院还加强创业实践平台的建设，为在校大学生进行创业实践提供多元的活动平台，让学生实现所学专业知识、技能与就业创业岗位零距离对接。

（二）加大支持，全方位助力学生创业

出台一系列制度，为创新创业教育工作提供制度保障。在资金方面，设立专项基金，划拨专款为大学生立项项目提供部分启动资金，鼓励学生进行科技创新。在师资方面，深入落实基地的创业孵化和服务功能，为大学生创业基地打造“校内导师 + 创业导师团 + 创业朋辈 + 企业导师”的四大帮扶体系。在创业服务方面，学院在校园里打造大学生创业园区，实现零收费管理模

式，并采取各种政策鼓励大学生企业家们互相扶持、互相服务、资源共享；同时，依托“一校两园”（创新创业园和信息产业园）模式有效促进创业教育发展和创业基地延伸，实现大学生初创企业与产业园内成熟企业成功结对，开展创业问诊与创业互助，关注学生企业的成长和发展。

第五章　改革农业职教　服务"三农"发展

当前，我国农业发展进入新阶段，加快推进农业现代化，对稳增长、调结构、惠民生意义重大。加快转变农业发展方式，推进新农村建设，迫切需要高素质农业劳动者和技术技能人才。因此，必须积极发展现代农业职业教育，培养一大批适应时代要求的新型职业农民。职业院校应主动适应农业农村经济发展转变，改革农业职业教育发展模式，创新人才培养方式，积极为"三农"发展服务。

案例一　北京农业职业学院

——情系"三农"，书写奇迹[①]

背景：

农业、农村、农民问题一直是我国在全面建设小康社会过程中不可回避且需要大力关注的难题。要实现农业现代化、建设新农村、提高农民素质和收入，农业职业教育的改革、发展将会发挥重要的推动作用。北京农业职业学院通过改革、创新，大力培养新型农业技术技能人才，积极开展农业科技服务，为首都农民增收、农业增长、农村稳定做出了积极的贡献。

一、学校概况

北京农业职业学院（以下简称"北京农职"）起源于1958年创建的北京市农业学校，办学历史近60年。目前，学院占地总面积81.22公顷，建筑面积36.09万平方米；下设园艺、畜牧兽医、食品与生物工程等9个系部以及机电工程学院、国际教育学院和继续教育学院，开设普通高职专业39个。现有专任教师400多人，已形成一支品德高尚、素质优良、结构合理、规模适当、专兼结合的高素质专业化教师队伍。自2009年起，学院面向广东、湖南、安徽、四川、重庆等19个省、市、自治区招收高职学生，拥有全日制在校生5000余人。

经过半个多世纪的发展，北京农职已名副其实地成为北京农业职业教育的忠实守望者。坚持"立足首都，面向全国，服务'三农'"的办学宗旨，秉承"立德、修业、求知、笃行"的院训精神，贯彻"以德为先全面育人、以实践教学为主体、办学与服务双赢、开放办学不断创新"的办学理念，不断深化改革创新，提升教学、科研与"三农"服务水平，为解决区域"三农"问题做出了突出贡献。

良好的办学水平和教学质量以及周到的"三农"服务，赢得了社会和政府的充分肯定。北京农职现为国家示范性高等职业院校，先后获得"全国文明单位"、"北京市职业教育先进单

---

①本文根据北京农业职业学院官网信息及相关研究成果等资料编撰而成。

位”、“北京新型农民培养先进单位”、“社会力量参与社会主义新农村建设先进单位”等荣誉称号，并被农业部认定为“现代农业技术培训基地”。

二、“五化”建设深化改革创新

在“以德为先全面育人、以实践教学为主体、办学与服务双赢、开放办学不断创新”办学理念的指引下，北京农职不断改革办学体制、创新教学模式，实行办学高度开放化、人培模式工学一体化、课程体系建设仿真化、师资队伍建设机制化、实训基地建设生产化。如图 5 - 1 所示。

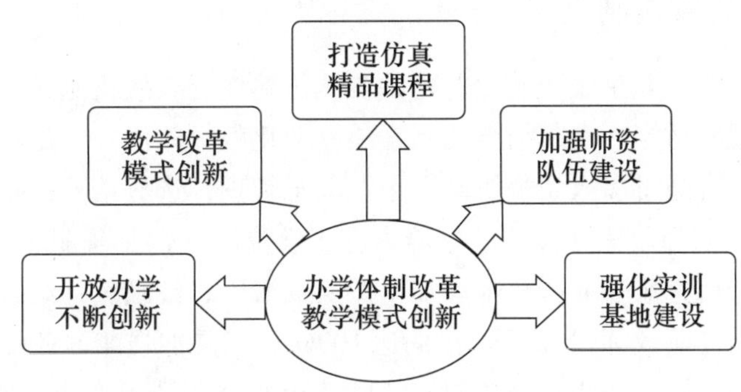

图 5 - 1 北京农职改革创新举措

（一）办学高度开放化

北京农职将“开放办学不断创新”作为四大办学理念之一，充分挖掘、利用更多的社会资源，以合作办学、合作育人、合作就业、合作发展为主线，与政府职能部门对接、与企业共建双赢、与科研院所资源共享、与国内外院校合作办学，加强在人才培养、师资培训、实训基地建设、学术交流等方面的交流合作，建立了政府、行业、企业、学院四方联动的开放办学新格局，有力地促进了学校的快速、稳健发展，赢得了社会和行业的广泛赞誉，发挥了示范引领和辐射带动作用。

（二）人培模式工学一体化

高职院校的人才培养目标是高素质技能型人才，要实现这一目标，使学生具备一技之长，则有赖于人才培养模式是否灵活、能否贴近实际工作岗位。北京农职紧密围绕强化职业岗位能力培养这一主线，推出实际措施，深入开展教学改革和人才培养模式创新，取得了良好的效果。其中，具有代表性的有：园艺技术专业的“植物生长周期循环式”、水利工程施工技术专业的“项目驱动区”、畜牧兽医专业的“岗位轮动式”、信息技术专业的“课程置换式”等工学紧密结合的人才培养模式。

以园艺技术专业为例，其“植物生长周期循环式”的人才培养模式，按照植物生长周期同步安排教学活动，结合育苗、花果管理等典型工作任务，学生边做边学习专业知识，掌握岗位能力，使教学环境与工作岗位一体，实现工学交替的人才培养。它的特点是：实现了教学与生产一体、课堂与田间一体、学习与劳作一体、作业与产品一体。

（三）课程体系建设仿真化

在课程体系建设中，北京农职以实践教学为主体，强化与行业企业的深度融合，结合专业特点，构建以工作任务为导向的工学一体的课程体系，打造仿真精品课程，进而实现“知”与“行”的零距离对接、“教”与“学”的零距离互动、“学”与“用”的零距离接轨。其中，具有代表性的有园艺专业的任务导向课程体系、畜牧兽医专业的“岗位化”课程体系、绿色食品生产与检验专业的“从田间到餐桌”全程控制课程体系、水利实施技术专业的“项目化”课程体系以及市场营销专业的“农产品营销业务流程”课程体系。

（四）师资队伍建设机制化

通过一系列政策措施，北京农职着力构建师资队伍建设的长效机制，打造一支品德高尚、素质优良、结构合理、规模适当、专兼结合的高素质专业化教师队伍。一是重视专业带头人、骨干教师师资队伍建设。学院通过引入竞争机制，采取动态管理，选拔培养一批专业带头人和中青年骨干教师。二是加大“双师”素质教师的培养力度。学院通过企业兼职、乡镇挂职、基地锻炼、科技服务等形式有计划地选派专业课教师参加生产实践锻炼，鼓励教师结合生产实际开展实用技术研发和科技推广，使专业教师“双师”比例达100%。三是加强兼职教师队伍建设。学院充分利用首都人才聚集优势，建立兼职教师资源库，聘请行业企业技术专家、能工巧匠为兼职教师，使专业教师的专兼比例达到1∶1以上。

（五）实训基地建设生产化

实训教学是高等职业教育人才培养和教学体系的重要组成部分，是体现高职教育应用型人才培养特色不可缺少的教学环节，实训基地是实施实训教学最基本的依托和物质保障。北京农职大力拓展实训基地的教学、科研、试验、示范和技术开发功能，全面提升实训基地建设水平。目前，已形成校中有场、场中有园，校内实训场所总面积700余亩。建有彩色苗木繁育中心、植物病虫害综合防治中心、教学动物医院、种禽繁育中心、食品安全检测中心等37个综合性校内实训基地、156个实验室，校内生产性实训比例达80%以上，并初步形成了以国家级实训基地建设为龙头、市级示范性实训基地建设为重点、院级重点建设实训基地为基础的基地建设格局。

在校企合作方式上，进行了积极而富有成效的探索。一是股份制形式，如学院与平谷区畜牧服务中心组建绿都羊业股份有限公司；二是依托学院的技术、人才与生产企业组建实训基地，这是校外基地建设的主要方式；三是吸引企业与学院合作建立生产性实训基地，如博世集团在校内建设电动工具实训室、通成达水务建设有限责任公司在校内建设招投标模拟实训室等。灵活多样的合作方式，使学院在校外建设的产学合作紧密、相对稳定的实习实训基地达到330余个，为有效实现工学结合的人才培养提供了有力保障。

三、“五个一”工程服务“三农”

“三农”孕育了农业职业教育，农业职业教育也滋养着“三农”。农村是农业院校生长的土壤，农业院校只有双脚真正走进农村并为之服务，才会真正体会农业的魅力。多年来，北京农职坚持“立足首都，面向全国，服务‘三农’”的办学宗旨，不断创新工作机制，充分发挥人才、技术优势，积极为首都农民增收、农业增长、农村稳定做出贡献。学院通过实施“五个一”主题服务工程，使专业骨干输入到“镇”，优秀人才输入到“村”，科技服务输入到“户”，把农村实用技术带到“田间地头”，成为京郊开展农业科技服务的主体力量。如图5－2所示。

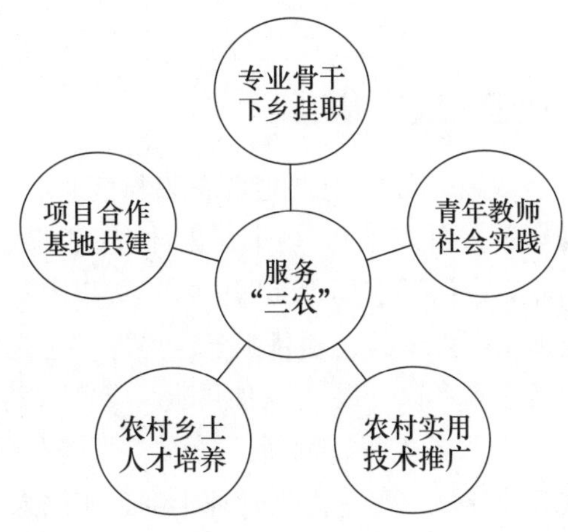

图5－2 北京农职服务“三农”工程

（一）选派一批专业骨干挂职服务

北京农职本着“专兼结合、服务主导、院区合作共建”的原则，选派100多名专家、教授、专业骨干到20多个乡镇、100多个行政村，为新农村建设提供人才、科技、信息、培训等综合服务，为13个区县引进重点示范推广项目70项、实用技术110项，完成了农民实用技术和农村劳动力转移培训4万人次。

（二）带动一批青年教师社会实践

学院积极引领青年教师走出校门、深入基层，把最新信息、实用技术、发展动态等直接充实到课堂教学中，激发和调动了学生学习的积极性；同时以“问题为导向”作为课题研究和成果转化的新方向，开展项目研究，以项目研究带动专利申请、规范性技术规程形成、实用技术推广材料编印、研究成果和论文发布。这样既能服务京郊“三农”，又能丰富青年教师的实践经验，进而带动课堂教学更加贴近实际，提升教学质量。

（三）推广一批农村实用技术

北京农职着眼于解决科技推广“最后一公里”的难题，以“十项技术进百村”为主题，以组建“专业化服务工作室”为抓手，整合院内外服务资源，研发出具有示范推广价值的现代种养殖新技术100多项，并围绕温室蔬菜、温室枇杷、葡萄草莓立体栽培、林地食用菌、野生蔬菜栽培和奶牛、蛋鸡、生猪养殖等专业技术开展了重点跟踪服务。中央电视台就此拍摄了多个专题片，并在《科技苑》栏目向全国播出推广。

（四）培养一批农村乡土人才

面向不同的群体，北京农职提供差异化的培训，着力培养一批农村乡土人才。面向农业技术试验示范项目、专业合作组织、种养大户、龙头企业等现代农业生产管理者和技术骨干开展“基础+技能”的培训，推动专业技术技能提高；面向大学生“村官”开展岗前和岗位技能专题培训，促进相关岗位的业务能力提升；面向农村富余劳动力及妇女开展劳动力转移就业、创业培训，切实提高创就业能力。目前，培训人数已经突破33.5万人，其中8万余人取得了职业技能证书。

（五）建立一批校外“产学研服”基地

本着“共享、互补、发展、双赢”的原则，北京农职与区县、乡镇、企业之间进行广泛的项目合作，联手建立“产学研服”校外基地90多个，累计有近2万人次学生在基地进行各种实践活动。学院与平谷区政府、北京市南郊农场、北郎中农工贸集团等签署了合作协议，实施园林绿化规划、设施农业、农产品加工等多个特色项目服务。另外，还充分发挥地处房山区的区位优势，先后与长阳、琉璃河、佛子庄等乡镇开展“院乡共建”合作，助力当地产业转型。

北京农职通过“五个一”主题服务工程，创新“三农”服务模式，开展技术推广服务，为首都新农村建设和都市型现代农业发展培养了大批管理干部、实用人才和新型农民，为促进区域“三农”发展做出了积极贡献。同时，在服务“三农”的过程中，学院的办学水平和教学质量获得提升，实现了办学与服务的双赢。

四、体会与思考

北京农职通过五项举措，提高学校办学水平、教学质量，大力培养新型农业技术技能人才；创造性地实施、推进“五个一”工程，助力首都“三农”发展。这为我国职业院校培养适应产业发展、服务地方经济社会建设的技术技能人才提供了参考样本。

（一）树立开放办学理念

随着改革开放的深入发展，对外开放已经深入到中国社会的方方面面，影响着中国社会的发展。在这个开放的时代，教育要实现优先发展，同样需要树立开放的办学理念，具备开放的意识，拥有开放的视野，把办学放在社会大环境里去研究。尤其是职业教育必须要放在经济社会发展的大背景中去谋划，职业院校要敢于利用校内外两种资源，善于经营校内校外两个领域，使校园成为开放的环境，使教育成为开放的事业。

（二）加强教育教学改革

北京农职紧密围绕高素质技能人才培养这一目标，深化人才培养模式改革创新，不断提升自身的办学水平、教学质量，提升自己的核心竞争力。职业院校的办学要上层次、上水平，获得社会的认可，核心竞争力是关键筹码。职业院校的核心竞争力主要是人才培养质量，这是职业院校在竞争中取得可持续生存与发展的重要法宝。而人才培养质量的提升则有赖于学校能否推进教育教学不断改革、人才培养模式持续创新，能否形成自身的办学特色和相对优势。

（三）强化服务能力建设

发展教育的终极目标是为了促进社会的发展、进步。北京农职依托自身优势，创新工作机制，通过实施“五个一”主题服务工程，提升自己的社会服务水平，为京郊“三农”发展做出了积极贡献。

职业院校应该依托自身专业优势，以技术服务中心建设为平台，加强科研和技术服务团队建设，强化科技创新，鼓励科技开发；通过联合攻关解决社会、行业、企业生产技术难题，推进产学研深度合作，提升服务企业、服务行业、服务社会的水平和层次，实现学校自身发展与经济社会建设互动、共赢。

案例二　南宁市横县职业教育中心

——让“留守学生”成长无忧[①]

背景：

多年来，“留守学生”是农村学校的一个常见群体。在农村职校，“留守学生”所占比例较大。由于父母长期在外，“留守学生”缺乏应有的关爱和教育，他们的学习、生活、心理等方面容易出现问题。南宁市横县职业教育中心立足地方农村“留守学生”的现状，积极探索、创新农村职校“留守学生”教育模式，为他们的健康成长构筑了一道坚实的堤坝。

一、学校概况

南宁市横县职业教育中心（以下简称“横县职教中心”）地处“中国茉莉之乡”，是首批国家级重点中等职业学校和“国家中等职业教育改革发展示范学校建设计划”立项建设学校。目前，该校占地面积105.4万平方米，校舍建筑面积7.7万平方米，教学设施设备齐全；在编教职员工260余人，全日制在校生近4000人。该校开设有茶叶生产与加工、汽车运用与维修、计算机应用、现代农艺技术、数控技术应用、模具制造技术、机电设备安装与维修、制冷和空调制备运行与维修、电子电器应用与维修、服装制作与生产管理、会计、高星级饭店运营与管理、学前教育13个专业。

横县职教中心坚持以立德树人为根本，以服务发展为宗旨，以促进就业为导向，积极推行“工学结合、校企合作”人才培养模式；依托中国—东盟自由贸易区、环北部湾经济区的区位优势，立足“三农”，服务地方，积极开展中职学历教育、社会培训和函授教育。该校教育教学和科研工作成绩显著，每年为当地经济社会发展培养和输送了1000多名专业技术人才。近年来，横县职教中心先后获得“全国农村成人教育先进集体”、“自治区示范特色学校”、“自治区教育系统先进集体”、“自治区卫生优秀学校”等荣誉称号。

二、农村职校“留守学生”教育模式实践

根据农村“留守学生”比较多的情况，横县职教中心以关爱学生、培养学生、服务学生为中心，积极探索、创新农村职校“留守学生”的有效教育模式，形成多方共同教育和管理的合力，对“留守学生”实施针对性教育，促进他们的健康成长和发展。

（一）加强“留守学生”心理辅导

为优化“留守学生”的心理素质，横县职教中心积极探索具有农村职校特色的“留守学生”人格塑造与完善的途径与方法，建立相关心理咨询机构，加强心理健康教育的师资建设，完善心理危机预警制度及心理咨询室工作制度，大力开展“留守学生”心理辅导活动。

---

①本文根据南宁市横县职业教育中心官网信息及相关研究成果等资料编撰而成。

1. 建设配套完备的心理咨询中心，规范开展心理辅导活动

横县职教中心建成横县第一间规格最高、配套最完备的心理咨询室，命名为“心灵成长中心”。该中心设有个体咨询室和团体辅导室，具备个体咨询、团体辅导、音乐放松辅导、心理测试、箱庭（沙盘）辅导、宣泄放松、阅读放松等功能。在“心灵成长中心”的基础上，该校组建了阳光心理协会。协会由专兼职心理咨询教师和学生成员组成，每周开展预约心理咨询服务，学生心理辅导及个体咨询工作规范化、常态化。

2. 构建心理素质评估与监控体系，全面实施心理预警工作

横县职教中心建立农村职校“留守学生”心理素质（健康）评估和监控体系，该体系由评估体系、监控体系、干预体系、支持体系四大部分组成。经过调研、探索，建立健全“留守学生”心理素质（健康）评估与监控机构，初步形成了由政教处、团委、心灵成长中心和班级等构成的多级评估与监控体系，明确“留守学生”心理健康监控队伍人员及职责，各司其职。各职能部门积极配合参与，为评估与监控工作提供了组织和人力保障。

横县职教中心还先后制订了《“留守学生”心理素质评估标准及心理危机干预实施方案》、《“留守学生”心理危机干预制度》等多项心理素质（健康）评估与监控管理制度，建立健全心理评估、危机监控、心理干预，形成了完善的制度保障体系。定期组织学生开展网络心理健康测评活动，对测评结果得分超出量表规定正常范围的学生给予重点关注。

此外，该校依托体系建设，开展《农村中职“留守学生”朋辈心理辅导模式》课题研究，建立“留守学生”心理辅导创新工作室，培养“心理朋辈辅导员”，发挥他们的积极性，在班级和社团的“留守学生”中有效开展心理辅导和帮扶。

3. 强化心理健康教育的师资建设，着力提高相关工作质量

横县职教中心大力推进德育师资队伍建设，加大班主任、心理健康教育教师等培训力度；通过选派送培、进修和校本培训等，培养了一批专兼职心理咨询师，形成了一支熟悉并掌握“留守学生”教育规律、老中青搭配合理的心理健康教育工作队伍。这支队伍在“传帮带”中迅速成长，精诚合作，先后策划并组织了心理健康活动月、活动周、校园心理比赛等系列的心理健康团体辅导活动，大大促进了学校尤其是“留守学生”的心理健康教育发展。

（二）构建“三位一体”育人机制

横县职教中心把学校教育向家庭延伸、向社会拓展，实现学校、家庭、社会的三方良性互动，构建以“学校为主导、家庭为基础、社会为平台”的“三位一体”“留守学生”教育机制，整合三方面的资源和力量，合力形成一个教育网络，全面提升“留守学生”的综合素质和就业能力。

1. 发挥学校主导作用，开展系列针对性教育

（1）实施准军事化管理，促进良好行为习惯的养成。横县职教中心参照军队编制对学生进行编制和管理，通过系列的国防教育，采取军事训练、行为习惯、礼仪教育、内务卫生管理等，进行高标准、严要求的军事训练，使全体学生养成良好的行为习惯。

（2）开展多项专题教育活动，营造良好的教育环境。针对“留守学生”所处的环境、身心发展情况及个性特点等因素，横县职教中心开展主题班会、专题讲座、演讲比赛、板报或手抄报比赛等活动，让“留守学生”正确认识社会环境与自立成才的关系，热爱所学专业，培养良好的职业道德观。同时，该校还利用各种节日，开展爱国、感恩、“中国梦我的梦”等专题教育活动，教育他们感恩父母、感恩社会、报效祖国。

（3）加强“留守学生”的关爱帮扶，营造家一般的温暖。横县职教中心在用足用好国家和自治区各项资助政策的基础上，进一步建立完善本校“留守学生”资助体系，成立“横县职教中心红十字会爱心基金会”，积极为生活困难的“留守学生”提供勤工俭学的机会，帮助他们解燃眉之急。学校创建“学生关爱帮扶中心”QQ 群，切实为他们排忧解难；同时，还特别组织了节日慰问活动及国庆、元旦嘉年华大型游园活动，给“留守学生”营造家一般的温暖与关爱。

（4）开展丰富多彩的文体活动，充实“留守学生”的课余生活。横县职教中心成立了 10 多个学生社团，定期举行社团活动月、趣味运动会、球类比赛、文艺演出等活动，鼓励“留守学生”积极参与，为“留守学生”提供充分展示自我的平台，丰富他们的课余生活，增强他们的自信心。

（5）实施疾病预防“同伴教育”，培养“留守学生”的社会责任感。横县职教中心制定预防艾滋病教育宣传规划，公开招募预防艾滋病志愿者和宣传员，开展形式多样的预防艾滋病宣传教育和“同伴教育”活动；同时，通过与国际行动援助横县示范区合作，建立“横县预防艾滋病‘同伴教育基地’”，邀请县、市疾控中心专家来校对“留守学生”进行防艾知识讲座，参与防艾志愿者的培训，与团县委、县妇幼等相关部门联合开展防艾知识宣传，培养“留守学生”的社会责任感。

2. 加强家校之间联系，塑造良好的家庭环境

横县职教中心建立健全家访制度，借助电脑网络、移动通信等途径，以校讯通、QQ 群等方式，开展家访、电访等活动，加强学校领导、老师与学生家长之间的联系、互动，了解“留守学生”的家庭生活情况，并帮助解决相关问题。

该校还成立家长学校，把农村职校“留守学生”家长作为培训重点，定期召开家长会；编撰家长培训教材——《家长手册》，灵活开展家长学校下乡培训活动，宣传现代职业教育理念和家庭教育理念，着力塑造“留守学生”良好的家庭成长环境。

3. 邀请社会各界参与，全方位提高职业素养

横县职教中心每年邀请相关社会职能部门参与关爱农村职校“留守学生”活动，结合新农村建设工作组织开展“关注留守孩子，情系农村教育”活动，扩充师资力量、优化教育资源，营造良好社会舆论，形成齐抓共管的局面。

该校与共青团县委、妇联、教育局等联合开展“留守学生”结对帮扶、手拉手联谊活动及社会教育实践活动；与横县人民法院合作，开展“留守学生”代表走进法庭，参加少年庭公开庭审旁听活动，并聘请法制教育指导员到校开展法制教育大会，以此引导“留守学生”知法、懂法、守法、用法，增强他们的法律意识和法制观念，提高他们保护自身合法权益不受侵害的意识和能力；与横县妇幼保健院、横县人民医院、横县疾控中心开展疾病防控及救灾应急等方面教育。此外，该校还邀请优秀校友、相关企业家到学校作就业指导报告，促进学生形成良好的职业素养，树立正确的就业观。

（三）科学规范管理“留守学生”

针对“留守学生”管理中出现的问题，横县职教中心积极探索、创新，采取切实可行的措施，推动“留守学生”管理的科学化、规范化。

1. 搭建平台，推进“留守学生”科学规范管理

横县职教中心与相关企业合作，共同研发了“横县职业教育中心　心灵成长中心”专题网站和“留守学生教育管理系统（软件）”。专题网站与管理系统（软件）的功能融为一体，构成了“网站—系统—论坛”多维网络宣教平台。由此，该校实现了“留守学生”电子档案的规范管理，普及了心理健康知识与资讯，让广大师生、家长乃至社会各界更多地了解和关爱农村职校“留守学生”。

2. 开发教材，编撰农村“留守学生”系列丛书

经过调研、讨论及分工合作，横县职教中心开展农村中职“留守学生”系列丛书编撰工作。该校编写了家长学校的校本教材——《家长手册》，公开发行“留守学生”心理教材，制定适合本校的管理制度手册《“留守学生”教育管理制度汇编》。

三、体会与思考

横县职教中心从实际出发，积极探索、创新农村职校“留守学生”的教育模式，着力解决农村职校“留守学生”所存在的问题，切实增强对他们的关爱与帮扶，促进他们健康成长、成才。

（一）全方面关怀农村“留守学生”

农村学校的“留守学生”可能产生的问题不仅仅是学习一个方面，还涉及生活、心理、安全等多个方面。因此，学校的教育不应仅仅强调“留守学生”的学习活动一个方面，而要全方面关怀“留守学生”的成长、发展。横县职教中心在关注“留守学生”学校学习活动的同时，把“留守学生”纳入德育工作的主阵地，大力加强心理预警、监控与疏导；积极帮助解决他们的生活困难问题；增强他们的法律意识、法制观念，提高他们保护自身合法权益不受侵害的意识和能力；丰富疾病防控、救灾应急等方面知识。由此，横县职教中心形成了对农村“留守学生”全方位的关爱。

（二）形成多元化的合力育人机制

要实现对“留守学生”的全方面关怀，学校就需要跳出单一的校园教学管理的框框，把教育向校外延伸，拓展至家庭、社会，构建“留守学生”教育管理的多元化机制，形成多方合力育人的局面。横县职教中心着力构建了学校、家庭、社会“三位一体”的合力育人机制，积极发挥学校的主导作用，开展一系列针对性的校园教育活动；通过多种方式、多种途径加强与家长之间的联系与互动，促进良好家庭环境的塑造与形成；强化与相关社会职能部门的合作，推动形成良好的社会氛围。通过这样的机制，横县职教中心的“留守学生”获得了更多的关爱与帮扶，成长、成才也就更有保障。

（三）科学规范实施相关教学管理

在对农村“留守学生”开展全方面关怀和多元化合力育人过程中，相关教学管理的实施是否科学、规范，直接关系到最终的效果。横县职教中心的“留守学生”教育管理不是盲目地开展，而是基于调查研究、充分讨论；在具体实施过程中，有相应的组织机构和规章制度予以保障；并研发了相关的网站、软件系统，进而使得对“留守学生”的教育管理更加科学化。

案例三　黑龙江农垦机械化学校

——践行涉农专业现代学徒制[①]

背景：

现代学徒制是将传统学徒制融入了学校教育，由企业和学校共同推进的一项育人模式，是职业教育校企合作不断深化的一种新形式。在这种模式中，生产和学习可以同时进行。这种方式不但可以解决青年就业问题，还能帮助企业获取高水平人才，促进经济发展。在我国大力倡导、支持发展现代学徒制的形势下，黑龙江农垦机械化学校坚持面向“三农”办学，积极探索、实践涉农专业现代学徒制，着力培养区域现代化大农业发展亟需的技能人才。

一、学校概况

黑龙江农垦机械化学校（以下简称“农垦机校”）是一所全日制普通中等专业学校，隶属于黑龙江省农垦总局，始建于1955年，原名为黑龙江赵光农业机械化学校，1996年2月经黑龙江教委批准更改为现名。

农垦机校现占地18.6万平方米，建筑面积8.66万平方米，建有各类实验实训室70余个，自有耕地150多公顷。开设农业、加工制造、财经和信息技术等五大类专业群，其中农业机械使用与维护、现代农艺技术、畜禽生产与疾病防治3个专业属于省级骨干示范专业；建有职业技能鉴定站，能对20多个工种进行职业技能鉴定。学校现有在校生4000余人，每年短期培训各类人员数千人；教职工270余人，其中专职教师200余人、“双师型”教师130余人。

经过60余年的发展，农垦机校现已发展成为一校多制，具备多项教育职能，融职业技术教育、成人教育、普通教育于一体的现代化、规范化、综合型学校。作为黑龙江省唯一一所建在农村的农业中职学校，学校坚持贴近垦区实际需求办专业，专业建设突出以农为本，积极探索适合垦区经济发展特点的农业技能人才培养之路，为垦区现代化大农业的发展提供了强有力的人力资源支撑。2004年，农垦机校被评为“国家级重点中专学校”；2012年6月，学校被教育部、人力资源和社会保障部、财政部正式确定为“国家中等职业教育改革发展示范学校建设计划”第二批立项建设单位。

二、涉农专业现代学徒制探索与实践[②]

农垦机校隶属于国有现代化农业企业——黑龙江垦区，凭借得天独厚的“校场一体”优势，借鉴西方现代学徒制模式，与垦区的农牧场深度合作，结合农业的生产季节，聘请农场的专业技术人员和能工巧匠作为师傅，在农忙季节组织学生由师傅带领参加农业生产，农闲季节由学校的教师传授理念知识，从而构建起具有农业特色的现代学徒制，为垦区培养现代农业发展亟需的农

①本文根据黑龙江农垦机械化学校官网信息及相关研究成果等资料编撰而成。

②王传峰：《现代学徒制在涉农专业中的探索与实践》，《中国职业技术教育》2015年第21期，第29－33页。

业产业工人。

（一）完善的培养体系

农垦机校是黑龙江农垦职教集团、北大荒现代农业职教集团、黑龙江畜牧兽医职教集团的成员单位，集团内既有中高职院校、科研院所等培养培训及学术单位，又有众多的农场等企业，有着深厚的传统学徒制基础，垦区下设的各管理局和农场是学生实践的最好课堂，授课与学习都在田间地头，田间作业、生产过程就是教学过程。

学校以黑龙江省农垦总局在全垦区开展“从业人员素质提升工程”为契机，尝试以现代学徒制的模式开展教学，根据农业生产季节，分阶段进行理论和实践教学。在农闲季节，学校组织专业教师到农场分校进行理论课的教学；在农忙季节，农场安排农业、农机、畜牧三大科室的专业人员和管理区的三大专业技术人员及实践经验丰富的行家里手、能工巧匠作为学员的师傅，手把手地带领学员参加各个生产环节的实践活动。这些学员本就来自一线，有着一定的实践基础，因而实践效果事半功倍。

学校在北安管理局的主导下成立了校企合作委员会和专业建设委员会。两委员会成员由管理局的农机、农业、畜牧业务局处室人员，农场的农机、畜牧、农业三大科室人员和学校相关专业教师共同组成。委员会成员共同设置学校专业课程，共同编写和制订专业教材、教学计划及课时安排，共同制订教学大纲，根据生产季节将农场的农牧业生产过程与理论教学过程有机结合，形成农业中等职业学校特有的现代学徒制职业教育模式。

2012 年 12 月，由北安管理局主导，学校的农机、种植和养殖 3 个教研室组织召开了以项目教学法为主的校企合作教材编写研讨会，来自北安管理局的 3 个相关业务处室和农场的 3 个业务科室的专家全程参与。专家们采用头脑风暴法，将农场现行的农业生产标准和管理规范全部融入学校现阶段的教材，保证教材内容更符合农业生产实际。目前，学校已经公开出版了农机、种植和养殖 3 个专业以工作任务为导向的 10 多本校本教材，并应用于教学中。

在师资队伍建设方面，农垦机校与农场合作构建一支“双师型”教学团队。学校聘请农场的专业技术人员和能工巧匠作为兼职教师，以解决学校理论教师和指导师傅师资不足的问题；聘请农场一线的专业技术人员作为理论课教师，在农闲季节与学校教师一起进行理论教学；聘请能工巧匠作为实习指导师傅，在农忙季节手把手地带领学员参加一线生产。他们既有扎实的理论知识，又有丰富的一线实践经验，且培养的是自己的员工，因此教学效果显著。学校也常委派专业教师去农场挂职实践，实现了教师的互聘共用、双向挂职。

（二）创新的实践教学

实践教学是培养学生理论知识应用能力、锻炼职业和岗位技能、实现应用型人才培养目标的重要教学环节。农垦机校为了充分提高学生的实践技能，充分利用当地的资源，积极对外寻求合作，建立一系列“工学一体化”场所，搭建实践教学平台。

一是建立基础技能训练基地。2011 年，与襄河农场合作，由襄河农场无偿提供土地，建立规模 1 万只的种鹅繁育场；与二龙山农场合作，由二龙山农场无偿提供 5000 平方米的房舍，建立规模 2000 只的大鹅养殖场，为学生在真实的生产环境中实践提供必要的场所。在校内还分别建立与农场真实生产环境相当的农机实训基地、中草药种植基地、棚菜种植基地、孵化基地、育雏基地、鹅养殖基地等专业实训基地，为学生掌握基本技能提供必要的条件保障。

二是校场共建涉农专业服务中心。学校与红星、赵光等农场合作建设了现代农机服务中心、现代农业服务中心、畜禽疾病防治服务中心3个涉农专业服务中心。三大农业服务中心既服务于当地农业发展，又有助于锻炼学生的基本技能。

三是依托农场的丰富资源，农垦机校在农场建立实习基地。北安管理局下辖15个农场，每个农场均有农机中心、农业服务中心和现代化的养殖场，三类场所均为现代学徒制的培养基地，是农垦机校学生的实习实践基地。

同时，近几年来农场为了培养自身发展所急需的技能人才，还给学校提供仪器、设备和技术等方面的支持，在学校建设了集生产、实习、实训等功能于一体的校内实习车间。实习车间在生产产品的同时承担学生实习、实训任务。农场还选派一些具有丰富实践经验的专业技术人才、能工巧匠，到学校担任兼职理论教师和实训师傅。这一机制提高了校企合作办学质量，为农场长期持续发展提供了强有力的人才支撑。

（三）多元的评估机制

教学质量是职业院校生存与发展的生命线。建立科学、有效的教学评估体系有利于职业院校教学质量的全面提升。农垦机校为进一步提高学校现代学徒制培养的效果和质量，创新评估机制，以学生和教师为主要评价对象，且评估的内容多元。

学校以课程考核和操行评定为学生的主要考核内容，以德、能、勤、绩为教师的主要考核内容；对学生的评价由学生本人、家长、任课教师、校内实训师傅、班主任、学校、实习企业的师傅等个人或单位等共同进行。对教师的评价则由教师本人、家长、学校、行业企业等共同进行，据此，学校对学生和教师进行综合评定。此外，学校还会通过社会反响、企业评价、学生及家长评价等对学校进行评价。多方全面的评估机制为学校的教学质量的提高提供了保障，如图5-3所示。

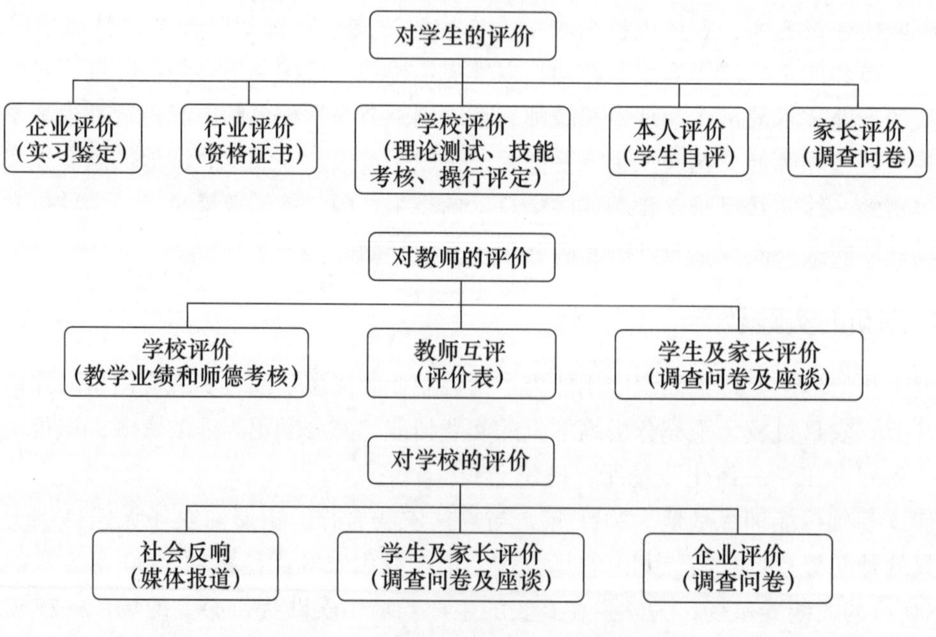

图5-3 学徒培养的多元评估机制

三、体会与思考

作为黑龙江唯一一所农村职业教育学校，农垦机校坚持立足垦区、面向“三农”办学，充分利用“三贴近”（贴近农村、贴近农民、贴近农业生产第一线）的天然有利条件，探索、创新涉农专业现代学徒制，培养了一大批高素质的新型农民，有助于当地经济的发展。农垦机校的实践为农村职业教育的发展提供了新思路、新模式，引领农村职业教育发展的新潮流。

（一）注重服务地方，积极与当地农业发展相结合

职业教育具有区域性，需要与当地经济发展相适应。农垦机校紧紧抓住贴近农村、贴近农民、贴近农业生产第一线的办学优势，提出五围绕、两特色、一实现的办学思路，简称为“521”办学思路。其中，“五围绕”是指学校围绕“三农”抓专业设置，围绕人才培养抓基地建设，围绕现代大农业抓职业培养，围绕城镇建设抓人才培养，围绕人员输出抓技能教学；“两特色”即突出产教结合特色，突出校企合作特色；“一实现”即实现黑龙江农业职业教育集团目标，把学校办成多层次、多形式、全方位、现代化、开放式综合型职教中心。无论是教学计划还是教学内容的制定，学校都紧跟垦区内外现代化大农业的发展格局，围绕“三农”开展专业建设，围绕人才培养推进基地建设，围绕现代化大农业实施职业技能培训，实现人才效益、社会效益、经济效益的协调发展。

（二）以技能为核心，实现“真做、真教、真学”

传统教育体系是以理论教学为主，培养的学生实践能力不强。而职业院校以培养专业技术人才为目标，因此非常注重实践教学。在推进涉农专业现代学徒制的探索与实践过程中，农垦机校以培养学生的技能为核心，在做中教，在做中学。教师实现双师化，既能从事专业理论教学，又能指导学生技能实践；学生兼有“学生”和“员工”双重身份，实践锻炼的机会多；车间（田间）既是学习场所又是实践场所；学习过程生产化，既可以更直观地授予学生理论知识，又可以锻炼学生的实践能力。学校采用以上措施，其核心就是回归职业教育培养实用型技术人才的本质，实现“真做、真教、真学”，培养出具有专业知识、动手能力强的技能人才。

（三）以评估为手段，全面提升学校整体教学质量

职业院校的评估工作就是要实现“以评促建，以评促改，以评促管”。通过评估，加强学校的教学基本建设，进一步深化教育教学改革，使得学校的人才培养水平上升到新的阶段。农垦机校创新的多元评估机制，内容多元化且全面，为学校教学质量的提高提供了强有力的保障。经过多年实践，学校教学质量显著提升。目前，培养的三大专业学生有20%左右走上了管理人员的岗位，其余人员也成为三个行业的骨干力量，为垦区经济社会发展提供了强有力的人力支撑。未来，学校将为黑龙江农业的发展提供更多的技能型人才。

案例四　长沙县职业中专学校

——面向“三农”办学，服务农村经济发展①

背景：

农村和农民问题一直是国家和社会关注的焦点，关系着改革开放和现代化建设的全局。近年来，长沙县职业中专学校坚持“面向农村，服务农民”的办学宗旨，积极探索农科教结合之路，在育人工程和惠民工程上采取多项新举措，培养了大量新型农业技术人才，有效地服务了地方农业发展。

一、学校概况

长沙县职业中专学校（以下简称“长沙职中”）创办于1983年，坐落在风景秀丽的路口镇荆江之畔，校园占地面积170000平方米，建筑面积64800平方米，拥有智能化温室、微机室、语音室、电子备课室、电子阅览室、多媒体教室共68间，实习工场40个，生产实习基地100多亩，各类图书10.8万册。开设园林、机械加工、汽车制造与维修、建筑、会计、服装、计算机、航空和酒店管理9个专业，在校接受学历教育的学生3200多人，年短训2000多人，教职工215名，被国家教育部、财政部确定为“全国重点建设示范性职业学校”。

自成立以来，长沙职中始终坚持“面向农村，服务农民”的办学宗旨，大力探索现代农业之路，实施生物技术工程、绿草花卉苗木工程、反季无土蔬菜栽培工程和现代养殖工程等技术培训，为社会输送了一大批新型农业技术实用人才。办学30多年来，在推动长沙县农业产业结构调整、建设“两优一高农业”方面做出了积极贡献，先后荣获“全国科教兴农先进单位”、“全国农村教育综合改革先进单位”、“全国职业教育先进单位”、“湖南省黄炎培职业教育优秀学校”等荣誉称号。

二、面向“三农”办学，服务现代农业发展

长沙县是一个近郊农业县，学校根据县政府提出的强农战略，优先培养农业技术人才和开展农业社会培训，坚持服务农村发展、农业增收、农民增富。为满足长沙县农村对农业技术人才的需求，长沙职中实施育人工程，向农民及其子女提供优质的服务；同时，采取三项措施，把职业教育办成实实在在的惠民工程，服务农村经济和社会发展。

（一）实施育人工程，满足农业人才需求

1. 改革教学方法

在教学方法和教学手段改革中，长沙职中勇于创新，坚持“教、学、做”合一的原则，采用现场教学、案例教学、项目教学、探究式教学等多种方法。一方面，长沙职中为学生制定完善

①本文根据长沙县职业中专学校官网信息及相关研究成果等资料编撰而成。

的实习教学方案，包括教学实习、课程设计和毕业学习等环节，要求学生毕业前必须参加不低于30天的企业实习，写出实习报告、制作实习作品，并将这些作为考核学生毕业的重要依据；另一方面，学校将教学方法改革作为校级研究课题，教学过程中以真实的任务或仿真的条件来设计专业综合实训项目，如种植专业课采用到基地实践的现场教学，机械专业课采用完成某一特定任务的项目教学，会计、服装专业课采用案例教学。

2. 深化校企合作

为了提高办学水平和人才培养质量，长沙职中在办学过程中不断深化校企合作的人才培养模式。农林专业注册成立的长沙韵春园农业科技开发有限公司，探索出“学校+公司+基地+农户”的校企合作办学运行模式。工科类专业与沿海及内地多家企业签订合作协议，通过企业提供行业人才标准、派专家来校指导，学校按要求培养人才并向企业输送的方式，积累“校企结合”的人才培养经验。学校餐饮专业、美容美体专业与专业餐饮和美容机构合作联办，通过企业提供专业教师，基本采用“2+1”或“1+1”模式的教学方法，输送毕业生到企业工作，较好实践了“订单式”培养模式等。

3. 加强实习实训

为了培养学生的动手能力、环境意识，长沙职中构建一系列生产实习实训基地，开展实习实践教学。如学校建立农业类专业实习基地，通过向学生传输无公害蔬菜的栽培技术、生物防虫技术，让学生了解到农药化肥对环境的危害、掌握喷灌与滴灌的安装方法，以及让学生学习计算一亩地可以节约的用水量；淡水专业实验基地的老师通过组织学生进行金鱼孵化试验，引导学生探究学校塘水污染的主要原因和防治方法等。

4. 创新评价模式

长沙职中通过研究中职学生的特点，积极探索发挥学生优点的评价模式。学校摒弃传统的以分数论英雄的评价标准，创建“3+1”学生综合素质管理评价模式，如图5-4所示，即“三个维度”加“一个特长”：“三个维度”是指思想道德水平、文化知识水平、专业技能水平，“一个特长”是指学生特长发展，即尊重学生个体差异，对学生特长实施鼓励性评价，促进学生个性化发展。同时，以此为抓手，学校整体推进学生管理工作①。

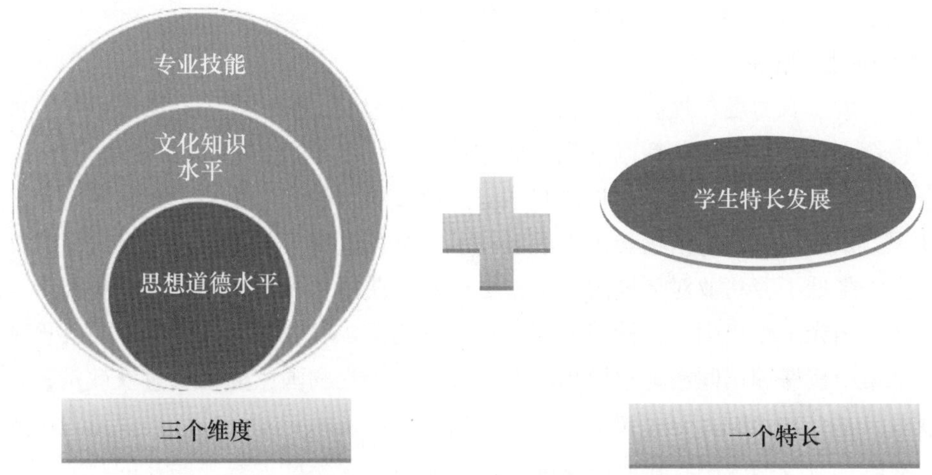

图5-4　中职学生“3+1”综合素质发展性评价模式

①阳锡叶：《打开农村中职生心灵成长之窗——长沙县职业中专德育工作扫描》，《湖南教育》2012年4月（下），第12-15页。

在形式上，长沙职中改革过去以考试成绩为主的方法，采用口试、笔试或考查相结合的评价方法；在内容上，以各专业实践技能为主，要求学生提供实习作品，并辅以实习报告和其他形式成果。把学分制度引入学生评价范畴，各个维度下设置一定的基准分数，学生在任何一方面表现优秀，就可以相应加分；反之被扣分。以班级为单位，每日由负责人把学生的课堂表现、出勤、纪律卫生等情况录入电脑系统，任课老师、班主任也可自主输入平时发现的各类情况，学校每月总结一次，及时跟进学生信息。

学校规定，“3 + 1”评价系统与学生顶岗实习、毕业管理、参军入伍等直接挂钩，只有综合评价合格的学生才可以进行顶岗实习并予以毕业。同时，它也是优秀毕业生评选的主要依据，自系统实施以来，已评选出100名优秀毕业生。另外，所有教职工和家长都可以通过系统查询，第一时间了解孩子的在校表现，关注孩子的成长。

（二）打造惠民工程，服务农村经济发展

1. 实施示范引领工程

为了进一步发挥示范基地、示范项目辐射带动作用，长沙职中积极实施示范引领工程。目前，学校通过基地建设工程加快农民致富奔小康的步伐，如在华侨村建立湖南省良种生猪养殖基地、在锦绣村建立魔芋生产基地、在台田村建立板栗苗木基地及在路口村建立蔬菜基地等。同时，学校还积极建设其他示范项目，主要体现在以下三个方面：

一是建立示范模式。长沙职中把各个生产经营项目组建成生态农业庭院经济模式，即以养为主的“质能流动型”、以种为主的“空间互补性”及种养结合的“网络结构型”。这三种模式在南方各省广泛推广，产生良好的社会效益和经济效益。

二是实施农业工程。长沙职中因地制宜地确定了四个现代农业工程项目，即生物技术工程、反季蔬菜无土栽培工程、现代养殖工程和绿草花卉苗木工程。学校先后为农户培育数十种名贵花木和瓜果蔬菜种苗，同时委派专业教师带领学生走村串户，给农民以技术指导。

三是建设网络体系。长沙职中建立毕业生与学校、毕业生与毕业生、毕业生与农技部门的联系网络，进行技术咨询与信息反馈。学校扶持种养大户，通过一户带一组、一组带一村、一村促一乡的网络联结，从而带动各地种养业的发展①。

2. 开展农民社会培训

为进一步加大扶农力度，提高广大农民的科学文化素质，加快农民致富步伐，长沙职中开设农民阳光工程培训班等，主要包括以下几个部分：

一是畜禽繁育员阳光工程培训。长沙职中与县畜牧局合作，主要培训畜禽繁育及环境综合治理等相关知识，重点培训规模猪场粪污染治理技术。畜禽繁育员的培训不仅保证了长沙县养猪业的发展，还大大降低了养猪业对环境的污染，更让农民获得更多的实用性专业技能。

二是菜篮子阳光工程培训。长沙职中与县蔬菜研究所、农业局合作，采取由县里蔬菜种植经验丰富的专家集中授课和田间实地指导相结合方式，宣传党和国家的强农惠农政策，讲解当前蔬菜的管理栽培技术、测土配方施肥技术、蔬菜病虫害防治技术等方面知识。菜篮子阳光工程培训提高了农民对现代科技的吸纳转化应用及综合发展能力，深受广大农民朋友的欢迎。

---

①周文迪：《面向“三农办学”，促进农村经济发展——全国重点职业学校长沙县职业中专学校》，《中国职业技术教育》2003年9月（中），第55 - 56页.

三是农业科技阳光工程培训。为提高县里科技成果转化和推广应用水平，长沙职中根据省茶叶研究所提出的科技兴茶“五个一工程”组织培训，将“农业科技促进年”工作落到实处，通过对长沙县茶叶主推品种、主推技术、主推机械应用等方面的培训，提升县域茶产业科技含量，促进县域茶产业持续健康发展。

3. 创办农业经济实体

长沙职中一头连着农户，一头连着市场，通过市场机制与农民形成利益共同体带动农民就业，成为农业产业结构调整的推动力量，使之成为农民增收、学校增效的“双赢载体”。学校注册成立韵春园农业科技开发有限公司，引进地球上同纬度的特优茶叶、花卉苗木、瓜果、蔬菜品种进行栽培试验，并将实验成功的品种向农户推广。同时，学校探索办学兴农之路，兴办乌龙茶厂，其产品先后参加了全国职教成果展、全国农业高科技产品交流交易大会、第四届国际农博会和中国地方特色产品博览会，赢得各界人士的高度评价，发挥了高产示范、科技推广和人才培养作用，有效地带动周边乡镇的茶叶生产与开发。此外，学校还承建长沙县有机生态茶园科技示范基地，进一步发挥种苗繁殖、加工工艺、科技辐射的功能。

三、体会与思考

长沙职中主动适应农村社会和经济发展的需要，围绕服务农村、农业、农民开展全方位、多层次、多类型的社会服务，使自身的人才与技术优势能够尽快地转化为生产力，为农民脱贫致富做出积极的贡献。

（一）“3＋1”评价模式，彰显多元评价内涵

中职教育是初中后教育，学生心智尚未完全成熟，知识结构不够完善，其未来的人生具有很大的不确定性，且过去传统的以分数论英雄的弊端在职业教育评价中日益凸显。长沙职中创新学生评价模式，从思想道德水平、文化知识水平、专业技能水平及学生特长发展方面构建多元化的教育评价体系。

在教师看来，这种评价模式让学生面貌和自觉性大大提高，上网、玩游戏、乱丢垃圾等现象逐渐减少，参与实训、集体活动、上课认真听讲的学生越来越多，教师的教育功效得到了最大化实现。在学生看来，“3＋1”评价模式让其学会审视自己，认识自身不足，发现自己的闪光点，从而坚定成才信心。“3＋1”评价模式的使用有利于把学生培养成纪律观念强、技能水平过硬、学业水平合格、有特长的新时代技能型人才，值得其他院校借鉴与应用。

（二）服务县域农村经济，办好农村中职教育

职业教育与地方经济互动，有效服务地方产业，这是推进职业院校与地方经济互利共赢、共同发展的内在要求。面向农村经济发展需要，长沙职中不断利用学校资源服务地方经济发展，反哺长沙县人民，努力办好农村中职教育。学校瞄准当地主导产业，建立“学校＋公司＋基地＋农户”的服务模式，大力开展各类阳光工程培训，以理论培训与实践操作相结合的培训形式，突出加强水稻、蔬菜、茶叶、畜禽繁殖、农民专业合作社管理、乡村旅游服务、果树栽培及病虫害防治等相关行业技能培训，实施示范引领工程，科技扶贫，满足劳动力转移输出和县域经济主导产业发展需要。

第六章　借鉴海外经验　提升职教水平

当前，全球经济、科技处于快速变化、发展之中，这对职业教育的改革发展提出了更高的要求与挑战。世界各国、各地区的职业教育都在进行改革与创新，在人才培养模式、课程设置、教学方法、校企合作、师资建设等诸多方面涌现出独具特色的亮点。我国在推进职业教育发展的过程中应充分学习和借鉴其他国家或地区的成功经验，快速提升职教发展水平。

案例一　代根多夫应用技术大学

——服务区域经济，塑造办学特色[①]

背景：

服务区域经济和社会发展，是职业院校社会职能的必然要求，也是学校自身发展的内在要求。职业院校对地方社会经济发展的贡献率不仅是带动地区经济发展的重要因素，还是衡量学校办学和服务能力水平的重要标准。德国代根多夫应用技术大学立足于地方产业、行业，以专业设置与建设、校企深度合作、研发创新平台搭建、高新技术成果转化等为切入点，与区域经济发展相辅相成，为区域经济发展不断注入强劲动力和活力，促进区域可持续发展。

一、学校概况

代根多夫应用技术大学（Technische Hochschule Deggendorf，THD）成立于1994年，是德国的一所公立应用技术大学。该校位于巴伐利亚州［又称拜仁（恩）州］的代根多夫市，目前拥有八个校区，共设企业经济学/经济信息学系、土木工程系、电气工程及媒体技术系、工程和机电一体化系、继续教育学院五个院系。其中，土木工程、机械工程、电气工程和信息技术4个专业在德国高等学校中排名靠前。

代根多夫应用技术大学与全世界众多国家的高校有合作关系，以高质量教学闻名，教学坚持以人为本，以培养学生解决实际问题能力和教学国际化为办学导向，学术氛围浓厚，在德国的职业教育学校中名列前茅。作为一个办学不到30年的年轻大学，THD能够在处于世界领先地位的德国职业教育中占有一席之地，与其特色鲜明的以服务区域经济发展的办学模式有着密不可分的关系。

---

①本文根据代根多夫应用技术大学官网信息及相关研究成果等资料编撰而成。

二、服务区域经济发展，塑造学校办学特色

区域经济社会的发展离不开当地长期的科技支撑和人才支撑，而地方高校在区域发展体系中具有重要的科技引领和人才支撑作用。THD 从专业设置与建设、校企深度合作、研发创新平台搭建、高新技术成果转化等方面为当地区域经济社会持续发展建立稳定的科技支撑体系，并以自身的贡献赢得了社会的支持。

（一）科学布局专业，服务地方产业发展

专业设置与建设是各个高校教育教学工作与社会经济需求紧密结合的纽带，对培养适应企业生产、建设、管理和服务等需求的高素质技能型人才发挥着至关重要的作用。代根多夫应用技术大学能够实现健康、有力的持续性发展，充分认识到区域经济发展对实用型、技能型人才的强劲需求，根据区域产业结构的变化，以社会需求为导向进行专业设置、专业教学、专业更替、专业特色培育，满足了区域经济发展。

1. 专业设置紧贴市场需求

代根多夫应用科技大学根据地区优势、依托市场需求进行专业开发与设置，具有很强的实用性和针对性。地处经济、技术与科技十分发达的代根多夫市，THD 四周围绕着世界著名的企业：西门子、宝马、奥迪、Dasa 航空航天公司等。以大型企业为主兼顾中小企业，THD 充分利用这些企业资源，设置相对应的一些专业，如机械工程与机电一体化、电气工程与媒体技术、企业管理与商务信息等，以服务区域经济发展。

2. 专业动态调整规范有力

THD 紧跟时代步伐，根据地区产业变化与调整，适时取缔旧专业，开设新专业。如近年来随着德国民众对核电站污染问题的担忧，巴伐利亚州政府已决定至 2022 年关闭所有核电站，开发风电、水电等新能源。据此，THD 申请开设了生物能源和电动能源驱动方面的专业进行当地企业相关人才储备。又如“随着德国出生率的降低。老龄化现象越来越严重，护理专业人才的需求越来越多，预计 2030 年将达到 340 万人，THD 为此设立 Mariakichen 校区，进行老年健康医疗研究，该校区直接进驻当地的一所健康福利院。”①

值得注意的是，德国高校一个新专业的设立必须通过专业委员会的认证，在认证过程中，专业设立提案人（通常是一个教授或系部，有时也是学校领导）需要通过市场调研确立该专业开设的必要性，提案内容还需包括人才培养目标、课程体系、课程内容、学分系统、管理等。之后由教授、企业和学生三方组成的专业委员会（州政府的高校委员会）在保持自身独立性的前提下，对新专业进行为期一年半到两年的认证。如果认证通过，提案将被提交文化部批准。

3. 专业特色培育错位发展

在专业建设方面，德国各个高校也非常重视自身专业特色的培育，以保持各自应有的优势，达到区域内各高校间的平衡发展和错位发展。例如，为了适应州政府“至 2020 年使电动汽车保有量达到 100 万辆”的规划，THD 的方向是将机械制造专业转向能源设备制造，为此学校成立

---

①秦洪浪：《德国 FH 的办学特色对我国高职教育的启示——以代根多夫应用科技大学为例》，《金华职业技术学院学报》2014 年第 2 期，第 6 页。

了相应的公司 E - WALD，计划在帕绍和雷根斯堡之间建立 200 个充电站；而慕尼黑大学的方向则是与宝马公司合作改进电动汽车的蓄电池，使其重量更轻、续航能力更强。①

不仅如此，在与企业的平衡合作发展方面，德国高校也非常重视与中小企业的合作，而不是仅仅盯着知名大型企业。如 THD 通过调研考察认为，代根多夫市某个中小企业的业务方向是未来发展的趋势，THD 会考虑与这家企业商谈合作开设相关方面的专业。从某种程度上来说，中小型企业的生存与发展恰恰更需要高等职业院校的支持，德国高校处理与企业的这种平衡关系，对本地区的整个经济发展无疑注入了一针强效剂。

总体而言，THD 是以未来市场的需求与产业界的发展趋势为导向，加强专业建设。另外值得一提的是，在具体的各个专业教学中，THD 也是秉持满足市场所需、适应产业发展的原则，按照学生职业生涯成长规律，构建兼顾理论与实际学习的循环交叉专业教学体系。通常，在 THD 获取学历需要进行 8 个学期的学习，分为 6 个理论学期和 2 个实践学期（1 个实习学期 + 1 个毕业设计学期）。在教学过程中，学校依据不同的专业课程和学习对象采用不同的教学形式，一般包括教师授课、讨论课、自学、网络及虚拟环境学习、校内实验室或实训基地实习、企业实践等。学生临近毕业时，其毕业论文一般取材于企业生产实践，且能将研究应用于企业的实际生产或形成技术成果。

（二）深化校企合作，共促产学研发展

围绕当地经济发展与社会服务的实际需求，THD 充分发挥自身人才培养与技术服务优势，积极探索校企共同发展的良好合作机制，大力推进与周边企业、行业的资源共享，促进产、学、研共同发展。

1. 学校成立科技园区，搭建科研创新平台

作为学校的附属科研机构，科技园区运营上采用自负盈亏的管理模式。不过，在园区的初期建设过程中，当地政府会提供土地、资金等方面的支持。相应地，园区则为本地区的毕业生提供就业岗位，吸引与园区科研方向相同的企业落户当地。在州政府支持下，THD 结合代根多夫市周边各类企业的生产实际需求，设立了 6 个科技园区，分别在光学、地理信息学、生物学和嵌入技术、机电一体化、机器人技术和控制技术等方面进行科研创新，这些研究与开发项目不仅能够实现学校与企业的互利双赢，而且也为当地经济社会的发展发挥了有效作用。另外，园区以当前的科研项目为基础，为研究生的科研提供指导、为本科生的双元制学习提供了契机。

2. 企业资助设立实验室，进行产品创新研发

根据德国法律规定，德国工商总会的企业必须每年拿出一部分资金用于教育。德国企业积极利用高等职业教育的资源，一般会通过单独资助或与其他企业共同资助的方式在高校内部设立专门的实验室或研究机构。实验室以教授和工程师为主体，重视学生直接参与项目。教授根据学生的申请和项目需求进行项目角色的合理安排，每个项目小组一般为 3 ~ 5 名学生，角色分别可能为实习、助理、工程师或技术员等。如果学生在项目中有新的想法，可以依托实验室建立自己的新项目。实验室开展的应用型项目，为当地经济发展和社会服务所需要的技术支持与成果转化发挥了积极的作用。例如，德国 Lindner 公司是一家生产建筑材料的公司，它在代根多夫大学投资

①张磊：《“双元制”在德国高等教育中的延伸与创新——以代根多夫应用科技大学为例》，《职业技术教育》2013 年第 11 期，第 93 页。

设立中小企业研究基金会、可持续建筑研究会等机构，教授和企业科研人员一起进行科研工作，研究的成果将为当地企业和 Lindner 公司服务。①

通过企业与学校的紧密合作，一方面学校的整体办学水平会得以提升，包括专业建设、课程设置、人才培养、科研能力等；另一方面企业的核心竞争力也会得到提高，企业不仅可以培养自己所需要的人才，而且也能降低成本、增强自身的研发水平。校企深度良性的合作发展，为当地经济的发展贡献着不可缺少的力量。

三、体会与思考

尽管德国在国情、教育体制、文化、经济等方面与我国有着不同的发展特点，但德国应用科技大学的办学模式如代根多夫应用技术大学专注服务区域经济的办学特色对我国职业教育的创新与改革有着积极的借鉴意义。我国可以结合实际情况，走出一条适合国情的高素质应用型人才培养之路。

（一）发挥地方办学优势，服务区域经济

德国应用科技大学不仅注重为地方服务的能力，而且同一个地区的各个大学服务区域经济的侧重点也不尽相同。比如，有些学校会根据地方企业、行业特点设立相匹配、针对性的科技园区，进行应用型项目与课题研究。目前，我国职业院校的发展与区域服务、社会服务能力的匹配度还有待于提高。整体而言，我国各地职业院校应该依托独特的资源环境与特有的地理条件，发挥地方办学的竞争优势。职业院校应放眼于地方产业的发展，充分利用地方政府政策的优势，在服务区域经济发展中寻找自身的定位，形成自己的办学特色，树立学校的品牌，构造地方经济与职业院校良性循环的发展局面。其中，值得注意的是，职业院校在突出特色发展的同时应借鉴德国做法，在地方政府的宏观调控下，努力实现区域内高校的错位发展，寻求与地方经济结构对接的动态平衡。

（二）开设应用前瞻性专业，树立职业目标

代根多夫应用技术大学适应区域、社会的需求，开设应用型、前瞻性的专业，紧扣专业核心职业能力培养。通过专业课程理论与实践的锤炼，德国学生学习目标明确，对自己未来的工作有着明晰的方向，也清楚自己将要面临的工作职责和岗位。长期以来，国内一些职业院校不顾自身定位和市场实际需求盲目跟风，专业设置一哄而上，没有真正为学生未来的职业发展考虑。这不仅没法给学校、毕业生带来应有的经济效益和社会地位，而且也不能为社会的长期稳定与持续发展做出应有的贡献。我国职业院校一方面在专业开设上，应根据市场的实际供求比例，合理设置并及时调整；另一方面在各个专业的教学过程中，应积极探索与企业生产过程、技术应用相结合的教学模式，强化实践与理论的联系，真正落实“基于工作过程”的教学，培养学生明确的职业目标意识。

---

①高红英：《德国应用科技大学校企合作模式的探究与启示——以代根多夫应用科技大学为例》，《陕西教育·高教》2013 年第 4 期，第 68 页。

（三）推动落实校企合作，强化实践教学

在德国的应用科技大学教育中，法律规定企业积极参与学校科研项目并吸纳学生实习，不仅企业能够享受税收优惠，还为学生的实践学分、实践周数、实践论文等提供了实现的可能与保障。我国虽然强调实践教学、校企合作等，但经常是有名无实，真正落到实处的并不多。一方面，我国应加强政府对企业的鼓励政策，职业院校可以与企业联合建设生产型、共享型、创业型实训基地，加强与企业、社会的互动，强化实践教学环节；另一方面，职业院校科研活动与项目应以中小型企业为主要基地，引入企业参与人才培养方案和教学计划制订、专业调整和课程建设，选派企业专业技术人才和管理人员参与学校教学，引导学校教师积极参与区域经济和社会发展的相关课题研究，发挥专业人才的优势，为生产第一线提供智力支持，协助企业进行应用技术研究与项目产品开发。

案例二　加拿大乔治布朗学院

——推行能力本位育人模式[①]

背景：

乔治布朗学院是加拿大多伦多市唯一的社区学院，也是加拿大全职教学课程中范围最广的社区学院。学院坚持理论与实践相结合，注重以学生为中心，实施能力本位的教育模式，形成自身的办学特色，取得了显著的办学成效。乔治布朗学院办学的成功之路，值得我们深入思考和借鉴。

一、学校概况

乔治布朗学院（George Brown College）创建于1967年，地处加拿大最大城市多伦多的市中心，是加拿大规模最大、学科领域最全面的公立学院之一。该校校名是为了纪念19世纪的一位自由党领导人、被尊称为加拿大联邦之父的乔治·布朗（George Brown）而确定的。目前，学院开设150多个全日制专业，包括酒店管理、微软科技、工商学、餐旅管理、时装与珠宝、烹饪艺术、高级楼宇技术、社区服务、语言准备、新经济营销、艺术设计等，其中以酒店管理和微软科技最为出名；现有专职教师1300多人，兼职教师2000多人，全日制学生14000余人，继续教育学生55000余人。

乔治布朗学院的宗旨是将理论和实践相结合，充分发挥学生的创造能力，并进行多项职业训练，培养学生的职业能力。依据教学宗旨，学院所有学科、专业的设置都经过相关行业、产业的咨询而不断更新完善，以此适应时代的进步。除此之外，为迎合就业市场的及时需求，学院还为学生提供超过100种证书、文凭和研究生课程，且提供完整并具盛名的强化英语课程以帮助海外学生提高英语水平。由此，乔治布朗学院被誉为加拿大全职教学课程中范围最广的社区学院。

二、CBE——能力本位的教育模式

乔治布朗学院以培养学生的职业能力和创造力为宗旨，在整个教学设计与实施过程中采用能力本位的教育模式（Competency Based Education，CBE）。CBE教育模式的核心观念是，通过课程设置和教学设施等方面的改进、完善，满足社区市场以及实际工作岗位的需要，培养学生掌握某个职业所必需的工作能力。具体实施过程体现在以下几个方面：

（一）重视顶层设计，构建管理体系

乔治布朗学院根据学院发展现状，围绕“力争行业领袖”的目标，高度重视顶层设计，成立董事会，并由董事会负责管理学院。董事会的成立是乔治布朗学院实行CBE模式高瞻远瞩的一个环节。目前，乔治布朗学院的董事会有14名董事，主席和副主席各1名，全部来自本社区，

①本文根据加拿大乔治布朗学院官网信息及相关研究成果等资料编撰而成。

包括地方官员、企业界专家、社会知名人士以及学院教职工和学生代表。学院董事会的构成，既保证它与社区和工商企业界的紧密联系，拓宽学院的视野与影响力，同时也使董事会能够及时了解学院内部各体系（包括行政体系、后勤服务、教学及学生情况）的运转情况，从而进行科学的管理。

乔治布朗学院董事会既是学院的法人代表，也是主要管理机构，可以依法行使相关的管理、行政、财务、收入等方面的权力，如指导学校发展政策方向，聘用院长，制定学校日常运作、管理的策略，承担学校运行开支的全部责任，确保有效利用财务资源等。此外，董事会还是学院与社区沟通、联系的纽带，一方面代表社区的利益，另一方面在为社区学院筹措资金、加强学院与社区联系方面发挥重要作用。

（二）适应社会需求，灵活调整专业

在专业设置方面，乔治布朗学院坚持“满足社区需求”，即根据社会各种应用型职业岗位的需求，随时对各种专业进行增减和调整，以此适时开办相应的新专业，并建设适应社会需求的优势专业。总体来说，乔治布朗学院所设专业具有以下三个特点，即实用性、多层次性和创新性。

实用性主要体现为，乔治布朗学院根据社会岗位变化能及时发现市场潜在的人才需求，进而设置相应的专业。乔治布朗学院开设的专业范围广泛而细致，大体覆盖了工业、商业、实用工艺、服务业、卫生环保等154个行业领域。按学制，这些专业可分为6类，即四年制应用本科专业、三年制专科专业、二年制专科专业、一年制专科专业、研究生一年专业、短期培训证书专业。每一类又下设很多不同层次、适应不同岗位要求的专业方向，如烹饪艺术设有三个层次十二种不同方向的专业（见表6－1）。这三个层次分别为：授予专科2年的专业，如烘焙、糕饼艺术等；授予职业证书的专业，如主厨培训、特色烹饪等；授予研究生证书的专业（此项证书是针对大学和大专毕业生而设置的高级专业技能培训项目），如意大利烹饪艺术、食品营养管理等。

表6－1　　乔治布朗学院多层次性专业设置

专业大类	专业细分
专科1年	艺术和设计基础、助理厨师培训、孤独症和行为科学、烘焙—职前培训、教师培训、学院职业计划、商业舞蹈研究、建筑工程管理、建筑技术、烹饪艺术、厨师培训、舞蹈表演、牙医助理、牙科诊所管理、设计管理、数码设计、游戏设计、幼教助理、家庭护理等
专科2年	老年医学、职场培训、职业顾问、建筑技术员、烘焙和糕点艺术管理、建筑翻新技术员、建筑工程技师、商业—会计、商业—人力资源、商业—市场营销、烹饪管理—营养学、口腔卫生、机电工程技术员、时尚商业、时尚管理、时尚技术与设计、健康促进、餐饮管理等
专科3年	建筑技术、建筑工程技术、土木工程技术、行为科学技术、工商管理—会计、工商管理—金融、工商管理—人力资源、工商管理—国际贸易、工商管理—市场营销、青少年工作者、计算机程序分析员、计算机系统技术、牙科技术、假牙镶嵌、游戏编程、平面设计、助听器专家、珠宝艺术、戏剧艺术等
本科4年	儿童早期领导力、幼儿教育、护理学、金融服务（个人理财、金融服务管理、会计学）、酒店运营（旅游、餐饮）、建筑科学与管理等

续表

专业大类	专业细分
研究生1年	财务策划、人力资源管理、国际商业管理、市场营销管理、小企业经营管理、战略关系营销、高级葡萄酒及饮料管理、临床修复学、建筑工程管理、意大利烹饪艺术、设计管理、服装研究、数字设计、家庭护理学、食品营养学、健康信息学、国际时尚发展管理、儿科心脏病急性护理、注册护士—急救护理、注册护士—手术室围术期护理等

资料来源：根据公开资料整理。

除此之外，乔治布朗学院开设的专业方向包括很多独特的新型专业，如珠宝艺术、美式手语翻译、投资销售助理等。这些专业都是经过学院调查研究，发现有人才需求之后开设的，其中有些专业在加拿大可能也是独一无二的。

（三）注重能力培养，开发DACUM课程体系

在课程设计思路上，乔治布朗学院充分考虑胜任职业所需的知识、技能和态度，直接反映职业岗位或职业角色对从业者的能力要求。这种课程设计一般是经过职业能力分析形成能力标准，再将能力标准转化为课程。这种体系称为DACUM（Developing ACurriculum），是乔治布朗学院实行CBE教育模式的一个重要创新。以乔治布朗学院建筑技术专业为例，其课程开发过程大体可分为市场分析、行业分析、教育分析三个阶段。如图6－1所示。

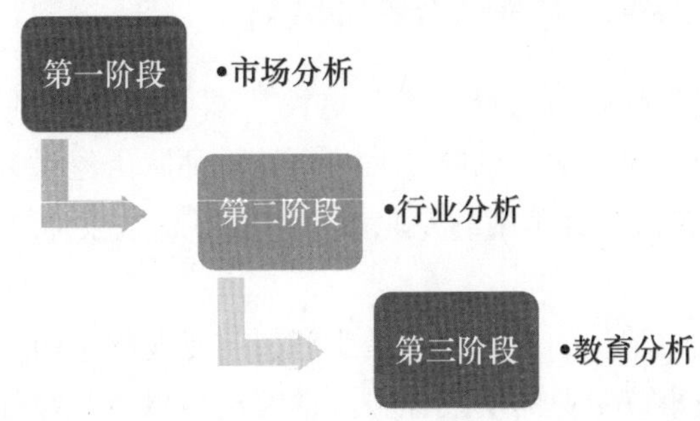

图6－1　乔治布朗学院建筑技术专业课程开发过程

1. 市场分析阶段

在这一阶段，学院首先与多伦多建筑学会沟通成立DACUM委员会，确定市场调查内容；然后对劳动力市场和社会综合因素进行分析，为课程计划的设计提供依据。

2. 行业分析阶段

在这一阶段，DACUM委员会确定建筑相关职业的各项职责和工作任务，包括确定该职业的职位，如建筑技术员、施工员、工程师、技术师等。之后，委员会列出各类职位所要求的各项综合能力和专项能力，如建筑技术人员所需具备的能力包括：熟识建筑蓝图，了解建筑安全知识，制定现场建筑规划，熟悉建筑法规、合同及工程设计书，熟悉不同建筑材料的性能等能力；如建筑技术师，除了要具备建筑技术人员的基础能力之外，还要具备建筑规划、项目管理、项目预算

及投标准备以及投标准备方面的计算机软件使用等方面的知识与能力。

3. 教育分析阶段

根据第二阶段的职业分析，DACUM 委员会聘请用人单位和行业专家顾问团编制课程计划，确定该专业划分两种培养层次，即二年制课程计划培养建筑技术员，三年制课程计划培养建筑技术师。在课程设置上，三年制课程计划在二年制基础上增加了超过 10 门专业课程，并要求完成一篇建筑技术论文。通过表 6 - 2 可知，在其所开设的课程中，以“学”命名的课程很少，大多数课程是以工作任务来命名，如建筑工业实践、建筑编码等。从课程名称便可清楚地看出，这些课程对现实工作岗位有很强的针对性，确保毕业生获得各类专项技能和较强的竞争能力。

表 6 - 2　乔治布朗学院建筑技术专业课程设置

	公共基础课	专业课程
二年制课程计划	大学英语、计算机技能及应用、技术数学、材料和静力学和职业交流技巧	建筑史、建筑工业实践、机械及电力安装、建筑理论方法与材料、工程现场管理、监督与巡检、法律与建筑合同、建筑规划学、建筑编码、机械及电子安装设备等近 20 门
三年制课程计划	同上	增加：工程设计书与文献学、建筑工程管理、评估与投标工程、成本计划、员工关系与人力资源管理等 10 门

资料来源：根据公开资料整理。

（四）强调教学质量，建设专兼结合教师队伍

乔治布朗学院十分重视教师队伍建设，尤其重视“双师型”教师打造。为了保证教师知识结构的不断更新，传授最新知识，学院采取专兼结合的教师队伍建设方式。目前，学院专职教师 1300 多人，兼职教师 2000 多人。其聘用的专职教师一般不超过教师总数的 50%，其余全部是短期的兼职教师。

在教师任职能力要求上，学院的专职教师既要有相应专业的学历资格、学位证书和职业资格证书，又要具备两年以上从事该专业的实践经验。学院还会对专职教师定期进行培训，给他们提供定向课程，并创造条件与机会，鼓励每位专职教师继续学习与进修，帮助他们不断更新专业知识，跟上其专业领域的发展趋势。政府也鼓励社区学院教师每五年到相关行业企业工作三个月，以提高专业教师业务水平。在此期间，该教师的工资则由政府、企业和学校共同分担。

学院的兼职教师都是从相关工商企业界中挑选的专业技术人员，既有一定的理论水平，又有丰富的实践经验。他们通常负责学生的实验实习指导工作，并将最新的知识带给学生。乔治布朗学院拥有在学术和实践技能上都十分过硬的一流教师队伍，使其得以培养出一批批具有较强竞争力的高级技术人才，从而得到了社会各界的认可。

（五）围绕学生成长，贯彻“学生中心”理念

在乔治布朗学院，学生是学校办学的主体和“上帝”。“学生中心”理念已在 CBE 教育教学实践中得到较好的体现，各部门均围绕学生的成长和就业，在学生学习各环节体现服务思想。乔治布朗学院提出“学生的成功是学校的骄傲”（Students are GBC Brand）的办学宗旨，在招生宣

传策略上，也是体现“学生中心”理念，关注学生就业诉求的实现，如“乔治布朗让你找到工作”（GBC Gets You the Job）、“乔治布朗是你未来开始的地方”（GBC is Where Your Future Begins）、“就业导向”（The Job Ahead）等。

除此之外，乔治布朗学院围绕学生成长、成才，在教育教学各环节提供全面、全程、全员的学生服务，成立了学生招生咨询中心、学生服务中心、学生顾问中心、学生学习辅导中心、学生就业服务中心以及书店、餐饮等服务机构，为学生提供招生、注册、学业计划的制定、学习水平测试、经济资助、心理健康咨询、残疾人服务、就业指导等全方位的服务。

三、体会与思考

他山之石，可以攻玉。乔治布朗学院鲜明的办学特色，先进的理念及创新的实践，对我们深化职业教育教学改革具有重要的借鉴意义。我们不妨在学习中扬弃与创新，以探索具有中国特色、行业特征、区域特质的职业教育之路。

（一）以职业能力为核心，创新课程体系开发

乔治布朗学院从职业岗位分析入手，加强与企业、行业、政府以及教育专家的广泛交流。学院通过三个循序渐进的阶段，对岗位相应的知识、能力、素质要求进行整合，构建以职业能力为本位的课程体系。乔治布朗学院的办学实践进一步说明，在人才培养方案制定过程中，要遵循学生职业成长规律，循序渐进地培养学生的职业能力。我国职业院校要落实好课程体系开发的环节，实现学生职业能力培养的“递进”式提升。一是行业感知环节，设置行业基础课程。职业院校让学生了解行业的历史、现状和未来的发展，了解从事这一行业需要的知识、能力、素质要求，了解如何学习，才能适应未来的工作岗位要求。二是专业体验环节，设置工学交替课程。学校让学生体验工作环境、工作内容，评价自身的职业能力现状，规划自己的职业生涯，明确自身的专业方向；同时培养学生的专业情感、合作交流能力、团队精神、工作毅力等，以此提高学生的专业实践能力。三是职业定位环节，设置顶岗实习课程。学生根据职业生涯设计，开始就业前的顶岗实践，明确自己的专业方向，完成自己的职业定位，形成就业所需的各项能力。

（二）专兼结合，强化职业院校的师资队伍建设

乔治布朗学院的教师有两个重要来源：刚刚毕业的研究生和来自工商企业界的专业人员。后者一般通过以下几种方式参与学院的教学：直接成为社区学院的教师；受雇于社区学院，为专职教师提供在职培训；接受邀请成为特约讲师，与学院教师进行沟通与交流；采取契约的方式，向其他学院“借聘”教师。

目前，乔治布朗学院的教师队伍以兼职教师为主，占到教师总数的50%以上。这些来自工作第一线的专家对于本行业的人才需求规格以及最新的技术动态十分熟悉，可以使学生更好地掌握最新、最实用的专业技能，提高他们在人才市场的核心竞争力。

（三）以学生为中心，打造全面的一站式服务

在乔治布朗学院，校园内几乎没有“管理”一词，学校的各级机构更多体现的是“服务”，如学院成立的学生服务中心、学生指导中心、学生咨询中心等，这很好地诠释了“学生中心”

的理念。我国职业教育要进一步确立“学生中心”理念，围绕学生成长，将入学咨询、专业选择、专业认知、专业教学、素质培养、顶岗实习、学生就业等作为一个完整的体系，予以全程关注。校内各部门、每位教职员工思考问题、处理问题逐步形成一个共同的出发点和价值观，即“本部门（我）能为学生的成长、就业做点什么?”、“本部门（我）还有哪些地方可以更好地为学生服务”等。通过这些做法，学院为学生提供更加全面的一站式服务。

案例三　拉瑞尔应用科技大学

——让学生在发展和探索中学习①

背景：

拉瑞尔应用科技大学在创新人才培养和履行高校社会责任的过程中，将教育、研究、创新和促进区域发展有机结合，形成独具特色的 LbD 人才培养模式，实现了高校责任、人才培养、办学效益等多项目标。因此，对拉瑞尔应用科技大学的案例研究可以为我国高校人才培养模式改革与发展提供一些经验借鉴。

一、学校概况

拉瑞尔应用科技大学（Laurea University of Applied Sciences，以下简称“拉瑞尔应大”）成立于 1992 年，位于芬兰经济最发达的大赫尔辛基地区。在组织形式上，学校是由自治市、联合市和私人组织成立的有限公司，经过三次更名：1997 年更名为埃斯波—万塔（Espoo - Vantaa）多科技术学院；2000 年获得教育部批准正式成立，2001 年更名为拉瑞尔多科技术学院（Laurea Polytechnic）；2006 年更名为拉瑞尔应用科技大学。目前，拉瑞尔应大是芬兰第四大应用科技大学，也是唯一一所连续五年被芬兰高等教育评估委员会评为“卓越中心”（Centers of Excellence）的多科技术学院。

拉瑞尔应大的各教育机构分布在 Hyvinkaa、Kerava、Lohja、Porvoo、Jarvenpaa、Vantaa 以及 Espoo 城的中心和 Espoo Lernavaara 地区，有 8000 多名在校学生和 500 名教职员工。学校主要在工商管理、文化和传媒、自然资源、旅游业、公众饮食业和制度管理、社会服务、健康护理等领域提供学历教育和非学历教育。其中，学历教育包括学士教育和硕士教育，主要是为行业领域专家的继续学习提供 6 个月的培训；非学历教育包括专业化教育和继续教育，主要是为公司和组织提供短期的课程培训和员工培训。

二、LbD 人才培养模式

“LbD”是“Learning by Developing”的缩写，即在发展和探索中学习。它是拉瑞尔应大提出并用于培养学生创新能力的一种全新教学模式，旨在塑造一种学习环境，通过内部网络和外部网络进行持续互动的工作，为不能被已有知识解决的现实问题提供系统的、以研究为基础的解决方案，目的是为了给学生创造新的竞争力。这种模式将拉瑞尔应大“教育、研发和创新”贯彻到学校的日常教育教学活动中，使学生“学得更多”，教师“教得更少”，促进学生提升自主学习、在社会中学习、构建新知识的能力，培养学生成为职业领域中的研究型开发者，通过创新和研究，更新职业能力，从而推动社会的发展。

拉瑞尔应大的 LbD 模式整合了学校的操作环境、操作过程对环境的影响、人才培养活动的

①本文根据芬兰拉瑞尔应用科技大学官网信息及相关研究成果等资料编撰而成。

调整环节。LbD 模式运作的方式就是一个整合的过程：学校发展战略、创新体系、价值网络和社会为学校的人才培养工作提供的一个大环境，为学校提供丰富而广泛的研究项目，学校获得项目后，设定弹性的学习目标和学习内容。学生的研发过程由项目输入、研究和发展、输出和结果组成，根据结果对社会、区域环境和国际的影响评估和反馈该项目，进而调整和优化各参与主体的行为，如图 6－2 所示。该模式在教育实践中取得了显著成效，调查显示该模式培养的学生工作能力强，就业率达 90% 以上。

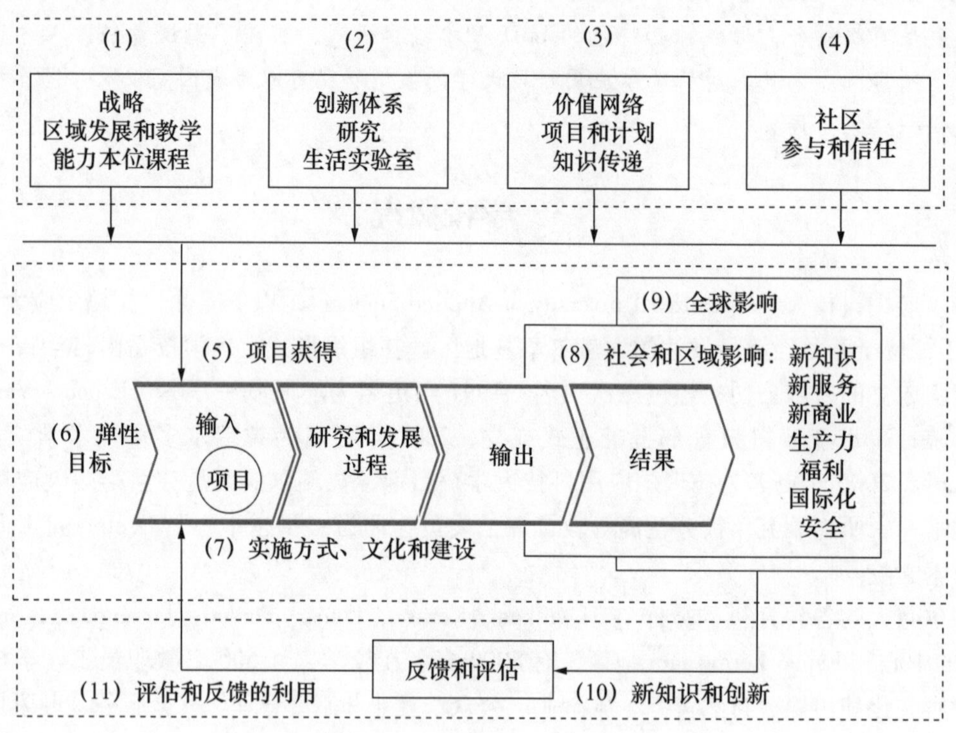

图 6－2　人才培养模式的运行模型

三、LbD 模式的实践特色

拉瑞尔应大每个班级的人数为 30～40 人，一般情况下，通过校内与校外公司、机构合作实施 LbD 项目。LbD 模式为学生营造一个国际化、价值导向和多元文化的学习环境，通过校、企、研合作将创新、研究和发展作为学生成长的基石，为学生的专业学习提供企业生产和发展所需要的研究项目，为学生提供真正的工作研究与创新环境，培养学生的实践能力和创新能力。在这个创造的过程中，学生提升能力，教师和专家完成教学任务，项目成果促进生产的发展，从而实现学生、学校、企业、社会共同发展的多赢目标。

（一）课程设置独具特色

1. 多主体参与课程开发

拉瑞尔应大的课程实施是通过项目研究与开发来实现。学生基于项目研究，发现问题、制订项目计划，依靠团队合作进行项目开发。因此，学校的课程开发是由负责该课程的高级讲师或讲师，与行业企业代表、专家合作，学生参与，以学生为中心，多方收集信息和资料，分析专业领域的研究任务和主题材料，然后确定课程的内容和学习单元，以及学生应该达到的通用能力和职业能力水平。其中，主题课程的设计与芬兰国家创新价值体系密切联系，通过参与区域和国际创新活动，将课程学习拓展到现实的工作环境中，发展学生的实践能力和创新能力，最终实现学校的教学、科研和参与区域发展相结合目的。

拉瑞尔应大的课程开发体现了学校与社会各界的互惠合作，学校教师与企业行业专家和技术人员围绕职业领域的相关基础知识和核心知识、技能和方法进行深度交流，并且预测未来发展，制定课程目标，明确课程学习内容和范围；同时，项目研究不仅实现了学生个人知识与能力的发展，还促进整个社会的发展。

2. 开设大量的选修课

拉瑞尔应大针对现实生产生活的实际工作需要开设了大量的选修课程，课程内容广泛，形式多样。如企业管理专业开设财务报表分析、国际经营环境、企业分析等选修课程；旅游、餐饮和国内服务专业开设食品营养和安全、饮料产品知识和酒吧操作、住宿管理等课程。这些课程具有很强的针对性，弥补了主题课程按专业能力发展的大模块划分的不足，增加了整体课程内容的灵活性与精准性。

此外，随着欧盟一体化进程加快，除了专业选修课，还开设共同选修课和大量语言类课程。其中，共同选修课如神经营销学、发展跨文化能力、创意团队、能力发展与指导、发展你的商业点子、商业模拟等；语言类课程如英语、法语、德语、俄语、西班牙语等。

（二）注重师资力量建设

某种程度上师资力量决定了大学的办学水平和教学质量。拉瑞尔应大对终身雇佣制的高级讲师和讲师的学历有严格的要求。高级讲师要具有副博士或者博士学位，讲师必须拥有硕士学位和三年以上的工作经验，担任教师岗位还需要完成60学分的教育学学习。同时，学校还从企业行业雇用非终身雇佣制的专业人员。这些人员大都拥有丰富的工作和实践经验，能够为学生提供最新的专业发展状况及实践指导，保证学校与市场的紧密联系。

随着LbD模式发展成为一个成熟的人才培养项目，为了使该计划更好实施，拉瑞尔应大与坦佩雷大学教育学院合作，培养专业的LbD教师。2004～2006年，有26名教师接受了专业的LbD培训，并取得良好的效果；在2007年和2009年，学校又进行了两批教师的培训，接受过培训的教师越来越多。在培训中，教师参加研讨班，开展教学技能交流，进行课程模块训练，进而掌握LbD模式的基本知识与技能。

同时，学校还十分重视提升教师队伍的国际化水平，聘用学术能力强、实践经历丰富和有一定国际影响力的国际教师和学者，充实本校的师资队伍。为了提高国际化办学水平和增强教师的国际环境适应能力，学校对本校教师的英语教学能力和英语学术能力进行专项培训，开展与国际组织的教师短期或长期交流与学习活动。

（三）多元化的教学环境

LbD模式是通过参与具体的项目，让学生学会参与并构建新的知识。学生在创新体验过程中不是被动的，而是自发自觉地投入其中。如学校通过Coping at Home、Going Home、Safe Home等项目来让不同专业的学生参与到项目中。在 LbD 模式中，学生的学习围绕一个发展目标，通过现代网络技术将各类合作伙伴集成到学习与研究过程中，使学生接触到不同领域的知识。

因此，基于 LbD 模式，拉瑞尔应大为学生提供了一个广阔的创新平台和多种便捷的学习途径，包括网络学习环境、生活实验室环境和国际化的学习环境，如表 6－3 所示。并且，环境形式既有物理环境，如学校的教室、企业的实习场所、社会服务场所等；也有心理环境，专家之间、学生之间、专家与学生之间进行知识、技能和经验的分享与互动，集思广益，取长补短；还有虚拟环境。通过现代信息技术手段，学校使学习活动超越了时间、空间的限制，达到不同时间、不同地点的参与者同步会话和学习的目的。

表 6－3　　拉瑞尔应大多样化的教学环境举例

环境类型	教学环境说明及相关项目举例
网络学习环境	学校构建的网络教学环境，实施学生网络管理和网络教学，学生可以上网选课学习、进行会议视频、学习单元测试以及教师指导、讨论等。如网络实践项目，它由三个子项目（实践模型工作区的专业发展、开发环境模型工作区、论文工作室模型工作区）和一个 LbD 工具组成。这一项目主要是为学生、教师和实践指导老师设计一个虚拟的可视的学习环境
生活实验室环境	生活实验室作为一个开放的创新研究平台，为学生参与创新研究提供了有利的心理和物理环境。学校为了发展服务创新与设计，创建了 SID 实验室（Service Innovation Design and Development Labs），将多元的学习环境整合为形成主题生活实验室，让学生与世界级研究者、教师享有同样的机会参与创新活动，为学生提供了一个广阔的发展平台；再如创建康复日托所和康体娱乐中心，满足了老龄化社会的需求，促进了老年人的心理健康，还实现了国家公共服务建设；午餐厅、咖啡馆、自助餐厅和商务中心等为学生提供了一个实践机会和创业环境
国际化的学习环境	学校从国际合作、教学语言和学生等几个方面加强了国际化步伐。如学校成立由国际专家组成的国际咨询委员会，加强与国际组织合作。学校还多次举办国际学术会议；再如吸引留学生，实现学生国际化，加强芬兰语和英语双语教学等

（四）完善质量保障机制

拉瑞尔应大 LbD 模式的有效运行离不开学校完善的质量保障机制。该机制由五大主体构成，即审批与掌控主体、开发与执行主体、主持主体、反馈主体与咨询与外部评审主体，保障参与主体上至学校董事会，下到学生和老师，内部质量专家与质量经理人，外部咨询委员会等，形成包含质量政策体系、执行体系、咨询体系与反馈体系的一个全通道的沟通模式，如图 6－3 所示。

学校董事会和维持董事会对质量保障进行宏观监控，校长负责保障措施的落实，外部咨询和评审主体对学校质量进行评估与反馈，外部支持主体实现学校与地方社区的联系，教师和学生是学校质量保障的重要参与者。所有人员既可能是学校质量管理政策的制定者与建议者，也可能是质量指标的执行者与实践者。这种完善、无死角、全通道沟通网络能够全面保障学校战略目标的达成，推动实现高质量的教学成果。

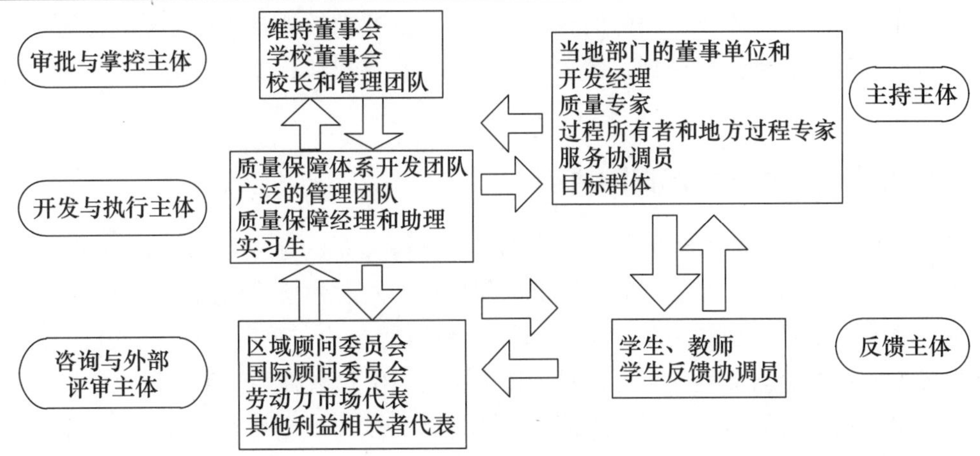

图6-3　质量保障体系

为了保证 LbD 人才培养模式的实施效果，学校领导者从战略管理、教学管理和人事管理三方面加强质量监控和保障。其中，教学管理主要涉及学生学习计划的实施与成果、学生就业率与辍学率、学生申请与录取等工作；战略管理主要包括与利益相关者的联系评估、应对变化的能力评估、学校价值观和战略目的及措施的评估等；人事管理主要是合同管理评估、员工健康和安全评估、管理者和员工的发展评估等。战略管理和人力资源管理为教育质量提供了保障。

四、体会与思考

当前，我国正在鼓励、推动、引导部分地方高校率先向应用型转型，从培养理论性人才转到培养技术技能型人才，适应企业转型需要。应用技术型大学建设显得越来越重要，因此，分析、研究芬兰拉瑞尔应用技术大学 LbD 培养模式，将具有重要的参考和借鉴意义。

（一）借鉴 LbD，优化国家创新机制

拉瑞尔应大 LbD 人才培养模式之所以能够实施，主要是国家建立了完善的创新体系。学校可以依托国家创新体系，与各行各业、科研院所、国际组织进行积极的互动与合作，为人才培养提供项目支持和环境支持。所以，我国应用技术大学应该在体制和机制上多下工夫，为产学研的发展通经疏络，这样才能取得更好的效果。

（二）加强指导，重视学生自主学习

高校教育既要给学生自学创造条件，“放任”学生进行创造性活动，又要加强教师对学生指导工作的制度建设，才能达到理论为实践指导、实践强化理论学习的目的。

由于先天和后天条件造成学生在知情意行等方面的差异，学生的成长不仅要靠学校的教育指导，还需要自己的努力。因此，学校要为学生自主学习提供可获得资源的帮助，为学生开展研究提供一个充分自由的空间，尊重学生的个人能力和见解，让学生能够充分自由地发挥潜能，在学习中探索、发展自己的能力和兴趣特长，进行创新活动。拉瑞尔应大实行学分制，增加选修课数量和类型，让学生自己制订学习计划等都为学生自主学习创造了条件。

另外，学生的自主学习不排斥教师的教学指导，相反要求教师要加强合适的指导。拉瑞尔应大从学生制订研究计划，到执行计划，撰写论文报告，都有教师和专家的指导，为学生的发展起到很好的支架作用。

（三）把关质量，建立内部保障机制

高校外部评估只能是高校发展的外因，内部质量保障体系的建立是保证高校高产出的内因，内因的作用要远远大于外因。拉瑞尔应大能够取得快速的发展和培养出高质量的学生，与其完善的质量保障体系有着不可分割的关系。学校与社会和当地企业、政府、社区建立了质量监督机制，质量保障措施和内容需要得到当地监督主体的批准，学校教师和学生可以对学校的各个方面提出意见，并且由反馈协调员来负责收集信息。所以，高校要发展必须建立一套内部保障体系，尤其是完善反馈机制，同时要将反馈信息落实到学校工作中，真正树立内部保障是责任主体，外部评估为内部保障服务的意识，促进自我监督。

附录篇

附录一　2015 年中国职业教育大事记

［1］1 月 6 日，教育部职业教育与成人教育司印发了《关于开展现代学徒制试点工作的通知》。

［2］1 月 15 日，教育部办公厅、财政部办公厅《关于做好“国家示范性高等职业院校建设计划”骨干高职院校建设项目 2015 年验收工作的通知》。

［3］1 月 15 日，教育部职业教育与成人教育司《关于开展职业教育专业教学资源库 2015 年度项目申请工作的通知》。

［4］1 月 26 日，教育部职业教育与成人教育司《关于开展 2015 年职业教育与产业对话活动方案申报工作的通知》。

［5］1 月 27 日，教育部职业教育与成人教育司《关于发布 2015 年全国职业院校技能大赛制度汇编的通知》。

［6］1 月 28 日，中国职业技术教学学会、院校技能竞赛工作委员会《关于开展 2015 年全国职业院校技能大赛合作企业征集工作的通知》。

［7］2 月 10 日，教育部职业教育与成人教育司《关于报送 2014 年度职业教育与继续教育相关材料的通知》。

［8］3 月 2 日，教育部职业教育与成人教育司《关于做好职业教育专业教学资源库 2015 年项目验收工作的通知》。

［9］3 月 16 日，教育部办公厅、财政部办公厅《关于做好职业院校教师素质提高计划 2015 年度项目申报工作的通知》。

［10］3 月 27 日，教育部职业教育与成人教育司《职业教育与继续教育 2015 年工作要点》征求意见公告。

［11］3 月，国务院教育督导委员会办公室印发《关于开展职业教育专项督导检查工作的通知》。3 月 25 日，全国人大常委会职业教育法执法检查组第一次全体会议在北京举行，正式启动本年度全国人大常委会第一项执法检查。执法检查由张德江委员长任组长。3～5 月，执法检查组分为 4 个小组，分赴广东、江苏、河南、湖南、吉林、重庆、甘肃、新疆等 8 个省（区、市）进行检查，同时委托其他 23 个省（区、市）人大常委会对本行政区域内职业教育法的实施情况进行检查，并提供书面报告。

［12］3 月 27 日，教育部职业教育与成人教育司《关于印发职业教育与继续教育 2015 年工作要点的函》。

［13］3 月 27 日，教育部职业教育与成人教育司《关于公布 2015 年职业教育与产业对话活动计划的通知》。

［14］4 月 15 日，教育部职业教育与成人教育司《关于举办 2015 年全国职业院校信息化教学大赛的预通知》。

［15］4 月 23 日，教育部《关于公布 2015 年高等职业学校专业设置备案结果的通知》。

［16］4 月 29 日，教育部、人力资源和社会保障部《关于做好首届职业教育活动周相关工作的通知》。

［17］5 月 5 日，教育部职业教育与成人教育司《关于转发〈教育部职教所关于举办 2015 年全国职业院校学生技能作品展洽会的通知〉的通知》。

［18］5 月 9 日，教育部职业教育与成人教育司《关于公布首届职业教育活动周宣传口号、标语的通知》。

［19］5 月 10 日，首届职教活动周启动仪式在北京交通运输职业学院举行，刘延东副总理出席启动仪式。今年职教活动周的主题为：支撑中国制造，成就出彩人生。活动内容包括开放校园、开放企业、为民服务三方面。国务院决定自今年起，将每年 5 月的第二周定为“职业教育活动周”。

［20］5 月 11 日，教育部职业教育与成人教育司《关于征集全国职业院校技能大赛成就回顾展图文资料及实物展品的通知》。

［21］5 月 15 日，教育部职业教育与成人教育司《关于公示 2015 年职业教育专业教学资源库申请项目的通知》。

［22］5 月 29 日，全国校联会《关于做好全国高职高专校长联席会议 2014 年度课题结题工作的通知》。

［23］6 月 1 日，教育部《关于举办 2015 年全国职业院校技能大赛的通知》。

［24］6 月 2 日，国务院扶贫办、教育部、人力资源和社会保障部《关于加强雨露计划支持农村贫困家庭新成长劳动力接受职业教育的意见》。

［25］6 月 3 日，教育部办公厅《关于举办 2015 年全国职业院校信息化教学大赛的通知》。

［26］6 月 18 日，教育部、人力资源和社会保障部《关于推进职业院校服务经济转型升级面向行业企业开展职工继续教育的意见》。

［27］6 月 18 日，教育部教师工作司《关于做好 2015 年职业学校教师在职攻读硕士专业学位招生工作的通知》。

［28］6 月 23 日，教育部职业教育与成人教育司《关于开展“2015 年高等职业院校人才培养工作状态数据采集与管理平台”使用培训工作的通知》。

［29］6 月 23 日，教育部办公厅《关于建立职业院校教学工作诊断与改进制度的通知》。

［30］6 月 29 日，教育部办公厅《关于下达职业院校教师素质提高计划 2015 年度项目任务的通知》。

［31］6 月 30 日，教育部下发《关于深入推进职业教育集团化办学的意见》。

［32］6 月 30 日，教育部《关于确定职业教育专业教学资源库 2015 年度立项建设项目及奖励项目的通知》。

［33］7 月 14 日，教育部《关于公布第二批“十二五”职业教育国家规划教材书目的通知》。

［34］7 月 17 日，教育部职业教育与成人教育司《关于开展 2016 年全国职业院校技能大赛赛项征集工作的通知》。

［35］7 月 17 日，教育部职业教育与成人教育司《关于公示 2015 年职业教育专业教学资源库验收项目的通知》。

［36］7 月 20 日，教育部职业教育与成人教育司《关于做好 2015 年高等职业院校人才培养

工作状态数据采集工作的通知》。

［37］7 月 27 日，教育部《关于深化职业教育教学改革全面提高人才培养质量的若干意见》。

［38］8 月 4 日，教育部职业教育与成人教育司《关于 2015 年全国职业院校技能大赛获奖名单的公示》。

［39］8 月 5 日，教育部办公厅《教育部办公厅关于公布首批现代学徒制试点单位的通知》。

［40］8 月 7 日，教育部职业教育与成人教育司《关于委托开展高等职业院校混合所有制办学研讨工作的通知》。

［41］8 月 13 日，教育部职业教育与成人教育司《关于开展高等职业院校章程建设工作问卷调查的通知》。

［42］8 月 26 日，教育部《职业院校管理水平提升行动计划（2015—2018 年）》。

［43］10 月 19 日，教育部职业教育与成人教育司《关于报送高等职业教育质量年度报告（2016 年）的通知》。

［44］10 月 19 日，教育部关于印发《高等职业教育创新发展行动计划（2015—2018 年）》的通知。

［45］10 月 24～25 日，全国高职高专校长联席会议 2015 年年会在湖北武汉召开。会议围绕“行动·创新·跨越”主题，共同探讨新形势下如何创新发展高等职业教育，为服务“中国制造 2025”、“大众创业、万众创新”、“一带一路”等重大国家战略提供技术技能人才支撑。

［46］10 月 27 日，教育部职业教育与成人教育司《关于转发〈关于设立全国有色金属行业职工继续教育基地的通知〉的函》。

［47］10 月 26 日，教育部《关于印发〈普通高等学校高等职业教育（专科）专业设置管理办法〉和〈普通高等学校高等职业教育（专科）专业目录（2015 年）〉的通知》。

［48］11 月 16 日，教育部职业教育与成人教育司《关于 2015 年骨干高职院校建设项目验收工作加强廉洁自律、严肃纪律的通知》。

［49］11 月 27 日，教育部印发《关于做好 2016 届全国普通高等学校毕业生就业创业工作的通知》。

［50］12 月 7 日，教育部职业教育与成人教育司《关于报送高等职业教育创新发展行动计划（2015—2018 年）实施方案的通知》。

［51］12 月 10 日，教育部职业教育与成人教育司《关于公布职业教育专业教学资源库 2015 年项目验收结果的通知》。

［52］12 月 21 日，教育部职业教育与成人教育司《关于开展高职院校英语考试现状及需求调查的通知》。

［53］12 月 14 日，教育部办公厅《关于做好 2016 年普通高等学校部分特殊类型招生工作的通知》。

［54］12 月 30 日，教育部职业教育与成人教育司《关于印发〈高等职业院校内部质量保证体系诊断与改进指导方案（试行）〉启动相关工作的通知》。

附录二　2015 年中国职业教育相关政策法规汇编

教育部关于印发《职业教育与继续教育 2015 年工作要点》

教育部职业教育与成人教育司函〔2015〕38 号

各省、自治区、直辖市教育厅（教委），各计划单列市教育局，新疆生产建设兵团教育局：

经部领导同意，现将《职业教育与继续教育 2015 年工作要点》印发给你们，供工作中参考。

附件：职业教育与继续教育 2015 年工作要点

教育部职业教育与成人教育司

二〇一五年三月二十七日

职业教育与继续教育 2015 年工作要点

2015 年职业教育与继续教育工作的总体要求是：全面贯彻党的十八大和十八届三中、四中全会精神，深入学习贯彻习近平总书记系列重要讲话精神，全面落实全国职业教育工作会议部署和 2015 年全国教育工作会议要求，按照落细落小落实的要求，深化产教融合、校企合作，推动依法治教、依法治校，以完善制度标准为重点全面推进现代职业教育体系建设，以创新体制机制为主线推动继续教育取得实质性进展，更好地适应经济发展新常态和人民群众接受更高质量教育的需求。

一、贯彻落实全国职业教育工作会议精神

1. 深入学习贯彻十八届四中全会和习近平总书记系列重要讲话精神。开展形式多样、内容丰富的学习宣传活动，把习近平总书记系列讲话精神和十八届四中全会决策部署切实落实到职业教育与继续教育改革创新的具体行动上。推动职业院校依法制定章程，推动制定开放大学章程，全面推进依法治教、依法治校。推进职业院校党的建设，继续做好职教系统党的群众路线教育实践活动有关工作，进一步强化群众观点，解决实际问题，提升管理水平、服务能力和育人质量。配合有关部门开展职业教育与继续教育管理人员培训班。

2. 加快构建现代职业教育体系。发布并实施好中等和高等职业教育人才培养衔接行动计划、高等职业教育创新发展行动计划。统筹推进职业学校教育和培训，巩固提高中等职业教育发展水平，创新发展高等职业教育。配合有关部门引导一批普通本科高校向应用技术类型高校转型。召开 2015 年职业教育与继续教育年度工作会议。

3. 完善全国职业教育工作会议督查落实机制。加强与相关部门的沟通联系，推动制定配套政策和落实措施。发布省级政府督查工作内容要点，指导各地落实全国职业教育工作会议要求，鼓励开展先行先试，切实推动职业教育现代化。配合做好教育规划纲要中期检查和“十二五”教育发展规划总结工作。发布和实施职业院校规范管理行动计划，督促职业院校切实落实国家制定的有关管理文件，提升管理水平。

二、基本形成教育教学标准体系

4. 落实好立德树人根本任务。贯彻落实新修订的《中等职业学校德育大纲》，颁布《中等职业学校学生公约》。完善中职德育课程设置，编制课程标准，指导各地各校深化课程教学改革。抓好实训实习环节德育，强化学生职业精神培养。继续办好“文明风采”竞赛，持续组织开展“劳模进职校”活动，深入开展中华优秀传统文化教育。组织学生向道德模范等先进典型学习。开展学雷锋志愿服务等社会实践活动。加强学生党团组织建设。推进职业指导工作规范化。完善中职毕业生就业统计制度，开展就业质量抽样调查。发布中职毕业生就业状况分析报告。

5. 深化教育教学改革。印发《教育部关于深化职业教育教学改革全面提高人才培养质量的若干意见》。研究制订规范职业院校课程设置和教学实施的有关意见。发布新修订的高等职业学校专业目录和专业设置管理办法。调整和补充中等职业学校专业目录。遴选和建设一批国家产业发展急需的示范专业点。启动高等职业学校专业教学标准修（制）订工作。分批开展中等职业学校专业教学标准培训工作。深化 100 个国际水平专业教学标准的开发与应用试点。印发《职业院校实习管理规定》，颁布并推行部分专业（类）顶岗实习标准。研制中等职业学校语文、体育与健康、公共艺术、历史等课程标准，组织修订（编写）相关课程教材。推进职业院校专业仪器设备装备规范制订工作。继续公布一批“十二五”职业教育国家规划教材。发布首批专业教材质量抽查报告，规范教材使用管理。做好 2014 年全国职业教育教学成果奖宣传推广工作。指导发布《中国高等职业教育质量年度报告（2015）》。推动各地建立中等职业教育质量年度报告制度。发布全国职业院校学生实习风险管理 2014 年度报告。

6. 推动产教融合与校企合作常态化。全面实施《关于开展现代学徒制试点工作的意见》，加快推进试点工作。研究制订行业企业办学指导意见，推动和服务教育型企业发展。统筹开展职业教育与行业对话活动，推进分行业制订职业教育指导意见。印发职业教育集团化办学指导意见，指导成立一批具有行业影响力的职业教育集团。成立新一届行业职业教育指导委员会。发布首批行业人才需求与专业设置指导报告。启用并推广企业生产实际教学案例库。探索推动职业院校混合所有制试点。推进全国职业院校技能大赛改革创新，完善大赛制度，提高赛事质量。

三、进一步完善职业教育保障体系

7. 进一步推动职业教育制度建设。配合做好全国人大常委会《职业教育法》执法检查和专题询问工作，推动《职业教育法》修订。推动制订职业教育校企合作促进办法。配合制订推进高等学校考试招生改革的指导意见，适度提高本科高等学校招收职业院校毕业生比例，完善人才多样化成长渠道。逐步建立职业院校人才培养工作诊断与改进机制。推动和配合有关部门制定实施中等、高等职业学校建设标准。印发中等职业学校布局结构调整指导意见。推动职业院校教师专业技术职务（职称）评聘办法制订和教职工编制核定工作。健全职业院校实习责任保险制度，继续推进全国职业院校学生实习责任保险统保示范项目。推动各地中等职业教育全免学费，推动各地建立健全中等和高等职业院校生均拨款制度。推动扩大职业院校助学金覆盖面，提高补助标准。推动加大对高等职业学校农林水地矿油核等专业学生的助学力度。

8. 加强职业教育基础能力建设。实施现代职业教育质量提升计划。完善高等职业教育绩效考核办法和指标体系，引导各地用好中央财政职业教育一般性转移支付经费。完成第三批国家中职示范校、高职骨干校验收工作。继续推动实施中等职业教育基础能力建设项目。配合做好“十三五”重大项目规划和立项工作。修订《职业教育专业教学资源库建设指南》，完成 2013 年立项建设的资源库验收工作，做好 2015 年资源库项目布局和遴选工作，推进实际使用。执行年度高职骨干教师国培项目。

9. 推动职业教育信息化发展。发布《职业院校数字校园建设规范》。研究制订职业教育信息化教学能力标准。推进职业教育数字资源管理和学习平台建设。继续实施国家示范性职业学校数字化资源共建共享计划。建设专业教学资源库运行监控平台，建立资源更新、推广应用的持续监测与定期通报机制。推动全国中等职业学校学生管理信息系统的应用。推动落实《中等职业学历教育学生电子学籍注册办法（试行）》。启动中等职业学校管理信息系统建设工作。推进高等职业教育专业建设与职业发展管理平台使用，推动高等职业教育人才培养工作状态数据采集与管理平台数据应用。继续举办职业院校信息化教学大赛。

10. 深化国际交流与合作。深化与德国、英国、荷兰等职业教育与继续教育政策对话和项目合作。积极推动与瑞士、美国、澳大利亚、法国、新西兰以及东盟、非洲等交流与合作。继续开展与联合国儿童基金会等合作项目。扩大专业教学标准开发国际合作。加强与行业合作，探索职业教育与继续教育“走出去”的发展模式。推出一批国际合作典型案例。

四、加大对农村和贫困地区职业教育支持力度

11. 加快发展面向农村的职业教育。探索培养新型职业农民的多种途径，推动建立公益性农民培养培训制度。推动完善面向农民、农村转移劳动力等接受职业教育和培训的资助补贴政策。创新农学结合模式，开发相关教学资源，推动实施农民继续教育工程。继续推进国家级农村职业教育和成人教育示范县创建工作。研究制订指导县级职教中心改革发展的文件名。继续做好教育部定点扶贫和对口支援等帮扶工作。

12. 加强西部和民族地区职业教育。完善东中西部合作机制，继续推动东部地区职业院校特别是示范性职业院校面向中西部地区招生，深化东中西部职业院校在专业建设、课程开发、资源共享、学校管理、师生交流等方面的合作。继续实施华夏基金会职教项目。继续做好东部地区职教集团对口帮扶滇西工作。指导民族地区分区制定规划，加强省级统筹，加快发展职业教育。配合相关部门办好内地民族中职班。推广“9 + 3”经验。

五、推动继续教育取得实质性进展

13. 深化继续教育改革创新。继续开展《终身学习法》调研和起草工作。印发办好开放大学的意见及相关配套文件，推进开放大学建设，推动广播电视大学系统整体转型升级。推进高等教育自学考试制度改革。印发推进普通高校、高职院校、成人高校学习成果积累与转换工作的意见，启动学习成果认证、学分积累和转换试点工作。印发普通高校继续教育改革发展的意见及配套文件，推进普通高校继续教育综合改革试点工作。深入推进大学与企业继续教育联盟、高校继

续教育数字化学习资源开放和在线教育联盟建设，进一步推动数字化学习资源向全社会开放。推动高等学校发布继续教育质量年度报告。

14. 推进学习型社会建设。研究制订《全国老年教育发展规划（2015—2020 年）》。印发《职业院校面向行业企业开展职工继续教育的意见》，启动职业院校职工继续教育品牌创建计划。改进职工继续教育统计工作。推动各地贯彻落实《教育部等七部门关于推进学习型城市建设的意见》，开展学习型城市建设，组织撰写《中国学习型城市建设发展报告》，配合做好我国参加第二届全球学习型城市大会的有关工作。印发《关于进一步推进社区教育改革发展的意见》，开展社区教育实验区、示范区遴选工作，指导各地继续做好社区教育实验项目。指导发布社区教育满意度情况报告。推动职业院校参与社区教育、老年教育。发布社区教育服务民生创新工作案例汇编。

六、进一步增强服务能力和水平

15. 营造良好工作氛围。密切与新闻媒体的合作，积极运用新媒体，加强宣传工作，营造良好氛围。开展职业教育与继续教育文件名、典型案例和先进事迹系列宣传。继续举办好全民终身学习活动周，打造终身学习品牌，宣传“百姓学习之星”等。研究设立全国职业教育活动周，推动各地办好相关活动。

16. 切实加强自身建设。巩固和拓展党的群众路线教育实践活动成果，进一步转变职能，注重发挥好地方、院校以及学会、协会等社会组织的作用，合力推动职业教育与继续教育改革创新。进一步健全调查研究和联系基层制度，切实改进文风、会风和工作作风。加强学习型机关建设，注重思想政治理论和业务学习。认真落实党风廉政建设“主体责任”，强化党团组织建设和反腐倡廉工作，增强自身素质，树立良好形象。

国务院办公厅关于深化高等学校创新创业教育改革的实施意见

国办发〔2015〕36 号

各省、自治区、直辖市人民政府，国务院各部委、各直属机构：

深化高等学校创新创业教育改革，是国家实施创新驱动发展战略、促进经济提质增效升级的迫切需要，是推进高等教育综合改革、促进高校毕业生更高质量创业就业的重要举措。党的十八大对创新创业人才培养作出重要部署，国务院对加强创新创业教育提出明确要求。近年来，高校创新创业教育不断加强，取得了积极进展，对提高高等教育质量、促进学生全面发展、推动毕业生创业就业、服务国家现代化建设发挥了重要作用。但也存在一些不容忽视的突出问题，主要是一些地方和高校重视不够，创新创业教育理念滞后，与专业教育结合不紧，与实践脱节；教师开展创新创业教育的意识和能力欠缺，教学方式方法单一，针对性实效性不强；实践平台短缺，指导帮扶不到位，创新创业教育体系亟待健全。为了进一步推动大众创业、万众创新，经国务院同意，现就深化高校创新创业教育改革提出如下实施意见。

一、总体要求

（一）指导思想

全面贯彻党的教育方针，落实立德树人根本任务，坚持创新引领创业、创业带动就业，主动适应经济发展新常态，以推进素质教育为主题，以提高人才培养质量为核心，以创新人才培养机制为重点，以完善条件和政策保障为支撑，促进高等教育与科技、经济、社会紧密结合，加快培养规模宏大、富有创新精神、勇于投身实践的创新创业人才队伍，不断提高高等教育对稳增长促改革调结构惠民生的贡献度，为建设创新型国家、实现“两个一百年”奋斗目标和中华民族伟大复兴的中国梦提供强大的人才智力支撑。

（二）基本原则

坚持育人为本，提高培养质量。把深化高校创新创业教育改革作为推进高等教育综合改革的突破口，树立先进的创新创业教育理念，面向全体、分类施教、结合专业、强化实践，促进学生全面发展，提升人力资本素质，努力造就大众创业、万众创新的生力军。

坚持问题导向，补齐培养短板。把解决高校创新创业教育存在的突出问题作为深化高校创新创业教育改革的着力点，融入人才培养体系，丰富课程、创新教法、强化师资、改进帮扶，推进教学、科研、实践紧密结合，突破人才培养薄弱环节，增强学生的创新精神、创业意识和创新创业能力。

坚持协同推进，汇聚培养合力。把完善高校创新创业教育体制机制作为深化高校创新创业教育改革的支撑点，集聚创新创业教育要素与资源，统一领导、齐抓共管、开放合作、全员参与，形成全社会关心支持创新创业教育和学生创新创业的良好生态环境。

（三）总体目标

2015 年起全面深化高校创新创业教育改革。2017 年取得重要进展，形成科学先进、广泛认同、具有中国特色的创新创业教育理念，形成一批可复制可推广的制度成果，普及创新创业教育，实现新一轮大学生创业引领计划预期目标。到 2020 年建立健全课堂教学、自主学习、结合实践、指导帮扶、文化引领融为一体的高校创新创业教育体系，人才培养质量显著提升，学生的创新精神、创业意识和创新创业能力明显增强，投身创业实践的学生显著增加。

二、主要任务和措施

（一）完善人才培养质量标准

制订实施本科专业类教学质量国家标准，修订实施高职高专专业教学标准和博士、硕士学位基本要求，明确本科、高职高专、研究生创新创业教育目标要求，使创新精神、创业意识和创新创业能力成为评价人才培养质量的重要指标。相关部门、科研院所、行业企业要制（修）订专业人才评价标准，细化创新创业素质能力要求。不同层次、类型、区域高校要结合办学定位、服务面向和创新创业教育目标要求，制订专业教学质量标准，修订人才培养方案。

（二）创新人才培养机制

实施高校毕业生就业和重点产业人才供需年度报告制度，完善学科专业预警、退出管理办法，探索建立需求导向的学科专业结构和创业就业导向的人才培养类型结构调整新机制，促进人才培养与经济社会发展、创业就业需求紧密对接。深入实施系列“卓越计划”、科教结合协同育人行动计划等，多形式举办创新创业教育实验班，探索建立校校、校企、校地、校所以及国际合作的协同育人新机制，积极吸引社会资源和国外优质教育资源投入创新创业人才培养。高校要打通一级学科或专业类下相近学科专业的基础课程，开设跨学科专业的交叉课程，探索建立跨院系、跨学科、跨专业交叉培养创新创业人才的新机制，促进人才培养由学科专业单一型向多学科融合型转变。

（三）健全创新创业教育课程体系

各高校要根据人才培养定位和创新创业教育目标要求，促进专业教育与创新创业教育有机融合，调整专业课程设置，挖掘和充实各类专业课程的创新创业教育资源，在传授专业知识过程中加强创新创业教育。面向全体学生开发开设研究方法、学科前沿、创业基础、就业创业指导等方面的必修课和选修课，纳入学分管理，建设依次递进、有机衔接、科学合理的创新创业教育专门课程群。各地区、各高校要加快创新创业教育优质课程信息化建设，推出一批资源共享的慕课、视频公开课等在线开放课程。建立在线开放课程学习认证和学分认定制度。组织学科带头人、行业企业优秀人才，联合编写具有科学性、先进性、适用性的创新创业教育重点教材。

（四）改革教学方法和考核方式

各高校要广泛开展启发式、讨论式、参与式教学，扩大小班化教学覆盖面，推动教师把国际前沿学术发展、最新研究成果和实践经验融入课堂教学，注重培养学生的批判性和创造性思维，激发创新创业灵感。运用大数据技术，掌握不同学生学习需求和规律，为学生自主学习提供更加丰富多样的教育资源。改革考试考核内容和方式，注重考查学生运用知识分析、解决问题的能力，探索非标准答案考试，破除“高分低能”积弊。

（五）强化创新创业实践

各高校要加强专业实验室、虚拟仿真实验室、创业实验室和训练中心建设，促进实验教学平台共享。各地区、各高校科技创新资源原则上向全体在校学生开放，开放情况纳入各类研究基地、重点实验室、科技园评估标准。鼓励各地区、各高校充分利用各种资源建设大学科技园、大学生创业园、创业孵化基地和小微企业创业基地，作为创业教育实践平台，建好一批大学生校外实践教育基地、创业示范基地、科技创业实习基地和职业院校实训基地。完善国家、地方、高校三级创新创业实训教学体系，深入实施大学生创新创业训练计划，扩大覆盖面，促进项目落地转化。举办全国大学生创新创业大赛，办好全国职业院校技能大赛，支持举办各类科技创新、创意设计、创业计划等专题竞赛。支持高校学生成立创新创业协会、创业俱乐部等社团，举办创新创业讲座论坛，开展创新创业实践。

（六）改革教学和学籍管理制度

各高校要设置合理的创新创业学分，建立创新创业学分积累与转换制度，探索将学生开展创新实验、发表论文、获得专利和自主创业等情况折算为学分，将学生参与课题研究、项目实验等活动认定为课堂学习。为有意愿有潜质的学生制定创新创业能力培养计划，建立创新创业档案和成绩单，客观记录并量化评价学生开展创新创业活动情况。优先支持参与创新创业的学生转入相关专业学习。实施弹性学制，放宽学生修业年限，允许调整学业进程、保留学籍休学创新创业。设立创新创业奖学金，并在现有相关评优评先项目中拿出一定比例用于表彰优秀创新创业的学生。

（七）加强教师创新创业教育教学能力建设

各地区、各高校要明确全体教师创新创业教育责任，完善专业技术职务评聘和绩效考核标准，加强创新创业教育的考核评价。配齐配强创新创业教育与创业就业指导专职教师队伍，并建立定期考核、淘汰制度。聘请知名科学家、创业成功者、企业家、风险投资人等各行各业优秀人才，担任专业课、创新创业课授课或指导教师，并制定兼职教师管理规范，形成全国万名优秀创新创业导师人才库。将提高高校教师创新创业教育的意识和能力作为岗前培训、课程轮训、骨干研修的重要内容，建立相关专业教师、创新创业教育专职教师到行业企业挂职锻炼制度。加快完善高校科技成果处置和收益分配机制，支持教师以对外转让、合作转化、作价入股、自主创业等形式将科技成果产业化，并鼓励带领学生创新创业。

（八）改进学生创业指导服务

各地区、各高校要建立健全学生创业指导服务专门机构，做到“机构、人员、场地、经费”四到位，对自主创业学生实行持续帮扶、全程指导、一站式服务。健全持续化信息服务制度，完善全国大学生创业服务网功能，建立地方、高校两级信息服务平台，为学生实时提供国家政策、市场动向等信息，并做好创业项目对接、知识产权交易等服务。各地区、各有关部门要积极落实高校学生创业培训政策，研发适合学生特点的创业培训课程，建设网络培训平台。鼓励高校自主编制专项培训计划，或与有条件的教育培训机构、行业协会、群团组织、企业联合开发创业培训项目。各地区和具备条件的行业协会要针对区域需求、行业发展，发布创业项目指南，引导高校学生识别创业机会、捕捉创业商机。

（九）完善创新创业资金支持和政策保障体系

各地区、各有关部门要整合发展财政和社会资金，支持高校学生创新创业活动。各高校要优化经费支出结构，多渠道统筹安排资金，支持创新创业教育教学，资助学生创新创业项目。部委属高校应按规定使用中央高校基本科研业务费，积极支持品学兼优且具有较强科研潜质的在校学生开展创新科研工作。中国教育发展基金会设立大学生创新创业教育奖励基金，用于奖励对创新创业教育做出贡献的单位。鼓励社会组织、公益团体、企事业单位和个人设立大学生创业风险基金，以多种形式向自主创业大学生提供资金支持，提高扶持资金使用效益。深入实施新一轮大学生创业引领计划，落实各项扶持政策和服务措施，重点支持大学生到新兴产业创业。有关部门要加快制定有利于互联网创业的扶持政策。

三、加强组织领导

（一）健全体制机制

各地区、各高校要把深化高校创新创业教育改革作为“培养什么人，怎样培养人”的重要任务摆在突出位置，加强指导管理与监督评价，统筹推进本地本校创新创业教育工作。各地区要成立创新创业教育专家指导委员会，开展高校创新创业教育的研究、咨询、指导和服务。各高校要落实创新创业教育主体责任，把创新创业教育纳入改革发展重要议事日程，成立由校长任组长、分管校领导任副组长、有关部门负责人参加的创新创业教育工作领导小组，建立教务部门牵头，学生工作、团委等部门齐抓共管的创新创业教育工作机制。

（二）细化实施方案

各地区、各高校要结合实际制定深化本地本校创新创业教育改革的实施方案，明确责任分工。教育部属高校需将实施方案报教育部备案，其他高校需报学校所在地省级教育部门和主管部门备案，备案后向社会公布。

（三）强化督导落实

教育部门要把创新创业教育质量作为衡量办学水平、考核领导班子的重要指标，纳入高校教育教学评估指标体系和学科评估指标体系，引入第三方评估。把创新创业教育相关情况列入本科、高职高专、研究生教学质量年度报告和毕业生就业质量年度报告重点内容，接受社会监督。

（四）加强宣传引导

各地区、各有关部门以及各高校要大力宣传加强高校创新创业教育的必要性、紧迫性、重要性，使创新创业成为管理者办学、教师教学、学生求学的理性认知与行动自觉。及时总结推广各地各高校的好经验好做法，选树学生创新创业成功典型，丰富宣传形式，培育创客文化，努力营造敢为人先、敢冒风险、宽容失败的氛围环境。

国务院办公厅

2015 年 5 月 4 日

国务院扶贫办　教育部　人力资源和社会保障部关于加强雨露计划支持农村贫困家庭新成长劳动力接受职业教育的意见

国开办发〔2015〕19 号

各省（自治区、直辖市）扶贫办（局）、教育厅（教委）、人力资源和社会保障厅（局）：

抓好教育是扶贫开发的根本大计。雨露计划作为专项扶贫工作的重要内容，引导和支持农村贫困家庭新成长劳动力接受职业教育，是培养技能型人才、促进稳定就业、实现脱贫致富的治本之举，是提高贫困人口素质，促进贫困地区经济社会发展的重要措施。为切实加强雨露计划工作，加大对农村贫困家庭新成长劳动力接受职业教育政策扶持力度，确保实现精准扶贫目标要求，提出以下意见。

一、指导思想

以邓小平理论、“三个代表”重要思想、科学发展观为指导，深入贯彻习近平总书记关于扶贫开发战略思想，落实创新机制扎实推进农村扶贫开发工作的总体部署，把雨露计划农村贫困家庭新成长劳动力职业教育作为实现精准扶贫的一项硬任务，统筹发挥政府、市场和社会的协同推进作用，坚持就业导向，提供政策支持，引导农村贫困家庭新成长劳动力接受职业教育，提素质、学技能，稳就业、增收入，为新型工业化、城镇化建设培养技术技能人才，阻断贫困世代传递。

二、工作目标

通过政策扶持，农村贫困家庭子女初、高中毕业后接受中、高等职业教育的比例逐步提高，确保每个孩子起码学会一项有用技能，贫困家庭新成长劳动力创业就业能力得到提升，家庭工资性收入占比显著提高，实现一人长期就业，全家稳定脱贫的目标。

三、工作原则

（一）精准扶贫、直补到户

雨露计划扶持政策与建档立卡工作紧密衔接，瞄准扶贫对象，支持农村贫困家庭子女接受职业教育，资金直补到户。

（二）就业导向、群众自愿

发挥市场在资源配置中的决定性作用，以就业前景和职业发展为导向，引导贫困家庭新成长劳动力自主选择就学地点、学校和专业。

（三）政府推动、社会参与

政府发挥引导作用，制定扶持政策，加强管理和指导，提供信息服务。动员社会力量参与，促进社会扶贫和教育扶贫相结合，合力推动农村贫困家庭新成长劳动力职业教育工作。

四、扶持对象和方式

（一）扶持对象

子女接受中等职业教育（含普通中专、成人中专、职业高中、技工院校，以下同）、高等职业教育的农村建档立卡贫困家庭。

（二）扶持方式

符合条件的贫困学生无论在何地就读，其家庭均在户籍所在地申请扶贫助学补助。补助资金通过一卡通（一折通）直接补给贫困家庭。

五、扶持政策

贫困家庭子女参加中、高等职业教育，给予家庭扶贫助学补助。学生在校期间，其家庭每年均可申请补助资金。各地根据贫困家庭新成长劳动力职业教育工作开展的实际需要，统筹安排中央到省财政专项扶贫资金和地方财政扶贫资金，确定补助标准，可按每生每年 3000 元左右的标准补助建档立卡贫困家庭。

享受上述政策的同时，农村贫困家庭新成长劳动力接受中、高等职业教育，符合条件的，享受国家职业教育资助政策。

六、职责分工

（一）扶贫部门

加强与教育、人力资源社会保障等部门的沟通协调，排查摸底建档立卡贫困家庭子女接受教育培训情况，落实雨露计划扶贫助学补助，引导初、高中毕业的孩子接受职业教育，开展效果监测评估。

（二）教育部门

督促地方落实国家职业教育相关资助政策。加快发展贫困地区现代职业教育，鼓励国家示范性高等职业院校增加面向中西部地区招生计划。利用完善的教育体系，宣传贫困家庭子女职业教育扶持政策，为贫困家庭提供信息和咨询服务，保证贫困家庭子女职业教育质量。

（三）人社部门

加强对所属技工院校的监督管理，保障参加职业教育贫困家庭学生的就学质量。落实职业技能鉴定补贴政策，加大对贫困家庭学生的补贴力度。加强对就业创业工作的组织领导，提供就业信息服务，促进贫困家庭子女毕业后尽快实现就业。

七、组织保障

（一）加强组织领导

按照“中央统筹、省负总责、县抓落实”的管理体制，国家层面统一规划，监督指导。各级扶贫开发部门要把贫困家庭子女职业教育工作列入重要议事日程，制定工作计划，明确工作目标，加强部门协调，保障助学补助资金和工作经费。

（二）规范资金管理

各地要加强各项财政资金的管理监督，严格操作程序，实行公告公示制度，自觉接受纪检、监察、审计等部门监管和社会监督。对虚报冒领、私分、截留、挪用资金的单位和个人，依据有关规定严肃查处。

（三）强化宣传动员

发挥基层组织尤其是村两委和驻村工作队的一线组织动员作用，宣传国家政策，引导贫困家庭子女接受职业教育。充分发挥初、高中学校的宣传动员作用，引导学生选择优质培训机构。采取多种方式特别是新媒体手段宣传国家政策和雨露计划工作成果，营造全社会关注、关心和参与雨露计划扶贫行动的氛围。

（四）严格考核评估

将贫困家庭新成长劳动力职业教育纳入扶贫工作考核。

（五）推行信息化管理

建立雨露计划信息服务管理系统，与扶贫开发建档立卡信息系统、教育部职业教育学籍管理系统、人社部技工院校学籍管理系统实现数据对接，实行贫困家庭学生职业教育扶贫补助网上申报，系统自动比对筛选，提高扶持对象资格审核的工作效率和准确度。相关部门充分利用已有平台，积极对就业状况进行跟踪监测。

国务院扶贫办　教育部　人力资源和社会保障部

二〇一五年六月二日

教育部、人力资源和社会保障部关于推进职业院校服务经济转型升级面向行业企业开展职工继续教育的意见

教职成〔2015〕3 号

各省、自治区、直辖市教育厅（教委）、人力资源社会保障厅（局），新疆生产建设兵团教育局、人力资源社会保障局：

为贯彻落实全国职业教育工作会议精神和《国务院关于加快发展现代职业教育的决定》，发挥职业院校开展职工继续教育的优势，提高职工文化知识水平和技术技能水平，推进和谐劳动关系建设，促进大众创业、万众创新，服务好新常态下行业企业的转型升级，现就推进职业院校（含技工院校）面向行业企业开展职工继续教育提出以下意见。

一、坚持把开展职工继续教育作为职业院校的重要职责

（一）重要意义

职工继续教育是继续教育的重要组成部分和现代职业教育的重要内容。职业院校坚持学历教育与非学历教育并举，广泛开展职工继续教育，对于主动适应经济发展新常态，进一步激发职业院校办学活力、深化产教融合校企合作，提高产业服务能力、帮助企业创造更大价值，提升人力资本素质、服务创新驱动战略、建设学习型社会具有重要意义。

（二）指导思想

深入贯彻落实党的十八大和十八届三中、四中全会精神，深入贯彻落实习近平总书记系列重要讲话精神，以服务经济转型升级、服务企业技术技能积累、服务职工职业生涯发展，推动产业结构加快由中低端向中高端迈进为宗旨，坚持政府推动、行业指导、需求导向，深化产教融合、校企合作，加大职工继续教育工作力度，增强职工继续教育的针对性、灵活性、开放性，把提高职业能力和培养职业精神高度融合，为企业职工提供继续教育服务支持。

（三）目标任务

到 2020 年，职业院校普遍面向行业企业持续开展职工继续教育，市场意识明显增强，职工继续教育课程资源建设、师资队伍建设和信息化建设水平显著提升。重点提高职工的职业理想和职业道德、技术技能、管理水平以及学历层次。通过开展职工继续教育，全面促进学校管理创新，全面提高教育教学质量，全面提升服务经济社会发展的能力。

到 2020 年，全国职业院校开展职工继续教育人次绝对数达全日制在校生数的 1.2 倍以上，承担职工继续教育总规模不低于 1.5 亿人次，实现教育类型多元化、管理规范化，多数职业院校成为行业企业职工继续教育的重要阵地，在全国建成 1000 个职工继续教育品牌职业院校，为加强企业职工继续教育提供有力支撑。

二、推进职业院校面向行业企业开展多种类型的职工继续教育

（四）稳步发展学历继续教育

职业院校要充分发挥师资、专业优势，紧密结合区域经济发展需要和职工学历提升的需求，以在职学习为主面向行业企业开展多种形式的学历继续教育。提高职业院校招收企业职工比例，并在招生考试工作中加强对职业技能的考核。注重不同层次、不同类型学历继续教育的衔接，构

建技术技能人才成长“立交桥”。

（五）广泛开展立足岗位的技术技能培训

职业院校要充分利用学校资源，特别是实训教学资源，与行业企业共同开发培训项目，并采用送教进企、引训入校等多种途径，为行业企业提供多层次、多类型，立足岗位需求的技术技能教育培训服务。职业院校要积极承接行业企业委托的班组长、农民工、复转军人、女职工等特定群体的专项培训。高度重视为小微企业提供培训服务。

（六）积极开展面向前沿的高端研修培训

有条件的职业院校要发挥科技创新对产业结构优化升级的驱动作用，紧贴重点产业发展需求，与行业企业深度合作，协同开展高端人才研修项目，推动关键技术、工艺、流程研发，促进科技成果转化。鼓励职业院校与企业共同建立研修制度，并结合企业技术创新、转型升级、项目引进等，培养培训企业亟需领域的高端技术技能人才。

（七）主动为企业提供技术服务

职业院校要积极参与以企业为主体的产业技术创新机制建设，与企业开展双边、多边技术协作，推动产学研结合向纵深发展，共同开展和承担课题研究、技术开发、应用技术咨询、新技术培训和推广等服务，并针对企业生产中遇到的问题进行技术诊断，推动企业改进工艺流程，实现协同创新。开展多种形式的联合办学，共建企业大学、培训中心，共建兼具生产和教学功能的实训中心、产品研发中心、技术服务中心等。

（八）积极参与学习型企业建设

职业院校要与企业共同组织开展基于工作场所的学习活动，积极为企业提供知识讲座、课程资源开发、技术辅导等服务，以多种形式参与企业大学等企业内设培训机构的建设。鼓励职业院校的院系与企业车间、班组结对子，建立校企合作的学习团队。探索构建基于互联网的企业虚拟大学或虚拟学习社区。

三、提高职业院校开展职工继续教育的能力和质量

（九）增强市场意识和服务能力

职业院校要树立市场意识、竞争意识和服务意识，认真研究教育培训市场规律。深入行业企业，系统分析经济转型、产业升级、技术进步对岗位能力提出新的要求，以及职工多样化的学习需求，加强校内资源统筹、整合力度。学习借鉴国内外知名企业和教育培训机构运行模式，推进学校管理创新，不断提高继续教育质量，增强服务能力，探索合作开展国际继续教育。把开展职工继续教育作为建设职业教育集团的重要内容。

（十）促进课程资源融通共享

职业院校要根据企业需求，以相关专业全日制学历教育课程资源为基础，提供职工继续教育课程资源定制服务，促进两套课程资源的融通互促。探索职业培训课程学分转换为相关专业学历证书课程学分。通过开展职工继续教育，合作开发或购买企业培训资源，使职业院校成为汇聚和整合企业、社会培训资源的平台，并推进职工继续教育优质资源跨区域、跨行业共建共享。鼓励引进国际精品培训课程和先进培训模式。

（十一）提高教师教学能力

鼓励职业院校专业课教师同时成为企业培训师，驾驭学校、企业“两个讲台”。完善职业院校教师定期到企业实践制度，鼓励教师在企业实习期间参与企业培训、技术研发等活动。完善职

业院校绩效工资制度和职务（职称）评聘办法，鼓励教师承担培训任务，认可相关工作量。探索建立职业院校教师和企业培训师资源共建共享机制。动员、组织、汇聚社会教育教学力量，参与职业院校开展的职工继续教育活动。

（十二）提高信息化建设与应用水平

鼓励职业院校与行业企业、高等学校、专业机构等合作，搭建网络学习平台和移动学习平台，整合优质资源与专业服务，面向企业职工开设继续教育网络课程和在线培训项目。鼓励职业院校与行业企业共同开发虚拟仿真实训系统，推广培训过程与生产过程实时互动的远程教学。支持建设服务支柱产业相关专业领域校企共享的职工继续教育数字化课程资源库、案例库。

（十三）实施职业院校职工继续教育品牌创建计划

分行业、分层次、分地域建设一批职工继续教育品牌职业院校，引导其建设一批优质校企共享的实训基地、开发一批精品职工继续教育教学资源、培养一批职工继续教育名师、形成一批高质量职工继续教育理论研究成果。促进先进技术向教学内容的转化，实现产业发展与教育教学环节的融合，成为企业技术技能积累与创新的重要载体。

四、构建职业院校开展职工继续教育的保障机制

（十四）加强组织领导和服务

地方各级教育部门和人力资源社会保障部门要加强沟通协作，共同帮助职业院校协调解决开展职工继续教育工作中遇到的实际困难和问题。

（十五）发挥行业指导作用

推动行业主管部门或行业协会制定行业职工继续教育规划。行业职业教育教学指导委员会要发布行业人才培养培训需求和行业职工继续教育年度报告，参与指导教育教学，开展质量评价，搭建交流平台；推进校企合作，引导本行业领域的广大企业积极依托职业院校开展职工继续教育。鼓励教育行政部门通过授权委托、购买服务等方式，把适宜行业组织承担的职责交给行业组织，给予政策支持并强化服务监管。

（十六）发挥企业主导作用

推动落实教育规划纲要关于“将继续教育工作与工作考核、岗位聘任（聘用）、职务（职称）评聘、职业注册等人事管理制度的衔接”的要求，以及《国务院关于加快发展现代职业教育的决定》关于“规模以上企业要有专门机构和人员组织实施职工继续教育，对接职业院校”的要求。推动企业将职工继续教育纳入企业发展规划和年度工作计划，积极创建学习型企业。

（十七）发挥职业院校主体作用

职业院校作为独立法人，是市场主体之一，享有办学自主权，要深入研究市场需求，回应社会关切，注重人才培养培训质量，提高服务区域产业经济发展的能力和水平。要把开展职工继续教育作为职业院校的重要任务，继续教育的软硬件与全日制在校生学历教育的软硬件要兼顾。坚持市场性与公益性相结合，教育培训价格由供需双方依法协商确定。

（十八）完善有关评价考核制度

职业院校要高度重视职工继续教育工作，将其纳入学校总体发展规划，学校领导班子中有专人负责。职业教育研究机构及职业院校要加强对职工继续教育质量评价标准、评价方法的研究，建立业绩考核标准与制度。要积极探索将非学历继续教育人数折算成全日制学历教育人数的办法，把开展职工继续教育的规模、成效作为职业院校办学质量评价、教育督导和绩效评估的重要

内容。逐步建立第三方评价机制。

（十九）完善投入保障机制

认真落实《国务院关于加快发展现代职业教育的决定》关于“企业要依法履行职工教育培训和足额提取教育培训经费的责任”、“其中用于一线职工教育培训的比例不低于60%”的要求。对实施职工继续教育的企业、院校和接受教育培训的人员，符合国家职业培训补贴政策和职业教育资助政策的，按规定给予补贴和资助。

（二十）营造良好社会环境

鼓励职业院校积极参与职业教育活动周、科技活动周等，面向企业开展相关活动，加大对职工继续教育有关政策、项目的宣传力度。推动企业职工全员参与、终身学习。要完善有关表彰奖励制度，将在职工继续教育工作中做出突出贡献的职业院校和个人纳入其中，平等对待。要进一步加强职工继续教育研究，扎实做好职业院校、行业企业开展职工继续教育的经验和典型的总结推广工作，充分运用多种媒体广泛开展舆论宣传，努力营造全社会关心和支持企业职工继续教育发展的良好氛围。

教育部　人力资源和社会保障部

二〇一五年六月十八日

教育部关于深入推进职业教育集团化办学的意见

教职成〔2015〕4 号

各省、自治区、直辖市教育厅（教委），各计划单列市教育局，新疆生产建设兵团教育局，有关单位：

为贯彻落实全国职业教育工作会议精神和《国务院关于加快发展现代职业教育的决定》（国发〔2014〕19 号），鼓励多元主体组建职业教育集团，深化职业教育办学体制机制改革，推进现代职业教育体系建设，现就深入推进职业教育集团化办学提出以下意见。

一、充分认识深入推进职业教育集团化办学的重要意义

1. 深刻理解职业教育集团化办学的重要地位。当前，我国正处于全面建成小康社会的决定性阶段和深化改革、加快转变经济发展方式的攻坚时期。落实中央“四个全面”战略布局，职业教育必须加快改革创新，全面提升服务国家战略和人的全面发展的能力。实践证明，开展集团化办学是深化产教融合、校企合作，激发职业教育办学活力，促进优质资源开放共享的重大举措；是提升治理能力，完善职业院校治理结构，健全政府职业教育科学决策机制的有效途径；是推进现代职业教育体系建设，系统培养技术技能人才，完善职业教育人才多样化成长渠道的重要载体；是服务经济发展方式转变，促进技术技能积累与创新，同步推进职业教育与经济社会发展的有力支撑。加快发展现代职业教育，要把深入推进集团化办学作为重要方向。

2. 准确把握职业教育集团化办学面临的形势。近年来，职业教育集团化办学在各地得到快速发展，态势良好，形成了一批有特色、成规模、效果明显、影响广泛的职业教育集团，在资源共享、优势互补、合作育人、合作发展上的优势逐步显现。同时也要看到，职业教育集团化办学基础还比较薄弱，行业企业参与积极性不高、成员合作关系不紧密、管理体制和运行机制不健全、支持与保障政策不完善，集团化办学在促进教育链和产业链有机融合中的重要作用还没有得到充分发挥。各地教育行政部门和职业院校要进一步提高重视程度，积极争取各方面支持和参与，采取切实有效的措施，深入推进职业教育集团化办学。

3. 明确职业教育集团化办学的指导思想和目标任务。职业教育集团化办学要坚持以服务发展为宗旨、促进就业为导向，以建设现代职业教育体系为引领，以提高技术技能人才培养质量为核心，以深化产教融合、校企合作，创新技术技能人才系统培养机制为重点，充分发挥政府推动和市场引导作用，本着加入自愿、退出自由、育人为本、依法办学的原则，鼓励国内外职业院校、行业、企业、科研院所和其他社会组织等各方面力量加入职业教育集团，探索多种形式的集团化办学模式，创新集团治理结构和运行机制，全面增强职业教育集团化办学的活力和服务能力。

——扩大职业教育集团覆盖面。到 2020 年，职业院校集团化办学参与率进一步提高，规模以上企业参与集团化办学达到一定比例，初步建成 300 个具有示范引领作用的骨干职业教育集团，建设一批中央企业、行业龙头企业牵头组建的职业教育集团，教育链与产业链融合的局面基本形成。

——健全职业教育集团运行机制。建立和完善集团内部治理结构和决策机制，提升内部聚集能力，促进集团成员的深度合作和协同发展。探索集团内部产权制度改革和利益共享机制建设，

开展股份制、混合所有制试点。

——提升职业教育集团服务能力。服务经济发展方式转变、产业结构调整和技术技能人才终身发展需求，大力发展面向现代农业、先进制造业、现代服务业、战略性新兴产业的职业教育集团，大幅提升集团的人才培养水平、经济贡献份额和协同发展能力。

——优化职业教育集团发展环境。强化省级统筹和部门协调配合，完善职业教育集团化办学支持政策，在校企合作、招生就业、对口支援、经费投入、国际合作等方面予以倾斜，形成深入开展集团化办学的良好环境。

二、加快完善职业教育集团化办学的实现形式

4. 积极鼓励多元主体组建职业教育集团。各地教育行政部门要积极争取政府支持，发挥政府对职业教育集团化办学的统筹规划、综合协调、政策保障和监督管理作用。支持示范、骨干职业院校，围绕区域发展规划和产业结构特点，牵头组建面向区域主导产业、特色产业的区域型职业教育集团。支持行业部门、中央企业和行业龙头企业、职业院校，围绕行业人才需求，牵头组建行业型职业教育集团。支持地方之间、行业之间的合作，组建跨区域、跨行业的复合型职业教育集团。积极吸收科研院所和其他社会组织参与职业教育集团，不断增强职业教育集团的整体实力。

5. 规范完善职业教育集团治理结构。省级教育行政部门应主动商有关行业主管部门，对集团的组建、变更、撤销、管理，明确具体工作程序，开展分类指导。中央企业和行业龙头企业组建职业教育集团，可按照属地化管理原则，在省级教育行政部门备案。职业教育集团应建立联席会、理事会或董事会等，健全工作章程、管理制度、工作程序，设立秘书处等内部工作和协调机构，完善决策、执行、协商、投入、考核、监督等日常工作机制。鼓励集团按照国家有关规定成立社团法人或民办非企业单位法人。探索集团通过土地、房舍、资产、资本、设备、技术等使用权租赁、托管、转让等形式登记企业法人。

6. 建立健全职业教育集团化办学运行机制。职业教育集团要建立健全职责明确、统筹有力、有机衔接、高效运转的运行机制。要健全民主决策和成员单位动态调整机制，保障职业教育集团可持续发展。要强化产教融合、校企合作，推动建设以相关各方“利益链”为纽带，集生产、教学和研发等功能于一体的生产性实训基地和技术创新平台，促进校企双赢发展。要强化校校合作、贯通培养，鼓励应用技术类型高等学校参与职业教育集团化办学，系统培养技术技能人才，广泛开展职业培训，促进人才成长“立交桥”建设。要强化区域合作、城乡一体，支持优质职业教育集团开展跨区域服务，深化招生就业、专业建设、课程开发、资源共享、学校管理等合作，促进区域间职业教育协调发展。

三、全面提升职业教育集团的综合服务能力

7. 提升职业教育集团服务发展方式转变的能力。职业教育集团要服务发展方式转变，协调推进人力资源开发与技术进步，推动教育教学改革与产业转型升级衔接配套。充分发挥职业教育集团成员单位中行业企业的作用，推进办学模式、培养模式、教学模式、评价模式改革，促进产业链、岗位链、教学链深度融合。建立健全专业设置随产业发展动态调整机制，不断适应经济社会对技术技能人才结构、规格和质量的要求。要服务国家“一带一路”战略，支持职业教育集“走出去”，加强与跨国企业、国（境）外院校合作，提升我国职业教育国际影响力和产业国际

竞争力。

8. 提升职业教育集团服务区域协调发展的能力。职业教育集团要服务国家区域发展战略和主体功能区战略，统筹成员学校的专业布局和培养结构，为各地根据资源禀赋和比较优势发展各具特色的区域经济提供人才支撑。鼓励农村地区、民族地区、贫困地区围绕区域支柱产业和特色产业，明确职业教育集团办学定位，重点培养新型职业农民、服务民族文化传承创新、推动贫困家庭脱贫致富。要整合集团各类资源，充分发挥优质资源的引领、示范和辐射作用，实现以城带乡、以强带弱、优势互补，推动职业院校标准化、规范化和现代化建设。

9. 提升职业教育集团服务促进就业创业的能力。职业教育集团成员要共享招生、就业信息，坚持校企合作、工学结合，广泛开展委托培养、定向培养、订单培养、现代学徒制等，不断提高学生的就业率、创业能力和就业质量。面向职业教育集团内部企业员工开展岗前培训、岗位培训、继续教育，提升企业员工的技能水平和岗位适应能力。面向未就业初高中毕业生、农村剩余劳动力、退役士兵、失业人员、残疾人等群体，广泛开展职业教育和培训，提高其就业、再就业和创业能力。

10. 提升职业教育集团服务现代职教体系建设的能力。职业教育集团要探索适合产业发展的人才培养途径，合理定位、协调发展、办出特色，按照国家有关规定，拓宽学生从中职、专科、本科到研究生的上升通道。以健全课程衔接体系为重点，推动人才培养目标、专业布局、课程体系、教育教学过程、行业指导、校企合作的衔接。率先落实“文化素质 + 职业技能”的考试招生办法，为集团成员学校的学生接受不同层次高等职业教育提供多种机会。建立学分积累与转换制度，为集团成员企业员工接受职业教育提供机会，拓宽技术技能人才成长通道。

四、不断强化职业教育集团化办学的保障机制

11. 加强对职业教育集团化办学的领导。各地教育行政部门要充分认识集团化办学的战略地位和重要作用，会同有关部门制订职业教育集团化办学发展规划。要完善工作机制和评价标准，加强对集团化办学的统筹、协调、督导和管理。应将集团化办学情况纳入职业教育工作目标考核体系，发布年度发展报告，宣传成绩突出的优秀案例。

12. 完善职业教育集团化办学支持政策。各地对职业教育集团开展体制机制改革、招生招工一体化、培养模式创新等探索实践，要优先给予政策支持。要支持建设一批示范性骨干职业教育集团。要落实好教育、财税、土地、金融等政策，支持集团内企业成员单位参与职业教育发展。

13. 加大对职业教育集团化办学的投入。各地要多渠道加大投入，通过政府购买服务等形式支持职业教育集团发展。支持职业教育集团建设具备教学、生产、培训等功能的共享型实训基地，建设共享型专业教学资源和仿真实训系统，建设就业、用工、招生、师资、图书、技术、管理等信息共享平台，建设产学研一体化研发中心和共享型教学团队，提高集团内涵发展和社会服务能力。

教育部

二〇一五年六月三十日

教育部关于深化职业教育教学改革全面提高人才培养质量的若干意见

教职成〔2015〕6号

各省、自治区、直辖市教育厅（教委），各计划单列市教育局，新疆生产建设兵团教育局，各行业职业教育教学指导委员会：

为贯彻落实全国职业教育工作会议精神和《国务院关于加快发展现代职业教育的决定》（国发〔2014〕19号）要求，深化职业教育教学改革，全面提高人才培养质量，现提出如下意见。

一、总体要求

（一）指导思想。全面贯彻党的教育方针，按照党中央、国务院决策部署，以立德树人为根本，以服务发展为宗旨，以促进就业为导向，坚持走内涵式发展道路，适应经济发展新常态和技术技能人才成长成才需要，完善产教融合、协同育人机制，创新人才培养模式，构建教学标准体系，健全教学质量管理和保障制度，以增强学生就业创业能力为核心，加强思想道德、人文素养教育和技术技能培养，全面提高人才培养质量。

（二）基本原则。

坚持立德树人、全面发展。遵循职业教育规律和学生身心发展规律，把培育和践行社会主义核心价值观融入教育教学全过程，关注学生职业生涯和可持续发展需要，促进学生德智体美全面发展。

坚持系统培养、多样成才。以专业课程衔接为核心，以人才培养模式创新为关键，推进中等和高等职业教育紧密衔接，拓宽技术技能人才成长通道，为学生多样化选择、多路径成才搭建"立交桥"。

坚持产教融合、校企合作。推动教育教学改革与产业转型升级衔接配套，加强行业指导、评价和服务，发挥企业重要办学主体作用，推进行业企业参与人才培养全过程，实现校企协同育人。

坚持工学结合、知行合一。注重教育与生产劳动、社会实践相结合，突出做中学、做中教，强化教育教学实践性和职业性，促进学以致用、用以促学、学用相长。

坚持国际合作、开放创新。在教学标准开发、课程建设、师资培训、学生培养等方面加强国际交流与合作，推动教育教学改革创新，积极参与国际规则制订，提升我国技术技能人才培养的国际竞争力。

二、落实立德树人根本任务

（三）坚持把德育放在首位。深入贯彻落实中共中央办公厅、国务院办公厅《关于进一步加强和改进新形势下高校宣传思想工作的意见》和教育部《中等职业学校德育大纲（2014年修订）》，深入开展中国特色社会主义和中国梦宣传教育，大力加强社会主义核心价值观教育，帮助学生树立正确的世界观、人生观和价值观。建设学生真心喜爱、终身受益的德育和思想政治理论课程。加强法治教育，增强学生法治观念，树立法治意识。统筹推进活动育人、实践育人、文化育人，广泛开展"文明风采"竞赛、"劳模进职校"等丰富多彩的校园文化和主题教育活动，把德育与智育、体育、美育有机结合起来，努力构建全员、全过程、全方位育人格局。

（四）加强文化基础教育。发挥人文学科的独特育人优势，加强公共基础课与专业课间的相互融通和配合，注重学生文化素质、科学素养、综合职业能力和可持续发展能力培养，为学生实现更高质量就业和职业生涯更好发展奠定基础。中等职业学校要按照教育部印发的教学大纲（课程标准）规定，开齐、开足、开好德育、语文、数学、英语、历史、体育与健康、艺术、计算机应用基础等课程。高等职业学校要按照教育部相关教学文件要求，规范公共基础课课程设置与教学实施，面向全体学生开设创新创业教育专门课程群。

（五）加强中华优秀传统文化教育。要把中华优秀传统文化教育系统融入课程和教材体系，在相关课程中增加中华优秀传统文化内容比重。各地、各职业院校要充分挖掘和利用本地中华优秀传统文化教育资源，开设专题的地方课程和校本课程。有条件的职业院校要开设经典诵读、中华礼仪、传统技艺等中华优秀传统文化必修课，并拓宽选修课覆盖面。

（六）把提高学生职业技能和培养职业精神高度融合。积极探索有效的方式和途径，形成常态化、长效化的职业精神培育机制，重视崇尚劳动、敬业守信、创新务实等精神的培养。充分利用实习实训等环节，增强学生安全意识、纪律意识，培养良好的职业道德。深入挖掘劳动模范和先进工作者、先进人物的典型事迹，教育引导学生牢固树立立足岗位、增强本领、服务群众、奉献社会的职业理想，增强对职业理念、职业责任和职业使命的认识与理解。

三、改善专业结构和布局

（七）引导职业院校科学合理设置专业。职业院校要结合自身优势，科学准确定位，紧贴市场、紧贴产业、紧贴职业设置专业，参照《产业结构调整指导目录》，重点设置区域经济社会发展急需的鼓励类产业相关专业，减少或取消设置限制类、淘汰类产业相关专业。要注重传统产业相关专业改革和建设，服务传统产业向高端化、低碳化、智能化发展。要围绕“互联网＋”行动、《中国制造 2025》等要求，适应新技术、新模式、新业态发展实际，既要积极发展新兴产业相关专业，又要避免盲目建设、重复建设。

（八）优化服务产业发展的专业布局。要建立专业设置动态调整机制，及时发布专业设置预警信息。各地要统筹管理本地区专业设置，围绕区域产业转型升级，加强宏观调控，努力形成与区域产业分布形态相适应的专业布局。要紧密对接“一带一路”、京津冀协同发展、长江经济带等国家战略，围绕各类经济带、产业带和产业集群，建设适应需求、特色鲜明、效益显著的专业群。要建立区域间协同发展机制，形成东、中、西部专业发展良性互动格局。支持少数民族地区发展民族特色专业。

（九）推动国家产业发展急需的示范专业建设。各地、各职业院校要围绕现代农业、先进制造业、现代服务业和战略性新兴产业发展需要，积极推进现代农业技术、装备制造、清洁能源、轨道交通、现代物流、电子商务、旅游、健康养老服务、文化创意产业等相关专业建设。要深化相关专业课程改革，突出专业特色，创新人才培养模式，强化师资队伍和实训基地建设，重点打造一批能够发挥引领辐射作用的国家级、省级示范专业点，带动专业建设水平整体提升。

四、提升系统化培养水平

（十）积极稳妥推进中高职人才培养衔接。要在坚持中高职各自办学定位的基础上，形成适应发展需求、产教深度融合，中高职优势互补、衔接贯通的培养体系。要适应行业产业特征和人才需求，研究行业企业技术等级、产业价值链特点和技术技能人才培养规律，科学确定适合衔接培养的专业，重点设置培养要求年龄小、培养周期长、复合性教学内容多的专业。要研究确定开展衔接培养的学校资质和学生入学要求，当前开展衔接培养的学校以国家级、省级示范（骨干、重点）院校为主。

（十一）完善专业课程衔接体系。统筹安排开展中高职衔接专业的公共基础课、专业课和顶岗实习，研究制订中高职衔接专业教学标准。注重中高职在培养规格、课程设置、工学比例、教学内容、教学方式方法、教学资源配置上的衔接。合理确定各阶段课程内容的难度、深度、广度和能力要求，推进课程的综合化、模块化和项目化。鼓励开发中高职衔接教材和教学资源。

（十二）拓宽技术技能人才终身学习通道。建立学分积累与转换制度，推进学习成果互认，促进工作实践、在职培训和学历教育互通互转。支持职业院校毕业生在职接受继续教育，根据职业发展需要，自主选择课程，自主安排学习进度。职业院校要根据学生以往学习情况、职业资格等级以及工作经历和业绩，完善人才培养方案，实施“学分制、菜单式、模块化、开放型”教学。

五、推进产教深度融合

（十三）深化校企协同育人。创新校企合作育人的途径与方式，充分发挥企业的重要主体作用。推动校企共建校内外生产性实训基地、技术服务和产品开发中心、技能大师工作室、创业教育实践平台等，切实增强职业院校技术技能积累能力和学生就业创业能力。发挥集团化办学优势，以产业或专业（群）为纽带，推动专业人才培养与岗位需求衔接，人才培养链和产业链相融合。积极推动校企联合招生、联合培养、一体化育人的现代学徒制试点。注重培养与中国企业和产品“走出去”相配套的技术技能人才。

（十四）强化行业对教育教学的指导。各级教育行政部门要完善职业教育行业指导体系，创新机制，提升行业指导能力，通过授权委托、购买服务等方式，把适宜行业组织承担的职责交给行业组织，完善购买服务的标准和制度。教育部联合行业部门、行业协会定期发布行业人才需求预测、制订行业人才评价标准。各职业院校要积极吸收行业专家进入学术委员会和专业建设指导机构，在专业设置评议、人才培养方案制订、专业建设、教师队伍建设、质量评价等方面主动接受行业指导。

（十五）推进专业教学紧贴技术进步和生产实际。对接最新职业标准、行业标准和岗位规范，紧贴岗位实际工作过程，调整课程结构，更新课程内容，深化多种模式的课程改革。职业院校要加强与职业技能鉴定机构、行业企业的合作，积极推行“双证书”制度，把职业岗位所需要的知识、技能和职业素养融入相关专业教学中，将相关课程考试考核与职业技能鉴定合并进行。要普及推广项目教学、案例教学、情景教学、工作过程导向教学，广泛运用启发式、探究式、讨论式、参与式教学，充分激发学生的学习兴趣和积极性。

（十六）有效开展实践性教学。公共基础课和专业课都要加强实践性教学，实践性教学课时原则上要占总课时数一半以上。要积极推行认识实习、跟岗实习、顶岗实习等多种实习形式，强化以育人为目标的实习实训考核评价。顶岗实习累计时间原则上以半年为主，可根据实际需要，集中或分阶段安排实习时间。要切实规范并加强实习教学、管理和服务，保证学生实习岗位与其所学专业面向的岗位群基本一致。推进学生实习责任保险制度建设。要加大对学生创新创业实践活动的支持和保障力度。

六、强化教学规范管理

（十七）完善教学标准体系。教育部根据经济社会发展实际，定期修订发布中、高职专业目录，组织制订公共基础必修课和部分选修课的课程标准、专业教学标准、顶岗实习标准、专业仪器设备装备规范等。省级教育行政部门要根据国家发布的相关标准，组织开发具有地方特色的专业教学指导方案和课程标准，积极开发与国际先进标准对接的专业教学标准和课程标准。鼓励职业院校结合办学定位、服务面向和创新创业教育目标要求，借鉴、引入企业岗位规范，制订人才培养方案。

（十八）加强教学常规管理。各地、各职业院校要严格执行国家制定的教学文件，适应生源、学制和培养模式的新特点，完善教学管理机制。要加强教学组织建设，健全教学管理机构，建立行业企业深度参与的教学指导机构。职业院校的院校长是教学工作的第一责任人，要定期主持召开教学工作会议，及时研究解决学校教学工作中的重大问题。要坚持和完善巡课和听课制度，严格教学纪律和课堂纪律管理。要加强教学管理信息化建设和管理人员的培训，不断提高管理和服务水平。

（十九）提高教学质量管理水平。各地、各职业院校要加强教育教学质量管理，把学生的职业道德、职业素养、技术技能水平、就业质量和创业能力作为衡量学校教学质量的重要指标。要适应技术技能人才多样化成长需要，针对不同地区、学校实际，创新方式方法，积极推行技能抽查、学业水平测试、综合素质评价和毕业生质量跟踪调查等。要按照教育部关于建立职业院校教学工作诊断与改进制度的有关要求，全面开展教学诊断与改进工作，切实发挥学校的教育质量保证主体作用，不断完善内部质量保证制度体系和运行机制。

（二十）健全教材建设管理制度。加快完善教材开发、遴选、更新和评价机制，加强教材编写、审定和出版队伍建设。各地要切实加强对本地区教材建设的指导和管理，健全区域特色教材开发和选用制度，鼓励开发适用性强的校本教材。要把教材选用纳入重点专业建设、教学质量管理等指标体系。各地要完整转发教育部公布的《职业教育国家规划教材书目》，不得删减或增加。各职业院校应严格在《书目》中选用公共基础必修课教材，优先在《书目》中选用专业课教材。

七、完善教学保障机制

（二十一）加强教师培养培训。建立健全高校与地方政府、行业企业、中职学校协同培养教师的新机制，建设一批职教师资培养培训基地和教师企业实践基地，积极探索高层次“双师型”教师培养模式。加强教师专业技能、实践教学、信息技术应用和教学研究能力提升培训，提高具备“双师”素质的专业课教师比例。落实五年一周期的教师全员培训制度，实行新任教师先实践、后上岗和教师定期实践制度，培养造就一批“教练型”教学名师和专业带头人。继续实施职业院校教师队伍素质提升计划，加强专业骨干教师培训，重视公共基础课、实习实训、职业指导教师和兼职教师培训。各地要制订职教师资培养规划，根据实际需要实施职业院校师资培养培训项目。

（二十二）提升信息化教学能力。要加强区域联合、优势互补、资源共享，构建全国职业教育教学资源信息化网络。各地、各职业院校要组织开发一批优质的专业教学资源库、网络课程、模拟仿真实训软件和生产实际教学案例等。广泛开展教师信息化教学能力提升培训，不断提高教师的信息素养。组织和支持教师和教研人员开展对教育教学信息化的研究。继续办好信息化教学大赛，推进信息技术在教学中的广泛应用。要积极推动信息技术环境中教师角色、教育理念、教学观念、教学内容、教学方法以及教学评价等方面的变革。

（二十三）提高实习实训装备水平。建立与行业企业技术要求、工艺流程、管理规范、设备水平同步的实习实训装备标准体系。要贯彻落实好教育部发布的专业仪器设备装备规范，制订本地区、本院校的实施方案，到2020年实现基本达标。各地要推进本地区学校实训装备的合理配置和衔接共享，分专业（群）建设公共实训中心，推进资源共建共享。要按照技能掌握等级序列和复杂程度要求，在中高职院校差别化配置不同技术标准的仪器设备。

（二十四）加强教科研及服务体系建设。省、市两级要尽快建立健全职业教育教科研机构，国家示范（骨干）职业院校要建立专门的教研机构，强化教科研对教学改革的指导与服务功能。要针对教育教学改革与人才培养的热点、难点问题，设立一批专项课题，鼓励支持职业院校与行业、企业合作开展教学研究。要积极组织地方教科研人员开展学术交流和专业培训，组织开展教师教学竞赛及研讨活动。完善职业教育教学成果奖推广应用机制。

八、加强组织领导

（二十五）健全工作机制。各级教育行政部门、各职业院校要高度重视，切实加强组织领导，建立以提高质量为导向的管理制度和工作机制，把教育资源配置和学校工作重点集中到教学工作和人才培养上来。各行业职业教育教学指导委员会要加强对教学工作的指导、评价和服务，选择有特点有代表性的学校或专业点，建立联系点机制，跟踪专业教学改革情况。

（二十六）加强督查落实。各省级教育行政部门要根据本意见要求，结合本地实际情况，抓紧制订具体实施方案，细化政策措施，确保各项任务落到实处。要对落实本意见和本地实施方案情况进行监督检查和跟踪分析，对典型做法和有效经验，要及时总结，积极推广。

教育部

二〇一五年七月二十七日

教育部关于印发《职业院校管理水平提升行动计划（2015—2018 年）》的通知

教职成〔2015〕7 号

各省、自治区、直辖市教育厅（教委），计划单列市教育局，新疆生产建设兵团教育局：

为深入贯彻落实全国职业教育工作会议精神和全国人大常委会职业教育法执法检查有关要求，推动职业院校以强化教育教学管理为重点，全面贯彻落实国家有关政策、制度、标准和要求，不断提高管理工作规范化、科学化、精细化水平，加快实现学校治理能力现代化，现将《职业院校管理水平提升行动计划（2015—2018 年）》印发给你们，请认真贯彻执行。

教育部

二〇一五年八月二十六日

职业院校管理水平提升行动计划

（2015—2018 年）

提升管理水平是促进职业院校内涵发展的现实要求，是提高人才培养质量的重要保障。近年来，职业院校依法治校意识日益增强，管理制度不断完善，管理工作得到普遍重视。但是，与加快推进依法治教和治理能力现代化的新要求相比，职业院校在管理理念、能力和信息化水平等方面仍有差距。为全面贯彻落实《国务院关于加快发展现代职业教育的决定》和全国人大常委会职业教育法执法检查有关要求，落实国家有关职业教育各项决策部署，发挥管理工作对职业教育改革发展的推动、引领和保障作用，不断提高职业院校管理规范化、精细化、科学化水平，自 2015 年秋季学期起，倡导践行“改变从今天开始”，实施职业院校管理水平提升行动计划（2015—2018 年）（以下简称行动计划）。

一、总体要求

（一）指导思想

全面贯彻党的十八大和十八届三中、四中全会精神，深入贯彻习近平总书记系列重要讲话精神，落细落小落实《国务院关于加快发展现代职业教育的决定》，坚持依法治校，建立和完善现代职业学校制度，以强化教育教学管理为重点，进一步更新管理理念、完善制度标准、创新运行机制、改进方式方法、提升管理水平，为基本实现职业院校治理能力现代化奠定坚实基础。

（二）工作目标

经过三年努力，职业院校以人为本管理理念更加巩固，现代学校制度逐步完善，办学行为更加规范，办学活力显著增强，办学质量不断提高，依法治校、自主办学、民主管理的运行机制基本建立，多元参与的职业院校质量评价与保障体系不断完善，职业院校自身吸引力、核心竞争力和社会美誉度明显提高。

——政策法规落实到位。国家职业教育有关法规、制度及标准得到落实，质量意识普遍增强，办学行为更加规范，学校常规管理，特别是学生、课程教学、招生、学籍、实习、安全等重点领域的管理有效加强。

——管理能力显著提升。学校章程普遍建立，治理结构不断完善，管理队伍专业化水平大幅提升，信息化管理手段广泛应用，管理工作的薄弱环节全面改善，办学活力显著增强，管理规范、特色鲜明、办学质量高、社会声誉好的典型学校不断涌现。

——质量保障机制更加完善。职业院校管理状态“大数据”初步建成，学校人才培养工作的自我诊断、反馈、改进机制基本形成，政府、行业、企业及社会等多方参与学校评价的机制更加健全，职业院校教育质量年度报告制度逐步完善。

（三）基本原则

——规范办学，激发活力。确立管理工作在职业院校办学中的基础性地位，落实国家职业教育有关法规、制度及标准，全面规范办学行为，不断激发办学活力，切实提高职业院校依法办学的能力和水平。

——问题导向，标本兼治。以教育教学管理为重点，针对学校常规管理中的薄弱环节和突出问题，立知、立行、立改，对症施治、标本兼治，全面提高职业院校管理工作的有效性。

——活动贯穿，全面行动。设计和开展灵活多样的活动，以活动促管理、以活动促落实，推动职教系统全员参与。充分调动社会各方力量，积极参与行动计划的实施，形成推动职业院校管理水平提升的良好氛围和工作合力。

——科研引领，注重长效。结合不同区域实际和中高职特点，加强职业院校管理的制度、标准、评价等理论与实践研究，引导和帮助职业院校建立自我诊断、自我改进和自我完善的长效机制。

二、重点任务

（一）突出问题专项治理行动

职业院校要对照国家职业教育有关法规、制度及标准，围绕以下重点领域，结合学校实际，全面查摆管理工作中存在的突出问题，有针对性地开展专项治理系列活动。

——诚信招生承诺活动。加强招生政策和工作纪律的宣传教育，面向社会公开承诺诚信招生、阳光招生，规范招生简章，学校主要领导和招生工作相关人员签订责任书，不以虚假宣传和欺骗手段进行招生，杜绝有偿招生等违规违纪现象。

——学籍信息核查活动。全面落实学籍电子注册和管理制度，严格执行《高等学校学生学籍学历电子注册办法》及《中等职业学历教育学生学籍电子注册办法》。充分利用学生管理信息系统，加强学籍电子注册、学籍异动、学生信息变更等环节的管理，注重电子信息的核查，确保学籍电子档案数据准确、更新及时、程序规范，杜绝虚假学籍、重复注册等现象。

——教学标准落地活动。按照《教育部关于深化职业教育教学改革全面提高人才培养质量的若干意见》等文件要求，完善学校专业人才培养方案，强化教学过程管理，组织开展教学计划执行情况检查，注重教学效果的反馈与改进，杜绝课程开设与教学实施随意变动等现象。

——实习管理规范活动。严格执行学生实习管理相关规定，强化以育人为目标的实习过程管理和考核评价，完善学生实习责任保险、信息通报等安全制度，维护学生合法权益，改变学生顶岗实习的岗位与其所学专业面向的岗位群不一致等现象。

——平安校园创建活动。加强学校安全管理，落实“一岗双责”责任制，建立健全安全应急处置机制和人防、物防、技防“三防一体”的安全防范体系，消除水电、消防、餐饮、交通和实训等方面的安全隐患。

——财务管理规范活动。严格执行国家财经法律法规，建立健全学校财务管理制度；增强绩效意识，夯实会计基础工作；严格预算管理，强化预算约束；建立完善学校内部控制机制，强化财务风险防范意识；加强学生资助等专项资金的过程控制，规范会计行为，防止和杜绝虚报虚列、违规使用资金等现象的发生。

各级教育行政部门根据实际，针对重点领域和共性问题，加强对职业院校开展专项治理活动的调研、指导和检查，督促学校落实专项治理行动的各项要求，并建立长效机制。

（二）管理制度标准建设行动

职业院校要加快学校章程建设步伐，建立健全体现职业院校办学特点的内部管理制度、标准和运行机制，不断完善现代职业学校制度。

——加快学校章程建设。依法制定和完善具有各自特色的学校章程，中职学校加快推进章程建设工作，高职院校完成章程制定工作，按要求履行审批程序并实施。以章程建设为契机，加大行业、企业和社区等参与学校管理的力度，不断完善学校治理结构和决策机制。

——完善管理制度标准。以学校章程为基础，理顺和完善教学、学生、后勤、安全、科研和人事、财务、资产等方面的管理制度、标准，建立健全相应的工作规程，形成规范、科学的内部管理制度体系。

——强化制度标准落实。加强对管理制度、标准的宣传和学习，明确落实管理制度、标准的奖惩机制，强化管理制度、标准执行情况的监督、检查，确保落实到位。

各级教育行政部门要为职业院校制定章程搭建交流、咨询和服务平台，推动形成一校一章程的格局；组织开展职业院校管理指导手册研制工作，为完善学校管理制度提供科学指导。

（三）管理队伍能力建设行动

职业院校要适应发展需求，遵循管理人员成长规律，以提升岗位胜任力为重点，制订并实施学校管理队伍能力提升计划，不断提高管理人员的专业化水平。

——明确能力要求。按照国家对职业院校管理人员的专业标准和工作要求，围绕学校发展、育人文化、课程教学、教师成长、内部管理等方面，结合学校实际和不同管理岗位特点，细化院校长、中层管理人员和基层管理人员等能力要求，引导管理人员不断提升岗位胜任力。

——加强培养培训。以需求为导向，以能力要求为依据，科学制订各类管理人员培养培训方案，完成一轮管理人员全员培训；搭建学习平台，建立分层次、多形式的培训体系，做到日常培训与专题培训相结合，在职学习与脱产进修相结合，理论学习与经验交流相结合，不断提升管理人员的敬业精神和业务能力。

——强化激励保障。坚持民主、公开、竞争、择优的原则，选拔聘用管理人员，拓展管理人员的发展空间和上升通道，形成有利于优秀管理人才脱颖而出的机制；积极推进以岗位能力要求为依据的目标考核，把考核结果与干部任免、培养培训、收入分配等结合起来，强化管理人员的职业意识，激发管理人员的内在动力。

各级教育行政部门要把职业院校管理骨干培养培训纳入国家和省级校长能力提升、教师素质提高等培训计划统筹实施，组织开展管理经验交流活动，搭建管理专题网络学习平台，为职业院校管理队伍水平提升创造条件。

（四）管理信息化水平提升行动

职业院校要以落实《职业院校数字校园建设规范》为重点，加快信息化技术系统建设，建立健全信息化管理机制，增强信息化管理素养和能力，促进信息技术与教育教学的深度融合。

——强化管理信息化整体设计。制订和完善数字校园建设规划，做好管理信息系统整体设计，建设数据集中、系统集成的应用环境，实现教学、学生、后勤、安全、科研等各类数据管理的信息化和数据交换的规范化。

——健全管理信息化运行机制。建立基于信息化的管理制度，成立专门机构，确定专职人员，建立健全管理信息系统应用和技术支持服务体系，保证系统数据的全面、及时、准确和安全。

——提升管理信息化应用能力。强化管理人员信息化意识和应用能力培养，提高运用信息化手段对各类数据进行记录、更新、采集、分析，以及诊断和改进学校管理的能力。

各级教育行政部门要加强统筹协调，加大政策支持和经费投入力度，加快推进《职业院校数字校园建设规范》的贯彻实施，组织开展信息化管理创新经验交流与现场观摩等活动，促进职业院校管理信息化水平不断提高。

（五）学校文化育人创新行动

职业院校要坚持立德树人，积极培育和践行社会主义核心价值观，弘扬“劳动光荣、技能宝贵、创造伟大”的时代风尚，营造以文化人的氛围，从学校理念、校园环境、行为规范、管理制度等方面对学校文化进行系统设计，充分发挥学校文化育人的整体功能。

——凝练学校核心文化。总结体现现代职教思想、职业特质、学校特色、可传承发展的校训和校风、教风、学风等核心文化，形成独特的文化标识，并通过板报、橱窗、走廊、校史陈列室、广播电视和新媒体等平台进行传播，发挥其在学校管理中的熏陶、引领和激励作用。

——精选优秀文化进校园。弘扬中华优秀传统文化和现代工业文明，加强技术技能文化积累，开展劳模、技术能手、优秀毕业生等进学校活动，促进产业文化和优秀企业文化进校园、进课堂，着力培养学生的职业理想与职业精神。

——培养学生自主发展能力。创新德育实现形式，充分利用开学典礼和毕业典礼、入党入团、升国旗等仪式和重大纪念日、民族传统节日等时点，将社会主义核心价值观内化于心、外化于行。广泛组织丰富多彩的学生社团活动，深入开展学生文明礼仪教育、行为规范教育以及珍爱生命、防范风险教育，培养学生的社会责任感和自信心，促进守规、节俭、整洁、环保等优良习惯的养成，提升自我教育、自我管理、自我服务的能力。

各级教育行政部门要联合社会各方力量，因地制宜组织开展校训和校风、教风、学风及文化标识、优秀学生社团等遴选展示活动，持续组织“文明风采”竞赛等德育活动，推动职业院校文化育人工作创新，不断提高职业院校文化软实力。

（六）质量保证体系完善行动

职业院校要适应技术技能人才培养需要，不断完善产教融合、校企合作的人才培养机制，建立健全全员参与、全程控制、全面管理的质量保证体系。

——建立教育教学质量监控体系。确立全面质量管理理念，把学习者职业道德、技术技能水平和就业质量作为人才培养质量评价的重要标准，强化人才培养全程的质量监控，完善由学校、行业、企业和社会机构等共同参与的质量评价、反馈与改进机制，全面保证人才培养质量。

——完善职业教育质量年度报告制度。加强职业院校人才培养状态数据采集与分析，充分发挥数据平台在质量监控中的重要作用，进一步完善高职院校质量年度报告制度，逐步提高年度报告质量和水平；建立中职学校质量年度报告制度，国家中职示范（重点）学校自2016年起、其他中职学校自2017年起，每年发布质量年度报告。

各地教育行政部门要加大对本地区职业教育质量统筹监管的力度，建立和完善质量预警机制。省级教育行政部门要加强对本地区职业院校人才培养状态数据的审核，编制并发布省级职业教育质量年度报告。教育部定期组织质量年报的合规性审查，并将结果向社会公布。

三、保障措施

（一）加强组织领导

教育行政部门是组织实施行动计划的责任主体。教育部负责行动计划的总体设计、全面部署和监督指导，掌握重点任务推进节奏（重点任务分工及进度安排表见附件1）；省级教育行政部门要结合本地实际，研究制订行动计划实施方案并细化工作安排，将本地区行动计划实施方案报教育部备案，并加大统筹推进力度，加强对本行政区域各地市、县级教育行政部门组织实施行动计划和有关重点工作的检查指导。职业院校是具体落实行动计划的责任主体，根据行动计划整体部署，并结合学校管理工作实际，对照《职业院校管理工作主要参考点》（见附件2），制订工作方案和年度推进计划，建立工作机制，明确目标任务和路线图、时间表、责任人，确保行动计划有序开展、有效落实。

（二）加强宣传发动

各级教育行政部门和职业院校要全面开展宣传教育活动，分层次、多形式地开展行动计划以及国家职业教育有关政策法规和制度标准的宣传解读活动，领会精神实质，明确工作要求，营造舆论氛围；创新宣传载体和方式，充分发挥专题网站、新媒体和公共数据平台等的作用，实施微学习、微传播，在各自门户网站设立“职业院校管理水平提升行动计划”专栏，并通过专家辅导、专题研讨和微电影、动画宣传片等师生喜闻乐见的形式，使国家有关职业院校管理政策要求入脑、入心；组织发动新闻媒体、社会团体和科研机构等各方力量，参与行动计划的宣传，不断扩大行动计划的参与度和影响力，形成实施行动计划的工作合力。

（三）加强督促检查

行动计划是现代职业教育质量提升计划的重要内容，各地各院校管理水平和质量将作为资金分配的重要因素。各级教育行政部门要建立督查调研、情况通报、限期报告、跟踪问效等制度，完善行动计划落实情况督促检查工作机制；职业院校要创新工作方法，采取实地检查、随机抽查、群众评议和走访行业企业、社区、家庭等方式，充分利用信息化等手段，全面了解和掌握职业院校管理工作实效，发现典型并及时予以总结推广，发现问题并迅速进行督促整改。教育部建立行动计划实施进展情况简报、通报和重大问题限期整改报告制度，并视情况组织专项督查；委托第三方依据学校管理工作实效及实施行动计划取得的实绩，分类遴选全国职业院校管理500强，充分发挥其示范、引领、辐射作用，确保行动计划提出的各项目标任务落到实处。

（四）加强指导服务

各级教育行政部门要发挥科研在职业院校管理中的引领作用，加强职业院校管理专家队伍建设，组织开展相关理论与实践研究，跟踪行动计划的实施进展情况，并及时提供专业指导；按照不同管理主题，广泛征集和宣传职业院校优秀管理案例。教育部组织专业力量设计面向学校管理者、教师、学生以及行业企业人员等的问卷，开展大样本网络调查，形成全国职业院校管理状态“大数据”及分析报告，为学校诊断、改进管理工作和教育行政部门宏观决策提供实证依据。

教育部关于印发《高等职业教育创新发展行动计划（2015—2018 年）》的通知

教职成〔2015〕9 号

各省、自治区、直辖市教育厅（教委），新疆生产建设兵团教育局，行业职业教育教学指导委员会：

为贯彻落实《国务院关于加快发展现代职业教育的决定》和全国人大常委会职业教育法执法检查有关要求，推动高等职业教育创新发展，我部编制了《高等职业教育创新发展行动计划（2015—2018 年）》，现印发给你们，请认真贯彻执行。

《行动计划》是今后一个时期高等职业教育战线贯彻 2014 年全国职业教育工作会议精神和落实全国人大常委会职业教育法执法检查有关要求，深入推进改革发展的路线图，各地要高度重视，优先保证落实。《行动计划》明确的任务和项目是高等职业教育改革发展的工作载体，其中负责单位包含省级教育行政部门或高等职业院校的，各地可根据自身发展需要以省（区、市）为单位自主申请承担；负责单位包含行业职业教育教学指导委员会（简称行指委）的，相关行指委可直接向我部提出申请。我部将优先满足有预算支持的申请，具体申请事项另文通知。

教育部

2015 年 10 月 19 日

高等职业教育创新发展行动计划

（2015—2018 年）

为贯彻落实《国务院关于加快发展现代职业教育的决定》和全国人大常委会职业教育法执法检查有关要求，创新发展高等职业教育，制定本行动计划。

一、总体要求

（一）指导思想

以邓小平理论、“三个代表”重要思想、科学发展观为指导，切实贯彻习近平总书记重要指示精神，服务“四个全面”战略布局和创新驱动发展战略，以立德树人为根本，以服务发展为宗旨，以促进就业为导向，坚持适应需求、面向人人，坚持产教融合、校企合作，坚持工学结合、知行合一，推动高等职业教育与经济社会同步发展，加强技术技能积累，提升人才培养质量，为实现“两个一百年”奋斗目标和中华民族伟大复兴的中国梦提供坚实人才保障。

（二）基本原则

——坚持政府推动与引导社会力量参与相结合。强化地方政府统筹发展职业教育的责任，落实高等职业院校办学自主权，探索本科层次职业教育实现形式；充分发挥市场机制作用，引导社会力量参与办学，发挥企业重要办学主体作用，探索发展股份制、混合所有制高等职业院校。

——坚持顶层设计与支持地方先行先试相结合。加强现代职业教育国家制度建设，深化重要领域和关键环节改革；鼓励和支持有条件的地区率先开展试点，积极探索现代职业教育体系建设的实现路径和制度创新，完善现代职业教育的国家标准、国家机制和国家政策。

——坚持扶优扶强与提升整体保障水平相结合。支持部分普通本科高等学校转型发展、优质专科高等职业院校创新发展、职业院校骨干专业特色发展，在体制机制创新、人才培养模式改革、社会服务能力提升等方面率先取得突破；健全高等职业院校生均拨款制度和质量保证机制，全面提高保障水平。

——坚持教学改革与提升院校治理能力相结合。以提高质量为核心，深化专业内涵建设，推进课程体系、教学模式改革；与人才培养和教师能力提升相结合开展应用技术研发；创新校企合作、工学结合的育人机制；推动专科高等职业院校依法制定章程，完善治理结构，提升治理能力。

（三）主要目标

通过三年建设，高等职业教育整体实力显著增强，人才培养的结构更加合理、质量持续提高，服务《中国制造 2025》的能力和服务经济社会发展的水平显著提升，促使高等教育结构优化成效更加明显，推动现代职业教育体系日臻完善。

——体系结构更加合理。人才培养的层次、规模与经济社会发展更加匹配，专科层次职业教育在校生达到 1420 万人，接受本科层次职业教育学生达到一定规模，以职业需求为导向的专业学位研究生培养模式改革取得阶段成果。

——服务发展的能力进一步增强。技术技能人才培养质量大幅提升，高等职业院校的布局结构、专业设置与区域产业发展结合更加紧密；应用技术研发能力和社会服务水平大幅提高；与行业企业共同推进技术技能积累创新的机制初步形成；服务《中国制造 2025》的能力显著增强。

——可持续发展的机制更加完善。公办高等职业院校生均拨款制度全面建立；院校治理能力明显改善；职普沟通更加便捷，升学渠道进一步畅通；支持社会力量参与职业教育的政策更加健全；产教融合发展成效更加明显；职业教育国家标准体系更加完善；职业教育信息化水平明显提高。

——发展质量持续提升。以专业为载体的优质教育资源总量和覆盖区域不断扩大，支持优质专科高等职业院校争创国际先进水平的机制基本形成；多方参与、多元评价的质量保证机制更加完善；基于增强发展能力的东中西部合作机制更加成型；融人文素养、职业精神、职业技能为一体的育人文化初步形成；我国高等职业教育的国际影响持续扩大、国际话语权不断增强。

二、主要任务与举措

（一）扩大优质教育资源

根据区域特点，以专业建设为重点，提升要素质量、创新发展形式、扩大优质教育资源的总量和覆盖面，提高区域高等职业教育的均衡程度和社会认可度。

1. 提升专业建设水平

加强专科高等职业院校的专业建设，凝练专业方向、改善实训条件、深化教学改革，整体提升专业发展水平。支持紧贴产业发展、校企深度合作、社会认可度高的骨干专业建设。支持专科高等职业院校与技术先进、管理规范、社会责任感强的规模以上企业深度合作，共建生产性实训基地。面向企业的创新需求，依托重点专业（群），校企共建研发机构。面向国家重点发展产业，提高专业的技术协同创新能力，促进区域产业结构调整和新兴产业发展。探索发展本科层次职业教育专业。培养《中国制造 2025》需要的不同层次人才。

2. 开展优质学校建设

坚持以示范建设引领发展，鼓励支持地方建设一批办学定位准确、专业特色鲜明、社会服务能力强、综合办学水平领先、与地方经济社会发展需要契合度高、行业优势突出的优质专科高等职业院校，持续深化教育教学改革、大幅提升技术创新服务能力、实质性扩大国际交流合作、培养杰出技术技能人才，增强专业教师和毕业生在行业企业的影响力，提升学校对产业发展的贡献度，争创国际先进水平。

3. 引进境外优质资源

加强与信誉良好的国际组织、跨国企业以及职业教育发达国家开展交流与合作，探索中外合作办学的新途径、新模式。支持专科高等职业院校学习和引进国际先进成熟适用的职业标准、专业课程、教材体系和数字化教育资源；选择类型相同、专业相近的国（境）外高水平院校联合开发课程，共建专业、实验室或实训基地，建立教师交流、学生交换、学分互认等合作关系；申办聘请外国专家（文教类）许可、举办高水平中外合作办学项目和机构。

4. 加强教师队伍建设

围绕提升专业教学能力和实践动手能力，健全专科高等职业院校专任教师的培养和继续教育制度。推进高水平大学和大中型企业共建“双师型”教师培养培训基地，探索“学历教育 + 企业实训”的培养办法；完善以老带新的青年教师培养机制；建立教师轮训制度；专业教师每五年企业实践时间累计不少于 6 个月。增强职业技术师范院校的职教教师培养能力。

加强以专业技术人员和高技能人才为主，主要承担专业课程教学和实践教学任务的兼职教师队伍建设。支持专科高等职业院校按照有关规定自主聘请兼职教师，学校在编制年度预算时应统筹考虑经费安排；加强兼职教师的职业教育教学规律与教学方法培训；支持兼职教师或合作企业牵头教学研究项目、组织实施教学改革；把指导学生顶岗实习的企业技术人员纳入兼职教师管理范围。将企事业单位兼职教师任教情况作为个人业绩考核的重要内容。兼职教师数按每学年授课 160 学时为 1 名教师计算。在有关民族地区加强双语双师型教师队伍建设。

5. 推进信息技术应用

顺应“互联网 +”的发展趋势，构建国家、省、学校三级数字教育资源共建共享体系。国家级资源主要面向专业布点多、学生数量大、行业企业需求迫切的专业领域；省级资源根据本地发展需要和职业教育基础，与国家级资源错位规划建设；校级资源根据院校自身条件补充建设，突出校本特色。研制资源建设指南和监测评价体系，在保证公共服务基础上鼓励围绕应用成效展开竞争。探索建立高效率低成本的资源可持续开发、应用、共享、交易服务模式和运作机制。

应用信息技术改造传统教学，促进泛在、移动、个性化学习方式的形成。在现场实习安排困难或危险性高的专业领域，开发替代性虚拟仿真实训系统；针对教学中难以理解的复杂结构复杂运动等，开发仿真教学软件。推广教学过程与生产过程实时互动的远程教学。

推进落实职业院校数字校园建设相关标准；加快职业教育管理信息化平台建设，消除信息孤岛；将信息技术应用能力作为教师评聘考核的重要依据。办好全国职业院校信息化教学大赛。

6. 完善高等职业教育结构

推进高等学校分类管理，系统构建专科、本科、专业学位研究生培养体系。加快专科高等职业院校改革步伐，深化人才培养模式改革，提升应用技术创新服务能力，拓展社区教育和终身学习服务；持续缩减本科高校举办的就业率（不含升学）低的专科高等职业教育规模，推动部分地方普通本科高等学校转型发展，引导一批独立学院发展成为应用技术类型高校，重点举办本科层次职业教育；推动产学结合培养专业学位研究生，强化实践能力培养；开展设立专科高等职业教育学位的可行性研究。

健全职业教育接续培养制度。加快高等职业教育标准体系制定工作；协调各级职业教育的专业设置与目录管理；系统设计接续专业的人才培养方案和教学内容安排；从专业设置入手规范初中起点五年制高职办学，强化专科高等职业院校的主导作用；探索区别于学科型人才培养的本科层次职业教育实现形式和培养模式。探索以学分转换和学力补充为核心的职普互通机制。推进毕业证书与职业资格证书对接。

7. 推动职业教育集团化发展

鼓励中央企业和行业龙头企业、行业部门、高等职业院校等，围绕区域经济发展对人才的需求，牵头组建职业教育集团，并按照属地化管理原则在省级教育行政部门备案。开展多元投入主体依法共建职业教育集团的改革试点，通过人员互聘、平台共享，探索建立基于产权制度和利益共享机制的集团治理结构与运行机制；建立基于学分转换的集团内部教学管理模式。支持有特色的专科高等职业院校以输出品牌、资源和管理的方式成立连锁型职业教育集团。积极吸收科研院所及其他社会组织参与职业教育集团。鼓励职业教育集团与跨国企业、境外教育机构等开展合作。

8. 促进区域协调发展

科学规划区域高等职业教育布局与发展。引导专科高等职业院校集中力量办好当地需要的特色优势专业（群）。探索基于增强发展能力的东中西部合作机制，支持东中西部学校联合办学，鼓励和支持东中部地区高等职业院校（或职教集团），通过托管、集团化办学等形式，对口支援西部地区职业教育发展。支援革命老区、西藏及四省藏区、新疆和集中连片特殊困难地区的专科高等职业院校提升办学基础能力和人才培养水平。深入推进地市级高等职业教育综合改革试点。

（二）增强院校办学活力

尊重和激发基层首创精神，以外部体制创新、内部机制改革、院校功能拓展为抓手增强院校办学活力，提高高等职业院校对市场的适应能力和自主发展能力。

1. 推进分类考试招生

健全“文化素质 + 职业技能”的考试招生办法。根据不同生源特点和培养需要，规范实施专科高等职业院校以高考为基础的考试招生、单独考试招生、综合评价招生、面向中职毕业生的技能考试招生、中高职贯通招生、技能拔尖人才免试招生。研究制订职业院校应届毕业生进入高层次学校学习的办法，拓宽和完善职业教育学生继续学习通道。逐步扩大高等职业院校招收有实践经验人员的比例。适度提高专科高等职业院校招收中等职业学校毕业生的比例和本科高等学校，特别是应用技术类型本科高校，招收职业院校毕业生的比例。

2. 建立学分积累与转换制度

推动专科高等职业院校逐步实行学分制，推进与学分制相配套的课程开发和教学管理制度改革，建立以学分为基本单位的学习成果认定积累制度；开展不同类型学习成果的积累、认定，建立全国统一的学习者终身学习成果档案（包含各类学历和非学历教育），设立学分银行；在坚持培养要求的基础上，探索普通本科高校、高等职业院校、成人高校、社区教育机构之间的学分转移与认定。

3. 探索混合所有制办学

深化办学体制改革，鼓励社会力量以资本、知识、技术、管理等要素参与公办高等职业院校改革。试点社会力量通过政府购买服务、委托管理等方式参与办学活力不足的公办高等职业院校改革。鼓励民间资金与公办优质教育资源嫁接合作，在经济欠发达地区扩大优质高等职业教育资源。鼓励企业和公办高等职业院校合作举办适用公办学校政策、具有混合所有制特征的二级学院。鼓励专业技术人才、高技能人才在高等职业院校建设股份合作制工作室。支持成立混合所有制高等职业院校联盟。鼓励行业企业办和民办高等职业院校建立教师年金制度。支持营利性民办高等职业院校探索建立股权激励机制。

4. 鼓励行业参与职业教育

健全与行业联合召开职业教育工作会议的机制，联合制定行业职业教育发展指导意见。支持行业根据发展需要举办高等职业教育，切实履行举办方责任。鼓励和支持行业加强对本系统、本行业高等职业院校的规划与指导；扶持行业加强指导能力建设；以购买服务方式支持行业职业教育教学指导委员会在规定的领域范围内自主开展工作，在指导专业和课程改革、协调师资队伍建设、推进校企合作、开展教学评价等方面发挥作用。推动建立行业人力资源需求预测、就业形势分析、专业预警定期发布制度。办好全国职业院校技能大赛。

5. 发挥企业办学主体作用

支持企业发挥资源技术优势举办高等职业院校，按照职业教育规律规范管理。鼓励企业将职工教育培训交由高等职业院校承担，鼓励企业与学校共建共管职工培训中心。支持企业建设兼具生产与教学功能的公共实训基地。规模以上企业设立专门机构（或人员）负责职工教育培训、对接高等职业院校，设立学生实习和教师实践岗位。支持地方各级政府在安排职业教育专项经费、制定支持政策、购买社会服务时，将企业举办的公办性质高等职业院校与其他公办院校同等对待。对企业因接收实习生所实际发生的与取得收入有关的合理支出，按现行税收法律规定在计算应纳税所得额时扣除。将企业开展职业教育的情况纳入企业社会责任报告。研制职业教育校企合作促进办法。

6. 落实高等职业院校办学自主权

按照中央关于分类推进事业单位改革的精神，构建政府、高校、社会新型关系，加快转变政府职能，督促地（市、州）政府进一步明确管理高等职业教育的职责与权限，进一步明确高等职业院校的办学权利和义务，更好落实学校办学主体地位。简政放权，支持学校自主确定教学科研行政等内部组织机构的设置和人员配备，支持高校面向社会依法依规自主公开招聘教学科研行政管理等各类人员、自主选聘教职工、自主确定内部收入分配；放管结合，健全以章程为统领规范行使办学自主权的制度体系；优化服务，履行好政府保基本的兜底责任和监管职责。

7. 支持民办教育发展

创新民办高等职业教育办学模式，社会声誉好、教学质量高、就业有保障的民办专科高等职业院校，可由省级政府统筹、在核定的办学规模内自主确定招生方案。落实教育、财税、土地、金融等支持政策，鼓励各类办学主体通过独资、合资、合作等形式举办民办高等职业教育，稳步扩大优质民办职业教育资源。以政府规划、社会贡献和办学质量为依据，探索政府通过“以奖代补”、购买服务等方式支持民办高等职业教育发展和鼓励社会力量参与高等职业教育办学的办法。

8. 服务社区教育和终身学习

专科高等职业院校要发挥场地、设施、师资、教学实训设备、网络及教育资源优势，向社区开放服务；面向社区成员开展与生活密切相关的职业技能培训，以及民主法治、文明礼仪、保健养生、生态文明等方面的教育活动。开设养生保健、文化艺术、信息技术、家政服务、社会工作、医疗护理、园艺花卉、传统工艺等专业的职业院校，应结合学校特色率先开展老年教育。与社区教育机构建立联席会议制度，为社区居民代表参与学校发展规划和社区教育服务计划提供平台，协调社区企事业单位为学生实习实训提供条件，开展校园周边环境综合治理。

学历教育和非学历培训并举、全日制与非全日制并重发展多样化的职工继续教育，为劳动者终身学习提供更多机会。以职业道德、职业发展、就业准备、创业指导等为主要内容开展就业创业教育，为普通教育学生提供职业发展辅导，为劳动者多渠道多形式提高就业质量服务。鼓励专科高等职业院校主动承接政府和企事业单位组织的职业培训，按照国家有关规定开展退役士兵职业教育培训。

（三）加强技术技能积累

服务区域、产业发展和国家外交政策需要，紧密结合培养杰出人才和加强教师队伍建设，加强应用技术的传承应用研发能力，提高培养人才的水平和技术服务的附加值。

1. 服务《中国制造 2025》

根据区域发展规划和产业转型升级需要优化院校布局和专业结构，将专科高等职业院校建设成为区域内技术技能积累的重要资源集聚地。重点服务《中国制造 2025》，主动适应数字化网络化智能化制造需要，围绕强化工业基础、提升产品质量、发展制造业相关的生产性服务业调整专业、培养人才。优先保证新一代信息技术产业、高档数控机床和机器人、航空航天装备、海洋工程装备及高技术船舶、先进轨道交通装备、节能与新能源汽车、电力装备、农机装备、新材料、生物医药及高性能医疗器械产业相关专业的布局与发展。加强现代服务业亟需人才培养，加快满足社会建设和社会管理人才需求。

2. 支持优质产能“走出去”

配合国家“一带一路”战略，助力优质产能走出去，扩大与“一带一路”沿线国家的职业教育合作。主动发掘和服务“走出去”企业的需求，培养具有国际视野、通晓国际规则的技术技能人才和中国企业海外生产经营需要的本土人才。支持专科高等职业院校将国际先进工艺流程、产品标准、技术标准、服务标准、管理方法等引入教学内容；与积极拓展国际业务的大型企业联合办学，共建国际化人才培养基地；发挥专科高等职业院校专业优势，配合“走出去”企业面向当地员工开展技术技能培训和学历职业教育。

3. 深化校企合作发展

推动专科高等职业院校与当地企业合作办学、合作育人、合作发展，鼓励校企共建以现代学徒制培养为主的特色学院；以市场为导向多方共建应用技术协同创新中心。对于师生拥有自主知识产权的技术开发、产品设计、发明创造等成果，选择自主创业的，按规定给予启动资金贷款贴息、税费减免等政策扶持；与企业合作转化的，可按照法律规定在企业作价入股。支持学校与技艺大师、非物质文化遗产传承人等合作建立技能大师工作室，开展技艺传承创新等活动。

4. 加强创新创业教育

将学生的创新意识培养和创新思维养成融入教育教学全过程，按照高质量创新创业教育的需要调配师资、改革教法、完善实践、因材施教，促进专业教育与创新创业教育有机融合；集聚创新创业教育要素与资源，建设依次递进、有机衔接、科学合理的创新创业教育专门课程（群）；充分利用各种资源建设大学科技园、大学生创业园、创业孵化基地和小微企业创业基地，作为创业教育实践平台；建立健全学生创业指导服务专门机构，做到“机构、人员、场地、经费”四到位，对自主创业学生实行持续帮扶、全程指导、一站式服务；举办全国大学生创新创业大赛，支持举办各类科技创新、创意设计、创业计划等专题竞赛。

探索将学生完成的创新实验、论文发表、专利获取、自主创业等成果折算为学分，将学生参与课题研究、项目实验等活动认定为课堂学习；为有意愿有潜质的学生制定创新创业能力培养计划，建立创新创业档案和成绩单，客观记录并量化评价学生开展创新创业活动情况；优先支持参与创新创业的学生转入相关专业学习；实施弹性学制，放宽学生修业年限，允许调整学业进程、保留学籍休学创新创业。

5. 开展现代学徒制培养

支持地方和行业引导、扶持企业与高等职业院校联合开展“现代学徒制”培养试点。校企共同制定和实施人才培养方案，试点学校主要负责理论课程教学、学生日常管理等工作，合作企业主要负责选派工程技术人员（能工巧匠）承担实践教学任务、组织实习实训；校企联合保障学生权益、保证合理报酬，按照国家有关规定落实学生责任保险和工伤保险。地方应允许符合条件的高等职业院校采用单独考试招生的办法从企业员工中招收符合本地高考报名条件的学生，使学生兼具企业员工身份；国家急需专业经教育部同意可进行跨省招生试点。完善技术兵种与专科高等职业院校联合招收定向培养直招士官的组织方式和支持政策，支持技术兵种全程参与人才培养。

6. 培育新型职业农民

建立公益性农民培养培训制度，扶持涉农专科高等职业院校的发展和专业建设。提高涉农专科高等职业院校为“三农”服务的能力，围绕农业产业链和流通链培养培训适应科技进步和农业产业化需要的学生和新型职业农民，创新招生就业、人才培养、农学结合、校企合作、顶岗实习、社会服务等工作机制，推进农科教统筹、产学研合作；支持高等职业院校与涉农企业共建农业职业教育集团；构建覆盖全国、服务完善的现代职业农民教育网络。推进城乡区域合作，引导各地将项目、资金、设备、人才向涉农专科高等职业院校倾斜，动员相关行业、企业、高等学校、科研院所等参与专业建设，特别加大对农业、水利、林业、粮食和供销等涉农行业职业教育的支持力度。

7. 促进文化传承创新与传播

深化文化艺术类职业教育改革，重点培养文化创意人才、基层文化人才，传承创新民族文化与工艺。加强文化创意、影视制作、出版发行等重点文化产业技术技能人才的培养；依托职业教育体系，保护、传承和创新民族传统工艺与非物质文化遗产，培养各民族文艺人才。支持高等职业院校加强民族文化和民间技艺相关专业的建设和人才培养。提升民族地区的高等职业院校支持当地特色优势产业、基本公共服务、社会管理的能力。

8. 扩大职业教育国际影响

广泛参与国际职业教育合作与发展。加强与职业教育发达国家的政策对话，探索对发展中国家开展职业教育援助的渠道和政策。积极参与职业教育国际标准与规则的研究制定，开发与之对应的专业标准和课程体系，扩大国际话语权、增强国家软实力。提高高等职业院校专业教师的外语交流能力，鼓励示范性和沿边地区高等职业院校利用学校品牌和专业优势吸引境外学生来华学习，并不断扩大规模；支持专科高等职业院校到国（境）外办学，为周边国家培养熟悉中华传统文化、当地经济发展亟需的技术技能人才；推进全国职业院校技能大赛国际化。

（四）完善质量保障机制

落实各级政府责任，放管结合完善依法治校，逐步形成政府依法履职、院校自主保证、社会广泛参与，教育内部保证与教育外部评价协调配套的现代职业教育质量保障机制。

1. 提高经费保障水平

落实生均拨款政策，建立多渠道筹资机制，提高经费保障水平。各地应引导激励行政区域内各地市级政府（单位）建立完善以改革和绩效为导向的专科高等职业院校生均拨款制度，保证学校正常运转、保障基本教学条件、提升内涵建设水平、支撑院校综合改革。生均拨款制度应当覆盖本地区所有独立设置的公办高等职业院校；举办高等职业院校的有关部门和单位，应当参照院校所在地公办高等职业院校的生均拨款标准，建立完善所属高等职业院校生均拨款制度。2017 年，本省专科高等职业院校年生均财政拨款平均水平不低于 12000 元。学费收入优先保证学校基本教学方面的支出。

2. 完善院校治理结构

落实《高等学校章程制定暂行办法》，建立健全依法自主管理、民主监督、社会参与的高等职业院校治理结构。完成高等职业院校章程制定、修订工作。坚持和完善公办高等职业院校党委领导下的校长负责制，提升学校的资源整合、科学决策和战略规划能力，开展校长公开选拔聘任试点。推动高等职业院校设立有办学相关方代表参加的理事会或董事会机构，发挥咨询、协商、审议与监督作用。设立校级学术委员会，作为校内最高学术机构，统筹行使学术事务的决策、审议、评定和咨询等职权，发挥在专业建设、学术评价、学术发展和学风建设等事项上的重要作用。结合实际需要，根据条件设立校级专业指导委员会，指导促进专业建设与教学改革。加强风险安全制度建设。

3. 完善质量年报制度

巩固学校、省和国家三级高等职业教育质量年度报告制度，进一步提高年度质量报告的量化程度、可比性和可读性。专科高等职业院校和省级教育行政部门每年发布质量报告；支持第三方撰写发布国家高等职业教育质量年度报告；强化对报告发布情况和撰写质量的监督管理。稳步推进高等职业院校人才培养工作状态数据管理系统的建设、部署与应用，逐步加强状态数据在宏观管理、行政决策、院校治理、教学改革、年度报告中的基础性作用。

4. 建立诊断改进机制

以高等职业院校人才培养工作状态数据为基础，开展教学诊断和改进（以下简称诊改）工作。加强分类指导，保证新建高等职业院校基本办学质量，推动高等职业院校全面建立完善内部质量保证体系，支持优质高等职业院校实现更高水平发展。教育部牵头研制高等职业院校教学工作诊改指导方案，针对高等职业院校不同发展阶段特点确定诊改重点，供地方和院校参照施行；省级教育行政部门负责统筹推进行政区域内高等职业院校诊改工作，根据需要抽样复核诊改工作质量；院校举办方协同高等职业院校自主诊断、切实改进。

支持对用人单位影响力大的行业组织开展专业层面的教学诊改试点，以行业企业用人标准为依据，通过结果评价、结论排名、建议反馈的形式，倒逼职业院校的专业改革与建设，职业院校自愿参加。专业诊改方案由相关行业制订、教育部认可后实施。

5. 改进高职教师管理

完善教师专业技术职务（职称）评聘办法，将师德表现、教学水平、应用技术研发成果与社会服务成效等作为高等职业院校教师专业技术职务（职称）评聘和工作绩效考核的重要内容，有条件的地方可以实行单独评审。鼓励高等职业院校制定和执行反映自身发展水平的“双师型”教师标准（不低于2008年《高等职业院校人才培养工作评估方案》规定的标准）。根据职业教育特点、比照本科高等学校核定公办专科高等职业院校教职工编制；新增教师编制主要用于引进具有实践经验的专业教师。推动教师分类管理、分类评价的人事管理制度改革；全面推行按岗聘用、竞聘上岗；制订体现高等职业教育特点的教师绩效评价标准，绩效工资内部分配向“双师型”教师适当倾斜。原则上55岁以下的教授、副教授每学期至少讲授一门课程。

6. 加强相关理论研究

加强国家级、省级、市（地）级职业教育科研机构建设，加强高等职业教育改革发展的宏观政策研究和热点难点问题研究，开展指导教育教学改革和相关标准建设的理论研究。各地应统筹高等职业教育研究工作，加强高等职业教育研究机构和队伍建设，加大投入支持相关研究工作。鼓励有条件的高等职业院校建立专门教育研究机构，发挥学校人才、信息、资源聚集的优势，引导广大教师围绕专业建设、课程改革、实践教学、终身学习等方面开展教学研究。

（五）提升思想政治教育质量

加强以职业道德培养和职业素质养成为特点的高等职业教育学生思想政治教育工作，着力培养既掌握熟练技术，又坚守职业精神的技术技能人才。

1. 加强和改进学生思想政治教育工作

深入开展中国特色社会主义和中国梦教育，在广大师生中积极培育和践行社会主义核心价值观，引导大学生关心国家命运，自觉把个人理想与国家梦想、个人价值与国家发展结合起来。规范形势与政策教育教学，加强民族团结教育，加强中华优秀传统文化教育，深入开展“我的中国梦”主题教育活动，推进学雷锋活动常态化。健全学生思想政治教育长效机制，创新网络思想政治教育方式方法。提高高校思想政治理论课实效，推进辅导员队伍专业化、职业化建设，扶持学生优秀社会实践活动，加强心理健康教育与咨询机构建设，全面推进《全国大学生思想政治教育质量测评体系（试行）》。创建平安校园、和谐校园。

2. 促进职业技能培养与职业精神养成相融合

加强文化素质教育，坚持知识学习、技能培养与品德修养相统一，将人文素养和职业素质教育纳入人才培养方案，加强文化艺术类课程建设，完善人格修养，培育学生诚实守信、崇尚科学、追求真理的思想观念。贯彻落实《高等学校体育工作基本标准》，促进学生身心健康；充分发挥校园文化对职业精神养成的独特作用，推进优秀产业文化进教育、企业文化进校园、职业文化进课堂，将生态环保、绿色节能、循环经济等理念融入教育过程；利用学校博物馆、校史馆、图书馆、档案馆等，发挥学校历史沿革、专业发展历程、杰出人物事迹的文化育人作用。围绕传播职业精神组织第二课堂，弘扬以德为先、追求技艺、重视传承的中华优秀传统文化。发挥学生党支部、共青团、学生会、学生社团的作用，与政府、行业、企业合作开展内容丰富、形式新颖、传递正能量的实践育人活动和校园文化活动。注重用优秀毕业生先进事迹教育引导在校学生。

三、保障措施

本计划是今后一个时期高等职业教育战线贯彻2014年全国职业教育工作会议精神和落实全国人大常委会职业教育法执法检查有关要求，深入推进改革发展的路线图，各地必须高度重视，保证落实。

（一）加强组织领导

教育部负责协调国务院相关部门牵头制定国家层面的政策、制度和标准，省级政府是实施行动计划的责任主体。各地教育行政部门要充分发挥统筹规划、宏观管理作用，主动协调配合发展改革、财政、人社、农业、扶贫等有关部门，协调项目预算、保证任务落实。各地要发挥职业教育工作部门联席会议作用，根据本行动计划内容，结合实际制定好落实方案；按照国家财政体制改革要求，统筹各类教育培训经费，保证落实方案的顺利实施；推动职业教育改革试验区和体制改革试点先行先试，出台政策、配套条件，有效解决瓶颈问题。

（二）强化管理督查

各地要逐级按照职能分工量化落实方案，逐级分解任务、明确目标、落实责任，确定时间表和任务书，实行项目管理；将落实方案执行情况列入省政府督查范围，将目标责任完成情况作为督查对象业绩考核的重要内容。省级教育行政部门要充分发挥业务指导作用，会同有关部门加强对相关工作的日常指导、检查与跟踪，及时总结经验、发现问题，根据实际需要不断完善工作要求。行业部门要引导和督促相关行业企业制定和执行实施方案。鼓励社会各界对计划实施情况进行监督。教育部将汇总整理各地申请承担的任务及量化指标、统筹梳理各地自主申请的项目及建设方案予以发布，同时做好事中监督管理、事后检查验收工作；各地实际任务及项目的完成情况将作为中央财政改革绩效奖补、国家职业教育改革发展试验区和“国家教育体制改革试点”布局和验收的重要依据。

（三）营造良好环境

鼓励各地根据需要出台职业教育条例、校企合作促进办法等地方性法规，优化区域政策环境。坚持“先培训、后就业”、“先培训、后上岗”的原则；消除城乡、行业、学校、身份、性别等一切影响平等就业的制度障碍和就业歧视；深化收入分配制度改革，切实提高劳动报酬在初次分配中的比重。按照国家有关规定完善职业教育先进单位和先进个人表彰奖励制度，定期开展职业教育活动周宣传教育工作。通过主流媒体和各种新兴媒体，广泛宣传高等职业教育方针政策、高等职业院校先进经验和技术技能人才成果贡献，引导全社会树立重视职业教育的理念，促进形成“劳动光荣、技能宝贵、创造伟大”的社会氛围。

教育部 国家发展改革委 财政部关于引导部分地方普通本科高校向应用型转变的指导意见

教发〔2015〕7 号

各省、自治区、直辖市教育厅（教委），发展改革委，财政厅（局），新疆生产建设兵团教育局、发展改革委、财务局：

为贯彻落实党中央、国务院关于引导部分地方普通本科高校向应用型转变（以下简称转型发展）的决策部署，推动高校转型发展，现提出如下意见。

一、重要意义

当前，我国已经建成了世界上最大规模的高等教育体系，为现代化建设做出了巨大贡献。但随着经济发展进入新常态，人才供给与需求关系深刻变化，面对经济结构深刻调整、产业升级加快步伐、社会文化建设不断推进特别是创新驱动发展战略的实施，高等教育结构性矛盾更加突出，同质化倾向严重，毕业生就业难和就业质量低的问题仍未有效缓解，生产服务一线紧缺的应用型、复合型、创新型人才培养机制尚未完全建立，人才培养结构和质量尚不适应经济结构调整和产业升级的要求。

积极推进转型发展，必须采取有力举措破解转型发展改革中顶层设计不够、改革动力不足、体制束缚太多等突出问题。特别是紧紧围绕创新驱动发展、《中国制造 2025》、互联网 +、大众创业万众创新、“一带一路”等国家重大战略，找准转型发展的着力点、突破口，真正增强地方高校为区域经济社会发展服务的能力，为行业企业技术进步服务的能力，为学习者创造价值的能力。各地各高校要从适应和引领经济发展新常态、服务创新驱动发展的大局出发，切实增强对转型发展工作重要性、紧迫性的认识，摆在当前工作的重要位置，以改革创新的精神，推动部分普通本科高校转型发展。

二、指导思想和基本思路

1. 指导思想

贯彻党中央、国务院重大决策，主动适应我国经济发展新常态，主动融入产业转型升级和创新驱动发展，坚持试点引领、示范推动，转变发展理念，增强改革动力，强化评价引导，推动转型发展高校把办学思路真正转到服务地方经济社会发展上来，转到产教融合校企合作上来，转到培养应用型技术技能型人才上来，转到增强学生就业创业能力上来，全面提高学校服务区域经济社会发展和创新驱动发展的能力。

2. 基本思路

——坚持顶层设计、综合改革。系统总结近年来高等教育和职业教育改革的成功经验，增强改革的系统性、整体性和协调性。不断完善促进转型发展的政策体系，推动院校设置、招生计划、拨款制度、学校治理结构、学科专业设置、人才培养模式、师资队伍建设、招生考试制度等重点难点领域的改革。充分发挥评估评价制度的导向作用，以评促建、以评促转，使转型高校的教育目标和质量标准更加对接社会需求、更加符合应用型高校的办学定位。

——坚持需求导向、服务地方。发挥政府宏观调控和市场机制作用，推进需求传导式的改革，深化产教融合、校企合作，促进高校科学定位、特色发展，加强一线技术技能人才培养，促进毕业生就业质量显著提高，科技型创业人才培养取得重大突破，将一批高校建成有区域影响力的先进技术转移中心、科技服务中心和技术创新基地。

——坚持试点先行、示范引领。转型的主体是学校。按照试点一批、带动一片的要求，确定一批有条件、有意愿的试点高校率先探索应用型（含应用技术大学、学院）发展模式。充分发挥试点高校的示范引领作用，激发高校转型内生动力活力，带动更多地方高校加快转型步伐，推动高等教育改革和现代职业教育体系建设不断取得新进展。

——坚持省级统筹、协同推进。转型的责任在地方。充分发挥省级政府统筹权，根据区域经济社会发展和高等教育整体布局结构，制定转型发展的实施方案，加强区域内产业、教育、科技资源的统筹和部门之间的协调，积极稳妥推进转型发展工作。

三、转型发展的主要任务

3. 明确类型定位和转型路径。确立应用型的类型定位和培养应用型技术技能型人才的职责使命，以产教融合、校企合作为突破口，根据所服务区域、行业的发展需求，找准切入点、创新点、增长点，制定改革的时间表、路线图。转型高校要结合“十三五”规划编制工作，切实发扬民主，通过广泛的思想动员，将学校类型定位和转型发展战略通过学校章程、党代会、教代会决议的形式予以明确。

4. 加快融入区域经济社会发展。建立合作关系，使转型高校更好地与当地创新要素资源对接，与经济开发区、产业聚集区创新发展对接，与行业企业人才培养和技术创新需求对接。积极争取地方政府、行业企业支持，通过建设协同创新中心、工业研究院、创新创业基地等载体和科研、医疗、文化、体育等基础设施共建共享，形成高校和区域经济社会联动发展格局。围绕《中国制造 2025》、“一带一路”、京津冀协同发展、长江经济带建设、区域特色优势产业转型升级、社会建设和基本公共服务等重大战略，加快建立人才培养、科技服务、技术创新、万众创业的一体化发展机制。

5. 抓住新产业、新业态和新技术发展机遇。创新发展思路，增强把握社会经济技术重大变革趋势的能力，加强战略谋划和布局，实现弯道超车。适应、融入、引领所服务区域的新产业、新业态发展，瞄准当地经济社会发展的新增长点，形成人才培养和技术创新新格局。促进新技术向生产生活广泛渗透、应用，推动“互联网 +”战略在当地深入推进，形成人才培养和技术创新新优势。以服务新产业、新业态、新技术为突破口，形成一批服务产业转型升级和先进技术转移应用特色鲜明的应用技术大学、学院。

6. 建立行业企业合作发展平台。建立学校、地方、行业、企业和社区共同参与的合作办学、合作治理机制。校企合作的专业集群实现全覆盖。转型高校可以与行业、企业实行共同组建教育集团，也可以与行业企业、产业集聚区共建共管二级学院。建立有地方、行业和用人单位参与的校、院理事会（董事会）制度、专业指导委员会制度，成员中来自于地方政府、行业、企业和社区的比例不低于 50%。支持行业、企业全方位全过程参与学校管理、专业建设、课程设置、人才培养和绩效评价。积极争取地方、行业、企业的经费、项目和资源在学校集聚，合作推动学校转型发展。

7. 建立紧密对接产业链、创新链的专业体系。按需重组人才培养结构和流程，围绕产业链、创新链调整专业设置，形成特色专业集群。通过改造传统专业、设立复合型新专业、建立课程超市等方式，大幅度提高复合型技术技能人才培养比重。建立行业和用人单位专家参与的校内专业设置评议制度，形成根据社会需求、学校能力和行业指导依法设置新专业的机制。改变专业设置盲目追求数量的倾向，集中力量办好地方（行业）急需、优势突出、特色鲜明的专业。

8. 创新应用型技术技能型人才培养模式。建立以提高实践能力为引领的人才培养流程，率先应用“卓越计划”的改革成果，建立产教融合、协同育人的人才培养模式，实现专业链与产业链、课程内容与职业标准、教学过程与生产过程对接。加强实验、实训、实习环节，实训实习的课时占专业教学总课时的比例达到30%以上，建立实训实习质量保障机制。扩大学生的学习自主权，实施以学生为中心的启发式、合作式、参与式教学，逐步扩大学生自主选择专业和课程的权利。具有培养专业学位研究生资格的转型高校要建立以职业需求为导向、以实践能力培养为重点、以产学结合为途径的专业学位研究生培养模式。工程硕士等有关专业学位类别的研究生教育要瞄准产业先进技术的转移和创新，与行业内领先企业开展联合培养，主要招收在科技应用和创新一线有实际工作经验的学员。

9. 深化人才培养方案和课程体系改革。以社会经济发展和产业技术进步驱动课程改革，整合相关的专业基础课、主干课、核心课、专业技能应用和实验实践课，更加专注培养学习者的技术技能和创新创业能力。认真贯彻落实《关于深化高等学校创新创业教育改革的实施意见》，将创新创业教育融入人才培养全过程，将专业教育和创业教育有机结合。把企业技术革新项目作为人才培养的重要载体，把行业企业的一线需要作为毕业设计选题来源，全面推行案例教学、项目教学。将现代信息技术全面融入教学改革，推动信息化教学、虚拟现实技术、数字仿真实验、在线知识支持、在线教学监测等广泛应用，通过校校合作、校企合作联合开发在线开放课程。

10. 加强实验实训实习基地建设。按照工学结合、知行合一的要求，根据生产、服务的真实技术和流程构建知识教育体系、技术技能训练体系和实验实训实习环境。按照所服务行业先进技术水平，采取企业投资或捐赠、政府购买、学校自筹、融资租赁等多种方式加快实验实训实习基地建设。引进企业科研、生产基地，建立校企一体、产学研一体的大型实验实训实习中心。统筹各类实践教学资源，构建功能集约、资源共享、开放充分、运作高效的专业类或跨专业类实验教学平台。

11. 促进与中职、专科层次高职有机衔接。建立与普通高中教育、中等职业教育和专科层次高等职业教育的衔接机制。有条件的高校要逐步提高招收在职技术技能人员的比例，积极探索建立教育—就业“旋转门”机制，为一线技术技能人才的职业发展、终身学习提供有效支持。适当扩大招收中职、专科层次高职毕业生的比例。制定多样化人才培养方案，根据学习者来源、知识技能基础和培养方向的多样性，全面推进模块化教学和学分制。

12. 广泛开展面向一线技术技能人才的继续教育。瞄准传统产业改造升级、新兴产业发展和新型城镇化过程中一线劳动者技术提升、技能深化、职业转换、城市融入的需求，大力发展促进先进技术应用、形式多样、贴近需求的继续教育。主动承接地方继续教育任务，加强与行业和领先企业合作，使转型高校成为地方政府、行业和企业依赖的继续教育基地，成为适应技术加速进步的加油站、顺应传统产业变革的换乘站、促进新兴产业发展的人才池。

13. 深化考试招生制度改革。按照国家考试招生制度改革总体方案，积极探索有利于技术技能人才职业发展的考试招生制度。试点高校招收中、高等职业院校优秀应届毕业生和在职优秀技术技能人员，应当将技术技能测试作为录取的主要依据之一，教育部制定有关考试招生改革实施意见。试点高校考试招生改革办法应当报省级教育行政部门批准并以省为单位报教育部备案。招生计划、方案、过程、结果等要按有关规定向社会公开。

14. 加强“双师双能型”教师队伍建设。调整教师结构，改革教师聘任制度和评价办法，积极引进行业公认专才，聘请企业优秀专业技术人才、管理人才和高技能人才作为专业建设带头人、担任专兼职教师。有计划地选送教师到企业接受培训、挂职工作和实践锻炼。通过教学评价、绩效考核、职务（职称）评聘、薪酬激励、校企交流等制度改革，增强教师提高实践能力的主动性、积极性。

15. 提升以应用为驱动的创新能力。积极融入以企业为主体的区域、行业技术创新体系，以解决生产生活的实际问题为导向，广泛开展科技服务和应用性创新活动，努力成为区域和行业的科技服务基地、技术创新基地。通过校企合作、校地合作等协同创新方式加强产业技术技能积累，促进先进技术转移、应用和创新。打通先进技术转移、应用、扩散路径，既与高水平大学和科研院所联动，又与中职、专科层次高职联动，广泛开展面向中小微企业的技术服务。

16. 完善校内评价制度和信息公开制度。建立适应应用型高校的人才培养、科学研究质量标准、内控体系和评估制度，将学习者实践能力、就业质量和创业能力作为评价教育质量的主要标准，将服务行业企业、服务社区作为绩效评价的重要内容，将先进技术转移、创新和转化应用作为科研评价的主要方面。完善本科教学基本状态数据库，建立本科教学质量、毕业生就业质量年度报告发布制度。

四、配套政策和推进机制

17. 落实省级政府统筹责任。各地要结合本地本科高校的改革意愿和办学基础，在充分评估试点方案的基础上确定试点高校。试点高校应综合考虑民办本科高校和独立学院。省级改革试点方案要落实和扩大试点高校的考试招生、教师聘任聘用、教师职务（职称）评审、财务管理等方面的自主权。

18. 加快推进配套制度改革。建立高校分类体系，实行分类管理，制定应用型高校的设置标准。制定应用型高校评估标准，开展转型发展成效评估，强化对产业和专业结合程度、实验实习实训水平与专业教育的符合程度、双师型教师团队的比例和质量、校企合作的广度和深度等方面的考察，鼓励行业企业等第三方机构开展质量评价。制定试点高校扩大专业设置自主权的改革方案，支持试点高校依法加快设置适应新产业、新业态、新技术发展的新专业。支持地方制定校企合作相关法规制度和配套政策。

19. 加大对试点高校的政策支持。通过招生计划的增量倾斜、存量调整，支持试点高校符合产业规划、就业质量高和贡献力强的专业扩大招生。将试点高校“双师双能型”高水平师资培养纳入中央和地方相关人才支持项目。在国家公派青年骨干教师出国研修项目中适当增加试点高校选派计划。支持试点高校开展与国外同类高校合作办学，与教育援外、对外投资等领域的国家重大战略项目相结合“走出去”办学。充分发挥应用技术大学（学院）联盟等作用，与国外相应联盟、协会开展对等合作交流。

20. 加大改革试点的经费支持。各地可结合实际情况，完善相关财政政策，对改革试点统筹给予倾斜支持，加大对产业发展急需、技术性强、办学成本高和艰苦行业相关专业的支持力度。建立以结果为导向的绩效评价机制，中央财政根据改革试点进展和相关评估评价结果，通过中央财政支持地方高校发展等专项资金，适时对改革成效显著的省（区、市）给予奖励。高校要健全多元投入机制，积极争取行业企业和社会各界支持，优化调整经费支出结构，向教育教学改革、实验实训实习和“双师双能型”教师队伍建设等方面倾斜。积极创新支持方式，探索政府和社会资本合作（PPP）等模式，吸引社会投入。

21. 总结推广改革试点典型经验。在省级试点的基础上，总结梳理改革试点的经验和案例，有计划地推广一批试点方案科学、行业企业支持力度较大、实施效果显著的试点典型高校，并加大政策和经费支持力度。教育、发展改革、财政等部门共同建立跟踪检查和评估制度。

22. 营造良好改革氛围和舆论环境。加强对转型发展高校各级领导干部和广大师生员工的思想教育和政策宣传，举办转型试点高校领导干部专题研修班和师资培训班，坚定改革信心，形成改革合力。广泛动员各部门、专家学者和用人单位参与改革方案的设计和政策研究。组织新闻媒体及时宣传报道试点经验。

根据本意见精神，教育部、发展改革委、财政部建立协调工作机制，加强对转型发展工作的指导。

教育部　国家发展改革委　财政部

2015 年 10 月 21 日

附录三　中国部分地方本科高校向应用型转变试点名录

地区	学校	电话	地址	邮编
河北	北华航天工业学院	0316－2083201	河北省廊坊市爱民东道133号	065000
	河北科技师范学院	0335－8058347 0335－8076333	河北省秦皇岛市河北大街西段360号	066004
	石家庄学院	0311－66617025	河北省石家庄市高新技术开发区珠峰大街288号	050035
	保定学院	0312－5972266	河北省保定市七一东路3027号	071000
	河北民族师范学院	0314－2370999	河北省承德市开发区高教园区	067000
	河北大学工商学院	0312－5073138	河北省保定市七一东路2666号	071002
	河北科技大学理工学院	0311－88632211	河北省石家庄市裕华东路70号	050018
	河北传媒学院	0311－68017001 0311－68017002	河北省石家庄市兴安大街109号	051430
	燕京理工学院	010－80843808 010－80844355	河北省三河市迎宾北路45号	065201
	河北外国语学院	0311－85238376	河北省石家庄市红旗南大街汇丰西路29号	050091
吉林	吉林工程技术师范学院	0431－86908071	吉林省长春市凯旋路3050号	130052
	长春光华学院	0431－84802172	吉林省长春市武汉路3555号	130033
	吉林工商学院	0431－82306251	吉林省长春市卡伦湖大街1666号	130507
	吉林农业科技学院	0432－63509037	吉林省吉林市翰林路77号	132101
	吉林动画学院	0431－87021917	吉林省长春市博识路168号	130012
	长春建筑学院	0431－89752111	吉林省长春市长清公路13.5公里处	130607
	吉林建筑大学城建学院	0431－87984112	吉林省长春市迎宾路1666号	130000
	长春科技学院	0431－84266666	吉林省长春市东华大街1699号	130600
	白城师范学院	0436－3555055	吉林省白城市中兴西大路57号	137000
浙江	浙江师范大学	0579－82282445	浙江省金华市迎宾大道688号	321004
	浙江中医药大学	0571－86633077	浙江省杭州市滨文路548号	310053
	浙江海洋学院	0580－2550008	浙江省舟山市临城街道海大南路1号	316022
	浙江科技学院	0571－85070000	浙江省杭州市留和路318号	310023
	浙江传媒学院	0571－86832000	浙江杭州市下沙高教园区学源街998号	310018
	嘉兴学院	0573－83643658	浙江省嘉兴市越秀南路56号	314001
	浙江万里学院	0574－88222222	宁波市钱湖南路8号	315100

续表

地区	学校	电话	地址	邮编
浙江	浙江树人学院	0571-88297011	杭州市树人街8号	310015
	温州大学	0577-86598000	浙江省温州市茶山高教园区	325035
	衢州学院	0570-8015117 0570-8015031	浙江省衢州市九华北大道78号	324000
	绍兴文理学院	0575-88064138	绍兴市环城西路508号	312000
	湖州师范学院	0572-2599288	湖州市二环东路759号	313000
	台州学院	0576-85137003 0576-88661988	浙江省临海市东方大道605号 浙江省台州市市府大道1139号	317000
	丽水学院	0578-2271072	浙江省丽水市学院路1号	323000
	宁波工程学院	0574-87616023	浙江省宁波市风华路201号	315211
	浙江警察学院	0571-87787152	浙江省杭州市滨文路555号	310053
	浙江越秀外国语学院	0575-88343188	浙江省绍兴市会稽路428号 浙江省绍兴市绍兴县群贤中路2801号	312000
	宁波大红鹰学院	0574-88052277	浙江省宁波市学院路899号	315175
	浙江水利水电学院	0571-86929123	浙江省杭州市下沙高教园区学府街508号	310018
	浙江大学城市学院	0571-88018557	浙江省杭州市湖州街51号	310015
	浙江大学宁波理工学院	0574-88229010	浙江省宁波市鄞州高教园区钱湖南路1号	315100
	浙江工业大学之江学院	0571-87313612	浙江省杭州市之江路182号	310024
	浙江师范大学行知学院	0579-82291129	浙江省金华市二环北路3366号	321004
	宁波大学科学技术学院	0574-87600546	宁波市庄市街道毓秀路505号	315212
	浙江理工大学科技与艺术学院	0571-85857022	浙江省杭州文一西路960号	311121
	杭州电子科技大学信息工程学院	0571-86915175	浙江省杭州市杭州经济技术开发区白杨街道2号大街1号	310018
	浙江工商大学杭州商学院	0571-89774909	浙江省杭州市桐庐环城南路66号 浙江省杭州西湖区教工路149号 浙江省杭州市下沙高教园区学正街18号	310018 310012
	中国计量学院现代科技学院	0571-86836066	浙江省杭州市下沙开发区学源街258号	310018
	浙江中医药大学滨江学院	0571-86613784	浙江省杭州市滨江区滨文路548号	310053
	浙江海洋学院东海科学技术学院	0580-2554806	浙江省舟山市定海区海院路18号	316000
	浙江农林大学暨阳学院	0575-87760666	浙江省诸暨市浦阳路77号	311800
	温州医科大学仁济学院	0577-86699388	浙江省温州市茶山高教园区	325035
	浙江财经大学东方学院	0573-8757010	浙江省海宁市连杭经济开发区高新区仰山路2号	314408
	嘉兴学院南湖学院	0573-83641538	浙江省嘉兴市越秀南路56号	314001

续表

地区	学校	电话	地址	邮编
浙江	杭州师范大学钱江学院	0571－28865857 0571－28865866	浙江省杭州市下沙高教园区学林街16号	310012
	温州大学瓯江学院	0577－86680517 0577－86680511	浙江省温州市高教园区温州大学北校区	325035
	温州大学城市学院	0577－86596999	浙江省温州市高教园区温州大学南校区	325035
	绍兴文理学院元培学院	0575－88345808	浙江省绍兴市群贤中路2799号	312000
	湖州师范学院求真学院	0572－2321063	浙江省湖州市学士路158号	313000
	同济大学浙江学院	0573－82878000	浙江省嘉兴市商务大道168号	310018
	上海财经大学浙江学院	0579－82166011	浙江省金华市环城南路99号	321103
江西	景德镇陶瓷学院	0798－8499000	江西省景德镇市湘湖镇湘湖村	333403
	南昌航空大学	0791－83863818	江西省南昌市丰和南大道696号	330063
	新余学院	0790－6666056 0790－6666058	江西省新余市高新区阳光大道2666号	338004
	宜春学院	0795－3201169 0795－3201926	江西省宜春市学府路576号	336000
	萍乡学院	0799－6684899	江西省萍乡市萍安北大道211号	337055
	江西服装学院	0791－85158888	江西省南昌市向塘经济开发区丽湖大道108号	330201
	南昌工学院	0791－82137088	江西省南昌市红谷滩新区创业南路998号	330108
	江西应用科技学院	0791－83653888	江西省南昌市新建联福大道001号	330100
	华东交通大学理工学院	0791－82293610 0791－82293222	江西省南昌经济技术开发区黄家湖东路111号	330100
	江西中医药大学科技学院	0791－86588842 0791－86539683	江西省南昌市兴湾大道819号	330004
湖北	武汉商学院	027－84791305	湖北省武汉市武汉经济技术开发区东风大道816号	430056
	湖北医药学院	0719－8891088	湖北省十堰市人民南路30号	442000
	湖北师范学院	0714－6572179	湖北省黄石市磁湖路11号	435002
	黄冈师范学院	0713－8616617 0713－8835900	湖北省黄冈市新港二路146号	438000
	湖北理工学院	0714－6353390	湖北省黄石市桂林北路16号	435003
	荆楚理工学院	0724－2355811	湖北省荆门市象山大道33号	448000
	武汉东湖学院	027－81931333	湖北省武汉市文化大道301号	430212
	武汉生物工程学院	027－89649828	武汉市阳逻经济开发区汉施路1号	430415
	武汉工程科技学院	027－81820303	湖北省武汉市纸坊熊廷弼街特8号	430200

续表

地区	学校	电话	地址	邮编
湖北	华中师范大学武汉传媒学院	027－81979005	湖北省武汉市藏龙岛凤凰大道2号	430205
	湖北大学知行学院	027－82300410 027－82353505	湖北省武汉市谌家矶街兴盛路特1号	430011
	湖北科技学院	0715－8270912	湖北省咸宁市咸宁大道88号	437100
	湖北汽车工业学院	0719－8238177	湖北省十堰市车城西路167号	442002
	武汉工商学院	027－88147166	湖北省武汉市黄家湖西路3号	430065
	文华学院	027－87599540 027－87599065	湖北省武汉市东湖高新技术开发区文华园路8号	430074
	武昌首义学院	027－88426116	湖北省武汉市南李路22号	430064
	武汉设计工程学院	027－81730682	湖北省武汉市藏龙岛开发区杨桥湖大道1号	430205
	武汉理工大学华夏学院	027－87921666	湖北省武汉东湖新技术开发区关山大道589号	430223
湖南	湘南学院	0735－2653000	湖南省郴州市王仙岭公园东	423000
	湖南文理学院	0736－7186016	湖南省常德市洞庭大道3150号	415000
广西	玉林师范学院	0775－2622282	广西壮族自治区玉林市教育中路299号 广西壮族自治区玉林市教育东路1303号	537000
	河池学院	0778－3141174	广西壮族自治区宜州市龙江路42号	546300
	广西财经学院	0771－3835078 0771－3835250	广西壮族自治区南宁市明秀西路100号	530003
	百色学院	0776－2848088	广西壮族自治区百色市中山二路21号	533000
	贺州学院	0774－5228600	广西壮族自治区贺州市西环路18号	542899
	钦州学院	0777－2808566	广西壮族自治区钦州市西环南路89号	535099
	梧州学院	0774－5820972	广西壮族自治区梧州市富民三路82号	543002
	广西民族师范学院	0771－7870769	广西壮族自治区崇左市佛子路36号	532200
	桂林航天工业学院	0773－5863280	广西壮族自治区桂林市金鸡路2号	541004
	广西外国语学院	0771－4797336 0771－4797113	广西壮族自治区南宁市五合大道19号	530222
	南宁学院	0771－5900888 0771－5900990	广西壮族自治区南宁市龙亭路8号	530200
	广西大学行健文理学院	0771－3223310	广西壮族自治区南宁市秀灵路75号（秀厢大道西段）	530005
	广西师范大学漓江学院	0773－3696106	广西壮族自治区桂林市雁山镇雁中路3号	541006
	广西民族大学相思湖学院	0771－3265400	广西壮族自治区南宁市鹏飞路北段1号（大学西路158号）	530008
	桂林电子科技大学信息科技学院	0773－2290550	广西壮族自治区桂林市花江高校科技园区东阳路3号	541004

续表

地区	学校	电话	地址	邮编
广西	桂林理工大学博文管理学院	0773－8998055	广西壮族自治区桂林市雁山街317号	541004
	广西中医药大学赛恩斯新医药学院	0771－4736099	广西壮族自治区南宁市五合大道13号	530222
	广西科技大学鹿山学院	0772－3517068	广西壮族自治区柳州市新柳大道99号	545616
	广西师范学院师园学院	0771－5663192	南宁市明阳工业区明阳大道15号	530226
重庆	重庆科技学院	023－65022368	重庆市大学城东路20号	401331
	重庆第二师范学院	023－61638000 023－62658983	重庆市南山街道崇教路1号 重庆市四公里学府大道9号	400065 400067
	重庆三峡学院	023－58102264	重庆市沙龙路二段780号 重庆市天星路666号	404000
	重庆人文科技学院	023－42461119	重庆市草街街道	401524
	重庆大学城市科技学院	023－49481068	重庆市光彩大道368号	402167
	重庆邮电大学移通学院	023－42871001	重庆市合川大学城假日大道1号	401520
四川	西昌学院	0834－2580001	四川省西昌市西宁镇马坪坝	615000
	四川传媒学院	028－87953103	四川省成都市高新西区团结学院街67号	611745
	西南交通大学希望学院	028－67935809	四川省南充市于陛路 成都市金堂县学府大道	610400
甘肃	天水师范学院	0938－8367707	甘肃省天水市藉河南路105号	741001
	兰州城市学院	0931－7601078	甘肃省兰州市街坊路11号	730070
	河西学院	0936－8282518	甘肃省张掖市北环路87号	734000
	陇东学院	0934－8651806	甘肃省庆阳市兰州路45号	745000
	兰州工业学院	0931－2861012	甘肃省兰州市龚家坪东路1号	730050
	兰州文理学院	0931－8685007	甘肃省兰州市雁滩北面滩400号	730000
	兰州交通大学博文学院	0931－5272600	甘肃省兰州市和平开发区	300070
	兰州理工大学技术工程学院	0931－2867153	甘肃省兰州市龚家坪北路211号	730050

附录四　中国首批现代学徒制试点学校名录

表 A　　试点高职院校

地区	学校	电话	地址	邮编
北京	北京交通运输职业学院	010-69204968 010-69232401	北京市黄村清源路北 北京市西三旗悦秀路南口	100096 102611
	北京电子科技职业学院	010-67850226	北京亦庄经济技术开发区凉水河一街 9 号	100176
	北京财贸职业学院	010-69363126	北京市北关大街 88 号	110000
天津	天津中德职业技术学院	022-28776099	天津市海河教育园区雅深路 2 号	300350
	天津电子信息职业技术学院	022-28772524	天津市海河教育园区雅深路 4 号	300350
	天津职业大学	022-60585051	天津市洛河路大道 2 号	300410
河北	河北建材职业技术学院	0335-8070206	河北省秦皇岛市文育路 8 号	066000
	唐山工业职业技术学院	0315-3271129	河北省唐山市缸窑路 29 号	063020
	邢台职业技术学院	0319-2273009	河北省邢台市钢铁北路 552 号	054035
	石家庄铁路职业技术学院	0311-88621162	河北省石家庄市四水厂路 18 号	050041
	石家庄邮电职业技术学院	0311-85998905	河北省石家庄市体育南大街 318 号	050021
	渤海理工职业学院	0317-7557996	河北沧州市黄骅市北外环北神华大街西	061199
山西	山西职业技术学院	0351-7015210	山西省太原市坞城路 115 号	030006
	山西工程职业技术学院	0351-3350198	山西省太原市新建北路 131 号	030009
	山西药科职业学院	0351-7820613	山西省太原市民航南路 16 号	030031
内蒙古	内蒙古机电职业技术学院	0471-5279084 0471-5279085	内蒙古自治区呼和浩特市高职园区学府路 1 号	010070
	内蒙古商贸职业学院	0471-5279863 0471-4913316	内蒙古自治区呼和浩特市巴彦镇大学城内	010070
辽宁	辽宁林业职业技术学院	024-89815263	辽宁省沈阳市枫杨路 186 号	110101
	辽宁职业学院	024-72860666	辽宁省铁岭市岭东街	112099
	沈阳职业技术学院	024-88252727	辽宁省沈阳市劳动路 32 号	110045
	大连装备制造职业技术学院	0411-39952542	辽宁省大连市金州新区大魏家镇魏兴路 66 号	116110
吉林	长春汽车工业高等专科学校	0431-85751803	吉林省长春市东风大街 9999 号	130013
	长春职业技术学院	0431-84602444	吉林省长春市卫星路 3278 号	130033
黑龙江	哈尔滨职业技术学院	0451-86681627 0451-86662346	黑龙江省哈尔滨市哈平路 217 号	150081

续表

地区	学校	电话	地址	邮编
黑龙江	哈尔滨铁道职业技术学院	0451－51893230 0451－51893286	黑龙江省哈尔滨市保健路123号 黑龙江省哈尔滨市哈南工业新城第二大道与南城十三路交口	150086
	黑龙江农业工程职业学院	0451－85955551 0451－86355551	黑龙江省南岗区哈双路348号	150088
上海	上海中侨职业技术学院	021－31616009	上海市漕廊公路3888号	201514
	上海旅游高等专科学校	021－57126268	上海海思路500号	201418
	上海农林职业技术学院	021－57822666	上海市中山二路658号	201699
江苏	江苏食品药品职业技术学院	0517－87088019	上海市清浦区高教园区枚乘路4号	223003
	无锡商业职业技术学院	0510－83270530	江苏省无锡市钱胡公路809号	214153
	南京工业职业技术学院	025－85864009	江苏省南京市仙林大学城羊山北路1号	210023
	南通职业大学	0513－81050815 0513－81050812	江苏省南通市青年中路89号	226007
	江苏农林职业技术学院	0511－87290000	江苏省句容市文昌东路19号	211121
	南京信息职业技术学院	025－58004885	江苏省南京文澜路99号	210023
浙江	金华职业技术学院	0579－82265012	浙江省金华市婺州街1188号	321007
	温州职业技术学院	0577－86680000	浙江省温州市茶山高教园区高科路	325035
	浙江机电职业技术学院	0571－87773000	浙江省杭州市滨江高教园滨文路528号	310053
	浙江商业职业技术学院	0571－58108026	浙江省杭州市滨文路470号	310053
	宁波职业技术学院	0574－86891367	浙江省宁波经济技术开发区新大路1069号	315800
	浙江建设职业技术学院	0571－82862555	浙江省杭州市萧山高教园区	311231
安徽	芜湖职业技术学院	0553－5775102 0553－5777110	安徽省芜湖市银湖北路62号 安徽省芜湖市文津西路	241006 241003
	安徽机电职业技术学院	0553－5975048	安徽省芜湖市高教园区文津西路16号	241002
	安徽职业技术学院	0551－64689999	安徽省合肥市文忠路高教基地 安徽省合肥市包河大道268号	230011 230051
福建	福州职业技术学院	0591－83760300	福建省福州市大学城联榕路8号	350108
	福建林业职业技术学院	0599－8823450	福建省南平市金山路140号 福建省南平市夏道镇职教园区	353000
	福建生物工程职业技术学院	0591－83742079	福建省福州市洪山桥中店42号	350002
江西	江西应用技术职业学院	0797－8327888	江西省赣州市文峰路9号	341000
	江西航空职业技术学院	0791－88401193	江西省南昌市南昌县迎宾南大道872号	330024
山东	东营职业学院	0546－8060136	山东省东营市府前大街129号	257091
	滨州职业学院	0543－3278000	山东滨州市黄河十二路919号	256603

续表

地区	学校	电话	地址	邮编
山东	山东商业职业技术学院	0531－86335888	山东省济南市旅游路4516号	250103
	山东交通职业学院	0536－8781801 0536－8781803	山东省潍坊市潍县中路8号	261206
	山东科技职业学院	0536－8187766	山东省潍坊市西环路6388号	261053
	青岛职业技术学院	0532－86105216 0532－86101330	青岛市钱塘江路369号 青岛市金坛路17号	266655 266071
	日照职业技术学院	0633－8172345	山东省日照市烟台北路16号	276826
河南	河南工业职业技术学院	0377－63276990 0377－63270196	河南省南阳市工农路291号 河南省南阳市孔明北路666号	473000
	开封文化艺术职业学院	0371－22115671	河南省开封市市辖区东京大道中段	475000
	河南农业职业学院	0371－67290666 0371－62181764	河南省郑州市中牟县青年西路38号	451450
	漯河职业技术学院	0395－2967059	河南省漯河市大学路123号	462000
	商丘医学高等专科学校	0370－3251006	河南省商丘市北海路486号	476100
湖北	黄冈职业技术学院	0713－8346388	湖北省黄冈市南湖桃园街109号	438002
	武汉铁路职业技术学院	027－51168500	湖北省武汉市藏龙大道特1号	430205
	武汉船舶职业技术学院	027－84804551 027－84803666	湖北省武汉市知音大道和琴台大道中间	430050
	武汉职业技术学院	027－87766779 027－87766773	湖北省武汉市关山大道463号	430074
湖南	湖南石油化工职业技术学院	0730－8451186	湖南省岳阳市长炼路	414012
	湖南工艺美术职业学院	0737－4200777	湖南省益阳市栖霞路135号	413000
	长沙民政职业技术学院	0731－82804000	湖南省长沙市香樟路22号	410004
	长沙航空职业技术学院	0731－85473600 0731－85473600	湖南省长沙市长沙县X050 湖南省长沙市体院北路348号	410019 410124
广东	清远职业技术学院	0763－3936229 0763－3936332	广东省清远市东城街蟠龙园	511510
	广东科学技术职业学院	020－85297309 0756－7796288	广东省广州市天河区科华街351号 广东省珠海市金湾区珠海大道南侧	510640 519090
	广东工程职业技术学院	020－37395091 020－87218126	广东省广州市渔兴路18号 广东省广州市下塘西路23号	510520
	广东机电职业技术学院	020－61362166	广东省广州市同和蟾蜍石东路2号 广东省广州市钟落潭镇高校园区	510515 510550
	广州铁路职业技术学院	020－86020034	广东省广州市白云区石井街庆隆中路100号	510430

续表

地区	学校	电话	地址	邮编
广东	广东邮电职业技术学院	020－83969100	广东省广州市天河区中山大道西191号	510630
	广州番禺职业技术学院	020－84736666	广东省广州市市良路1342号	511483
广西	广西职业技术学院	0771－4212633	广西壮族自治区南宁市明阳工业园	530226
	广西建设职业技术学院	0771－3834563	广西壮族自治区南宁市罗文大道33号	530007
	广西交通职业技术学院	0771－5626108	广西壮族自治区南宁市园湖北路12号	530023
海南	海南职业技术学院	0898－31930666 0898－31930710	海南省海口市南海大道95号	570216
	三亚城市学院	0898－38289966	海南省三亚市荔枝沟抱坡路大学园区100号	572000
重庆	重庆工业职业技术学院	023－61879228	重庆市（空港）桃源大道1000号	401120
	重庆航天职业技术学院	023－67613015	重庆市红石路255号	400021
	重庆电子工程职业学院	023－65928126	重庆市重庆大学城东路76号	401331
四川	四川交通职业技术学院	028－82680064	四川省成都市柳台大道东段208号	611130
	成都农业科技职业学院	028－82732072	成都市温柳城街道德通桥路392号	610000
	四川邮电职业技术学院	028－84671557	四川省成都市静康路536号	610067
贵州	贵州轻工职业技术学院	0851－8506060	贵州省贵阳市花溪大学城	550025
	贵阳职业技术学院	0851－7981576	贵阳市云潭南路609号	550081
云南	昆明工业职业技术学院	0871－8604025	云南省昆明市安宁市昆钢建设街82号	650302
	云南国土资源职业学院	0871－68160123	云南省昆明市澄江县阳宗海风景名胜区观山	652501
陕西	陕西交通职业技术学院	029－86405005	陕西省西安市经济技术开发区文景路19号	710018
	陕西工业职业技术学院	029－33152190	陕西省咸阳市文汇西路12号	712000
甘肃	兰州资源环境职业技术学院	0931－8165253 0931－8799685	甘肃省兰州市窦家山36号 甘肃省兰州市段家滩路1173号	730021 730000
	酒泉职业技术学院	0937－2652952	甘肃省酒泉市解放路66号	735000
	青海畜牧兽医职业技术学院	0971－7410080	青海省西宁湟源县西大街13号	812100
宁夏	宁夏职业技术学院	0951－5035146	宁夏回族自治区银川市文萃路 宁夏职业教育园区 宁夏回族自治区银川市黄河东路670号	750002
新疆	新疆轻工职业技术学院	0991－6860800	新疆维吾尔自治区乌鲁木齐市米东南路西四巷259号	830021
	新疆职业大学	0991－3785326	新疆维吾尔自治区乌鲁木齐市北京北路1075号	830013
	新疆石河子职业技术学院	0993－2059598	新疆维吾尔自治区石河子市国家经济技术开发区北五路	832000

表 B

试点中职学校

地区	学校	电话	地址	邮编
北京	北京市昌平职业学校	010－69739129	北京市沙河镇松兰堡	102206
河北	承德工业学校	0314－2072526	河北省承德市大石庙镇偏岭	067000
内蒙古	呼和浩特市商贸旅游职业学校	0471－3366966 0471－6518788	内蒙古呼和浩特市海拉尔大街44号	010050
吉林	长春市农业学校	0431－86672223	吉林省长春市长吉公路北线26公里处， 龙嘉国际机场附近	130012
辽宁	大庆市蒙妮坦职业高级中学	0459－4567252 0459－5182235	辽宁省大庆市爱国路47号	163453
	沈阳市化工学校	024－29873366 024－29873377	辽宁省沈阳市沈北新区蒲河路93号	110122
上海	上海电子工业学校	021－56084572 021－57136798	上海市剑川路910号	200240
安徽	亳州中药科技学校	0558－8139967	安徽省亳州市利辛路19号	236800
福建	福建省福州旅游职业中专学校	0591－22626998	福建省福州市闽侯荆溪港头连头1号	350101
江西	江西省医药学校	0791－85984666	江西省南昌市南郊银三角迎宾南大道880号	330200
山东	德州交通职业中等专业学校	0534－2552616	山东省德州市三八东路	253000
河南	洛阳铁路信息工程学校	0379－62612679 0379－62612761	河南省洛阳市职教园区吉庆路东段	471000
重庆	重庆工商学校	023－47331120	重庆市白沙镇马岗路2号	402289
四川	四川省达州中医学校	0818－2375164	四川省达州市健民路55号	635000
贵阳	贵阳铁路工程学校	0851－4821568 0851－4820072	贵州省贵阳市白云大道163号	550008
云南	玉溪工业财贸学校	0877－2041588	云南省玉溪市九龙立交西侧	653100
西藏	西藏日喀则市职业技术学校	0892－8822036	西藏自治区日喀则市山东路7号	857017
陕西	陕西省电子工业学校	0917－2887899	陕西省宝鸡市宝福路56号	721001
甘肃	平凉理工中等专业学校	0933－3308249	甘肃省平凉市泾川县城新城西路	744300
青海	青海省工业职业技术学校	0971－8248881	青海省西宁市城中区园丁路	810000
宁夏回族	中卫市职业技术学校	0955－7616235	宁夏回族自治区中卫市应理 南街西侧沙坡头大道北	755000
新疆	新疆工业经济学校	0991－7867610	新疆维吾尔自治区乌鲁木齐市喀什东路792号	830013
	第一师阿拉尔职业技术学校	0997－2671502	新疆维吾尔自治区阿克苏市艺园路10号2院	843000
浙江	宁波市鄞州区古林职业高级中学	0574－88279502	浙江省宁波市古林镇中心路270号	315100
	宁波市北仑职业高级中学	0574－86150705	浙江省宁波市小港街道小浃江南路108号	315800
福建	厦门工商旅游学校	0592－6273221	福建省厦门市集美文教区（厦门理工学院西侧）	361024
广东	深圳市第一职业技术学校	0755－82113186	广东省深圳市福田皇岗路3009号	518026